社会学研究的理论、实践与方法

潘允康论文集

潘允康——著

天津社会科学院出版社

图书在版编目（CIP）数据

社会学研究的理论、实践与方法：潘允康论文集 / 潘允康著. --天津：天津社会科学院出版社，2020.11
ISBN 978-7-5563-0662-6

Ⅰ. ①社… Ⅱ. ①潘… Ⅲ. ①社会学—文集 Ⅳ. ①C91-53

中国版本图书馆 CIP 数据核字（2020）第 196226 号

社会学研究的理论、实践与方法

SHEHUIXUE YANJIU DE LILUN、SHIJIAN YU FANGFA

出 版 发 行：天津社会科学院出版社
地　　址：天津市南开区迎水道 7 号
邮　　编：300191
电话 / 传真：（022）23360165（总编室）
（022）23075303（发行科）
网　　址：www.tass-tj.org.cn
印　　刷：北京建宏印刷有限公司

开　　本：787×1092 毫米　1/16
印　　张：70
字　　数：1010 千字
版　　次：2020 年 11 月第 1 版　2020 年 11 月第 1 次印刷
定　　价：220.00 元

导 语

本书《社会学研究的理论、方法和实践》是我在天津社会科学院工作近40年间所撰写，并在学术期刊和报纸上公开发表的部分学术论文、理论宣传文章和其他各种文章的汇集。导语是在本书编辑出版过程中，我个人重读书中文章时的回顾与思考、总结与提升。也希望它能够有助于读者理解这部文集。

1980年底，中国社会科学院第一次在全国公开招考社会科学研究人员，本人报名应考哲学专业，成绩合格，被正式录取，并被推荐到天津社会科学院，从事专业哲学社会科学研究工作。那时，我还不知道什么是社会学。著名的南开大学哲学系教授杨瑞森先生知道后，建议我由专业的哲学研究，转向社会学研究。按照他的阅历和看法，哲学主要涉猎世界观和方法论问题，过于抽象，不如多研究些具体社会问题，以应对社会的需要。我非常感谢他，他是引导我进入社会学领域的指路恩师。

当时，中国的社会学在中断了近28年后，刚刚被恢复名誉，重建起步。为了知道什么是社会学，怎样从事好社会学研究，我首先的任务是学习。从1981年开始，我曾经在教育部委托南开大学举办的全国首届高校社会学师资培训班旁听，同时又参加了中国社会科学院社会学所在北京举办的中国社会学第二期讲席班学习，从中知晓了大量社会学理论、方法和实践方面的知识。1981年9月根据中美学者和留学生交流协议，美国纽约市立大学社会学、人类学教授伯顿·帕斯特奈克先生，应我国著名社会学家费孝通邀请来中国天津进行《一个中国城市居民的婚姻、家庭和生育方式》的研究，我又有幸参与了该项目的全程调查。在参与和陪同美国学者进行调查的实践中，从调查抽样、问卷设计和填写、入户访谈、资料的分析和处理等方面学习了很多很多，受益匪浅。为了贯彻落实邓小平同志关于社会学要“赶快补课”，迅速培养人才的指示，从 1981 年到 1983 年费孝通教授主持了中国社会学恢复重建以来第一本《社会学概论》的编写工作，并带领“概论”写作班子在天津和平宾馆通稿，我又有机会旁听，从理论方面获得进一步系统提升。

当然，从 1980 年我进入天津社会科学院开始，就是该院的正式工作人员，因此我在参与上述各种学习和实践活动时，还必须同时做各种社会学研究，可以说是一边学习，一边科研，在学中干，在干中学。那时，我的精力旺盛且集中，抓住了历史给予我的机遇，努力学习，勤奋工作，因此很快进入了状态，取得了相应的成果。1981 年上半年，我思考了我国社会学恢复重建以来面对的第一个重大理论问题：社会学和历史唯物主义的关系。1952 年我们曾经盲目学习苏联，以历史唯物主义取代社会学，致使中国的社会学中断了 28 年，造成了学科建设的巨大损失 。为此，我撰写了从事社会学研究以来的首篇文章《社会学和历史唯物主义》，并有幸被《中国社会科学》杂志采纳，刊登在《中国社会科学》1981 年第 6 期上。我又根据和美国学者伯顿·帕斯特奈克教授在天津市河西区做调查时得到的资料，写出了《试论我国城市的家庭和家庭结构》一文，被《天津社会科学》杂志采纳，刊登在《天津社会科学》1982 年第 3 期上。这两篇文章的公开发表，大大提振了我的信心和勇气。我想我可以做社会学研究，而且可以做好社会学研究。

从 1980 年到 2019 年我已经从事社会学研究 40 年了。“知网”网站上存有我以往公开发表的大量学术研究论文。从目录上看总共有 200 余篇。其中绝大多数都发表在国内著名的社会科学研究的核心期刊上，也有极少数是发表在报纸和一般杂志上的文章。根据这个线索，我首先从知网上将一部分文章下载下来。因为篇幅考虑，删除了一些，也增加了一些知网上没有的文章，最后保留了 150 篇左右，编辑成这部论文集锦。

我在天津社会科学院度过了人生职业生涯的近五分之四。此间，我独自撰写、和其他学者合作撰写、主编的学术著作公开出版的有20余部，公开发表的学术研究论文、理论宣传文章和其他文章总共有约300余项。

在这部学术论文集公开出版之际，我曾经反复思考它的书名。最后还是决定以它的实际内容直接命名吧！即《社会学研究的理论、实践与方法——潘允康论文集》。

理论、方法和实践是哲学社会科学研究中不可缺少的3个部分。社会学作为哲学社会科学的一个分支学科同样如此。我仔细回顾和审读了这部文集里收录的文章，觉得可以从这3个方面来大致归纳一下我的体会。

第一，从社会学理论研究上说，文集收录的第一篇就是社会学重大理论研究文章《社会学和历史唯物主义》，这是我刚刚进入社会学界两年公开发表的第一篇文章。那时我还在北京参加中国社会科学院社会研究所举办的中国社会学第二期讲席班学习。在学习期间，我一直思考一个学界关注的重大问题：社会学和历史唯物主义的关系。改革开放初期，小平同志就说社会学要赶紧补课。我一直在想，为什么社会学这样重要的学科在1952年会被禁止了？就像一些其他不该发生的历史事件那样，都能找到它发生的原因。研究和找到它的原因，揭示事件的内在联系，对今天和未来的发展会有裨益。这需要理性研究和思考。而理性研究和思考的重要门径之一就是要"联系"。要用联系的观点把那些看上去无关，其实密切相关的事情揭示出来，能找到事物的规律和缘由。正如恩格斯所说的，"当我们深思熟虑地考察自然界或人类历史或我们自己的精神活动的时候，首先呈现在我们面前的，是一幅由种种联系和相互作用无穷无尽地交织起来的画面。"循着这样的思路思考，1952年我们要取消社会学，直接的具体原因是学习苏联，深层次原因是要坚持马克思主义，反对资产阶级学说。这就要追溯到19世纪40年代，追溯到历史唯物主义的发明者马克思和社会学的首倡者孔德，把马克思和孔德联系起来，把历史唯物主义和社会学联系起来，我当时翻阅了大量的学术资料和历史材料，发现马克思和孔德不仅生活在同一个时代，而且有共同的思想来源。空想社会主义是马克思主义的 3 个来源和组成部分之一，而孔德则是空想社会主义思想的代表圣西门的秘书。马克思和孔德不仅处在同一时代，有共同的社会背景，而且有共同的思想来源（空想社会主义），但他们的主张截然不同。孔德主张维护现有的资本主义制度，搞"实证哲学"，而马克思主张社会变革，推翻现存的资本主义制度，因此马克思在当时曾经激烈地批评了孔德的政治主张，也包括批评他的"实证哲学"。马克思直截了当地说，孔德要搞社会学，我就不称自己的学说是社会学，而称历史唯物主义。这就是我们 100 多年来，坚持马克思主义，反对社会学，称社会学为资产阶级伪科学的历史原因和内在根据。在《社会学和历史唯物主义》一文中，这个原因被揭示了，后面的叙说和逻辑也就自然了，那就是，今天的时代已经不是 19 世纪 40 年代。今天的社会学也不是孔德倡导的社会学。马克思的历史唯物主义是正确的，但它属于哲学范畴，是世界观和方法论，不能取代对社会问题的分门别类的具体研究。而要对社会进行分门别类的具体研究，就要有社会科学的其他学科，包括社会学。这样我的文章的思路就出来了。循着这个思路，文章也就写成功了。文章的初稿是我在参加中国社会科学院社会研究所举办的中国社会学第二期讲席班学习期间写成的。当时《中国社会科学》杂志社的一位编辑沈熙大姐也在该学习班学习，旁听，我把初稿先给了她。《中国社会科学》杂志是中国社会科学院的院刊，是在 1980 年创刊的。杂志社的第一任主编黎澍先生曾经说要把该刊物办成发表中国社会科学界最高水平和级别的文章的期刊，并说没有博士论文以上水平的文章是不能被登载的。（当时我国刚刚恢复高考制度和研究生制度。）沈熙编辑接受了我的文章，又先后通过了杂志社的三审，最后的外审专家是我国著名的学者于光远先生，他肯定了该文的价值，同意公开发表。并批语说，该文的第一、第二部分写得不错，第三部分弱一点，但就目前来看也只能如此了。（文章的第三部分是略谈社会学学科建设和发展设想。）就这样，我来到社会学界所写的首篇文章，在 1981 年第 6 期《中国社会科学》杂志上公开发表了。我很幸运，也很受鼓舞。以后又发表了多篇社会学理论方面的文章，诸如《从社会学角度看马克思的工人调查表》《学习列宁的社会学思想》《邓小平社会思想初探》《试论费孝通的家庭社会学思想和理论——纪念费孝通先生逝世100周年》，以及《社会学研究和社会政策的制定》《建设和衷共济式的和谐社会》《建设和谐社会中的“公平”问题》《中国现代组织社会的结构与机制》等。

第二，从社会学方法研究上说，我撰写的专门方法论的文章并不多，但是比较多地思考和研究了方法论方面的问题，而且在自己的研究中很重视社会学方法的使用。俗话说：“工欲善其事，必先利其器。”要做好社会学研究，没有好的工具和方法，是不能真正做好的。还是在1983年，我在《社会科学战线》上发表了一篇文章，题目是《系统论和社会学研究方法》，是想把社会学的方法论和系统论联系起来。那时系统论已经很时兴，属于现代科学方法论的思想和前沿，从那样的角度论述社会学方法，有利于深入思考，也比单纯论述社会学研究方法，更容易被有关刊物选择和刊登。那篇文章由5个方面组成，包括“整体性原则”“最优性原则”“定量分析原则”“重信息原则”和“动态平衡原则”。以后虽然我很少写社会学研究方法论方面的文章，但在研究实践中却一直思考和总结什么是社会学研究方法，换句话说，社会学研究的学科特点究竟是什么？经过多年的思考和归纳、总结，我将社会学的学科特点和研究方法归纳为“社会整体论”（社会背景论）、“社会知识综合论”“社会角色论”“社会关系论”和“社会调查方法论”。

所谓“社会整体论”，或者说社会背景论，是说社会学在研究各种社会现象和问题时，一定要把他们放到社会发展和变迁的大背景中观察思考，才能发现他们的运行规律和本质。所谓“社会知识综合论”，是说社会问题和社会现象很复杂，要求社会学研究必须综合使用其他学科知识进行研究，才能得到较为正确的结论。所谓“社会角色论”是和“社会整体论”（社会背景论）相关的，有所谓“社会是个大舞台，人生就是一场戏”。人生活在社会中，要按照社会的角色期待和模式行事，要有角色规范，角色重叠和角色转换等。所谓“社会关系论”，是说社会是人的集合与交往，会产生各种社会关系。社会的本质是社会关系。社会关系是社会学研究社会的核心议题与切入点。

这里要特别说说社会调查论。有人说社会学就是社会调查学,有它的道理。社会学擅长社会调查,把社会调查作为研究,特别是实证研究的主要手段。和人类学、民族学相比较,社会学更擅长抽样调查和定量分析研究,更擅长使用问卷。在我的社会学研究生涯中,有关社会调查知识首先是从南开社会学师资培训班和中国社会科学院第二期讲席班听课学到的。然而,真正把握了社会调查方法和本领还是通过社会调查实践。1981 年美国纽约市立大学教授伯顿·帕斯特奈克来天津做研究时,他原本要求做全天津市大规模抽样调查,但因为各种原因,他只能在天津市河西区红星里第一、第二居民委员会进行调查。根据这个情况,帕氏要求对红星里第一、第二居民委员会的每个已婚妇女都调查。为何如此?后来我知道这也是社会学、人类学的一种随机抽样方法,即在既定的调查范围内整群抽样。这是保证调查样本的随机性和代表性的方法之一。以后,我们在天津市千户居民户卷调查时,则尝试采用大规模多段随机间隔抽样方法,也是要保证调查样本的随机性和代表性。由天津社会科学院社会学研究所和天津市人民政府办公厅联合进行的"天津市千户居民户卷调查"从 1983—1992 年连续进行了 10 年。该调查在天津市区进行。当时天津的市区人口有约 360 万,100 多万个家庭,确定抽取 1000 户家庭为调查样本。样本和总体的比例为 1∶1000。为了保证样本的代表性,必须使用科学的抽样方法,即使用多段随机间隔抽样方法,先从全市市区的 126 个街道中随机抽取 36 个街道,再从每个街道随机抽取 1 个居民委员会。然后用间隔等距方法从每个居民委员会随机抽取 30 户人家为调查对象。这样全市共抽取样本 1080 户(统称千户)。样本户由 1～1080 排列,序号为奇数的由户主填写回答问卷,序号为偶数的由户主的配偶填写回答问卷。为了检验样本的代表性,抽样后我们将样本的一些基本的人文数据和天津市第三次人口普查的数据进行了比对,比如抽取的千户居民中共有 2539 名在职职工,其中科技人员占的比例是 14%,党政企事业的负责人占 4%,工人占 62%,而天津市人口普查资料显示,全市市区上述三类人员的比例分别为 14.5%、4.9%、61.2%，两者比例十分接近。又比如，抽取的千户居民家庭中共包括 4060 名家庭成员，其中男性占 49.2%，女性占 50.8%，而天津人口普查数据，为男性 50.8%，女性为 49.2%，也很接近。这说明，我们选择的 1000 户样本对天津市是有代表性的，抽样的方法是科学的。调查的结果和结论大体上可以代表总体，推论总体。

对于调查取得的资料进行定量分析曾经是我们的弱项。以中国 5 城市家庭调查为例，自己做了调查，要在别人的指导下为调查资料编数据码，建立数据库，然后邀请搞计算机专业的人帮助我们统计计算，我们再根据数据写文章。以后由于我以访问学者的身份出访美国，在那里学习计算机的速度较快，再加上计算机普及和 SPSS 软件的流行和便于操作，很快就补上了短板，以后写文章的量化分析也上了水平，由只能做描述统计分析(数量和%等)，到相关、回归、因子分析等。在本书收集的论文中，1985 年第 6 期《社会科学战线》上刊登的《试论婚姻中的交换价值》一文使用了"相关"的量化分析方法，证明了婚姻中交换价值和行为的普遍性。在 1987 年第 6 期《中国社会科学》上发表的《试论闲暇时间和我国城市居民的闲暇生活》一文，不仅使用了"相关"分析，而且使用了"回归"分析，引入了中介变量的概念，证明了中国城市居民闲暇时间不足，闲暇生活质量不高，主要和家务劳动所占时间多，特别是买菜和做饭所用时间过长所致，而买菜难是其中的中介影响变量。1996 年第 3 期《社会学研究》上发表的《社区归属感和社区满意度》一文则使用了"因素分析"的量化方法，分析了社区质量诸因素归类、合成因子，以及合成因子与社区满意度之间的关系。

第三，从社会学研究实践来说，我这 40 年主要集中在 2 个研究领域和方向，即家庭社会学、城市社会学。它和我的工作、学术经历有关。1981 年帕斯特奈克来天津做调查，就是研究《一个中国城市居民的婚姻、家庭和生育方式》，即家庭社会学。我帮助他做研究，学习了很多知识，也积累了很多资料。以后这次调查演变为中国 5 城市家庭研究，并被列为

“六五”国家哲学社会科学基金规划项目，我是该项目的负责人之一。家庭社会学自然成为我的第一个研究领域和方向。以后我又担任天津社会科学院社会学研究所所长，并确定城市社会学为该所的学术研究重点和学科建设方向，城市社会学自然成为我的第二个主要研究领域和方向。

当然，从本书搜集的公开发表的论文题目上看，我研究的内容远远超出家庭社会学和城市社会学的范畴，而涉猎了其他更多的社会问题方面。在从事社会学研究的生涯中，我作为项目负责人，总共承担了 7 项国家哲学社会科学基金课题，其中有 3 项重点课题，即《中国五城市家庭研究》《中外国家大城市发展模式比较研究》和《中国民生问题中的结构性矛盾研究》。其他还有《社会改革与心理障碍研究》《城市社区研究》等课题。

从应用和为实践服务的角度看，我参与和主持的最重要和最有影响的项目是《天津市千户居民户卷调查》。该项目从 1983 年到 1992 年连续进行了 10 年，其成果对内为天津市政府工作改革与决策服务。对外则对国际社会学界诸如美国、日本，产生重要影响。1984 年美国社会学会曾邀请王辉同志和我参加美国社会学年会，并在会议上发表了题为《从千户户卷调查看社会学在中国》的学术演讲。

另外，在国际学术交流与合作方面，我曾经和美国社会学家、杜克大学教授林楠，日本社会学家、东京大学教授园田茂人等合作，进行了生活方式和家庭等方面的研究，并得到美国国家科学基金会、日本文部省基金的资助和支持。本人也多次以访问学者身份出访美国、日本，在美国社会学年会上，在日本东京大学、早稻田大学等地，发表学术演讲，参加会议和交流。

本书中搜集的论文和各种文章，从社会学理论、方法和实践等 3 个层面汇集整理了本人从事社会学研究 40 年来的主要成果，以期为社会学的学科建设和发展做出自己的贡献。

目 录

附录

社会学和历史唯物主义

载《中国社会科学》1981 年第 6 期

社会学和历史唯物主义的相互关系，是我国社会学研究面临的重大理论课题。认真研究这一问题是总结历史经验的需要，又是创建新中国社会学的需要，从某种意义上说，它关系到我国社会学的命运。本文仅就这个问题做一些初步的探讨和说明。

一、从学术源流看社会学和历史唯物主义

19 世纪 40 年代，马克思主义的重要组成部分——历史唯物主义诞生了。这是社会历史观的一次伟大变革。正如恩格斯所说："这种观点认为一切重要历史事件的终极原因和伟大动力是社会的经济发展、生产方式和交换方式的改变、由此产生的社会之划分为不同的阶级，以及这些阶级彼此之间的斗争。"①这样马克思和恩格斯就打破了唯心史观的偏见，破天荒第一次发现了人类历史的发展规律，从而使历史唯物主义成为科学思想中最伟大的成果。

大约与此同时，社会学也出现在 19 世纪 30 年代末期的欧洲。社会学(Sociology)这个名称虽然是由比利时统计学家凯特勒首先提出的，但世界上大多数社会学家却公认孔德为其首倡者。作为空想社会主义者圣西门的门徒，孔德的理想也是要改造社会。孔德认为认识社会规律，必须

---

① 《马克思恩格斯选集》第 3 卷，人民出版社 1972 年版，第 389 页。

有一种社会科学，即社会学，而这种科学本身又必须以一种哲学观点为前提。因此，他毕生致力于创制这种哲学，即所谓实证哲学。孔德认为，只有靠观察和经验才能发现自然和社会的规律，只有实证的知识才能运用到人类实践的各个领域……1838年，当孔德的主要著作《实证哲学教程》第四卷出版之际，他提出了建立社会学的独立学科的要求。孔德的社会学是历史唯心主义和生物学的自然主义的混合物。他把社会学分为社会静力学和社会动力学两部分：前者描述人类社会有机体的平衡状态；后者描述各种道德观念对世界的影响。孔德认为"道德复兴"是人类进步的基础。在他看来，"整个社会机构是以观念为基础，人类精神决定社会发展的方向。"这就清楚地暴露出他的社会学的资产阶级伪科学的实质。

比较社会学和历史唯物主义的发展过程，不难发现，二者不仅产生的历史条件相同，而且有着共同的研究对象。

19世纪三四十年代，资产阶级革命在欧洲主要国家已经完成。资产阶级冲破近一千年的封建桎梏，终于上升为统治阶级。刚刚取得统治地位的资产阶级曾经是朝气蓬勃的。诚如《共产党宣言》所说，他们在不到一百年的阶级统治中所创造的生产力，比过去一切世代所创造的全部生产力还要多，还要大。然而，资本主义在造成这种暂时繁荣的同时，就已经产生了致命的弊病。生产资料私人占有和社会化大生产的矛盾，导致周期性的经济危机频繁地爆发。阶级分化，问题丛生，资本主义大厦在它落成伊始就摇摇欲坠了。这一情况集中表现在，由于资产阶级对工人的残酷剥削，资本主义社会两大对立阶级——无产阶级和资产阶级的矛盾日益激化，无产阶级掀起了波澜壮阔的反对资产阶级的革命斗争。法国里昂工人起义、英国宪章运动和德国西里西亚工人起义，标志着这一斗争的高涨和成熟。面对动荡的时代、动荡的社会和充满矛盾的社会现象，人们迫切要求给以说明；同时，自然科学的迅猛发展，也要求社会科学倾听它的呼声。正是在这一共同的历史背景之下，社会学和历史唯物主义先后诞生了。它们各自以不同的立场、观点和方法，对人类社会，特别是对日趋腐朽的资本主义社会进行了研究。

更加耐人寻味的是:作为马克思主义思想渊源之一的19世纪伟大的空想社会主义,同时也是孔德社会学的思想来源。

马克思和恩格斯曾经高度评价圣西门等人的天才思想,认为他们的著作抨击了资本主义社会的全部基础,"提供了启发工人觉悟的极为宝贵的材料"①。并且认为从"圣西门那里看到了天才的远大眼光,由于他有这种眼光,后来的社会主义者的几乎一切并非严格地是经济的思想都以萌芽状态包含在他的思想中"②。但是马克思和恩格斯也同时指出,在圣西门那里,除了无产阶级的倾向以外,还有一定的资产阶级倾向。他们所追求的,不过和启蒙学者一样,幻想建立一个理性和永恒正义的王国。认为他们"愈是义愤填膺地反对这种生产方式必然产生的对工人阶级的剥削,就愈是不能明白指出这种剥削在哪里和怎样发生"③。正是基于如上认识,他们吸收了这一理论中猛烈抨击现存资本主义制度和对未来社会主义社会天才猜测的积极方面,而摒弃了其取消阶级斗争,宣扬社会改良的消极方面。和空想社会主义者不同,马克思和恩格斯认为社会主义的任务不再是构想一个完善的社会制度,而是研究必然产生无产阶级和资产阶级及其相互斗争的那种历史的经济的过程,并在由此造成的经济状况中找出解决冲突的手段。他们通过大量调查研究和分析,发现了人类社会内部矛盾运动的规律,揭破了资本主义生产的秘密,指出了无产阶级必然战胜资产阶级、社会主义必然战胜资本主义这一伟大真理,从而使社会主义真正成为一门科学。

与此相反,孔德却熄灭了圣西门思想的光辉,而大大扩展了其中的唯心主义成分。

孔德早在1814—1816年,在巴黎工艺学校学习期间就汲取了圣西门主义的原理,成为圣西门的一名热情追随者。他曾经给圣西门做过五年秘书,并且成为他的挚友,"他的全部天才思想都是从圣西门那里接受过

---

① 《马克思恩格斯选集》第1卷,人民出版社1972年版,第283页。
② 《马克思恩格斯全集》第19卷,人民出版社1972年版,第212页。
③ 《马克思恩格斯全集》第19卷,人民出版社1972年版,第226页。

来的”。在圣西门死后，作为一名具有严正科学素养的学生，孔德本来“应能把这些盈盈欲溢的思想条理化而后公之于世”，可是，他在按照他个人的观点分类整理时却把这些思想糟蹋了。他尽自己的力量按庸人的方式把它们加以改作：他“剥去这些思想特有的神秘主义外衣，同时也就把它们降到更低的水平”：他“把‘师父’的学说的个别方面加以强调和发挥，却牺牲了他的整个宏伟的思想”①。

孔德以唯心主义的“三阶段规律”来解释社会历史。他认为人类的理智发展经历了神学的、形而上学的、实证的三个阶段；与此相应，人类社会的发展也经历了三个不同的阶段，即军事阶段、过渡阶段和科学—工业阶段。而他所宣称的社会发展的完结阶段——科学—工业阶段，其实就是资本主义社会。他极力主张通过实证哲学澄清社会混乱。他声言“以爱为原则，以秩序为基础，以进步为目的”，他的社会理想就是资本家和工人之间的协调关系。他竭力维护资本主义秩序，在1848年，公然号召巴黎工人放弃斗争。他盛赞中世纪的社会教阶制度，甚至在政治活动中觅求拿破仑三世、尼古拉一世和耶稣会的支持。所以，孔德的社会学观点和实证主义是作为对18世纪法国哲学进步代表人物的唯物主义和无神论的反动而发展起来的。

马克思认为，孔德在政治方面是帝国（个人独裁）的预言家，在政治经济学方面是资本家的统治的预言者，在人类活动各个方面甚至科学方面是教阶制度的预言者。

恩格斯认为，孔德的实证主义体系中，有三个突出的因素：(1)有许多天才思想，但是几乎照例都或多或少地遭到损害；这是由于(2)狭隘的庸人世界观和这种天才处于完全对立地位，使这些思想得不到充分的阐述；(3)一部完全来自圣西门主义而又摆脱任何神秘主义的宗教宪章。

这就不难看出，马克思和恩格斯之所以批判孔德，是因为孔德：在政治上维护资本主义制度，宣扬阶级调和，勾结宗教势力，反对社会主义；在

---

① 《马克思恩格斯全集》第39卷，人民出版社1972年版，第374～375页。

哲学上散布唯心主义，妄图制造一个包罗万象的百科全书式的独断体系；在科学分类上，抛弃了圣西门的天才思想，用各种具体的专门学科“溶化”了哲学，把哲学归结为自然科学一般结论的简单综合，并且，给某些自然学科划定了功利主义的狭隘范围，从而导致形而上学和不可知论。

马克思恩格斯在批判孔德的同时，并没有否定过社会学作为一门独立学科的存在价值，也没有否定过任何要求开展社会学研究的主张。相反，在马克思的学说中包含着大量科学社会学的思想，它既从世界观和方法论角度阐述了社会及其发展规律，又从许多专门学科出发，对大量的实际社会问题进行了具体的调查和分析。所以，广义地说，如果把社会科学等同于社会学，那么在当时，只有马克思主义的学说才称得上是科学的社会学。

但是，马克思却一直称自己的学说为唯物史观，而不称社会学。恩格斯也是如此。直至19世纪90年代马克思去世以后，恩格斯开始称唯物史观为历史唯物主义，但是也不称为社会学。这是因为，由于孔德的提倡，“社会学”一词，在当时已经在很大程度上被资产阶级社会学思想庸俗化，愈加变得庞杂不堪和捉摸不定，因此，马克思和恩格斯不愿把自己的科学理论混同于这一似是而非的实证主义谬说，从而在反对资产阶级社会学思想的斗争中引起混乱。如果据此断言马克思根本没有自己的社会学思想和理论当然是错误的。在当时，无产阶级和广大劳动人民摒弃孔德的社会学，接受科学的历史唯物主义这一事实，常常成为后来人们用历史唯物主义取代社会学的历史根据。但是，这一事实却极容易造成一个虚构的“传统”，即从学科分类角度，作为一门独立的学科，容易把社会学视为资产阶级的专利品而加以排斥。

应当指出，马克思和恩格斯尽管不提社会学，却从来没有准备用历史唯物主义取代一切。恩格斯针对19世纪90年代德国出现的把历史唯物主义庸俗化的现象，曾经这样说过：“无论如何，对德国的许多青年作家来说，‘唯物主义的’这个词只是一个套语，他们把这个套语当作标签贴到各种事物上去，再不做进一步的研究，就是说，他们一把这个标签贴上去，就以为问题已经解决了。但是我们的历史观首先是进行研究工作的指南，并不是照黑格尔学派的方式构造体系的方法。必须重新研究全部历史，必须详细研究各种社会形态存在的条件，然后设法从这些条件中找出相应的政治、私法、美学、哲学、宗教等等的观点。”①列宁则明确提到了“社会学”。他在《什么是‘人民之友’以及他们如何攻击社会民主主义者?》一文中，一方面指出，如果社会科学等同于社会学，那么历史唯物主义就是“科学的社会学”。另一方面，更明确指出：历史唯物主义“第一次把社会学提到了科学的水平”，“使科学的社会学的出现成为可能”。列宁愤怒地驳斥了民粹主义者米海洛夫斯基攻击马克思想用唯物史观“说明‘人类的全部’过去”的捏造，指出：“历史唯物主义也从来没有企求说明一切，而只企求指出‘唯一科学的’(马克思在《资本论》中的话)说明历史的方法。”②

所以，无论从哪一种意义上说，历史唯物主义都既不能代替社会学，也不能代替任何一门具体的科学。恰恰相反，妄图创造一个包罗万象的独断体系的，不是别人，正是资产阶级社会学的创始人——孔德自己。

二、需要建立独立的社会学学科

任何理论都要随着时代的发展而发展。自历史唯物主义和社会学同时诞生的那个时代至今已经150余年了。今天，随着四个现代化建设的迅速发展和科学文化事业的繁荣，我国无产阶级和广大劳动人民不仅需要历史唯物主义，而且需要建立自己的社会学。这是因为：

1. 历史唯物论固然是科学的真理，但是它是从世界观和方法论角度说明社会本质及其发展的，属于哲学范畴。它不能在细节和局部上解释社会生活的一切现象和过程，形象地说，它不是社会发展的算术，而是社会发展的代数。它不是指出个别现象的原因，而是指出应该怎样去发现这些原因。马克思和恩格斯找到了打开社会科学门户的钥匙——历史唯物主义，这是人类认识史上的革命性创举。但是，由于他们把主要精力集

---

① 《马克思恩格斯选集》第4卷，人民出版社1972年版，第475页。

② 《列宁选集》第1卷，人民出版社1972年版，第83页。

中于研究和领导无产阶级的解放事业，集中于创立无产阶级争取解放的斗争理论，因而不可能对包括社会学在内的社会科学的一切学科进行具体探讨；同时，尽管在他们的理论中包含着大量的科学社会学思想，尽管他们对一些社会现象和问题，诸如妇女、家庭、住宅、宗教等等都曾有过研究和阐述，但是尚未来得及，也不可能在历史唯物主义基础上，对所有这些社会问题逐一进行系统的社会学研究。这个任务已经历史地落在后继者的肩上。

2. 如同自然科学一样，社会科学的发展同样要经过综合——分门别类——综合的不断反复过程。马克思的历史唯物主义既然是社会科学发展的第一个科学的综合形态，在此之后，它必然也要经历分门别类的研究，然后才能实现更高一级的综合。因此，历史唯物主义哲学的任务并不是笼统地代替社会科学各个具体学科的具体研究，而是要在立场、观点和方法上指导这些学科开展自己独立的研究。社会学作为社会科学的一个学科，当然也不例外。从一定意义上说，学科分类的专门化趋向是科学发达的标志。因为，这种专门化的研究，往往是各学科之间实现进一步渗透与综合的必要前提。所以，开展社会学研究是我国社会科学发展的必然趋势。

3. 现代化的进程已经对世界各国（不论其社会制度的性质如何）的社会和社会生活产生了深刻影响。现代科学技术的应用和自然资源的大量开发，促使生产力成倍增长，但是也带来了生态平衡的破坏和环境的污染；都市化趋势，在提高人们生活质量的同时，也带来了交通拥塞，住房缺少，以及消费品供求矛盾等等一系列问题；同时，随着社会生活的现代化，人们的婚姻、家庭、生育、邻里等伦理道德观念也发生了变化。层出不穷的新情况、新问题都要求人们给予说明和解决。现成的答案是不存在的，这就需要在马克思主义指导下开展多方面的研究，而社会学便承担其中的一部分任务。总之，在现代化已引起如此巨变的今日，社会科学早已冲破传统的藩篱，它一方面要倾听自然科学的呼声，一方面要正视瞬息万变的生活。它要把它的一个个触角伸进社会生活的每一个角落，以探求复杂的现代社会之谜。社会学便是这些触角之一。社会学的任务是要具体地研究社会、社会组织、社会结构、社会关系、社会现象、社会问题、社会变迁等课题。这些课题都是伴随人们变革社会的实践活动的不断深化而产生的,所以建立社会学学科是我国四个现代化实践的客观需要。

4. 社会学自孔德以来发生了很大变化,这主要表现在以下方面:

(1)尽管孔德及其门徒的社会学是唯心主义的,但社会学作为一门科学,并没有因此走上穷途末路。事实上,它不仅得到保存,而且在第二次世界大战以后,得到空前的繁荣。在美、日、英、法、南斯拉夫、苏联以及一些新独立的殖民地和半殖民地国家,社会学研究机构林立,研究队伍迅速壮大,社会学刊物大量出版发行,在社会生活中占有引人注目的重要地位。以 1978 年世界第九次社会学大会为例,参加大会的国家和地区 110 个,会议期间举行大小学术会议 400 余次,发表报告、报告摘要和讨论发言 1500 多篇。其繁荣景象可见一斑。

(2)从孔德的包罗万象的体系变为和其他社会学科有所分工,尤其注重对社会实际问题的调查研究,实现了统计化,数量化。当代社会学有侧重理论问题研究的理论社会学,也有侧重实际社会问题研究的应用社会学,在一些国家中应用社会学比理论社会学更发达。战后资本主义世界生活秩序相对稳定,社会生活相对繁荣,从保持社会均衡,反对社会改革的立场出发,西方一些社会学家更注重社会实际问题的研究,如人口、家庭、就业、犯罪、劳保和社会救济等。他们注重调查,掌握第一手材料,特别注意分析社会各种微小的变化和现象,并以自己的研究成果向政府有关部门提供情报,作为政府制定政策的参考和依据,或据以评价某种政策实施的优劣得失。这种情况一方面表明,他们不愿触动现存资本主义社会制度的根基,因而从理论上找不到出路;另一方面也表明,他们提供了大量研究社会现象和问题的实际知识,为微观地研究社会积累了经验。我们过去一度只重视宏观地研究社会,轻视微观;只重视对社会根本问题的研究,轻视对社会具体问题、具体现象的分析,在研究中只重视定性分析,忽视定量分析;现代社会学的发展,在这些方面对我们有所启发。

(3)现代社会学将电子计算机技术广泛应用于社会调查,大大加快了调查速度，提高了精确度。以“模式”测定法为例，它以假设的逻辑结构模式来测定现实的实例，然后利用电子计算机进行大规模运算，通过复杂的公式处理数目众多的可变因素，并推断其可能出现的结果。此外，他们在运用观察法、实验法、个案法（典型法）、抽样法（随机抽样和非随机抽样）、普查法等先进方法进行社会调查时也积累了丰富经验。

（4）注重对马克思社会学思想的研究。当前，在西方某些国家和地区的社会学家中，出现了马克思主义研究热。尽管他们的一些观点、见解我们不能同意，但是，这种现象却从侧面告诉我们马克思主义的强大生命力，说明马克思不仅不反对社会学研究，而且他的著作中还包含着极其丰富的社会学思想。正是由于这个原因，才使得西方某些社会学家不得不从马克思主义中寻找出路。例如，有的社会学家称马克思是社会学创始人之一，是“社会学之王”。英国社会学家哈·约·拉斯基则说，没有一个认真的观察家会设想唯物主义历史观就没有疑难，就能解决涉及历史解释的一切问题。但是也没有一个认真的观察家能怀疑唯物主义历史观在过去100年中对于社会变迁的原因提供主要线索比之其他曾经提出过的假设成就更大。据社会学者麦克奈尔利所著《马克思：社会学、社会变迁、资本主义》一书统计，从1960－1977年间研究有关马克思主义与社会学的较为重要的论著，为数竟达276种之多。

上述情况说明，我们再也不能用历史的眼光看待今天，不能把现代社会学等同于孔德、斯宾塞的社会学，更不能把社会学笼统地视为资产阶级的东西而拒之门外。如果说在马克思、孔德时代以历史唯物主义取代社会学还是可行的，那么，在今天却已经不能这样简单从事。历史的发展要求我们正确地看待社会学，研究社会学，建立自己的社会学。简单化，公式化，夜郎自大，闭关自守，只会阻碍科学的发展。开展社会学研究势在必行。

三、在历史唯物主义指导下开展我国社会学研究

既然历史唯物主义和社会学都要从整体角度研究社会，二者必有重叠之处。这种情况虽然在历史唯物主义和其他学科（如政治学、经济学、法律学、历史学等）的关系中也常常发生，却远没有和社会学的重叠那样多。目前世界各国社会学的不同派别，对社会学和历史唯物主义的相互关系的不同理解，大致如下：

（1）不承认或不提历史唯物主义对社会学的指导作用，只承认历史唯物主义是一种哲学观点，至多不过是社会学中的一派。尽管有些社会学家曾经自觉或不自觉地运用过历史唯物主义的某些观点和方法，但是他们却认为，不存在社会学和历史唯物主义的相互关系问题。这种看法在西方社会学中比较普遍。

（2）承认历史唯物主义的科学世界观和方法论，不承认社会学的地位，认为社会学不过是经验和实证的研究，既无规律，也无理论，把社会学一律视为资产阶级的东西，以历史唯物主义取而代之。苏联自 20 世纪 20 年代末开展“红色教授运动”，批判索罗金等社会学理论，把社会学家赶出国外，取消了社会学，直至 20 世纪 50 年代中期均属于这种情况。中华人民共和国成立以来，（直到本文写作之际）大部分时段也曾经持这种看法。

（3）承认历史唯物主义，也承认社会学地位，但仍然是以历史唯物主义取代社会学。它的所谓社会学理论仅仅是历史唯物主义的原理和结构上的略微展开。如苏联的罗仁 1962 年所著《马克思主义社会学导论》一书主张马克思主义社会学就是历史唯物主义，又认为历史唯物主义具有两方面含义：一方面是作为哲学的历史唯物主义，主要研究社会存在和社会意识的相互关系，以及社会发展的一般规律；另一方面是作为社会学的历史唯物主义，研究比较具体的社会问题。罗仁说，否认历史唯物主义是社会学，否认它的社会学职能，不可避免地会导致割裂社会学与哲学的联系，这是现代资产阶级社会学的本质特点。这一派观点否认历史唯物主

义之外还有一般社会学理论。

(4)把历史唯物主义作为社会学理论的最高层而直接包括在社会学中。如民主德国社会学家G. 阿斯曼等认为,历史唯物主义对社会现象和社会过程的阐述,作为最高的概括阶段,形成一般的社会学理论,因此它不可能在社会学"之外"。历史唯物主义的认识是马列主义社会学的整个结构的组成部分。

在我国的社会学研究中应当怎样处理社会学和历史唯物主义的关系呢?由于我国的社会学研究刚刚恢复,我们尚没有一个自己的社会学体系,目前要全面地科学地回答这个问题是不可能的。从历史唯物主义是开展我国社会学研究的指导思想和理论基础,社会学又是独立的学科这两个基本点出发,试提出如下原则作为参考:

1. 不要搬体系,而要用观点、方法

我们说以历史唯物主义为指导,绝不是要把历史唯物主义的体系直接搬入社会学。把社会学看作是历史唯物主义体系的展开,或者把历史唯物主义作为社会学的第一层理论,都是不恰当的。历史唯物主义是我们开展整个社会科学研究的指导思想,如果社会学必须把历史唯物主义放在自己学科理论的第一层,依此类推,政治学、经济学、法律学等是不是也都要在自己学科理论的第一层放上历史唯物主义呢?这显然是不必要的。这样做并不一定意味着坚持了历史唯物主义的指导作用,反而容易抹杀社会学作为一门独立学科所固有的特点,使社会学难以自成体系,成形展开。为了保持社会学的独立性,我们反对机械地理解历史唯物主义的指导作用,反对把社会学溶解在历史唯物主义的哲学之中,而要提倡在社会学研究中自觉地运用历史唯物主义的世界观和方法论。例如,社会学在研究人类社会制度起源问题时,要运用历史唯物主义关于生产力和生产关系相互矛盾的原理,批判"神创论""自生论"和"社会契约论",指出人类社会制度是和生产力发展的一定水平相联系,生产力决定生产关系,生产关系决定社会关系,在社会关系的基础上形成人们的行为规范,从而产生社会制度。生产力的发展决定社会制度的性质及其变化。在这里是运用历史唯物主义观点于社会学，而不必在社会学中阐述什么是生产力、生产关系，为什么生产力决定生产关系之类问题。这些阐述恰恰要由历史唯物主义去完成。

2. 不要面面俱到，而要各有侧重

历史唯物主义是具有高度概括性和抽象性的哲学，不能十分具体。它的研究对象应当是人类社会的一般规律和诸如社会存在、社会意识、生产力、生产关系、经济基础、上层建筑等根本问题。过去历史唯物主义研究于此已有建树，但并没有臻于完善。对于它的基本范畴，至今还有许多争论。比如社会存在是指生产方式本身，还是物质生活条件，还是更宽一点？生产力是两要素还是三要素？生产关系是三要素还是四环节？生产力决定生产关系，在一定条件下生产关系能否对生产力起决定作用等。所以历史唯物主义绝不会因为社会学研究的开展而无事可做。

就社会学来说，其研究范围和对象历来在社会学家那里众说纷纭，莫衷一是。由于我们承认历史唯物主义的科学，因此我们的社会学可重点从整体角度研究社会的具体方面，就是说具体研究各种社会、社会组织、社会结构、社会现象、社会问题以及社会变迁等。这些方面从根本上受历史发展的总规律制约，但又有自己的特殊规律。这些特殊规律相互联系，自成体系，构成社会学理论。不承认社会学有理论，把社会学贬为经验的研究，视为杂谈，是错误的。此外，社会学还有一个重要方面，即理论的应用。它具体涉及社会生活的众多方面，如家庭、婚姻、就业、青年、妇女、犯罪、环境保护、都市、乡村等等，这就需要从调查研究入手，把握第一手材料，做定性定量分析，以得出相应的结论。当前，我国社会学可从理论和调查研究两方面同时入手开辟自己广阔的研究天地。

3. 在内容上不要截然分开，要允许部分重叠

尽管历史唯物主义和社会学相互独立，各有自己的理论体系，在内容上也仍然会有重叠。认为凡是历史唯物主义阐述过的范畴和内容，社会学一律不要重复出现是不可能的。马克思、恩格斯、列宁、斯大林、毛泽东在阐述历史唯物主义基本原理的同时，都曾运用过许多重要的调查方法，

对大量社会问题进行过调查研究。这些内容,我们当然应直接吸收为社会学的内容。同时,社会学不可避免地要直接包含历史唯物主义的一些基本范畴。比如社会学要研究社会关系,在众多的社会关系中不能不包括生产关系,离开了生产关系不仅无法理清各种社会关系的脉络,就是社会关系本身也缺少一环。又如社会学要研究社会分层,尽管社会分层可能有多种方法,不一定都要用阶级和阶级分析方法,但是在阶级社会中,阶级和阶级分析方法毕竟是一种基本的方法,所以,阶级的范畴在社会学和历史唯物主义中都应存在。类似这样的范畴,当然要发生重叠。这样的重叠,在自然科学和社会科学诸学科中是普遍现象,不足为奇。

4. 不要只理解为单方面作用,而要看到相互作用

说历史唯物主义是社会学的指导思想和理论基础,往往容易片面理解为仅是前者对后者发生作用。其实,社会学的研究成果必然形成对历史唯物主义的补充,促使历史唯物主义向前发展,所以后者也会反作用于前者。比如,历史唯物主义认为社会关系可归结为生产关系,生产关系决定社会关系。但由于它不具体研究各种社会关系,因此,这一结论就比较笼统。社会学则十分具体而微地探讨家庭、亲朋、邻里、上下级等各种社会关系,因而必然会使这一结论的含义和范围更加确切。

当前,我国的社会学研究刚刚起步,鉴于历史的经验和我们的国情,搞清社会学和历史唯物主义的关系是重要的。历史唯物主义是社会学的指导思想和理论基础。历史唯物主义不能取代社会学。社会学要建立自己独立的理论体系,并开展实际方面的研究。社会学的研究成果必然形成对历史唯物主义的补充和发展。以上便是本文试图阐明的总观点。

试论闲暇时间和我国城市居民的闲暇生活①

载《中国社会科学》1987 年第 6 期

随着我国现代化建设的发展和人民生活水平的提高，闲暇时间和闲暇生活问题越来越受到社会的关注。本文拟就这一问题做些初步的研究和探讨。

一、闲暇时间的概念和测量指标

对于闲暇时间，存在着不同的理解。有的人把闲暇时间理解为“业余时间”或“非工作时间”，这样，“家务劳动时间”和“满足生理需求时间”都可以包括在内。这显然失之过宽。那么，闲暇时间的概念究竟应该是怎样的呢？

我们认为，马克思提出的“自由时间”概念可以作为确定“闲暇时间”概念的基础。马克思说：自由时间“就是可以自由支配的时间……这种时间不被直接生产劳动所吸收，而是用于娱乐和休息，从而为自由活动和发展开辟广阔天地”。他又说：“但是自由时间，可以支配的时间，……一部分用于消费产品，一部分用于从事自由活动，而这种自由活动不像劳动那样是在必须实现的外在目的的压力下决定的，而这种外在目的的实现是自然的必然性，或者说社会义务……怎么说都行。”②

从马克思这些论述中，可以得到 3 点启示：第一，自由时间所从事的

---

① 文章发表时署名的作者还有袁国华。

② 《马克思恩格斯全集》第 26 卷，3 分册，人民出版社 1972 年版，第 281～282 页。

活动不是来自任何外在压力、目的和义务，而应当出于自我，为了自我之目的；第二，自由时间所从事活动的内容主要是娱乐和休息；第三，自由时间的使用是为自由活动和发展开辟广阔天地。虽然马克思在这里说的是“自由时间”而不是“闲暇时间”，但他把自由时间同人们日常生活中的其他基本方面明确区分开来，对于确定闲暇时间这一概念的含义具有重要的方法论意义。

科学地界定“闲暇时间”这一概念，有必要为闲暇时间确定具体的指标体系。这种指标体系的建立，不仅有助于我们确定和理解闲暇时间概念的内涵和外延，而且使我们能够以科学方式（比如社会调查和数理统计方法）测量和分析闲暇生活的状况及其变化，作为制定正确政策、改善闲暇生活状况的基础。在为闲暇时间建立指标体系时，应该注意以下几点：首先，闲暇生活同工作（劳动）、满足生理需求及家务劳动等的关系十分密切，因此确定闲暇时间指标必须和确定日常生活的其他时间测量指标密切联系在一起。其次，在联系其他活动时间去研究闲暇时间时，应有利于对问题的理解、分析，并通过这些理解和分析去影响社会生活和社会政策。比如联合国经济和社会事务部统计处编写的《社会和人口统计体系》一书，曾将“上下班途中”和“购物”（买东西排队）归并在一起，其实，前者与生产性的工作关系密切，后者与“家务”劳动关系密切。因此，前者应单列于“生产性工作”之后，而后者则应与“做饭”等家务劳动并列。这样也便于比较分析。在研究工作中，只有使用相同的指标体系，其结果才有相互比较的意义。

联合国《社会和人口统计体系》把人们每天的时间分为 3 部分：第 1 部分为学习、挣钱、上下班途中、买东西和家务劳动等；第 2 部分为睡觉吃饭等；第 3 部分为个人可支配的时间。这种分法基本合理，但过于笼统。而苏联、美国、西德、英国等国的社会学家在 20 世纪 70 年代所做的关于闲暇时间的社会学研究更为细致，它们把每天每人 24 小时划分为 7 个部分：1. 工作时间，即用于劳动和其他职业活动时间；2. 上下班往返时间，即用于上下班路程及班前准备时间；3. 家务劳动和个人副业劳动时间，如做饭、洗衣、购物、打扫房间，以及为照顾老人和病人所进行的各种劳务等;4. 照料孩子和教育孩子时间;5. 满足生理需要时间,即用于吃饭、睡觉、个人洗漱等时间;6. 空闲时间(闲暇时间)主要包括(1)学习和自学;看报纸、杂志、听广播、看电视和电影;(3)户内、户外交往、交谈;(4)观看演出、比赛;(5)体育和运动;(6)创作活动;(7)无事休息。以上活动可以概括为四大项:“娱乐”“休息”“学习”和“交往”。在有些国家还把业余时间参与一定的“社会工作”以及“举行宗教仪式”也归入这一类。7. 与空闲时间内各种活动有关的往返。从这 7 个方面看,“工作时间”“上下班的往返时间”“家务劳动时间”“教育子女时间”“满足生理需要时间”不能达到使本人“休息”“娱乐”和“自我发展”的目的,因此,不应包括于“闲暇时间”之内,只有空暇时间中的各种活动及与这些活动有关的往返所占的时间,才应包括在“闲暇时间”之中。当然,任何测量社会现象的社会指标只具有相对的合理性,就时间分配来说也是如此。比如有些人将从事一些简单的其他劳动作为一种享受,而另一些人却是为了补充其收入。有些人练习唱歌是为了学习谋生技能,而另一些人则是出于业余爱好。这说明判断行为的性质时,人们的主观动机也是不能忽视的,在收集资料和实行统计时,既应注意到客观事实方面,也应注意到主观意图方面,从而使统计和测量尽可能合理。

二、闲暇时间是一种宝贵的社会财富

早在一百多年前,马克思在《以李嘉图理论为依据反对政治经济学家的无产阶级反对派》一文中说:“自由时间,可以支配的时间,就是财富本身。”①他又说:“这里,可以自由支配的时间以及对别人劳动时间里创造出来的东西的享受,都表现为真正的财富。”②在评价《国民困难的原因及其解决办法》时,他指出:“显然,小册子的作者本人对这一点是不清楚的。不过下面这段话无论如何仍不失为一个精彩的命题:‘一个国家只有在劳动 6 小时而不是劳动 12 小时的时候,才是真正富裕的。’财富就是可以自

---

① 《马克思恩格斯全集》第 26 卷,第 3 分册,人民出版社 1972 年版,第 281~282 页。
② 同上

由支配的时间,如此而已。”[①]马克思的论述精辟地概括了“自由时间”(即闲暇时间)的真实含义和社会价值。

从什么意义上可以说闲暇时间是一种宝贵的社会财富呢?我们认为,可以从三个方面来理解:

首先,闲暇时间是劳动创造的。从历史上看,人类的闲暇时间和社会财富是同步增长的。在远古时代,社会生产力很低,人们为了生存不得不终日辛苦劳动,天天都要为获得食物而奔波。用今天的眼光看,那时是很少有闲暇时间可言的。随着生产力的发展,人们能用较少的时间生产较多的食物及其他产品,为劳动时间的缩短和闲暇时间的产生提供了可能,这时人们才能谈得到休息、娱乐及其他。生产力越发展,人们就越能用较少的时间创造较多的财富,得到的闲暇时间也就越多。可是在阶级社会里,由于财富分配的不平等,因而存在着闲暇时间分配上的不平等。马克思在谈到资本主义制度使一部分人为另一部分人创造闲暇时间时指出:“……这种奴隶劳动为其他人,为社会的另一部分,从而也为〔整个〕雇佣工人的社会创造余暇,创造自由时间。”“如果把资本创造的生产力的发展也考虑在内,那么,社会在6小时内将生产出必要的丰富产品,这6小时生产的将比现在12小时生产的还多,同时所有的人都会有6小时‘可以自由支配的时间’。”[②]现代社会的发展证明:劳动生产力的提高为闲暇时间的增多开辟了广阔的前景。比如当今一些发达国家的闲暇时间已经有了较大的增长,每周5天工作制和每天7小时工作已较常见。当然,这种情况的出现是以人们紧张的,有时甚至是筋疲力尽的工作和劳动为代价的。

其次,闲暇时间是满足人们的日常生活需求,提高人民生活质量不可缺少的条件。闲暇时间作为一种社会财富与其他社会财富有着不同点,即它不被直接生产劳动所吸收,而是用于娱乐和休息,从而为自由活动和发展开辟广阔天地。在某种意义上说,一个只拥有其他财富而没有闲暇时间的人(或个人)并非是真正富有的人。闲暇对于我们如何安排自己生

① 《马克思恩格斯全集》第26卷第3分册,人民出版社1972年版,第281～282页。

② 同上。

活的其他方面，比如家庭和工作也具有极其重大的影响。在西方国家的人们，开始把闲暇本身看作是一种目的，看成是一种新的、有利于自我实现并使自己感到愉快的社会需要。从企业的要求来说，这种社会需要过去经常被认为是虚度时光，而现在却被说成是人的尊严所在；从对家庭的要求来说，这种社会需要过去经常被称作是自私的表现，而现在却被认为是尊重他本人及其家庭成员人格的表现。这种需要的一部分过去经常被宗教组织认为是邪恶的，而现在却被认为是生活的艺术。苏联学者列昂尼德·戈尔顿在谈到社会主义条件下闲暇生活的意义时指出，保证社会主义的全体公民享有同等的工作之余的自由时间这一事实本身，就具有根本性的意义。这使得早先不但同文化和教育无缘而且连识字这一最起码的可能都没有的千百万劳动群众，在社会生活、文化和闲暇消遣等各个不同的领域里发挥了被革命所激起的独立自主精神，居民的教育水平提高了，人们在不同程度上开始享用文化财富。结果，闲暇消遣的形式也就变得异常丰富多彩。在社会主义的早期发展阶段，经济上还没有可能去着手解决同合理利用自由时间有关的一切问题。马克思的论断在当时还只不过是一种理想，是一个遥远的目标，而现在，这已成为社会主义今天日程上的主要问题之一。社会主义社会的生产目的，在于极大地提高人民的物质文化生活水平。在我国当前条件下，首要的是求“生存”和“温饱”，同时，在生产力不断发展的基础上，也应考虑满足群众“休息”“娱乐”和“自我发展”的需要。

第三，闲暇时间是发展才能，激发人们去创造新的社会财富的有效途径。联合国《消遣宪章》对“消遣时间”（即闲暇时间）的这种作用有过很好的说明：“消遣和娱乐……通过身体放松，竞技、欣赏艺术、科学和大自然，为丰富生活提供了可能性。无论在城市和农村，消遣都是重要的，消遣为人提供了激发基本才能的变化条件（意志、知识、责任感和创造能力的自由发展）；消遣时间是一种自由的时间，在这个时间里，人们能掌握作为人和作为社会有意义成员的价值。”

最近我国的一些学者也在研究闲暇时间时认为，现代科学技术的进步，极大地提高了劳动生产率，而生产率越高，所需要的劳动时间就越短，对劳动者的技能要求就越高。为此，人们就需要有更多的闲暇时间来进行学习和发展各种技能，以适应现代社会发展的需要。人们在闲暇时间里可以从事各种精神文化的创造性活动，可以得到愉快的娱乐和休息，可以学习各种自己爱好的技能，发展丰富多样的兴趣；可以自由自在地进行社会交往，可以学习各种知识，参加各项体育活动，以求得智力、体力和心理的健康和全面的发展。对于社会来说，人们在闲暇时间中得到的'补偿'和发展，将对经济和社会的发展起积极的作用。我国《统计》杂志1982年第4期发表了《简论衡量我国人民生活水平的指标》一文，把生活水平测量指标分为三个基本方面：第一，综合性指标，包括平均国民收入等等。第二，满足人民基本生活需要的指标。包括吃、穿、用、住房等项。第三，满足人民精神文化生活基本需要的指标，其中包括"文化生活享受和生活余暇"。这说明闲暇时间与闲暇生活问题在我国已开始受到越来越多的重视。

三、闲暇时间的创造和利用

对于我国城市居民来说，应当如何创造和合理利用闲暇时间？要回答这一问题，首先必须对城市居民的现实时间分配状况及拥有的闲暇时间量做一番调查和分析。下面是天津市城市居民1985年户卷抽样调查中的有关资料。

从表1中我们可以大致了解到城市居民每天的时间分配情况和闲暇时间拥有量。通过计算，他们享有的闲暇时间为：工作日平均212.99分钟；休息日平均375.21分钟。用加权平均的方法，计算出他们每周内任何一天（包括周日和平日）享有的闲暇时间为236.16分钟，约占每人全天拥有时间量的16.4%。同样，如果我们用加权平均的方法，可以计算出每人每天闲暇活动之外的其他各种活动时间，其中"工作时间"是372.87分钟，占全天的25.89%，"上下班往返时间"是47.79分钟，占全天的3.32%，"买东西等家务劳动时间"是241.72分钟，占全天的16.79%，

"照顾孩子和教育孩子的时间"是 57.77 分钟，占全天的 4.01%，"满足生理需求"是 490.14 分钟，占全天的 34.03%。

表 1　天津市城市居民日常工作、闲暇时间分配表　　单位：分钟

活动类别		平日			周日		
		均值	个案数	标准差	均值	个案数	标准差
工作		431.76	999	159.10	19.56	993	93.46
上下班的往返		55.02	999	51.45	4.42	994	40.21
家务劳动和个人副业劳动	买东西	45.47	999	39.82	100.01	993	70.55
	做饭	78.37	999	60.95	118.57	993	75.25
	洗衣	33.71	999	38.28	81.83	993	61.34
	室内卫生	30.85	999	32.15	62.08	993	50.23
	个人副业	8.67	999	31.82	19.97	993	63.15
	其他	15.15	999	64.37	36.27	993	86.89
照料孩子和教育孩子		53.13	998	94.76	85.63	993	121.73
满足生理需求		485.02	999	130.05	520.86	993	143.90
空闲时间利用	学习和自学	21.45	999	86.63	27.55	993	66.32
	参加社会工作	3.70	999	20.57	7.32	993	37.30
	看电视、报纸、听广播等	94.01	999	63.96	130.14	993	84.16
	室内、户外交往、交谈	11.84	999	29.78	28.93	993	59.73
	观看演出(各种比赛电影等)	10.17	999	37.02	34.10	993	64.72
	体育和活动	7.57	999	30.21	12.94	993	41.01
	创作活动和爱好	4.86	999	33.29	13.37	993	68.67
	举行宗教仪式	1.00	999	21.62	1.41	993	23.041
	无事休息	48.77	999	101.21	98.62	992	138.77
	空闲时间内各种活动的往返	9.62	995	36.14	22.36	986	71.02

说明：1. 该调查资料取自 1985 年天津市千户户卷调查(B)卷部分。2. 因为时间统计比较复杂和困难，因此所得各项值只能是近似值，统计结果总误差为平日 0.7%，周日 1%。

时间问题是闲暇生活的首要问题，人们拥有了比较充足的闲暇时间，才可能谈到闲暇生活的改善、提高和丰富。在1985年天津市城市居民户卷调查中，当我们问被调查者在目前的情况下，您认为影响您参加社会娱乐活动的主要困难是什么时，千户中有783户回答说是因为“没有时间”。在与“经济上不允许”“搞不到入场券”“场地问题”“设备问题”等各种原因相比中居首位。可见，努力创造更多的闲暇时间是丰富人们闲暇生活的关键。

讨论创造闲暇时间问题，应包括相互联系的如下两个方面：

第一，在可能的条件下，适当减少其他活动时间，以增加闲暇时间。但减少其他活动时间是有一定限度的。这是因为，人们必须用相当多的时间去从事劳动，以满足生理需求等；而且其他各种时间对闲暇时间的影响也是不相同的，如果单就某一种活动时间而言，我们很难准确说清它对闲暇活动的真实影响程度。在对天津市户卷调查资料的统计分析中我们发现，如果单独统计平日“做饭时间”(x)对平日“闲暇时间”(y)影响的话，可以计算出其间相关系数 rxy＝－0.109。它表明在做饭上所花时间和其拥有的闲暇时间是一种负相关关系。但－0.109是否可以表示“做饭”对“闲暇”的真实影响程度呢？不能如此断言。因为每人每天用于各种活动的时间是相互联系的，它们对闲暇时间的影响也是相互联系的。比如我们将买东西一项所占时间引入统计后发现了如下事实：

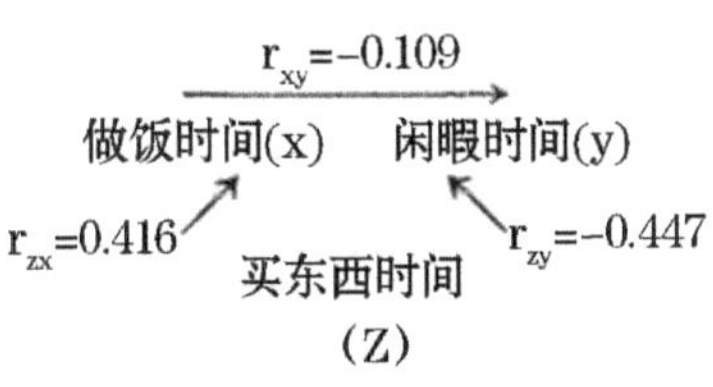

它表示如果分别看“做饭时间”(x)→“闲暇时间”(y)，“买东西时间”(z)→“闲暇时间”(y)的话，其间相关程度分别为 rxy＝－0.109，rzy＝－0.047。但是我们同时发现“做饭时间”(x)和“买东西”(z)之间有一种正相关的关系：rxz＝0.416，这说明不仅 x 和 y、z 和 y 之间有关系，x 和 z 之间也相互影响。如果我们控制(z)值，去统计(x)值和(y)值的相关程度（即 x 和 y 之间的净相关），换句话说就是在考虑(z)因素的情况下，看(x)对(y)的影响，可

将有关数值代入下列公式并得出相应之值：

$$r_{xy\cdot z}=\frac{r\times y-(r\times z)(r_{yz})}{\sqrt{1-(r_{xz})^2}\sqrt{1-(r_{yz})^2}}=\frac{-0.109-(0.416)(-0.047)}{\sqrt{1-(0.416)^2}\sqrt{1-(-0.017)^2}}=-0.0986$$

r_{xyz}＝－0.0986（控制 z 值后 xy 间的关系）和原来的 r_{xy}＝－0.109（没有控制 z 值时 xy 间的关系）不同了，结果说明 1. 原做饭时间（x）对闲暇时间（y）的负影响是真实的；2. 由于|－0.098|＜|－0.109|，即在考虑 z 的因素之后，（x）和（y）间的相关程度低于原相关程度，它说明（x）对（y）的影响有一部分是由（z）引起的，通俗地说，做饭（x）影响人们的闲暇时间部分是由于买东西（z）因素引起的。因此，当我们引进了变量后，更能清楚，准确地解释（x）和（y）之间的关系程度。这个统计事例告诉我们，只有将全天用于各主要活动的时间全部引进综合统计时，才能比较科学地观察和分析各主要时间因素之间的关系。它就要求我们必须采用多元回归统计法进行分析。（见表 2）

表 2　闲暇时间与其他时间因素回归统计表

依变量＝闲暇时间

	平　日		周　日	
	回归参数	显著度	回归参数	显著度
工作	－0.62028	0.0000	－0.33764	0.0000
满足生理需求	－0.50143	0.0000	－0.35038	0.0000
家务劳动和个人副业劳动	－0.46142	0.0000	－0.50124	0.0000
照顾和教育孩子	－0.33827	0.0000	－0.37650	0.0000

平日：Case＝989　R. square＝0.37554　F＝148.6944　signif F＝0.0

周日：Case＝978　R. square＝0.43724　F＝189.96513　signif F＝0.0

说明："家务劳动"和"个人副业劳动"包括了"买东西""做饭""洗衣""室内卫生""个人副业""其他"等 6 项；工作包括"工作时间"和"上下班往返时间"。

表 2 表现出了人们"平日"和"周日"时间分配上的差异。从"平日"的情况看，各种时间因素对闲暇时间的影响都是负方向的，即此长彼消，此

消彼长，但是影响程度不同，相比之下，“工作时间”居第一，“满足生理需求”居第二，“家务劳动”居第三，“照顾和教育孩子”居第四。最高值达—0.62028，最低值也有—0.33827。“周日”的情况则有所不同，同样都是负方向的影响，但家务劳动居第一，照顾和教育孩子居第二，满足生理需求居第三，工作时间居第四。最高值达—0.50124，最低值也有—0.35038。上述统计值中“平日”和“周日”的差异，符合我国城市居民日常生活的实际，即“周日”工作时间短或不工作，大部分时间做家务，并相对有较多的闲暇时间。

下面，我们进一步研究在保证社会和个人各种其他需求的前提下，减少其他活动，增加闲暇活动时间的可能性：

1. 减少“工作及上下班往返”时间。从表 2 中可知，“平日”工作及上下班往返对闲暇时间的影响居第一位，那么，是否有可能通过减少“工作及上下班往返”时间来增加闲暇时间呢？这要从两方面来讨论。第一方面，减少工作时间的可能性。从表 1 中我们可知，城市在职职工现在平均每天工作 431.76 分钟，(因为被调查者中有多位是离退休人员，其工作时间为 0，所以均值比实际工作时间偏低。)众数值为 480 分钟，与实际相符，这与我国现行的 8 小时工作制是密切相关的。要改变 8 小时工作制，其前提是提高劳动生产率，提高生产力发展水平。只有人们能在较短的时间里创造较多的产品和价值，提高相对时间的效能和利用率，才可能减少绝对工作时间。因此要增加人们的闲暇时间，首要的是发展生产力，提高生产效率。由于目前我国生产力发展水平较低，因此马上在全国范围内改变 8 小时工作制是不现实的。但从未来角度说，整个社会实行每天 6～7 小时工作，每周 5 天工作是可以逐步实现的。由于我国要到 21 世纪中叶才能接近现在发达国家的经济发展水平，可以设想，这一过程会相当长，而不是很快就可以实现。当然，在改革、开放的进程中，个别地区和单位在加强科学管理，努力提高效率，保证完成工作、生产任务的前提下，率先试行适合本地区、本单位的工作时间制也不是没有可能的。第二方面，减少上下班往返时间的可能性，就目前情况来讲，我国城市职工耗费在这方面的时间不少。根据1983年天津市户卷调查资料统计，城市职工耗费在上下班途中的时间为平均每人每天约69.2分钟。1985年天津市户卷调查资料则表明，城市职工耗费在上下班途中的时间平均每人每天约55.02分钟。比1983年略有减少。上下班往返中耗费时间过多，主要是由于我国城市交通工具落后，道路狭窄，人口众多，每当上下班时间，职工常常遇到行路难，乘车难、道路堵塞等问题。因此，改变城市布局，拓宽整修道路，增加和改善交通工具，是解决职工上下班难的重要方向。此外，部分职工所在工作单位离家过远，也是很重要的原因。天津市的许多职工希望调换工作就近上班或政府协助换房。这个合理的建议得到了天津市政府的支持，它们在近几年中，开始给上下班路途远的职工调换工作，并且多次召开换房大会，组织集体换房等，解决了一些群众的困难。这些措施对增加职工的闲暇时间显然是有益的。

2. 减少家务劳动时间。家务劳动繁重是我国长期来未能解决的一个社会问题。天津市1985年第三次千户居民户卷调查资料证实，城市职工的家务劳动平日平均每人每天212.22分钟，周日平均每人每天418.72分钟，可见职工的家务劳动时间是不少的。设法减少家务劳动时间，首先必须分析各种不同的家务劳动对闲暇时间的影响程度。(见表3)

表3　各种家务劳动对闲暇时间影响的回归统计表

依变量＝闲暇时间

	平日		周日	
	回归参数	显著度	回归参数	显著度
做饭时间	—.24397	.0000	—.19949	0.0000
洗衣时间	—.16325	.0000	—.17298	0.0000
买东西时间	—.12768	.0000	—.16161	0.0000
其他(家庭杂务)	—.11879	.0000	—.20479	0.0000
室内卫生	—.07790	.0056	—.09819	0.0001

平日:Case＝983　R. square＝0.39372　F＝63.83581　signif F＝0.0

周日:Case＝972　R. square＝0.44620　F＝78.3140　signif F＝0.0

表3告诉我们，各种家务劳动对闲暇时间的影响，在平日是以“做饭”→“洗衣”→“买东西”→“其他”（家庭杂务）→“室内卫生”的顺序排列，在周日则是以“其他”（家庭杂务）→“做饭”→“洗衣”→“买东西”→“室内卫生”的顺序排列。尽管如此，正如我们前面所分析的那样，所有各项家务劳动都是相互联系的，他们对闲暇时间的影响也是相互联系的，往往是一个因素既直接影响闲暇时间，又可能通过另一个因素间接影响闲暇时间。因此，对如何通过减少家务劳动时间来增加闲暇时间，必须作综合的分析。

过去许多讨论家务劳动的文章都提出家务劳动社会化的同题，认为这是解决家务劳动所花时间过长的唯一途径。我们认为，问题没有那么简单。首先应当肯定家务劳动社会化是个方向，但如何实现“社会化”，其步骤、速度、程度等都需要具体分析。这里涉及以下三个问题：(1)社会有多少能力去实现家务劳动社会化？(2)每个家庭有多少能力和愿望接受家务劳动社会化？(3)是否所有的家务劳动都能社会化？从(1)来说，我国社会目前的生产力永平尚无能力解决全部家务劳动社会化的问题，因此要实现家务劳动社会化首先必须发展社会生产力，在此基础上才能谈得上增设商业服务网点，建设起各种发达的社会服务段施，发展社会生活服务业，发展日用消费品生产等。就(2)(3)来说，则和人民的实际生活水平以及家务劳动的某些特点有关。目前我国人民的生活水平较低，收入较少，因此，对公共服务事业的利用能力不高。比如几乎每一个家庭都感到洗衣是一项繁重的家务劳动，但如果社会上立即办起了很多洗衣店，收费洗衣的话，许多家庭未必愿意花钱拿出去洗。从家务劳动的特点看，有些项目也不用能完全社会化。拿一日三餐来说，许多家庭习惯于自己烹饪食品而不愿去食堂或餐馆就餐，就是实例。现在有些城市能从实际出发，首先抓廉价熟食，如大饼、馒头、快餐面等的生产，经济实惠，符合群众的要求，减轻了做饭负担，就很有实效。此外，逐步提高家务劳动手段机械化、电气化程度，对节约家务劳动时间也是十分重要的。如使用电冰箱无疑可减少去市场采购的时间。再说社会也可采取一些相应的措施，以解决某些城市居民的用水难、取暖难、上厕所难、洗澡难、房屋及公共设施维修难等一系列问题，这也可以直接或间接减轻群众的家务劳动负担。

3. 减少照料和教育孩子的时间。照料和教育孩子是父母必须承担的社会义务，人们为此而花费一些时间是完全必要的。一些家庭反映，在照料和教育孩子方面，当前主要遇到两方面的困难。一是双职工照料子女困难。我国的广泛就业政策使双职工家庭大量增加；家庭的小型化也使得青年夫妇依靠老年人照料子女的可能性减少，而社会又面临着托幼事业不发达，子女入托难等问题，这都加重了双职工照料子女的困难。二是升学竞争加重了家庭教育的负担。当前，不少中、小学的作业和考试过多，有些学校或教师还规定作业要经家长签字过目等。为此，一些家长不得不花费相当多的时间督促子女学习，或给子女补习功课。作业、考试过多，不仅加重了学生的负担，而且成了家长的一大负担。对于家长来说，照顾和教育子女的时间过多，无疑会影响到本人的娱乐，享受和自我发展，对于社会来说，也会影响到现有劳动力质量的提高。所以，这一问题必须得到重视和解决。除去社会要采取相应对策，比如认真解决子女入托、入园难以及学生负担过重等，家长也要在教育好子女的同时，合理安排时间，重视自身的发展。

至于满足生理需求的时间，从表 1 上看，我国城市居民在“平日”每人每天平均 485.02 分钟（约 8 小时），“周日”为 520.86 分钟（约 8.68 小时），其中包括睡眠、吃饭、洗漱、个人卫生等所占时间，从医学和生理卫生的角度看，不是过多而是不足。因此，这方面的时间已经减无可减了。

第二，合理利用闲暇时间丰富闲暇生活。从表 1 中可以看到我国城市居民闲暇时间大致分配情况。从描述统计的意义上说，在平日闲暇生活中以“看电视、看报纸杂志、听广播”一项所占时间最多（平均每人每天 94.01 分钟），其次是“无事休息”（平均每人每天 48.77 分钟），再次是“学习和自学”（平均每人每天 21.45 分钟），其他各项所占时间较少。周日的情况和平日相差不多，也是以“看电视等”（130.14 分钟），“无事休息”（98.62 分钟），“观看演出”（34.1 分钟），“学习和自学”（27.55 分钟）为多

到少的顺序。如果我们进一步从相关统计的意义上看,则各种闲暇活动所占时间与闲暇时间总体呈现了如下关系(见表 4):

表 4 闲暇时间内各种活动时间与闲暇时间总体相关统计表

平日				周日			
	相关值(r)	样本数(case)	显著度(P)		相关值(r)	样本数(case)	显著度(P)
无事休息	.6766	986	.000	无事休息	.6255	962	.000
看电视	.4331	986	.000	看电视	.3785	962	.000
学习和自学	.3871	986	.009	创作活动和爱好	.3216	962	.000
体育和运动	.3210	986	.000	学习和自学	.2954	962	.000
与空闲有关的往返	.3177	986	.000	观看演出	.2862	962	.000
室内室外交往及交谈	.2509	986	.000	室内室外交往交谈	.2707	962	.000
观看演出	.2295	986	.000	体育活动	.2485	962	.000
创作活动和爱好	.1986	986	.000	与空闲有关的往返	.2268	962	.000
社会工作	.1610	986	.000	社会工作	.1615	962	.000
举行宗教仪式	.0267	986	.402	举行宗教仪式	.0562	962	.082

综合“平日”“周日”,两项,从统计意义上说,以“无事休息”“看电视”“学习和自学”3 项最突出。下面从这 3 个方面简单谈谈应如何利用已经得到的闲暇时间,以提高使用效率:

1. 减少闲暇时间使用上的浪费。例如“无事休息”时间过长,就是一种浪费。据统计,我国城市居民“无事休息”的时间普遍高于西方发达国家的水平。我们是平均每人每天 48.77 分钟,而美国只有 7.1 分钟,苏联是 9.3 分钟,联邦德国是 12.6 分钟,民主德国是 9.2 分钟。“无事休息”占去过多时间,势必减少其他各种闲暇活动的时间。以“观看演出”“体育和运动”“创作活动和爱好”三项为例,我国城市居民的平均时间为 25.07 分钟,而美国为 29.8 分钟,苏联为 33.85 分钟,民主德国为 38.15 分钟,联邦德国为 54.45 分钟。可见，在满足生理需求的前提下，减少“无事休息”的时间，增加用于其他各种活动的时间，是十分必要的。

2. 以丰富的闲暇生活取代单调的闲暇生活。1979 年以前，特别是在“文革”期间我国社会的闲暇生活是比较枯燥和贫乏的。但自党的第十一届三中全会以来，这方面已发生了根本性的变化，仅从家用电器的广泛普及这一点，就可以从一个侧面看出这种变化。比如天津市 1985 年千户居民户卷调查资料显示，我国城市中已有 18%的居民户有了彩色电视机，79%的居民有了黑白电视，二项合计占到总户数的 97%，至于立体声收录机、照相机及其他娱乐器材，近几年也大大增多了。目前，看电视已成为我国城市居民最主要的消闲活动，但看电视时间过长，则是闲暇生活不够丰富的表现。从表 1 中可知天津市居民平日平均每人每天看电视时间为 94.01 分钟，周日为 130.14 分钟，这和近几年来我国其他一些大城市所公布的统计数字基本相同。每天用于看电视的时间过长不只是中国的问题，也是世界性的问题。有关资料表明，美国男子平均每人每天看电视在 1.5 小时以上，法国约为 1 小时，苏联为 1.72 小时左右。电视机广泛进入家庭，为人们提供了休息、娱乐和学习的方便，但同时也产生了消极作用。在西方，人们已开始谈论“电视灾难”。在我国也应该引起人们的警觉。

丰富多彩的闲暇生活可以是艺术型的（如唱歌、跳舞、吟诗、作画、书法、摄影等），可以是体育型的（如打球、赛跑、登山、游泳、滑冰、赛艇等）；可以是鉴定型的（如集邮、藏画、剪辑、装潢、收集古玩等）；可以是观赏型的（如看电视、电影、戏剧、各种表演、听广播、听音乐等），可以是学习型的（如看小说、读报及其他各种形式的学习和自学）；可以是游艺型的（如下棋、打桥牌、猜谜语）；还可以是消遣型的（如养鱼、养花、散步、旅游）。多种兴趣爱好，不仅可大大丰富人们闲暇生活，而且可开阔人们的视野，培养人们的意志，陶冶人们的情操，使人们的身心得到全面健康的发展，实际上我国人民有着自己对生活的多种追求。天津市千户居民户卷调查说明，居民不仅喜欢看电视，听广播、读书看报，而且有 50%的人喜欢种花种草，34%的人喜欢外出旅游，44%的人喜欢看各种表演、比赛，19%的人喜欢养鱼、养鸟，18%的人喜欢打球、游泳，15%的人喜欢摄影，13%的人喜欢参加舞会或听音乐会，9%的人喜欢钓鱼和作画等，可见爱好的范围很广。闲暇领域应当是人们的个性、心理意志能得到充分发展的领域。因此，在保证闲暇生活科学、健康、文明发展的前提下，应当尊重个人的意志和追求，尊重人们自我的自由发展，而不可强求一律。

3. 兼顾娱乐和自我发展两个方面。所谓自我发展是以自我学习为基础的自我提高，自我进取，自我创造活动。

表1中天津市居民每人平均学习时间平日为21.45分钟，周日为27.55分钟，同近年来公布的其他城市的数字基本相同，如北京为30分钟，上海为38分钟。就此项数字而言，我国并不低于发达国家水平，比如苏联为28.7分钟，美国为9分钟，联邦德国为3.8分钟，民主德国为7.5分钟。我国的现代化建设要求人们具有较高的科学文化水平，要求人们抓紧时间学习。在这种情况下，人们用于学习和自学的时间自然较多，这对于求得个人的提高和发展是不可少的，对于社会也具有重要的意义。因此在保证休息和娱乐的同时，安排一定的时间用于自学，就显得十分重要。

总之，减少闲暇生活中的时间浪费，丰富闲暇生活内容，兼顾闲暇中的娱乐和发展是我国闲暇生活中面临的3个主要问题。随着我国现代化建设的发展和社会生活方式的变化，这几个问题是可以逐步获得较好的解决的。

中国城市现代家庭模式[①]

载《社会学研究》1987 年第 3 期

所谓家庭模式，也可以说是家庭类型，它是家庭结构和家庭关系的总合或总称。不同的家庭模式决定于不同的社会，是和社会的生产方式、生活方式相适应的。

本文认为在由农业社会向工业社会转变的过程中，特别是在当前正在进行的四个现代化建设中，中国城市现代家庭模式的主要特点是它正在经历着一个“核心家庭化”的过程，这是不可改变的总趋势。然而中国家庭和西方家庭毕竟是有区别的，在长期的历史进程中，中国家庭形成了自己的传统，这种传统和工业化、现代化进程的冲突与融合产生了中国家庭的独特的“生命周期运动”，也形成了有别于西方的“家庭网”。“核心家庭化”“特殊的家庭生命周期运动”和“特殊的家庭网”是中国城市现代家庭模式的三个相互联系的，不可分割的特点。本文将依据有关家庭理论和有关实地社会调查资料分别阐述它们。

一、核心家庭化是中国城市家庭现状和改变的总趋势

所谓核心家庭化主要是指家庭结构和关系越来越趋向于小型化和简单化，家庭内部仅保持着三种最基本的家庭关系：夫妻关系、亲子关系、兄弟姐妹关系，维持着标准核心家庭的基本三角结构，而这种核心家庭数量

---

① 文章发表时署名的作者还有美国纽约州立大学奥本尼分校社会学教授林楠。

在各种家庭中占据绝大多数。自 20 世纪以来随着年代的变迁，核心家庭的数量比例已经有所增长，而且还会有所增长。

父亲（太夫）——母亲（妻子）
\ /
子女（未婚兄弟姐妹）

我国城市的核心家庭化状况从社会调查资料中得到了实际数据上的证明。由表 1 可见核心家庭数量占绝对优势，达到 75.94%。这个结果和我国近年来许多关于城市家庭的调查结果基本一致。以 1982 年开始的中国五城市家庭研究为例，那次调查用整群抽样的办法在北京、天津、上海、南京、成都五城市 8 个居民点中共获得 4385 户家庭资料，其中核心家庭 2912 户，占 66.41%，主干家庭 1065 户，占 24.29%，联合家庭 101 户，占 2.30%，单身家庭（户）107 户，占 2.44%，其他家庭 200 户，占 4.56%，其核心家庭比例虽然低于这次调查所得数字，但也占绝对多数。① 因此，无论人们对中国现代城市家庭模式现状持何种观点，无论人们如何预测中国城市家庭之未来，都不得不承认一个事实：当前核心家庭模式的普遍性。

当然到此我们刚刚提出问题，随之而来的问题是这种普遍性是什么时候开始的，其演变趋势如何？在天津市第三次户卷调查中，我们询问了被调查者结婚时本人和配偶的家庭模式，而被调查者年龄跨度很大，最长者 93 岁，最幼者 20 岁，其结婚年龄各异，因此我们可以根据该资料，划分年代，大致观察 20 世纪以来各个时期城市家庭结构及其变化、见表 2、表 3。

---

① 五城市家庭研究项目组：《中国城市家庭——五城市家庭调查报告和资料汇编》，山东人民出版社 1985 年版，第 480 页。

表 1　天津市市区居民家庭模式现状(1985 年 10 月)统计表

核心家庭	主干家庭	联合家庭	单身家庭(户)	其他家庭	总计
751 户	193 户	9 户	13 户	23 户	989 户
75.94%	19.51%	0.91%	1.31%	2.33%	100%

说明:本文中引用的统计数字凡表头称“天津市市区居民……”的,均来自 1985 年 10 月在天津市进行的第三次户卷调查。该调查是由天津市政府办公厅和天津社会科学院联合进行,其“B”卷部分有美国纽约州立大学奥本尼分校社会学系林南教授参加,属于一次国际社会学界的合作研究。

1. 天津市第三次户卷调查在天津市 9 个市区中进行,采用大面积分层定比随机抽样办法获得 1000 户家庭样本(凡表中总计数字不是 1000 者均属该项无效或无回答)。在调查中通过访问户主或户主之配偶(并使之填写问卷)取得调查资料。

2.“核心家庭”是指由父母双亲和未婚子女所组成的家庭(包括只有夫妻 2 人而无子女或只有双亲中之 1 人与未婚子女组成的家庭),“主干家庭”是指父母双亲仅和一对已婚子女(儿子、儿媳或女儿、女婿)(包括两对不同代夫妻中有缺损的情况),“联合家庭”,是指由父母双亲和 2 对及 2 对以上已婚子女所组成的家庭(包括无父母而兄弟姐妹婚后不分家的情况),“单身家庭(户)”指户中只有 1 人,“其他家庭”上述 4 种类型以外的各种家庭。

表 2　天津市市区居民(被访问者)婚时家庭模式统计表

	1936 年以前		1937—1949 年		1950—1965 年;		1966—1976 年		1977—1985 年		总计	
	户	%	户	%	户	%	户	%	户	%	户	%
核心家庭	12	80	76	74.51	219	71.8	211	79.03	252	87.8	770	78.89
主干家庭	1	6.7	18	17.65	56	18.36	31	11.61	28	9.76	134	13.73
联合家庭	1	6.7	3	2.94	9	2.95	5	1.87	1	0.35	19	1.95
单身家庭	0	0	0	0	8	2.62	8	3.00	5	1.74	21	2.15
其他家庭	1	6.7	5	4.90	13	4.26	12	4.49	1	0.35	32	3.28
总计	15	100	102	100	305	100	267	100	287	100	976	100

Gamma=—0.24936　chi—square=44.5708　significance=0.0013

说明:该表年代划分以 20 世纪以来对中国影响比较大的几个政治时期划分。

表 3　天津市市区居民(被访问者配偶)婚时家庭模式统计表

	1936 年以前		1937－1949 年		1950－1965 年;1966－1976 年				1977－1985 年		总计	
	户	%	户	%	户	%	户	%	户	%	户	%
核心家庭	12	80	65	65	222	73.27	216	81.51	247	81.51	762	78.8
主干家庭	3	20	23	23	45	14.58	35	13.2	26	9.15	132	13.65
联合家庭	0	0	3	3	8	2.64	1	0.38	4	1.41	16	1.65
单身家庭	0	0	2	2	15	4.95	1	0.38	4	1.41	22	2.28
其他家庭	0	0	7	7	13	4.29	12	4.53	3	1.06	35	3.62
总计	15	100	100	100	303	100	265	100	284	100	967	100

Gamma＝－1.29056　chi-square＝49.2033　significance＝0.0003

表 2、表 3 中两组数字表明了基本相同的家庭模式变动趋势,这个趋势可以概括为以下 3 个基本特点:

1. 我国城市出现了高比例核心家庭,在年代变迁中核心家庭数量有所增长。

2. 主干家庭是次于核心家庭的第二种家庭模式,在年代变迁中其变化趋势比较稳定,一些数字表明近 10 至 15 年来有下降的趋势。

3. 联合家庭数虽一直很少,现在正趋于消亡。

在中国五城市家庭调查中,所得到的被调查者(已婚妇女)婚时婆家、娘家不同时期家庭模式资料也在一定程度上证明了以上特点。① 当然天津市户卷调查的核心家庭数字高于五城市的总体数字,但它和五城市调查中天津尖山街的数字是非常接近的。尖山街红星里第二居民委员会(1982 年)核心家庭所占比例为 77.91%,如果从该居民点被调查者结婚时娘家和婆家家庭模式观察变迁,则知娘家核心家庭由 1937 年以前的

① 五城市家庭研究项目组:《中国城市家庭——五城市家庭调查报告和资料汇编》,山东人民出版社 1985 年版,第 484、508 页。

57.14%增加到1977—1982年的75.32%，婆家核心家庭则由1937年以前的47.62%增加到1977—1982年间的71.43%。① 总之，大量的事实使人们无法否认核心家庭的普遍性及其在近几十年社会变迁中数量增长的事实和趋势。近几年来，国内的有些学术调查研究支持上述看法，但也有些怀疑或否定上述看法。否定者的典型看法之一是在承认核心家庭高比例的前提下，认为它只是暂时的，而不是趋势。原因是目前高比例的核心家庭是由于历史上的高生育率造成的，随着生育率下降必然会有所改变。比如《社会学研究》1986年第2期发表的题为《我国城市家庭结构类型变迁》一文认为："传统的多子女生育制度是造成我国城市家庭中核心家庭比例高的一个最重要的原因。中国传统的生育观念是多子多福，……，生育的子女多，联合家庭又失去了生命力，即使有老人的家庭都取主干家庭形式，核心家庭在数量上仍要大量增加，在比例上远远超过主干家庭。"② 按照这个道理，似乎应该是随着近年来生育率的降低，尤其是独生子女政策的实行，核心家庭数量比例必然要下降，主干家庭会上升和核心家庭并驾齐驱，甚至超过核心家庭。从生育率变化的事实和简单的逻辑推理上看，似乎此番议论可能成立。因为首先中国在过去几十年间确实有过高生育率，根据1982年全国千分之一人口抽样调查，35岁组平均生育3.42胎，45岁组平均生育5.08胎，55岁组平均生育5.65胎。③ 若以55岁组推论，双亲平均生育5.6个了女，倘若留下一个子女和自己过，组成主干家庭，其余分出去过，成立各自的核心家庭，那么核心家庭和主干家庭之比为4.65∶1，核心家庭大大多于主干家庭。随着生育率降低，这种情况必然要改变，比如双亲若平均生育两个子女，子女婚后留下一个，那么核心家庭和主干家庭之比是1∶1。核心家庭比例必然下降，主干家庭比例必然上升，照此继续推论，若实行独生子女政策，主干家庭在未来的比例

---

① 五城市家庭研究项目组：《中国城市家庭——五城市家庭调查报告和资料汇编》，山东人民出版社1985年版，第450、487、511页。

② 马有才、沈崇麟：《我国城市家庭结构类型变迁》，《社会学研究》1986年第2期。

③ 同上。

一定要超过核心家庭。此议论似乎有理,其实在理论上缺乏必然性,与事实也不相符。其一,这种议论是建立在一定的假设之上,即父母一定要留下一个已婚子女和自己共同生活,独生子女家长更是如此。其二,这种推断没有实际统计数字为佐证,只是根据假想去逻辑推测。

现在,我们却可以依据一定的事实来否定上述看法,否定的关键是做父母的(包括独生子女父母)是否一定要留下一个已婚子女和自己共同生活,而子女婚后是否一定要跟父母在一起。人们的"态度"和"行为"是反映实际的两个基本方面。我们分别从这两个方面列举事实说明我们的看法。在天津市千户居民户卷调查中我们考察了人们的家庭模式愿望。先来看上一代人对于下一代人的愿望。当问到"您如果有未成年的子女,将来他们成家后,您打算和谁在一起住时?"得到了如下回答,见图 1。

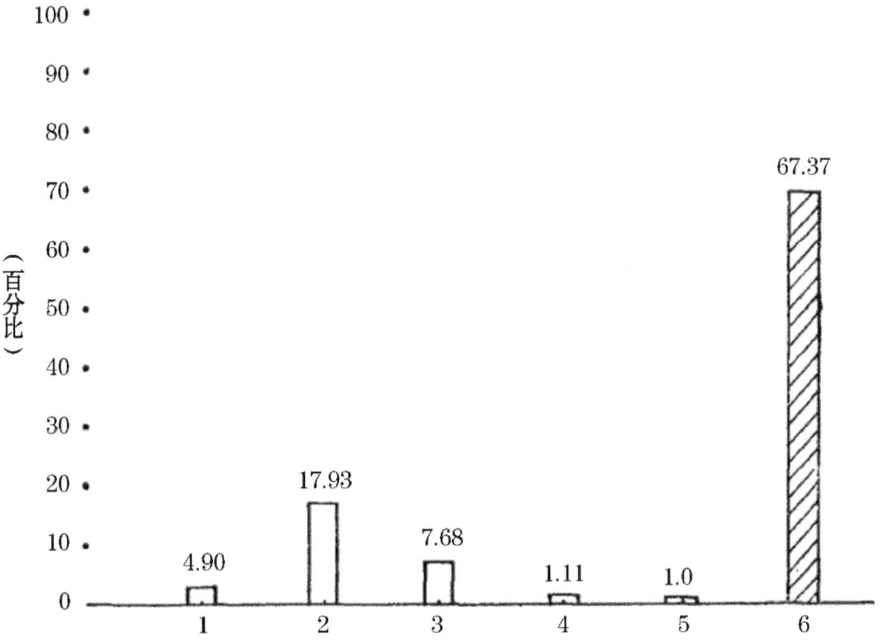

图 1　天津市市区居民家庭模式愿望统计图(上一代人对下一代人)

说明:1. 愿意所有子女都和自己一起过。2. 愿意儿子在家住。3. 愿意女儿在家住。4. 愿意搬出去和儿子住。5. 愿意搬出去和女儿住。6. 最好各自单过。

图 1 表示大多数家长的意愿是“最好各自单过”，而不是“要留一个”。如果我们用这个统计数字和 1983 年天津市户卷调查资料相比，可以看出近几年家长一代家庭观念的巨大变化。在 1983 年的调查中，只有 38.9%的家长表示希望子女分出去各自单过，远远低于 1985 年的 67.37%。

反过来再看看下一代人对于家庭模式的愿望。当问到“您愿意与您父母同住吗”？得到了如下回答，见图 2。可见下一代人和上一代入的家庭模式观念是趋向一致的，也是多数人认为“最好各自单过。”

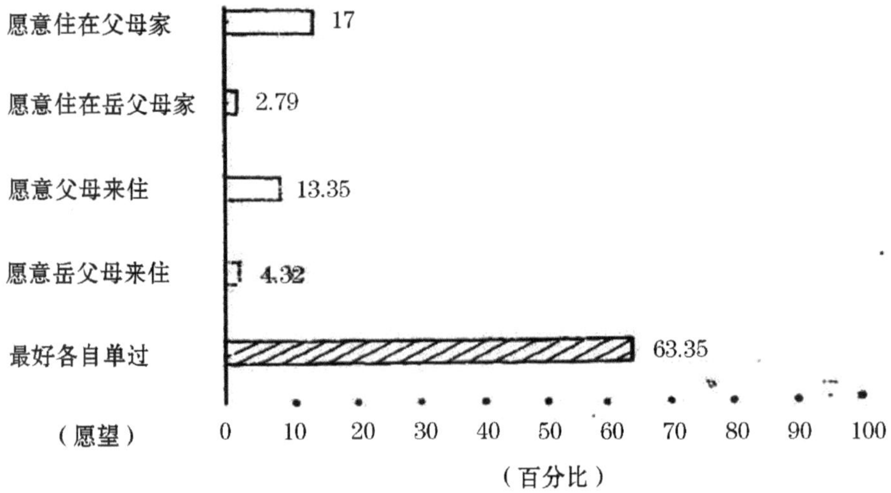

图 2　天津市市区居民家庭模式愿望统计图(上一代人对下一代人)

当然，有人读过图 1、图 2 中的数字比例后可能提出一个问题：该数字掩盖了不同生育子女数的家长的不同愿望，因此，它不能作为对目前生育率已大大降低，尤其是实行计划生育政策后人们的愿望的解释。为了解释这一问题，我们按生育子女数量不同分组，分别统计了做父母的家庭愿望，见表 4。

表 4　天津市市区生育不同子女数家长的家庭模式愿望统计表

	生 1 个	2 个	3 个	4 个	5 个	6 个	7 个	8 个
	户　%	户　%	户　%	户　%	户　%	户　%	户　%	户　%
最好各自单过	96 55.21	197 76.95	86 69.92	66 75.0	29 70.73	18 94.73	7 87.5	3 100
愿意儿子在家住	82 23.1	29 11.33	24 19.51	14 15.91	10 24.39	1 5.26	1 12.5	
愿意搬出去和儿子住	2 0.56	1 0.33	2 1.63	3 3.41	1 2.44			
愿意女儿在家住	55 15.49	12 4.19	2 1.63					
愿意搬出去和女儿住	7 1.97	1 0.39						
愿意所有子女都和自己在一也过	13 3.66	16 6.25	9 7.32	5 5.68	1 2.44			

Gamma＝0.24588　chi-square＝199.47799　significance＝0.0000

从表 4 中可以看出生育子女数量不同的父母，其愿望确有差异，子女数量越多的，希望“各自单过”的比例越高，子女数量少的（特别是独生子父母）希望在不同程度上依附子女的越多。但是更为重要的事实是，无论生育多少子女的家长，大多数都希望“最好各自单过”，就是独生子女家长，也有 85.21％的人希望最好各自单过。可见，家长一定要留一个已婚子女在身边的假设并不可靠。其实，近年来不仅是年青一代，而且是中老年一代的家庭观念都正在发生巨大变化。1986 年 12 月 6 日《人民日报》（海外版）摘自（同年）11 月 22 日《解放日报》署名祥生的题为《传统家庭模式受到冲击》的文章说：在新思潮、新观念冲击传统家庭模式的今天，子孙满堂的大家庭逐渐开始解体，突出表现在老人愿意和子女分家。笔者调查了 200 余名老人，结果发现仅 7 名老人愿意同子女住在一起（其中 4

名无经济收入,靠子女赡养),15 名认为“无所谓”,其他的则统统希望甚至要求同子女分开住。这个调查研究是很说明问题的。

以上是从人们的愿望方面考察。为了使结论更加可靠,我们需要进一步从人们的行为方面考察,看看生育不同数量子女的家庭现在实际上采取了怎样的家庭模式,见表 5。

表 5　天津市生育不同子女数 50 岁以上老人现在家庭模式统计表

	未生育		生 1 个		2 个		3 个		4 个		5 个		6 个		7 个		8 个	
	户	%	户	%	户	%	户	%	户	%	户	%	户	%	户	%	户	%
核心家庭	1	100	16	76.19	27	65.95	42	61.76	51	65.38	23	58.97	15	75.0	4	50.0	2	50.0
主干家庭			5	23.80	13	31.71	21	30.8	24	30.77	11	28.2	4	20.0	2	25.0	2	50.0
联合家庭					2	2.9												
单身家庭(户)					1	1.47			1	2.56								
其他家庭					1	2.4	2	2.94	3	3.84	4	10.2	1	5.0	2	25.0		

Gamma＝0. 08428　chi-square* ＝39. 39768　significance＝0. 3204

说明:为了使统计数字更能说明问题,我们除去控制生育子女数量外,还控制父母年龄在 50 岁以上,这样家庭的子女有可能进入婚龄结婚,该家庭才可能在各种不同的家庭模式之间选择。

这些统计数字从行为上表现了生育不同子女数的家庭所实际选择的家庭模式没有很大差别,多数仍然是核心家庭,少数是主干家庭(或其他家庭),特别是大部分独生子女家长并没有把子女留在身边和其共同生活。它为关于中国目前高比例核心家庭是由高生育率造成的,随着人们生育子女数量的减少,尤其是独生子女大量增加,核心家庭比例会下降,主干家庭比例会上升等推测和结论提出了反证。

可见,从生育率角度不能解释目前城市中核心家庭的高比例,也不能据以预测。我们认为决定中国城市核心家庭化的基本原因应归结为中国城市工业化和现代化进程。换句话说,在近代中国城市向着工业化、现代化变迁过程中,家庭作为传统农业社会中的一个基本生产单位的根据已经消失。从家庭的角度看,既不需要子承父业,家庭成员也不需要服从家庭生产分工、而囿于传统的家庭模式之中,相反的,是要配合和适应社会整体需求去选择自己的职业和生活。从社会的角度看,现代工业社会需要自由劳动力,社会中的大多数成员都将根据社会需求走出家庭到不同企业,不同地区去就业,去生活。这是一种促使传统家庭模式解体,由联合家庭、主干家庭向核心家庭转变的不可阻挡的力量。在五城市家庭调查中我们就发现 20 世纪 30、40、50 年代由于生产需求造成人口流动,大量单身农民涌入城市就业,随后或则把农村的妻子接入城市,或则在城市中结婚成家,从而形成城市中许多新的核心家庭的事实。据统计,五城市调查的 5045 名已婚妇女有 54.21%是由农村或外地城市迁入的,而她们的丈夫则有 58.18%是由农村或外地城市迁来的。① 而到 20 世纪 70 或 80 年代则又有许多青年服从国家需要,到远离家庭的地方,包括中小城市、农村去学习、劳动、就业,并在那里组成了自己的独立小家庭。这就不能不形成城市中以核心家庭为主和核心家庭不断增多的事实。因此不是家庭决定社会,而是社会决定家庭,社会现代化和工业化进程是促使家庭变化的根本力量。

当然,在中国城市中家庭仍然是人们的生活单位,考虑到影响家庭模式变化的原因时,不得不顾及家庭生活和社会生活需求方面,尽管各种不同的生活需求在影响家庭模式变动中作用是不同的,甚至可能成为相互对立的因素。另外,有几千年文明史的中国家庭,有自己的不同于西方的根深蒂固的传统,这种传统还会在一定程度上影响中国的家庭模式,因此

---

① 五城市家庭研究项目组:《中国城市家庭——五城市家庭调查报告和资料汇编》,山东人民出版社 1985 年版,第 260 页。

它会使中国的核心家庭化过程出现自己的特点和较为复杂的情况。我们的研究应当从纵、横两方面深入下去，看一看在现代化过程中中国的家庭传统在多大程度上以什么样的形式保留下来，它对中国的现代家庭模式实际产生了怎样的影响。这就是以下两节将要展开的“家庭生命周期”和“家庭网”研究。

二、家庭生命周期是家庭现状和改变的自然调节

在肯定核心家庭的优势和主导地位时，我们同时注意到1985年天津市户卷调查统计资料中的另一个十分有趣的现象，即当我们询问被调查者“您婚后第一次居处时”，得到了如下回答：住男方父母家506户，占51.58%；住女方父母家38户，占3.87%；单立门户416户，占42.41%；其他21户，占2.14%。婚后居处的选择，直接关系到新的家庭形态，“住男方父母家”或“住女方父母家”，其家庭形态意味着是主干家庭和联合家庭（主要是主干家庭），婚后“单立门户”则意味直接成立核心家庭。那么，为什么城市中核心家庭比例高，反而婚后“住男方父母家”和“住女方父母家”的多呢？其实，这两个相互矛盾的方面和经验事实都不违背，要回答这一问题，关于家庭生命周期的研究是极为重要的，它可以引导我们从纵向深入。

所谓“生命周期”是指生命从生到死的循环过程及其不同的循环阶段。家庭生命周期则是指一个家庭的诞生，以后经历了发展变化的不同阶段，直至消灭，被新的家庭所取代的过程。关于家庭生命周期的研究是家庭自身发展变化的纵向研究，它能使我们由宏观进入微观，比较细致地观察到一个个家庭在自身发展过程中的不同阶段和不同特点。

此前世界上许多社会学家有过关于家庭生命周期的研究。联邦德国社会学家瓦尔纳从理论方面把西方的核心家庭划分为“准备和建设阶段”“抚养和教育阶段”“分离阶段”“老年阶段”等4个阶段，并论述了每个阶

段的主要特点。[①] 美国人类学家沃尔夫把家庭生命周期和人的生命周期(年龄)联系起来,根据中国台湾的 9 个地区(农村)1906—1946 年户籍资料,从实证方面研究台湾农村家庭生命周期的完整过程及其特点。我们的研究有别于以上,而是重点探讨我国现代城市家庭在其自身的运动过程中,在某个阶段上可能发生的主要模式转变是什么。对于任何国家和地区的家庭来说,家庭生命周期的运动都是客观存在的,但其特点不同。此前,笔者曾著文论述中国核心家庭生命周期与西方核心家庭的异同,证明在核心家庭的"准备和建设"阶段及"抚养和教育阶段",中西方核心家庭在其模式变化上并没有明显的区别,而到了"分离阶段",区别开始明显了,西方核心家庭中的子女在婚后一般是不和父母住在一起的,而中国则有 42.22%的家庭已婚子女婚后会继续和父母生活在一起,临时或长久组成主干家庭。[②] 尽管这个数字比例低于天津市 1985 年户卷调查中所得到的数字 55.55%,但两者都说明了在中国城市核心家庭中,年轻人婚后可能有半数左右与父母住在一起的事实。这是西方社会所没有的。

问题的关键是年轻夫妇和老年夫妇能在一起共同生活多久。如果时间很长或永久生活在一起,无疑会造成主干家庭比例高于核心家庭比例,这就和我国城市高比例核心家庭的事实相违背。实践证明,青年夫妇尽管刚一结婚可能与老年人生活在一起,但并不永远生活在一起。《试论我国城市核心家庭生命周期》一文中已经提出了合家后又分家的事实。天津市第三次户卷调查资料则证实当初曾经和父母(包括男方和女方)生活在一起的 544 户夫妇中已有 410 户因各种原因又和其父母分离了,占 75.37%。可见大多数家庭中老年夫妇和青年夫妇是要分家的,只是分家时间长短各有不同,见表 6。

---

① 《现代外国哲学社会科学文摘》1988 年第 11 期,第 35 页。

② 潘允康:《试论我国城市核心家庭的生命周期》,《社会》1985 年第 5 期,第 33 页。

表 6　天津市婚后曾经和父母生活在一起的子女和父母分离时间统计表

单位：年

0 年	1～2 年	3～5	6～10	11～15	16～20	20 以上	合计
50 户	120 户	101 户	172 户	36 户	13 户	27 户	419 户
11.93%	28.64%	24.11%	17.18%	8.59%	3.10%	6.44%	100%

说明：“0”年包括婚后不到一年就分家的情况。另，合计的百分比为 4 舍 5 入后的约数。

从表 6 中可知，5 年以内分家的占 64.68%，6～10 年分家的占 17.18%，两者共占 81.86%。可见大部分家庭在 5 年以内或 10 年以内分家了，坚持长久的甚少。如果我们以青年夫妇为基准，以其结婚时为新家庭的诞生时间，假设其 25 岁结婚，而且婚后一定和长辈生活在一起，然后 5～10 年以内和长辈分离，在以后的时期又有 5～10 年与自己已婚儿女生活在一起，然后又分离，至 75 岁老年夫妇去世止，那么这对夫妇其结婚至去世的全部家庭生活中只可能有 2/5 的时间生活在主干家庭里。而有 3/5 的时间是生活在核心家庭里。换句话说，许多家庭在自己的生命周期运动过程中有 40%的时间取主干家庭形态，而 60%时间取核心家庭形态。如果再把婚后根本不与父母生活在一起的核心家庭高于永远和父母生活在一起的主干家庭的比例考虑进去的话，那么，婚后一半以上的青年夫妇可能与老年夫妇生活在一起的事实和高比例核心家庭的事实就不是矛盾的，而是统一的了。

可见，中国城市家庭生命周期的突出特点是一个家庭在生命周期过程中可能在核心家庭和主干家庭形态之间转变。下面进一步探讨这种转变的规律和成因。

表 7 天津市居民不同年龄户主的不同家庭模式统计表

	25 岁以下		26～35 岁		36～45 岁		46～55 岁		56～65 岁		66 岁以上	
	户	%	户	%	户	%	户	%	户	%	户	%
核心家庭	8	53.33	225	81.23	238	82.35	188	73.44	67	58.26	19	76.0
主干家庭	3	20.0	42	15.16	43	14.88	57	22.27	40	34.78	4	16.0
联合家庭			2	0.72	4	1.38	1	0.39	1	0.87		
单身家庭（户）	4	26.67	3	1.08	2	0.69	2	0.78	2	1.74		
其他家庭			5	1.81	2	0.69	8	3.13	5	4.35	2	8.0

经过比较研究和统计分析，我们认为合家和分家的问题比较复杂，因户而异，只有从户主的年龄划分中，才能大致了解其规律，即不同年龄的户主采用不同的家庭模式的概率不同。见表 7，相对而言老年人和青年人生活在主干家庭的机会较多，而中年人生活在核心家庭中的机会则更多，换句话说，部分家庭可能采取这样的生命循环方式：青年人刚刚结婚可能与父母生活在一起组成主干家庭，经过一段时间和父母分离了，只和自己的未婚子女生活在一起，转变成为核心家庭，待自己子女婚后可能又和自己生活在一起重新组成主干家庭，以后又可能分离，如此循环下去，我们称这种比较普遍的家庭生命循环模式为“U”循环模式，见图 3。当然我们并不排除其他模式，比如说青年人婚后先独立生活，待父母年老时再和父母生活在一起，又比如说青年人婚后永远和父母分家或永远和父母生活在一起的事实。“U”模式所阐释的规律和沃尔夫在中国台湾农村中所发现的情况是类似的，即人在青年和老年时期生活在主干和扩大家庭中的机会较多，而中年人生活在核心家庭中的机会较多。其原因是什么？我们认为可以从天津市第三次户卷调查中得到的一些合家又分家的理由中找到原因。在 433 户曾经合家尔后又分家的家庭中有 431 户回答了他们分家的原因（要求按第一、第二、第三位原因排序回答）。如果我们先只看第一位原因的话，得到的回答如下，因：“增加和改善了住房条件”的，占

35.3%,“其他原因”的,占 18.6%;“老人死亡或搬到别处”的,占 17.9%;“两代人生活习惯不一致”的,占 10.2%;“家庭经济问题”的,占 8.8%;“家庭中人际关系紧张”的占 6.3%;“家务劳动问题”的,占 1.9%;“子女教育问题”的,占 1.2%。其中可见“住房原因”比较突出。如果我们将每个人回答的三个原因放到一起统计的话,则得到了如下结果,因:“增加和改善了住房条件”的,占 25.09%;“家庭经济问题”的,占 15.06%;“两代人生活习惯不一致”的,占 12.61%;“其他原因” 的,占 12.61%,“老人死亡”的,占 11.75%;“家庭中人际关系紧张”的,占 11.14%;“家务劳动问题”的,占 7.22%;“子女教育问题”的,占 4.53%。可见“增加和改善了住房条件”仍然最重要,但家庭生活中的一些实际问题,如“家庭经济问题”“两代人生活习惯不一致问题”等也比较突出,当然也有一些“老人死亡”等自然原因。

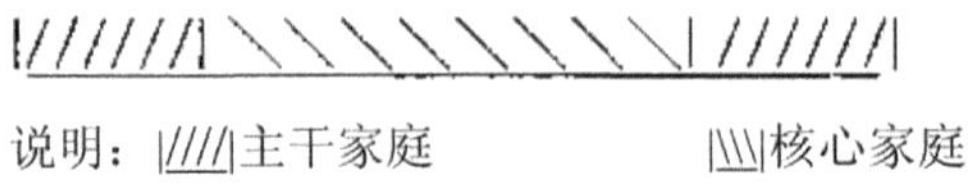

图 3　中国城市家庭生命周期示意图

从以上这些促成分家的原因中我们可以回顾到一些当时合家的因素,对中国城市家庭生命周期运动中青年夫妇和老年夫妇不断合家和分家的事实做如下简单解释。

首先,应当看到当前的一些社会实际问题可能促成合家,比如说“住房缺少”就是一个明显的例子。在中国城市中迄今房屋是短缺的,尽管经过努力,近几年来已经有了改善,但因历年来积压问题较多,且人口众多,因此住房仍然比较困难。根据中国 1986 年 12 月 2 日首次公布的全国城镇房屋普查材料披露,目前仍有 1054 万户城镇居民缺房,占普查总户数的 26.5%,在这些缺房户中,无房户占 3.2%;不方便户占 10%,拥挤户占 12%。所以,一些青年人刚结婚时找不到住房,会到父母那里去“匀房住”,而跟父母住在一起,因此住房因素的地位十分突出。另外从中国家庭传统的角度看,也是有别于西方的。依中国的家庭传统,在家庭中两代人的责任和义务是相互的，父母生育、抚养和教育子女，子女赡养和扶助父母，不仅为法律规定，也为社会舆论所赞助，否则，不仅法律会干预，社会舆论也会谴责。在这样的社会背景下，青年人和老年人生活在一起的可能性比较多。从家庭日常生活需求来看，它也有一定好处。比如我国城市青年双职工较多，对他们来说“家务”和“业务”之间是矛盾尖锐的。况且在中国城市中迄今送子女进托儿所、幼儿园仍然比较困难，在这种情况下，一些青年人可能乐于和老年人住在一起，因为老年人不仅可以帮助他们照看小孩，而且可帮助他们买菜、做饭、料理家务，甚至可能在经济上继续资助他们。从老年人来说，除去感情方面的原因外，也总会遇到一些生活中的实际问题，比如年老和体弱多病时需要青年人照顾或帮助就医等。另外，在现代中国城市中总还存在着一些实际生活困难，比如“买菜难”“买煤难”“吃水难”“维修房屋设备难”等。在遇到这些困难时，老年人还需要得到青年人帮助。在这种情况，一些老年人也可能希望继续同青年人生活在一起。因此传统的同居赡养模式也能在一定程度上保留下来。主干家庭是同居赡养模式中较为理想的一种，它既可以同居共存，又可以减少联合家庭中根干之外还有枝节、关系复杂、同代相争、妯娌关系难处等矛盾。因此，我国城市中核心家庭扩大的可能性主要是主干家庭。城市中长期以来主干家庭一直保持一定数量，除去跟一些家庭长期采取主干家庭形态有关外，也跟在家庭生命周期运动过程中，一些家庭在某一阶段上采取主干家庭形态有关。这是有别于西方家庭的。

但如同前面列举事实所说的那样，大多数家庭终归要分家的。从根本上说，在现代社会，青年人和老年人一定要住在一起的理由已经消失了。正像调查资料所证实的，青年人可能因住房等原因和老年人暂时生活在一起，一旦“住房条件”改善，便立即分开了，造成主干家庭的解体。另外，青年人和老年人生活在一起的矛盾也不容忽视，诸如“两代人生活习惯不一致”“家庭人际关系，如婆媳关系紧张”“家务劳动问题”“家庭钱财管理问题”“教育子女问题”等，都可能造成青年夫妇和老年夫妇的冲突。当这些矛盾因素的分量超过了合住的理由时，不仅青年人，连同老年人也要分家了。从现代中国城市家庭生活角度说，分家不全是坏事。

总之，由于社会和家庭中的各种原因，中国城市中部分家庭是在核心家庭→主干家庭→核心家庭……的模式中不停地转变着，运动着。具体到一个个家庭，其情况不尽相同，具体在哪一个时期，采取哪一种家庭形式，采取某一种家庭形式的时间长短，都将因家而异，自然调节，在总体上构成了对中国城市核心家庭化过程的总调节。中国城市家庭生命周期的这一特点，显然是中国社会的现代化进程与中国的家庭传统及社会生活的某些实际需求相互冲突和协调的结果之一。

三、家庭网是家庭现状和改变的必然补充

通过对家庭生命周期的分析，我们知道中国城市一部分核心家庭在生命周期自我发展过程的一定阶段上可能会发生模式转变，成为主干家庭，从而表现了中国特有的家庭传统和家庭关系，在一定程度上解决了核心家庭化给城市家庭生活带来的实际问题。然而我们也知道并非所有的核心家庭在其生命周期过程中都会发生模式转变，许多夫妇既不和自己的父母生活在一起，也不和自己的已婚子女生活在一起。还有许多夫妇初婚时和父母在一起，以后又分家独立了。所以从整个社会来看，在每一个时期和时点上，核心家庭都居多数。那么这些独立的核心家庭是否就像一个个孤岛一样，相互间的关系十分淡薄呢？其实不然。如果把家庭模式的研究从家庭内部横向扩展到家庭之间的话，就可以发现中国的家庭传统又会以另一种形式——中国式的“家庭网”表现出来。

所谓“家庭网”是指有亲属关系的家庭之间所组成的社会网络，就多数情况而言，它是由可能组成联合家庭的几个独立核心家庭之间所组成的一种特殊的社会组织，具有特殊的结构和功能。作为“社会网”之一种，它源于亲属关系，而区别于其他社会网，其间具有较密切的关系和较强的凝聚力。然而，现代“家庭网”也不同于旧式封建家族，既不同居共财，也不被置于封建家长统治之下和封建伦理观念束缚之中，处于家庭网中的各个家庭是相对独立的，在保持各自独立生活方式的前提下，以日常生活

中的频繁交往和相互援救为其主要特征。

家庭网在世界上许多国家都存在，所谓中国式的家庭网是说它的结构和功能有不同于其他国家（尤其是西方国家）的内涵。我们把这种内涵，或者说它对城市居民生活的客观作用归结为三大方面：1. 职业的选择和调动，2. 家庭生活，3. 精神安慰。

对于中国城市居民来说，职业往往关系到一个人的经济收入、技术工种、工作环境和条件、升级、提薪、施展才能、社会地位和声望、分配住房及其他各种社会机会，因此，职业方面是非常重要的。家庭生活则包括家庭经济、抚育、赡养、家务及日常生活等许多方面，主要指家庭的物质生活，它和人们息息相关。精神安慰则是指人们的感情需要是否能够满足，精神生活是否愉快和满意，是否受打击和挫折，在遭受打击和挫折时能否得到他人帮助。这三个方面概括了城市居民生活的主要方面。

下面，我们根据天津市第三次户卷调查资料及其他有关资料，具体分析我国城市家庭网在这 3 方面所起的客观作用。

1. 职业的选择和调动

在中国，迄今为止，在职业的选择上是国家组织分配和个人志愿相结合，以国家组织分配为主的。在天津市第三次户卷调查中，1000 户居民的户主完全由国家分配的占 63.12%，个人志愿和国家分配相结合的，占 13.18%，两者合计 76.3%，可见国家分配的决定性作用。又由于在中国职业的流动性较小，因此第一职业选择及以后的工作调动成为人们职业变动中的两个极其重要环节。第一职业选择的重要性在于它常常带有定终身的作用，而与此相关的是以后的工作调动也常常因为人为的原因或其他原因而困难重重。下面就来具体看看以亲属关系为基础的家庭网在人们的职业选择和工作调动中是如何发挥作用的。

首先，在人们选择职业时，倘自己的愿望不能实现，许多人不会听之任之，而会尽量想办法去实现自己的愿望（或接近自己的愿望）。在天津市第三次户卷调查中有 196 人坦率相告曾经通过各种社会关系网找亲属或熟人帮忙选择职业，其中找亲属的最多，见图 4。在工作调动中也有类似的事情。亲属帮忙的方式一般是向有关单位“直接推荐”,或向有关人“提供消息”,或“既提供消息”又“直接推荐”。据统计,在职业选择中上述三种方式共占 83.67%,而在调动工作中则占 85.26%。统计资料还证实,大部分帮忙者与当事人不在同一个家庭之中,他们或者是当事人的长辈,或者是当事人的兄弟姐妹。它说明人和人之间的亲属关系网,家庭和家庭之间的家庭网,在中国城市居民“职业选择和调动中”所起的重要作用。

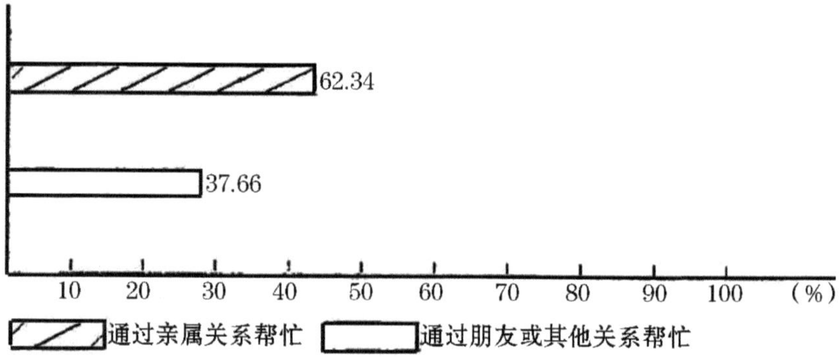

图 4　中国天津市居民职业选择示意图

2. 家庭生活

家庭生活是家庭网中交往最频繁、最主要的方面,它包括经济和日常生活之两方面。所谓经济上的交往是指家庭网中各个家庭之间在经济上的相互帮助。在中国城市家庭中最常见的是父母家庭对子女家庭的资助和子女家庭对父母家庭的赡养。在这里我们仍以天津市统计局 1984 年发表的统计资料为例。据悉,被调查的 181 户子女家庭在平日接受父母家庭资助的占 91%,其中平日接受资助的占 61%,节日接受资助的占 74%,购买大件商品接受资助的占 8%,经济拮据时接受资助的占 11%,急需时接受资助的占 7%(结婚时资助情况未统计在内)。具体资助的形式是多样的,或者是给钱,或者是送物,或者是管吃,或者是代交房租、水电费等。从子女家庭方面说,赡养父母家庭中老人的情况也比较普遍。据统计,181 户子女家庭按月向双方老人家庭(312 户)交钱的占 84%,每月交 10 元以下的占 42%，交 10～20 元的占 36%，交 20～30 元的占 11%，交 30 元以上的占 11%。在这种父母家庭和独立的已婚子女家庭之间的双向经济交流中常常是子女家庭占了便宜，换句话说，父母家庭给予子女家庭的多于子女家庭给予父母家庭的。仍以此为例，在 181 户子女家庭中，有 44%的户在和父母家庭的交往中收大于支（包括只收不支），实际受到父母家庭的资助，有 27%的户支大于收（包括只支不收），有 26%的户收支基本相抵，有 3%的户完全没有经济往来，无收无支。从这个统计数字中我们可以观察家庭网中经济上互相帮助的情况。

所谓生活上的交流是指实际生活中的相互帮助、照顾、扶助和救援。仍以天津市统计局的资料为例，181 户子女家庭的成员经常到其父母家庭中用膳，这种情况约占 86%。其中，每月就餐 20 餐以下的占 34%（包括托管的小孩），21～40 餐的占 21%，41～60 餐的占 11%，60 餐以上的占 20%。子女家庭成员到父母家庭中就餐大多是为了方便，因为子女家庭基本都是双职工户，他们到父母家庭中搭伙就餐（一般都是中午一餐，或两餐），既吃得现成、舒服，也节省开支。其次，子女家庭把小孩子托给父母家庭看管也是十分常见的。据统计，181 户子女家庭中有 20%的户把子女送给父母家庭看管，其中托给男方父母看管的占 12%，托给女方父母看管的占 8%。这样一方面解决了入托难等问题，另一方面把孩子放在父母家庭里也十分放心。另外，父母到子女家庭中暂住一段，帮助子女家庭买菜、做饭、料理家务，伺候女儿、媳妇坐月子也是十分常见的。对于父母家庭来说，主要在他们年老、体衰、多病时会遇到一些生活中的困难，诸如买煤、买粮、行路、就医、搬迁等，此时，子女家庭成员就会过来帮忙，尤其是逢父母病老时，子女们回来帮忙就医、护理，伺候也是常有的。子女家庭和父母家庭在生活上的这种交流和帮助对于解决家务劳动繁重、托幼、赡老等社会问题具有一定的意义。

3. 精神安慰

所谓精神安慰是指人们情感上的相互交流，相互给予，相互安慰，相互支持。

中国人的家庭观念一般较强，不仅夫妻情深，而且亲子情切。在一些家庭中亲子情感常常超过了夫妻情感。特别是有些老年人，希望晚年享有儿孙绕膝之乐，因此，即使青年人婚后离开老年人独立了，他们也会通过家庭网保持密切往来，以得到感情上的安慰和支持。而这种感情上的安慰和支持是通过3个方面来实现的。

(1)通过日常生活往来得到感情上的需要

如同我们前面说过的那种经济和生活方面的频繁而密切的交往，必然促进两代人之间情感上的交往和相互寄托。天津市一位退休老工人谈到他过生日时，儿子、儿媳、女儿、女婿、孙子、外孙女一共来了13口人，买来了寿桃、水果、鱼、肉、酒等礼物，而他自已也花了很多钱，摆起了酒席请大家吃，吃不了的还让儿孙们带走。他说："我们有收入，吃穿不愁，孩子们不富裕，不指望他们。他们有那个心意就行了。"可见，这位老工人感到在他和子女交往中最重要的是得到了子女的"心意"，是精神安慰。

(2)通过第三代搭起感情的桥梁

在中国，孙子女在协调两代人的关系，编织家庭网方面常常起到十分重要的作用。一方面，子女家庭虽然独立了，但当子女家庭中的年轻夫妻生育子女后，常常会遇到抚育方面的困难，把子女送给老人看管是一种最方便、最放心、最省钱的办法，这样也就自然而然把子女家庭和父母家庭从感情上和生活上联系起来。另一方面，从心理学上说，亲子之间总会有"代沟"存在，并因此而引起两代人之间的冲突和不愉快。亲代对子代的情感自然需要从孙代上得到补偿。孙代也会自然搭起亲代和子代，父母家庭和子女家庭之间感情的桥梁。

(3)在遇到困难和意外事件时相互支持

在天津市第三次户卷调查中我们询问了被调查者对于"婚姻""职业""住房""经济收入""人际关系""家庭""升学""子女"等各个方面的感受和满意程度。当询问到"如果您遇到上述事件中'对您影响最大的一件坏事'时，'是否有人给你帮助和支持'时"？有些人回答有人给帮助，其中52.38%的人是得到了"爱人"和"亲属"的帮助。十分有趣的是得到"亲属”帮助的比例高于得到“爱人”帮助的比例，前者占 57.58%，后者占 42.42%，这是中国家庭关系中不同于西方家庭的特殊之处。因为被调查者的家庭是核心家庭，被调者为户主和户主之配偶，而他们得到的大部分帮助又不是来自爱人，而是来自亲属，因此，可以断定，这种帮助大部分不是在同一个家庭中实现的，而是在家庭网中实现的。为了证实这点，我们对属于上述情况而家庭又属于核心家庭的进行了单独统计，证明得到各种帮助和支持的来自“爱人”的仅占 45.1%，而 54.9%的人来自于“亲属”，或者说来自家庭之外的家庭网。大多数被访问者遇到的所谓影响最大的一件坏事是“亲友死亡”或“亲友病重”。此时各方亲属或则精神鼓励，或则经济支持，或则帮忙办事情，有休戚与共之感。

以上我们从“选择职业和调换工作”“家庭生活”“精神安慰”等三个方面观察了相对独立的核心家庭所组成的家庭网中的各种援助和交往。这是一些不属于同一个家庭但又类似于同一个家庭中的事情。何以如此？仔细分析起来可知，家庭网既可继续发挥中国传统上两代人相互救援之作用，又可避免两代人住在一起所引起的不愉快，是个两全其美的好办法。正如题为《传统家庭模式受到冲击》一文所报道的老年人的愿望那样：

“我们现在怕什么？有退休工资，有劳保，一切靠国家，不靠小辈。以前是养儿防老，现在是无所谓‘防’，养不养随他们去”。——从根本上不依靠儿女养了。

“想穿点儿！看穿点儿！为子女做牛做马苦了一世，自己老了，也该快乐快乐、无拘无束地享几年清福了”。——要自己的生活方式，要享福了。

“现在有些年轻人，独立精神越来越差，样样都要靠我们，只知道‘啃老’‘揩老骨头的油’，揩得越多越好。为了争夺一点财产、房屋，非难父母，兄弟反目，造成全家不和，何苦呢？我们老年人为了避免家庭纠纷和冲突，过上愉快的晚年生活，就只得选择‘分家’”。——为从根本上消除家庭矛盾，希望与子女分开住。

如何分呢？“大多数老年人期望的最理想的分家形式是‘分而不离’。分开居住可以避免各种矛盾，住在附近则可以经常见面，一旦有事可以照应。”——这就是我们所说的“家庭网”。

老年人如此，青年人也是如此，对事业和独立生活方式的追求使青年人也愿意相对独立，两相情愿，一拍即合，现代家庭网应运而生。

因此，可以认为，中国式的家庭网及其特殊的内涵是中国的家庭传统和现代社会的发展相互冲突和调和的又一产物。

文章写到这里，我们应当把全文中 3 个主要的相关问题做一个总的回顾，以便为家庭理论的研究和社会政策的制定提供咨询。

首先应当肯定核心家庭化趋势是必然的，不可改变的。它既适合现代工业社会发展的需要，也适合了现代家庭生活方式的建立。从联合家庭、主干家庭向核心家庭发展是家庭模式的进步，社会应当承认这种进步，而不是反其道而行之，一定要树立三代同堂甚至是四世同堂的样板，用传统的家庭模式标准去衡量今天的家庭，去引导今天家庭倒退。

其次也应看到中国的家庭传统中积极的方面，比如其抚幼赡老，两代人相互负责的思想就于今天有利。目前我国社会还没有能力全部解决老年人赡养和儿童抚育问题，在这种情况下，我们既要注意发展社会福利事业，努力用社会的力量去解决赡老、抚幼问题，又要有相应的政策去发挥家庭的作用，鼓励家庭中或家庭间在日常生活中的相互赞助和支持，根据不同家庭的不同状况和需求，或者是在家庭生命周期运动中保有一定数量的主干家庭，同居奉养，实行家庭生命周期运动的自我调节，或者以家庭网的形式，既保持核心家庭的相对独立性，又使其间保持一定程度的相互支持和往来，这些对社会都有一定的积极意义。

当然，社会在用法律、舆论和政策肯定和支持亲属之间相互赞助之时，也应当警惕狭隘的亲属观念到处漫延。从长远看，无论是家庭生命周期的自我调节也好，或是家庭网也好，都有其局限性，都只能作为一种暂时的过渡形式而存在。家庭生命周期运动中的一定阶段上保持主干家庭存在，虽然适合了一些家庭生活实际需求和愿望，但其局限性在于其成员必须有条件同居共财，这势必会产生一些其他问题。比如近年来在一些大城市中出现一些家长不愿让子女离开身边，不愿让子女服从需要到中、小城市、边远地区、山区、农村工作，甚至不让子女报考重点大学，怕他们毕业后远离了自己，这些都滋长了新生一代狭隘的家庭观念、乡土观念，不利于他们在现代社会中成长和适应社会对他们的要求。另外，就家庭网来说，它能比较灵活地适应家庭和社会生活的某些要求，有分有合，弊病较少，但当它超出了日常生活范围时，不仅会使落后的亲属观念到处蔓延，而且盘根错节的亲属网、家庭网一旦深入社会，便会带来极大危害。近些年来，所谓“走后门”等不正之风，很多都是来自亲属网、家庭网。1986 年 9 月 12 日《人民日报》(海外版)曾经揭露了某县粮食部门的 83 名干部中，有直系亲属关系的占 30%，如果加上用“弯头”连接起来的关系相连的人，竟达 70%。这些人中父亲当局长，儿子是主管会计，女儿是现金出纳，纪检书记是亲家，从而在企业内部形成了一个严严实实的“家庭网”。这种盘根错节的亲属网络，对于现代企事业的发展，对于整个社会的发展和进步是十分不利的。

因此，中国社会要解决城市面临的家庭问题，在肯定核心家庭趋势的同时，不应当从根本上依靠家庭生命周期的自我调节和家庭网补充的办法，而应发展生产力，发展社会各种福利事业，使家庭和社会结合，以社会为主，逐步解决抚幼赡老问题，使现代家庭观念深入人心，现代家庭模式统治社会。

家庭网和现代家庭生活方式

载《社会学研究》1988 年第 2 期

现代社会，家庭和家庭生活方式发生了巨大的变革。从家庭模式的角度看，一方面是家庭小型化了，出现了以核心家庭为主的局面；另一方面，在家庭之间又形成了现代家庭网络。这种以小为主，小中有大的特点正适应了现代家庭生活方式的变革和要求。

所谓"家庭网"一般是指有亲属关系的家庭之间所组成的社会网络，就多数情况而言，它是由可能组成联合家庭的几个独立核心家庭之间所组成的一种特殊的社会组织，具有特殊的结构和功能。作为"社会网"之一种，它源于亲属关系，而区别于其他社会网，其间具有较密切的关系和较强的内凝聚力。然而，现代"家庭网"也不同于旧式封建家族，既不同居共财，也不被置于封建家长统治之下和封建伦理观念束缚之中，处于家庭网中的各个家庭是相对独立的，在保持各自独立生活方式的前提下，以日常生活中的频繁交流和相互救援为其主要特征。可见家庭网是小中有大，大中有小，以小为主。它正迎合了现代人的家庭观念。

家庭网为现代人提供了一种扩大的家庭形式，它类似家庭，但不是家庭，其特殊的结构功能使它存优去劣，既灵活地适应了现代生活方式的要求，又在一定程度上解决了现代家庭生活方式变革中所面临的问题。

1. 家庭网适应了现代家庭小型化、民主化、多样化的趋势和要求。由于家庭网是小中有大，大中有小，以小为主，所以顺应了家庭小型化的趋势。在家庭网中无论是纵向(两代人)交流，还是横向(同代人)交流，都出自自愿或出自某种相互需求，而不是出自某种压力、权力或一厢情愿，在交流中，家庭之间保持着相互独立，所以有利于实现家庭关系的民主化。家庭网中的家庭由于不同居共财，因此有利于各自对生活方式的不同追求，便于保持独立的生活方式，实现生活方式多样化，差别化。

2. 家庭网在实现家庭小型化、民主化和多样化的同时，又保留了一些积极的传统因素，从而解决了现代家庭生活中遇到的一些实际问题。

首先，家庭网能部分解决社会中的养老问题。

其次，在家庭网中青年人也可以受益，而且青年人受益常常可能超过老年人。青年人在家庭网中得益主要表现在经济、日常生活、生育和抚养等几个方面。

总之，过去一些由同一个家庭来完成的事情，现在由家庭网来完成了。家庭网既给人们带来了独立自由的生活方式，实现了家庭模式小型化、家庭关系的民主化、家庭生活的多样化，又在一定程度上把传统家庭关系中的一些因素（大多是积极的因素）保留了下来，从而部分地解决了现实生活中需要的赡老、抚幼及其他问题。这就是家庭网从现代和传统两个方面对现代社会生活所做的积极贡献。

现代家庭生活正处在由传统型向现代型演变的过程之中，家庭网是与这种过渡状态相适应的。随着社会和家庭生活的进一步改变，家庭网的结构和功能也会发生改变，主要表现为以下几点：

1. 家庭网区位距离的扩大。现代生产的发展带来了社会的高度变动和迁移，区位移动性强是其特点。这种移动结果必然也会进一步拉大家庭之间的区位距离。现在的家庭网是以其邻近为存在条件，未来的家庭网不一定如此，其间区位距离必然要加大，甚至可能加大到现在的十倍、百倍、千倍，但由于交通工具的高度发达，通讯方法的先进和便利，因而能在一定程度上解决区位距离加大后家庭网所面临的实际问题。未来的家庭网是区位距离大，其间采用现代化的联络手段和方法相联系，家庭之间的日常对话，可能由串门、面对面的谈话，变为电话，甚至是可视电话相联络。

2. 家庭网中纵向联系的扩展，横向联系的收缩。由于人的寿命延长，四代、五代共存于世的局面出现了，纵向联系自然扩展，另一方面由于生育率降低，一个家庭出生一个最多生两个孩子，因此同代家庭数量减少，横向联系自然减少，从整体上看，家庭网向纵向扩展，在横向收缩。

3. 家庭网中以经济和生活方面交流为主，转向以情感交流为主。现代社会（特别是我国）经济尚不发达，人们生活水平较低，各种社会生活服务设施较落后，条件较差，因此，家庭网中的交流以经济上和生活上的相互帮助为主要内容。换句话说，在经济及生活问题尚未解决之时，必然要压低情感方面的要求。未来社会，经济发达，人们生活水平高，各种社会生活服务设施先进，条件较好，因此，家庭网中的经济和生活交流的意义将大大降低，而以情感交流为主，以情感上的相互需要和相互满足为主。

4. 家庭网由有亲属关系的家庭间的关系，发展为非亲属家庭之间的关系。在传统社会人们的亲属观念是较强的，血缘关系重于其他关系。这是和当时的生产方式、生活方式相联系的。现代社会实行社会化大生产，社会流动性很高，它必然会破坏人们原有的血缘关系，发展人们的其他方面的关系。发达的业缘关系、地缘关系，必然带来不发达的血缘关系，人们的血亲观念也会随之变得淡薄起来，表现在家庭网上则是由有亲属关系家庭之间的关系发展为非亲属家庭之间的关系，即朋友家庭之间的关系，同事家庭之间的关系，邻里家庭之间的关系。而一旦家庭网脱离（或大部脱离）亲属关系，转变为其他社会关系，那么它的性质也将发生改变。

“社会学者对社会的警告”丛书问世

载《社会学研究》1989 年第 5 期

《社会学者对社会的警告》一书，是由天津社会科学院社会学研究所潘允康主编、中国妇女出版社编辑出版、天津新华书店负责发行的大型社会学丛书。

该“丛书”首批出版了 11 本书，即①《疲软的舆论监督》；②《人口危机》；③《在亚社会中沉思》；④《农村亮出了黄牌》；⑤《城市在转折点上》；⑥《中国大陆的贫富差别》；⑦《反思公平》；⑧《协调之忧》；⑨《中国的官场病》；⑩《中国消费之谜》；⑪《警惕过高的代价》。

归纳起来，这 11 本书有如下特点：

一、以经济和社会协调发展为中心议题

当今中国面临的主要问题是什么？是经济过热、秩序混乱？还是物价飞涨，通货膨胀？当人们把注意力过多地集中到经济领域的时候，丛书提醒人们：中国面临的绝不仅仅是经济方面的问题，而且还有广泛的社会问题，特别是经济问题常常和社会问题相互渗透，互相牵连，产生了经济问题中的社会问题和社会问题中的经济问题，情况就更为复杂了。因此，应当引导人们把视野从经济领域扩展开来，转向经济和社会协调发展看问题，把经济和社会融为一体。该“丛书”从社会学角度，探讨和研究了与经济发展和社会管理有关的各种社会问题，涉及中国的政治体制改革、新闻舆论监督、消费问题、社会公平问题、贫富差距问题、农村和都市发展与

规划问题、人口问题、婚姻家庭问题、犯罪问题等方面，涉猎的范围广，又都与我国经济和社会协调发展这一中心议题密切相关的。如《协调之忧》《中国大陆的贫富差别》等书。

二、以翔实的社会调查资料为依据

“丛书”的作者不仅大量搜集和引用了包括国家统计局公布的数字在内的各种官方资料，而且多亲自展开调查，有的作者走遍全国二十余省，用抽样调查和典型调查相结合的方法，获取第一手宝贵资料，并使用电子计算机对资料进行了处理，据此展开论证。如《人口危机》《中国消费之谜》等书。

三、为改革出谋献策

“丛书”的作者大多是在科研部门和高等院校从事专业社会学研究和教学的中青年社会学者，他们不是站在旁观者立场对这场改革评头品足，而是以主人翁的态度参与改革，为改革出谋献策。因此，“丛书”的基调旨在坚持四项基本原则，以严肃科学的态度认真总结历史上的经验教训，推动改革向前，既指出问题所在，又尽力提出解决问题的方法和对策，展示改革的光明前景，给人以启迪、教育和信心，引导人们去争取胜利。比如《疲软的舆论监督》一书。

当然，要想对我国现实的各种主要社会问题，做出中肯的分析，提出贴切的忠告，并非一件容易的事情，丛书的作者也只能根据自己的能力、水平，掌握的资料和对问题的认识发表一孔之见。因此，其中难免有褊狭和缺陷。但愿这样一部面对现实社会问题的多维透视的学术理论著作，能鸣响振聋发聩的警钟，进一番虽然逆耳但却有益于社会健康的诤谏之言。

中国家庭网的现状和未来

载《社会学研究》1990 年第 5 期

中国的家庭在现代化过程中正在经历一个小型化的过程，核心家庭已成为家庭的主体模式。在由传统三代(或四代)同堂家庭向现代核心小家庭演变过程中，家庭网应运而生了，它既充满生机，也面临问题，现代科学技术的发展则为解决这些问题提供了前景。

一、家庭小型化是中国现代家庭发展的基本趋势

1982 年在中国北京、天津、上海、南京、成都 5 城市 8 个居民居委会的调查证明，20 世纪以来，城市中核心家庭的数量比例正在增长，成为家庭的主体模式。(见表 1)[①]和上述调查同时进行的许多调查，以及在此后进行的一些关于家庭的调查，也证明核心家庭为主和比例增长的情况。比如 1985 年在天津进行的千户居民抽样调查中核心家庭所占比例为 75.94%。[②] 核心家庭不仅已经成为中国城市家庭的主体模式，而且成为中国农村家庭的主体模式。

---

① 潘允康：《在亚社会中沉思》，中国妇女出版社 1989 年版，第 176 页。

② 潘允康、林楠：《中国城市现代家庭模式》，《社会学研究》1987 年第 3 期。

表 1 中国 5 城市核心家庭比例表

		1937 年以前(%)	1977－1982 年(%)
北京(东河沿)	第一组	49.37	59.17
	第二组	50.67	64.41
北京(团结湖)	第一组	68.42	62.96
	第二组	42.11	81.48
上海(张家弄)	第一组	54.03	71.09
	第二组	50.00	64.06
上海(长春街)	第一组	52.58	62.03
	第二组	47.42	58.75
上海(双阳里)	第一组	62.00	78.26
	第二组	66.00	85.87
南京(四福巷)	第一组	58.56	82.03
	第二组	53.15	64.06
成都(如是庵)	第一组	56.41	65.85
	第二组	51.28	62.20
天津(尖山街)	第一组	57.14	75.32
	第二组	47.62	71.43

说明：第一组是被调查的已婚妇女娘家家庭；第二组指被调查已婚妇女的婆家家庭。

1988 年在中国的天津、哈尔滨、长春、河北、山东、安徽、湖北、四川、上海、江苏、浙江、福建、广西、贵州等 14 省市进行的农村家庭调查，也证明了这点。在该调查中证实核心家庭占 73.3%，主干家庭占 17%，联合家庭占 1.6%，也是以核心家庭为主。如果用历史比较法，从变化的角度看问题，也能看到近 10 年以来农村家庭变化情况。① (见表 2)从 1978 年到 1988 年可以说是中国农村改革的 10 年，也是农村社会发生巨大变化的 10 年。农村的家庭结构也发生了很大变化。表 2 的数字表明，核心家庭所占比例从 1978 年的 65.4%增长到 1988 年的 73.3%；主干家庭则从 1978 年的 23.6%，下降到 1988 年的 17%，联合家庭在 1978 年时就已经

① 潘允康：《在亚社会中沉思》，中国妇女出版社 1989 年版，第 177 页。

很少，1988 年则进一步下降，从 2.9%到 1.6%，变化趋势十分明显。

总之，无论是在城市，还是在农村，中国的家庭正在小型化，核心家庭已成为现代中国家庭的主体模式和发展趋势。

二、家庭网是家庭小型化的必然补充

中国的家庭是有自己的传统的。它集中表现在代际关系上是双向的，不是单向的，上一代人不仅对下一代人负责，下一代人也要对上一代人负责。不仅上一代人有抚养下一代人的责任，下一代人也有赡养上一代人的义务。这种双向反馈模式的代际关系促使了家庭中二代、三代、数代人之间的感情和密切交往，也产生了主干家庭、联合家庭这样三代乃至数代同堂的家庭模式。中国家庭中的这种密切的关系和三代乃至数代同堂的家庭模式对于家庭和社会生活来说都有一定的益处。无论在历史上还是在今天都是如此。比如它促使代与代之间的密切交往，使老人抚养子女，子女赡养老人，有利于解决社会的儿童抚养，特别是老年人的赡养问题。它能密切代际关系，使家庭协调，其乐融融。它能使家庭成员相互帮助，有利于解决家庭日常生活中的一些问题。比如家务劳动问题等。可以说不无好处。因此，从历史到今天，中国社会中还都维持有一定数量的主干家庭和联合家庭的模式存在。

表 2　全国 14 省市农村家庭结构统计表

年代	1978 年		1988 年	
结构类型	户	%	户	%
单身家庭	191	2.7	157	2.2
核心家庭	4676	65.4	5343	73.3
主干家庭	1684	23.6	1223	17
联合家庭	207	2.9	118	1.6
其他家庭	384	5.4	424	5.9

说明：以上资料取自中国社会科学院社会学所等 11 个单位联合进行的全国农村婚姻和家庭调查。其中“核心家庭”含“夫妻家庭”和“单亲家庭 ”，其他家庭含“隔代家庭”。

然而,现代社会的发展,使主干家庭和联合家庭的存在受到两个方面的挑战。其一,现代工业社会的发展,促成了高度的社会流动、职业流动、地域流动、生活流动、人员流动,这样就使主干家庭、联合家庭等同居共财式的家庭模式的存在受到威胁。其二,现代社会的发展,现代生活方式的建立,促使了人的个性发展和独立性,也促使了代际关系疏远和代沟的加深,青年人和老年人要各自追求自己独立的生活方式,不再愿意同居共财式地生活在一起。1979 年中国社会科学院社会学研究所和青少年研究所在北京城郊、四川中小城镇和农村的调查证明,青年一代较少地留恋老年一代。北京城区青年婚后愿意继续和老年人生活的男青年只占 12.4%,女青年只占 8.22%,北京农村男青年则有 13.52%,女青年有 19.87%;在四川中小城镇男青年希望和老人在一起的有 9.46%,女青年有 11.59%;在四川农村男青年占 7.09%,女青年占 12.3%。1985 年进行的天津市千户户卷调查证实,青年人婚后愿意住在父母家的,占 17%,愿意住在岳父母家的,占 2.79%,认为"最好各自单过"的最多,占 80%左右。无论在城市还是农村,绝大多数青年人都愿意成立不和父母生活在一起的小家庭。老年人呢? 也不因循守旧,而是更新观念。1983 年在天津市进行第一次千户户卷调查时,只有 38.9%的家长表示希望子女婚后分出去过,到 1985 年时,这个数字已增长到 67.37%。另据《人民日报》1986 年公布的对 200 个老年人的调查证明,只有 7 人愿意同子女住在一起(其中 4 人无经济收入,靠子女赡养)。可见分开过不仅是青年人的愿望,也是老年人的愿望。以上两个方面的因素,使得中国的家庭正处在一种分解过程之中,主干家庭减少了,联合家庭几乎要消失了,由父母和其未婚子女或只由夫妻二人组成的核心家庭越来越多了。

中国家庭的这种小型化趋势和中国的家庭传统产生了矛盾,也和现实生活的某些需要发生了冲突。淡化的家庭关系尽管符合社会的发展要求和趋势,但也产生了一定的社会问题,比如老年人赡养问题,家务劳动问题,托幼问题以及情感方面的问题。迄今为止我国的老年人主要是由家庭赡养的,家庭养老仍然是我国主要的养老方式。家务劳动社会化程度低，社会托幼事业还不够发达，还需要青年人和老年人之间，家庭亲属之间互相帮助。传统的注重亲属关系，注重代际交往的习俗至今还保留在大多数人和大多数家庭之中，家庭关系的迅速淡化，也会使人们产生一种不适应或失落感。这些矛盾和冲突，都使中国的家庭在自身的转换过程中需要一种过渡模式，家庭网就是这种过渡模式，是家庭小型化的补充。

家庭网(Family network)也称“网络家庭”，是指有亲属关系的家庭之间所组成的社会网络，就多数情况而言，它是由可能组成主干家庭和联合家庭的几个独立的核心家庭之间所组成的一种特殊的社会组织，具有特殊的结构和功能。作为“社会网”之一种，它源于亲属关系，而区别于其他社会网，其间具有较密切的关系和较强的凝聚力。然而，它不同于旧式封建家族，既不同居共财，也不被置于封建家长统治之下和封建伦理观念束缚之中，处于家庭网中的各个家庭是相对独立的，在保持各自独立生活方式的前提下，以日常生活中的频繁交往和相互救援为主要特征。家庭网在两个主要的方面适应了现代社会生活的需要。其一，它符合现代家庭分解的趋势，不同家庭之间是相互独立的，可以保持各自的生活方式，既符合青年人的愿望，也符合老年人的要求。其二，它又能实现家庭之间的相互联系，特别是日常生活中的相互支持和相互帮助，继续代与代之间、亲属之间的感情交往和联系。可以说既符合社会需要，也符合家庭需要，又符合人的需要，因此具有生命力。

中国大陆把家庭网称为“分而不离”，子女婚后和父母分开住，分开生活，但相互帮助，频繁交往。中国台湾的青年人则把这种家庭模式和愿望概括为“保持着端一碗汤也不冷的距离”，有距离，但很近，端过一碗汤去都不冷，既贴切，又生动。

三、家庭网的特点、问题及现代科学技术

1. 中国家庭网的主要特点

(1)规模较小。在中国5城市家庭调查中，上海双阳里调查点曾随机

抽样 98 个家庭。调查结果，未提供任何交往亲戚情况的有 36 名，占 36.7%，提供交往亲戚情况的有 62 名，占 63.27%。它反映出家庭网对绝大部分城市家庭具有实际意义。62 名调查对象计提供有交往的亲戚 112 户，最少的提供 1 户，最多的提供 5 户，平均为 1.8 户。说明家庭网的规模大致在 3 户左右。[①] 由于家庭网是有亲属关系的家庭成员的扩充(是家庭成员成婚后分裂成新家庭而成)，因此，它和家庭人口数密切相关。家庭人口数越多，由此扩展出来并可能进入家庭网的亲属也越多，家庭网的规模也越大。目前城市家庭人口数有缩小的趋势，集中于 3、4 口之间。因此，城市家庭网的规模普遍较小。在农村，根据 14 省市农村家庭调查有关资料，在本村中同父辈家庭数为户均 2.42 户(每一被调查户在本村的同父辈户)，同祖父辈家庭户为户均 2.72 户，同曾祖父辈户为户均 5.35 户，同高祖父辈户为户均 5.33 户，同子侄辈户为户均 2.15 户。亲属网的规模大于城市，但如果观察他们之间的交往程度可知，真正往来密切、较密切的只是亲属网中的一部分，而且主要在同父辈、同祖父辈和同子侄辈家庭之间，特别是在同父辈家庭之间。(见表 3)这说明农村家庭网规模也只是略大于城市而已，这显然与农村地域性强，相对封闭，人员流动较慢有关。

表 3　14 省市农村有亲属关系的家庭之间交往密切程度交互分类表

	交往密切(%)	交往比较密切(%)	交往一般(%)	交往不密切(%)	不知道(%)	没有(%)
同父辈家庭	28.7	29.2	25.1	2.0	0.2	14.8
同祖父辈家庭	10.4	23.7	31.4	2.2	1.3	31.0
同曾祖父辈家庭	4.9	10.9	29.2	2.5	4.5	48.0
同高祖父辈家庭	3.6	6.8	23.0	3.1	7.7	55.7
子侄辈家庭	10.9	20.1	23.1	1.5	2.0	42.5

① 潘允康主编:《中国城市婚姻与家庭》，山东人民出版社 1987 年版，第 219 页。

(2)以母家庭为中心的纵向交往。由于中国家庭关系的传统是纵向的,重视垂直传递,传宗接代,因此,家庭网大多是由家庭中子女结姻立新家分裂出去而成,网内也以纵向联系为主。原父母家庭是网的中心,形成以父母家庭为中心,已婚子女家庭为外围的网状联系。其中,最多的是母家庭和子家庭之间的联系和交往,同时也带动了子家庭之间的联系和交往。在北京东河沿 11 号院共有 5 户,1 个主干家庭,4 个核心家庭。其本源为一家兄弟 2 人,老大去世,其妻与已婚的长子生活在一起,并有两个孙子,组成主干家庭;次子婚后独立成家,已有一子,是分裂出来的核心家庭。老二也已去世,其妻与尚未结婚的一儿一女共同生活,是分裂以后的核心家庭;其长子、次子均已结婚,分别组成自己的核心家庭。可以看出每个家庭网中都有他的母家庭和子家庭,母家庭的地位十分重要,是家庭网的联络中心,一旦母家庭解体和消失,纵向联系解体,子家庭之间的横向联系也会大大削弱。

(3)三种交流。第一是经济上的交流,主要有资助和赡养两种性质的经济联系。所谓资助,是指母家庭对子家庭以及代际相同的家庭之间的经济帮助。在我国,子女婚后独立成家仍能以各种形式从父母那里得到资助的情况是不少的。赡养则是子家庭对母家庭的供养。据天津市统计局对 181 户子家庭的调查证实,得到母家庭资助的占 91%,赡养母家庭的占 84%。① 第二是生活上的交流,主要指家庭之间在实际生活中相互帮助、照顾、扶助和救援等等。母家庭在生活上主要是帮助子家庭照管小孩和料理家务,子家庭则主要是帮助母家庭完成买煤、买粮、搬迁等一些较繁重的家务劳动,及帮助年老、体衰、多病的父母就医等。第三是感情上的交流,指家庭之间的交往和感情上的相互寄托,相互补充和相互慰藉。

(4)不等量交流。家庭网中的三种交流是相互的,不仅在母家庭和子家庭之间,而且在兄弟姐妹家庭和有其他亲属关系的家庭之间。母家庭

---

① 潘允康、林楠:《中国城市现代家庭模式》,《社会学研究》1987 年第 3 期。

和子家庭之间的经济、生活和情感交流，常常是频繁的，然而是不等量的。一般来讲，由母家庭向子家庭的流量大于子家庭向母家庭的流量。以经济交往为例，根据对天津181户子家庭的抽样调查，接受父母家庭以各种形式资助的占91%，其中平日接受资助的占61%，节日接受资助的占74%，购买大件商品接受资助的占8%，经济拮据时接受资助的占11%，急需时接受资助的占7%。(结婚时资助情况未统计在内)具体资助形式是多样的，或者是给钱，或者是送物，或者是管吃，或者是代交房租、水电费等。从子女家庭方面说，赡养老人的情况也比较普遍。据统计，181户子女家庭按月向双方老人家庭(312户)交钱的占84%。每月交10元以下的占42%，交10～20元的占36%，交20～30元的占11%，交30元以上的占11%。如果比较的话，在181户子女家庭中，有44%的户在和父母家庭的交往中收大于支(包括只收不支)，实际受到父母家庭的资助；有27%的户支大于收(包括只支不收)，有26%的户收支基本相抵，有3%的户完全没有经济往来，无收无支。这种不等量交流，显然与父母辈和子女辈相互交往中寄予的感情和希望程度不同有关，一般地说父母辈寄予子女辈的感情和希望总是多于子女辈，因此父母辈的给予也总是多于反馈。

2. 中国的家庭网面临的主要问题

从中国家庭网特点的阐述中我们可以知道家庭网较为灵活，既可以继续发挥中国传统上两代人相互救援之作用，又可避免代与代之间因同居共财而引起的某些不愉快，保证人们各自追求自己独立的生活方式，是由传统家庭向现代家庭演变过程中的较好的过渡模式。然而，它也面临着一些问题。

最主要的问题是，现在的家庭网必须以地理上的近距离为生存和交往条件，否则它既不可能生存，也不可能交往，当然也就失去了其本身的意义和作用。无论是“分而不离”的比喻或者是“端一碗汤也不冷”的距离，都能说明了这个局限性。这个局限性的本身又与现代社会的发展从根本上不协调。从一定的意义上说，它阻止了职业流动、地域流动、生活流动和人员流动，换句话说，即便它已不是传统的大家庭，而是现代家庭网，也必须囿于一狭隘的地域之中，并以此为条件。这不仅从根本上于社会不利，而且能滋长人们狭隘的乡土观念、家庭观念、地域观念，不适应社会的要求。近年来在一些大城市中出现一些家长不愿让子女离开身边，不愿让子女服从需要到中、小城市、边远地区、山区、农村工作，甚至不让子女报考重点大学，怕他们毕业分配后远离了自己，一些子女也有同类的想法就是例证。

其次，现代家庭网依其狭隘的地域条件也会遇到一些实际问题，比如住房问题就很突出。有亲属关系的家庭之间要组成家庭网的条件是近距离居住，必须近距离有房，在实际上是有困难的。且不论我国的住房情况和房屋分配情况不允许人们如此，就是房源允许，也会因其他条件的制约，比如工作地点远近，地理环境，地理位置及其他社会条件而不能兑现，使得家庭网只能在一定程度上成为理想和理论中的模式。近些年来一些人在讨论这一问题时提倡建筑部门在建设房屋时多考虑建设“母子楼”“对门楼”，以使母家庭和子家庭对门而居，楼上楼下而居，隔街而居，近在咫尺，其实也并不实际。因为这是脱离其他社会需求和条件而空论，即便今后我们有条件建设了很多这样的楼房，母家庭和子家庭也未必能实现这样的居住模式而维持家庭网的存在。因为社会和人的需求是多层次多方面的。

3. 中国的家庭网和现代科学技术的发展

应当指出由传统家庭向现代家庭过渡，从根本上解决中国的家庭问题的办法在于发展社会生产力，发展社会福利事业，使家庭和社会结合，使家庭的部分功能乃至大部分功能逐步转移到社会上去，由社会来承担，以社会为主，逐步解决抚幼赡老问题，家务劳动问题等。然而，实现上述目标需要一个很长的过程。在这一过程中，实行家庭网制，把那些由家庭转移出来而社会又不能承担的功能转为家庭网承担是有极其重要的意义的。而科学技术、特别是现代通信设备和现代交通工具的发展对于家庭网的存在和发展有特殊的意义。

现代通信设备进入家庭，大大缩短了人们之间的空间距离，电话的广泛使用使家庭成员、亲属之间随时可通话、联络、交流思想和感情。现代交通工具,特别是高速汽车、列车,飞机的广泛使用和发展,也为远距离探视和相聚提供了可能和方便。相距千里之外的人可能在一两个小时之内就能相见,实在不必囿于一栋楼、一条街,囿于咫尺距离之内。现代通信技术的发展,现代交通工具的发达大大增加了家庭网成立和实现其部分功能的可能性,亲属之间不再为同居共财而不适,也不为近距离找不到住房而烦恼,人们可以在很大的距离和空间范围内进行联系、交往,家庭网的存在不再受地域的限制,人们也容易从狭隘的地域观念、乡土观念和亲属观念中解脱出来,既符合社会发展的要求,也促成人们的观念更新和解放,同时履行了家庭网的功能。

现代通信设备的使用,交通工具的发达也能在一定程度上促进、改善部分家庭功能,使之产生新的形式、新的速率,然而也产生了一定的问题,比如那些日常生活交往内容,如托幼、扶病、协助家务劳动等项,光靠通讯和交通设备的发达是解决不了问题的,还应发展其他方面的科学技术,如家用电器的进一步现代化和广泛使用等。

从预测的角度,家庭网是不会永远停留在目前的交往层次内容和水平之上的,随着社会的发展,社会流动性的增加,社会福利事业的发展,家庭的部分功能转移到社会,家庭网的现有功能也会发生变化,其中经济和日常生活交往功能的水平和层次会降低,情感交往功能的层次会提高,需求会增加,这也就决定了现代科学技术,尤其是通讯和交通工具的发达对家庭网的特殊意义。还应当进一步说明的是,无论社会发展到何种程度,无论家庭怎样淡化,只要生育不脱离母体,只要家庭还存在,人们就会有亲情和亲情交往,它的那份内容必然要由科技的发展来承载和实现。

中国的纵向家庭关系及对社会的影响①

载《社会学研究》1992 年第 6 期

一、中国的纵向家庭关系

纵向关系是对横向关系而言的。雷蒙德·弗思认为"社会结构中真正的三角是由共同情操所结合的儿女和他们的父母。"②这个"三角"理论提到了家庭中的横、纵两种关系,横向关系为夫妻关系,纵向关系为亲子关系,严格地说在家庭这一三角结构中还有另一种横向关系——兄弟姐妹关系。这在多生多育的家庭中十分普遍。

"中国的纵向家庭关系"是指在家庭三种基本的关系(夫妻、兄弟姐妹和子女)中,纵向关系(亲子关系)是主要的、本质的。它代表了家庭关系的主要方面和主要方向。这种关系有四个基本特征和表现形式:其一,结构上纵向重于横向,横向靠纵向支配和维持;其二,观念上父系传统,崇尚孝道;其三,功能上以传宗接代为本,纵向双向交流;其四,区位上从父亲居住。这些基本特征和表现形式的核心是家长制。

(一)结构上纵向重于横向,横向为纵向支配和维持

1. 亲子关系和夫妻关系相比,亲子第一,夫妻第二,夫妻关系靠亲子关系支配

如果我们把婚姻作为一个新的家庭起点的话,那么新的夫妻关系从

---

① 文章发表时署名的作者还有美国纽约州立大学奥本尼分校社会学教授林楠。

② 费孝通:《生育制度》,天津人民出版社 1981 年版,第 65 页。

一开始就被以往的亲子关系支配和决定，具体表现为父母包办婚姻和父母对婚姻的干预。父母包办婚姻在我国的远古时代就已经存在而且十分普遍。《诗经》上曾有“娶妻如之何？必告父母……，娶妻如之何？匪媒不得”之说，所谓“父母之命，媒妁之言，”是典型的亲子关系对夫妻关系的支配。这种习俗从原始社会延续到近代中国社会，自唐朝以来又有公开的法律肯定和维护这种习俗，致使包办婚姻普遍流行。直到1949年中华人民共和国成立前，我国农村和城市父母包办婚姻仍很普遍，根据1982年开始的中国五城市家庭研究的资料证实，完全由父母包办婚姻者占17.65%，其中1937年前出生的老年人中由父母包办婚姻者占54.72%。[①] 现代如此，古代甚之；城市如此，农村甚之。现代中国，特别是中华人民共和国成立后，废除了包办婚姻，主张婚姻自由，但其残余仍然存在，而且近年来又有死灰复燃之势。据报，辽宁省太谷地区1976—1978年发现的包办婚姻达6.8%，该省朝阳地区发现的包办婚姻9.5%，而广东阳山地区1977—1978年包办婚姻高达10.5%，数字惊人。[②] 在中国，父母不仅包办婚姻，而且以各种方式参与自主婚姻，包括直接介绍婚姻。中国五城市家庭研究资料证实，22.55%的自主婚姻是由以父母亲戚介绍为前提的。[③] 在中国的家庭中从父母包办婚姻到父母“介绍婚姻”，父母为子女婚配“出主意”“想办法”“提供各种意见和咨询”，广泛地参与到子女的婚姻之中，决定、干预和影响子女的婚姻，这是亲子关系第一，夫妻关系第二，亲了关系支配夫妻关系的表现之一。

另外，尽管现代中国亦主张爱情为基础的婚姻，但大多数中国家庭都是义务型的，义务第一，爱情第二，这是与西方社会大不相同的。在西方，浪漫主义的爱情为婚姻家庭之第一要义，没有爱情的婚姻是不能成立和不可理解的，合得来就合，合不来就散，不仅婚前如此，婚后亦如此，至于子女，财产和其他考虑都是第二位的，家庭关系以横向夫妻关系为主，横

① 中国五城市家庭调查项目组编：《中国城市家庭》，山东人民出版社1986年版，第306～307页。

② 潘允康主编：《中国城市婚姻与家庭》，山东人民出版社1987年版，第68页。

③ 中国五城市家庭调查项目组编：《中国城市家庭》，山东人民出版社1986年版，第306～307页。

向支配纵向。在中国则恰恰相反。有一句中国流行语叫“先结婚后恋爱”，即先结合了，再调适感情，表明爱情并非婚姻的决定性因素。事实上夫妻一旦结合了，夫、妻各尽义务而已，并非都拥有爱情。“凑合夫妻”，“生活家庭”在中国遍地都是。“合得来则合，合不来也凑合”是中国家庭中的普遍状况。离婚是绝大多数中国人连想都不敢想的，畏惧社会舆论压力，顾虑法律手续繁杂倒还在其次，许多人一想到孩子，立即会打消离异的念头，这是亲子关系第一，夫妻关系第二，亲子关系支配夫妻关系的表现之二。

当然在中国也不是没有离婚的。即便是在婚姻关系“超稳定”的封建社会，离婚也非偶然之举，但其主要特点是离婚由父母决定。《礼记·内侧》上说：“子甚宜其妻，父母不说（悦），出。子不宜其妻，父母曰：是善事我，子行夫妇之礼焉，没身不衰。”总之，在封建社会，父母不仅包办子女的结婚，而且包办子女的离婚，是亲子关系第一，夫妻关系第二，亲子关系支配夫妻关系的表现之三。

婆媳关系是中国家庭中有别于西方家庭的特有关系。女子婚后不离开公婆便产生了婆媳关系。而婆媳矛盾和冲突又成为普遍现象和规律。在婆媳间的代沟、利益、生活方式等诸多矛盾之中，婆婆以为儿媳夺走了儿子，产生失落感；儿媳则以为婆婆对儿子干预过多，而心怀不满，更是一个重要的心理原因。在西方社会子女自立早，对父母依赖程度低。他们在婚前就大多离开了父母，各奔前程，一旦结婚，成立自己的新家庭，与父母牵涉更少，家庭关系很自然地由纵向转为横向。而中国家庭的子女对父母依赖较多，父母对子女寄希望也大，甚至有些父母视子女为私产，对于儿子多事其妻，婆婆自然地产生心理不平衡，并多迁怒于媳妇，从而酿成婆媳矛盾和冲突。婆媳冲突表明中国家庭关系由纵向向横向转移的艰难，是亲子关系第一，夫妻关系第二，亲子关系支配夫妻关系的表现之四。

2. 亲子关系与兄弟姐妹关系相比，亲子第一，兄弟姐妹第二，兄弟姐妹关系靠亲子关系支配

人际交往的次数和频率是社会学用来测量人际关系亲疏与重要程度

的指标。就一般规律而言，交往的次数越多，频率越高，表明关系越密切、越重要。1991 年春我们在中国天津市 9 个市区进行了关于城市居民生活、职业和心理状况的调查，共随机抽取样本 1080 个，询问了被调查者在调查时点(1991 年 2 月 1 日)前半年内与自己的父母、兄弟姐妹和已婚子女见面次数，聚会次数，以及用电话、信件等其他方式联系次数，并将有效答案统计如下：

表 1　被调查者与父母、兄弟姐妹及已婚子女交往频率表

关系类别		在过去半年内见面次数	在过去半年内聚会次数	在过去半年内电话、信件等其他方式的联系次数
父亲		3.49	2.71	0.695
母亲		3.40	2.68	0.695
兄弟姐妹	(1)	2.03	1.51	0.555
	(2)	2.03	1.54	0.480
	(3)	1.97	1.49	0.485
	(4)	1.88	1.40	0.430
	(5)	2.19	1.56	0.400
	(6)	2.37	1.63	0.458
已婚子女	(1)	3.06	2.36	0.518
	(2)	3.05	2.30	0.509
	(3)	3.04	2.35	0.487
	(4)	3.11	2.22	0.479
	(5)	3.07	2.26	0.307
	(6)	2.92	2.14	0.109

说明：1. 见面、聚会、其他联系的次数为个案统计均值，以“0”表示没有联系，“1”表示半年内一、二次，“2”表示每月一、二次，“3”表示每周一、二次，“4”表示几乎每天一次，“5”表示住在一起。统计均值越大，表明交往越密切。

2. 兄弟姐妹和已婚子女后面的序号表示其排行。

3. 无情况者视为无效个案，不进入统计。

表1显示的统计结果说明纵向交往的频率高于横向交往的频率，纵向关系比横向关系密切。纵向关系的密切不仅表现在向上(事父母)，而且表现在向下(事已婚子女)，相对而言，横向(事兄弟姐妹)较疏。

如果我们用控制变量的方法实行分组统计，即分别以“父母双全”“父母缺一”“父母双亡”为前提条件，统计兄弟姐妹之间的交往频率，可以明显地观察到亲子关系不仅比兄弟姐妹关系重要，而且能支配和决定兄弟姐妹关系，见表2、表3、表4、表5。

表2至表5的有关数字表明与父母之间的交往和与兄弟姐妹的交往有密切的关系，“父母双全”时，交往频率最高，“父母双亡”时，交往频率最低，“父母缺一”时，交往频率居中，可见父母关系对兄弟姐妹关系影响很大。中国有句成语叫“树倒猢狲散”，是说为首的人一旦去了，下属的人立即解散。在家庭中父母是为首的，父母在时，兄弟姐妹联系较密切，父母亡去，兄弟姐妹联系较稀疏，甚至不相互联系。近年来国内关于“家庭网”的研究亦证明亲子关系的中心制约作用。由父母家庭和已婚子女家庭组成的家庭网是以父母家庭为中心交往的。一旦因父母死亡等原因，原父母家庭不复存在，“家庭网”立即解体。这些事实都说明中国家庭关系的纵向性和纵向家庭关系的决定性。

表2 “父母双全”时兄弟姐妹交往频率表

关系类别		在过去半年内见面次数	在过去半年内聚会次数	在过去半年内用电话、信件等其他方式联系次数
兄弟姐妹	(1)	2.68	2.06	0.59
	(2)	2.63	2.05	0.50
	(3)	2.53	2.01	0.51
	(4)	2.24	1.65	0.45
	(5)	2.66	2.00	0.56
	(6)	2.76	2.08	0.52

表 3 “父在母缺”时兄弟姐妹交往频率表

关系类别		在过去半年内见面次数	在过去半年内聚会次数	在过去半年内用电话、信件等其他方式联系次数
兄弟姐妹	(1)	1.98	1.37	0.55
	(2)	2.13	1.57	0.44
	(3)	1.93	1.40	0.67
	(4)	1.82	1.33	0.50
	(5)	1.91	1.40	0.40
	(6)	1.00	0.50	0.50

表 4 “父缺母在”时兄弟姐妹交往频率表

关系类别		在过去半年内见面次数	在过去半年内聚会次数	在过去半年内用电话、信件等其他方式联系次数
兄弟姐妹	(1)	2.02	1.48	0.55
	(2)	2.02	1.50	0.44
	(3)	2.16	1.50	0.42
	(4)	2.17	1.52	0.35
	(5)	2.37	1.52	0.26
	(6)	2.86	1.85	0.43

表 5 “父母双亡”时兄弟姐妹交往频率表

关系类别		在过去半年内见面次数	在过去半年内聚会次数	在过去半年内用电话、信件等其他方式联系次数
兄弟姐妹	(1)	1.21	0.89	0.52
	(2)	1.32	0.99	0.45
	(3)	1.23	0.90	0.50
	(4)	1.35	1.08	0.40
	(5)	1.63	1.12	0.22
	(6)	2.10	1.40	0.41

说明:表 2 至表 5 的有关说明见表 1。

(二)观念上崇尚孝道,崇拜祖先

中国家庭关系的纵向性在观念上则表现为崇尚孝道,崇拜祖先。

孝悌作为一种道德观念,从原始社会末期出现私有制时就逐渐产生了。随着我国封建社会的确立,儒家又提出“孝感”“孝义”的新内容,把孝悌同天人感应的学说联系起来,并且改变了孝悌内容上的对等关系,而更强调在下者对在上者的义务和服从。可见“孝悌”的核心是“孝”。“孝”道是传统中国社会和家庭伦理思想的核心。

何者为“孝”?《论语:为政》:“孟懿子问孝。子曰:‘无违’。”孔子还说:“父在,观其志;父殁,观其行;三年无改于父之道,可谓孝矣。”(《论语·学而第一》)总之,孝即意味子辈对父辈的绝对服从。

在传统社会不仅舆论支持“孝”道。法律亦维护“孝”道。

中国有句成语叫“光宗耀祖”,也是行“孝”之表现。祭祖和对祖先的崇拜是中国传统家庭中不可少的事情,甚至是压倒一切的事情。如果从宗教在中国的发展和影响力角度分析,可以认为在中国的家庭中祖先总是压倒神仙的,起码也是平起平坐的,比如家庭的祭祀活动,总是以祖宗的牌位与神仙的牌位并列,并供以食品、鲜花、烧香祝福,以乞求家庭得到保护,祭祖奠神合一。就连婚姻大事也不例外。西方的婚姻在教堂里举行，由牧师代表上帝来监督婚姻，中国的婚礼则在家里举行，除去拜天地外，就是拜祖宗，拜父母，由父母和宗族头面人物监督。

中国家庭的继替方式也在强调家庭的纵向关系。与日本等国不同的是中国家庭的两种主要资源（权威和财产）的转移规则，是长子继承权威，诸子平分财产。所谓长子继承权威亦主要表现在领导众兄弟孝顺家长，赡养老人和举行各种祭祖仪式。

（三）功能上以传宗接代为本，双向交流

多功能的中国家庭是以生育为首要功能，传宗接代为本的。

生孩子在中国家庭中被认为至关重要。“不孝有三，无后为大”，断子绝孙被认为是最大的不孝。中国家庭以父系承袭，因此关键的是生育男孩，有男性接班人。生男孩的意义远远超过使家庭成员鼎盛的生理意义。生育上的男女不平等带来了家庭中男女不平等。

重生育、重生男的传统一直影响到现代中国家庭。著名社会学家潘光旦先生 1926 年在上海就人们结婚成立家庭的目的进行调查，所发问卷列了 4 种看法：1. 性欲之满足，2. 良善子女之生产和教育，3. 父母之侍奉，4. 浪漫生活与伴侣。经过调查统计，以“良善子女之生产和教育”的人最多，无论男性被调查者还是女性被调查者都是如此。① 到了 20 世纪 80 年代，“传宗接代”、重男轻女的思想仍然在一些人的头脑中作怪。根据在鄂南崇阳县进行的关于生育目的和意义的民意测验，在被调查的 328 人中认为生孩子是为了传宗接代的 139 人，占 42.83%。一些人生了女儿不算数，为了生儿子，而生二胎、三胎、四胎。甚至为了生儿子不被罚而弃女婴，杀女婴。②

（四）区位距离上的从父居传统

区位距离是人与人之间的环境与空间距离，它常常被用于测量社会距离。社会学家费孝通说：“居处的聚散多少是有关于生活上的亲疏，因

① 潘允康：《家庭社会学》，重庆出版社 1986 年版，第 174、268 页。
② 同上，第 268 页。

之，空间离距给了我们研究社会联系一个门径”。[1] 中国婚姻的从父居传统能从区位距离上表现家庭中纵向父系传统和关系。

中国的传统婚姻是娶妻嫁女，男性是不离开本家的，把外姓女子娶进来，成为本姓人，女儿则嫁到外家，变成外姓人。与其说传统婚姻是从夫居，不如说从夫家之父居，从而产生了中国特有的家庭模式：联合家庭（父母与多个已婚儿子同居共财）和主干家庭（父母仅与一个已婚儿子同居共财）。据考察，在封建社会，只有少数富人家庭可以维持联合式大家庭而生活，多数家庭则取主干家庭模式，父母仅留继承人中的一个，去其枝叶，留其根干。至于儿女婚后“独立门户”只是在现代社会才时兴的事情。根据 1982 年开始进行的中国五城市家庭研究，1937 年以前结婚的人婚后第一次居处住在男方父母家的近 60%。[2]

总之，中国的家庭无论从结构、功能、观念和区位上都是纵向的，以亲子关系为核心的纵向家庭关系是中国家庭关系的本质。

二、纵向家庭关系和中国的社会结构

家庭是中国社会的基础，中国社会结构的中心，微观家庭不能不从各个方面对宏观社会结构产生广泛而深刻的影响。下面我们从政治、经济和社会等三个主要方面来分别阐述这种影响和作用。

（一）纵向家庭关系和中国的政治结构

中国纵向家庭关系的核心是父系家长制，男性家长在家庭中居于至高无上的统治地位，具有独裁性和绝对权威性。这种封建的家长制在很大程度上影响了从地方到中央的政治结构。换句话说封建的君主制就是扩大的封建家长制。

封建社会的所谓“君君、臣臣、父父、子子”，是说君臣关系与父子关系不可分割，君臣关系基于父子关系之上，是父子关系的扩大。封建家庭中子对父“孝”，也被移到社会上臣对君“忠”，“移孝作忠”。《孝经》中直言不

---

① 费孝通：《生育制度》，天津人民出版社 1981 年版，第 79 页。

② 中国五城市家庭调查项目组编：《中国城市家庭》，山东人民出版社 1986 年版，第 318 页。

讳地说:"以孝事君则忠""君子之事亲孝,故忠可移于君"。这样就把家庭中的"孝"推衍成以"忠君"为中心的整个封建社会的伦理和政治。李大钊先生在《由经济上解释中国近代思想变动的原因》一文中指出:"君臣关系的'忠',完全是父子关系的'孝'的放大体,因为君主专制制度是父权中心的大家族制度的发达体。"

历代封建帝王都视天下为自己之"家天下",用某种治家的规则去治理天下。帝王被称为"国父",地方行政长官被称为"父母官",而臣民百姓则是"国父"和"父母官"的"子民"。封建帝王的长子继承制,常常引起其他儿子的嫉恨,兄弟之争演变为政治斗争,政治斗争带有浓厚的家庭矛盾的色彩,是司空见惯的。在封建社会中,家庭乃至家族"一荣俱荣,一损俱损"。"夫荣妻贵""泽被子孙""光宗耀祖"和"株连九族""满门抄斩"并不鲜见,政治和政治斗争总是和家庭、家族紧密地联系在一起,而其主线与核心是向上儿子对父亲般的服从与孝忠,向下父亲让儿子接班与继承。

中国家庭的纵向关系不能不对中国的政治国情产生影响,它主要表现为纤弱的民主意识和传统。在中国封建意识影响是很深的,一方面有发展和健全民主生活和制度的问题;另一方面也有民主意识的强化,民主热情的激起和民主生活的训练问题。不仅有给不给民主和怎样给的问题,还有要不要民主和如何行使民主权利的问题。它的发展要有一个过程,绝不是一蹴而就的。

(二)纵向家庭关系和中国的经济结构

中国的纵向家庭关系影响了中国的政治结构,也必然影响中国的经济结构。这种影响是多方面的。

首先,中国家庭资源的转移规则既有别于西方的英国,也有别于东方的日本。家庭资源有两种,一种是权威,另一种是财产。在中国极重家长权威。在一个家庭中父亲在时,由父亲说了算,父亲有绝对权威,指挥一切,众兄弟共同孝顺其父,为了自身的利益,却相互猜忌。父亲死后长子继承权威,而不是扩大合作经营,横向联系很弱。诸子平均分割财产的原则,也不利于家庭财产的集中,资本的积累。

其次，现代中国私营企业如果还沿袭家庭的“父传子”模式，势必带来诸多不利因素，甚至导致企业的衰落和垮台。迄今“父传子”模式仍然在中国台湾、中国香港、东南亚以及北美的华裔私人企业中流行着。以中国台湾为例，据台湾十分有影响的《财政月刊》“田霞”号透露，台湾一些主要的大型企业的接班人都是创业者的儿子，该杂志列举的大型私人企业99%都决定由儿子接班。时下，这些企业的前途未卜。然而，东南亚一些华人私人企业兴衰史已经证明，这种模式往往传不过三代。第一代人凭艰苦创业而成功，第二代人还可凭第一代人的经验和威望守业，从第三代人起企业开始衰败，甚至崩溃。在这种模式下，很难找到那种百年不衰的大型企业。甚至传不过两代的也不乏其例，最典型的是美国王安电脑公司的兴衰。王安是1986年当里根总统主持美国独立二百年纪念庆典时，向美国全国公众公开表扬的10个对美国有卓越贡献的名人之一。在决定退休确定接班人上，他经过反复考虑还是决定由儿子接班。王安的决定立即引起美国舆论界的大哗，在否定“父传子”模式的西方社会认为王安还是摆脱不了中国旧传统的“中国人”。在其儿子接班后的两年中，鼎盛一时的王安公司因经营和管理不善，在激烈的竞争中节节败退，陷入困境，以至濒临崩溃。虽然王安最终不得不强令其儿子去职，另换新马，可是许多美国人已经认定，它正在挣扎。许多研究认为从企业成长的观点而言，传子不传贤确实弊多于利。第一，企业的家族传统使非家族的企业员工无法深入参与决策的核心，因而缺乏对企业的向心力。第二，由于决策者都是血缘相近的家族成员，其经历，经验与成长过程颇为类似，因此，在解决问题时如出一辙的盲点不易突破，近亲繁殖的结果，使其决策品质相对低下。第三，不利于在企业内部实行现代科层组织制的一些原则。可见这种“父传子”模式，对企业员工心理，决策品质与领导风格都产生较大的负面影响。一些人指出，要从根本上改变中国式的“父传子”模式是困难的，唯一的办法是学习西方企业的某些做法，主要要使企业经营权和所有权分离，所有权可以亲属系列传递和继承，经营权是不行的。

（三）纵向家庭关系和中国的其他社会关系

中国的家本位和人们浓重的家庭观念使得家庭关系不能不在社会关

系中占据重要的位置，并对社会和社会关系发生深刻的影响。中国家庭关系的核心是亲子关系，亲子关系支配其他家庭关系，当然并非说其他家庭关系不重要。我们可以从人们对亲属关系的依赖（亲属关系在社会生活中的实际作用）和亲属关系的社会影响中来说明这点。

比如它影响了人们的职业调动。迄今为止，在中国职业选择是国家组织分配和个人志愿相结合，以国家组织分配为主的，因而常有与自己愿望不符之处。因此，为了变换工作，不少人动用各种关系去达到目的。在天津市1985年进行的第三次千户户卷调查中，被调查的1000人中有196人坦诚地相告曾经通过各种社会关系网帮忙选择职业或调动工作，其中找亲属的最多占62.34%。亲属中又以父母长辈为主，兄弟姐妹和其他亲属次之。1991年在天津进行的居民生活、职业和心理状况调查中则证实在帮助当事人选择职业者中，亲属关系占直接推荐者的68.4%，占间接推荐者的39.1%，比例很高。这种情况必然形成亲属网络伸进业缘网络，伸进企事业内部。1986年9月12日《人民日报》（海外版）曾经揭露了某县粮食部门的83名干部中，有直系亲属关系的占30%，如果加上用“弯头”连接起来的关系相连的人，竟达70%。这些人中父亲当局长，儿子是主管会计，女儿是现金出纳，纪检书记是亲家，从而在企业内部形成了一个严严实实的亲属网。

此外，家庭关系和亲属关系对社会生活领域的影响也是比比可见的。在1985年进行的天津市第三次户卷调查中我们询问了被调查者对于“婚姻”“职业”“住房”“经济收入”“人际关系”“家庭”“升学”“子女”等各方面的感受和满意度，当询问到“如果您遇到上述事件中‘对您影响最大的一件坏事时’‘是否有人给你帮助和支持’”时，一些人肯定有人给帮助，其中52.38%的人是得到了“爱人”和“亲属”的帮助。十分有趣的是得到亲属（主要是父母、子女）帮助的比例高于得到“爱人”帮助的比例，前者占57.58%，后者占42.42%，[①]这是与西方社会不大相同之处。它不仅表现

① 潘允康：《家庭社会学》，重庆出版社1986年版，第216页。

了中国家庭关系的重要性，而且表现了其纵向性。

总之，中国的纵向家庭关系与中国社会的政治、经济和社会结构有着千丝万缕的内在联系。在我们为说明这种联系而列举的实例中，有处在西方发达资本主义社会中的华裔社区，有以中国台湾为代表的中国本土资本主义社会，还有中国大陆的社会主义社会，无论其间有多少差别，我们总能从其中发现许多共同点。这些共同点都与他们有共同的传统文化，特别是有共同的家庭意识和家庭关系有关。当我们讨论中国宏观社会结构时，是不能忽略中国的微观家庭的。

无论从政治、经济和社会的角度看，中国的纵向家庭关系所产生的影响负面较大，因此，在现代化的进程中纵向家庭关系的解体和家庭观念的淡化已成为一种需要。

事实上中国的纵向家庭关系已在解体之中，具体表现为家庭正在小型化，三代以上同堂的大家庭正在解体；家庭关系中夫妻关系越来越重要，有超越亲子关系之势；家庭中生育数量的减少和少生、优生观念的逐步形成；以及青年人婚后独居、自立门户者增加等。至于血亲观念的淡化，则需要一个较长的过程，然而，它是一个不可改变的趋势。历史发展规律证实，与落后生产力相联系的是发达的血缘关系和不发达的业缘关系，与先进生产力相联系的是不发达的血缘关系和发达的业缘关系，在社会走向现代化之时，各种业缘关系的充分发展，将导致家庭关系的松弛和家庭观念（血亲观念）的淡化。

天津“国际社会学研究方法研讨会”综述[①]

载《社会学研究》1994 年第 1 期

国际社会学研究方法研讨会 1993 年 8 月 24—26 日在天津召开。这次会议是在美国福特基金会资助和支持下，由美国杜克大学亚太研究所所长林南教授和中国社会学会副会长、天津社会学学会理事长、天津社会科学院院长王辉教授共同发起和组织的。会上有 6 名国外专家学者和 12 名中国专家学者结合个人的研究项目和特长，就社会学方法问题做了大会发言，其他与会代表做了自由发言，其主要方面有：

一、理论与方法之间的关系

这次讨论会是讨论社会学方法，但与社会学理论有密切的关系，方法以理论为基础、为前提，方法的运用亦可延伸理论思考，发展理论研究。

一些研究婚姻家庭的代表结合 20 世纪 80 年代以来我国有关家庭研究的热点指出，方法的选择以理论为基础，方法的更新也是以理论为基础的。比如我国的许多学者曾就我国家庭模式的转换做过较为系统、深入的研究，之所以选择家庭模式作为家庭研究的突破点，就是基于下述理论认识：即社会的本质是社会关系，家庭的本质是家庭关系，研究家庭关系即可触及家庭变化的最本质的方面。另外我国 20 世纪 80 年代到 90 年代关于家庭模式的研究由表面到深入也是以理论为基础的。在 20 世纪

① 文章发表时署名的作者还有唐中新、郝麦收。

80 年代初、中期许多研究都已经证实大家庭正在分解，家庭模式正在核心化、小型化的事实与趋势。然而，这毕竟只是表面现象，是问题的一个方面。从理论上说，我国有几千年的文明和文化传统，世代同堂的理想，儿孙绕膝之乐不会在一夜之间消失，双向反馈模式的代际关系也不会在瞬间解体；今天中国家庭关系变化的突出特点是现代与传统的融合。只有从现代与传统的结合点上才能更准确、更全面地把握现代家庭的变化和特点，因此，对方法的要求是由家庭小型化研究转入家庭生命周期和家庭网研究。关于家庭网的研究是家庭模式研究的横向扩展。家庭模式研究的纵向延伸与横向扩展是以现代与传统的冲突与融合理论为基础的。

方法的研究是以理论为基础的，方法的使用及所得结果也能发人思考，促进理论研究的发展。如我国学者在使用统计方法研究家庭模式及其转换时发现了多数家庭在循环的初始和结尾部采取主干家庭模式，而中间阶段采用核心家庭模式，因此提出了家庭模式 u 型循环理论。另外关于家庭网的研究也是由方法的使用扩大了家庭模式研究的视野，由研究单个家庭的内部关系到研究多个家庭之间的关系，从而产生家庭网络理论。

二、社会学能否使用其他学科的概念、范畴

美国华盛顿大学雷伟立教授运用在江苏、四川的实地调查资料，分析了我国农村择偶的价值观念和婚姻流向，指出女性由贫困地区向相对富庶地区流动的事实和规律，提出了婚姻市场概念，进行了婚姻市场分析。

一些与会代表表示异议。有的人认为婚姻现象是复杂的，经济因素尽管起了重要作用，但还有爱情等其他因素起作用，特别是现代城市社会，爱情在婚姻中的地位越来越高，甚至起决定性作用，它是不能用经济因素来解释的。还有的人认为市场是经济学概念，用它来解释婚姻一类的社会现象是不科学的。婚姻择偶有其自身的特殊规律，非同于经济市场上的等价交换。婚姻中聘礼与嫁妆也与货币购物、以物易物不同。完全用经济规律与经济学概念解释是不确切的，不能自圆其说的。

另一些人则表示了不同的看法。认为任何一种理论都不可能解释全部社会现象和规律,能解释一部分就可以了,就能成立。尽管经济因素不是影响婚姻的唯一因素,但在现实生活中,其影响力常常很大,女性从贫穷地区向富庶地区流动的现象仍然很普遍,不仅国内如此,国际间也是如此。

至于经济学概念范畴能否运用到社会学中的问题,一些人认为不同学科之间概念的相互渗透和使用是个普遍的现象,经济学概念使用到社会学中是可以的,但可能有不同的解释,比如婚姻中的交换价值是普遍存在的,它不等同于经济学中的精确的等价交换,而是通过交换得到一种模糊的平衡,是不能精确计算和测量的。这不等于说交换价值在婚姻行为中不存在、交换理论在社会研究中不能成立。美国社会学家温奇创造了婚姻交换理论,提出了婚姻交换中的12要素,经济要素只是其中之一,这种理论又分为同质交换和异质互补两种,成功地解释了择偶中的许多行为和心理,这是用交换理论研究婚姻的成功例子。

三、定量分析方法在社会学研究中的应用

自我国社会学研究恢复以来,定量分析方法被应用得越来越多,计算机也使用得十分普遍。在讨论会上,与会代表对定量分析方法的使用和意义表示肯定。一些代表还就定量与定性方法相结合的问题做了发言,指出只有定量与定性分析相结合,才能准确而深刻地说明社会现象的本质,并且阐述了把人类学深入细致的观察方法与社会学抽样调查统计方法相结合的必要性与紧迫性。

在谈到统计与定量分析时,一些代表提出要使统计方法进一步科学化、完善化与深化。20世纪80年代初期和中期我国许多社会学家还不能独立对所收集的资料进行统计分析,常常要请专门从事统计和计算机工作的专家帮忙,现在许多人已能独立完成统计工作,并能娴熟地使用计算机,这是一大进步,它表明我国的社会学研究队伍逐步走向成熟。在统计方法的运用上也已由原来的单变量描述和汇总统计分析、简单双变量

相关分析，发展到多变量、多元分析，回归方法、因素分析方法和结构方程方法开始得到使用，并显示了积极作用和效应。林南教授结合自己关于“中国城市的分层与流动——一个多元模式”的研究，介绍了多元分析中的因素分析方法和结构方程方法。这种方法的优势是能够把现实变量转变为虚拟变量，把具体因素转化为抽象因素，并能探讨虚拟变量之间、抽象因素之间的联系，从统计上给以说明。

四、关于中国特色的社会学方法

一些与会代表提出应总结和创造有中国特色的社会学方法，以适应研究中国社会，发展中国社会学的需要。一些代表列举了毛泽东及其同事早年对中国农村所做的典型调查，提出这种调查方法深入、细致，可解剖麻雀，特别有益于了解社会和社会现象的本质，比抽样调查、统计方法有其特殊的优越性。这种方法在今天不仅不应放弃，而且应该总结推广，发扬光大。

另一些人则认为，从 20 世纪 80 年代以来一些人强调创造有中国特色的社会学，以后又有有中国特色的社会学理论、有中国特色的社会学方法，这是不够科学的。科学无国界，社会学作为社会科学的一个门类，是跨国界的，有共同的理论、原则、概念和方法，而不可能因国而异，一国一样。所谓中国的社会学只是把社会学的理论方法运用于研究中国社会，尽管有些理论和结论是特殊的、有特色的，方法也会因对象的不同而有所差异，但仅此而已。就好像有中国特色的社会主义是马列主义的普遍真理运用于中国社会革命的具体实践那样，其实践是特殊的。但其社会主义理论原则却是世界共同的，是根本的。中国国情的特殊性，以及根据这种特殊性去建设社会主义所采取的特殊方法，并不等于说中国的社会主义理论、原则也是与众不同的。今天我们强调建设有中国特色的社会学，是要强调理论与实践相结合，特别是社会学研究不要只是从理论到理论，而要研究中国社会的特殊性，其结论是带有中国特色的，但其理论方法与其他国家的社会学没有根本的区别，而且在主要方面是一致的。只是从这点上去理解，才能准确地把握有中国特色的社会学的含义，以及社会学本土化的方向。如果不是这样理解，那就会出现美国社会学、日本社会学、英国社会学、法国社会学、德国社会学等都不一样，有多少个国家就有多少个不同的社会学的谬误。就会出现热衷于独创体系，盲目追求特殊性的错误。一些与会者认为在强调社会学本土化的同时，从学科建设的角度应注重社会学共同理论、原则与方法的创造与发展。

另一些与会代表则坚持认为建立有中国特色的社会学的提法是正确的、必要的，他们从普遍性和特殊性相结合的角度阐述了否认矛盾的普遍性是错误，即否认社会学有共同的理论、原则和方法是错误的，同样否认矛盾的特殊性也是错误的，即应该建立和发展有中国特色的社会学，而不应否认其存在的可能性和必要性。

五、社会学研究社会问题的着眼点问题

从事一项社会问题研究应该如何入手，是出席这次国际社会学研究方法研讨会的中外学者们普遍关注的又一个问题。大家一致认为，社会现象的复杂性和社会学的综合性特征决定了社会学研究方法应该注重微观研究与宏观研究的结合。但是，一部分学者更加强调从微观出发揭示社会现象。有的学者在发言中提到，十几年来，中国的某些社会学研究存在大而空的问题，其原因之一是忽视了从微观角度着眼来研究社会现象的。但是，也有的学者认为，社会研究的原则之一是全面反映社会现象的特征，也就是说，社会研究者应当从社会现象的各个方面，从它与其他现象的各种联系和中介去观察、规定某一现象的社会特征及其属性。要做到这一点，就应从宏观出发研究某一社会现象，把影响这一现象的所有要素和条件尽可能地抽取出来进行分析和考察，由此形成了如下综合分析模型：

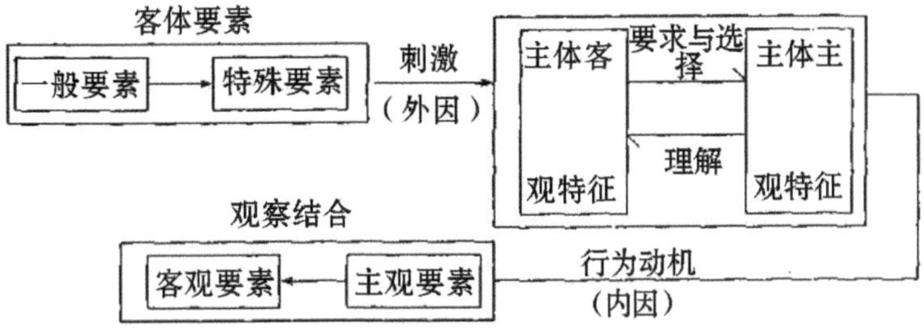

在这个综合分析模型里，客体要素是研究对象的外部环境，主体要素是指研究对象中的行为主体（个体或群体），观察结果则是指被观察和记录的各种结果。对于这种研究思路有的学者认为属于社会学的方法论问题，有的学者认为属于认识论问题，也有的学者认为难以操作。

六、社会学调查的具体方法问题

关于社会学调查的具体方法，是与会代表讨论最多的一个问题，主要集中在以下几方面：

1. 关于问卷调查。与会的学者们认为，近年来，问卷调查在中国大陆有了广泛的应用，它对于大范围内收集资料和快速处理调查数据发挥了积极作用，是社会学调查收集资料的主要方法之一。但同时也必须明确，问卷调查只是诸多调查研究手段中的一种，不能代替其他研究方法。特别是在对调查对象和研究的问题没有足够了解的情况下设计问卷和用来收集资料，很容易带有主观性和片面性。并且，问卷调查有其适用范围和若干限制条件，尤其在我国农村，文盲、半文盲占相当比例，利用问卷收集资料存在着一定困难。另外，学者们还就问卷设计的科学性问题、填写问卷的真实性、对问卷中的问题理解的差异和表达的准确性等问题发表了各自的见解。

对关于调查点的选择问题。与会代表们认为，采用随机抽样方法选择调查点和调查对象，可以避免主观随意性。但是，一些中方学者强调，在对所调查的问题和调查地区比较了解的基础上，运用典型调查方法确定调查点也是一种可行的途径。另外，南京大学社会学系宋林飞教授、中央民族学院社会发展研究所贾春增教授等人主张，如果从事深入细致的农村社会研究，最好选择研究者本人熟悉的地方(例如自己的家乡)做调查点，这样，一是可以便于获得深入、细致的调查资料，二是可以依据自身的生活经验判断资料的真实性，便于获得可靠的资料，从而可以取得较好的调查结果。但是，也有的学者认为，在自己熟悉的地方做社会学调查，存在着不易发现新问题的缺陷。

3. 关于观察法、访谈法。与会代表们认为，在当今社会学研究中，观察法、访谈法仍然发挥着重要作用。这次与会的加拿大多伦多大学社会学教授沙真理、美国耶鲁大学社会学教授戴慧思等人就是主要运用观察法、访谈法来研究中国城乡社会生活的。学者们认为，从事中国农村调查，运用观察法、访谈法有助于加深对调查对象的了解。但同时也应注意这两种方法的局限性。

另外，有的学者认为，在家庭研究方面，除利用抽样问卷调查、访谈法、观察法、文献法等来收集资料以外，还应进一步使用家族口述史、对家庭周期的研究、国家间的比较、历史的比较方法等。

4. 定量分析与定性分析相结合。过去中国学者往往擅长于运用定性分析方法分析社会现象，改革开放以后，中国的社会学者迅速地引进西方学者注重从事发展过程中的数量变化来考察事物的定量分析方法。但近些年来，又出现了忽视定性分析的倾向。与会学者们认为，定性分析和定量分析是人们认识社会现象的两大主渠道，二者是辩证统一的。研究者的结论要符合客观实际，就必须把两种分析方法结合起来。如何把定量分析和定性分析有机地结合起来，使定性分析的准确度更高？中外学者联系自己的研究实践，发表了许多真知灼见。来自四川社会科学院的刘成根教授提出了所谓“四一”模式，就是采用定性和定量分析相结合的方法来认识一个对象(微观对象或宏观对象)、一个过程(短期过程、中期过程或长期过程)、一个作用(直接作用、间接作用、显性作用或隐性作用)、一个趋向(近期趋向或远期趋向)。这种“四一”模式使定性分析和定量分析合二为一，把对事物的静态观察和动态观察融为一体。这就使研究者从社会现象的本质属性和数量特征上掌握了事物的客观发展规律。

社区归属感与社区满意度[①]

载《社会学研究》1996 年第 3 期

“社区”这一词汇在当今社会被广泛使用，社区建设、社区发展、社区服务等引起了人们的关注，已经成为社会发展规划的直接而重要的组成部分。

从社区角度看社会发展与建设，内容是十分广泛的，而社区归属感和社区满意度是其核心。使社区成员对社区质量产生较高的满意度，进而出现较强的社区归属感和凝聚力，是实现社区发展与建设的关键。

一、社区归属感

1. 社区的要义是人的集合

社区（Community）一词最早是由德国社会学家滕尼斯（F. Tounies）提出来的。他在 1887 年出版的《社区和社会》一书中说，社区是基于亲族血缘关系而结成的社会联合。在这种社会联合中，情感的、自然的意志占优势。个体的或个人的意志被情感的、共同的意志所抑制。与此相应，他认为由人们的契约关系和由“理性的”意志所形成的联合称为“社会”。而社区则是指那些具有共同价值取向的同质人口组成，关系密切，出入相友，守望相助，疾病相扶，富有人情味的社会关系和社会利益共同体。

以后，人们从不同角度不断发展和完善社区概念，指出了社区组成的

---

① 文章发表时署名的作者还有关颖。

7个基本要素：①人口；②地域；③经济；④社区的专业分工和相互依赖关系；⑤共同的文化与制度；⑥居民的凝聚力与归属感；⑦为社区服务的公共设施。[①] 而7个基本要素又分为4个方面，即：①有按一定的社会制度和社会关系组织起来共同生活的人口；②有一定的地域和环境条件，包括地理位置、地势、资源、气候、经济交通和公共设施；③有自己特有的文化制度和生活方式；④在情感和心理上有共同的地域观念、乡土观念和认同感。[②]

明确了社区的要义不在于地域和区位结构，而在于人，在于人的利益共同体，就把社区和行政区划这两个互相关联的东西区分开来。从行政区划的角度看，发展的目标主要在物质，在地域、环境、经济和设施；而从社区的角度，发展的目标主要在人，在于人的精神，人的满意度，人的归属感，人的凝聚力。自然，正像主观与客观不可分割那样，人也离不开地域、环境，人的满意度归属感离不开社区的物质建设和精神建设，而社区的物质建设与精神建设水平又需要人的满意度、归属感来鉴定与回答。研究社区的归属感和满意度是至关重要的。

2. 人的集合在于人有归属感

自从滕尼斯提出社区概念以来，社区一词被人们广泛使用，且大大发展了。据不完全统计，现在有关社区的各种概念达150多种。

美国社会学家A. 英克尔斯认为，社区成员的共同结合感，及对某些实际生活及精神生活的共同评价等，决定社区的本质。这里首先是共同结合感，亦即归属感，它是社区意识的基本体现。理论界早已对社区阐述过这样重要的观点：形成社区的最重要条件并不是一群人共同居住的地域，而是人们之间互动及在此基础上形成的具有一定强度和数量的心理关系。换言之，即使这群人散布在城市的各个角落里，只要他们保持强烈的、内聚的社会网络，具有认同感和归属感，就可以形成某种“心理社区”

---

① 雷洁琼主编：《中国大百科全书·社会学卷》，中国大百科全书出版社1991年版，第367页。
② 贾德彰主编：《社区服务研究》，天津社会科学院出版社1991年版，第33页。

或曰“开放社区”。[1] 反之，“如果居住于某个社区就仅仅是地域意义上的存在而已，其在社会意义上的存在是不全面的”[2]。确切地说，社区就失去了其主要的社会意义。社区归属感对于社区存在、发展与建设的重要性引起了理论界的浓厚兴趣和广泛探讨，主要集中在几个方面：第一，现代社会的发展是否使社区归属感削弱，甚至自然消失。第二，社区归属感的影响因素是什么。

当滕尼斯在19世纪末提出社区概念时，人们对社区的理解在很大程度上出自生产力低下的乡土社会。此时，人们有较强的社区归属感是可以理解的。以家庭为单位的生产，手工作坊的扩大，家庭成员利益的一致，家长的权威，家庭关系的重要性，邻里关系的守望相助性，都会使生活在同一区域的人产生认同感、归属感，凝聚为利益的共同体。即使是到了20世纪初期，某些研究仍然带有“田园诗歌”的色彩。

然而，西方一些学者认为工业化、现代化过程使社会流动加剧，人本位和人的独立意识增强，人与人的关系松弛，都市社区趋于解体，都市居民的社区归属感、认同感已经不复存在，心理社区消亡了。美国芝加哥学派的沃思在其《作为一种生活方式的城市性》一文中提出，城市社区居民互相之间是以特殊的社会角色，而不是以包括一个完整的个人在内的关系来进行互动的。他们很少同邻居相互往来，只是在涉及个人的经济事宜时才同他人发生联系。因此，城市生活环境破坏了社区成员的群体内聚力，同非城市居民相比，现代城市居民的心理压抑更为明显。[3] 以后社会心理学家斯坦利·米尔格拉姆则指出，城市社区居民间的冷漠归根到底在于他们没有能力去处理日常生活中大量的认知信息。由于居民们每天要遇到几千人，所以城里的人就通过和他人保持表面的和短暂的关系来保存自己的心理能量。这势必导致城市社区居民的道德和社会联系的

---

① 韦尔曼等：《网络、邻里和社区》，《城市事务季刊》英文版1979年第14卷，第363～390页。
② 董遵圻：《社会学论文集》，广东人民出版社1988年版，第259页。
③ 沃思：《作为一种生活方式的城市性》，《美国社会学杂志》1939年第49卷，第46～63页。

减弱。[①]

这种理论被另外一些研究所否定，所批评。美国社会学家J. 萨特尔斯和艾伯特·亨特都否认城市生活方式一定会削弱社区成员的凝聚力，归属感。相反，他们在芝加哥的贫民窟和工人阶级邻里中都发现了强烈的社区归属感。而劳克德·费希尔则认为城市生活不仅不会破坏社区群体的团结，相反还会增加其力量。我国社会学工作者丘海雄在关于香港和广州社区比较研究中论证工业化、都市化并不必然使社区生活趋于解体，而都市化程度较高的社区却有较高的社区归属感。[②]

总之，一个基本的理论问题是现代社会的发展是否削弱了人际关系和人与人联系的纽带，或者说是否人们失去了社区的归属感。

二、社区归属感和社区满意度

近年来有关社区归属感的研究越来越多，表明这一研究对社区发展与建设的重要意义。而研究社区归属感及其影响因素有不同看法。一些研究认为社区归属感就是社区认同感，是居民对社区的认同程度。美国的卡萨达和诺罗韦兹则认为居民在社区内的社会关系对社区归属感很重要。[③] 丘海雄在广州和香港所做的研究中则把社区归属感的影响因素列为"居住年限""人际关系""社区满足感""社区活动参与"等 4 个方面。[④]罗琪欧布赖恩则强调了"社区活动的参与"，包括正式和非正式参与。最多的研究认为社区归属感主要是社区满足感，是由社区满足感来决定的。

社区归属感和社区满意度是两个不同而又密切相关的概念。社区归属感(Community Attachment)是指社区的居民对本社区地域和人群集合的认同，喜爱和依恋等心理感觉。而社区满意度则是对社区生活条件、人际关系等客观方面的评价。然而两者是密切相关的。首先社区的归属

① 米尔格拉姆:《城市生活体验》，美国《科学》杂志 1970 年第 167 卷，第 1462 页。
② 丘海雄:《社区归属感》，《中山大学学报》1989 年第 2 期。
③ 卡萨达、诺罗韦兹:《大众社区的社会归属感》，《美国社会学评论》1974 年第 39 期。
④ 丘海雄:《社区归属感》，《中山大学学报》1989 年第 2 期。

感在很大程度上决定着社区成员对社区的满意度。美国社会学家克罗利等人的研究证实了这一点。我国社会学者董遵圻对广州南华西街社区发展的个案研究，发现两者因素相关度达到 0.50(P＜0.001)丘海雄等人的研究证实，广州居民社区满足感和社区归属感的复相关系数为 0.30(P≤0.05)，香港的复相关系数为 0.32(P≤0.05)，①另一项关于宁夏银川的某工业区的研究中也发现，工人对工厂的福利待遇的抱怨是使他们缺乏心理归属感的主要因素之一。其次，社区归属感也对社区满足感发生影响。从根本上说，社区满足感是社区的客观环境和条件在人们的主观意识上的反映，主观意识是被客观决定的。然而，满意度的本身仍然在主观范畴，从这点上说它又和另一主观范畴归属感有联系。从这个意义上说，通过满意度也可能测量归属感。

综上所述，我们要研究社区的发展与建设，评价社区质量，必须研究社区的归属感，而社区归属感又在很大程度上是通过满意度来表现和测量的，归属感和满意度又是相互作用的：

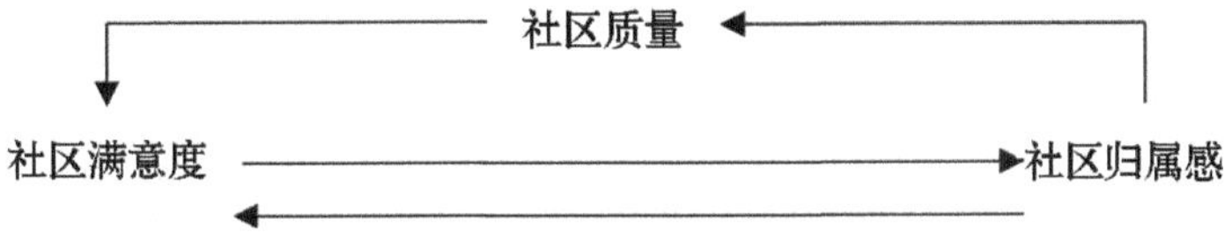

从研究角度说，社区的满意度测量具有可操作性，通过满意度分析社区归属感进而在这一方面评价社区质量，对于社区建设，提高社区质量是十分重要的。

三、社区满意度测量

1. 社区满意度的测量指标

社区满意度是一个多层次的综合性指标。这是因为人的需求是多方面的，构成社区的各种要素也是多方面。人对社区质量的总体满意度，决

---

① 丘海雄：《社区归属感》，《中山大学学报》1989 年第 2 期。

定于人的主观需要与客观现实相吻合的程度。为了研究城市居民对社区的满意度,1992 年我们在天津市 9 个市区以随机抽样方法,抽取 1042 个样本,进行了问卷调查。在初步探索和实验调查的基础上,把决定人的社区满意度的因素归纳为以下 23 个方面,即:居民区的绿化、环境卫生、社会治安、居委会工作、供电、供水、公共交通、公用电话、托儿所、幼儿园,离家最近的小学、中学、电影院、公园、图书馆、文化站、卫生院、大医院(区级以上)、早点部、副食店、定点粮店、定点煤气站、百货商店(可以买到电视机等大件商品)等。围绕上述各个方面,我们进行了态度测量,以“1 较好”“2 一般”“3 较差”为度量层次。另外,从社区研究的角度,对邻里交往情况等也进行了行为测量,通过调查对象和邻居互相串门交往的频率,看其邻里关系。

与此同时,我们又对城市居民对社区质量的总体满意度进行测量,以“1 满意”“2 比较满意”“3 不太满意”“4 不满意”为度量层次,力求寻找各因素满意度与总体满意度之间的相关关系。

2. 社区质量满意度总体状况

从总体上看,被调查的城市居民对社区质量表示“满意”和“比较满意”的是多数(见表 1):

表 1　社区质量总体满意度

	有效样本	百分比
满意	150	14.4
比较满意	719	69.0
不太满意	113	10.8
不满意	10	1.0
无看法	49	4.7
合计	1041	100.0

表 2　目前居民区与在此之前居民区比较

	有效样本	百分比
较好	517	49.6
差不多	302	29.0
较差	29	2.8
不好说	54	5.2
从未搬过家	139	13.4
合计	1041	100.0

在与历史的比较中，可以认为人们对社区的满意度是逐步提高的趋势（见表 2、表 3）。

表 3　目前居民区与 16 岁时居民区比较

	有效样本	百分比
较好	679	65.5
差不多	186	18.0
较差	32	3.1
不好说	98	9.5
从未搬过家	41	3.9
合计	1036	100.0

表 2 是与居民搬入现社区前社区的比较，而表 3 是与居民本人 16 岁所在社区比较。尽管就个体而言，不同调查对象"在此之前"和"16 岁时"的时点不尽相同，但从总体上看，可以从中了解人们的满意度是在不断提高的趋势。

具体到反映社区状况的各个方面，则人们表达了不同的态度（见表 4）。

表 4　居民对社区质量的基本评价

社区质量各项目	评价		
	均值	标准差	样本数
(1)您家所在居民区的绿化	1.94	.80	1042
(2)您家所在居民区的社会治安	1.54	.58	1041
(3)您家所在居民区的环境卫生	1.89	.70	1042
(4)您家所在居民区的居委会工作	1.39	.55	1042
(5)您家所在居民区的供电	1.40	.59	1041
(6)您家所在居民区的供水	1.37	.57	1042
(7)您家所在居民区的公共交通	1.71	.70	1042
(8)您家所在居民区的公用电话	1.83	.81	1042
(9)您家所在居民区的托儿所	1.53	.84	1042
(10)您家所在居民区的幼儿园	1.46	.83	1042
(11)离您家最近的小学	1.47	.66	1042
(12)离您家最近的中学	1.58	.72	1041
(13)离您家最近的电影院	1.68	.73	1042
(14)离您家最近的公园	1.74	.75	1042
(15)离您家最近的图书馆	1.70	.92	1042
(16)离您家最近的文化站	1.65	.85	1042
(17)离您家最近的卫生院	1.77	.71	1042
(18)离您家最近的大医院	1.79	.69	1041
(19)离您家最近的早点部	1.77	.67	1042
(20)离您家最近的副食店	1.73	.63	1042
(21)定点粮店	1.76	.65	1042
(22)定点煤气站	1.60	.79	1042
(23)离您家最近的百货商店	1.66	.68	1042

说明:均值越低表明满意度越高。

3. 社区满意度之相关分析

通过表 4 我们可以看到人们对社区组成要素和社区生活的各个方面满意程度是有所不同的。相比而言，对“供水”“供电”“居委会工作”“幼儿园”“小学”等方面满意度较高。然而，这些方面是否和人们的总体满意度相关，或相关度较高呢？统计数字表明，所列 23 个项目与对社区满意度之间都有被统计值认可的正相关关系，说明对每一方面的具体评价和态度都可能影响人们的总体满意度和评价，这些方面是影响人们社区态度的组成因素。然而，不一定对某些方面的评价越高，就和总体满意度之间的相关值越高（见表 5）。它恰恰说明部分和总体之间的差异及主观认识的复杂性。

表 5 居民对社区质量的基本评价与总体满意度之相关

项目	相关系数
(1)您家所在居民区的绿化	.3194
(2)您家所在居民区的社会治安	.3150
(3)您家所在居民区的环境卫生	.3312
(4)您家所在居民区的居委会工作	.3533
(5)您家所在居民区的供电	.1687
(6)您家所在居民区的供水	.1504
(7)您家所在居民区的公共交通	.2683
(8)您家所在居民区的公用电话	.2425
(9)您家所在居民区的托儿所	.3435
(10)您家所在居民区的幼儿园	.3338
(11)离您家最近的小学	.2987
(12)离您家最近的中学	.3066
(13)离您家最近的电影院	.3113
(14)离您家最近的公园	.3302
(15)离您家最近的图书馆	.2570

续表

项　目	相关系数
(16)离您家最近的文化站	.2997
(17)离您家最近的卫生院	.3599
(18)离您家最近的大医院	.3435
(19)离您家最近的早点部	.2687
(20)离您家最近的副食店	.3614
(21)定点粮店	.3425
(22)定点煤气站	.3119
(23)离您家最近的百货商店	.3093

调查结果显示,表 4 中评价较高的方面,诸如社区的“供电”和“供水”并不一定是影响人们对社区质量总体评价的最重要的方面。而人们对居委会工作评价较高(见表 4),该方面与总体评价之间则有较高的相关度(见表 5)。人们对最近的卫生院评价不很高(见表 4),然而,它与人们的总体评价之间则有较高的相关度(见表 5)。这说明相关分析更能从数量角度进一步反映局部评价与总体评价之间的数量关系。

4. 社区满意度指标测量的因素分析

从社区质量满意度测量及相关分析中,我们可以了解今天人们对社区质量的总体评价和社区各个方面的具体评价及其相互之间的关系。可以说,人们对社区质量的总体满意度是受人们对社区生活各方面感受和评价所影响的。为了综合这种认识,从大量的指标中寻找其规律性,采用因素分析的方法,对 23 个具体变量进行因素分析,得出表 6 中的数值。

表 6　社区质量的项目因素及其承担系数

因素项目	承担系数
因素 1:文化卫生	
(13)电影院	.68065
(14)公园	.71367
(15)图书馆	.77907
(16)文化站	.66450
(17)卫生院	.49998
(18)大医院	.57664
因素 2:日常生活	
(19)早点部	.79038
(20)副食店	.84001
(21)定点粮店	.77676
(22)定点煤气站	.45655
(23)百货商店	.43221
因素 3:教育	
(9)托儿所	.81936
(10)幼儿园	.82032
(11)小学	.64632
(12)中学	.59990
因素 4:人文环境	
(1)绿化	.71218
(2)社会治安	.75340
(3)环境卫生	.77933
(4)居委会工作	.62108
因素 5:能源	
(5)供电	.87201
(6)供水	.85391

从表6的统计值上看，23项指标中的21项形成5个因素。其中“公共交通”和“公用电话”两项未进入因素聚类，从略。

因素1是由“电影院”“公园”“图书馆”“文化站”“卫生院”“大医院”等6个方面组成，是文化生活和卫生健康之两个方面，其中前4项承担系数最高，是文化生活类，而后两项较低，是卫生健康类。

因素2是由“早点部”“副食店”“粮店”“煤气站”“百货商店”等5个方面组成，属于以“食”为中心的日常生活类，其中前三项承担系数较高。

因素3是由“托儿所”“幼儿园”“小学”“中学”等项组成，属“教育”类。

因素4是由“绿化”“治安”“环境卫生”“居委会工作”4项组成，可概括为环境类，“绿化”和“卫生”属人文自然环境，而“治安”及“居委会工作”属人文社会环境。

因素5包括“供水”和“供电”两项，属社区能源类。

因素分析法从统计上提示我们，尽管影响居民对社区质量总体评价的因素是多方面的，但其中有内在的联系和规律性，如果把诸多的因素综合概括一下，大致可归纳为5个方面，即“文化卫生”方面，“吃穿用等日常生活方面”“教育方面”“环境方面”“能源方面”。我们可以从此出发，进一步展开分析。

5. 社区满意度指标测量的相关与回归分析

当我们将23个变量聚成5个因子时，我们的认识前进了一步，即尽管对人们社区质量满意度的影响是多方面的，但却可以归纳为几个内在相关的方面，包括物质生活、文化生活、环境、教育、能源等内容。究竟每个方面对人们总体满意度会产生怎样的影响，首先可以从统计值上进行观察(见表7)。

表 7　社区质量诸因素与社区满意度之相关分析

社区质量诸因素	相关系数
人文环境　　　（因素 4）	.3312**
衣食等日常生活（因素 2）	.2885**
文化卫生　　　（因素 1）	.2884**
教育　　　　　（因素 3）	.2022**
能源　　　　　（因素 5）	.0724*

** P<0.001　* P<0.01

从表 7 的统计数字看，影响人们社区满意度的各类因素依次排列为“环境”因素、“日常生活”因素、“文化卫生”因素、“教育”因素、“能源”因素，其中“环境”因素、“日常生活”因素、“文化卫生”因素有较为明显的影响，其相关值具有统计上的意义。相关分析结果使我们看到每一因素对人们社区满意度的影响，如果我们在分析这些影响时又需要同时把各类因素之间的影响考虑在内去分析时，就要进步使用回归分析的方法（见表 8）。

表 8　社区质量诸因素与社区满意度之相关分析

社区质量诸因素	回归系数	显著度
人文环境（因素 4）	.31632	.0000
日常生活（因素 2）	.27218	.0000
文化卫生（因素 1）	.26942	.0000
教育　　（因素 3）	.18738	.0000
能源　　（因素 5）	.06410	.0536

回归系数值较相关系数值有所下降，说明在考虑某一类因素的影响值时，必须把其他因素考虑在内，然而回归系数的趋势和意义与相关系数值及意义基本相同，即从回归统计上看，影响社区满意度之因素依然是人文环境、日常生活、文化卫生、教育、能源的排列次序，其中前四项的意义

较为明显。

四、关于社区满意度测量的思考

1. 从社区满意度测量上城市居民表达满意和基本满意的较多，而且在时代变迁中满意度有所提高，说明在客观上，我们的社区建设（包括物质、精神、环境等各个方面）有了发展和提高，也说明今天人们仍然有较强的社区意识。它否定了那种认为现代社会的发展，生活设施的改进使人们生活条件优越了，但人际关系的冷漠及其他社会问题的发生可能使人们对社区满意度降低，或者说社区归属感减弱的看法。

从根本上说，现代社会的发展从某种意义上削弱了传统社会感情色彩的人际关系，却大大强化了以业缘关系为核心的人际关系。传统社会是自给自足的自然经济，一方面使血缘和邻里关系显得重要，另一方面却使广阔的社会业缘关系显得淡漠，不依靠别人自己活得了，有"鸡犬之声相闻，老死不相往来"之说。现代社会的发展，使社会分工精细化，技术专门化，工作职业化。如果说社会是一条大而复杂的生产流水线的话，每个人只能处在一个细微的环节上。人与人之间的相互联系和依靠不是削弱了，而是强化了。自己的生活和发展系于他人，依靠他人，这才是现代社会中的人们的意识。相反，现代工业化使人际关系离散只是这一过程初期特有的现象。就好比过去的人们把竞争理解为"你死我活"，而今天的竞争恰恰被看作是一种大范围的合作那样。总之，现代化、工业化从根本上说不会削弱人们的社区意识和归属感，相反从一定意义上说，还会增强这种意识和归属感。

2. 今天影响人们社区满意度的因素都是什么？哪些方面对人们的心理发生影响和较大的影响？从传统社会和传统的社区理论上看，乡土社会中守望相助的人际合作关系是至关重要的，因为只有如此，人们才体会到什么是利益共同体，什么是社区的意义。然而，这毕竟和以农业、手工业为主的生产方式有关。今天我们从这个角度测量，却得出了否定的结论。在我们的调查中，有一组是行为指标，内容为"与邻里相互串门交往的程度和次数”，如果用这变量去和人们的社区满意度做相关统计的话，得出的结论是二者相关度较低（相关系数为 .0583）。这说明在今天的城市生活中，人们对小范围、近距离的人文环境——邻里关系，并不十分重视，它并不能决定人们的社区满意度和归属感。社区满意度和归属感是由其他因素决定的。

对于邻里关系的不重视，并不标志人们社区意识的降低，也不标志人们的满意度与环境无关。相反，人文环境类因素仍然是决定人们满意度的首要因素（依其和总体满意度的回归值最高确定，以下顺序同），而环境因素中又包含人文自然环境，如“绿化”与“卫生”及人文社会环境“居委会工作”和“治安”两大类。它首先说明，人们的社会关系和环境意识扩大了，是一种不局限于邻里交往的广泛的社会关系和社会环境，这显然与现代城市生活方式的变化，以及业缘关系为主体的社会关系的特征有关。而社会大环境中人文自然环境“环境卫生”和“绿化”显然与人们生活清新感、舒适感有关，而社会治安又与人们的安全感有关。至于居委会工作则是邻里互助的人际关系扩大。在当今中国的城市中，居委会在大范围协调社区人际关系，维护正常的社区生活秩序方面，起到过非常重要作用。因此，它对人们的社区满意度和归属感的影响仍然是重要的。

社区环境作为影响人们社区满意度和归属感的第一要素，恰恰表明人们社区意识的存在。因为，从社区本来的意义上说，就是有范围、有边际的，而不是无边无沿的。环境要素的突出，是社区意识在人们头脑中的客观反映。

3. 物质生活、文化生活仍然是今天社会生活的两个重要的方面。包括“早点”“副食”“定点粮店”“定点煤气站”“百货商店”在内的日常物质生活是影响社区满意度的第二因素，说明物质生活对今天中国城市居民具有重要意义。对温饱问题刚刚解决，小康尚未普遍实现的中国人来说，这点是可以理解的，也是和发达国家的区别之一。

然而，我们同时注意到，以文化为主体的精神生活（包括电影院、公园、文化站、图书馆）在对社区满意度的影响方面几乎与物质生活的作用相等(相关系数和回归系数都是如此),它同时说明今天,人们对精神生活需求的增加,和文化生活对人们的重要性。可以预见,未来社会发展进程中,随着物质生活水平的提高,人们对文化生活的需求还会增长,会超过物质生活需求。

这里需要指出的是,因素分析法把卫生设施类归为文化生活之一类。从理论意义上说,它们是两类。也许这样的分析方法提示人们,在关心自身的健康方面,已经提到和文化生活改善的同等地位,换句话说,健康第一,也是未来社会和人们追求的目标,它也会超过物质生活类,成为影响人们社区意识和归属感的十分重要的因素。一个社区能否有发达而满足人们要求的卫生设施,是社区质量高低和能否使人们有较高的满意度和归属感的重要方面。

4. 教育类的影响因素尽管排列在第 4 位,亦表明它的存在和地位。教育在我国社会生活中不断升值,是今天社会的现实。可以预测,在未来社会,发展教育也是社区建设的重要方面。

5.“能源”与社区满意度表现了较弱的相关度,从统计的意义上说明今天人们对社区满意与否与“供水”“供电”关系不大。因为城市“供电”“供水问题如今已经比较好地解决,是不成问题的问题。因此这类因素不会在很大程度上影响人们的社区意识。

总之,通过社区满意度测量,使我们从一个侧面了解了人们的社区意识及其影响因素。发展社区物质文明和精神文明建设,改善社区环境,提高社区质量使人们获得较高的社区满意度及较强的社区归属感,在蓬勃发展的社区建设中是十分重要的。

住房与中国城市的家庭结构

——区位学理论思考①

载《社会学研究》1997 年第 6 期

所谓家庭结构是指家庭的人员构成，是组成家庭分子之间的某种性质的联系，家庭分子之间的配合与组织，家庭分子之间相互作用和相互影响的状态，以及由于相互作用和相互影响而形成的家庭模式和类型。家庭结构与居住状况是密切相关的。父母仅和未婚儿女同居构成了核心家庭，父母和一对已婚儿女同居构成了主干家庭，父母和两对以上已婚子女同居或兄弟姐妹婚后不分家的构成了联合家庭。因此，从居住状况研究家庭结构是研究家庭结构的最主要的入手点之一。近年来对居住状况及其影响因素的研究越来越多地涉及家庭住房问题。事实表明，家庭住房对家庭成员的区位距离，对家庭居住模式和家庭结构是重要的影响因素。从住房角度研究家庭结构是社会区位学理论在家庭研究中的应用。本文主要依据笔者 1981 年在天津河西区尖山街红星一里和红星二里居委会进行的家庭和生育方面的调查，1982 年开始的中国五城市家庭研究，1983 年至 1992 年在天津连续进行了 10 年的千户居民户卷调查资料，1991 年全国 27 省市家庭调查资料和 1993 年在天津、上海进行的住房调查的有关资料，对这一问题展开论述。

---

① 文章发表时署名为作者还有[美国]约翰·罗根、[美国]边馥琴、[美国]边燕杰以及天津社会科学院关颖、上海社会科学院卢汉龙。

一、子女婚后与父母同居是中国家庭结构模式的特点

在中国的家庭中，子女对父母依附的时间相对较长。不仅未婚成年子女会留在父母居处，而且子女婚后也可能和父母共同居住在一起，时间或长或短，从而形成主干家庭和联合家庭的模式。由于大多数家庭父母只留已婚子女中的一个在身边，所以主干家庭模式较多。学术界称这种已婚儿女和父母同居的模式为中国传统家庭模式。

1982 年在中国北京、天津、上海、南京和成都进行的“中国五城市家庭研究”所得到的资料证实，子女婚后住在父母家的占 49.71%，近一半。又据在天津连续进行 10 年的“天津千户居民户卷调查”资料证实子女婚后与父母住在一起的，1985 年为 55.45%，1993 年为 42%。1988 年在上海和天津等 9 大城市进行的老年人抽样调查资料显示，子女婚后与老年人住在一起的占 40%。这些数字都说明迄今中国的家庭仍在较大程度上保留有子女婚后与父母同居的传统。

不仅中国学者的研究证实了以上看法，其他国家学者来华的研究也有同样的资料和结论。甚至不仅在中国如此，在亚洲和其他国家和地区也是如此。（见表 1）

表 1　不同亚洲国家及地区 60 岁以上老人和子女同居情况

国家和地区	1970－1979 年	1980－1984 年	1985－1989 年	1990－1993 年
（和任何子女）				
中国都市		71%　1984(A)		56%　1993
中国台湾	84%　1976(B)*	83%　1980(B)*	69%　1989(C)	
日本	75%　1970(E)*	69%　1980(F)*	62%　1985(E)	
韩国		78%　1984(E)	79%　1985(F)	
菲律宾		80%　1984(F)	68%　1988(I)	
马来西亚		69%　1984(E)		
（和已婚子女）				

续表

国家和地区	1970－1979年	1980－1984年	1985－1989年	1990－1993年
中国都市		52％ 1983(A)	44％ 1988(J)	42％ 1993
中国台湾	67％ 1976(B)*	61％ 1980(B)*	55％ 1985(B)*	
韩国	71％ 1970(G)	64％ 1980(G)		

说明：1. *表示为65岁以上老年人的数字，其余为60岁以上老年人的数字。

2. 百分比后面的数字是资料的年份。

3. 年份后边的英文字母为提供该资料的学者的代号，具体英文人名如下：(A)Unger，(B)(C)Hermalin，(E)(F)(G)Martin，(J)Hu，(I)Domingo. ①

表1中的数字说明已婚子女和父母同居不仅是中国的传统，也是亚洲的传统，它表明家庭中较为密切的代际关系。当然我们也注意到，这种传统事实上正在改变。比如在中国的都市，1983年父母和已婚子女同居住的比例为52％，而1993年为42％，下降了10个百分点。研究这种变化发生的原因，对预测家庭的未来，分析家庭作为社会的细胞将对社会结构和社会生活发生的作用，以及由此带来的社会政策的改变，都是十分重要的。

中国作为亚洲文明的发源地之一，近几十年来经济和社会生活发生了巨大变迁，其变迁的速度前所未有。研究中国家庭居住模式的变化和家庭模式的变化，更具有代表性和特殊意义。

---

① Unger Jonathan：《八十年代的城市家庭：对中国调查的分析》，第25～49页。引自Deborah Dadvis和Steven Harrel编辑：《毛泽东时代之后的中国家庭》，伯克利加州大学出版社1993年版。

Hermalin等：《孩子特征与代际间的互动》，密西根大学人口研究中心：《亚洲老年比较研究》1992年第21期。

Hermalin等：《台湾老人的赡养方式》，《亚洲老年比较研究》1990年第4期。

Martin，Linda G.：《斐济、韩国、马来西亚和菲律宾的老人居住方式》，《人口学》1989年26：627～643。

Martin，Linda G.：《亚洲的老龄化》，《老年学杂志：社会科学版》1988年，43：99～113。

Martin，Linda. G.：《东亚代际关系的变化年鉴》(AAPSS)1990年，510：102～114。

Domingo，Lida和John. B. Casterline：《菲律宾老年人的居住方式》，《亚洲老年比较研究》1992年第16期。

胡汝泉、叶乃滋：《1988年中国九大城市老年人状况抽样调查》，天津教育出版社1991年版。

二、儿女婚后与父母同居的相关因素分析

学术界关于儿女婚后与父母同居的相关因素的解释是多方面的，归纳起来主要有三种，其一为传统观念说，其二为现实需求说，其三为家庭资源说。从中国的社会现实出发，我们认为传统观念和现实需求仍然是影响居住模式和家庭结构的重要因素，但是传统观念正在改变，现实生活需求也是双向的，这些都不足以维持两代人同居的结构模式。而家庭资源，特别是住房资源，在当今作为同居模式的决定因素则变得十分重要。

1. 传统的存在和改变

亚洲的家庭传统，特别是中国的家庭传统，与西方家庭有很大的差别。在西方家庭中，两代人之间的关系是单向的，有单向接力模式之说，即：

$$A \rightarrow B \rightarrow C \rightarrow D \rightarrow \cdots\cdots$$

在代际关系中，父母要抚养教育子女，子女不必赡养父母。因此，子女结婚以后很少有和父母继续居住在一起的。主干家庭和联合家庭模式极少，家庭大多为核心家庭。西方家庭的这种代际传统有如田径赛场上的接力赛跑，每个人接过接力棒只顾向前跑，传给下一个人即可，瞻前而不顾后。这种代际传统和西方人本位的传统文化有关，和西方社会有较发达的社会养老保险制度有关，也和他们的住房资源与住房政策有关。由于代代如此，代代相传，两代人之间没有什么不平等之感。因为每一代人的责任和义务都是向下的，父母抚养了子女，子女即便不赡养父母，也要抚养自己的子女。从历史发展和衔接的角度看，对每一代人也都是平等的。

在亚洲，尤其在中国，家庭中两代人之间的关系是双向的，有双向反馈模式之说，即：

$$A \leftrightarrow B \leftrightarrow C \leftrightarrow D$$

在代际关系中，父母要抚养子女，子女也要赡养父母，两代人之间的关系和义务是双向的。这已经形成了传统和风俗，而且写进了中国的法

律。在家庭中如果子女不赡养父母,不仅要受到社会舆论的谴责,而且要受到法律的干预。这种代际关系产生了家庭养老模式。社会以家庭养老为主,尊老爱幼为社会公德,孝道成为中国家庭伦理道德的核心。在这样的传统中,子女结婚后与父母继续住在一起就是自然而必然的了。在表1中我们可以看到中国尽管发生了很快的变化,但仍有40%以上的家庭子女婚后和父母住在一起。在亚洲的其他国家我们也看到了同样的情况,尽管这些国家的社会情况有很大的差别。这说明传统的存在和它的影响力量。这种传统不仅表现在同居,而且表现在从父居和从夫居。在天津和上海1993年进行的调查中证实了这点。(见表2)

表2 父母和已婚子女居住状况

子女的年龄	已婚儿子(人)	已婚女儿(人)
30及以下	31%(36)	13%(71)
31～40	27%(293)	5%(321)
41～50	23%(202)	6%(214)
51及以上	20%(114)	9%(96)
合计	25%(645)	7%(703)

说明:1. 该资料出自1993年在天津和上海进行的有关住房情况的调查,项目由美国纽约州立大学社会系教授罗根和美国明尼苏达大学社会学系教授边燕杰主持,在天津和上海的调查由潘允康、关颖和卢汉龙负责。

2. 该表的百分比是强度百分比。比如说在表里的数字的第一行第一组数据是说被调查的30岁以下的已婚儿子共有36人,其中31%(11人)与父母同住。其余依此类推。

从表2中我们可以看到明显的从父居和从夫居现象。换句话说,从父母的角度看,如果要把他们已婚的子女留在身边,一般要留儿子;从夫妻的角度看,结婚后妻子多到丈夫家落户。另外,根据这个资料所做的另一项统计,在207对与父母同住的已婚夫妇中只有46对是和妻子的父母同住,而这46人其中的一半是丈夫的父母均已去世,说明从父居和从夫居犹在,这是传统的又一表现。

然而在同一个调查资料中我们也能看到这种传统正在发生变化，而且变化的速度很快。比如在中国的都市，已婚子女和父母同住的已从10年前的52%下降到1993年的42%。其他的调查资料也证明了这点。1991年天津社会科学院社会学研究所和广州《家庭》杂志社在中国27省市进行了关于家庭问题的大规模抽样调查，在问被调查者，“您的子女成家后，如果条件允许，您打算和谁住在一起?”时，只有21.5%的人表示愿意和子女住在一起，其余的都愿意分开住。而在问到“您愿意和父母同住吗”? 被调查者的76.4%表示不愿意，而希望自己单过。这说明无论是家长还是子女，对两代人是否同居的看法是相同的，即越来越倾向于分开过而不同居。当然我们从其他的统计数字中也能看到从父居和从夫居的传统在变化。比如在中国五城市家庭研究中证实，女儿婚后与父母同住的已从1938年以前的9%增加到1977—1982年的18%。由此我们可以得出结论，传统还存在，但正在改变，而且可以说在迅速改变。这里我们可以相应提出一个问题：只依靠传统的习惯和观念能不能维持近40%～50%的高同居比例? 回答应当是否定的。我们必须探讨其他影响居住和家庭结构的现实的社会因素。

2. 现实生活需求中的矛盾

中国家庭现实生活的需求一直被认为是影响家庭居住模式和结构的影响因素之一。然而，如果我们对中国现实的家庭生活做一个全面的分析，就可以知道，两代人之间既有需求的一面，也有矛盾的一面。

《天津社会科学》1982年第3期曾发表《试论我国城市的家庭和家庭结构》一文，指出有两种相反的力量影响着家庭居住方式和结构。一种是促成两代人同居的力量，比如中国的传统伦理道德，由过去的“父慈子孝”演变为今天的“敬老爱幼”式的社会公德，促使两代人和谐；经济上老年人需要青年人赡养和帮助，青年人也常常可以从老年人那里沾光，得到各种补贴；家务上老年人可以帮助青年人买菜、做饭、料理家务、带孩子，青年人可以帮助老年人做一些较重的家务和帮助老年人就医，扶助病弱老人；心理上老年人到晚年希望有儿孙绕膝之乐等。另一种是促成两代人分居的力量，比如经济上的分散，由过去一人赚钱养全家，到现在家庭中多人赚钱，老人有了养老金，不一定需要青年人，青年人有了自己的收入，希望自己支配；在人际关系上家中人多矛盾多，不好调理，特别是婆媳之间常常容易产生矛盾，带来家务纠纷；代沟的客观存在使两代人之间在思想、性格、兴趣、爱好、价值观等方面都会产生差别，并因此而发生矛盾和冲突；青年人和老年人在生活方式上也存在差异，青年人要求自立独立，追求自己的生活方式，和老年人发生不一致和冲突等。该文认为这后一种力量大于前一种力量，换句话说，分家的力量大于合家的力量，因而两代人是分居的趋势，主干家庭和联合家庭向核心家庭的方向发展。这篇文章提出了很重要的观点，即在现实家庭生活中我们既可以找到合家的力量，也可以找到分家的力量，指出了现实生活中需求的矛盾。而且该文认为，现实生活中促成分家的力量更大。

此后国内的许多研究又提供了大量的证据，说明现实生活中人们是思分不思合。如果说20世纪80年代的早期研究认为在家庭中主要是青年人主张分家的话，以后的研究提供了更多关于老年人要分家的事实。1987年《社会学研究》第3期发表题为《中国城市现代家庭模式》的文章，谈到当今老年人对子女和两代人关系的一些新看法。“我们现在怕什么？有退休工资，有劳保，一切靠国家，不靠小辈。以前是养儿防老，现在是无所谓‘防’，养不养随他们去。”（从根本上不依靠儿子养了。）

“想穿点！看穿点！为子女做牛做马苦了一世，自己老了，也该快乐快乐，无拘无束地享几年清福了。”（要自己的生活方式，要享福了。）

“现在有些年轻人，独立精神越来越差，样样要靠我们，只知道‘啃老’‘揩老骨头的油’，揩得越多越好。为了争一点财产、房屋，非难父母，兄弟反目造成全家不和，何苦呢？我们老年人为了避免家庭纠纷和冲突，过上愉快的晚年生活，就只能选择‘分家’。”（希望和子女分开住。）

20世纪90年代以来，许多研究又都报道了老年人希望由老伴来养，而不希望子女来养的有关消息和调查资料。

1993年在天津进行的住房调查中，为研究现实生活中两代人的相互

依赖程度，在问到家庭劳动的分工和两代人在现实的家庭生活中互相帮助时，得到了以下结果：(见表3和表4)

表3 由子女报告的家务劳动的贡献

是否与父母同住	丈夫/儿子	妻子/女儿	父母	样本数
不和父母同住	11.4	22.2		832
未婚子女与父母同住	84	102	22.8	93
已婚子女与父母同住	9.6	19.8	9.6	314

表4 由父母报告的家务劳动的贡献

是否与子女同住	子女	父亲/丈夫	母亲/妻子	样本数
不和子女同住	9.0	23.4	232	
和未婚子女同住	4.2	10.2	18.0	227
和已婚子女同住	11.4	72	21.0	225

说明：表3和表4出自1993年在天津和上海进行的关于住房情况的调查。该项调查向被调查者问到关于做饭、打扫房间、洗衣服、买菜等6项家务劳动的情况。回答的类别编码为每天、每周两次、每周一次、每月一次，或不经常。这些编码被转化成每周的次数，并把六项活动的次数相加，所以其取值范围是0到42该表涉及的是只有两代成人的家庭。

表3和表4的数据表达了两代人或两代夫妻对家务劳动的不同看法。其中最为明显的特点是两代人各自从自我的立场出发都认为自己做得多。子女报告他们承担的家务劳动是父母的3倍，而父母则认为他们做得多，也几乎是子女的3倍。当然在我们分析他们的报告时应当考虑到其中包含有许多主观认识。从客观事实出发，在今天两代人(子女是已婚的成年人)在家庭中家务劳动是分担的，而且各自都有单独为满足自身需要的家务劳动的内容，而没有明显的相互依赖和相互需求的情况。换句话说，仅从家务劳动等现实生活需求的角度去寻找两代人要居住在一起的理由，是不足的，还必须探讨影响居住模式的更为重要的因素，即住

房问题。

3. 住房是影响居住和家庭结构的重要因素

一些研究在20世纪80年代初期就提到过住房对家庭结构的影响。《试论我国城市的家庭和家庭结构》一文认为目前我国城市住房比较紧张……青年人婚后一时找不到新房，只有在父母处居住。根据天津某居民点的调查资料，这里的老年人住房面积一般比青年夫妇较为宽敞，一些青年人婚后无房，就暂住在父母处。这也是使大家庭得以维持的一个原因，以后的一些研究则指出住房对居住和家庭结构的影响是双向的。它既可能使青年人和老年人住在一起，也可能使之分离。1986年由重庆出版社出版的《家庭社会学》一书，列举了天津的一个居民点关于住房的调查，证明有75.26%的家庭只有一间住房，在这种情况下，即便儿女结婚以后，想和父母住在一起也不具备客观条件，不得不离开父母另寻住房，大家庭自然会分解。可见住房对居住和家庭模式的影响是存在的。

《社会学研究》1987年第3期发表的《中国城市现代家庭模式》一文，引用了天津市第三次户卷调查资料，在分析433户合家而后又分家的原因中，最主要的是增加了住房面积和改善了住房条件，占35.3%，远远高于其他原因。说明住房原因是很突出的，而且一旦增加了住房面积和改善了住房条件，分居分家的情况不仅是可能的，也是现实的。

为了研究住房与居住模式、家庭模式的关系，1993年在津、沪的住房调查既涉及住房情况，也涉及居住和家庭模式。首先，这次调查发现城市的住房问题仍然比较突出。以居住面积为例，上海的千户中有154户人均居住面积在4平方米以下，365户在4～6平方米之间；天津的千户中有166户人均居住面积在4平方米以下，有240户的居住面积在4～6平方米之间，说明有相当数量的居民还没有宽余的可自由选择的住房，这不能不在一定程度上影响家庭的居住和结构模式。关于这一点我们可以从住房和居住模式关系的数理统计中得到较为精确的分析。（见表5）

表 5　住房情况和居住模式的多变量回归分析

预测因素	多变量回归系数	标准误差
住房面积	.032***	.005
工作单位提供住房	—.542***	.191
子女是户主(房本持有者)	—2.360***	.207

* P<.1　** P<.05　*** <.01

说明:该表控制了家长特征、子女特征及家庭收入等其他变量。该表的因变量是“子女是否与父母同居”(同居=1,不同居=0)。该回归方程共有 22 个自变量,本文只报告其中与主题直接相关的 3 个自变量的回归系数。这是净回归系数,即假定一组人在其他变量不变的条件下(如都是 50 岁,健康状况一样,高中教育程度,月薪 300 元等等)这组人在报告的三个自变量上取不同值,他们与是否与父母同居所表现出来的差异。

表 5 中报告了与住房有关的三个变量:“住房面积”“工作单位提供住房”和“子女是户主(房本持有者)”的回归系数,得到了值得思考的结果。

第一,在分析住房面积和居住状况的关系时得到的回归系数是.032 具有统计上的意义。它表明,住房每增加 1 平方米,子女结婚以后与老人同住的比率提高 3%。这首先说明住房面积与居住模式是直接相关的,而且住房面积越大,子女婚后与父母同住的比例就越高。也就是说,子女婚后无房,可能在父母处“匀房住”。

第二,在分析工作单位是否向本人提供住房时,得到的回归系数为—0.542,具有统计上的意义。它表明,如果工作单位向本人提供住房,子女婚后与父母同住的比率下降。从具体数字上说,如果所住房不是单位分配的住房,子女婚后与父母的同住率为 100%的话那么一旦单位分配给本人住房,子女婚后与父母同住率下降到 57%左右。这说明住房资源和居住模式相关,在住房拥挤、社会还不能提供足够的住房时,子女婚后与父母的同住率很高,当他们从单位分得了住房,就有很大的可能与父母分开住,自立门户。此前,由于我国的商品房还没有充分发展起来,单位分房是职工住房的主要来源。

第三,在分析子女是否户主或房本持有者与居住模式的关系时,得到的回归系数为－2.360，具有统计上的意义。它表明，如果房子是老人的（父母的），则两代夫妻同居的可能性较大，如果房子是子女的，则同居率大大下降。从数字上说，假定房本为老人姓名，或者说父母为房主，已婚子女和父母的同住率为100％的话，当孩子为房本的持有者时，子女与父母的同住率仅为10％左右（根据回归系数－2.360换算）据此我们也可以做出分析，当家庭中的子女能找到新的住房时，他们有可能离开父母，和父母分居，原有的主干家庭可能分解成两个核心家庭。

此外，我们还可以从另一个角度间接观察到住房和居住模式的关系，即住房面积增长越快，父母和子女同住的比例下降也就越快。据1993年《中国统计年鉴》提供的数字计算1992年底上海人均住宅面积5.97平方米，而天津为6.32平方米，天津高于上海。表6是1993年在天津和上海同时进行的住房调查得到的上海和天津城市居民的住房面积情况数据。

表6　上海和天津城市居民住房面积情况

人均住房面积	上海		天津	
	N	%	N	%
4平方米以下	154	15	166	16.5
4—6平方米	365	35.5	240	23.8
6—8平方米	232	22.6	191	189
8—12平方米	157	15.3	219	21.7
12平方米以上	119	11.6	193	19.1

表6中的数据表明上海和天津近年来住房面积都有不同程度的提高，而天津的人均住房面积比上海要大。

下面我们再来比较一下上海和天津近10年居住模式和家庭模式的变化。（见表7）

表 7　上海和天津 60 岁以上老人和子女同住比例及变化(%)

地区	同住子女	1983－1984 年	1988 年	1993 年
天津	已婚子女	42	42	35
	任何子女	71	64	49
上海	已婚子女	52	46	52
	任何子女	62	63	

说明:任何子女包括已婚和未婚子女。

表 7 中的数字说明天津的居住模式比上海变化要快。天津老人与任何子女同住的比率从 1983－1984 年的 71%下降到 1993 年的 49%,已婚子女和父母同住的比例从 42%下降到 35%,而上海基本上没有变化。造成这种情况的原因是多方面的,天津的人均住房面积高于上海,前些年城市居民住房建设步伐较快,也是重要的原因之一。

从以上对有关住房因素和居住模式的相互关系的分析中我们可以知道,随着社会的变迁,在影响家庭居住方式和家庭模式的各种因素中,住房因素变得越来越重要。中华人民共和国成立后的一段时间,由于种种原因我们对居民住房投资一直较少,致使城镇居民的人均居住面积在 20 世纪 50～70 年代一直徘徊在 4 平方米左右。尽管 20 世纪 80 年代以来,为改善人民生活,开始了大规模的住房建设,然而,由于欠账太多,积重难返,且人口又增长较快,住房问题并没有明显的缓解。据 1985 年全国第一次城镇房屋普查的结果,全国城镇居民每户平均居住面积为 24.04 平方米,人均 6.36 平方米,其中缺房户有 26.5%,无房户占 3.2%,不方便户为 10%,拥挤户有 12%,说明问题还很突出。到 1993 年全国城镇人均住房已提高到 7.5 平方米,但全国仍有人均 2 平方米以下的特困户 33 万户,6 平方米以下的家庭占总户数的 20%,全国缺房户有 400 多万户,人均 9 平方米以下的家庭占总户数比重的一半以上。在上述情况下,住房问题一直作为一个影响家庭居住模式和家庭结构的隐含的因素存在着,通过我们的研究,已经发现了它们之间的关系和住房对居住模式的明显影响。可以认为,随着我国城镇住房建设更大规模地展开，住房因素将对我国城镇家庭的结构产生更为明显的影响。对此，应有理论上的解释和思考。

三、住房与家庭结构关系的区位学理论思考

以上我们讨论了中国家庭居住和结构模式的改变，研究了与这种改变相关的因素。我们可以知道，中国传统的父母与子女同居（特别是和已婚子女同居）的模式正在改变，分家的力量大于合家的力量，传统正在向现代过渡。在分析促成这种变化的因素时，我们从传统观念、现实生活需要和住宅等三个方面做了比较，其中传统观念方面属于主观方面，现实生活需求和住房是客观方面。结果表明，传统伦理观念是存在的，它是一种维持两代人同居的居住模式的力量，然而它必须和生活的现实相符合，一旦违背了生活的现实，它的影响力必然会削弱。毕竟已是20世纪末，是中国正在向现代化社会疾步前进的时期，从某些方面说，传统家庭观念与现实生活的需要相违背，因而正在淡化。而现实生活的需求是多方面的，住房需求是现实生活的需求之一。我们集中分析了住房需求，是因为这一影响变得越来越重要，在对家庭居住和结构模式的影响中十分突出，对此，应当有理论上的解释。从区位学理论的角度我们可以找到这种解释的门径。

所谓区位学理论是用人的空间距离来测量他们的社会距离的理论，或者说是研究人与人之间空间距离和社会距离关系的理论。人类学家比较注重区位学说，雷蒙德·弗思在他所著的《我们提科皮亚人》一书中应用这一理论，得到了丰硕的研究结果。他曾说："从空间的位置来研究亲属的居处入手法使我们可以明了亲属间如何联系，这种联系如何在财产所有权中表现出来，如何由这些联系最后结成较大的亲属团体因为空间的位置容易观察，所以居处的入手研究法在普通情形下，是了解亲属关系初步工作最易的途径。"[①]中国著名社会学和人类学家费孝通称这种方法

---

① 费孝通：《生育制度》，天津人民出版社1981年版，第79页。

为区位学方法。他说:“居处的聚散多少是有关于生活上的亲疏,因之,空间距离给了我们研究社会联系的一个门径。从人和人在空间的分布和移动所发生的距离和接触上去考察它给予社会生活上的影响,是社会区位学的研究方法。”[①]住宅从一定的意义说能表现家庭成员的空间距离,进而说明他们之间的社会距离。因而,研究住宅和居住模式、家庭结构模式的关系时,区位学理论是不可少的。

用区位学理论去研究住宅和家庭结构之间的关系,可以从区位中心论、区位聚散论和区位共生论等3个方面去考虑,因为中国的家庭两代人之间的关系的事实是有分有合的。

1. 从区位中心论看住房与家庭结构

所谓区位中心论是指在一个区位人际关系结构中有一个中心结构,这一结构能左右和影响其他结构。费孝通教授认为,舞台和银幕上的中心结构是由两男一女也有两女一男所组成的三角,集中表现他们之间爱的冲突,可是人类学家却认为社会结构(特别是家庭结构)中的真正的三角是由共同情操所结合的儿女和他们的父母。他认为在婚姻的契约中同时缔结了两种相连的社会关系——夫妇和亲子。他认为这两种关系不能分别独立,夫妇关系以亲子关系为前提,亲子关系以夫妇关系为必要条件。边是三角形的三边,不能短缺的。[②] 从家庭的角度看,这种理论对父母和未成年子女的关系适用,这种关系其实只有一个中心,在一个家庭的各种关系中能起到左右和平衡各种关系的作用。然而家庭总是在变化的,最显著的变化莫过于子女的成年和结婚。这一变化会产生足以破坏原有家庭三角结构的力量。换句话说,一旦子女成年结婚,家庭就会由一个中心变为两个或多个中心,就会有新的家庭三角去取代旧有的家庭三角。

根据婚姻和家庭的基本理论,婚姻是家庭的根据,由婚姻产生的夫妻关系是家庭关系的支撑点,因此夫妻关系是家庭关系的中心。在传统中

---

① 费孝通:《生育制度》,天津人民出版社1981年版,第78～79页。
② 费孝通:《生育制度》,天津人民出版社1981年版,第65页。

国社会中重视纵向家庭关系，重视传宗接代，也常常把亲子关系作为夫妻关系的支撑点，作为中心的一个组成部分。其实即便是在那种情况下，真正的关系中心还在夫妻。这是由婚姻和家庭的本质决定的。从这点出发，家庭中如果只有一对夫妻就只有一个中心，有两对夫妻则有两个中心，有多对夫妻则是多中心。当家庭中只有一个中心的时候，家庭成员会产生一种向心力，会围绕中心运动，比较稳定。当家庭中有两对或多对夫妻时，则中心之间会出现离心力，会有中心之间相互排斥的情况。然而家庭毕竟是一个社会生活的基本单元。如果家庭只有有限的住房，或只有同居共处的住房，即便家庭是多中心的，有很大的离心力，也常常会保持同居的结构模式。一旦家庭有了足够的可供选择的住房，原有的家庭结构就可能解体，从多中心模式重新变为一个中心模式。从这点上说，住房因素不仅能使同居的家庭结构模式解体而且能为新的家庭中心的成立提供可能。换句话说，它不仅能破坏原有的家庭模式，而且能促成新的家庭模式，这是住宅在拉大一些人的空间距离之时，又能缩小另一些人的空间距离的特点所决定的。因此，住宅在影响家庭结构的变化中显得十分重要。今天，如果社会能向人们提供更多、更充裕的住宅，社会的家庭结构还会有更明显的变化，因为它符合现代家庭分解的大趋势。

2. 从区位聚散论看住房与家庭结构

居处的居散不仅是了解人和人各种联系的门径，它本身就是一项重要的事实。社会人类学家克罗伯说："一个人无论如何总得有一个住处。没有外婚团体没有嗣续原则，没有图腾，一个人照样能活，可是和人一同住却必然产生有社会影响的联系。"[①]可见居处和住房可以决定和表现家庭中人与人之间保持着怎样的社会关系和距离。在住房条件有限时，或者说人们不可能找到足够的住房时，客观的住房条件能限制、制约和决定人们的联系方式和联系频率。一旦人们找到住房，就会出现另一种情况。

在社会中人和人之间希望保持怎样的距离？社会联系的实质是行为

---

① 费孝通：《生育制度》，天津人民出版社 1981 年版，第 79 页。

和情感，行为上相互依赖的程度和情感上痛痒相关的深浅，决定了我们社会联系的亲疏。而这种亲疏是可以从人的空间距离来测量的。住房是人的空间距离的重要条件和指标。家庭是社会中利益攸关的亲密团体。为了维持家庭亲情，是否人与人之间的距离越近越好？并非如此。社会学家费孝通在研究传统同居共财的大家庭时曾指出过这种模式的弊端：多刺的刺猬挤紧了，大家觉得不好过。即在以维持大家庭为荣的书香人家，人多事杂，也不能不横一个忍字，竖一个耐字，才能五世同堂。在直接从事生产，勤惰分明，劳逸易判的农家，单靠忍耐工夫还是不够的。因之两个家庭在一户里生活的例子在农村里就不多。这表明子女长成结婚以后，分家独立是普遍的情形。① 农村是如此，城市也是如此。传统是如此，现代更是如此。保持距离交往反而能使亲情长久，是人们在长期社会生活中悟出的道理。在现代社会人们更加追求独立性，追求个性和不同的生活方式，从一定的意义上说是要散而不是要聚。然而家庭关系不同于其他社会关系，是散中一定要有聚。不仅要聚而且要有聚的地方和空间，就是住房。在住房缺少时，人们要生活，因而以聚为第一选择。一旦有了可以选择的住房，人们就有可能散中再聚，因此，住房是家庭成员聚散选择的重要条件，没有这一条件，无论人们观念怎样现代化，怎样追寻独立生活方式，要散要聚都是困难的。从这个意义上理解住房能对今天的家庭起到关键性的作用就是比较容易的了。

3. 从区位共生论看住房与家庭结构

所谓共生理论是指在一定区域内生命体之间为求生存而相互依赖的关系。共生理论用在家庭中是家庭成员为求生存而相互联系和依赖。对于一个家庭来说，与共生密切相关的还有“共栖”，“共栖”是共生系统中一种特殊的共生现象，它与住房紧密相连。

尽管今天的中国正在发生巨大的改变，从经济、社会到家庭都是如此，但它还是处于从传统向现代的变革之中。和这种变化相适应，人们在

---

① 费孝通：《生育制度》，天津人民出版社1981年版，第88页。

聚散的选择中比西方人还是较多地考虑共生问题和共栖问题。这是和西方社会的重要区别。据此，在住房的要求上是分合兼顾的，既要离开，又要近一点，以便于联系，相互照应，相互帮助，相互支持。从家庭模式上说，今天一部分中国人向往家庭网。所谓家庭网是指有亲属关系的家庭之间所组成的社会网络，就多数情况而言，它是由可能组成联合家庭或主干家庭的几个独立的核心家庭之间所组成的一种社会组织，有特殊的结构和功能。它不同于旧式的大家庭和封建家族，既不同居共财，也不被置于封建家长统治之下和封建伦理道德束缚之中。处于家庭网中的各个家庭是独立的，在保持各自独立生活方式的前提下，以日常生活的频繁交往和相互救援为主要特征。家庭网的这种特征对住房提出了要求，既要分开，又要近一点。20 世纪 80 年代，中国的一些家庭社会学研究专家就提醒有关建筑部门在设计新的楼房建筑时应考虑这一需求，因为房屋一“立”就是百年，若无远虑，必有近忧。20 世纪 90 年代中国的少数建筑楼的设计已经兼顾了这些方面，比如在一些大的单元楼建设中有大单元套小单元的，即在含有 4～5 间房的大单元中含有独立的小单元，这为人年老时仍留下一个已婚子女在身边，两代人既共处又分开，创造了一种特殊模式。然而，今天的中国在住房上毕竟还是欠账太多，僧多粥少，人们还是把能分到足够的住房作为首要条件，然后才是近一点，是分割中的共生。因此，一旦有了住房，一部分家庭要分离了，而另一部家庭则还会共栖在一起，时间或长或短。这也是今天中国家庭在两代人同居比例下降之时仍能保持较高的同居比率的原因之一。

以上我们从区位学理论即区位中心、区位居散、区位共生等 3 个角度分析了住房和中国家庭的居住与结构模式之间的关系。当今住房既是家庭两代人同居共处的因素，也是两代人分离的因素。可以预见，随着中国住房建设速度的加快和住房改革的进行，中国家庭模式必将进一步变化，中国家庭的现代化进程必将加速。

城市社会学与城市发展学术研讨会暨城市社会学专业委员会(筹)成立大会综述[①]

载《社会学研究》2004年第4期

2004年5月15—17日由中国社会学会和天津社会科学院联合举办的"城市社会学与城市发展学术研讨会"在天津社会科学院召开。来自北京、上海、天津等18个省市的70多位学者进行了为期3天的学术研讨。天津社会科学院社会学研究所所长潘允康主持开幕式,中国社会学会会长陆学艺,副会长邓伟志、王辉,秘书长谢寿光等出席会议并讲话。大会收到论文45篇,拟结集出版。

陆学艺会长在开幕式上做了演讲,他认为中国的城市发展与建设不能脱离开农村与农民的发展。通过各种数据资料的分析,他指出了当前我国城市发展中存在的五个问题:第一,城市化严重滞后于工业化。我国的经济结构已经调整,而社会结构没有得到及时调整。第二,应解决好许多城市中存在的"一市两制"问题。目前有约1亿进城农民不能得到同等对待,"同工不同酬""同工不同时""同工不同权"现象严重。第三,城市发展不能以牺牲农民利益为代价,目前各地以开发区建设为由进行的第四次圈地浪潮中对农民土地、祖屋、祖坟、庄稼的侵犯已到了令人不忍的地步。第四,努力缩小逐步扩大的城乡差别,一方面是城市的"盆景化",另一方面是农村的被剥夺,城乡收入差别已达6∶1,而合理的差距应控制

---

① 文章发表时署名的作者还有王小波。

在1.5∶1。第五城市发展本身也存在着社会结构与社会管理问题。最后,陆学艺指出,当前我们正处在城市发展的关键期,需要更多的人关注、研究城市发展,为我国的城市发展与城市化提供智力支持。他的发言引起许多与会代表的共鸣,随后又有若干发言涉及农民在城市中的处境与地位问题,如关于对“城中村”“城边村”“夹心村镇”以及城市农民同乡组织等问题的研究。

在大会研讨中,有15位专家进行了关于城市社会学基本理论与方法、城市社会学研究的焦点问题、农村人口在城市中的边缘处境、城市社区建设、城市社会问题、城市贫困、“市民权”支付问题、东北城市社会类型、城市人与城市区位、城市住房社会学等内容的大会发言。并有多位专家对这些问题进行了专题点评和评论。有的学者指出,在当前的城市化进程中出现了许多城市社会问题,各种各样的“反城市主义”客观存在,问题的焦点是城市人需求与城市区位格局之间的矛盾,这个问题也是城市社会学的基本理论问题之一。

关于城市社区建设是本次研讨会发言的重点之一。有学者提出,应创建以“新居住文化”为向导,“以人为本”为基石,“党建工作”为龙头,“培育社区社团” 为平台,“建设市民社区”为目标的城市社区功能体系。另有学者提出,成立社区发展委员会管理社区,建立具有企业化经济实体性质的社区管理中心执行社区管理业务,居委会作为微观的工作单元等都是社区建设需要研究的重要问题。

有学者指出,影响城市对外来人员的排斥与吸纳的主要原因是“市民权”的支付问题。在对外来人员支付“市民权”过程中,政府设置多种准入门槛;企业据此对农民工进行低价使用,并使对农民工的无保护、不保护正当化;在基层社会中,无论是街道委员会还是普通市民都可从出租房屋等活动中获益,因此农民无法得到市民权待遇而遭受各种盘剥,这使得城市对于农民的排斥功能呈现较为复杂的情况。

还有学者从分析东北三省老工业基地的社会特征入手,试图找出东北地区城市在当今城市发展中居于落后、尴尬处境的原因。对照西方城市中的“社会契约人”“生产要素人”与“制度人”而言，东北老工业基地城市在长期被单位体制严格整合下，在典型的资源配置权利化影响下，仍未能完全摆脱计划体制的阴影，城市人仍更多表现为“政治人”特征，从而严重制约了其发展与进步。针对这一研究，许多学者认为可以进行更深入的地域对比研究，如将东北城市与西北、东南城市进行对比将会发现更多有价值的现象与理论。研讨会上大家相互启发，发言积极、热烈，真正体现了不同学科间的交流与沟通。

经中国社会学会批准在此次研讨会上还成立了“中国城市社会学专业委员会”(筹)，其办事机构设在天津社会科学院。会上通过了中国城市社会学专业委员会章程(草案)通过会长、副会长及理事的建议名单，并准备向学会主管部门提出申请，以期得到正式批准。代表们认为城市社会学专业委员会(筹)在当前成立适逢其时，因为目前中国的城市发展正处在关键时期，已有不少学者在此领域内进行了大量的研究，出版发表了多种著作、论文，但由于缺乏组织、协调，妨碍了在该研究领域内的交流与沟通，不能将研究力量加以很好的整合。此次城市社会学专业委员(筹)的成立弥补了这方面的不足，为大家提供了交流的平台，创造了合作的机会。

《一个中国城市居民的婚姻、家庭和生育方式》:中美社会学者合作在天津进行社会调查

载《天津社会科学》1982年第2期

根据中美学者和留学生交流协议,美国纽约市立大学社会学、人类学教授伯顿·帕斯特奈克和中国社会科学院社会学研究所、天津社会科学院哲学研究所的研究人员合作,在天津市进行了"一个中国城市居民的婚姻、家庭和生育方式"的社会调查,了解和研究中国城市居民婚姻、家庭和生育的现状及历史,研究社会、政治、经济等因素对婚姻、家庭和生育的影响,分析不同的婚姻模式对家庭的影响,不同的婚姻和家庭模式对生育的影响等。

调查从1981年9月中旬开始,至12月下旬结束。中美社会学者共同访问了273名55岁以上的已婚妇女,填写了她们245名儿媳和已婚女儿的情况,又采用问卷方式(发调查表),调查了311名55岁以下已婚妇女的情况,共得调查资料829份,进行了整理和初步分析。

中美两国社会学者第一次采用合作研究形式进行社会调查,共同进行资料收集,所得资料双方共享。在调查中,美方向我方介绍西方现代社会学、人类学调查研究的基本方法。对于资料的进一步分析研究,则由双方在调查后各自进行。

这次调查采用"整群抽样"的办法,抽取调查样本。在两个居民委员会中,对一个居委会居民中的所有已婚妇女和另一个居委会居民中所有55岁以上的已婚妇女,全部做了调查。这样,使样本具有客观性、代表性

和数量适宜，又节省人力、物力和时间。调查采用面谈访问和问卷相结合的方式。面谈访问便于比较深入细致地了解被调查者情况，获得典型资料，问卷则扩大了调查面，节省了调查时间，统一了调查资料的格式，既保证样本中包含各种不同年龄组已婚妇女的情况，又为用电子计算机处理分析资料做了准备。由于问卷在我国过去很少使用，因此在问卷设计上，注意使所提问题准确、鲜明，被调查者易于填写。在问卷的发出和回收中，采取先试发一批，看回收率及试填效果，及时调整和修改问卷问题，然后分批发出和分批回收的办法结果不仅填写质量好，而且回收率很高，一个居委会为94.77%，另一个居委会为96.12%。帕斯特奈克表示，这样高的回收率在国外是少有的。

通过调查，得到了所调查居民点近几十年来在婚姻、家庭和生育等方面的基础性资料，经过初步整理计算分析，了解了其现状和历史演变情况，以及当前在婚姻、家庭和生育方面存在的一些问题并与之有关的各种社会因素。

调查结束后，天津社会科学院和天津市社会学会，中国社会学研究会和北京市社会学会，分别在天津、北京举办了学术报告会，由帕斯特奈克和我方研究人员共同介绍了调查工作的安排、程序、方法和资料分析的情况。

试论我国城市的家庭和家庭结构①

载《天津社会科学》1982 年第 3 期

家庭是社会的基本组织，是社会的细胞。人自呱呱落地，就在一定的家庭中生活、成长，一般到达一定的年龄和配偶结婚，才组织自己的新家庭。家庭曾经作为人们繁衍后代、劳动生产、消费、教育、学习、感情交往等的基本单位，在人们的社会生活中居重要地位。

我国是实现了生产资料公有制的社会主义社会。我国的家庭正在发生种种变化。但是，家庭仍没有失去其社会基本组织的地位，家庭问题在我国仍然十分重要。正如中央领导同志最近在一次批示中指出的：家庭乃是我国社会的细胞，我们对婚姻家庭问题处理得好坏，直接影响我国社会的发展。因此，家庭问题是我国社会学研究的重要课题之一。本文仅就当前我国城市家庭和家庭结构中的若干问题进行初步研究，以期引起讨论。

一、什么是家庭

要研究家庭和家庭结构，首先要知道什么是家庭，家庭的内涵和外延是什么，这要从家庭史和家庭的本来意义谈起。

1. 家庭是个历史范畴

在人类社会历史上，家庭并不是从来就有、永远存在的。家庭是在一

① 文章发表时署名的作者还有潘乃谷。

定的历史条件下产生，随历史的发展而发展，并和历史发展的一定阶段相联系的。19 世纪中期以前，人们对家庭的产生和发展的认识是蒙昧的。1861 年瑞士法学家巴霍芬发表了《母权论》一书，他提出家庭是人类社会发展到母权社会才开始出现的。巴霍芬为人们探讨家庭的产生及其历史开了个头。由于他的思想带有宗教色彩，最终还是陷入了神学囹圄。摩尔根是真正的探讨家庭起源问题的伟大开拓者。他是第一个具有专门知识而想给人类的史前史建立一个确定的系统的人。"家庭，——摩尔根说，——是一个能动的要素，它从来不是静止不动的，而是随着社会从较低阶段向较高阶段的发展，从较低的形式进到较高的形式。"①恩格斯根据摩尔根的意见，把家庭发展概括为血缘家庭，普那路亚家庭，对偶家庭，一夫一妻制家庭等几个阶段，为家庭的产生和发展勾出了大体轮廓。今天看来，这几种家庭形式的前两种，即血缘家庭和普那路亚家庭，是仅指氏族之前的两种群婚形式。这时男女双方除去性关系外，并无任何更多的关系，因此，称"家庭"是错误的。事实上恩格斯本人在《家庭、私有制和国家的起源》一文中就曾指出过："在氏族制度之下，家庭从来不是，也不可能是一个组织单位……"②1883 年他在马克思《资本论》德文版第一卷第三版所加的一个注释中又明确指出："后来对人类原始状况的透彻的研究，使作者得出结论：最初不是家庭发展为氏族，相反地，氏族是以血缘为基础的人类社会的自然形成的原始形式。由于氏族纽带的开始解体，各种各样的家庭形式后来才发展起来。"③因此，对偶婚制是群婚制向个体婚制的过渡阶段。正是在这个阶段，配偶结合牢固性日益加强，每一个男子或女子有一个较为稳定的或主要配偶，婚姻关系比较确定，子女能明确辨认谁是自己的父亲，家庭出现才有可能。

2. 家庭是以婚姻和血缘关系为基础的社会生活组织形式

从家庭的起源和历史演变中我们可以看出：家庭不是人们任意结成

---

① 《马克思恩格斯选集》第 4 卷，人民出版社 1972 年版，第 25 页。

② 《马克思恩格斯选集》第 4 卷，人民出版社 1972 年版，第 97 页。

③ 《马克思恩格斯全集》第 23 卷，人民出版社 1972 年版，第 389～390 页。

的群体，不是以居住形态、吃喝、感情交往或经济关系为主要标志的组织，也不是男女之间单纯的性的关系。确切些说，家庭是以婚姻和血缘关系为基础的一种社会生活的组织形式。一切家庭的基本特征是：组成成员之间有婚姻和血缘关系。在我国现实社会中，婚姻关系即固定的一夫一妻关系，血缘关系则主要指父母和子女之间的关系，兄弟和姐妹之间的关系。其中夫妻关系是核心，是主要的，决定性的。形象地说；夫妻关系是一个社会中维系家庭的第一纽带，是判断家庭的第一标准，父母和子女关系，兄弟和姐妹关系是维系家庭的第二纽带，是判断家庭的第二标准。这两条也可称为基本的两条，它表明家庭关系主要在父、母、子（女）这一三角型的关系之内，其次是这一关系的合理延伸（所谓合理延伸是指这种延伸不能脱离婚姻关系和血缘关系这两条）。

我们认为坚持两条基本标准是重要的，如果把判定家庭的标准单纯定为“是否在一起住”“是否在一起吃”“户口是否在一起”“经济上是否共用”“情感是否融洽”等均没有抓住问题的实质。从家庭的基本特征出发，我们也可以将一切家庭的基本职能概括为繁衍后代。恩格斯曾经说：“根据唯物主义观点，历史中的决定性因素，归根结底是直接生活的生产和再生产。但是，生产本身又有两种。一方面是生活资料即食物、衣服、住房以及为此所必需的工具的生产，另一方面是人类自身的生产，即种的繁衍。一定历史时代和一定地区内的人们生活于其下的社会制度，受着两种生产的制约：一方面受劳动的发展阶段的制约，另一方面受家庭的发展阶段的制约。”①确切说从私有制初期一直到封建社会的漫长年代，曾肩负生活资料的生产和人类自身生产的双职能。社会发展到近代资本主义社会和社会主义社会，大多数家庭已失去其“生活资料生产”的职能，而保留其种族繁衍的职能。它包括生儿育女，并使子女由生物意义上的人变成具有社会意义的人。这一职能仍然是现时我国城市家庭的基本职能（至于农村，由于生产责任制的实行，家庭职能将发生新变化，这里不详

① 《马克思恩格斯选集》第 4 卷，人民出版社 1972 年版，第 2 页。

叙)。以上从家庭定义出发,我们有意强调了家庭的基本特征和职能,它应当是研究家庭问题的起点。

3.“家”和“户”是两个既互相联系又互相区别的范畴

在我国城市中,目前对于“家”和“户”的理解是不一致的。我们在天津市一个街道居民点调查城市居民婚姻、家庭和生育情况时,发问卷要求填写“家庭组成”,结果:有的人以是否在一起吃饭为准,有的人以是否在一起居住为准,有的人把自己所有儿女(无论已婚未婚,是否在一起吃住)都填上,更多的人则以户口是否在一起为准,其原因就在于人有不理解“家庭”的准确含义,而且常把“家”和“户”混淆起来。应当说,“家”和“户”既相互联系又相互区别,是一“家”的可能是一“户”,也可能不是一“户”;是一“户”的可能是一“家”,也可能不是一“家”。现在世界上许多国家对“家”和“户”的含义的理解不完全相同。英文“家”(或家庭)以 family 表示。而户虽然也有 family 之意,其主要解释为 door(门,居住地标志)和 household(房屋、户)。俄文“家”(或家庭)以 CEMЬЯ 表示,而户虽也有 CEMЬЯ 之意,但其主要解释为 ДВЕРЬ(门,居住地标志)和 ДВОР(庭院,户)。可见“户”主要标志着居住在一起的人们。在我国,“家”(或家庭)是指“以婚姻和血缘关系为基础的一种在社会生活的基本组织形式。古称“有夫有妇”为家。“户”在我国虽也有“人家”之意,如《易·讼》“人三百户”,但主要以居住地为主要特征。依《中华人民共和国户口登记条例》规定;同主管人共同居住一处的为一户,以主管人为户主,单身居住的自立一户,以本人为户主,居住在机关、团体、学校、企业、事业单位内部和公共宿舍的户口,共立一户或分别立户。由此可知,“家”主要指以婚姻和血缘关系为标志的群体,“户”则主要指以居住地为标志的群体。“家”并不等同于“户”,如夫妻分居两地虽不为一“户”,但为一“家”;单身男、女,集体住在一起,但无婚姻血缘关系,虽为一“户”,但不为一“家”。明确“户”和“家”的联系和区别,对研究城市家庭问题是十分重要的。

二、我国城市家庭结构的分类

家庭结构的分类有多种办法和标准，如：以配偶对数的多少，配偶之间的关系，配偶是否缺损，代际（两代或数代）关系等等。这里为研究问题便利计，依我国城市家庭结构现状及稳定程度，暂取用国外社会学当前常用的家庭名称，把家庭分为四类：

1. 核心家庭。夫妻和其未婚儿女组成，包括夫妻中有一人死亡或离去、尚有未婚儿女的破损家庭，常见下列几种：

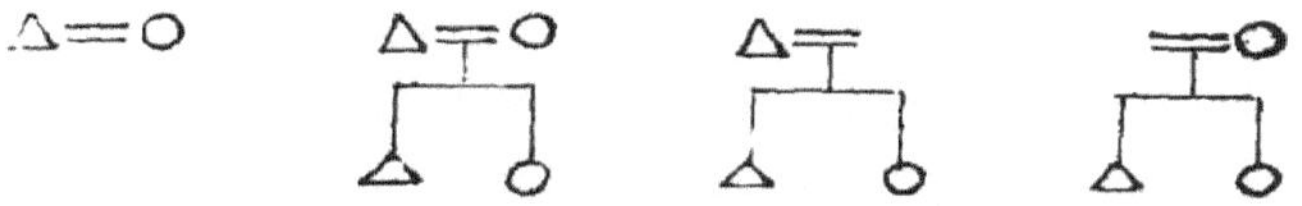

2. 直系家庭。父母和一对已婚儿女组成的家庭，包括鳏夫寡母和其已婚儿女同住的，常见下列几种：

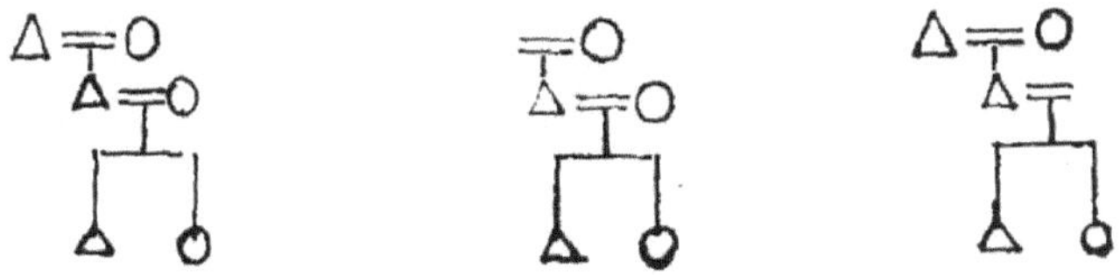

（第一层有缺损）　　（第二层有缺损）

3. 联合家庭。父母和多对已婚儿女组成的家庭，以及兄弟成婚后仍不分家，常见下列几种：

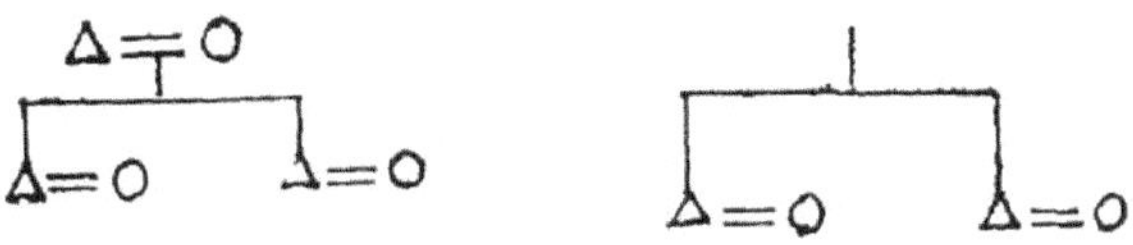

4. 其他。如下特殊情况：

（※、⊠表缺损）

核心家庭可称小家庭，是最稳定型。直系家庭和联合家庭可称大家庭，是不稳定型。直系家庭虽不如核心家庭稳定却比联合家庭稳定。至于其他类，只表示有血缘关系人的一种松散结合，本文不予赘述。

三、我国城市家庭结构正在发生的变化

家庭既然是历史范畴，可以说从它产生的那一天起，就从未停滞在某一状态和水平上。尽管其发展有时是缓慢的，不显著的，不像人类的物质生产发展那样为人类历史时期的划分提供十分显著的标志。但它仍是与历史并行的，与人类物质生产的发展并行的。

近一百多年来，我国由封建社会经历了半殖民地半封建社会，进入了社会主义社会，由小农经济向社会主义工业化大生产发展，天翻地覆，日新月异。这一变化不能不影响我国家庭结构的变化，出现了大家庭变为小家庭，直系、联合家庭逐步变为核心家庭的趋势。从 19 世纪末到 20 世纪初，我们就看到了这种变化。表 1 是天津市区某居民点各年龄组已婚妇女婚后不同居住形式的分类统计。

表 1　天津市一个街道居民点已婚妇女婚后居住形式统计表

婚后居住形式	1926 年或以前出生		1927－1938 年出生		1939－1950 年出生		1951 年以后出生	
	人数	%	人数	%	人数	%	人数	%
住婆家	171	64.53	62	38.27	29	23.58	16	26.23
招女婿	5	1.89	0	0	7	5.69	3	4.92
单独住	83	31.32	97	59.88	80	65.04	41	67.21
两地分居	5	1.89	3	1.85	7	5.69	1	1.64
其他	1	0.38	0	0	0	0	0	0
合计	265	162	123	61				

说明：以上妇女年龄分组方法，是以结婚和生育高峰大致处于“中华人民共和国成立前”“中华人民共和国成立初”“‘文化大革命’前”“‘文化大革命’后”划分的。

从表 1 中我们看到两种明显的变化趋势，一是婚后住婆家的已婚妇女正日益减少，二是婚后跟丈夫单独住的已婚妇女正日益增加。前一种趋势表明大家庭（主要指直系家庭）日益减少，后一种趋势表明小家庭（核心家庭）日益增加。

这种变化产生的原因，在近代，由于帝国主义入侵，使我国沦为半殖民地半封建社会。资本主义促使封建的自给自足的自然经济逐渐解体，家庭也随之产生变化。在劳动人民方面，由于少数官僚地主大量兼并土地，农民日益破产，上无片瓦，下无立锥之地者日益增多。于艰难竭蹶之中，维持小家尚且困难，维持大家更不可能。破产的农民或流入他乡给地主长期打短工，或流入城市到资本家工厂做工，卖妻卖女者极多。在城市做工的工人，工作繁重，工资微薄，生活条件恶劣，居住条件极其困难，这些都使大家庭失去了存在的基础和可能。就剥削阶级方面而言，尽管一些封建地主仍要极力维持以宗法制度为核心的封建大家庭，维持“一家之主”的尊严和“五世同堂”的局面，但抵挡不住资本主义的影响，其子女纷纷进入城市，成为新兴工商业资本家或公务人员，组织自己的小家庭（有时其本人也这样做）。城市中资本主义的发展，使资产阶级家庭已不再是一个直接的生产单位和剥削单位，维持大家庭也失去其必要和可能。从意识形态上讲，西方自由主义的伦理观，冲击了中国的孔孟之道，人们用“人权”“自由、平等、博爱”“个性解放”等口号，向封建的“三纲五常”“三从四德”提出挑战。这些情况引起了人们家庭观念的变化。它主要表现在城市，又主要表现在青年人中，赞成小家庭制的人数越来越多。跟西方不同的是，在赞成小家庭制的同时，一般来说，还主张赡养父母。这是西方家庭观和中国传统家庭观相结合的产物，是在西方家庭观冲击下具有中国特色的观念，它今天在我国仍然很有影响。

在 20 世纪 80 年代社会主义新中国的今天，我国城市家庭仍然从大到小，从直系（联合）家庭向核心家庭发展。天津市区某居民点的资料表明，核心家庭的数量占绝对优势，达 82.9%，但直系家庭并未全部消失。（见表 2）

表 2　天津市一个街道居民点家庭类型比较表

家庭的类型	数目	占总数的％
核心家庭	375	82.9
直系家庭	69	15.3
联合家庭	3	0.7
其他	5	1.1
总计	452	100

在这个居民点里，还发现近年来新婚夫妇住在父母处的人数略有增加。究其原因，我们认为在我国城市中有两种力量在影响家庭结构的变化。一种力量促使家庭由大变小，另一种力量在某种程度上维持着大家庭。这两种力量均不容忽视，它们的综合作用影响到我国家庭的现状和未来。

就第一种力量而言，主要由以下几方面构成：

1. 家庭的经济问题。我国城市家庭大多数现在已不是生产单位，而是生活消费单位。经济问题，具体说就是家庭收入和支出的数量和方式，仍然是家庭问题的核心。由于我国城市居民主要在全民所有制和集体所有制企业中就业，以工资为主要收入，因此就业情况直接关系各家经济状况。根据天津市区某居民点的调查资料表明，我国城市家庭收入发生了两个显著变化。一是由于实现了家庭成员的广泛就业，由单收入变成多收入，改变了过去靠父亲一人工资养活全家的状况。二是青年人在家庭中就业比例正在增加，并超过了父母。该居民点 106 家中共有就业人数 311 人，每家平均将近 3 人。在 311 人中儿女就业数为 185 人，占总数 59.5％。家庭收入直接影响家庭支出，家庭财权再也不能完全集中于父母之手。这种经济分散的状况，势必影响家庭结构分裂。就年轻人方面说，由于广泛就业，不需父母养活（男女青年皆如此），婚后两人工资可以维持一个小家庭，这就为他们成家后独立生活提供了可能。至于老年人，由于维持家庭和抚养儿女，操劳一生，希望安度晚年，儿女婚后能自立，也可以减轻家庭负担，提高自己的生活水平，一般也不反对子女分家另过。

2. 家庭的人际关系问题。所谓家庭的人际关系，是指组成家庭的分子之间的关系。家庭越大，层次越多，分子越多，则关系的种类和次数也越多。若家庭中只有夫妻二人，则关系最简单。夫妻之下有儿女，关系稍复杂。倘为大家庭，几代重迭，直系旁系相杂，则关系更为复杂。中国旧制大家庭的弊病就在于枝蔓过甚，不仅有父、母、夫、妻、子、女之间的关系，而且有妯娌关系，叔侄关系……因此，常常发生纠葛。家庭大，枝节多，纠葛也愈频繁，时时搅扰家庭生活。为了得到家庭生活的和谐，家庭分子之间相安无事，分家常常不可避免。有必要指出，婆媳关系是我国城市家庭人际关系中的突出因素。中华人民共和国成立以后，我国妇女地位大大提高，从而也引起了家庭内部的变化。妇女不仅在政治上取得了与男子平等的地位，而且纷纷走上工作岗位，在经济上也实现了男女平等，特别是青年妇女，大多走向社会，有了职业和固定工资收入，在家庭中也要争得越来越多的发言权和对家庭事务的支配权。以操劳家务为主，希望维持大家庭秩序的婆婆，和以参加社会劳动为主，希望组织自由小家庭的儿媳有时会发生冲突，并将公公、丈夫甚至儿、女卷入，造成家庭人际关系紧张，导致家庭分裂。婆媳关系紧张是造成大家庭分化为小家庭的一个主要矛盾。

3. 两代人的差异。这种差异表现在思想、性格、兴趣爱好、价值观等各个方面。产生这种差异既有生理因素，也有社会因素。如两代人年龄不同带来许多差异，老年人好静，青年人好动，老年人一般墨守成规，较重现实，青年人则好打破常规，富于理想；他们的兴趣、爱好也不相同。从社会因素上讲，则是由于社会经历不同而产生差异。就我国现存的直系家庭而言，父、母(公、婆)大都在 50 岁以上，儿子、儿媳大多在 30 岁上下。老年人一般经历过旧、新两个时代，他们在新旧对比中，对今天社会的成就和问题，能较为全面地分析。青年一代则生长在中华人民共和国，由于走过的路短，阅历浅，经验少，对今天社会上出现的一些问题常常不能正确评价或则认为一切皆好，或则认为一无是处；既容易产生希望，也容易失望。近年来，西方资本主义生活方式通过各种渠道传入中国，一些青年人很容易欣赏、接受。这样在对生活、工作、社会等一系列问题上，两代人有时就会出现隔阂，造成分裂。

4. 青年人要求独立的心理。根据心理学分析，脱离了儿童期的青年从心理上发生了不同于儿童期的巨大变化。引起这种变化的首先是生理因素，即性的成熟和身高体重的迅速增长。一些人做过统计，青年前期的中学生，身高每年约增长10厘米，很快超过了母亲，变得和父亲一样魁伟，他们意识到自己是大人了。另一方面当青年开始走入社会，逐渐产生了对社会和家庭的责任感。他们意识到不仅社会和家庭要对自己负责，自己也要对社会和家庭负责。在家庭中不仅父母要对自己负责，而且自己也要对父母负责。他们预感到未来还要组织自己的新家庭，要对自己的儿女后代负责。这些心理的最初表现是要求在社会上得到承认。在家庭中对父母"反抗"和要求独立，希望自己决定自己的事物，生活自立，经济自立，一切自立。我们曾经在天津市区某居民点街办的集体所有制工厂中对全厂青年做过一次调查。一般认为到该厂工作为权宜之计，一旦国家招工，立即转向国营工厂。在85名青年中，有52名在回答来该厂工作的目的时，回答为"能得到一定收入，不需父母养活"(占总数的61%)。这清楚地说明青年们要求独立的心意。随着年龄增长，儿童时认为由父母供养心安理得的思想逐渐变为青年时认为由父母供养于心不安。经济自立后到达结婚年龄，当然就要求组织由自己支配、自己说了算的小家庭。在青年人心目中，大家庭价值越来越低。

以上是影响家庭由大变小的一些因素，它们主要来自青年方面。从另一方面讲，在我国城市也还存在着维持大家庭(主要是直系家庭)的力量，它主要表现为下列几方面：

1. 中国的传统和社会主义新道德观。在欧美式核心家庭中，当父母的一贯只有对下的责任，即抚养子女。他们认为父母应教养子女，而子女无须奉养父母，就两代而言，好像不公平；但从三代或从更多的"代"看，子、女又得抚养自己的子、女，即：甲代→乙代→丙代→丁代……世代推移，未尝不公平。在我国则不同，根据传统，子女之幼，由父母教养；父母之衰，由子女侍奉；就两代说，彼此之责任为相互的，即甲代·乙代·丙代……我国以往封建社会家庭关系中有许多消极的东西，但在主张两代人负有相互责任这一点上是有其积极意义的。就今天来看，是符合社会的实际需求的，它可使我们避免欧美目前已出现的老人晚景凄凉，无人赡养的严重社会问题。当然，我们今天已不是仅从“父慈”“子孝”上谈问题，而是主张“尊老爱幼”的社会主义新道德观。我国宪法上明文规定：儿女有赡养失去劳动力的父母之义务。当前我们提倡“五讲”“四美”“评选五好家庭”等，造成了子女应赡养老人的强大社会舆论。这些都促使两代关系和谐，客观上成为维持大家庭的因素。

2. 经济问题在一定情况下促成分家，在另一种情况下则可能维持大家庭。我国城市中一些老年人或因没有收入或因收入甚少而要由子女赡养。年青一代，虽能经济自立，但工资一般较低，生儿育女后，有的还希望从工资较高的父母那里得到补贴。同时青年夫妇双职工多，由于我国家务劳动社会化程度低，家务劳动繁重，加上孩子入托困难等，青年夫妇常需老人在身边照看小孩，操持家务。一个没有丧失劳动能力的老年人若有几个已婚儿女，甚至会发生争老人到自己家的情况，这些都促使大家庭有必要也有可能继续存在下去。

3. 老年人的心理因素。父母对于儿女的感情是很深的，他们操劳一世，到晚年当然不希望儿女全部离去。考虑实际情况和人际关系，常常只希望身边留下一个子女，既能在年老体衰时求得照顾，也能在心理上得到安慰。从感情上说，做父母的大多希望和子女保持较为密切的联系。即使对已婚子女虽不像在他们年幼时那般宠爱，但却常对(外)孙子、孙女十分喜爱。这种隔代人的情感，也成为维持大家庭的一个间接因素。

4. 住房问题。目前我国城市住房比较紧张，尽管近年来正努力解决，但远不能满足需要。青年人婚后一时找不到新房，只有在父母处居住。根据天津市区某居民点的调查资料，这里的老年人住房面积一般比青年夫妇较为宽敞，一些青年人婚后无房，就暂住在父母处。这也是使大家庭得以维持的一个原因。

以上我们分别阐述了影响我国城市家庭结构变化的两种对立因素，两股相反力量。这两种力量可相互抵消一部分，但总的说，前一种力量大于后一种力量。在大家庭中，由直系家庭向核心家庭发展是一种不可改变的趋势；但直系家庭也不会立即消失。它仍有一定生命力，在一定时期和一定范围内存在。至于联合家庭，在我国城市中为数甚少（我们调查的这个居民点中仅占 0.6%），无论从什么角度看，它都没有多少存在的理由，因此处于迅速消失之中，或则变成直系家庭，或则变成核心家庭。我国的核心家庭尽管越来越多，也不会完全如欧美那样，青年夫妇全然不顾父母；核心家庭中的青年夫妇仍有赡养父母的责任和义务。一些人曾经称这种家庭为“折中制家庭”，并且表示赞许，这种见解是有其现实意义的。

从社会学角度看马克思的《工人调查表》

载《天津社会科学》1983 年纪念马克思逝世 100 周年专号

《工人调查表》是马克思应法国《社会主义评论》杂志出版人边·马隆的请求，于 1880 年 4 月编写的。它以调查工人阶级状况为中心，列出了 99 个有关的问题。《调查表》拟出后，很快被刊登在 1880 年 4 月 20 日的《社会主义评论》上，并印成单行本在法国全国发行。

1880 年间，马克思的身体并不好，正如恩格斯所说，他的病在 1864 年和 1865 年就显露出严重的症状……1880 年前后，马克思曾不得不多次去治病和疗养，但是他并没有停止工作。他一方面继续为完成《资本论》各卷的写作、修订和出版而努力，一方面关注和指导着欧美各国工人运动。在百忙中，马克思撰拟了《工人调查表》。它说明马克思对工人阶级状况的关心和对社会调查的重视。这个调查表是我们今天社会学研究工作必须加以继承的珍贵的遗产，从它鲜明的指导思想、科学的设计结构和缜密的逻辑之中，我们可以得到巨大的教益。这里仅从社会学角度分析《工人调查表》中的社会学思想和科学的社会调查方法，阐明《工人调查表》对我们今天在马克思主义指导下开展社会学研究的重要意义，作为对马克思逝世一百周年的纪念。

《工人调查表》是研究工人阶级状况的系统综合性的调查表

社会学把社会调查作为研究的重要手段和方法。有人称社会调查是社会学的灵魂，也有人说社会学就是社会调查的学科化。这里姑且不评论这些议论正确与否,但可以肯定,社会调查对社会学具有重要意义。社会学的社会调查又和一般的调查研究不同,它具有系统性和综合性,注重从社会整体去把握部分。有人把社会学的方法概括为对社会现象的综合研究和综合治理,不无道理。

《工人调查表》目的在于调查工人阶级的状况。围绕这个中心,作者拟了 99 个问题。这些问题不是随意提出和随意罗列的,而是依一定内在的联系。纵览《调查表》,我们首先看到的是由这种内在联系所决定的系统性和完整性。调查表所列问题共分四组,第一组,主要调查工人的基本情况及工人的劳动环境和条件等。诸如工人性别、年龄、数量、工厂场地、机器、动力、工作方式、卫生、工伤、劳保、医疗等等。第二组,主要调查工人劳动时间和劳动强度。诸如日劳动时间,周劳动时间,年劳动时间,从吃饭时间看工人劳动时间,夜班,加班,等等。第三组,主要调查资本家剥削工人情况和工人现实生活状况,包括资本家雇佣工人制度、解雇工人制度,计时计件工资的方法,资本家克扣工人工资,放高利贷情况,工人的住房情况等,生活日用品价格,萧条和繁荣时期工资变动等。第四组,主要调查工人和资本家斗争情况。包括工人罢工时间、范围,资本家和代表资本家的政府对工人斗争的迫害,工人斗争的各种团体相互合作和支援的情况。四组共 99 题,多而不乱,从这里我们可以捋出一条清晰的线索:资本家用各种方式不断加剧对工人的剥削和压迫,使工人生活不断恶化,处于水深火热之中,因而工人反抗资本家的斗争日趋激烈。如果说这条线索是个纲,4 组 99 题则是围绕"纲"展开的"目"。《调查表》纲举目张,具有整体性和系统性,因此也可以说它是社会学调查表。因为社会学是系统地研究和阐述人类共同生活的条件和形式的科学,是系统地研究和阐述社会的综合的结构联系和功能联系的科学。借助于社会学,我们对社会现象的各种不同观察可联成一个整体。

从《调查表》中我们不仅看到了系统性、整体性,而且看到了多种因素的综合性。《调查表》为了解工人阶级状况,不单是从某一角度,比如从经济角度看问题,而是从广阔的社会生活画面,从经济、政治、法律、生理、社会环境条件、时间等多方面搜集情况，在多种因素的综合分析中研究问题。

比如《调查表》问："你的工资是怎么计算的？是计时还是计件？"（三、8。注："三"指第三部分，"8"指第8小题。以下同此）"如果是计时，那么怎样同你结算？是按钟点还是按整个工作日"（三、9）等，是从经济角度着眼的。

《调查表》问："在你的行业中有没有工会？它们是怎样活动的？"（四、1）"在你们工作以来你们行业的工人举行过几次罢工？"（四、2）"这些罢工的时间有多长？"（四、3）"是局部罢工还是总罢工"（四、4），这是从政治角度着眼。

《调查表》问："企业主根据法律是不是必须付给不幸事故的受害者或它的家庭以抚恤金？"（一、26）"政府有没有通过控制童工劳动的法令？企业主是不是严格遵守这些法令？"（二、10）等，这是从法律角度着眼。

《调查表》问："请说明有多少职工"（一、3），"请说明他们的性别和年龄"（一、4），"招收童工（男孩和女孩）最小是几岁？"（一、5）等，是从工人的基本情况和工人的生理角度着眼。

《调查表》问；"请谈谈工作场听的卫生状况：面积大小（划给每个工人的地方），通风、温度、粉刷、厕所、一般卫生、机器噪音、尘埃、湿度等。"（一、16）"工作场所是不是布满了机器？"（一、19）"你的工作场所所使用的煤气灯，煤油灯，还是其他照明设备"（一、24）等，则是从空间环境角度着眼的。

……

归纳起来，《调查表》在社会生活的广阔画面中，在多种相关的因素中了解工人阶级状况，具有多学科综合研究的性质，这正是社会学不同于政治学，经济学，法律学等学科的地方。从这个意义上说，《调查表》是社会学的《调查表》。因为马克思列宁主义社会学的特点是，把社会和个别社会现象作为一个整体，从经济、政治、意识形态和文化因素的统一中去进行研究，如同M. 布利诺夫1980年9月在苏联《社会学研究》杂志编辑部召开的社会学理论问题讨论会上的发言所说的那样。

《工人调查表》是以正确的革命理论为依据的调查表

社会学调查研究要有明确的指导思想，要依据正确的理论，这十分重要。马克思的《工人调查表》的调查目的是要通过对资本主义社会中工人阶级状况的调查，分析和揭露资产阶级采用各种手段加深对工人阶级的压迫和剥削使工人生活日益恶化的情况，从而激起工人反对资产阶级的斗争。这些正是依据马克思主义的基本理论和观点，即资本主义社会的基本矛盾和无产阶级反对资产阶级斗争的结果必然导致资本主义的灭亡，共产主义必然胜利的人类社会发展规律。由于指导思想明确，《调查表》完全站在工人阶级立场上，旗帜鲜明，有的放矢，直指“工厂老板”“企业主”、以及庇护他们的资产阶级“法律”“法令“和“资产阶级政府”。并从这点出发，询问有关问题，搜集有关资料。

《调查表》的内容，以调查资本家如何剥削工人阶级为中心。依据马克思主义的理论，资本家剥削工人的秘密在于能榨取工人创造的剩余价值。剩余价值学说是马克思的两大发明之一，是马克思主义的基石。《调查表》上尽管没有出现“剩余价值”这一抽象名词，却根据这一理论设计了调查内容，通俗地询问了有关问题。

资本家榨取剩余价值的办法多种多样，延长劳动时间，让工人在延长期内无偿他创造价值，是榨取绝对剩余价值的办法。关于这点，《调查表》中问：“在生产繁忙时期，工作日通常延长多久？”(二、13)“开不开夜工？”(二、7)等。为了榨取更多的剩余价值，资本家还采用榨取相对剩余价值的办法，通过增大劳动强度，让工人在一定时间紧张劳动，创造更多价值，而不增加工人的报酬。关于这一点，《调查表》问，“在吃饭时间干不干活？”(二、5)“机器是专门雇工人来擦拭呢？还是由使用机器的工人在工作日内无报酬地擦拭的？”(二、14)“由于机器生产的发展和劳动生产率的提高，劳动强度和劳动时间是减少了还是增加了？”(三、33)等。

资本家还把童工、女工等作为剥削对象，让他们从事和成年男工同样的劳动，创造同样的价值，而给予低于成年男工的报酬，从而得到更多的剩余价值。《调查表》对此寄予关注，如问“招收的童工(男孩和女孩)最小是几岁?”(一、5)“请说明童工和 16 岁以下少年工人的工作时间。”(二、9)“请说明和你在同一工场工作的女工和童工在上述时间内的规定工资”(三、18)等。

工人所遭受的剥削是多层次的。他们除去遭到所在工厂资本家直接掠夺外，高利贷者，商业资本家，“包工头”“中间人”都要插手，层层盘剥。对此《调查表》问:“工资是由‘老板’直接发给，还是经过中间人或‘包工头’?”(三、15)等。“如果工资是经过‘包工头’或其他中间人付给的，请列举你的合同条件”(三、16)“你是不是感到:这样拖延发工资，就迫使你经常跑当铺，付出高额利息，同时使你失去你所需要的物品，或者迫使你向小铺老板借钱，变成他们的债户，成为他们为‘牺牲’品”(三、14)等。

同时，《调查表》还就机器排挤工人造成工人失业，经济危机时工人工资状况等进行调查，这些都围绕一个中心——资本家如何榨取工人的剩余价值。倘若没有剩余价值学说这块基石，《调查表》是建立不起如此严谨体系的。

《工人调查表》提示我们:调查研究必须依据正确的理论，在正确理论指导下，根据对问题的理解提出研究假设，假定现象之间的关系，并根据假设提出调查问题，这样才能保证调查的科学性，逻辑性，严谨性，不致东拉西扯，散漫无章。在这方面，《工人调查表》是我们的学习榜样。

《工人调查表》是定量和定性分析相结合的调查表

质、量结合的方法是一切科学研究所不可少的。和其他社会科学学科相比，社会学运用定量分析常常更广泛，更突出。社会学者虽然不认为社会科学应采取和自然科学一样的研究方法，但是，通过数量化达到精密化是社会学研究工作的一个方向，这是毫无疑问的。事实说明统计法是迄今为止社会学研究的有效方法，还必须更加广泛地加以运用。

有些人认为统计方法在社会学中首先被资产阶级社会学家使用，这种看法值得商榷。和马克思同时代的资产阶级社会学鼻祖孔德对社会学的贡献不过仅仅提出建立社会学独立学科的主张而已。孔德的继承人斯宾塞也只能在唯心主义的社会有机体的思辨中纠缠。资产阶级社会学家大规模使用统计技术研究社会现象是19世纪末、20世纪初的事情。而马克思在此之前已经开始了对社会现象的定量分析,并实现了定量和定性的结合。这种情况不仅从《资本论》中得到证明,而已在《工人调查表》中得到表现。

首先我们看到《调查表》所列的99个题中,有34个题要求直接填写数量,几乎凡是可用数量表达的地方都要求写清数量。正如《社会主义评论》杂志编辑部为发表《调查表》而写的序言中说的,我们也期望得到各种派别的社会主义者的帮助,既然他们想进行社会改革,那就应该愿意准确而清楚地了解工人阶级这个未来正是属于它的阶级进行工作和活动的条件。显然,不知道“招收的童工(男孩和女孩)最小是几岁”,不知道“16岁以下少年工人的工作时间”,不知道“……在同一工场工作的女工和童工在上述时间内的规定工资”,是不能“准确”而“清楚”地知道资本家是如何利用童工、女工扩大剥削的。同样,不知道在“生产繁忙时期,工作日通常延长多久”“开不开夜工”,就不能“准确”而“清楚”地知道资本家如何利用延长工作日等方法更多地剥削工人的绝对剩余价值。因此,对社会现象的必要的量的统计是不可缺少的。

《工人调查表》不仅注意定量,而且在定量分析上独具匠心。尽管马克思在拟制该表以前就已经对整个资本主义社会做了十分深入、广泛的研究,写出了《资本论》那样的巨著,但他从未就此停步。在《调查表》中,他仍然选择了一些细微、常见而容易被人们忽略的数字进行统计。诸如工人的“性别”“年龄”“有无吃饭时间”“工作日长短”“休息日长短”等,说明马克思在对社会进行宏观研究的同时,又很重视作微观研究。

定量分析本身要求精确,对什么情况只说出大概就谈不上定量。要取得精确统计数字,在没设计调查表时就得经过细心考虑,做到周全,不丢三落四。马克思的《工人调查表》于此堪称楷模,例如《调查表》为要了解工人日用必需品的价格而设计了一组6个问题：

“……请说明下列日用必需品的价格：

(1)房租和租房条件；有几个房间；多少人住；房屋修缮和保险，家具购置和修理；寄宿；取暖、照明和用水等；

(2)食品：面包、肉类、蔬菜(马铃薯等)；乳制品、鸡蛋、鱼、黄油、植物油、脂肪；糖、盐、调味香料；咖啡、茶叶、菊苣；啤酒、西德尔酒、葡萄酒等；烟草；

(3)衣服(父母和孩子的)、洗衣、卫生用品、洗澡、肥皂等；

(4)其他开支：如邮费，还债和付给当铺的保管费；孩子在学校学习的各种开支，学费，买报，买书等。交给互助会、罢工基金会、各种联合会、工会等的会费；

(5)和你从事的职业有关的开支(如有这种开支)；

(6)捐税。”

以上调查项目共分为6大类，第1类是“住”，第2类是“食”，第3类是“衣”。“住、食、衣”是维持人类生存的三个基本组成部分。在资本主义国家中，住房最昂贵，依次排列是“食”和“衣”。除此以外，调查表又拟了第四类，即“其他开支”，如邮费，孩子在学校学习的各种开支，本人的各种活动开支，包括工会会费。至此仍可能有遗漏，调查表又设了第5类：“和你从事的职业有关的开支(如有这种开支)”，这一类是“其他”，可囊括1～4类之外的一切特殊情况和遗漏。第六类“捐税”则是资本主义社会的特有项目。这样1～6类就十分全面地包括了工人日用必需品的价格，它是工人维持自己和家庭生存所必要的开支，也是资本家为维持劳动力生产和再生产所给予工人的必要的报酬。无疑，《调查表》所设计的调查项目，对于统计工人日用必需品价格是十分全面、准确、科学的，不仅在总体上如此，具体到其中的每一项也都考虑得十分周密。

作为立于科学之巅，宏观整个人类社会及其发展为巨匠的马克思，在微观定量研究社会方面竟如此精细，这是多么值得我们深思和学习的。

《工人调查表》是一份很好的社会学调查问卷

社会学调查研究收集资料的方法是多样的，如观察法、访问法、问卷法、开调查会、查阅有关档案资料、借用他人调查资料等等，这些方法各有其优，分别适用于不同的调查地点、时间、对象、目的，有时一次调查也可能采用多种方法。因此不能把调查研究单一化为访问和开调查会。

马克思、恩格斯进行调查曾采取了灵活多样的方法，比资产阶级社会学家使用的一些方法更早、更成熟，比如早在1842年恩格斯就运用了“参与法”“观察法”“访问法”等在英国纺织工业的“摇篮”曼彻斯特调查了英国工人阶级状况。因此，他能在《英国工人阶级状况》一书中生动地写出了在资本主义制度下英国工人阶级的艰苦生活，揭露了资产阶级对工人阶级的残酷压迫和剥削。马克思、恩格斯不仅亲自参与社会调查，而且善于利用当时已有的资产阶级学者和资产阶级政府的调查资料，加以鉴别、剪裁，去伪存真地改造、制作和利用，马克思运用《联合王国从1844年至1858年最近15年历年简要统计一览》蓝皮书写成的《人口、犯罪率和赤贫现象》一文，运用英国工厂视察员的报告写成的《资本论》，都是这样的例证。

马克思拟制《工人调查表》则使用了和上述方法不同的一种新方法，我们可称为问卷调查法。“问卷”是法文的中译名，其原意是“一种为了统计或调查用的问题表格”，也可称“问题表格”或“访问表”。因此“问卷”和“访问表”无论从性质和形式上都是一致的。社会上有一种看法，认为“问卷”调查法不真实、表面化，把它等同于西方的“民意测验”，并断定它带有欺骗性、虚伪性，这是种偏见。马克思拟制《工人调查表》，并同意把它刊登在公开的刊物上，以调查工人阶级情况，说明了马克思对这种形式和方法的肯定。

运用“问卷”调查法进行调查具有如下优点：

1. 收集资料的范围大，时间短，被调查的人数多，使调查不受空间和时间的局限。例如《工人调查表》中问：“如果你在矿上工作，请说明你的企业主为保证通风、防止爆炸和其他危险事故,采取了怎样的防护措施?”(一、22)“如果你在冶金和化学生产部门、在铁路或其他特别危险的生产部门工作,请说明你的企业主有没有采取防护措施?”(一、23)可见用《调查表》可调查矿业、冶金、化学和铁路等多种行业中的工人,范围很宽,这是为其他调查方法所不及的。

2. 调查者和被调查者可不必面对面。《工人调查表》刊出后,按《社会主义评论》杂志编辑部的要求,答复可寄交巴黎近郊圣克鲁罗伊亚尔街28号《社会主义评论》杂志负责人累克吕兹先生。这样工人可以任意选择适当的时间和场合填写,付邮了事,十分便利。在马克思时代,工人阶级常被束缚在资本家的工厂中劳动,为了维持生计,不得不接受资本家规定的日益延长的劳动时间,极为紧张,很少能参加面对面的调查。运用调查表则可解决这个问题,这是访问等方法所不及的。

3. 可统一调查资料的格式,便于对资料的分类整理,便于定量化,便于统计分析。我们可看到《调查表》上所有问题都依一定的序号排列,要求被调查者回答问题时必须写明所答问题的顺序号码,并向被调查者说明,问题将进行分类,以便为专题著作提供材料。

我们从《工人调查表》中不仅看到“问卷”这一调查访问形式的优点和重要,而且可以学到一些问卷的设计原则和技术。比如调查表从资本家用榨取剩余价值的方法剥削工人,使工人不断贫困化,激起工人不断掀起反抗资本家剥削压迫斗争这一研究假设出发,所列问题都为证明假设,围绕一个中心,十分严谨,而不是东拉西扯,散漫无章。又如调查表所提问题都是简约的,大问题化成了小问题,复杂问题变为简单问题,通俗易懂,便于回答,符合被调查者的实际水平。

总之,马克思的《工人调查表》无论从思想、内容和形式上都启发了我们,值得我们学习。当然这种学习是带有实质性的,不是形式上的照抄照搬,不能机械地认为一切社会学调查表格都要采取《工人调查表》形式。马克思拟制调查表终究是在一百多年前的1880年,用今天的眼光看,当然有它的时代局限。比如由于当时统计技术水平比较低,统计学尚未被广泛用于社会科学之中，电子计算机尚未出现，因此，在《调查表》设计上还不可能对可定量统计的变量进行更细的分类编码，按定类、定序、定距等尺度进行设计等。这是时代的痕迹，无怪于马克思，它丝毫没有降低《工人调查表》的社会学价值。《工人调查表》在社会学史上应享有它的重要地位。

以上我们从社会学研究角度分析了马克思的《工人调查表》，当然我们也可以从经济学、政治学等角度去分析它，因为马克思文献中的许多作品都兼多学科性质。应当指出，马克思生前并没有着眼于此，他毕生全神贯注于创立工人阶级争取解放斗争的理论，并孜孜不倦地为此努力。尽管包括《工人调查表》在内的许多著作都具有社会学价值，但马克思从来不提“社会学”这一名称。这是因为孔德提倡的社会学包罗万象和令人捉摸不定，马克思对之嗤之以鼻。为了区别于孔德的实证主义谬说，马克思不使用“社会学”这一名称，然而这并不影响马克思在社会学史上的地位和他的一些著作的社会学价值。我们既应当尊重他的原意，也应当实事求是。今天当我们从社会学研究角度分析《工人调查表》时，可以肯定地说，它是一份典型的社会学调查表，马克思是科学社会学的真正奠基人。尽管马克思还没有来得及为我们创立一套完整的社会学理论，还没能对社会问题进行专门的社会学研究，但他的许多著作是指导我们进行社会学研究的宝贵遗产，学习和继承这份遗产是我们的光荣责任。

研究家庭社会学

载《天津社会科学》1984 年第 4 期

家庭社会学是社会学的一门分支学科。它运用社会学的理论和方法研究家庭和家庭演化的客观规律，研究家庭和社会的诸种关系，研究家庭在社会中的地位及其作用。

一、为什么要研究家庭社会学

在人类发展的历史长河中，家庭是人们营生的社会群体，是人类社会生活的组织形式之一。

人离不开家庭，更离不开社会。任何家庭都处在一定的社会环境中，以社会为舞台，以历史变革为背景，被社会经济、政治、法律、习俗，环境等影响和制约，形成和特定过会相对应的特定家庭形式。反之，家庭作为社会的基本组成单位，其职能和作用的发挥，结构和关系的变动，也会在一定程度上影响社会的巩固和发展。“根据唯物主义观点，历史中的决定性因素，归根结底是直接生活的生产和再生产。但是，生产本身又有两种。一方面是生活资料即食物、衣服，住房以及为此所必需的工具的生产；另一方面是人类自身的生产，即种的繁衍。一定历史时代和一定地区内的人们生活于其下的社会制度，受着两种生产的制约：一方面受劳动的发展阶段的制约，另一方面受家庭的发展阶段的制约。”[①]因此，家庭在社会中

① 《马克思恩格斯选集》第 4 卷，人民出版社 1972 年版，第 2 页。

具有重要地位，起着不容忽视的作用。它担负着生产、生育、教育、消费等各种重要的社会职能。研究和改造家庭对于研究和改造社会是完全必要的，也是非常有益的。

马克思列宁主义认为研究家庭十分重要。马克思、恩格斯、列宁、毛泽东都有研究婚姻和家庭的光辉论著。当代社会学也十分注意关于家庭问题的研究。

中华人民共和国建立以来，党和政府对婚姻、家庭、妇女等问题十分关心，带领群众批判了封建的、资本主义的婚姻家庭制度，制定了一系列法律和政策，有力地推动了社会主义婚姻家庭制度的建立，根本改变了我国的婚姻家庭面貌。我国五届人大第三次会议修改通过的新婚姻法规定：实行婚姻自由、一夫一妻、男女平等的婚姻制度，保护妇女、儿童和老人的合法权益，实行计划生育等，充分体现了社会主义制度的优越性。

当前，在实现四个现代化的伟大进程中，家庭的地位和作用也很重要。根据历史唯物主义观点，人类社会是巨大的有机结合的整体，家庭是这一有机整体的基本组成单位，它表现了社会最基本的生命现象。它的存在和发展，影响着社会的存在和发展，它的健康与否关系到社会是否健康。我们对婚姻家庭问题处理得好坏，不仅关系到人民生活，而且关系到社会的发展。

从实现“四化”的角度看，家庭和物质文明建设的关系十分密切。虽然我们已经消灭了私有制，建立了公有制，但社会主义的家庭仍然是一个相对独立的经济单位。在社会主义条件下，家庭和社会的关系已是同一所有者内部的个体和整体的关系。他们共同参加生产过程，共同占有生产成果，并从社会或集体领取消费品完成消费。在农村，家庭是个生产劳动单位，自党的十一届三中全会以来，实行家庭生产承包责任制，迅速改变了农村贫穷和落后的面貌，说明家庭在当前的历史条件下对发展农业生产的重要作用。无论在城市或农村，家庭又是消费单位。通过家庭消费不仅创造着新的生产需要，而且影响着社会生产指标。不仅如此，家庭和精神文明建设关系也很密切。在社会主义精神文明建设中，无论是文化建设或思想建设，都需要家庭的配合，需要家庭教育。同时，在家庭中实现“以爱情为基础的婚姻”“尊老爱幼”等都是社会文明的直接组成部分。从一定的意义上说，没有家庭文明就没有社会文明。

家庭不仅关系到两个文明建设，而且关系到人口的生产和再生产。在当前的社会条件下，人的生产和再生产总是以单个家庭为单位进行的。社会人口生产的出发点和基础是一个个家庭，社会要控制人口数量和提高人口质量是需要通过家庭来实现的。

因此，家庭和社会密切相关。在我国虽然社会主义家庭制度已经建立起来了，但在婚姻家庭方面还存在一定的社会问题，还有封建的、资本主义的影响和残余。新型的社会主义家庭还没能得到充分巩固和发展，并在一定程度上影响了社会的巩固和发展。特别是由于我们对我国当前的婚姻家庭缺少系统的调查和科学研究，因此没能有力地引导我国家庭在社会主义物质文明和精神文明建社中发挥更大的作用。可见，我们必须重视对家庭的研究，特别是家庭社会学研究。因为家庭社会学能够把家庭和社会联系起来，在社会整体背景中考察家庭，具有综合研究和综合治理的优势。通过研究，我们要不断改善我国家庭制度和政策，它必将有助于人们幸福地生活，维护社会安定团结，促进社会主义“四化”建设事业的迅速发展。

二、家庭社会学的历史和现状

由于家庭在人类社会中占有重要地位，人们很早就开始描述和研究家庭了。我们从古代文献中能找到许多有关家庭的记载，历代文献中还有许多关于男女之间爱情和家庭生活的描述。但是真正系统而又科学地研究人类家庭还是 18 世纪晚期伴随着产业革命而兴起的。

18 世纪末叶，有些研究者对英国家庭预算做了初步研究，其目的是研究英国工厂工人家庭生活贫困问题。19 世纪中期法国矿业工程师和社会改革家勒普莱同意孔德将家庭描绘为保持社会连续性的基本单位一说，他对当时家庭预算和经济生活进行了精确的数量研究。德国社会改革家里尔看到了由于当时的启蒙运动、自由主义和工业发展而引起的危机，主张进行“保守”的社会改革，以重建“稳定”家庭的家长权威结构。一些人认为勒普莱和里尔是家庭社会学的创始人。

19 世纪后半期，有关家庭的社会学研究受进化论的影响很深。他们不再进行上述数量研究，而是论述家庭发展史的总过程。他们讨论的基本问题是：人类社会最初是乱婚还是一夫一妻制？是母权在先还是父权在先？当时，学者们的见解是很不一致的。

恩格斯说：“家庭史的研究是从 1861 年，即巴霍芬的《母权论》出版的那一年开始的。”“摩尔根是第一个具有专门知识而想给人类的史前史建立一个确定的系统的人。”①他的《古代社会》一书，证明了人类社会的发展一般地是从母系氏族过渡到父系氏族，从母权制过渡到父权制。也根据自己四十年亲自调查考证的资料，认定家庭是一个历史范畴，它从来不是静止不动的，而是随着社会从较低阶段向较高阶段发展，从较低的形式过渡到较高的形式。他提出人类大概很早从杂交状态就发展出了以下几种家庭形式：“血缘家庭”→“普那路亚家庭”→“对偶家庭”→“父权家庭”→“一夫一妻家庭”。摩尔根唯物主义地解释了产生这一变化的原因：“人类进步的一切伟大的时代，是跟生存资源扩充的各时代多少直接相符合的。”

马克思和恩格斯对于摩尔根的研究给予了高度评价。恩格斯还运用摩尔根《古代社会》一书提供的资料写成了不朽的著作《家庭、私有制和国家的起源》，从文明社会的细胞家庭，揭开了文明社会内部充分发展着的对立和矛盾，阐述了私有制和国家的起源及其对整个人类文明史具有十分重要的意义。这一时期人们对家庭的研究，主要是摩尔根和恩格斯的研究，为科学家庭社会学的产生起到了奠基作用。

在随后几十年里，家庭社会学作为一个独特领域出现了。西方各国相继出现了一批从事家庭问题研究的现代家庭社会学家。

---

① 《马克思恩格斯选集》第 4 卷，人民出版社 1972 年版，第 5、第 17 页。

自从 20 世纪以来,人们对家庭的社会学研究,已从注重研究家庭史转向重视对家庭现状研究。这一方面是因为生产力成倍增长,都市膨胀,交通发达,战争和社会革命的发生等,对传统家庭产生了一系列巨大的振动和影响,世界各国家庭问题丛生并影响了整个社会生存,迫切要求给予科学的解释和说明,另一方面,家庭社会学作为社会学的一个分支学科,其发展亦和整个社会学发展趋于同步。自 20 世纪以来,整个社会学朝着实用化、应用化的方向发展,家庭社会学也同时表现了这一趋势。

现在世界各国对于家庭社会学研究都十分重视。例如美国把家庭问题列为当前美国 10 大社会问题之一。美国每年要出版 600 多种有关家庭社会学的书刊,有 641 所大学讲授家庭社会学课程。不仅民间广泛讨论家庭问题,政府各有关部门也十分关注。美国婚姻家庭的现实迫使它们修改有关法令,以适应家庭变化需要。甚至总统、副总统也注意到研究家庭问题了。美国前总统卡特承认美国家庭陷入困境,他在 1976 年竞选总统时曾一度许诺要解决家庭问题,表明了他重建处于危机中家庭制度的愿望。卡特政府尽管耗资巨大,先后在巴尔的摩、明尼阿波利斯和洛杉矶召开白宫家庭问题会议,均未取得任何实际效果。

苏联的婚姻家庭问题也十分突出。其家庭社会学研究是从 1956 年苏共二十大以后随着社会学研究的复兴而发展起来的。苏联家庭社会学家阿·格·哈尔切夫是苏联重新恢复社会学研究以来精通家庭社会学的第一个研究者,他著有《共产主义与家庭》《家庭的进一步巩固》《结婚动机调查结果》等一系列著作。1967 年在苏联的沃伊里纽斯召开以《生活、婚姻、家庭诸问题》为题的第一届家庭社会学大会,会上宣读交流了许多重要的研究论文和论著。最近一些年来,苏联家庭社会学又开发了一些新的研究领域。

不仅美苏两国注意研究家庭问题,在波兰和匈牙利也普遍开设了《家庭生活常识》课程,在民主德国和捷克斯洛伐克则设置了家庭生活常识方面的选修课。在巴西,法律规定要登记结婚的人一定要到政府专门组织的婚前教育机构受训,学习的主课是家庭社会学。这种办法对巴西人一生的家庭生活起了很大作用，甚至对下一辈的人也有良好的影响。

家庭社会学不仅研究家庭的现状，而且研究家庭的未来。在一些国家由于离婚和家庭解组等产生了一系列社会问题，因此有的人对家庭的未来持悲观态度。有的社会学家认为核心家庭是垂死的文化附属物，预言家庭的末日已经到来。有的人根据“试管婴儿”“精子银行”等科技新成果的出现，断言家庭的主要社会文化功能会进一步削弱，将变成一个两性关系的非常短暂的居所。另外一些人则反对这种看法，认为建立在婚姻关系和血缘关系上的传统家庭是社会的天然基础，是不可摧毁的。美国未来学家托夫勒则更乐观地认为家庭的未来是家庭的振兴。他在《第三次浪潮》一书中断言，当代科学技术革命使人们的劳动又脱离了工厂和办公室，重新回到家庭，在家庭中通过计算机可操纵工厂中的生产和完成办公室的工作。随着“工作家庭”的大规模发展，使夫妇彼此再次对话，由“冷”变“热”，从而改善家庭的内部关系，家庭的社会地位也将大大提高，有些家庭社会学家则更具体地预测了未来家庭的各种形式。

在我国，自 20 世纪初以来，对于家庭的研究也十分活跃，决心要改变中国面貌的有志之士，一直把对家庭的研究和社会的研究结合起来。在半殖民地半封建的旧中国，这种研究可以分为两个方面。一方面是以推翻压在中国人民头上三座大山，解救苦难的中国人民，建立光明的人民民主专政的新中国为己任的中国共产党人进行的。其特点是把对家庭的研究和武装夺取政权，完成新民主主义革命的中心任务紧紧联系起来。其代表人物是毛泽东同志。早在五四运动时期，毛泽东同志就关心婚姻家庭问题，他透过婚姻问题考察旧中国，把争取婚姻自主权作为争取妇女解放的一个重要斗争目标。1919 年 10 月 13 日，长沙发生一女子(赵玉贞)抗议父母包办婚姻，在花轿中用剃刀割断咽喉自杀的事。这一事件发生后，毛泽东同志于 11 月 16 日至 28 日先后在长沙《大公报》《女界钟》等报刊上连续发表了 9 篇论文和杂感，揭露封建制度的罪恶，呼吁社会各方力量都来支持妇女争取恋爱自由，婚姻自主的斗争。在革命战争年代，毛泽东同志率领中国工农红军和国民党反动武装进行殊死搏斗，在艰苦紧张斗争之余，仍未忘向社会做调查，不忘研究中国的家庭问题。在新民主主义革命时期，党内许多同志都十分注意观察和研究家庭，并把它和新民主主义革命的任务联系起来。

另一方面，在旧中国对家庭的研究是由专门从事社会学研究的社会学家进行的。社会学家孙本文、李景汉、潘光旦、费孝通等都对家庭问题做过研究，并发表过论著。在旧中国尽管我国的社会学研究很薄弱，但就已有的成果看，研究婚姻家庭问题的为数不少。从 1930 年开始到 1948 年，我国社会学界举行了 9 届大会，其中多次包含关于婚姻家庭问题的讨论。1932 年在北京召开的第二届社会学大会，以家庭问题讨论为中心。

中华人民共和国成立以来，党和政府十分关心婚姻家庭问题。中华人民共和国成立不久，1950 年就颁布了我国第一部婚姻法，明确地宣布废除一切封建的婚姻家庭制度，提倡婚姻自主，反对父母包办，不允许买卖婚姻，为妇女解放，男女平等，婚姻自主和建设现代文明家庭提供了保障。1956 年“三八”节，全国妇联和中央有关团体等 13 个单位联合倡议在全国开展“五好”家庭活动，它推动了我国家庭中精神和物质文明的建设。但是由于我们一度取消了社会学，作为社会学分支学科的家庭社会学也一度中止了。1979 年 3 月我国恢复了社会学，家庭社会学也随之兴起，1981 年 10 月，中国婚姻家庭研究会在北京成立。1982 年 5 月由中国社会科学院社会学研究所组织北京、天津、上海、南京、成都 5 省市部分地方社会科学院和高等院校中从事社会学研究的有关同志，对中国城市的婚姻、家庭和生育现状进行了大规模协作调查。现在这项研究已列为中国社会科学院和国务院“六五”规划期间的重点科研项目，它表明家庭让会学正在我国迅速恢复和发展。

三、家庭社会学的内容和逻辑体系

家庭社会学以家庭为对象，要研究与家庭有关的各个方面。概括起来它的内容主要包含以下几个方面。

1. 家庭的成立(婚姻制度)

婚姻是家庭的基础和起点，是家庭成立的根据。婚姻的实现，表示家庭的产生。而婚姻的类型决定着家庭的类型，离婚则意味着家庭的解组。婚姻和家庭关系十分密切，是家庭社会学不可少的内容。

家庭社会学要研究婚姻制度和婚姻过程，包括婚姻条件，婚姻动机，择偶标准和范围，婚姻媒介，婚姻缔结，婚姻嫁娶，婚姻礼仪和离婚（婚姻解除）等。还要研究婚姻史、婚姻的起源和演变，研究不同历史时期、不同社会、不同地区和民族的不同婚姻，以及决定和影响婚姻的各种经济、政治、法律、伦理、风俗和社会因素。

2. 家庭结构

家庭结构是家庭的构成和模式。不同的家庭有不同的家庭结构，表现为不同的家庭模式。家庭社会学要研究各种家庭的结构特点，研究家庭结构的变动及引起变动的各种因素。

3. 家庭关系

家庭关系是指家庭成员之间的联系和互动。家庭社会学要研究家庭中各种不同关系，如夫妇、亲子、婆媳等关系的特点，研究影响家庭关系的各种因素，研究影响家庭中各成员的角色、地位和作用。

4. 家庭功能

家庭有结构必有功能。不同的家庭结构有不同的家庭功能。

家庭作为表现社会生命基本现象的单位具有生产、消费、生殖、抚养、教育、赡养、性生活、感情交往、娱乐、宗教、政治等各种社会功能。家庭社会学要对这些功能进行分门别类的研究。

家庭的功能不是一成不变的。家庭社会学要研究不同时期不同家庭功能的改变，引起家庭功能改变的原因和家庭功能削弱和加强等问题。

5. 家庭伦理

家庭伦理是家庭中人与人之间的道德关系。它是家庭精神生活中的重要组成部分，是家庭表现为上层建筑的一个方面。

家庭社会学要研究家庭伦理的社会属性、阶级属性，研究家庭中精神生活和物质生活的关系，研究不同历史时期不同社会的家庭伦理和家庭伦理的演变及发展。

6. 家庭管理

家庭管理是进行家庭中物质文明和精神文明建设的方面。家庭社会学要研究家庭管理的一般方法,及如何进行家庭经济、家务劳动、家庭饮食、家庭环境、家庭娱乐、家庭安全、家庭物资等方面的管理,还有如何进行家庭教育,实现家庭中的精神文明等。

7. 家庭问题

家庭问题是社会问题之一。

家庭社会学要研究各种家庭问题,研究和这些问题相关的社会因素,研究家庭问题对社会的影响和解决问题的对策及方法。

8. 家庭史

家庭是人类社会发展到一定历史阶段上的产物。家庭从来没有静止过,有其发生、发展,从量变到质变的演化史。

家庭社会学要以社会为背景研究家庭的历史,研究家庭的起源和发展的各个不同阶段。家庭不仅有从过去到现在的演化,也有从现在到未来的演化。家庭社会学要研究家庭未来和未来家庭,进行家庭预测。

综合上述内容,可以知道,家庭社会学的起始是研究家庭的成立(婚姻制度)。从这里出发,它的横向研究方面,就是关于家庭结构、家庭关系、家庭功能、家庭伦理、家庭问题、家庭管理等;纵向方面是关于家庭史的研究。

四、家庭社会学的特点

家庭社会学和其他学科研究家庭有不同的角度、内容和特点。比如经济学也要研究家庭的经济职能,研究家庭中生产、分配、交换和消费等项,以及和这些纯经济变项的相互关系。它不大注意家庭成员的经济行为和动机。家庭社会学则要研究家庭和家庭成员的经济行为和动机,家庭关系和家庭经济职能间的相互作用,家庭经济职能和社会经济制度及社会其他因素的相互影响。

法律学研究有关婚姻、家庭法律的制定和执行问题,它主要研究如何用带有强制性的法律手段使一定社会中的婚姻、家庭规范化。但是，婚姻、宗庭的规范化不仅受法律，而且受社会的风俗、习惯、道德等因素影响。家庭社会学正是综合法律、风俗、习惯、道德等各种因素，研究使婚姻、家庭规范化的过程及问题。家谱学、氏族学致力于家庭的历史方面，以探索家庭的血统与亲属祖先以及以编纂家谱的体系为主要内容。家庭社会学则对家庭的现状更感兴趣。

因此可知，家庭社会学研究的特点：

1. 从社会整体的角度研究

从社会学角度看，家庭自身是有其特殊结构和功能的有机整体。社会学不仅研究家庭中的某一方面，而且研究家庭中的各个方面，研究这些方面如何相互作用和联系以形成不同类型的家庭整体。不仅如此，社会学还要研究家庭在整个社会及其变动中所处的地位和所起的作用，研究家庭和其他社会群体、组织、制度的异同，以及它们之间相互影响、相互制约的关系，从而达到研究家庭认识社会的目的。社会学还常联系家庭所处的自然环境和自然条件来研究家庭，以求在自然界和社会的统一中认识家庭。这样，从社会整体的规律性和组成社会整体的各个部分的相互作用来考察，对家庭就构成了一种特殊的社会学认识棱镜和特殊社会学的度量。

2. 用系统综合方法研究

和整体性相连的是社会学的系统综合性。既然家庭社会学是以家庭和社会整体及其各部分之间的相互联系为研究对象的，那么它在研究家庭时总是综合着和家庭有关的多种因素，乃至自然环境来加以考察的。这也决定了它对于多学科研究内容和方法的综合运用。比如运用经济学知识研究家庭结构和职能，用教育学知识研究家庭教育，用心理学知识研究家庭关系，运用法律学知识研究有关婚姻家庭立法。它还要研究家庭环境，如住宅条件等，并力求综合上述研究，分析在多种因素影响下，家庭发生的多方向的变动。

3. 从社会关系入手研究

家庭本身就是一种社会关系，是一种用婚姻血缘联结起来的特殊的社会关系。马克思、恩格斯研究家庭是从社会关系入手的,其他许多社会学家也是这样做的。从社会关系的角度研究家庭包括研究家庭成员之间的内部关系以及家庭和社会之间的外部关系,这样就能抓住家庭问题的经纬,展开有关家庭的各种研究。

五、家庭社会学的研究方法

家庭社会学研究家庭运用了当代社会学创造和使用的多种方法利技术,而且使用其他学科(如人类学、民族学)研究家庭的一些方法。以下择主要的做些介绍:

1. 用社会调查法研究家庭

社会调查法也叫实地调查法,它是应用科学态度及方法与合作步骤,对家庭问题在确定范围之内做有计划的实地考察,并设法取得大量的事实材料。

用社会调查法研究家庭,从选取样本的角度分为全体调查、抽样调查、典型调查 3 种,其中以抽样调查最常见。

2. 用统计法研究家庭

统计法在研究家庭中有 3 个主要动能。(1)它是关于家庭的量的研究。如婚龄、婚龄差、家庭收入、住房面积等。(2)它能以简单的数字、公式和图表说明家庭中复杂的现象。如以图示区别不同类型家庭。(3)它可以用来表示家庭现象的变迁及其相关性。

由于定量分析为现代社会学研究所不可缺少,所以统计法越来越被广泛运用在大规模的家庭研究之中。借助于最先进的数理统计工具电子计算机对家庭现象实行精确定量分析,可以把人们对家庭问题的研究引向确切和深入,有利于分析家庭的实质及变动趋势。

3. 用个案的方法研究家庭

这种方法就是选择一个或数个家庭为研究单位,收集与它有关的一切资料,详细分析与描写它的发展过程与它内在、外在的各种因素的互相关系,并进行个案间的比较,然后以此为根据下一概括论断。个案若有一定的典型性、代表性，则个案法也可称典型法。典型法是我党调查研究的传统方法。毛泽东同志 1930 年考察 8 个农民家庭就曾使用过这种方法。

4. 用比较的方法研究家庭

用比较的方法研究家庭，是指一种研究程序，即依家庭研究中各种标准和指标，将可比的现象进行对比，以澄清同异和优劣，其目的在于寻求和分析各种不同家庭模式，探究各种家庭现象发生的原因和相互关系。

摩尔根在《古代社会》一书中比较了北美印第安人，古印度人，夏威夷人及非洲人，澳洲人各种亲属制度，发现了古代的家庭并不都是今天社会中典型的一夫一妻制。通过比较他得出了家庭是个历史范畴，有其变化发展过程的结论。他还具体提出了家庭发展的各个不同阶段的看法。

一种新的、也被视为科学的比较法，即理想类型法亦可用来研究家庭，特别是研究家庭模式及其变动。这种办法是要先构筑家庭的理想模型，这种理想模型既源于经验模型，又不同于经验模型。它是将经验模型筛选、取舍、配合、改造和加工后形成的。然后将经验模型和理想模型比较，寻找其差异，这对于制定正确的家庭政策，改造现实家庭，预测家庭未来是十分有益的。

5. 用区位学的方法研究家庭

区位学原是生物学的一个部门，它是研究有机体与其环境之关系的一门学问，后来被引入人类学和社会学。社会学者和人类学者常常以人和人的空间距离来推测他们的社会距离。

运用区位学的方法可以研究家庭结构。恩格斯在论述法国卢昂地区（在索恩——卢瓦尔省）的家庭不是现代意义上的个体家庭，而是由几代人或者说几个个体家庭所构成的大家庭时，就是运用区位学方法找到根据的。运用区位学方法可以研究家庭关系和家庭生活中的各个方面。如雷蒙德·弗恩在他所著的《我们提科皮亚人》一书中曾用这种方法研究了家庭亲属关系。费孝通主张用研究家庭分子“行止轨迹”和绘制“住宅内部结构图”的方法研究家庭。

当代家庭社会学常常研究家庭住房对家庭结构和职能的影响，使用的也是区位学方法。

6. 用观察法研究家庭

用观察法研究家庭是指运用我们的五官(特别是视觉),也常常借助其他工具(如调查表格、地图、照相机、录音机、登记卡片等)去探察所研究的家庭和家庭的某一方面,并将观察结果详细记录下来,然后进行分析。因此观察法和社会调查法不可分割,它是社会调查中的一个重要环节。过去人类学者多使用观察法,因为许多质的内涵往往反映在表象之中,因此直至今日许多社会学者把观察法作为重要的方法。

7. 用历史的方法研究家庭

用历史的方法研究家庭,就是应用科学态度和方法对历史遗留下来的文献和其他证件进行考证。它多被用来研究家庭史。因为历史上的家庭兴替和演化是今天的研究者不能直接看到的。

8. 用类比的方法研究家庭

所谓类比法是说我们观察到两个或两类事物在许多属性上都相同,便推出它们在其他属性上也相同。科学已经证明,黑猩猩、猕猴等是人类的近亲,它们和人类有许多共同的属性,于是一些人便通过观察和研究黑猩猩、猕猴的“家庭”去研究早期人类的家庭。

还有其他一些家庭社会学研究方法,它们既相互区别又相互联系,依我们研究的目的和对象不同,使用的方法可以不同。有时要同时使用几种方法,相互补充,使调查研究取得较好效果。

我们从事家庭社会学研究工作,应坚持以马克思列宁主义毛泽东思想为指导,从我国当前的实际出发,认真调查研究,根据现实的经验材料得出我们的认识和结论,以不断发展和丰富马克思主义的家庭社会学理论。

试论中国核心家庭和西方核心家庭的异同

载《天津社会科学》1985 年第 2 期

在“试论我国城市的家庭和家庭结构”一文中，我们曾论证了我国城市大多数家庭演变为核心家庭的过程及原因。[①] 现在我们就在确认核心家庭为我国城市家庭的主要形式及城市家庭正在朝核心家庭演变的基础上，比较中国核心家庭和西方核心家庭的异同。

1. 核心家庭的基本组成是夫妇及其未婚子女，因此在核心家庭中应当包括两种基本的关系，即以姻缘相连的夫妇关系和以血缘相连的亲子关系。从夫妇关系上看，核心家庭是夫妇家庭，从亲子关系上看，核心家庭是血族家庭。在西方国家把核心家庭称为夫妇家庭(conjugal family)，而不称血族家庭(consanguine family)表明西方的核心家庭以夫妇关系为主。夫妇关系重于亲子关系。在我国则不同，依封建传统是亲子关系重于夫妇关系。这种传统思想不能不在一定程度上影响到今天的家庭。今天随着妇女解放和地位的提高，随着以爱情为基础的婚姻的出现，随着人们家庭观念的改变，夫妻关系越来越重要了。但是传统的重亲子观念在家庭中影响仍然很深，因此我国的核心家庭还不像西方那样重夫妻关系，在一些家庭中可以说是夫妻关系和亲子关系并重，在一些家庭中亲子关系甚至重于夫妻关系。中国和西方的这种不同具体表现在：

(1)婚姻观不同。在西方婚姻更多是为了感情需要。有些西方社会

---

① 潘允康、潘乃谷：《试论我国城市的家庭和家庭结构》，《天津社会科学》1982 年第 3 期。

学家断言，在西方，人类婚姻进化史的第四个时期已经到来，其特征是男女双方把浪漫主义的“爱情”（情投意合）放在首位，而极少考虑对方的经济状况和生儿育女问题，浪漫主义的“爱情”一跃成为千百万男女衡量婚姻质量和家庭存在价值的第一标准。在我国则不同，人们结婚不仅为了感情，而且要考虑婚后的家庭生活、经济、生儿育女等问题，夫妻之间不仅有感情，而且有义务，是感情和义务的统一，甚至是义务重于感情。在一些家庭中夫妻结合并无很深的感情，但为了生活和子女，也能克制对对方感情上的要求，认真履行家庭义务，并在履行义务中，增进双方的感情。

(2)生育观不同。在西方重夫妻关系的另一表现是轻生育，轻亲子关系。在一些西方国家的家庭中不仅生育率逐年下降，而且人们的生育观念也发生了很大改变，生儿育女，传宗接代变得越来越不重要，人们愿意少生，甚至不愿生育者大大增加了。曾有人在美国城市已婚人口中进行过调查，发现 1955 年有 25%的新婚夫妻认为男女结合是为了育儿，但是到了 1971 年，只有 13%的人固守此念。而 60%的人们都认为男女结婚更重要的一个目的是寻求生活伴侣。（参见《读者文摘》1983 年第 2 期）

在我国则不同，家庭中历来重视亲子关系，因此也表现为重生育。尽管由于实行计划生育政策等原因，人们的观念发生了变化，近年来生育率也大幅度降低了，但人们还都是重生育的。根据对北京城区青年生育意愿的调查，婚后不愿意生育的男青年只占 5.86%，不愿意生育的女青年只占 8.76%，都很少，而大多数人希望婚后有生育，其中又以希望生一个孩子或两个孩子的为主。（参见《中国青年的生育意愿》17 页）。在天津河西区尖山街红星里第二居民委员会（以下简称红星二委）我们调查的 462 名已婚妇女中，只有 10 人是因生理等各种原因未曾生育，其中 8 人以各种方式领养了子女，也从一个侧面表现了人们的生育观念。

在西方随着人们生育观念的改变，家庭的抚育功能大大削弱，亲子之情愈来愈淡薄。据《法兰西晚报》报道，仅 1981 年，法国就发生了数以百万计的家庭事故，总计有 230 万人在自己家里或花园里受伤，有 5000 人因意外事故死在自己的“安乐窝里”，在为数众多的受害者中有一半是 14

岁以下的少年儿童。不少年轻父母只顾自己寻欢作乐，或忙于工作，把孩子关在家里，孩子无人照顾，难免乱摸乱动，攀高跳低，有的触了电，有的从阳台上摔下来，有的煤气中毒；有的玩危险玩具被炸伤，还有的跟狗玩，被狗咬死。美国《今日心理学》杂志1977年5月号上刊登了美国前副总统蒙代尔的文章，他承认在美国每年至少有20万儿童受到父母或监护人的虐待，也说明了这种情况。

在我国则不同，家庭不仅重生育，而且重抚养。孩子不仅是父母的乐趣，而且是父母的“接班人”，是未来的投影和希望。父母寄希望于下一代，为子女呕心沥血的不少。有的家庭虽然经济上并不宽裕，父母在外工作，在内持家很辛苦，但仍把主要财力和精力用于子女身上，自己省吃省用，克勤克俭，忙忙碌碌，以致精疲力竭。这种情况已经引起了一些经济学家的注意，他们从保证社会劳动力的总水平能得到较快提高的角度，呼吁做家长的在家庭中应用更多的时间和精力来管理和提高自己，而不要只用心在子女身上。

(3)离异观不同。离异是指离婚。在西方的家庭中，夫妻关系完全以“感情”为转移，而很少有其他方面的牵挂。一旦夫或妻在家内得不到爱和快乐，便失去了继续维持夫妻关系的动机，而诉诸分离。“合不来就散”，而不是“凑合着过”，因此，离婚现象十分普遍。以美国为例，据美国《新闻周刊》报道，传统的美国家庭正在解体，仅1978年，每两对结婚的夫妇就有一对离婚。1979年有近120万对夫妇离婚，几乎是10年前的2倍。每千对夫妇的离婚率从十年前的13.4%，增加到现在的22.8%。由于离婚日益增多，美国的单亲家庭(即子女只同父母中的一方住在一起的家庭)从1970年的2170万户，增为1982年的3500万户，1982年美国共有8380万户家庭。在社会上离婚几乎不会受到任何谴责和非难，美国耶鲁法学院的戈尔茨坦教授甚至建议修改法律，将离婚看作是人们可以得到的权利。不少人附和这样意见，认为应给予人们这种离婚的权利，并称这是大势所趋。

在我国则不然，离婚的情况很少。根据对上海徐汇区离婚情况的调查,若以每年离婚夫妻对数与结婚夫妻相比,那么1977年离婚率为5.13%,1979年为2.99%,1981年为2.32%,5年中平均离婚率为2.96%,是比较低的。由于受传统道德观念的影响,人们认为夫妇"从一而终""白头到老"为好。尽管法律有一离婚自由的规定,但无充足理由的离婚会被认为是不道德的,要受到舆论的谴责和法律的制止。更为重要的是在我国核心家庭中,子女是家庭三角中的一个支撑点,常常起着沟通夫妻关系、稳固家庭结构的作用。一些夫妻本无感情,但能通过子女而增进感情,一些夫妻有矛盾和纠纷,但为了子女也不愿轻易离婚。

2. 在西方核心家庭中,由于新郎新娘的父母不期望从儿女的婚姻上有所收益,如经济的与社会的收益,择偶比较自由。婚姻调适的重点在于夫妻本身,与亲属是否和谐相处居于次要地位,婚姻以当事者的意见为主,是子女们自己的事情,其亲属并不打算施以太重的压力。

在我国则不同,在旧社会儿女的婚姻是由父母来决定的。新中国成立以后,我们废除了封建的包办买卖婚姻制度,提倡婚姻自主,自由恋爱,和过去大不相同了。但是由于传统习俗的影响及其他种种原因,父母对子女的婚事仍然是参与较多的。根据对天津市红星里二委1950年以后结婚的259名已婚妇女结婚择偶方式的调查,其中"父母包办"本人无婚姻自主权的3人,占1.2%:"父母亲戚介绍",婚姻由本人决定的59人,占22.8%。"朋友(包括同事、同学、邻里等)介绍",婚姻由本人决定的165人,占63.7%,自己结识,自己决定婚姻的31名,占12%。由"组织介绍",婚姻由本人决定的1人,占0.4%。从以上统计数字看,中华人民共和国成立后绝大多数人都有了婚姻自主权,但父母仍在不同程度上参与过儿女的婚事。总共有24%的父母以"包办"和"介绍"的形式参与了儿女的婚姻。另据调查,在由"朋友介绍"或"自己认识"而结婚的人中,大多数人在择偶中也不同程度地征求和听取过自己父母、亲戚的意见。可见在我国的家庭中大多数子女婚姻仍然是与父母、家庭有关的。

在我国的核心家庭中,尽管父母一般不能从子女的婚姻中得到什么收益,但由于亲子感情和社会舆论压力等原因,在子女结婚时,父母反倒要在经济等方面资助子女。根据对 121 个家庭的调查，子女结婚时依靠自己的力量，不需父母在经济上补贴的只有 19 个，占 15.7%，而 102 个家庭（占 84.3%）在结婚时，父母都曾以不同方式资助他们。其中资助价值在 500 元以下的有 51 户，占 50%，资助价值在 500～1000 元的有 28 户，占 27.45%，资助价值在 1000 元以上的有 23 户，占 22.55%，可见资助的规模。在有的家庭中，父母经济并不宽裕，但为了儿女的婚事，不得不紧打紧算，从各方节省开支，以应付儿女的婚事，尽管有时叫苦不迭，但内心却认为这是理所当然，并为自己已经尽力而得到宽慰。天津市红星二委的一个核心家庭，夫妻二人都在 55 岁以上，夫妻月收入的和是 120 元。他们共有 3 个儿子，都已工作。根据当地的一般水平，大儿子结婚时，他们给了 600 元补贴。在接受调查时，他们正在为二儿子结婚筹集资金。他们准备为二儿子、三儿子各筹集 600 元。

除去经济资助外，儿女婚后从父母处匀房也比较普遍。他们有的购房后干脆和父母长期生活在一起，组成主干家庭；有的则和父母住在一起，但分灶，实际组成了两个核心家庭，有的把匀房当作解决暂时无房的权宜之计，一旦分到新房，就立即搬出。

3. 西方的核心家庭的嗣系，比较不偏重于配偶的任何一方，不一定是父系或母系的单系，可以是复系或双系。中国则不同，依封建传统，家庭属于父系，表现为从父姓，从夫居。招赘的事情过去虽然也有，但很少。新中国建立以来，逐渐实现了男女平等，上述情况发生了很大变化，但由于传统习俗的影响，家庭偏于父系的情况仍然比较普遍。在 1983 年天津市 4 户居民的户卷调查中，有 375 户有成年未婚子女的家长表达了他们对未来家庭的意愿。当问到“子女结婚后，您愿意分开过，还是一起过时”，有 118 户（占 31.5%）回答希望只留一个结婚的儿子和自己一起过，有 29 户（占 7.7%）回答希望只留一个结婚的女儿和自己一起过。希望跟儿子在一起的远远超过了希望和女儿在一起的。这说明了在家庭中父系观念仍然比较深。

在调查中有些家长告诉我们，女儿长大以后比儿子贴心。倘若女儿是个有主张的人，那么和女婿就更好相处，何况女婿也多敬重岳父母，因此老人招女婿或到女儿家住是可取的。从社会角度讲，男到女家落户反而受到鼓励，因而从妻居的近年来也比较多了。另外即使是"从夫居"，女儿、女婿和娘家的往来也很频繁和密切，这些都说明我国家庭的嗣系也正在发生变化，即不一定是父系之单系，而是复系或双系。但双系和比，还是偏重于父系。

4. 在西方，核心家庭对亲属关系网络之依赖性比较小，独立性比较大，由于新居之远离父族或母族，常不能参加亲属之共同活动与仪式。在"试论"中我们曾经提到西方家庭的代际关系，是单项接力模式 A→B→C→D……只是上一代人对下一代人负责，下一代人却可不必对上一代人负责。子女到达一定年龄，一般在 16 岁左右，就离开父母自谋生路，虽然要到 25 五岁左右才结婚，但在 16～25 岁的这段时间里，许多人是到外面租房子住，脱离父母的，结婚以后就更少和父母来往，彼此视为客人，而不是至亲，做父母的不仅得不到子女的赡养和扶助，甚至到子女家吃顿饭要交饭钱的事也是有的。在中国则不同，其代与代之间是双向反馈模式 A↔B↔C↔D……子女在父母处居住的时间较长，一般要居住到结婚前，结婚以后有的人还和父母居住在一起。大部分人虽然离开父母独居，但和父母的来往仍很密切，由此而形成了家庭之间的网络。在这一网络中，我们称由父母组成的家庭为母家庭，由子女婚后组成的家庭为子家庭，母家庭是家庭网络的中心。根据天津市统计局生活处 1984 年对 181 户子家庭与他们双方老人组成的 312 户母家庭往来情况的调查，母子家庭之间的交流大约分为三个方面。

第一方面是经济上的交流。即指母家庭对子家庭的资助和子家庭对母家庭的赡养。

在我国家庭中，子女未成年时，由父母抚养子女成家立业后，往往还能得到父母的资助。据统计 181 户子家庭接受母家庭资助的占 91%，其中平日接受资助的占 61%，节日接受资助的占 74%，购买大件商品接受资助的占 8%，经济拮据时接受资助的占 11%，急需时接受资助的占

7%。(结婚时资助情况未统计在内)。母家庭资助子家庭的形式是多种多样的,有的是给钱,有的是送物,有的是管吃,有的是代交房租、水电费等。

从子家庭方面来说,赡养母家庭中老人的情况(指经济上的供养和帮助)也比较普遍。据统计,181 户子家庭中按月向双方老人家庭交钱的占 84%,每月交 10 元以下的占 42%,交 10～20 元的占 36%,交 20～30 元的占 11%,交 30 元以上的占 11%。

这种母子家庭间的经济对流,相比较来看,母家庭向子家庭的流量大于子家庭向母家庭的流量。我们进一步分类统计,可知 181 户子家庭中,有 44%的户在和母家庭经济往来中收大于支(包括只收不支),实际受到母家庭资助,有 27%的户支大于收(包括只支不收),定期交母家庭一定的赡养费,有 26%的户收支基本相抵,有 3%的户完全没有经济往来。从母家庭的角度看,完全依靠子家庭赡养的在 312 户中只占 18%。从这些数字中也可了解子家庭和母家庭之间“赡养”和“资助”的基本情况。

从简单的经济账上看,实际是子家庭接受母家庭资助。只有母家庭向子家庭的资助才有实际意义。从社会学研究上看,两者都有意义,经济上的双向流动和单向流动反映了两代人、两个家庭之间的不同的关系。相比来说,双向流动(可能是等量或不等量的)比单向流动更能表现两代人、两个家庭之间的密切关系,它包含着远远超出经济意义之外的更丰富的意义。

第二方面生活上的交流。即指实际生活中的相互帮助,照顾、扶助和救援等。在这方面母子家庭之间的交流也很频繁。

在我国城市子家庭成员经常到母家庭中用膳是最常见的事情。据统计 181 户子家庭虽然独立生活,但其成员经常到母家庭中就餐的户占 86%,其中,每月就餐 20 顿以下的占 34%(包括托管的小孩,下同),21～40 顿的占 21%,41～60 顿的占 11%,60 顿以上的占 20%。子家庭成员到母家庭中搭伙就餐,既吃得现成、舒服,也可节省开支。其次子家庭把其子女托给母家庭看管也是常见的。据调查 181 户子家庭中,有 20%的户把子女送给母家庭看管,其中托给祖父母看管的占12%,托给外祖父母看管的占8%。这样一方面部分解决了入托难等社会问题,另一方面把孩子放在母家庭里,子家庭也十分放心。因此,有些孙子女干脆长期住在祖父母、外祖父母那里,组成隔代家庭。另外祖父母、外祖父母到子家庭中暂住一段,帮助子家庭买菜、做饭、料理家务,伺候女儿、媳妇坐月子也是十分常见的。对于母家庭来说,主要在他们年老、体衰、多病时会遇到一些生活中的困难,诸如买煤、买粮、行路、就医、搬迁等,子家庭成员都会主动来帮忙,尤其是逢祖父母病老时,子女们回来帮助就医、护理、伺候等。母家庭和子家庭之间这种生活上的交流是十分频繁的。它对于解决家务劳动、托幼、赡老等社会问题是具有一定意义的。在母家庭和子家庭生活上的交流中,最常见的是母家庭对子家庭的帮助大于子家庭对母家庭的帮助。

第三方面感情上的交流。感情上的交流是通过经济和生活上的往来实现和表现的。

从经济上的往来中我们看到一般是母家庭对子家庭的资助额大于子家庭对母家庭的赡养额。从生活上的往来中我们也看到母家庭对子家庭的帮助一般多于子家庭对母家庭的帮助。那么在感情上也必然表现为母家庭对子家庭的关心,多于子家庭对母家庭的留恋。根据天津市1983年千户居民户卷调查的资料,375户有成年未婚子女的家长只有146户(占38.9%)家长希望子女婚后都分出去过,身边一个也不留,而229户(占61.1%)的家庭都不同程度地希望儿女婚后继续留在身边。如果对照北京城区青年的意愿,婚后愿意继续和老人生活在一起的只占12.4%,而87.6%的青年愿意成立不和父母生活在一起的小家庭。可见两代人彼此关心程度的差异。反之,正是这种差异促使并表现了母家庭在经济上、生活上对子家庭的帮助,超过了子家庭对母家庭的回报。因此,中国家庭中两代人之间的关系虽然是双向的,但不是双向对等,而是双向不等的。

还应当指出,母子家庭之间的沟通和联络常常是通过第三代(孙子女)来沟通的,孙子女是母子家庭生活尤其是感情上的桥梁。这除去由于子家庭常常因为托幼需要而把子女送给祖父母、外祖父母去看管之外，心理上的因素也使隔代之间的情感和交往甚密。其一，父母疼爱自己的儿女，这种疼爱很容易转移到孙子女身上，俗话说："疼儿子必疼孙子，疼女儿必疼外孙。"这是感情上的直接的合乎逻辑的转移。其二，亲子之间有"代沟"，一般当子女长大成人，成立自己的小家庭，要求摆脱父母时，父母心理总是难过的，特别是在子女独立后，父母对儿女之爱会自然转移到天真、可爱的孙子女身上，以得到"补偿"。其三，一些心理学家认为，人到老年有返老还童的现象，重复着许多小孩的性格和特点，变成了"老天真""老小孩"。这"老小孩"和"小小孩"自然亲热，祖孙在一起总是愉快的。因此孙子女成为沟通亲子两代人，沟通母家庭和子家庭的桥梁。这也是中国家庭结构和关系中的一个较为突出的特点。

从中国母、子家庭在经济、生活和感情上的交流和沟通中，我们可以看到中国的核心家庭不像西方核心家庭那样与亲属网络隔绝，有较大的独立性，而是对亲属网络依赖和联系甚多，网络家庭之间平日里交往甚密；在遇到特殊事情和变化时，也能竭诚相助，有兴衰相关，荣辱与共之感。这种网络家庭虽然还不能称为家族，但带有家族的遗迹，它也表现了中国核心家庭的特殊之点。

5、在西方有些人认为核心家庭是工业化的产物，也有些人认为在工业化以前核心家庭已经存在了，无论怎样，目前它已经处在危机和瓦解之中。随着离婚、独身主义等各种家庭解组现象的产生，核心家庭沿着如下的方向解体：

核心家庭→单亲制家庭→独身。在这种情况下有些社会学家认为"现代核心家庭是垂死的文化的附属物"，它正在朝着个人主义、平均主义和世俗化的方向发展，其末日已经来到了。美国社会预测学家约翰·奈斯比特在他的名著《大趋势——改变我们生活的十个新方向》中也指出，我们绝大多数人都是在典型的美国核心式家庭中培育后代，或者被教养成人的……但是到了今天，已经没有什么是典型家庭这种谈法了，而且在美国目前只有明显居于少数（17%）的人口适合这种传统的家庭格局。今天的家庭可以是只有单亲(父亲或母亲)带着一个或几个孩子……但是更多的是,一个家庭,或者说一个住户,只由单身一人组成。

在我国城市,与西方的情况恰相反,核心家庭正在得到巩固和发展,相反,单身户减少了,单亲制家庭减少了。在天津市红星里二委调查时我们就发现了这种情况。若以每一个已婚妇女现在的家庭结构和她上一代娘家和婆家的家庭结构相比较,那么其婆家单身户占 16.27%,其娘家单身户占 6.51%,而现在的家庭中单身户只占 1.9%,单亲制家庭其娘家和婆家均为 17.75%,而现在只占 3.25%,也明显减少,而标准的完整的核心家庭增多了。这说明城市正在经历一个核心家庭化过程。核心家庭正在表现她的强大的生命力,而且这种情况将要持续下去。

总之,从上述各点分析来看,中国的核心家庭尽管在基本组成上和西方的核心家庭是一致的,但其内容和实质相差很远,这种差别集中表现在家庭中夫妻关系、亲子关系、亲属网络都有不同的特点,其社会背景和发展趋势也大不相同。在我们采用核心家庭理论研究中国家庭时,不应是机械的,而应当是生动活泼理论联系实际的,只有这样才能真正把握中国家庭和家庭结构的特点。

家庭网和现代家庭生活方式

载《天津社会科学》1988 年第 1 期

在现代社会，家庭和家庭生活方式发生了巨大的变革。从家庭模式的角度看，一方面是家庭小型化了，出现了以核心家庭为主的局面，另一方面，在家庭之间又形成了现代家庭网络。这种以小为主，小中有大的特点正适应了现代家庭生活方式的变革和要求。

一、家庭网和家庭观念的更新

所谓“家庭网”一般是指有亲属关系的家庭之间所组成的社会网络，就多数情况而言，它是由可能组成联合家庭的几个独立核心家庭之间所组成的一种特殊的社会组织，具有特殊的结构和功能。作为“社会网”之一种，它源于亲属关系，而区别于其他社会网，具有较密切的关系和较强的内凝聚力。然而，现代家庭网也不同于旧式封建家族，既不同居共财，也不被置于封建家长统治之下和封建伦理观念束缚之中，处于家庭网中的各个家庭在保持各自独立生活方式的前提下，以日常生活中的频繁交流和相互救援为其主要特征。可见家庭网是小中有大，大中有小，以小为主。它正迎合了现代人的家庭观念。传统的世代同堂的家庭已不流行，青年人和老年人要分居另过了。

在 1985 年进行的“天津市千户居民户卷调查”中，我们曾经分别考察了两代人之间的家庭愿望。当问到“您愿意与您父母同住吗”，有 63.35％被调查者表示愿意和父母分开，“最好各自单过”。当我们继续问到“您如果有未成年的子女，将来他们成家后，您打算和谁在一起住”时，有67.37%的被调查者表示愿意和子女分开，“最好各自单过”，可见两者回答大体相同。这说明，在现代社会青年人和老年人的家庭观念是趋同的，即喜欢独立的核心小家庭。

事实上，核心小家庭也在我国家庭中占据了统治地位。根据1982年开始的中国五城市家庭研究，证实核心家庭在我国城市中所占比例为66.41%，1985年天津的核心家庭占75.94%。[①] 农村家庭也和城市家庭表现了相同的趋势和情况。这些都说明人们的家庭行为和家庭观念正在发生变化——喜欢和选择独立的小家庭，以便不受任何约束地去追求各自所喜欢的家庭生活方式。然而，这只表现了现代家庭观念更新的一个方面。但是现代观念的更新总离不开历史的基础，现代观念往往和传统观念交融混合。

现在，许多青年人既希望和父母分开过，又希望和父母保持着“端一碗汤也不冷的距离”。这是个生动的比喻，它既包含着现代观念——独立和自由，又包含着传统遗俗——依赖和联系。从青年人的角度看，两代人生活在一起会产生一些不必要的纠纷：青年人好动，老年人好静；青年人喜欢快节奏，老年人喜欢慢节奏；青年人喜欢现代歌舞，老年人喜欢传统艺术；青年人激进求新，老年人稳重保守。这些显然是由于两代人不同的年龄、社会经历、生理、心理及其他各种差别所造成的，很难判断其中的是非曲直。解决矛盾的最好办法是分居另过，既可离开父母，实现自立，心安理得，又可追求自己的生活方式。然而他们和老年人终究有着不可分割的内在联系——血缘关系，无论是从回报父母养育之恩的角度，从履行家庭和社会义务的角度，还是从希望继续得到老年人资助和支持的角度，青年人都还希望和老年人保持一定的联系，“端一碗汤也不冷的距离”也许是最为理想的。

老年人也不反对青年人的这种愿望和安排。相对于青年来说，老年

---

① 潘允康、林楠：《中国城市现代家庭模式》，《社会学研究》1987年第3期。

人的传统观念较多，思想较为保守，一般来说，对自己生育和养育的子女总有难舍难离之情，但现代社会生活的变化，以及现代家庭生活中的许多不愉快，使老年人的观念也发生了很大变化，希望与子女分开过。大多数老年人期望的最理想的分家形式是“分而不离”即分开居住可以避免各种矛盾，住在附近则可以经常见面，一旦有事可以照应。这种要求类似于青年人的“端一碗汤也不冷的距离”。青年人、老年人两相情愿，一拍即合。小中有大，大中有小，以独立为主，又相互联系的家庭网正好适应了这种要求，换句话说，家庭网适合现代社会生活方式的需求，因此它应运而生。

二、现代家庭网种种

家庭网在我国和世界上许多国家都存在得十分普遍。但由于各国的文化传统和社会背景差异很大，因此，同样是家庭网（或家庭网的变形），差异也很大。

美国学术界认为类似于家庭网的组织共有三种：群居组织、家庭网、分会式家庭。所谓群居组织，是一些家庭的联合体。一些家庭当他们的孩子成长时，组成群居组织，共同劳动，增进友谊和相互服务，但仍然保留着一夫一妻制的婚姻关系。群居组织中的家庭之间不一定都有血亲关系，其成员频繁进出，不稳定，内部是一种短期生活关系。所谓家庭网，是指人们通常在一起，频繁见面，相互间亲密地诉说真心话和隐私，提供多种多样的相互服务，以及在价值和行为方面相互影响。一般每个家庭网只包括 2 个至 4 个家庭，保持着频繁接触，和在危机中相互帮助以取得和保持亲密感。少数家庭网能达到定期连续协商服务的水平。在家庭网中不同的态度和价值观被交流和分享，并得到保留。家庭网还能促使一些新的价值体系发展。但美国家庭社会学专家指出，就像群居组织那样，目前家庭网的存在确实存在一些困难，对于所有的家庭来说，经常见面，大概是不可能的，当家庭网长期建立和延续下去时，一些困难可能是多重的。所谓分会式家庭，是由丈夫——父亲，妻子——母亲和他们的孩子们的一种联合，另外还可能加上一个或几个老人。在分会家庭中有较明显的亲属关系，因此也被称为亲属项。在分会家庭中包括一种相互负责和委托义务，因此它适合老年人，特别是退休老年妇女和寡妇，年轻的单身主义者，带孩子的离婚妇女，以及在地理上已经隔离的有亲属关系的核心家庭之间相互联系和帮助的要求。美国社会中的几种类似于家庭网的扩大的家庭形式，不是传统意义上的扩大家庭，但能执行传统扩大家庭中的某些功能，是传统和现代相互融合的产物。应当指出，在高度工业化现代化的美国，无论是群居组织、家庭网，还是分会家庭，要长期存在下去，都会遇到一定的困难，因此，它不具有普遍性。

在我国，表现扩大的家庭关系的家庭组织只有家庭网，它和美国的群居组织、家庭网和分会式家庭都不相同，具有自己的特点。

从组织上看，我国的家庭网一般都是以婚姻血缘关系，特别是用血缘关系联系起来的，很少有像美国那样有以朋友、邻里或其他关系联系起来的，这跟我国重血缘关系，血亲观念较强有关。正因为如此，我国的家庭网中传统的因素较多，它更类似于一种扩大的家庭形式。我国的家庭网主要有三种：

第一种家庭网是在父母家庭和已婚子女家庭之间，以血缘相连接的，这种家庭网可以包括父母家庭和一个或多个已婚子女家庭，其中表现为两种联系：父母和已婚子女家庭之团的纵向联系，已婚兄弟姐妹家庭之间的横向联系。一般而言，以纵向联系为主，横向联系为辅。在这种家庭网中包含着经济、生活、情感等各个方面的交往，而且交往比较频繁。父母家庭是家庭网的联络中心和活动中心。父母家庭和子女家庭之间的纵向联系加强了兄弟姐妹之间的横向联系，一旦父母家庭解体(比如父母衰老死亡，家庭不复存在)，则家庭网也会被大大削弱或解体。

第二种家庭网是在已婚兄弟姐妹之间，以血缘关系相连接的，当他们的父母还在时，其关系较密切，否则关系较疏远。相对于第一种家庭网来说，在这种家庭网中经济和生活交往较少，以友谊式的交流及危困(或特殊情况时)相互帮助为主。

第三种家庭网是在亲家(已婚妇女的婆家和娘家之间)，以姻缘关系相连接。其联系一般较前两种家庭网弱。无论是经济、生活及情感方面交往都比较少，多以生日庆贺、节日拜访和遇到特殊情况时相互帮助为主。

从功能上看，我国的家庭网中多以经济互助、消费、日常生活和情感上的交流为主，农村的家庭网中还有生产中的互助。但在交流和互助中，家庭之间界限分明，保持着较大的独立性，而不像美国几种扩大的家庭关系那样，在短期之内可能融为一体。

从在社会中的地位和存在的生命力上看，我国的家庭网存在得比较普遍，延续时间较长，网中交流也比较频繁，以第一种家庭网为例，其解体一般要到母家庭解体才可能。假设母家庭配偶是在25～30岁期间结婚生育子女，而他们的子女也在25岁左右结婚，离开他们自立，而后形成家庭网，母家庭配偶平均寿命为80岁的话，那么家庭网的平均寿命约为20～30年，是相当长的。可见，在许多国家都存在家庭网，但其结构、功能、在社会中的地位和作用是有区别的。

三、家庭网对现代家庭生活的贡献

在现代社会，家庭生活方式正在发生变化，其主要特点是：小型化、民主化、多样化。家庭生活的这种变化符合现代社会的潮流和趋势，符合现代人的愿望和要求，但也带来了一些问题，比如它可能使传统家庭中的某些积极因素（诸如两代人之间相互支持）消失，从而给儿童抚育、老人赡养、家务劳动、家庭管理等方面带来一系列的困难。

家庭网为现代人提供了一种扩大的家庭形式，它类似家庭，但不是家庭，其特殊的结构功能使它存优去劣，既灵活地适应了现代生活方式的要求，又在一定程度上解决了现代家庭生活方式变革中所面临的问题。

1. 家庭网适应了现代家庭小型化、民主化、多样化的趋势和要求。家庭网小中有大，大中有小，以小为主，顺应了家庭小型化的趋势；在家庭网中纵向（两代人）交流和横向（同代人）交流，都出自自愿或出自某种相互需求，而不是出自某种压力，权力或一厢情愿，家庭之间的相互独立有利于实现家庭关系的民主化;家庭网中的家庭不同居共财,有利于各自对生活方式的不同追求,实现生活方式多样化,差别化。

2. 家庭网在实现家庭小型化、民主化和多样化的同时,又保留了一些积极的传统因素,从而解决了现代家庭生活中遇到的一些实际问题。首先,家庭网能部分解决社会中的养老问题。传统的养老方式是家庭赡养,它以老年人与青年夫妇同居共财为条件。在家庭小型化过程中,传统的家庭赡养方式解体了,但家庭网能在经济、生活和情感等三个层面代替家庭继续起到养老作用。从经济上说,子女家庭一般以交纳赠养费的办法养老,据 1984 年天津市统计局生活处对 181 户子女家庭的调查,按月向双方老人家庭交钱的占 84%,每月交 10 元以下的占 42%,交 10～20 元的占 36%,交 20～30 元的占 11%,交 30 元以上的占 11%。在 1985 年进行的天津市千户居民户卷调查中,601 户子女家庭报告了他们在与父母家庭交往中平均每人每月交赡养费 9 元。这些数字可以使我们大致了解到老人在经济方面的受益情况。从生活上说,处于家庭网中的老人也能经常得到子女的照顾。在我国城乡,家务劳动社会化程度很低,生活服务设施不齐全,生活条件较差,老年人经常会遇到诸如买煤难、买粮难、行路难、就医难、搬迁难等一些日常生活中的实际问题。由于家庭网中的成员居住一般较近,当老年人有需求时,青年人往往能很快过来帮忙。从情感上说,两代人间的血缘关系是他们相互留恋、相互寄托的内在根据,相比较而言,老年人更多地需要晚辈的慰藉,即有“儿孙绕膝之乐”。家庭网能在一定程度上满足老年人的这些要求,成为沟通青年人和老年人感情的纽带,主要表现在子家庭成员经常来老人家串门,共度节假日,贺生日等,这些交往表面上是经济和生活服务性质的,实质上是感情上的需要和寄托。在家庭网中,子家庭常常把自己的孩子送给母家庭抚养,甚至祖孙干脆长期生活在一起,组成隔代家庭,老人又为抚养第三代付出代价和辛苦,往往是为了精神上的需要。因为第三代不仅能起到沟通他们的父母和祖父母关系的实际作用,而且也能成为老人的实际精神寄托,并使老人在经历了和自己的子女不可避免的“分裂”之后,从他们身上得到一定的精神方面补偿。

在家庭网中不仅老年人可以受益，青年人也可以受益，而且青年人受益常常可能超过老年人。青年人在家庭网中得益主要表现在经济、日常生活、生育和抚育等几个方面。从经济上看，青年人可能以各种方式继续得到老年人的资助，据天津市统计局 1984 年的调查，在家庭网中子女家庭在平日接受父母家庭资助的占 91%，具体资助的形式是多样的，或者是给钱，或者是送物，或者是管吃，或者是代交房租、水电费等；有 44%的户在和父母家庭的交往中收大于支（包括只收不支），实际从父母家庭中得益，有 27%的户支大于收（包括只支不收），有 26%的户收支基本相抵。可见，青年人得利较多。从生活上看，我国青年夫妇家庭双职工较多，平时经常会遇到家务劳动中的一些问题，老年人便成了他们所依靠的对象。比如平日他们可能经常到父母家庭中用膳，据天津市统计局的调查，这种情况约占 86%。一般情况下，在父母家庭中搭伙就餐，只是中午一顿，父母过来帮助他们买菜、做饭、料理家务也是常有的事。在生育和抚育方面约有 20%的母家庭能协助子家照看子女，子家庭往往把母家庭视为托儿所、幼儿园，早送晚接，十分放心和方便。

总之，过去一些由同一个家庭来完成的事情，现在由家庭网来完成了。家庭网既给人们带来了独立自由的生活方式，实现了家庭模式小型化，家庭关系的民主化，家庭生活的多样化，又在一定程度上把传统家庭关系中的一些因素（大多是积极的因素）保留了下来，从而部分地解决了现实生活中所需要的赡老、抚幼及其他问题。这就是家庭网从现代和传统两个方面对现代社会生活所做的积极贡献。

四、家庭网的发展和未来

现代家庭生活正处在由传统型向现代型演变的过程之中，与这种过渡状态相适应，家庭网的结构和功能也会发生改变，主要表现为以下几点，

1. 家庭网区位距离的扩大。现代生产的发展带来了社会的高度变

动和迁移，区位移动性强是其特点。这种移动结果必然也会进一步拉大家庭之间的区位距离，甚至能加大到现在的十倍、百倍、千倍，但交通工具的高度发达，通讯方法的先进和便利，能在一定程度上解决区位距离加大后，家庭网的存在所面临的实际问题。比如，家庭之间的日常对话，可能由串门、面对面的谈话，变为电话，甚至是影视电话相联络。

2. 家庭网中纵向联系的扩展，横向联系的收缩。由于人的寿命延长，四代、五代共存于世的局面出现了，纵向联系自然扩展；由于生育率降低，一个家庭生一个最多生两个孩子，因此同代家庭数量减少，横向联系自然减少，从整体看，家庭网向纵向扩展，在横向收缩。

3. 家庭网中以经济和生活方面为主，转向以情感交流为主。现代社会（特别是我国）经济尚不发达，人们生活水平较低，社会生活服务设施较落后，条件较差，因此，家庭网中的交流以经济上和生活上的相互帮助为主要内容，必然要压低情感方面的要求。未来社会，经济发达，各种社会生活服务设施先进，因此，家庭网中的经济和生活交流的意义将大大降低，而以情感交流为主，以情感上的相互需要和相互满足为主。

4. 家庭网由有亲属关系的家庭间的关系，发展为非亲属家庭之间的关系。在传统社会人们的亲属观念较强，血缘关系重于其他关系。这是和当时的生产方式、生活方式相联系的。人们以一家一户为单位，实行小农经济，实行家长制，安土重迁，“鸡犬之声相闻，老死不相往来”。这种不发达的业缘关系，地缘关系，必然带来发达的血缘关系。现代社会实行社会化大生产，社会流动性很高，发达的业缘关系，地缘关系，必然破坏人们原有的血缘关系，发展其他方面的关系。表现在家庭网上则是由有亲属关系家庭之间的关系发展为非亲属之间的关系，即朋友家庭之间、同事家庭之间、邻里家庭之间的关系。而一旦家庭网脱离（或大部脱离）亲属关系，转变为其他社会关系，那么它的性质也将发生改变。

社会改革与心理压力①

载《天津社会科学》1990年第5期

十年改革给中国社会和人民生活带来了巨大变化，也对人们的心理产生了深刻影响。研究社会改革和社会心理之间的关系，理顺群众情绪，消除心理障碍，对改革的深化是十分重要的。

一、令人瞩目的心理压力

为研究改革中人们的精神状况和心理状况，1988年末至1989年初，我们曾在天津市区、郊县，采用随机抽样的方法，进行了较大规模的社会心理调查，共取得有效样本1124个，调查分析结果表明，人民群众在改革中都不同程度地受益了。仅以实际收入为例，被调查者在1978年人均月收人，城市居民为59元，农民46元，而1988年，城市居民104元，农民125元，扣除物价因素，收入仍有所增加，这是人们认同的。例如，当问到对十年来社会变化的看法时，认为变得“很繁荣”的占18.9%，“比较繁荣”的占63.3%，两者合占82.2%，是大多数。有21.6%的人认为现在的生活水平比1978年有很大提高，56.3%的人认为有些提高，两者合占77.9%，只有少数人认为“持平”“有些降低”“降低很大”。当问到住房情况时，认为“有很大改善”的占18.7%，“有些改善”的占41.4%，也占多数。当问到十年来家庭生活变化时，认为“非常幸福”的占19.1%，“比较

① 文章发表时署名的作者还有关颖。

幸福”的占62.4%，两者合占81.5%，也是大多数，认为“无变化”“不太幸福”“不幸”或“不清楚”的则是少数。总之，大多数人承认改革使社会进步了，国家繁荣了，个人及家庭生活是幸福的。但人们的物质生活得益并不表明其心理也都健康，没有心理障碍了。相反，调查结果说明，随着物质生活水平的提高，人们的精神需求层次也相应高了，问题和矛盾增多了，出现了令人瞩目的心理障碍问题。比如，有63.8%的人回答“原来不烦恼的事，开始使我烦恼”，其中经常烦恼的占11.4%，有时烦恼的占28.3%，偶然烦恼的占24.1%。有38.2%的人觉得心烦，亲友的帮助也不管用，有49.7%的人不能集中精力做事情，37%的人感到泄气，还有些人觉得道路坎坷，感到“人生经历是场失收”，其中“经常有”这种感觉的占5.2%，“有时有”的占7.1%，“偶然有”的占12.3%。另有18.8%的人感到害怕，26%的人感到孤独，24.9%的人感到人们对他不友好，32.9%的人感到苦闷，44.1%的人觉得有好些话没有合适的机会说。以上种种现象，实质就是一种社会心理障碍。它影响到工作、学习和生活。有47.6%的人说他们经常、有时或偶然“睡不好觉”，其中经常睡不好的占8.6%。有29.6%的人说“我做任何事情都不起劲”，其中经常如此的占3.5%，还有18.3%的人甚至“隔一段时间就会哭一场。”如此等等。这些都说明心理障碍对人们的行为发生着很大的影响。因此，正确分析和认识心理压力，对消除心理障碍，保持心理健康是十分重要的。

二、产生心理压力的诸因素

心理压力，被社会心理学家简称为“压力”，是人们“用来对付常规方法的失败”。社会心理学家格罗斯认为，社会中的每一个人随时都会遇到各种社会威胁，每一个人都在对付威胁的过程中逐渐形成具有自己特点的方式和成功的处世常规，一旦这些对付威胁的个人模式被破坏，在这个人身上就会产生压力。社会心理学家豪斯认为，研究压力可包括5个相关的变量：(1)可以促成压力的客观社会条件；(2)受到威胁的个人对于压力的知觉，(3)个人对所觉察到的压力做出的生物、情绪和行为的反应，

(4)压力给承受压力的人带来的长期结果是由个人对压力的知觉和反应引起的;(5)个人的情境条件。据此,我们分析心理压力,也需着眼于改革这一大的时代背景,着眼于与人们日常生活息息相关的各类生活事件,以及对人们的情绪、行为影响极大的种种社会问题。

1. 社会变迁与心理压力。上个世纪末,法国社会学家杜尔凯姆在社会变迁的背景下研究心理压力,这种方法对我们颇有启迪。我们面对社会的改革与变迁,用历史比较的方法可以证明,随着时间的推移,改革的深化,心理压力是不断增长的趋势,由此而产生的心理障碍也越来越多。这是通过对 1989 年和 1985 年同样的调查资料相比较得出的结论,见表 1。

表 1 1985 年和 1989 年天津城市居民心理感觉之比较 %

问题:在过去的一年里,您在心理或生理上是否有如下感觉	平均值		标准值 1985 年 1989 年	
	1985 年	1989 年		
原来不烦恼的事,开始使我烦恼	3.58	2.89	1.00	1.13
我不能集中精力做我要做的事	3.45	3.23	1.10	1.19
我感到泄气	3.76	3.51	0.07	1.05
我觉得我的人生经历是场失败	3.82	3.84	0.89	1.15
我感到孤独	3.86	3.64	0.82	1.05
我感到人们对我不友好	3.94	3.76	0.63	1.02
我做任何事情都不起劲	3.81	3.69	0.81	1.00
我感到很苦闷	3.79	3.58	0.86	1.03

说明:1. 此内容在调查中共 26 项,限于篇幅此处仅引用其中 8 项(下表同)。

2. 在调查中询问每一个问题时分“经常有”“有时有”“偶然有”“没有”“不知道”5 个档次,并以“1”“2”“3”“4”“5”表示,因此平均值越低,表明感觉越强烈。

在城乡比较中,我们看到农民比城市居民表现了更多的心理障碍,表 2 数据表明了社会改革的进程与心理压力的必然联系,即改革越深入,社会生活变化越大，由此而产生的心理压力就越大，各种心理障碍就越多，而我国农村的改革正是早于和快于城市的。

表2 城市和农村居民心理感觉之比较 %

问题：在过去的一年里，您在心理或生理上是否有如下感觉	经常有		有时有		偶然有	
	城	乡	城	乡	城	乡
原来不烦恼的事，开始使我烦恼	8.5	16.6	26.9	30.7	20.8	30.0
我不能集中精力做我要做的事	7.8	9.7	23.9	16.8	13.5	31.2
我感到泄气	4.3	6.9	12.1	11.9	16.4	25.7
我觉得我的人生经历是场失败	3.8	7.9	6.8	7.7	8.9	18.3
我感到孤独	3.6	8.2	8.5	13.9	7.9	17.3
我感到人们对我不友好	3.5	5.4	5.0	11.4	11.4	17.1
我做任何事情都不起劲	2.6	5.0	6.3	12.4	14.4	23.3
我感到很苦闷	2.9	8.2	8.3	13.1	12.2	28.2

2. 生活事件与心理压力。在社会心理学中，关于生活体验和压力之间关系的研究，大部分都集中在那些改变个人生活的事件上。按常规，我们每日的活动应是相对良性的，有规则的，但潜在的威胁也时时存在，一旦这种威胁变成事实，出现了某种生活事件，或某种社会因素打破了惯常的、良性的、有规则的活动，也就会冲击和扰乱人们惯常的心理活动，产生心理压力和心理障碍。

具体的生活事件对人的心理的影响是十分直接和明显的。消极的事件有：家庭主要成员死亡，家庭主要成员病重，违章警告、短期扣留，工作中遇到困难和挫折，工作学习负担过重，失恋、离婚、出现第三者、家庭经济困难、遭受自然灾害等，必然使人心理压力加重，忧虑、烦闷、不安、焦躁。中性事件有：调换新的工作环境，争取升学和就业，工作节律加快等也会使人产生心理上的不适。甚至一些令人兴奋、高兴的事情，也会增加人们的心理压力。比如入党、入团、升级、提薪、评模、得奖、开始恋爱等，都可能使人心理增加负担。在社会上，有的青年几次高考落榜，待业在家，受到亲友和邻居们的冷嘲热讽而几乎无地自容；有的人因领导分配的工作不合自己的兴趣爱好和专业特长，长期闷闷不乐；有的人认为自己该提职提新、评模得奖，因未能如愿而愤愤不平；有的老同志离休退休，骤然从领导岗位上退下来，又无所事事，油然而生日薄西山的悲凉；有的人因失恋而失去生活的信心和乐趣，从此颓废；还有的人结婚时为了排场些，借债大操大办，婚后陷入经济拮据，心情苦闷。这些都是生活事件产生心理压力的事例。

生活事件是客观存在的，任何社会、任何时期都是如此。自改革以来，我国的各种社会条件和情况都发生了很大变化，社会变迁的速率加快了，人际关系更复杂了，人们的劳动方式、生活方式变化较大，遇到的各种生活事件都在增长，这些都是产生心理压力的重要原因。从 1985 年和 1989 年两次社会调查的答卷中我们发现各种生活事件明显地增加了。比如社会职业流动加快了，1985 年调换工作的占被调查者的 12.5%，1989 年则为 18%；人事关系比过去紧张，1985 年“与同事关系紧张”的占 2.3%，而 1989 年为 6.9%；1985 年有 5%的人“被人误会和错怪”，1989 年则有 18.9%的人遇到这种情况，在工作岗位、家庭生活和婚姻中的不幸事件亦有所增加，如 1985 年有 3.2%的人家庭成员不和，而 1989 年为 11.7%；1985 年有 0.3%的人遇到离婚，1989 年为 1.2%；其他如家庭主要成员死亡、孩子管教困难、亲戚朋友患重病等事件也都有所增加。

我们进行城乡比较研究后发现，除去“升级提薪”和“退职退休”等项目外，诸如同事关系紧张、遭人误会错怪、遭到意外事故、家庭不和、离婚、子女不好教育等问题，乡村一般都高于城市。如前所述，这是农村的改革早于城市、快于城市所致，见表 3。

表 3　天津市城乡居民生活事件之比较　　%

问题:在过去的一年里,您是否遇到以下生活事件?	有		无		无回答	
	城	乡	城	乡	城	乡
调换新的工作环境	17.2	19.3	79.6	66.3	3.3	14.4
与同事关系紧张	3.3	13.1	91.7	71.0	5.0	15.9
被人误会错怪	15.7	24.5	77.1	59.2	7.2	16.4
工作失职犯错误受批评	1.3	6.9	96.5	76.7	2.2	14.3
遭受意外事故	1.3	10.6	96.8	73.5	2.0	15.9
家庭成员不和	7.5	19.1	90.0	71.3	2.3	9.6
离婚	0.6	2.2	95.4	78.0	3.6	19.9
孩子管教困难	6.1	14.9	89.7	65.3	4.0	19.8

说明:此内容在调查中共 44 项,限于篇幅此处仅引用其中 8 项。

3. 社会问题与心理压力。通过对具体生活事件的分析,我们还发现产生心理压力同社会问题、社会观念的变化与矛盾冲突有关。

(1)不正之风问题。这是近年来群众议论最多、对社会心理影响最大的问题之一。人们对之深恶痛绝,并形成了心理上的巨大压力。

不正之风从 20 世纪六七十年代已然开始滋生,改革开放以来,随着商品经济的发展,一些腐败分子乘机利用手中的权力贪污、受贿、要回扣、以权易钱,明目张胆地谋取私利。这些人在党内尽管只是少数,但由于他们身居某些领导岗位,影响很坏。党风不正必然影响到社会风气,由于没有从根本上清除党内腐败现象,一些人产生了变态心理,上行下效各施"本领",以各种职业上的便利条件谋取私利是最常见的。逢事先想到要拉关系,找"门子",编织"社会关系网",去达到自己的目的。这种社会上普遍存在的不正之风,一定程度上危害了社会进步和社会生活。如果人们对于净化社会空气、纠正不正之风丧失信心,就会感到很大的心理压力。

(2)社会公平问题。心理压力与社会分配不公的关系十分密切。改革以来，我们开始取消平均主义，打破“大锅饭”，允许一部分人先富起来。但究竟哪部分人应当先富？通过什么途径和手段致富？是否这部分人先富起来就体现了按劳分配原则？这些问题很难把握，且实际情况和模式并非如预想中的那样。相反，出现了一些诸如“两极分化”“非法致富”“剥削致富”“简单劳动和复杂劳动倒挂”等不公平现象。同时，大锅饭模式仍在很大程度上存在，这就必然引起人们的种种不公平感。

从大众心理上看，都希望社会公平，但对公平的理解并非都正确。一般都要求利益分配公平，认为公平的分配就是公正。给自己分配少了，别人多了，感到不公平，不满意，甚至产生罪恶感。总之，人们都想生活在公正世界里，一旦自己的愿望不能达到，公正信念受到威胁，就产生了心理压力。

(3)人际关系问题。随着社会生活的变化，人际关系的改变，产生的一些问题也可能成为一些人的心理压力。比如随着经济的发展，人际交往频繁了，频率加快了，业缘关系在交往中占越来越主要的地位，血缘关系日益淡漠和萎缩，人们之间不仅讲友谊而且讲利益，不仅是同志而且可能是雇主和雇员，不仅互相帮助，而且互相利用，人际交往形式和内容日趋多样化，交往手段日益先进，这对于长期生活在封闭环境里，交往范围狭隘的人们来说，不能不感到有压力和不适。商品关系向人际关系渗透，既给人带来了喜悦，也带来了苦恼。传统人际关系的模式过于理想化，当人与人之间的利益关系加重时，人们往往带着各神疑虑去接受它，品评它。业缘关系的加强，血缘关系的萎缩又会使人与人之间有疏远和淡漠感。竞争机制的强化，自然拉大了人们心理上的距离，优胜者和劣汰者之间很难取得关系上的融洽和心理上的平衡。承包制，厂长、经理负责制，使领导和被领导者的关系既密切又可能紧张起来。这些都可能给人们带来新的心理压力。

(4)生活方式问题。在社会的政治、经济发生深刻变化的同时，人们的生活方式也发生了变化，也会使人产生心理压力。这表现在人们生活水平的提高和消费生活方式的迅速变化上。一方面，某些人还习惯于传统的消费模式，在新的消费大潮的冲击下感到困惑、不适应。另一方面，某些人则被盲目卷入高消费热，产生了不切实际的期望值，当期望不能成为现实时，则牢骚满腹，失望情绪和失落感随之产生。

从家庭生活方式来看，中国的传统是重视纵向关系，轻视横向关系，以亲子利益为核心，是义务型的，且重视稳定，不重视质量。近年来，人们的家庭观念发生了较大变化，由亲子关系为核心转变为夫妻关系为核心，由重义务转到重爱情，由重稳定转到重质量，于是出现了老少三代人家庭解体的趋势。年轻人婚后要独立，建立小家庭，老年人也愿意独自生活。一些人既愿意实行这种变化，又产生了亲子分离后的失落感。夫妻之间，如果合不来就考虑离婚，不再顾脸面，于是离婚率提高了。但离婚常会使人烦恼或痛苦，并可能带来其他社会问题。可见生活方式的变化，对习惯于传统生活方式的中国人来说，产生了无形的冲击和压力。

(5)社会观念的矛盾和冲突带来的心理压力。我国社会改革主要是在经济领域进行的，经济基础的变动不能不影响上层建筑包括观念形态的变化。一方面，人们要破除旧观念，但可能还留在传统观念的模式中，另一方面，人们要接受新观念，但又不能对观念的变化做出准确的是非判断。传统观念和现代观念的撞击，新与旧的较量，反映在社会心理上，就出现了矛盾心态，如过去人们主张重义轻利，否认物质利益，不敢谈经济效益，不算经济账。改革使商品经济发展了，人能理直气壮地谈利益、讲报酬，讲经济效益，但也有些人因此产生心理上的失落感，感叹见利忘义，抱怨道德沦丧，这是传统观念的回归现象；对外开放否定了闭关自守的旧观念，但人们在看到开放带来的经济发展的同时，又为社会问题的增多和民族自尊心的失落而担忧；随着民主制度的健全和民主生活的扩大，人们的民主观念有所增强，但多年形成的顺从依附心理难以摆脱，表现出既要求讲民主又无力自主的矛盾；在社会生活中，与世无争的旧观念日益淡化，人们要求平等竞争，而竞争的严酷现实又使习惯于安稳环境的人们难以承受，产生心理上的恐惧……这些观念变革带来的矛盾与困惑，也使人们产生心理压力。

以上是产生心理压力的几种主要因素。心理压力一旦产生,必对社会发生影响或效应。

三、心理压力的双重效应

压力是每个人生活中不可避免的,在社会变迁加快时更是如此。在一定的情境下,压力会对人的身心发生危害。在现代社会,人们对健康的理解,不仅有体质上的,也有精神上的。疾病不仅是有机体感染或营养不良因素引起生理功能障碍的表现,也是受社会文化制约的心理活动影响生理功能的表现。由心理压力产生心理障碍,进而使人紧张、忧虑,从而导致各种疾病的发生。然而,心理压力除了消极作用的一面,还有积极的一面,这就是心理压力的双重效应。

从积极的方面看,生活中出现压力是必然的,在某种意义上说也是必要的。社会心理学家欣克尔说过,活着就是遭受压力,生活处处有压力。汉斯·塞利也说,压力是生活的刺激……压力使我们振作,使我们生存。可见,压力不仅是消极的,也可能是积极的。如果一个人近乎完全地缺乏刺激,长期生活在温暖舒适的环境中,没有一点压力,也就不可能产生抵抗力。相反,长期生活在风寒险恶的环境中的人更具有较强的抵抗力。

总之,在社会生活中,压力的产生是必然的,社会生活剧烈变化时,更是如此。因此,人们应当学会适应压力,排解压力。比如,如果个人能学会在组织内有效地处理问题和正确对待组织,他就能避免由组织所引起的各种压力。同样,增加工作群体内的凝聚力也能有效地缓解群体内的各种压力。由于压力有逼人振作、生存、进取的一面,所以,我们常常见到人们积极地承受压力,战胜生活中各种困难取得成功。人们寻求压力,目的是为了使自己心理达到一个较高的适应水平。从这个意义上讲,压力也是一种积极的力量,是一种催人上进,勇敢迎接挑战的力量。

还应说明的是,我们不能把压力的产生简单归罪于社会改革本身,而要从变化了的社会中寻找原因,解决社会问题和矛盾,引导人们消除心理障碍和紧张情绪,缓解心理压力,理顺情绪,使社会稳定发展。

家庭与工业化、现代化[①]

载《天津社会科学》1995 年第 4 期

如果说，以往的家庭评价研究的重点在于家庭的教养功能，如抚养子女、卫生保健、赡养老人和残疾者，以及通过福利和就业机会来发挥家庭的经济功能，那么，今天有关家庭的研究。已经超出了家庭日常生活的范围，而与社会的中心议题——工业化、现代化联系起来了。人们越来越感到不同的家庭传统与工业化、现代化过程产生了不同的互动作用，从这个意义上说，家庭不再是无关紧要的了。家庭不仅是发展的受益者，而且是发展的参与者。为了说明这一点，我们要比较一下在三种不同的家庭文化代表性模式中，家庭与工业化、现代化的联系。

一、"人本位"中的冲突论

就家庭与个人在社会中的地位和作用而言，世界上主要有两种模式，一种是以美国为代表的西方文化中的"人本位"，另一种是以中国、日本为代表的东方文化中的"家本位"。所谓"人本位"是以个人为本位，更强调个人的意志、自由和发展，是家庭团体服从个人。所谓"家本位"则是以家庭为本位，更强调家庭的利益、关系和发展，主张家庭至上，个人服从家庭。

在"人本位"的美国和西方社会，总是从冲突的角度来说明传统家庭

① 本文发表时署名作者还有丛梅。

文化与现代化的关系。这里所说的传统的家庭文化是指以血缘关系、姻缘关系为核心的文化。在这种理论模式中,传统家庭文化对工业化、现代化过程的负面影响较大,家庭运作机制与工业社会运作机制是相互冲突的,因此,家庭的淡化和解体是现代化社会发展的趋势之一。

1. 现代工业基于个人成就价值之上,而不是家庭观念和关系之上

美国社会学家、结构功能主义论的主要代表科特·帕森斯在谈到家庭与工业化、现代化之间的关系时提出,现代工业基于个人成就价值之上,而不是家庭观念和关系之上。现代工业需要人力流动,需要"自由劳动力"。人们择业是符合社会需要,而不是子继父业。因此,传统的扩大家庭模式、亲属聚集现象,已不能适应这种需要,必然解体。帕森斯认为,现代家庭没有涉及经济生产,产品不再是亲属关系团体协作的结果,工业经济的规则和价值与保留范围宽广的家庭义务和忠诚是不相容的。现代职业是高度专门化的而且需要受过高等培训的、有工作能力的劳动力。当以能力和效益而不是以某个人的忠诚作为评判人与签订合同的标准时,具有最优功能。于是就产生了"普遍的"和"有成就的"价值观,即强调公正和个人成就的价值观,以优点和能力作为选择某人得到某项职位的标准。进一步说,现代职业要求每个人具有技术,每个人依劳动力市场的需求在国内流动,并因此而导致了社会和地理的流动性。帕森斯说,家庭价值准则是与这种全社会的普遍价值准则相对立的,它们是特定的。因为它们是建立在对特定的人们(家庭成员)的义务和忠诚的基础之上的。

在人本位的美国,帕森斯的观点是有代表性的,现代化是基于个人成就之上,而不是家庭和家庭关系之上,现代工业发展和现代化进程使家庭观念淡化,亲属关系解体,发达的亲属关系和家庭关系与工业化、现代化是格格不入的。

2. 科层组织制与亲属关系的矛盾与冲突

美国的现代企事业普遍实行科层组织制。由德国社会学家马克斯·韦伯提出的科层组织制(简称科层制)也译作官僚制、分部制、分类制。此种制度的特点是行政机关内各等级的单位负责人有固定的职务,有划定

的权限，有一定的例行公事的程序，有对上对下所负责任的范围。换言之，是机关内部刻板方式的行政组织。美国的政府、工厂、公司、大学、工会、教会等，几乎普遍使用科层制和类似的制度，目的在于提高机关的行政效率。科层制的有利方面在于效率高、正确、迅速、专家控制、连续、谨慎、协调及避免私人感情。科层制原则与亲情关系、亲情原则是相对立的，而且对立是多方面的。比如亲属关系是依人们在婚姻和血缘关系链条上的位置来确定的，如果人们依亲属关系行事，则必然造成职务和职位分工制度的混乱。再比如亲属关系中人们的地位和升迁都与人们在家庭中的地位有关，不可避免私人感情，而科层制中要求避免私人感情，个人的升迁、变动完全看技术、能力和成就。又比如科层制要求上下职位等级分明，主张按法规办事，不可渗入个人因素。而亲属关系中不是按职位确定关系，而是按婚姻关系、血缘关系来确定职位。一旦"夫人参政""父子兵""亲属连坐"等现象出现，必然导致个人因素的增长，错乱机关企事业内部关系，破坏法律法规条文，降低士气和效率。总之，尽管有些人批评科层制太形式化、刻板化，缺乏个人创作及过于繁文缛节，但它严密、科学、讲效率、注意实际，它的基本原则是与亲属网络、近亲繁殖等相对立的。

3. 企业所有权与经营权的分离

在业缘关系在企业的发展中居主导地位的美国，普遍实行企业所有权与经营权的分离，即企业所有权可以以亲属关系继承，而经营者却要凭才干来遴选，不能只凭亲属关系就可以继承。在西方以业缘关系为主导的文化中，是不承认传统的家庭文化和亲属文化的。总之，现代企事业的运作机制要求企业的所有权与经营权分离，从政、就职、经营等都不兴"父传子"的模式。

4. 社会复杂性、流动性与亲属关系扩大之间的关系

美国社会学家温奇研究了社会复杂性与亲属制度扩大之间的关系。温奇仅从社会复杂性角度说明中等复杂的社会（农业社会）有扩大的亲属关系。而低等复杂社会（狩猎社会）或高等复杂社会（工业社会）却不可能

有扩大的亲属关系，显然其中不仅有社会复杂性问题，还有社会流动性的问题。低等复杂社会中，人们过着游牧式的生活，流动、迁徙频繁，不能发展起较大的亲属网络和关系。高等复杂社会，社会分工发达，人们择业依社会需求，社会造就了大批自由的劳动力，也造成了高度的社会流动，同样破坏了扩大的亲属关系。而中等复杂社会，人们要定居从事农业生产，且职业也是世袭的、祖传的，社会流动性最小，也最容易发展起扩大的亲属关系。总之，在美国的理论界不仅从现实观点上，而且从历史的观点上都有工业化使扩大的亲属关系解体的论述。发达的家庭关系，扩大的家庭主义，与工业化、现代化是冲突的、不相吻合的。

二、"家本位"中的改造论

日本是实行"家本位"的。日本社会中的集团意识根深蒂固，其主要根源在于日本人普遍存在的传统的"家"的观念。日本人常把自己工作的地方称作"我家的"，日本的企业家也用"家"精神办企业，把企业办成一个大"家"，把企业职工视为家庭成员。日语"家"一词的含义，远胜于英语中household或family的含义。这种"家本位"顺应了工业化、现代化的过程，表现了自我的生命力。然而，深入研究日本的家庭与社会就能发现，日本的"家本位"和我们理解的中国的家庭传统有很多区别。日本人认为，正是这些差别，使之较容易适应工业化、现代化的过程。我们称这种差别是"改造"了的"家本位"。

1."家本位"中的放大的家庭主义

日本人重视家庭却更重视国家。作为一个日本人也要效忠父亲，但其制度更带有封建帝王主义色彩，而不是家庭主义色彩。"孝、忠"仿佛一条连续不断的锁链，通过父亲和父亲的上司或领主，通过一级级更高的阶层，将个人与诸侯帝王联系起来。上边来的命令有家庭的压力作后盾。明治时代的领导人号召人们做更大的牺牲，例如可以让昔日的武士参加工作，或让他当警察，使家与家、家与国之间的孝、忠锁链牢固地保留下来。美国社会学家马里恩·利维认为，在日本，家庭虽然占据重要的位置，但却是附属于其他社会因素之下的，人们效忠的首先是他的主人，然后才是家庭。日本人崇拜神灵，祭祖也祭神，而祭神超过祭祖。这种崇拜大结构关系远远超过了崇拜家庭祖先和亲属的小结构关系。它表明日本的家庭主义是一种放大了的“家庭主义”。

2. 业缘关系早已深入到日本的家庭之中

过去人们在分析日本人“家”的观念重的原因时，主要认为它同封建的道德训诫相关联，而没有从社会结构基本单位——家庭方面加以探讨。日本社会学家中根千枝则对家庭做了十分深入的分析。她认为日本“家庭”结构的基本因素，不在于长子及其妻子与父母居住在一起这种形式，也不在于家长当权这种权威结构，而在于家庭是一个聚居体，而且就农业或其他类似的生产来说，家庭又是个经营集团。一个家庭所包括的成员，绝大多数情况下是这个户主的家庭成员，但其他非家庭成员有时也可包括在内，这些成员共同构成了一种独特的社会集团。换句话说，家庭就是居住组合基础，而且往往是在经营组织基础上建立起来的社会集团。日本以组合为基础形成的集团，能够把不同属类的成员包括进来，同时又能够把同样属类的成员排除出去（这里的属类指血缘和姻缘关系），业缘关系早已进入以血缘关系为基础的家庭，特别是在世世代代从事农业或商业的家庭，更是司空见惯的。

在“家本位”的日本，通常被看作重要的和基本的人类感情的血缘关系，已经被工作集团的人伦关系所取代。这种人伦关系包含了社会生活和经济生活的各重大方面。在以组合为基础的日本法人集团社会中至关重要的不是血缘，而是业缘，这才是日本的“家本位”的实质。有的人说，日本人把传统家庭的整合、集体、统一意志、服从的习惯带入了社会和现代企事业，却没有把狭隘的亲属关系和网络同时带进来，在这点上它既有别于西方也有别于东方。有的人认为这是它工业化、现代化的成功秘诀之一。

3. 家庭中的传统规则有利于资金的积累和人才的选拔

和中国相比，日本家庭的传统规则有两个特点，其一是长子继承制，其二是领养制度。继承制是由一个儿子(往往是长子)来继承权威和全部财产。因此,日本的家庭比较有利于财产的传续和积累。这和工业化初期的资本积累是相吻合的,而且由于长子的权威和对财产的支配权,使他很容易做出投资的决定,有利于资本增值与扩大再生产。在早期的日本家庭中领养不仅很普遍,而且领养也成了一种重要的提升方式。父亲为了领养一个有才干的年轻人,可废除儿子的继承权。这样,被领养者的地位提高了,他变成了新家庭中一员,再不属于原来的家庭了。这实际上是对以血缘关系为基础的家庭关系的冲淡。有利于按能力而不是凭关系选拔人才,从这个意义上说它顺应了工业化和现代化的某种需要,事实上它对明治维新也起到了推动作用。

三、“家本位”中的融合论

和日本一样,中国社会也是“家本位”。在中国的家庭关系中,不同于日本的是它更强调血缘关系,更注重亲戚的成分和等级,更注重亲属关系。有的研究认为,在以中国文化为主体的社会中,家庭与工业化、现代化过程是不相矛盾,而是融合的,有“家本位”中的融合论之说。

1. 亲属关系对工业化、现代化的顺应

现代社会是社会关系高度发展和发达的社会,人与人之间相互联系不是减少而是加强了。社会分工发达使人们相互依赖的程度增加,发达的社会关系网对于生存和发展非常重要,而在中国的社会关系网中亲属关系又往往表现了更直接、更密切、更可依赖、更有效的特点。这种天然的内在联系,在家庭成员、亲属成员的日常生活中产生一种全面合作与互助关系,这是其他社会关系所不可比拟的。

社会学家古德在谈到这点时说. 在社会交换过程中,丈夫、妻子和孩子之间打交道要比他们与外人打交道更守信用。家庭成员因联系密切,交往便利,不必经过中间媒介传递信息,使相互之间的合作更加容易。在现代社会交往和交换活动中,特别是在带有传统“家庭主义”色彩的中国社会和华人社区社会中,无论是获得帮助和忠告,还是得到贷款,人们从

亲戚那里都比从效率不高的官僚机构或公司企业那儿更容易得到，代价也要小一些。也就是说，在某种社会经济条件下，家庭结构所具有的优越性是现代官僚制度和公司企业所望尘莫及的。上述事实在新加坡、中国台湾、中国香港和中国大陆都得到了不同程度的证实。

2. 家庭网式的结构模式与经营方式直接顺应

在中国现代社会生活的演变过程中，家庭模式正在发生变化，主要表现为传统的大家庭解体，出现了以核心家庭为主的局面。然而在有亲属关系的家庭之间(特别是父母家庭与已婚子女家庭之间，已婚兄弟姐妹家庭之间)仍然保持着密切的联系和往来，不仅是生活方面的，也有经营方面的，从而组成了人们常说的家庭网。家庭网式的结构模式与经营方式在中国的社会变迁过程中具有很强的适应性。比如，一个家庭的成员分住在不同的地方，从事不同的经营活动，就是家庭适应经济社会变迁的一种表现。这样做可以使家庭经营多样化，一方面可以减少大家庭因共同居住在一起而容易产生成员之间的摩擦，而且分开独立经营又可以使分支家庭免受家长的干扰与牵制，从而能更充分地发挥分支家庭成员的才能。同时，分支家庭在一定程度上可以支配所得利润，这就更有利于调动分支家庭的积极性，促进整个家庭的发展。另一方面，由于各个分支家庭从事不同的经营，就可避免统统失败的危险，如果有的经营不顺利，可以得到其他部分的支持，拥有共同财产的老家，还可以成为一个避风港，以供休养生息，以图东山再起。

3. 家庭文化是社会和经济发展的“健康剂”与活力

东方的社会文化氛围使家庭在社会中扮演的角色十分重要。新加坡总理吴作栋强调东方的家庭观念的意义时说，美国和英国社会问题很多，下层社会队伍不断扩大、崇尚暴力、没有教养、吸毒成瘾……这直接源于没有像样的家庭。他指出家庭文化对现代社会的有序、整合、社会文明建设有重要意义。家庭文化可以说是现代社会的健康剂。吴作栋还强调家庭因素对经济发展的重要性，他说，如果我们丢掉了传统观念，失去了家庭的力量和凝聚力，我们就要失去我们的活力，就要败落。这(家庭观念)

是东亚经济成功的一个无形的保障。为此，新加坡政府宣布了鼓励家庭建设的一些措施。

新加坡的经验是重要的，它在经济取得迅速发展的同时，注意到了经济和社会发展的协调方面，特别注意到社会的基本组织细胞家庭对社会和经济发展的作用，是值得深思的。

四、家庭与现代社会

自古以来家庭不是一成不变的，家庭与社会的关系也是发展变化的。如果说在低端发展的绝大多数部落社会，亲属关系模式是整个社会结构的主要组成部分，那么在现代工业社会中，家庭只是整个社会结构的一小部分。然而，家庭并没有远离社会的中心，它仍处于关键地位，家庭将个人与其他社会机构，如教会或经济机构联系起来。尽管现代社会有复杂而先进的技术和训练有素的科层组织，但假如没有看来是原始的社会机构——家庭所做出的贡献，现代社会就会崩溃，这是确实无疑的。

1. 家庭关系到经济发展的进程

家庭是社会的基本组织结构，探讨家庭对经济发展的影响具有特殊的意义，它能使我们从社会基础方面观察经济的发展对社会组织的改变和社会组织对经济发展的制约。

以上我们议论了三种不同文化氛围中家庭与工业化、现代化进程的关系，无论是美国"人本位"中的冲突论，还是日本"家本位"中的改造论，或是中国"家本位"中的融合论，都证明了家庭正以不同的方式顺应着社会工业化、现代化进程。这种顺应不全是被动和消极的，也是主动的、积极的。一方面家庭在社会变迁中不断改变自己的形态，以适应社会的需要；另一方面家庭仍从社会基础组织的角度对社会的工业化、现代化进程发挥作用。

由于文化氛围、家庭传统不同，家庭与现代社会的关系也不同。奉行"人本位"的美国社会排斥血亲观念和发达的亲属关系，家庭变成了生活单位，对经济发展没有多大影响。尽管某些美国的历史学家和人类学家也曾阐述在美国工业化的早期，家庭关系和亲属网络曾为工业企业带来系列劳动力和组织观念、服从观念等，但主导性的看法认为，家庭已不直接对社会的工业化、现代化进程发生作用。工业化和现代化进程改变了家庭，从这个意义上说，家庭适应社会的需要，变得弱化了。日本的“家本位”和家庭主义以自己特殊的形式对日本的工业化进程起过作用。然而，日本的“家本位”是经过改造的，这种改造和西方文化中的某些东西是吻合的，比如以经营为本，弱化事实上的血亲关系等。日本人的家庭主义和团体精神依然存在，并在日本社会中产生很强的凝聚力，对日本的经济和社会发展进程继续产生作用。只有中国的“家本位”还以其原初的形式直接介入社会的工业化和现代化进程。因此，在家庭与现代经济发展的关系上并无统一模式。

无论如何，在当代世界，家庭与工业化、现代化进程是攸关的、互动的。这一互动过程在不同的国家和民族中，在不同的文化氛围里，表现的形式有所不同，或者是正面的，或者是负面的，或者是直接的，或者是间接的，或者是积极的，或者是消极的，情况十分复杂。它说明家庭并没有远离社会的中心舞台。

2. 家庭是社会生活的中心

从现代社会生活的角度看，家庭仍然是多功能的。所有的家庭组织，无论以何种形式出现，其主要意义在于：家庭对于大多数成员来讲，是提供各类便利的社会组织；家庭，无论大小，是成员社交与私人生活的稳定的中心。家庭成员常常聚会，这是其他群体成员所不及的。个体最为关切的福利与财物的分配、信息的交流，只有在家庭中才有可能。人们总是以家庭为出发点，向其他组织靠拢，并为这一步准备了一切。各种类型的家庭都提供了以下诸便利：性的满足、生儿育女、儿童的抚养与儿童的社会化，并给予各成员心理及物质的安全感，把青年介绍到能满足他们需要的各种非家庭组织中去，向在其他地区工作的成员提供保护设施以及生活必需品。所有家庭组织对社会的贡献具体体现为：向社会输入人口，传播社会习俗，向社会输送青年，分配商品与调节公共设施，在重要领域调节青年与老人，男子与妇女之间的关系。

正因为家庭有如此重要的社会地位，就是在美国这样主张淡化家庭的社会文化的氛围中，人们依然重视家庭和亲属的关系。20 世纪 50 年代以来，有大量的研究表明，在工业化程度最高的美国，亲属关系网仍然非常活跃，几乎人人都与大多数亲属保持往来；有的研究表明，大约每人都与 50 至 150 个亲戚保持来往。在东方“家本位”的国度里，亲属关系就更为密切与发达。

综上所述，我们可以认为在现代社会，用来认识经济与社会冲突的一般原则仍然可以从家庭开始。家庭并非像一些人预言的那样，将会“弱化”，甚至“崩溃”“瓦解”“消失”，而是会继续保持自己的生命力的。在不同的文化氛围中，家庭以不同的方式参与社会的经济发展进程，直至与社会生活的各个方面发生互动作用。在现代社会，家庭的地位和作用是不容忽视的。

建立精神文明建设指标体系的有关理论问题[①]

载《天津社会科学》1997 年第 6 期

为了服务和促进我国社会主义精神文明建设，我们研制了测量城市市区、郊县农村和机关企事业单位精神文明建设状况三个指标体系，并进行了实验性的实地勘查与测量，取得了初步结果和经验。这一过程加深了我们对精神文明建设指标体系的有关理论问题的认识，以下我们围绕建立精神文明建设指标体系的必要性和可能性，从三个方面加以阐述。

一、建立精神文明建设指标体系势在必行

对精神文明建设指标体系建立的必要性和可能性，人们有不同的看法。如果认真研究一下 20 世纪社会指标在推进经济与社会协调发展方面的作用，对于这一问题的回答应当是肯定的。

20 世纪后半叶，随着人类改造客观世界实践的深入，人们越来越意识到经济与社会协调发展的重要性。如同经济及其发展的研究那样，在社会及其发展的研究方面也开始建立指标体系，它标志着这一研究在系统化、科学化、定量化方面有了新的开端和飞跃

所谓指标是指一种“量的数据，用来作为具有普遍社会意义的社会状况的指数”[②]。1972 年 8 月，在荷兰海牙举行的第 16 届国际社会福利大会指出：“由于社会指标有助于对社会环境的深切认识及有助于培养大众

① 文章发表时，署名作者还有房良钧。

② 鲍尔主编：《社会指标》，美国麻省理工学院出版社 1966 年版，第 1 页。

的兴趣，因此，可以依据这些社会指标订立一个‘准据’来对社会政策的影响后果做出适当的检查。”[①]20 世纪下半叶，社会指标首先被运用于各发达国家，20 世纪 60 年代美国率先开始了社会指标运动，并迅速运用于研究美国庞大的航天计划、空间开发对美国社会产生的影响。20 世纪 60 年代末、70 年代初，社会指标运动开始遍及世界，无论是发达国家，还是发展中国家都纷纷建立自己的指标体系。联合国经济与社会事务部也开始组织各国联合进行大规模的社会与人口统计指标体系研究。总之，社会指标已被广泛运用于当今社会研究与社会发展研究的前沿，成为不可缺少的一种方法。

在我国，虽然指标体系研究和运用都较晚，但发展很快，各地经济发展研究中已相当普遍地建立和运用了指标体系，同时，在社会发展研究中也得以较快推行。诸如在北京等地创立的“改革开放以来各省市区社会发展速度的比较与评价体系”“1991 年各省市区社会发展水平的比较与评价体系”“1988 年重点县社会发展水平的比较与评价”“小康社会指标体系及 2000 年的发展目标”“农村小康社会指标体系及 2000 年的发展目标”“警报指标体系的作用和建构设想”等。社会主义精神文明建设是社会发展的一个重要组成部分，有着十分宽泛的内容，与经济和社会的协调发展密不可分。虽然，我们注意到，无论是国际还是国内，为精神文明建设建立独立的指标体系的还很少，换句话说，现在还很难找到一个可专门用于精神文明建设的指标体系，但实践的步伐已经走到了“门口”，建立这样的体系势在必行。如果我们在建立精神文明指标体系上取得成功，必将对我国的社会主义精神文明建设产生重要作用。

随着精神文明建设的深入发展，人们对精神文明的内涵和外延已有了较为深刻和全面的认识。与物质文明相对，精神文明是人类改造自然和社会精神成果的总和，是人类精神生产的发展水平及其积极成果的体现。精神文明按其性质可分为两个方面：一类属于人类科学文化方面的

---

① 刘修如：《社会福利与行政》，中国台湾“国立”编译馆 1984 年版，第 304 页。

成果，表现为科学、教育、卫生、文化、体育等事业的发展程度以及与此相应的物质设施、机构的发展规模和水平；另一类属于思想、道德方面的成果，表现为社会的政治思想、道德面貌、社会风尚和人们的世界观、思想、情操、觉悟、信念以及组织性、纪律性的状况。党的十四届六中全会通过的《决议》不仅在精神文明建设理论上更加深刻，更加丰富，更加成熟，而且认真总结了实践经验，使精神文明建设更加具体化和系统化，从而更具有可操作性。它为精神文明建设指标体系的建立创造了极好的条件。

精神文明有其质和量统一的品格和特征。和社会其他事物一样，精神文明的发展水平是有其数量基础的，而通过数量基础去把握质的特征，是精神文明建设面临的重要任务与课题，正如马克思所说：一种科学只有在它成功地运用数学时，才算达到了真正完善的地步。从这种意义上说，使精神文明建设指标化、数量化不仅是手段，也是目的。纵观 20 世纪人们在运用指标测量经济和社会发展状况，并实行有关预测的成功实践，我们可以认为建立精神文明建设指标体系不仅是必要的，也是可能的。如果我们进一步深入阐述精神文明建设指标体系的功能和结构，就会对这一问题有进一步共识。

二、精神文明指标体系的特点和功能

建构精神文明建设指标体系之所以必要，在于这一指标体系对于精神文明建设具有独特的功能，而这些功能是由指标体系的特点决定的。

指标体系具有替代物特点、数量化特点和时间范围特点。英国学者迈克尔·卡利说，指标是将抽象的、难以测量的社会概念翻译成可以考察、分析的术语，是社会概念的“替代物”，它必须时刻返回来与它所替代的难以测量的概念相联系。英文的“指标”(indicator)这个词有指示器的含义，即它具有指示和标示的作用。指标的这种特点我们称之为替代物特点。精神文明建设是社会发展的一个组成部分，是社会发展中高层次的、更为抽象的层面，甚至时常使人感到看不见，摸不着。以指标体系的方法来表述精神文明建设的内涵、外延和范畴，可以把抽象的概念具体化，把无形的东西变成有形的东西。比如精神文明建设所包含的道德建设就是抽象的。如果我们遵照《决议》精神将其分为“社会公德”“职业道德”“家庭美德”等指标，就比较具体了。而如果我们进一步将指标分解，比如将“职业道德”分解为“职业道德规范的制定”“职业道德教育的接受”“职业道德遵守率”，它又变成更为具体，让人摸得着，看得见的东西。除去替代物外，指标的另一个主要特点是数量化特点。它可以把复杂的社会现象变为可以量度、计算和比较的数字、数据和符号，并通过统计实行量化测量，具有精确和易于比较的特点。指标的第三个特点是能标示出社会现象的时点。使用指标对社会现象进行测量都有测量的时间和范围，因此其测量结果能标示出社会现象存在和发生的时间、地点和范围。指标的上述主要特点使它对精神文明建设具有如下功能。

1. 标示功能

由于指标体系具有替代物特点和数量化特点，使用它能够分解替代和量化，具体地标示出精神文明建设的综合状况和总体水平，从而做出评估和比较。我们要了解某一地区精神文明建设水平和状况时，建立起指标体系，并用综合指数法对其定量评估，通过计量打分，既可找出它和理想模式之间的差距，也可与其他地区相比较，有如考试测评那样简明和一目了然。比如，精神文明建设水平的提高有赖于全民法律意识的提高。假如有关法制的指标设计中有“法制教育接受率”指标，并根据有关政策和文件要求，以及地区法制教育的平均水平，将法制教育的接受率定为7～65岁人口90%以上接受了有关教育的得满分，如果某地区这个比例为85%，我们即可判定该地区在法制教育方面良好。

指标体系不仅能以量化的形式标示精神文明建设的综合状况和总体水平，而且能标示出其时间、地点和范围。指标的设置和运用有赖于统计。任何统计的进行都需要确定时间和地点，统计结果用于测量精神文明，客观上也就标示它的时间性和地域性。比如我们为测量某地区精神文明建设中宣传文化事业的有关情况，设置“每千人拥有报刊份数”的指标，在做统计时必然要规定以某年某月的数字为准，与此相应，当我们用该数字指标标示精神文明建设状况时，也同时标示出是某年某月前后的状况指标的这种功能，对精神文明建设有特殊的意义，它可以使我们从时间的变化上把握某一地区或某一部门精神文明建设的状况、取得的成果、存在的问题，并制定相应的政策和措施去推动精神文明建设。经过一个时期之后，还以同样的指标去进行测量，并和上一次结果相比较，就能在一定程度上检验该地区或部门精神文明建设的发展和效果。

2. 监测和预测功能

建立精神文明建设指标体系，对精神文明建设实行测量，不仅能对精神文明建设取得的成果和达到的水平做出标示，进而做出评估和比较，而且还能在精神文明建设的进行过程中，对该过程进行状态做出监视，甚至可以在过程进行之前做出预测。因此，精神文明建设指标体系对精神文明建设来说还有监测功能和预测功能。比如，精神文明建设中包含有建设优良的自然环境的内容。我们可设置"环境卫生""绿化覆盖率""烟尘控制区覆盖率""噪音达标区覆盖率"等指标进行测量，既可监测目前的水平，也可根据现在采取的具体措施对未来产生的效果去预测。比如可根据"绿化覆盖率"增长的速度(%)，去预测环境质量改善的程度和与此相关的精神文明建设的发展程度。充分利用指标体系的监测和预测功能，无论是对于实际部门还是对于领导部门，都具有现实的意义和重要的价值。

3. 可操作性功能

关于精神文明建设，从理论上加以阐述是十分重要的，它能使人们从本质上了解精神文明，把开展精神文明建设变成一种需求和自觉的行动。然而，精神文明建设需要人的努力，需要创造。这就需要把理论的东西变成实践的东西，把虚的东西变成实的东西，把看不到摸不着的东西变成看得见摸得着，可以通过努力去建设去实现的东西。精神文明建设指标的替代物功能不是随意替代，而是一种从建设的角度寻找替代，从提高社会精神文明角度去寻找替代，这种替代不仅把理性的东西具体化，而且变成可以操作的东西。换句话说，它可以提示人们，通过怎样的行为和努力，去推进精神文明建设。比如精神文明建设的一个十分重要的组成部分是教育的发展水平，而教育水平又可以通过“教育普及”“教育经费”“教师素质”等指标去测定。设置有关精神文明建设的教育测定指标，不仅能提醒人们怎样发展教育，而且告诉人们通过进一步普及教育、增加教育经费、提高教师素质等，可以提高精神文明建设水平，从而使精神文明建设具有了可操作性。我们还可以通过有意识地调整指标，包括指标的增设和删除，指标的数量和权重，来体现阶段的要求和强烈的导向功能。这是精神文明建设指导部门实施工作指导的一个十分重要、有效的方法。

三、精神文明建设指标体系结构中的几个关系

依据我们的初步经验，要搞好精神文明建设指标体系，必须处理好指标体系结构中的几个关系，这些关系处理得当，指标体系就可以搞，而且能够搞好。它也可进一步说明建立精神文明建设指标体系的科学性、必要性和可能性。

1.“硬指标”和“软指标”

从系统观点看，类似于计算机结构，精神文明建设指标体系结构也有“硬件”和“软件”之分。在计算机系统中，所谓“硬件”是由“中央处理器”“存储器”“输入输出设备”等看得见、摸得着的物件组成的，所谓“软件”则是指一系列的程序和有关数据，用以驱动计算机“硬件”工作，发挥计算机效能，是不易看得清摸得着的。从借喻的意义上说，精神文明建设指标体系也包含有“硬指标”和“软指标”两大部分。

如前所述，精神文明建设包括人类科学文化方面的成果，表现为科学、教育、卫生、艺术、体育等事业的发展程度以及与此相应的物质设施、机构的发展规模和水平，还包括社会的政治思想、道德面貌、社会风尚和人们的世界观、思想、情操、觉悟、信念和组织性纪律性状况。由此我们可以做两个比喻：其一，科学、教育、卫生、艺术、体育等项中既有“硬件”部分，也有“软件”部分，发展程度等是较难把握的“软件”，而与此相应的物质设施、机构的发展规模和水平则是比较易于把握的“硬件”。其二，社会

的政治思想、道德面貌、社会风尚和人们的世界观、思想、情操、觉悟、信念和组织纪律性状况则是较难把握的“软件”。从指标设置的角度说,“硬件”是比较容易设置指标的,比如为物质设施和机构的发展规模和水平设置指标,而“软件”则较难设置指标。

就精神文明建设本身的性质而言,“软指标”设置是至关重要的部分。政治思想、道德面貌、社会风尚和人们的世界观、思想、情操、觉悟等不仅是精神文明建设的十分重要的组成部分,而且是精神文明建设机器运转,功能发挥的驱动器。一些人对精神文明建设指标体系能否搞成持怀疑态度,主要是担心不能成功地设置“软指标”,即怎样用可替代的、可操作的、可量化的指标去测量那些看不见摸不着的东西。因此,从指标测量的角度说,软指标的设置和测量成功,是整个指标体系建构的关键。

通过实践,我们体会到,要搞好软指标设计主要应在建设性和可替代性上下工夫。分析合理,替代得当,就可以使不太具体的具体起来,较难把握的变成看得见摸得着的东西。比如我们要测量人们的爱国主义思想,可以设置爱国主义教育活动开展状况指标,这样爱国主义思想不仅得到了间接替代,得到测量,而且能推动爱国主义思想教育的开展。又比如我们要测量人们的职业道德状况,不仅设置职业道德规范制定和执行情况指标,而且设置群众投诉信件中对职工敬业精神的表扬和违反职业道德投诉的指标,不仅使测量具有建设性,而且有可替代性和可测量性。

2.“模糊”和“精确”

精神文明建设是社会发展中的深层次问题,它涉及精神领域中的许多问题。我们要设立指标体系对其测量,必然会遇到“模糊”与“精确”的关系问题。

首先我们应认识到,寻求“模糊”中的“精确”是必要的。建构精神文明建设的指标体系,就是要用量化的方法,把精神领域中“模糊”的东西变成可以测量的相对精确的东西。还在20世纪60年代,经济学家已经能熟练运用各种经济指标,如国民生产总值、物价指数、工资指数等,来说明国家经济状况并为政府决策服务。经济指标的计量性、准确性和实用性激发了人们运用社会指标去研究社会发展的积极性。今天,把社会指标引进精神文明建设领域,就是要把不好把握的东西,通过指标变成能把握、能计量的东西,把“模糊”的东西变成相对“精确”的东西。比如,我们要了解一个地区的社会公德状况,就是“虚”而“模糊”的问题,而通过设置指标“社会公德遵守率”,去统计和测量遵守和违反社会道德的人和事件的比例,就能对社会公德状况做出相对精确的判断。

其次,我们应允许“精确”中有“模糊”社会现象,特别是精神文明现象是比较复杂的,有些难以度量或难以精确度量,有些需要寻找替代物去度量,从这种意义上说,要做到度量上的完全精确是不可能的。另外,就今天的数学发展水平而言,也不能实现对社会现象的完全精确度量。因此,允许“精确”中有“模糊”是必要的。对许多社会现象和自然现象来说,描述过于“精确”了,反而不精确。为研究现实生活中界限不分明,甚至是很模糊的事物,而发展起来的模糊数学,给人们以深刻的启发:只有“模糊”的“精确”才能趋于“精确”。因此,在建构精神文明指标体系中,允许指标的设置与测量中有“精确”中的“模糊”也是十分重要的。

3.“正向指标”和“负向指标”

所谓正向指标是指标示精神文明建设进步和发展的指标,即指标值的增长标明精神文明水平的增长和精神文明建设取得成效。比如“义务教育普及率”指标即精神文明建设指标体系中的正向指标,义务教育普及率的增长是精神文明建设水平提高的表现。所谓负向指标是指那些给精神文明水平的评估减分的指标,比如“犯罪率”指标即精神文明指标体系中的负向指标,“犯罪率”高,表明精神文明建设中存在的问题多,水平低。

无论设置正向指标或负向指标都要考虑两向指标的比例,即正负指标如何配置,各占怎样的比例。一些研究认为,为了进行科学而公正的分析,应选取数量大致相等的正向指标和负向指标,既从正面也从反面公正地、实事求是地评价精神文明建设状况。在建构精神文明指标体系中,既要正向指标,也要负向指标是毋庸置疑的,是否一定要正反数量相等却未必。精神文明重在建设,指标体系充分体现出“重在建设”的要求,正向指标应占一定优势是必要的。换句话说，应多设一些既能反映精神文明建设状况又能推动精神文明建设的正向指标。

4. 指标的"数量"和"权重"

指标的数量是指标示某项内容的指标在整个指标体系中所占数量的多少，标示重要的部位的指标数量应该较多。指标权重是每一项指标所占有的分值比例，重要的指标分值较高。

指标的数量和权重对指标体系的综合评价具有十分重要的意义。哪一类指标数量多，哪一项指标分值高，对综合评价总量值影响就大。因此，在指标体系的设置中，指标的数量和权重是一个涉及该指标体系的科学性和实用性的问题。就一般规律而言，指标数量和权重的设置主要依据于科学理论和实践经验。

建立指标体系对精神文明建设进行测量是现代社会研究中的科学方法，方法要以理论为依据，为理论所指导。如果我们要对精神文明建设进行测量，首先要对精神文明理论有深入了解。比如精神文明概念的内涵和外延，由哪些部分和内容组成，其中的关键部位是什么，从而为指标体系的建立提供充分的理论准备。邓小平关于精神文明建设的有关论述，党的有关决议，为精神文明建设提供了科学理论，是指标体系建立的重要理论依据。依据这些理论我们可以就每类指标的数量和每项指标的权重做出决定。在精神文明建设范畴中，相对重要的部分，指标数量应设置较多，指标的分值也应较高。

所谓经验是人们在精神文明建设实践中积累的认识。哪些事情重要，在什么位置上，分量如何，人们都有各自的看法。就精神文明建设来说，有两类人的看法和意见十分重要，一类是从事精神文明研究的理论专家，另一类是长期从事精神文明工作的实际工作者。在确定精神文明指标体系和指标权重、分值时，应认真听取上述人员的意见和建议。有些社会指标体系设置时，采用向上述人员调查的方法，由众人根据自己的经验和判断给出数量和分值，再以众人的平均值决定数量和权重，是集中专家和实际工作者的经验，寻求指标数量和权重相对合理的好办法。鉴于对精神文明建设发展的水平和程度以量化形式表述的复杂性和困难，用上述方法寻求指标数量和权重设置的相对合理和准确，不仅是可行的，也是必要的。

在指标数量和权重的设置上只能是相对合理，经过一定的实践后应不断做一些调整，以求其更合乎实际和适应变化指标体系的建立，不能企求一次完成，而要在不断试验、不断调整中，逐步得到完善。

社会主义精神文明建设指标体系应该建立，也能建立。精神文明建设指标体系的建立既是一个理论问题，也是一个实践问题。建立精神文明建设指标体系，既是要研究精神文明建设状况和发展规律，也是要通过实践去推动精神文明建设。只有从理论与实践的结合点上才能找到精神文明建设指标体系设立的规律，建立好指标体系，去研究和推动精神文明建设。这就是我们的初步结论。

社会主义初级阶段的妇女发展与进步

载《天津社会科学》1999 年第 2 期

1995 年 9 月 4 日，江泽民同志在北京举行的联合国第四届妇女大会上郑重宣布，我们十分重视妇女的发展与进步，把男女平等作为促进我国社会发展的一项基本国策。可以说中华人民共和国成立以来，我国的妇女解放运动蓬勃向前，妇女有了很大的发展与进步，然而近年来也遇到了社会变迁中的新问题，怎样在社会主义初级阶段中坚持男女平等，促进女性的发展和进步，是社会关注的理论问题和实践问题。

一、社会主义初级阶段妇女发展与进步面临着新问题

中华人民共和国的成立，标志着我国的妇女解放、发展和进步进入了一个新阶段。1949 年以来，我们曾有过几次较大规模的妇女解放运动，比如以 1950 年新婚姻法颁布为契机的在婚姻和家庭领域中的解放，由原来的包办买卖婚姻改变为自由婚姻，由男女不平等变成男女平等，女性在婚姻和家庭中的地位提高了。1958 年则是以女性大规模参加社会生产劳动为内容，千百万妇女走出家门，参加生产劳动和各种社会公务活动，形成了女性解放的又一高潮。1966 年“文化大革命”开始后，女性解放则与政治斗争和阶级斗争结合起来，女人也穿起了绿军装，“不爱红装爱武装”，和男人一样投入热烈的政治运动，“经风雨，见世面”，有所谓“男人能办到的事情女人也能办到”“妇女能撑半边天”的说法。无论如何，我国妇女的家庭和社会地位有了很大的提高。

然而,自1979年我国实行改革开放,以经济建设为中心以来,情况发生了一些变化,先是出现了局部地方的妇女返回家庭,然后则有大范围的女性下岗待业,妇女的发展和进步面临一些新的问题。20世纪80年代中期,天津市静海县大邱庄就出现了所谓“男工女务”的模式,即男人在外做工,女性在家庭里带孩子,做家务,是传统的“男主外、女主内”模式的翻版。根据当时披露的数字,该村有84%的已婚女性退出生产劳动岗位,成为家庭妇女。这一现象以及在其他一些地区出现的类似的现象,引起了社会的强烈反响。在《中国妇女》杂志和《中国妇女报》组织的关于“女人的出路”为主题的大讨论中,一些人赞成妇女返回家庭,或实行阶段性就业,以解决企事业单位效率低下、人浮于事的弊端,同时解决家务劳动、子女教育等相关的问题。否定的看法则认为女性回家是历史的倒退,女性如果放弃劳动就业的权利,就等于放弃了社会主义经济制度赋予的财产分配和占有的权利,拒绝了社会主义的法律保护,放弃了经济独立和生活自立的地位,重新回到寄人篱下、依附他人的老路上去。无论人们怎样认识这个问题,妇女下岗问题在全国范围内不以人的意志为转移地出现了,比男人下岗更为严重,更为突出。根据全国妇联妇女研究所的调查和统计数字,到1996年底,全国登记的520万失业人员中,女性占65%以上。女工下岗失业周期平均为6个月,长的达3年以上。与此同时,在升学、择业、晋升和劳动报酬等一系列问题上,也都出现不同程度的男女不平等的现象,特别是家务劳动方面的问题。根据王雅林等在《中国社会科学》上发表的文章及在我国的大城市天津连续进行10年的千户居民户卷调查资料证实,当代女性的家务劳动负担还是较男性为重,妻子在购买主副食品、洗衣、做饭、看孩子、照顾老人等主要家务劳动方面都较丈夫为多,平日妻子比丈夫平均每天多1小时家务劳动,而休息日多两小时,换句话说,每年女人要比男人多400小时家务劳动。这对于既要在外工作,又要操持家务的女人负担是不轻的。因为对于她们来说走出家门是“双肩挑”。这就向我们提出了问题:应当怎样看待改革中出现的妇女下岗问题;当女性由“单肩挑”变成“双肩挑”时,是否意味着男女平等;在当前的社会历史条件下，怎样坚持男女平等的基本国策。这说明，尽管社会主义社会为妇女的发展和进步提供了保证，创造了条件，但我国妇女正面临今天社会发展阶段上的问题。

二、社会主义初级阶段妇女发展与进步的现实思考

我国正处在社会主义初级阶段，我们思考和分析问题离不开这一阶段的经济和社会发展特点，最根本的是要有生产力观点。

马克思和恩格斯在阐述科学社会主义理论时从来没有离开过生产力第一的观点，同样在阐述妇女解放问题时也没有离开生产力理论。早在19世纪40年代，马克思和恩格斯就在《德意志意识形态》中指出，一切历史冲突都根源于生产力和交往形式之间的矛盾。他们在谈到妇女重新回到社会公共劳动中去的时候，强调要依靠现代大工业才能办到。因此，我们在理解和运用马克思妇女解放理论时，也不能离开生产力观点，不能离开我国的社会主义初级阶段生产力和经济发展的特点。

应该承认，中华人民共和国成立后的前30年，我国的妇女解放运动有了很大发展，女性的家庭和社会地位已经大大提高了，但主要是依靠政治手段，依靠计划经济下的政府行为，依赖于一次又一次的社会运动，比如我们有男女平等的宣传教育和法律保障，有在低平均模式和大锅饭体制下对男女在入学接受文化教育、参加社会生产劳动和社会公共活动的相对平等的安排。无论如何，这些举措在当时的社会历史条件下是行之有效的。然而，那毕竟是在低生产力水平上的初级平等。这种平等正在面临我国发展生产、实行社会主义市场经济、由低生产力水平向高生产力水平发展的挑战，我国的女性正面临着改革以来的新的问题。这不是人为的而是客观存在的，不了解这点就不能理解今天女性面临的问题所造成的原因是什么，甚至可能误认为，今天我们的妇女发展和进步不是前进，而是倒退了，这不符合我国社会发展和妇女解放的客观实际。实行妇女的彻底解放和完全的男女平等是我们的最终目标，然而我们要善于把握这一目标最终实现的社会阶段性，在当前就是要从社会主义初级阶段

实际出发去确定妇女发展和进步的目标和模式。

虽然今天我们的社会生产力已经有了较大发展，已经有了占主导地位的社会化大生产，然而从整体上说，我国的物质生产力还处在由手工业工具向普遍的机械化发展时期，不仅在广大农村中仍以手工工具为主，而且在城市中，装备上比较先进的工业企业也只占少数，而且商品化、社会化发展程度很低。10多亿人口，8亿在农村，大部分靠手工劳动搞饭吃。一部分现代工业，同大量落后于现代水平十年甚至上百年的工业同时存在。少量具有世界先进水平的科学技术，同普遍的科学技术水平不高，文盲和半文盲还占人口近四分之一的状况同时存在。一部分经济比较发达地区，同广大不发达地区和贫困地区同时存在。在这样的社会条件下，我们逐步建立起市场经济体制，按照经济规律办事，必然会带来一些其他相关的社会问题。比如市场经济讲求竞争和效益，讲求优胜劣汰机制，使社会每一个人都面临前所未有的考验，这种竞争包含着各种社会角色的竞争，也包含男女性别角色的竞争，在目前生产力还不够发达的社会主义初级阶段，从总体上说，女性在和男性的竞争中不能不处于相对劣势。之所以如此，除去由于社会历史文化原因所造成的男女差异之外，还有男女之间的生理差异等原因。女性的生理特征使她们不宜于从事重体力、高空、野外、井下、冷水等环境下的作业，也不宜于从事化学等工业的生产。在当前社会生产力还不够发达，大部分工作还要依靠体力情况下，女性和男性的生理差异使她们处于相对弱势或劣势是必然的。另外，迄今人类社会的第二大部类生产（生育）还要由女性来完成，女性因怀孕、妊娠、抚育幼儿而中断工作和误工是十分普遍的，从这个意义上说，男女也不能完全站在一条起跑线上。总之，在当前的社会发展阶段上，女性的发展和进步还不能不在一定程度上受到各种客观社会条件的限制。马克思关于妇女解放的理论不是过时了，而是其实现的社会条件还没有完全具备。据此一些理论家曾提出只有社会发展到具备两个条件，即第一，生产力水平发展到一切生产完全不依赖于体力，第二，生育脱离母体，不由女性来完成而由其他办法来完成时，才有完全意义上的男女平等，从逻辑上说不无道理。以往的一些过激的口号，如“男同志能办到的事情，女同志也能办到”，没有顾及社会主义初级阶段的生产力发展水平和社会特点，只能产生一些不切实际的做法，造成女性解放程度很高的假象。今天社会上既出现了一些女强人、女性成功者，也出现了一些女性暂时回家、阶段性就业和其他一些相关的问题，是自然和必然的，是社会发展的阶段性产物，并没有改变妇女发展和进步的总趋势。

三、社会主义初级阶段要坚持妇女发展与进步的基本国策

尽管改革开放以来我国的社会发生了很大的变化，我国的广大妇女面临着一些前所未有的新问题，但是坚持男女平等，坚持妇女发展和进步的基本国策不可改变。

1. 社会主义初级阶段的社会本质决定必须坚持妇女的发展与进步

改革开放并没有改变中国社会的性质，而是使中国人民更加明确要建设有中国特色的社会主义。在《邓小平文选》第三卷中，反复强调的一个主题，就是只有社会主义才能救中国，只有社会主义才能发展中国，我们坚持的社会主义是有中国特色的社会主义。他说，在改革开放中我们所做的一切都是为了充分体现社会主义的本质和优越性，都是为创造充满活力的社会主义。我们必须紧紧抓住这个首要的基本理论问题，提高对于“一个中心，两个基本点”的基本路线的认识，坚定不移地走自己的路。中国社会的社会主义性质决定了必须继续坚持男女平等，促进妇女的发展和进步这是因为社会主义社会的本质就是人的进步、发展和解放，包括妇女的进步、发展和解放。

根据马克思主义理论，社会历史向社会主义和共产主义发展的客观归宿是人自身的彻底解放。在以往的私有制社会中，社会的发展并不是与人的发展完全统一的，因为私有制社会的本质还是作为人们的异己力量存在着；另一方面则表现为社会规律对人们的盲目统治。社会主义社会之所以成为历史发展的必然，就是因为它能够完成人与社会的统一，社会将成为直接属于人的社会。正如《共产党宣言》所指出的，代替那存在

着阶级和阶级对立的资产阶级旧社会的,将是这样一个联合体,在那里,每个人的自由发展是一切人的自由发展的条件。马克思在 1877 年说过,社会主义应该是在保证社会劳动生产力极高度发展的同时又保证人类最全面的发展。1880 年他说,人终于成为自己的社会的结合的主人,从而也成为自然界的主人,成为自己本身的主人——自由的人。1887 年他又指出,我们的目的是要建立社会主义制度,这种制度将给所有人提供健康而有益的工作,给所有的人提供充裕的物质生活和闲暇时间,给所有的人提供真正的充分的自由。综上所述,说明社会主义社会应当是人们充分发展与进步的社会。

女性占人口一半。社会主义社会在促进人的全面发展和进步中自然包括女性的发展与进步,由于漫长的私有制社会中客观存在的男女不平等,妇女发展与进步又应该是社会主义社会中人的自身发展和解放的重要而显著的部分。恩格斯十分赞赏傅立叶的观点,某一时代的社会进步和变迁是同妇女走向自由的程度相适应的,而社会秩序的衰落是同妇女自由减少的程度相适应的。妇女权力的扩大是一切社会进步的基本原则。据此,他认为在任何社会中,妇女解放的程度是衡量普遍解放的天然尺度。在 1848 年 1 月,马克思恩格斯发表的《共产党宣言》中明确提出,消灭妇女被当作单纯生产工具看待的地位。总之,社会主义社会的本质是人的发展、进步和解放,是妇女的发展、进步和解放。今天我们要坚持男女平等的基本国策,首先是由我们社会的社会主义本质决定的。

2. 社会主义初级阶段为实现妇女的发展与进步奠定了基础

恩格斯曾经说:“妇女解放的第一先决条件就是一切女性重新回到公共的劳动中去。”他还说:“妇女解放,只有在妇女可以大量地、社会规模地参加生产,而家务劳动只占她们极少的工夫的时候,才有可能。而这只有依靠现代大工业才能办到,现代大工业不仅容许大量的妇女劳动,而且是真正地要求这样的劳动,并且它还越来越要把私人的家务溶化在公共的事业中。”①依据马克思主义观点，妇女的进步和解放要依赖于女性大规模参加社会生产劳动和摆脱家务劳动，而其根本条件是依靠现代大工业和社会化大生产。

尽管我们目前的生产力发展水平还比较低，但自1949年中华人民共和国成立以来，我国拥有了占主导地位的现代化大生产，从而为女性大规模参加社会生产劳动提供了前提。特别是自改革开放以来，我国的社会生产力得到了很大提高，到1997年国内生产总值达到74772亿元，顺利完成了“八五”计划，提前实现了20世纪末国民生产总值比1980年翻两番的目标。我们逐步建立了以国有大中型企业为主体的社会化大生产体制。1998年3月19日，国务院总理朱镕基在回答中外记者的问题时谈到，我国500个特大型国有企业向国家交纳的税收和利润占全国税收和利润的85%。我国社会生产力的发展和社会化规模的初步形成，为妇女的进步和解放创造了根本条件。应当指出，尽管自改革开放以来我们发展了多种所有制和多种规模的经济，但并没有改变国有企业占国民经济主导地位的格局，没有改变社会化大生产为主导生产方式的格局。而且无论是国营、私营和个体经济，逐步实行联产和规模经营都是主要方向。从根本上说，改革开放会给妇女大规模参加社会生产劳动，逐步使她们摆脱家务劳动，实现男女平等，促进她们的发展和进步创造了更为优越的条件。

3. 社会主义初级阶段妇女发展与进步应有阶段性特点

在当前的社会条件下，为促进女性的发展和进步，我们要坚持政治上的男女平等，法律上保障女性的权益，宣传促进女性进步和发展的基本国策，号召各级党政机关、企事业单位和社会组织、社会团体都来关心和帮助女性，解决包括她们劳动就业在内的各种利益相关的问题，坚持妇女参加社会生产劳动和社会公共活动的方向，创造出多种妇女就业模式。要研究当前社会发展阶段特点，遵循生产力增长和经济发展的客观规律，确

① 《马克思恩格斯全集》第21卷，人民出版社1972年版，第185～186页。

定促进女性发展和进步的切实可行的目标和方法。比如在劳动就业问题上，社会既要关心妇女，在政策上有所倾斜，在办法上也要有所创新，注意发挥女性优势和特长，积极稳妥地解决女性下岗问题，同时也不能违背经济发展的客观规律，只求男女形式上的平等，不讲实事求是，不要再出现过去那种平均主义、低效律、人浮于事的现象。现在有些地区和部门正在依据女性的生理和生命周期，制定女性阶段性就业办法，就是一种从实际出发的新探索。我们还应当教育广大妇女，使她们认清今天社会发展的特点，树立社会使命感，自强自立，参与竞争，参与改革开放的伟大实践，脚踏实地，不懈努力，适应社会发展和市场经济的需要，一步步争取发展和进步，朝着彻底解放的目标前进。另外，随着我国经济的发展，第三产业的进一步繁荣，我们要进一步提高家务劳动社会化的水平，创造各种条件，减轻女性的家务劳动负担，使她们从家务劳动中逐步摆脱出来。

总之，从生产力发展能促进女性解放的根本意义上说，我国实行改革开放，发展生产力，建立市场经济体制，只会促进社会化大生产进一步发展和完善，逐步实现家务劳动社会化，从而为女性大规模地参加社会生产劳动和摆脱家务劳动，为她们的进步和发展开辟更加广阔的前途。

千户户卷调查与城市社会学

载《天津社会科学》2002 年第 5 期

天津市千户城市居民户卷调查(以下简称“户卷调查”)从 1983 年开始到 1992 年连续进行了 10 年,是由天津社会科学院社会学研究人员参与,天津市政府办公厅组织进行的大型城市社会学研究项目。该项目共分为两个阶段进行,第一阶段从 1983 年到 1987 年,共 5 年。第二个阶段从 1988 年至 1992 年,为第二个 5 年。该项目每次调查 1000 户家庭,是从天津市 9 个市区近 400 万人口,100 多万个家庭随机抽取的。第一阶段的 1000 户样本是从天津市区的 126 个街道中先抽取 36 个街道然后再从 36 个街道中抽出 1000 户家庭为样本连续追踪调查了 5 年,为同一样本。第二个阶段则更换了 1000 户新样本,从全部 126 个街道中抽取,又连续追踪调查了 5 年,为另一相同样本。两个样本是不同的,但都是用科学的抽样方法(随机间隔抽样方法)产生的,都对天津城市居民有代表性。

“户卷调查”用社会学研究方法调查分析民情民意,创造了天津市人民政府直接同城市居民对话,让群众参政议政的新形式。著名社会学家费孝通说:“天津开展的千户调查是中国社会学发展道路上很重要的一步,这一步的意义在于社会学开始和行政管理结合起来了,开始用信息系统来了解、管理我们自己的社会了。”①“户卷调查”是 1979 年中国社会学研究恢复以来在天津进行的,在国内国际都有重大影响的城市社会学研究项目。

① 王辉主编:《天津市千户城市居民户卷调查》,天津社会科学院出版社 1995 年版,第 11 页。

今天从城市社会学角度反思它，回顾它，对政府工作的改革实行决策科学化，对于城市社会学学科建设，都有重大的理论意义和现实意义。

一、“户卷调查”的城市社会学理论渊源

城市社会学产生于欧洲，发达于美国，是当今社会学的一个重要的分支学科。

在欧洲19世纪是城市大发展的年代。1816年德国城市人口在250万左右，到1895年就达到1300多万。1846年法国城市居民是850万，而1891年则增加到1450万。巴黎在1800年时只有50万人1891年达到250万人，是1800年的5倍。工业革命促进了都市的膨胀，工厂对劳动力的需求，住房、商店和交通的发展，吸引了大量人口从农村涌入城市。城市人口的急剧增加，带来了一系列城市问题，也称“城市病”，诸如食物、住所、卫生设施的供不应求，营养不良，疾病流行，犯罪率上升，环境污染等，需要进行科学研究，在这样的社会背景下，城市社会学应运而生。尽管城市社会学源于城市社会问题，但最早的城市社会学是比较抽象的、宏观的，更多地着眼于城市是什么，城市和农村的比较，形成了所谓欧洲传统。德国社会学家滕尼斯在他著名的《通体社会与联组社会》一书中称小乡村为“通体社会”，其生活特征是亲密无间的，与世隔绝的，排外的，其成员由共同的语言和传统维系在一起，有“我们”的意识。城市是“联组社会”，有与农村截然不同的生活方式。

在城市生活方式中生存的意义和人际关系发生变化，人们更多地关心“自我”，更多地想到个人私利，唯我独尊。在“通体社会”（乡村）里，亲属关系、邻里关系、朋友关系这种“自然”的社会风俗支配一切，而在“联组社会”（城市）里，这种类型的联系日趋消退①。法国社会学家迪尔凯姆创造的“机械团结”和“有机团结”与滕尼斯的“通体社会”和“联组社会”的概念颇为相似。他与滕尼斯一样，目睹了欧洲19世纪的城市改革。他认为

① 康绍邦等编译：《城市社会学》，浙江人民出版社1986年版，第4～6页。

生活在家庭、部族和小村镇中的人们的联系是"机械团结"，有在共同信仰和习惯、共同仪式和标志的基础上建立起来的社会联系。他们在主要的方面几乎是同一的，他们无意识地联合在一起，经济上是自足的，不依靠其他群体就能得到满足。而城市中人与人的联系不是这样的，是"有机团结"。它是以人与人之间的差别为基础的社会秩序。"有机团结"依靠的是复杂的劳动分工，在这种分工中，人们从事各种不同的职业，正如一个有机体一样，人们更多地依靠别人来使自己的需要得到满足。迪尔凯姆意识到城市化会产生很多社会问题，如非人格化、疏远化、异质化和竞争等，但他还是认为"有机团结"比"机械团结"优越。与迪尔凯姆和滕尼斯同时代的还有德国社会学家齐美尔关于城市的精神生活的研究，韦伯的关于城市的历史研究和比较研究等都是偏重于理性的，较为抽象的。与此同时我们也注意到，欧洲社会学家提出了城市区位研究概念——社区，如滕尼斯的"社区"定义和韦伯的"完全城市社区"的定义，为以后的城市社会学提供了社区研究视角。

美国的城市社会学研究始于 20 世纪初。它与美国 19 世纪下半叶城市的膨胀和迅速的城市化过程有关。以芝加哥城为例，1830 年那里还仅仅是个居民地，到 1850 年也只有 29963 人，而到 1900 年则有 1698575 人，1930 年则有 3375329 人，城市扩展的速度是惊人的。面对城市化和由此产生的各种问题，以芝加哥学派为代表的美国社会学家开始了美国的城市社会学研究。尽管美国社会学也承袭了欧洲社会学的传统，但美国社会学家坚持了自己的风格和特点，他们不是过多地纠缠于城市的抽象概念，而是从实际出发。美国的城市社会学从一开始就以城市社会问题为对象展开研究，形成了实证研究的芝加哥学派和城市社会学的经验研究传统。芝加哥学派的创始人派克主张从调查出发研究城市问题，1916 年派克在他的代表作《建议对城市环境中的人类行为进行调查》中阐述了芝加哥学派城市社会学的指导论纲。他说，城市研究必须靠训练有素的观察来实施，正如人类学家在研究其他文化时所采用的方法一样。在这种理念下，派克亲自指导了好几代学生对芝加哥的各个角落进行调查，不仅研究了产业工人、大人物，而且还研究了季节工、无业游民、流浪艺人、娼妓、舞厅职员、盗贼和罪犯，形成了以研究城市社会问题为中心的城市社会学传统。帕克的《都市社区》，沃思的《都市生活是一种生活方式》，左巴夫的《黄金海岸与贫民窟》，思雷舍的《团伙》等都是芝加哥学派的代表作。

从研究城市社会问题出发的美国城市社会学不仅研究城市化过程中的消极方面，而且对城市的整合、建设和发展规划也做了大量研究，形成了城市社会学的另一重要的分支。伯吉斯用古典人文区位学的理论和方法对芝加哥城的调查资料进行了统计分析，创造了城市规划中的“同心圈”理论。他认为，都市空间的扩展是竞争的结果，都市的发展呈放射状，由中心到边缘循一环一环的同心圈扩展。霍伊特则提出“扇形理论”他认为，都市的发展不是循着同心圈路线，而是由市中心沿着交通路线发展，呈放射状的扇形模式。霍伊特搜集了大量地价和房租资料，提出了一种模型：高租和低租的居住区在都市占有不同位置，但并不一定按同心圈的方式排列。哈里斯和厄尔曼则提出“多核心”理论，他们将都市的空间结构概括为由“中心商业区”“轻工业和批发业区”“社会下层居民居住区”“中层阶级住宅区”“上层阶级住宅区”等 10 个区，指出，中心区往往不是一个圆圈型，不但一个都市的商业核心是多个的，而且其功能也是多个核心的。

到 20 世纪下半叶，城市社会学发达起来，并逐步集中在研究城市理论、城市社会问题和城市发展规划等 3 个主要方面。这些传统和理论对中国的城市社会学，对 20 世纪 80 年代初在天津进行的千户居民户卷调查都产生了影响。户卷调查汲取了上述理论和传统的优长，以解决城市社会问题、研究城市发展规划为宗旨设计和展开的。户卷调查是中国社会学恢复初期的一项重要的城市社会学研究。

二、“户卷调查”与中国的城市社会学

1983 年以美国社会学会主席罗西为代表的美国社会学家代表团，访问了天津。当他们了解了天津正在进行的户卷调查时，立即产生了极大

兴趣，为此他们邀请天津社会学家代表团于 1984 年访问美国，参加美国 1984 年的社会学年会，在大会上天津社会学家以“从天津市千户居民户卷调查看社会学在中国”为题发表学术演讲，产生热烈反响。与会者认为，社会学在改革开放的中国正在崛起，并在促进城市发展，解决城市社会问题，搞好城市规划建设中正在发挥重要的作用。户卷调查是中国城市社会学研究的重要组成部分。

1. 户卷调查创造了有中国特色的城市社会学

从社会学研究的角度说，所谓城市社会学是用社会学的研究理论和方法研究城市的一门科学。城市社会学在不同的国家和地区有不同的传统。城市社会学研究只有和不同国家地区的实践相结合，才能发展，才能表现其生命力。户卷调查之所以能成功，有成果，并产生较大的国际国内影响，是因为在户卷调查中，有关城市的社会学研究能和中国的国情紧密结合，从某种意义上说，户卷调查创造了有中国特色的城市社会学。

这里所说的中国特色是指中国社会特色、中国国情特色。中国的社会学在 1952 年被停止，直至 1979 年才恢复，其间中断了 20 多年。什么是社会学？为什么要恢复社会学？社会学在社会生活中有什么作用？这些都是急需回答的问题。户卷调查面向现实，直接把社会学运用于研究城市发展、城市规划和城市社会问题，立即显示了社会学在现实社会生活中的作用，被社会所认同，产生了积极的作用和影响。从这个意义上说，它符合 20 世纪 80 年代中国城市发展和建设的需要，符合中国社会学在社会中立足、发展和城市社会学学科建设的需要，符合中国国情。

中国是一个高度组织化的社会，20 世纪 80 年代初，中国还在实行计划经济，政府管理一切、包揽一切，此时政府在社会生活中的作用很强。户卷调查从政府工作改革的需要出发，把社会学研究和政府工作结合起来，把社会学家和政府官员、政府机构结合起来，是它的又一中国特色。一方面，改革开放以来，中国各级政府正在积极实施改革，发展生产力，努力提高人们生活水平和质量，使人们富裕起来。在城市则要解决各种社会问题，搞好城市规划和建设，以满足人们日益增长的物质和文化生活需要。在城市发展中人们的要求和愿望是什么？人们所面临的问题是什么？都是政府急于知道的。比如天津市1983年完成了“引滦入津”(解决天津人喝水问题)等10件大事，其效果如何？1984年还要为人民办一些事情，从何处入手？政府不想凭主观臆断，而是直接听取老百姓的意见。此时社会学家提出用户卷调查方法来达到这一目的，即首先从天津市区数百万人口中用随机抽样的方法抽取有代表性的样本1000户，然后用问卷来进行调查，具体调查由政府来组织实施，调查结果由社会学家分析，并将分析结果反馈给政府，政府依据调查结果形成城市发展和规划决策。实践证明，这种办法是成功的。首先，政府借助于社会学家的力量，运用科学方法抽样调查，并对调查结果分析后推论整体，直接听到群众对自己工作的意见、评价，知道群众的愿望和要求，并据此改进自己的工作，在实行科学决策方面向前大大迈进了一步。其次，社会学家不仅为政府工作改革服了务、出了力，而且利用户卷调查扩大了社会学影响，搜集了社会学研究的基础资料。户卷调查创造了一种社会学研究和政府工作相结合的模式，自此，天津的社会学家经常把科研项目和政府的调研结合起来，利用中国组织性社会和人民对政府信任的特点，推动了社会调查，不仅调查的速度快，而且质量好。户卷调查既推动了政府工作的改革，又有利于社会学研究，有“双赢”的效果。

2. 户卷调查开始了以研究城市社会问题和发展规划为中心的中国城市社会学研究

20世纪80年代初，天津像全国其他城市一样，借改革开放的东风，步入了发展的快车道。刚刚起步的天津面临许多城市社会问题，流动人口增加，交通阻塞，旧城市的改造和新城市的规划与建设，商业网点的布局，环境污染和保护等，这些问题和改善人民生活，提高人民生活质量密切相关。天津市人民政府通过户卷调查准确把握了社情民意，制定了解决城市社会问题的正确方法，确定了城市发展规划的科学策略。我们以1983年的户卷调查说明这一点。

交通问题是改革开放初期天津所面临的问题之一。户卷调查资料首先反映了问题发生的原因:被调查者多数是骑自行车,少数步行或乘公交车。千户户主有 785 人骑车上下班,有 114 人步行上下班,有 71 人乘公交车。这样每到上下班时间,自行车结队而行,往往占去了大半个马路,如果中间再有一二辆汽车,整个马路就满了。因此在主要交通干线上经常发生交通阻塞现象,也直接影响了群众的利益和生活。据对千户户主的调查统计,每天上下班单程需要 20 分钟以内的有 452 人;需要 20 至 40 分钟的有 335 人;需要 41 至 60 分钟的有 136 人;需要 60 分钟以上的有 72 人。平均每人每天需要用 692 分钟在路程上,其中最多的每天需 3 个小时以上,无论从时间和精力上都是很大浪费。根据这一情况,当时市政府做出 3 项决定:(1)拓宽道路,拆除违章建筑,进一步搞好市政规划建设;(2)多开辟公共电汽车线路,增加车辆,加强调度和管理,做到准点发车,均匀运行,提高效率及搞好服务;(3)根据群众的要求,通过调房、换房和调动工作,实现就近上班。这些决定在以后都逐步得以实施。

20 世纪 80 年代初,天津市政府为了方便群众,改善副食品、蔬菜供应,每年都要建设一些新的商业网点,受到老百姓欢迎。千户居民中有 697 人认为这件事做得“很好”或“较好”,但许多人仍然认为“买菜难”。千户中有 63%的人仍然把购买蔬菜、副食品作为负担最重的一项家务劳动,有 75.6%的人仍然要求来年抓好蔬菜、副食品生产供应。原因在哪里?是否还要继续增加建设新的商业供应网点?调查资料表明,千户居民从住地到买菜地点和副食品商店都很近,步行只需 1 至 5 分钟的户数占 83%,6 至 15 分钟的占 17%,换句话说,所有的人在 15 分钟内都可到达最近的副食品商店。因此,问题的症结不是商业网点少,经深入调查了解,主要是有些商店营业时间“不便民”,比如说,营业时间短,没有早、晚市,白天职工们上班时,它正在营业,职工们下班了,它也关门了。另外少数商店也有服务态度不好,货源不足,满足不了顾客的要求等问题。根据这一情况,市政府决定,在新的一年里主要不是开辟新的商业网点,而是推行商店两班制,延长营业时间,改善经营作风。

解决群众的住房问题是 20 世纪 80 年代以来天津市人民政府为人民

群众做的大事之一。80年代初期还是计划经济，建房和分配房屋是由政府统一规划进行的。为了改善群众的住房条件，市政府大抓了城市居民的住宅建设，盖了很多新房子，群众是如何评论这些事情呢？千户居民中有689户认为这件事做得“很好”或“较好”，有201户认为做得“一般”，有66户认为做得“较差”和“很差”，有48户没有表示自己的态度。尽管说这件事好的人是多数，持批评态度的人也不少。为市民盖房子是件好事，为什么有的人还要批评呢？分析调查资料后知道，房子虽然盖了不少，但由于有的房子离市中心太远，居民住在那里骑自行车或乘公共汽车上下班不方便，因此有意见；也有的人因为房子虽然盖好了，但对没有搞好相应的配套工程（供水、供电、供气、道路）而感到不满；更多的人则对有些部门房屋分配不够民主而提出批评，在千户居民中因此而提出批评的有224户。市政府根据居民的这些意见，决定在新的一年里不仅要继续盖好房子，而且要抓好房屋配套工程建设，解决交通问题，特别是做好房屋民主分配工作，并责成有关部门去一一落实这些事情。

以上我们仅仅列举了1983年户卷调查中的几个事例，回顾1983至1992年这10年，这样的例子是举不胜举的，从中可以了解到，千户居民户卷调查在促进政府解决城市社会问题，搞好城市规划和建设，实行科学决策中确实起到了积极和重要的作用。

3. 户卷调查对中国城市社会学研究的启示

(1)开展城市社会学研究势在必行

1983年在天津开始的户卷调查与社会学研究在中国的恢复有关，更和中国的改革开放与城市化进程有关。改革开放促进了经济的发展和城市化进程，城市化进程为城市社会学的发展提出了实践需求，构筑了舞台。户卷调查正是在这样的社会背景下出现的。

1949年中华人民共和国成立后，中国的城市化进程就加快了。1952年中国城市人口的比重为12.5%，1962年为17.3%，1970年为17.4%，

1980年为19.4%,1990年为26.4%,1996年为29.4%[①]。到20世纪80年代末,中国已有城镇人口2.1亿,几乎超过欧洲全部城市人口的总和,中国的超级城市占世界超级城市总数的12%,仅次于美国和苏联[②]。

21世纪初中国城市化进程的另一个突出特点是城市流动人口的迅速增加,使得我们很难确切地把握城市的人口规模。根据天津公安部门的统计和估算,天津的流动人口约占总人口的10%左右。那么按现在天津的1000万人口计算,天津的流动人口就有100万。城市人口的迅速增加,流动人口的出现,城市规模的迅速扩张,带来了一系列城市社会问题:诸如犯罪、环境污染、交通、住房、劳动与就业、教育、卫生等,这些问题都要通过科学研究加以解决,由于城市社会学研究城市发展规划的总体性和综合性的特点,所以它的地位和作用显得特别重要。解决城市社会问题和确定城市发展规划是相关的,户卷调查的实践表明,城市社会学无论在解决城市社会问题和确定城市发展规划方面都起到了重要的作用。在当前中国城市化的进程中,开展城市社会学研究,具有重要的理论意义和实践意义。

(2)用社会学方法建立城市信息系统

在社会学发展的历史上,用社会学方法建立信息系统,形成科学决策,为实践服务的例子并不少,如美国教育委员会,为实施社区学院的改革进行了广泛的调查,写出了《美国的教育危机》的报告;比利时努汶大学社会学系的《佛莱芒语社区的调查》作为法语社区行政调整的资料;法国统计局与法国家庭研究学会合作,出版有《法国家庭的追踪调查报告》等。天津的户卷调查是用社会学方法建立城市信息系统的重要尝试。社会学家费孝通曾指出:人与人的关系是客观存在的,要管理它就要知道情况,不能瞎管理,要搞一个系统工程,需要一个信息机构,什么地方有什么变动,究竟怎么样了,管理机构都能很快地知道,所以要建立一个信息网络。

---

① 《中国统计年鉴》,中国统计出版社1999年版,第386页。

② 谷迎春等:《中国的城市"病"——城市社会问题研究》,中国国际广播出版社1989年版,第3～4页。

户卷调查正是建立了这样的信息机构和信息网络。它利用了中国社会高度组织化的特点，从市、区、街、居民委员会四级行政组织网络的基础出发，组织、训练、培养调查队伍，建立了信息网络，通过追踪式的调查，不仅搜集了大量可以用作追踪研究的信息资料，而且巩固了信息网络，开创了用社会学方法建立城市信息系统的范例。

(3)建立从家庭认识社会的城市社会学研究视角

研究城市和城市社会问题，制定城市发展规划，可以有多种方法，多个角度。户卷调查则是从家庭(户)入手的，建立了从家庭认识社会的城市社会学研究视角。家庭是城市的基本社会群体，是城市的细胞。从家庭调查入手认识城市和城市问题的意义在于：第一，建立政府和民众的直接联系和对话渠道，使政府能从民意和呼声中决定解决城市问题的方针与策略。第二，家庭提出了城市经济发展，特别是城市第三产业和服务业发展的基本需求，也提出了城市建设和发展规划的基本需求。比如家庭调查中关于家务劳动社会化程度、家庭的消费需要等，都是城市服务业和商业发展的基本依据，城市住房建设更和家庭息息相关。户卷调查所反映的城市家庭小型化和两代人分离、分居的事实和要求，已经是今天城市规划和房地产开发商建设居民住宅的重要参数。第三，从社会的发展趋势看，改革开放正在使中国社会由“大政府小社会”向“小政府大社会”转变，“单位制”的解体使人们对于政府和单位的依赖越来越少，而是走向家庭，走向社区，走向社会。因此，在未来，家庭、社区对于城市越来越重要。从这个意义上说，户卷调查所建立和开辟的从家庭认识社会的城市社会学研究视角，是有战略意义的。社会学家费孝通称户卷调查是“现代化行政建设的开端”。愿户卷调查的经验和理念得到坚持和推广，以有利于我国的城市化进程和城市社会学学科建设。

城市人与城市区位的结合与互动

载《天津社会科学》2003 年第 6 期

一

所谓城市是指大量的异质性居民聚居、以非农业职业为主、以其区别于农村人的特有的生产方式和生活方式生活，具有综合功能的社会共同体[①]。社会学家在使用城市这一术语时“也包括了都市人口所居住的建筑环境”[②]。城市包括城市人和城市区位两个概念，体现了城市人与城市区位的结合与互动。

1. 城市人。对城市人，不同国家和地区，不同民族和种族，有着不同的看法。美国社会学家 L. 沃斯认为人类聚居在城市中生活形成了城市生活方式和城市人格模式。主要特征为：(1)有复杂分工、社会分层和各种各样的职业结构；(2)有高度的社会流动性；(3)人口在功能上有显著的依赖性；(4)人际接触中有较强的匿名性；(5)依赖正式的社会控制方式；(6)人们的道德行为标准呈现较大的差异。沃思在《作为生活方式的都市状态》一文中从社会性、多样性、流动性和异质性等方面分析了城市居民的生活方式特征和人格模式，并提出了形成城市性状态的 3 个重要变量：(1)人口规模。城市是众多人口的聚居点，这一因素在城市的文化和职业特征方面产生很大的异质性。(2)人口密度。城市的物质空间随人口数

---

① 雷洁琼主编：《中国大百科全书》(社会学卷)，中国大百科全书出版社 1991 年版，第 34 页。

② 迈克尔·曼主编：《国际社会学百科全书》，袁亚愚等译，四川人民出版社 1989 年版，第 76 页。

量的增大而显得拥挤，由此更加剧了社会问题的产生，使得城市的环境恶化，公害渐多。(3)人口的异质性。这些不同背景的居民有着不同的价值观、教育水平、职业技能、性别、年龄、种族。城市的精细分工，悬殊的收入，高度的社会流动和非人格化，构成了城市错综复杂的异质性。这使得社会的传统控制削弱，并滋生出新的社会问题①。无论如何，人是城市的要素之一，相对于农村人来说，城市人是有其特殊人格、生活方式和特征的群体。

2. 城市区位。对城市区位人们的认识也有不同。最早人们是从城市的轮廓和形状来认识的。比如，城市在西方早期的图形文字中，是一个圆圈包围着一个“+”，“+”可能是代表道路，内中划分为不同的区域、活动场所；“○”可能表示城堡的壕沟和围墙，圈定城市的区域界限，防范着居住在周围的居民。这和中国古代典籍中的解释相似。中国古代“城”与“市”原是两个不同的地域，含义不同。“城”是指都邑四周作防御的墙垣，“市”是指商品交换的场所。可见，中国古代对城市区位的认识比单纯的轮廓和形状的认识又前进了一步，涉及区位的内涵，即城市带有商品交易的区位特征和功能。以后人们对城市区位的认识不断加深，现代城市则是一个多功能的、综合的有机体。特别是中心城市，往往具有生产、贸易、金融、运输、科学、教育、文化、军事、政治、信息、服务和吸引农村人口等多种功能。从城市的形态和发展上看，已从古代形态发展到现代形态。古代形态城市通常有城墙和护城河护卫，如欧洲中世纪的诸多城邦和中国古代的都城都属于这种形态。现代形态的都市无须靠城墙和护城河来护卫，它在一定程度上虽然还保留着要塞制度与秩序，但对外界基本上是开放的，居民的居住主要靠城市功能的优势。现代城市正在向高层化、地下化、立交化、网络化等方向发展，出现了越来越多的有别于农村的区位特征。

总之，从城市产生的那一天起，城市就处在城市人与城市区位的结合

① 康绍邦、张宁等编译:《城市社会学》，浙江人民出版社1988年版，第18～22页。

与互动、城市人与城市区位的矛盾运动之中，并构成城市概念的特殊内涵。

二

从城市的本质和主要特征出发，城市社会学研究一直围绕城市人和城市区位的结合与互动展开。在城市社会学史上，欧洲早期的城市社会学理论主要关注城市人，20 世纪初，美国的芝加哥学派将人类生态学(Human Ecology，也称人文区位学)的观点引进城市研究，实现了城市人与城市区位研究的结合，并成为影响 20 世纪城市社会学发展的最重要的学说之一。

1. 欧洲以城市人为中心的传统城市社会学理论

早期的欧洲城市社会学是以关注城市社会和城市人为中心的，而这种关注又是在城乡比较中实现的，城市社会和农村社会有什么不同，也即城市人与农村人有什么不同。

德国社会学家 E. 滕尼斯认为乡村是“通体社会”，而城市是“联组社会”；“通体社会”的生活是“亲密无间的、与世隔绝的、排外的共同生活”，是“活生生的机体”，而“联组社会”的生活则是个人主义、自私自利，甚至是相互敌对的。法国社会学家 E. 迪尔凯姆则用“机械团结”和“有机团结”表达了类似的观点。他认为农村属于机械团结，人们在共同信仰和习惯、共同仪式和标志基础之上建立起社会联系。介入这种团结的人几乎是同质的，他们无意识地联系在一起，所以是机械的。而城市人的“有机团结”是以人与人的差别为基础的社会秩序，它依赖复杂的劳动分工，使居民有更多的自由，更多的选择，因此是有机的。德国社会学家 G. 齐美尔认为城市的特征在于城市生活充满理智，工于心计。城市是一个竞争体，有错综复杂的空间组织，发达的劳动分工，金钱在城市生活中占有重要的地位。城市人必须学会适应城市生活，从而更加聪明、理智和老于世故[①]。综上所述，早期欧洲城市社会学研究多以城市人及群体特征、社会关系、社会组织和社会生活方式为分析对象，是以城市人为中心的。

2. 美国芝加哥学派实现了城市人与城市区位互动研究的结合

20世纪30年代美国芝加哥学派形成。该学派以芝加哥城为天然试验室，以城市人及相关的社会问题为研究对象，开城市社会学经验研究之先河。该学派的代表人物R. E. 帕克撰写了《城市：都市环境中人的行为研究建议》一文，既是关于城市人与城市区位相结合的研究范例，也是该学派形成的标志。

芝加哥学派将人类生态学的观点引入城市研究，实现了城市人和城市区位互动研究的结合。芝加哥学派运用这一理论研究城市人的生活和城市社会问题。R. 帕克等人把城市看做是由内在过程将各个组成部分结合在一起的社会有机体，并将生态学原理引入城市研究，从人口与地域空间的互动关系入手研究城市的发展，也即城市区位学。芝加哥学派特别探讨了人与城市环境的适应与冲突，以及由此发生的社会问题，并撰写了大量的著作。在关于城市人和城市区位的互动研究中，芝加哥学派的E. 伯吉斯创立了“同心圆”理论。这种理论认为，城市以不同功能的用地围绕单一的核心，有规则地向外扩展形成同心圆结构。E. 伯吉斯把芝加哥划分为五个呈同心圆状态的区域。此后，又有学者提出过“扇形理论”“多核心理论”等[②]，它标志着城市人与城市区位的互动已经成为城市社会学研究的基本思路。

3. 新韦伯学派和新马克思学派对城市人与城市区位互动研究的新进展

20世纪中叶城市社会学向多个方向发展，出现了许多新的学科，诸如“城市地理学”“城市经济学”等。但以城市人和城市区位互动为中心的研究一直在继续。新韦伯学派将城市人与城市住房（微观区位）研究结合起来。J. 雷斯与他人合著的《种族、社区与冲突》一书对住房关系和住房

---

① 康绍邦等编译：《城市社会学》，浙江人民出版社1988年版，第44～45页。

② 哈里斯等：《城市的本性》，《美国政治与社会科学学术分析》1945年第11期。

阶级进行了研究，提出按照个人不同的住房类型，会形成不同的住房阶级争夺住房资源。另一位学者桑德斯认为，现代人的社会分层如同韦伯所说的基于人的市场状况、是否拥有住房、土地等划分为不同阶级。新马克思主义学派如 M. 卡斯泰尔、D. 哈维则从消费、住房、城市空间资源、社区环境等方面研究了城市人与城市区位的关系。

三

当今世界正在经历一个不可逆转的城市化进程。研究这一进程的运行规律，我们发现所有问题的焦点都和城市人与城市区位的互动相关。一方面城市的区位优势吸引大量人进城，造成城市人口的急剧膨胀和城市规模的迅速扩大；另一方面城市的区位格局又不能满足日益增长的人口需要，产生许多相关的社会问题，由此引起了当代城市发展规模和模式的争论。

相对于农村来说，城市的区位优势是不能否认的，它表现在城市的结构和功能等各个方面。比如城市格局对土地需求少，尤其是现代城市向高层化和地下交通两个方向发展更是如此。据有关统计数字，多数国家的城市面积只占国土面积的 1%，全世界城市面积的总合是 20 万平方公里左右，只相当于小国阿曼的国土面积。人们生活在城市中能享受高质量的生活和享有不断更新的生活方式。因此，人们向城市集中，这带来了城市发展的需求和机遇，也产生了城市发展中的问题。比如，人进城要有住房，没有足够的住房就不能满足城市人的需求，于是就出现了住宅与城市人之间的矛盾；又比如，人口的密集和集中容易产生矛盾、冲突和犯罪，即城市治安问题；再比如，城市人口高度集中，环境保护问题比较突出，城市流动人口的出现，打破了原来的社区格局和平衡，产生流动人口的控制和管理等问题。所有这些都表现了城市人与城市区位发展之间的矛盾。今天要研究和讨论的问题不是要不要城市化，而是城市怎样发展，发展到多大规模比较适宜，并最能发挥城市区位的优势，满足城市人的需求。

改革开放以来，中国正在像其他国家一样经历着城市化进程。虽然中国的城市化水平目前还与发达国家有距离,但进展很快。根据 1990 年全国人口普查资料统计,全国有城市人口 29651 万人接近 3 亿,占全国人口的 26.2%,比 1980 年增加 10511 万人,增幅为 549%。90 年代以来,随着经济发展速度加快,人口更多更快地向城市集中,城市化的进程也大大加快了。2003 年全国春运发送的旅客突破了 1.8 亿人次,其中进城打工的农民占 70%。据有关专家预测,到 2020 年中国城市人口的比例将由现在的 36%上升到 60%左右。面对中国城市化进程的加速和其他发达国家、发展中国家在城市化进程中出现的各种问题,以城市人与城市区位的结合和互动为中心,学者们提出了 3 种中国城市发展模式理论:即发展小城镇理论、发展特大城市(群)理论和发展中小城市理论。

1. 发展小城镇理论

中国著名社会学家费孝通先生提出了"小城镇"理论。他说:"从世界范围看,大城市工业扩散是一个趋势。大城市人口密集、土地贵、工资高、污染严重等,已使它的工厂不能再继续发展下去了。资本主义国家的工业已向郊区和附近的农村扩展,现在甚至扩展到第三世界国家去了。这种工业扩散曾引起严重的污染扩散的后果。但我们社会主义国家对这种恶果是可以避免的。""欧洲工业化初期,在集中于都市里的机器工业兴起的同时,农村却濒于破产,农民失去了土地,不得不背井离乡涌进城市,充当新兴工业的劳动后备军。资本主义国家现代工业的成长是以农村的崩溃为代价的。这是西方资本主义工业化的道路。与此相比,我国在社会主义制度下,党的十一届三中全会以来却出现了上述那种基本上和资本主义工业化迥然不同的新道路。农民在农业繁荣的基础上,以巨大的热情兴办集体所有制的乡镇工业。这种乡镇工业以巩固、促进和辅助农业经济为前提,农副工齐头并进,协调发展,开创了农村不断繁荣兴盛的新局面。这种工业化的道路,从具体历史发展来看,并不是从理论上推论出来的结果,而是农民群众在实际生活中自己的创造,经过了多年实践的检验,'实行农民离土不离乡,积极发展乡镇企业',终于被肯定为从我国国情出发的一个具有战略意义的方针。”[①]费孝通主张发展小城镇，农民离土不离乡，务工不进城，以发展乡镇企业为龙头，实现城市化、工业化。这一理论，从避免城市化中出现的各种社会问题出发，从中国是个人口众多的农业大国的实际出发，提出了有中国特色的城市化道路。费孝通认为小城镇有发展乡镇企业功能、有人口“储水池”功能（把农村人口就地转为城市人口）、是商品集散中心、是农村服务中心、文化中心和教育中心……总之，有很多优势。费孝通领导的小城镇课题研究组首先从江苏省吴江县开展研究，先后解剖了江苏省震泽镇、盛泽镇、松陵镇、同里镇、平望镇等5种模式。这项研究迅速向全国扩展，并向政府决策转化。它不仅影响了江苏省的决策，而且影响了全国的决策。1989年12月我国颁布了《城市规划法》，积极发展小城镇已经成为从中央到地方官方的选择。

发展小城镇是有中国特色城市化道路的一种选择。从城市区位与城市人互动的理论来说，它是为避免大城市社会问题而构思的新的城市区位模式。但是，它以舍弃城市区位优势为代价，因此也产生了许多相关的问题。近年来，对发展小城镇理论的批评多了起来。这种批评主要集中在4个方面：(1)小城镇数量的盲目扩张，削弱了城市功能建设的后劲；(2)小城镇缺乏聚集效应，对居民生产方式和生活方式的转换能力不足；(3)土地资源利用率低，浪费严重；(4)乡镇企业工业污染严重，治理难度大等。以后费孝通先生对小城镇的发展也有所检讨。他本人在自我反思时承认“只吃到核桃的肉，丢了核桃的壳”，特别是有关小城镇建设方面有些疏忽[②]。“只吃到核桃的肉，丢了核桃的壳”是个生动的比喻。农民确实务工了，离土不离乡，这是否就是城市化了呢？显然，离开了城市的区位格局，就发挥不了城市的优势，这样的城市化被质疑是必然的。

2. 发展大城市、特大城市(群)理论

近年来和发展小城镇理论相对立的另一种理论，即主张发展大城市、特大城市和特大城市群理论热了起来。发达国家的城市化历史表明，在

---

① 费孝通：《小城镇大问题》，江苏人民出版社1984年版，第27、44页。

② 费孝通：《小城镇研究十年反思》，《新华日报》1995年1月27日。

城市化加速阶段，大城市对城市化的贡献率每提高 1%，就能使城市化水平提高 0.35～0.41 个百分点，而小城镇却只有 0.003～0.005 个百分点。在城市化的初始阶段，城市化主要由大城市来推动。根据这些经验，一些学者主张走入城市发展道路，认为我国城市的规模以 100～400 万人口为宜。有的学者提出“大城市超前增长”是普遍的规律，进而认为“建大城市，走集约化之路”是中国城市化的必由之路。所以，合理的选择不是严格控制大城市，而是要重点地、积极地发展大城市，其主要理由是大城市规模效益好于小城镇，综合效益好于小城镇①。

大城市在城市化过程中有着特殊的地位和作用。中外城市发展史证明，大城市有着难以替代的聚集效应和辐射功能。大城市、特大城市在国民经济发展中除了有比中小城市高得多的经济效益外，大城市的高度发展，既是增强综合国力、提升我国产业国际竞争力的需要，也是从根本上提高我国城市化水平及其质量的需要。此外，知识经济和信息时代的挑战也要求我们必须将大城市，特别是国际经济中心城市和大都市带的发展置于优先地位。通过这种高效率的集聚人口和经济活动的布局模式，在大幅度提高我国经济运行和产业布局效率的同时，还可以促进知识和信息的创新活动②。

有的学者认为我国正在形成不以人的意志为转移的超大城市群即以广州、深圳为中心的珠江三角洲城市群，以上海、南京为中心的长江三角洲城市群和以京津为中心的环渤海城市群。

同时，对发展大城市也有很多批评意见。大城市的超前发展当然有其致命的缺陷。大城市的爆炸性发展，生产规模的急剧扩大，人口的迅速增加，都会引起城市基础设施、自然环境与城市发展的不协调，进而产生一系列问题，我们称为“城市病”。其中包括：交通拥挤、住宅紧张、环境污染，以及失业、贫困和各种犯罪等等。而从目前中国大城市总体发展状况

---

① 赵新平等：《改革以来中国城市化道路及城市化理论研究述评》，《中国社会科学》2002 年第 2 期。

② 冷静：《中国城市化道路的现实选择》，《江西社会科学》2002 年第 3 期。

来看,“城市病”主要体现在城市生态系统的恶化上。

城市人口和经济的迅速增长以及政府规划与管理的不善,导致超出城市自然和生活环境的承载能力,由此造成三大类问题,即环境污染、城市系统的拥挤和自然支持系统的退化①。

3. 发展中小城市理论

这种理论认为,中小城市在我国城镇体系中处于中间环节,起到了联系大城市和小城镇的作用。中小城市点多面广,承上启下,联系广泛,规模适中,具有大城市的优点;城市基础设施和产业基础具有一定规模,在住房、交通等方面不像大城市那么紧张,生产力水平及文化科学基础又比小城镇优越。因此,合理发展中小城市对于缓解大城市人口和承载压力及促进小城镇发展都具有十分重要的作用。中小城市在城市化进程和区域发展中有以下几个作用:第一,中小城市是城市化进程的重要推动力。中小城市处于城市规模结构金字塔的中部,上联大城市,下联小城镇,人口、经济、空间三者之间的矛盾比较少,是县域以上的区域中心,具有大城市和小城镇不可替代的功能。第二,中小城市的产业基础具有一定规模,基础设施建设相对完备,能够实现聚集效益和规模效益,已形成所在区域的工商业中心。第三,中小城市是农村富余劳动力的主要流向地。中小城市由于处在城镇体系的中间环节,市场机制的作用比较充分,完备的城市体系基本形成,农民进城的门槛、转移的难度和风险较低,对分流农村富余劳动力,防止农村人口盲目流向大城市起到“蓄水池”和“节流闸”的作用。第四,中小城市是城乡协调发展的主要力量。城乡协调发展是关系整个国民经济发展的一个重要内容。中小城市是连接大城市和小城镇即农村的纽带,不仅能享受大城市扩散效应所带来的好处,而且也会对周围的小城镇的农业产生很强的集聚和辐射的作用②。

反对意见认为,中小城市所处的地理位置和区位条件往往不理想,从而限制了其利用各种资源的范围,同时科技文化教育力量不如大城市,因

---

① 冷静:《中国城市化道路的现实选择》,《江西社会科学》2002 年第 3 期。

② 同①。

此综合性较差，产业结构不完善，关联度也较差；中小城市的规模小于大城市，系统功能相对不足，对大城市有天生的依赖，缺乏自我调节、自我平衡的能力；中小城市的经济和社会体系尚显薄弱，不足以在我国经济发展中起到稳定大局的作用，同时其自身的发展也具有某种不稳定性等①。

从以上对三种城市规模和模式的讨论中，我们可以发现所谓小城镇、中小城市和大城市模式是不同数量、规模的人口在不同的区位格局上的聚合，所有问题都集中在城市人和城市区位的矛盾之中，是矛盾的对立统一体。一方面，城市人依赖于城市区位，没有城市区位优势的发挥，就不能满足城市人的需求，也不能产生城市人的聚集效应；另一方面，城市区位依赖于城市人，城市人的数量决定城市的规模，决定城市功能和优势的发挥。究竟多少人，以怎样的方式，聚集成多大规模的城市，才能最大限度地发挥城市的区位优势，促进经济和社会协调发展，更多地满足人的需求，这是当代城市发展面临的重大问题。

总之，城市从它产生的那一天起就以城市人区别于农村人，以城市区位区别于农村区位，而与农村对立。城市人和城市区位的结合与互动产生了城市。城市社会学从城市人和城市区位互动这一基本问题出发研究了城市发展变迁的客观规律，对当代城市发展模式进行了比较和选择。城市人和城市区位的结合与互动是城市社会学的基本理论问题。

① 冷静：《中国城市化道路的现实选择》，《江西社会科学》2002 年第 3 期。

农民工与城市主体社会[①]

载《天津社会科学》2006 年第 1 期

农民工大量进城是当前中国社会发展中的一个令人瞩目的现象。为研究农民工进城和融入城市主体社会的状况，笔者于 2004 年底与天津市政府流动人口办公室合作，进行了大规模的流动人口调查，用抽样方法共调查流动人口 1211 人，同时进行了 621 户本地居民的相关调查（对照样本），以下使用的调查数据均取自该调查资料。

一、农民工融入城市主体社会的障碍

1. 产业结构转变不到位

调查资料表明，农民工进城，确实实现了产业结构的初步转变。来天津工作生活的流动人口被调查的 1211 人来自全国 26 个省市，多集中在河北、山东、河南 3 省。其中来自外省农村的占 86.9%，是绝对多数；以男性为主，占 60.4%；以中青年为主，40 岁以下的占 87.1%；多为初中文化程度，占 62.8%；来天津市以前多从事农业，占 61.6%，来津后则集中在做工（工人，占 37.9%）、小商贩（占 15.9%）、服务员（15.1%）、勤杂工（5.8%）、美容、美发师（6.8%）厨师（3.6%）等，只有极少数人仍然务农（0.2%）他们的这种转变是不彻底的，主要表现在他们虽然不干农业活了，但大多数人在干城市第二、三产业中最苦、最累的活，诸如建筑工、勤

① 文章发表时署名的作者还有张雪筠。

杂工、收废品、做保姆、在餐馆中端盘子、洗碗在物业小区作保安、扫地等，总之，干城市人所不愿干的工作，仍处在城市产业结构的最底层。他们从事的工作技术含量很低，技术员极少，只占1%左右，其余的都是从事简单的体力劳动（许多是重体力劳动）。他们中的极少数人也从事医生（0.2%）、教师（0.2%）、公务员（0.2%）、会计（1.5%）等层次比较高的职业，但远远低于本地居民从事该类职业的比例。在本次调查中本地居民对照样本从事同类职业的比例分别是：医生（1.8%）、教师（2.1%）、公务员（13.4%）、会计（5%）。这种差距说明，只有当农民工和城市居民所从事的职业在产业结构的比例上大体相当时，他们才具有进入城市主体社会，成为城市主体社会成员的基本条件。而要具备这样的条件，会受各种主客观因素的影响和制约，从农民工来说有自身的素质问题，从客观上说也有很多制约因素。

2. 社会生活参与不足

农民工进城除去打工赚钱，参与城市的经济生活外，还需要广泛参与城市的社会生活，才能与城市社会融为一体。目前的状况是，农民工较少参与城市的社会生活，或远离城市社会生活，这是他们进入城市主体社会的又一障碍。许多人在城市只是打工赚钱，只有少数人参加当地的社会活动。据统计，在被调查者中，只有5%的人参加过当地居委会的选举和自治活动，10.5%的人参加过当地集体社交活动，25.4%的人参加过当地组织的体育锻炼，6.5%的人参加过治安巡逻，9.7%的人参加过志愿者活动，35%的人参加过募捐活动。参与社会生活的程度是融入主体社会的重要标志和条件，农民工只有比较广泛深入地参与到城市社会生活中去，才能和当地居民打成一片，被当地社会认可和接纳，成为城市主体社会的一员，否则，只能处在边缘状态。

3. 生活水平和生活方式的差距

农民工进城打工，提高了生活水平，改变了农村的生活方式，但在向城市生活靠拢方面，还有相当的差距。调查资料表明，农民工进城在经济上确实受益了，初步改变了贫穷状况，而且，和城市人中收入的中低水平相当。但无论从住房状况、劳动时间、劳动和社会保障待遇，他们本人和子女接受教育和培训、文化娱乐休闲等方面都和城市居民有很大的差距。从收入上看，被调查者中有近70%以上的人，人均月收入在500元以上，其中500～1000元的占59%；1000元以上的占11%，人均月收入817.4元。农民工进城不仅赚钱养了家，而且求学长了知识，体会和享受了城市的生活方式，发挥了个人的才能。据统计，有51.3%的人在津工作和生活期间，接受过有关部门组织的职业、技能、道德、法律等方面的培训，有77.7%的人所携带的学龄前儿童在天津接受过九年制义务教育，有77.6%的人所携带的7岁以下的儿童在天津接受过计划免疫服务。无论如何，他们进城是受益了。

当然，由于各种原因，农民工在城市也遇到了许多问题。比如他们虽然在城市赚了钱，但仍有68%的人所在的工作单位不能按时发放工资，有67%的人不能得到足额工资。他们的工作时间比城市人要长。在本次调查中，有55.4%的人每天工作时间在8小时以上，其中9～10小时的占31%，11～12小时的占19.7%，13～16小时的占4.4%，还有0.3%的人在17小时以上，人均工作时间是9.72小时。而城市居民样本是人均每日工作8.49小时，72.1%的人每天工作时间在8小时以内。农民工不仅收入比本地居民少，而且工作和生活的条件相对较差，只有极少数人有属于自己的住房，其中买房的占4.1%，自建房的0.7%，大部分人租房（占40.9%）或由工作单位提供的集体宿舍（占53.8%），有35.3%的人的住房人均使用面积（包括厨房厕所、阳台）不足5平方米，其中3平方米以下的占11.1%，在天津的特困住房标准以下。他们中的一些人因为进城工作，而不能与家人团聚，其中已婚者有37.7%的人和配偶不生活在一起，有51.7%的人和孩子不生活在一起，一些人只身进城闯天下，把配偶和孩子留在农村老家。从以上分析中我们看到，农民工虽然进了城，但与城市居民无论在生活水平或生活方式上都还有差异，这也是他们还没有融入城市主体社会的标志之一。

4. 心理上的障碍

心理上的障碍是农民工进入主体社会的主观障碍。具体地说，他们在心理上有双重心态和边缘化倾向。他们愿意进城,但没有长期在城市扎根的打算;他们已经在城市中工作和生活,但又常常不把自己看作是城市的主人。调查资料表明,被调查的农民工在天津生活工作了一段时间,多数在 5 年以内,占 83.2%。他们进城有多种目的,如“赚钱养家”“求学长知识”“喜欢城市的生活”“发挥个人的才能”“为子女找出路”等,也得到过多方面满足。然而,他们始终处在一种双重心态之中,仍然有“局外人”那样的“不认同感”和边缘化倾向。在调查中当问到“对天津的工作生活是否满意”时,有 26.8%的人回答“很满意”,有 56.7%的人回答“比较满意”,两者合计 83.5%,占绝大多数;在调查中当问到“对你的就业状况是否满意”时,有 74.1%的人表示满意或比较满意;在问到“对你的工作环境是否满意”时,有 66.1%的人表示满意或比较满意;在问到“对你的收入和待遇是否满意”时,有 66.5%的人回答满意或比较满意;在问到“如果可能您是否愿意长期在天津工作、生活下去”时,有 64.8%的人表示“愿意”,28.1%的人“无所谓”,只有 7.1%的人说“不愿意”。以上只是他们心理和心态的一个方面,还有另一个方面,即他们中有相当数量的人并不把自己当作天津的主人,只当成客人(外人);他们想在天津求发展,但又没有扎根天津,融入天津的长远打算。如果说他们在劳动就业、参与社会活动和生活方式上与城市人的“距离”是与城市社会的“客观距离”的话,心理上的差异则是与城市主体社会的“主观距离”。

5. 来自城市社会的压力和阻力

中国社会的城乡二元结构和巨大的城乡差别,产生了对农民进城的种种阻力,有制度上的,有社会行为上的,也有社会心理上的。

第一,来自城市社会的制度性障碍。

在计划经济体制下,对于流动人口,对于农民工进城,我们是严格控制和限制的。直至 20 世纪 80 年代初,农村开始实行“家庭联产承包责任制”,农村剩余劳动力问题凸显了,农民开始突破过去的集体管理体制的束缚,走出家园,进城务工。90 年代后,随着对以往户籍制度的质疑和户籍改革多元化倾向,对以农民工为主体的流动人口进入城市渐渐放开了。

但直到20世纪末对农民工仍然有歧见,对城市中的流动人口仍然是“管、卡、围堵”的方针,甚至轰赶。农民工进城除去受到户籍制度的羁绊外,还面临着就业手续烦琐,不能进入正规的劳动力市场,收入低于市民,没有城市居民享有的城市福利保障等。从2000年开始,随着形势的发展和对流动人口客观规律认识的加深,流动人口政策发生了质的变化,确立了“公平对待,合理引导,完善管理,搞好服务”的16字方针。在这一方针指导下,对流动人口的政策和管理开始纳入法制轨道。然而,这并不表明对进城农民工的制度性的障碍已完全没有了。比如,传统的户籍制还存在,它仍然在城市人和农民工之间筑起一道无形的“长城”,并因此而产生一系列相关的“障碍”和“阻力”。在城市中仍然有“反农民工”行为。来自天津的流动人口调查资料显示,有43.7%的农民工没有和工作单位签订劳动合同,即如果他们的权益受到侵害,很难受法律保护。在日常生活中,他们会经常遇到各种困难和问题,诸如,就业、住房、子女教育、婚姻家庭、社会治安与人身安全、人际关系难处等。在调查中,有30.4%的人说他们进城后遇到过“乱收费、乱摊派”问题,有38.5%的人“遭受过城市人歧视”,有8.7%的人甚至有过“被强制收容、遣返回原籍”,有35.6%的人感到“人际关系难处”。这些都是他们进城后遇到的实际问题。

第二,来自城市居民的排斥力。

长期以来,中国社会的城乡差别和二元体制,在制度上对农民的不公正性和不合理性,既对农民工产生影响,也对城市居民产生影响,使他们产生一种自然地对农民工的排斥力。再加上农民工进城后和城市社会的碰撞、摩擦,一些农民工素质偏低,少数人有犯罪行为等,更加引起城市居民对他们的看法,也形成了城市主体社会民众对进城农民融入城市社会的阻力。在调查中,有72%的本地被调查者认为,“流动人口进入城市会给社会治安带来问题”,有70%的被调查者在不同程度上认为“流动人口影响了城市的环境卫生”。尽管流动人口进城从事着许多城市人所不愿意干的脏累活,但仍有54%的城市人认为,“为了保证城里人的工作,应限制流动人口进城打工”。有75.4%的被调查者认为,“与人口的自由流动相比,社会稳定更为重要”,有77.5%的人认为,“流动人口控制方式应该更加严格”。显然,他们对吸引农民工进城、用城市化的方法彻底解决中国的三农问题持不同看法,有53.5%的人赞成“为了发展农村经济,流动人口应该回原籍”,只有16.7%的人同意“解决三农问题的最好方法是让农民进城”。城市居民的这种认识使他们和进城农民之间有一种无形的障碍和鸿沟,是农民工进城,融入城市主体社会的巨大阻力。无论从政治、经济、文化、社会、心理角度看,农民工被城市主体社会接纳,和城市社会的融合,最终都是和城市人、城市居民的融合。

二、农民工进入城市主体社会的理性思考

今天虽然大量农民工已经进了城,随着我国经济与社会的迅速发展,还会有更多的农民进城,但这并不意味着他们已经完成了从农村人向“城市人”的转变。有学者认为:农民工“在原居住地与社区内其他农民有着大致相当的社会经济地位,是社区主流社会成员。在城市里却变成主流社会之外的‘边际人’,成了在经济收入和社会声望方面处于边缘地位的群体”。论者认为,“对于社会化中边缘地位概念的社会学界定,除了包括因收入不足而勉强维持基本的物质生活条件外,还应包括人们在教育、健康生活方式等社会文化方面的低下状况”①。也有学者将农民工的边缘地位称为“游民化倾向”,认为“游民易变成松散的无政府主义者,具有反社会的特性。他们有时甚至可以形成一套自我的文化甚至反文化,抗拒主流文化,容易给社会带来一些负面的影响”②。也有学者指出:“农民工既是我国城市化的产物,又是我国城市化滞后的表现,成为我国社会结构转型过程中的一种独特现象这种独特性折射出农民工的非农化并没有带动他们的社会身份转变,从而使得我国社会结构转型变得更加艰难复杂。如果没有社会身份的转变,农民工就不可能从根本上融入城市社会中去。

① 张敦福:《城市农民工的边缘地位》,《青年研究》2000年第9期。

② 胡书芝、罗忆源:《社会失范:城市农民工的游民化倾向——武汉市农民工游民化问题的调查》,《城市问题》2001年第2期。

这里的关键是只有通过社会制度的改革和创新，建立统一的社会流动平台和基石，才能谈得上农民工实现了真正的社会流动，我国城市化和现代化才能顺利进行下去”①。

从战略角度看，任何一个国家要实现现代化，进入发达国家行列，必须有高城市化率和城市化水平。当今世界正在经历着快速的城市化进程。它是从发达国家率先开始的，并波及发展中国家。回顾20世纪世界的城市化进程，城市人口大大增加了。1900年时，世界城市人口的比重只有13.6%②，到1950年增加到29.2%，50年增加了15.6个百分点；到1990年又增加到45.2%，40年间增加了16个百分点。预计到2025年世界的城市人口将达到63%。中国是个发展中国家，从20世纪后半叶开始，特别是改革开放以来，也经历了大规模的城市化进程。1950年时，全世界城市化水平为28.4%，发达国家为51.8%，发展中国家为16.2%，中国为11.2%；1980年，全世界城市化水平为41.3%，发达国家为70.7%，发展中国家为30.5%，中国为19.4%。改革开放使中国进入了以经济建设为中心的新时期。经济的发展大大推进了城市发展和繁荣，推进了城市化进程。目前发达国家的城市化率约为76%，世界的城市化率约为45%，中国为37%左右，中国的城市化水平不仅和发达国家差距很大，而且低于世界的平均水平。一个国家的城市化水平是该国现代化和发达程度的标志。城市化率高标志着生产力水平高，产业结构由农业转变为非农业经济，城市生活方式取代了农村生活方式。中国要进入发达国家行列，必须坚定不移地快速推进城市化进程，使农村人转变为城市人，使城市人口占人口的大多数。

改革开放前的中国是生产力落后的农业大国。农村问题、农民问题是中国的根本问题。改革开放的实践表明，不解决农村问题，不解决农民问题，中国实现小康社会只能是一句空话，中国的现代化就没有希望。正如温家宝总理在第十届全国人民代表大会第二次会议上所做的《政府工

---

① 王春光：《农民工的社会流动和社会地位的变化》，《江苏行政学院学报》2003年第4期。

② 李旭旦等：《人文地理学》，中国大百科全书出版社1984年版，第191页。

作报告》中所说的,“解决农业、农村和农民问题,是我们全部工作的重中之重。当前,我国农业的发展又处在一个关键时期。今年要按照统筹城乡发展的要求,采取更直接、更有力的政策措施,加强农业,扶持农业,保护农业,努力增加农民的收入”。近年来为解决农民问题,中央出台了一系列政策,包括解决拖欠农民工的工资;保护和提高粮食综合生产能力;推进农业和农村经济结构战略性调整;继续推进农村税费改革;深化粮食流通体制改革;加大对农业和农村投入的力度;加快农业科技进步等,在一定程度上减轻了农民的负担,增加了农民的收入,提高了农民的生活水平,改变了农民的生活状况。但是,这只能解决一部分问题,不能解决大部分问题,或者说不能解决根本问题。因为,它并不能从根本上改变农民的生产方式和生活方式,因此不能使绝大多数农民富裕起来,实现普遍的小康水平。一些有识之士指出,只有通过加快城市化进程,吸引和吸纳大多数农民进城,才能从根本上解决农村问题、农民问题,使中国大多数人进入现代产业格局,有现代生活方式和水平,由农村人变为城市人,中国的现代化和全面实现小康社会的目标才能真正实现。换句话说,实现城市化是解决中国农民问题的根本出路。从以人为本的理念出发,从解决中国的农村问题、农民问题出发,必须加快中国的城市化进程。有人预测,预计未来50年,中国城市化程度将从现在的37%提高到76%以上,而到2050年,中国的城市人口总量将达到10亿至11亿,即从现在算起,中国每年将有1200万农民转为城市人口。农民进了城,迅速缩短与城市的“距离”,融入城市主体社会,实现完全的城市化进程,既有现实意义,也有深远意义。因此必须研究和探讨农民工与城市主体社会互动的客观规律,消除农民工进入城市主体社会的障碍,使他们顺利地融入城市社会,加快和推进我国的城市化进程。

试论费孝通的家庭社会学思想和理论

——纪念费孝通先生诞辰100周年

载《天津社会科学》2010年2期

费孝通先生是当代中国社会学、人类学一代宗师。1949年9月，费孝通的名著《生育制度》由商务印书馆初版，他在该书中阐述了他的家庭社会学理论和思想。

一、以“人类种族绵续的保障”为中心的婚姻家庭本质论

人为什么要结婚，社会为什么要有婚姻家庭制度，一直以来人们对此有不同理解和解释。费孝通认为人类之所以需要婚姻家庭制度，是为了传宗接代。

1. 婚姻家庭制度是生育制度

“生育制度——包括求偶，结婚，抚育”①，就是人们所说的婚姻家庭。费孝通从制度论出发，将其论述婚姻家庭的著作命名为《生育制度》。

费孝通阐述了人为什么要结婚，人类社会为什么需要家庭。在他看来，婚姻家庭是一种社会制度，这种制度主要是为了满足“生孩子，把孩子领入”的需要，因此在该书第一章他就开宗明义地指出，婚姻家庭是人类种族绵续的保障，“为了社会新陈代谢作用的重要，社会上必须预备下这负责抚育的基本团体来完成这任务。每一个社会所容许出生的孩子必须

① 费孝通：《生育制度》，天津人民出版社1981年版，第2、29页。

得到有人抚育他的保证。所以在孩子出生之前，抚育团体必须先已组成。男女相约共同担负抚育他们所生孩子的责任就是婚姻”①。

2. 婚姻的基本意义不是限制两性关系，而是为孩子确定社会性的父母

费孝通说：“婚姻是社会为孩子们确定父母的手段。从婚姻里结成的夫妇关系是从亲子关系上发生的。这种说法也许和我们通常的看法不同，因为在我们的文化里，时常会使人觉得夫妇关系是两性关系，婚姻是确定两性关系和个人开始性生活的仪式。可是在很多民族中两性关系并不以婚姻始也并不限于夫妇之间，而同时特别值得我们注意的是夫妇之外的性生活无论如何自由，并不会引起婚姻关系的混乱。这使我们觉得婚姻关系和两性关系并没有绝对的联系，因之，我们似乎不应把限制两性关系视作婚姻的基本意义。婚姻之外的两性关系之所以受到限制还是因为要维持和保证对儿女的长期的抚育作用，有必要防止发生破坏婚姻关系稳定性的因素。”②

这里深刻阐述了婚姻本质。按常识，婚姻的确立标志着两性关系的合法化，但费孝通用民族学的调查研究结果（如初夜权，宗教性的神女，成年礼时的性交，借妻，以妻待客，交换妻子以及情人制等，常是最受人喜谈的风俗）说明婚姻关系和两性关系并没有绝对的联系。他反对关于婚姻家庭的世俗看法，指出婚姻家庭的本质在于传宗接代。

马克思、恩格斯在阐述婚姻家庭的本质时说，每日都在重新生产自己生命的人们开始生产另外一些人，即增殖。这就是夫妻之间的关系，父母和子女之间的关系，也就是家庭。根据唯物主义观点，历史中的决定性因素，归根结底是直接生活的生产和再生产。但是，生产本身又有两种。一方面是生活资料即食物、衣服、住房以及为此所必需的工具的生产；另一方面是人类自身的生产，即种的繁衍。一定历史时代和一定地区内的人们生活于其下的社会制度，受着两种生产的制约：一方面受劳动的发展阶

① 费孝通：《生育制度》，天津人民出版社 1981 年版，第 2、29 页。

② 费孝通：《生育制度》，天津人民出版社 1981 年版，第 29、31、33 页。

段的制约，另一方面受家庭的发展阶段的制约。和马克思、恩格斯一样，费孝通先生不仅从宏观层面上确认婚姻家庭制度的客观存在，是因为社会需要确立一个基本单位来实现“人类种族绵续”，而且，从微观层面阐述了婚姻是为孩子们确定父母的手段。他把亲子关系区分为生物性的亲子关系和社会性的亲子关系，他说，我们应当把生物性的亲子关系和社会性的亲子关系，在概念上加以区别。婚姻的目的是在确定社会性的父亲，对于生物性的父亲的确定，倒还属于次要，事实上父与子的生物关系的要求确定本身是一种社会的规定。

3. 婚姻从表象上看是个人行为，从本质上看是社会行为

正是因为婚姻与两性关系，与个人的情爱没有绝对的联系，是为了完成人类的传宗接代而设立的一种社会制度，所以婚姻是个人行为，更是社会行为。婚姻从表象上是个人行为，是说婚姻需要当事人的参与。今天实行婚姻自由的原则，一个人要不要结婚，和谁结婚，什么时间结婚都是个人的自由，是个人决定的事，他人和社会都不会干预。婚姻从本质上是社会行为，是说婚姻是一种承担重要社会功能的制度，为社会所关注、参与和干涉。

费孝通先生在《生育制度》中对于婚姻行为的社会性有十分生动的阐述。他说，婚姻是用社会力量造成的，因为依我所知世界上从来没有一个地方把婚姻视作当事人间个人的私事，别的人不加过问的。婚姻对象的选择非但受着社会的干涉，而且从缔结婚约起一直到婚后夫妇关系的维持，多多少少在当事人之外，有别人来干预。这样，把男女个人间的婚姻关系弄成了一桩有关公众的事件了。这并不是一般人的无理取闹，或是好事者的瞎忙，而是结合男女成夫妇所必需的手续，因为，让我再说一遍，单靠性的冲动和儿女的私情并不足以建立起长久合作抚育子女的关系来的。婚姻行为的社会性，使它被社会的法律、道德、舆论、宗教、习俗所干预，为公众所关注，婚姻在人类生活上既是这样重要，而同时又不常和个人的生理和心理倾向相符合，于是社会得立下法律来防止轶出规范的行为。单靠法律的制裁犹嫌不足，于是把其他经济关系等渗入婚姻关系中，

并扩大向婚姻关系负责的团体这样使夫妇间的联系加强，即使夫妇间一时感情失和，每会因牵涉太多，不致离异。可是这还不能使这种人造的办法根深蒂固，不易撼动，于是进一步，婚姻关系获得了宗教的意义而神圣化了。婚姻有关的法律，社会，以及宗教的制裁，在它们功能上说是相同的，都是在维持人类社会生活中所必需的抚育作用。在西洋，婚姻仪式须在教堂里由牧师来主持，把婚姻视作一种向上帝负责的契约。在我们自己，一方有月下老人的暗中牵线，一方有祖宗的监视，一方还有天地鬼神来作证，这样把确立个人关系的婚姻弄成了一件热热闹闹的社会举动，更把这和生物基础十分接近的俗事，转变成了好像和天国相通的神迹。

二、以“社会结构中的基本三角”为模式的婚姻家庭结构论

和费孝通先生以“人类种族绵续的保障”为中心的婚姻家庭本质论相关的是以“社会结构中的基本三角”为模式的婚姻家庭结构论，包括以下三点：

1.“两点成一线，三点成一面”的家庭稳定模式理论

“两点成一线，三点成一面”是几何学中的原理。通过一点的可以有无数条直线，而通过两点的只有一条直线，即两点成一线；通过两点一线的可以有无数个平面，而通过三点的只有一个平面，即三点成一面，结构就有了确定性和稳定性。费孝通先生借用这个理论，阐述了他的家庭结构论观点。

他引用了雷蒙德·佛思的话说：舞台上或银幕上的三角是二男一女（近来也有二女一男）间爱的冲突；可是从人类学者看来，社会结构中真正的三角是由共同情操所结合的儿女和他们的父母。他说：“二点之间只能划一条直线。这条直线并不能固定任何一点的地位，两点尽管可以不改变这距离而四处移动。若要固定这两点和其间直线的位置，只需再加一点，划成一个三角。三点之间要能维持三条直线的长度就只有一个三角的形式。两点地位的固定得靠第三点的存在。这是结构学上的原理，在社会团体的形式中也常常看见，两人间的关系靠了第三者的存在而得到

固定。”[①]男女结合成夫妻,还构不成真正意义上的家庭,还没有稳定的家庭结构,只有孩子出生,家庭中有了第三点,才有了稳定结构,变成了真正意义上的家庭。这个家庭结构的思想和理论与他的婚姻本质论是一致的,即婚姻家庭制度存在的根据是生育和种族绵续,为此而造就了家庭这样的社会结构,它必然是三点的,而不是两点的,只有三点式结构,才有有效的家庭功能、稳定的家庭结构,符合社会传续的需要。

2.“夫妇关系以亲子关系为前提,亲子关系以夫妇关系为必要条件”的家庭关系理论

从学术研究的角度说,社会结构与社会关系是同义语,结构也称模式,常常是从关系的总体上说的,而关系则比较具体,常常是指两种角色间的互动。

费孝通先生在阐述婚姻家庭结构论时,还论述了家庭三角结构中的两种主要关系:夫妻关系和亲子关系之间的关系和互动。从形式逻辑上说,先有夫妇关系,再有亲子关系,换句话说,先结婚产生夫妇关系,再生育,出现亲子关系。而费孝通先生说,“在这个婚姻的契约中同时缔结了两种相联的社会关系——夫妇和亲子。这两种关系不能分别独立,夫妇关系以亲子关系为前提,亲子关系也以夫妇关系为必要条件。这是三角形的三边,不能短缺的。”[②]这是一种深刻的辩证逻辑,就是说,没有亲子关系的目的和结果(即没有生育),就没有夫妇关系,也没有所谓婚姻,这从结构和关系的角度揭示了婚姻家庭的本质。他列举了广西花蓝瑶的例子:“花蓝瑶不但在实际生活上,而且在仪式上,特别强调孩子的出生是夫妇关系完成的条件。孩子出生后夫妻的婚姻关系才真正确立,夫妇才有了家庭中的地位和名分。”

费孝通先生还从现代社会生活角度论述了亲子关系对夫妻关系的调适作用和稳定作用。他引用了帕克教授关于人所生活的世界是包括“过去、现在和将来”三度的观点,指出“两性的享受不带有对于将来的瞻望,

① 费孝通:《生育制度》,天津人民出版社 1981 年版,第 65～66 页。
② 费孝通:《生育制度》,天津人民出版社 1981 年版,第 66～67 页。

各人为了自己的满足不易有个共同的憧憬，这种生活不是三度的，因之各自被习惯所支配，使他们不易和洽。要打破这历史的不同习惯的障碍，必须创造出一个共同的向未来的投影。孩子不但给夫妇创造了一个共同的将来的展望，而且把这空洞的将来，具体的表示了出来。结婚若是只是指两性的享受，这种关系是不易维持的。可是结婚却开启了另一种感情生活的序幕。孩子出生为夫妇两人创造了一件共同的工作，一个共同的希望，一片共同的前途”[①]。这里论者从婚姻的本质上进一步揭示了两种主要的家庭关系的相互作用，而且给现代那些把婚姻等同于如痴如醉爱情的人一种启示。婚姻家庭中不仅有爱情，还有生活琐碎事物和生育抚育责任；婚姻家庭中不仅有夫妻关系，还有亲子关系，没有亲子的支撑，就没有长久的夫妻。

3. 家庭在“世代间的隔膜和继替”中的结构更新理论

费孝通先生的家庭三角理论，不仅包含着结构稳定的思想，而且还有延伸的结构更新理论。在他看来，在父母的抚育下，家庭中的孩子终究要长大，世代间的隔膜客观存在，亲子间继替必然发生，在原有的家庭三角中会产生和分裂出新的家庭三角，这是人种传递中的新陈代谢规律。

家庭“这三角结构是一个暂时的结构。在一定的时间，子方不能安定在这个三角形里，他不能永远成为只和父母联系的一点。他要和另外两点结合成新的三角形。于是原有的三角形也就无法保持它的完整性了。这并不是原有三角形的意外结局，而是构成这三角形的最终目的。三角形的破裂是它功能的完成。这有一些像是蚕茧。蚕茧不论怎样结实，怎样美观，它的目的是给茧内的蛹成长和蜕化成蛾的机会。茧壳的完整注定是暂时性的。若是为了要保持茧壳的完整，只有把蚕蛹烘死在茧内。可是杀蛹完茧又岂是作茧自缚者的本意呢?”[②]这里费孝通先生再次从结构学角度重申了婚姻家庭本质在于传宗接代，如果儿女永远依赖和依恋父母离不开父母就意味着他们不能独立完成人种传续的任务，显然这不

---

① 费孝通:《生育制度》，天津人民出版社 1981 年版，第 69 页。

② 费孝通:《生育制度》，天津人民出版社 1981 年版，第 126 页。

是人类设立家庭制度的初衷，只有分裂和更新，人类自身传递才不会中断。

费孝通先生引用了尼采的一句名言“要飞的终于飞了”，生动地说明子女长大后，子代要求离开亲代自立的事实和不可改变的趋势。从旧有的家庭三角中必然要分裂和衍生出新的家庭三角，形成迄今为止人类自身传递和继替的链条。

三、以“双系抚育”为中心的婚姻家庭功能论

在费孝通先生看来，生育是家庭的最基本功能。生育既是生理的，更是社会的。家庭的“双系抚育”是孩子获得社会性人格的保证。而以生育抚育为中心的家庭生活，不能不围绕家庭生活的基本需求展开。

1. 生育的社会性概念和目标

在一般人的意识中生育是生孩子，是生物性的行为，但在费孝通先生看来生育是社会性概念，有社会性目标，从某种意义上说，抚育和教育似乎更为重要。“从概念上，我们可以把生殖和抚育分得很清楚。生殖是新生命的造成，抚育是生活的供养。”他不仅把生育分解成生殖和抚育两个概念，而且在此后的论述中，又增加了教育，即把一个生物之人转变为社会之人的过程，创造了社会性抚育的概念，指出了社会性抚育的目标。“……人类的婴儿不但所需的哺乳期特别长，能独立直接利用别种食料来营养的时期特别晚。即在断乳之后，生理上虽则可以说已经长成独立的个体，但是还要一个更长的时期去学习在社会中生活所需的一套行为方式。这是人类所特具的需要。社会知识的传递对于个人的生活是至关重要的，因为人不能个别地向自然去争取生存，而得在人群里谋生活，一个没有学得这一套行为方式的人，和生理上有欠缺一般，不能得到健全的生活；他也就没有能为人类种族绵续上尽力的机会。把这套行为方式传授给孩子们的工作可以称为社会性的抚育。社会性的抚育对于孩子的成

长，新的社会分子的培养以及种族的绵续上，和生理性的抚育有同样的重要。”[①]这里，费孝通先生阐述了生育制度中人的社会化过程。家庭是人的社会化的第一个场所，父母是孩子的第一任教师。以父母为代表的社会角色和社会力量，通过对孩子指导基本生活技能，教导社会规范，培养社会角色，指点生活目标等过程，将孩子培养为能在社会中独立生活之人，这是生育制度的过程，也是生育制度的本义。

2. 双系抚育是孩子获得社会人格的保证

费孝通先生的家庭功能论和他的家庭结构论密切相关。家庭结构之所以是三维的，是因为只有这样的结构才有利于家庭功能的正常有效发挥。他认为，抚育是家庭的稳定剂，能使男女长期结合成夫妇。这是因为人类抚育有两个特征，一是孩子需要全盘的生活教育，二是这教育的过程相当的长。人的自立能力、自理能力、和他人交往与合作能力、适应和融入社会生活能力等都需要长期教育和培养。费孝通先生举例生动地形容了父母引导子女的反复性、重复性：一个两三岁的孩子，在一个星期天受父母干预的次数比一个成年人一辈子受他人干预的次数都要多。儿女最初的成长和社会化几乎都是在父母反复的指导和帮助下才完成的。费孝通先生还阐述了家庭中双系抚育的重要性。他说：“在人类社会里一个健全的分子所需的资格很多。一个孩子要获得这些资格非得有长期的学习不成。在一个比较简单的社会里，生活上所需的知识、技术、做人的态度，在家庭里都可以学得到。反过来说，至少得有一个家庭才能得到这些资格。少于一个家庭的，不但日常生活不易维持，而且男孩子不能在母亲那里获得他所需要的全部生活方式，女孩子仅跟父亲生活，一样得不到完全的教育。全盘的生活教育只能得之于包含全盘生活的社会单位。这单位在简单的社会里是一男一女的合作团体。因之，抚育作用不能由一女一男单独负担，有了个母亲还得有个父亲。”[②]只有双系抚育才能使孩子获得完整的社会人格，这是极其深邃和发人深省的。

---

① 费孝通：《生育制度》，天津人民出版社 1981 年版，第 8 页。

② 费孝通：《生育制度》，天津人民出版社 1981 年版，第 26 页。

3. 以抚育为中心的家庭生活

费孝通先生在阐述夫妻关系时认为在家庭中夫妻之间主要有两件事，一是情感，二是家务，其轻重顺序依环境而定。他把这两件事情比做"鱼"与"熊掌"，理想的夫妇是"鱼"与"熊掌"两得其全，但这个理想常常不易实现，因此不得不退而求其次，择一而足了。他说："依我以上所说婚姻的主要意义是在确立向孩子的抚育的责任。抚育本身是一件相当繁重的事务，基本上是柴米油盐的经济工作。夫妇间先得把这些基本事务打发开了，才有讲求兴趣相投的资格。换一句话说，若是一个社会生产技术很简单，生活程度很低，男女在经济上所费的劳力和时间若需要很多的话，这种社会里时常是走上偏重夫妇间事务上的合作，而压低夫妇间感情上的满足，再换一句话说，夫妇之间可以偏重感情生活的发挥必须在一个生活程度较高的社会，其中具有各种设施可以减轻他们抚育的责任以及经济上的劳作。我们比较中国传统的夫妇生活和现代西洋都市里的夫妇生活就可以明白上面所说的话了。"①他从以抚育为中心的家庭生活出发，论述了先"家务"（以柴米油盐为中心的物质生活）后情感（爱的追求与调适的精神生活）的家庭追求顺序，是唯物的，且符合社会生活实际并带有普遍性。在以抚育为中心的家庭生活中，排在首位的是家务，然后才是满足情感的需要。换句话说，在一个生活程度较低的社会里，主要是家务和柴米油盐，而到了生活程度较高的小康社会，才有普遍的情感需求。

四、费孝通的家庭社会学思想依然是现代婚姻家庭建设的理论基础

现在我们正在建设和谐社会，家庭是社会的细胞，建设和谐家庭是建设和谐社会的基础和重要组成部分。现代社会的快速变迁带来了婚姻家庭领域的巨大变化，进步和问题相伴而生。认真研读费孝通先生的家庭社会学理论，确立现代婚姻家庭建设的理论基础，对于正确认识今天婚姻家庭的变化和问题，建设和谐家庭，乃至建设和谐社会是十分重要的。

---

① 费孝通：《生育制度》，天津人民出版社 1981 年版，第 52～53 页。

1. 正确认识现代社会婚姻家庭存在的基本根据

我们看到以“人类种族绵续的保障”为中心的婚姻家庭本质论不仅适合于传统社会，而且适用于现代社会。它是婚姻家庭存在的客观根据。正如美国社会学家古德先生所说，“在绝大多数部落社会，亲属关系模式是整个社会结构的主要组成部分。与此相反，在现代工业社会中，家庭只是整个社会结构的一小部分。不过，家庭在这种社会中也仍处于关键的地位，特别是将个人与其他社会结构如教会、国家或经济机构联系起来。假如没有这个看来原始的社会结构所做出的贡献，现代社会就会崩溃，这是确定无疑的，尽管它有复杂而先进的技术和训练有素的科层组织”①，婚姻家庭作为人类社会最初的社会关系、基本的社会群体和普遍的社会制度，仍然保持它存在和发展的最初根据。

今天，社会之所以还有婚姻制度，还要设立家庭，是因为它仍然还需要一个基本单位来完成以生育、抚育、教育为中心的人类种族传递，即传宗接代的任务。可以设想，只有未来果真有了新的办法来代替现在的人种传递链条，婚姻的存在实在没有必要了，家庭才会崩溃。当代科学技术，特别是生物遗传技术和工程得到了很大发展，诸如人工蛋白的合成、克隆技术的出现等，有人据此推断未来人造生命、造人的前景和可能。对此，我们予以置疑。20 世纪人类最大的教训之一就是挑战大自然，违背自然规律，结果受到了大自然的严厉惩罚。人类自身繁衍是大自然规律的一个组成部分，天体造人，有男有女，男女交合，父精母血，产生新的生命，这是不能违背、不能改变的自然规律。人降生到世界上，子体需要母体的较长时间的呵护，不仅要养还要教，才能从生物之人转变成为社会之人，这是社会规律。如果人们一定要改变这些规律，必将受到更严厉的惩罚。

中国有句谚语：“男大当婚，女大当嫁。”讲的就是这个规律。在社会中大多数人到一定的年龄都结婚成家，生儿育女，但很少有人思考过人类

① 古德著，魏章玲译：《家庭》，社会科学文献出版社 1986 年版，第 4 页。

为什么要有婚姻制度，要建立家庭。今天从科学角度引导人们正确认识婚姻家庭制度和它存在的客观根据，建立起全社会的婚姻家庭的科学发展观念是十分必要的。

2. 保证家庭功能的有效发挥

今天，包括中国这样有着悠久文化传统和丰富文化底蕴的国家，婚姻家庭领域都出现了很大变化。正如费孝通先生所说，我们已经进入了一个“生活程度较高的社会”，可以追求“感情上的满足”。目前，社会上出现了许多现象，诸如独身主义、丁克家庭、未婚同居、婚外情、第三者插足、闪婚、短婚、一夜情等，对这些现象人们褒贬不一，但应该有科学的价值判断，因为它已经在一定程度上威胁了现存的婚姻制度，影响了家庭基本功能的正常发挥。

今天中国婚姻家庭领域所发生的各种现象在发达国家都曾经出现过。而任何一个国家和民族对此都很关注，都不希望现有的婚姻家庭制度从根本上被摧毁，原因很简单，现在人类还没有一个更有效的机制来解决人类自身传递问题。

现代社会的发展使得社会的价值观念正在从传统的家本位向人本位转变，以人为本，以自我为中心，个人主义伸张，集体主义观念淡化，幸福享乐思想流行。在这样的社会情境下，既要尊重人们对幸福的追求和婚姻家庭的选择，也要宣传婚姻家庭的科学理念，还要用法律、道德、舆论和习俗等多种社会手段维护它的正常秩序，引导人们自觉履行婚姻家庭义务，以保证家庭功能的正常有效发挥。

3. 维护家庭结构的相对完整和相对稳定。

要保证家庭功能的有效发挥，必须维护家庭结构的相对完整和相对稳定。从社会学结构功能论的角度来说，功能与结构是密切相关的。费孝通先生所论述的家庭之所以是三角结构，是由家庭的生育抚育功能决定的，而家庭三角结构的完整又是家庭功能有效发挥的保证。费孝通先生用双系抚育观点从人类代际传承的角度阐述了维护家庭结构的完整和相对稳定对家庭功能的有效发挥的重要性。这对于今天的和谐社会与家庭建设仍有重要的指导意义。

20 世纪中叶以来，世界各国都面临离婚率显著增加的挑战，这使社会面临两难选择，一方面，要坚持包括离婚自由在内的婚姻自由原则，保护个人的婚姻家庭权利；另一方面，人们也不希望家庭的普遍解体和社会动荡，因为这将影响家庭功能的正常发挥，威胁社会的未来。社会的主导价值观念还是要维护家庭结构完整和相对稳定。

钱钟书先生在小说《围城》中，描述了婚姻围城，城外的人想往里冲，城里的人要冲出来，形象地表现了婚姻中个人与社会之间的矛盾。“城外的人想往里冲”是规律，既是个人的需要，也是社会的需求，应该带有普遍性；而“城里的人要冲出来”也是客观事实，是部分人的意愿和选择，但不应该成为普遍的事实和规律。现代人不能用单纯幸福主义的观点对待婚姻家庭，因为婚姻家庭中不仅有个人需要，还有家庭和社会义务；婚姻不仅是个人行为，更是社会行为。

中国民生问题中的结构性矛盾[①]

载《天津社会科学》2013 年第 6 期

中国是一个拥有 13 亿人口的大国，民生需求量大，民生问题十分繁多、复杂，“包括物质的和精神的”“历史的、今天的和未来的”“不同阶层和群体的”“不同区域的”“城市和乡村的”“生存、发展和享受之不同层面的”等。各种民生问题互相交织和联系，常常使人不知如何看待和解决。科学地研究和思考中国的民生问题，找到解决中国民生问题的门径和方法，必须寻找一个切入点，这就是民生问题中的结构性矛盾。

一、对民生问题结构性矛盾的理性认识

所谓结构是指事物各个组成部分之间的搭配和排列，以及由此发生的关系、联系和生成的模式。所谓民生问题的结构性矛盾是指各种民生问题自身或相互关联中的矛盾。

民生问题的结构性矛盾源于民生问题存在和发生的客观现实。对民生问题的结构性矛盾进行分析和探讨，依据的是唯物辩证法的思路和理念。如果用形而上学的方法看中国的民生问题，就会把各种民生问题看成是孤立的、静止的问题。恩格斯在《反杜林论》中曾经猛烈地批评了“是就是，不是就不是；除此以外，都是鬼话”的形而上学的思维方式。他说：“当我们深思熟虑地考察自然界或人类历史或我们自己的精神活动的时

---

① 文章发表时署名的作者还有张宝义。

候，首先呈现在我们眼前的，是一幅由种种联系和相互作用无穷无尽地交织起来的画面，其中没有任何东西是不动的和不变的，而是一切都在运动、变化、产生和消失。”“形而上学的思维方式……看到一个一个的事物，忘了它们互相间的联系；看到它们的存在，忘了它们的产生和消失；看到它们的静止，忘了它们的运动；因为它只见树木，不见森林。”①中国民生问题正是由各种具体的民生问题相互交织和联系构成的总画面。我们必须从它的结构入手，才能从总体上把握它的特征和内部联系，高屋建瓴地分析和认识问题。但这还不够，正如恩格斯所说的，这种“观点虽然正确地把握了现象的总画面的一般性质，却不足以说明构成这个总画面的各个细节；而我们要是不知道这些细节，就看不清总画面。为了认识这些细节，我们不得不把它们从自然的或历史的联系中抽出来，从它们的特性、它们的特殊的原因和结果等等方面来逐个地加以研究”②。

基于上述认识，我们应该将中国民生问题中的结构性矛盾作为研究的切入点。首先把握民生问题结构的总体特征，分析民生问题系统中各类民生问题、各个层次民生问题的相互关联，对中国民生问题进行宏观把握，然后再逐一解析那些具体的民生问题。

二、民生问题中结构性矛盾产生的动态性逻辑

民生的实现过程就是人类使用所创造的部分财富满足自身生存、发展和再生产的需求的过程。这个过程一般可以分为两个阶段：一是民生资源的获取过程，即社会成员依据自身的劳动知识、技能、水平及其享有的经济社会权利和社会声望等要素，按照社会财富的分享“规则”获得满足自身民生需求资源的基本过程。在这个过程中，由于不同社会成员获取民生资源的能力差异，不同社会群体乃至不同社会成员之间获取的民生资源呈现差别化的状态。二是民生资源的消费过程，即社会成员使用已经获取的民生资源，通过各种方式进行产品及服务消费，以满足自身生

① 《马克思恩格斯选集》第3卷，人民出版社1972年版，第61、60、61页。
② 《马克思恩格斯选集》第3卷，人民出版社1972年版，第60页。

存、发展及再生产的过程。中国民生问题中的结构性矛盾正是在这两个过程中产生的,并由具体的民生问题上升为一种结构性的矛盾状态。可以说,民生问题中的结构性矛盾是一个动态性的结果,它反映了整个民生实现过程的结构性失衡。

(一)民生资源的获取过程及其结构性失衡

在民生资源的获取过程中,社会成员获取民生资源的多少,虽然可以用"获取能力"来表述,但是我们认为用"获取资本"来表述更为确切,"资本"比"能力"的诠释会更好一些。

"获取资本"是民生主体获取民生资源能力的一种体现,资本的差异性决定了获取能力的强弱,由此直接导致资源获取的多少以及民生满足的程度。民生"获取资本"有三个方面的内涵,即"人力资本""社会资本"和"权利资本"。"人力资本"是通过教育、培训、保健、劳动力迁移、就业信息等获得的凝结在劳动者身上的技能、学识、健康状况和水平的总和。由于这种知识与技能可以为其所有者带来工资等收益,因而形成了一种特定的资本内涵,并参与社会生产财富的分配。"社会资本"是指个体或团体之间的关联——社会网络、互惠性规范和由此产生的信任,是人们在社会结构中所处的位置给他们带来的资源。社会资本通过个人与组织、个人与他人之间的联系可以给其带来收益。"权利资本"是指社会成员根据国家的制度性规定,应当享有的获取民生资源的权利,社会成员可以通过要求权利实现,获取国家应予的民生资源,如最低生活保障、社会医疗及养老保险中的国家支付部分等①。与"获取资本"相对应的民生资源的获取方式也可以分为三种:一是通过劳动参与市场分配,即劳动获取;二是通过社会网络、社会声望、社会地位获得的社会支持,即社会获取;三是依据法律法规进行制度性获取,即权利获取。

中国民生问题的结构性矛盾产生的重要原因,在于民生资源的上述三种获取方式的特殊性以及彼此之间的结构失调。"劳动获取"是民生资

① 陈培秀:《"权利资本"初论——"人的发展经济学"有待回答的一个论题》,《改革与战略》2009 年第 2 期。

源最主要的获取方式，劳动者通过劳动获得相应的劳动报酬，用于自身及家庭的生存和发展。但是从中国经济领域各生产要素参与分配的情况看，存在明显的"强资本、弱劳动"以及由于种种原因产生的分配不公平、不合理现象，使得一些人，特别是那些自身技能较弱的劳动者，获取的劳动报酬过低，造成了普通劳动者民生资源缺乏，民生问题突出的现象。"社会获取"是民生资源获取的又一个方面。中国是一个"关系型"社会，民生资源的社会获取是中国的特色。社会成员拥有不同的家庭关系、亲友关系、同乡关系、同学关系、师生关系等，而且社会声望、社会地位也会带来相应的社会关系。上述这些社会关系都可以用来获取额外的民生资源，也可以用来降低民生成本。在现实社会中，人们占有社会关系的资源不同，对于民生资源的获取能力也会不同。离开了"关系"人们的生活"寸步难行"，因此社会关系常常对民生资源整体的公平获取造成极大的干扰。"权利获取"是一种公共领域民生资源的获取方式，其民生资源既具有民生性又具有公共性。"权利获取"是在社会合意下，赋予部分社会群体特定民生资源的一种方式，目的在于弥补劳动获取的不足。在中国，由于公民权利赋予的差别性以及权利保障机制的不健全，民众对民生资源的权利获取出现结构性差异，不仅没有起到调节社会民生资源获取差异的作用，在一定程度上反而成为民生资源差别化的推动者。总之，在中国，民生资源获取过程的结构性失衡，是导致民生资源拥有差异的主要原因，它成为中国民生问题中结构性矛盾产生的重要根源。

（二）民生资源的消费过程及其结构性失衡

改善民生不仅是一个社会学问题，也是一个经济学概念。从经济学的意义上讲，改善民生的主要途径是扩大消费，提高消费质量。消费需求的不断扩大，消费水平和消费质量的不断提高，才意味着百姓民生质量的改善①。

公共物品理论认为，满足民生需求的物品可以归为两个领域——私

① 卢嘉瑞：《扩大居民消费是改善国计民生的头等大事》，《湘潭大学学报（哲学社会科学版）》2010年第2期。

人物品领域和公共物品领域，私人物品的供给由市场解决，公共物品、准公共物品的供给由政府解决[①]。由此，民生资源的消费路径基本包含两个方面：一是市场性的商品及服务性消费（简称“市场性消费”，即人们通过市场购买生活用品、享受生活服务，来满足自身的民生需求；二是公共产品和服务性消费（简称“公共性消费”，即人们通过政府提供的公共产品及服务（含公共产品和准公共产品），来满足自身的部分民生需求。在以上两种消费中，市场性消费满足了人们日常及大部分的民生需求。但是，市场性消费受市场价格的影响很大，市场价格变动会对民生资源的消费产生影响，对于获取民生资源较少的群体而言，物价的上涨将增加生活成本，造成民生资源的消费性“短缺”。公共性消费的目的在于降低民生资源的消费成本，增大消费的经济性，减少民生问题中市场性消费的风险，以此达到平衡民生需求的作用。

在中国，民生资源的消费过程同样处于结构性失调的状态。在私人物品领域主要表现为个人收入与物价上涨之间的矛盾。在公共物品领域则主要表现为以下几个方面：一是公共产品及服务较少，涉及范围窄，供给力度不够，对于部分低收入者来说，难以弥补市场性消费带来的价格风险。如最低生活保障制度的覆盖面较小，政府对公共卫生、交通、环境等诸多民生领域的投入相对较少等。二是基本公共产品及服务供给的不均衡，造成公共资源分布的差异性，引发一些群体及地区间享受公共产品及服务的机会性差别。如我国城乡之间以及东西部地区之间社会保障水平的差异等。三是市场性消费和公共性消费之间存在矛盾，进一步突出了民生问题中的结构性矛盾。一般而言，公共产品及服务太多涉及与民生密切相关的基本生活消费，与单纯的市场性消费不存在过多的冲突，但在某些民生领域，由于民间资本的引入，也会产生公共性消费与市场性消费相互冲突的现象。

总的看来，我国民生问题结构性矛盾的产生，与民生实现过程密切相

---

① 刘太刚：《公共物品理论的反思——兼论需求溢出理论下的民生政策思路》，《中国行政管理》2011 年第 9 期。

关。无论是民生资源的获取过程，还是民生资源的消费过程，其内部的结构性矛盾在很大程度上制约了社会成员对民生资源的合理性获得以及合理性消费，客观上造成了社会成员对民生资源占有的相对“过剩”与“不足”并在一定条件下促成了结构性矛盾的产生。

（三）民生资源结构性失衡的社会根源

社会学在研究一种社会现象时，不仅需要对社会现象进行符合逻辑的过程性思考，还需要将之与社会存在、社会变迁相联系，从其产生的社会原因的角度来分析。这种阐释不仅可以验证逻辑性思考的适用性，更主要的是将逻辑性思考转换为对社会现象产生原因的理解。从这样的视角出发，我们依据上述民生问题结构性矛盾产生的逻辑，从社会制度、社会供给、社会机会三个主要方面进行如下分析：

1. 社会制度：身份差异与区别对待

民生问题的结构性矛盾有其制度根源。社会福利的制度性准入差异必然产生结构性矛盾。以传统的户籍制度为例，中国的户籍制度将人群划分为非农业与农业户口两类，两类人员在就业、医疗、社保、住房等许多方面的福利供给都有很大差异，在此背景下产生的民生问题必然有成为结构性矛盾的趋势。再以传统的退休制度为例，政府公务员、事业单位、企业职工之间存在较大的身份性差别，干部与工人之间的退休待遇相差悬殊，这种制度安排也必然导致社会养老问题的结构性矛盾。在任何一个社会，身份性差别总是不可避免的，不同社会成员的社会地位、社会声誉是不同的，这与他们的社会分工、社会职责有密切的关系。然而在中国，较为独特的是，社会身份的差别会产生各种社会福利的制度性准入差异，也即身份性差异的区别对待，这使得不同社会群体因其身份差异，在社会待遇方面会有所不同，由此人为地将民生问题复杂化和结构化，为民生问题结构性矛盾的产生埋下了“隐患”。

2. 社会供给：碎片化与供给错位

在任何社会，基本的民生问题应该主要由社会供给来解决，中国目前社会供给的主要问题不仅仅是总量偏少，还有供给“碎片化”和供给“错位”的问题。就供给“碎片化”来说，我国地方政府主要承担民生资源的公共性供给，基本公共服务是公共性供给的主要内容。但是由于各省市经济社会发展的不平衡，地方政府的财政收入状况差别较大，民生资源的公共性供给存在明显的“碎片化”，城乡之间、东西部地区之间以及各地方行政区域之间，民生资源的公共供给在范围及标准方面均有较大差异，能够实现社会保障资源省级统筹的寥寥无几。这种供给的“碎片化”导致的直接后果就是民生问题的结构化，容易引发结构性矛盾。

“供给错位”也是造成民生问题结构性矛盾的重要原因。我们知道，民生资源的社会供给基本可分为市场性供给和公共性供给两种，前者是依靠市场自身的调节实现对民生需求的有效供给，后者主要是政府对民众基本生活需求以及市场无效供给的部分，采用提供公共服务的方式满足民众民生需求。两者之间定位不同，供给对象、供给范畴也不同，如果两种供给出现错位，就会在一定范围内导致民生问题结构性矛盾的产生。以机构养老为例，我国的机构养老分为国办和民营两种，前者具有公共性供给的成分，后者则基本上依靠市场调节。目前，国内国办养老机构人员爆满，一床难求，常年排队，而民间养老机构则存在虚位以待、床位资源浪费的现象。以上现象产生的原因就是“供给错位”。在过去养老机构奇缺的年代，政府通过公共性服务的方式大力发展机构养老，思路是正确的，但是在市场性供给不断增加的情况下，如何调整自身定位，就成为国办养老机构必须考虑的问题。

3. 社会机会：非竞争的不公平性

在民生资源的获取过程中，社会机会具有十分重要的意义，如果能够获得相应的社会机会，也就意味着拥有了获取相应民生资源的资格和条件。人们常说，在一个竞争的社会中平等的机会比平等的结果更为重要。当前影响中国民生问题的一个重要方面就是社会机会的不平等，这主要是由于社会资本对民生资源获取过程的过分参与所致。我国是一个“熟人社会”，人们拥有不同的社会网络，也就占据了不同的社会资源，在这种情况下，社会资源的使用会在很大程度上破坏社会机会的公平性，导致出现非竞争的不公平状况。以大学生就业为例，大学生就业中社会资本已经在一定程度上超越了人力资本的作用，学生背后的各种社会关系对其就业有着重要影响，依靠亲属或熟人关系找到比较好的工作的例子比比皆是。而农村大学生祖祖辈辈扎根在乡村，要想在城市谋到一份满意的工作，很不容易且明显地处于不利地位。目前，在北京、广州等地“蚁族区”中的居民，多数为外地毕业生，他们在当地没有更多的社会网络资源，他们的社会机会受到一定的“剥夺”。事实上，由社会资本引发的非竞争性的机会差异，给社会民生问题带来了普遍的影响，孩子入幼儿园需要找熟人、上学需要找熟人、家人上医院看病还要找熟人……在“熟人社会”的背景下，民生问题中的机会性结构矛盾悄然形成，民生问题正是在这种机会性差异中，将“可”与“否”之间的结构性矛盾暴露无遗。

三、民生问题结构性矛盾的分类

我们以民生问题的结构性矛盾为切入点，找到了把握民生问题系统的宏观视角，同时，还有必要对民生问题的结构性矛盾进行分门别类的思考。使用不同的方法可以有不同的分类，而多视角的分类则可以加深我们对各种矛盾的特殊性和引发矛盾的各种深层次原因的认识。中国民生问题的结构性矛盾十分复杂，有时间和空间维度上的、人的需求序列上的结构性矛盾，还有各种民生问题之间的结构性矛盾。

（一）时间、空间维度上的结构性矛盾

中国当下的民生问题与以往的民生问题有着密切的联系，所以认识今天和未来中国的民生问题离不开对过去中国民生问题的把握。过去老百姓最为关注的民生问题是“开门七件事”——柴、米、油、盐、酱、醋、茶，在追求温饱的层面上，这和当时经济落后，人们普遍贫穷有关。如今中国经济发展了，人民生活水平大大提高，民众最关心的民生问题则是收入分配、劳动就业、教育、医疗卫生、住房等问题，民生需求结构发生了很大变化。事实上，今天中国的民生问题既有少量过去遗留的温饱问题，也有新生的比较突出的教育、医疗卫生、住房问题以及社会保障问题等。新中国

成立以后，中国的基本国情是底子薄，欠账多；人口多，需求大。所以思考民生问题时必须充分考虑历史和今天的客观情况，分析时间维度上的结构性矛盾。

此外，中国是一个国土面积辽阔的大国，不同区域的发展水平不同，其民生需求也会有很大差别。比如，从地理上说，中国通常可分为东、中、西部三大区域；依据产业性质和生活方式的不同，又有城市和农村之分。无论是改革开放前的中国，还是今天的中国，东、中、西部的经济发展水平和人民生活水平都有比较大的差距，东部发达，中部和西部相对落后，因此国家才有西部大开发战略，中部开发战略。东、中、西部区域的这种差别，造成了民生需求的结构性差别。同时，在中国，城乡二元体制依然存在，城乡差别没有消失。农村和城市在生产、生活方式上的明显差异造成了不同层面和结构的民生问题。当前有大量的有关城乡差别的统计资料。如，根据国家统计局的统计，2012 年我国城镇居民人均可支配收入 24565 元，农民人均纯收入 7917 元[①]，据此计算，城乡收入比为 3.1∶1，如此之大的收入差距，正是民生问题结构性矛盾在空间维度上的突出表现。

（二）人的需求序列上的结构性矛盾

从个人角度说，人在社会生活中的需求是多方面、多层次的，也具有结构性。马斯洛的需要层次论认为，人的需求包括五大类，由低到高依次为生理需要、安全需要、社交需要、尊重需要和自我实现的需要。可见，人的基本民生需求是物质、精神和心理需求的结构性搭配。最近有中国学者提出“民生问题呈现逐层递进关系可以分为关注生存、重视保障、促进发展三个结构层面”[②]，也就是说，人在不同状态下有不同的需求，首先是生存和保障，然后才是发展，各种需求不在一个层面，是有机的结合。从群体角度说，民生需求也有差异，结构性更明显。俗话说“物以类聚，人以群分”，这里所说的群可以有多种划分，传统上按年龄、性别、文化程度、职

---

① 中国国家统计局：《2012 年国民经济和社会发展统计公报》，中国国家统计局网站，2013 年 2 月 22 日。

② 柳礼泉等：《我国民生问题的结构层面与关涉内容析论》，《岭南学刊》2010 年第 1 期。

业进行划分，今天和研究民生问题密切相关的是划分阶层、利益群体或利益集团，不同的阶层、利益群体和利益集团会有不同的民生需求。根据国家统计局的数据，2012 年中国的基尼系数为 0.474①，已经超过了 0.4 的警戒线，这说明中国已经有了很大的贫富差距，由此必然造成民生需求中的结构性问题。

（三）各种民生问题之间的结构性矛盾

众所周知，在收入分配中，一次分配秩序混乱，不到位；二次分配力度不够，没有很好地起到调节分配的作用；三次分配不成熟，还没有成为社会分配的有效补充。此外，还有个人收入与国家、企业收入之间存在比例失调的问题，个人的收入增长远远低于 GDP 的增长幅度；有“强资本”与“弱劳动”之间的矛盾，资方说了算，劳方处于弱者地位；有垄断行业与一般行业收入差距引发的矛盾；有“公开收入”与“隐性收入”之间的矛盾，收入状况不透明，有的人隐性收入反而成为收入的主要部分。

在教育问题上，有教育资源供给和需求之间的矛盾，即普遍性的教育资源的提供与优质教育资源不能满足社会需求之间的矛盾。现在人们希望获得优质教育，即要上“好学校”，“择校热”一直持续，于是“择校费”即教育乱收费现象随之而来。在教育大普及、大发展的今天，人们却感到“上学难”了。还有教育模式单一的问题，人们大都认为子女上普通高中、上大学才有出路，而职业学校、职业教育备受冷落。普通教育与职业教育结构比例失调，其结果是大学培养的“工程师”过剩，而职业学校培养出来的“技术工人”短缺，社会人才供求严重脱节。

在医疗卫生问题上，医疗资源配置与理想的金字塔形相去甚远，在现实中呈现为倒金字塔形。医疗资源配置城乡差距大，基层医院医疗设施薄弱，从业医务人员不足，患者从农村涌向城市，且又都涌向大医院，造成“看病难”。在医疗费用上，政府与企业（组织）、个人负担结构比例不合

---

① 2013 年 1 月 18 日中国国务院新闻办公室举行新闻发布会，中国国家统计局局长马建堂在介绍 2012 年国民经济运行情况时表示，2012 年中国的基尼系数为 0.474。中国国务院新闻办公室网站，2013 年 1 月 18 日。

理，个人负担过重，政府投入不足，医院自劳自吃（以药补医），最终负担还是转嫁到患者身上，造成“看病贵”。“看病难”和“看病贵”使医患关系更加紧张。

综上所述，大众关注的基本民生问题表面上是相互独立的，有各自的特殊性，实质上却是相互联系的。比如在就业问题中，一方面用人单位招工难，另一方面求职者找工作难。这种矛盾其实与人的素质有关，招工单位往往希望录用有一定技术技能、专业专长的人员，这样的人供不应求，而大量的求职者由于素质偏低，不具备一定的技术技能，只能出卖体力，因此产生供求之间的结构性矛盾。而这个问题又和教育问题紧密相连，教育模式单一，职业教育相对薄弱，不能适应社会需求培养人才是其中一个很重要的原因。因此，只有厘清民生问题之间的相互关联和结构性矛盾，再进行分门别类的研究，才能找到问题的症结，得出科学的判断。

四、民生问题结构性矛盾的统筹解决

《中共中央关于构建社会主义和谐社会若干重大问题的决定》在谈到坚持科学发展观，构建和谐社会时，特别提到“统筹”，即“统筹城乡发展，统筹区域发展，统筹经济社会发展，统筹人与自然和谐发展，统筹国内发展与对外开放”。“统筹”理念是科学发展观的一个组成部分。统筹即统一筹划，在科学发展观中它不仅是一种方法论，也是认识论。在统筹理念中，理论与实践，主观与客观，局部与整体，微观与宏观，历史、现实与未来是辩证统一的。

由于中国民生问题中客观存在着结构性矛盾，在分析和解决民生问题时，必须深入分析各种民生问题的内在联系，认识其复杂性，用统筹的方法解决民生问题。比如我们必须统筹收入分配中的一次分配、二次分配和三次分配，才能真正建立起合理的收入分配秩序和体系；我们必须统筹个人收入与国家、企业收入的关系，才能解决劳动者的收入分配问题，使人民分享改革的利益和实惠；我们必须统筹以大学生为主体的青年人求职、农民工进城找工作、下岗职工再就业三个方面的就业问题，才能真正缓解劳动就业中的矛盾；我们必须统筹普通教育与职业教育的布局，才能使学校的人才培养和社会人才需求对口衔接；我们必须统筹医疗资源配置，才能使中小医院（特别是社区医院）得到真正的发展，使大中小医院各司其职，真正缓解目前的“看病难”问题等。

用统筹的方法解决中国的民生问题要求我们不能“头疼医头，脚疼医脚”，应同时从具体的对策、政策和政策体系等几个方面着手，既要有解决问题的具体方法、政策、法规，还应当形成中观、宏观的跨领域、跨地域、跨行业、跨群体的综合的政策体系和战略思维。总之，只有用统筹的方法，建立起系统的政策体系来解决民生问题，才能真正化解民生问题中的结构性矛盾。

关于家庭和家庭结构研究

载《社会》1984 年第 5 期

当前在社会学界关于家庭和家庭结构的研究十分热烈,然而对于什么是家庭和家庭结构却有不同的理解。笔者认为,对任何一个问题的研究都必须概念清晰,只有准确地把握其内涵和外延,才能把研究引向深入,以期得到科学的认识和结论。本文拟就家庭和家庭结构研究中的几个理论问题谈点粗浅的认识。

一、什么是家庭

关于家庭的概念,人们从不同的角度有过多种不同的解释。

比如说,我国古代的《说文解字》中有:"家,居也。从宀。豭省声。"人所居称"家",有"居住"之意。这是从居住的角度解释什么是家庭。

有关"家"字的甲骨文的考证则说,"家"字象征房子底下有一只猪。原来"家"字的本义最初就是养猪的地方,引申之则为一处畜牧点,因为这个时候畜牧业已经成为人们生活的主要来源。所以一群人居住的地方,一定要有一个"家"。

在国外起初有些人甚至把家庭理解为"奴隶"。比如在拉丁文中家庭称 Familia,(家庭)这个词,起初并不是表示现代庸人那种脉脉之温情同家庭龃龉相结合的理想,在罗马人那里,它起初甚至不是夫妻及其子女,而只是奴隶,Familus 的意思是一个家庭的奴隶,而 Familia 则是指属于一个人的全体奴隶。

在当代随着对家庭研究和认识的深入，对家庭又有了一些新的认识和解释。

有的人从生理的角度解释家庭，认为婚姻是“肉体的机能”，家庭是“肉体生活同社会机体生活之间的联系环节”。

有的人从社会群体的角度解释家庭，认为“物以类聚，人以群分”，家庭是人类群分的一种特有形式，它具有“亲密的，面对面的结合和合作的特征”，是社会学家库里所称的基本的社群。家庭作为基本的社群具有一定的稳定性、持久性、连续性，为人们的社会生活提供了基本的环境和人们进行社会化的基本的条件。

有的人从社会制度的角度解释了家庭，认为所谓制度，“是社会公认的比较复杂的而有系统的行为规则”。家庭也即家庭制度，它是家庭在组织结构和活动上的行为规则和规范体系，家庭是人类社会最本原的社会制度，它包括婚姻制度和生育制度。

以上这些议论都接触到了家庭和家庭生活的一些方面，但没有谈到家庭的本质。按照唯物辩证法的观点，事物的质是事物自身的一种规定性，这种规定性使事物具有它本身固有的特性，并在实质上与其他事物有所区别。质的规定性的来源首先在于事物本身内部矛盾的特殊性，即事物内部的不同联系。家庭之所以和一切社会团体、组织相区别，首先在于组成家庭分子之间特殊的关系和互动方式，只有从这里入手，才能认识家庭的本质，正确说明家庭的概念的内涵和外延。

基于上述认识，笔者认为只有从社会关系的角度，从家庭成员相互联系和互动上才能正确理解什么是家庭。

“关系”是事物之间互相联系、互相作用、互相影响的状态。社会关系是社会事物之间互相联系、互相作用、互相影响的状态。家庭是一种社会关系。马克思、恩格斯曾说：“家庭是一开始就纳入历史发展过程的第三种关系。这个家庭起初是唯一的社会关系，后来，当需要的增长产生了新的社会关系，而人口的增多又产生了新的需要的时候，家庭便成为（德国除外)从属的关系了。”①马克思、恩格斯说的三种社会关系,第一种关系是生产满足衣食住等需要的物质资料;第二种是生产工具和生产方法;这两种关系是人和自然的关系,而不是人和人的关系,不是社会关系。因此马克思、恩格斯又说:“生命的生产——无论是自己生命的生产(通过劳动)或他人生命的生产(通过生育)——立即表现为双重关系:一方面是自然关系,另一方面是社会关系;社会关系的含义是指许多个人的合作,至于这种合作是在什么条件下,用什么方式和为了什么目的进行的,则是无关紧要的。”②

由此可见,家庭是一种表现为生命生产的社会关系,它不像“邻里”那样以“地缘”为依据,不像“同事”那样以“业缘”为依据,也不像“同学”那样以“学缘”为依据,而是以“婚姻、血缘”为依据,这是家庭关系的特殊性。

马克思在谈到家庭的概念时十分明确地指出了这一点,即:“每日都在重新生产自己生活的人们开始生产另外一些人,即增殖。这就是夫妻之间的关系,父母子女之间的关系,也就是家庭。”③苏联科学院语言研究所主编的四卷本俄语大词典进一步解释道,家庭是由丈夫、妻子、子女和其他生活在一起的近亲所组成的小团体。

因此家庭从本质上表现为婚姻血缘关系,从形式上是一种社会生活的团体和组织,一句话,家庭是以婚姻、血缘关系为纽带的社会生活组织形式。

二、“家”和“户”的问题

在现实社会中,作为社会生活的基本单位除去家庭外,还有许多其他情况。比如说“单身户”的数量就很多。这些“单身户”的成因很复杂,比如未婚、离婚、丧偶、丧子女、丧父母等,都是由于婚姻、血缘关系的丧失而形成的。这些“单身户”又不很稳定,它可能通过婚姻、血缘关系的恢复和

---

① 《马克思恩格斯选集》第 3 卷,人民出版社 1972 年版,第 32～33 页。
② 《马克思恩格斯选集》第 1 卷,人民出版社 1972 年版,第 34 页。
③ 《马克思恩格斯全集》第 3 卷,人民出版社 1972 年版,第 32 页。

建立重新变成家庭，从而表现了它和家庭的密切关系。如果在关于家庭的研究中只从概念和定义出发，把这些“单身户”刨除在外，就会给研究带来很大的局限性，犯形而上学的错误，同时也容易脱离社会生活的实际。

这样，既要把握家庭的科学概念，从社会生活单位中分清什么是家庭，什么不是家庭，又要在研究中把它们联系起来，就必须提出“家”和“户”的联系与区别的问题。

“家”和“户”是两个既互相联系又互相区别的范畴。“家”是以婚姻血缘关系为依据的社会生活单位，而“户”是以居住地为依据的社会生活单位。尽管是一家的大多数都为一户，但两者并不等同，是一家的可能是一户，也可能不是一户，是一户的可能是一家，也可能不是一家。“家”可以演变为“户”，“户”也可以演变为“家”。

为了在家庭研究中把“家”和“户”既相互联系又相互区别，为了在社会调查和统计分析中便于汇总计算，创造和使用一个家庭研究的新概念“家庭户”是必要的。日本社会学家福武直在《现代日本社会》一书中就使用了“家族户”的称呼来统计分析日本的家庭，这样既保证了在家庭理论研究中概念清晰，又符合家庭研究的实际需要，尤其有利于家庭结构、职能和关系的变动的研究。

三、什么是家庭结构

有的人说，事物的结构是指事物的构成，家庭结构则是指家庭的构成，这固然不错，但过于笼统。就家庭构成来看，可能有多种含义，比如家庭的人员构成、家庭的年龄构成，家庭的职业构成、家庭的文化构成、家庭的经济构成等，这些都是家庭构成，但不都是家庭结构。

社会学家费孝通在谈到社会结构时说：“所谓结构，所谓体系，就是指各分子的存在依赖着别分子的存在。它们各自据有一定的地位，互相关联，互相维持。社会有结构，因为各个人的生活是互相依赖，所有的行为是须和别人的行为相配合的。"①可见结构即关系，社会结构即社会关系，家庭结构也是家庭关系。只有从社会关系——家庭关系的角度出发，才能理解什么是家庭结构。从社会关系（家庭关系）看家庭结构已具有确定内含，并在科学研究中具有约定俗成的含义。家庭结构是指家庭中人的构成，是家庭中人与人之间的关系的模式。

既然家庭结构就是家庭关系，为什么在学术理论研究中还要创造出"家庭结构"和"家庭关系"两个词，还要把"家庭结构"和"家庭关系"分开来研究呢？笔者认为，所谓分开研究只不过是为了研究上的方便和清晰而已，其实质还是交融在一起的。比如就目前大多数研究家庭结构的文章来说，无论是从大家庭、小家庭的角度，从核心家庭、主干家庭、联合家庭的角度，或是从其他角度展开，实质上仍没有脱离家庭关系和关系的模式。大家庭、小家庭、核心家庭、主干家庭、联合家庭等都是家庭关系的整体类型和模式，它不过是由家庭的整体关系决定，表现为家庭的整体关系而已。况且我们在研究家庭类型及其变动时，从来脱离不开家庭中的具体关系。比如，夫妻关系和亲子的密切关系能维持家庭结构的稳定，婆媳关系不合，妯娌关系不合则可导致主干家庭、联合家庭演变为核心家庭。再从家庭关系研究的角度来说，它主要是研究家庭中一些具体关系的特点，如夫妻关系、亲子关系、婆媳关系、妯娌关系、兄弟姐妹关系等，在研究这些具体关系时也不能脱离家庭的整体背景，不能脱离家庭关系之网，不能离开家庭结构。比如说研究核心家庭中的夫妻关系就不能离开家庭中的基本三角。这一三角中的两个边（父子、母子关系）稳定，则夫妻关系也必然容易调适，容易相互增进感情。所以研究家庭关系实际上也是在研究家庭结构。

从以上分析来看，研究家庭结构实际是联系着家庭中的部分关系研究整体关系，而研究家庭关系实际上是联系着家庭的整体结构来研究部分结构而已。

---

① 费孝通：《生育制度》，天津人民出版社 1981 年版，第 136 页。

四、家庭结构研究应包含哪些主要内容

当前许多关于家庭结构研究的文章都采用核心家庭、主干家庭和联合家庭的分类方法进行研究，但这些文章大多还只停留在研究家庭类型及其变动上，为了进一步研究家庭结构及其变动，必须从核心家庭理论本身谈起。

核心家庭理论是由美国社会学家莫多克提出来的。莫多克研究了250个家庭，依其亲属关系把家庭分为3类，即核心的、复婚的、扩大的。这种分类方法的优点是它不仅从家庭关系、亲属立场的角度把家庭分为几种主要不同的类型，而且顾及家庭结构中的代际层次和夫妻对数，这是研究家庭结构中的几个最为主要的方面。但是它忽略了家庭中的人口，即忽略了家庭结构的数量表现，如果我们将这一方面因素考虑进去，用核心家庭理论研究家庭结构，主要应有以下4个方面：

1. 家庭中的人口数。家庭中的人口数是家庭结构的数量方面，研究家庭中的人口数是研究家庭结构的数量表现。社会学家费孝通曾经说“一个结构所能容纳的分子必须有地位安置，不然就格格之不入了。社会里的个人并不是堆积，而是组合。因之社会的容量受着结构的限制。”①同样对于一个家庭来说，其结构所能容纳的分子也必须有地位安置，其所能安置的人口数量也要受家庭结构的限制。反之，家庭人口数也能从量上表现家庭结构。研究家庭人口数就能从数量上把握家庭结构及其变动的一般特征。比如我们要控制住家庭中生育子女数量，实现一对夫妻只生一个子女，那么标准核心家庭应该是3口人(父母和一个子女)，标准主干家庭应该是5口人(祖父母、父母和一个子女)，标准联合家庭应该是8口人(祖父母、第2代的两对夫妻，每对夫妻有一个子女)，家庭如果保持着3口、5口、8口人的规模，则表示保持着核心、主干、联合家庭的结构。家庭人口如果在这几个数量之间发生变动，则表明家庭结构在核心、主

① 费孝通:《生育制度》，天津人民出版社1981年版，第136页。

干、联合家庭之间发生变动。

2. 家庭中的夫妻对数。婚姻是家庭的基础和起点。男女结合成夫妇，是家庭的开始。夫妻关系是家庭中的第一种关系。由夫妻关系产生亲子关系是家庭关系的扩展和延续，也是家庭的扩展和延续。由夫妻关系、亲子关系才会产生出家庭中的其他关系，如婆媳关系、妯娌关系等。在家庭中夫妇之间不仅有情感交往、性生活交往，而且要生儿育女，组织安排家庭经济、生活，维持家庭中的一切。夫妇之间需要高度的融洽正是为了要经营全面合作的生活，他们互相依赖以得到满足的地方太多了。夫妇间只要有一两个方面不相和洽，整个夫妇生活都会搁浅，并累及整个家庭生活。家庭是人际关系之网，夫妻是网上的纽结。因此夫妻关系是家庭结构研究中的一个重要问题。由于夫妻是家庭的中心，一对夫妻一个中心，两对夫妻两个中心，多对夫妻多中心。中心越多从整体来看家庭中的离心倾向就越大，家庭结构则表现为复杂和不稳定。

标准核心家庭中只有一对夫妻，标准主干家庭则有两对夫妻(每一代人中只有一对夫妻)，标准联合家庭则有 3 对夫妻(同一代人中至少有两对夫妻)，从夫妻对数及其变化上我们可以观察到家庭结构的不同特点及其变动的规律性。

3. 家庭中的代际数。家庭结构和其他社会组织结构相比的一个明显不同的特点是以代际关系为层次。所谓代际关系包括家庭中同代人或几代人的传递和交往，具体地说可以是一代、二代、三代甚至是四代、五代之间的交往，既层次分明，又有连续性和承先启后性。从层次上说，代与代之间有“代沟”，其间不易协调；从连续性和承先启后性来说，代与代之间交往也很密切。核心家庭、主干家庭、联合家庭之间的代际层次是不同的，标准核心家庭是两代，标准主干家庭和联合家庭都是三代。即三代和三代以上的家庭不可能是核心家庭，只可能是主干家庭和联合家庭。因此从家庭中代际层次及其变动上研究家庭结构的特点，也是十分重要的。

4. 家庭类型。家庭类型即家庭整体模式。核心家庭、主干家庭、联合家庭就表现为不同的家庭类型。在社会中家庭是各式各样、千姿百态的，人们为了研究它，往往要实行家庭分类，通过分门别类去把握不同家庭的不同特点及其变化发展的客观规律。因此家庭类型是依据于客观事实的主观指标。根据不同的研究需要，人们可以把家庭划分为不同的类型。所谓把家庭划分为核心、主干、联合家庭只是实行家庭研究多种分类方法的一种，由于用这种办法有利于从家庭中夫妻对数、代际层次、亲属关系等几个方面观察和研究家庭结构，因此多被人们采用。但是它只提供给人们研究家庭的基本方法和分类标准，而不可能提供研究家庭的一切方面，因此在我们采用这种分类方法研究家庭时，应当结合社会和家庭实际，探讨家庭结构和生活中丰富多彩的方面，而不能只在基本分类上兜圈子。比如同是核心家庭，家庭中同是只有父母子女，但中国的核心家庭和美国的核心家庭差别总是很大的。他们各具特点，各自包含着许多丰富多彩的内容，这些都需要我们深入研究。

社会学研究和社会政策的制定[①]

载《社会》1984 年第 6 期

在 1983 年第 4 季度，天津市社会学会、天津社会科学院社会学研究人员参加了由天津市人民政府组织的“户卷调查”。这是在天津市内 9 个区的 35 个街道抽选了 1000 户不同类型的家庭中进行的。内容涉及城市建设、生产、人民生活、环境保护等各个方面。户卷调查表包括 40 多个项目，270 多个问题，调查取得了 310 多万个数据。整个“户卷调查”进行得十分顺利。收到调查表的户主们，有的专门召集了家庭会，组织全家讨论、填写，有的把调查表带到工作单位，征求同事们的意见，还有的写了专题书面建议送交政府，主动献计献策。这次调查共发户卷 1000 份，回收户卷 1000 份，回收率达到 100%。这些都说明，这次调查得到了被调查者的支持和合作，是成功的。

“户卷调查”的设计思想

1. 这次“户卷调查”是社会学研究和政府机关改革的结合。这次调查的特点是使用社会学的思想和方法，开展调查研究，疏通政府和城市居民的联系渠道，以了解下情，体察民意，获得信息，促进政府工作的决策科学化。

天津市 1983 年为城市人民做了“引滦入津”（它是一项解决天津市供

---

① 文章发表时署名的作者还有王辉。

水的重大水利工程)等 10 件大事,其效果如何? 1984 年还要继续为人民做好几件事情,从何处入手? 这些结论都不是来自政府决策人员的主观想象,而是来自"户卷调查"。因此,费孝通教授曾经称赞这项工作是一个良好的开端,是使行政工作成为科学管理的第一步。

2. 这次"户卷调查"是从家庭入手,以家庭生活为中心,从微观家庭到宏观社会的。

从社会学角度看,政府工作中有很大一部分属于社会工作。它是通过改善社会关系、社会组织、社会制度,以达到促进社会发展的工作。

在我国城市中,家庭是一种最初的社会关系,是基本的社群,社会的基础。因此,市政府要体察民情,改进工作,就要从了解家庭生活入手、这是这次调查的又一指导思想,也是它被称为"户卷调查"的原因之一。

3. 这次"户卷调查"是把了解城市居民的态度和他们的实际行为相结合的。

"户卷调查"的上述目的,要求把态度调查和行为调查结合起来,把他们在想什么和他们在做什么联系起来,使态度测量和行为测量一致起来。因此这次"户卷调查"的内容除了包括对市政府工作的"评价""意见""要求"等态度指标外,还包括城市居民的文化、职业、经济收入,年龄、住房、家务劳动等大量的行为指标。通过态度指标去观察行为指标,通过行为指标去测量态度指标,是比较可靠的。

4. 根据现有的条件尽可能采用一些现代社会学的调查方法,并把它们和我们过去使用的一些传统方法结合起来。比如"户卷调查"是以"问卷调查"为主,但在居民填写问卷的过程中,我们又对他们进行了访问。又如"户卷调查"属于一次"抽样调查",与此同时我们又进行了大量的个案调查(典型调查)。同时在对这次调查资料的分析中格外注意到运用统计方法,实行定量分析。

"户卷调查"的抽样方法和过程

天津市市区有 390 万人,包括 100 万户家庭,要逐一了解这些家庭的要求是不可能的，因此我们决定采用抽样调查方法。

在抽样中既考虑样本的代表性，又考虑统计分析的需要及调查要讲求实效、经济等原则，决定在全市抽取千户左右家庭为调查对象，样本和总体的比例为 1∶1000。

在确定样本总数的基础上，我们决定以户主职业为抽样的基本依据。其具体原则是，参照天津市第三次人口普查中得到的天津市区居民职业分类和比例，确定千户户主从事各类职业的人数比例。然后我们运用“多段抽样法”，先从全市 9 个市区中抽取 35 个街道，每个街道抽一个居民区，在这些居民中以户主职业为依据，按“等距抽样法”进行抽样，从而确定了样本。

实践证明，用上述办法得到的样本是比较可靠的。在调查结束后，我们将样本某些参数值和总体参数值进行了比较，证明两者是比较接近的。比如我们抽取的千户居民中共有 2539 名在职职工，其中各类专业技术人员、党政企事业单位负责人、生产工人和运输工人各占的比例分别是 14％、4％、62％，而天津市第三次人口普查资料证明全市上述 3 种人员的比例分别是 14.5％、4.9％、61.2％，两者很接近。这说明“户卷调查”所选择的样本具有一定的可信度和代表性。

对“户卷调查”结果的初步分析

“户卷调查”的资料是十分丰富的，现在简要说说部分内容和结果。

1.“户卷调查”的结果之一是创造了一种新的直接听取群众意见的形式，从而实现了市政府和市民直接对话，为市政府密切联系群众、依靠群众管理好城市开辟了一条渠道。通过调查，我们知道千家万户居民中认为“市政府在过去的两三年中能努力为群众办事，效率很高，成绩显著”的有 927 户，占 92.7％，认为工作还是老样子、一般化的有 72 户，占 7.2％，认为问题很多，工作退步的有 1 户，占 0.1％。从这里了解到群众对政府工作基本上是肯定的，只有少数人持批评的态度。

对此我们并不满足。在户卷上我们列出了 26 个项目，请求群众对过去两年中做的大事一件件具体评论，结果群众按“很好”“较好”“一般”“较差”“很差”5种指标对每一个项目都表明了自己的态度。比如天津市交通问题比较严重，市民大多数是骑自行车上下班，千户户主中骑自行车上下班的有785人，乘公共汽车上下班的只有71人，步行上下班的144人。每到上下班时间，自行车结队而行，往往占去了大半条马路，因此在交通要道上经常发生堵塞现象，它还直接影响了群众的利益和生活。据对千户户主的统计，每天上下班单程需要20分钟以内的有452人，需20至40分钟的335人，需用41至60分钟的有136人，需用60分钟以上的有76人，平均每人每天需用69.2分钟。又据距离市中心较远的60户、161名在职在学人员交通情况的统计，他们每人每天上下班(上下学)平均需用83.7分钟，其中每往返一次需用两小时以上的就有17人，占总数的11%，最多的需用3小时。这就影响了群众的生活、工作和学习。如何解决这一问题呢？一方面是拓宽道路，改造城市，另一方面是增加公共电汽车的数量和线路或增加自行车生产。政府除了要把这些列人城市改造规划中逐年加以改善以外，还要找出尽快解决问题的妥善办法。根据群众的反映，通过调整居住地点、换房和调换工作地点，解决就近上班是个受欢迎的好办法。在千户户主中有411户希望调整工作就近上班，它既能解决群众上下班困难，也能缓和交通紧张状况，因此在新的一年里市政府决定把调房、换房、调动工作以解决就近上班放在首位，与此同时，在改造城市、发展交通等方面也作相应的努力，以实现对交通问题的综合治理。

2.“户卷调查”的结果之二是有助我们解决城市生活和发展中遇到的一些社会问题。

比如，天津市为了方便群众，改善副食品，蔬菜的供应，前两年建设了一些新的商业网点。千户居民中有697户认为这件事做得是“很好”或“较好”的，但许多人仍然反映“买菜难”。千户中有63%仍然把购买蔬菜等副食品作为负担最重的一项家务劳动，有75.6%仍然要求解决好蔬菜、副食品的生产和供应。是否我们还要继续建立新商业供应网点呢？通过调查资料分析可知，天津市商业供应点不算少，绝大多数居民从住地到买菜和副食品的商店都很近，其中步行只需 1 至 5 分钟的户数占 83%，6 至 10 分钟的占 17%。这说明买菜难主要不是因为商业网点少。在排除了这一可能因素后，我们又进一步调查和研究，发现造成买菜难的是因为有的商店经营方式不同，不便民，比如说营业时间短，没有早、晚市，白天职工上班时没有时间买菜，下班时商店又不营业。少数商店也有服务态度不好、货源不足等问题。据此，市政府决定在新的一年里主要不是开辟新的商业网点，而是推行商店两班制，延长营业时间，同时改善经营作风。

3.“户卷调查”的成果之三是使我们进一步了解社会基本情况，诸如城市居民的文化构成、职业构成、经济收入、家庭结构、家庭关系、劳动就业、老年人退高休等各方面情况，这些对于预测城市未来、制定城市的长远发展规划都会发生影响。

比如就家庭来说，过去人们都认为中国家庭的传统模式是世代同堂，儿女婚后和父母不分家，实际情况如何呢？千户居民中四代伙居（有三代夫妻）的家庭只有 8 户，占 0.8%，三代伙居（有二代夫妻）的家庭有 239 户，占 23.9%，而父母只与未婚子女伙居的家庭有 689 户，占 68.9%。它说明在城市中目前主要的家庭形式是核心家庭。另外老年人和年轻人对未来的家庭也表示了不同的意愿。据 375 名有成年子女的家长反映，希望女儿婚后都和自己在一起过的有 82 人，占 21%，希望只留一个结婚的儿子和自己在一起的 118 人，占 31.5%，希望只留一个结婚的女儿和自己在一起的 29 人，占 7.7%。以上 3 种合计为 60.2%。此外，希望儿女婚后都分出去过，身边一个也不留的 140 人，占 38.9%。这说明目前大部分中老年家长还遵守着传统的家庭观念，青年人则恰恰相反。据调查，青年人有 90%以上都希望婚后和父母分开，自成独立的小家庭，可见两代人在家庭观念上的差距。未来是属于青年人的，因此家庭小型化的现状和发展趋势是不可避免的。它会给城市的发展和人民生活带来一定的影响，比如现在许多家庭中的同居赡养模式在以后就可能发生变化，因此，社会对解决老年人赡养和对婴幼儿的保育和教育问题都应有新的对策。

从以上分析来看，天津市千户居民的户卷调查，作为一项重要的社会学研究成果，在人民的实际生活和中国的社会主义现代化建设中将继续发挥重要的作用。它说明了社会学研究对于社会政策制定的重要意义。

我们的市政府工作必须依赖于正确的社会政策，而市政府工作中的很大一部分属于社会工作。比如解决各种社会问题，减少和预防各种社会病态，维护人类自身的安全和活动，满足社会成员物质生活和精神生活的需要等等。因此就需要运用社会学的科学理论，不断调整和解决在社会政策制定和贯彻过程中的各种问题。

现代社会政策的制定需要依赖大量可靠的社会信息，这些信息又以具备数量特征为条件。要获得这些信息，不仅依赖于社会调查，而且必须实现社会调查手段和方法的科学化，比如调查样本的科学选择，如何保证调查资料的真实性和可靠性，实行定量分析的原则等。这些也决定了制定社会政策要依赖于现代化社会学调查方法，比如依赖于它的抽样方法，问卷设计和使用方法，问卷和访问相结合的方法，数理统计和推论的方法等。它说明社会学的方法对社会政策的制定也是不能缺少的。

同时，社会学在中国要从长期被否定、怀疑的地位彻底解脱出来、站立起来、发展起来，真正成为一门独立的学科，除了形成在马克思主义指导下具有中国特色的社会学理论体系外，还必须发挥自己学科的优势，紧密服务于社会主义现代化建设的实践，在应用中建设自己的理论，发展自己的方法，形成自己的风格，确立自己的地位。具体地说，要在制定、实施和调整社会政策中发挥作用，经受考验。

总之，社会政策的制定离不开社会学研究，社会学研究要服务于社会政策，并在其中发展自己，这就是我们在调查实践中获得的最大体会。

试论我国城市核心家庭的生命周期

载《社会》1985 年第 5 期

核心家庭的生命周期是指一个核心家庭从其诞生伊始，经历了运动、变化、发展直到其本身分裂出新的核心家庭（或转变为其他类型家庭）的过程。开展这方面的研究能把对家庭横向比较研究转变为纵向追踪研究，能解剖一个家庭从诞生、生长、发展到分裂（包括自身的转变甚至死亡），到被新的家庭所代替的全过程，这样就能使我们由宏观进入微观，比较细致地观察到家庭在自身发展过程中的不同阶段的不同特点，使我们发现核心家庭演变过程中的许多新情况。如果我们将这些情况和国外核心家庭做比较，还能发现我国核心家庭的独特方面，从而加深对我国核心家庭的本质的认识，进一步发展我们的核心家庭理论。

为了实现这一目的，我们曾经对天津红星里二委部分核心家庭进行过统计分析，即从一个居委会全部家庭的整群样本中抽出具备以下两个条件的全部核心家庭：

1. 该家庭从一诞生起就是核心家庭，而不是其他类型家庭。选择的标准是新婚夫妇独立门户（独居、独立生活），脱离开原来的母家庭。

2. 截止到调查时为止，这个家庭起码已经运动到家庭分裂的阶段，即这个家庭所生育的子女至少有一个（也可能是几个或全部）已经结婚成立了自己的小家庭。符合上述两条件的在红星里二委共有 47 户家庭。之所以按上述两条件选择统计分析对象，目的在于能够观察核心家庭（而不是其他家庭）从起始经过演变发展的较完整过程，然后做出判断。

联邦德国社会学家瓦尔纳把西方核心家庭的生命周期概括为以下 4 个发展阶段：

1. 准备和建设阶段

2. 抚养和教育阶段

3. 分离阶段(儿女从共同生活的关系中分离出来)

4. 老年阶段(核心家庭的“功能丧失”和“功能转换”)

其主要特点是，核心家庭在其自身运动过程中始终保持核心家庭形态，以儿女结婚全部分离只剩下老年夫妇的空巢家庭为其终点。

和西方核心家庭相比，我国城市的核心家庭的生命周期也可大致分为以上 4 个阶段。但是在其不同发展阶段上却保留有自己的特点。下面我们就结合 47 户家庭的情况进行具体说明。

第一阶段是核心家庭的准备和建设阶段，我们称之为新的核心家庭诞生阶段，这个阶段从婚姻成立到新婚夫妇生育之前。

在我国城市，夫妇新婚主要有两个去处，一是脱离原来的母家庭，独居，独立生活，成立各自独立的小家庭。一是与亲属长辈同居，组成主干和联合家庭。在天津红星里二委的调查中我们发现，在年代变迁中婚后即离开父母，独立门户者正在不断增加。在 1937 年以前结婚的老年妇女中，婚后独立门户的只占 36.84%，而在 1977—1982 年结婚的青年妇女中，婚后独立门户者已经增加到 68.49%，这说明越来越多的青年人婚后要成立自己独立的核心家庭。但是迄今毕竟还有一些青年人婚后留在父母处，和父母组成主干家庭等，这种情况在新一代核心家庭的周期运动中，我们仍然可以重复看到。

我们选择的 47 户家庭，皆属婚后独立门户者，从婚姻到生育之前，其家庭结构没有发生明显的变化。

第二个阶段，是“抚养和教育阶段”，我们称之为生育、抚育和教育阶段。从时间上看，这个阶段应当从第一个子女出生开始，到家庭中有一个子女结婚成家立业之前。按照家庭发展规律，在这个阶段，一般核心家庭都要通过生育和抚育构筑家庭三角结构(父母子女)，形成家庭结构的稳固支架。家庭中出现了新的生命，父母也进入了抚养和教育子女的过程。根据调查统计，红星二委的 47 户家庭中只有 2 户是既未生育也未领养，有 3 户是未生育而领养了子女，其余 42 户都生育了一个至多个子女。就是说 47 户家庭中有 45 户(占 95.74%)都经历家庭生命周期发展的第二阶段——生育、抚养和教育阶段。

在这一阶段，家庭结构发生了明显的改变，是朝扩大和巩固的方向上发展。之所以说它巩固，是因为夫妻之间有了子女，子女成为调节夫妻感情，加强夫妻关系乃至整个家庭关系的稳固支撑点。当然这只是从家庭结构一般理论意义上来说的。由于各国各地区文化传统不同，社会其他方面情况不同，其家庭也会有所不同。比如在西方，一般重夫妻感情，轻生育，轻父子关系。因此，在西方有些家庭中，孩子的降生可能不仅没有增加夫妻的感情，反而会使夫妻感情破裂，使家庭解体。美国电影《克莱默夫妇》表现的就是这样一个典型事例。在我国，情况恰恰相反。我国家庭从传统上是重生育的，迄今绝大多数夫妇都还要求生育，因生理等其他原因不生育者也要想尽办法领养。在有些家庭中夫妻之间可能无感情或无很深的感情，但由于有了子女而有了共同的兴趣，夫妻关系反而更加密切了，家庭也比原来稳固了。

第三阶段是“分离阶段”，我们称之为子女结婚而脱离原家庭阶段。之所以如此，是因为西方家庭子女脱离父母较早，那里的青年人一般也要到 25 岁左右结婚，但很多人在 15～16 岁，就是说在上中学时就离开了父母，半独立或独立谋生，他们中有些人根本不再住在家里，而是到学校或者在学校附近租房子住，结婚以后，当然更不会和父母在一起。在我国则不同，子女除去因上大学、参军或分配工作等其他原因外，一般在婚前是不会离开父母的。就是在婚后也还会有一些人继续留在父母身边(或者说继续留一段)。在红星里二委 47 户家庭中(二户未生育、未领养者除外)有 25 户，占 55.56%，已经有子女结婚但分离了出去，这些家庭中仍剩有未婚子女，仍保留着核心家庭形态。据调查这 25 户中的 10 户家长表示子女婚后都让他们分出去过，身边一个也不会留，有 9 户表示也许会留下一个，其余 6 户对此问题没有表态。25 户以外的 20 户（占 42.22%）一方面有子女结婚分离出去，一方而已经留下了一或两个已婚子女，组成了主干家庭或联合家庭，原核心家庭发生了结构和功能的改变。20 户中只留下一个已婚子女的有 19 户，有一户留下了两个已婚子女。据调查，他们之所以留下已婚子女，有的是出于两代人之间感情上的相互留恋，有的是老人为了“养老”的需要，有的是子女婚后无房要在父母处“匀房住”，有的则是两代人之间要继续相互帮助和救援等。总之，各种原因兼而有之。在这 20 户中有 11 户家长认为可能长期和子女或孙子女生活在一起，有 9 户认为和已婚子女目前在一起只是暂时的，将来还要独立生活。

由于在我国核心家庭中已婚子女可能继续留在父母身边，因此有一部分核心家庭可能转变为主干家庭。

第四阶段是核心家庭的“老年阶段”。在我国，由于这一阶段和第三阶段是密切交叉在一起的，截至调查时为止，我们所统计的 47 户家庭还处在继续运动之中，因此我们还不可能将第四阶段的家庭演变十分准确、具体地描述清楚，但却可以根据已经发生的情况和被调查者的意愿做出如下预测：

在我国城市，核心家庭运动到老年阶段，可能发生比较复杂的变化，但主要向以下 4 个方向发展。

1. 只留下夫妇二人组成的空巢核心家庭。在被调查统计的 47 户家庭中目前有 5 户属于这种家庭，其中一户是我们前面所说夫妇二人未生育，也未领养，自始至终如此。3 户是在身边曾经留下过已婚子女，而现在又分开过的。1 户是身边从未留过一个已婚子女，子女结婚一个分出一个。除去这五户外，如果我们假定目前已有结婚子女分离出去，身边只有未婚子女，而又表示身边剩余的未婚子女结婚将一个也不留的 10 户，以及目前身边虽然已留下了已婚子女，但表示目前的状况仅为权宜之计，将来还要完全独立的 9 户为未来的空巢家庭外，总共预计有 24 户为空巢核心家庭，占总数的 51.06%，数量是不小的。当然我们的这种预测大多是根据被调查者的态度来测量的，因此不够准确，再加上被调查者表示态度时，往往是夫妇健在双全，年龄也相对较轻，可以设想如果夫妇因各种原因缺失了一方，或者夫妇更加年长，行动或生活不便时则还可能改变态度，依附于子女，这点在以下的分析中我们还能继续看到。因此，未来的空巢核心家庭肯定要低于我们预测统计的 51.06%的比例，但它仍会占有一定的数量比例。

2. 以主干家庭为终结（极个别的变为联合家庭也是可能的）。如前所述，目前 47 户核心家庭中已有 20 户留下了已婚子女。从意愿上来说也有 20 户表示了长久成立主干家庭的愿望，各占 42.6%，这个数量是不小的。但我们注意到在这表示成立主干家庭的 20 户中只有 11 户是既成主干家庭事实的。这 11 户中有 5 户是原核心家庭配偶一方已经死亡，只留鳏寡一人和已婚子女在一起；有 3 户属留下了孙子女，组成了隔代家庭，只有 3 户是老少两代夫妻双全的核心家庭。因此多数主干家庭属于老年鳏寡一人和已婚子女生活在一起的，就是说，如果老一代夫妇双全的话，和子女分离的可能性就大。

3. 以隔代家庭为归宿。上面我们曾经提到目前 42 户家庭有 3 户演变为隔代家庭，即家庭中只留下祖孙两代，而中间一代夫妇则因各种原因分出去过。这在中国家庭演变中也是一种较为特殊的情况。在家庭研究中把隔代家庭也归入主干家庭类，严格地说是不科学的。隔代家庭是一种特殊类型的家庭，它既避免了主干家庭中常常出现的老少两代夫妻不和谐及婆媳矛盾等，又能通过孙子女联络两代人的感情，使老一代人不至感到孤寂。另外孙子女生活在祖父母膝下的事实，就是老一代夫妻对青年一代夫妻的“救援”。在我国由于托幼事业不发达，隔代抚养常常成为解除青年一代夫妻抚养问题的重要办法。当然在这种情况下青年一代也自然比较容易地援助和赡养老一代。隔代家庭虽然不多，但它是我国城市家庭中的一种有特殊意义的家庭。

4. 以单身户为终结。在 47 户中这样的家庭只有 1 户，该户是夫妻婚后既未生育又未领养的 2 户中的 1 户，在丈夫死亡之后，妻曾依附于其他亲属生活了一段，后感到生活不便，又独立出来，因此属于特殊情况。

以上是我们对于天津红星里二委 47 户核心家庭生命过程的初步分析。

总之,关于核心家庭生命周期的研究,把我们对核心家庭的认识引向较为深入、活泼、生动的方向,这对于用联系、运动、发展和转化的辩证观点认识我国的家庭无疑是十分重要的。

在新中国社会学发展道路上的探索

载《社会》1987 年第 4 期

《社会》编辑部同志让我撰文写点这几年研究社会学的体会，我不知怎样写才好。几年来我和国内社会学同仁一起边学习，边实践，边思考，走过了一段不平凡的路，也有以下一些不成熟的体会：

一、理论研究和调查研究

回忆起 1979 年社会学刚刚恢复的那几年，人们十分关心诸如社会学的对象，社会学与其他学科的区别，谁是社会学的创始人，社会学和马克思主义的关系等。这一方面和我国长期以来社会科学研究的传统：重理论研究有关系；另一方面则是在社会学刚刚被恢复它应有的地位时，从事这门学科研究的人可能出现一种心理，即忙于通过划清和其他学科的界限去确定自己的地位。因此，它是可以理解的、正常的，在我国社会学界也确实需要一批人去长期从事有关社会学基本理论、史和方法论方面的研究。

但是，实践告诉我们，中国社会学的根本出路主要在于走向社会实践，开展调查研究和应用，与此同时，形成自己的学科特点，发挥自己的学科理论。我国社会学之所以被恢复并得以迅速发展是不以人的意志为转移的，它是历史的必然，是现代社会的发展和现代化建设的需要。它首先需要面向实践，而不能从理论到理论，长期在一些抽象的理论问题上纠缠不清。实践证明开始的那些经常引起社会学界争论不休的抽象的对象和方法论方面的问题已经退居次要，不再那么引人注目，而无数以社会实际问题为对象的理论和实践相结合的专题调查研究文章和著作越来越重要，越来越引起人们重视。形势发展使从事社会学研究的同志自然地分为两个部分：一部分同志继续从事十分必要的社会学基本理论和方法论及史等方面研究，更多的同志却走向更为重要的应用研究领域。

开始，我曾对社会学的纯理论问题有过浓厚的兴建，写作并发表过《社会学和历史唯物主义》等一系列文章，以后我逐步转向了以调查研究为主，把调查研究和理论研究结合起来之路。近年来发表的文章及出版的书籍也多是以实证资料为佐证的调查报告、理论文章，并从中尝到了甜头。1981 年 9 月，正当我结束了暑期在北京由中国社科院举办的第二期社会学讲习班学习，回到天津时，天津社科院派我参与一次国际间合作进行的社会学研究，在天津市一个街道进行关于城市居民婚姻、家庭和生育状况的调查。这次调查从题目、内容，假设、问卷设计均是由国外制定的，费老直接指挥了这次合作调查。遵照费老及有关领导的意图，在这次合作中，我们一边学习，一边思考研究，变被动为主动，很快就发现在一个极其简单的调查中，能提出许多与现实生活关系极其密切的重大社会学研究课题和社会学理论问题，从调查研究入手既有现实意义，又有理论意义，在这次调查结束后很短的时间里，我们写成并在《天津社会科学》上发表了《试论我国城市家庭和家庭结构》的文章，《新华文摘》和《文摘报》先后予以转摘，增强了我们的信心。以后几年我又先后参加了“中国五城市家庭研究”“天津市户卷调查”(1983—1985 年)及“天津郊区、郊县农民家庭生活方式的调查”等。这些调查研究不仅使我得到了大量的宝贵资料，而且通过对资料的分析，发展了理论思维和理论研究。比如我在 1986 年出版的《家庭社会学》就是这方面的成果之一。若没有以上调查为基础的实证资料，光靠翻阅理论书籍是断然不能成功的。

在这里应当指出的是，实证研究确实可能提出理论课题和发展理论研究，但可能并不等于现实，要将可能变为现实，还必须勤于思考，勤于研究，有目的、有意识地去收集和检验有关理论，善于从实证资料中抽象和综合归纳，不断提出新问题发展理论研究，比如说我们曾根据多次调查资料，比较过家庭中夫妻之间的各种基本素质指标，从统计上发现夫妻之间在文化程度等方面有着很高的正相关度，这说明了婚配中可能有一种规律性的东西在比较稳定地起作用。从现成理论的检查上看，我们可以在不同层次上排列三种有代表的婚姻择偶理论，一是中国传统的“门当户对”论，二是美国社会学家提出的“异质互补”说，三是恩格斯提出的“爱情基础”论。在排列了这三种理论之后，我并没有像以往的研究那样用它们对现实做简单的解释，而是进一步探讨这三种理论中所表达的共性的东西，提出了在任何婚姻中都有某种交换价值存在的思想，使研究一步步向前发展，理论不断深入。1985 年 4 月我在《社会科学战线》上发表了题为《试论婚姻中的交换价值》的文章，引起了社会的反响。我还体会到，当实证研究的某些事实证实了我们的某种设想和结论时，我们切不可停留于此，还应当善于发现另一些与此不同的新事实、新理论，在矛盾中思考分析，把研究引向深入。比如在 1982 年，我们曾根据天津调查资料分析得出中国城市核心家庭比例高和家庭结构正在普遍向核心家庭方面发展(核心家庭化)的结论。在以后的几年里，尽管连续不断地调查所取得的数据不断证明这一结论，但同时也看到另一些与此不同的事实。如有的资料证实在年代的变迁中主干家庭数量相对稳定；又比如，有的资料告诉我们很多青年人婚后第一次居处都选择在父母(岳父母)家。这些事实从表面上和高比例的核心家庭事实相矛盾。在此面前，我们不是简单地怀疑和否定过去的结论，而是继续向前进，调查分析了当初曾和父母住在一起的年轻夫妇究竟和父母住了多长时间及以后是否分家，为何分家等等。从这些新的事实中我们陆续发表文章提出了“家庭生命周期”的问题和“家庭网”的问题。最近我在一篇论文中又将这三个问题联系起来，得到了一个较为全面的看法，即中国城市家庭的核心家庭化趋势是肯定的，而特殊的“家庭生命周期”是它的自然调节，特殊的“家庭网”是其必要补充，并指出这正是中国的家庭传统和现代化社会的发展相互冲突和协调的必然结果。这样就从一些最简单的调查根据中提出了一系列重要的且十分有意义的理论问题:什么是我国社会的现代家庭模式,在现代社会中,中国传统家庭模式的总变动趋势及其自身的纵向变化、横向扩展等等。

由此可见,我们所做的社会学调查研究是区别于一般的调查研究的。社会学研究人员也不同于一般的调研员。归纳起来社会学调研和其他调研的区别主要有三点:第一,它依据于一定的社会学的理论。第二,它依据于现代社会学调研方法。第三,它不满足于一般的调查结论和政策咨询,既能为现实服务,也要有益于社会学学术研究和自身理论发展。这些年来我注意到,要相对集中自己的调研课题,而不是东一下、西一下地搞,相互间毫无关系。自 1981 年我参加第一次实地调研以来就确定以婚姻家庭问题为中心,以后的多次调研都是围绕这一中心。以我参与的由天津市组织的 1983—1985 年的天津市户卷调查为例,这既是一次为天津市政府制定施政决策的咨询调查,又是一次以户为单位的家庭研究,是从微观家庭到宏观社会。通过调查,我们既拟出了研究报告,为天津市政府总结过去一年为改善人民群众生活抓大事、抓实事的经验,提出新的一年继续做好这些事情的决策参考,又为我的家庭研究积累了大量资料,一举两得,十分有益。

二、学习外国和研究国内

社会学研究要不要实行一种开放的方针,要不要汲取国外社会学研究的优点和长处,这也是自社会学恢复以来人们十分关心的问题。1980 年和 1981 年,中国社科院社会学所在北京举办的全国第一届和第二届社会学讲习班,南开大学举办的首届全国高校社会学研究班都请了大批国外社会学家来国内讲学,这几年来少数国外社会学家也应邀到中国和我们合作搞研究,我认为这些都是必要的。中国社会学毕竟中断了近 30 年。在这个领域无论从理论、方法和实践上我们都已经落后了,这是事实,不承认这一事实,是唯心的,而且不利于我们社会学的恢复和发展。因此我们必须学习,向理论学习,向实践学习,包括向国外的同行学习。中央的开放方针政策不仅适合于经济领域,也适用于学术领域。近几年来我参加了几次国际间的学术合作研究，自觉受益匪浅。

在我刚开始从事社会学研究时，对于什么是抽样调查，什么是问卷，对定性分析、定量分析的意义和作用是知之甚少的。最初的知识来自几次国内举办的研究班，以后自己也读了一点书，但由于缺乏实践，纸上谈兵，因此很不深刻。以后我亲身和西方人类学家、社会学家从头至尾地做了几次研究，从问题假设、设计问题、实验调查、修改问卷、调查访问、回收资料、编码输入，计算机统计、到撰写文章……由简到繁，边做边学，感到收获很大。西方社会学的一些研究特点和方法有很多优点，若把它和我们传统的典型调查结合起来，将产生很大的优势，使我能和其他同志合作独立进行一次较完整的大规模现代化的社会学调查研究。现在当我们感到高兴和充满信心时，应当回过头来实事求是地说，今天的进步是和我们向国外社会学界学习分不开的。1981 年我参加中美合作的在天津进行的“婚姻、家庭、生育”研究，对以后我参加的全国五城市婚姻家庭调查在学术上起了重要的启示作用。

定量分析对于现代社会学是不可缺少的，电子计算机是实现大规模定量分析的不可缺少的工具。当我们初次进行调查统计时，对于这一切都是生疏的，从手工统计到使用小计算器，以后又曾得到过一些国内自然科学工作者的帮助，使用计算机，但这终究是间接的，只能做一些百分比、权数分布及简单的相关统计等。1986 年我有机会被派往美国纽约州立大学奥本尼分校参与一项合作研究，并做短期学习，深感自己在统计方面知识贫乏和手段落后。经努力学习，回国前我在这方面的知识已有很大进步：能独立进行多种初级和中级（包括多元回归）社会统计分析，对于一些高级方法和统计也略知一二，并能独立操作电子计算机，运用国外现成统计软件进行运算，从而提高了定量分析手段和能力，这样，有助于推动社会学研究科学化、现代化。最近在一项关于我国城市居民闲暇时间和闲暇生活的研究中，我们试图分析闲暇以外各种时间对闲暇时间的影响，由于我们有了统计手段，研究就逐步得以深入和精确。如：当我们做了最基本的“描述”统计时，只能知道“做饭”“买东西”等各种家务劳动时间约占每个人全天时间的16.7%(天津1985年,以下同)而闲暇时间约占每个人全天时间的16.4%,家务劳动时间多于闲暇时间,如果我们进一步做“相关”统计的话,就能进一步知道家务劳动所占时间是一种负相关的关系,而且能知道每一种具体家务劳动时间对闲暇时间的影响。如:平时每天“做饭时间”与“闲暇时间”的相关程度是r=-0.109,而平时每天“买东西”所占时间与“闲暇时间”的相关程度是r=-0.047。如果我们再进一步做“回归”统计的话,就能把三元分析变成多元分析,即在考虑多种时间的情况下,某一种因素对闲暇时间的影响。比如在考虑人们“买东西”所占时间的前提下,做饭时间对闲暇时间的影响由原来的-0.109变为-0.0986,这既说明在二元相关统计中证明的“做饭时间”对“闲暇时间”的影响是真实的。又说明这种统计不精确,因为回归统计证明“做饭时间”对“闲暇时间”部分是通过买东西所占时间影响的。可见,随着使用统计方法的先进,所得结论也愈精确。在社会学实证调查研究中运用现代化定量分析方法和手段对于取得科学的结论是十分重要的。

比较的方法是社会学研究的重要方法之一。我们不仅要纵向比较,用中国今天的情况和中国历史的情况相比较,在历史的变迁中研究今天的各种社会现象及其变迁,而且要横向比较,即和其他国家的研究成果相比较,以观察在不同国家、制度、文化背景下,同一类社会现象的差异及其发生的相同和不同原因,从而更清楚地认清中国社会的特点,这对我们是十分重要的。而要开展这种比较研究不开放是不行的,若不开放,不仅别人不知道我们,我们也不知道别人,是无法来开展比较的。这几年西方有些社会学家、人类学家到中国搞研究,我们与其合作,一方面可以知道他们如何做研究,并借以促进发展中国的研究。另一方面也可以知道他们在做什么,研究结果是什么,把他们的结果和我们的结果比较。进一步发展下去我们还可以到他们那里以我们为主导做研究,不仅让其他国家研究我们,我们也可以研究其他国家,这是十分需要和有益的。

当然,在借鉴国外的一些社会学理论和方法的过程中,防止生吞活剥、照搬照套这也是十分重要的。

三、学中干和干中学

我和目前国内大多数社会学工作者一样没有受过西方高等院校那种从本科到硕士、博士研究生的专门学习训练。而是学中干、干中学，从一定意义上说，存在某种缺陷和不足，但从另一种意义上说，这也是我国社会学目前培养人才所应走的必由之路。我们确实需要采用正规的方法训练社会学专业人才，但因此项工作中断了近30年，故主要依靠这种办法是不现实的。因此通过办各种短期训练班，训练一批人，然后让他们参与实际研究工作，边干边学，是迅速培养人才的好办法。从我的体会来说，最初我所参加的各种短期学习班曾使我很快地、大量地接触到了多方面的社会学专业知识，虽然当时我还来不及消化它、但已初具轮廓。之后我立即开始了研究工作，既有理论的，又有实际调查的，从学习的角度说，这种办法的缺点是，开始时知识不系统、不扎实、不深入，但优点是速度快、记忆深、理解深。我体会到许多东西在书上读了一遍或几遍，做了卡片，并不一定能记住和理解它，相反的在干中思考和应用它，反而能更深刻地理解它，记忆它。干中学，学中干，以学为主，不仅能比较快地适应我国社会学研究的现状和需求，而且只要坚持下去，自觉积累知识，是能够变不系统为系统，不扎实为扎实，不深入为深入的。

群居组织　家庭网　分会家庭

载《社会》1987 年第 6 期

群居组织

一些群居组织是家庭形式但不是婚姻形式。一些人当他们的孩子成长时,在群居组织中共同劳动,增进友谊和相互服务,但仍保留着一夫一妻制的婚姻关系。在最近十年里,东部某些青年人的群居组织类似于婚姻团体,在群居组织中有经济关系、两性关系并执行着培养孩子的功能。无论如何,群居组织的成员频繁进出,不稳定,内部是一种短期生活关系。

群居组织的存在是为了达到一个十分广泛的目标。组织中更多的相互需求来自共同的经济利益和孩子培养的需求。某些都市中小型的群居组织是为了对外职业需要。其他农村农场公社则主要在一起工作和生活。某些群居组织则实验男女之间性关系的改变。群居组织开始于政治的激进主义者、重返土地的自耕农、唯理论主义者、幸福主义者、中途退学的学生、行为心理主义者、现实的人性心理主义者、教友会教徒、修道士、虔诚派犹太教徒及其他人。

一些群居主义者根本不把他们自己的组织解释为家庭。农村的群居组织比城市的群居组织更喜欢把他们的组织解释为是家庭。这是由于他们相互依赖较深,成员很少更新,具有农业经济的特点和地理上自然隔离的缘故。这些因素使这些团体(家庭)能一起工作,以区别于团体之外的成员和许多劝访者及新成员。相比来说,某些都市的群居组织是被某些大学联合起来的，他们运用财政优势于共同吃和住上，经常有一些来访者，并更换一些成员，在团体的委托中得到一些基本的方便，追求特殊的理想和特殊的生活方式。基于对上述因素的考虑，本尼特·佰吉以及其他人认为农村的群居组织表现了更高水平的关系，而它的活动形式的纯洁性超过了都市群居组织。

许多非传统的组织包含着种种传统的行为和期望。诺仁、柯菲尔德研究了芝加哥地区32个现有的都市公共住宅，并指出许多传统的因素是他们成功的基础。第一，它被认为是过去残存下来的形式和组织，包括群居组织在内，都是出自一种经济上的安排，进一步说这里必然保留了十分现实的经济收入计划。第二个传统因素是其成员以前就相识。可以想象，许多稳定的团体的成员，在他们决定住到一起之前就相互认识。第三个使群居组织成功的因素是人们在家务劳动中总是要相互依靠，家务这个能够引起争吵和冲突的因素是不能忽略的。第四个传统的因素包括双亲的责任，父母双亲总是期望以勤恳的行为来表现对孩子福利的关心。第五和第六个传统因素表现为自由时间的有限和私人时间对每个成员的有效价值。前者包括对未来的计划，包括私人活动，后者则表现为对不在公共压力之下的足够个人时间和需求。

这些群居组织的传统方面经常和那些普遍存在的非传统和非习惯的方面形成对照：财产共有，拒绝一夫一妻婚姻制及性安排，分担公共事物和其他。这些习惯之外的非传统的因素未必能成为成功的实验结果，尽管传统和非传统两方面因素被柯菲尔德发现在都市群居组织中是基本成功的。通过对32个中等持久程度的群居组织的研究证明它们的持续时间是27年，说明群居组织要想持久并不容易，但其成员还都满意。他们对非传统方面（财产共有和非一夫一妻制）满意少于传统的方面。这可能对所有的家庭形式，无论是传统的还是非传统的，都是真实的。

对于进入集体户的夫妇来说，要冒两方面风险，他们有更多更好的机会发展夫妇关系中较多的平等和相适应的机会。登尼斯·扎佛和罗莎、毕茨、坎特尔曾经陈述过在他们的研究中所发现的这些户口某些夫妇间的脆弱关系，它比这种群居组织自身的脆弱联合还要弱：一般地说，他们是一个短项目，只在最小的程度上共有理想和分享连续户的功能。克利尔赖说，群居组织表现了对我们社会中一些确定成员的可行的生活方式。群居组织对那些希望增进他们之间关系的夫妇表现了非传统的婚姻方式，因而这种形式也表现了更高的危险性。

家庭网（或群）

另外一些在初级核心家庭网络基础上扩大的婚姻家庭关系是家庭网（或群）。它能被描述为这样一种家庭循环，即人们通常在一起，频繁见面，相互间亲密地诉说真心话和隐私，提供多种多样的相互服务，以及毫不犹豫地在价值观和行为方面相互影响。

被福瑞德里克·什·司通勒所描绘的家庭网包括如下要点：

1. 一个家庭循环。每个家庭网将只包括二至四个家庭。面临着日益增多的问题，两个家庭往往不够，不能提供各种足够的帮助，而如果超过了四个家庭，也会带来家庭管理方面的一些困难。

2. 一般的交往频率。保持一定的接触和频率，对于取得和保持亲密感，相互间沟通是很需要的。如果家庭之间见面的次数不经常，所有家庭都过得很好，于是人们宁可保留现在世俗的家庭生活方式，那么家庭网将会发生危机。

3. 相互分享。家庭网中所有的家庭必须相互公开他们自己的情感、行为和关系，相互间是真诚的。

4. 服务性的交换。期望的服务性交换将包括在危机中相互帮助。少数家庭之间能发展不同家庭成员之间的协商服务，甚至达到了戏剧性的水平，即家庭之间的这种协商是时时进行的。

5. 价值的扩大。家庭网中很少有思想上的勉强。不同的态度和价值观将被分享，而这种交流也会促使一些新的价值体系的发展，它在以前的各个家庭中是不存在的。

进一步说，核心家庭只是一些孤立的单位，而家庭网将能提供一些不同的功能。家庭网能使双亲对孩子的抚养得到反馈，使孩子们目睹已婚父母之间的关系，从而消除结婚中的许多秘密。家庭网能提供人们所需要的相互帮助、协助和在理想、态度方面相互交流的机会。

就像群居组织那样，目前家庭网的存在确实存在一些困难。对于所有的家庭来说经常见面大概是不可能的。肯定地说夫妇可能比其他人更开放，能支配整个团体：发展一种坦诚和亲密的关系可能比较容易，保持亲密和维持关系则可能困难。什么是夫妇要准备的：孩子，祖父母，另外的朋友，还是其他？当家庭网长期建立和延续下去时，一些困难可能是多重的，它是另一种比较少有的传统的生活方式。应当肯定地说，家庭网类似于扩大的团体治疗，能提供相互开放、分享和援助的机会，而没有增加错综复杂的因素，如住在一起，分享收入，交换事物，扰乱邻里或继续生活在一起。在家庭网中出于人们的自愿而包含了两种较为复杂的情况，即公开分享和生活中的自我领域。

分会式家庭

传统婚姻家庭关系中的另一种类型是分会式家庭。赛尔维亚、克拉温和伊责、沃特描述了这种家庭是由丈夫——父亲，妻子——母亲和他们的孩子们的一种联合，另外还可能加上一个或几个老人。这种明显的可以辨认的亲属关系网被称为亲属项。在这种住户中老年人和其他人可能分开也可能不分开，但在其间有一种基本的联合，包括一种相互负责和委托义务。

家庭组织和生活方式的这种变型表现了一种对退休老年妇女或寡妇、年轻的单身主义者、带孩子的离婚妇女的一种良好的适应。这些妇女渴望得到职业以抚养她们的孩子。它还能适应在地理上已经隔离，有亲属关系的核心家庭之间愿意相互帮助，以及愿意和老年人相互联系的情况。这种新的分会式家庭不需要毁掉过去的纽带，尽管生物的纽带是可以分离的。他们当中的大多数人都承认和同意抚养孩子。父母双亲总是把他们自己的感情和社会责任分注给自己的孩子。尽管法律上没有什么规定，但是仅仅依靠单亲、核心家庭单位和老年人能实现这一过程吗？

在美国这样高度变动的社会中，分会式家庭结构可能有三个基本的贡献：第一，邻近成员间相互负责和委托，沟通影响。在扩大的亲属关系中，对于想相互密切生活在一起来说，邻近是个基本因素，分会式家庭成员生活在同一地区，或者是邻居，其结果是减少了传统的亲族间的地理距离。第二，分会家庭成员间相互承担义务是指相互保护、分享和就像一个家庭成员那样相互负责。这种承担义务在自然和收养的亲属成员中是自愿的。这种联系不仅能给一个家庭中的老年人再社会化、青年人的前期社会化以帮助，而且能使中年人在外自由追求职业目的。第三，分会家庭的沟通影响能扩大亲属间的关系，并超过传统的概念。在这种非预定的特殊的状况下，每一种关系都是发展着的，但是它能适应某种复杂的情况及其变化的需求。这种分会角色可以概括不同年龄、性别及各种不同的人，概括家庭生活方式中的各种潜在的差别。

分会家庭建立了三代人组成的家庭网，就好像一种不同的扩大的关系那样，取代了亲属团体中拟制的朋友关系。呼曼・L. 柯姆普列尔曾描述了为了某种利益必须要培养相互间的亲密关系，需要时间去努力培养。正式的扩大家庭会给每个人带来更多的压力，对于人们是不现实的。把老年人委托给家庭，虽然能带来一些相互需求上的平衡，不过这可能难以达到。倒是分会家庭能为现代工业社会提供了一种扩大的家庭形式，它对于人们的各种情况具有较高的灵活性和适应性。

“性革命”和“性角色革命”

载《社会》1988 年第 6 期

东方人说美国人曾经有过一个“性解放”，美国人虽然并不否认，但有些人并不同意“性解放”这个字眼，而认为是一场“性革命”。最近有些美国社会学家认为“性革命”仍过于笼统，应分为“性革命和性角色革命”才更确切。

在美国，讨论两性社会学是不可能不提到“性角色革命”和“性革命”的。在 20 世纪 60 年代和 70 年代，无论从理论上和实践上人们都表示过极大关心，现在虽然热潮已经过去，但其影响不容忽视。不同的人，对于“性角色革命”和“性革命”有不同的理解，事实上也存在着歪曲和混乱。美国社会学家坎多在其所著的《性行为和转变中的家庭生活》一书中曾对“性革命”和“性角色革命”做过专门的注解。坎多认为“性革命”和“性角色革命”虽然有一定的关系，但在根本上是有差别的：“性角色革命”是一种社会革命，与公共生活中的男性、女性的角色的变化相关，而“性革命”是一种性行为革命，与私生活中的自由程度相关。一个赞成“性角色革命”的人(例如主张男女真正平等，同工同酬等)，并不一定费成“性革命”。相反，一个赞成“性革命”的人(例如主张同性恋者应有和异性恋者同等的权利、合法结婚等)，并不一定赞成“性角色革命”。可见，“性革命”和“性角色革命”是有区别而不能混同的。

如果我们把“性革命”和“性角色革命”分开来，用历史唯物主义的科学态度去分析“性革命”和“性角色革命”不仅给西方社会带来了很多问题和消极的方面，也带来了一些积极的、促进社会进步的东西。以美国为例：一般人们认为，就“性革命”来说，似乎带来的消极方面比积极方面的多，但积极方面也不是没有。许多美国社会学家指出，“性革命”的第一个成果，是把绝大多数美国人从“性愚昧”中解放了出来。在传统上，美国人中也和其他社会一样存在着“性愚昧”。人们都把自己的性生活作为私人的深藏的隐秘，很少宣泄出去。甚至在要买一本有关性知识的书时，即使鼓起大的勇气，还是说不出口，只好用指头一指，匆忙地偷买而去。在学术界，也很少有人敢公开地进行性研究，即使有几个先驱者开性研究的先河，也都遭到刁难和打击。似乎“性隐秘”是不可侵犯的，否则，“无耻”“败坏社会风气”“庸俗不堪”的帽子就会压到头上，其结果是使性极端神秘化，从而引起了一系列社会问题。比如对性全然无知，充满各式各样的神话、谬见、胡说，却信以为真，从而贻害于己，贻害于人，贻害于社会。在美国也有很多“性愚昧”的笑话。如女孩子月经初潮时惊慌失措，以为是大病缠身，甚至想到死。著名妇女活动家玛丽·司托泼夫人在她的《结婚与爱》一书中曾写到有一位受过高等教育的女子对“我”说，她 18 岁的时候，因为一个男子在跳舞的时候，突然地吻了她一下，便恐惧了好几个月，生怕生出一个小娃娃来。还有一个少女对“我”说过，她非但同样受了精神上的痛苦，而且由于对一个吻便会生小孩的恐惧竟使她的月经停止了几个月。美国医学界对此也有反映，一位妇产科医师说，一对夫妇来看不孕症，检查结果，证实该妇女是先天性无阴道症，尿道口扩大，长期以来是尿道代替阴道，还以为是正常情况，奇怪何以不怀孕才上医院来。另一位妇产科医生说，一个十几岁的少女怀了孕，原来她以为别人结了婚一两年都不一定怀孕，她只性交一两次，当然不可能怀孕，于是她就成了可悲的未婚少女怀孕者。可见“性愚昧”是需要破除的。作为美国“性革命”运动的一个客观影响，在打破“性神秘”、扫除“性愚昧”方面确实起到一定的作用。

尽管对公开的性教育在美国社会还有争议，但在许多中小学中已普遍开设了性教育课程，一些家长也对子女开始了“坦诚”的性教育，包括主动询问子女的生理、身体发育情况，和异性朋友交往的经历以及向他（她）们教授和异性交往、甚至是如何避孕的经验。越来越多的美国家长接受了这样一种认识：过去那种训诫、责备子女的消极预防方法，不如今天的关心，传授式的积极引导方法。一些美国科学家说，对于性的科学研究是必要的，对于从童年起便要进行的性教育是应该的，性教育应该公开化和科学化，以扫除青年一代的“性无知”。美国的“性革命”不仅在客观上起到了“性教育”和扫除“性愚昧”的作用，而且对美国两性交往中的男女平等也起到了一定的作用。在传统上，妇女在两性交往中总是处于被动地位，而“性革命”则把女性置于和男性的平等地位上，使她们有可能站在平等的地位上，主动、热烈地去追求爱，追求两性生活的机会，享受两性生活的乐趣，尽管她们常常不得不承担由此而带来的怀孕、堕胎、私生等后果。有些人说，“性革命”也是当代美国妇女运动的一部分，妇女要解放就得付出代价。

对于“性革命”的上述积极评价许多人持不同看法，他们认为“性革命”尽管打破了“性禁区”，但却带来了不规范化的两性行为，并因此而带来了一系列社会问题。许多人列举了确凿的数字说，在 1953 年有 50％的妇女有婚前性行为，1974 年上升到 78.1％，没有结婚而同居的妇女的数目 1980 年是 1970 年的四倍。良好的婚姻，持久的婚姻只是对于以往才是真实的。现在，女性有着新的选择机会：离婚和同居。新结婚者有50％的机会离婚，单身女人是五分之一家庭的户主。1986 年，父母离婚的儿童有 1000 万，1987 年则增加到 1100 万。到 1990 年将有三分之二的单身妈妈及小孩生活在穷困之中，这不仅带来了子女教育和抚养方面的困难，而且使家庭破裂，人们生活在紧张和对抗之中，更加无情、淡漠和不负责任。“性革命”中享乐至上主义的流行，不仅带来了道德方面的问题，而且使性病流传，从而在精神和肉体两个方面污染和摧残了美国人和美国社会。根据美国联邦疾病控制中心估计，美国 1986 年平均每天有3300 人患性病，相当于每年 1200 万人患性病，比 1980 年的 400 万人高出两倍。根据这种速率，年纪在 15 到 55 岁的美国人，有四分之一会患性病。一直到几年以前，卫生专家还认为性病只分为5种，可现在他们已知道有20多种性病，其中最令人关切的包括艾滋病、淋病、生殖器疱疹、梅毒、花柳病、毛滴虫病，以及可能造成不孕的骨盆发炎等。这种情况使一些美国人大为恐惧，矫枉过正，甚至不敢去公共游泳池游泳，以防止被传上种种"性病"。基于上述情况，美国的舆论界对20世纪60年代开始，70年代达到高潮的"性革命"多持否定态度，认为是得不偿失的。在80年代，美国人的不规范化的性行为也已有所收敛。

尽管人们对"性革命"有争论，但一般对"性角色革命"却大多持肯定态度，认为它是积极的。"性角色革命"的根源在于人们认识到男女两性之间存在着一种社会不平等，它的主要内容是众所周知的"妇女解放运动"，主要包括：1. 社会结构方面的歧视女性，例如在劳工市场上女性的不利地位；2. 文化方面的歧视女性，这表现在不利于女性的性成见，语言上的性别歧视，社会学说和传播媒介以至整个价值观念系统中对女性的歧视；3. 传统的婚姻家庭模式中，存在着对女性的压迫；4. 在性方面，女性是被剥削的，例如在性道德方面的两重标准，女性被限制，男性则比较自由。可见"性角色革命"尽管与"性革命"有联系，但不等同。"性角色革命"包括更广泛的内容，它在促使美国妇女解放运动的发展，争取美国妇女解放方面，起到了重要的作用。美国最大的广播公司之一"ABC"在1986年7月30日播出了一个长达3小时的电视新闻特写，题目叫作《性革命之后》，其实就具体内容来说，讲的基本上是"性角色革命"。该新闻分为3个部分，依次题为"妇女在工作""女人和男人""新的美国家庭"，对美国的妇女、男人和儿童的工作生活和关系所发生的变化，在经济上有何得失等做了分析。它认为，现在美国妇女正在一个十分广泛的领域里向男子展开了全面"作战"，并取得了很大的进展。男人赚钱，女人在家照料，这种传统的男女社会角色模式，已经不复存在了。现在，工作的人中，女人占50%以上。像医生、律师这种高收入、高声誉的工作，女人所占的比例，也明显增加，今天女医生占17%，女律师占18%，比过去大有增长。在婚姻方面，妇女也愈来愈占有主动权，不仅在婚姻的决定上男女是平等的，就是在离婚上，妇女也开始处于平等、甚至是主动地位了。在 20 世纪 60 年代下半期，男子遗弃女子为女子遗弃男子的四倍，1970 年时，比例变为相等；到了 1975 年以后，遗弃男子的女子在数量上开始超过男子。在法律上，妇女也已得到婚后与男子分割家庭财产的权利。以上情况，对美国妇女来说是乐观的，但“性角色革命”的目的还远远没有达到，妇女在社会、经济、家庭地位上仍然不如男子。美国 60％的工作妇女，每年收入低于两万美元，一般说来，女人和男人做同样的工作，其报酬仍不足男人工资的三分之二。在对妇女的保护方面，美国也还欠缺。世界上有一百多个国家有法律保护孕妇的工作，美国却没有，世界上有 100 多个国家有法律保证妇女妊娠生育期仍可得到工资，美国却没有；世界上有 50 多个国家有法律要求政府机构和私人雇主给妇女提供喂奶、照看婴儿的时间，美国却没有。离婚的妇女问题也很大。离婚之后，妇女和她所带的孩子，73％生活水准下降，男人却有 42％上升。只有不到 15％的妇女收到平均每年不到 4000 美元的赡养费，许多人只收到每年一美元的象征性的赡养费。离婚妇女和她所带的孩子 33％处于穷困之中，15％靠救济维生。这些情况都说明，美国妇女面前的路还很长，“性角色革命”的任务还远远没有完成。无论是从成功之处还是从面临问题的角度看，人们都不能对“性角色革命”予以轻易否定，相反，它应当是被肯定，并被继续下去。对于和它有关的“性革命”，当然也不好用一句话下结论，还要进行具体分析。

（注：本文中所引用的资料多取自纽约出版的《华侨日报》所载《两性社会学漫谈》，由蔡芳所写。）

“公平”三惑：浅谈社会分配不公问题

载《社会》1990 年第 10 期

“公平”还是不公平，是改革以来群众的热门话题，也是影响群众情绪的一个社会问题。有的人说“脑体收入倒挂不公平”，有的说“个体户发大财不公平”，有的人觉得“少数演员走穴不公平”，还有的人说“允许干第二职业，有双收入不公平”，众说纷纭，莫衷一是。其实，“公平”问题涉及的领域比这些具体说法宽阔得多，它不仅是一个经济问题，而且是一个政治问题、道德问题和社会问题，围绕着这个问题，人们有三惑：

一惑，“经济原则”和“政治与道德原则”孰轻孰重？

现在，所谓“不公”主要表现在经济领域，指社会分配不公，而处于社会主义初级阶段的中国分配原则又不能是一种，而只能是多种，它涉及经济原则，也涉及政治和道德原则，这就使人们处在一种可以有多种选择，而不知如何恰当选择和适从的矛盾心态之中。首先从提高经济效益、鼓励劳动者积极性的角度上说，应该实行按劳分配的公平分配的原则，即按在劳动中各自的贡献程度所进行的报酬分配。人与人之间的劳动不同、贡献不同，所得报酬必然不同，自然产生人与人之间的贫富差别。另一方面，生产力的不发达、产品的不丰富、僧多粥少的局面，也还必须实行一定的平均分配原则，即不论劳与不劳、劳多劳少，人人都能得到均等的一份。如某些工资普调制度、奖金分配制度、物价补贴、票证和房屋分配制度等，都属于平均分配。平均分配以协调社会关系、维护社会安定、满足人们的基本需求为主要目的。除去平均分配外还有必要性的分配，如家庭中的分配、各种社会救济等，则以保证生存、促进个人发展和幸福为主要目的。三种分配形式中的按劳分配主要和经济原则、效率原则相联系，而平均分配、必要性分配主要和政治原则、道德原则相关。经济原则和政治原则、道德原则孰轻孰重，一直是争论不休的问题。从传统的社会思想角度看，自古以来，人们就有一种追求平等、追求“大同”的思想倾向。中国历代农民起义多以“疾贫富之不均”为原因。近代一些著名思想家、革命家也多以平等为其思想和理论的核心。1949 年中国共产党人领导中国人民推翻压在中国人民头上的三座大山，建立了中华人民共和国，也以消灭剥削压迫、消灭贫富差别作为一项最重要的政治任务，因此，平均观、平等观对人们的影响太深了。中华人民共和国成立后的 30 年，在经济领域里我们也基本以平均的原则为主，在某种意义上“维护”了政治和道德原则，然而带来的是穷社会主义。如今强调发展经济，强调经济原则，要打破平均主义，必然在某些方面与过去的政治和道德原则相抵触，甚至“损害”了这些原则。尽管社会发展的终极目的是共同富裕，但毕竟眼下还没有共同富裕，而是极少数人先富起来。迅速出现和拉大的贫富差别影响了人们的情绪和信念，甚至影响了社会的安定。经济原则、政治和道德原则孰先孰后，孰轻孰重，令人们困惑。

二惑，为什么“大锅饭”模式至今还居统治地位？

“大锅饭”是人们对平均主义的一个生动的概括和形容。长期以来，人们把政治和社会地位上的平等与经济上的平均主义常常混为一谈，因而产生了某些弊病。社会主义的经济分配原则应当是“按劳分配”，多劳多得，少劳少得，不劳不得。在多劳者、少劳者和不劳者之间不应该有什么分配公平，而只有“分配不公”才符合规律。过去我们在工作中违反了这一规律，使经济发展缓慢，国家处于贫穷落后之中，广大劳动者的积极性受挫。改革以来，中央采取允许一部分人先富起来的政策，即在提倡共同富裕的目标下，让一部分人通过诚实劳动和合法经营先富起来，开始改变平均主义、“大锅饭”的弊病，得到了人们的拥护。然而这也引起了不少人的困惑。除去一些人仍因留恋传统的“大锅饭”而不满外，大多数人却因传统的“大锅饭”并没有真正取消，铁饭碗并没有被真正砸碎而忧虑。事实上迄今为止，平均主义的分配模式并没有被真正取消。具体表现为简单劳动者和复杂劳动者之间的收入没有拉开，脑体相混，甚至倒挂；不同集团之间的收入没有拉开；同一职业，同一集团内不同工种、阶层之间的收入没有拉开；同一工种、同一阶层中不同劳动态度和贡献的人之间的收入也没有拉开。平均主义的工资模式、奖金模式和平均主义的社会福利模式仍然在很大程度上存在着，这是挫伤群众劳动积极性、影响群众心理的一个很重要的方面。大锅饭既然不公平，事实上处处还是大锅饭，这不能不引起人们的困惑。

三惑，谁人先富了？

要说改革以来中国还完全是大锅饭也不确切，确实有一部分人先富了，其中有的成了腰缠万贯，几十万元的暴发户。这部分人有以下几个特征：第一，他们是少数，而且可以说是极少数。第二，他们中的一部分人和大多数人的收入差别不是几倍，而是几十倍，甚至百倍千倍。第三，这些人多是私营企业主，个体劳动者、从事第二职业者以及某些特殊行业的人员。第四，这些人中一部分是勤劳合法致富，一部分人则是靠非法经营，倒买倒卖、走私行贿、偷税漏税致富。第五，这些人中的一部分人有剥削行为。以上这些方面既使人们忧虑，也使人们疑虑：难道这是改革的初衷和目标吗？人们对共同富裕的目标似乎觉得更为渺茫了。某些人在极短时间里“暴富”，绝不是诚实劳动和合法经营的结果，也不是按劳取酬的表现，而是对按劳取酬原则的亵渎。特别是为人们深恶痛绝的剥削现象的再度出现，无情地摧毁了一些人长期以来树立的政治理想和道德信念，使人们陷入一种无所适从的彷徨和困惑之中。

可见，眼前出现的“公平”问题与困惑绝不单单是一个经济上的分配方式问题，而是一个与政治、道德和社会问题相互纠缠的十分复杂的问题。它是从经济领域开始的，因此，要解决它也应从经济入手，同时考虑政治、道德和社会问题，实行多方面的综合治理，才能逐步消除不公平感，理顺人们的心理和情绪。

主人翁意识淡化的思考

——重温马克思主义关于人是“创造者”的论述

载《社会》1991 年第 5 期

在马克思主义理论中“劳动力”和“创造者”是两个根本不同的概念。把人仅仅视为“劳动力”是资本主义的痼疾，是私有制存在的需要，是阶级剥削和阶级压迫的需要。而人是“创造者”则是社会主义的优越性，是无产阶级和广大人民群众自我解放和自我实现的要求。

马克思主义认为作为劳动力的人的劳动是被强制的劳动，被强制的劳动过程是劳动者生命的叹息。马克思在谈到这点时说，劳动者在自己的劳动中并不肯定自己，而是否定自己，并不感到幸福，而是感到不幸，并不自由地发挥自己的肉体力量和精神力量，而是使自己的肉体受到损伤、精神遭到摧残。马克思指出，整个的人类奴役制就包含在劳动者同生产的关系中。把人当作劳动力是一切剥削阶级的反人道传统。历来的文明史就是被作为劳动力的人反抗对人的这种歪曲、争取使自己成为创造者的斗争史。把人作为是“创造者”与把人作为是“劳动力”则是根本不同的。在“创造者”这一概念中，人由“劳动力”的被动变为“创造者”的主动，由“劳动力”的不自觉变为“创造者”的自觉，由“劳动力”的不自由变为“创造者”的自由，由“劳动力”式的被雇佣的仆人，变为“创造者”式的主宰自己命运的主人。这种主人感形成人对自己的自我人格和自我尊严的珍重。因为人如果不被尊重为人，就不可能进行创造。

马克思主义认为消灭了私有制以后的社会应该是这样一个社会：在这

个社会里，劳动者是社会的合法主人，人的劳动是为人自己的劳动，不再是供他人使用的劳动力。人在为自己的劳动中向外界表明并宣告自身的价值："既在活动时享受了个人的生命表现，又在对产品的直观中由于认识到我的个性是物质的、可以直观地感知的因而是毫无疑问的权力而感受到个人的乐趣。"①人的劳动已经失去了受别人强制的性质，而是按照自己的创造意图，运用自己的创造能力的自由的创造性劳动。所以，社会主义公有制劳动的性质要求人应该是"创造者"而不应该是单纯的"劳动力"。

然而社会制度的本身只是为人由"劳动力"变为"创造者"开辟了广阔前途，公有制劳动的性质也只是为这种转变提供了条件。要真正实现由"劳动力"向"创造者"转变还需要辅以其他许多主客观条件，在这些条件还不具备，甚至发生某些变化时，这种转变必然是不彻底、不完全真实的。

我国的社会主义制度已经建立 40 多年了，从理论上说，公有制下的广大劳动人民是国家的主人，是政治、经济及其他一切社会生活领域的主人，然而在实践上，在社会生活的某些领域，广大群众的主人翁地位并没有被牢固地确立起来。长期以来由于各种因素的影响和制约，人们也并未完全意识到自己的主人翁身份，摆脱被动局面，在主动、积极和创造性的劳动中享受人生和生活的乐趣，一些实地社会调查资料证明了这点。

1990 年为了研究改革中职工利益和企业利益之间的关系，天津社会科学院和天津市总工会曾在天津工商界的十家企业中进行了广泛的调查，在了解"您对所在的企业抱何种态度时"，被调查的近千名职工中有 40%左右的人并不认为要"全心全意为企业的生存和发展而奋斗"，而是仅"愿以一般的热情做好本职工作"，有 7%的人甚至认为"企业只是我拿工资的地方，为了家庭生计，不得不继续工作下去。"在问到"假如您对目前的工作感到枯燥乏味，但又不得不继续工作的主要原因"时，只有 18.7%的人认为"必须对社会和国家尽职尽责"，而 44.3%的人却认为只是为了"维持家庭生计"。另有 14.4%的人表示在企业遇到困境时"说不

① 《马克思恩格斯全集》第 42 卷，人民出版社 1972 年版，第 37 页。

准”“不太愿意”或“不愿意”与企业同甘苦,共命运。还有 32.2%的人认为自己的劳动积极性发挥得“一般”“不太充分”或“很不充分”。在座谈访问中不仅一般工人群众没有把自己看作是企业的主人,就连某些厂长、经理也并不认为“企业是自家”的,大家都是客人,那么谁是主人呢? 这种主人翁意识淡化的倾向是令人深思的。

产生这种状况的原因是多方面的。首先,它与长期以来我们对这一问题缺乏足够和清醒的认识有关,往往满足于简单的逻辑推理:实现了公有制的生产关系,人人就都是主人了。却没有深刻地意识到,公有制只是为人民成为主人创造了条件,而不会使它成为完全的事实,公有制条件下,人们的角色和地位差别,人们参与各种社会生活的机会和权力的差别,以及人们自身的文化、觉悟和对于社会生活的认同感、参与度都会在事实上影响人们的主人翁地位。另外,人们也常常没有意识到主人总是相对而言的,如果人人都是主人,则人人都可能不认为自己是主人。因此,长期以来,我们在对创造各种条件确立广大人民群众主人翁地位方面是认识不足的。比如尽管许多企业内部建立了职工代表大会制度,但不完善,发挥的作用也不充分。在上述进行的社会调查中,36.7%的被调查者认为本单位职代会“在评议与监督干部、促进廉政建设上”是“走形式、无作用”,有 30.3%的人认为职代会“在决定福利基金和分配住房”上是“走形式,无作用”,有 46.5%的人认为职代会“在审查招工和劳动组合”方面是“走形式,无作用”。有 62%的被调查者表示“非常渴望”或“比较渴望”提高自己在企业中的地位。另外,根据对那些认为“企业只是我拿工资的地方,为了家庭生计,不得不继续工作下去”的人的心理分析,其中 88.3%的人认为本厂职工的愿望和要求不能充分表达,甚至“根本不能表达”,于此,反映强烈。近年来,某些商品经济机制的加入,某些企业承包经营制度的实行,使雇佣和被雇佣思想愈加流行,主人翁意识也愈加淡化了,并成为十分令人关注的社会问题。

我国社会改革的实践告诉我们,群众心理、群众要求、群众情绪和群众愿望是一个需要注意的问题。列宁曾经深刻地指出,不激发到现在为止还没有觉醒的广大群众的积极性，就谈不上什么革命改革。当前影响群众积极性的因素是多种的，群众的心理、愿望和要求也是多方面的；进一步确立他们的主人翁地位，使他们树立主人翁意识，是十分重要的方面。马克思主义早就深刻地指出："对不希望把自己当愚民看待的无产阶级说来，勇敢、自尊、自豪感和独立感比面包还要重要。"[①]广大人民群众要求自己成为自己命运和自己劳动的主人。这种主人感形成人对自己的自我人格和自我尊严的珍重。无视人的自我人格和自我尊严，是对人的压抑、侮辱和否定，所以，人如果不被尊重为人，就不可能进行创造，就不能实现由"劳动力"向"创造者"的彻底转变。

强化广大劳动群众的主人翁意识，使广大劳动群众成为创造者，包含着十分丰富的内容。首先，要使他们的物质生活和精神生活得到不断满足和提高，要使他们的人格和尊严得到充分的尊重，无视人们的这些基本要求，把劳动者变成没有七情六欲的和没有需要的存在物，却要求人们"热情洋溢"地去劳动，去发挥"聪明才智"，是根本办不到的。其次，要给人们一个相对民主、自由的思考和实践的条件，让人们有更多的机会，以各种形式参与政治、经济和各种社会活动，并使他们的各种合理化建议和献计献策能得到支持和鼓励，哪怕是错误的意见也能得到理解。第三，要加强对干部和群众的教育，不断提高他们的觉悟和文化、心理素质，提高他们对政治、经济和各种社会活动的热情和自觉参与度，不仅要求各种民主权利，也会行使各种民主权利，对于社会民主生活既不淡漠，也不头脑发热，一哄而起，一哄而散。第四，还要有一个安定的社会环境和气氛，如果政治动乱威胁着人的生命和前途，破坏了正常社会生活秩序，广大劳动者怎能顾得上去创造呢？

---

① 《马克思恩格斯全集》第 4 卷，人民出版社 1972 年版，第 218 页。

血亲观念

——现代社会稳定与发展的干扰因素

载《社会》1992 年第 1 期

血亲观念是各种亲属家庭关系(以亲子关系和夫妻关系为核心)在人们头脑中的反映。中国现代化进程已经证明,过强的血亲观念是社会稳定与发展的干扰因素。

中国现代化进程中血亲观念过强产生的干扰因素

在中国的传统中是重视家庭亲属关系的,人们的血亲观念较强。社会学家孙本文先生在谈到中国的家庭传统时说:"重视亲族关系,凡宗族戚党之人,皆休戚与共分子。"凡亲属,即为利益相关的死党。中国有句成语叫"沾亲带故",亲是亲戚,故是朋友,亲总是第一位,它也表明亲属关系在人们生活中的地位。这种血亲观念,今天在相当程度上已成为社会进步与发展的桎梏。

1. 裙带关系带来的不正之风对社会关系和社会心理的影响

党内和社会不正之风是今天影响中国人民情绪和社会稳定的一大社会问题。追根溯源,不正之风是从"文革"开始的,是从党内开始的。少数在枪林弹雨中出生入死的共产党员(甚至是党的领导干部)在和平时期过不了婚姻关、家庭关、子女关,他们"走后门",把自己的子女从上山下乡的边疆迁回城市,使他们入党、参军,得到各种既得利益,以后又是上大学,出国。《人民日报》曾披露安徽省某县医药公司经理兼党支部书记李某仅在1984—1985年一年间就利用公款送自己的子女及其他领导干部的子女到某中医学院、某医学院、某市师范学校等高校学习，其中5人是县级领导子女，18人是县科局级领导干部子女，14人是股长、站长的子女。进修学费全部由医药公司支付，为此付出4万余元学费。学生上学期间工资、奖金由医药公司照发，在这种用公款上学的子女中，李某家就占了5个。像这类的事例近十几年来并不少见，屡禁不止，为广大群众深恶痛绝。这一不正之风已经产生了三个方面的危害：第一，降低了党在群众中的威信，破坏了党群关系。第二，激起了广泛的社会不满情绪。第三，在一定程度上扭曲了社会关系。现在一些人已不是在考虑如何纠正社会"不正之风"，而是干脆去想办法找自己的"关系"和"门路"，或利用自己占有的"权利"和"资源"，编织起"关系网"，循着"关系网"来达到自己的目的。从而使社会关系失去常态，不正之风蔓延。其问题的核心，常常离不开亲属观念和亲属关系。

2. 亲属网络侵入现代企事业及政府机构内部，破坏了科学管理的原则

《人民日报》曾揭露某县粮食部门的83名干部中，有直系亲属关系的占30%，如果加上用"弯头"连接起来的关系，竟达70%。这些人中父亲当局长，儿子是主管会计，女儿是现金出纳，纪检书记是亲家，从而在企业内部形成了一个严严实实的亲属网，致使该粮食局死气沉沉，正常工作不能开展，正义不得伸张。该报还披露：某县6名常委中有5名是亲戚，因此县开常委会时，这5名常委总和那一名常委意见相悖。凡此种种，不一而足。最常见的是"夫人参政"。"夫人参政"的方式有两种，一种是吹"枕边风"，对身居"帅位"的丈夫施加他人无法给予的影响。另一种则从"幕后"走到"幕前"，直接参政，从人事的升降任免，大政方针到拍板敲定，乃至索要礼金礼物，为子女搞特殊化打通关节等，无所不及。这些不仅破坏了党纪政纪，而且干扰了企事业正在试行的科学管理原则和规章制度。

自改革开放以来，我国的许多企事业不仅引进吸收了许多国外的先进技术，而且正在学习一些先进科学的管理原则和方法。比如"科层制"

方法。德国社会学家马克斯·韦伯指出这种现代管理方法的有利方面在于效率高、迅速、正确、专家控制、连续、谨慎、协调及避免私人感情。亲属网络的入侵必然形成以亲缘关系取代科层制所要求的科学、严格的分工制度和有固定职务分配的业缘关系,破坏上下级之间相互负责相互监督的原则,使秩序和制度发生混乱,破坏了清廉和效率。据披露,有的领导班子开会,相互之间不再以同志或职务相称,而直呼"二叔""三舅",在这种宗族、亲属色彩极强的领导班子中是谈不到"固定的职务分配",谈不到"负责"与"监督"的,又比如,按科层制,处理一切须按法规不能渗入个人因素,用以维持统一的标准。机关内职员绝对避免私人感情,不得意气用事,对处理案件,不加入一己之见。这些原则在亲属之间则很难实行。近年来常发生某人犯了错误,不仅单位奈何他不得,就是纪检部门、公安部门也无法绳之以法纪的事情,原因就在于其亲友占据要位,因而大事化小,小事化了。凡此种种不一而足,危害极大。

中国的现代化进程需要血亲观念淡化

客观地说只要有婚姻家庭存在,只要有亲属关系存在,人们的头脑中就会有血亲观念。这里所说的血亲观念淡化,不是让人们唯心地不承认这一事实,也不是让人们不讲夫妻之情、亲子之爱,而是说这种情和爱不能超越家庭生活的范围,不能用亲属之间的关系去干扰和取代其他社会关系。从宏观上看,当中国社会走向现代化,各种业缘关系正在充分发展起来之时,血亲观念的淡化是必要的,不可免的。

事实上,一些人头脑中过强的血亲观念已经带来了一些社会不正之风,已经成为现代稳定和发展的干扰因素。过去我们在分析社会不正之风的根源时往往注意到了它的政治、经济和道德等方面,却比较少地揭示中国封建文化及其在人们心理和灵魂深处的积淀——血亲观念的作用,今天是应当正视这一现象的时候了。

可以毫不夸张地说,它暗中给我们带来的灾难是深重的。它不仅使少数人以亲代党、代政,在政府机关、企事业内部搞家天下,助长了不正之风的膨胀，败坏了党在人民群众中的形象和威信，阻碍了正在进行的各项改革和生产力的发展，而且对人们的灵魂产生了相当大的“腐蚀”作用，使一些人观念狭隘，目光短浅，恋乡恋土，胸无大志，只知守业，不知创业，只能循着前辈的脚印走，不能迈开新步、走新路，只能在亲属圈子里打转转，不能四面八方、五湖四海。蔓延开来，贻害无穷。

面对广大群众要求“管好你们的儿子”的呼吁，我们的一些领导干部和有关部门做了怎样的回应？据报道，陕西省咸阳市工商银行从 1985 年下半年以来，对本系统夫妻、父子、兄弟姐妹同在一单位工作的干部、职工进行调离、调整，一年多来，已经调整了 300 多人。河南省信阳地区金融系统也实行干部回避交换制度，把同一单位工作的亲属调整到其他单位工作。我国改革开放的先进地区深圳任用干部规定：夫妻亲属不能在同一单位当官，领导干部的亲属，不得在该领导干部直接领导的部门工作等等。它使人们看到了曙光和希望。中国的现代化进程必然要求某些传统观念更新。其中血亲观念的淡化是不可免的。

家庭文化与现代化

载《社会》1994 年第 6 期

关于家庭文化与现代化的关系，在当今世界上有三种不同的理论与实践模式，一种是西方社会的"冲突论"，另一种是日本社会的"改造论"，第三种则是中国社会（或者说华人社会）的"融合论"。三种不同的模式从不同的方面表现了家庭文化与现代化的密切关系。建立在婚姻和血缘关系基础上的家庭，在不同的社会中对不同的现代化进程产生了不同的影响。

一、"冲突论"

以欧美为代表的"冲突论"的主要观点认为传统家庭文化与现代化进程是冲突的、不协调的。现代化的进程将抵制传统家庭文化，并使传统家庭走向淡化和解体。

美国社会学家、结构功能主义的主要代表人物科特·帕森斯在谈到家庭与现代化之间的关系时，强调了家庭在现代工业社会中的解组过程。他认为现代工业基于成就价值之上，而不是血亲观念与关系之上，现代工业需要人力流动，需要"自由劳动力"以有利于经济发展。传统的扩大家庭模式，亲属聚集现象，已不能适应这种需要，必须解体，向着小型化核心家庭模式演变，亲属关系和观念需要淡化。

德国社会学家马克斯·韦伯在论述现代社会与企业的科层管理制时也涉及家庭文化与科层制的冲突。所谓科层制是指机关内部分别负有专责处理事务的行政体系的一种制度。其特点在于行政机关内各等级的单位负责人有固定的职务，有划分的权限，有例行公事的一定程序，有对上对下所负责任的范围。换言之，是机关内部刻板方式的行政组织。现代社会里的大规模组织，如政府、工厂、公司、大学、工会、教会等，几乎普遍采用这种制度，以提高机关的行政效率。韦伯在谈到其特点时说，这种制度效率高、正确、迅速、专家控制、连续、谨慎、协调及避免私人感情。传统家庭文化中的“血亲观念”“亲属网络”“近亲繁殖”等与科层制的原则是相违背且格格不入的。比如按科层制处理事物，一切须按法规所规定的条文，不能渗入个人因素，用以维持统一标准。再比如按科层制原则，机关内职员绝对避免私人感情，不得意气用事，对处理案件不加入一己之见。又比如按科层制原则，用人根据专门技术的资历，不得任意解雇。升级按个人的工作成就决定等，都和注重“亲属关系”“亲亲相帮”“亲亲相护”“夫人参政”“父子兵”“任人唯亲”等家庭文化不相协调。要采用现代科层制的原则，必须抵制与改造家庭文化。

因此，在现代西方社会中普遍实行企业所有权与经营权分离的原则。即依据法律，亲属可以继承财产和所有权，而不得继承经营权。也许最能说明这点的是几年前王安电脑公司发生的事情。1986 年王安退休时选择了儿子接班，经营该公司的业务，结果受到了美国社会、美国文化的强烈抵制。其一是王安的原来 7 个助手集体辞职，以示抗议；其二是美国新闻媒介强烈批评这种西方社会所不能容纳的“父传子”模式。实践证明王安依华裔传统使企业文化适应家庭文化在美国是不成功的。由于各种原因，王安公司终因其子经营不善而濒临倒闭，王安也不得不再次亲自出马，免去儿子的职务，另选他人执掌公司的业务。总之，欧美的“冲突论”认为，传统家庭文化与现代化是不相适应的，要实现现代化，必须抵制传统家庭文化，实行家庭组织与观念的淡化。现在那里发生的家庭解组过程与问题都是与此相关的。

二、“改造论”

以日本为代表的“改造论”认为传统的家庭文化与现代化进程不相冲突，如果加以改造，反而会适应现代化进程，并发挥协调与促进作用。

这种理论认为要把抽象的“家庭观念”和具体的“家庭关系”区别开来，观念保留，关系改造。所谓观念保留是指“家”的观念带有集团意识和凝聚力，不无好处。因此“家”的观念遍及日本社会，日本人常把自己工作地方称为“我家的”，日本企业家也用“家”的精神办企业，把企业办成一个大“家”，把企业职工视为家庭成员。日语中“家”一词的含义，要远胜过英语中 household 或 family 的含义。日本的“家本位”给企业带来了巨大的合力。

所谓关系改造是指用广阔的业缘关系改造狭隘的血缘关系。日本社会学家中根千枝在分析这种现象时认为，日本“家庭”结构的基本因素不在于长子及妻子与老父母住在一起这种形式，也不在于由家长制这种权威结构，而在于“家庭”是一个聚居体，是一个组合经营集团。在这个以经营(生产)为基础的家庭中的经营关系、人情关系比血缘关系、人伦关系要重要。从经营的角度出发，从外面娶进来的妻子、儿媳，要比从家里嫁出去的亲姐妹、亲女儿重要得多。亲兄弟成家另过之后，便被认为是属于另一户了；而招来的女婿，虽原是外人，由于参与本家庭经营，却能取得家庭成员的资格，比成家另过的亲兄弟重要得多。在日本的家庭中，特别是那些世世代代从事农业或商业的家庭，不仅毫无血亲关系的外来人可以被请来作后嗣或继承人，甚至仆役、管家也可被吸收为家庭成员，以保证经营和财产的继承。这种以业缘关系和经营机制对传统家庭关系改造的结果，使日本人的家庭意识和观念进入了现代社会和企事业，狭隘的家庭关系却被拒之于外。更准确地说，这种家庭意识和观念并不狭隘，而是一种源于家庭又超越家庭的集团意识，它在日本社会中作用巨大。比如 1993 年春季，日本经团联工业联合会的一项民意调查表明，在被询问的 2000 名工人和职员中，80%认为公司比家庭更重要。日本人“家”和“超家”的观念已成为现代日本企业文化的重要组成部分。

三、"融合论"

以华裔为代表的"融合论"认为传统家庭文化与现代化进程是不相矛盾的，而是协调的、融合的。换句话说家庭文化不用改造，就能与现代化进程直接相适应。这种理论认为以婚姻和血缘关系为纽带联系起来的家庭关系具有联系密切，内聚力强，为利益的共同体等特征，它能为现代企业带来劳动力和人员，带进家庭的组织观念、服从观念和整体意识。由于亲属之间对共同利益的认同，能为企业效力、拼力，在企业危难之时团结、共识，以及相互之间的关系比较容易协调的特点，有利于生产的发展。以家庭文化建设企业文化，必然对现代化进程起到积极的作用。

我国自实行改革开放政策以来，农村的家庭联产承包责任制的成功，证明了上述理论在社会实践中的意义。近年来对我国一些优秀乡镇企业的调查也表明，家庭文化中的亲属意识和观念带来的整合效应，克服了农民天然的自由散漫、无组织纪律、无服从感等缺点，为乡镇企业的发展带来了效率和效益，不仅在中国大陆，而且在中国台湾、新加坡、马来西亚等华裔集中之地，也在一些方面证明了家庭文化对现代社会发展的推进作用。日前，笔者访学台湾，参观了由台湾学者推荐的"家庭隐形工业"。所谓"家庭隐形工业"是指工业隐于一个或数个家庭之中。企业中的分工是按家庭来划分的。每一个家庭是一个生产车间，是生产流水线中的一个环节，是工业总公司中的一个分公司，数个家庭构成了"工业托拉斯"。笔者参观的"证章"(制造各种纪念币、纪念章)企业中，"制模厂"(专门设计和制造各种证章模型)是由一个夫、妻、子 3 人的家庭组成，"冲压厂"(根据模型压出证章初模)是由另一个夫、妻两人的家庭组成，"漆料厂"(为压出的证章涂抹各种彩料、漆料)是由母、子、媳 3 人的家庭组成，而"总装厂"(组装好各种证章)是由父亲率领 3 个儿子和长儿媳 5 人的家庭组成。"总装厂"兼公司的经理部，负责协调各工厂之间的关系和担任领导整个公司业务的职能。这样的"家庭隐形工业"隐形于家庭之中，隐形于居民住宅之中，具有凝聚力强，小型灵活，效率高等特征，这种工业公司的推销员、代销员活跃于世界许多国家，不断报回各国市场信息和需求，公司也能根据这些信息及时实行产品更新换代，公司的业务对策会议在家庭里随时进行，很容易适应现代社会市场瞬息万变的特点。台湾的学者说，遍布于中国台湾的“家庭隐形工业”在台湾的经济起飞中扮演了重要角色，起了重要作用。

“融合论”认为传统家庭文化可直接被用于现代企事业，对现代社会的发展起到推进作用的观点既被不断地论述与肯定，也遭到不断地批评与责疑。中国台湾一家非常有影响的《天下》杂志曾发表调查报告证明台湾不仅是中小型企业，而且一些主要的大型企业都是按传统中国家庭文化模式建构的，诸如“远东”“台塑”“声宝”“裕隆”“台湾玻璃”等，不仅亲属在同一企业中任职，亲属关系伸入企事业中，而且实行儿子接班。这家杂志警告说，把家庭文化和企业文化等同的方法在现代社会十分危险，这种企业富不过三代，富不过百年。在中国大陆社会情况与中国台湾有所不同，但也出现亲属在同一单位任职，亲属网络浸入现代企业的情况，被称为“企业家族化”。根据《市场报》1992 年发表的杜春明的文章，在湖南湘潭进行的一次调查中，3 个建厂 20 年的中央部属直辖企业中，有 82.3％的工人，76％的一般干部，100％的中层干部有直系亲属在同企业中工作。其中有 4 个以上直系亲属在同企业工作的占 86％，没有直系亲属在同企业工作的多为刚分配进企业的大、中专毕业生。这篇文章指出企业家族化现象影响了企业的科学管理，扭曲了企业的人际关系，带来了企业的不正之风，弊端颇多。

总之，世界各国的社会情况不同，发展程度不同，民族风俗习惯不同，对家庭文化与现代化之间的关系也有不同的认识。无论如何，家庭正在以各种形式参与现代社会的发展进程，并对这一进程发生影响。家庭文化与现代化的关系已成世界各国共同关注的重大理论问题。

在“LOVE”中思考婚姻家庭的社会性

载《社会》1997 年第 5 期

在现代婚姻家庭中人们对“LOVE”(爱情)二字并不陌生,婚姻要以爱情为基础,家庭需要爱情以提高家庭质量。然而,人们对爱情的广泛而强烈的追求,并没有改变婚姻家庭的本质。今天,在“LOVE”中重新思考婚姻家庭的社会性,对于每一个家庭,对于整个社会都是十分有益的。

“LOVE”(爱情)是人们谈论了几千年的社会话题

今天的人要爱,爱得如醉如痴,爱得死去活来,并把爱作为婚姻和家庭的第一要义,最重要的东西,其实是在重复人类追求了几千年的话题。

翻开人类的文明史,人们对于爱情的追求和探讨不是从今天才开始的。而是有几千年以上的历史。我国古代《诗经》中就有对当时中下阶层之男女自由求爱的记载(如《静女》《桑中》《山有扶苏》等)。据说当时也有通过“自由恋爱”结婚的,(像《击鼓》《氓》中所载)。当然,此时“父母之命,媒妁之言”之约束在婚姻中最为普遍。以后在漫长的封建社会中,有关爱情的故事,如《西厢记》中张生和莺莺的故事,《梁山伯与祝英台》中梁山伯与祝英台的故事,《红楼梦》中贾宝玉与林黛玉的故事,一直在民间传为佳话,说明人们对爱情的向往。相比而言,西方社会也有很早的爱情追求和关于爱情的理性探讨。公元前 5 世纪,古希腊哲学家柏拉图就开始研究所谓爱,他认为通过爱,人的行为和思想可以达到最高尚的境界,因此爱只能是心灵上的,而不是肉体上的。柏拉图不仅把爱情和性爱对立起来,而且把爱情和同性恋联系起来，从而走入歧路。公元1世纪一个罗马诗人OV坚决反对柏拉图的观点，认为爱就是物质的、肉体的、性的，所谓心灵上的爱不过表现男女之间的虚伪和矫饰、或游戏性、嫉妒性的斗争而已。OV把爱情和婚外性关系、通奸性的行为混为一谈。10—12世纪，英国的宫廷贵族们开始把爱情作为人们茶余饭后的主要话题，提出了所谓心灵和肉感相结合的“罗曼蒂克”之爱，提出过所谓爱的“五个条件”“四个阶段”“31个特征”等，诸如爱情的取得需要“漂亮的身材”“有口才”“崇高的性格”“要有财富”“要慷慨大方”等，十分复杂而具体。对于这种爱情，一般的平民百姓是没有资格问津的，只有那些贵族和中等的商业阶级可以参与。社会发展到18—20世纪，由于人们生活水平的普遍提高和生活方式的改变，爱情在人们的社会生活中变得越来越重要，人们对爱情的思考也越来越多，有关专家学者给爱情下的定义在300种以上，没有一种定义说清了爱情的本质特征，并为人们普遍认可。罗素在《婚姻》一书中指出，第一次婚姻的不幸，往往就在于当事者把初次接触异性的激动误认作是“爱情”而铸成大错，便成了没有爱情的婚姻，悔恨终生。1915年，列宁在给印涅萨·阿尔曼德的信中，曾建议将“恋爱自由”的提法从一本小册子中删掉，原因是它的含义不明确。列宁提出，它既可被理解为在爱情上摆脱物质要求，摆脱宗教偏见，摆脱父母之命，也可以理解为在爱情上摆脱严肃的态度，摆脱生育子女的义务，以致被理解为通奸的自由。可见，爱情是一种十分复杂，含混和容易引起误导的东西。今天一些西方的社会心理学家用5个概念表达爱的不同层次：(1)LOVE(爱情)，(2)FEELING(感情)，(3)ENJOY(喜爱)，(4)TASTE(尝试)，(5)EGO(本能)，并指出这五个层次之间的界线不很清楚。有的人说，爱是一种心理上的感觉，是让人看不见，摸不着的东西，人们既要去热烈地追求它，又不能真正地把握它，因而被它所困扰和折磨，是带有一定的普遍性的。今天在一些流行歌曲歌词中，有“爱情你究竟是什么”“爱得好辛苦”“爱得好难过”之类概叹，道出了一些人求爱又得不到爱的苦恼心情，是十分自然的。从一定的意义上说，数千年来。尽管人们一直在探求爱情，而爱情的确切含义并不很清楚，今天它仍然是人们探索中的话题。

"LOVE"(爱情)在社会的变迁中地位不同

旧式的传统的婚姻家庭是讲"夫妇有别"，新式的现代的婚姻家庭是讲"夫妇有爱"，这是两种文化的差别，从根本上是两种社会存在的差别。它表明在社会的变迁中爱情在婚姻家庭中地位不同。

冯友兰在《中国哲学史》一书中谈到旧式的婚姻和家庭时说，儒家论夫妇关系时，但言夫妇有别，从未言夫妇有爱。其时不但不言相爱，而且把婚姻看得十分严肃，甚至带着一些悲壮的调子。有"嫁女之家三夜不息烛，娶妇之家三日不举乐"之说。女人离别自家来到男家，泪流满面，有如勇士授旗赴战。她们把生活的享受除外，把感情的满足撇开，甘愿挑起一副人生的担子，含辛茹苦，而毫无怨言。不是那时的人不要爱，而是处在当时的社会条件下，人们没有更多的资格和条件去谈论爱。根据社会学家的观点，自古以来在婚姻家庭中有基本的"二元"，也是一对基本的矛盾，即以爱为中心的情感和以柴米油盐为中心的家务。著名社会学家费孝通说，理想的夫妇是鱼与熊掌两得其全的，问题是开始于这理想的不易实现，若是对现实的夫妇关系期望太高，要求太甚，反而可以使这种关系承当不住而发生裂痕。所以不能不退而求其次的说法，鱼与熊掌中不能不择一而是了。换句话说，任何一个家庭都有柴米油盐的家务和夫妻之间讲求情感的爱，前者是基础性的需求，后者是高层次的需要，按一般规律，先得保证柴米油盐，然后才求志趣相投。在一个生产技术简单，生产力低下的贫穷社会，夫妇间会偏重家务上的合作，在经济上花费较多的劳力和时间，从而压低情感上的要求。进一步说，夫妇之间偏重情感的发挥，必须是在一个富裕的生活程度较高的社会，是在柴米油盐的问题基本解决了之后。传统家庭的夫妻偏重家务上的合作，在情感方面要求较少，并非他们不要爱，而是他们在基本的经济问题没有解决之前，没有资格，没有兴趣，没有时间去爱。如果我们比较中国传统社会家庭中的夫妇生活和西方(西洋)社会中夫妇生活的差别，就可以知道彼此的差别在于物质条件的差别，而并非西方人懂爱，东方人不懂爱。

今天，在我国生产发展了，人们的温饱问题解决了，夫妻男女之间自然有了情感方面的较多追求，把夫妻之间有无爱情，作为婚姻是否成功，家庭是否美满的主要标准。"爱情"成为现代家庭的中心议题就是十分自然的了。

"LOVE"(爱情)没有改变婚姻与家庭的社会性

今天爱情在婚姻和家庭中的地位十分重要，然而，无论人们是否理解了爱，是否得到了爱，但大多数人都结了婚，有了家，这说明爱情是婚姻和家庭的需要，但爱情并不是婚姻和家庭的本身，或者说爱情不等同于婚姻和家庭。应当说，今天人们追求爱情是社会的进步，然而一些人把爱情等同于或用它来取代婚姻和家庭，也是现代人的遗憾。这使我们想起，应当用唯物主义的态度，重申婚姻家庭原本的社会意义。

迄今为止，人类社会有婚姻和家庭，并用一种制度把它保证和确定下来，既是为了人的自身需要，更是为了社会的需要。可以说若单纯是为了满足人的爱的话，爱只是一种个人行为，只要有当事者的个人意愿就可以了，社会不必去设立一个基本的单位，用法律和制度的方法去确认它和规范它。社会之所以要设立普遍的婚姻和家庭，并用制度化的方法确立它，是因为它承担了其他社会组织所不能承担的社会功能，诸如生育和抚育功能。围绕这一功能，人们还要有柴米油盐的生活、家务、娱乐、休养生息等一系列相关的事情。只有重申婚姻家庭这一原本的意义，才能使人们从对爱的追求和狭隘理解中站立起来，进入广阔的婚姻与家庭的现实之中。

社会学家在批评今天的婚姻时说，现代婚姻开头是一见倾心，接着是如胶似漆，一到了结婚，碰到了真正的试验，发现了婚姻的痛苦，心理上既无准备，感情上又好像受了欺骗，结果反而不力求在融洽上下工夫。这是新不如旧的地方。说得倒也实际。在今天的社会，有必要重申婚姻家庭的原本社会意义，重申婚姻家庭的严肃性，婚姻是社会行为，家庭是社会生活的基本单位，婚姻家庭中包含有爱，还有更广泛的社会内涵。对于任何一个社会来说都需要婚姻的相对稳定和家庭的连续性。今天，人们应以现实的态度去追求爱情，去恋爱，去结婚，去履行婚姻和家庭义务，在理想与现实的结合中展开今天的家庭生活。

婚姻质量的社会观

载《社会》1998年第2期

笔者最近应上海社会科学院的邀请赴上海参加了有关“婚姻质量”的国际学术讨论会，与众多国内和国际学者交换了对“婚姻质量”的看法。随着中国社会的发展和人民生活水平的提高，人们越来越讲求生活质量。婚姻家庭是人的社会生活的一个十分重要的组成部分，讲求生活质量，自然要讲求婚姻质量。然而，婚姻质量是一个十分复杂的问题，对此人们众说纷纭，莫衷一是。概括起来，主要有以下不同的认识。

第一，评判婚姻质量究竟是重婚姻义务，还是重婚姻情感。一些人认为，中国人在婚姻家庭中的态度严肃，责任感强，夫妻相敬如宾，赡老养小，共同承担家务劳动，履行婚姻和家庭义务，婚姻家庭质量是高的。另一些人认为评判婚姻质量的标准主要是情感，是婚姻中有无爱情。而爱情在中国家庭中的地位较低，还没有成为大多数婚姻家庭的第一需要，在中国还有一些被“爱情遗忘的角落”。上海社会科学院在上海、甘肃、广州和黑龙江4省市进行的有关婚姻质量的调查表明，男女因爱情结合成婚姻的只占1/4。统计结果表明，两性因“爱到极点、无法自控”而成连理的仅占2％；在婚前“甜蜜愉悦、彼此相爱”的为25％；56.5％的人在婚前“和睦相处、互有好感”；而“出于无奈、勉强结合”和“互不熟识、无感情可言的”达到16％。该调查还列举了另一项调查指标：以“目前的夫妻关系主要靠什么来维持”为例，认为“靠子女维持的”比例最高，达到58.2％；“爱情因素”次之，为44.5％；“道德良心”占第3位，为39.9％；“经济因素”第

4 位，占 21.9%。证明爱情还没有成为婚姻和家庭中的主要纽带和基础。

第二，怎样从稳定的角度去评判婚姻质量。有的人认为家庭应该是稳定的，夫妻关系应该是牢靠的，“白头到老，从一而终”的婚姻质量是高的。而目前中国社会的离婚率一直在增高，1978 年全国的离婚数为 28.5 万对，占当年人口平均数的 0.30%，1995 年已达 105.5 万对，占当年人口平均数的 0.88%，普通离婚率在 18 年中增长了 2.9 倍，这说明中国的婚姻质量近些年来下降了。与此看法不同的观点认为不能以离婚率去判定婚姻质量，没有爱情的婚姻是死亡婚姻，就应用离婚的方法去解除，维持没有爱情的婚姻恰恰是婚姻质量不高的表现。他们列举数字证明 1949 年以来，我国出现了 3 次离婚高潮，第一次是 1950 年到 1953 年新婚姻法颁布时期；第二次是 1976 年到 1979 年“文化大革命”结束、拨乱反正时期；第三次是改革开放的新时期，都是社会进步时期，婚姻质量都是提高了而不是降低了。

第三，评判婚姻质量的标准是主观的，还是客观的。一种观点认为，婚姻质量就是当事人的自我感受，是主观的。比如他们对夫妻关系的评价，婚姻的幸福感等，任何其他标准都不能代替这种主观感受，测量婚姻质量主要凭当事人的心理感受来决定。另一种不同的看法认为，婚姻质量应有客观的评判标准，只凭当事人的主观感受不标准，也不科学，甚至可能找不到统一标准。比如西部甘肃地区农民和东部上海城市居民的婚姻质量评价标准就不完全相同，结论也不相同，但这不能完全说明客观事实。和上海相比，甘肃农民还处在不发达阶段，因而多以过好日子为标准，能过好日子的家庭，其婚姻满意度较高。上海在经济和社会发展方面已进入较发达阶段，人们对婚姻中的情感水平要求越来越高，而情感含义的不确定性，建立情感的操作难度，使上海人反而对自己的婚姻质量有更多的怀疑。而只凭当事者主观感受就断言，上海城市居民的婚姻质量不如甘肃农民，显然欠妥。

笔者认为婚姻家庭质量的判定是个十分复杂的问题，要找到相对科学的评判标准，必须对婚姻行为的社会性有明确的认识。今天人们习惯从个人和自我的角度来认识婚姻问题，把婚姻当作完全个人的事，把婚姻质量归结为自我的主观满意度，而自我的主观满意度又往往归结为有无“爱情”二字，这是对婚姻和婚姻质量的一种片面的认识。婚姻从狭义和表面上说是男女两性的生理结合，从广义和本质上说是一种社会行为。著名社会学家费孝通在他著名的《生育制度》一书中，在谈到婚姻的本质时说，自古至今社会如果单为满足男女之间的情爱和两性关系的话，是不需要婚姻与家庭的，只要有当事者个人意愿就可以了。社会之所以要有婚姻，还要建立家庭是因为要通过一种特殊的人际交往（男女两性交往）去完成一些社会功能，其中心是生育和抚育功能，以及与此相关的其他功能。费孝通说：“婚姻是用社会力量造成的，因为我所知世界上从来没有一个地方把婚姻视作当事人间个人的私事，别的人不加过问的”。“这样把男女个人间的婚姻关系弄成了一桩有关公众的事件了。这不是一般人的无理取闹，或是好事者的瞎忙，而是结合男女所必需的手续，因为，让我再说一遍，单靠性的冲动和儿女的私情并不足以建立起长久合作抚育子女的关系的。”换句话说是不足以维持婚姻关系的。费孝通话语道出了婚姻的社会性本质，符合历史唯物论。社会之所以要婚姻与家庭，并用法律来确认它，用伦理道德来规范它，是因为需要它来完成一系列重要的社会功能。社会不会仅因儿女私情来确立婚姻制度。自古以来男女之爱也没有被完全限制在婚姻之中。可见婚姻质量和男女之情有关，但不等同，评判婚姻质量必须要有婚姻质量的社会观。

从婚姻的社会性出发，评判婚姻质量的标准是变化的，既是义务的，也是情感的。传统婚姻重义务。夫妇结合，生儿育女，含辛茹苦地过日子，共同挑起生活的重担。家庭稳定，人丁兴旺，过好日子的婚姻质量是高的，它的基本意义在今天还存在。现代婚姻重情感，浪漫主义的爱情是婚姻质量的最主要标准，夫妻有爱是质量高的表现，爱得越深，婚姻质量越高。随着社会向前发展，爱情在婚姻和家庭中的地位越来越高，不能离开爱情去评判婚姻质量成为越来越多的人的共识。由重义务到重爱情是婚姻观的改变，然而爱情并不能取代义务。在现代评判婚姻质量的标准中，既应有爱情指标，也应有义务指标。

从婚姻的社会性出发，应该从婚姻的相对稳定性上去评判婚姻质量。首先婚姻与家庭应该是稳定的。从社会角度说，没有稳定的婚姻与家庭，就不能完成以生育和抚育为中心的多种社会功能，也不利于改善和提高人民的生活质量。今天家庭仍然是社会日常生活和消费的基本单位，是人们休养、生息、闲暇和娱乐的主要场所。没有稳定的家庭是不符合社会和人民生活需要的，任何一个社会都希望有家庭的稳定性。然而这种稳定是相对而不是绝对的，对于那些情感破裂、同床异梦、和常有冲突和暴力的家庭，用离婚的方法予以解除，使婚姻和家庭获得新生是好事，不是坏事。不能单纯以离婚率高低去判定社会的婚姻质量。从这个意义上说，婚姻与家庭只能是相对稳定，而不是绝对稳定的。

从婚姻的社会性出发，评判婚姻质量既应当是主观，也应当是客观的，应当是个人感受与社会标准相结合。个人的满意度、幸福感很重要，但不够，还要有家庭关系、家庭功能、家庭伦理等各个方面的客观情况，是个综合评价的社会指标体系，要体现现代社会的特点。比如，有无爱情自然是婚姻质量的指标，而在生育上少生、优生的家庭自然也是家庭质量的重要指标，因为它符合时代的精神和现实社会的要求。从社会的角度看，能履行婚姻职责，完成家庭功能，有现代伦理道德等，也都是评判婚姻质量的重要标准。在这里特别应当指出，婚姻的本质是一种特殊的社会关系，而且通过这种关系还能派生出其他关系，离开婚姻关系，离开由此而生的家庭关系，离开了与婚姻关系、家庭关系有关的社会与家庭生活，只凭当事者的主观感受去评判婚姻质量，是不客观、也不全面的。

今天在社会的发展中人们渴望提高婚姻质量，社会也应创造条件和环境去帮助人们提高婚姻质量，要实现这一目标，首先要解决观念上的问题，其核心是婚姻质量的社会观，从这点出发，才能对提高婚姻质量有一个较为全面和正确的认识。

城市化进程中的“二难推理”与“统筹”理念

载《社会科学研究》2007年第5期

今天世界和中国都在经历着不可改变的城市化进程,然而,人们对于城市化进程是又“爱”又“恨”,因此,有城市化进程中的“二难推理”。用科学发展观中的“统筹”观念认识城市化进程,就能确认城市化进程的历史必然性和城市化进程对于实现人类社会文明、构建和谐社会的重要意义。

一、城市化进程中的“二难推理”

1. 城市化的巨大优势

之所以在世界范围内城市化成为不可改变的趋势,是因为它有巨大的优势。城市是大量异质人口以城市模式和区位格局聚集的结果。在人类社会生活的历史上,城市是政治和行政管理中心,是对外防御的军事要塞,是经济和社会生活的聚集地。城市的优势和城市的聚集效应分不开,主要表现在经济聚集和社会聚集两个方面。另外,城市模式也符合人的本性的追求。

(1)城市的经济聚集优势

同农村相比,城市在资金、人才、信息、交通、市场、管理、效率等方面具有更大的优势,这是城市经济聚集作用的结果。城市经济的表象特征具有系统性、互补性、外部性、区位性。城市经济的系统性可以使城市经济要素在形成系统和互相作用、互相搭配中产生系统优势和效应;城市经济的互补性,使城市经济中的各种经济活动互有补助,互生裨益,或由此而增进销售效率，或由此而降低成本，或使品质更能提高；城市经济的外部性可能存在着私人成本低于社会成本或私人收益低于社会收益的现象，即存在着外部经济效果；而城市经济的区位特征能发挥城市经济的区位优势。从本质上看，城市经济是空间集中的经济。城市因空间聚集而产生，又因空间聚集而发展壮大，没有空间聚集，就没有城市经济。空间聚集使城市经济具有明显的聚集效应，聚集经济的产生使企业可以获取更高的利润，居民可以得到更多的效用，从而改变了生产与消费决策的技术、成本和市场约束。企业和居民在空间上互相接近，通过竞争分享这种聚集利益。因空间聚集而产生的聚集效应，对经济活动的影响是全面的，它不仅影响技术与经济约束（聚集经济导致成本的节约、产出的增加），从而改变着市场的约束（聚集经济促使效用增加，从而影响消费行为）。在既定的技术条件下，由于城市聚集经济的存在，与非城市环境下的厂商相比，城市内的厂商用同样的投入，可能获得差异巨大的产出，即厂商的生产集中可能在同一技术下由于聚集经济的原因而向上移动；由于聚集经济，消费者所得的效用增加了，从而影响其消费偏好，于是厂商面临的需求曲线也会因此而产生相应的变化。基于上述原因，厂商最优化决策点（生产均衡点）自然也要发生变化。所以，在理论上，因空间聚集而产生的聚集经济效应对生产函数、成本函数和需求函数均产生着重要的影响，从而对经济资源的优化配置乃至整个经济的发展产生巨大的影响。①

（2）城市的社会聚集优势

这里所说的城市的社会聚集优势是指城市的聚集模式对社会生活的作用。城市的主要特征是人口在一定规模上的高度密集。这种人口的高度集中和密集对现代社会生活是有益的。首先，这种社会聚集可以大量节约土地资源。现代城市的建筑格局是密集型，并向空中高层发展，向地下发展，面对密集人口，强迫人们用最优化的设计方法，用有限的空间容纳众多的人口，客观上节约了大量土地。其次，这种社会聚集有利于发展

① 蔡孝箴：《城市经济学》，南开大学出版社1998年版，第37～38页。

现代交通事业，为人们提供交通上的便利。现代公共交通，包括公交车、出租、地铁、各种铁路运输、航空、航海都需要一定的人口规模作基础，没有一定规模的聚集人口，是不可能发展起这样的交通体系的。城市的人口聚集为发展起这样的交通体系提供了基本条件。第三，这种社会聚集可以产生和发展现代城市生活方式，包括消费方式、居住方式、水和能源供应方式、休闲和娱乐方式、清洁和垃圾处理方式等。第四，这种社会聚集便于发展现代教育事业。现代教育事业的发展，现代教育体系的建立也要有一定的人口作基础才能实现。从硬件上看，必须有一定数量的学生才能有的放矢地建立起各种规模和类型的学校；从软件上看，教师专业人才的培养和使用也要有一定数量的学生为基础。

(3)城市模式符合人的本性和追求

城市的优势除了那些人们看得见、摸得着、想得到的东西之外，还有更深层次的东西。尽管这是抽象的哲学层面的东西，但它也很重要。宇宙空间的无限性与可居环境的有限性，人类欲望的无限性与个体生命周期的有限性，单位空间距离的不变性与其到达时间上的可变性，这三大矛盾的对立统一运动，激起了人们对单位时间内延伸空间距离、扩大空间范围，以满足其在有限生命期间的无限占有欲。占有空间、占有知识、占有金钱、占有权力，总之占有一切物质上、精神上，以及物质和精神的结合上可占有的东西。而要能更充分地满足这种欲望，人们本能地进而自觉地首先选择城市，特别是选择大城市。这是自然界中任何生命体的本性反应和表现，当然也是作为高级生命体的代表之人的本性反应和表现。①

2. 城市化面对的困扰和问题

(1)社会生活模式转换中的困扰

所谓社会生活模式转换中的困扰是指从农业和农村社会向工业和城市社会转变中出现的困扰。比如城市化进程使传统社会密切温馨的人际关系开始变得疏远和冷漠，功利主义取代了人间真情，从这个意义上说，

---

① 高佩义：《中外城市化比较研究》，南开大学出版社 2004 年版，第 151～152 页。

社会不是前进了，而是倒退了。德国社会学家F.滕尼斯1887年发表《社区与社会》(又译《礼俗社会和法理社会》)一书，对都市社会和农村社会作了系统的比较和研究。礼俗社会和法理社会分别指传统的农村社会和现代都市社会。滕尼斯认为，在农村，家族和邻居维系着人们的关系，居民具有共同的利益和共同的生活目的。他们重视家庭和邻里关系，对内真诚友善，对外有排他性。而都市的情况与农村相反，都市居民没有维系彼此关系的共同纽带。他们没有共同意识，家庭和邻里关系淡漠，人与人之间互不关心。滕尼斯还将礼俗社会视为富有生机的整体，认为法理社会只不过是机械的集合体。在滕尼斯的理论中，礼俗社会等同于农村社会，法理社会等同于城市社会，他赞扬礼俗社会，对法理社会，即都市社会持批评的态度。他主张建立社区，并给社区以理论上的界定。滕尼斯的理论酝酿着“异城市主义”和逆城市情绪，对孕育中的城市社会学产生了深刻的影响。齐美尔和滕尼斯持相同的看法。他系统考察了大城市的精神和心理生活，于1903年写了《都市与精神生活》一书，认为都市里的精神异常和越轨行为远远高于农村，大都市始终是金钱经济的地盘。金钱在都市生活中之所以如此重要，原因之一就在于发达的劳动分工要求有普遍化的交换手段，金钱恰恰发挥着至关重要的作用。他认为，个人应学会使自己适应都市，都市生活环境复杂，生活节奏较快，社会组织严密，时间观念强，感观刺激强烈。为了应付纷繁复杂的和变化无穷的现象，都市居民要善于对主要和次要的现象加以区分，以便全神贯注于主要的事情，对次要的现象则漠然视之。这种冷漠是对都市的适应和自我保护。齐美尔认为，城市货币经济的发展，也使人际关系越来越非人格化。文化与人之间以及人与人之间的关系越来越淡漠、疏远，乃至异化，文明成为威胁人的力量。他还认为，城市劳动分工的发达，劳动者与其产品处于异化的状态，损害了劳动者的利益。因此，他对人类发展的前景持悲观态度。理论家对城市和城市化实行的是理性思考。一般人虽然没有他们对城市生活思考得那么深入，但都已经感觉到了城市的冷漠、拥挤、碰撞、紧张等。今天，人们住在城市高楼大厦的单元住宅之中，没有“鸡犬之声相闻”，倒是

“老死不相往来”，亲友之间疏远了，邻里之间不知姓名的很多。在城市的喧闹和嘈杂中，人与人之间缺少温暖与真情，有一种前所未有的孤独感。

(2)社会生活中滋生的问题

城市化进程使人类社会产生了许多前所未有的社会问题。还在19世纪末20世纪初，美国的芝加哥学派突破了主要从理论上研究都市的欧洲社会学传统，走上街头，对城市进行实地调查，比如社会学家R.E.帕克对都市的产业工人、官员、季节工，无业游民、流浪艺人、娼妓和舞厅职员等各群体和阶层人员做了深入研究，还对都市的劳动分工、组织结构、传播媒介、心理因素做了仔细考察，发现了大量城市社会问题，并将此称为“城市病”。[①] 以后人们在城市生活中越来越感到“城市病”的客观存在，诸如住房紧张、交通拥挤、环境污染、犯罪现象严重、贫富差别大等等，使得人们向往城市又惧怕城市，在城市居住，又想躲离城市。城市人面对着来自城市生活的各个方面的压力和问题，无论这些问题是主观的，还是客观的，都是城市人所面对的问题。无论如何，城市人失去了农村人那种恬静、清新、秀美、悠然、安全的环境与生活。在美国，反城市化已替代城市化成为形成定居的突出力量。在英国和部分西欧地区城市的离心力正在加大，出现了和美国相同的情况。苏联、波兰及尼日利亚曾试图用立法强制措施来减缓城市的生长。已经超过2000万人的墨西哥城不规则的居民点急剧膨胀，而政府的临时规划计划法令又无力解决这些问题。

无论如何，现代人面对城市处在矛盾之中，有“二难推理”：一方面城市给了他们诸多的利益和便利，为了就业和生活，他们留恋城市，大部分人还是在城市中工作，住在城里；另一方面他们又厌烦和讨厌城市的拥挤、嘈杂、肮脏和诸多的城市问题，而想逃离城市，向往清新、恬静、美丽的乡村，希望有农村田园诗般的生活，在“二难推理”中有“二难选择”。

二、城市化进程中的“统筹”理念

对城市化进程的认识不仅有“两难推理”，也有“统筹”理念。“统筹”

---

① 雷洁琼主编：《中国大百科全书》(社会学卷)，中国大百科全书出版社1991年版，第39页。

理念是科学发展观的一个组成部分。《中共中央关于构建社会主义和谐社会若干重大问题的决定》在谈到坚持科学发展观、构建和谐社会时特别提到“统筹”，即“统筹城乡发展，统筹区域发展，统筹经济社会发展，统筹人与自然和谐发展，统筹国内发展与对外开放。”[①]统筹即统一筹划，在科学发展观中它不仅是一种方法论，也是认识论。在统筹理念中理论与实践，主观与客观，局部与整体，微观与宏观，历史、现实与未来是辩证的统一。用“统筹”理念认识、指导和推进城市化进程必然会认识到城市化进程是历史的必然，城市化进程是建设和谐社会的战略选择，城市化进程应以科学的“统筹”发展战略为指导。

1. 城市化进程的历史必然性

城市是自在之物。城市化进程是人类社会中的自然历史过程。人类社会是可以认识的，城市化进程也是可以认识的。城市是大量的人口以城市的区位格局聚集的结果。这种聚集是有缘由的。城市的“市”是指商品交换的场所。《周易·易辞》说，日中为市，致天下之民，聚天下之货，交易而退，各得其所。“市”的最早含义是集中做买卖的场所，如菜市；集市，《易·系辞下》中有日中为市，致天下之民，聚天下之货，交易而退，各得其所。它还包含有“交易”“购买”的意思，如“有行无市”。《晋书·祖逖传》中有，“（石勒）与逖书，求通史交市。逖不报书，而听互市，收利十倍”。又如《论语·乡党》中有“沽酒市脯，不食”。古乐府《孔雀东南飞》的“杂彩三百匹，交广市酷珍”引申为收买、换取，见“市义”“市恩”。西方学者也持同样的观点，比如社会学家马克斯·韦伯认为，城市具有市场功能。可见城市的产生是和人的商品交换相关的，随着商品经济的产生和发展，出现了商品交易的集中地，这是最早的城市。以后人们的交往从经济扩展为政治、法律和社会生活的各个方面，城市则逐步变为一种特殊又普遍的行政区划。城市的发生是人扩大交往的产物。[②] 无论如何，城市是人们聚集的结果。聚集就有聚集的理由、聚集的优势，有经济的、政治的、法律的、

---

① 《中共中央关于构建社会主义和谐社会若干重大问题的决定》，人民出版社 2006 年版，第 10 页。

② 《辞海》，上海辞书出版社 1979 年版，第 346 页。

军事的和社会生活各个方面的优势。这些聚集优势使得人们选择了城市,发展了城市,膨胀了城市,使城市如雨后春笋般地发展了起来。人类社会,特别是近现代社会经历了大规模的、快速的城市化进程。

根据联合国1974年提供的报告,1925年世界城市人口占总人口的21%,1950年为28%,1975年为39%,2000年为50%,2025年则为63%。发达国家走在世界城市化的前列。根据中山大学人口理论研究室编写的《人口研究译文集》第1集第172页披露的联合国《城乡人口增长类型》英文版提供的数字,200多年前的1800年,发达国家的城市人口占总人口的7.3%,到1930年为41.6%,1950年为51.8%,1980年为78%,2000年为80.3%。发展中国家城市化速度比发达国家要慢,但从1950年以后也经历了加速发展过程。1800年发展中国家的城市人口占总人口的4.3%,1930年为10.3%,1980年为30.5%,2000年为42.5%。① 中国也像世界一样经历着城市化过程。1950年时,全世界城市化水平为28.4%,发达国家为51.8%,发展中国家为16.2%,中国为11.2%;1980年,全世界城市化水平为41.3%,发达国家为70.7%,发展中国家为30.5%,中国为19.4%。改革开放使中国进入了以经济建设为中心的新时期。经济的发展必然促使城市发展和繁荣,城市化速度大大加快了。目前中国的城市人口已超过40%。中国工业产值和国内生产总值的70%、税收的80%都来自城市。预计未来50年,中国城市化程度将从现在的40%提高到76%以上,而到2050年,中国的城市人口总量将达到10亿至11亿,即从现在算起,中国每年将有1200万农民转为城市人口。②

无论人们对城市化进程有怎样的看法和评论,城市化进程的事实是一个最好的回答。它是不以人们的主观意志为转移的客观规律。尽管一些人埋怨和讨厌城市的拥挤、嘈杂、肮脏,厌烦城市中存在着诸多的社会

① 高佩义:《中外城市化比较研究》,南开大学出版社2004年版,第151~152页。

② 潘允康主编:《社会学视野中的大城市发展模式研究》,天津社会科学院出版社2006年版,第3~4页。

问题,但人们还是涌向城市,大多数人还是住在城市里,就业、生活在城市里,享受着城市提供的各种便利。人需要清新、恬静、美丽的环境,也需要合作、交往、交流、碰撞,两者相比,往往后者更为重要。因此,人选择了城市,世界出现了城市化趋势。

2. 城市化进程是建设和谐社会的战略选择

建设中国的和谐社会我们有很多事情要做,通过加速的城市化进程彻底解决"三农"问题,是建设和谐社会的重要战略选择。《中共中央关于构建社会主义和谐社会若干重大问题的决定》中将"扎实推进社会主义新农村建设,促进城乡协调发展"列为社会事业建设的头一件大事,说明解决"三农"问题对建设和谐社会的重要意义。温家宝总理在 2004 年 3 月 5 日举行的第 10 届全国人民代表大会第 2 次会议上所做的政府工作报告中指出,解决农业、农村和农民问题,是我们全部工作的重中之重。当前,我国农业的发展又处在一个关键时期。今年要按照统筹城乡发展的要求,采取更直接、更有力的政策措施,加强农业,支持农业,保护农业,努力增加农民的收入。近年来为解决农民问题,中央出台了一系列政策,包括解决拖欠农民工工资,保护和提高粮食综合生产能力,推进农业和农村经济结构战略性调整,继续推进农村税费改革,深化粮食流通体制改革,加大对农业和农村投入的力度。加快农业科技进步等。在一定程度上减轻了农民的负担,增加了农民的收入,提高了农民的生活水平,改变了农民的生活状况。但是这只能解决一部分问题,不能解决大部分问题,或者说不能解决根本问题。因为它并不能从根本上改变农民的生产方式和生活方式,因此不能从根本上摆脱贫困,实现普遍的小康水平。而只有通过加速的城市化进程,吸引和吸纳大多数农民进城,使农民进入现代产业格局,广泛参与城市生产与社会生活,改变生产方式与生活方式,提高生活水平,使农村人转变为城市人,使中国的城市化水平达到世界发达国家的城市化水平,才能从根本上解决农业问题、农村问题、农民问题,真正实现建设和谐社会的目标。

3. 城市化进程中的"统筹"战略

从统筹的观点出发,科学地推进中国城市化进程,主要应解决三个问题:一是统筹农民工进城,二是统筹城市布局与规划,三是统筹未来城市发展模式。

(1)统筹农民工进城

农民工进城是实现我国城市化的主要途径之一。统筹农民工进城,从人口角度加速城市化是十分重要的。改革开放以来,经济发展带来了人口大规模流动和农民工进城热。农民工进城大致分为三个阶段:在2000年以前是第一个阶段,我们基本还是沿用计划经济时的思路对待农民工进城,不是统筹城乡,而是割裂城乡,对农民工仍然是管、卡、围、堵,甚至轰赶,进城农民没有合理合法身份和名分。从2000年开始进入第二个阶段,随着形势的发展和对农民工进城客观规律认识的加深,我们的流动人口政策开始转变为以服务为宗旨,发生质的变化,确立了“公平对待,合理引导,完善管理,搞好服务”的16字方针。在这一方针指导下,对流动人口的政策和管理开始纳入法制轨道,在城市里的农民工终于被“正名”了。实践表明,进城农民工对经济发展、城市建设做出了巨大贡献,起到了十分有益的作用。然而,由于他们产业结构转变不到位,社会生活参与不足,生活水平和生活方式的差距,心理上的障碍,以及面对来自城市社会的压力和阻力,包括社会的制度性障碍和来自城市居民的排斥力等,他们还没有真正融入城市主流社会,换句话说他们还没有从农村人转变为城市人,还没有完成城市化过程。我国农民工进城现在应该进入第三个阶段,即怎样使进城农民工真正融入城市主体社会,使他们像城市人一样在城里安家落户,完成由农村人向城市人的转变,这是一个系统工程,需要统筹。它不仅包括对农民工的就业和生活的安置,而且包括他们的身份转换、子女教育、医疗与社会保障、住房、交通、安全等一系列具体问题,还需要造成城市接纳农民工的社会制度、氛围与心理。总之,使他们顺利地参与到城市的政治生活、经济生活和社会生活的各个方面,与城市社会融为一体。为了实现这个目标,每个城市在制定经济与社会发展规划时,都应把流动人口存在的事实和因素考虑进来。对于大城市和特大城市更应该如此。像北京、上海、天津这样的特大城市以农民工为主体的流动人口都在数百万人左右，在制订城市和城市发展规划时不统筹考虑这个因素怎么行？深圳完全是由流动人口聚集而成的城市，它也有新流动人口的问题。只有统筹规划，才能使进城农民工顺利融入城市主体社会，才能最大限度地发挥进城农民工的作用和优势，把因农民工进城而产生的社会问题减少到最低程度。

(2)统筹城市发展模式

在城市化进程中，统筹城市发展模式是非常重要的。从中国的实际出发，统筹规划，发展不同规模的城市，包括大城市、中小城市和小城镇等有利于城市化的健康发展。大城市由于规模的比较成本低，有比较明显的经济聚集优势、社会聚集优势，由于能在城市化中发挥领头作用和辐射作用，由于具有比较完整的城市化内涵，因此以大城市为龙头，充分发挥大城市在吸纳农村剩余劳动力中的作用很重要。中小城市处于城市规模结构金字塔的中部，上有大城市，下联小城镇，人口、经济、空间三者之间的矛盾比较少，是县域以上的区域中心，具有大城市和小城镇不可替代的功能。中小城市的产业基础具有一定规模，基础设施建设相对完备，能够实现聚集效益和规模效益，形成所在区域的工商业中心。因此有人认为中小城市是农村富余劳动力的主要流向地，中小城市是城市化进程的重要推动力。小城镇在城市化进程中的作用也不容忽视。它贴近农村，能在农村就地城市化中起到带头和示范作用。著名社会学家费孝通认为，无论从地域、人口、经济、环境等因素看，它们都既具有与农村社区相异的特点，又都与周围农村保持着不能缺少的联系。我们把这样的社会实体用一个普通的名字加以概括，称之为“小城镇”。他说“小城镇，大问题”。① 他认为小城镇有“储水池”功能，能把农村产业结构调整中的剩余劳动力吸收进来，储存起来。费孝通之所以主张小城镇在城市化进程中发挥重要作用，创造“农民离土不离乡，务工不进城(指大中城市)”的城市化模式，是为了避免世界其他国家城市化中出现的侵占农民土地等大量

---

① 费孝通:《小城镇大问题》，江苏人民出版社1984年版，第27页。

社会问题。从以上叙述中我们可以看到不同规模的城市在城市化进程中的不同作用。统筹大城市、中小城市和小城镇发展战略，对于实现快速健康的城市化进程是十分重要的。

近年来关于网络城市（城市群）发展的思想逐渐成熟，它已经成为统筹城市模式发展战略的又一部分。从科学的意义上说，在未来的城市化进程中应当逐步建立以大城市为中心的大中小城市（小城镇）结构功能一体化城市网络结构。在每一个网络结构中应有一个或几个大城市为中心（或多个中心），每个大城市周围有若干中小城市、小城镇环绕其间。在这样的网络结构中，大中小城市（小城镇）从结构上是一体的，功能上是互补的。所谓功能互补主要是指经济和社会功能互补，即从经济发展和社会发展等两个主要方面实现互补，以最大限度地发挥和显现城市化的优势，最大限度地减少城市社会问题。目前我们对所谓网络城市的认识还处在感性阶段，还只是一种被动的意识。客观实践的发展要求我们将意识变为思考，变为建立和发展网络城市结构的主观思考，由必然走向自由。目前对于单个城市的发展规划已经列入政府及相关人员的工作之中，换句话说人们还只是限于对一个城市的研究、设计和规划。而对于由若干大中小城市（包括小城镇）所组成的网络结构的研究还比较少，从具体的发展规划上说几乎还没有。现在这个问题应该提到议事日程上来了。要分析建立以大城市为中心的大中小城市（小城镇）结构功能一体化城市网络结构的必要性、可行性和前景，并在此基础上形成具体规划，纳入国家和地区城市发展战略。

（3）统筹未来城市模式

我们很难用简单的语言概括未来的城市模式。“统筹”理念中的未来城市模式应该有一个理念和一个追求。

一个理念是认真思考和解决城市发展面临的主要矛盾——城市人与城市区位之间的矛盾。矛盾的焦点是多少人聚合成多大规模的城市，以怎样的城市格局聚合，才能最大程度地发挥城市优势，满足城市人的需求，减少城市社会问题。要解决这个问题，首先要确立以人为本的城市发展观念，这对于中国城市的发展又有十分特殊的意义。确立以人为本的城市发展观念，把人的需求和归宿作为城市设计、规划和发展的出发点。人不仅是劳动力、生产力，人也是消费者，人需要生活、享受、接受教育等。人对生活水平和生活质量有不断增长的要求。城市的发展模式只有能最大限度地满足人的各种需求，最大限度地减少各种社会问题，才是科学的、有生命力的。对于城市的发展既要坚定信念，又要减少盲目性，增加科学性，关键是要从人的需求出发，核心问题是以人为本。

一个追求是建立生态城市。在制定科学的城市发展战略中，建立生态城市是中国城市未来发展中的核心问题，是城市规划的综合指标。城市生态环境是城市发展必须解决的问题之一。从近代以来，随着城市化进程的加速，城市生态环境问题日益加剧，在中国许多城市有严重的污染问题，并造成了令人震惊的后果。生态环境污染的加剧引起城市生态系统的破坏，威胁着城市的生存和发展。城市所产生的生态环境污染的危害随着大气循环等过程带到城市以外更远的地区，甚至影响到范围更为广阔的农村。在中国快速城市化和城市迅猛发展的今天，解决城市生态环境问题，实现城市生态系统良性循环和动态平衡是当务之急。今天，城市社会学已经成为制定城市发展规划所不可缺少的科学。城市社会学研究中曾经出现的两大研究范式及其转换，得出结论认为城市社会学是一门运用多种方法研究城市问题的学科。当今城市环境问题日益突出，甚至出现了严重的生态危机，使城市陷入困境。然而生态学的长足发展和生态思维方式的出现，为研究和彻底解决城市问题提供了有力的工具。因此，城市社会学正在吸收生态学的最新观念和方法，以城市发展模式、城市人的生活方式、城市人对环境的关注和参与等作为研究的主题，开拓城市社会学研究的新方向。中国在研究和制定城市发展模式和战略时应顾及各个学科，特别是城市社会学的最新研究成果，充分发挥城市社会学对多学科知识运用的综合性，以形成城市发展战略的科学决策。

社会学重建与和谐社会建设

——纪念改革开放30周年

载《社会科学研究》2009年第1期

30年前以邓小平为首的党中央有预见地支持了学者要求恢复和重建社会学的主张。30年后,以胡锦涛为总书记的党中央带领全国人民同心协力建设和谐社会,为此,请社会学家进中南海给中央政治局成员讲社会学课。这不是历史的巧合,而是历史的必然。社会学在改革开放中重建,在改革开放中发展,在今天建设和谐社会中占有特殊地位,具有特殊作用。

一、社会学在改革开放中重建

社会学产生于19世纪30年代末期,世界上大多数社会学家认为法国的实证主义哲学家孔德为其首倡者。1838年当孔德的主要著作《实证哲学教程》第4卷出版之际他提出了建立社会学的独立学科的要求。自此不到200年的时间里,社会学在全世界范围内得到了很大的发展。

社会学在19世纪末20世纪初传到中国,学者们认为以严复先生将斯宾塞的《社会学原理》翻译到中国(中译名为《群学肄言》)为标志。到20世纪20年代,旧中国社会学的教学和科研队伍逐步形成,社会学开始向实证研究发展。社会学家为了研究和改造中国,在中国(主要在农村)进行了很多著名的社会调查,如费孝通先生的江村调查、李景汉先生的定县调查等。共产党人李达还利用讲社会学课的机会在课堂传播共产主义思想和信念。

1952 年，我们停止和取消了社会学，从表象上说是和我们中华人民共和国成立初期盲目学习苏联有关，苏联取消了社会学，我们也跟着取消了社会学。从深层次上说是政治原因，是认识上的失误。

1. 用历史唯物主义取代社会学是历史和认识的失误

我们当时取消社会学是要用马克思的历史唯物主义取代社会学，而这一取代又有它的历史渊源，那就是当年马克思曾经反对过孔德，因为孔德主张社会学，所以马克思不将自己的学说称为社会学。笔者曾经在 1981 年第 6 期《中国社会科学》上撰文“社会学和历史唯物主义”，试图分析这个历史渊源和它产生的历史性的错误。笔者认为，马克思和孔德是同时代的人，历史唯物主义是马克思创立的，社会学是孔德提倡的，比较社会学和历史唯物主义的发展过程，不难发现，二者不仅产生的历史条件相同，而且有着共同的研究对象，还有共同的思想来源。19 世纪 30—40 年代资产阶级革命在欧洲主要国家已经完成。一方面，资产阶级在不到 100 年的阶级统治中所创造的生产力，比过去一切世代所创造的全部生产力还要多，还要大，正处于上升时期；另一方面，资本主义社会阶级分化，问题丛生，矛盾重重。马克思和孔德不仅面对这个相同的研究对象，而且有共同的思想来源。作为马克思主义思想渊源之一的 19 世纪伟大的空想社会主义，同时也是孔德社会学的思想来源，孔德还担任过空想社会主义者圣西门的秘书。然而马克思和孔德有不同的理论和政治主张。马克思创建了历史唯物主义，并猛烈批判了孔德的唯心主义。马克思认为孔德在政治方面是帝国（个人独裁）的预言家，在人类活动的各个方面甚至科学方面是教阶制度的预言者。因为孔德主张社会学，因此马克思一直称自己的学说为唯物史观，而不称社会学。这一历史便成为以后一些坚持和崇尚马克思主义者反对和取缔社会学的根据。然而历史不能代替现实。随着人类社会的发展和演进，这个用历史唯物主义取代社会学的根据是应该被质疑、被否定的。这是因为历史唯物主义虽然是科学的真理，但是它是从世界观和方法论角度说明社会本质及其发展的，属于哲学范畴。它不能在细节和局部上解释社会生活的一切现象和过程，形象地说它不是社会发展的算术，而是社会发展的代数。世界现代化进程不断对社会科学理论发展提出新的要求，顺应这个要求，社会科学已经和正在进行着分门别类的过程，而社会学自孔德以来已经发生了很大变化，有很多进展，从孔德的包罗万象的体系变为和其他社会科学有所分工，有了自己独特的理论方法体系的学说。特别是社会学注重对社会实际问题的调查研究，实现了统计化、数量化等使它已经成为现代社会科学研究中不可缺少的一门学科。

2. 中国改革开放的总设计师邓小平要求社会学赶快补课

1952 年我们学习苏联取消了社会学，1956 年苏联恢复了社会学，而我们直到 1979 年才开始社会学的恢复和重建工作，此间中国社会学的教学和研究整整停顿了 28 年。1978 年开始进行的真理问题大讨论（实践是检验真理的唯一标准）揭开了思想解放的伟大序幕，中国的改革开放实践为社会学重建提供了舞台和契机。著名学者中国社会科学院的杜任之先生提出恢复重建社会学的主张，这一建议得到了党中央和有关部门的重视。中国改革开放的总设计师邓小平同志高瞻远瞩为社会学正名。1979 年 3 月 30 日邓小平同志在党的理论工作务虚会上以“坚持四项基本原则”为题发表重要讲话，他说“实现四个现代化是一项多方面复杂繁重的任务，思想理论工作者的任务当然不能限于讨论它的一些基本原则……政治学、法学、社会学以及世界政治的研究，我们过去多年忽视了，现在也需要赶快补课……我们已经承认自然科学比外国落后了，现在也应该承认社会科学的研究工作（就可比的方面说）比外国落后了……因此，我们的思想理论工作者必须下定决心，急起直追，一定要深入专业，深入实际，调查研究，知己知彼，力戒空谈。四个现代化靠空谈是化不出来的。”①时任中国社会科学院院长的胡乔木约见社会学家费孝通教授，提出要恢复重建社会学，并请在北京的一些社会学工作者进行具体筹备工

① 《邓小平文选》第 2 卷，人民出版社 1994 年版，第 180～181 页。

作。1979 年 3 月，中国社会科学院和全国哲学社会科学规划会议筹备处在北京召开“社会学座谈会”，邀请北京和部分省市过去曾经从事过社会学教学与研究的同志以及有关实际部门的人员一起研讨社会学的恢复和重建工作，胡乔木到会并做了重要讲话。胡乔木同志代表党中央为社会学这门学科恢复了名誉。他说，否认社会学是一门科学，用非常粗暴的方法禁止它的存在、发展、传授，无论从科学的、政治的观点来说都是错误的，是违背社会主义的根本原则的，是同中国共产党和毛泽东思想背道而驰的。社会是科学研究的对象，社会生活、各种社会现象、社会生活的各个方面的相互关系、社会生活的发展都是社会科学的研究对象。马克思主义的研究对象首先是社会。马克思主义的历史唯物主义为我们研究大量的长远的社会生活、社会发展提供了基本理论、观点和方法，但它并没有也不会代替关于社会现象具体研究的科学。历史唯物主义着重从生产力同生产关系和经济基础同上层建筑之间的关系中去研究社会；但马克思、恩格斯、列宁都没有说过在这几种概念和它们的相互关系之中已把社会生活的全部现象包罗无遗了。马克思多次把生产关系和社会关系区别开来，他从来不认为生产关系就等于社会关系的全部。以为生产力与生产关系、经济基础与上层建筑已经把一切社会现象包括在内，这是对马克思主义的误解。在这次会议上“中国社会学研究会”成立，选举产生了由 50 人组成的第一届理事会，费孝通教授当选第一任会长。它标志着社会学恢复和重建工作正式开始。自此中国社会学进入了一个恢复、重建进而蓬勃发展和逐步规范、成熟的全新时期。

二、改革开放为社会学发展建立了大舞台

由于社会学研究和教学中断了整整 28 年，1979 年当社会学恢复时只能找到几十个有这方面专门知识的人，其中大多数都是像费孝通教授、雷洁琼教授这样的中老年人。社会学恢复和重建从培养人才和专业研究两方面入手，在短短 30 年里得到了巨大的发展。“中国社会学研究会”成立后仅 3 年多时间里，就有上海、天津、北京、湖北、黑龙江、吉林、江苏等

7个省建立了社会学会，中国社会科学院建立了社会学研究所。上海、北京、天津、湖北、四川、广州、哈尔滨等省市社会科学院也先后建立了社会学研究所或研究室。为培养人才，中国社会科学院先后举办了3期社会学讲习班，赶快补课，用速成的办法培养人才。复旦大学分校(现在上海大学)、北京大学、中山大学、南开大学等设立了社会学系，华东师大、云南大学等开设了社会学课。到1990年代初，全国已经有了15个社会学系和社会工作系。1990年代中期以后，各地高校的社会学和社会工作专业雨后春笋般地建立起来。现在，全国高校的社会学专业、社会学系有70多个，社会工作专业、社会工作系有186个。在校的本科生(4个年级)和研究生约4万人，专任教师约4000人。全国社科院系统和党政部门的社会学研究所有50多个，专业研究人员近千人。

社会学之所以得到如此迅速和大规模的发展是因为中国改革开放的宏伟大业为它建立了舞台，实践呼唤科学，呼唤理论，呼唤知识。改革开放使社会学得以重建，使社会学很快被派上了用场。经济与社会协调发展战略思想的确立，面对丛生的社会问题需要用专业知识研究和解决，以及中国对建设现代文明社会内涵认识的不断加深，使社会学的地位和作用逐渐显露出来。

1. 经济与社会协调发展的重大战略需要社会学发挥对社会整体性研究的优势

中国的改革开放确立了以经济建设为中心，同时也逐步确立了经济与社会协调发展的战略思想，这和国际大环境有关，也和我们对实现现代化客观规律的认识逐步加深有关。

从20世纪20年代以美国哈佛大学乔治·埃尔顿·梅奥教授领导的著名的霍桑实验就开启了研究非经济因素影响经济行为的先河。以后许多学者又研究了人的不同层次的需求以及影响经济发展的社会性问题。到20世纪70年代这些研究已经趋于成熟。1972年著名的罗马俱乐部公布了它的第一个研究报告《增长极限》，被译成30多种文字，发行600多万册，在全世界产生了强烈影响。该报告认为地球是个有限的系统，这种有限性决定人口和经济的增长必然有一定限度；对增长的陶醉与崇拜势必导致世界体系崩溃；技术无法从根本上解决在有限系统中的无限增长问题，技术只能缓解有限和无限的矛盾；任何一个动态系统中都存在滞后现象，因此绝不能等到滞后中内含的问题都充分显现之后再采取措施，否则将会造成无法挽回的灾难；人类明智的选择是从过度增长转向全球均衡。该报告第一次明确提出人类面临的全球问题，诸如“战争与和平”“南北危机”“生态平衡”“环境污染”“资源枯竭”“人口爆炸”“粮食危机”等远远超出了经济自身的范畴，广泛涉猎了经济、自然环境、人口、社会和科学技术等方面的问题。1973 年美国哈佛大学教授丹尼尔·贝尔发表的《即将到来的后工业社会》，此后阿尔温·托夫勒的《第三次浪潮》、约翰·奈斯比特的《大趋势》也都从不同的角度阐述了经济、科技和社会发展之间的关系。法国巴黎的未来研究世界联合会、瑞士的日内瓦社会远景世界协会等组织的专家学者也都提出过类似的观点，指出现代社会经济与社会问题相互纠缠，难解难分，要用系统的方法去解决。① 日本社会学家福武直深刻回顾了日本经济复兴的历史，指出日本经济发展长期以来一直实行“以大资本主义为中心的生产至上主义，并非以国民生活为主题”，对此福武直评价说：“社会开发在发达国家在重新组织社会方面表现强烈，然而在生产属一流、国民收入和消费属二流、住宅和生活环境属三流的日本，经济开发与社会开发的不平衡确已成为问题。”②苏联科学院通讯院士 M. 鲁特凯维奇在《计划工作要重视解决社会任务》一书中明确提出：“如果说过去国民经济计划主要是考虑经济发展的趋势而制订的，那么现在就必须按照科学规定的社会目标来规划经济发展的方向。”③联合国在 1959 年提出了“均衡”口号，1970 年 10 月 24 日在纪念联合国宪章生效 25 周年会议的决议上说：“发展的最终目标是为了使个人的福利持续

① 潘允康等：《经济改革的社会观》，天津人民出版社 1995 年版，第 2～4 页。

② 福武直：《现代日本社会》，黑龙江人民出版社 1981 年版，第 128 页。

③ 何桂林主编：《经济、科技、社会协调发展战略》，北京航空航天大学出版社 1985 年版，第 38 页。

得到改进，并使所有的人都得到好处。如果不正当的特权、贫富悬殊和社会不正义继续存在下去，那么就其基本目的来说发展就是失败的。”①在这样的国际大背景下，中国开始了改革开放，不仅实现了向以经济建设为中心的战略转移，而且开始了经济和社会协调发展的伟大进程。其主要标志是1982年12月10日中国第五届全国人民代表大会第五次会议通过的第六个五年计划更名，由原来的国民经济发展计划，更名为“国民经济和社会发展”计划。这一变动具有深远的意义，它标志着党和政府的最高决策层已经看到经济增长和社会进步之间的内在的有机联系，并且确定了经济与社会协调发展的原则。在“六五”计划的序言中对这个原则有很多明确的提法，如“经济、科技、社会的发展要密切结合”“统筹兼顾人民生活的改善和生产建设的发展”等。经济与社会协调发展战略思想的确立为社会发展以及与此密切相关的社会学研究建立了大舞台。社会学具有整体性特点。“社会学把它的研究对象——社会，作为一个整体来进行分析。”“它在研究社会或社会结构的某一部分时，同时要研究这一部分在整个社会及其变动中所处的地位和所起的作用，研究社会的这一部分与其他部分之间的相互影响、相互制约的关系，从而达到认识社会整体的目的。”②在经济与社会协调发展的战略中，社会学的整体性特点，即从整体的角度研究社会，研究经济发展与社会发展之间的相互促进和相互制约关系是其他学科所不可替代的。

2. 社会学在调查和解决社会问题中发挥作用

中国在改革开放中社会变迁速率加快，新生事物大量增加。社会转型，政治、经济、文化、心理、价值观念、生活方式等方面发生了翻天覆地的变化，也产生了大量不以人的意志为转移的社会问题。这些社会问题有的和民生直接相关，有的反映了社会发展和运行中深层次的矛盾，它在一定程度上影响了经济发展和社会稳定。

2008年9月有关媒体披露了从国家智囊机构中国社会科学院获得

① 《联合国手册》，商务印书馆1972年版，第96页。

② 费孝通：《社会学概论》，天津人民出版社1984年版，第2～3页。

的《中国社会和谐稳定研究报告》。该报告由中国社会科学院社会学研究所完成。报告认为，我国现阶段和谐稳定面临的挑战之一来自社会发展中面临的各种社会问题。此次调查发现，当前对中国社会稳定有重要影响的十大社会问题依次是"看病难、看病贵""就业失业问题""收入差距过大贫富分化问题""贪污腐败问题""养老保障问题""教育收费问题""住房价格过高问题""社会治安问题""城乡地区差异问题""环境污染问题"。其中看病、就业、养老、住房等都是和老百姓利益攸关的民生问题，社会治安、环境污染是社会生活的环境问题，而收入差距过大贫富分化、贪污腐败、城乡和地区差距等则属于社会深层次矛盾。其实改革开放伊始我们就面对大量社会问题，像计划经济时期的物价问题等，只是各个时期问题有所侧重和不同罢了，换句话说各个时期社会热点问题不同。认真研究和不断解决这些问题，对于改善人民生活，稳定社会秩序，实现改革开放的根本目标是十分重要的。

实践证明改革开放 30 年来社会学在研究和解决社会问题方面已经和正在发挥特殊作用，并对政府决策者产生了重要影响。比如天津市从 1983 年开始连续进行了 10 年的"天津市千户居民户卷调查"，就是政府机构与社会学专家合作，运用社会调查方法分析和解决社会问题的重要事例，在国内和国际都曾经产生过重要影响。社会学者擅长社会调查，特别是擅长使用现代社会调查方法，如抽样方法、指标设计、问卷使用、借助计算机进行的统计和推论等，都使调查结果和结论更具有代表性、定量性、精确性、科学性和可信任的特点。改革开放以来中国社会学者在全国各地进行的大量社会调查证明了这点。

还需要进一步指出的是社会学的社会调查不仅方法是科学的，而且有严密的理论支撑，因此它还可以用来研究深层次的社会问题。比如改革开放以来为了调动人们的劳动积极性和热情，我们取消了"大锅饭"，实行了允许一部分人通过劳动先富裕起来，先富带后富，最后达到共同富裕的方针和政策，即"效率优先兼顾公平"的原则，起到了积极效果和作用，也产生了相应的社会问题，诸如收入差距大和贫富分化问题等，与此相关的是社会阶层状况也发生了变化。为研究这个问题,21 世纪初中国社会科学院“当代中国社会结构变迁研究”课题组,依据和参考著名社会学家马克斯·韦伯的社会分层理论,采用科学的社会调查方法在全国进行了广泛社会调查,并在社会学社会分层理论指导下,依据对社会调查资料的分析发表了“当代中国社会阶层研究报告”,在国内外都产生了重要影响。无论如何,在改革开放中,社会学擅长现代社会调查,使它在调查和解决社会问题中发挥了重要作用。

三、社会学与和谐社会建设

1. 建设和谐社会是对现代社会文明认识的深化

2004 年 9 月 15 日中共中央十六届四中全会通过的《中共中央关于加强党的执政能力建设的决定》中第一次提出了构建社会主义和谐社会的主张。2006 年 10 月 11 日中共中央十六届六中全会通过了《中共中央关于构建社会主义和谐社会若干重大问题的决定》。当前,建设社会主义和谐社会是全党和全国人民的重大政治任务。

建设和谐社会目标的提出是我们对于建设现代社会主义文明社会内涵和运行规律认识的深化。还在改革开放初期我们确立了以经济建设为中心,并以在农村实行家庭联产承包责任制为开端及时地变革了生产关系,调动了人民的生产积极性和热情,使得生产力得到很快发展,社会的物质财富大大增加了,人民富裕起来了,开始有了“物质文明”。与此同时,我们意识到人不仅需要物质,也要有精神;社会不但要有财富,也要有良好的精神氛围。于是在“物质文明”概念提出的同时我们提出了“精神文明”。1983 年 4 月 29 日邓小平同志在会见印度共产党(马克思主义)代表团时说:“过去很长一段时间里我们忽视了发展生产力,所以现在我们要特别注意建设物质文明。与此同时,还要建设社会主义的精神文明,最根本的是要使广大人民有共产主义的理想有道德,有文化,守纪律。国际主义、爱国主义都属于精神文明的范畴。”[①]到20世纪90年代中期，随着改革开放的深化和对改革开放规律认识的加深，我们清醒地意识到在进行经济体制改革的同时还要进行政治体制改革，以江泽民为总书记的党中央提出了建设社会主义“政治文明”的主张。进入21世纪以胡锦涛为总书记的党中央不失时机地带领全国人民建设社会主义和谐社会，开始了建设“社会文明”的伟大征程。至此，在深化改革开放的今天我们同时进行着四大文明建设，即社会主义的“物质文明”“精神文明”（也称文化文明）、“政治文明”和“社会文明”建设。

2. 建设和谐社会关键是要促进社会关系和谐

实现“社会文明”，建设和谐社会，达到“民主法治”“公平正义”“诚信友爱”“充满活力”“安定有序”“人与自然和谐相处”的目标，关键是要处理和协调好社会关系，即人与人之间的关系、人与社会之间的关系，也包括处理好人与自然之间的关系。社会不和谐是因为在社会关系中出现了一些不和谐的因素，建设和谐社会是要消除不和谐因素，建立良好的社会关系，这是由社会的本质属性决定的。马克思说“社会——不管其形式如何——究竟是什么呢？是人们交互作用的产物。”[②]马克思认为，没有人们的交往，便没有社会，而人们的交往首先是在生产中开始的。他说“人们在自己生活的社会生产中发生一定的、必然的、不以他们的意志为转移的关系，即同他们的物质生产力的一定发展阶段相适合的生产关系。这些关系的总和构成社会的经济结构，即有法律的和政治的上层建筑竖立其上并有一定的社会意识形式与之相适应的现实基础。物质生活的生产方式制约着整个社会生活、政治生活、精神生活的过程。”[③]“生产关系总和起来就构成所谓社会关系，构成所谓社会，并且是构成一个处于一定历史发展阶段上的社会，具有独特特征的社会。”[④]在马克思看来，社会的本

① 《邓小平文选》第3卷，人民出版社1993年版，第28页。
② 《马克思恩格斯选集》第4卷，人民出版社1972年版，第320页。
③ 《马克思恩格斯选集》第4卷，人民出版社1972年版，第82页。
④ 《马克思恩格斯选集》第4卷，人民出版社1972年版，第363页。

质就是社会关系，是社会关系中的生产关系，和以生产关系为中心扩展开来的其他关系，是各种形式人际关系的总和。社会的本质是社会关系，和谐社会要有和谐的社会关系，有没有和谐的社会关系是衡量是否是和谐社会的根本标志。

3. 发挥社会学在研究社会关系方面的优势，推动和谐社会建设

从学术研究的角度说，建设和谐社会是一项复杂的系统工程，需要多学科研究和攻关，其中社会学有其他学科不可替代的地位和作用。如前所述，社会学除去有把它的研究对象——社会作为一个整体来进行分析和擅长社会调查的特点外，还有一个突出的特点是："广泛地研究社会生活中人们相互之间的社会关系和社会行为。人是生活在社会群体之中的，任何人都不能离群索居。人们在社会中合群而居，共同生活彼此之间就必然要结成一定的社会关系，并发生这样或那样的社会行为。人类社会就是由人们种种社会关系构成的。在人们的全部社会关系中，生产关系是各种各样的社会关系的基础。除此之外在以生产实践为基础的丰富多彩的社会生活中，人们还结成了一系列性质不同的社会关系例如经济关系、政治关系、法律关系、宗教关系以及其他：如家庭关系、亲戚关系、朋友关系、街坊邻居关系、同乡关系、师生关系、同学关系、同事关系、同业关系等等。正是通过多种多样而又错综复杂的社会关系和相应的社会行为形成了社会的组织、制度和结构，人们才可能聚集在一起开展相互的活动，以取得生活，从而造成纷繁复杂和变化不定的万千的社会现象。""社会学就是要研究各种社会关系和社会行为的状况、作用、过程、性质、特征及其异同，研究各种社会关系和社会行为如何构成社会生活的不同部分，这些不同部分又如何相互联结成为整个社会的统一体，以及研究各种社会关系和社会行为的矛盾运动如何引起社会结构和社会生活的变动和发展。"①回溯社会学产生和发展的历程，其主要学说和理论流派无不围绕研究社会关系和社会结构展开。社会学家帕森斯的"结构功能理论"认为

---

① 费孝通：《社会学概论》，天津人民出版社 1984 年版，第 3～4 页。

“社会结构核心是‘自我’和‘他’，二者分别为行动过程中发生相互关系的不同角色。社会系统依赖于角色之间在权利和义务关系上的互补性即‘自我’的义务是‘他’的权利，而‘自我’的权利恰是‘他’的义务。正是这种权利和义务的互补关系使互动能够持续维持下去，维持社会体系的稳定。”“制度化的社会价值规范决定着社会关系结构，行动者在进入社会关系结构时，不仅不能改变这种关系结构，而且必须通过社会化过程将该社会的价值规范内化于自己的人格系统中，随时调整自己的主观取向。”社会学家霍曼斯与布劳的“社会交换理论”是研究人与人之间的交换关系，它认为：“人与人之间的社会关系是行动者之间的资源交换关系，人与人之间的交往是以己资源去交换对方之资源。”交换理论是用资源交换的平衡与否来解释社会行为的过程。社会学家科塞和达伦多夫的“冲突理论”是从冲突角度研究社会关系，他们认为冲突不仅具有破坏社会体系的作用，而且还有社会整合作用。社会学家库利和米德的“符号互动”理论则认为社会的典型特征是人际间的符号互动，这种互动不是简单的“刺激反应”，而是相互之间对对方的行为做出自己的解释和定义。只有通过解释人们在微观社会联系中的社会互动性质，才能真正理解社会结构及其变迁。① 现代社会学其他一些著名理论，如“社会资本理论”“社会网络理论”等也都是典型的从不同角度、不同方面研究社会关系的理论。中国著名社会学家费孝通的“差序格局”说则是国际公认的有中国传统与特色的中国社会关系模型。从某种意义上说，社会学就是社会关系学。无论如何，社会学在研究社会关系和社会行为方面具有独特的优势。这也就决定了社会学在研究和推进和谐社会建设方面有其他社会科学学科所不可取代的地位。

2005 年 2 月 21 日胡锦涛同志在中南海主持中央政治局成员以“努力构建社会主义和谐社会”为内容的第 20 次集体学习，特请中国社会科学院社会学研究所所长、社会学家景天魁、李陪林在中南海怀仁堂就有关

① 杨心恒：《社会学概论》，知识出版社 1997 年版，第 41～43 页。

问题进行讲解，这表明社会学的地位和它在研究指导当前和谐社会建设中所具有的独特作用。

历史发展的客观事实昭示了中国共产党人尊重知识，尊重科学，决心用科学发展观指导中国改革开放，建设社会主义和谐社会的伟大实践。可以预见在中国未来的发展中，社会学必将在和谐社会建设中起到越来越重要的作用，社会学学科自身也将在服务和谐社会建设的实践中得到更大的发展，达到更高的水平。

论婚姻的社会性

载《社会学评论》2013 年第 2 期

婚姻家庭是人类社会的古老话题。制度化的婚姻只有几千年的文字记载。随着人类社会文明的演进，人类对婚姻本质的认识也在不断加深。然而，在经济发展、科技先进、知识膨胀的 21 世纪，一些人对婚姻的认识却越来越模糊，越来越混乱。在西方社会如此，而在有着悠久文明史的中国也是如此。进入 21 世纪的中国，两性关系领域的一些现象有愈演愈烈的趋势，同时一些前所未有的现象也开始出现，诸如未婚同居、婚外情、婚外和婚前性行为、“第三者”“包二奶”、不婚族、丁克家庭、离婚率的急剧增长、闪婚和闪离、遗弃家庭成员、拒绝赡养老人、家庭暴力以及同性恋等。所有这些现象都在尊重婚姻自主的前提下得到了不同程度的宽容和谅解，但不可否认也给社会和人们带来了困扰。

无论是西方社会，还是东方社会，在婚姻上的普遍性还存在，而且有很多共同之处，那就是对婚姻的社会性和社会价值的认同。它表现为坚持婚姻的法制化、道德化；主张婚姻的专一和严肃地对待婚姻；强调履行婚姻家庭义务和责任。美国是当今世界发达的西方国家，主张尊重人权和个人意愿，然而在对待婚姻上却很认真，它可以容忍依法离婚，容忍离婚后再婚和所谓连续单婚的多配偶制，但不能容忍婚外情，即我们所说的“第三者”。美国前总统克林顿因为婚外情被曝光，以及因此而作伪证，差点被弹劾；前美国纽约州长斯皮茨与卖淫集团的苟且被暴露后，不得不在电视上公开道歉，并辞去了州长的职务；最近前美国中央情报局局长彼德雷乌斯也因为婚外情被披露而不得不辞职。这些都说明当今美国社会的主流婚姻价值和对违背价值行为的约束和制裁。婚姻普遍性的根据在于婚姻的社会性。现代婚姻领域中出现的种种和婚姻普遍性相违背的现象表现了婚姻私人性和婚姻社会性的矛盾和冲突。

一、婚姻的私人性和社会性

用社会学观点看，婚姻家庭既是私人领地，也是社会领地。婚姻在表象上是个人行为，在本质上是社会行为。婚姻是个人行为，是说没有当事人的参与婚姻不能成立，不能实现，无论过去、现在和未来都是如此，特别是今天，实行婚姻自由的原则，一个人要不要结婚，和谁结婚，什么时间结婚都是个人的自由，是个人决定的事，他人和社会都不得干预。

然而，婚姻除去个人的意愿，更要得到社会的认可。在文明社会，婚姻已经是一种制度，是制度性的约定和安排。如哈罗德·克里斯坦森(Harold Christensen)认为，婚姻是一种男女之间择偶的制度性的安排。人类学家威廉·斯蒂芬森(William Stephenson)也认为，婚姻是：(1)社会合法的性结合；(2)开始于一种公众宣告；(3)具有某种共同的思想职能；(4)假设有一个多多少少明确的婚姻契约，详细说明配偶之间，配偶和子女之间的责任和义务。① 社会人类学家费孝通则说“结婚不是私事”。“我说婚姻是社会力量造成的，因为依我所知世界上从来没有一个地方把婚姻视作当事人个人间的私事，别的人不加过问的。婚姻对象的选择非但受着社会的干涉，而且从缔结婚约起一直到婚后夫妇关系的维持，多多少少，在当事人之外，有别人来干预。这样，把男女个人间的婚姻关系弄成了一桩有关公众的事件了。这并不是一般人的无理取闹，或是好事者的瞎忙，而是结合男女成夫妇所必需的手续。”②

今天，婚姻与家庭的私人性和社会性既是一个现实问题，也是一个理论问题。现实的混乱来源于理论的模糊。进一步阐述婚姻的社会性，对

---

① [美]J. 罗斯·埃什尔曼：《家庭导论》，中国社会科学出版社 1991 年版，第 79 页。
② 费孝通：《生育制度》，天津人民出版社 1981 年版，第 33 页。

于人们理性地对待婚姻，自觉履行婚姻家庭责任和义务，维护家庭文明、和谐和稳定，既有重要的理论意义，也有现实指导意义。我们可以从婚姻过程的四个主要环节和阶段，即婚姻动机、择偶、婚姻的成立和婚姻宣告仪式来分别阐述婚姻的社会性，说明婚姻在本质上是社会行为。

二、婚姻的社会性贯穿了婚姻的全过程

1. 婚姻动机的社会性

“男大当婚，女大当嫁”是社会流行俗语，也是社会公认的价值观念。人到了一定的年龄，具备了一定的条件，大多数都先后结婚了。但是很少有人认真思考过人为什么要结婚。现代人可以从感觉出发把婚姻动机简单归结为青春的需要，爱的需要，性的需要，日常生活的需要等各种个人需要，虽然并不错误，但不全面。因为自古以来人类婚姻动机中，不仅有个人情感和性方面的要求，还有社会生存需要的经济动机，社会延续的人口动机，以及由此衍生的其他各种动机。德国社会学家穆勒里儿（Muller-I. y. r）认为，人的婚姻动机是多种的。他列举了三种主要的动机，即经济、子女及感情，并将它们依时代不同、重要性不同列其先后，即上古时代经济第一，子女第二，爱情第三；中古时代，子女第一，经济第二，爱情第三；现代则是爱情第一，子女第二，经济第三。原始时代婚姻以经济为主导动机缘于妇女是创造财富的活工具。个人恋爱在那个时期是没有的，人的性欲能在婚外得到满足。人类婚姻史的第二个时期，由于妇女劳动范围逐渐变小，只囿于家务，财富及继承问题日益突出，于是关于个人至亲骨肉的后代观念便一跃成为婚姻的主导动机，子女升为婚姻动机的首位。

倍倍尔（August Bebel）在论述婚姻关系和性角色时说：“我们为了享乐而设置了娼妓，为了日常保养身体而设置了侍妾，至于妻子则是为了生育合法的儿女和忠诚不贰地照管家室。”①到了以个人自由为原则的第三

① 潘允康：《家庭社会学》，重庆出版社 1986 年版，第 55 页。

时期，由于妇女社会地位的变化，浪漫的爱情成了婚姻的主导动机，其次才是生儿育女和经济方面的考虑。由此可见，人类婚姻的动机是复杂的、变动的，不仅仅为满足个人的性欲和情欲。它包含有个人原因，但更多的是社会原因。社会学家费孝通认为，在一切婚姻动机中只有“生育”才是始终起决定作用的稳定因素。他说：“婚姻是社会为孩子们确定父母的手段。从婚姻里结成的夫妇关系是从亲子关系上发生的。这种说法也许和我们通常的看法不同，因为在我们的文化里，时常会使人觉得夫妇关系是两性关系，婚姻是确定两性关系和个人开始性生活的仪式。可是在很多民族中两性关系并不以婚姻开始也并不限于夫妇之间，而同时值得我们注意的是夫妇之外的性生活无论如何自由，并不会引起婚姻关系的混乱。这使我们觉得婚姻关系和两性关系并没有绝对的联系，因之，我们似乎不应把限制两性关系视作婚姻的基本意义。婚姻之外的两性关系之所以受限制还是因为要维持和保证对儿女的长期的抚育作用，有必要防止发生破坏婚姻关系稳定性的因素。”①美国婚姻家庭专家古德(W. J. Goode)则说：“……社会对生私生子看得比婚前性行为还要严重，即使后者也被看作是不合适的。任何社会对于谁同谁结婚都是有所控制的。也有一些规定用来反对随心所欲的生育态度。换句话说，社会对婚姻所采取的控制主要不是由于担心人们的性行为，而是由于担心人们生孩子。”②婚姻是多动机的，生育是婚姻的基本动机，社会对婚姻的关注、限制和制约，说明婚姻动机不仅是私人的，更是社会的。

2. 择偶过程的社会性

欧内斯特·伯吉斯(Ernest Watson Burgess)和他的合作者认为婚姻是社会文化的。他们说：“动物求偶，而人结婚。其意义不同是简单明了的。求偶是生物性的，而婚姻是社会文化的。婚姻是指一种仪式，一种被社会认可的结合，一种一旦进入就要对社会承担某种认可责任的关系……婚姻还可能被解释为一种一个或数个男人和一个或数个女人出于

① 费孝通：《生育制度》，天津人民出版社 1981 年版，第 29 页。

② [美]W. 古德：《家庭》，社会科学文献出版社 1986 年版，第 48 页。

某种愿望的被社会认可的联合。他们分别扮演丈夫和妻子的角色。”①人的婚姻的社会文化性在择偶过程中得到了充分体现，它表现在择偶标准的社会复合性、社会因素影响性、社会变动性和择偶过程的社会参与。

（1）择偶标准的社会复合性

所谓择偶标准的复合性是说人在特定的社会条件和氛围中择偶标准不是单一的，而是复合的，是多条件的综合考虑，其中既有个人生理、心理等方面的需求，也有大量的社会文化需求。从规律上说，人在择偶时只看对方一个条件，只考虑一个因素的情况是比较少的，常常是综合多种条件和因素来选择。比如要考虑对方的年龄、身体、相貌、性格、气质等生理心理条件，还要考虑对方的职业、文化程度、经济收入（财产多寡和经济状况）、“门第高低”“家庭环境和背景”等条件。其中大部分是社会条件和社会因素的考虑。有美国社会学家曾研究过美国纽黑文市 1980 对夫妇的背景。他的结论认为，美国文化对男女择偶有明确的限制，其主要因素是：种族、宗教、年龄、民族来源、阶级地位及教育。他说：“当所有的这些因素合并起来的时候，它们便把一个人的择偶范围弄成狭小的了。”②

（2）择偶标准的社会因素影响性

婚姻的社会属性决定了人们择偶要受到政治、阶级、经济、文化、民族、宗教、道德等各种社会因素的影响，使人们的择偶标准带有明显的社会特征。

择偶要受政治因素的影响。如同恩格斯所说，在中世纪的婚姻中，“对于骑士或男爵，像对于王公一样，结婚是一种政治的行为，是一种借新的联姻来扩大自己势力的机会；起决定作用的是家世的利益，而绝不是个人的意愿”③。

择偶受阶级因素影响。在中国封建社会，婚姻要“门当户对”，即是阶级和阶层之内的通婚。比如我国魏晋时期实行九品中正制，阶级界限就

---

① ［美］J. 罗斯・埃什尔曼：《家庭导论》，中国社会科学出版社 1991 年版，第 79 页。

② 潘允康：《家庭社会学》，重庆出版社 1986 年版，第 69 页。

③ 《马克思恩格斯选集》第 4 卷，人民出版社 1995 年版，第 76～77 页。

很严格，当时有“上品无寒门，下品无世族”之说。到北朝婚姻阶级界限更严格，北魏和平四年（公元 463 年）诏令皇族、王公侯伯及士民之家，不得与百工、伎巧卑姓为婚，犯者加罪。在古代印度分婆罗门、刹帝利、吠舍、首陀罗四个等级，彼此不准通婚。总之，在阶级社会，“婚姻仍然是阶级的婚姻，但在阶级内部则承认当事者享有某种程度的选择自由”①。

择偶受经济因素影响。在影响择偶的诸多因素中，经济因素常常起决定性作用，人们择偶历来都有经济方面的考虑。恩格斯曾经指出：“当父权制和专偶制随着私有财产的分量超过共同财产以及随着对继承权的关切而占了统治地位的时候，结婚便更加依经济上的考虑为转移了。买卖婚姻的形式正在消失，但它的实质却在越来越大的范围内实现，以致不仅对妇女，而且对男子都规定了价格，而且不是根据他们的个人品质，而是根据他们的财产来规定价格。”②在现代社会拜金主义的驱使下，妙龄少女可委身于垂死老叟，青年男子可娶暮年老妪为妻。这样的情况不仅在西方社会，在今天的中国也不鲜见。有些人把今天中国一些女性的择偶标准概括为男人要有房子、车子两个基本条件，也很生动。

择偶受宗教影响。不同宗教对婚姻有不同的要求和观念。比如今天有的宗教还允许一夫多妻就是一例。一些人不与异教徒结伴也是例证。

择偶受社会风俗和伦理道德的影响。比如今天社会的风俗多倾向于夫妻间在年龄上男大女小。因此，男人在择偶时多要找比自己年龄小的女人，哪怕年龄相差很大，也无所谓。相反，女人大于男人是一些人所不能接受的。而过去在我国少数农村地区却一直奉行女大于男的风俗，有“女大三，抱金砖”之说。那里的男人多找“大女”为妻，也是社会风俗影响择偶的例子。

（3）择偶标准的社会变动性

在社会变迁中，社会的变化会使人们的择偶观念不断改变，不同的历史时期人们有不同的择偶价值观念和标准。比如 20 世纪 50 年代，在中

---

① 《马克思恩格斯选集》第 4 卷，人民出版社 1995 年版，第 79 页。

② 《马克思恩格斯选集》第 4 卷，人民出版社 1995 年版，第 77 页。

国择偶的政治标准很重要，共产党员、共青团员、劳动模范，人是否要求进步等是择偶的最优条件。到20世纪60年代大搞阶级斗争，特别是在“文化大革命”期间，“阶级出身好”的条件变得突出了，出身不好、有港台和海外关系的人择偶要受影响。而到20世纪八九十年代，有钱、有文化、有学历、有海外关系反而时髦了，家庭的阶级出身变得无所谓。像这样的变化我们可以举出很多，不同的国家、民族、地区，不同的时代人们有不同的择偶价值观念和标准。

(4)择偶过程的社会参与

从古至今择偶都不仅仅是当事人自己的事情，会有各种各样的社会参与。社会是个大舞台，每个生活在其中的人都在扮演不同的角色，即按社会结构和场景中为他规定的规范行事，每个角色都有一套相应的权利义务和行为规范体系。在婚姻择偶中，除去当事人，最常见的参与角色是婚姻媒介，包括当事者的父母、亲友、媒人(婚姻介绍人)等。在人类婚姻史初期“婚姻媒介”几乎和婚姻同时发生。恩格斯曾经说：“在对偶婚之下，通例是由母亲给自己的子女说定婚事。”“在整个古代，婚姻都是由父母为当事人包办的，当事人则安心顺从。”“直到中世纪末期，在绝大多数场合，婚姻的缔结仍然和最初一样，不是由当事人决定的事情。”到了资本主义社会，这样的状况才开始改变。“按照资产阶级的理解，婚姻是一种契约，是一种法律行为，而且是一种最重要的法律行为，因为它就决定了两个人终身的肉体和精神的问题做出规定。虽然这种契约那时在形式上是自愿缔结的；没有当事人双方的同意就不能解决问题。不过人人都非常明白，这一同意是如何取得的，实际上是谁在订立婚约。”①在中国古代有“父母之命，媒妁之言”。如同《诗经》中说：“娶妻如之何，必告父母”“娶妻如之何，匪媒不得。”可见自古婚姻媒介不仅存在，而且在婚姻中起到了决定性作用。它不仅帮助介绍婚姻，而且决定婚姻的成立。现代社会婚姻自由的原则已被大多数国家确认，但在中国婚姻媒介依然以婚姻介绍

---

① 《马克思恩格斯选集》第4卷，人民出版社1995年版，第74～78页。

人的角色广泛存在。婚姻媒介是当事人之外的其他社会成员参与婚姻的集中代表。它源于婚姻的社会性。

3. 婚姻成立和婚姻宣告仪式的社会性

所谓婚姻的成立,是指男女通过一定的社会程序与认证,正式结为夫妻。传统社会的婚姻是礼制婚,婚姻的成立一般包括两个环节,即订婚和婚礼。订婚是婚姻成立的预备礼仪(也被称为准婚姻确立礼仪),举行婚礼则是婚姻成立和宣告的正式礼仪,是婚姻成立的标志。现代社会的婚姻是法制婚,婚姻的成立以履行婚姻的法律程序为标志,在我国叫婚姻登记。大多数人在婚姻登记后还要举行婚礼,我们称之为婚姻宣告仪式。以下我们分别从传统礼制婚和现代法制婚的角度来看婚姻的社会性。

(1)传统礼制婚

“订婚”是传统的婚姻缔结方式。它表示择偶决定后两方的婚约开始成立。据有关史料考证,“订婚”制度在我国周代就已经形成。订婚这两个字,在周代自女方来说叫作“许嫁”,自男方来说叫“纳征”,是古代婚礼“六礼”中的一种。那时行“纳征”之礼,是由男家遣使至女家以送婚书或纳聘财而和女家成立两家婚约。在明代以后,“许嫁”和“纳征”才改名为“订婚”。在国外婚姻史上,“订婚”也是个比较普遍的现象,也有无婚约即无婚姻之说,订立婚约之权往往属于男女双方的家长,而不属于本人。近代则以双方合意为条件。关于“订婚”的方式,各国法律也有不同的规定。如意大利、瑞士等国须书面证明;瑞典须证人证明;有些国家还须在教堂中且于证人面前举行。在人类婚姻史上,“订婚”是保证当事人履行权利和义务的方式之一。主要是保证当事人在婚姻决定之后,正式成立前一段时间的义务,即通过“订婚”把当事者双方约束起来,男女双方在没有履行他们的义务之前,婚姻是不能正式成立的。比如男方不将聘礼送给女方,女方的人是不会过来成家的。另外已经订了婚的人也不能轻易毁约,另寻他人。我国《礼记·曲礼》上有“女子许嫁系缨,有从人之端也”。是说已订了婚的女人要系红头绳,表示已有并从属于未婚夫。

“婚礼”是结婚时举行的典礼。在传统社会是婚姻成立的标志和仪式。

人类在群婚时代没有婚礼，到了偶婚时代，特别是一夫一妻制以来，开始有了比较稳定的配偶关系，才出现了婚礼。根据史料记载，我国周代就有了隆重的婚礼。《礼记·昏义》上说："敬慎重正而后亲之，礼之大体，而所以成男女有别，而立夫妇之义也。男女有别，而后夫妇有义；夫妇有义而后父子有亲；父子有亲而后君臣有正，故曰，昏礼者礼之本也。"婚礼是婚姻成立的标志。因此人们千方百计，煞费苦心地创造了多种多样的婚礼形式，庄重而有特色。不同历史时期，不同社会，不同国家、民族和地区人们的婚礼是不同的。比如我国农村以前就有"三灯火煌""红丝牵经""转米囤""牵蚕花磨"以及祭祖、拜天地等多种婚礼形式，是农业社会的产物。举行婚礼时，一边有月下老人的暗中牵线，一边有祖宗的监视，还有天地鬼神来作证。在国外人们的婚礼也不拘一格。人们举行婚礼时常常隆重热闹，不仅有亲友等广泛的社会参与，还常常惊动天地鬼神。婚礼通常在教堂里举行，由牧师来主持，人们把婚姻视作一种向上帝负责的契约。这样把确立个人婚姻关系的行为弄成了一件热热闹闹的社会举动，把这和生物基础十分接近的俗事，转变成了好像和天国相通的神迹，只有理解婚姻的社会意义，才能理解人们为什么煞费苦心地创下那么繁多隆重的婚礼。

(2)现代法制婚

现代社会婚姻的正式成立是以当事人履行了法律程序，以法律承认为标志。在西方社会，婚姻成立的正式标志是一份由婚姻双方签署的婚姻法律契约，在中国叫婚姻登记。依我国现行的婚姻法规定："要求结婚的男女双方必须亲自到婚姻登记机关进行结婚登记。符合本法规定的，予以登记，发给结婚证，取得结婚证，即确立了婚姻关系。"现代社会，以法律为控制和规范婚姻家庭的基本手段，同时还有行政、道德、舆论、习俗等方面的控制。从法律上说，中华人民共和国成立后制订和颁布的第一部法律就是《中华人民共和国婚姻法》，即1950年4月13日经中央人民政府批准公布并开始实施的婚姻法，简称1950年婚姻法(该法共计8章27条)。以后又先后经过两次修改，即1980年9月10日由第五届全国人民代表大会第三次会议通过，1981年1月1日开始实施的第二部婚姻法(该法为5章37条)

和2001年4月28日经中华人民共和国第九届全国人民代表大会常务委员会第二十一次会议通过，并于当日公布实施的第三部婚姻法（该法共包括6章52条）。和前两部婚姻法比较，2001年婚姻法有了较大的修改和扩充。该法在总则中继续重申了1980年婚姻法确立的5项基本准则，即："婚姻自由、一夫一妻、男女平等、保护妇女、儿童和老人的合法权益、实行计划生育"，又针对社会上出现的新情况在总则中增加了"禁止有配偶者与他人同居。禁止家庭暴力"等条款。还针对社会"第三者"现象严重，婚外情、婚外性行为增加，家庭矛盾和纠纷突出的事实，增加了"夫妻应当互相忠实，互相尊重；家庭成员间应当敬老爱幼，互相帮助，维护平等、和睦文明的家庭关系"的要求。该法除去总则外，下设"结婚""家庭关系""离婚""法律责任"等主要章节，"结婚"章中的条文对结婚主观和客观要件、禁止结婚、结婚登记、有效婚姻和无效婚姻等都做了相关的规定和阐述；"家庭关系"章的条文对夫妻关系、亲子关系、祖孙关系、兄弟姐妹关系等主要家庭关系中的权利和义务作了相关的规定和阐述；"离婚"章中对离婚的主观和客观要件、解除婚姻的法律程序、离婚产生的各种相关问题及处理作了相关的规定和阐述；"法律责任"章中对家庭暴力、遗弃家庭成员、重婚等，以及因此出现的纠纷做了相关的法律处理规定。这是一部适应今天婚姻家庭生活变化和需要的比较详细完备的婚姻法，基本符合社会需求。人在社会生活中处在各种各样的社会关系之中，相比较而言，没有任何一种其他的社会关系像婚姻家庭关系那样被社会法律限制的那样的详细、严格和完备，说明社会对婚姻家庭关系的关注、控制和监督，也说明社会不仅仅把婚姻家庭看成是个人的私事，更是社会之事。

在现代中国，人们履行了婚姻登记手续就意味着婚姻得到了社会承认，婚姻关系正式确立了，但多数人还要举行婚礼。举行婚礼的意义可以解释为"庆祝""纪念""享受""热闹""聚会"……也可以解释为是婚姻成立的社会宣告仪式，即利用婚礼把亲戚、朋友、同事、友人聚合起来，向他们告知本人结婚了。虽然，人们来参加婚礼也多是出于礼貌、友好、祝贺、聚会等多种缘由，但婚姻是庄重的，这是人们的共识。在婚礼上除去当事者的父母、亲朋好友参加外，一些人还会以“主婚人”“证婚人”“介绍人”“司仪”“来宾”等角色来参与、证明、监督当事者的婚姻，如同社会学家费孝通所说，这些不会被认为是无理取闹，也不会被认为是好事者的乱忙，而是人们理解和认可的结婚必备程序。婚礼的举行以及广泛的社会参与(一些人还具有角色定位参与)再次说明了婚姻的社会性。

三、婚姻社会性的理性思考

1. 婚姻社会性是婚姻的本质所在

婚姻的本质是什么，不同学派有不同观点，生理学派、心理学派强调婚姻的生理方面、性的方面和情感方面，社会学派则持婚姻功能论观点。

古德在《家庭》一书中说：“人们所积累的有关动物行为的知识正在不断增加，人们在遗传学方面也取得了明显进展，这些成就促使生物学家(也有非生物学家)开创了社会生物学这一新的综合性学科，并向社会学家提出了挑战。他们的总论点是，由生物因素所引起的人类行为远比人们过去所知道的多得多。这本来是古代观点，现在又复兴了。其中有些观点是有道理的。如果人们认为，与生物学密切联系的这一社会机构根本不受生物学动力的影响，这是没有道理的。”①哈夫洛克·霭理士(Havelook Ellis)在《性心理学》一书中论述婚姻时开宗明义地说“婚姻是性的关系的一种”。② 叔本华(Arthur Schopenhauer)、弗洛伊德(Sigmund Freud)及其当代的追随者们认为婚姻是“肉体的机能”，家庭是“肉体生活同社会机体生活之间的联系环节”。德国哲学家康德(Immanuel Kant)则认为，婚姻是关于性器官的相互利用的法律协定。③

社会人类学家费孝通先生特别从功能论角度阐述了婚姻的社会性。他接受马林诺斯基(Bronislaw Malinowski)在《文化论》一书中给社会制度下的定义。马林诺斯基认为，社会制度“是人类活动有组织的体系”，

① [美]W. 古德：《家庭》，社会科学文献出版社1986年版，第21页。
② [英]霭理士：《性心理学》，商务印书馆2000年版，第346页。
③ 潘允康：《家庭社会学》，重庆出版社1986年版，第52页。

“任何社会制度都针对一种基本需要；在一合作的事务上和永久团集着的一群人中，有它特具的一套规律和技术。任何社会制度都建筑在一套物质的基础上，包括环境的一部分及种种文化设备”①。在费孝通看来，婚姻家庭是一种社会制度，这种制度主要是为满足“生孩子，把孩子领大”的需要，他说：“为了社会新陈代谢作用的需要，社会上必须预备下这负责抚育的基本团体来完成这任务。每一个社会所容许出生的孩子必须得到有人抚育他的保证。所以在孩子出生之前，抚育团体必须先已组成。男女相约共同担负抚育他们所生孩子的责任就是婚姻。”②费孝通先生在谈到生育的概念时，认为它包含有两种意义：生殖和抚育。生即生殖，是新生命的造成；育即抚育，是新生命的抚养和教育。他从人的幼体生长规律和需求谈到了人类创造婚姻制度对于完成生育功能的重要性和必要性。费孝通指出只有婚姻和由婚姻产生的家庭才能有效地完成这一功能。生育是婚姻制度的根据。

马克思、恩格斯也持婚姻家庭功能论的观点。恩格斯在阐述婚姻家庭的本质时说：“根据唯物主义观点，历史中的决定性因素，归根结底是直接生活的生产和再生产。但是，生产本身又有两种。一方面是生活资料即食物、衣服、住房以及为此所必需的工具的生产；另一方面是人类自身的生产，即种的繁衍。一定历史时代和一定地区内的人们生活于其下的社会制度，受着两种生产的制约：一方面受劳动的发展阶段的制约，另一方面受家庭的发展阶段的制约。”③“每日都在重新生产自己生命的人们开始生产另外一些人，即繁殖。这就是夫妻之间的关系，父母和子女之间的关系，也就是家庭。”④

为了人类社会的生存需要进行物质的生产和再生产，为了人类社会的绵续则要生育、抚育和教育。社会需要一种制度——婚姻，形成一个单

---

① 马林诺斯基：《文化论》，华夏出版社2002年版，第19～20页

② 费孝通：《生育制度》，天津人民出版社1981年版，第29页。

③ 《马克思恩格斯选集》第4卷，人民出版社1995年版，第2页。

④ 《马克思恩格斯选集》第4卷，人民出版社1995年版，第80页。

位——家庭，来完成人类自身传递的任务。这是婚姻家庭存在的基本根据，也是婚姻家庭的本质属性所在。

2. 婚姻社会性与私人性的矛盾统一

在“父母包办”或婚姻由其他人决定、当事人不能自主的传统社会，婚姻的社会性表现得淋漓尽致。现代社会不同了，法律规定婚姻的自主和自由，结婚和离婚已经是当事人自己决定的事情，别人不得干预。在以人为本、尊重人权、强调自我价值的今天，婚姻的私人性表现得十分突出。然而，在今天婚姻既是个人行为，也还是社会行为；个人意愿是婚姻成立的基本前提，社会认可是婚姻成立的必要条件；家庭既是私人的领域，也是社会范畴。解决婚姻家庭管理中个性和共性之间的矛盾，是婚姻家庭社会管理所面对的重大课题。回顾中华人民共和国成立 60 多年的历程，前 30 年我们虽然保护婚姻自由，但主要强调婚姻的制度性、社会性，对于婚姻的个性，对于婚姻满足个人需求方面认识不足，具体表现在对个性和个人需求的否定，和对个人行为的制裁。比如尽管我们主张婚姻自由，并将离婚自由作为婚姻自由的一部分，但在处理离婚案件上还是保守的，劝合不劝离，仍然是离婚难；又比如，婚姻家庭管理和两性关系管理密切相关，我们认为性行为在夫妻之间是对的，但对婚外性行为处理过于严厉，有婚外性行为者（通奸）会受到严厉处罚。在日常生活中，人们也是谈性色变，有性压抑等。改革开放以来，我们逐渐认识和承认了人的价值和需求，以人为本。随着社会政策、舆论和价值观的调整，社会管理方式也有很大变化，比如离婚变得容易简单了，对未婚同居和婚外性行为的容忍度也大大提高。2001 年同性恋从官方认定的精神疾病名单上被除掉等。然而，在个性被尊重的同时，婚姻的社会性受到了挑战和威胁。近年来随着未婚同居者的增加，婚外性行为的泛滥，离婚率的增高，同性恋的公开化等一系列现象的出现，家庭的稳定性受到了挑战和威胁。社会如何在尊重个人行为，尊重个人的意愿和选择的同时，保护婚姻，以利于婚姻功能的正常发挥和家庭生活的正常秩序，是个亟待解决的理论问题和实践问题。婚姻是社会的，也是私人的，婚姻的社会性与私人性是矛盾的统一。今天婚姻家庭中的个性增长并没有改变婚姻家庭的社会属性和本质,换句话说在该领域当事人可以决定自己能决定的事情,但必须遵守该领域的规则。钱钟书在小说《围城》中把婚姻家庭比作城堡,在外边的人想冲进去,在里边的人想冲出来,很形象。借用他的比喻,我们可以这样表述该领域中个人与社会的关系:人"进城"或"出城"是由个人决定的,但一旦进了城就要遵守城中的秩序和规则,按婚姻法规定的权利义务行事,这就是婚姻社会性与私人性的矛盾统一。

3. 婚姻社会性与人类自身生产的生态平衡

自20世纪后半叶以来,婚姻家庭在世界范围内受到了强烈的挑战,一股否定婚姻社会性的浪潮蜂拥而来,这使我们想到人类自身生产的生态平衡问题。此前,关于生态平衡的话题主要涉及人与自然界的关系。由于人类在物质的生产和再生产中,违背客观规律,过度开发和利用自然资源,污染自然环境,乱用能源,遭到了大自然的报复和惩罚。今天,保持人与大自然的和谐关系,爱护环境,防止污染,节约使用能源,维护大自然的生态平衡已经是人类的共识。

进入21世纪人类不仅要想到人与自然之间的生态平衡,也应想到人类自身的生态平衡问题,因为它已经在被挑战。今天,在婚姻家庭领域个人要求与社会约束的冲突给人以烦恼,科学技术的发展给人以变革现实的希望。人们并不否认人类自身的生产和再生产的必要,不否认现实的婚姻家庭对完成人类自身生产和再生产的作用和功能。为了变革,一些人希望从科学技术的发展中找到出路。他们断言一定会有"新生育方式"代替现有的方式。因此婚姻家庭将走向灭亡,不复存在。从人工蛋白质的合成和试管婴儿的诞生,预见到生育可以脱离母体。在克隆羊多利出现之后,克隆人类也成为可能。照此推理,人类完全可以按照自己的意愿和理想造出人的自身,这似乎为人类自身生产的新方式描绘了一幅十分"美好的前景",但如果我们科学思考,就能意识到它不仅不美好,还会使人类走进陷阱,给人类带来更大灾难,因为它破坏人类自身生产的规律。天体造物,自然演化,有男有女,男女交媾,父精母血,孕育了新的生命,这是不可抗拒的自然规律。世上之人有胖又瘦,有高有矮,千差万别,构成了人自身世界的“生态结构”客观规律是不可改变的。我们可以有为，让未来的人更健康、健壮，但绝不能从根本上改变人的遗传方式，彻底否定和摧毁人的遗传链条。

还在20多年前，当超声波技术可以辨别胎儿的性别时，就引起了人们的忧虑，即如果每个人都根据自己的愿望控制和选择婴儿的性别（比如重男轻女，只要男孩，不要女孩），会造成男女性别比例失调的社会灾难。因此很多医院拒绝给孕妇检测和公布婴儿的性别。人类有了克隆技术后，更大的忧虑产生了。设想如果未来人类用工厂生产产品的方式生产自己的后代，被“克隆”出来的人没有差别，一样的谈吐，一样的高矮，一样的长相，一样的思维，将会出现怎样的人类种群社会？挑战人类自身生产的客观规律，破坏人类种群结构的“生态平衡”是十分可怕的，它会遭到客观世界和规律的严厉惩罚。在这条路上人们不能不望而却步，乖乖回到依客观规律办事的轨道上来。现在许多国家政府对克隆技术在生物科学，特别是人体科学上使用的限制就是证明。

另外，人类自身生产和再生产的内涵也对“新生育方式”提出了质疑。如同费孝通先生在谈到生育的概念时认为它包含有两种意义，生殖和抚育那样。生殖仅仅是新生命的造成，还得有抚养和教育。人类的遗传工程的特殊性在于要把一个刚刚出世的生物婴儿培养教育成为一个社会之人，即帮助新的一代完成社会化的进程。在长期的社会实践中，为了完成这传宗接代的任务，人类创造了一男一女的合作团体——婚姻与家庭。事实证明这样的团体可以使孩子们受到有效的监护，得到全盘的生活教育。婚姻与家庭的生育、抚育功能是不能随意为其他方式取代的。今天，人们在婚姻家庭领域求新求异，不足为奇。然而，当它一旦威胁到，甚至是有可能彻底摧毁婚姻家庭制度时，就值得警惕和思考了。人类在漫长的社会发展中创造了婚姻家庭，把婚姻家庭中得到的欢乐说成是“天伦之乐”。“天伦”即天地伦理纲常，有如日月经天，不可改变。如果人一定要挑战和毁灭“天伦”，最终毁灭的只能是人类自身。

系统论与社会学研究

载《社会科学战线》1983 年第 2 期

由美籍奥地利生物学家 I. V 贝塔朗菲首倡的系统论，是科学史上的一个伟大创举。它在当代科学技术发展水平上为自然科学和社会科学研究提出了新思想、新方法，被称为现代科学方法论之一。无疑，我国的社会学研究应当重视并使用系统方法。下面就谈谈系统论的一些主要原则及在社会学研究中的运用问题。

一、整体性原则

恩格斯说："当我们深思熟虑地考察自然界或人类历史或我们自己的精神活动的时候，首先呈现在我们眼前的，是一幅有种种联系和相互作用无穷无尽地交织起来的画面，……"①事物是普遍联系着的，但这种联系不是混乱的，系统论指出了它是成系统的联系，即整体的联系。为着说明这一点，首先要说明什么是"系统"。牛津词典中说系统是由互相连接或互相依存的成组事物或集聚的事物所形成的复杂统一体。苏联乌耶莫夫在介绍类比型和参量型普通系统论时说，作为极其广的定义，系统的概念被定义为"彼此间查明有某些关系的客体的集合"，或者，客体连同客体之间的关系以及客体属性之间的关系一起组成的集合。日本《世界大百科年鉴》认为系统通常是指作用于一个共同目的的两个以上要素的集合体。

① 《马克思恩格斯选集》第 3 卷，人民出版社 1972 年版，第 60 页。

我国著名科学家、发展系统工程学的提倡者钱学森引用了恩格斯的话："一个伟大的基本思想，即认为世界不是一成不变的事物的集合体，而是过程的集合体。"①他说，这里恩格斯讲的"集合体"不就是我们讲的系统吗？关于系统的概念我们还可以举出几十种，无论它们在表述上有怎样的差异，都有共同点：即系统是集合体、有机整体，运用系统论就要坚持整体性原则，反对形而上学的机械论方法，即反对用可孤立的因果系列和分离开来处理的机械模式研究事物，反对简单分解和相加，而要从系统整体即规律性和组成系统的各部分相互作用的立场来考查，对客观现实现象构成了一种特殊的认识论棱镜，或者说对实在的一种特殊的"量度"。这对于社会学研究十分重要。社会学以社会为研究对象，依系统方法，它在研究任何一种社会结构和现象时都不能离开社会整体，力求在整体中把握部分。客观地说，社会自身就是成系统的有机整体。把社会理解成为一个复杂的有机结构的系统，是历史唯物主义的基本点。就社会学研究的本身来说，社会学的方法其实就是对社会生活的各种现象进行系统综合的一种方法。比如社会学在研究犯罪这一社会问题时，决不局限于犯罪行为本身及其有关法律问题，而是要研究和犯罪行为相关的各种政治、经济、社会、心理、生理等因素，在这些因素的综合作用中，在犯罪的社会环境中，研究犯罪行为在社会中的地位、作用和影响，及对于犯罪的综合治理。强调在社会整体中考查部分，是社会学研究的特点，也是社会学和其他社会科学学科的重要区别。整体性也即系统性，系统之整体原则是社会学的重要原则。

应当进一步指出，系统的整体性原则，并不是要把事物视为笼统整体，而是认为整体由部分组成，任何一个大系统内都包含有分系统、子系统……它提出了系统内和系统之间有层次，有序列及系统是巨大网络结构等思想。因此，系统不仅是整体，而且是有序列，有结构，有功能，相互联系和相互作用的整体。系统方法不仅包含整体和局部之间的关系，而

① 《马克思恩格斯选集》第4卷，人民出版社1972年版，第239页。

且有整体中局部和局部之间的关系。它使我们形成了有关客体整体性的层次分明的概念。

依此原则，社会学在研究社会时，既要宏观社会，又要微观社会；既要看到社会整体，又要看到整体中的层次和序列；既要看清社会之网，又要注意网上之纽结。例如，社会学要研究“人际关系”，“人际关系”可视为一个大系统，它必然包括“阶级关系”“亲戚关系”“朋友关系”“同事关系”“邻里关系”“上下级关系”等多种，依系统方法可从下面 4 个基本方面分析。

(1)这些关系错综复杂，相互交织，形成社会整体性的人际关系之网，任何一种关系都不能脱离此网而单独存在。

(2)在不同社会中，各种关系处于不同层次，组成不同序列，有不同的结构和功能。

(3)在阶级压迫社会中，阶级关系最重要，它是人际关系之网上的纽结，各种人际关系以阶级关系为中心展开。而在基本上消灭了阶级的社会主义社会，这种情况又发生了新变化。

(4)社会中的每一个人都被交织在人际关系之网中，并在不同层次和序列上形成和他人的多种关系。

上述分析方法是整体和局部、综合和分解、宏观和微观的矛盾统一。

二、最优性原则

系统方法的最优性原则是根据需要和可能，为系统确定出最优目标，采用最优手段和方法，达到最优效果。我们常说的系统工程，即依上述原则和办法改造自然界系统或创造人所需要的系统。

1. 从最优目标出发争取最优效果

最优目标在空间上表现为局部和整体的关系，局部服从整体。为达到整体最优而变革局部，协调部分和整体的关系，使部分的功能和目标服从整体的最佳目标，尽管在局部上不是最优的，整体上应该是最优的。这是系统整体性原则的延伸。在自然科学中它已被广泛采用，如一架飞机的各种零部件不一定是最先进的，但组装的飞机整体性能却是最先进的。

它说明整体绝不是各个组成部分的简单之和。在社会学研究中强调在整体中把握部分就包含了以整体为目标，整体求优的目的。社会学强调对社会问题要进行综合讲究和治理，就是要协调局部功能和目标，服从整体功能和目标。因此整体求优是研究社会问题，提出有关决策，实现综合治理所不可少的。

要达到最优目标，在时间上表现为着重现状，而不是着重历史。从现状出发想问题，定方案，做决策。在自然科学系统工程中常常直述为可不考虑历史，只根据当前的状态做决策，其目的在于决策中去掉和现状无关的情节。社会问题远比自然科学问题复杂，但是立足于现状，一切从现状出发想问题，做决策，也是正确的，最优的。这不是要割断历史，相反，正因为现状是从历史演变而来，现状是历史发展的结果，所以从现状出发是把历史的根据变成现状来考虑，它不仅通过现状看到了历史，而且可去掉与现状无关的许多情节，这对于制定最优决策，争取最优目标是必要的。

目标和实际效果可能不一致，这是因为主观和客观不可能完全相符。因此，从最优目标出发，还要根据新情况，不断调整、修改目标，以达到最优的实际效果。

2. 选择最优方法争取最优效果

方法分一般方法论和具体方法。任何科学研究方法都是一般方法论和具体方法的结合。从最优目标出发，为争取最优效果，就必须选择最优方法和实现方法的不断更新。在社会学研究中它表现为：

(1)坚持马克思主义的辩证唯物主义和历史唯物主义的世界观和方法论，这是实现方法最优的可靠基础。辩证唯物主义和历史唯物主义不是停滞的，而是发展着的，社会学要注意它在当代社会条件和科学技术条件下的更新和发展。

(2)善于学习和比较，站在较高的起点上迈步。“一切从零做起”的口号是有局限性的。相反的，我们必须认真研究当代社会学在研究每一问题上达到的水平，使用的方法，从他人的经验中吸取营养，才能起点高，方法新，步子快，迎头赶上和超过世界先进水平。

(3)把自然科学方法运用于社会学之中。例如,“实验法”依传统只为自然科学采用。“实验”是指科学上为阐明某一现象而创造特定的条件,以便观察它的变化和结果的过程。社会学运用实验法,设立社会调查的实验组和控制组,控制组给予正常条件,实验组则改变正常条件或附加条件,然后比较实验结果有什么不同,从而推翻或证实某种先定的假设。实践证明这种方法不仅可行,而且很好。为此某些社会学家倡议建立社会调查基地,以作为社会学研究的固定天然实验室。在当代社会学研究中已经广泛使用的统计方法,以及开始被使用的模式测定法、因径分析、Q技术等,表明了自然科学方法广泛进入社会学研究的趋势。和传统的社会科学方法相比,运用自然科学方法更依据于客观实际,并能在精确地定量分析上发挥优势。

3. 运用最优工具实现最优效果

系统方法强调靠电子计算机解决问题。依传统,人是思维的唯一主体,人脑是信息加工的唯一器官,一切思维活动必须靠人脑进行。这样也产生一定局限性,即一切局限于人脑。自从人脑延伸物——电子计算机被发明后,实现了部分脑力劳动的机械化,自动化,初步解放了人脑,大大提高了人的思维能动性。社会问题十分复杂,大量的社会信息单靠人脑加工,凭人工处理是不可能的。电子计算机可大量存储数据,分类数据,选择数据,运算速度快而准,能对千万个变量迅速处理,瞬间完成几十个数学家连续几百年才能完成的计算工作,起到人脑所不能起的作用。

系统方法在强调计算机作用时并没有忘记人的作用,它认为建立人——机系统是处理问题的最佳方式。人仍然是思维的主体,计算机只是人脑的延伸,它要靠人设计、操纵和指挥。人和计算机相比,在部分功能上计算机优于人,在部分功能上人则优于计算机。倘建立人——机系统,实行人、机动能分配,发挥人、机各自优势,则能起到最大作用和最佳效果。比如登月飞行的大部分工作要靠计算机控制的机器去进行,但计算机又处于人的指挥和控制之下,而且人在排除机器故障等方面能起到计算机所不能起的作用。在社会学研究中采用人——机系统也是十分有利的。比如在社会调查中要靠人去选定调查课题，制定研究假设，收集调查资料，然后靠电子计算机分析、处理调查数据，最后要靠人对数据分析结果进行理论上的说明和论证，人、机结合，人、机交替，将大大提高社会调查的质量和速度。

三、定量分析原则

系统论在揭示事物的联系方面以数学为主要手段，注重定量分析。依系统论为某一系统建立系统工程时要有一套数学理论，要建立相应的数学模型。数学模型是数学对象和现实对象的中间环节，是对现实对象的数学模拟。

重视定量分析也是社会学研究的特点之一。在系统论产生以前社会学研究就已经比较广泛地使用了数学方法——统计方法进行定量分析。19世纪末，20世纪初。法国社会学家杜尔干在其名著《论自杀》中，应用了统计方法对各种自杀现象进行统计分析，代表了社会学研究注重应用，注重定量化的新潮流。现在定量分析方法已在社会学中得到了大规模使用。

那么，系统论的定量原则对社会学有什么新启示呢?

首先，它向人们进一步揭示了定量分析社会的前景，增强了人们用数学方法解开社会现象之谜的信心。依系统论观点，社会是由无数分系统、子系统组成的大系统，从理论上说，对每一系统都可建立起相应的系统数学模型，以进行定量分析。在系统论出现以前，由于缺乏必要的基础理论和数学工具，由于缺乏电子计算机，对于社会学研究的许多问题，尚不能定量。随着社会系统工程的建立，随控制论、运筹学等新学科产生，不仅能为社会系统建立起用普通数学不能建立的数学模型，而且能通过实验观察去检验这种模型，又加上电子计算机的奇功异效，为对复杂的社会现象进行定量分析，进一步实现定量和定性结合，展示了光明前景。

其次，系统论指出了度量事物总量特征的必要性和可能性。可以说迄今为止社会学在定量分析社会现象方面仍主要在局部和具体，对于从总体上度量事物的数量特征，既缺乏充分的认识，也缺少必要的手段。系统论指出，在具体分析的基础上，只有把握事物的总量特征，从总体上反映事物之间的数量关系，才能避免就事论事，以一概全，真正实现对事物的量的分析，实现定量和定性结合。倘若仅就复杂社会问题中的一、两个因素做单相关定量分析，就不能把握问题的全部实质。如婚姻问题研究中，定量分析“职业”对“选择配偶”的影响，“年龄”对“选择配偶”的影响，“文化程度”对“选择配偶”的影响，“经济收入”对“选择配偶”的影响等，并由此得出分别的结论，是不足以说明问题的。因为我们知道“职业”“年龄”“经济地位”“文化程度”等因素对“选择配偶”的影响是交织在一起的，某一因素单独起作用的现象是罕见的。若不从综合角度定量分析，不从整体上分析多变量相关，就不能得到真正科学结论。相反从系统角度把一系列相关因素看作为一个相关系统，并建立起相应的系统数学模型，从总体上定量，那么这种研究既是现实的，也是科学的。

第三，系统工程使用的许多定量分析方法，如线图和矩阵，流程图，方块图等都可直接用于分析社会现象。以“线图”和“矩阵”为例，比如我们计划在某居民区附近建设一个现代化化学工厂，社会学要研究由此可能产生的社会问题和对当地人民生活的影响。建设大型化工厂直接牵连三个问题：一是要求便利交通，以利于原料和产品的输入和输出；二是要求建设新住宅，使工人有房住，三是保护环境，防止环境污染。间接的还有与住房配套的商业、教育网点的建设问题。这些都将影响有关政策的制定和当地人民的生活，以线图和矩阵表达上述情况如下：

（线　图）

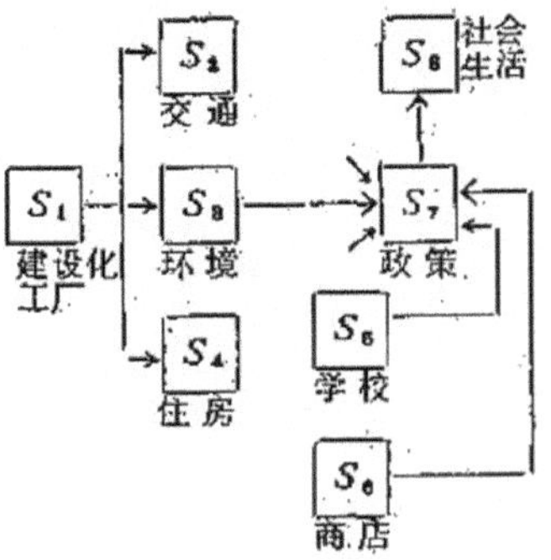

（矩　阵）

	S_1	S_2	S_3	S_4	S_5	S_6	S_7	S_8
S_1		/	/	/				
S_2							/	
S_3							/	
S_4							/	
S_5							/	
S_6							/	
S_7								
S_8								

说明：图中箭头所指表示一个因素影响另一个因素。其中以纵行为准看对横行的影响，“/”表示有影响，空格表示无直接影响。

从以上可看出，用“线图”和“矩阵”把问题可简约为：建设化工厂会带来一些社会问题，它影响着有关社会政策的制定和实施，进而影响当地的社会生活。它还便于从总体上观察各因素之间的关系，对定量分析问题也很方便。

第四，系统论概括了定量分析社会现象的一般程序：①通过社会调查收集系统数据。②建立由一个或多个数学公式组成的系统数学模型。③通过实验性研究检验系统数学模型。④依调查中发现的新情况、新数据不断更新系统数学模型。⑤创造和选择恰当的系统分析方法。

从以上可知，随着系统方法在社会学研究中的应用和社会系统工程的建立，对社会现象的定量分析将大大前进一步。

四、重信息原则

系统论和信息论密切相关。它和传统的方法论有一个不同点，即不着眼于物质和能量，而着眼于信息。所谓信息是指用符号传送的报道，报道内容是接受符号者预先不知道的。系统论把任何控制系统都看成是信息传输、加工和处理系统。它认为任何系统内都有信息流，它调节着人流和物流。信息流的存在成为维持系统整体正常活动的必要条件。依系统论处理问题,常把具体的物质形态变成抽象的信息。

社会是个信息密集的大系统。相互交织、错综复杂的信息流仿佛是社会的神经中枢和神经网,保证信息畅通是维持社会系统正常运转的关键。社会学研究要注意社会中的人和物,更要注意社会信息。从本质上说,社会学强调社会调查,正是重视社会信息。社会学的各种调查方法是疏通信息渠道的方法。社会现象十分复杂,干扰性的随机因素很多,人们必须不断从社会中得到信息,调整主观以适应客观。依据一定信息制定的决策被付诸实施后,要通过反馈了解决策效能和实施决策的社会效果,使决策在反馈中得到检验和修改,保证决策系统的目标和功能经常处于有效和最佳状态。因此,决策系统应当是循环的,其一般模式如下:

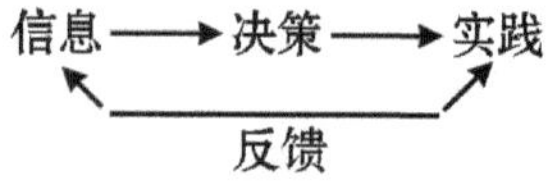

以前我们的社会决策出现一些偏差和错误,造成一些损失,原因是有的决策完全出于主观想象和愿望,制定政策前既无信息,政策实行后也无反馈。有的决策依据于一定信息,但信息不完全,不可靠。也有的决策在实施中客观事物发生了变化,由于没有反馈,因此不能根据新情况修改更新决策,这些都使主观和客观相脱离。总之,有两条很重要,一是信息畅通,二是要有反馈。应该说真正的信息畅通就必然包含有反馈,之所以强调反馈,是因为它重要却常被人们忽视。一个决策一经制定,只顾推行,不顾社会效果和反应,或者是接受反应迟钝,不敏捷,等问题成堆才察觉,是十分有害的。因此社会学强调社会调查,建立信息通道,反馈通道,如社会调查基地,民意测验机构等,保证信息流通和反馈,是十分重要的。

系统论不仅认为信息重要,而且认为信息可以定量。信息以代码、符号和序列的形式出现,成为信息量,可用数学方法计算。大量的社会信息只有用电子计算机处理才有可能。

总之,系统论重视信息的原则从现代科学方法论上启发了社会学,研究社会要抓信息,抓调查研究,使社会调查经常化、广泛化和科学化,用信息控制社会系统工程,靠信息制定和修改社会决策。

五、动态平衡原则

恩格斯在谈到事物的联系、作用和运动三者之间的关系时说:“我们所面对着的整个自然界形成一个体系,即各种物体相互联系的整体,……这些物体是互相联系的,这就是说,它们是相互作用着的,并且正是这种相互作用构成了运动。”①钱学森根据恩格斯的思想指出,系统就是过程的集合体。集合体是系统,是怎样的系统呢? 是过程的系统。恩格斯强调的“过程”不就是我们讲的系统中各个组成部分的相互作用和整体的发展变化吗?

系统动态平衡原则首先强调了运动的普遍性和绝对性,人们只有在动态中才能真正理解系统。太阳系是一个系统,绝不仅指太阳系由恒星太阳,行星地球及金、木、水、火、土等星球组成。倘认识到此为止,只是罗列和堆积,则不成系统。只有从动态角度,认识到太阳和诸行星的相互作用,诸行星以太阳为中心转动时,才能理解太阳系是系统。对于社会系统也只能从动态中得到理解。依系统论,把人类社会中各种运动归纳为人流、物流和信息流,是用现代科学技术用语描述社会系统中运动的普遍性特征。

系统不仅是动态的,而且是整体动态平衡的。系统中各因素的相互作用和运动,维持了系统整体的动态平衡。倘若只强调系统运动,否认系统整体的动态平衡,则系统不成其为系统。当然系统整体的动态平衡是相对的,一旦它遭到彻底破坏,则旧系统灭亡,新系统产生。新系统中各种因素的运动和相互作用,又维护了新系统的动态平衡。认识系统的动态平衡性是十分重要的。例如当前世界各国都注意到“生态平衡”破坏这一严重的社会问题。问题的发生常常由于只顾局部,不顾整体,人为地破坏了生态系统的动态平衡。如只顾大规模砍伐森林,不顾水土保持;只顾

---

① 《马克思恩格斯选集》第3卷,人民出版社1972年版,第492页。

对自然资源的大量采掘和利用，不顾环境污染和能源枯竭；只顾猎取珍禽异兽，不顾某些动物种类濒临灭绝，等等，从而带来一系列社会问题。自然科学家和社会科学家从整体着眼把自然界看成是由生物系统（包括植物、动物和微生物）和环境系统（包括阳光、水分、和土壤）组成的生态整体系统。生态平衡是指系统中的各个部分相互作用，使整体的结构和功能处于相对稳定状态，一旦由于系统中某些部分被破坏而导致系统整体平衡衰退甚至崩溃，生态平衡即遭破坏。人们从系统的整体动态平衡出发，找到了生态平衡破坏的根源，也能提出科学的对策和方法。人类社会亦如此，社会中充满各种复杂的运动，各种运动和相互作用，维持着社会整体的动态平衡。社会整体系统也有彻底破亡之时，这是“社会革命”之时，旧社会灭亡，新社会产生。从时间上看，人类社会大多时还是处于整体动态平衡之中。因此，在我们认识“社会革命”的伟大作用和意义时，不能无穷夸大它。“运动”不能连续搞，“社会革命”也不能一个连接一个。违背了这一点就要受到客观规律的惩罚。

系统论认为任何运动都离不开系统，它首先在本系统中的运动，离开系统去考察运动，则难以发现运动的客观规律性。我们说电子围绕原子核运动时都处在一定的环形轨道上，倘离开了原子系统如何理解这点呢？同样，当我们分析我国城市中家庭结构的变动趋势，发现大家庭（直系家庭）日益减少，小家庭（核心家庭）日益增加时，离开了社会这一大系统，离开了社会中变动不居的经济、政治、社会、心理、环境等因素是不能理解家庭结构变动趋势的。

系统论认为任何运动又可能是系统之间的运动。系统的“开放性”说明了这点。依系统论任何一个系统都是“开放”的而不是“封闭的”。“开放”只有在系统的“出”与“进”中才能体现，也就是在系统之间的相互“渗透”和“对流”中体现。比如说地球系统是开放的，如何理解呢？人们从陨石的坠落，太阳光的照射，人造卫星和宇宙飞船上天中可以理解。因此系统运动不仅存在于系统之中，而且存在于系统之间。一事物在本系统中运动的同时，也可能突破系统“边界”运动到另一系统中去。社会学在研究社会中任何一个系统时，都要看到它的开放性和相互渗透性。例如每一个阶级和阶层都自成系统，它们之间有明显的系统“边界”予以区分。但它们之间也会相互渗透和对流，原来属于一个阶级和阶层的人可能越过“边界”到另一阶级和阶层中去，这种社会人际流动是客观实在的。过去在我们的研究中，往往只注意阶级划分，不注意阶级对流，某人一旦划入某一阶级，则定了终身，是有局限性和不科学的。我们应当在阶级划分的基础上进一步分析阶级间的对流，从动态角度把握阶级关系和社会人际关系，使研究更加科学化。

在自然科学系统工程中，用“流程图”描述系统中，“人流”“物流”“信息流”的方向、速度和流量，比较流动的最长和最短路线，最快和最慢速度，最大和最小流量，通过比较选择最佳方案，把流动置于人工控制之下。随着社会系统工程的建立，在社会学研究中，用“流程图”等方法研究动态社会已经是可望而且可及的事情了。

综上所述，系统方法的一些主要原则对社会学研究都具有重要意义。在这些原则中，“整体性”原则是核心，是最基本的。“最优性”首先是求得整体最优，“定量性”要注重整体定量。“注重信息”是维持整体正常运动的关键，“动态平衡”是整体的动态平衡。因此，整体性原则是系统之首要原则。系统论之整体思想，是现代科学方法论的基本思想，它应当引起人们的重视。

在我们具体地，一点一点地阐述了系统论的主要原则及其对社会学研究的重要意义时，应该提出一个问题，为什么系统方法对社会学如此重要？回答是明确的，因为系统论的主要原则也是唯物辩证法的主要原则。钱学森同志曾指出：有人认为“系统”概念是20世纪的新发现，这在我看来仍然不能同意，因为局部和全局的辩证统一，事物内部矛盾的发展和演变等，本来是辩证唯物主义常理，而这是系统概念的精髓。我们要认识系统这一概念来源于人类的长期社会实践，首先在马克思主义经典著作中总结上升为明确的思想，而绝不是什么在20世纪中叶突然出现的。系统论和唯物辩证法的渊源使它具有强大的生命力。我们要坚持系统方法，实现社会学研究的变革。

试论婚姻中的交换价值

载《社会科学战线》1985 年第 4 期

人人都希望选择理想的配偶，但择偶从来不是任意的，而是有其深刻的内在规律性。马克思曾经说过："婚姻不能听从已婚者的任性，相反地，已婚者的任性应该服从婚姻的本质。"①什么是婚姻？婚姻是指男女两性结为夫妻。婚姻从其外表形式上是男女两性的生理结合，从本质上则是男女两性的社会结合。无论从生理角度，还是从社会角度上看，在任何一个婚姻中都有某种交换存在，包括情感、生理、经济、政治、文化等各种交换，这也就决定了交换价值能够在婚姻择偶中起着稳定的协调作用。

长期以来，人们在婚姻实践中循着交换价值办事，并创造了多种婚姻交换理论。其中主要有三种代表性的理论。

一、中国的"门当户对"论

所谓"门当户对"是指男女双方家庭的社会地位和经济状况相当，则结亲最合适。换句话说，男女双方在择偶时要相互考虑对方家庭财产多寡和门第高低与自己无多大差别。在中国古代有所谓"竹门对竹门，木门对木门"之说。"竹门"和"木门"实际就标志着那时不同家庭的不同社会地位和经济状况。在当时，凡"门当户对"的婚姻都会为社会舆论所赞助和认可，否则就要受到阻挠和谴责。《还魂记·园驾》中就有这样的句子：

① 《马克思恩格斯全集》第 1 卷，人民出版社 1972 年版，第 183 页。

“你女儿睡梦里，鬼窟里，选着个状元郎，还说‘门当户对’！”①

“门当户对”论属于一种婚姻交换理论，它是指当事者家庭之间的交换，是家庭“财产”和“门第”之交换。在奴隶社会和封建社会中婚姻之所以重家庭而不重个人，跟封建的婚姻家庭传统是密切相关的。《礼记·昏义》上说，“昏礼者，将合二姓之好，上以事宗庙，而下以后世也，故君子重之。”可见当时人们结婚主要不是为当事人而是为家族，是为了家族和宗族的势力和地位，为了传宗接代和承先启后。男子结婚不是为个人娶妻还是为宗族娶妇；女子结婚，不是为个人嫁夫，而是嫁与夫姓的宗族为妇。因此婚姻的决定权不在当事人而在其长辈，有所谓“父母之命、媒妁之言”之说。婚姻之交换也不在个人而在家庭。用今天的观点看，“门当户对”论是落后的。

二、温奇的“异质互补”说

晚近美国社会学家温奇(R. F. Winch)所提出的“择偶之需要互补说”(The theory of complementary Needs in Mate-Selection)，即，“异质互补”说也是一种婚姻交换理论。这种学说的基本假设是：择偶时从特殊需要模式中获得最大满足之时，男女双方之特质是异质互补。

温奇学说的重点在于“男女于择偶过程中各在候选者范围内寻找能给予其需要以最大满足之对象”，它列举 12 种主要需要是：(1)谦卑，(2)成就，(3)接近，(4)自主，(5)敬服，(6)统治，(7)敌视，(8)养育，(9)赞扬，(10)性，(11)争取地位，(12)援助。

温奇假定若甲乙互相求偶，其需要之满足有两种方式。(1)二人之需要不同，如果甲有赞扬之需要，乙有敬服之需要，彼此满足之。(2)二人之需要相同，但强度有别，如甲有高度统治之需要，乙有低度之统治需要，彼此仍能获得满足。②

---

① 参见《辞海》(增补本)，上海辞书出版社 1979 年版，第 267 页。

② 以上参见王云五《王云五社会科学大辞典》社会学第一册，中国台湾商务印书馆 1972 年版，第 237～238 页。

“异质互补”说和“门当互对”论的相同点是他们都是“交换理论”，表现了婚姻中的某种交换价值。其不同点是：

(1)“异质互补”说认为婚姻之交换不是当事人家庭之交换，而是当事人个人之交换。它不重视当事人的家庭背景，而重视当事人的个人品质和成就。

(2)“异质互补”说在对婚姻交换的看法上提出了“当事人各在候选者范围内寻找能给予其需要以最大满足之对象”，即提出了最大的交换效益论。

(3)“异质互补”说认为当事人之间不仅有相同需求时可以交换(即甲给乙“A”，乙也给甲“A”)，而且认为当事人之间有不相同需求时也可以交换(即甲给乙“A”，乙也可给甲“B”作为交换)

和“门当户对”论相比，“异质互补”说是先进的，主要是它把婚姻交换之重点，由家庭移到了个人。资产阶级在反封建过程中提出了“自由、平等、博爱”的口号，主张尊重个人之利益，尊重个性自由和解放。从这种基本观点出发，在婚姻上他们也反对父母包办婚姻，主张婚姻自由，主张尊重当事人的意志和愿望。他们认为婚姻是当事人之间的一种契约，要以当事人合意为条件。因此，他们主张婚姻之交换主要是在当事人之间交换，而不是在当事人家庭之间交换。

从现代观点看，婚姻是当事人自己的事，而不是其亲属和家庭的事，因此“异质互补”说比“门当户对”论更能反映现代婚姻的本质。

三、恩格斯的“爱情基础论”

恩格斯的“爱情基础论”的基本点是婚姻要以爱情为基础。恩格斯曾经说过“如果说只有以爱情为基础的婚姻才是合乎道德的，那么也只有继续保持爱情的婚姻才合乎道德”。①

“爱情基础论”作为一种婚姻交换理论，是把恋爱、婚姻看作是当事人

① 《马克思恩格斯全集》第21卷，第91～96页。

之间“爱”和“感情”上的交换，简单地说，爱情的基础是“互爱”，恩格斯在论述爱情的两条基本特征时曾说：“现代的性爱，同单纯的性欲，同古代的爱，是根本不同的。第一，它是以所爱者的互爱为前提的；在这方面，妇女处于同男子的平等地位，而在古代爱的时代，绝不是一向都征求妇女同意的。”①恩格斯特别强调爱情是相互的，相互本身就是一种交换。马克思在《1844年经济学哲学手稿》中也提出过类似的看法。他说：“如果你在恋爱，但没有引起对方的反应，也就是说，如果你的爱作为爱没有引起对方的爱，如果你作为恋爱者通过你的生命表现没有使你成为被爱的人，那么你的爱就是无力的，就是不幸。”②

“爱情基础论”是无产阶级的婚姻观。无产阶级要消灭剥削，消灭压迫，实现没有剥削，没有压迫，真正人人平等的社会。因此，无产阶级才可能有真正的婚姻自由，这种自由表现在婚姻择偶上是当事人之间的爱的交换。恩格斯曾经说过：“结婚的充分自由，只有在消灭了资本主义生产和它所造成的财产关系，从而把今日对选择配偶还有巨大影响的一切派生的经济考虑消除以后，才能普遍实现。到那时候，除了相互的爱慕以外，就再也不会有别的动机了。”③如果说“门当户对”论是一种低级婚姻交换理论，“异质互补”说是比“门当户对”论先进的中级婚姻交换理论，则“爱情基础”论是一种最先进的高级婚姻交换理论。

作为一种婚姻交换理论，“爱情基础”论的主要特点是：

1. 它像“异质互补”说一样认为婚姻之交换不是当事人家庭之交换，而是当事人个人之交换。但是它强调了当事人之交换内容是爱情。什么是爱情？人们其说不一，但大多数人在一点上是共同的，即爱情是在物质基础上的精神现象，是精神上的两性关系，是男女之间在精神上对异性的追求和爱慕。固然，性和性行为是爱情的前提和生理基础，爱情也还会有其他社会基础，但爱情并不等于性和性行为或其他。它只有借助于思想

---

① 《马克思恩格斯全集》第21卷，人民出版社1972年版，第91～96页。

② 《马克思思格斯全集》第42卷，人民出版社1972年版，第155页。

③ 《马克思恩格斯全集》第21卷，人民出版社1972年版，第91～96页。

和感情（如志趣、爱好和理想等）才能升华为爱情。

把爱情列为精神现象，说成是婚姻的基础，好像不符合经验事实。其实不然。它恰恰反映了人类婚姻的本质，表现人们追求和憧憬无限美好的理想婚姻模式。人类婚姻从本质上不是肉体亲近的举动，不是简单地表现为性交关系，而是一种社会举动。也改变了自然欲望，把这种欲望加以理性化，使其变得高尚。正如恩格斯所说的那样，爱情使这种自然欲望具有严格的选择性和排他性，极大地加强和丰富了与这种欲望有关的感受。爱情的产生不仅是个体追逐异性因素本身所造成的，而且取决于个体的个性、利益、好感、兴趣和价值取向的整个结构。正是这些因素的综合作用，才能使爱情升华并具有相对的稳定性。因此，以爱情为基础的婚姻，只有在彻底消灭了私有制和私有观以后，才能普遍、真正实现。

恩格斯的爱情基础说是一种由现实婚姻向理想婚姻过渡的婚姻交换理论。

2. 温奇的“异质互补”说提出了最大交换效益论，恩格斯的爱情基础说则提出了爱情交换的专一性和排他性，恩格斯在谈到这点时说：“性爱常常达到这样强烈和持久的程度，如果不能结合和彼此分离，对双方来说即使不是一个最人的不幸，也是一个大不幸；仅仅为了能彼此结合，双方甘冒很大的危险，直至拿生命作孤注。”①可见爱的交换价值是可以和生命等同的。它是最大交换效益论所不可衡量的。因此爱情基础说虽然只提出了爱情之交换，但其实质却包含着比“异质互补说”中更为广泛，更为深刻，更为生动的交换，它是高级婚姻交换理论。

以上通过对三种有代表性的婚姻交换理论的简单分析，我们可以了解到从古至今人们在婚姻择偶中进行的三种主要的交换。下面，结合我国当前的社会实际，我们来进一步分析一下婚姻择偶中的交换价值及其普遍性。

我国有几千年的封建社会传统。1949年以前由于帝国主义的入侵，

---

① 《马克思恩格斯全集》第21卷，人民出版社1972年版，第90～91页。

我国变成了半殖民地半封建国家。中华人民共和国成立后，我们消灭了私有制，消灭了剥削压迫，进行了社会主义革命和社会主义建设。我们不仅反对封建主义，而且反对资本主义，表现在婚姻领域是主张以爱情为基础的婚姻。但是由于我们是在旧基地上建立新社会，由于各种旧观念、旧意识还普遍存在着并影响着人们，由于我们的经济、文化还比较落后，因此新的事物尽管在成长，但还不普遍和完善，许多旧的东西仍然存在着，还会有更多的由旧向新的过渡性的事物出现。这种情况表现在婚姻择偶上是以爱情为基础的婚姻尚未普遍实现，旧的“门当户对”论受到批判但其残余还存在，爱情以外的其他交换还很普遍。

(1)以爱情为基础的婚姻还没有普遍实现

中华人民共和国成立以来，我们反对封建包办买卖婚姻，批判了各种封建、资产阶级的婚姻观，主张婚姻自由和以爱情为基础的婚姻，我国城市的婚姻择偶状况发生了很大变化，开始出现了以爱情为基础的婚姻，而且数量在增长着，今后也会越来越多，但是，人们还远远没有从婚姻必然王国到达婚姻自由王国，以爱情为基础的婚姻还没有普遍实现。

恩格斯在谈到以爱情为基础的婚姻普遍实现的条件时曾指出：结婚的充分自由，只有在消灭了资本主义生产和它所造成的财产关系，消除对选择配偶还有巨大影响的一切派生的经济考虑才有可能。这一点目前在我国社会中还不可能做到，因此以爱情为基础的婚姻也就不可能十分普遍。

在1982年开始的我国五城市家庭调查中，我们访问了许多家庭的夫妻，了解到他(她)们在婚前择偶时往往都有经济和其他方面的多种考虑，一些家庭的夫妻婚前认识时间很短，双方也无很深的感情，只是认为双方各自条件可以使对方满意，经过一段了解后就结婚了，而真正的感情有时是在结婚以后才培养起来的，所谓先结婚后恋爱，即可说明这种情况。在有的家庭中(包括有的刚结婚不久的青年夫妻)，就是在结婚以后也无很深的感情，但为了履行婚姻家庭义务，克制了感情上的要求，而继续结合在一起。

(2)封建的“门当户对”论受到批判但其残余还存在着，人们择偶大多还要考虑对方的家庭背景

封建的“门当户对”论以当事人家庭财产多寡和门第高低为其交换条件，以包办买卖婚姻为其特征，在新社会它已经没有多少市场了。由于我们消灭了剥削、压迫和私有制，实现了真正的人人平等，从而铲除了“门当户对”论的社会基础和赖以滋生的土壤。除去少数残余外，大多数人已不再搞封建的门当户对了。

但是，另外一种情况还客观存在着。即人们虽然不搞门当户对，但并非意味着在择偶时，当事人完全不考虑对方的家庭背景。所谓家庭背景包括家庭的经济、人口、住房及家长的职业类别、文化程度等条件。一些当事人还要考虑对方的家庭背景，希望选择和自己有相似家庭背景的人为配偶、这是当前婚姻交换中的一个方面。

表 1　夫妻婚前家庭经济状况比较

两家	东河沿		团结湖		尖山街		张家弄		长春街		双阳里		四福巷		如是庵	
比较	人数	%	人数	%	人数	%	人数	%	人数	%	人数	%	人数	%	人数	%
娘家较富	56	9.43	150	26.98	29	6.71	166	22.46	195	25.03	204	26.32	125	19.90	62	15.90
两家相似	454	76.43	254	45.68	371	85.88	363	50.48	380	48.78	383	49.42	353	56.21	222	56.92
婆家较富	84	14.14	152	27.34	32	7.41	200	27.06	204	26.19	188	26.26	150	23.89	106	27.18
总计	594	100	556	100	432	100	739	100	779	100	775	100	628	100	390	100

说明：1.“东河沿”“团结湖”为北京的两个居民点代称，“尖山街”为天津的一个居民点代称，“张家弄”“长春街”“双阳里”为上海的 3 个居民点的代称，“四福巷”为南京一个居民点的代称，“如是庵”为成都一个居民点的代称。（以下同。）

2.本文所附各表，当时用计算机计算相对数时，对各地的要求是保留小数点后两位，第 3 位采取四舍五入，因此各相对数相加后，总计数多数为“100”，个别会有一些数值出入。但为显示总体标准，表格内仍作“100”。此次收入文集，仍以原貌呈现，作者特此说明。以下表格同。

在中国五城市家庭调查中，我们整群抽样调查了 8 个居民点现在家庭中已婚妇女婚前婆家娘家家庭经济状况和其父母、公婆职业等方面情况，然后进行了婆家和娘家的比较，发现了大多数已婚妇女和她们的丈夫在家庭背景上相似。

从经济上看，我们发现婆家、娘家不相上下的情况多，见表 1。

从 8 个居民点的调查资料可以看到，娘家较富和婆家较富的情况较少，而两家经济情况相似，或者说不相上下的较多。其中天津尖山街红星二委婆家、娘家经济状况不相上下的户高达 85.88%。北京团结湖婆家、娘家经济状况不相上下的所占比例较低，也达到 45.68%。

我们不仅进行了婆家和娘家的经济状况，而且调查比较了婆家和娘家的职业背景，比较的方法是以已婚妇女结婚时父亲和公公的职业相比，母亲和婆婆的职业相比，看看其间是操同类职业的多，还是操异类职业的多。

从表 2 一一对应的数列中可知“%”差数的最大值为 11.36%，除去“东河沿”和“如是庵”的军事人员是例外，最小值为 0.02%，大多数“%”差数都在 5%以内。这说明大多数已婚妇女公公和父亲所操职业类别是十分接近的。如果我们列举已婚妇女婚时婆婆和母亲的职业并进行比较的话也能发现和(表 2)中相类似的情况。由此我们可以得出结论，城市大多数婚姻中男女双方家庭的职业类别是相似的。从家庭职业类别和经济状况的比较中我们可进一步认为城市大多数婚姻都是在当事人家庭背景相类似的情况下缔结的。当然，这种情况和封建的“门当户对”还是有区别的。尽管它有时还多少带有“门第”和“财产”相当的色彩，但更多的是指当事人家庭之间经济生活水平、生活方式、文化素养、职业背景等方面的情况相似。这显然是婚姻交换规律在起作用的结果。

表 2　已婚妇女婚时公公和父亲职业之比较

职业	东河沿			张家弄			长春街			双阳里			四福巷			如是庵		
类别	公%	父%	%差	公%	父%	%差	公%	父%	%差	公%	父%	%差	公%	父%	%差	公%	父%	%差
无职业	9.40	7.63	1.77	50.21	38.85	11.36	57.58	46.56	11.02	55.01	43.98	11.03	13.28	9.59	3.69	10.05	13.21	3.16
农林牧渔	40.85	40.30	0.55	5.72	8.49	2.77	6.18	6.15	0.03	12.57	15.45	2.88	22.60	18.52	4.08	33.01	26.04	6.97
商　业	9.40	9.95	0.55	11.16	14.39	3.23	9.69	11.13	1.44	7.98	10.08	2.1	19.77	22.22	2.45	10.05	14.72	4.67
办事人员	8.55	8.79	0.24	4.01	5.76	1.75	3.23	5.71	2.48	1.44	1.70	0.26	4.52	5.88	1.36	7.66	7.55	0.11
军事人员	0	0	0	0.29	0.14	0.15	0.14	0.44	0.30	0	0.13	0.13	2.26	1.53	0.73	0	0	0
工　人	16.92	22.06	5.14	12.88	14.24	1.36	10.81	15.96	5.15	18.72	22.12	3.4	23.16	24.62	1.46	23.44	28.3	4.86
负责人	5.13	4.48	0.65	3.29	3.31	0.02	2.53	2.2	0.33	1.05	1.70	0.65	5.65	5.45	0.20	10.53	4.53	6
技术科研	9.73	6.82	2.94	12.45	14.82	2.37	9.69	11.86	2.17	3.14	4.84	1.7	8.75	12.20	3.45	5.26	5.66	0.4
合　计	100	100		100	100		100	100		100	100		100	100		100	100	

说明：1. 表(二)中的职业类别，除无职业类和军事人员外，其他各条均系简称，其中“农林牧渔”为“农林牧渔劳动者”，“商业”为“商业工作人员”；“办事人员”为“办事人员和有关人员”；“工人”为“生产工人，运输工人和有关人员”；“负责人”为“国家机关、党群组织、企事业单位负责人”；“技术科研”为“各类专业、技术人员”

2. “%”差为每项职业父亲的%——公公同类职业的“%”。

3. “团结湖”“尖山街”缺此项资料。

四、当事人之间的其他各种交换

在上述分析中我们可以看到在我国城市婚姻中当事人之间有爱情方面的交换，家庭背景方面的交换，然而更多的是当事人之间本人之各种条件的交换。尽管当事人在择偶时要考虑与对方有无感情，考虑对方的家庭情况，但主要的还是考虑对方本人的各种条件，包括文化、职业、身体、相貌、经济、性格、事业和事业心等各个方面，并用自己的各种条件与之交换。对此，我们不仅可以举出许多现实生活中的生动实例，而且能用五城市家庭调查中得到的大量数据予以证明。

在当事人本人之条件交换中主要有两种交换：一种是二人之需要相同而进行交换，我们称之为"同质交换"；另一种是二人之需要不相同而进行交换，我们称之为"异质交换"。下面我们来分别看这两种交换。

1. 同质交换

在五城市家庭调查中，我们曾经调查比较过每一对已婚夫妻的年龄、职业、文化、经济收入等情况，既发现了夫妻之间的差异，又发现了夫妻间的许多共同点。具体地说，发现在年龄、职业、文化、经济收入等各方面条件相当的男女容易结为配偶。

下面我们以夫妻职业和文化程度之比较进行具体说明。

在五城市家庭调查中我们对从事各类专业、技术工作（知识分子）和从事生产、运输工作（工人）的已婚妇女的职业和她们丈夫的职业进行了比较，得到了如下统计数字。见表 3：

表 3 夫妻职业比较表

丈夫职业状况	妻子职业状况			
	生产运输工人		各类专业技术人员	
无职业	44	2.62%	26	3.36%
农林牧渔业	12	0.71%	1	0.13%
商业服务业	172	10.23%	37	4.79%

续表

丈夫职业状况	妻子职业状况			
	生产运输工人		各类专业技术人员	
办事人员	172	10.23%	110	14.23%
军事人员	13	0.77%	10	1.29%
生产运输工人	909	54.07%	117	15.14%
机关企事业负责人	129	7.67%	93	12.03%
各类专业技术人员	230	13.68%	379	49.03%
总计	1681	100%	773	100%

说明:该表资料为五城市八个居民点总体资料,为简化和说明问题本表只节取妻子是“生产运输工人”和“各类专业技术人员”的丈夫的职业情况。

从表3的统计数字中看,妻子从事生产运输工人的工作的,其丈夫可能从事各种职业,但以从事同类职业(生产运输工人)的最多,占54.07%.同样,妻子是各类专业技术人员的,其丈夫也可能从事各种职业,但以专业技术人员为多,占49.03%。看来,果真是同行找同行的多。这说明夫妻职业是相关的。

如果从文化程度上看,这种情况就更明显了。为了分析夫妻间文化的相关程度,我们分别进行各个居民点调查资料的相关统计分析。下面先以天津市尖山街红星里二委的资料为例。见表4:

表4 天津市尖山街红星二委夫妻文化比较表

妻文化	夫文化											
	文盲		小学		初中		高中		大学肄业		大学以上	
文盲	4	100%	35	37.23%	26	15.29%	5	6.41%	2	15.38%	1	2.38%
小学	0	0	44	46.81%	36	21.18%	16	20.51%	2	15.38%	4	9.52%
初中	0	0	11	11.7%	86	50.59%	30	38.46%	4	30.77%	10	23.81%
高中	0	0	3	3.19%	20	11.76%	23	29.49%	4	30.77%	12	28.57%
大学肄业	0	0	0	0	0	0	1	1.28%	0	0	0	0
大学以上	0	0	1	1.06%	2	1.18%	3	3.85%	1	7.69%	15	35.71%
总计	4	100%	94	100%	170	100	78	100	13	100	42	100

G=0.5954

(表4)中的数字明显地表现了夫妻文化程度是密切相关的,大多数夫和妻的文化程度是相同或相当。另外相关系数为0.5954,也能从统计上说明夫和妻文化程度的内在相关程度。一般地说,丈夫文化程度高,妻子的文化程度也高,丈夫文化程度低,妻子的文化程度也低。

实际上夫妻文化程度相关是男女择偶时实行文化交换的结果。有共同文化程度和素养的人之间,往往可能有更多的语言,兴趣、爱好和志向,更容易生活在一起。历来,人们在择偶时,都要根据自己的文化向对方提出文化方面的要求。这一点,我们还可以从不同结婚年代结婚夫妻文化程度的相关统计分析中明显观察出来。见表5、表6、表7、表8:

表5 天津市尖山街红星里二委1949年以前结婚夫妻文化程度比较表

妻文化	夫文化											
	文盲		小学		初中		高中		大学肄业		大学以上	
文盲	2	100%	18	52.94%	20	54.05%	2	22.22%	1	33.33%	1	12.5%
小学	0	0	15	44.12%	13	35.14%	5	55.56%	1	33.33%	2	25%
初中	0	0	1	2.94%	2	5.41%	1	11.11%	1	33.33%	1	12.5%
高中	0	0	0	0	2	5.41%	1	11.11%	0	0	3	37.5%
大学肄业	0	0	0	0	0	0	0	0	0	0	0	0
大学以上	0	0	0	0	0	0	0	0	0	0	1	12.5%
总计	2	100%	34	100%	37	100%	9	100%	3	100%	8	100%

G=0.5636

表 6　天津市尖山街红星里二委 1950－1965 年结婚夫妻文化程度比较表

妻文化	夫文化											
	文盲		小学		初中		高中		大学肄业		大学以上	
文　盲	0	0	15	31.25%	6	14.63%	2	7.14%	1	14.29%	0	0
小　学	0	0	26	54.17%	18	43.9%	6	21.43%	1	14.29%	1	8.33%
初　中	0	0	5	10.42%	15	36.59%	10	35.71%	1	14.29%	5	41.67%
高　中	0	0	1	2.08%	2	4.88%	9	32.14%	4	54.17%	3	25%
大学肄业	0	0	0	0	0	0	0	0	0	0	0	0
大学以上	0	0	1	2.08%	0	0	1	0.57%	0	0	3	25%
总　计	0	0	48	100%	41	100%	28	100%	7	100%	12	100%

G=0.6421

表 7　天津市尖山街红星里二委 1966－1976 年结婚夫妻文化程度比较表

妻文化	夫文化											
	文盲		小学		初中		高中		大学肄业		大学以上	
文　盲	0	0	1	11.11%	0	0	0	0	0	0	0	0
小　学	0	0	2	22.22%	3	7.89%	5	19.23%	0	0	1	5.26%
初　中	0	0	4	44.44%	23	60.53%	13	50%	1	100%	3	15.79%
高　中	0	0	2	22.22%	11	28.95%	7	26.92%	0	0	6	31.58%
大学肄业	0	0	0	0	0	0	0	0	0	0	0	0
大学以上	0	0	0	0	1	2.63%	1	3.85%	0	0	9	47.37%
总　计	0	0	9	100%	38	100%	26	100%	1	100%	19	100%

G=0.6421

表 8 天津市尖山街红星里二委 1977－1982 年结婚夫妻文化程度比较表

妻文化	夫文化											
	文盲		小学		初中		高中		大学肄业		大学以上	
文　　盲	0	0	1	50%	0	0	1	6.67%	0	0	0	0
小　　学	0	0	0	0	1	1.96%	0	0	0	0	0	0
初　　中	0	0	1	50%	45	88.24%	6	40%	0	0	1	33.33%
高　　中	0	0	0	0	5	9.8%	6	40%	0	0	0	0
大学肄业	0	0	0	0	0	0	1	6.67%	0	0	0	0
大学以上	0	0	0	0	0	0	1	6.67%	1	100%	2	66.67%
总　　计	0	0	2	100%	51	100%	15	100%	1	100%	3	100%

G＝0.6963

表 5、表 6、表 7、表 8 分别说明了 1949 年以前，1950－1965 年，1966－1976 年，1977－1982 年 4 个不同时期结婚的夫妇之间文化程度相关情况，它们和表 4 中反映的情况和趋势完全相同。这绝不是统计中的偶然的巧合，而是婚姻择偶中交换规律长期稳定地起作用的结果。五城市其余 7 个调查点的资料也同时证明了我们从天津尖山街红星二委资料中得出的结论。为了简便起见，我们只把有关统计相关系数列于表 9 中，供参考。

表 9 五城市 7 个居民点不同结婚年代夫妻文化程度相关系数统计表

	1949 年以前	1950—1965 年	1966—1976 年	1977—1982 年
东河沿	0.736	0.697	0.635	0.844
团结湖	0.7419	0.7029	0.4013	0.8056
张家弄	0.7006	0.6548	0.6052	0.7202
长春街	0.6655	0.6945	0.4838	0.7917
双阳里	0.7908	0.7612	0.4668	0.7515
四福巷	0.782	0.684	0.459	0.655
如是庵	0.7497	0.8144	0.3807	0.6427

从我们对城市居民已婚夫妇职业和文化程度的比较分析中可以知道在城市婚姻择偶中同质交换现象是十分普遍的。夫妻相匹配,条件要相当,是人们择偶的普遍心理。

(2)异质交换

在城市婚姻择偶中不仅同质交换十分普遍,异质交换的情况也很多。配偶之间会有许多相同的要求,如能相互满足可以使其关系稳定和平衡。配偶之间也会有许多不相同的要求,如能投之以桃报之以李,也同样可能维持其关系的稳定和平衡。下面我们来具体分析一下人们在异质交换中的不同心理和要求,为什么会有这些不同的心理要求,及如何根据这些不同要求实行交换的。

这个问题因人而异,比较复杂,社会调查的实践表明,只有从性别的差异中才能比较明显地找到其规律性。具体地说男和女在择偶中对对方是有不同要求和侧重的。

一般女性普遍要求男方"职业工种要好""文化程度要高""有能力,有事业心""经济收入多""诚实温和能体贴人""个长得高于自己"等。

一般男性则普遍要求女方"会持家""性格温柔能体贴人""作风正派""身体健康""个子不得高于自己""年龄不得长于自己""有一定文化素养和职业"等。

前一段各地试办了婚姻介绍所和征婚广告,从来征婚的男性和女性提出的择偶条件中完全可以说明以上规律。比如据浙江省发行的《经济生活报》统计,来该报登征婚广告的,只有18.9%的男性求婚者对女方提出了文化程度和学历的要求。45名有大学文化程度的男性只有9人向女方提出了学历要求,还不是要求同等学力,只要求女方有初中毕业和高中毕业文化程度即可。相反,女方求婚者对男方提出学历要求的却多达51.3%。31名大学毕业的女性有16人要求应婚者须"学历相仿",有6人要求"中专以上程度"。另外从身高的要求上也可看出男女的差别。有50.4%的女性在"征婚广告"中对男方的身材提出了要求,她们要求的平均身高是1.71米,最高者是1.78米;最低者是1.65米以上;而男性对女友的身高提出要求的仅占12%,平均要求为1.6米。[①] 之所以性别不同,对对方的要求不同,相互交换的内容也不同,是跟我国的文化传统,男女的生理差别和在家庭中的不同地位、作用,以及多种社会因素都有关系。

比如从我国传统上有"郎才女貌"之说,今天它仍在一定程度上影响人们,表现为男方多要求女方有品貌,女方多要求男方有才干。

再比如从男女生理差异、家务劳动和社会分工不同角度也能理解男女之间为什么会有不同的要求。从生理上看,妇女担负着生育和抚育的主要任务,在重视生育和传宗接代的我国家庭中,男方一般要求女方要身体好,以完成生育、抚育任务。另外,从家务劳动和社会分工的角度看,虽然在家庭中男女共同干家务的情况越来越普遍了,但据调查和统计分析,妻子承担的家务一般还是要多于男子,女子主内,男子主外的格局在某种程度上仍然保留着,因此,男方对女方的要求多在个人品格、是否能体贴人、是否勤快,而女方对男方的要求则多在与事业成就有关的职业、文化、经济收入等方面。

又比如从社会心理和习俗的角度看,一般认为男比女年龄大好,男比女个子高好,这也客观上产生了男女要求之差别。

我们是主张男女平等的。中华人民共和国成立后三十多年来,随着我国妇女解放和妇女地位的不断提高;男女在政治、经济和社会等方面的地位已基本上实现了平等,因此,从发展趋势上看,异性在择偶中相互要求将越来越接近,同质交换的成分也将越来越多。但不可否认的是,目前男女平等尚未彻底实现,况且男女之差异,人和人之间的差异也会永远存在下去,从这个意义上说,男女之间,人和人之间在择偶时,总还会有不同要求,因此,异质交换也会长期存在下去,并表现出其客观规律性。

总之,无论从理论上还是从实践上看,在我国城市婚姻择偶中,当事人之间都存在某种性质和某种程度的交换。能够实现婚姻择偶中的交换价值,实现当事人之间最大限度地合理交换,直至实现以爱情为基础的婚

---

① 参见张敏杰《从"征婚广告"这个窗口望去》,《社会》1984年第5期。

姻，对于婚姻质量的提高，家庭的幸福和美，社会的稳定和发展都是十分重要的。当然我们用婚姻交换理论指导婚姻实践时应当注意不要搞唯心主义和形而上学。在婚姻中确实有某种交换规律存在，但它从本质上不同于市场上的商品交换规律，它不能用商品交换价值去简单衡量。如果在婚姻择偶中每个人都变成待价而沽的商品，把婚姻中正常交换等同于商品交换，则是对婚姻交换规律的曲解和亵渎。另外既然要遵守婚姻交换规律，就应体察客观环境和实际情况，知己知彼，合情合理，切不可无视客观现实而想入非非。总之，只有真正领会婚姻交换规律的本质，遵循和驾驭交换规律，才能使自己一步步由婚姻必然王国走向婚姻自由王国。

社会改革与我国的生活方式

——讨论研究综述

载《社会科学战线》1989 年 1 期

近几年来，我国理论界和整个社会，对生活方式问题产生了越来越大的兴趣。

理论界关于生活方式的讨论主要围绕着近几年来改革和开放形势下城乡人民生活方式发展变化的基本特征，探讨了社会主义初级阶段人们生活方式的发展规律，以及有关生活方式的基本理论问题。改革和开放给我国城乡人民生活方式带来了显著变化，最直接的表现是城乡人民物质生活的改善，温饱问题已经基本解决，少数家庭已经达到了小康水平，尤其是在农村，农民不仅走上了脱贫致富的道路，而且住房条件、格局、环境等也发生了显著变化，其形式由单一到多样，内容也日益丰富多彩，格调由低层次向高层次发展，人们的活动和交往由过去的家庭为中心的内向型转为社会交往日益活跃的开放型，生活节奏不断加快，生活观念不断更新。在这种情况下，要求建立适应社会主义初级阶段经济社会发展状况和改革开放要求的新的生活方式的问题已经提到议事日程上来了。在我们的社会主义社会中，人民群众成为国家和社会的主人，这就需要建立与他们这种社会地位、社会角色相适应的生活方式，使他们成为自己生活的主人，忘我劳动，愉快生活，实现个人对自身和社会的价值，因此关于生活方式的研究是十分重要的。

在对生活方式的研究中，理论界主要提出了以下七个方面的问题：

一、关于生活方式概念的理论界说

什么是生活方式，人们有不同的理解，但大多数人认为，作为哲学、社会科学理论范畴的生活方式不是对人们吃饭，穿衣，住房等具体行为的一般描述，换句话说它不是生活的样式，而是生活的模式，因此，它具有一定的系统性、综合性和抽象性。

有的人把生活方式定义为：是关于人满足生存和发展需要而进行的全部活动总体模式和基本特征的范畴。持这种观点的同志认为，生活方式作为科学的理论范畴，是一个科学认识的工具，它所反映和概括的不仅是人们日常生活的某个或某些方面，而是人的全部生活活动，就是说应当广义的理解生活方式。目前流行一种对生活方式的狭义的理解，即把生活方式理解为生活资料的消费方式，有的甚至说成是“吃、喝、住、用、玩”的方式，是不合适的。人除了物质、文化的消费生活外，还有劳动生活、政治生活和其他精神生活，它是一个有着内在联系的整体系统。只有把握了这个整体系统，才能了解整个社会生活方式的基本特征。也有的人把生活方式概括为：是由一定的生活方式所决定，为一定的自然环境所制约，在一定世界观指导下的个人、群体或社会为满足自身需要而进行的生活活动模式。物质生活的生产方式制约着整个社会生活、政治生活和精神生活的过程，因此也制约着生活方式。自然环境直接影响生活方式，它包括与人们生活密切相关的一切自然条件，其中主要有土地、地形、气候、自然资源等，生活方式离不开一定的世界观的指导，它规定着生活方式的基本方向，有什么样的世界观，就有什么样的生活方式。人们通常把世界观、人生观，道德观和审美观看成是指导生活方式的并列因素。人是生活方式的主体，是生活方式的承担者，依据人的社会性，从微观、中观和宏观的角度，把生活方式的主体分为个人、群体和社会较为严密，它不仅注意到了生活方式主体的社会性方面（阶级、职业等），也注意到了生活方式主体的自然属性方面（性别、年龄等）。

有些人列举了西方社会学界使用的和生活方式相近的几个概念，即：

①生活水平,②生活质量,③生活的机会,④生活式样。认为其中的"生活式样"比较接近我们现在常用的"生活方式"概念。西方人在研究生活方式时一般较为具体,比如主要研究如何支配所得收入,如何支配自己的闲暇时间等。因为"生活方式"表现为"生活的式样",因此它就不像"生活水平"那样,有高和低之分,不像"生活的质量"那样有好和坏之分,不像"生活的机会"那样有多和少之分,简单一句话,"生活方式"概念中不包含着价值取向和价值判断。一些人认为这种观点对研究生活方式很有启发,但不同意生活方式中不包含价值判断的提法,认为生活方式中既有客观行为方面,又有主观动机方面,既有物质方面,又有精神方面,这就使它不能不包括价值和价值判断。所谓"生活方式"不仅应当是抽象的,也应当是具体的,既是理论概念,也是生活用语,只有深入浅出,才能生动活泼,理论联系实际,把生活方式概念变成哲学式,经院式的抽象思辨术语,会影响对现实生活的生动活泼的研究。

二、关于生活方式的结构与层次

从生活方式的抽象概念出发,生活方式可包括不同的结构和层次,其间是相互联系,相互制约的。从不同的角度其结构和层次有不同的分类。

生活方式的内在要素和外在要素出发,生活方式可包括生活的动机和生活的活动之两方面。生活的动机是指主体由需要、利益引起的生活活动的主观动机和制导它的生活观念。人们进行生活活动的主观动机是复杂的,多层次的,它是由人的生存、发展的需要(既包括生理需要也包括社会需要)和以需要为基础的利益引起来的,而且随着需要的利益的变化而变化。人作为一个能够进行自我认识、自我评价、自我控制、自我调节的复杂的生物的、社会的机体,其动机首先表现为一定的心理状态,它通过愿望、兴趣、爱好、意志、情感和心理活动表现出来,这些心理活动又受高层次的意识——世界观、人生观、价值观的制导。仅有生活方式的内在方面,还不能构成主体的生活方式。只有这种内在的主观因素外化为生活活动,与一定的客观条件相联系,才能形成一定的生活方式。生活方式的外在方面包括人的实践活动和认识活动，实践活动如人怎样生活，怎样进行活动，认识活动则是人生存、发展所必需的学习和研究等。生活方式的外在方面不仅包括人的活动，还包括活动的一定的客观条件。有的人认为这种客观条件包括地理环境等一切客观条件，有的人认为这种客观条件只限于构成生活方式内容的客观条件，如人的居住条件包括在生活方式的外在方面因素之中，然而所谓居住条件，是指穴居或现代住宅等直接构成生活方式的客观条件，而不包括自然地理环境，自然地理环境只是影响、制约生活方式的重要因素。如果把生活的所有客观条件都归入生活方式的外在方面，那就必然导致将生活方式与社会存在混为一谈。

和把生活方式划分为外在要素和内在要素之两方面比较接近的结构、层次分类方法是把生活方式划分为物质生活方式和精神生活方式两大系统。人的思想和行为与一定的外部条件相结合，就构成了现实中完整的生活方式。从本质上讲，生活方式是一种生命的活动方式，尽管人的生活方式往往直接表现为人的各种活动和行为形式，但是人的生活态度等主观内容，有时在整个生活方式中起支配作用，人们的生活态度，行为意向，价值取向存在一定差异。生活行动也有所不同，从这个意义上看，生活观念是生活行为和生活条件之间的中介。

有的人认为把生活方式的结构归结为“内在要素”和“外在要素”两大要素，“物质生活”和“精神生活”两大系统，不能说是错误，但过于笼统，不易把握，因为人的生活的内在要素和外在要素，精神生活和物质生活是相对的，也是相互联系，相互渗透的。特别是人的物质需要，是社会化了的物质需要，是具有精神因素的物质需要，把物质生活活动和精神生活活动简单地割裂开来，是值得斟酌的。

有的学者指出仅仅从“内在要素”和“外在要素”，“物质生活”和“精神生活”之两方面，对生活方式进行结构分类是不够的，还应当加进“生活结构”的概念，即生活方式包括“生活结构”“生活意识”和“生活行动”三项内容。“生活结构”是在生活体系内部，相对独立于短期变动的，而且在反复发生的意义上来说是比较稳定的，可以客观观察的各种因素模式，“生活意识”是指主体对客观的，现实的生活环境所具有的主观感觉和认识，而生活行为是在“生活意识”的统治和导向下，通过生活结构这一比较牢固的机构所发生的。这种观点是从短期变动的角度来进行分析的，如果从中长期的角度看，可客观观察的各种因素是变动的，那么生活方式就应由“生活意识”“生活行动”和“生活形态”三个要素构成。其中生活形态是生活行动反复发生的结果，它包括消费结构、居住空间结构、商品拥有模式、时间分配、对信息媒介的接触程度、社会交往模式等。

三、生活方式和生产方式

一些人指出，生活方式是马克思历史唯物主义理论体系中的一个重要范畴。马克思、恩格斯指出：“人们用以生产自己必需的生活资料的方式，首先取决于他们得到的现成的和需要再生产的生活资料本身的特性。这种生活方式不仅应当从它是个人肉体存在的再生产这方面来加以考察。它在更大强度上是这些个人的一定的活动方式，表现他们生活的一定形式，他们的一定的生活方式。个人怎样表现自己的生活，他们自己也就怎样。因此，他们是什么样的，这同他们的生产总是一致的——既和他们生产什么一致，又和他们怎样生产一致。因而，个人是什么样的，这取决于他们进行生产的物质条件。”[①]毫无疑问，生产方式和生活方式是密切相关的，具体地说可能有 3 种理解：

1. 从宏观上、广义上看，生产方式在更大程度上是人们一定的生活方式，人们生活的一定形式，人们的生活方式，所以广义生活方式，应包括生产方式在内的人们的一切活动方式的总和。生产方式包括在生活方式之中。

2. 从微观上、狭义上看，生活方式不包括生产方式在内，是一个独立的范畴。马克思说：“‘机械的发明’它引起‘生产方式上的改变’，并且由此引起生产关系上的改变，因此引起社会关系上的改变，‘并且归根到底’

① 《马克思恩格斯选集》第 1 卷，人民出版社 1972 年版，第 25 页。

引起‘工人生活方式上’的改变。”[1]但这里的生活方式，只包括消费和其他活动方式，是日常生活活动的总和。

3. 从社会变迁的角度看，马克思曾把人类史划分为相继演进的三大社会形态，把生活方式的发展也归划为三个不同的阶段。马克思说：“人的依赖关系(起初完全是自然发生的)，是最初的社会形态，在这种形态下，人的生产力只是在狭窄的范围内和孤立的地点上发展着。以物的依赖性为基础的人的独立性，是第二大形态，在这种形态下，才形成普遍的社会物质交换，全面的关系，多方面的需求以及全面的能力的体系。建立在个人发展和他们共同的社会生产能力成为他们的社会财富这一基础上的自由个性，是第三个阶段。第二个阶段为第三个阶段创造条件。”[2]这种社会发展的“三形态”说是“五形态”说的另一种表述，与此相应的“人的依赖”关系中生活方式的“未区分”形态(概括的是在以自然经济为基础的“最初的社会形态”中，生活方式所共存的表现形态。)它包括原始社会、奴隶社会和封建社会在内的整个历史时代以人依赖自然，封闭，人与人直接联系，重血缘关系和婚姻关系，生产活动和生活活动在很大程度上没有分开。而“物的依赖”关系中生活方式“已区分”形态，由于生产力、社会分工和商品经济的极大发展，人已从单纯对自然的依赖和支配中以及从“人的依赖”中摆脱出来，人们的生产和生活区分成为各自独立的领域，此时人们仍然受物化社会关系的摆布，处于物的统治之下，另一方面，个人又摆脱了各种自然发生的和传统的社会联系，开始获得了独立性，人们不仅可以维持生存，而且已将生活作为享受，精神生活越来越占重要的位置，闲暇、自由时间支配等问题越来越重要，生活质量问题也日益提到议事日程上来了。而“自由个性”关系中生活方式的“一体化”形态，则是指马克思所预见的未来的共产主义社会。此时，人类社会生产力高度发展，社会财富极大丰富，闲暇时间占主导地位，成为衡量社会财富的新尺度，生活和生产的合一，劳动成为人的第一需要，个人开始从各种直接的身份规定中

---

① 《马克思恩格斯全集》第47卷，人民出版社1972年版，第501页。

② 《马克思恩格斯全集》第46卷(上)，人民出版社1972年版，第104页。

解放出来，摆脱了“人的依赖”关系和对物的依赖关系，实现了生产活动和生活活动的新的统一，这种“统一”和第一次统一不同，不是生产吞没生活，而是生活就是生产。可见生活方式和生产方式间的关系经历了融合—分离—融合之否定之否定的过程，有些人把这种过程形象地比喻为一个圆圈。由于生活和生产关系之密切，因此有人建议要对劳动生活方式进行专门性的研究。

四、关于生活方式中的传统和变革、民族性和世界性统一的问题

1. 生活方式中传统和变革的统一

人类新的一代总是在老的一代创造生活方式的基础上不断创造新的生活方式，生活方式经历着继承和发展的过程，没有继承就不会有当代生活方式，当代生活方式中有着历史文化的沉淀。当然，前人的生活方式的某些方面虽然被传续下来，但它像矿石一样，精华和糟粕混为一体，而新一代人对前人生活方式的精华与糟粕，都可能不同程度地加以承袭，但随着历史的发展，去其糟粕，取其精华，又是必然的，这要经历一个检验的过程。

一些学者认为，自党的十一届三中全会以来，由于改革和开放政策的实行，我国社会发生了很大的变化，随着生产力的发展，人们的生活方式也在发生变化，现在的问题主要不是生活方式变化过快的问题，而是生活方式的变化不能适应生产力的发展和社会的变化，因此当前主要不应该强调对传统的继承方面，而应大力提倡生活方式的变革方面，要求新、探索、创新，若过分地强调了传统方面，必然造成固守传统，从而影响了生活方式的变革，阻碍了社会的发展。我们过去曾有过过分强调继承传统生活方式，而拒绝接受新事物，从而使自己发展缓慢的教训，今天不应该重蹈历史的覆辙。当然，生活方式的变化是一个渐变的过程，而不是突变的过程。当前社会上出现的服饰变化很快，比如许多人穿西装，而生活的其他方面还停留在传统中的情况，说明对生活方式的变化既要引导，也不能“拔苗助长”，它是一个自然历史过程。

一些学者则认为，历史和现实是不可分割的统一，不能正视历史，也就不能正视今天，无视历史，也不可能有创新。在新生活方式的建设过程中，既要勇于开拓创新；也不能数典忘祖；既要珍视前人生活方式的优良传统，又要坚决抛弃不符合时代要求的消极传统，具体地说，对于前人的生活方式，包括对于地主阶级、资产阶级、小生产者的生活方式，我们既不能全盘肯定，也不能全盘否定；而要以马克思主义为指导，以社会主义原则为准绳，在实践中进行筛选和辨析，以决定继承什么，发展什么，对传统继承是十分重要的，对传统继承到何种程度，决定着今天我们能发展到何种水平。

2. 生活方式中民族性和世界性的统一

生活方式的民族性是客观存在的，它是指不同民族，不同国家和地区的生活方式都具有自己的特点，这是因为他们的生产力发展水平不同，而且他们有不同的文化传统、风俗习惯、自然环境和心理素质，其生活方式必然有所不同。

一种观点认为，生活方式的继承本身反映着生活方式的民族性特点，在一定意义上说，继承越多，生活方式的民族性越强，然而，生活方式对民族传统文化继承的目的，恰不是继承本身，而在于超出与发展。在当前开放的形势下，各个民族和各个国家的生活方式必然相互渗透，交融混合，取长补短。任何一个民族的生活方式都不可能绝对保持自己的传统，拒绝外来的东西，而应当勇于吸收外来的各种风格，使自己得到丰富。当代世界各国的生活方式正在经历一种世界性和超民族性的演变，有趋同之倾向，毫无疑问，这种东西方文化的融合，是必然的，进步的。

另一例观点则对上述看法表示异议，认为当代生活方式发展的主流不是趋同，而是异化，是无限多样化的趋势，每个人，每个民族，每个国家将根据自己的实际，选择自己所喜爱的生活方式。强调同一性；反对多样化，不是当代生活方式的发展趋势。如果一个民族丢掉了自己生活方式的民族传统，那么这个民族将难以在世界上存在下去。生活方式的民族性与生活方式的开放性不仅不相互排斥，而是相互促进，辩证统一的，生活方式的民族性是生活方式开放性的基础,生活方式的开放性为生活方式的民族性带了活力。在当前的开放政策中,我们既要学习其他民族日常生活方式中的那些健康、科学、文明的东西,比如讲礼貌,讲究时效、快节奏等,又要摒弃那些腐朽、愚昧、落后的生活方式,要注意继承和发扬我国传统生活方式中那些优良的东西,如家庭中赡老、扶幼等方面,实现我国人民生活方式的不断更新、实现生活方式民族性和世界性的统一。

五、建立社会主义初级阶段的生活方式

我国现在正处在社会主义的初级阶段,它既区别于资本主义,也区别于发达社会主义和共产主义。发达社会主义和共产主义社会的理论是不适应这一阶段的,因此,应当创造与之相适应的社会主义初级阶段理论,建立与社会主义初级阶段相适合的生活方式。这种生活方式应具有以下特征:

1. 以社会主义公有制形式为前提,反映社会主义生产关系的性质,因而在现实生活中,生活方式的发展目标和模式处处体现了社会、集体和个人利益的相统一。

2. 生活水平、生活质量仍然较低,大部分家庭达到了温饱型、少数家庭出现了小康型,还有少数家庭温饱问题并没有真正解决,在这种实际情况下,在生活样式、风格等方面,尽管有时表现为变化较快的情况,如服装变化较快,但其实质却是层次较低的相对稳定和不变的状况。

3. 随着社会主义初级阶段的发展,生活方式将由单一向多样化,趋向多样性和协调发展的特殊形式。这里差别性、多样性是基础和前提,是十分重要的,因为它意味着在社会主义初级阶段,人们已经开始主宰他们的生活,成为生活的主人,意味着对人们创造丰富多彩的生活的鼓励和支持,这是社会民主生活建立的一个十分重要的组成部分。

4. 由于社会主义物质文明和精神文明建设目标的一致性,从而保证了在提高物质生活水平的同时,提高精神生活水平、保证了人们物质与精神生活的和谐性。

5. 由于封建主义和资本主义的影响，摒弃落后的、愚昧的和腐朽的生活观念和活动形式的任务还很重。

正是因为社会主义初级阶段生活方式呈现了较为复杂和特殊的状况，因此，一些人认为用“文明、健康、科学”的标准去评价社会主义初级阶段的生活方式较为笼统，任何“文明、健康、科学”的都是相对的，因而用来区分生活方式类型是不适合的。另一些人则认为尽管“文明、健康、科学”作为表述的概念，它们的内涵是会随着社会的进步和人们的认识的发展而不断发展变化的。但是，在一定社会历史条件下，人们的生活方式总是有文明与不文明、健康与不健康、科学与不科学的区别的。由于将来共产主义社会中人们对于生活方式的文明、健康、科学的评价标准会发生变化，而否定用这一标准来评价今天的生活方式是站不住脚的。

六、关于超前消费的问题

改革开放以来，人们的生活水平不断提高，人们的各种生活需求正在得到满足，同时，生产的发展带来了长期以来相对稳定的消费结构的瓦解，旧的消费格局和风格被逐步取代，新的消费方式在形成之中。在这种情况下，有些人认为某些局部地区和某些人的消费超前了。前一段报刊上也曾批评了消费早熟的倾向。对此人们有不同的看法。

一种意见认为前一段确实出现过超前消费情况，具体表现为社会上盲目盖高级宾馆和高级旅游饭店，盲目发展旅游观光业，而某些家庭和个人则借债，盲目抢购彩电、冰箱等大件高档商品，结果破坏了生产和消费，购买力和消费行为之间的平衡，应当予以注意和制止。

另一种意见则认为。“超前消费”的提法不够准确。首先，应当对我国国民收入情况进行实事求是的估计，才能对是否存在超前消费的问题施行清醒的估计，目前我国城市居民大多数还处在温饱型，达到小康型的人数很少，而农村尽管一些地区已经先富起来，出现了“万元户”“万元户村”，但也是少数。有些专家列举了数字说明我国农村仍有10%左右的人尚未真正达到温饱水平。在这样的情况下普遍的超前消费是不存在的。其次，在消费领域消费行为确实可能受到人的意识和心理因素的影响，在许多时候，人们的需求意识有可能超越人的购买能力，从社会角度来看，消费和生产之间，从个人角度看，消费和收入之间，都可能存在不平衡的情况，但在我国目前的主要倾向仍然不是消费超前。人们比较了中国和西方不同的消费心理，指出对于西方人来说借债是很正常的，他们喜花钱，好借债，把债看成是资本，买汽车借债，买房子借债，买高档商品到银行分期贷款，把不属于自己的钱调动来为自己所用，今天花未来的钱，在这种情况下，超前消费会普通存在。中国人的消费心理恰恰相反，是“怕借债”，以欠债为耻，欠着债，心有重负，茶饭不香，无债便一身轻，“既无内债也无外债”才光荣，因此，中国人普遍不可能是“借钱花”，而是“攒钱花”，不仅不可能是超前消费，反而可能是滞后消费。第三，还有的观点以为在生产的消费中消费永远处于一种能动的状态，它能促进和刺激生产，笼统地批评消费领域出现的新的消费倾向，如超前消费，不一定于社会和生产有利。有前人指出，在个人消费领域，无所谓“超前”的问题，“超前消费”只可能发生在生产领域之中，把那些本应用于生产积累的资金用于社会消费的做法，会促成局部或整个社会消费结构的失调，这才是值得注意的超前消费。从社会的角度看，由于社会的总供给量和总需求量之间存在着一种抽象意义上的平衡关系，使一定时期生产与消费水平的变动保持同步。在这个意义上，消费超越生产的现象很难发生。

七、关于婚姻、家庭、闲暇、人际关系交往、妇女、青年、军人、老人等生活方式问题的探讨

理论界不仅就关于生活方式研究的一些基本理论问题进行了讨论，而且就生活方式的各个分支系统和不同主体的生活方式问题进行了研究，主要有以下几个方面：

1.“离婚”——现代生活方式演变中的一种自然现象

离婚率增高是近几年社会生活变活中出现的一个显著现象，并因此带来了一些社会问题。一些人认为社会应注意这个与现代生活方式不协调的问题，加强婚姻道德教育和家庭纠纷的调解工作，降低离婚率，以增

强家庭这一社会细胞的稳定性。另一些人则持有不同看法,认为离婚固然会造成许多社会问题,但在一定意义上说,它是社会进步的反映。现代婚姻自由既包括结婚自由,也包括离婚自由,只有结婚自由没有离婚自由的婚姻并不是真正的婚姻自由,是不可能存在的。现代离婚率增高这种逆传统观念的变化,既有道德、伦理方面的问题,也有深刻的社会、经济方面的原因。首先,现代人们更加注重婚姻质量,注重感情,从传统的"合得来就过,合不来也凑合"的"义务型婚姻"转为现代的"合得来就过,合不来就散"绝不凑合的"感情型婚姻"。因为人们再也不为生计(柴米油盐)而奔波,所以在家庭中感情的位置越来越重要。其次,现代社会中妇女地位的改变也和离婚率增高有关,妇女走出家门,广泛就业,成了家庭和社会的主人,具有了很大的独立性,她们和男子平起平坐了。在一个家庭中,丈夫和妻子处在平等的地位,各自有着对自己物质精神生活的全面追求,从实际生活的角度看,这种平等型的关系比"服从型""依附型"的关系更难协调。第三,现代离婚率的增高和伦理道德观念的改变有关;现代人再也不盲目追求婚姻的稳定性,并认为婚姻一旦死亡就应解除,维持死亡婚姻是不道德的。第四,现代离婚率的增高还跟广泛的社会交往,以及都市化、工业化等因素有关。因此对离婚不能简单持否定态度,而要具体分析。中国是一个社会主义国家,有着自己几千年根深蒂固的婚姻家庭传统,因此,尽管近几年来离婚率在我国有所增高,而且还会继续增高,但不会像西方那样出现高离婚率。

2. 家庭模式以小为主,小中有大

在生活方式变化中最引人注目的首先是家庭模式的小型化,出现了以核心家庭为主的局面。依传统观念,家庭应该是世代同堂、子承父业,同居共财的,在这样的模式中,子女和晚辈可以尽孝敬父母和长辈之心,父母和长辈亦可享儿孙绕膝之乐。但现代观念却不同,青年人和老年人都各自独立地追求自己所喜爱的生活方式,因此流行分开另过。可是,中国人毕竟有着赡老抚幼、两代人相互支援的优良传统,继续这一传统,对社会、家庭和个人都有益,在追求现代和保持传统的冲突中,"家庭网"出现了。所谓“家庭网”一般是指有亲属关系的家庭之间所组成的社会网络,就多数情况而言,它是由可能组成联合家庭的几个独立的核心家庭之间所组成的一种特殊的社会组织,具有特殊的结构和功能。作为“社会网”的一种,它源于亲属关系,而区别于其他社会网,其间具有较密切的关系和较强的内凝聚力。现代“家庭网”不同于旧式封建家族,既不同居共财,也不被置于封建家长统治之下和封建伦理束缚之中,处于“家庭网”中的各个家庭是相对独立的,在保持各自独立生活方式的前提下,以日常生活中的频繁交流和相互救援为其主要特征。现代流行的父子两代夫妻不同居于一处,而是对门而分居,楼上楼下而分居,或者是邻近而分居,但经常密切相互帮助、交流和往来,正是这种模式的体现。可见,现代家庭模式是小中有大,大中有小,以小为主,正迎合了现代人的家庭观念和需求。

3. 妇女生活变化的显著特征

现代妇女生活的变化是社会不同主体人群变化中最明显的一层,正在向多样化、科学化、开放性、美化和与男女平等转向。在学习上,她们有政治、文化、法律、科技、经营管理,也有科学育儿、家庭知识,还有裁缝、家用电器维修等各门手艺的学习;除维持日常生活所需的操持外,还有辅导子女学习和做好美化、净化居室等;看电视、听音乐、上舞厅、有外出旅游、照相,有各种体育运动,还有种花、养鸟、养金鱼等。近几年来,广大妇女日渐从狭小、单调、呆板的业余生活转向跨度大、自由度高、丰富多彩的业余生活。现在妇女可以根据各自的情况、需要,自由选择、设计闲暇生活,使自己通过不同的渠道,陶冶情操、丰富知识面。近几年来在我国少数富裕地区,出现了“男工女务”的现象,即男子出外做工或务农,妇女在家抚育儿童和操持家务,这是传统社会“男耕女织”的变型。一些人认为,生产发展了,人们的收入增高了,依靠男人的收入完全可以维持温饱和小康的家庭生活,妻子回到家中料理家务和丈夫相互补充,可能是和谐美满的,它类似于某些现代日本家庭的生活方式。另一些人批评了“男工女务”,认为这是对中华人民共和国成立三十多年来妇女走出家门的解放运动的一种否定。重新建立妇女在经济上依靠男子为生的模式,势必降低妇女的地位,带来男女在家庭和社会上的不平等，破坏现代夫妻关系的和谐，是倒退、应予否定。也有些人说“男工女务”是在生产发展，生活富裕的情况下，小农思想观念影响生活方式的一个例证，即手上有了钱，不愿再奋斗，典型的“二亩地，一头牛，老婆孩子热炕头”式的田园生活观念，随着现代社会的发展，人们观念的更新，这种情况就会改变，即使有钱花，也不会就此甘休，妇女当然也不会走回到家中去，“男工女务”的现象不会长期存在下去。

4. 社会交往业缘化、商品化

社会交往的丰富和扩大是现代生活方式变化的一个十分突出的方面。从本质上看，现代交往是建立在业缘和商品经济基础上的，以互惠互利为交往原则，这种交往方式和整个生活方式的开放性发展是同步的、和谐的。今天，传统的亲缘交往方式正在受到业缘交往的不断冲击，其原因是：①商品经济的发展，给业缘交往带来了活力；②业缘交往正在从城市迅速扩大到农村，打开了农村的封闭社会；③家庭结构小型化在削弱亲缘交往关系；④随着开放搞活，不同单位、部门间的横向交往在扩大。总的趋势是业缘交往日趋扩大，亲缘交往日趋削弱。

5. 闲暇时间对生活质量的提高变得日趋重要

闲暇时间是人们的一种宝贵的社会财富，闲暇时间的多少，以及时间分配的结构状况，是社会发展水平和人民生活质量变化的一个重要反映。近几年来，随着人们物质生活条件的改善，职工精神素质和需求的不断提高，职工家务劳动过重，个人享受、娱乐和学习发展时间过少和文化生活比较单调的状况正在逐步改变，闲暇时间分配结构开始发生良性变化，主要表现在以下几个方面：①家务劳动时间减少，自由支配时间增多；②自由支配时间中，读书学习等发展型活动占用时间比重由第3位升到第2位；③职工文化娱乐时间增多，内容趋向丰富。

除去上述研究外，近几年来我国理论界还就青年、老年、军人、知识分子、干部等不同群体生活方式进行了探讨，它说明，在短短的几年时间里，不仅社会生活为理论界提出了研究生活方式的课题，而且理论界已于此进行了颇为广泛，且有一定深度的研究，已经并将继续取得丰硕的成果。

“白领”与现代社会结构

载《社会科学战线》1999 年第 3 期

20 世纪中叶，西方社会结构演进中的突出现象是在社会中出现了所谓“白领”阶层。白领现象在西方社会蔓延着，随着知识经济时代的到来，它变得更加耀眼，瞩目。它会不会来到改革开放的中国？换句话说，在今天和未来的中国社会里，白领阶层能否产生与成型，它对于中国社会的影响是什么？要说明这点，还得从当代白领阶层的形成和社会分层理论的演进谈起。

一、“白领”阶层和西方社会结构的变迁

米尔斯在谈到白领时说：白领职业者悄无声息地步入现代社会。正是在这个白领世界里，我们才能找到 20 世纪生活的主要特征。由于他们在数量上日益表现出来的重要性，白领职业者已推翻了 19 世纪认为社会应由企业主和工资劳动者两部分人组成的预测。由于其生活方式的大众化，他们已改变了美国人的生活气息及感受。在最为公开的形式中，他们传递和体验着许多具有我们这个时代特征的心理问题。不管采用哪种方式，任何位于主流中的理论派别都不会把这些问题漏掉。总而言之，他们是一群新型表演者，在供他们表演的舞台上，推出的都是 20 世纪的主要剧目。① 从社会分层的角度看，今天的白领阶层已经不是当年米尔斯所

① C. 米尔斯著：《白领——美国的中产阶级》，杨小东等译，浙江人民出版社 1987 年版，第 1 页。

预言的,"其自身不能形成团结一致的力量""归根结底只是一个中间过程""在外部生活中要依附于更强大的势力""这未来总不是他们自己创造的""作为一个群体,他们对任何人都没有威胁;作为个体,他们的生活方式很难说有什么独立性"等(同上注),而是表现了自己的明显的特征。第一,在经济地位上,他们属于中产阶级,由资本主义前期的社会上层地位变成今天的受雇的雇佣劳动者。就财产方面说,他们一度曾比工资劳动者高出许多,今天,他们所处的地位和工资劳动者一样,从职业收入方面说,多少是处在中间的。"白领"的收入来源与其说是财产,不如说是职业,他们的生活机会是在劳动市场上出售其劳务的可能性,而不是对其财产的有利可图的买卖及其所得。他们是挣工资的劳动者,没有独立财产可言,并非由财富控制的劳动市场,而是由他们作为雇员所从事的工作来决定他们获得收入,行使权力,享受威望,学习和使用技艺的机会。收入的全面增长正在使他们变成一个收入更加均匀划一的群体。第二,在职业的特征上,以脑力劳动为主,由原来的专门职业,如医生、律师、教师、工程师等实现了广泛的扩展,诸如政府官员,企业界、商界的智囊团和管理者,办公室中的各种较低层次的文职工作人员,社会工作者等上千种各式各样的职员,形成白领职业群。第三,在数量上迅速增多,队伍扩大和膨胀起来。自 20 世纪 60 年代以来,美国白领人员的百分比赶上并超过蓝领人员,其比例由 20 世纪 40 年代初的 31%上升到 1979 年的 50.9%。英国的白领人员所占有经济活动人口的比例从 1931 年的 23%上升到 1978 年的 44%,20 世纪 80 年代后则超过蓝领的比例,是一个庞大的白领集团①。第四,他们改变了传统的生活方式和工作方式。以往工作仅仅是一种谋生的手段,今天变成为一个人内心生活的最重要的组成部分;以往工作可以被视为服苦役,今天则是内涵丰富的自我表达。他们把工作视为生活的一部分,是创造,是爱好,是艺术,是闲暇。他们从传统的奴役劳动中解放出来,有"一种在安宁和满意的心情中把一切都安排得井然

① 何建章主编:《当代社会阶级结构和社会分层问题》,中国社会科学出版社 1990 年版,第 130～131 页。

有序之后涌流出来的一种恬静”。在生活上则是崇尚个性，注重文明和文化品位，特别是生活质量和对闲暇时间的追求，在拥有财富之时仍注重节俭，反对奢华。第五，创造了一种新的经济增长和社会财富增加方式，即所谓知识经济。1996 年美国全年的新增产值中，有三分之一是通过比尔·盖茨的微软公司和迈克尔·戴尔的计算机公司这样的信息产业所创造的。比尔·盖茨的微软公司平均每周增加资产 4 亿美元，有人把比尔·盖茨的暴发比喻为“被天上掉下来的馅饼砸得死去活来”，十分形象。总之，今天白领已经成为社会中的主流派别，是一个成熟了的、有独立特征和性格、代表社会未来发展方向和力量、有远大前程的社会阶层。

西方社会白领阶层的产生与形成和社会结构的变迁是分不开的。20 世纪以来资本主义世界曾有过总危机，甚至导致两次世界大战，然而它并没有像预言的那样，垂死和腐朽，迅速走向灭亡，而是出现了一些新的情况，比较突出的有四点。其一，从阶级和阶层的划分上不是无产阶级和资产阶级继续贫富两极分化，而是贫富差别缩小，出现了一个庞大的中产阶级。其二，资本的累积方式发生了变化，企业、资产的所有权和经营权分离，以股份制为代表的资产所有权的充分发展和完善，改变了资本积累初期人们对于生产资料关系极不平等的状况，不仅企业的老板和经营者拥有股份，工人也可拥有股份；不仅企业中的成员拥有股份，企业以外的其他社会成员也拥有股份。其三，19 世纪认为社会应由企业主和工资劳动者两部分人组成的预测被推翻了，雇佣劳动者的传统概念发生了变化，一方面，过去受人尊崇敬仰的医生、律师、牧师等变成了为挣薪金而受雇的雇佣劳动者；另一方面，工业、运输、金融、商业等庞大的垄断机构开始大量雇佣白领人员（职员、办公人员、管理人员）以从事行政、管理、销售、计算、财务等工作。这些人与工厂主、董事会的距离愈来愈远，已失去昔日高人一等的地位和特权，成为普通雇工。其四，科学技术作为第一生产力的作用日益突出，科学劳动者第一次较大规模地直接为生产过程服务，从根本上改变了生产增长方式，使得在当代人的职业和专业技术特质变得突出了，成为社会分层的重要因素。社会生活的变迁带来了社会分层理论的演进。由对资本原始积累初期的马克思的阶级划分论(以对生产资料的关系为主),以及韦伯的阶层理论(以经济、权力和声望三重标准),发展到今天居于统治地位的职业划分理论。美国社会学家、结构功能主义的代表T. 帕森斯主张以职业作为社会分层的标准,他在韦伯理论上前进,认为在美国社会中最重要的标准是职业,财富、权力与声望都依赖于职业。职业的等级是代表个人成就的,是社会对个人成就的一种认定和酬赏,酬赏分配制度就是社会分层的原因。[①] 戴维斯一穆尔也提出了以职业为中心的社会分层理论,主要是:在众多的社会需求中,生存是最基本的需求,生存需要是通过各种职业角色来实现的,这些职业对于社会的生存价值不等,社会创造了各种形式的报酬刺激促使某些人乐于接受重要职业和为此必需的准备和培训。职业的社会报酬的大小取决于这种职业对社会的重要程度,本身的技术水平和其所必需的培训。职业报酬的不平等导致了各种特殊形式的社会分层[②]上述分层理论影响很大,并逐步变成占统治地位的社会分层理论,它也是"白领"阶层存在的理论根据。西方社会在现代化和向现代社会变迁过程中社会分层的变化,社会分层理论的演进,特别是"白领"现象,对于研究今天中国社会的社会分层,特别是"白领阶层"有重要的参考与借鉴价值。

二、中国社会的"白领"阶层

中国的改革开放政策不仅加快了中国的现代化,而且使中国走向世界,参与了世界一体化进程。世界国家的相互交流,相互渗透和相互融合产生了国与国之间某些相似的方面,最重要的是中国社会自身的机制正在发生变化,在中国也正在出现一个令人瞩目的"白领"阶层。

1. 中国的"白领"阶层产生的社会历史根据

中国社会虽然与西方社会有很大差异,比如她没有经历过一个资本

---

① 雷洁琼主编:《中国大百科全书社会学卷》,中国大百科全书出版社1991年版,第284页。

② 何建章主编:《当代社会阶级结构和社会分层问题》,中国社会科学出版社1990年版,第9页。

主义阶段，也还没有出现一个类似于西方社会中的庞大的中产阶级，但中国在自己的国情和特殊性中也有使“白领”阶层可能出现的社会因素，这些因素主要有：

(1)人与人之间对于生产资料的关系是基本相同的。1949年中华人民共和国的成立，标志着中国从一个半殖民地半封建社会转变为社会主义社会。新中国成立以后我们先是没收旧官僚买办资本，建立起国有经济和企业，同时进行土地改革，把地主的土地分给农民，然后很快实行农业合作化，取消了土地私有制。在城市，则同时进行对资本主义工商业的社会主义改造，公私合营，进一步消灭私有制。正如毛泽东1957年在《关于正确处理人民内部矛盾的问题》一文中所谈的，在我国，社会主义改造在所有制方面说来，已经基本完成。这一事实本身就意味着在我国人与人之间对于生产资料的关系已经基本相同了，马克思主义原本意义上的阶级和阶级对立客观上已经不复存在。邓小平同志说：“我们反对把阶级斗争扩大化，不认为党内有一个资产阶级，也不认为在社会主义条件下，在确已消灭了剥削阶级和剥削条件之后还会产生一个资产阶级或其他剥削阶级。”①因此再用原来对生产资料关系来划分阶级和阶层，把人们分为剥削阶级和被剥削阶级已经违背了客观现实。人与人之间已由原来对生产资料关系的不平等变成平等。

(2)在贫富差别扩大的同时，出现了一个收入相近的扩大的中间收入层。由于到目前为止，大多数人对于生产资料的关系是基本相同的，也由于我们在改革伊始就确定了允许一部分人先富起来，先富带后富，达到共同富裕的目标。所以，从改革以来，尽管社会上贫富差别扩大了，但其实是两头小，中间大，并没有出现金字塔式两极分化②。在扩大的中间收入层中，尽管也存在收入上的差别，但不是雇主和雇佣劳动者之间的那种差别，换句话说，在中国尽管没有一个所谓的中产阶级(层)，但确有一个庞大的中间收入层(在城市中他们通常被称为工薪阶层)，对大多数人来说，

① 《邓小平文选》第二卷，人民出版社1994年版，第168页。

② 李强：《中国大陆的贫富差别》，中国妇女出版社1989年版，第22～28页。

按财富多少分层，并无关键的意义。

(3)职业生活是今天社会生活的中心。以往的“单位制”使职业对人的利益和影响是全面的，至关重要的，今天，一个人的职业不仅仍然关系到他的收入，而且关系到他的社会地位、社会声望和相关的其他各种社会利益，职业指标越来越重要，成为社会分层的关键性的综合指标。

(4)知识分子地位提高，队伍壮大。科学技术作为第一生产力的作用越来越突出。在新中国历史上，知识分子曾一度被冠以资产阶级和小资产阶级阶级属性，是需要接受工农领导和再教育的“臭老九”，地位低下。粉碎“四人帮”，结束了“文化大革命”，党的十一届三中全会拨乱反正，实行改革开放，带来了祖国的春天，也带来了知识分子的春天，尊重知识，尊重人才，知识分子的地位大大提高了，由被说成是资产阶级知识分子变为是工人阶级的一部分，由原来的“老九”被提升为“第一”。邓小平在关于“科学技术是第一生产力”的谈话中十分明确地说：“马克思说过，科学技术是生产力，事实证明这话讲得很对。依我看科学技术是第一生产力。”“要把‘文化大革命’时的‘老九’提到第一，科学技术是第一生产力嘛，知识分子是工人阶级的一部分嘛。”[①]正像邓小平所说的，中国的知识分子正在得到前所未有的关注和重视。今天“科教兴国”已经成为我们国家兴旺和发展的最根本的策略。知识分子首当其冲，不仅是前锋，而且挑大梁。知识分子不仅在社会的价值观念中发生了质的变化，而且有了量上的增长。

(5)知识分子是“白领”的基础和成员，它的分布正在发生变化。今天知识分子不仅保留在原来的队伍中，如教师、医生、科技人员等，而且向广阔的社会领域进军，涉足政治、经济、军事及社会各个领域，成为这些领域的主导和高层。以政治领域为例，在改革开放中我们制定的干部“四化”标准(革命化、知识化、专业化、年轻化)中有两条标准是关于人的文化、知识和专业素质，是指知识分子，说明知识分子的被重视和他们正在发挥的

① 《邓小平文选》第三卷，人民出版社 1993 年版，第 274～275 页。

作用。

综合上述几个方面的因素,我们可以知道,尽管中国有自己特殊的历史与国情,但由于剥削阶级已经基本消灭,人们对于生产资料的关系基本相同,原来意义上的阶级对立消失了,在中国社会中正在形成一个扩大的中间收入阶层,社会阶层的划分,换句话说人与人之间,群体和群体之间的差别正在向职业划分和职业分层转移,而知识分子队伍的迅速成长又为社会结构的变化增加了最新的变数。所有上述原因的交叉与重叠,都为一个迅速成长的,横跨社会各阶层和领域的新的"白领阶层"的产生提供了前提和可能。中国的"白领"阶层正在"悄无声息地"步入现代中国社会,他们将导演 21 世纪中国社会威武雄壮的主要剧目。

2. 中国"白领"阶层的特质、分布与构成

一说到"白领"有人立刻联想到中国社会企业界中新出现的老板阶层,并把两者等同起来。笔者认为这一等同不准确,而赞成米尔斯对于"白领"范畴的概括。米尔斯曾描述了西方社会白领阶层的主要社会角色:由公司的经理阶层,在政治家身旁系着领带,拎着公文包和计算尺的口齿伶俐,已摸进政治角斗场的各级管理者、招待员、挣薪水的工头,各州联邦政府的农业和家政顾问,联邦调查员,以及受过法律训练的警方调查员等组成的白领世界的顶层;由医生、律师、教师、工程师以及他们的大量的助手们(如实验室助理、护士、制图员、统计师、社会工作者)组成的老的白领职业集团;新兴的各种商品推销员、广告员、售货员和保险公司推销员所组成的商界群体;在办公室巨大的文件堆上从事各种文字工作、管理工作和接待工作(私人秘书、打字员、记账员、出纳、文书等上千种职员)所组成的白领世界的较低层。白领阶层所包含的职业范畴是十分宽泛的,而且与现代科层组织制密切相关,处在遍及社会各界科层制的不同层面上。

20 世纪末产生于中国社会的白领阶层在某些方面有和发达国家白领阶层的共性和相通性,但基于中国的具体国情也有它自己的特质,或者说有自己更明确的标志。朱光磊等人认为"脑力劳动者,即广义的白领阶

层”，把白领特征归结为“脑力劳动”，有道理但不全面。[①] 在中国白领阶层的主要特质有：

（1）是社会中具有较高文化程度的一层。由于中国社会的文化程度普遍较低，不像西方社会那样全社会都有较高的文化水准，因此属于白领阶层的一个明显的特征是有较高的文化水平，这是白领区别于其他社会阶层（或者说蓝领阶层）的显著标志之一。

（2）职业的特征比较明显，除去所从事的职业类别外，还有工作的环境和形式，以及职业的科学技术含量。他们是脑力劳动者，以办公室为主要工作场所（室内作业），以知识为主要的劳动工具和手段。他们中的一部分人拥有并使用自己的专业技术特长于工作，并以此为谋生的手段，另一部分人则利用以往学习和训练所培养的能力和素质从事非专业技术工作，比如管理工作。脑力劳动是他们的主要职业特征。

（3）是工薪阶层，靠付出知识和技能挣工资生活，是广阔社会生活空间中的各类各级雇员，他们的收入大体处于社会中等水平，其中一部分为中等偏上，不是收入均匀划一的群体，不及靠财富和资本致富的老板，但强于一般的蓝领体力劳动者。他们的收入相对稳定，但有较多保障。

（4）社会地位和声望相对较高，他们所从事的职业排位都比较靠前，是社会尊敬和仰慕的阶层。

（5）目前他们的人数正在迅速增加，而且分布很广，从职业上看散布在社会大多数领域，且处在这些领域的重要位置上，是一群新型表演者。

白领的上述特征是围绕他们的职业特质的，不仅仅是职业的种类，而且有劳动的形式，劳动价值的表现方法，获取劳动报酬的方法，劳动中的文化和科学技术含量，以及社会对他们劳动的认知和给予报酬的方式。根据白领阶层的以上特质，结合我国现行人口普查所使用的职业分类标准，我国社会的白领人员主要分布在“各类专业、技术人员”“国家机关、党群组织、企事业单位负责人”“办事人员和有关人员”三大职业群体中，也

---

① 朱光磊等：《当代中国社会各阶层分析》，天津人民出版社1998年版，第76页。

散布在其他各类职业群体中，横跨政治、经济、教科文卫和其他社会领域，构成如下：

政治领域	国家机关及工作机构负责人党群组织负责人
经济领域	企、事业单位及其工作机构负责人
	工程技术人员和农林技术人员
	飞机和船舶技术人员
	经济业务人员
教科文卫领域	科学研究人员
	科学技术管理人员和辅助人员
	卫生技术人员
	法律工作人员
	教学人员
	文艺、体育工作人员
	文化工作人员
	宗教职业者
其他领域	行政办事人员
	政治保卫工作人员
	邮电工作人员
	以上职业之外的其他职业中的文职和各种管理人员

（注：以上分类基本和我国现行人口普查职业方法和名称相同，只列到职业分类中的中类，中类中还包括小类，比如"科学研究人员"中包括从"哲学研究人员"到"理学研究人员""工学研究人员"等13类，因为文章的篇幅，这里没有一一列举，这些是白领人员比较集中的职业区域，事实上白领分布的职业区域要比上述区域广泛得多。）

根据上述白领的职业分布，我们可就这一阶层人员的大致数量和所占比例做一估算。以我国特大型工业城市、直辖市天津为例，据 1995 年全国 1%人口抽样调查资料(天津分册)公布的数字，若我们以“各类专业技术人员”“国家机关、党群组织、企事业单位负责人”“办事人员和有关人员”作为白领人员的基数，“各类专业技术人员”占在业人口的 12.41%，“国家机关、党群组织、企事业单位负责人”占 5.16%，“办事人员和有关人员”占 4.55%，共占 22.02%。自然天津是我国大城市，是发达地区，白领所占比例较高，若考虑目前我国大多数人口在农村，大多数人还在从事以农为主的体力劳动，全国白领阶层人数的比例还远达不到上述比例。以我国 1990 年人口普查公布的资料为例，我国在业人数为 647 244 706 人，其中“各类专业技术人员”为 34 393 821 人，“国家机关、党群组织、企事业单位负责人”为 11 328 317 人，“办事人员和有关人员”为 11 275 891 人，三类职业人员占非农业就业人员的 25%左右，而占包括农业劳动在内的全部就业人员的比例只有 8%，还是比较低的，远远比不上美英等发达国家。然而从未来的角度看，白领人员会在我国有迅速和大规模增长，关于这点我们可以从多方面得到证实和启示。比如透过我国知识分子队伍成长情况可以观察到一个侧面，改革开放以来随着对教育的重视和大抓教育，我国知识分子队伍迅速壮大起来，1978 年我们的高等学校毕业生。人数为 16.5 万人，中等专业学校毕业生人数为 23.2 万人，到 1990 年则分别为 61.4 万人和 66.1 万人，增长幅度很大。① 再比如，我们正在大力推行科教兴国战略，宣传科学技术是第一生产力，迎接知识经济时代的到来，我们的职业结构将会发生很大变化，从事白领工作的人员将会越来越多，以在各条战线从事科研工作的人员为例，1977 年我们只有 22 万人，1989 年就有 231.47 万人，1994 年则达到 311.82 万人，是飞跃式的增长。总之，我国社会的“白领阶层”不仅已经初步形成，而且是有自己明显特征的一层，这些特征以职业为中心，外有边界，内有认同，无论他们是否意识到这种阶层归属，但他们已经形成有影响的集团力量，并为社会所仰

① 朱光磊主编:《大分化新组合》，天津人民出版社 1994 年版，第 194～195 页。

赖。这是一个正在迅速发展壮大，吸引人们要加入的阶层，也是有旺盛生命力和远大前途的阶层。

三、“白领”阶层和中国的社会结构

所谓社会分层是按一定的标准将人们分为不同的等级序列。它是基于客观实在的一种主观认知。今天我们可以用多种标准将我们社会的人们分成不同的等级序列，比如用经济收入的标准，用财富拥有的标准，用社会声望的标准，用权力和资源的标准，等等。我们认为无论哪一种标准都比不上职业标准，只有职业标准能最大限度地综合与包容其他各种标准，而实行用职业标准进行社会分层研究的最直接的结果之一就是能发现在我国社会中“白领”现象已经客观存在，“白领”阶层是我国现实和未来社会中有强大生命力的阶层，是未来社会的主导和中坚力量。他是我国现实和未来的社会结构中的新变数。

20 世纪以来，中国的社会结构变化大体上分为三个阶段。前半个世纪，即 1949 年中华人民共和国成立之前，中国的社会结构与分层大体上是毛泽东在《中国社会各阶级的分析》一文中所说的：分为地主阶级和买办阶级，中产阶级（主要是民族资产阶级），小资产阶级（如自耕农、手工业主、小知识阶层—学生界、中小学教员、小员司、小事务员、小律师、小商人），半无产阶级（绝大部分半自耕农、贫农、小手工业者、店员、小贩），无产阶级（产业工人），游民无产者等，主要是依据于对生产资料的关系，是两极对立的结构，一极是以地主阶级和买办阶级为代表的剥削阶级和压迫阶级；另一极是以无产阶级和半无产阶级为代表的被剥削被压迫阶级，居中上的是民族资产阶级，居中下的是小资产阶级。这是中国社会结构与分层的第一个阶段。1949 年中华人民共和国的建立，标志着中国人民推翻了地主阶级和买办阶级的统治，没收地主的土地，分给农民，没收官僚资本，收归国家，以后几年又通过对农业、手工业和资本主义工商业的社会主义改造，大大加快了公有化的进程。到 1957 年所有制方面的社会主义改造已经基本完成，人们对于生产资料的关系也就基本相同了，此时，中国的社会结构与分层发生了明显的变化，尽管在当时还认为：被推翻的地主买办阶级的残余还是存在，资产阶级还是存在，小资产阶级刚刚在改造，阶级斗争还要长期存在，有时还很激烈。以后也搞了阶级斗争扩大化和急风暴雨式的阶级斗争，但从实际出发，原来两极对立的阶级结构已经解体了，再用对生产资料的关系去划分阶级和结构，去确立社会结构的框架已经不适宜了。所谓阶级的存在与划分更多是观念上的，是意识形态上的，而不是现实生活中的。从1949年到1979年中国实行改革开放前的阶段，中国社会结构在某种意义上说出现了"整齐划一"的状况，无论从经济收入、社会声望和权力等各个方面都出现了较为平均的情况，尽管存在工农、城乡和脑体之间的差别，但都是低平均水平上的微差别。社会结构怎样划分，社会怎样分层，成为值得探讨的问题。当时曾有过"工、农、商、学、兵"之说，实际是按经济的行业和产业划分的层次和类别，按当时的社会地位等指标，工人阶级是所谓"领导阶层"，是"老大"，农民是工人的同盟军，兵是武装起来的工农，社会结构的中心是工农联盟，或者说是工农兵的联盟。此时社会分层中最模糊的是"学"，或者说是知识分子，他们被认为是劳动者，但不属于工，也不属于农，世界观是"资产阶级的"，要到工厂或农村去接受工人和贫下中农的再教育。1979年中国开始实行改革开放政策，取消以阶级斗争为纲，以经济建设为中心。中国的社会结构演变进入一个新的时期，此时社会分层中出现了两个新变数，第一个新变数是个体私营经济出现了；第二个新变数是知识分子地位的提高和数量的增长。作为第一个变数，会对我国的社会结构与社会分层发生影响，但关键问题在于这一变数的出现会不会产生大规模、大面积的贫富分化，会不会使我们的所有制形式发生根本上的改变，从而使社会分层重新依据于对生产资料的关系和财富的多少。由于我们从根本上要坚持公有制为主体不动摇，坚持共同富裕的根本方针不动摇，因此，该变数对社会结构不会发生整体性的影响。而知识分子地位的提高，数量的增长却会对社会的结构发生整体性影响。首先，知识分子不再是"老九"，而是"老大"，是工人阶级的一个组成部分，而且是工人阶级中掌握最先进科学知识的一部分，因此，该阶层是今天社会中最先进、最有生命力的阶层。其次，由于它数量的增长，并分布到社会政治、经济、文化等各个领域，从而形成了一个横跨社会各领域的新的阶层，我们称之为"白领阶层"。第三，该阶层的出现进一步确认了以职业为中心的社会分层格局。第四，和"白领阶层"相对应的"蓝领阶层"也会同时产生，这种对立不是21世纪前半叶的那种阶级和阶层的对立，而是职业方面的分工差别所产生的对立。第五，在未来现代化与高科技时代，"白领"将日益发挥重要而关键性的作用，成为社会结构的中心，未来社会将是以白领阶层为中心的结构。由于白领职业的吸引力，将会使社会更多的人努力加入这一阶层，它也将变得更加稳固和有力。第六，"白领阶层"的出现将为社会带来新的经济增长方式，新的工作方式和生活方式，将对全社会素质的提高产生深远和不可估量的影响。

四、"白领阶层"——现代社会结构的整合因素

"白领"阶层的出现作为当代社会中的最新变数，无论对于西方社会结构还是东方社会结构都产生了重要影响。

当西方社会向现代资本主义社会演进时，原来两大对立阶级（无产阶级和资产阶级）结构解体了，社会分层也同时由以对生产资料的关系为基础的阶级划分法向职业划分理论演进，这是基于社会实践基础上的社会分层理论的发展和前进。现在世界上以职业为基础的社会分层论已经是社会结构研究中的主流派别，而且表现了对原阶级划分法的承续。有代表性的理论观点是："……职业结构是当代工业社会层次系列的基础……阶级差别主要取决于职业地位和与此相关的经济利益与权力。""职业系列是阶级结构的主体，实际上也是现代西方社会整个付酬制度的基础。""职业或职业集团一直是表示生产资料占有地位的通常指示器"等①。美国社会学家根据职业分层理论设计了职业名望评分表等曾在20世纪70

① 何建章主编：《当代社会阶级结构和社会分层问题》，中国社会科学出版社1990年版，第39页。

年代对美国上自“医生”“大学教授”“法官”，下到“垃圾清理工”“清洁工”“擦鞋童”等数十种职业进行测量，比如“医生”“大学教授”“法官”的评分分别为82分、78分、76分，而“垃圾清理工”“清洁工”“擦鞋童”分别为17分、17分、9分，证明不同职业之间差别很大，共可以分为87层。20世纪80年代美国杜克大学社会学系教授林楠和中国社会学者合作也用同样的方法对中国进行过职业分层测量，在所列的50种职业中“医生”“电气工程师”“大学教师”得分最高，分别为86.2分、84.9分和83.8分，得分最低的是“清洁工”“人力车工人”和“保姆”，分别为25.9分、22.2分和18.9分，其间差别也很大，共可以分为50层，也是有多少层分多少层①。最近英国也出台了新的社会阶层划分方法，负责研究和制定这种划分方法的埃塞克斯大学社会学教授戴维·罗斯说，在现时代，所谓不同阶层只是反映他们不同的职业和职业关系而已。

应当说以职业为中心的社会分层理论是基于现实社会变化的一种前进，但现实社会的职业结构太复杂了，分门别类也过于细微，如果一个社会的社会分层分为几十层，甚至上百层，从理性思维的角度则很难把握。“白领”现象的出现和白领阶层的划分（以及和其相对应的蓝领阶层的划分）给了我们一个从总体上把握现代社会结构特征的钥匙，帮助我们打开一条科学的门径。第一，他是基于以职业为中心的社会分层理论的。第二，它是以职业为中心社会分层理论的一种综合认识，是对于有明显职业特征人群的一种分类与广泛涵盖。第三，从这种理论出发有利于我们把握现代社会发展的总体结构和特征。当我们从两级对立的阶级分析方法进入职业阶层分析方法时，是从整合向分解，但也进入了“分层的海洋”，而“白领阶层”的出现与划分，则使我们从分解又进入综合，而且是从体现现代社会气息与特征上的综合。从这个意义上说，“白领”既是现代社会结构中的最新变数，也是现代社会结构的整合因素。

---

① 林南、谢文：《中国城市职业声望研究》，《国外社会科学》1988年第6期。

千户居民户卷调查八年

——疏通信息渠道，促进社会稳定与发展的尝试①

载《社会科学战线》1991年第4期

天津市从1983年起由市政府出面，由天津社会科学院社会学所协助，每年在天津市千户居民中进行一次户卷调查，迄今已连续进行了8年。这是政府疏通信息渠道，直接听取民众呼声，加强与群众的联系，试图实现决策科学化，促进社会稳定发展的一种尝试。实践证明，它既起到了上述作用，又有利于社会学自身的发展，是中国社会学研究中的一项有开创意义的工作。

由来与延续

1983年天津市人民政府办公厅参照中央农村政策研究室建立一套农村信息网络的做法，建立城市街道信息网，在全市36个街道办事处设立信息点，由市政府直接联系108个不同类型居民区的近千户居民，传递了许多信息。但是，经过一段时间实践，居民信息网也暴露了一些缺陷，它反映的下情一般比较零散，大多是居民自身的具体问题，其中绝大部分问题属于各有关部门和下级政府的职权范围。这类信息固然对市府了解下情，督促有关部门改进工作有一定好处，但是，对于宏观决策的参考价值并不太大。市府办公厅在市社科院社会学研究所的直接参与下，决定

① 文章发表时署名的作者还有王辉和周路。

改造原有的信息网络，建立一套以居民户为基点的信息采集和处理系统，每年在 1000 户居民中进行一次系统的调查。这就是千户居民户卷调查的由来。这一调查得到天津市居民的热烈支持，响应与配合。

第一次户卷调查成果能否为天津市政府最高决策者所肯定，关系到这一调查能否继续进行。当时天津市市长李瑞环与专程来津参加户卷调查总结会的费孝通见了面。李瑞环说："我看了户卷调查的报告，就是有一个问题不好理解，引滦入津工程的实现，千家万户喝上了甜水，可是为什么还有人对喝甜水不以为然呢？"（千户中认为引滦入津工程很好、较好的有 974 户，有极少户对此持否定态度）可是他接着又做了解释："可能有的人认为，早应该解决这个问题，不再喝咸水，值不得表扬。或者有人最迫切的不是喝甜水，而是住房问题。"首次户卷调查就这样被肯定了，调查成果中的一些建议，在市政府安排 1984 年工作中被采纳了。

第一次户卷调查能否得到社会学家的肯定呢？在天津市人民政府户卷调查总结会议上，请费孝通先生到会做了专题报告。费孝通指出，天津开展的千户调查，是中国社会学发展道路上很重要的一步。这一步的意义在于社会学开始和行政管理结合起来了，开始用信息系统来了解、管理我们自己的社会了。户卷调查已经有了一个良好开端，怎样推进和深入，还要看实践和明确目的。怎样使行政工作成为科学管理，这是第一步。在这里，科学知识就不脱离实际了，社会学同实际结合了，发挥了科学的作用，知识成了改变现实的力量。《天津日报》发表了费孝通的长篇讲话，题为"迈开社会学研究的新的一步"。可见，户卷调查同时受到政府决策者和社会学界两个方面的肯定。

按照最初的设想，户卷调查的试行期为 3 年。至 1985 年底，预定的计划已圆满完成。是见好就收，还是继续坚持，当时曾出现不同意见。

在天津市政府办公会议上，李瑞环在谈到沟通下情、了解民意对于决策的重要时，举例提到了户卷调查。恰在这时，他被告知户卷调查明年不准备再搞了，他当即表示，这项调查对决策的参考价值很大，不但要继续搞下去，而且要总结经验，逐步形成制度。我们现在了解人民心愿的渠道不是太多,而是太少,已经开辟的渠道为什么又要关闭呢?

从此,户卷调查坚持进行下去,形成制度。1986 年 9 月 17 日《中国科技报》以头版整版篇幅集中刊登了有关户卷调查的 5 篇文章:包括一篇评论员文章、两篇新闻报道、一篇介绍户卷调查的资料,同时全文刊登了 1986 年户卷调查问卷表。评论员文章《这里实行新的决策模式》写道:"可贵的是,天津市的领导人没有停留在恢复我们党的优秀传统上,而是在新的历史条件下,创造性地把传统而现代科学方法有机地结合起来,形成了新的工作方法,实行了新的决策模式……这就是决策的民主化、科学化和制度化。"1988 年的户卷调查揭晓后,《天津日报》以《公道自在人心》为题发了社论。社论说,"今天,市政府第六次千户居民户卷调查的结果公布了。去年底问卷设计时,一些具体工作的同志有些担心:眼下正值群众情绪'气呼呼'的节骨眼上,搞户卷调查能有公正的评价吗? 一旦结论太差怎么公布? 然而,出人意料的是,尽管群众对工作中存在的问题提出了中肯的批评意见,但对市政府去年工作的总体评价却依然给打了高分……"几年来,户卷调查已被写入人代会的工作报告中。不久前举行的天津市人民代表大会上,市长聂璧初在《关于天津市国民经济和社会发展十年规划和第八个五年计划纲要》的报告中,回顾 20 世纪 80 年代,讲到市政府坚持并完善了居民户卷调查。可见,户卷调查的生命力在于它拓宽与疏通了政府与民众之间的联系渠道,在改善党群关系,改进政府工作,促进社会稳定与发展方面做出了贡献。

首先,天津市千户居民户卷调查,如前所述,既是政府机关工作的改革,又是社会学研究。

从政府工作考虑,把户卷调查作为倾听群众呼声、关心群众的利益、依靠群众的力量、接受群众的监督的一种方法,在问卷设计上以评价市政府各个方面的工作为主要内容,并且对明年工作提出建议。从社会学研究考虑,要取得居民社会生活的大量数据。所以,问卷设计比较细。两者是一致的,只有搜集大量的数据,才有利于进行科学分析,做出正确决策。换句话说,一方面我们可以得到居民对政府工作的直接评价,另一方面我们也能通过对资料数据的分析，研究天津工作的实际情况。

其次，这次户卷调查是从家庭入手，以家庭生活为中心，从微观家庭到宏观社会的。

从社会学角度看，政府工作中有很大部分属于社会工作。它通过改善社会关系、社会组织、社会制度，以达到促进社会发展的工作。

在我国城市中，家庭是一种最初的社会关系，是基本的社群，是普遍的社会制度，是全部社会的组织基础。因此，市政府要体察民情，改进工作，就要从了解家庭生活入手。这是这次调查的又一指导思想，也是它被称为户卷调查的原因之一。

第三，这次户卷调查是把了解城市居民的态度和他们的实际行为结合起来进行的。

户卷调查是要通过了解城市居民对政府工作的评价、意见和要求，达到改进政府工作的，目的。比如居民对某一项具体工作评价是“很好”“较好”“一般”“较差”“很差”5 种中的一种。又如居民对政府今后抓好各项工作提出了不同的要求。这些只表明他们的态度，如果只根据他们的态度就确定我们的施政方针和政策还是不科学的。从社会学研究的角度看，要解决这一问题应当把态度调查和行为调查结合起来，把他们在想什么和他们在做什么联系起来，把态度测量和行为测量一致起来，才能去伪存真，得到真实可靠的资料依据，建立起科学的基础。因此，这次户卷调查的内容除去包括对市政府工作的“评价”“意见”“要求”等态度指标外，还包括城市居民的文化、职业、经济收入、年龄、住房、家务劳动等大量的背景材料和行为指标。通过态度指标去观察行为指标，通过行为指标去测量态度指标，这是比较可靠的。

实施办法

首先，抽取调查样本。从样本的代表性和统计需要出发，以及调查要讲求实效、经济等原则，决定抽取一千户居民家庭作为调查对象，样本和总体的比例为 1∶1000。在确定样本总数的基础上，运用“多段定比随机抽样法”，首先从全市9个市区中抽取36个街道，然后从每个街道抽取二个居民会，再以户主职业为依据分类，按“等距抽样法”最后确定调查对象。实践证明，用这种方法抽得的样本（即被调查户）是具有代表性的，因为样本的参数值和总体参数值是相近的。前5年的调查是追踪性调查，调查对象基本没有变更。从第6次开始，调查的样本遍布全市125个街道，是完全按照随机抽样的方法抽选的，户主的职业分类、男女比例、年龄分布和最近一次全市人口普查数据接近，具有更广泛的代表性。

其次，入户调查。在实施调查工作中，每次都首先选择和培训好调查人员。参加入户调查的人员，都经过比较严格的挑选，要求具备对群众负责的精神、有一定文化知识、熟悉社会工作等条件。对调查员的培训主要讲明户卷调查的意义，使之了解户卷调查的有关知识，并规定严格的纪律，强调在入户调查时不引导、不干预、不强加于人，让群众反映真实思想。同时，向被调查户做好宣传，请群众填好问卷。为保证调查的可靠性，每次调查问卷收回后，都组织力量认真进行复核，以免疏漏，影响调查结果的真实性。

第三，统计分析。经过编码登录，调查数据全部输入电子计算机，用统计程序（SPSS）进行定量分析。处理数据时不仅采用频数统计，而且注重相关分析，把了解城市居民的态度指标和行为指标结合起来分析。比如，把调查对象对市政府工作提出的意见和要求与他们的职业、文化、经济收入、年龄、住房等做相关分析，可深入了解不同的人对市政府的工作有哪些不同的意见和要求。

第四，搞好汇总。根据统计分析得出的数据和调查对象在开放题中以书面材料表达的意见，每次调查终结都写出调查报告，作为城市居民对市政府当年工作的评价和对下年度工作的建议、要求，上报给市领导和有关方面。每次的调查报告都写明调查的简要经过，得出理论性的意见。诸如对市政府一年工作的总评价，最满意、最不满意的事项，下年度要办的事情，需要注意的问题，等等。调查报告既反映出调查的全貌，又简明扼要，突出重点，以事实为依据，不推理、不演绎，因而是可信的。

第五，开展回访活动。户卷调查工作结束后，市政府都要求各区、街召开被调查对象座谈会，进一步倾听群众的意见，并且根据一些被调查户在问卷开放题中反映的困难入户回访，对于群众提出的困难问题，有条件或创造条件能解决的马上就办并发动社会各方面共同为群众排忧解难，对于暂时不具备条件而不能解决的问题，想方设法缓解困难的程度，对于一些实在无力解决的问题，向群众说明情况，求得谅解。如 1989 年的回访活动，共解答、解决居民提出的问题 110 多个。这样做，使群众更加真切地体会到，党和政府是尽心竭力为群众服务的，因而对党和政府更加信赖、更加支持。

我们采取抽样调查法，并不是否认或排斥典型调查法，相反，进行抽样调查还需要有典型调查相结合，才能相得益彰。1983 年第一次户卷调查时，王辉到一个居民区召开座谈会，进行典型调查。一位工人告诉王辉，他每天骑自行车到天津站，乘火车到塘沽区，再乘一段公共汽车，最后乘轮渡过河上班。他说，每天晨 5 时起床，晚 8 时赶到家，除了飞机以外，什么交通工具都用上了，把时间和精力大量耗费在上下班路程上，严重地影响了工作。市有关部门根据这一情况给该工人调换了工作单位，及时地解决了他的困难，在全市产生了很大影响。

对政府工作的作用

首先，有利于市政府进行正确的决策。市政府每年确定为群众办实事或对一些重大问题做出决策时，都把户卷调查结果作为重要依据，不仅保证了行政决策的正确，而且使政府确定的工作任务有广泛的群众基础。比如，首次调查统计出，千户户主上下班每天单程需用 79.22 分钟。群众上下班耗时较多，一方面反映出道路狭窄、交通不畅的状况，另一方面也说明不少人上下班确实存在路远的问题。于是市政府决定，在修桥拓路、改善基础设施、增强疏通能力的同时，积极为群众调换住房和调动工作单位。经过几年的努力，已为 38 万多户，调换住房 47 万多间，同时给不少职工调近了工作单位，使这一长期困扰群众生活的问题得到了较大缓解。

1988 年调查，千户户主每天上下班单程时间下降为 52.7 分钟，比 1983 年减少了 26.52 分钟。

其次，有利于激发人民群众的社会主义热情。由于户卷调查为群众反映自己的意愿和要求、参与国家事务的管理提供了畅通的渠道；由于市政府非常重视群众的意见，所确定的各项工作体现了群众的要求，使群众确实感到自己是国家的主人，把市政府确定的工作当成自己的事情，有困难主动克服，有成绩引以为荣，对成果倍加珍惜。比如，市政府决定修筑外环线，牵动了全市人民的心，出现了 25 万人参加义务劳动的生动场面，仅用 20 多天，就完成了 71 公里挖河垫路的土方工程。

第三，有利于机关干部队伍的建设。户卷调查使机关工作人员在实践中掌握了社会学调查的思想，学会了科学调查的方法，熟悉了现代化管理的知识，这对于提高机关干部队伍的素质是很有益的。再就是通过开展户卷调查，有利于机关工作人员学习掌握从群众中来，到群众中去，把群众的正确意见集中起来，再坚持下去的基本工作方法，使之更加牢固地树立起群众的观点，提高依靠群众、服务群众的自觉性。通过开展户卷调查，把政府机关工作人员置于群众的监督下，有力地促进了政府机关的勤政廉政建设。

学术硕果

"无心插柳柳成荫"。当我们进行了第一次户卷调查之后，从未想过进行国际学术交流。1984 年春，以美国著名社会学家罗西为首的美国社会学家、人类学家代表团来津访问，得悉天津进行千户居民户卷调查和看了问卷表之后，特邀王辉和潘允康出席美国 1984 年 79 届社会学年会，请王辉就户卷调查做专题演讲，随后到芝加哥大学、纽约州立大学奥本尼分校、底特律威恩州立大学就这个专题做了演讲。伊利诺伊州立大学亚美研究中心学报刊登了演讲的英文原文。罗西教授在美国科学院出版的《社会学和人类学在人民中国》一书中两次提到户卷调查，并指出两个"第一"，即王辉把社会调查与社会政策制定结合起来，这在中国是首次，中国学者参加美国社会学年会进行学术交流，又是首次。从这次会开始，美国社会学会每年邀请我国社会学家代表参加美国社会学年会。

1985 年，我们与纽约州立大学奥本尼分校社会学系林南教授就户卷调查进行合作研究。课题是《生活质量的社会指标》。1986 年，我们与美国著名社会学家、哥伦比亚大学彼德·布劳教授和现任哈佛大学安德·沃德教授进行合作研究。课题是《社会网研究》。通过同美方学者的合作研究，使中方学者掌握了现代社会统计技术，取得了一系列的研究成果。

依据 1985 年户卷调查资料，潘允康与林南等合作，发表了题为《生活质量的结构与指标》的学术论文(《社会学研究》1987 年第 3 期)。该文运用户卷调查中将人们对生活的满意度分解成的十几个具体方面的资料，包括工资、奖金、福利、工作技术的复杂性，工作地点距离家庭远近，自我实现程度，工作环境、住房、家庭、同事关系、上下级关系等等，让被调查者逐一填写、判断，为“很满意”“比较满意”“无所谓”“不太满意”“很不满意”等 5 个方面。然后将千人资料输入计算机，先用初级描述，汇总统计方法，将十几个方面的情况进行统计，找出各个方面的均值和标准差，然后使用高级统计方法:因子分析和结构方程法进行统计，用因子分析法将判断生活质量的十几个方面概括为 3 个大方面(因素或因子)，即工作、家庭和环境，再将 3 方面实行比较，分别测量出其与最高级变量间的承担系数。最后得出结论，广大群众对生活质量满意度的根本在于职业生活(工作)。这是在我国社会学研究上首次使用高级统计方法对实地调查资料进行分析，测量出生活质量的结构和指标。该文在美国社会学年会上宣读，在国内《社会学研究》上刊出后，一些读者来信赞扬此文，并希望学到其方法。

又如依据 1986 年户卷调查资料，周路与美方研究人员合作发表了题为《天津城市居民社会网初析——兼与美国社会网比较》的学术论文(《中国社会科学》1990 年第 2 期)，随后又被《中国社会科学》英文版第 3 期刊登。这次研究的社会网类型是居民之间的“讨论网”，即研究调查对象愿意和什么人讨论重要问题。重要问题在于以下 5 个指标:即调查对象愿意和什么人进行讨论——社会网关系构成，和多少人进行讨论——社会网的规模，以及以每个调查对象为中心的社会网的趋同性、紧密性和异质性如何。这次研究很有意义的是进行了中美双方的比较。中美两国的调查问卷在社会网部分的内容基本相同，样本都是30个左右。稍有不同的是天津调查是城市调查，美国调查是全国调查，但由于美国是高度城市化的国家，天津又是中国的大城市，所以对二者进行比较是有基础的。这次研究对中美两国社会网的不同点与共同点进行了深入分析，有三个特点：一是把社会学理论研究同比较精细的定量分析结合起来；二是把宏观社会结构和人际交往网络这样一种微观社会结构结合起来；三是以往国外对社会网的研究往往侧重于它对个人社会行为的影响及它的社会作用，而这次研究却探讨了影响社会网形成、发展的社会条件。这篇合作论文还被选入1990年2月在美国召开的“第十届国际社会网学术讨论会”，在大会上宣读，题目是《中国城市的社会网》。这次“社会网”研究，填补了中国社会学研究的又一项空白。

又如依据1985年第三次户卷调查资料，潘允康写的《试论中国城市现代家庭模式》(《社会学研究》1987年第3期)该文借助于计算机技术分析户卷资料，对中国城市现代家庭模式进行了系统深入分析，把以前关于中国城市核心家庭化的结论推向前进两步：第一，纵向延伸，指出我国城市核心家庭化中有一特殊家庭生命周期问题，即大多数家庭是以核心→主干→核心的交替模式演变，作为在传统家庭向现代家庭演变中的第一种补充。第二，横向扩展，指出我国家庭网客观存在，即在核心家庭与核心家庭之间存在关系网，网中包括经济、情感和生活互助等多种交流，家庭之间既相互独立、又相互联系的事实，这是对城市核心家庭化的第二种补充。文章总结这种变化的原因在于传统和现代的相互冲突和融合。该文被纽约出版的《九州学刊》全文刊载，另被译成日文发表在日本《现代中国》杂志上，在国际国内均有较大影响。

再如依据第三次户卷资料，潘允康写的《试论闲暇时间和我国城市居民的闲暇生活》(《中国社会科学》1987年第6期)，并被印成英文发表。

该文在论述闲暇时间概念的基础上，对城市居民的工作日和休息日的全部时间分配做了细微的描述统计和分析，指出我国城市职工闲暇时间少于现代发达国家（美、英、苏）职工时间的事实。该文使用中级统计方法——回归统计方法，对影响闲暇时间的各种因素进行综合性的比较分析，指出两方面的问题，一是家务劳动繁重问题，二是教育子女时间过长的问题，两者都是占用本人过多时间，影响了其休息、娱乐和自我发展。该文最后提出了解决问题的方法，包括家务劳动社会化，增加人们的闲暇时间、提高人们的生活质量等方面。

此外，天津社会科学院社会学所的同志还在各种报刊上发表户卷调查的资料和文章多篇对于宣传普及社会学知识，起了很好的作用。

总　结

首先，户卷调查之所以在天津持续进行了 8 年，上述情况已经说明，最重要的是得到了天津市决策者的重视和支持。天津市委、市政府坚持“一切为了人民，一切依靠人民”基本思想，在贯彻群众路线方面，进行了一些有益的探索和尝试，形成了一套好的做法，户卷调查已被列为其中之一。这里还要说明天津市当时实施户卷调查的历史环境。天津市在 20 世纪 80 年代初期，群众生活方面有诸多困难，特别是震灾恢复重建和饮水问题的解决刻不容缓；城市基础设施严重滞后和城市面貌的脏、乱、差，已经使整个城市难于正常运转。天津市政府狠抓震灾恢复重建工作，有计划、有步骤地进行了城市建设和改造，成绩斐然，大得民心。天津市有关领导很希望直接听到群众的反映，意见和要求，以便总结和改进工作。因此户卷调查得以支持，否则无论是开展户卷调查，还是坚持调查都是会遇到很大困难和阻力的。

其次，户卷调查的传真度如何？领导者做决策，要根据来自四面八方的各种信息。这些信息有强有弱，有大有小；更重要的，有传真度的不同，有传真度太低，甚至受到扭曲。根据传真度定律，一项信息经过传送处理之后的总传真度，等于它传送和处理过程中，所经过的每一步骤的个别传真度相乘所得到的总乘积。假设每一步骤的传真度都是 1/2,经过两个步骤,这项信息的可靠程度就只有 1/4。按照过去的方式,城市居民的信息,传送到市政府要经过居民会、街办事处、区政府层层筛选、过滤、截留。户卷调查与按照行政系统层层汇报获得的信息相比,前者的传真度肯定要比后者为高。

第三,户卷调查采取问卷形式,由于问卷设计难免有不周全之处,使被调查者和调查者合作中会遇到种种障碍。从主观障碍看,被调查者可能有厌烦(内容太多)、抵触情绪(对解决问题缺乏信心),或心存顾虑,或漫不经心。从客观障碍看,主要是阅读能力、理解能力、表达能力、记忆能力的限制。所有这些问题,由于按区、街、居委会行政系统组织的,有一支经过训练的调查队伍,有自上而下的行政手段,所以能够克服各种障碍,保证调查的顺利进行。尤其是 1985 年、1986 年问卷的设计中,由于从学术研究的需要出发,涉及居民许多精神生活问题,如果不依靠行政力量,很难圆满实施。

第四,户卷调查中有没有居民给政府各方面工作打分过高的现象?我们没有进行深入调查,没有发言权。但是从逻辑推理,出现这种现象的可能性是存在的。首先,从思维方式上分析,一些人谈问题、提意见,常常是首先肯定成绩是主流,缺点是支流,听上级领导的报告总是很受启发教育……这几乎成了一种思维定式。其次,进行户卷调查是政府同居民的互动过程。在组织与个人之间或人与人之间征求意见时,有些被征求者往往会从高肯定成绩、从轻提出批评的。因此,科学地估计群众对政府工作的评价,应当把这一可能产生的误差估计在内。

总之,天津市千户居民户卷调查是一种尝试,是疏通信息渠道,加强党与群众之间联系的尝试,是实行科学决策,促进社会稳定与发展的尝试,是把社会学研究与政府实际工作结合起来的尝试;户卷调查坚持 8 年,表明其生命力所在。今天,我们只有从它与社会发展与社会学发展的联系中,才能了解它的深远意义所在。

和谐家庭建设中的亲子关系

载《社会工作》2007 年第 7 期

一、亲子关系和我国的纵向家庭关系传统

以婚姻和血缘关系为纽带的家庭关系是沿着婚姻和血缘两个链条展开的。婚姻关系的核心是夫妻关系，血缘关系的核心是亲子关系。夫妻关系和亲子关系构成了家庭结构中的基本三角。著名社会学家费孝通先生曾经引用了雷蒙德·佛思的话：舞台上或银幕上的三角是二男一女（近来也有二女一男）间爱的冲突；可是从人类学者看来，社会结构中真正的三角是由共同情操所结合的儿女和他们的父母。在这个婚姻的契约中同时缔结了两种相连的社会关系——夫妇和亲子。这两种关系不能分别独立，夫妇关系以亲子关系为前提，亲子关系也以夫妇关系为必要条件，这是三角形的三边，不能短缺的。

对于“横向”夫妻关系而言，亲子关系是“纵向”家庭关系。西方国家的家庭注重夫妻关系，讲求夫妇有爱，以横向家庭关系维持纵向家庭关系。我国的家庭传统是重视亲子关系，讲究夫妇有别，以纵向家庭关系维持横向家庭关系。儒家在论夫妇关系时，是讲夫妇有别，从不讲夫妇有爱，夫妇关系是靠亲子关系来维持的。因此，研究代际关系的变化、特点和规律，是协调家庭关系，建设和谐家庭的一个重要方面。

二、协调亲子关系，建设和谐家庭

（一）子代婚前亲子关系中的“代沟”问题及其协调

所谓“代沟”是指两代人因年龄、生理、心理和社会经历的差异而产生的影响相互交流与沟通的“鸿沟”。在家庭中“代沟”普遍存在着，甚至可能导致矛盾和冲突，是影响家庭关系和谐的因素之一。

人类子体对母体的依赖时间相对较长，一般在13～15年左右。在这段时间里（亲代）父母对于子代（子女）占有支配和主导地位，有权威性。父母不仅抚养子女，还要教育子女，帮助他们顺利地完成社会化过程，此时的亲子关系以父母支配子女和子女对父母的服从为主要特征。而当子女逐渐长大成人，“代沟”问题变得突出了。根据心理学分析，脱离了儿童期的青年从心理上发生了不同于儿童期的巨大变化。引起这种变化的首先是生理因素，即性的成熟和身高体重的迅速增长。当青年人开始走入社会，逐渐产生了对社会和家庭的责任感。他们意识到不仅社会和家庭要对自己负责，自己也要对社会和家庭负责。他们预感到未来还要组织自己的新家庭，要对自己的儿女后代负责。这些心理的最初表现是要求在家庭和社会上得到承认，表现在对父母“反抗”和要求独立，希望自己决定自己的事物，生活自立，经济自立。

此时，亲子之间在生活方式、价值观念、兴趣爱好、行动节律等许多方面都会有明显的差异，这是不以人的主观意志为转移的客观规律。亲代如果能认识和把握这个客观规律，及时实现亲子关系中的角色转换，改变过去的行为模式，充分尊重子代要求独立的心理和愿望，使子代顺利地成长起来，走出家庭，走向社会，就能减少因“代沟”产生的矛盾、对立和冲突。但在现实生活中许多父母并不能意识到这点，还习惯用过去管教子女的方式继续管教子女，并因此出现矛盾和冲突。

总而言之，子代婚前亲子关系中的“代沟”问题是普遍的，客观存在的，协调亲子两代人的关系也是多方面的。亲代能否随着子代年龄的增长，不断调整教育子女的方法、内容和方式，在子代成长、成熟，要求自立时，不失时机地让他们独立，是能否协调好子女在青春期和青春期以后亲子关系的关键。此时期亲子关系中的主要矛盾方面在亲代。

（二）子代婚后亲子关系中的“代沟”问题及其协调

亲子关系中的“代沟”问题不仅在子女结婚前存在，而且在子女结婚后依然存在。由于子女结婚后，家庭中增加了新的因素，增添了新的角色，亲子之间不仅有“代沟”问题，还有新的婆媳关系问题。它使两代人之间的关系更加复杂化了。从家庭社会学中心场理论上说，夫妻关系是家庭关系的中心。一对夫妻一个中心，两对夫妻两个中心，多对夫妻多个中心。中心本身有向心力，中心与中心之间则会有排斥力、离心力。按中国的父系家庭传统，儿子结婚娶媳妇进家，家庭中至少有了两个中心，中心之间相互排斥，家庭关系会变得更加复杂。

从古到今，婆媳关系较难相处的原因是多方面的。首先，婆媳关系也是代际关系，如同亲子关系中的“代沟”客观存在。其次，婆媳关系的出现会引起亲子关系的变化。从规律上说，儿子娶媳之后，自然亲近儿媳，亲子之情被夫妻之情取代。儿子由从小对母亲的亲近和依赖转为对妻子的亲近与爱。由于子媳间全面互动与合作，儿子的生活重心也由原来的父母家庭转移到自我小家庭。这种变化使母亲常常不适应，有一种相对剥夺感。儿子本为母亲所生，所养，所亲近，现在转向亲近儿媳，做母亲的多有“失落”，一种自己的亲生儿子被另一个女人夺走的感觉油然而生。甚至会因此把对儿子的意见转移到儿媳那里，亲子之间的矛盾和冲突也会因此而升级。第三，从日常生活上说，婆媳之间在家庭经济、家务劳动、生活节律、兴趣爱好、价值观念、子女抚养教育问题等方面都会有差异。今天做儿媳的青年妇女一般都有职业，有收入，都很“自我”“自立”。如果儿子结婚继续和父母生活在一起，组成大家庭，婆媳天天面对面，则问题更多。婆媳可能都要争夺在家庭中的发言权和对家庭事务的支配权。以操劳家务为主，希望维持原家庭秩序的婆婆，和以参加社会劳动为主，希望以自己新家庭为中心的儿媳常常会发生冲突，并将公公、儿子等卷入，造成家庭人际关系紧张。

如今，男女平等，亲子平等，家庭成员一律平等，婆媳在地位上自然平等。然而，产生婆媳之间矛盾的各种客观因素还存在，因此，婆媳矛盾和冲突依然普遍。依照中国传统家庭的理想，是大家庭好，儿女结婚不和父母分家。因此，直到今天仍然有一些家庭是婆媳共处的主干家庭。在日常生活中婆媳频繁互动，也是婆媳矛盾时常发生的现实原因。

俗话说："人多好种田，人少好过年。"是说家庭的不同方面对家庭人口多少的要求不同。在传统农业社会，从生产劳动的角度说是人多好，家庭是生产劳动单位，人口多，劳动力多，好种田。但从生活角度说，则是人少好，人少消费少，家庭负担轻，人际关系简单，生活比较舒适。今天社会已经进入工业社会，实现了社会化大生产，家庭已经不再是生产单位，而是生活单位，显然人少比较有利。现代人讲求自我和个性，而大家庭把人数众多、不同代际的人都集合在一起，不利于家庭成员个性的发挥，自我的实现，不利于不同年龄的人保持自己喜爱的生活方式，不利于家庭关系的协调与和谐。因此大家庭（包括直系三代同堂的主干家庭）越来越少，而只有两代人的核心小家庭越来越多。在家庭生活中婆媳是分离的趋势。然而，无论社会生活怎样变迁，绝大多数家庭都要生儿育女，传宗接代。绝大多数儿女也要结婚，因此婆媳关系仍然客观存在。

从现代社会生活角度看，亲子之间、婆媳之间保持距离的交往，关系比较容易协调。要协调好儿女婚后的亲子关系，一方面，要在亲子之间、婆媳之间提倡和发扬中国传统美德，子女长大成人，要尊敬和赡养父母，两代人之间要互相帮助，互相尊重，互相热爱；另一方面，则要建立现代家庭模式。比如用"家庭网"取代大家庭。从社会学上说，所谓"家庭网"是指有亲属关系的家庭之间所组成的社会网络，就多数情况而言，它是由可能组成联合家庭的几个独立的核心家庭之间所组成的一种特殊的社会组织，具有特殊的结构与功能。作为"社会网"的一种，它源于亲属关系，而区别于其他社会网，其间有较密切的关系和较强的凝聚力。然而，现代"家庭网"也不同于封建家族，既不同居共财，也不被置于封建家长统治之下和封建伦理观念束缚之中，处于家庭网中的各个家庭是相互独立的，在保持各自独立生活方式的前提下，以日常生活中的频繁交往和相互救援为主要特征。从两代人的角度说，是既分开过，又相互联系交往；既保持各自独立的生活方式，又互相帮助和救援；既有传统色彩，又有现代特色；既有亲情，也减少矛盾。

家庭关系是社会关系的一种。家庭关系的协调也像其他社会关系那样有其客观规律性。人与人之间太远了觉得“冷”，太近了也容易产生矛盾和是非。著名社会学家费孝通在讲人际交往，特别是婆媳关系时用了一个生动的比喻：硬要她们住在一起，多刺的刺猬挤紧了，大家觉得不好过。他的结论是：这表明子女长成结婚后，分家独立是普遍的情形（费孝通，1981）。保持距离的交往，常见常新，是维持代际情感，减少代际矛盾的客观规律。

（三）孙代出现后亲子关系中的“代沟”问题及其协调

子代婚后生育孙代，原来的亲子关系中出现了新因素。此时，尽管亲子关系中还有“代沟”问题、婆媳关系问题，但新的祖孙关系可能成为亲子关系的黏合剂。相比较而言，隔代家庭关系中的祖孙关系总是比较容易协调的。祖代对孙代的出现总是很高兴的。首先，大树生了根，家庭“香火”延续下来了，传宗接代的理想实现了。其次，祖孙很好相处。俗话说老人返老还童，是“老小孩”。“老小孩”和小小孩在一起，总是欢乐多，纠纷少。最后，对于祖代来说，由于“代沟”问题、婆媳关系问题等失去的亲子之情，也能在祖孙关系中得到一些补偿。亲子两代的矛盾和纠纷，也能在祖孙关系中得到化解，当然，在隔代家庭关系（祖孙关系）中也有与邻代关系（亲子关系）交叉的问题。孙代出现后亲子关系中也会出现新的因素，比如祖代过分溺爱孙代，亲子两代抚养和教育孙代的观念、方式和方法不同等，也会有新的矛盾。但总的来说，孙代的出现，可以减缓亲子两代的矛盾和冲突。现在我国许多家庭中的年轻夫妇把自己年幼的子女托付给父母看管，既实现了两代人互相帮助和救援，也联络了两代人之间的情感。

无论如何，造成和谐的家庭亲子关系对于建设和谐家庭很重要，是和谐家庭建设的重要组成部分。要协调好亲子关系，就要研究和把握在家庭生活和生命周期不同阶段中亲子关系的不同特点，研究影响亲子关系的各种家庭和社会因素，按客观规律办事，才能协调好亲子关系，建设和谐家庭。

普通教育与职业教育之间的结构性矛盾[①]

载《社会建设》2015 年第 1 期

教育是当今中国社会最受关注的民生问题之一。习近平总书记在谈到抓住人民最关心最直接最现实的利益问题时说要“努力办好人民满意的教育”[②]。改革开放以来中国的教育事业得到了巨大发展,也存在很多问题,其中包括普通教育与职业教育之间的关系问题。研究普通教育与职业教育之间的结构性矛盾,促进它们的均衡发展,具有重要的现实意义。

一、结构性矛盾是民生问题研究的切入点

中国的民生问题十分复杂,不同民生问题之间,每个民生问题的自身内部都存在结构性矛盾。所谓结构是指事物各个组成部分之间的搭配和排列,以及由此发生的关系、联系和生成的模式。所谓民生问题的结构,是指多种民生问题之间的相互关联与排列,以及每一种民生问题中所包含的各种问题之间的关联与排列。所谓民生问题的结构性矛盾是指各种民生问题自身或相互关联中的矛盾。结构性矛盾是研究民生问题的切入点。

民生问题的结构性矛盾源于民生问题存在和发生的客观现实。对民

---

① 文章发表时署名作者的还有刘娜。

② 中共中央宣传部:《习近平总书记系列重要讲话读本》,学习出版社、人民出版社 2014 年版,第 113 页。

生问题结构性矛盾的分析和认识依据于唯物辩证法的思路和理念。恩格斯在《反杜林论》一文中，批评了“是就是，不是就不是；除此之外，都是鬼话”的形而上学的思维方式。他说，“当我们深思熟虑地考察自然界或人类历史或我们自己的精神活动的时候，首先呈现在我们眼前的是一幅由种种联系和相互作用无穷无尽地交织起来的画面。其中没有任何东西是不动的和不变的，而是一切都在运动、变化、产生和消失。”“形而上学的思维方式，虽然在相当广泛的、各依对象的性质而大小不同的领域中是正当的，甚至必要的，可是它每一次都迟早要达到一个界限，一超过这个界限，它就要变成片面的、狭隘的、抽象的，并且陷入不可解决的矛盾，因为它看到了一个一个事物，忘了他们互相间的联系；看到了他们的存在，忘了他们的产生和消失；看到了他们的静止，忘了他们的运动，因为它只见树木，不见森林。”①

教育作为一个民生问题，不仅同其他民生问题诸如劳动就业、收入分配等密切相关，而且自身也包含了许多不同的问题，以及由这些问题产生的结构性矛盾。这些结构性矛盾从宏观上说，包括教育发展类型的结构性矛盾，职业教育发展滞后于普通教育；教育发展地域的结构性矛盾，农村教育落后于城市教育；教育发展形式的结构性矛盾，社会教育落后于学校教育等。从中观上说，包括教育发展中人才培养的结构性矛盾，学校创新型、实用型人才培养落后于学术性、学科性人才培养；教育资源配置中的结构性矛盾，学校资源和布局不合理，学校与学校间差距大，发展不平衡，“择校热”“高考移民”等困扰教育发展。从微观上说，包括教育发展的个体性结构矛盾，对处境不利个体的教育救助体系不完善，民众的教育不公平感强烈；教育发展的成才观结构矛盾，管理者、教师、家长等教育者的教育观念偏颇，压抑学生个性发展，素质教育推进难，教育变成了单纯的考试教育、学历教育等。以下我们仅对普通教育与职业教育之间的结构性矛盾进行具体探讨。

---

① 《马克思恩格斯选集》第 3 卷，人民出版社 1995 年版，第 60～61 页。

二、普通教育与职业教育结构性矛盾的基本表征

（一）从“就业难”和“招工难”同时存在说起

1. 普通教育与职业教育失衡带来的“就业难”和“招工难”

在就业问题上，“就业难”和“招工难”同时存在，是一对结构性矛盾，反映在教育问题上则是普通教育与职业教育的失衡。据2007年《中国劳动统计年鉴》显示，在全国城镇失业人口中，毕业后未工作的人口占失业人口总数的比例分别是：大专以上学历27.9％，本科生8.4％，研究生0.3％，大学毕业生“毕业后失业”已然成为事实。同时，在各级行政机关、事业单位却出现了高学历毕业生与低学历毕业生争抢同一岗位的现象。而逐步市场化的劳动力市场则频频出现高技能应用型人才告急现象。据报道，我国长三角、珠三角等企业开出高薪也很难招到各类高技能应用型人才。苏州市劳动就业管理服务中心发布的《苏州市2010年企业用工需求抽样调查报告》显示：目前，企业用工对文化程度的要求中，大专以上、高中及技职校、初中和无要求的比例分别为5.6％、72.2％、14.5％和7.7％，高中及技职校文化程度已成主流需求。由此可见，我国劳动力市场存在很大的技能渴求。这一方面与我国目前以劳动密集型为主的产业结构有关；另一方面凸显出我国的传统教育结构与社会人才需求之间的尖锐矛盾。我国高等教育培养学术型人才，中等专业学校培养中等层次的技术应用型人才、职业中学承担较低层次应用型人才的培养任务，更低层次的应用型人才来自文化程度较低的、基本没有技术培训的其他社会成员。目前，我国高等教育蓬勃发展，而职业技术教育发展相对滞后，普通教育与职业技术教育之间结构失调明显，尤其不利于高级应用型人才的培养。①

2. 普通教育与职业教育的失衡造成“技工荒”

就业人员技能短缺在我国并非商业周期作用下的短暂现象。虽然没有一个可对比的标准，但2001—2010年劳动力市场的供求数据清晰表

---

① 李娣：《实现职业教育与普通教育均衡发展的思考——基于人才供需矛盾的视角》，《职业技术教育》2010第25期。

明，我国“技工荒”的程度在年年攀升，已经在持续时间内形成了一定规模。我国已经面临较为严峻的技能短缺状况：总体劳动力供给大于需求，但高技能人才持续供不应求，技能短缺覆盖范围不断扩大。

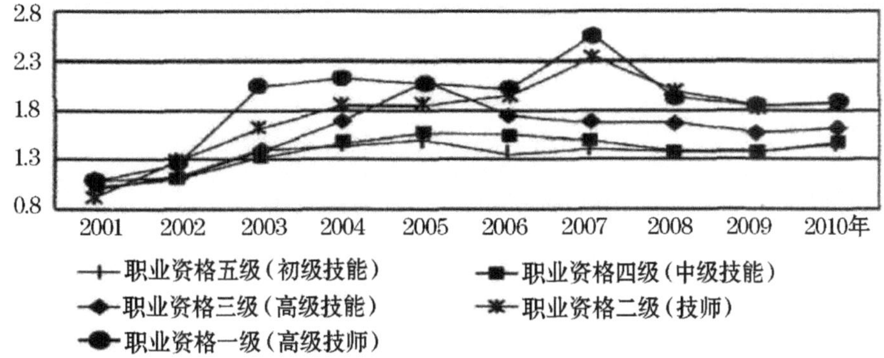

图 1　2001—2010 年分技术等级供求变化
（岗位空缺与求职人数的比率）

说明：数据来源于中国人力资源市场信息监测中心：《2010 年度部分城市公共就业服务机构市场供求状况分析》。

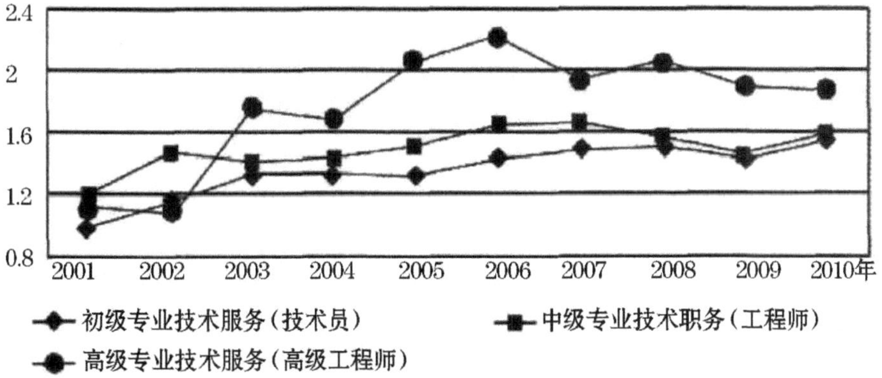

图 2　2001—2010 年分专业技术职称供求变化（岗位空缺与求职人数的比率）

说明：数据来源于中国人力资源市场信息监测中心：《2010 年度部分城市公共就业服务机构市场供求状况分析》；魏晓燕等：《我国技能短缺状况下高职教育改革探析》，《职业技术教育》，2011(16)。

3. 普通教育与职业教育失衡的源头

在我国,一方面是就业难,学历高者反而失业率高;另一方面是高技能人才缺乏,供不应求,我们可以从普通教育与职业教育失衡的源头上找到它的原因。考察20世纪90年代以来中国中等职业教育的发展历程,可以看到中国中等职业教育的发展并不是直线式的,其发展经历了从1998年后连续7年的回落,回落的趋势直至2005年才开始有回转(见图3)①。而在中职教育不平坦的发展历程中,始终伴随着中职与普通高中教育价值的争议。相比普通高中教育,中职教育被大大削弱了。在中职教育中,面临着注重专门技能的传授而削弱了适应力强的通用能力的培养以及学生可能获得短期收益而长远收益受到影响等多方面的质疑与挑战。

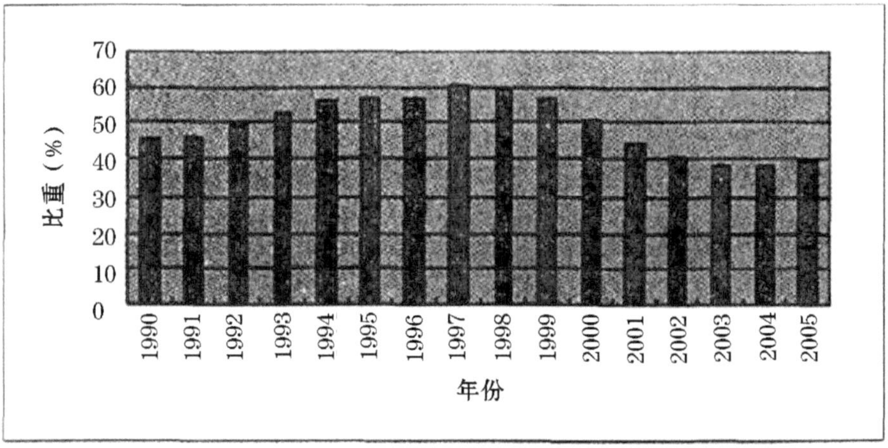

图3 中等职业教育在校生占全国高中阶段教育在校生比重(%)

上述分析可以看出,普通教育与职业教育的失衡带来的就业难与择业难同时存在,而要深入解读这个问题,必须认真研究当今教育中的结构性矛盾。

---

① 丁晓洁、李莹:《中国城镇中等职业教育就业状况分析》,《教育科学》2008第4期。

(二)普通教育与职业教育之间的三大结构性矛盾

改革开放以来,我国专业人才的需求已经且正在悄然发生变化,正在从数量紧缺逐渐转向结构性紧缺,即技能性人才紧缺,学术性人才过多。造成这种情况的原因是普通教育与职业教育发展不协调。

1. 人才培养类型上的结构性矛盾

当前我国普通教育与职业教育存在的最大结构性矛盾是人才培养类型上的矛盾,即普通教育培养的知识性学科性人才过多,职业教育培养的技能性实用性人才过少。

从培养目标的角度看,现代社会的人才一般分为两类四型:科研类(学术型和工程型);职业类(技术型和技能型)。普通教育培养的是科研类人才,即培养学术型和工程型的高级专门“通才”,职业教育培养的是职业类人才,即具有一定理论知识水平和较强岗位工作能力的“专才”。

普通高等教育以知识为人才培养目标,其目的是使学习者获得相关学历和学位,因此突出学科知识的深度和系统性,培养的是学科性研究型人才,重在发展学生的思维能力,教给学生的是对事物的深层次理解,即教会学生研究和应用某学科知识的方法,更强调学科知识的相对完整性和系统性,充分体现了厚基础和宽口径的培养目标。

职业教育则以能力为人才培养目标,培养的是生产、建设、管理、服务一线的专门性及技术性人才,目的是要教会学生掌握某种谋生手段。职业教育培养人才以职业能力为本位,面向技术应用和开发能力,强调岗位能力的培养。职业教育更强调学科知识的相对独立性和职业针对性及与生产的直接相关性。

在办学定位上,长期以来,我国计划经济体制下形成的培养学科性人才的办学思想影响深远,高等教育始终把培养“学术型”人才作为最终目标,在“研究型”思想指导下,人才培养模式重学历轻职业,重理论轻实践,重学习能力轻技术能力,久而久之,出现了学生学有专业而无专能、社会有专岗而缺专才的尴尬现象。

2. 人才培养规模上的结构性矛盾

普通教育主要培养学术型人才,职业教育主要培养技能型人才,而长期以来的重普通教育轻职业教育的现状，使得我国技能性人才培养没有得到应有重视，出现了学术型人才和技能型人才在培养规模上的结构性矛盾。

2011 年，全国普通教育培养的人才数量（包括研究生、本科生、普通高中生）为 5501 万人，全国普通教育学校数目（包括研究生培养机构数、本科院校数、普高学校数）为 17581 所；全国职业教育培养人才数量（包括高职和中职）为 2205 万人（其中还含有部分普通专科毕业生数），全国职业教育院校（包括高职院校和中职学校）为 13093 所。① 从以上数据可以看出，普通教育与职业教育不论从人才培养数目还是人才培养机构数目看，职业教育都处于弱势。除了绝对数目可以说明一定问题外，人才培养质量也值得我们关注，由于长期重知识轻技能人才培养思想的深入影响，虽然职业教育理想的人才培养目标是技能性人才，但在实际操作过程中职业教育普通化严重，不论是专业设置、课程结构还是师资力量，职业教育的知识化、理论化倾向明显，这直接导致了我国职业教育培养的技能性人才不仅数量上不足，质量上也不能满足社会发展需要。当前，我国的劳动力市场陷入一种怪圈：一方面是大量的结构性失业，许多无技术专长的下岗职工难以再就业；另一方面高级技能型人才严重匮乏，高薪聘不到高级技工。随着我国由跨国公司的加工组装基地向世界制造业基地的转变，今后一段时期对高技能人才的需求会越来越大，企业呼唤“能工巧匠”，高技能人才的短缺将成为制约经济持续快速增长的重要因素，成为迫切需要解决的问题。

3. 人才培养层次上的结构性矛盾

改革开放以来，我国逐步进入学历社会，文凭被追捧。这一方面是由于改革开放后我国逐步进入工业化社会，对人才、知识的需求与日俱增，且劳动力市场也逐步走向成熟，文凭作为个人受教育与训练的凭证，就像贴在商品上的商标或质检证，一定的文凭代表着拥有它的人具有一定的

---

① 教育部：《2011 年全国教育事业发展统计公报》，中央政府门户网站：http://www.gov.cn/gzdt/2012—08/30/content_2213875.htm

技能和知识，因此文凭在劳动力市场上具有交换价值，成为获得理想职业的敲门砖。另一方面，改革开放后我国的干部人事制度也加速了文凭社会的形成，也即只有拥有一定学历文凭的人才能在提干、晋级、福利待遇等方面拥有优先权，拥有“高文凭”是获得“干部”身份的条件，这使得文凭的优越性更加凸显。

相对于文凭的被热捧，职业教育被冷落也在情理之中，因为就目前我国的教育体系而言，从人才培养层次上看，职业教育是一种终结性的低端层次的教育形式，职业教育只有中等职业教育和专科层次的高等职业教育；普通教育是一种可延伸的高端层次的教育形式，普通教育有从初等、中等到有着学士、硕士、博士学位的高等教育自然衔接的体系。这样，在社会中就形成了这样一种思想，接受职业教育就低人一等，接受职业教育只能进工厂当工人，做一些又苦又累且报酬低廉的工作；而接受普通教育，就有希望获得高文凭，有机会成为“人上人”“天之骄子”，可以进入机关、事业单位、大企业，成为“干部”，坐办公室，拿高工资。这一社会现实，使得人们在面临普通教育与职业教育的选择时，首选是普通教育，只有那些学习不好、能力素质稍微差一些或者家庭背景不太好的人，才会无奈地选择职业教育，这也使得职业教育先天不足，不好发展，成为非主流的教育形式。

三、普通教育与职业教育结构性矛盾的原因探析

（一）普通教育与职业教育历史的分裂——传统教育文化的影响

我国具有源远流长的教育传统，传统教育文化的价值观已经深植于人们的思想意识，成为中华民族的一种潜意识流。传统教育文化不在于一技一艺，而是培养经典文化人，培养人文精神。传统教育文化中一个最显著的价值观念是“反职业主义”。

第一，传统教育文化的培养目标是从政君子，而不是生产劳动者。我国传统主流教育文化提出由平民中培养德才兼备的从政君子的教育目标，这可以概括为“学而优则仕”。传统主流教育文化认为学习是通向做

官的途径，培养官员是教育最主要的目的。而一介草民要想飞黄腾达，光宗耀祖，只有刻苦攻读，金榜题名，这样学习成绩优良就成了做官的重要条件，甚至是唯一条件。我国传统教育文化重要代表人物之一的孔子对“学而优则仕”的态度非常明确，他指出：先学习礼乐而后做官是平民，先有官位而后学习礼乐是贵族子弟。学习与做官之间有了密切的联系。传统文化培养统治型人才这一教育目的的确立对我国教育产生了深远的影响，尤其极大地冲击了我国职业教育与普通教育相互间健康和谐有序地发展。

第二，传统教育文化的教学内容重伦理道德教育，轻科学技术生产劳动教育。传统教育培养的既然只是君子，而不是生产劳动者，那么教育内容就只需伦理道德知识，而不需要科学技术知识和劳动生产知识了。传统教育文化代表人物孔子继承并发展西周贵族“六艺”教育传统，即“诗”“书”“礼”“乐”“易”“春秋”。这些文化典籍主要教育学生要做一个有道德的人，其次才是学习以提高文化知识，即“学有余力，则以学文”。道德教育居于首位，通过文化知识的传授，灌输道德观念，为道德教育服务，最终为巩固统治阶级的政权服务。封建教育文化中，作为最重要的选拔人才的方式——科举制，也是主要以“四书”“五经”这些文化典籍作为考试内容，这些典籍都是政治化的伦理和伦理化的政治的集中体现。至于科学技术知识、劳动生产知识在传统文化教育中涉及很少，甚至还受到轻视。因为传统教育文化培养的是“治人”的从政人才，不是从事农工的劳动者。

第三，传统教育文化在教学方法上重论辩，轻社会生产实践。传统教育文化的主要内容是一些伦理道德、治国方略，不是科学技术知识；在教育方法上也主要是进行课堂灌输与讲解，进行理论思辨，而不是进行生产实践和科学实验。如孔子认为道德修养不是依靠外在强制，而是依靠自觉努力，要“立志”“克己”“内省”。在传统的教育文化经典中，涉及科学实验、劳动实践等具体操作性的教育方法很少。孔子虽然也强调知行统一，学以致用，但孔子所说的“行”主要指“为政”和个人的人生经历。当谈到生产劳动时，孔子立即把它贬为卑贱的活动，他说“吾少也贱，故多能鄙事”。

冰冻三尺，非一日之寒。长期存在的阻碍我国职业教育发展的鄙薄认识不是一蹴而就的，更不是无源之水，无本之木，是与我国传统教育文化对职业教育的轻视相关联的。传统教育文化中轻视劳动实践和科学技术生产实践的思想严重束缚了人们对职业教育的正确认识，阻碍了其发展，也在一定程度上影响了普通教育与职业教育的平衡发展，是造成当前普通教育与职业教育结构性矛盾的重要历史原因之一。

（二）普通教育与职业教育现实的分裂——复杂社会环境的影响

首先，社会上存在偏差的人才观。由于“文革”十年对知识分子和教育体制造成了毁灭性打击与破坏，改革开放后，国家百业待兴，需要大批的管理型、知识型人才，1977年高考制度的恢复，在知识型人才培养上具有里程碑意义。20世纪80年代中期，邓小平提出了干部要“革命化、年轻化、知识化、专业化”的组织人才标准。此后“尊重知识、尊重人才”逐步成为社会风气，一改“文革”时期知识分子是“臭老九”的局面，这些教育政策和人才政策为我国社会主义建设做出了巨大贡献。但是，这种对高学历人才的重视和渴求久而久之使社会中出现了一种偏见，即轻视专业技术，重视高等学历。

其次，国家政策导向失调。国家在对职业教育与普通教育的资金支持、人事支撑、招生政策等方面的不平等，致使改革开放以来在普通教育大发展、大繁荣，节节攀升之时，职业教育资源不断流失，职业学校不断下放，甚至停办。如在招生政策上，中考时，考分高的学生进入普通一、二、三类高中，所有普通高中录取完毕后，剩下的低分考生才进入不同的职业中学（职高、中专、中技）。同样，在高校招生中，本科层次几乎没有职业教育，职业教育基本只能参与专科阶段的录取，这一政策最严重的后果是，职业教育只能录取低分考生。这种带有倾斜性的招生导向，实际上进一步强化了“重普轻职”的思想。另外，职业教育长期以来是一种终结性教育。普通教育有从小学、初中、高中、专科、本科、硕士研究生、博士研究生的完整的教育发展路径，而职业教育只有小学、初中、高中（中专、中师、中技)、专科(虽然近年来有了专升本这一高职专科生的继续升学的途径,但只有很少部分学生能继续攻读,且主要考察知识性内容,而不是高职生擅长的技能性内容),这种双轨制的教育体制对职校生来说是不公平的。

最后,人才激励机制不够完善。从20世纪90年代开始,我国企事业单位的人才激励政策存在一些偏颇,工资待遇明显偏向于或有学历或有地位的"干部",而普通的技术工人甚至是高级技术工人的收入与"干部"差别较大。有学历的"干部"分别由组织部门和人事部门管理,而工人则由劳动部门管理。不同的管理形式所包含的则是工作岗位、政治待遇、工资福利、住房、个人升迁乃至退休后的各种不同待遇。这些不同的要素构成了干部和工人社会地位的巨大差别。这样的社会环境是不利于技术工人的培养、培训、教育和发展的。

四、普通教育与职业教育结构性矛盾之解决

(一)公正与平等共进——构建科学的教育体制

长期以来,人们对教育的认识局限于普通教育体系,还没形成符合时代特征的人才观、教育观。现代的人才评价标准应该不唯学历,不唯职称,不唯身份,不唯资历,评价高级人才的标准在于创新能力和实践能力;评价一般性劳动者的标准,则是具有的适应性能力和可教育与培训的基础。只有在正确人才观的指导下,教育的组织者和接受者才能形成正确的教育观,才能改变尊崇普通教育、鄙薄职业教育的观念,才能把普通教育与职业教育放在平等地位,认识到他们只是教育类别的差异,没有尊卑之差。目前我国的职业教育只有中等职业教育和专科层次的高等职业教育,是一种终结性的教育。这是使职业教育与普通教育不能协调发展的原因之一。职业教育和普通教育应在教育结构融通的基础上,建立职业教育自身的更高层次的学制体系,改变目前在客观上形成的职业教育是终结性或非主流性教育的形势。另外,还应该构建职业教育与普通教育平等招生的体制:首先,改革职业高中和普通高中分等级、分时间段的招生录取方式,鼓励学生按照自身的发展兴趣选择学校;其次,将目前高职

院校主要招收普通高中毕业生，改为以中职毕业生为主、普通生及其他毕业生为辅的招生政策，使高职招生主要面向“高考落榜生”转向中职毕业生，利用中、高职衔接的政策优势，拓宽中职学校毕业生升学的渠道；最后，建立高职学生升入本科院校的更宽广的渠道，构建职业教育的学士、硕士、博士顺畅而自然的学位体制。

（二）历史与现实并重——规划职业教育与普通教育的融通

全面推行职业教育与普通教育融通的教育体制，是中国特色教育模式的创新与发展。普通教育与职业教育的融通涉及教育的众多方面，包括制度融通、学制融通、课程融通等。制度融通涉及普通教育管理、职业教育管理、职业资格管理间的关系协调和政策认同问题。首先是管理体制融通，从教育部来说，普通教育由基础教育司、高等教育司主管，职业教育由职成司主管，职业资格由劳动与社会保障部主管，这种分而治之的局面严重限制了职业教育、普通教育和职业资格制度之间的融通、互认，加强三者的融通与合作，是解决问题的关键。其次是学制融通，在学制上，我国一直实行“双轨制”，即普通教育一轨——小学、初中、高中、学士或高职、硕士、博士，职业教育一轨——小学、初中、中职（少部分升入高职）。两轨各行其道，互不干涉，互不交融，这严重影响了职业教育和普通教育的协调发展。因此建立普通教育与职业教育之间的学分互认、学制衔接是当务之急。最后是课程融通，从普通教育与职业教育的性质和特点出发，整合教材，进行综合评价。因为当前普通教育设置的专业大类中包含着诸多专业方向，同样在职业教育的行业分类中有适应多种岗位群的培训包，两种教育的专业课程具有许多共通之处，重点是平衡专业文化理论知识与专业技能的权重分配、建立科学的能力标准与国家资格证书等级相对应的教育体制。

（三）理论与实践结合——加强培养高素质人才

职业教育与普通教育最根本的区别在培养目标方面，而培养目标主要通过课程得以实现，“职业教育普通化、普通教育职业化”是今后的趋势，在职业教育中加强基础课程、在普通教育中加强职业课程势在必行。

为了培养出高素质的、具有高就业能力的人才，理论与实践的结合即“工学结合”是可以选择的现实路径。职业教育与普通教育融通既要研究系统理论知识传授的课堂教学，同时还要研究专业技术和应用能力培养的实践教学，从学校课堂到生产一线，实现“工学结合”。除了职业教育为实现高质量、可持续发展，要加强工学结合、培养合格的实用人才外，普通高校毕业的大学生要实现与行业的无缝对接，从根本上解决就业难和技术人才缺的矛盾，普通高等教育也要把“工学结合”纳入其发展体系中。

（四）企业与学校齐心——调动多方力量参与人才培养

企业作为用人单位，对人才培养最有发言权，因此，调动企业参与人才培养的积极性具有重大意义。有企业的指导，学校可以按照社会需求办专业，让教学主动为经济服务、为企业服务。学校要建立定期调查企业需求的制度，建立“产教结合委员会”，邀请各大企业人力资源负责人参加，分析产业动向，了解企业对员工的需求状况，提出专业调整的意见。学校人才培养要坚持以就业为导向，以能力为本位，突破办学模式，坚持产教结合，校企联合，携手育人。

五、结语

总之，在中国民生问题中存在着复杂的结构性矛盾。研究和认识结构性矛盾是科学解决民生问题的切入点。在教育问题中由于普通教育与职业教育的结构失衡造成的结构性矛盾就是突出表现之一，其中包含了人才培养的类型、规模和层次等方面的问题。普通教育与职业教育结构性矛盾的形成既有历史上的原因，比如传统文化的影响，也有现实社会中的根据，比如社会人才观的偏差。构建科学的教育体制、规划职业教育与普通教育的融通、培养理论与实践结合的高素质人才、实现企业与学校齐心协力参与人才培养是解决普通教育与职业教育的结构性矛盾的重要方面。

社会心理障碍与社会稳定[1]

载《社会科学》1991 年第 10 期

普列汉诺夫曾说:“影响社会心理,也就是影响历史事实。”[2]实践证明,社会心理与社会的发展与稳定密切相关。社会心理障碍的出现是社会稳定的潜在威胁,对消除社会心理障碍,对促进社会稳定与发展是极其重要的。

一、心理障碍是影响社会稳定的重要因素

社会心理学家认为,社会中的每一个人随时都会遇到各种社会威胁,每一个人都在对付威胁的过程中逐渐形成具有自己特点的方式和成功的处世常规,一旦这些对付威胁的个人模式被破坏,在这个人身上就要产生压力。由于心理障碍产生于心理压力,与心理压力密切相关,有的人干脆把心理障碍直接称为心理压力。

个人的心理障碍会造成人的紧张、焦虑,并导致各种疾病产生,对个人的身心健康发生影响。社会心理障碍会酿成群体情绪、群体行为,进而破坏社会的整合,危及社会的稳定,因此,社会稳定机制中不能不包括社会心理因素,而社会的稳定发展,必须消除社会心理障碍。历史的经验也证明了这一点。

一些社会心理学家很早就研究了社会心理障碍和社会稳定之间的关

① 文章发表时署名作者还有关颖。

② 潘允康、关颖:《社会改革与心理障碍》,天津社会科学院出版社出版 1990 年版,第 1 页。

系。比如在20世纪60年代,美国的黑人聚居区经常发生大规模的暴力行动,参加者扔石块和瓶子,火烧住宅,抢劫商店。究竟是什么事情引起他们如此发泄呢?研究证明,这与种族隔离政策对人们产生的心理压力和黑人的心理障碍有关。美国的克纳委员会1968年指出,黑人聚居区与白人社会密切相关,是白人机构创造并维持了少数民族聚居区,是白人社会容许了黑人聚居区存在。这一点,大多数美国白人是不会充分理解的,而黑人却是不会忘却的。在纽约地铁系统内乱涂乱画一直得不到解决的闻名事例,也是人们的又一种群体性的反社会行为。那些乱涂乱画的艺术家们在纽约地铁的大部分车厢上涂满了五颜六色的大壁画,其内容主要是"艺术家"的姓氏和街道号码。市政当局把这种乱涂乱画斥之为非法的侵犯行为,颁布了制止这一行为的法律,并买了大量的油污洗涤剂,试图涂掉这些壁画。但在不惜工本花费了一大笔开销之后,乱涂乱画的现象未见减少。社会心理学家分析了这一现象,认为乱涂乱画是人们为使一种冷酷、丑陋的环境人道化所做的尝试,光把这种行为归结为对环境的侵犯是不行的,还应解决人们对环境的心理感受。

心理障碍,特别是群体心理障碍对社会稳定的影响是多方面的。流言的传播,犯罪的增长,群体越轨行为的发生,乃至动乱和暴乱,都是十分具体的表现形式。

流言的传播既是心理障碍的表现,又可能产生新的心理障碍。所谓流言是相互传播关于现实社会问题的某种不确切的消息,这种传播一般是口头的、外形式化的和非官方的。流言一传十、十传百,越传越失真,一直传播得面目全非。在一个社会剧烈变化的时候,人们常常感到无所适从而惶惑不安,因此容易接受和传播流言,以此来解脱那种难以名状的惶惑感、恐惧感,求得一种安全感。改革十年来,我国的社会生活现实表明,人们对普遍关心和企盼的事情容易产生流言。比如人们对物价问题很敏感,希望能保持物价相对稳定。然而,近几年物价上涨过快,给人们带来了生活和心理上的压力。而国家的物价政策又不稳定,此时即产生了流言传播,人们又很容易接受流言。发生在1988年夏天的全国范围的抢购风，充分表现了人们心中的不满和由此而来的盲动。另外，人们感到不平和憎恶的事情也容易产生流言，以使愤恨得到发泄。这些年来人们对少数干部以权谋私、党风不正、社会风气不正深恶痛绝，于是对“当官”的各种流言也随之产生。这种流言几乎使人们相信，搞不正之风者不是少数干部，而是多数干部，甚至所有干部“为官必贪”，因而大大降低了党和政府在人民群众中的威信。一些人对搞亲属网络，“太子”接班夫人参政不满，因此，当某个领导干部一旦被提升或重用，社会上立即传出了某人是某个中央领导同志的儿子、女婿之类的流言，满城风雨，莫衷一是。可见由心理障碍产生的流言，极不利于社会的稳定。

犯罪是危害社会稳定的行为，而犯罪者大多都有心理障碍。根据社会心理学研究，凶杀犯在行凶前往往经历过不同的心理障碍过程。有些青少年在他们犯凶杀罪以前不久，曾经历了失去最亲近最依赖的人的痛苦，使他们在情绪上所依赖的这个人不再发生作用。有些青少年则在犯罪之前的日子里，日益变得焦虑不定，烦躁和狂乱。他们的睡眠与饮食无规律，谈话语无伦次，表现出严重的焦虑，以及由于周期性的不可控制的哭泣而引起的恐慌，不良情绪迅速上涨。有些人在凶杀前对自身以及生活的各方面都变得特别悲观和厌世，极为沮丧，由自责变为自憎。而大多数强奸犯都是性心理变态者，包括性攻击、性虐待、过度的性兴奋、性报复等。

社会上的群体行为，也称集群行为，对社会稳定构成很大的威胁。1985 年 5 月 19 日晚中国足球队在北京工人体育场以 1∶2 负于香港足球队后发生了球迷闹事事件。据社会心理学家分析，这种球迷闹事，也是心理障碍所至。部分人的心理疾病长期得不到治疗，不满情绪得不到发泄，从而借球发挥，借球闹事。这种自发的、狂热的、非常规性的行为，是由输球这一信号高度刺激起来的，经过聚集的观众相互情绪感染，到情绪爆发，跑到大街上制造事端，酿成了群体性攻击行为。输球只是释放原有能量的触发器，并非是闹事的直接原因。

从上述心理障碍危及社会稳定的事实中不难确认，心理障碍是影响社会稳定的重要因素，应当引起高度重视。

二、我国改革中的心理障碍问题

改革以来，随着社会的变革，生活水平的提高，使人们的精神生活丰富了，然而问题和矛盾也增多了，出现了在巨大社会变革中人们常有的心理特点。

为了解和分析我国改革开放的社会心理基础以及改革开放以来的社会心理特征、心理障碍，我们曾于 1988 年底至 1989 年初，以问卷调查形式在天津市区、郊区、县进行了较大规模的社会心理调查，共回收有效样本 1124 个。调查涉及十年改革开放使中国社会发生的变化，人们对改革开放的态度，对改革开放中出现的各种问题的看法，对各种现实生活的感受、选择，生活事件以及理想、道德、价值观等诸多方面。调查结果突出显示了群众中存在着引人注目的心理不健康和心理障碍问题。比如，有 63.8%的被调查者说“原来不烦恼的事，开始使我烦恼”，其中经常有这种情绪的占 11.4%，有时有的占 28.3%，偶然有的占 24.1%。有 38.2%的人说“我觉得心烦，亲友的帮助也不管用”，有 49.7%的人说“我不能集中精力做我要做的事”，还有 37%人感到泄气。有些人面对现实，觉得道路坎坷，回顾以往，甚至感到人生经历是场失败，其中经常有这种感觉的占 5.2%，有时有的占 7.1%，偶然有的占 12.3%。另有 18.8%的人说“我感到孤独”，有 24.9%的人说“我感到人们对我不友好”，有 32.9%的人说“我感到苦闷”，有 44.1%的人说“我觉得有好些话要说，但又没有合适的机会说”，等等。由于这种情绪上的不满，以至产生生理上的不适，影响到工作、学习和生活。有 47.6%的被调查者反映说他们经常、有时或偶然“睡不好觉”，其中经常睡不好觉的占 8.6%。有 29.6%的被调查者说平时“我做任何事情都不起劲”，其中经常如此的占 3.5%。这些都说明个体的心理健康和心理疾病问题不仅客观存在，而且对人们的生活产生了一定的影响，这也在一定程度上构成了社会心理障碍。

如果用历史比较的方法，可以进一步证明，在改革中不仅心理疾病客观存在,而且随着时间的推移,改革的深化,这一问题越来越突出了。在1985年天津市进行的第3次千户户卷调查中,曾向被调查者询问了“调换新的工作环境”“与上级领导关系不和”等44项生活事件和“原来不烦恼的事开始使我烦恼”“我觉得心烦,亲友帮助也不管用”等26项有关心理感受,1989年的调查中,又重新问到上述问题。从两次调查结果的比较中,便可以清楚地看到心理疾病呈增加的趋势。比如,在1985年的调查中,当问到是否存在“原来不烦恼的事开始使我烦恼”时,其中,4.6%的人表示经常有,10.8%的人表示有时有,10.9%的人表示偶然有。而在1989年这三项数字分别为11.4%、28.3%和24.1%,增长幅度较大。为了全面比较两年的调查资料,我们将平均值和标准差值列表如下:

表1 1985年和1989年天津城市居民心理感觉之比较 %

问题:在过去的一年里,您在心理或生理上是否有如下感觉	平均值		标准值 1985年 1989年	
	1985年	1989年		
原来不烦恼的事,开始使我烦恼	3.58	2.89	1.00	1.13
我不能集中精力做我要做的事	3.45	3.23	1.10	1.19
我感到泄气	3.76	3.51	0.07	1.05
我觉得我的人生经历是场失败	3.82	3.84	0.89	1.15
我感到孤独	3.86	3.64	0.82	1.05
我感到人们对我不友好	3.94	3.76	0.63	1.02
我做任何事情都不起劲	3.81	3.69	0.81	1.00
我感到很苦闷	3.79	3.58	0.86	1.03
我觉得不能信赖他人	3.69	3.57	0.89	1.19
我会想起以往经历的不愉快的事	3.53	3.06	1.05	1.22

说明:1.此内容在调查中共26项,限于篇幅此处仅引用其中8项(下表同)。

2.在调查中询问每一个问题时分“经常有”“有时有”“偶然有”“没有”“不知道”5个档次,并以1、2、3、4、5表示,因此平均值越低,表明感觉越强烈。

心理障碍和改革之间的关系，还可以从城乡居民心理感受的差异中表现出来。我国的改革是从农村开始的。1978 年党的十三届三中全会确定了改革开放的基本方针后，在农村以联产承包制的实行为突破点，开始了在中国农村乃至整个中国开展改革的伟大历程。从逻辑上说，改革进程越快、越深入，人们的各种心理感受也就越强烈，心理反差也越大。农村的改革早于城市、快于城市，因此，农村的心理障碍问题也比城市居民突出，这从城乡居民的心理比较中可以看出。见下表：

表 2　1989 年天津市城乡居民心理感觉之比较　　%

问题：在过去的一年里，您在心理或生理上是否有如下感觉	经常有		有时有		偶然有	
	城	乡	城	乡	城	乡
原来不烦恼的事，开始使我烦恼	8.5	16.6	26.9	30.7	20.8	30.0
我觉得心烦，亲友帮助也不管用	2.6	11.1	13.5	15.1	13.6	27.0
我不能集中精力做我要做的事	7.8	9.7	23.9	16.8	13.5	31.2
我感到泄气	4.3	6.9	12.1	11.9	16.4	5.7
我觉得我的人生经历是场失败	3.8	7.9	6.8	7.7	8.9	18.3
我感到孤独	3.6	8.2	8.5	13.9	7.9	17.3
我感到人们对我不友好	3.5	5.4	5.0	11.4	11.4	17.1
我感到悲伤	2.5	4.0	4.6	11.1	7.4	21.3
我做任何事情都不起劲	2.6	5.0	6.3	12.4	14.4	23.3
我感到很苦闷	2.9	8.2	8.3	13.1	12.2	28.2
我觉得不能信赖他人	5.7	7.2	14.4	12.4	17.9	18.6
我会想起以往经历的不愉快的事	6.7	16.8	22.8	26.7	28.3	20.3

说明：调查中回答“没有”“不知道”及无回答的数据未列入此表。

在城乡比较中，我们看到了与年代比较的共同特点。总之，农村的改革走在城市的前面，农民比城市居民在改革中受益较多，农村生活比城市生活变化大，农民的各种心理感觉更明显，各种心理障碍反而更多。

在其他一些研究中，也同时证明了近年来心理障碍问题增多的现实。据新华社报道，1989 年 5 月间在浙江大学结束的第三届全国高校卫生保健研讨会上传出信息：精神疾病已构成对高校学生正常学习和生活的严重威胁。据报道，近几年大学生因病休、退学的病例中，精神疾病已占据第一位，远远超过肺结核、肝炎等传染病。北京市有关部门对该市 16 所高校本科生因精神疾病休学，退学情况进行的分析表明，近几年因精神疾病休学的人数占因病休学总数的 37.9%，因精神疾病退学的人数占因病退学总人数的 64.4%，均占学生因病休、退学病种的首位。天津某高校对 1332 名学生抽样调查结果反映出：有 24.92%的学生属于轻度和重度神经症倾向范围；有 34.68%属于不同性质的植物神经失调。一些学者在分析高校学生精神疾病高概率发生的原因时指出：当前我国社会乃至校园生活正处于大变革时期，竞争机制引入高校，毕业分配困难以及社会上存在的收入分配上“脑体倒挂”现象，对大学生的心理产生了巨大冲击。加之大学生正处于生理、心理以及思想变化时期，心理承受力较差，因而极有可能发生严重的心理失衡，甚至导致精神疾病。

在对心理障碍的分析比较中，我们发现有如下特点：一是普遍性，具体表现为在不同职业、不同年龄、不同性别、不同文化程度的调查对象中，均存在不同程度的不良心理感受，即心理障碍的产生不完全决定于个人自身的条件，也与社会因素有关，它是社会客观环境的变化作用于个体而产生的一种内在的心理现象。二是差异性。尽管心理障碍普遍存在，但不同个体的心理障碍发生程度却有所不同。比如，不同职业的个体的心理感受不同，知识分子与工人之间有差异，知识分子、工人与个体劳动者之间的差异更大。这与他们参与改革的程度、方式，在改革中受益大小，所冒风险程度等直接相关。三是相关性，人们的心理障碍有多种表现形式，诸如“烦恼”“泄气”“孤独”“紧张”等。对于有心理障碍的人来说，常常是一种心理联系着另一种心理，由一种压力产生另一种压力。

三、优化改革的社会心理，促进社会稳定

改革引起了社会心理的强烈震荡，而改革的成功又有赖于社会绝大多数成员的配合，有赖于积极的社会心理的支持。因此，采取有效措施，从宏观和微观的结合上疏导群众情绪，克服社会心理障碍，优化社会心理，是深入进行改革，促进社会稳定的不可缺少的要素。

1. 继续深化改革。我国的改革，是社会主义革命和建设中的一个新的尝试，没有现成的完备的理论作为指导，没有成功的经验可以借鉴，因此难免出现失误和曲折。由于人们对改革的期望值过高，对失误和曲折的心理准备不足，往往急于求成，一旦出现问题，便怨天尤人，心理难以承受。在这种情况下，要缓解人们的心理压力，消除改革的心理障碍，根本出路在于深化改革。这是发展生产力的基本保证，生产力发展了，必将推动社会一切方面的进步。改革越深入，对心理障碍的冲击力就越大，就越能够促进社会心理的转型与更新，消除滋生消极心理的客观因素。

在深化改革中，要动员群众参与改革，引导群众正确认识国情。对改革过程中发生的令人不满的现象，不是回避，而是予以彻底剖析、揭露和抨击，并切实纠正，使群众看到改革进程中的问题是能够在深化改革中解决的，增加群众对改革的信心和信念。同时，还要在改革的实践中进一步创造群众参与改革的各种条件。有了广大群众的支持，改革便有了坚实的社会基础，群众的心理障碍也会在参与改革的实践中得以逐步消除。

2. 搞好舆论宣传与监督。新闻媒介的舆论宣传对改革的社会心理及改革的进程至关重要。首先，对改革将给群众带来的实惠，在宣传上要适度，避免使人们产生每一项改革必然会给群众带来巨大的实际利益，都会立竿见影的错觉。通过舆论宣传调整群众的期望值，以减少不满情绪，增加满意度。其次，对改革中存在问题的报道要真实，使群众认识改革的艰巨性、复杂性，做好经受阵痛、付出必要牺牲的思想准备，提高心理承受能力。最后，要加强舆论监督。积极的、富于建设性的、实事求是的、与人为善的舆论监督，实质上是在利用疏导的方法密切党群关系和干群关系。

人民群众蒙冤受屈或对某些社会问题心中有气，舆论监督批评了，权力机关处理了，群众就能心平、气顺，在一定意义上说，人民群众通过新闻媒介公开发泄不满，起着“社会安全阀”的作用，对社会稳定意义重大。

3. 加强思想政治工作。人们的思想是客观存在的反映，只要人存在于社会生活之中，思想问题、心理障碍的存在是不可避免的。对此采取强制手段是行不通的，而熟视无睹，听之任之，问题则会由小而大，由少而多，乃至危及社会安定。有效的思想政治工作，要贯彻“疏导”的方针，疏通思想渠道，创造宽松环境。还要正确引导，耐心教育，把人们的思想引导到党所要求的，符合绝大多数群众的根本利益的正确轨道上来。

以公开、平等、真诚的态度开展民主协商对话，是思想政治工作由单项交流向双向交流发展的一个突出变化。它可以使教育者和受教育者面对面地进行思想上的沟通。随着改革的发展，协商对话的必要性更加突出了。如物价改革、劳动制度改革等都是十分艰巨复杂的系统工程，涉及社会每一个企业和每一个家庭，既有风险，又有困难，进行这样的重大改革，离开广大群众同心同德的支持和参与是不可设想的。而要群众支持和参与，必须从思想上与群众进行沟通。开展民主协商对话则是这种沟通的好形式，是思想政治工作的一项行之有效的方法。

4. 提高国民心理素质。我国几千年的闭关锁国，封建主义，小生产的传统观念的影响以及一个时期以来旧有僵化模式的束缚，使整个国民的心理素质偏低。在现实社会中，人们总是自觉或不自觉地以传统的心理定式和生活习惯来支配自己的行为，评价、认识社会的变化，这就使得许多人的心理无法与现实相容。适应改革的心理素质，首先要使人们面对开放的世界，勇于接受新事物。要确立新的信念，要对改革中形成新的认识、新的观念在主观上不断巩固，在客观上不断强化，使之强化为民族群体的信念。其次要坚定民族自信心，这是国家兴旺发达，立于不败之地的基本前提。最后是增强心理承受能力。要做好引导工作，让人们认识和理解社会的变化，取得对新的社会结构的认同，还要充分利用传播手段，强化外部刺激，形成新的观念氛围，使人们积极地承受社会变革所带来的压力。

5. 保持心理健康。运用行之有效的方法保持人们的心理健康，并激励人们以最佳的精神状态、积极投身改革，是优化社会心理的当务之急。为此，要创造适当的宣泄条件，让人们将心中苦闷、积怨发泄出来，避免个体间的相互感染引发群体的不安定因素。还要改善人际关系，建立良好的生活方式，使人们在宽松的气氛中生活和工作。

邓小平社会思想初探[①]

载《理论与现代化》1995 年第 1 期

邓小平同志的建设有中国特色社会主义理论博大精深。探讨邓小平理论和思想可以是多角度、多视野的,其中从社会角度,从经济与社会协调发展角度,探讨邓小平社会思想是一个十分重要的方面。

一、邓小平社会思想形成的历史条件

邓小平的社会思想产生于当代世界现代化的进程和中国建设与改革的实践。从全球来看,西方早期的资本主义工业化曾经带来了经济的高速发展。然而,财富的增加并未使人的幸福感成比例增长,反而是不满、困惑和心理压力的增长. 并且导致了资源枯竭、环境污染、人口爆炸、生态失衡、犯罪率上升等社会问题,制约了经济的进一步发展的速度。这就引起了人们对于经济与社会协调发展问题的关注。当今,无论是"悲观派"还是"乐观派"都意识到了经济与社会协调发展的重要性。与西方国家相对照,苏联和东欧社会主义国家过分强调政治斗争,忽视了经济的持续发展和人民生活水平的不断提高,也最终导致了社会动乱。这从另一个方面说明,经济与社会发展的不协调是一个十分严重的问题。

从我国来看,中华人民共和国成立后的一段时间,我们并没有以经济建设为中心,而是把政治斗争放在第一位,执行了一条"以阶级斗争为纲"

---

① 文章发表时署名作者还有唐中新、孙彦峰。

的路线，以至于进行了“文化大革命”，使国民经济濒临于崩溃的边缘。

邓小平科学地总结了国际、国内现代化的经验、教训，创立了经济与社会协调发展的理论。这个理论的核心是大力发展生产力，提高人民的生活水平；而要发展生产力，必须有良好的社会环境。换句话说，社会机制要从各个方面适应经济建设这一中心的要求。因此，他提出了本文要阐述的社会改革实验理论、社会控制理论、社会结构理论。

二、社会改革实验理论

在邓小平的思想理论体系中，社会实验思想占有重要的位置，也是最有特色、最富有魅力的内容之一。所谓社会试验是根据一定的理论假设或社会思想，在局部范围内实行某项改革措施或施加某种影响，通过观察、分析、总结，发现和证实经济发展与社会现象间的因果关系及改革措施实施的效果，从而决定是否在全局推进该种改革措施的社会实践活动。

改革是新事物。马克思、列宁为我们建设社会主义提供了世界观和方法论，但他们并没有创造出成功的社会主义发展模式。西方资本主义国家现代化理论颇多，但并不能从根本上解决发展中国家的现代化问题，尤其是不能为中国社会主义的发展提供药方。由此可见，中国的改革在书本上和现实中都找不到答案，必须通过实验来解决问题。邓小平指出，我们的开放政策，其他一系列经济政策以及全面的体制改革都是一种实验。他不急于一开始就形成一个严密而周全的改革计划，而是在纵观全局的基础上，首先在局部可行的范围内试行，并根据试行的结果，进而采取推广全局的举措。邓小平“摸着石头过河”的理论，以及“走一步，看一步”“试点总结后再推广”的思想就是代表，它集中表现了邓小平的务实和实事求是的作风。改革作为一种新事物，会遇到种种阻力和困难，因而在实验过程中必须有勇于探索和创新的勇气，不能因为一点挫折就畏缩不前。邓小平反复强调要“大胆地试，大胆地闯”“不能像小脚女人一样”“深圳的重要经验就是敢闯。没有一点闯的精神，没有一点‘冒’的精神，没有一股气呀、劲呀，就走不出一条好路，走不出一条新路。”①他认为深圳经验的总结，也是我们十余年改革开放总的概括。他认为，“我们每走一步都要总结经验”。这些都是邓小平的实验思想和理论。如果从经济和社会协调发展来看这个实验理论，它可以包括3个基本的方面：

1. 经济体制改革在先，带动政治体制改革。经济体制改革在先还是政治体制改革在先，是当代两种不同的发展模式。一种模式首先强调政体变革，寻求以政治体制改革促进经济体制改革。这种改革的实质是要全盘模仿和照搬西方资本主义模式，其结果是从政治上改掉了社会主义国家的根本性质。邓小平认为中国的改革不是要改变国家的社会主义性质，而是“社会主义制度的自我完善”，是“在一定范围内发生了某种程度的革命性变革”。因而形成了“一个中心、两个基本点”的根本战略，以经济建设为中心，坚持四项基本原则，坚持改革开放。既然如此，经济体制改革应当是领先的。

2. 建立经济改革和社会改革相配套机制。邓小平的改革论绝不仅在经济领域，而是涉及包括政治在内的广阔的社会领域。他认为中国的经济改革尽管不会引起社会性质的根本变化，也会“引起经济生活、社会生活、工作方式和精神状态的一系列变化”，或者说引起社会变迁。而这一系列变化又都应该与经济改革相配套。邓小平指出：“我们提出改革时，就包括政治体制改革。现在经济体制改革每前进一步，都深深感到政治体制改革的必要性。”②他提出了党政分开，转变政府职能，提高组织效率等一系列主张。他说：“不改革政治体制，就不能保障经济体制改革的成果，不能使经济体制改革继续前进。”③在政治民主化进程方面，他提出要继续巩固和完善人民代表大会制度，在县级以上实现间接选举，在基层进行直接选举等等。除去政治体制改革外，邓小平在两个文明建设一起抓，在法制建设及教育、科技与经济发展的关系上都有大量论述，都表明

① 《邓小平文选》第三卷，人民出版社1993年版，第372页。
② 《邓小平文选》第三卷，人民出版社1993年版，第176页。
③ 《邓小平文选》第三卷，人民出版社1993年版，第176页。

了他的经济与社会协调配套，社会发展为经济建设服务，与经济建设相适应的思想。

3. 渐进的发展论。邓小平渐进的社会发展观是其社会实验思想的直接逻辑。既然中国的改革开放是前无古人的事业，要用“摸着石头过河”的办法进行，就只能是渐变的，而不是突变的；只能是有序前进的，而不是突变的，只能是有序前进的，不能是无序前进的。我们的十余年改革就是遵循这样一种思路而逐渐展开的。比如，实行农业生产责任制，首先是在安徽省和四川省试验性地实行包产到户，待取得经验后再推广的。又比如，我国开放格局的形成，起初只是在深圳市搞试点，中央权力下放，给予优惠政策，引进外资，发展外向型经济；待取得经验后，又开辟了厦门、汕头、珠海经济特区，然后是沿海 14 个城市对外开放，沿江沿边开放，最后推广到内地，形成了逐步推进的全国开放格局。这是有规律、有步骤、有秩序地进行改革。

综上所述，邓小平的社会改革实验理论是经济优先，实行经济社会改革配套，实行一种渐进有序的发展。这就要求社会要稳定，要实行社会控制。

三、社会控制理论

所谓社会控制，就是通过社会力量使人们遵从社会规范，维持社会秩序的过程。社会控制的任务是维护社会秩序，保证社会的正常运行及社会的稳定。稳定是社会控制的中心概念。

1. 社会稳定理论。社会稳定，在社会学上是指社会的一种正常运行与协调发展状态。社会的稳定是改革开放、经济发展的前提条件。因而，邓小平十分重视社会的稳定，他认为社会稳定包含两个方面的内容，“一个是政局稳定，一个是政策稳定”①。前者是指一个国家要有一个安定团结的政治局面，后者是指现行的基本政策的稳定不变。邓小平说“中国人

---

① 《邓小平文选》第三卷，人民出版社 1993 年版，第 217 页。

多，如果今天这个示威，明天那个示威，三百六十五天，天天会有示威游行，那么就根本谈不上搞经济建设了。”因此，“中国的问题，压倒一切的是需要稳定”①，他认为没有一个安定团结的政治局面，就不能安下心来搞建设，已经取得的成果也会失掉。自鸦片战争到中华人民共和国成立，一百多年来，中国内乱外患不断，经济文化落后。弱国贫民的屈辱史表明，中国不能再搞动乱。中华人民共和国成立以来正反两个方面的经验教训也说明，什么时候社会稳定，什么时候经济文化就发展，人民就安居乐业；什么时候动乱，社会就会停滞倒退，人民就会遭殃。党的十一届三中全会以来，我们的改革之所以取得巨大成绩，关键就在于维护了一个安定团结的政治局面，全国人民能一心一意致力于经济建设。

要稳定，不是不要发展。在稳定与发展的关系上，邓小平重视社会稳定对社会发展、改革开放的重要作用；同时，也认为稳定是相对的。稳定的目的在于发展，发展才是硬道理。

2. 实现社会稳定的手段——社会控制。社会控制是实现社会整合、社会稳定的有效手段和可靠保证。社会控制分为硬控制和软控制。前者是指用强制手段进行社会控制，如法律、纪律；后者是指由习俗、道德、信仰等规范构成的控制，其特点是形成无形的压力，通过调节社会成员的内心世界达到社会控制的目的。正确有效的社会控制是进行经济建设的前提。所以，邓小平从改革开放以来就一直强调要两手抓，两手都要硬。

在社会控制的诸形式中，法律是最为有效、最具威力的整合手段。因此，邓小平认为，我们必须学会使用法律武器同各种形式犯罪分子进行斗争。并建议人大常委会、国务院制定、发布有关的条例、法令，对罢工罢课，游行示威等问题做出规定，在法律范围内解决社会稳定问题。

法律、纪律作为硬控制手段是必要的，但是道德、理想、信念等控制手段也是不可少的。软控制可以对人起一种潜移默化的作用，使人们自觉地运用各种社会规范来指导、约束和检点自己的行为，使我们行为“不逾

① 《邓小平文选》第三卷，人民出版社 1993 年版，第 284～285 页。

矩”。所以，邓小平还十分注意道德、信仰、理想这些软控制的作用。他反正强调要加强思想工作，“改善社会风气要从教育入手”[①]，他说，要教育全党同志发扬大公无私、服从大局、艰苦奋斗、廉洁奉公的精神，坚持共产主义思想和共产主义道德。“教育全国人民做到有理想、有道德、有文化、有纪律。”[②]

另外，社会舆论也是社会控制的工具，能起到硬、软控制所起不到的作用。

总之，各种控制手段都是相互联系的，相互补充和相互依赖的，其目的都在于造就一个安定团结的社会环境，保证改革开放顺利进行，保证社会经济渐进协调的发展，实现我国现代化发展的宏伟目标。

四、社会结构理论

所谓社会结构是指社会体系各组成部分、各要素间的比较稳定的联系模式。邓小平根据马克思主义的基本观点，在这个方面提出了一系列独到的见解，主要内容至少包括“一国两制”、多级的社区格局，以及党政分开、适度分权的社会组织体系等等。

1.“一国两制”

由于历史的原因，在我国大陆建立社会主义制度30多年之后，祖国的香港、台湾和澳门一直实行资本主义制度，未能实现与祖国统一。用怎样的方式顺利实现祖国统一，统一后实行怎样的社会体制，是面临在中国人民面前的大问题。于此，邓小平创造性地提出了“一国两制”。用他的话说，“就是在中华人民共和国内，十亿人口的大陆实行社会主义制度，香港、台湾实行资本主义制度”。[③] 这是一个伟大的创举。其中，他把国家的整合、统一看作是“一国两制”政策的核心。他说：“问题的核心是祖国的统一。”他在进一步解释这一思想时说：“一国两制’也要讲两个方面。

① 《邓小平文选》第三卷，人民出版社1993年版，第144页。
② 《邓小平文选》第三卷，人民出版社1993年版，第110页。
③ 《邓小平文选》第三卷，人民出版社1993年版，第58页。

一方面，社会主义国家里允许一些特殊地区搞资本主义，不是搞一段时间，而是搞几十年、成百年；另一方面，也要确定整个国家的主体是社会主义。

2. 多级的社区格局

社区是划分社会区位空间的概念。它是指在一定的地域和地理条件中，有一定经济基础、社会组织、文化、传统、生活方式、心理素质的人口所组成的区域社会群体。在我国建立特区、开发区和普通社区三位一体，表现了邓小平的多级社区格局思想。

改革开放以前，我国城乡社区在经济体制和管理体制方面具有高度的封闭性、雷同性等特征。那时，不管是沿海还是内地，不管是城市还是乡村，都是计划经济体制，都不能吸收利用外资，都不允许发展非公有制经济，也都不拥有较大的经济管理权。这种雷同化的社区格局限制了一些社区发挥资源、地理、人际优势，从而大大迟滞了中国社会生产力的发展速度。党的十一届三中全会以后，为了加速实现我国现代化的宏伟目标，邓小平先是倡导兴办了深圳、珠海、汕头、厦门 4 个经济特区，海南建省后又批准海南岛为经济特区。经济特区是实行特殊的政策和管理体制，以吸收利用外资为主，以市场调节为主，拥有较大的管理权限和公有制主导下的多元经济结构的社区，是改革开放以来，我国城乡社区的新类型。对于这一类社区在我国整体社区结构中的地位、性质、功能，邓小平作了深刻的阐述。他说："特区是个窗口，是技术的窗口，管理的窗口，知识的窗口，也是对外政策的窗口。从特区可以引进技术，获得知识，学到管理，管理也是知识。特区成为开放的基地，不仅在经济方面、培养人才方面使我们得到好处，而且会扩大我国的对外影响。"①正如事实所表现的那样，邓小平一直认为经济特区在改革开放和社会主义现代化建设过程中起着带头作用。不仅如此，他还针对有些人对特区性质的误解，明确指出，特区姓"社"不姓"资"，特区的公有制经济仍然是主体，就是外资部

---

① 《邓小平文选》第三卷，人民出版社 1993 年版，第 51～52 页。

分,我们还可以从税收、劳务等方面得到益处。

在兴办了特区之后,邓小平又倡导开放了沿海十几个城市,在长江三角洲、珠江三角洲、闽东南地区、环渤海地区等开辟了一大批经济技术开发区或开放区。这些开发区或开放区既不同于一般社区,又不是特区,而是实行某些特区政策的一类社区。兴办、发展这一类社区是邓小平的改革开放的社会思想的一个重要体现。他在1984年2月就曾经指出:“除现在的特区之外,可以考虑再开放几个港口城市,如大连、青岛。这些地方不叫特区,但可以实行特区的某些政策。”①1986年8月,邓小平视察天津开发区时题词“开发区大有希望”,充分肯定了这一类社区的重要作用。

当然,在中国这样一个幅员辽阔的国家,特区、开发区还是少数,大部分社区不是实行特区政策和管理体制,而是普通社区。但是,它们通过特区、开发区这样的窗口,获得了改革开放的经验、知识,争取到了某些对外合作项目。而特区、开发区也在资源、资金和劳动力方面将到了其他社区的帮助。因此可以说,我国现阶段的这三类社区是相互依赖、相互促进的。这种三位一体的社区格局是促进我国现代化建设,实现改革开放的战略目标的结构模式之一,也是邓小平以经济发展程度和梯次为格局的社会结构观的重要体现。

3. 党政分开,适度分权的社会组织体系

(1)党政分开,职能合理化。由于复杂的历史原因,新中国成立后,党委和政府的职能结构关系始终没有理顺。党的十一届三中全会以来,邓小平多次强调党政要分开。他在《党和国家领导制度的改革》等多篇文献中反复阐述了这个观点。在他看来,建立合理的党政职能结构涉及政治体制的改革。党委应该只管大事,不能管小事,不要设经济管理部门,那些部门的工作应该由政府去管。并且针对某些人担心的党政分开会削弱党的领导的思想倾向,反复指出,坚持党的领导,关键是善于领导,干预太多,以党代政,并非加强而是削弱了党的领导。这些思想是对于我国社会

---

① 《邓小平文选》第三卷,人民出版社1993年版,第52页。

主义革命和建设的正反两个方面的经验教训的总结，对于进一步优化党委和政府的职能结构，具有重大的指导意义。

(2)适度分权与权力下放。组织的一切权力大都集中在中央和中央最高领导者一个人手里，实行家长制的管理方式，这是生产力水平低，分工不发达的结果。然而，由于封建残余的影响，我国社会现阶段，党政组织权力过分集中的管理方式仍然比较盛行。邓小平从政治体制改革的角度深刻论述了这种权力结构的危害性。他说，权力过分集中于个人或少数人手里，多数办事的人无权决定，少数有权的人负担过重，必然造成官僚主义，必然要犯各种错误。在此基础上，邓小平提出了改革和完善党政组织内部的权力结构的观点，概括地说，就是权力下放、适度分权和严格实行集体领导、民主集中制的原则。这是现代组织理论的一个重要特点，也是社会主义现代化建设的客观要求。适度分权是要建立党政组织的合理的权力结构体系，是要调动各级组织和广大干部的积极性，是为了使上级组织乃至中央摆脱繁重的事务性工作，发挥决策、调控的中枢作用，并不意味着要削弱上级和中央的权威。在整个改革开放的过程中，下级服从上级，全党服从中央，中央要有权威，也是邓小平关于组织权力结构的重要观点，它和权力下放是一个问题的两个方面，是矛盾的统一。

总之，邓小平以经济社会协调发展为主导的社会改革实验理论、社会控制理论和社会结构理论是邓小平社会思想的基本内容，也是邓小平建设有中国特色社会主义理论的重要组成部分，是值得认真探讨与钻研的。

消费行为的社会研究视角

——评介彭华民的《消费社会学》

载《理论与现代化》1997 年第 5 期

南开大学社会学系副教授彭华民撰写的《消费社会学》一书，已由南开大学出版社出版。它是我国第一本从社会学角度研究消费行为的专著。

消费行为历来被人们认为是日常生活中的经济行为，有关专家学者已从经济理论角度对消费行为做过大量的研究和阐述。实践证明，消费行为不仅是经济行为，而且是社会行为，只有从经济与社会协调发展的视角去审视和研究消费行为，才能对它有较为全面而深刻的认识。

经济与社会协调发展思想是 20 世纪下半叶以来世界发展观的新理论。自从联合国在 1959 年提出“经济发展与社会发展均衡”的口号以来，无论是发达国家还是发展中国家，都日益深刻地认识到单纯的经济观点不符合客观事物的本质和发展规律。因此，从社会角度观察和认识经济问题是不可或缺的。可以说，《消费社会学》是运用社会学理论和方法，对消费行为进行深入研究的一个成功的探索。该书具有以下几个特点：

1. 该书从社会学视角，即从家庭、社会群体、社会心理、社会阶层、社会文化、社会运动、人的权益保障、社会组织等多方面研究了人的消费行为及影响因素，从而把社会生活和经济生活紧密地联系起来。如在消费者与家庭一章中，作者不仅分析了家庭类型（结构）与消费行为的关系，而且从静态进入动态，分析了家庭生命周期与消费行为的关系，分析了家庭生命周期各阶段的消费特点。作者还进一步剖析了家庭关系中的角色地位及对消费行为的影响。在消费者群体一章中，作者不仅把社群研究与消费研究结合起来，提出了从消费角度划分社群的看法，而且阐述了消费者参考群体、意见先导者等方面的问题，这些研究都是很有特色的。

2. 该书立足于实证和应用研究并进行了缜密的理论思考。作者在展开本研究时，首先进行了周密的理论探讨和准备。她利用 1994—1995 年赴美国讲学的机会，对国外有关研究理论和资料进行了广泛的收集和分析，并对其中一些最新的观点进行了评析。回国以后，她不仅搜集了国内大量的相关资料，而且深入社会开展实地调查，取得了第一手资料。作者深入研究了近十年来我国的消费者权益保护运动，从消费者问题是一个社会问题的基点入手，以大量篇幅和丰富的数字论述了中国消费者运动的特色，即迅速的组织化过程、迅速的制度化过程、国家参与运动过程与舆论参与运动过程，勾画了中国消费者运动发展的轮廓。全书形成了理论分析与应用分析融为一体的特色。

3. 该书有理论上的创新。作者认为，以经济人为假设研究消费行为是不适宜的，提出了研究消费行为，首先应把消费者看成是一个社会人的看法。并指出社会人在追求目标实现的过程中，行动受自己动机的支配，同时也受行动的环境、实现目标的手段和社会规范的制约；社会人的需要是多层次的，不仅有生存还有发展和享受需要的满足；社会人处在生活群体中，是社会网结上的一分子，要与他人相互作用和影响；社会人是有丰富情感的人，人的消费行为中不能不包含有社会心理因素等。作者认为，消费者、经营者和生产者都不是孤立的，他们连同其活动的市场都是大社会系统中的子系统。有了市场系统是社会子系统的观点，就能将许多社会变量引进对市场分析之中，从而把市场与消费行为的研究引向深入。

毋庸置疑，《消费社会学》一书从对纯经济因素的消费研究框架中走出来，从社会学的视角对消费行为过程中诸种因素的互动关系进行了研究，从而展示了一个立体的消费行为分析过程；同时，开拓了社会学研究的新领域，增强了学科之间的交叉和融合，为我国经济社会学的建设和发展作出了贡献。该书是社会学家对经济过程进行探索的新尝试。它的出版已经和正在引起社会反响，是值得理论工作者和实际工作者一读的好书。

婚姻质量的家庭结构观

载《理论与现代化》1997 年第 10 期

研究婚姻质量可以有多视角，从家庭结构入手研究婚姻质量，是一个重要方面，它可以使我们从夫妻关系和家庭关系的角度去了解婚姻质量的内涵和影响因素。

一、婚姻质量和家庭结构

婚姻是男女两性依法律和社会风俗的规定建立的夫妻关系。婚姻的本质在于它是一种人与人之间的关系，是一种特殊的社会关系。婚姻关系不仅是男女两性的生理结合，也是社会结合。通过婚姻关系能衍生出家庭关系和一系列其他社会关系。婚姻的成立标志着家庭的诞生，家庭中的夫妻关系带来了亲子关系和其他亲属关系，形成了家庭关系的网络和结构。婚姻关系作为家庭关系的一种，处在家庭关系网络之中，和其他家庭关系相互作用，相互影响。只有在家庭关系网中，换句话说，只有在家庭结构中，才能对夫妻关系从总体上把握，才能从本质上解释夫妻关系和婚姻质量。

所谓家庭结构是指家庭分子之间的某种性质的联系，家庭分子之间的相互配合和组织，家庭分子之间的相互作用和相互影响的状态，以及由于相互作用和相互影响而形成的家庭模式和类型。从一定的意义上说，家庭结构就是家庭关系，是家庭的总体关系。从家庭结构入手研究婚姻和婚姻质量的必要性在于：①有益于把握婚姻质量的本质特征和属性。

所谓婚姻质量从根本上说是婚姻关系的质量。②有益于理解婚姻和婚姻质量的社会性。婚姻本是一种社会行为，只有从社会和社会行为的角度才能真正把握婚姻质量的历史性和时代特征，把对婚姻质量的理解从狭隘的男女两性关系中跳出，扩展到家庭和广阔的社会空间，得到对婚姻质量的真正理解。③有益于把婚姻和家庭的研究结合起来。婚姻和家庭的关系十分密切，密切到两者似可等同和相互取代的地步。无论社会怎样改变，婚姻和家庭都不可分离。离开家庭去研究婚姻质量是形而上学的。④有益于比较研究方法的使用。婚姻关系作为一种特殊的家庭关系和其他家庭关系有明显的区别，在和其他家庭关系的联系和比较中，有利于理解婚姻质量的评判标准和变化，有利于开展对婚姻质量的量化研究。

二、婚姻质量和家庭结构的重心

家庭结构是家庭关系的总体，包括各种家庭关系，其中起主导作用的关系是家庭结构的重心与核心。

1. 家庭结构的重心在于家庭中的基本三角

依社会学和人类学观点，家庭结构的重心与核心在于家庭结构的基本三角。著名社会学家、人类学家费孝通引用了雷蒙德·佛思的话说，舞台上或银幕上的三角是二男一女（近来也有二女一男）间爱的冲突；可是从人类学者看来，社会结构中真正的三角是由共同情操所结合的儿女和他们的父母。费孝通认为，在婚姻的契约中不仅包含一种关系，而是包含两种相连的社会关系——夫妇关系和亲子关系。这两种关系不能分别独立，夫妇关系以亲子关系为前提，亲子关系也以夫妇关系为必要条件，这是三角形的三边，不能短缺的。[①] 费氏理论从几何学到家庭结构学，十分精辟地阐述了家庭结构的核心是家庭结构中的三角，它包含了两种互相联结的关系，即夫妻关系和亲子关系。在讨论婚姻问题时，不能只看夫妻关系，还要看亲子关系，只有在两种关系的分析比较中，才能对婚姻问题

---

① 费孝通：《生育制度》，天津人民出版社 1981 年版，第 66 页。

有深刻理解,才能对婚姻质量予以判定。

2. 横向重心与纵向重心

家庭结构的重心在于家庭中的基本三角,其间还有横向和纵向之分。就夫妻关系和亲子关系的方向而言,夫妻关系是平辈关系,是横向的;亲子关系是异辈关系,是纵向的。所谓横向重心是指夫妻关系比亲子关系重要,夫妻关系处在主导地位,夫妻关系支配亲子关系。所谓纵向重心是指亲子关系比夫妻关系重要,亲子关系处在主导地位,亲子关系支配夫妻关系。自古至今,家庭结构的重心相同,都在于家庭中基本的三角;然而,重心的方向却不同。

德国社会学家穆勒里儿曾将人类婚姻的动机概括为三种,即经济、子女和爱情。我们若不考虑经济动机,只比较子女和爱情的话,子女标示着亲子关系,爱情标示夫妻关系。在上古和中古时代,都是亲子关系比夫妻关系重要;现代则是夫妻关系比亲子关系重要。换句话说,上古和中古时代,家庭结构的重心方向在纵向;现代,家庭结构的重心方向则在横向。

不仅西方的社会学家这样认为,我国的学者也持相同的看法。传统婚姻的主不在于夫妇有爱,而在于夫妻结合,传宗接代。根据儒家的传统,婚姻历来是两姓宗族之事,并非男女双方个人的事。故依礼成“妇”的仪节,尤重于成妻的仪节。《礼记·婚义》上说,婚礼者将合两姓之好,上以事宗庙,下以继后世也。故君子重之。可见婚姻不仅是男女个人的正式结合,而实为一宗族承先启后的必要阶段。换句话说,男子结婚不是为个人娶妻,而是为宗族娶妇;女子结婚,不是为个人嫁夫,而是嫁与夫姓的宗族为妇。在儒家看来,天地不合,万物不生。大昏(作者注:婚),万世之嗣也,君何谓己重焉?人结婚成家上要孝敬父母,下要传宗接代,家庭和婚姻的重心在纵向,不在横向;在于亲子之间,而不在夫妻之间。在儒家文化中,中国人过去的婚姻向来是把生活的享受除外,把感情的满足撇开,甘愿挑起一副人生的担子,满足于履行婚姻家庭义务,含辛茹苦,而毫无怨言。亲了关系比夫妻关系重要,在很多情况下,不是亲子关系依赖于夫妻关系,而是夫妻关系依赖于亲子关系,夫妻关系依靠亲子关系来维持和支撑。这不仅是过去中国家庭的现实,也是今天中国部分家庭的现实。

3. 婚姻质量与家庭结构重心的方向

不同时代、不同家庭,人们有不同的婚姻质量观,它与家庭结构重心及其方向是密切相关的。

家庭重心在纵向的家庭,衡量婚姻质量的标准主要在上下两代,对上是否孝敬父母,对下能否传宗接代,特别是传宗接代是十分重要的。家庭重生育,重生儿子。婚后妻子能否生育,特别是能否生儿子是家庭中的头等大事,是婚姻和家庭是否成功的重要标志。与此相关的,则是家庭中夫和妻能否承担婚姻和家庭义务和责任,婚姻和家庭是否稳定。至于夫妻本人的生活质量,夫妻生活是否和谐,夫妻之间有无爱情并不重要,因为它不是测量婚姻质量的主要指标。

家庭重心在横向的家庭,衡量婚姻质量的标准主要在本代,在夫妻之间的关系,夫妻之间有无爱情,生活是否和谐,其间关系是否民主和平等。至于能否生育,传宗接代,并不重要。在家庭观上也主要不单是求稳,而是求新、求异。家庭的稳定并不能完全说明家庭的质量。

总之,不同时代、不同社会、不同社会文化氛围中的家庭结构的重心和重心的方向不同,婚姻和家庭质量观也有很大差异。

三、在现代社会变迁中家庭结构重心方向的改变和婚姻质量观的更新

现代社会的家庭正在由义务型向情感型转变,家庭结构的重心仍在家庭中的基本三角;然而,重心的方向正在由纵向转为横向,由亲子关系转为夫妻关系。这种变化也带来了婚姻质量观的变化,具体表现为:爱情已经成为衡量婚姻质量的最重要的指标;由以下一代人为重变为以本代人为重,以亲子关系为中心变为以夫妻关系为中心;在生育上以少生优生为佳;家庭的稳定和持久已经不是衡量婚姻和家庭质量的主要标准。

1. 家庭结构重心方向在横向使爱情成为衡量婚姻质量的重要标准

传统中国家庭不言夫妇有爱,而是夫妇有别。婚姻是由父母包办的。夫妻结合不是为着爱,婚姻被看得十分严肃,甚至带着一些悲壮的调子。

在婚姻的契约中，生活的享受被除外，感情的满足被撇开，剩下的只是生活的重担。这是因为家庭结构的重心在纵向，不在横向；在亲子关系，不在夫妻关系。

现代中国家庭的情况发生了很大的变化，家庭结构的重心由纵向向横向转移，由亲子关系向夫妻关系转移，夫妻有爱就成为家庭中十分重要的事情。婚姻法上讲婚姻要以爱情为基础，社会舆论也主张以爱情为基础的婚姻。“爱情”二字已经成为青年人恋爱、结婚、建立家庭的主要宗旨，在少数家庭中甚至是唯一宗旨。尽管为数甚多的人并不真正理解什么是爱情，一些人也没有得到真正的爱情，爱得辛苦，爱得难过，但还是在热烈地追求爱。今天，爱情成为家庭中的重要事情，成为衡量婚姻质量的重要标准，是与夫妻关系在家庭中地位的提高和改变有关的。

2. 家庭结构重心方向在横向使婚姻和家庭价值观念的取向逐渐由纵向转为横向

在中国的家庭中，传统价值观念的取向是向下的，子女最重要，一切为了子女。这种观念在今天的中国家庭中仍有很大的影响。我们常常听到有的做父母的说：我们这一代人不行了，寄希望于下一代了。父母在家庭中为子女呕心沥血，做出牺牲，而心甘情愿者，大有人在。不仅观念上如此，行为上也是如此。1996 年在天津进行的一次关于消费方向的调查证实了这一点。在调查中，当问到“你家有更多的钱时，你愿意将它用来做什么”时，把供子女上学排在第一位的人最多。与此相关的另一次社会调查也证明，40％以上的人储蓄是为了给孩子积攒学费，20％的人则是为子女结婚存钱。这说明家庭消费的重心与家庭关系的重心是一致的，是向下的。

然而，我们在观察和把握以上事实的同时，还必须看到这种观念正在改变，正在由以下一代人为重，转变为本代人和下一代人并重，甚至是本代人重于下一代人。在天津进行的一次关于“经济发展与妇女家庭地位”的调查中，曾向被调查者询问了有关性别角色态度的有关问题。在问到“如果配偶跟子女的需要有冲突，应该优先考虑配偶的需要”时，做妻子的有16.2%表示“非常同意”，有39.4%表示“有些同意”，两者比例达到55.6%，一半以上；有36%左右的人不同程度地反对。做丈夫的，有18%表示“非常同意”，有37.3%的人表示，“有些同意”，合占55.3%，与妻子的回答十分相近；而在不同程度上表示反对的占36.3%，也和妻子的回答十分相近。这说明人们的观念正在发生变化，不仅妻子(女人如此)，丈夫(男人也如此)。由此我们可以得出结论：随着家庭结构由纵向向横向转移，人们的价值观念也由纵向转为横向。一个婚姻是否成功，家庭质量是否高，与本代人自我实现程度是呈正相关的。

3. 家庭结构的重心方向在横向使人们把生育上的少生和优生，注重自我实现和自我发展，作为婚姻质量的重要标准

能否生育，能否生男，能否多生，一直是衡量婚姻和家庭质量的传统标准。一个家庭中的女人不能生育是大不幸，是不合格的女人。由于实行父系传递，不能生男也是大不幸。不能生育，不能生男，都会被认为是断了香火，是婚姻和家庭的大不成功。生育越多越好，人丁兴旺是家庭质量的最主要指标。

随着家庭结构的重心由纵向向横向转移，人的价值观念由下一代转向自身，能否自我发展和自我实现，是家庭和人生的大事。人们越来越意识到，生育尽管是家庭中不可缺少的事情，但子女过多会是拖累，会降低本代人的生活质量，影响本代人和下代人的发展。为此，许多家庭采取少生、优生的办法。近年来出现的关于成立丁克家庭(家庭只有夫妇二人，不要孩子)的主张，集中代表了现代家庭在结构重心由纵向转为横向后，人们婚姻和家庭质量观的巨大变化。生育已经由过去家庭质量的最主要标准，降为今天家庭质量的次要标准。今天人们结婚更多地着眼于自我发展、自我实现，对幸福生活的追求，并把这些作为衡量婚姻是否美满、家庭是否幸福的重要标准。

4. 家庭结构的重心方向在横向使人们从家庭相对稳定上去理解婚姻和家庭质量

传统家庭结构的重心是向下的，生育、抚育是家庭生活中的最主要内

容，因此家庭的稳定是家庭生活的需求，也是家庭质量的标准。离婚被视为大逆不道之事，甚至犹如洪水猛兽；白头到老、从一而终是人们的家庭理想。至于夫妻之间是否满意、夫妻之间有无情感都是次要的，为孩子也要维持婚姻，也要在一起；既然已经生了孩子，就不要再想离异，这是大多数人的价值观念和取向。

今天家庭结构的重心由纵向转向横向，由以下一代人为重转为本代人为重，人们不再盲目追求婚姻和家庭的绝对稳定性，也不把婚姻和家庭的绝对稳定看作是婚姻和家庭质量的主要标准。“离婚”已走进社会，步入家庭。今天人们已经开始接受新的观念，即感情已经破裂的婚姻，是死亡的婚姻，维持死亡的婚姻是不道德的，不幸福的，已经死亡的婚姻应该用离婚的方法来解决。离婚自由是对于结婚自由的不可缺少的补充。通过离婚，解除死亡婚姻，通过再婚或其他方式重整破裂家庭，不仅不会降低家庭质量，反而能使家庭新生，提高家庭质量。以往由于家庭重心在子女，即便夫妻感情破裂而为了子女，也要维持，而不会离婚。从今天的观点看，那是一种高稳定、低质量的家庭。在家庭结构的重心已经转移的今天，离婚常常是解除死亡婚姻，重建新家庭，提高家庭质量的契机。我国自 1949 年以来曾经出现过三个离婚高潮（一是中华人民共和国成立之初，从新婚姻法颁布到 1953 年。二是 1976 至 1979 年“文化大革命”刚刚结束时期。三是今天的改革开放时期），都是社会迅速进步时期，也是婚姻家庭迅速更新、质量提高时期。由此可见，稳定并不是今天衡量婚姻家庭质量的唯一指标。相对稳定比绝对稳定对今天的家庭更实际，更合理。

总之，在现代社会中，随社会的变迁和家庭结构重心方向的转移，判定婚姻家庭质量的标准也在变化。不同的家庭结构重心方向有不同的婚姻家庭质量标准。从家庭结构入手研究婚姻质量，是从事物的本质和内因观察问题、研究问题的方法，是一个十分重要的角度。

离婚现象的理性思考

——辩证统一的社会观

载《理论与现代化》2001 年第 3 期

离婚和离婚率的增长是婚姻家庭中的突出现象，不仅世界各发达国家是如此，发展中国家也是如此。在崇尚婚姻稳定，有“白头到老，从一而终”传统的中国，今天也出现了大量的离婚现象。国际上通用的离婚率的计算方法是用当年登记结婚的夫妻对数与离婚的夫妻对数之比。用这种方法计算，以我国发达大城市上海和天津为例作一说明。据上海《统计年鉴》披露的 1995 年数字，该年上海有初婚人数 14.61 万人，离婚为 4.53 万人，两者间的比例为 3.23∶1，即约每 3 对来登记结婚，就有 1 对来要求离婚。而 5 年以前，即 1990 年仅为 6∶1，5 年中离婚率提高了约 1 倍。再看天津，据天津民政局 1998 年的统计数字，离婚率为 4.2∶1，天津的中心区和平区为 3∶1，也不落后。上海和天津的离婚率都已接近或达到发达国家水平（美国为 2∶1，苏联为 3∶1）。

怎样看待离婚，特别是今天社会离婚现象的增多和离婚率的增长，一直是社会舆论和学术理论界争论不休的话题。一个十分矛盾的现象出现了：离婚的越来越多，带来的社会问题也越来越多，可社会对离婚的限制越来越少，社会舆论对离婚也越来越宽容，但任何一个社会都不鼓励离婚，这是发人深省的。因此，用辩证统一的思维方法，从宏观社会和微观个人相结合的角度分析离婚现象是十分重要的。

婚姻从表面形式上是男女两性的个人结合，从本质上是社会结合。

婚姻不仅是个人行为，也是社会行为。离婚现象中个人行为和社会行为充满了矛盾，是矛盾与斗争的辩证统一。

一、离婚与婚姻个人行为

今天实行自主和自由婚姻，一个人在法律认可的范围内和谁结婚，什么时候结婚，完全由当事者自己决定。在任何婚姻中都有个人的行为方式，个人的条件、个人的心理意愿、选择权和决定权等，从这个意义上说婚姻是个人行为。从规律上看，强调婚姻是个人行为，自然要削弱对婚姻的社会控制力，婚姻相对不稳定，离婚率会增高。

现代社会婚姻价值观念的特点之一就是以人为中心，强调人的自我发展和自我实现，比如主张个人在婚姻中的愿望和权利，主张个人在婚姻中对爱情的追求，主张提高女性在婚姻中的地位等，并把这些作为婚姻质量的重要指标。事实证明，这些要求和主张都可能使离婚者增多，离婚率增高。在社会调查的实证资料中，我们从简单的数量关系上，都能找到个人行为与离婚之间的内在联系，比如婚姻的自由度与离婚之间的关系，对爱情的追求与离婚之间的关系，夫妻之间的合作与离婚的关系，女性地位的提高与离婚之间的关系等。以下我们以天津市 1999 年大规模婚姻调查资料来说明这一点。（该调查用多段分层随机抽样的办法在天津市区和郊区共抽样本 2000 个，其中包括 1200 个家庭的夫妇，500 个来登记结婚者，300 个来要求离婚者。以下简称该调查为“社会调查”。）

1. 婚姻自由度与离婚

所谓婚姻自由度包括结婚自由度和离婚自由度之不可分割的两个方面。今天强调婚姻自由。主张个人在择偶结婚和离婚上的决定权，是婚姻中个人行为因素增长的首要表现。

社会调查资料证明，择偶自由度高的离婚的可能反而多。在社会调查中，我们把婚姻择偶途径，即怎样与配偶认识、交往和结合的分为三类，它可在一定程度上表明择偶的自由度。一类是“自己认识”，整个择偶过程没有他人参与，全由当事者自己进行，自己决定。二类是“别人介绍，自己决定”,包括父母、亲戚、朋友、同事、媒人、婚介机构介绍,从中不同程度帮忙,最后由当事人自己进行和决定。三类是由“父母或他人包办”,个人的婚姻由他人决定。调查结果表明,离婚群体择偶属一类即“自己认识”者的比例为39.4%,大大高于非离婚群体的21.5%,而后两类的比例低于非离婚群体。换句话说,择偶过程越是自由,完全由当事者个人进行的,离婚的概率反而高。这使我们联想起封建的“父母包办婚姻”时代,人们无权自己择偶、离婚概率也低的规律。说明择偶的自由度与离婚是密切相关的。

同样在离婚问题上,强调个人意愿,不考虑或较少考虑家庭、子女的,离婚的也多。过去中国人的婚姻观念比较保守,一般是从家庭的整体利益出发,对婚姻采用容忍的态度,即便夫妻情感已经破裂,家庭婚姻不幸,还是要维持。今天人们不同了,而是从个人出发,“合得来则合,合不来则散”,不为家庭和子女而迁就,越来越容易地做出离婚决定。在社会调查中,在问到“如果夫妻关系十分紧张,即将破裂,您认为当事者应首先考虑的问题”时,离婚群体认为“该离则离”的为71.4%,认为“为了子女,不能离婚”的为25.3%,认为“为了‘面子’不能离婚”的为24%,认为“为了财产及其他家庭生活原因不能离婚”的为1%,而非离婚群体在上述回答中的对应数字分别为:36.7%、60.2%、1.9%、1.2%,差别很明显,其中,认为“该离则离”的仅约为离婚群体的一半。

2. 对爱情的追求与离婚

今天人们结婚更讲求爱情,追求爱情,以有无爱情作为择偶和婚姻成立的首要条件,使婚姻成为一种个人心理感受,个人情感和意愿的事情,是婚姻中个人行为因素增长的又一表现。以往的义务型婚姻表现了更多的夫妻之间以及家庭成员之间的合作和认同。与义务型婚姻相比,爱情型婚姻则表现了更多的“自我中心”和“自我认同”。有人把爱情说成是对对方的自我心情和感受,不无道理。

社会调查资料表明,择偶时把“爱情”放在重要位置的离婚的多,而把“过日子”放在重要位置的离婚的相对较少。无论是离婚群体和非离婚群体在择偶时都要求对方的“相貌身材好”和“忠诚可靠”，在此基础上非离婚群体更重视对方“生活能力强”，占择偶前 3 位条件的 40.8%，而离婚群体则强调“要有爱情”，占择偶前 3 位条件的 52%。在比较“爱情”和“过日子”哪个重要时，离婚群体认为“爱情最重要的”为 37.2%，远远高于非离婚群体的 24%，因此有的人说，在婚姻中越是强调爱情因素，越是追求爱情的，离婚者多；而在婚姻中务实，主张结婚就是成家“过日子”的，离婚者少。换句话说，“爱情型婚姻”没有“义务型婚姻”稳定，是带有规律性质的。相比较而言，前者更强调婚姻中的个人的意愿，后者则强调婚姻与家庭中的合作。

在情感世界有两种现象同时存在着，一是情感的“专一性”和“排他性”，另一是情感的“多元性”。过去人们出于对家庭的责任和义务的考虑，只承认前者，否认后者；今天人们的价值观念逐渐转向个人，许多人对之直言不讳了。正像霭理士在《性心理学》中所说的：“每一个男子或女子，就基本与中心的情爱来说，无论他或她如何倾向于单婚，对其夫妇而外的其他异性的人，多少总可以发生一些带有性爱色彩的情感；这一点事实，我们以前是不大承认的，到了今日，我们对它的态度却已经坦白得多了。”在本次调查中非离婚群体有 87.7%的人说一生中只爱过自己的配偶一人，而 12.3%的人说不只爱过配偶一人，还爱过他人；而离婚群体有 68%的人说一生中只爱过配偶一人，有 32%的人说不只爱过配偶一人，还爱过他人。由此可见，离婚群体多元情爱的比例显然高于非离婚群体。

多元情感必然会导致婚外恋的出现。“婚外恋”和“第三者插足”是近年来在婚姻家庭领域出现较多且引人注目的现象。对此，无论非离婚群体和离婚群体中的多数人都持反对态度，然而也有一部分人对此从不同的角度表示宽容、理解，甚至赞同。非离婚群体持这种态度的占 8.8%，而离婚群体持这种态度的占 19%，是非离婚群体的 1 倍还多。

3. 夫妻交流合作与离婚

结婚只是婚姻和家庭的开始，夫妻之间只有继续进行全面的合作与交流，才能保持婚姻的长期性和稳定性。今天人们以自我为中心，必然在一定程度上减少夫妻之间的交流与合作，从而增加了婚姻的不稳定性。

事实表明，结婚后夫妻能较多进行情感和语言等方面交流的离婚者较少，相反则较多。被调查者谈到婚后夫妻间情感和语言等方面交流的体会时，非离婚群体认为有“说不完的话”的占 65.5%，“希望交谈，但对方不给机会”的占 12.4%，“缺少共同语言，没话找话的”占 7.5%，“没有共同语言，不愿交谈”的占 5%；而离婚群体恰恰相反，比例数字分别为 7.1%、24.9%，23.2%、35%。相比而言，离婚群体在情感和语言交流上较差。这说明婚后不能或不注意进行情感和语言交流的离婚者是较多的。

在家庭中夫妻之间能合作，用较民主的方式处理家庭事务的不易离婚，相反容易离婚。在社会调查中，我们把处理家庭事务的方式归结为五种类型，即“命令式：个人说了算”“通报式：先斩后奏”“商量式：共同决策”“放任式：不闻不问”“乞求式：言必称‘请’”。其中“商量式：共同决策”是民主型方式，非离婚群体采用这种方式的达 90.6%，而离婚群体用这种方式的为 69%；相反，离婚群体用“个人说了算”“先斩后奏”“不闻不问”的比较多。

在家务中能把家庭视为一个共同体，合作处理家务的不易离婚，而各行其是，个人说了算，各人只管各人事的，容易离婚。我们以家庭理财（经济管理）方式为例。现在通行的一种是“谁用谁拿，共同管理”，另一种是“钱交妻子，由妻子管理”。前一种是合作，后一种也是为相当数量的家庭所认可的合作。社会调查资料证实，非离婚群体用这两种方式的达 90.5%，而离婚者仅为 74.7%，低于前者。在离婚群体中有 16.3%的人采用现在流行的 AA 制，即各赚各的钱，各用各的钱，而非离婚群体采用这种方式的只占 2.7%。

性生活是夫妻关系中的重要因素，是需要双方合作来完成的。对于性生活的满意度是夫妻关系是否和谐的重要指标。过去人们对于这一问题是回避的，但它客观存在。今天的调查表明，它和婚姻的稳定性有密切的关系。在社会调查中，非离婚群体中夫妻双方对性生活都很满意的占

63.8%,一方不能满足另一方或双方都不满意的占6.4%,夫妻间很少有性生活的为3.9%。相对来说,离婚群体夫妻双方对性生活都满意的只占20.3%,一方不能满足另一方或双方都不满的占18%,夫妻间很少有性生活的也达到18%,性生活满意度低于非离婚群体。

4. 女性地位的提高与离婚

从一定的意义上说,女性在婚姻家庭中不再依附男性,讲求自主自立,和男性平起平坐,是婚姻中个人和个性凸显的又一表现形式。它是从性别角度上表现的。世界上许多发达国家提供的资料表明,自20世纪下半叶以来,女性在离婚中渐渐取得了主动地位,离婚多数是由女性首先提出来的。自20世纪80年代以来我国各地有关离婚的调查数字都证明女性在离婚中有主动地位,首先提出离婚的多。在本次社会调查中,离婚群体中有26.8%是由男方首先提出离婚,43.4%是由女方首先提出离婚,29.8%是双方共同提出离婚。这是对封建的只有丈夫可以“休妻”,而妻子不可“休夫”的离婚传统的反动,是婚姻的进步;但在客观上也带来了离婚率的增高,产生了婚姻的不稳定性。

二、离婚与婚姻社会行为

费孝通先生在谈到婚姻的社会性时说:“我说婚姻是用社会力量造成的,因为依我所知世界上从来没有一个地方把婚姻视作当事人间个人的私事,别的人不加过问的。婚姻对象的选择非但受着社会的干预,而且从缔结婚约起一直到婚后夫妇关系的维持,多多少少,在当事人之外,有别人来干预。这样,把男女个人间的婚姻关系弄成了一桩有关公众的事件了。这并不是一般人的无理取闹,或是好事者的瞎忙,而是结合男女成夫妇所必需的手续。”他还说:“因为在我们的文化里,时常会使人觉得夫妇关系是两性关系,婚姻是确定两性关系和个人开始性生活的仪式。可是在很多民族中两性关系并不以婚姻始也并不限于夫妇之间,而同时特别值得我们注意的是夫妇之外的性生活无论如何自由,并不会引起婚姻关系的混乱。这使我们觉得婚姻关系和两性关系并没有绝对的联系,因之,我们不应把限制两性关系视作婚姻的基本意义。”[①]按照费孝通的说法，婚姻之外的两性关系之所以受限制是因为要维持和保证对儿女的长期的抚育作用，有必要防止发生破坏婚姻关系稳定性的因素。他认为，婚姻的社会功能是以生育和抚育为中心展开的。

按照历史唯物论，人类社会的生存与发展需要依赖于两大部类的生产，一类是物质的生产和再生产，另一类是人自身的生产和再生产。这两大部类的生产都是不可缺少的。没有第一大部类的生产，人们不能生存；没有第二大部类生产，人类不能传递绵延。因此，人类社会要有婚姻和家庭，并要用法律和道德等手段对它实行社会控制与规范，以保证它完成以生育和抚育为中心的社会功能，使人类社会绵延下去。人类社会的初期，人们对此还没有十分明晰的认识，因此婚姻家庭比较松散，婚姻中个人的随意性的东西较多，离婚多而容易是自然的。随着一夫一妻制的产生，人们对于婚姻家庭本质认识的深入，无论从传宗接代，还是从私有财产的传递角度，都需要婚姻的确定性和稳定性，因此婚姻的牢固性被强调了，离婚难发生了。尽管从某种意义上说，它符合了社会的要求，但它是以抑制和消灭个人意愿为代价的，用今天的观点看，是在婚姻问题上对于人性和人格的摧残与泯灭。今天的社会强调人权，强调人自身的发展与实现，强调在婚姻问题上的个人幸福与意愿，自然要对封建社会的婚姻模式和价值观予以否定，还个人以婚姻中的权利和自由。但是应当指出的是，现代社会的这种变化并没有改变婚姻的本质，即婚姻是社会行为的本质。因此，从某种意义上说，今天的社会对婚姻问题有两难的境地，一方面社会要尊重个人的意愿和选择，保证婚姻自由，即结婚自由和离婚自由；又要对婚姻行为实行社会控制，维护婚姻和家庭的相对稳定性。因为没有婚姻和家庭的相对稳定性，就不能保证这一社会组织对于社会功能的正常发挥。这两者之间是相互矛盾的。从个人幸福主义的观点出发，婚姻越自由越好，在婚姻家庭中承担的责任和义务越少越好；从婚姻的社会性观

---

① 费孝通:《生育制度》，天津人民出版社 1981 年版，第 33 页。

点出发，则婚姻不能过于自由无序，家庭必须相对稳定，结婚的人必须履行婚姻家庭义务，这对于每一个结婚成家的人来说都是不言而喻的。今天，强调婚姻的个人性，不能忽视婚姻的社会性。

三、在个人行为和社会行为的矛盾统一中认识离婚

实现婚姻自由，是婚姻的进步，是不可改变的社会发展潮流与趋势。今天我们应当保护和保证每个人在婚姻中的自主权和决定权。

然而，我们在充分尊重当事者的意愿，保护婚姻自由时，仍然要从总体上保持婚姻家庭的相对稳定性，对离婚现象实行社会控制。列宁在强调离婚自由时还同时说过，虽然不难设想，承认妇女有离婚自由，并不等于号召所有的妻子都来闹离婚。婚姻既是个人行为，也是社会行为。社会确立婚姻家庭制度是要形成社会日常生活的基本单位，以保证社会生活的有序性和稳定性，完成种族延续和传递的社会功能。大规模的婚姻家庭解体和动荡，显然不利于这一功能的实现，是对社会有害的。迄今为止，无论生产力怎样的高水平，科技技术怎样发达，人类自身的生产和再生产还要靠婚姻和家庭来完成，孩子要由夫妻来生，由父母和家庭来培养教育，婚姻和家庭是人类自身传递链条中的不可缺少的环节。因此，社会不希望也不能容许婚姻家庭大规模动荡和解体，因为它威胁了人类社会的自身的生产与传递。从个人的角度说，离婚也未必都是好事。且不说离婚者可能会被以往的情感牵连所折磨而苦恼，他们也会遇到财产分割和子女抚养等方面的问题，这对他们并不轻松。因此，对那些尚未破裂的家庭来说，做出轻率的离婚选择，不一定是上策。保持婚姻家庭的相对稳定性，对于社会和个人，从根本上来说都是有利的。正因为如此，社会不仅不会号召离婚，而且教育人们要珍惜自己的家庭，不仅享受婚姻家庭的幸福和权利，而且要履行婚姻家庭义务。

社会转型与社会工作

载《理论与现代化》2002 年第 4 期

19 世纪末 20 世纪初，专业性的社会工作在西方社会首先诞生。近一个世纪以来，它在不断回应社会需要的过程中成长。联合国于 1960 年出版的《国家社会服务方案之发展》一书指出，社会工作是一种用来协调个人及社会环境，以使它们更好地相互适应的活动。著名社会工作者史柏林进一步解释：社会工作是一种协助人们去预防和解决社会问题，恢复并增强他们的社会生活功能的一种制度化的方法，是人类社会福利的中坚制度，因为缺乏社会工作，社会福利制度就难以有效地发挥作用。现在发达国家社会工作都已经专业化了。这种专业化的社会工作，是指社会工作者运用社会工作专业方法，帮助社会处于不利地位的个人、群体和社区，解决困难，预防问题发生，恢复、改善和发展其功能，以适应和进行正常的社会生活的服务活动。

在中国，社会工作重新被认可，而且呈发展的态势，是与中国的改革开放向深入发展、正在走向福利社会密切相关的。改革开放使中国社会转型，我国社会正发生全面而深刻的变化，但也产生了前进中的社会问题，有弱势群体需要帮助，一些社会矛盾需要通过社区开展工作，帮助调整人与人、人与社会的关系，重新整合社会。中国的社会工作在改革开放和社会转型中应运而生。

一、社会工作的历史渊源

社会工作源于古代的“大同”思想和“幸福论”，发端于社会的慈善事业。中国古代儒家提出“大同”思想，《礼记・礼运》中有“故人不独亲其亲，不独子其子，使老有所终，壮有所用，幼有所长，矜寡孤独废疾者，皆有所养”的记载。墨家提出“兼爱”思想，主张有力者疾以助人，有财者勉以分人，有道者劝以教人，若此，则饥者得食，寒者得衣，乱者得治。法家提出“实利”思想，主张调节贫富悬殊，富民以富国，实行老老、慈幼、恤孤、养疾、合独、问病、通穷、振困、接绝等“九惠之教”。道家提出“无为”思想，反对上“多为”，主张下“有为”，以“甘其食，美其服，安其民，乐其俗”为理想社会之内容。

西方古希腊的“幸福论”认为，幸福是与别人共享而得来的，富人要幸福，要控制穷人，就要为穷人提供财富，使穷人有机会获得幸福。古罗马提倡宗教责任观，认为富人为穷人解除痛苦，是教义中包含的一种责任，要使受救济的穷人不因此丧失尊严，而富人则因此愈显尊贵。希伯来人认为，人们公平地享有社会物质财富，是一种正义的观念。公正就是个人按其功劳获得应有的财富，每个人都应公平地享有社会财富。这些在当时社会条件下不可能实现的理想和思想，包含了不同动机的慈善事业和社会工作的思想萌芽。

中国周朝的《周礼・司徒》记载，以保息六养万民，即慈幼、养老、振穷、恤贫、宽疾、安富。“荒政”（灾民救济）措施亦从周朝开始。西方国家的慈善事业最初是由教会发起和举办的。16 世纪，英国亨利八世开始规定征收救济品，由地方政府分发救济贫民。1869 年慈善组织会社在伦敦成立，以后扩展到其他城市、国家，包括美国。

慈善事业开始向社会工作转变，是在英国工业革命和法国大革命以后。社会生产力的迅速发展，加深了资本主义社会的矛盾，农民破产、工人失业，贫穷、流浪、盗窃、卖淫、赌博等社会问题日益增多。在这种情况下，单靠慈善事业显然是不行的，需要有专业的知识和技能来解决这些社会问题。英国伦敦赈济会和其他一些民间慈善机构共同考虑通过专业教育,建立专业体制。其后,美、英、法、德等国举办慈善学校进而创立社会工作专门学校,这是慈善事业转变为社会工作的标志。19 世纪末 20 世纪初,社会工作专业在西方社会正式形成,并成长发展起来。第一次世界大战后,一些国家采取"心理暨社会诊断治疗",促进社会工作专业化。第二次世界大战后,欧美等发达国家出现过相对经济繁荣,但也伴生了许多社会问题,许多国家都以建立福利国家为目标,这些都促进社会工作进一步专业化。20 世纪 70 年代以后,社会工作终于发展成为一门独立的学科,并向应用领域广泛发展,被运用于社会福利保障、社会风俗改造、社会困难救济、社会基层管理等方面,提供诸如福利保障、就业服务、职业培训、心理卫生、困难救助等方面的专业服务,在社会生活中的作用越来越明显。

中国现代意义上的社会工作产生于 20 世纪 30 年代初。当时,北京协和医院生活服务部开展了医药、衣物救助和生活服务,以后传播到上海、福州、广州、重庆、安庆等地的医院和福利机构,有关社会学和社会工作专业的教学也在大学开办了。中华人民共和国成立以后,社会工作从未间断过,诸如建国初期进行的收容、救济、改造妓女和流氓等游民的工作,封闭烟馆,收缴毒品,组织吸毒者戒毒,以及从未间断地对革命烈士家属、革命军人家属的慰问抚恤,对残疾人的救助等。改革开放促进了中国社会的转型,为新时期正规的、专业化的社会工作开辟了广阔的道路。

二、社会转型催生了社会工作

这里所说的"社会转型",不是一个单纯的政治概念,而是包含了广泛内容的综合概念。所谓社会转型,是说一个社会的政治、经济、文化、生活方式、心理、价值观念、社会结构等各方面的综合性变化。中国的改革开放使中国社会正在转型。

中国社会转型的标志是多方面的。第一,中国正在从一个封闭的社会变成一个开放的社会。开放是全方位的,不仅对外开放,对内也开放。

从对外开放的角度说，不仅国外的资金、技术被引进了，他们的人员、文化、价值观、生活方式也一起涌了进来，对中国社会产生了各个方面的冲击。第二，中国的经济发生了深刻的变化。经济的运行机制改变了，由单一的公有制转变为多种所有制并存，实现了由计划经济向市场经济的转轨，促进了经济的大发展。中国加入世贸组织，使得中国必须同世界经济接轨，进入世界经济秩序。第三，中国的社会结构发生了变化。以往的平均状态被打破了，贫富差别出现了，社会上形成了阶层和不同利益集团。中国从一个相对静止的社会变成流动的社会，在国内与国外之间、内地与沿海之间、城市与农村之间都出现了加速流动的人流、物流和信息流，中国人再也不故土难离了，而是走出家门，闯天下，创事业。在中国的社会生活中几乎天天都要出现新事物，股票买卖、证券交易、外汇兑换、贷款、不断浮动的银行利率、商品房买卖、社会保险、各种磁卡的使用、计算机上网等一涌而来，相当多的人还不知其所以然时，已经卷入其中了。第四，中国人的生活方式和观念也发生了深刻的变化。生活水平大大提高以后，在由温饱生活向小康生活过渡中，出现了快节奏、重情感、要闲暇等一系列新需求。

中国的社会转型还表现在人与人、人与家庭、人与社会关系的一系列变化。今天的中国人不仅爱国家、想集体，而且要个人利益了，个性的增长、人的自我和独立意识的增强，使得人与人之间的关系格局发生了变化。在社会的变迁中，人与人不仅保留了合作、友爱、奉献、互相帮助的方面，而且有了竞赛、竞争和交换行为的另一方面，不仅为他人，也为自己了。社会的改变使人与家庭的关系发生了变化，“家本位”变成了“人本位”，由过去以家庭的利益为重，牺牲个人服从家庭，到今天家庭与个人并重，甚至以家庭服从个人。今天人与社会的关系有了新的调整，比如随着改革开放的深化，旧有的“单位制”解体了，过去的“单位人”变成了今天的社会人、社区人。越来越多的单位只是人们就业、得到劳动酬金的地方，其余的需求由社会来满足，向社会去要。随着改革的深化，我们政府的职能也在变化。政府不再像过去那样包揽一切，而是集中到管理方面，实现了由“大政府，小社会”向“小政府，大社会”的转移。过去由政府管的一些事情，如劳动就业、建房和分配住房、人事管理、人才的使用和配置等，部分或大部推向了市场，交给了社会。

我们很难用一个较短的篇幅来概括改革开放二十多年来，中国社会的转型和各个方面所发生的深刻变化。无论如何，今天的中国人面临着许多社会前进中的新问题，诸如下岗待业、买房子……总之，面对着社会转型所产生的各种问题和压力，对于在旧的模式中生活日久的人来说，一时间可能很难适应，需要社会提供各种帮助，以增强人的新的社会生活能力，适应变化了的社会环境。另外，随着人的生活水平的提高，生活方式的改变，也产生了一些新的社会生活方面的需求，比如心理咨询等，也需要提供帮助。因此，我们可以说，社会工作是时代的产物，改革开放催生了中国的社会工作，使它迅速发展起来，并将在未来的社会生活中起着重要作用。

三、社会工作提供专业的社会救助

现代社会提供社会救助的方法是多种多样的，作为制度化的社会工作是一种助人的专业活动，它有一套明确的理论做指导。它不是人们日常生活中的守望相助，也不是出于怜悯之心的个人帮忙，而是基于人的权利与尊严、社会的公平与进步等一系列理念的助人活动。它有严密而科学的行为规则，形成了自己特定的工作模式，从而保证了工作过程的科学性。社会工作者是社会工作专业助人活动的执行者，他们受过专门训练，能保证助人活动科学、有效地进行。他们必须遵守社会工作“行业守则”，以保证职业行为的规范性。社会工作既不同于社会保障，也不同于社会福利。

1. 社会工作不同于社会保障

社会工作和社会保障都是对处于困难境地的人提供帮助，但有区别：第一，社会保障基本上是由国家法律规范的援助措施与制度，社会工作则是具体、直接地提供社会援助。第二，社会保障属于收入和物质的帮助，社会工作不仅提供物质上的帮助，而且提供精神上的帮助。第三，社会保障的直接目的是维持困难者的基本生活，因此也叫社会安全；社会工作除了救助以外，还有发展受助者能力的任务。第四，社会保障是对个人、家庭而言的，社会工作的对象不仅包括个人和家庭，而且包括社区。第五，社会保障主要是由国家和政府提供的，是政府行为；而社会工作则是由社会工作者提供，是社会工作者与受助者之间的合作，是民间行为。

2. 社会工作不等于社会福利

社会工作者常以提高人们的社会福利为自己的旗帜，但不等同于社会福利。社会工作是一种服务活动，是实现社会福利的手段。它通过福利向生活成员提供各种服务设施和服务，但某些成员可能因为各种障碍不能享用。这时，服务设施的享用尚需要提供另外的服务，这就是社会工作。在社会工作领域，社会福利方面的服务是一项重要的内容，这类内容称为社会福利服务。

四、社会工作面对社会问题

现代社会的发展和变迁带来了许多社会问题。面对社会问题，社会工作能向人们提供各种帮助。社会工作大体上可分为改善人们的物质生活和协调人们之间的关系两大类。这两大类又包括丰富的内容。从社会问题的角度说，它可以分为解决贫困、失业、疾病、残疾、犯罪、吸毒、家庭纠纷、劳资冲突、居住困难等工作，非常宽泛。联合国社会委员会曾经总结过社会工作的有关项目，主要有：调节劳资关系、进行职业介绍和职业辅导、实施社会安全和社会保障、倡导合作事业、进行社会教育、举办儿童福利、开展心理卫生和精神卫生以及公共卫生服务、伤残重建、参与住宅规划、进行公共救助、实行老年救助、推进城乡建设、推进社会运动、从事社会福利行政和社会工作教育等。

社会工作面对社会问题向人们提供各种帮助的范例很多。比如在西方一些发达国家，一些人虽然物质生活优越，但精神压力大，有心理障碍，社会工作者就向他们提供各种心理咨询和服务。在美国这种服务有多种形式，比如设心理热线，有心理疾病和障碍者可打电话同主持人交谈，诉说问题和苦闷，寻求对方的帮助和解决。还有的社会工作者充当“谈话伙伴”，当一个人有心理障碍时，他(她)可以充当谈话伙伴来谈心。社会工作者认为，谈话可以帮助对方解决问题，谈话的本身就是解决问题的一部分，因为它可以给受助者一个说话和宣泄的机会，以吐出心里的苦闷。现代社会的家庭不稳定，离婚率较高。针对这一情况，我国香港的社会工作者为女性离婚群体举办各种休闲、对话、娱乐活动，以缓解她们的压力和忧愁。美国的社会工作者针对少女未婚先孕现象多的事实，同医生合作，对少女未婚先孕者救助，根据不同的对象提供不同的帮助和建议，比如怎样对待怀孕，要不要做人工流产，怎样保护无辜的婴儿，以及如何处理与男友的关系，如何对待学业、事业等。

五、社会工作面对弱势群体

社会结构是各种社会群体之间相互联系而形成的相对稳定的关系构架。各群体的相互作用有两种形式:竞争与共生。当社会资源相对缺乏，各社会群体为了各自的利益而互相竞争时，那些常处于不利地位的社会群体被称为弱势群体。弱势主要表现在经济力量、政治力量弱小和社会地位低下。在社会中，老年人、儿童、妇女、残疾人等通常是公认的弱势群体。

老年人是社会工作的重要对象之一。为老年人服务包括老年人救助、老年人日常生活服务和社会适应服务。社会工作者把了解老年人的需要，并向其提供满意的服务，使其安度晚年当作自己的任务。美国实行社会养老，国家、教会、团体和各种慈善组织办的养老院很多，在那些养老院里护理老人的许多是专业的社会工作者。儿童和青少年是社会工作的又一重要对象。为儿童服务是指儿童抚养方面的服务，包括日间托管、儿童抚育和智力开发等。为少年服务主要针对保障少年健康成长和对少年违法行为的帮教和矫正。社会工作者为妇女提供的帮助主要有怎样处理家庭关系，应对家庭暴力，以及提供家政管理的咨询服务等。

六、社会工作面对社区建设

随着改革开放的深化和社会转型，社区发展和社区建设变得越来越重要。社会工作面对社区建设可以提供各种服务。从方法的角度说，社会工作可分为个案工作、小组工作和社区工作。个案工作以个人和家庭为工作对象，小组工作以小组中的个人为工作对象，而社区工作则以社区为工作对象。

一般而言，社区工作可以调整和改善社会关系，减少社会冲突；寻求社会福利需要和社会福利资源的有效配合，改善权利和资源的分配，改善社区生活，促进社区进步。社区工作的这些功能是通过社区工作者扮演不同的角色发挥出来的。社区工作者在社区工作中扮演的角色主要有：引导者角色。即引导社区建立其本身的目标，主动鼓励社区发现问题，并采取解决问题的行动，使社区成员认同其所服务的整个社区。促成者角色。即鼓励社区讨论问题，促成社区居民组织起来，共同工作，以良好的人际关系获得居民的信任，共同达到社区的目标。专家的角色。即进行社区分析和诊断，提供研究方法和资料，用其他社区的资料、经验和本社区的评估及工作评价，作为社区制定决策的参考。社会治疗角色。即了解社区内个人间、团体间和组织间的竞争、压力、紧张及冲突的存在，通过社区领导人物来缓和、消除与调和这些现象。计划者角色。即分析社区问题，提出可能的解决途径，作为社区居民的决策参考。倡导者角色。即使社区居民知道自己的需要，并加强对其需要的认识，与社区融为一体，帮助他们完成目标。通过社会工作者的这些角色的扮演，社会工作在社区层面上发挥了自己的作用。

七、社会工作促进社会稳定

社会稳定是社会发展的前提，是当前社会追求的目标。社会稳定使社会结构各组成部分之间的关系协调有序，相对固定。一般说来，除非通过革命才能实现社会公平外，社会上的绝大多数人，包括贫弱者也希望社会稳定，因为他们难以抵御剧烈的社会变迁所造成的冲击和对他们的正常生活所产生的不利影响。

社会工作的重要功能之一是促进社会稳定。默顿的“手段—目标”论认为，社会上所有的人，包括那些贫弱者都有满足自己需要的权利，然而他们的这些权利常常被社会漠视。在这些需求得不到应有的满足并逐渐积累起来的情况下，社会动荡就可能发生。在一般情况下，社会稳定的破坏、社会混乱与动荡的出现，是与相当数量的社会成员的正当需求不能满足相联系的。社会工作通过开发社会资源促进人的发展，预防问题的发生，增强社会预应力；发挥治疗功能，解决困难和问题等方面，整合社会，促进社会稳定。

人的发展既表现为物质生活水平的提高，也表现为精神生活水平的提高，在更高和更深的层次上还表现为人的潜能的发挥和人的自我实现。社会工作通过寻找经济资源给人们以物质上的帮助，利用法律给人们以权利上的保护，发展社会支持网络从人际关系上给人们以关照、接纳和支持等，促进人的发展。社会工作者不仅有责任去发掘各种社会资源，而且有责任合理地利用这些资源去更有效地完成社会工作的任务。千方百计地寻求、发现和开发社会资源，合理运用资源，有利于受助者的发展，是社会工作的中心环节。

任何一个社会在运行过程中都会遇到问题，任何一个人在成长过程中也会有困难和挫折，社会工作者最初是在困难和问题出现后介入解决这些困难和问题的。社会工作由最初擅长解决个人的问题，并提供直接、具体的帮助，到发展为解决社区性、结构性的问题，从社会制度的角度着眼，通过帮助人们改变不利环境来解决面临的实际困难和问题。

社会工作在解决社会问题、促进社会稳定方面，不仅仅是被动的，也是主动的。社会工作者不仅在困难和问题发生时，能向社会伸出援助之手，而且致力于防患于未然。社会工作中预防性的工作包括两个方面：一是对可能出现的问题预先警报，二是增强社会成员、社会群体对可能出现的巨大变化的适应能力。例如面对工业化的加速，社会工作者向社会提出可能出现的人际关系疏远的问题,新工厂的建立可能产生的环境污染问题等。从抽象到具体,强化个人和群体的功能,包括提高他们对所面临的问题的认识能力和思想准备,鼓励他们进行必要的资源积蓄等。

总之,社会工作是社会变迁的产物。中国的社会工作在社会转型中迅速发展起来,它面对社会问题,面对弱势群体,面对社区建设,向社会提供特有的专业救助与服务,促进社会整合与稳定,以适应新的社会生活的需要。在未来,它有着广阔的发展前途与美好的前景。

我国城市发展模式研究的回顾和展望

——小城镇研究和大城市研究

载《理论与现代化》2007 年第 4 期

自 1979 年中国恢复社会学研究以来,城市社会学研究占有重要的地位。在城市发展模式研究方面,前二十多年主要进行了小城镇研究,有丰富的研究成果和经验。随着中国城市化进程的加速,关于大城市(特大城市)发展模式的研究被提到议事日程,是未来城市社会学研究的主要方面。

一、发展小城镇研究的回顾

1. 小城镇研究的初衷在于探讨有中国特色的城市化道路

“小城镇”研究是 20 世纪 80 年代以来中国城市发展模式研究的一个十分重要的方面。著名社会学家费孝通倡导和主持了这项研究,并称“小城镇,大问题”该课题不仅吸引大量专家、学者和其他方面的人士加入进来,写出了大量的调研报告、学术论文和著作,而且影响了政府的决策层面。发展小城镇一度成为我国城市发展的重要决策之一。

早在 20 世纪 80 年代初,费孝通先生就说,这些论文之所以宝贵,是因为它们都联系小城镇建设的实践,从各个不同角度去探索小城镇发展中的实际问题。我认为这个研究方向是对头的。我国的社会科学应当在马克思列宁主义、毛泽东思想指导下,密切结合中国社会的实际进行科学研究,为社会主义现代化建设服务。失误使人清醒。现在我们多少懂得了一点邓小平同志在他的《文选》里所阐明的理论联系实际、实事求是的科学精神。只有联系实际才能出真知，实事求是才能懂得什么是中国的特点。费孝通先生早年就联系中国的实际，关注中国的农村发展和农村城镇化问题。还在20世纪30年代，他的江村调查及博士论文《江村经济》就享誉学术界。在该文的最后一章他指出：中国农村的基本问题就是人民的饥饿问题，而农民穷困的根源在于不合理的土地制度，只有通过合理有效的土地革命，才能较好地使农民真正地摆脱穷困。他关于农村工业化问题的思想早在1945年就有论述，在其著作《乡土中国》中提出，必须重视农村工业。1957年费先生重访江村。1980年中共中央提出：发展商品经济，振兴小城镇是发展农村经济，解决人们致富的大问题。1983年在中共中央的主持下，以费孝通为代表的社会学者正式开始进行小城镇研究。该课题被列入国家哲学社会科学"六五"和"七五"规划重点课题。

费孝通先生说："小城镇问题，不是从天上掉下来的，也不是哪一个人想出来的，它是在客观实践的发展中提出来的，问题在于我们是否能认识它……小城镇建设是发展农村经济、解决人口出路的一个大问题。""……我早年在农村调查时就感觉到了有一种比农村社区高一层次的社会实体存在，这种社会实体是以一批并不从事农业生产劳动的人口为主体组成的社区。无论从地域、人口、经济、环境等因素看，它们都既具有与农村社区相异的特点，又都与周围农村保持着不能缺少的联系。我们把这样的社会实体用一个普通的名字加以概括，称之为'小城镇'。"①

结合中国的国情，发展小城镇，不走其他一些发达国家和发展中国家走过的弯路是开展小城镇研究的初衷。费孝通先生说："从世界范围看，大城市工业扩散是一个趋势。大城市人口密集、土地贵、工资高、污染严重等，已使它的工厂不能再继续发展下去。资本主义国家的工业已向郊区和附近的农村扩展，现在甚至扩散到第三世界国家去了。这种工业扩

① 费孝通：《小城镇　大问题》，江苏人民出版社1984年版，第1～3页。

散曾引起严重的污染扩散的后果。但是我们社会主义国家对这种恶果是可以避免的。”“欧洲工业化初期，在集中于都市里的机器工业兴起的同时，农村却濒于破产，农民失去土地，不得不背井离乡涌进城市，充当新兴工业的劳动后备军。资本主义国家现代工业的成长是以农村的崩溃为代价的。这是西方资本主义工业化的道路。与此相比，我国在社会主义制度下，党的十一届三中全会以来却出现了上述那种和资本主义工业化迥然不同的新道路。农民在农业繁荣的基础上，以巨大的热情兴办集体所有制的乡镇工业。这种乡镇工业以巩固、促进和辅助农业经济为前提，农副工齐头并进，协调发展，开创了农村不断繁荣兴盛的新局面。这种工业化的道路，从具体历史发展来看，并不是从理论上推论出来的结果，而是农民群众在实际生活中自己的创造，经过了多年实践的检验，‘实行农民离土不离乡，积极发展乡镇企业’，终于被肯定为从我国国情出发的一个具有战略意义的方针。”

2. 小城镇结构、功能与城乡一体化

从 20 世纪 80 年代以来，中国的小城镇研究是由费孝通教授带领的课题组对苏南地区的小城镇调查开始的。费教授对小城镇的功能与模式做了基本的说明，他认为小城镇有发展乡镇企业功能，而只有发展乡镇企业农村才有出路。他以上海郊区接壤的锌塔公社集镇为例，1975 年后由于改变了“以粮为纲”的方针，发展了乡镇企业，面貌大变，在大量兴建的基础设施中，乡镇企业的资金占 72%以上。而从全江苏省看，1983 年乡镇企业向国家纳税 11 亿元，占全部财政收入的八分之一。在 1979 年到 1982 年 4 年间，乡镇企业的利润中有 20%以上用于购置农机、进行农田基本建设、兴办农村集体福利事业等，总额达 14.5 亿元，相当于同期国家对全省农林、水利、气象投资的总额。“农业一碗饭，副业一桌菜，工业面貌改。”

费孝通教授认为小城镇有“储水池”功能，能把农村产业结构调整中的剩余劳动力吸收进来，储存起来，人们可由农业转为工业，但“离土不离乡”。他说：“我请一位县委书记算一笔账，假定现有的劳动生产率不提高，现有的粮食产量不降低，全县可以有多少剩余劳动力？他的计算结果是三分之一到一半之间。如此大量的剩余劳动力是一股无法长期压抑下去的力量，一旦有了某种条件，它就会冲出来解放自己。正如当地同志所说的那样，办社队工业是‘逼上梁山’，是将压力化为动力。”“随着乡镇企业的发展，大量的农村剩余劳动力有了一条出路。据无锡市统计，全市乡镇工业和其他乡镇企业已经安排的劳动力占农村总劳动力的34%。其他三市的情况与无锡市大体相仿。这意味着在苏南地区，农村劳动力总数的三分之一以上，已脱离了农业劳动。”他认为小城镇是商品集散中心。它的商品流通与农村的经济发展之间有互为前提、相互作用的关系。他认为小城镇是农村的服务中心、文化中心和教育中心。费孝通带领中国社会科学院和江苏省社会科学院及其他有关部门的人组成了课题组，从20世纪80年代初就开始了对苏南地区的小城镇研究。他将吴江县的小城镇划分为五种类型：第一种类型的一个镇叫震泽镇，是当地农副产品的集散中心；第二种类型的一个镇是盛泽镇，是农村家庭手工业产品的集散中心；第三种类型的一个镇是松陵镇，是费教授的出生地，是新中国成立前后吴江县的政治中心；第四种类型的一个镇是同里镇，是一个消费娱乐型的小城镇，现在正在改造成为一个水乡景色的游览区；第五种类型的一个镇是平望镇，是水陆交通的交叉点，便利的交通条件使它争得了成为大城市工业扩散点的地位。围绕上述地区和5个县，课题组成员就小城镇发展模式、乡镇企业的兴起和发展、农村的商品流通、公路建设和管理、小城镇文化生活、小城镇旅游业、小城镇与大中城市经济联系、农村剩余劳动力的分层转移、“农民工”、小城镇教育、人口和生活方式等多方面进行了广泛深入的调查研究，并公开发表了大量的调查报告和学术论文。有人认为这些研究的成果和理论主要包括4个方面的内容，即“无工不富”的农村发展模式，农村剩余劳动力的转移模式，城乡一体化的必要环节，有中国特色的工业化、现代化之路。它不仅对学术界，而且对政界都产生了较大的影响。

3. 小城镇研究成果向政府决策转化

1980年以来，以费孝通为代表的社会学者开拓了小城镇研究，以后地理学与城市规划学等学科的学者结合自己的学科特长，拓展了学科参与小城镇规划与建设的领域，同时也有大量的理论研究成果问世，先后形成中国小城镇研究的数次高潮。冯键先生在《城市规划会刊》2001 年第 3 期，以“20 世纪 80 年代以来我国小城镇研究的新进展”为题，就小城镇研究的有关情况做了系统归纳和总结。他认为，从研究的阶段上看，小城镇研究大致包括以下几个阶段：(1)20 世纪 80 年代中后期之前为一个阶段，至 20 世纪 80 年代中后期达到高潮，这一高潮主要由社会学者推动；(2)20 世纪 80 年代中后期至 1992 年为一个阶段，1992 年前后达到高潮，主要标志是邓小平南方谈话，全国上下进一步解放思想，小城镇的规划建设达到一个高峰，相应的研究也较多；(3)1992－1999 年为一个阶段，以 1999 年党的十五届三中全会为标志，小城镇由“大问题”上升到“带动农村经济和社会发展的一个大战略”(4)1999 年以来，小城镇研究更呈现方兴未艾的态势，专业期刊《小城镇建设》的出版发行无疑为广大小城镇研究者提供了发表研究成果的园地。冯键先生将关于小城镇研究归纳为五个大的方面，即“小城镇发展研究”“小城镇规划与建设研究”“小城镇－乡村社区研究”“小城镇经济研究”“小城镇其他专题研究”等。由社会学者发起的小城镇研究，一开始就得到了政府的关注和支持，其研究成果成为政府在城市发展和实现城市化方面的决策参考。费孝通说，“从 1982 年开始，把小城镇列为我们调查工作的重点。这个意见得到了江苏省委的支持，因为就在我们提出这个意见不久之前，江苏省委在常州举行过一个城市工作会议，提出发展小城镇的主张，真是‘不谋而合’。”小城镇研究是从江苏开始的，很快就波及全国。它不仅影响了江苏省的决策，而且影响了全国的决策。1989 年 12 月我国颁布了《城市规划法》，积极发展小城镇已经成为从中央到地方政府的选择。2000 年《中共中央、国务院关于促进小城镇健康发展的若干意见》下达。城市化问题被列入国家“十五规划”。城市化问题和小城镇问题从民间“热”到中央。

4. 对小城镇理论质疑和批评

尽管从 20 世纪 80 年代以来，有小城镇发展热和小城镇研究热，但它正在遭受越来越多的批评和质疑。其实，发展小城镇和发展乡镇企业有不解的渊源。乡镇企业的发展激起了人们发展小城镇，走城市化道路的热情。包括费孝通教授也是如此。在他对小城镇发表议论的初期，有相当多的议论都是和乡镇企业有关的。然而就是面对蓬勃发展的乡镇企业，他也察觉了不少问题。比如他在1983年时就说，“目前社队工业的确存在不少问题，面对这些问题起制约作用的是社队工业不稳定。我所见到的不少工厂很多是二三年换一块厂牌，一二年转一个产品，人们叫他‘开关厂’。这样做固然有作为新厂可以免税的奥秘在内，但根本上还是缺乏稳定性。”从吴江县来看，“全县社队工厂还是处于不稳定阶段。以后费教授对小城镇的发展也有所检讨。他本人在自我反思时承认“只吃到核桃的肉，丢了核桃的壳”，特别是有关小城镇建设方面有些疏忽①。

近些年来，关于对小城镇战略理论和实践的批评出现了，而且越来越多。批评者认为中国小城镇在农村城镇化过程中存在的主要问题是：(1)小城镇数量的盲目扩张，削弱了城市功能建设的后劲；(2)小城镇缺乏聚集效应，对居民生产方式和生活方式的转换能力不足；(3)土地资源利用率低，浪费严重；(4)乡镇企业工业污染严重，治理难度大。近些年来关于这种批评还很多，有的学者断言，20年城市化的实践表明，小城镇道路并非是适合我国城市化进程的选择，将大部分的精力和财力都投向小城镇建设更是我国城市化发展的战略错误。于是又有了发展大城市(甚至是特大城市)论。

二、发展大城市研究的展望

1. 大城市在城市化进程中的主导地位

发达国家的城市化历史表明，在城市化加速阶段，大城市对城市化的贡献率每提高1%，就能使城市化水平提高0.35～0.41个百分点，而小城镇却只有0.003～0.005个百分点。在城市化的初始阶段，城市化主要

① 费孝通：《小城镇研究十年反思》，《新华日报》1995年1月27日。

由大城市来推动。一些学者坚持大城市发展道路，认为我国城市的规模效益以100～400万人口最好。有的人认为："对于中国的人口众多的国家来说，今后50年再创建50～100个200万人口以上的大城市并不算多。"这是典型的大城市论代表。有的学者提出，"大城市超前增长"是普遍的规律，进而认为"建大城市，走集约化之路是中国城市化的必由之路。为此合理的选择不是严格控制大城市，而是要重点地积极发展大城市，其主要理由是大城市规模效益好于小城镇，综合效益好于小城镇"①。大城市在城市化过程中有着特殊的地位和作用。中外城市发展史证明，大城市有着难以替代的聚集效应和辐射功能。大城市、特大城市在国民经济发展中除了有比中小城市高得多的经济效益外，大城市的高度发展，既是增强综合国力、提升我国产业国际竞争力的需要，也是从根本上提高我国城市化水平及其质量的需要。此外，知识经济和信息时代的挑战也要求我们必须将大城市，特别是国际经济中心城市和大都市带的发展置于优先地位。通过这种高效率的集聚人口和经济活动的布局模式，在大幅度提高我国经济运行和产业布局效率的同时，还可以促进知识和信息的创新活动②。

近些年来，主张发展大城市或超大城市的议论越来越多了。有的人认为我国正在形成不以人的意志为转移的超大城市群，即以广州、深圳为中心的珠江三角洲城市群，以上海、南京为中心的长江三角洲城市群和以京津为中心的环渤海城市群。有的学者和人民代表、政协委员还向中央建议，合并北京、天津和唐山，建立华北超大型城市等。当然，与此同时，对发展大城市的批评也很多。大城市的超先发展也有其致命的缺陷。大城市的爆炸性发展，生产规模的急剧扩大，人口的迅速增加，都会引起城市基础设施、自然环境与城市发展的不协调，进而产生一系列问题，我们通称为"城市病"其中包括：交通拥挤、住宅紧张、环境污染、经济衰退、政

---

① 赵新平、周一星：《改革以来中国城市化道路及城市化理论研究述评》，《中国社会科学》2002年第2期。

② 冷静：《中国城市化道路的现实选择》，《江西社会科学》2002年第3期

府腐败，以及失业、贫困和各种犯罪等等。而从目前中国大城市总体发展状况来看，“城市病”主要体现在城市生态系统的恶化上。城市人口和经济的迅速增长以及政府规划与管理的不善，导致了城市增长超越城市自然和生活环境的承载能力，造成了三大类问题，即环境污染、城市系统的拥挤和自然支持系统的退化。

无论人们的观点有怎样的差异，大城市不以人们的意志为转移地发展起来，开展大城市研究迫在眉睫。当今世界正在经历着快速的、不可改变的城市化进程。它是从发达国家率先开始的，并波及发展中国家。世界城市化进程出现的新特点是，不仅人口向城市集中，而且向大城市集中，特大城市出现了，而且多了起来。比如北美在 1985 年时，拥有 100 万人口的大城市已占城市总数的 38%。发展中国家墨西哥的墨西哥城拥有的人口超过 2000 万。中国是个发展中国家，从 20 世纪后半叶开始，特别是改革开放以来，也经历了大规模的城市化进程。20 世纪 90 年代随着改革开放进程的加速，农民工大量进城，城市化速度也大大加快了。根据中国交通部门提供的消息，2003 年全国春运发送的旅客突破 1.8 亿人次。专家分析认为，打工农民占 70%。在制造业发达的广东省，10 年前外来打工者只有 100 万人，而现在这一数字已突破 1200 万。除了外出打工者，中国的高等教育的发展也使越来越多的农村孩子离开了土地。

10 年前中国高校每年招收大学生 30 万人，而 2004 年扩大到 355 万人。数以亿计的农民及其子女进入城市，使得中国人口正在重新分布。中国农业部的统计显示，目前在各大城市工作的农民工总数已达到 1.3 亿人。目前中国的城市人口已达到 37%。中国工业产值和国内生产总值的 70%、税收的 80%都来自城市。预计未来 50 年，中国城市化程度将从现在的 37%提高到 76%以上，而到 2050 年，中国的城市人口总量将达到 10 亿至 11 亿，即从现在算起，中国每年将有 1200 万农民转为城市人口。在中国的城市化进程中我们同时注意到，不仅人口向城市集中，而且向大城市集中。无论人们的认识有怎样的分歧，大城市、特大城市和大城市群正在迅速形成并发展起来。上海、北京、天津、重庆这样的中央直属特大城市的人口数量都在 1000 万以上。人口在 100 万以上的城市的数量也越来越多。

2. 大城市发展与城市社会学

多少年来学术理论界一直在关心和探讨大城市问题。早在 19 世纪二三十年代,著名的美国社会学芝加哥学派就开始关注大城市社会问题。芝加哥城在 20 世纪初已拥有人口 300 多万。芝加哥学派以芝加哥为天然实验室,研究了大城市社会问题,创立并发展了城市生态学。芝加哥学派还探讨了城市规模和区位结构,创造了不同的城市空间结构理论,如 E. W. 伯吉斯的"同心圆理论"、C. H. 霍伊特的"扇形理论"和 C. 哈里斯的"多核心理论"等。20 世纪后半叶,城市研究向多领域、多学科方向发展,出现了城市经济学、城市地理学、现代生态学等诸多学科研究。新韦伯学派将城市人与城市住房(微观区位)研究结合起来。新马克思主义学派如 M. 卡斯泰尔、D. 哈维等则从消费、住房、城市空间资源、社区环境等方面展开了研究。近年来随着城市化进程,对大城市、特大城市的研究又热了起来。比如英国的学者 M. 帕西昂著有《发达世界城市问题与规划》和《第三世界城市问题与规划》,对世界上 16 个不同类型的大城市纽约、墨尔本、东京、华沙、圣彼得堡、德黑兰、孟买以及中国的上海等城市进行了专题研究。

西方发达国家的大城市发展模式比较先进,有值得中国借鉴的成功经验和失败教训。世界发展中国家也有发展大城市的经历和经验,也值得我们参考。中国有 13 亿人口,到目前多数人口仍在农村。中国在过去的 50 年里虽然也进行着较快的城市化进程,但和发达国家以及某些发展中国家相比目前的城市化水平仍然较低,况且中国在改革开放前 30 年的城市化进程中有过自己的城市化特殊情况(其中有些违背城市化客观规律的事),因此中国既不能完全照搬西方国家大城市发展模式,也不能照走其他发展中国家大城市走过的路。借鉴世界其他国家的经验,开展大城市发展模式的比较研究,探索有中国特色的城市化道路,探讨中国大城市发展的模式,是必要的。应该进行三种比较:一是进行与发达国家大城市模式的比较;二是进行与发展中国家大城市模式比较;三是进行中国自己的大城市模式比较。通过比较,总结世界大城市发展的历史、道路和规律,指出这些经验教训对我国大城市发展模式和城市化政策的借鉴意义。

3. 大城市研究的理论聚焦

从社会学角度进行大城市发展模式的比较研究不能不涉及城市的人口、土地、规划格局、规模和模式、环境,以及城市的政治、经济、文化、心理等各个方面,但应突出社会学研究的特色和社会学主题。这一主题是城市人与城市区位的结合与互动。研究城市化进程规律,我们发现困扰大城市发展的一对基本矛盾是城市人和城市区位的矛盾:一方面,大城市区位有巨大优势,比如城市占地面积少,大量异质人口组合聚居,能集中生产力和科学技术力量,便于发展交通等公共设施,便于提供热、自来水、电等公共需求的资源和能源,便于商品供应和流通,便于发展教育、文化娱乐事业,能向人们提供高质量的、不断更新的生活方式等,吸引了大量的人口进城,造成城市规模的扩大,城市人口的增多和城市化进程的加速;另一方面,大量人口的城市聚居,也产生了许多相关的社会问题,诸如住房紧张、交通拥挤、环境污染、犯罪现象大量增加、流动人口问题以及贫富差别问题等等,使得人们又惧怕城市,想躲离城市。西方国家的白领中产阶层白天在城市中就职,却把家庭住宅安在远离城市的乡下。在美国,反城市化已替代城市化成为形成定居的突出力量。在英国和部分西欧地区城市的离心力正在加大。苏联、波兰及尼日利亚曾试图用立法强制措施来减缓城市的生长。已经超过 2000 万人的墨西哥城不规则的居民点急剧膨胀,而政府的临时的规划计划法令又无力解决这些问题。所有这些都聚焦在城市人和城市区位间的矛盾之中。

从社会学角度进行大城市发展模式的比较研究还需系统检索和综合运用各学科研究大城市模式理论,特别是检索和运用各种城市发展理论,力求实现理论创新。城市经济学认为,空间聚集使城市经济具有显著的聚集经济效应。聚集经济的产生使企业可以获取更高的利润,居民可以得到更多的效用,从而改变了生产与消费决策的技术、成本和市场约束。

空间聚集也存在负面影响，即聚集不经济，如因空间聚集而引起的工资、地价的上涨，交通拥挤、环境污染等，这些又构成城市聚集的扩散力量，促使居民和企业的区位选择倾向于分散。城市生态学认为，人类都存在于一定的自然环境之中，这个自然环境就是社区，它是一些或多或少依附其居住地区的人口，这些人口之间是一种共生关系，不同人口单位之间存在着相互依存的状况，没有一个单位离开了其他单位能生存下去。城市区位学则从人的空间距离和社会距离的关系上探讨问题。社会学家费孝通说："居处的聚散多少是有关于生活上的亲疏，因之空间距离给了我们研究社会联系的一个门径。从人和人在空间上的分布和移动所发生的距离和接触上去考察它给予社会生活上的影响，是社会区位学方法。"①总之，有关城市研究理论角度不同，各述其说。以城市人和城市区位的互动与结合为切入点，吸收其他相关理论的优势，实行理论创新是重要的。城市是城市人在城市这种特殊的区位上的聚合。中国多数人口仍在农村，并正在向城市流动，转化为城市人口，使城市迅速扩张起来，大城市迅速增多起来。多少人聚合成多大规模的城市，以怎样的城市聚合格局才能更大程度地发挥城市优势，满足城市人的需求，加速城市的发展，减少城市社会问题，是研究的焦点和难点。换句话说，要研究什么样的大城市模式适合于现代社会的发展，适合中国社会的需要。实践呼唤理论，可以预见在未来的10年，中国的大城市社会学研究，以及其他学科的大城市研究必将蓬勃发展，硕果累累。

① 费孝通：《生育制度》，天津人民出版社1981年版，第79页。

社会学理论揭示家庭教育的本质

——评《家庭教育社会学》

载《理论与现代化》2015 年第 2 期

天津社会科学院社会学研究所关颖研究员撰写的专著《家庭教育社会学》出版了，这是教育科学出版社策划的“中国家庭教育研究文库”首部著作，是一部用社会学理论和方法研究家庭教育的理论力作。

中华民族数千年的文明史上历来重视家庭教育。特别是改革开放给中国送来了春风，中国人从曲折的经历中深深体会到教育对于实现伟大复兴和强国梦想的重要性。在这样的社会氛围中，每个家庭、每一位父母也在全神贯注于子女的成长和教育，如何搞好家庭教育成为社会的热点话题。

近年来，适应社会的需要，大量关于家庭教育的著述面世。值得指出的是，与那些应用型、经验性的著作相比较，这部厚重的《家庭教育社会学》是理论性的，这正是它的独到之处。理论是对事物本质的揭示和事物运行规律的阐述。从家庭教育的角度说，千家万户是千差万别的。正确地认识家庭教育的内在联系和客观规律，比学会一些具体操作方法更为重要。一旦人们理解了家教的本质和规律，会根据自己身边的特殊情景和对象，选择正确的教育方法和内容，取得良好的教育效果。这正是本书要达到的目的和在家庭教育领域做出的突出贡献。

本书称为“家庭教育社会学”是名副其实的，换句话说，该书突出运用了社会学理论和方法分析家庭教育问题。从 1980 年开始至今，笔者在天津社会科学院从事了36年社会学专业研究。我认为社会学除去有本书列举的社会学专业理论，诸如结构功能论、社会交换论、冲突论、符号互动理论等，还有4个主要的学科特点。即：社会整体论和背景论、社会关系论、社会调查方法论、社会研究的多角度和多种知识的综合运用论。本书充分体现了以上特点。

第一，社会整体论和背景论。就是要把研究的问题和对象放到社会变迁的整体背景中观察和思考。本书在导论中就明确指出："在社会的大背景下考察家庭教育"，"把家庭教育置于广阔的社会空间和文化氛围，探索其与社会发展的相互关系，从而揭示家庭教育的时代特征和社会意义。"本著作"上篇"第一章的题目就命名为："社会运行中的家庭教育"。书中从家庭教育与人的社会化、家庭教育与提高国民素质、建立学习型社会等多个角度讨论家庭教育问题，加深了人们对进行家庭教育与社会发展之间关系的理解。

第二，社会关系论。人类社会的群体特征确定了社会的本质是社会关系，家庭的本质是家庭关系。本书"中篇"以"家庭结构"和"家庭关系"两章居前，涉猎了家庭中的主要常见关系，特别突出了亲子关系和夫妻关系中的家庭教育问题，重点突出，立意是准确的。

第三，社会研究的多角度和多种知识的综合论。社会现象和人的行为的复杂性要求社会学者在研究社会问题时常常要综合运用多种知识进行多角度的深入全面研究。本书在研究家庭教育时，涉猎了政治、经济、社会、文化、生理、心理、生活方式等各个方面知识。在"下篇"将家庭教育与学校、社区、大众传媒等方面联系起来，探讨了家庭教育与其他教育之间的关系，家庭教育的社会支持等问题，既拓宽了相关的研究领域，也加深了对研究主题的理解和诠释。

第四，社会调查方法论。社会学也常常被称为社会调查学，说明社会调度对社会学的意义。在长期的社会学研究的实践中，社会学者创造了一系列社会调查抽样、调查和统计方法，从定量分析到定性分析，为社会科学数量化研究做出了巨大贡献，也成为自身不可或缺的研究方法和手段。本书列举了作者自 1989 年至 2013 年以来主持和参与的 18 项全国性和天津市与家庭教育相关的社会调查,运用这些资料进行了理论和实践相结合的研究,是很有说服力的。

本书作者对家庭教育的社会学研究情有独钟,更难能可贵的是在这个领域持之以恒、刻苦钻研,坚持了 25 年,终成正果,值得庆贺。

论自由择偶

载《青年研究》2002 年第 5 期

择偶自由与自由择偶是密切相关的，但不是同义反复，不是一个概念。择偶自由是说一个人有择偶的自主权和决定权，在法律和社会规范中结不结婚，与谁结婚，什么时候结婚，都是当事人自己决定的事，别人不可替代，即通常我们所说的婚姻自由。而自由择偶则是指当事人把握了择偶的客观规律，依客观规律选择自己的理想之人为配偶。择偶自由是自由择偶的前提和条件，自由择偶是择偶自由的结果和追求。

今天，择偶自由的问题已经基本解决了。1950 年我国颁布的第一部婚姻法就确立了婚姻自由的原则。2001 年由第 9 届全国人民代表大会常务委员会第 21 次会议通过的经过修改的新婚姻法，进一步确认了婚姻自由的原则，把实行婚姻自由作为婚姻家庭关系的基本准则之一，明确规定"禁止包办、买卖婚姻和其他干涉婚姻自由的行为"，"结婚必须男女双方完全自愿，不许任何一方对他方加以强迫和任何第三者加以干涉"，"要求结婚的男女双方必须亲自到婚姻登记机关进行结婚登记"等，从法律上保护了婚姻自由(即择偶自由)(参见《中华人民共和国婚姻法》总则第 5 条、第 8 条、第 9 条)。中华人民共和国建国五十多年来，反对封建的包办买卖婚姻的任务已经基本完成了。绝大多数人都有了婚姻自由，都能择偶自由。

然而，有了择偶自由的人却不一定都能自由择偶，换句话说，不一定能依自己的理想和意愿选到理想的配偶。这是因为婚姻行为的社会性决定了择偶是个复杂的、受客观规律支配和制约的过程。

一、自由择偶中的四大“变数”

“变数”本是数学语言，指在函数或方程中的可变之数。这里引用来定义择偶的规律，说明自由择偶规律的变动性、复杂性和对其他因素的依赖性。

1. 择偶标准的综合性——变数之一

择偶标准的综合性是自由择偶中的变数之一，是说一个人的择偶往往不是单因素的选择而是多因素的复合，这些因素的种类和多少因人而异，各有不同。

从普遍的规律上看，择偶只看对方一个条件，只考虑一个因素的情况是比较少的，常常是综合着多种因素和条件来考虑和选择的。婚姻的自然属性决定了人们在择偶时多要考虑对方的身体和相貌，以健康和美貌者为配偶几乎是所有择偶的人的要求。婚姻的社会属性决定人们在择偶时考虑的因素更多，诸如对方的社会与家庭背景、职业、文化程度和学历、收入和经济状况、居住条件、亲属和其他社会关系等。婚姻的自然属性和社会属性的结合又决定了人们在择偶时还有性格、心理、道德、品质、爱好及情感等抽象方面的要求。无论如何，择偶标准是综合的多因素的，它极大地缩小了人的择偶范围，限制了人的择偶自由度。举例说，某当事人择偶有对对方的身高、文化程度和工资收入等三个主要方面的要求，比如若要求对方的身高在1.70米以上，那么1.70米以下的人就被排除了；若要求对方有大学本科以上学历，那么没有大学本科学历的人又被排除了；若要求对方有较高的工资收入，那么较低工资收入的人又被排除了。仅以上三个条件的附加就能排除一大批人（包括三个条件都不具备，或其中某一两个条件不具备的人），若还有其他条件呢？应当说这种条件的附加，不是简单“算术”意义上的附加，而是“几何”意义上的扩展，不是A＋B＋C，而是A×B×C，每增加一个条件，都能大大缩小择偶范围。美国社会学家何陵穴曾经在美国调查研究过1980对夫妇的背景，他的研究结论认为,美国文化对美国人择偶有确定的限制,其主要因素是:种族、宗教、年龄、民族来源、阶级地位和教育。他说:“当所有这些因素合并起来的时候,它们便把一个人的择偶范围弄成狭小的了。”①无论如何,人的择偶标准不是单一而是复合的。人与人之间的标准不同,考虑的因素不同,要求条件的多少也不同,这些条件的复加,大大限制了择偶范围。

2. 择偶标准的变动性——变数之二

从规律上说择偶标准既是综合的,也是变动的,随社会和时代的变迁而变迁,不同时代、不同国家、不同地区、不同人的择偶标准都有不同。

在人类婚姻史上,在社会因素影响下择偶标准的改变是很多的。人类从族内婚过渡到族外婚,是择偶标准的巨大变动之一。类似于这样的变化是很多的。我们可以从过去到今天,从国内到国外,从择偶的各个方面都能看到这种变化。比如从人的体形容貌上,今天是以“瘦”为美,特别是女性要苗条,为此,一些人要用各种办法减肥,然而历史上可能也有以胖和丰满为美的时代。有人说唐代遗留的飞天壁画上的仕女大多较胖,就是那时以胖为美的标志,不无道理。

又比如今天我国大多数地区流行着在年龄上男大于女的模式,择偶时,男方多要求女方的年龄小于自己,而少数地区却还有女大于男的习俗,过去的“女大三,抱金砖”的说法在那里还有影响。十分有趣的是,在美国自20世纪80年代以来,一种“女大男小”的婚姻模式也开始风行起来。据美国官方的统计,在35～44岁的妇女中,有40%的新娘的年龄比新郎大几岁。1970年新娘比新郎大的只占3%,现在这个数字已达36.2%。② 美国学者研究结果表明,这种女大于男模式中的女方多为白人职业妇女,知识女性,在事业上较为成功,她们收入稳定,无须找一个在经济上有保障的男人来做靠山。从心理和性行为上说,女方年龄大,较成熟,能关爱男人,她们有些人有婚史,有性经验,能配合男人,知道怎样讨男人欢心,在一些男人的眼里,成熟的女人更有魅力,因此,“少夫老妻”的

① 龙冠海:《社会学原理》,中国台湾,三民书局股份有限公司1979年版,第265页。

② 潘允康:《现代家庭生活方式》,天津人民出版社1989年版,第58页。

模式开始流行起来。

一般来说，在一个变化缓慢、相对静止的社会，人们的择偶观念和标准象其他价值观念那样，变化不快，而当社会变迁速率加快时，择偶标准也会加快改变。中国自20世纪50年代以来，是社会变迁速率加快的时期，人们也能从择偶标准的改变上看到这种变化。50年代时，择偶的政治标准很重要，那时共产党员、共青团员、劳动模范、青年突击手、"三八"红旗手等，择偶比较容易，是多数人仰慕的对象。60年代以来，以"阶级斗争为纲"，阶级成分、家庭出身变得重要了，"出身好"（即工人、贫下中农、革命军人、干部）的人好找对象，出身于"剥削阶级"家庭，有海外关系的人，不好找对象，知识分子在那时也不吃香。80年代，中国进入了改革开放的新时期，社会的变迁使人们的择偶观念发生了很大变化。社会重视知识，重视教育，知识分子、有学历者自然吃香，有海外关系的人不仅不会受到排斥，反而可能是有利条件，此时家庭出身、政治表现可能变得不重要，有钱有财产者则受到青睐。这种巨大的变化是人们时时能感受到的。

择偶标准的变动性表现了明显的"变数"特征，使当事者难以把握社会公认的标准和价值取向去选择理想之配偶。对于那些正在择偶的年轻人来说更是如此。他（她）们往往涉世不深，对于社会理解不透，在不断变动着的择偶标准中无所适从。对于那些已经结婚的人来说，则可能因为择偶前后价值观念的改变，而对自己过去的选择重新判断。比如在搞"阶级斗争"年代，一个人依政治标准选择了配偶，到了改革开放时期，政治标准变得"不重要"，经济标准重要了，该人可能因为自己的配偶（没钱）或（不能挣较多的钱）而"失落"，认为自己当初选错了。在现实生活中，有的已婚者希望择偶"重来一次"，常常是因为择偶标准的变化引起的，或者是由于个人价值观念的变化，或者是受社会价值观念变化的影响。

3. 择偶是交换行为——变数之三

在今天的自由择偶时代，择偶更表现了行为的双向性。择偶不是由当事人一方决定的，而是双向选择过程。用一个不恰当的比喻，择偶不是去超市购物,只要你手中有钱,看中哪个就能要哪个。你在选择,别人也在选择,“甲”看中了“乙”,“乙”却没有看上“甲”,看上了“丙”,而“丙”的心里可能只有“丁”,这种情况在现实生活里并不鲜见。择偶是交换行为,它的双向和多向选择特征,增加了择偶过程的不确定性。

婚姻是一种社会行为,无疑,婚姻也是交换行为,在婚姻中也有交换价值存在,我们能从现代大众媒体的各种“征婚广告”中直观看到这点。某男或某女征婚,在告示中都是先列出自己的主要条件,诸如“年龄”“身高”“文化程度”“职业”“收入”“住房状况”等,然后提出自己所选择的对象的条件,一般来说,都是根据自己的条件去提出对对方的要求的,或者说先摆出交换的条件,去和对方交换。在婚姻交换中有两种理论,一种是“同质交换”,一种是“异质互补”。所谓“同质交换”是说我给对方“甲”,也要对方回报“甲”。比如,某当事人为大学毕业生,他(她)在择偶时也要求对方有大学毕业学历。中国传统的“门当户对”就属同质交换,只不过过去是强调当事人的家庭背景要相当。“门当户对”的婚姻为当时的社会舆论赞许和认可,门不当户不对的婚姻则要受到谴责。《还魂记·园驾》中有这样的句子:“你女儿睡梦里,鬼窟里,选着了个状元郎,还说门当户对。”在封建社会里择偶之所以注重家庭背景,和封建婚姻家庭的传统密切相关。《礼记·婚义》上说,“昏礼者,将合二姓之好,上以事宗庙,而下以继后世也。故君子重之。”人们结婚主要不是为当事人的结合,而是为家族、宗族的传宗接代、承先启后,因此,家庭背景即家庭的经济社会地位是相当重要的。今天婚姻的重点已从家庭到个人,“同质交换”也主要是当事人个人条件的交换。

所谓“异质互补”是说在择偶中交换的条件不同,我给对方“甲”,对方用“乙”来回报亦可,人们常说的“郎才女貌”就是“异质互补”,是用男人的才能和女人的容貌交换,也能得到“平衡”。自然,现实社会生活是十分复杂的,人在择偶时可用来交换的条件很多,每个人的要求也不相同。美国社会学家温奇(R. F. Winch)概括了“异质互补”现象,提出了“异质互补”理论。温奇理论的基本假设是:择偶时从特殊需要模式中获得最大满足时，男女双方的特质是“异质互补”。温奇认为，男女在择偶过程中各自在候选者范围内寻找能给予自己的需要以最大满足的对象。无论是“同质交换”，还是“异质互补”，交换行为和价值在择偶与婚姻行为中普遍存在是无疑的。从规律上说，交换价值的实现是择偶成功，婚姻得到较高满意度的条件。交换价值实现得越充分，择偶的成功率越高，婚姻的满意度也越高。

4. 爱情成为择偶的首要标准——变数之四

今天越来越多的人把爱情作为择偶的首要标准，把有无爱情作为判断婚姻质量高低的主要条件，也增加了择偶的“复杂性”和“不确定性”。

首先，爱情婚姻并没有改变婚姻的社会性，因此爱情婚姻总是建立在“条件”婚姻基础之上的。关于爱情的特征，大众普遍具有一种美妙的看法：爱情是一种强烈的、不可抗拒的、激动人心的情感，它不但是大多数年轻人、也往往是不怎么年轻的人梦寐以求的神秘境界。然而，一旦对现实的婚姻稍加剖析，人们立刻发现，阶级、收入、教育、种族和宗教背景等限制了丘比特神箭的射向……经过怀疑，人们逐渐领悟到，与其说爱情创造一种特定的关系，倒不如说，在反复权衡对方条件的既定基础上才发展了爱情。换言之，在某些条件成熟或已经创造出来的时候，人们才允许自己去恋爱。

其次，爱情作为择偶的标准，特别是主要标准，也是难以把握的。从古以来人们就探讨什么是爱情，众说纷纭，莫衷一是，从柏拉图的“心灵之爱”，到13世纪英国的“宫廷爱情艺术”，到今天“罗曼蒂克”式的爱，人们说得很多了，但没有人把爱情两字说得清楚。爱情是什么？看不见，摸不着，爱情与感情、激情、对异性的性冲动等常常混在一起，真假莫辨。现代流行歌曲中有这样的词：“爱情你在哪里？”“爱得好辛苦”“爱得好难过”……都说出了人们求爱，又不知爱是什么，把握不住爱，或根本得不到爱的复杂心理。爱情是现代婚姻择偶中的最大变数。

第三，爱情择偶还带来了择偶过程中的一些具体问题，减少了择偶成功的机率。现代社会是个变迁速度很快、竞争激烈、充满挑战的社会。人们为了学业、事业上的成功，不能不花费大量的时间和精力去学习，去工作，去拼搏，是不可能有充分的时间和精力去谈情说爱，去择偶的。实际上多数人在生活、学习、工作中择偶的“机遇”都是有限的，各种客观条件限制很多。从文化和心理上说，和西方人相比，中国人较为保守、内向，在两性交往中更是如此。西方人在表达爱时是热情、直率、奔放的，中国人比较含蓄，这也减少了爱情择偶的成功率。正因为如此，在现实生活中“婚姻媒介”存在仍十分普遍，充当“婚姻媒介”的除去各种婚姻介绍所（机构、组织），大量的是民间的“角色”，多是当事人的“亲属”“同事”“朋友”，人们称之为“介绍人”。大量的社会调查资料表明，现实婚姻有50%以上有“婚姻媒介”，是在“婚姻媒介”的不同程度的“帮助”下成功的。从这个意义上说，爱情择偶也遇到新的“麻烦”，即只有当事者自己可以操作，别人帮不上忙。依“条件”择偶，看得见摸得着，别人可充当“媒介”，根据“条件”给当事者“参谋”“出主意”“介绍”等，增加择偶成功的概率和可能性。依“爱情”择偶，别人就无能为力了，只有靠当事人自己去体会，去寻找，从这个意义上说，“爱情”择偶也降低了择偶成功的概率。

二、自由择偶与婚姻的本质

婚姻是男女结成夫妇关系的行为。婚姻是个人行为还是社会行为，一直是争论不休的问题。社会学主流派别观点认为，婚姻从表现形式上是个人行为，从本质上是社会行为。

婚姻个人行为。

婚姻是个人行为，首先是和婚姻的生物特征及人的基本需求相关的。人的基本需求决定了人择偶求婚首先是出自生物特征和生理需要的个人行为。其次，现代社会从婚姻不自由向婚姻自由转变，也突出了婚姻的个人行为特征。在过去的包办买卖婚姻中，当事人被剥夺了权力，择偶结婚是在社会力量干预下完成的，是社会行为。今天不同了，强调当事人个人在婚姻中的决定权，一个人结不结婚，什么时候结婚，和谁结婚，都是个人决定的事情，别人不得包办与干涉。现代大多数国家的法律都保护婚姻自由，婚姻自由也符合社会道德规范，得到社会舆论的支持，这是对婚姻个人行为的社会确认。然而，今天社会在承认婚姻是个人行为的同时，并没有放任自流，比如无论当事人有怎样的意愿，结婚必须符合法定的条件，还得到婚姻登记机关登记。婚姻得不到法律承认是不能成立的，是因为婚姻不仅是个人行为，还是社会行为。

婚姻社会行为。

费孝通对婚姻是社会行为有过深刻的阐述。他在谈到婚姻不是件私事时说："我说婚姻是用社会力量造成的，因为依我所知世界上从来没有一个地方把婚姻视作当事人个人的私事，别的人不加过问的。婚姻对象的选择非但受着社会的干涉，而且从缔结婚约起一直到婚后夫妇关系的维持，多多少少，在当事人之外，有别人来干预。这样，把男女个人间的婚姻关系弄成了一桩有关公众的事件了。"他又说："因为在我们的文化里，时常会使人觉得夫妇关系是两性关系，婚姻是确定两性关系和个人开始性生活的仪式。可是在很多民族中两性关系并不以婚姻始也并不限于夫妇之间，而同时特别值得我们注意的是夫妇之外的性生活无论如何自由，并不会引起婚姻关系的混乱。这使我们觉得婚姻关系和两性关系并没有绝对的联系，因之，我们似乎不应把限制两性关系视作婚姻的基本意义。婚姻之外的两性关系之所以受限制还是因为要维持和保证对儿女的长期的抚育作用，有必要防止发生破坏婚姻关系稳定性的因素。"①正因为如此，社会对于婚姻才有那么多的干预、规定和限制，要用法律来规范它，用道德、舆论、习俗、宗教等各种手段来约束它。如果婚姻只是个人行为，是单纯的年轻人相爱，儿女情长之事，社会就不必如此"过问"了。人由婚姻结成了夫妻关系，组成了家庭，繁衍后代进行人类社会第二大部类生产，即人自身的生产和再生产，使人类社会不仅得以存在，而且绵延不断。这是婚姻作为一种社会行为存在的基本根据，是婚姻社会性的主要表现。

---

① 费孝通：《生育制度》，天津人民出版社 1981 年版，第 29、33 页。

自由择偶与婚姻个人行为和社会行为。

人类社会从过去到今天,从野蛮到文明,从择偶不自由到择偶自由,走过了漫长的路。在中国古代和漫长的封建社会,婚姻也是"父母之命,媒妁之言",当事人没有择偶自由和婚姻决定权。今天当事人有了婚姻决定权,实现了择偶自由,但还不能完全自由择偶,是因为尽管婚姻当事人的个人权力得到社会确认,但婚姻的社会性本质没有改变。今天,婚姻依然是社会行为,因此人在择偶时还不能完全依感觉和个人的意愿行事,不能不受诸多社会因素的制约和影响,即使有了择偶自由,还不能完全自由择偶。

择偶自由和自由择偶间的矛盾是婚姻个人行为和社会行为矛盾的具体体现。婚姻是个人行为,也是社会行为,是个人行为和社会行为的矛盾统一。也许古代人们更质朴地意识到婚姻的社会行为本质,因此用否定婚姻个人行为的方法,即否定婚姻择偶自由的方法来强化婚姻的社会性,当事人没有婚姻的自主权和决定权,没有择偶自由,个人的婚姻要由父母决定,由其他的社会角色和力量决定,因此婚姻的社会性不仅从本质上,而且从形式上表现得都很突出。然而时代变迁了,无论如何今天要保证和保护个人在婚姻中的权利,要婚姻自主,择偶自由,这是现代民主社会、人权社会所不可缺少的。从这个角度说,现代社会强调婚姻自由,择偶自由,是强化了婚姻的个人行为方面,但是它并没有也不可能改变婚姻的社会行为本质。因此现代人陷入不可解脱的矛盾之中,一方面他们结婚择偶不再像过去那样听命于他人,"安心顺从",而要择偶自由,自己决定自己的事情;另一方面,他们仍然不能不在很大程度上受各种社会因素的制约和影响,还不能自由择偶,换句话说,处在婚姻个人行为和社会行为矛盾中的人们,还不能完全依个人意愿择理想之配偶。现代社会也处在矛盾之中,一方面不能不给予个人婚姻以充分的权利和自由,另一方面又要对之实行社会干预。在这种情况下,现实生活中大量的婚姻矛盾现象出现了:一些人择偶成了家,有了孩子,过了日子,却觉得配偶不理想,在现实社会中有"婚姻质量不高""只恨相见太晚"的议论。对现实的婚姻,相当多的人接受或容忍下来，有的人则不然，或者离婚，或者以“婚外情”做补充，离婚率升高了，“第三者”多了，家庭不如过去“稳定了”。也有少数人为找不到理想的人为配偶而焦虑，有的甚至决定作“不婚族”，一辈子不结婚。所有这些都表现了婚姻中个人行为和社会行为的矛盾，择偶自由和自由择偶间的矛盾。

今天从婚姻个人行为角度看，人们已经有了择偶自由，自己可以选择配偶，决定婚姻；从婚姻社会行为的角度，人们还不能完全自由择偶，择偶的过程还要受到多种社会规定、条件和因素的制约，还得受他人的制约。总而言之，今天人们还只有相对的择偶自由度。从择偶自由向自由择偶，从婚姻的必然王国走向婚姻的自由王国，还要走很长一段路。从某种意义上说，只要婚姻还是社会行为，这个历史就不会完结，直到它变成完全的个人行为。

价值观念的碰撞

载《求知》1994 年第 5 期

自 1979 年党的十一届三中全会以来，我们执行了一条改革开放的正确路线，它对于中国社会的影响是深远的。由以阶级斗争为纲变为以经济建设为中心，由闭关锁国变为对外打放，由计划经济变为市场经济等等，这一切不能不引起社会的基础乃至上层建筑的巨大变化，它对于人们的心理及观念的震动和影响是十分明显的。由于许多旧的东西还没有完全逝去，新的东西也没有完全建立起来，既容易出现新旧交替时期的空白，也容易产生价值观念的碰撞，列举实例，剖析这种现象是很有意义的。

一、合作还是竞争

合作与竞争是一对矛盾的范畴，是不可分割的，然而，一些人却把它们对立起来，并因此而惶惑，这是因为今天比较强调竞争，开始引进竞争机制了。

在一个发达和进取的社会，竞争向来作为动机的手段和策略，被广泛地运用，而且效果被认为是显著的。从科学的意义上说，竞争可以强化行为的目标性，可以加强工作或学习的动机，并提高这个目标的标准，点燃实现这个目标的热情，激发潜在能力。人们在竞争中获胜，就会产生成就感，增强信心，进一步提高要求的标准。

然而，在“大锅饭”年代，平均主义思想占了上风，“不患寡而患不均”成为一些人的心态，把竞争与合作这本来不可分割的东西割裂开来，脱离竞争去谈合作，因而导致了不求进取，不敢冒尖，低热情，不求有功，但求无过的社会心态。一遇竞争便紧张起来，焦躁不安，甚至充满失败感和敌意，甘愿过低风险、低水平，平均平庸的日子，导致了对新来的竞争机制的消极的社会心态。可见，竞争与合作这两种价值观念的碰撞，首先不是由事物本身的性质决定的，而是由传统的社会心理定式决定的，不改变世俗的心理定式，就不能以健康的心态投入竞争之中，也不能处理好竞争与合作之间的关系。

当然，我们也应看到由于各种复杂的社会原因，由于市场经济还不发达，不健全，由于法制的不完备，在我们的社会中还有许多不正当竞争。比如：一些人利用手中的权力与资源占据竞争的天时地利，去压倒他人；一些人不是通过劳动，而是通过各种不正当手段牟取暴利致富。这些也都会使人们愤懑不解，产生价值观念的错位与混乱。所以，我们在鼓励竞争的同时，也要反对社会腐败与不正之风，也需要制定反不正当竞争法，保护每个人在竞争中的平务权利与机会，保护平等竞争。也要不断宣传竞争机制对促进发展的重要作用，以及竞争与合作的对立统一关系。

其实，在一个高度发达、充满竞争机制的社会里，人们反而更要相互依存和联系，人们对于竞争对手也要采取友好、容忍的态度，对于对手的信赖感增强，在人际关系上也变得更加周到。而不都是大鱼吃小鱼，或尔虞我诈。总之，竞争机制的建立并不等于道德的沦丧。恰恰相反，它会给社会带来清新与生机，为合作赋予新义与希望。

二、奉献还是交换

自中华人民共和国建立以来，奉献精神和行为一直是我们所倡导的，也称之为共产主义的思想和品德。在这方面雷锋是集中代表。自 20 世纪 60 年代开始的学雷锋活动，虽然在“文化大革命”中出现了曲折，但自 20 世纪 80 年代以来又被我们重新倡导。然而我们的社会也一直主张按劳取酬，尤其是改革开放以来，我们更强调多劳多得，少劳少得，不劳不得。我们主张一部分人先富起来，先富带后富，达到共同富裕。为了调动人们的积极性，我们也要奖励那些有贡献者，特别是重奖那些有突出贡献者，这样就出现两种同时为社会认可的行为模式，一是奉献，即鼓励人们做出努力和贡献，而不要回报。二是交换，即为鼓励人们做出努力和贡献而给予对应的回报。从社会发展的历史阶段性看，这两种行为模式都有一定的合理性，而且可能并存于一个相当长的历史时期。如果简单地把两者对立起来，甚至用一种行为方式去反对另一种行为方式，自然也会产生行为与价值观念的混乱，使人们无所适从。

事实上人类的交换行为已经延续了一个很长的历史时期。然而，人们认识它，却是从商品开始的。从最早期的劳动产品直接交换到目前的按劳取酬，这些都是个人与社会在劳动与报偿之间的交换。随着人们对自身与社会认识的深化，发现人的行为的交换性不仅表现在商品交换之中，而且表现在其他社会行为之中，从而在商品交换理论之上又创造了社会交换理论。20 世纪 50 年代美国社会学家霍曼斯・布劳和埃默森先后提出并完善了社会交换理论。他们建立了包括价值、最优原则、投资、奖励、代价、公平与正义等一系列范畴与概念，创造了一些普遍性的命题。比如，成功命题：一个人的某种行为能得到相应的奖赏，他就会重复这一行动。再比如价值命题：某种行为的后果对一个人越有价值，他就越有可能重复同样的行动等等。交换不仅存在于一般的社会行为，而且存在于如同婚姻那样高级的社会行为之中，这些都说明交换行为的普遍性。

和交换行为一样，人类的奉献行为也随着社会的发展，源远流长，并演化成社会生活的一种公共准则，一种社会公德。几乎在各种不同发展程度与形态的社会中都有过尊老抚幼、扶正压邪、舍己为人之类的奉献行为。就是在以个人为中心，充满利己主义的资本主义社会，也有不求索取的奉献行为。比如，在今天的美国，“志愿者”这一词就很时髦。所谓志愿者是指为他人和社会做出一定贡献而不图回报者。在 20 世纪 80 年代初华盛顿的一次空难事件中，许多人自动跳进冰河抢救落水遇难者。有人在河中连续 4 次把直升机投下的救生圈让给他人，而自己溺水身亡，被里根总统赞誉为美国英雄。这说明奉献行为在任何社会中都可能得到赞扬。今天，我们社会主义制度的建立，为这种行为更具有普遍性开辟了广阔的前景，因为它更公开全面地提倡和宣传这种行为。

从社会发展的历史性和阶段性看，交换与奉献并存是合理的。只承认奉献的合理性，否认交换的合理性是一种超理想主义。同样，只承认交换的合理性而否认奉献的合理性则是对人类社会的误解与歪曲，它助长庸俗的行为与堕落的社会现象，使人目光狭隘，胸无大志。承认交换与奉献在现阶段并存，并不意味着一半对一半，就目前的社会发展阶段而言，交换还不能不是社会行为的主体，但同时也应大力提倡奉献精神，鼓励人们为他人和社会有所作为，做出牺牲，以便逐步引导人们的行为志向高尚。两种社会行为可能在一种社会现象中同时存在，也可能在不同的领域中分别出现，从宏观上看，它不仅是矛盾的，也是统一的。

三、"崇俭抑奢"还是"鼓励消费"

今天社会价值观念的碰撞不仅在一些抽象的领域，在一些日常生活领域，乃至大众的消费行为中也出现了。"崇俭抑奢"是我们一贯主张的，而同时我们也在鼓励消费，甚至也在引导高档次消费、炫耀性消费。怎样解释这一现象？

20 世纪 60 年代开始的学雷锋活动中，人们知道雷锋诸多优良品质中有一条就是节俭，一分钱也要掰成两半花是人们熟悉的语言。一直到今天，我们的许多宣传中，也都在教育人们要节俭，诸如婚丧之事不必大操大办等。追溯起来，它也有其思想渊源。其实，我们的祖先就是崇尚节俭的……量入为出，精打细算，合理计划与安排的思想。这些对于今天不无价值，也是我们社会上宣传的主旋律之一。

然而，我们注意到近年来另一种刺激和鼓励消费的宣传也越来越多了。比如一方面我们主张婚事简办；另一方面各大饭店宾馆却又不断推出高档婚姻宴席，并以广告宣传鼓励人们去享用。一方面我们主张着衣朴素；另一方面各种时装表演引人注目，时装翻新的速度使人眼花缭乱，有跟不上的感觉。近年来，在京津等大城市陆续出现了高档消费商店、精品屋之类。像西方发达社会那样，不仅有高消费，而且有炫耀消费了。显然，在中老年人记忆中的“新三年，旧三年，缝缝补补又三年”的时代已经逝去了，代之而起的是时装和时髦。这是否意味着传统的崇俭抑奢的观念已过时，社会价值观念已经堕落了呢？其实，若仔细想想，所得结论就不那么简单。

今天人们的消费观念已经变了，在很大程度上是和经济的发展与生活水平的提高有关。一方面，商品经济的发展就需要市场，需要消费，没有消费，产品没有市场，疲软的市场不能振兴，生产得不到发展，社会就不能繁荣；另一方面，人民生活水平提高，消费需求和消费心理也自然改变了。人们吃要求营养，穿要式样更新，用要有一定档次也是自然而合理的。然而，我们也并不认为“崇俭抑奢”的观念在本质上也已过时。相反，它仍有现实意义和永恒的价值。这就是今天我们在鼓励消费的同时，又要反对浪费的道理，而且如何“崇俭”，怎样“抑奢”也有其新鲜的内容。如此分析起来，我们还能把“崇俭抑奢”与“鼓励消费”截然对立起来吗？

根据以上的分析，我们可以看出，所谓价值观念的碰撞是好事，不是坏事。它可以丰富人们的思维，把对社会的认识引向深入。它可以把闪光的令人怀念的东西赋予时代新义，使它更加有生命活力。就好像今天人们学雷锋不希望搞形式主义那样，反而能使雷锋再现在 20 世纪 80 年代、90 年代，以至成为令人崇拜的跨世纪人物。

家庭和谐问题的社会思考

载《人文杂志》2009年第5期

改革开放使中国社会转型。中国的政治、经济、社会、文化、心理、生活方式等各个方面都发生了巨大变化。在改革开放社会大踏步前进的同时,也产生了一些不和谐的因素,出现了许多不和谐现象,在最富传统的婚姻家庭领域也是如此。今天人们在思考和谐社会建设的同时,也在思考家庭和谐的问题。

一、若干令人瞩目的婚姻家庭问题

中国是极富家庭传统的国家,"男大当婚,女大当嫁",实行家庭本位,注重婚姻和血缘关系,家庭成员恪守婚姻家庭义务,维护家庭稳定,追求"白头到老,从一而终",重视传宗接代,生育、抚育、教育子女,赡养老人,代际间双向反馈,以世代同堂为理想家庭模式,等等。在改革开放中中国的社会变迁大大改变了中国的家庭传统,出现了若干令人瞩目的婚姻家庭问题和现象。

1. 未婚者也可以同居吗?

在改革开放前未婚同居是不可思议的。未婚同居现象会被视为严重的生活作风问题,遭议论,遭举报,遭惩罚。自改革开放以来未婚同居现象出现了,且越来越多,今天人们对之见怪不怪,越来越宽容了。还是在20世纪80年代,即改革开放初期,社会上不仅出现了公开的未婚同居现象,而且开始得到了"正名",这一变化是从社会讨论老年人再婚问题开始的。在中国社会，老年人再婚一直是个社会问题，因丧偶等原因而出现的单身老人再婚困难重重，会遇到来自亲属（主要是子女）的反对，原因有二，一是中国人的血缘观念重，很重视亲生与非亲生的差别，在一些人看来，宁可没有父（或母）也不愿认后父母，如果父母（老年人）再婚，前子女和后父母之间至少有称谓问题，关系难处。二是财产继承，按照现在的法律规定，配偶有财产继承权，父母（老年人）再婚意味着其原有的财产在继承中会被分割，因此子女反对父母再婚。针对这种情况，一些人主张，老年人同居好，不必非得登记结婚，这样既可避免上述麻烦，也可满足老年人的实际需要。在社会上，支持老年人未婚同居者大有人在，不仅是平民百姓，也有专家学者，有的人甚至主张为老年人未婚同居立法。当然社会上也有人表示反对，比如有的人认为尽管老年人未婚同居可以理解，但多少岁的人为老年人？一老一少可以吗？老年人可以同居，中年人和青年人可不可以？为什么不可以？这样的争论自然没有结论，但社会对同居是越来越宽容了，而且事实上同居现象也越来越多，同居者不仅仅是老年人，还有中青年人，以及各种各样的人和现象，其中也有违法重婚者。从20世纪90年代以来，“包二奶”一词在中国开始流行，一定数量的“包二奶”现象的客观存在，使人们不能忽视它，以至世纪之交在编撰《新华词典》时，要不要将“包二奶”一词收入词典引起了争论。反对者认为，在词典中有这样的词，会将社会丑恶现象传播开来；赞成者则说，不论“包二奶”现象是否合法，是否合乎道德，只要它客观存在，我们就应该收入，并给予标示和解释，让人们知道它的含义。最后还是赞成者占了上风。

2. 婚外性行为可以接受吗？

和未婚同居相关的是婚外性行为。传统的性行为是在夫妻之间，被囿于家庭之中的。婚姻的确立，意味着结成夫妻者（当事者）之间性行为的合法化、合理化，性生活的主要目的是生育子女，传宗接代。性行为、婚姻和生育三位一体。今天，尽管人们还把结婚看作是性生活合法化的标志，把举行婚礼看作是性生活开始的仪式，绝大多数的性行为还是在夫妻之间，但如今性生活已开始与婚姻、生育脱离，具体表现为许多性行为已经在婚姻和家庭之外，婚前性行为和婚外性行为大量增加。今天性生活的目的主要不是生育，更多的是生理、心理、情感的需要，有的人还把性生活看作是享受和享乐。1989—1990 年中国第一次大规模“性文明”调查在中国 15 个省市 28 个地区同时开始，历时 2 年，有两万人被调查，资料表明，改革开放以来，随着中国人生活方式和价值观念的变化，人们对婚前和婚外性行为容忍程度大大提高了。在全部调查对象中，认为婚前性行为只要“双方情愿，就勿干涉”的占 46.3%，认为“只要以后结婚，就无妨”的占 19.6%，对此“无所谓”的占 5.5%，认为“对本人有害，对社会无害”的占 3%，认为“对社会风气不利，应反对的”占 13.2%；在全部调查对象中对婚外性行为的看法是，认为“只要有感情，就应允许”的占 35.5%，认为“只要配偶不反对，就可以”的占 12.4%，认为“如性要求得不到满足，就情有可原”的占 55%，认为它“既无害，也无益”的占 6%，认为它“不利于家庭稳定，应反对”的占 28.9%。说明人们对婚前性行为和婚外性行为也很宽容。①

3. 要惩罚“第三者”吗？

和以上两个问题相关的是“第三者”现象。今天人们都很熟悉“第三者”一词，一些人公开地插入他人的家庭，破坏了他人家庭的事件屡见不鲜。与此相伴的婚外情、婚外恋、所谓“情人”现象也越来越多了。20 世纪 90 年代中期，我们着手修改《婚姻法》，制定中华人民共和国第三部婚姻法。因为这部法律关系到千家万户的生活和利益，全国人大和有关立法部门曾经组织了大讨论，就原法律的修改和新法律的制定征求意见，在各地引起热烈的反响。在那次大讨论中，有的人坚决主张用立法的办法惩罚“第三者”，鉴于“第三者”破坏他人家庭，破坏社会生活稳定，主张设立专门的法律条文惩治“第三者”。反对者则认为所谓“第三者”并不存在，现代社会讲求婚姻质量，相爱的人就应当在一起。有的人还从立法的角度认为虽然“第三者”应该惩罚，但“第三者”概念有时不清晰，法制讲证

---

① 刘达临等:《中国当代性文化》，上海三联书店 1992 年版，第 691～695 页。

据，惩罚“第三者”会遇到证据方面的问题。还有的人说，“第三者”问题主要在道德层面，要用道德制约，不适合用法制的方法解决问题。众说纷纭，莫衷一是。无论如何在2001年正式出台的婚姻法中没有“第三者”之类的词汇，但在该法的总则(第4条)中出现了“夫妻应当相互忠实”的字眼和要求，间接说明社会对“第三者”和它引发的相关问题的关注。在最近刚刚召开的全国十一届人大二次会议上，又有人大代表议案呼吁凡充当“第三者”破坏他人家庭者，应当给予他人家庭赔偿，说明“第三者”问题至今仍在不断引起社会反响。

4. 离婚率增高是社会进步吗?

传统的中国家庭是超稳定的，离婚者很少，离婚率很低。这样的情况一直延续到20世纪70年代的中国。自1978年以来，中国社会发生的巨大变迁冲击了中国的家庭，改变了人们的家庭观念，离婚也不再被看作是“洪水猛兽”了。过去家庭中的夫妻是合得来在一起过，合不来也在一起过，在一起就合。许多家庭中的夫妻即便没有感情，互相不和睦，但为了孩子，为了面子也不要离婚，继续维持现实的婚姻。但是今天不同了，许多人的价值观念的重心已经由家庭转到个人，从孩子转到自身，变得“自我”了。过去是为了孩子牺牲“自我”，现在是为了“自我”而不顾孩子。这种价值观念的变化是和社会的变化密切相关的。现行的中国法律对离婚就很宽松，规定中国的婚姻自由不仅包括结婚自由，而且包括离婚自由，夫妻感情破裂就可以离婚。夫妻离婚既可以协议离婚(通过民政部门)，也可以诉诸法律(通过法院)。离婚手续简便。改革开放以来，中国的社会流动加快，妇女地位提高，家庭小型化等因素也都使婚姻不稳定，离婚率大大提高了。据有关数据统计，20世纪80年代中期中国的离婚率大约是10∶1，到90年代中期大约是6∶1。进入21世纪以来，中国东南沿海一些发达城市和地区的离婚率已经赶上美国的2∶1(即每有2对新人来登记结婚，就有1对夫妻诉诸离婚)。①

① 潘允康:《家庭社会学》，中国社会出版社2002年版，第154页。

近些年来中国的各个方面继续报道了国内大量的离婚现象。一组组数据让人触目惊心:据《中国青年报》载,2006 年,北京共有 24952 对夫妻办理离婚登记,其中有五分之一婚姻关系维持不到 3 年;三分之一在结婚 5 年内离婚;结婚不到 1 年就离婚的有 970 对,有 52 对离婚的夫妻结婚还不到 1 个月。今天的研究表明,离婚现象在各个年龄群体中都很普遍,不仅中年人,而且老年人、青年人也都在离婚。一些报道说,离婚者中的年轻人数量激增。在这些离婚夫妻中,"80 后"(指 1980 年以后出生的人)占了相当大的比例。而调查涉及的"80 后"离婚案件中,有 90%的夫妻双方都是独生子女。由于"80 后"离婚案件当事人大多没有财产分割和子女抚养问题,使得他们离婚时的顾虑少了很多,因此离婚也显得"简单"了许多。有专家分析,"80 后"独生子女成为离婚高发人群,跟父母从小过分溺爱,凡事帮孩子拿主意,养成孩子缺少忍让性、宽容度有直接关系。有些研究认为,中国的离婚水平已超过邻国日本和韩国,与新加坡同属亚洲离婚率较高的国家。有的人说离婚率增高是婚姻自由和社会进步的产物,有的人则反对,认为它仅仅是社会变化中的伴生现象而已。

5. 亲子两代也要彻底分离了吗?

在中国的传统家庭中亲子两代关系十分密切,父母要抚养和教育子女,子女长大后要赡养父母,我们称这样的代际关系模式为双向反馈模式。而在西方一些国家则不同,父母要抚养和教育子女,子女长大后却不需要赡养父母,我们称这样的代际关系模式为单向接力模式。今天应该说中国的家庭还保持着自己的代际关系模式和传统,但在改革开放的大潮中这种模式和传统也在发生转变。比如说在家庭模式上,传统的中国人崇尚世代同堂的大家庭,喜欢联合家庭(父母和多对已婚子女在一起生活或兄弟结婚仍然不分家的家庭),喜欢主干家庭(父母和一对已婚子女在一起生活,通常是和一个结婚的儿子、儿媳在一起生活)。从 20 世纪七八十年代开始,这些家庭已经逐渐被只有两代人组成的核心小家庭(由父母和未婚子女组成)取代了。在城市和乡村,核心小家庭的比例都达到 70%～80%左右。换句话说,在许多家庭中,子女结婚后都和自己的父母分家另过。今天不仅年轻人喜欢独立的生活方式,中老年人也是如此。大多数人都认为"子女婚后与父母分居是很自然的事"。在中国社会快速变迁的今天,亲子关系将会继续发生怎样的变化,带来哪些相关的社会问题?迄今为止中国仍然实行家庭养老模式,亲子关系的变化,特别是家庭中子女数量的减少(多数家庭是独生子女)使这样的模式遇到问题,被挑战。

……

以上我们从几个方面列举了在社会变迁中中国的家庭面临的新情况,出现的新问题,还有许多其他方面的问题,诸如在社会流动中家庭关系紧张,家庭暴力增加;崇尚晚婚,不婚,有所谓不婚族;婚后不生育,少生育,有所谓"丁克家庭";以及独生子女的特殊教育问题,等等。无论如何,面对现实我们可以知道今天建设和谐家庭对千家万户有很大的现实意义。

二、从婚姻的本质上看家庭和谐

对于改革开放中中国婚姻家庭的变化人们的看法并不相同,众说纷纭,莫衷一是,有的说这是前进,也有的说这是倒退和扭曲,也有的人处在矛盾和彷徨之中……从社会学角度来说,要对今天发生的形形色色的婚姻家庭问题做出科学的分析,对建设和谐家庭有合理的判断,我们就必须重新回到对人类社会婚姻制度本质的再认识上。

1. 从人类婚姻的动机说起

人究竟为什么要结婚,现代人往往只从满足个人的生理需要、情感需要、爱的需要、性的需要去解释,既不全面,也没有说到根本上。否认婚姻的生理需要和生理基础是不正确的,如果人们认为,与生物学密切联系的婚姻根本不受生物动力的影响,是没有道理的,但婚姻不等同于生理行为。美国社会学家伯吉斯说:"动物求偶,而人结婚,其意义不同是简单明了的。求偶是生物性的,而婚姻是社会和文化的。婚姻是一种仪式,一种被社会认可的结合，一种一旦进入就要对社会承担认可责任的关系。”①

德国社会学家穆勒里儿也反对仅从个人的角度把婚姻动机单一化的观点。他说人类的婚姻的动机至少有三种，即经济、子女及情感，并依重要性依时代列其先后：上古时代经济第一，子女第二，爱情第三；中古时代子女第一，经济第二，爱情第三；现代则是爱情第一，子女第二，经济第三。原始时代婚姻以经济为主导动机，缘于妇女是创造财富的活工具，个人恋爱在那个时期是没有的。人类婚姻史的第二个时期，由于妇女劳动范围逐渐缩小，只囿于家务，财富和继承问题日益突出，于是关于个人至亲骨肉的后代观念便一跃成为婚姻的主导动机，子女升为婚姻动机的首位。到了以个人自由为原则的第三个时期，浪漫的爱情成为婚姻的主导动机。可见，人类婚姻的动机是多种的，复杂的，其重要性是随着时代的变化而变动着的。②

2. 人类设立婚姻制度是为了传宗接代

其实，人类社会设立婚姻制度的根本目的是传宗接代。恩格斯说："根据历史唯物主义观点，历史中的决定性因素，归根结底是直接生活的生产和再生产。但是。生产本身又有两种，一方面是生活资料即食物、衣服、住房以及为此所必需的工具的生产；另一方面是人类自身的生产，即种的繁衍。一定历史时代和一定地区内的人们生活于其下的社会制度，受着两种生产的制约：一方面受劳动发展的阶段的制约；另一方面受家庭发展的阶段的制约。”③为了人类自身的生产，即种的繁衍，在长期的社会实践中创造了婚姻家庭制度，发展成了今天的一夫一妻制婚姻。中国著名的社会学家费孝通先生说：“婚姻是社会为孩子们确定父母的手段。从婚姻里结成的夫妇关系是从亲子关系上发生的。这种说法也许和我们通常的看法不同，因为在我们的文化里，婚姻关系是两性关系，婚姻是确定两性关系和个人开始性生活的仪式。”“我们似乎不应把限制两性关系视

---

① 古德著、魏章玲译：《家庭》，社会科学文献出版社 1986 年版，第 1 页。

② 潘允康：《家庭社会学》，中国社会出版社 2002 年版，第 76 页。

③ 《马克思恩格斯选集》第 4 卷，人民出版社 1972 年版，第 2 页。

作婚姻的基本意义。婚姻之外的两性关系之所以受到限制还是因为要维持和保证对儿女的长期抚育作用,有必要防止发生破坏婚姻稳定性的因素。"①人和动物不同,人类种族的繁衍,传宗接代,不仅要生育,还要抚育、教育、培养,才能使一个生物的人(刚刚出生的婴儿)转变成为社会之人,这是个复杂的系统工程。实践证明,只有婚姻家庭制度才能完成这项系统工程。因此人类社会才要设立婚姻制度,才要保护家庭,并使家庭成为社会生活的基本单元。相对于动物来说,人类的子体对母体的依赖时间长,需要母体较长时间的抚育和呵护。更为重要的是,人从出生后,要从生物之人转变为社会之人,才能在社会中生活,取得社会成员的资格,我们称之为人的社会化,家庭是人的社会化的第一个场所,父母是孩子的第一任教师,家庭对孩子的教育是十分重要的,父母对孩子的影响是终生的。

美国社会学家古德先生说:"社会对生私生子看得比婚前性行为还要严重,即使后者也被看作是不合适的。任何社会对于谁同谁结婚都是有所控制的,也有一些规定用来反对随心所欲的生育态度。换句话说,社会对婚姻所采取的控制主要不是由于担心人们的性行为,而是由于担心人们生孩子。"他说的也是这番道理。②

3. 婚姻从表象上是个人行为,从本质上是社会行为

正因为婚姻家庭承担着重要的社会功能,所以社会既认可它,也要规范它,保护它,用各种手段(习俗、道德、法律、舆论控制它,维护它的正常秩序,在现代社会主要靠法律控制。

用社会学观点看,婚姻从表象上是个人行为,从本质上是社会行为。婚姻是个人行为,是说今天实行婚姻自由的原则,一个人要不要结婚,和谁结婚,什么时间结婚都是个人的自由,是个人决定的事,他人和社会都不会干预。婚姻是社会行为,是说个人的婚姻要符合社会规范,具体地说要受社会的限制,今天主要是受法律既婚姻法的限制,比如说当事人必须

---

① 费孝通:《生育制度》,天津人民出版社 1981 年版,第 29 页。

② 古德著、魏章玲译:《家庭》,社会科学文献出版社 1987 年版,第 48 页。

达到婚姻法规定的最低结婚年龄，具备结婚人的各种必备条件才能结婚。当事人必须到婚姻登记机关履行婚姻登记手续，得到批准，婚姻才被社会承认。结婚后当事人必须履行婚姻法规定的婚姻家庭义务和责任，如果违规要受到社会的干预，甚至制裁。1950 年我们就制定和公布了“中华人民共和国婚姻法”，这也是中华人民共和国成立后制定和公布的第一部法律(民法)，之所以如此，是因为它面对千家万户，关系社会传承，太实用，太重要了。自 1950 年后我们又先后修改了两次婚姻法，即 1980 年 9 月 10 日第五届全国人民代表大会第三次会议通过，1981 年 1 月 1 日开始实施的第二部婚姻法和 2001 年 4 月 28 日经第九届全国人民代表大会常务委员会第二十一次会议通过，并于当日公布实施的第三部婚姻法。以第三部婚姻法为例，该法共分为 6 章 52 条，该法除去阐述了婚姻家庭的基本原则外，对具备什么条件的人可以结婚、合法婚姻和违法婚姻、家庭成员(夫妻、亲子、祖孙)间权利义务、离婚、法律责任等都做了十分详细的规定。该法根据当前社会生活实际状况，还特别增加了家庭问题社会干预条款，这是独一无二的。之所以如此，是因为婚姻从表象上是个人行为，从本质上是社会行为。家庭之事不仅是个人之事，更是社会之事。

4. 婚姻家庭和谐的社会标准

家庭是社会的细胞，家庭之事不仅是个人之事，更是社会之事。所以家庭和谐不仅有个人标准，也有社会标准。和个人标准注重个人意愿、需求和情感不同的是，社会标准更着眼于家庭稳定，着眼于家庭功能的正常发挥，着眼于人类种族的繁衍和传递。迄今这个标准仍然为大多数社会成员认可。从这个标准出发，人们对当前出现的形形色色的婚姻家庭现象就有了自己的基本判断。以社会调查资料为例，2008 年底我们在天津市城市居民中就今天人们的婚姻价值观念进行了大规模抽样调查，对于一些说法(价值判断)请被调查者表示自己的意见，近千名被调查者表达了自己的意见。当问到“未婚者可以同居”的问题时，表示“非常同意的”占 1.9%，“比较同意的”占 5.5%，没有意见的占 214%，“比较不同意的”占 27.2%，“非常不同意的”占 44.0%；当问到“婚外性行为可以接受”的问题时，表示“非常同意的”占 0.3%，“比较同意的”占 2.2%，没有意见的占 10.3%，“比较不同意的”占 25.0%，“非常不同意的”占 62.2%；当问到“同性恋者可以结婚”的问题时，表示“非常同意的”占 1.0%，“比较同意的”占 2.5%，没有意见的占 15.1%，“比较不同意的”占 250%，“非常不同意的”占 63.8%；当问到“离婚者增多是社会进步的产物”的问题时，表示“非常同意的”占 7.0%，“比较同意的”占 22.3%，没有意见的占 23.8%，“比较不同意的”占 26.9%，“非常不同意的”占 20.0%；当问到“应该用法律手段惩罚第三者”的问题时，表示“非常同意的”占 41.9%，“比较同意的”占 20.2%，没有意见的占 22.7%，“比较不同意的”占 8.1%，“非常不同意的”占 7.2%；当问到“子女长大结婚后与父母分居是很自然的事”的问题时，表示“非常同意的”占 31%，“比较同意的”占 32.8%，没有意见的占 31.6%，“比较不同意的”占 2.9%，“非常不同意的”占 1.7%；当问到“男大当婚女大当嫁”的问题时，表示“非常同意的”占 41.7%，“比较同意的”占 31.1%，没有意见的占 22.8%，“比较不同意的”占 2.9%，“非常不同意的”占 1.5%。从上述回答中我们可以体会到今天人们对家庭和谐的各种价值取向和主导价值观念。

无论如何，今天社会与时代变迁并没有从根本上改变婚姻家庭的性质。在今天以人为本，张扬个性的时代，人们往往容易用个人主义观点，从个人幸福的角度去思考婚姻家庭问题，其实更应该从社会的角度来思考婚姻家庭问题。家庭的幸福和谐有个人标准，更有社会标准。有人把婚姻比作城堡（围城），说是城外的人想冲进去，城中的人想冲出来，很形象。其实一个人是否要冲进去（结婚）或冲出来（离婚）是可以自我选择，自我决定的。可身处家庭之中，就要被围、被限制，就要履行婚姻家庭义务，遵守婚姻家庭的社会规则，是没有选择余地的，这是每个已经结婚有家庭的人和准备结婚成立家庭的人面对的现实和必须认真思考的问题。

大城市超先增长的理性思考

载《北京社会科学》2005 年第 2 期

在当代世界和中国的城市化进程中大城市超先增长是引人注目的现象。所谓大城市超先增长，一是指大城市数量的增长，二是指大城市规模的增长，三是指大城市在城市化进程中的主导地位。所谓大城市，一般是指人口在 50 万以上的城市。20 世纪，在世界的城市化进程中大城市的数量大大增加了。1900 年，世界上 50 万人以上的大城市只有 49 座，到 1950 年便有 188 座，1970 年增至 356 座，1980 年则达到 476 座，增长了近 10 倍，速度很快。北美在 1985 年时，拥有 100 万人口的大城市已占城市总数的 38%。21 世纪伊始，全球已有 360 个人口超过百万的城市，其中 20 多座城市的人口达到 1000 万或超过 1000 万。联合国在其《世界城市状况报告》中预计，到 2015 年将有 10 个城市的人口达到或超过 2000 万。今天，墨西哥城的人口已在 2000 万以上，孟买和东京的居民数量在向 3000 万靠拢。世界银行一直以 50 万人口作为大城市的标准，最近有中国学者提出，大城市的人口标准应扩大到 100 万以上。在城市化进程中，大城市、特大城市的先导作用、辐射作用和中心作用十分明显处在中心地位。中国到 1980 年已有 50 万以上人口的大城市 44 座。改革开放大大加速了中国的城市化进程，不仅人口向城市集中，而且向大城市集中。无论人们的认识有怎样的分歧，大城市、特大城市和大城市群正在迅速形成并发展起来。上海、北京、天津、重庆这样的中央直属特大城市的人口数量都在 1000 万以上。人口在 100 万以上的城市的数量也越来越多。近些年来，主张发展大城市或超大城市的议论越来越多了。有的人认为我国正在形成不以人的意志为转移的超大城市群，即以广州、深圳为中心的珠江三角洲城市群以上海、南京为中心的长江三角洲城市群和以京津为中心的环渤海城市群。有的学者、人民代表和政协委员还向中央建议，合并北京、天津和唐山，建立华北超大型城市等。大城市超先发展的事实带来了相关的理性思考。

一、大城市超先发展理论

从20世纪90年代以来，我国先后出现了一些大城市超先发展的相关理论。房维中、范存仁主张我国城市的规模效益以100～400万人口最好。① 樊纲认为，对于中国这样的人口众多的国家来说，今后50年再出现50～100个200万人口以上的大城市并不算多。于晓明著文指出"大城市超先增长"是普遍规律，进而认为："建大城市，走集约化之路是中国城市化的必由之路。"为此，合理的选择不是严格控制大城市，而是要有重点地积极发展大城市。②

高佩义对大城市超先增长理论做了比较详细的说明。他研究了发达国家、发展中国家、社会主义国家城市化进程，发现城市化大致可以分为三个阶段，即：城市人口占总人口20%以内，城市化进程较为缓慢；城市人口占总人口20%～70%，城市化处于加速发展阶段；城市人口占总人口70%以上，城市化进展较为平稳。整个城市化过程呈"S"形。他总结了城市化三大规律，其中之一是大城市超先增长规律。大城市超先增长规律的主要表现形式是：(1)内涵增长，即在原市区范围内迁入的人口增加，或者使原来的小城市或中等城市增长为大城市，或者使本来就是大城市的人口规模进一步增长。(2)外延增长，即原有城市人口随地域的扩大而增加，逐步形成大都市带或称大城市群。(3)机械增长，即50万人以上的大城市数增加。(4)由于以上3个方面的原因引起的大城市人口在城

① 房维中、范存仁：《大城市在我国经济社会发展中的地位和作用》，《经济研究参考》1994第2期。

② 于晓明：《对中国城市化道路几个问题的思考》，《城市问题》1999年第5期。

市总人口中的比重增加。这是互相关联的4个方面。肖灼基教授同意这种观点，他认为：第一，大城市超先增长规律既反映了世界城市化的整体运动趋势，也适用于不同地区、不同类型国家城市化的运动趋势，具有普遍的适用性。第二，大城市超先增长规律是城市化加速发展阶段的规律，而不是贯穿城市化始终的规律。在城市化发展水平较低的阶段，大城市还处在萌芽状态；当城市化发展到较高阶段，大城市发展规模和发展速度受到限制，超先增长规律逐步减弱以致失去作用。第三，大城市超先增长是由于重大技术经济优势引起的。第四，大城市超先增长并不排斥中小城市的发展。大城市与中小城市的功能不同，它们之间是互补互促的关系。城市的优化结构，大中小城市的最优比例是由一定时期的经济发展水平、技术结构、产业结构、就业结构、资源条件和交通条件等一系列因素决定的。第五，大城市超先增长与人为的、行政的或其他的非经济因素引起的大城市盲目膨胀不同，它是以经济发展水平为基础，由经济因素引起和制约的。这种超先增长是一个自然历史过程。只要没有外在因素的干扰，其超先的时限和幅度基本上是合理的。

二、大城市超先增长是自然历史过程

在当今的城市化进程中，无论人们的认识有怎样的分歧，大城市超先增长是事实，是不以人们的意志为转移的。之所以大城市超先增长是符合客观规律的自然历史过程，是因为这种模式具有经济、社会和人口的聚集优势，在城市化进程中有其辐射和扩散作用。

1. 大城市的经济聚集优势

实践证明，同中小城市比较起来，大城市在资金、人才、信息、交通、市场、管理、效率等方面，具有更大的优势，这是大城市经济的聚集作用的结果。城市经济的表象特征具有系统性、互补性、外部性、区位性。城市经济的系统性可以使城市经济要素形成系统和互相作用，在互相搭配中产生系统优势和效应；城市经济的互补性，使城市经济中的各种经济活动互有补助，互生裨益，或由此而增进销售效率，或由此而降低成本，或使品质更能提高；城市经济的外部性可能存在着私人成本低于社会成本，或私人收益低于社会收益的现象，即存在着外部经济效果；而城市经济的区位特征能发挥城市经济的区位优势。

从本质上看，城市经济是空间集中的经济。没有空间集中，生产只能以极其有限的规模运行，通常靠近产品消费地以节省运费。在这种情况下，人口和生产往往相当均匀地遍布空间。只有空间集中，即人口、企业和各种活动的空间聚集才形成城市，才存在城市经济。城市因空间聚集而产生，又因空间聚集而发展壮大，没有空间聚集，就没有城市经济。空间聚集使城市经济具有明显的聚集效应，聚集经济的产生使企业可以获取更高的利润，居民可以得到更多的效用，从而改变了生产与消费决策的技术、成本和市场约束。企业和居民在空间上互相接近，通过竞争分享这种聚集利益。因空间聚集而产生的聚集效应，对经济活动的影响是全面的，它不仅影响技术与经济约束（聚集经济导致成本的节约、产出的增加），从而改变着市场的约束（聚集经济促使效用增加，从而影响消费行为）。在既定的技术条件下，由于城市聚集经济的存在，与非城市环境下的厂商相比，城市内的厂商用同样的投入，可能获得差异巨大的产出，即厂商的生产集中可能在同一技术下由于聚集经济原因而向上移动；由于聚集经济，消费者所得的效用增加了，从而影响其消费偏好，于是厂商面临的需求曲线也会因此而产生相应的变化。基于上述原因，厂商最优化决策点（生产均衡点）自然也要发生变化。所以，在理论上，因空间聚集而产生的聚集经济效应对生产函数、成本函数和需求函数均产生着重要的影响，从而对经济资源的优化配置乃至整个经济的发展产生巨大的影响。大城市的聚集经济在这方面表现得最为明显。

2. 大城市的社会聚集优势

这里所说的大城市的社会聚集优势是指大城市的聚集模式对社会生活的作用。大城市的主要特征是人口在一定规模上的高度密集。这种人口的高度集中和密集对现代社会生活是有益的。首先，这种社会聚集可以大量节约土地资源。现代大都市的建筑格局是向空中高层发展，向地下发展，面对密集人口，强迫人们用最优化的设计方法，用有限的空间容纳众多的人口，客观上节约了大量土地。有人做过统计，世界城市土地面积的总和只相当于一个卡塔尔的面积，这种社会聚集，有利于为人们提供交通上的便利，包括公交车、出租车、地铁、各种铁路运输、航空、航海都需要一定的人口规模作基础，没有一定规模的聚集人口，是不可能发展起这样的交通体系的。大城市的人口聚集为发展起这样的交通体系提供了基本条件。第三，这种社会聚集可以产生和发展现代城市生活方式，包括消费方式、居住方式、水和能源供应方式、休闲和娱乐方式、清洁和垃圾处理方式等。比如到"超市"购物是现代人的时尚。只有在有一定人口规模的大城市，"超市"才能建立起来，才能产生"超市"购物方式。再比如，对于现代人来说，自来水、煤气、电的供应是不可缺少的，是生活质量的重要组成部分，大城市模式显然有利于发展起集中供水、供电、供暖、供热设施，保证人们的基本需求。又比如，观看影剧、表演、体育比赛和竞技，是现代生活方式的重要组成部分。大城市为建立起大型影剧院、体育场馆，提供了需求和条件。第四，这种社会聚集便于发展现代教育事业。现代教育事业的发展，现代教育体系的建立也要有一定的人口作基础才能实现。从硬件上看，必须有一定数量的学生，才能有的放矢地建立起各种规模和类型的学校和设备，从软件上看，教师专业人才的培养和使用也要有一定数量的学生为基础。农村一些学校不得不采用复试班教育，最能说明规模教育的必要性。没有一定的规模是不能发展起现代教育体系的。从以上的议论中，我们可以看到大城市模式，或者说大城市的聚集方式，对现代社会生活所提供的方便及其优势。

和中小城市比较，大城市提供城市的基本标准和城市生活方式的成本要低，这是由城市的比较成本决定的。有的研究认为，超过 100 万人口的城市化综合发展成本，是人口少于 10 万人以下的小城市的 1/6 到 1/8，亦即小城市每吸纳一个人(必须符合城市的基本标准)所付出的成本，如果同样投入到人口超过 100 万以上的大城市，则可吸纳 6～8 个人。因此，在城市化进程中，大城市较之中小城市超先增长。

3. 大城市在城市化中的领头作用和辐射作用

大城市超先增长还和它在城市化中的领头作用和辐射作用相关。发达国家的城市化历史表明,在城市化加速阶段,大城市对城市化的贡献率每提高1%,就能使城市化水平提高0.35%～0.41%,而小城镇却只有0.003%～0.005%。在城市化的加速阶段,城市化主要由大城市来推动。

城市聚变引力定律认为:“在城市化过程中,人口的集中……会释放出一种新的能量。在一定条件下,城市人口集中的规模越大,释放出来的新能量就越多。这种能量多到一定程度,并且必须多到一定程度,便会创造出全新的物质和精神的城市文明,即开放型的现代化的大城市文明。这种开放型的现代化的大城市文明,一方面对其周围的乡村或小城镇产生强大的直接引力效应,使该城市进一步扩大;另一方面又对其他中小城市产生巨大的示范作用,使他们纷纷仿效,形成一种间接引力效应,从而使这些中小城市中某些竞争力强的城市。发展成为大城市。这一过程一旦开始,就不可遏制。对于某个大城市来说,如果其周围没有出现新的引力中心,也没有人为的障碍,那么这一过程一直要到周围乡村或小城镇的人口全部被吸纳完毕才能结束。对于整个社会来说,这一过程一直要到中小城市和乡村基本上都享受到人人都想享受的大城市文明时才能结束。”该定律所阐述的大城市在城市化中的领头作用和辐射作用规律,虽然还有待探讨,但它和我们在世界城市化和中国城市化中所观察到的一些事实是相符合的。大城市在城市化进程中的地位和作用不容忽视。

4. 大城市有比较完整的城市化内涵

对于城市化人们有不同的理解。经济学家认为,城市化是引起产业结构、就业结构、消费方式重大变化的乡村经济向城市经济转化的过程和机制;社会学家认为,城市化是人们由农村生活方式和机制向城市生活方式和机制转变的过程;而人口学家则认为,城市化是农村人口转化为城市人口的过程。从以上三方面看,大城市模式有这样的比较完整的内涵。首先,大城市有利于产业结构的调整和转变,即从第一产业转变为第二产业,再进入以第三产业为主的产业结构。一些研究结果表明,中小城市在完成产业结构转变方面不如大城市。其次，在生活方式和社会生活机制方面，大城市模式对做城市规划，利用城市资源，建立城市交通体系，提供住房、水电煤气等能源供应和满足居民对卫生、教育、文化、体育、休闲和娱乐的需求方面都有利，换句话说，大城市模式能形成较好的城市生活方式，使居民享受真正的城市生活。第三，是农村人口转变为城市人口，这是和以上两个方面相关的方面，只有比较完善的城市产业结构和比较完整的城市生活方式，才能造就真正的城市人，在这点上大城市模式在实现农村人口向城市人口转变上也是比较彻底的。

为了说明上述观点，我们和 20 世纪 80 年代以来，我国发展小城镇以及对小城镇的相关研究作比照。二十多年中，我国曾经出现过发展建设和研究小城镇热，然而，伴随着城市化进程的加速和深入，小城镇的问题比较突出地暴露出来了。小城镇问题研究的权威专家费孝通先生也意识到这一点。小城镇的建设发展是和乡镇企业的发展分不开的，面对蓬勃发展的乡镇企业，他也察觉了不少问题。比如还在 1983 年时他就说，“目前社队工业的确存在不少问题，面对这些问题起制约作用的是社队工业不稳定。我所见到的不少工厂很多是二、三年换一块厂牌，一、二年转一个产品，人们叫它‘开关厂’。这样做固然有作为新厂可以免税的奥秘在内，但根本上还是缺乏稳定性。从吴江县来看……从总体上看，全县社队工厂还是处于不稳定阶段。”以后费老对小城镇的发展也有所检讨。他本人在自我反思时承认“只吃到核桃的肉，丢了核桃的壳”，特别是有关小城镇建设方面有些疏忽。[①] 近些年来，关于对小城镇战略理论和实践的批评出现了，而且越来越多。批评者认为中国小城镇在农村城镇化过程中存在的主要问题是：(1)小城镇数量的盲目扩张，削弱了城市功能建设的后劲。(2)小城镇缺乏聚集效应，对居民生产方式和生活方式的转换能力不足。(3)土地资源利用率低，浪费严重。(4)乡镇企业工业污染严重，治理难度大。无论如何，对小城镇道路是要反思的。

---

① 费孝通：《小城镇研究十年反思》，《新华日报》1995 年 1 月 27 日。

总之，由于大城市有经济聚集优势、社会聚集优势，有在城市化中的领头作用和辐射作用，有比较完整的城市化内涵，使大城市有超先增长的优势。这是不以人们的主观意志为转移的。

三、大城市超先增长的矛盾焦点

尽管大城市超先增长是客观事实和规律。但不可否认的是大城市在发展过程中，出现了"城市病"，即城市社会问题，诸如交通拥挤不畅、住宅短缺、环境卫生差、空气污染严重、犯罪较多、各种社会矛盾集中等，人们在大城市生活也并不轻松。于是出现了一方面人们向往大城市，一有机会就想方设法进入大城市；另一方面，则又惧怕大城市，讨厌大城市，甚至出现了不同程度的反城市主义。西方国家的白领中产阶层白天在城市中就职，却把家庭住宅安在远离城市的乡下。在美国，反城市化已替代城市化成为形成定居的突出力量。在英国和部分西欧地区城市的离心力正在加大。苏联、波兰及尼日利亚曾试图用立法强制措施来减缓城市的生长。已经超过 2000 万人的墨西哥城不规则的居民点急剧膨胀，而政府的临时的规划计划法令又无力解决这些问题。有些人用"爆炸"一词来形容大城市面临的尖锐矛盾和问题。然而无论人们怎样意识到问题的严重性，大城市的中心地位没有改变，大城市的吸引力客观存在，人们依然留恋大城市，一有机会还是要涌进大城市。西方国家的中产阶级虽然"逃到"了乡间别墅，一般也离城市很近，不会远离城市，况且白天他们还会进城工作。一些国家试图控制大城市的增长，但结果是大城市的膨胀加剧。事实告诉人们，现在的问题不是要限制或取消大城市，而是要研究大城市增长和发展的客观规律，找到矛盾焦点，解决大城市问题，促进大城市健康发展，良性循环。

研究城市化进程的客观规律，我们发现困扰大城市发展的矛盾焦点是城市人和城市区位的矛盾。城市人是城市的主体，城市区位是城市的载体。城市人的聚集方式决定了城市区位格局，城市区位格局和机制服务于城市人。一方面，大城市区位有巨大优势，比如城市占地面积少，大量异质人口组合聚居，能集中生产力和科学技术力量，便于发展交通等公共设施，便于提供热、自来水、电等公共需求的资源和能源，便于商品供应和流通，便于发展教育、文化娱乐事业，能向人们提供高质量的、不断更新的生活方式等，吸引了大量的人口进城造成城市规模的扩大，城市人口的增多和城市化进程的加速；另一方面，大量人口的城市聚居，也产生了许多相关的社会问题。问题的焦点是多少人聚合成多大规模的城市，以怎样的城市聚合格局才能更大程度地发挥城市优势，满足城市人的需求，加速城市的发展，减少城市社会问题。换句话说，只有从理论和实践的结合上，综合运用哲学、经济学、政治学、社会学、心理学、地理学、建筑学、环境科学、生态学等多学科知识，研究解决城市人和城市区位的结合与互动问题，才能把握大城市发展的规律，找到大城市的最佳模式。这是城市社会学理论和其他相关学科理论面临的重要课题。

城市群

——未来城市化进程的主体形态

载《城市》2007 年第 8 期

中国的城市化进程既是现代化的标志，也是构建和谐社会的组成部分。近来关于城市化中的城市群的议论多了起来。理论界先是认为中国已经出现了不以人的意志为转移的 3 大城市群，即以广州和深圳为中心的珠江三角洲城市群，以上海、南京为中心的长江三角洲城市群和以北京、天津为中心的京津冀城市群。最近又有人认为中国目前将形成 10 大城市群：京津冀、长三角、珠三角、山东半岛、辽中南、中原、长江中游、海峡西岸、川渝和关中城市群。而京津冀、长二角、珠三角 3 大城市群在未来 20 年仍将主导中国经济的发展。由于国家“十一五”规划纲要明确提出要把城市群作为推进城市化的主体形态，许多省市纷纷提出各自的发展战略，演绎了一场城市群大战。比如，江西省采纳学者建议要构建“环鄱阳湖城市群”即以该省辖区内的我国第一大淡水湖鄱阳湖为核心，环绕湖区的景德镇、九江、南昌、鹰潭、上饶共 5 个地级市组成的城市群。

所谓城市群是指在特定的区域范围内云集相当数量的不同性质、类型和等级规模的城市，以一个或两个特大城市为中心，依托一定的自然环境和交通条件，城市之间的内在联系不断加强，共同构成一个相对完整的城市“集合体”。对城市群概念的表述学者们并不一致，但认识在渐趋一致，即城市群是由很多城市组成的，彼此的联系越来越紧密。这些城市在结构上是一体的，在功能上是互补的。他们共同对区域发展产生影响。

城市群是工业化、城市化进程中区域空间形态的高级现象，能够产生巨大的聚集经济效益，能加速城市化进程，是国民经济快速发展、现代化水平不断提高的标志之一。

一、城市群可以扩大聚集经济的优势

同农村相比，城市在资金、人才、信息、交通、市场、管理、效率等方面，具有更大的优势，这是城市经济聚集作用的结果。从本质上看，城市经济是空间集中的经济。城市因空间聚集而产生，又因空间聚集而发展壮大，没有空间聚集，就没有城市经济。空间聚集使城市经济具有明显的聚集效应，聚集经济的产生使企业可以获取更高的利润，居民可以得到更多的效用，从而改变了生产与消费决策的技术、成本和市场约束。企业和居民在空间上互相接近，通过竞争分享这种聚集利益。因空间聚集而产生的聚集效应，对经济活动的影响是全面的，它不仅影响技术与经济约束（聚集经济导致成本的节约、产出的增加），从而改变着市场的约束（聚集经济促使效用增加，从而影响消费行为）。在既定的技术条件下，由于城市聚集经济的存在，与非城市环境下的厂商相比，城市内的厂商用同样的投入，可能获得差异巨大的产出，即厂商的生产集中可能在同一技术下由于聚集经济原因而向上移动；由于聚集经济，消费者所得的效用增加了，从而影响其消费偏好，于是厂商面临的需求曲线也会因此而产生相应的变化。基于上述原因，厂商最优化决策点（生产均衡点）自然也要发生变化。所以，在理论上，因空间聚集而产生的聚集经济效应对生产函数、成本函数和需求函数均产生着重要的影响，从而对经济资源的优化配置乃至整个经济的发展产生巨大的影响。

城市有聚集经济优势，城市群则可以扩大聚集经济优势。城市经济的系统性不仅在单个城市内部表现出来，而且在城市与城市之间表现出来，形成了城市之间的系统经济。城市经济的互补作用不仅在城市内部发挥，而且在城市与城市之间发挥。城市经济的外部性和区位性特征也得到了扩大与延伸。总之，城市群的出现使聚集经济更具有规模，更易于形成规模经济。比如，江西提出“环鄱阳湖城市群”大发展思路，在城市数量上，由“一条线”上的南昌、九江两个设区市，变为完整的“一个群”上的南昌、九江、景德镇、鹰潭、上饶等设区市，占全省设区市的一半左右，城市的规模和人口的数量都具备“城市群”的要求和条件；组成“环鄱阳湖城市群”的5个地级市构成一个经济圈，此经济圈在经济总量上，占全省49.2%的生产总值、52.3%的财政收入，是全省产业基础最好、科技文化水平最高、城市化水平最优、经济联系最密切的地区。如果把鄱阳湖比作月亮，那么5个城市就好比5座卫星城，形成“众星捧月”之势，形成一个巨大的环湖经济圈，其对全省经济的辐射力和拉动力明显强劲。

二、城市群有利于统筹规划，实现产业结构的调整

统筹即统一筹划，在科学发展观中它不仅是一种方法论，也是认识论。在统筹理念中理论与实践、主观与客观、局部与整体、微观与宏观、历史与未来是辩证的统一。以往我们在经济发展和城市规划方面有一个突出的问题是地方和地方保护主义。无论是何种原因，城市与城市之间，地区与地区之间，“森严壁垒”“各自为政”，缺少“统筹”规划与“统筹”发展的思路与做法，相互独立，搞小而全，重复建设。这样不利于产业结构的调整，不利于整合资源，不利于从整体上发挥地区优势。建立和发展城市群客观上能改变这种状况，使人们能从“统筹”的角度思考问题，在地区与地区之间，城市与城市之间实现统一规划，整合资源，发挥地区优势，调整产业结构。我们以“环鄱阳湖城市群”为例，在产业结构上，江西支柱产业大多集中在这些城市。如南昌的制造业，九江的石化、纺织、建材、造船业，景德镇的陶瓷、航空、家电业，鹰潭的铜冶炼业，上饶的精密机械加工业等。这些地区在产业结构转移方面既有失败的教训，也有成功的范例。像位于景德镇的华意和位于南昌的齐洛瓦在1990年前后，都是全国名噪一时的冰箱品牌，但由于这两家企业单独作战的能力不够，市场份额逐渐被海尔、春兰和美菱等蚕食殆尽，如今皆沦为海尔等做配套生产。假如当初这两家企业能抱团作战，在产业上既密切合作又明确分工，进行你取我

舍、共同优化的小小转移,其现状绝不会是现在这个样子。而位于景德镇市辖区内的昌河集团,已将其发动机和轿车的生产基地迁移到与之相邻且具区位优势的九江市,此举意义显而易见 此生产基地紧靠昌九高速公路,大大缩短了到南昌和鄂、皖、江、浙、沪等省市的距离。由此,生产成本降低不少,更为产品增强了竞争力。这种城市群内的产业转移,看似此消彼长,当地的 GDP 表面上或短期内受到了影响,但从长期角度和大局观念来看,企业从此得到了可持续发展。

江西学者认为,现代区域产业转移不是仅仅以地理区位为条件的,而是更依赖于城市化基础上形成的区域经济互补,即首先要求接受产业转移的地区在城市化的基础上,逐渐形成一个统一的经济区域,而不是一个只在行政上统一,经济上联系不密切的区域。只有这样,产业转移在空间上才可能是自由选择的,才有可能最大限度地规避地域风险;其次,要求接受产业转移区域和转移产业区域在经济上能够形成互补关系,产业转移才能实现利润最大化。城市群整合的关键在于区域内建立层次和布局合理的产业体系,这就要求区域内城市根据比较优势和竞争优势原理,合理确定自己的主导产业,既要齐步前进,又要相互错位发展。中心城市要充分发挥综合服务功能,成为要素和信息的配置枢纽,次中心城市要改造好传统产业,充当大城市和大企业的加工基地。

三、城市群有利于不同模式城市之间的优势互补

对于中国的城市化进程和中国的城市发展模式学术理论界一直有不同的看法。改革开放初期著名社会学家费孝通倡导和主持了“小城镇”研究。他认为小城镇有发展乡镇企业的功能,而只有发展乡镇企业,农村才有出路。小城镇有“储水池”功能,能把农村产业结构调整中的剩余劳动力吸收进来。他认为小城镇是商品集散中心,它的商品流通与农村的经济发展之间有互为前提、相互作用的关系。他认为小城镇是农村的服务中心、文化中心和教育中心。费孝通主张发展小城镇,发展乡镇企业,用农民离土不离乡、务工不进城的方法实现农村城市化。此后又有优先发

展大城市和优先发展中小城市的主张。主张优先发展大城市者认为，大城市具有明显的经济聚集优势。同中小城市比较起来，大城市在资金、人才、信息、交通、市场、管理、效率等方面具有更大的优势，这是大城市经济聚集作用的结果。大城市具有社会聚集优势。这里所说的大城市的社会聚集优势是指大城市的聚集模式对社会生活的作用。大城市的主要特征是人口在一定规模上的高度密集。这种人口的高度集中和密集对现代社会生活是有益的。大城市在城市化中有领头作用和辐射作用。大城市有比较完整的城市化内涵。大城市规模的比较成本低等。而主张优先发展中小城市者认为中小城市在我国城镇体系中处于中间环节，起到了联系大城市和小城镇的作用；中小城市点多面广，承上启下，联系广泛，规模适中，具有大城市的优点，城市基础设施和产业基础具有一定规模；在住房、交通等方面不像大城市那么紧张，生产力水平及文化科学基础又比小城镇优越。因此，合理发展中小城市对于缓解大城市人口和承载压力及促进小城镇发展都具有十分重要的作用。

从上述引证和议论中我们可以看到，各种不同的城市模式有不同的特点和优势，在城市化进程中能起到不同的作用。如果从城市群角度看，以 1～2 个大城市为中心，若干中小城市环绕其间，更多的小城镇星罗棋布所构成的城市群能将大城市、中小城市和小城镇的优势同时发挥出来，实现不同城市模式之间的优势互补。比如小城镇可以借助中小城市和大城市在社会聚集方面的优势，满足自身在城市建设和社会事业发展方面的需要。而大城市也可以中小城市、小城镇为依托，实现农村剩余劳动力的梯次储存和有序转移，避免人口向大城市过度集中，减缓大城市的压力。至于在经济上，不同城市模式之间的互补作用更为明显。比如大中型企业可依靠乡镇企业为自己生产初级产品和原材料，乡镇企业亦可借助大中型企业提升自己的技术水平，开辟新的市场。

四、城市群可以扩大城市化中的辐射作用

城市聚变引力定律认为:“在城市化过程中,人口的集中……会释放出一种新的能量。在一定条件下,城市人口集中的规模越大,释放出来的新能量就越多。这种能量多到一定程度,并且必须多到一定程度,便会创造出全新的物质和精神的城市文明,即开放型的现代化的大城市文明。这种开放型的现代化的大城市文明,一方面对其周围的乡村或小城镇产生强大的直接引力效应,使该城市进一步扩大;另一方面又对其他中小城市产生巨大的示范作用,使他们纷纷仿效,形成一种间接引力效应,这些中小城市中某些竞争力强的城市,便发展成为大城市。这一过程一旦开始,就不可遏制。对于某个大城市来说,如果其周围没有出现新的引力中心,也没有人为的障碍,那么这一过程一直要到周围乡村或小城镇的人口全部被吸纳完毕才能结束。对于整个社会来说,这一过程一直要到中小城市和乡村基本上都享受到人人都想享受的大城市文明时才能结束。”以上理论从狭义上说是大城市辐射理论,从广义上说是城市辐射理论。从城市化角度说,任何一个城市都有辐射作用,大城市最为明显。从城市群角度说,由于它扩大了城市的内涵和外延,因此它对内对外的辐射作用都更加明显。这点已经被人们广泛地意识到了。

这里仍然用正在规划中的“环鄱阳湖城市群”为例,近几年来,江西各级官员在许多场合提得最多的一句话,就是“对接长珠闽、融入全球化”他们在构思“环鄱阳湖城市群”时认为,江西是唯一一个连接长三角、珠三角、闽南三角区的省,最有条件接受沿海经济的辐射,成为沿海发展的腹地。中国最发达的长、珠、闽地区正在实现产业升级,需要把大量缺乏竞争力的产业转移到其他区域。从成本与市场的角度考虑,大量转移到地理位置靠近的江西当然是首选。而且,由于特殊的地理位置和产业层次的一贯低下,江西作为承接长、珠、闽地区产业大转移的基地,所具备的历史机遇和发展机遇,已使之成为必然。在交通条件上,赣粤、福银等 3 条高速公路直接通往与赣相邻的发达地区,助推江西迅速实现在中部崛起

和富民兴赣的大业。再随着景鹰(抚)高速公路的建成通车,可构筑以南昌、九江为中心的可通江达海的4小时经济圈。可以上接“武汉城市群”,下连“皖江城市带”,进而承接“长三角”的辐射。对发达地区转移过来的产业,江西也应趁早做好产业升级的前瞻性筹谋,进行有选择性的承接。群内各城市的产业分工要明确,借构建城市群的契机,做一次城市功能大定位、产业大调整。可以认为,只有有了城市群的构想,才能产生上述规划,城市群对发展地区经济、加速城市化进程的作用是不言而喻的。

五、发挥城市群的优势,做好城市群发展规划

无论如何,在中国的城市化进程中规划和建设城市群已经引起了广泛关注,并进入实际操作和实施阶段。科学发展观中的城市群应当是一个空间结构合理、城市和产业分工明晰、经济实力雄厚、社会经济发展与资源环境相协调的重要增长极地区。国家“十一五”规划纲要已经明确提出要把城市群作为推进城镇化的主体形态。发挥城市群的优势,做好城市群发展规划是十分重要的。目前制定城市群发展规划的最大障碍是现有的行政区划,越是地位重要的特大城市群,这个问题越突出。现有的行政区划和组织领导体制极容易产生条块分割和地方保护主义,地方与地方之间、城市与城市之间不是互相联合,而是互相排斥,森严壁垒,这对于城市群的形成,发挥城市群的优势是极其不利的。以京、津、唐城市群为例,由于北京、天津都是直辖市,河北省和北京、天津同级别,三省市都要发展,目前很难有统一规划。从津京两市关系的角度说,本来两市可优势互补,天津可借助首都的优势加快经济发展,首都也可把部分经济发展项目分配给天津,而使自身成为政治和文化中心,但这样的状况并没有产生,而是出现了“灯下黑”的情况,首都北京仍然是政治、经济、社会、文化全面发展,它的发展不仅没有为天津的发展提供便利,或使两市成为合力,反而使天津的经济发展在某种程度上被“淹没”了。至于两市合作的一些具体的发展规划就更难以制定和实施,比如天津和北京近在咫尺,有人建议将北京机场的扩建工作和天津的发展统筹考虑,将北京的备用机

场设在天津，这种建议是很有道理的，但至今这个建议并没有被采纳。特别应当指出的是，目前天津滨海新区的发展已经被正式列入国家发展战略规划。这一规划的实施和实现光靠天津自身的资源和努力是不行的，要借助全国的力量和资源，首先是要借助周边城市和地区的力量和资源，特别是要借助北京和河北省的力量和资源。如果制定了京、津、唐城市群规划，并借助其他的地区资源和力量，实施天津滨海新区发展规划就会便捷得多，效果也会明显得多。

应当指出，城市群是城市化进程发展到一定历史阶段的产物，是不以人的主观意志为转移的自然历史过程。在长期的社会生活中人的聚集产生了不同模式和规模的城市。由于城市所表现出来的巨大优越性，城市犹如雨后春笋般地发展起来。在城市发展到一定规模和数量之后，城市群出现了。人们也渐渐领悟到城市群的优势和组建城市群的巨大意义。城市群的建设必将大大推动我国的城市化进程，成为彻底解决“三农”问题、实现全民的“小康”社会、全民的和谐社会的重要组成部分。

民生问题的理性思考

载《城市》2012年第1期

民生是指广大人民群众的基本生存和生活状态，以及以此为基础的基本发展机会、基本发展能力和基本社会福利实现的状况。解决中国的民生问题是当前全党和全国人民关心的首要问题。

一、民生问题的政治解读

（一）改革开放的初衷就是要解决中国的民生问题

邓小平同志在谈到改革开放的目的和宗旨时说，不改革开放，不发展经济，不改善人民生活，只能是死路一条。他说，社会主义的本质是解放生产力，发展生产力，消灭剥削，消灭两极分化，最终达到共同富裕。改革开放以来，我们一直把发展经济、改善民生放在首位。

胡锦涛总书记说，心为民所系，权为民所用，利为民所谋。他说，必须在经济发展的基础上，更加注重社会建设，着力保障和改善民生，推进社会体制改革，扩大公共服务，完善社会管理，促进社会公平正义，努力使全体人民学有所教，劳有所得，病有所医，老有所养，住有所居，推动建设和谐社会。在以胡锦涛为总书记的党中央领导下，我们正在为解决中国的民生问题而不懈地努力奋斗。

（二）民生问题是关系执政党命运和国家生死存亡的问题

“政治合法性”是政治学上的一个专门概念，强调的是社会成员对政治统治的心理认同，《布莱克维尔政治学百科全书》对它的解释是，任何一种人类社会的复杂形态都面临一个合法性的问题，即该秩序是否和为什么应该获得其成员的忠诚的问题。美国著名政治学家李普塞特也有类似的定义，他认为合法性是指政治系统使人们产生和坚持现存政治制度是社会的最适宜制度之信仰的能力。也就是说，合法性强调的是社会、民众对政治秩序、政治统治的认同和忠诚。

在现代民主政治的背景下，一个在民生方面长期没有建树或无力解决重大民生问题的政党和政府不可能获得合法性，不可能实现长治久安。显而易见，政治合法性与民生具有直接的关系。民生方面拿不出好的成绩单，既有的合法性便会流失。

(三)民生问题是最大的政治问题

"中国人用脚投票"是对中国的政治和社会历史现状的一种生动描述。20 世纪 50—70 年代中国内地出现的向香港的偷渡潮，是因为那时我们没有很好地解决民生问题，所以一些人违法向香港偷渡，甚至甘冒生命危险。20 世纪 80 年代中国实行改革开放，仍然有持续不断地向国外的移民潮。比如，今天我们十分重视教育，大量投资教育，发展教育事业，但大量的中国学生仍然选择出国留学。根据最新统计数据，2010—2011 学年中国留美学生比上一年增长 22%，达到 15.8 万人。目前，中国留美学生占在美海外留学生总数的 22%，连续第 2 年成为留美国际学生的最大来源。教育问题仍然是目前中国还没有彻底解决的民生问题之一。

无论如何，民生问题是政治问题，而且是最大的政治问题。

二、民生问题中的结构性矛盾

中国社会现实的民生问题是多方面、客观存在的。胡锦涛总书记在十七大政治报告中讲到的"加快推进以改善民生为重点的社会建设"的 6 个方面是：优先发展教育；实施扩大就业的发展战略；深入收入分配制度的改革；加快建立覆盖城乡居民的社会保障体系；建立基本的医疗卫生制度；完善社会管理。

中国社会科学院发布的《中国社会和谐稳定研究报告》中披露的对社

会稳定有重要影响的十大社会问题是，看病难、看病贵问题、就业失业问题、收入差距过大贫富分化问题、贪污腐败问题、养老保障问题、教育收费问题、住房价格过高问题、社会治安问题、城乡地区差别问题和环境污染问题。在这些社会问题中看病、就业、养老、住房等都是和老百姓利益攸关的民生问题，社会治安、环境污染是社会生活的环境问题，而收入差距过大贫富分化、贪污腐败、城乡和地区差距等则属于社会深层次矛盾。无论如何，这些问题都是国计民生问题。科学地分析中国的民生问题，是解决中国民生问题的前提，它包括以下几个方面：

（一）中国的民生状况已经有了很大改善

中国用了 30 年左右的时间基本解决了民众的温饱问题，相当一部分人已经进入小康。最新公布的脱贫数字是：在新的世纪（21 世纪）前 10 年里中国的贫困人口已经从 9422 万人下降到 2688 万人，平均每年减少 670 万人左右，率先实现了联合国提出的贫困人口减半目标；贫困发生率由 10.2%下降到 2.8%，贫困标准也由原来的 865 元提高到 1274 元。

在中国基本解决了温饱问题，部分人和家庭已经达到小康的情况下，民生问题出现了新的更加广泛的内涵，不仅有收入分配问题，还有劳动就业、社会保障、教育、卫生及住房等多个方面的问题。

（二）中国民生问题中的结构性矛盾

事实表明，要彻底解决中国的民生问题，还有很长一段路要走，必须在科学发展观的指导下，用统筹的办法来解决，这是因为在中国的民生问题中存在着大量结构性矛盾。所谓民生问题的结构，是指中国多种民生问题之间的相互关联与排列，以及每一种民生问题中所包含的各种问题之间的关联与排列。所谓民生问题的结构性矛盾是指各种民生问题自身或相互关联中的矛盾。研究民生问题的结构性矛盾包括以下 3 个层面：

一是每一种民生问题自身的结构性矛盾。

比如在收入分配问题中，一次分配、二次分配和三次分配之间的矛盾；居民收入与国家、企业收入之间的矛盾；"强资本"与"弱劳动"之间的矛盾；垄断行业与一般行业收入之间的矛盾；公开收入与"隐性收入"之间的矛盾;不同地区(城乡、东西部、发达与非发达、不同阶层群体收入差距的矛盾;橄榄型的收入分层理想(中间阶层大)与哑铃状的收入分配现实间的矛盾等。

在劳动就业问题中,结构性的"三碰头"矛盾,即大学生求职、农民工进城找工作、下岗职工再就业之间的矛盾;一方面存在着企业招工难,招不到合适的职工,另一方面又是求职者找工作难,找不到合适的工作之间的矛盾;社会安排和解决就业问题与劳动者自主创业之间的矛盾;不同社会群体中的就业特殊性的矛盾,如大学生中就业与择业时序之间的矛盾(比如是先就业后择业还是先择业后就业);求事业和求地域之间的矛盾;残疾人和特殊社会群体就业需求与社会需求之间的矛盾,以及就业模块的"僵硬化"和就业相关的结构性错位对接等问题。

教育中,普遍性的教育资源提供与优质教育资源不足不能满足社会需求之间的矛盾;教育中的宏观矛盾、中观矛盾及微观矛盾,诸如普通教育与职业教育;学校教育与社会教育;农村教育与城市教育;教育发展中的人才培养;教育发展中的学校布局;教育发展与成才观之间的结构性矛盾等。

医疗卫生中,以医疗卫生问题中的公平问题为切入点,从谁来提供医疗服务、谁来支付医疗费用两个方面展开,探索医疗卫生中的结构性矛盾,诸如医疗资源分配的理想金字塔形与现实的倒金字塔形的矛盾;医疗资源配置不合理,城乡差距大,基层医院医疗设施薄弱,医务人员不足,病患者从农村涌向城市,又都涌向高端大医院,造成"看病难";政府与企业组织)、个人投入结构比例不合理,个人负担过重;政府投入不足与医院自劳自吃(以药补医)之间的矛盾,产生"看病贵",以致使医患关系紧张。

社会保障中,社会保障的广覆盖(已经基本建立起来的社会保障框架与巨大的日益增长的社会需求之间的矛盾;政府主导与社会参与之间的矛盾,要发挥政府、企业、社会组织、个人等多方面积极性,实现由"补缺型"向"普惠型"转变,建立家庭、社区和福利机构相结合的社会保障模式。

二是各种民生问题之间的结构性矛盾。

各种民生问题在表面上是相互独立的，有各自的特殊性和规律，实质上却是相互联系的，比如：在劳动就业中，一方面存在着求职者找工作难，另一方面则有用人单位招工难。这个矛盾的存在是与人的素质有关的。招工单位往往需要有一定技术技能、专业专长的人员，这样的人供不应求，而大量的求职者由于素质偏低，不具备一定的技术技能和专业专长，只能出卖体力，因此产生供求之间的结构性矛盾。而这个问题是和教育事业紧密相连的，教育发展模式的单一、职业教育的相对薄弱、不能面对社会需求培养人才是产生上述问题的一个很重要的原因。教育领域存在的问题和就业问题相联系，是两类民生问题之间的结构性矛盾。

又比如，部分职工收入偏低的问题，显然不能用简单的普遍涨工资的方法来直接解决，而必须通过教育培训提高他们的素质和技能，使他们在社会更高端职场中找到技术含量较高的工作，从而得到较多的收入，摆脱低工资的困境。再比如，解决困难群体的收入分配、下岗职工的劳动就业和卫生医疗中的“看病贵”问题，又和社会保障有关，牵扯到困难群体的低保、失业保障和医保。显而易见，如果我们的社会保障制度很发达、很健全，失业就不会让人们那么恐慌，就业压力也不会那么大。因此，对于民生问题进行综合性研究，是非常必要的。只有厘清民生问题之间的相互关联和结构性的矛盾，才能找到问题的症结，得出科学的判断。

三是发展社会事业，解决民生问题中的结构性矛盾。

我们现在面对的民生问题是多层面的，既有生存层面，又有保障层面和发展层面，而且在社会变迁中，旧的民生问题没有解决，新的民生问题还会不断产生。其中，基本的需求是大量的，高层次的需求也是在不断增长中，既要坚决贯彻中央的“强基本、保基本”要求，又要关注社会各个层面、群体和阶层的需要；既要建立起对现有民生问题的强有力的解决机制和保障机制，又要逐步引导全社会向小康社会、富裕社会迈进，实现全面建设小康社会的目标。这需要在改革开放的大的社会背景下，认真分析和研究每一个民生问题自身的结构性矛盾，各种民生问题之间的结构性矛盾，在民生基本思想和理论、社会建设和社会发展理论的指导下，开展调查研究，大力发展社会事业，在科学的方针政策指导下，有针对性地解决民生问题，提高中国人民的生活水平和生活质量，使全体中国人民幸福地生活，有尊严地生活。

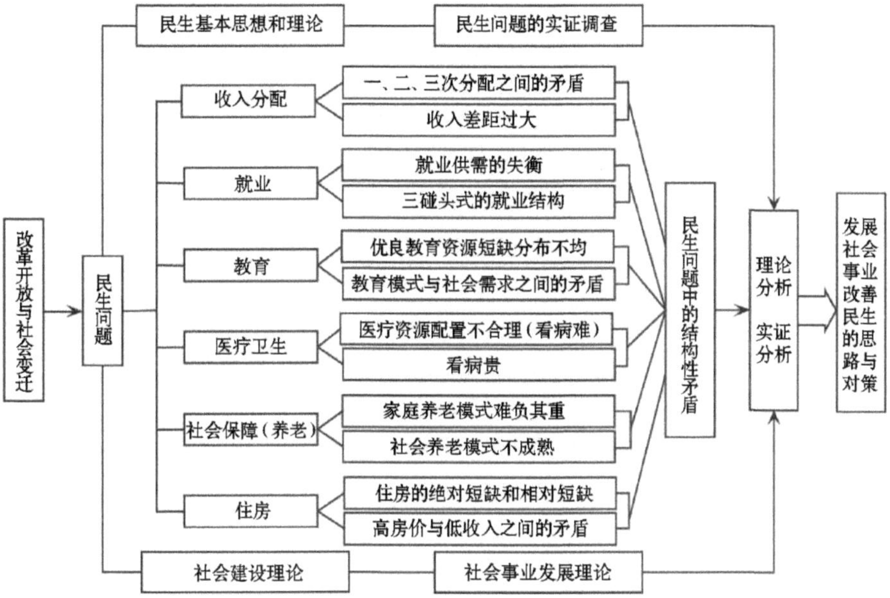

图 1　民生问题结构框架图

三、研究和制定解决民生问题的政策和政策体系

要解决中国的民生问题必须要有相应的对策和方法，既要有针对每个民生问题的具体政策和对策，还要形成系统解决民生问题的政策体系，用统筹的办法解决民生问题。当务之急是要建设服务型政府，向社会提供好的公共产品和公共服务。在当前中国的特殊国情下，也就是说实现总体小康以后，中国民生问题的核心内容发生了很大变化，不再是温饱问题，而是公共产品和公共服务的问题（就业、教育、医疗及社保等），如果说温饱问题主要靠市场，那么公共产品和服务就不能完全靠市场，要靠政

府，要建设服务型政府，进而寻求探索出一套适合中国经验和现实的民生改善策略、运作机制和发展模式。其研究结果将对发展社会事业，更好地解决中国的民生问题做出贡献。

四、民生问题的解决和幸福指标的建立

解决中国的民生问题是为了让中国人民尽快过上幸福美好的生活，什么是幸福生活？中国已经改革开放30多年了，人民的生活已经幸福了吗？了解人民的感受和需求，建立起幸福生活的指标体系，测量人民的生活质量和水平，逐步引导人民走上幸福之路是亟待解决的问题。一些部门正在开展社会调查，以各种方式研究中国人的民生状况和中国人对生活幸福与否的判断。

2011年6—7月，中国人口宣传教育中心、中国社科院调查与数据信息中心等在中国人口网、新浪网、中国生殖健康网进行"中国家庭幸福感热点问题网络调查"。这次调查共获得有效样本7729份。调查表明，人们的幸福感评分较高，70%左右的人感觉比较幸福。

大部分调查参与者都对家庭幸福感评分较高，而且评分比较集中，家庭幸福感评分的平均值为7.2分(0分为"很不幸福"，10分为"非常幸福")。从调查对象幸福感评分的统计分布来看，总体上是一个向右偏的分布，8分的比例最大，占26.5%；9分次之，占19.4%；7分居第3位，占16.2%；7分及以上的占70.4%。因此，比较幸福和非常幸福的比例在70%左右。

与其他类似调查对照，这次调查得到的家庭幸福感处于较高的位置。例如，与2002年中国家庭收入状况调查相比较，该调查感觉比较幸福的比例为城镇55.4%，农村61.3%；与2006年世界主要大城市幸福感和竞争力调查结果相比，该调查样本中北京感觉比较幸福的比例为57.5%；与2004年亚洲12国调查结果相比，本次调查结果高于12国平均状况(67.7%)，分国家看，本次调查的幸福感高于日本(60.57%)和韩国(51.53%)，但远低于新加坡(80.97%)和印尼(85.94%)；此外，本次调查

结果也高于美国 2003 年的调查结果(58.2%)。

调查参与者感觉不幸福的比例很小,对家庭幸福感评 0 分的比例在 1%左右,1 分的比例为 1.5%,2 分的比例不到 2%,4 分及以下为 10.6%,可以说感觉不幸福家庭的比例在 10%左右。与 2002 年中国家庭收入调查相比较,本次调查的不幸福比例与 2002 年接近(该调查中,不幸福的比例为城镇 12.3%,农村 9.0%。与 2006 年世界主要大城市幸福感和竞争力调查北京的调查结果相比,本次调查不幸福的比例与北京的比例(9.7%)非常接近,但略高于 2004 年亚洲 12 国调查的平均状况(8.59%),远高于新加坡(5.88%)和日本(6.18%)、印尼(8.36%),低于韩国(17.05%);此外,也高于美国 2003 年的 7.1%调查结果。

总的来说,本次调查结果显示,家庭幸福感较高的还是占多数,不幸福的约为 1/10。与其他类似调查结果相比,尽管有或多或少的差距,但总的趋势是一致的。

分析幸福感较高人群的基本特征,可以看出家庭和睦、收入稳定、身心健康、社会适应是与幸福感密切相关的几个核心因素。

(一)而立之年感觉更幸福

从年龄来看,年龄在 30～34 岁的人家庭幸福感评分最高,平均值为 7.369;其次是年龄在 29 岁以下的调查对象,平均得分为 7.175;而年龄在 35 岁以上的群体评分最低,为 6.881。

(二)女性感觉更幸福

从性别来看,家庭幸福感评分也呈现出显著的性别差异。女性的平均得分为 7.271,高于男性的平均水平 6.906,女性比男性高的主要原因是家庭幸福感评分为 9 的比例远远高于男性,比男性高 8.71%,显示出女性更容易感到家庭幸福。

(三)有配偶感觉更幸福

从婚姻状况来看,已婚者的家庭幸福感最高,达到 7.253;未婚者次之,平均值为 6.827;而离婚和丧偶的被访者为家庭幸福感最低的一类,平均只有 4.835。这一结果显示出婚姻状况也是影响家庭幸福感的重要因素，在婚者更容易感到幸福。从另外一个角度看，3 口之家评分最高，为 7.294；4 人及以上家庭的次之，为 7.073；其后是 2 人家庭，平均得分为 6.936；而 1 人家庭最低，只有 5.618，这可能是因为 1 人家庭是单身、离异或者丧偶的情况，他们的家庭幸福感令人担忧。

（四）中等收入者感觉更幸福

家庭幸福评分在不同的家庭收入自评水平上差异显著。家庭幸福感最高的是中等收入者，平均分高达 7.456；其次是高收入和回答"不清楚"的受访者，平均值为 7.113；低收入者得分最低，为 6.296。值得注意的是，在中高收入水平上家庭幸福感并不随着收入的升高而增加，说明随着经济发展、收入增长和人民生活水平的提高，收入不再是制约家庭幸福的最重要因素，幸福感开始具有更多非物质的内涵。

（五）与父母、子女关系和睦的感觉更幸福

从与父母关系出发分析家庭幸福感，与父母关系很和谐者得分最高，为 7.900；回答比较和谐的次之，平均分为 7.268；回答"一般"的被访者平均只有 5.365 分；而比较不和谐和很不和谐者得分最低，仅有 4.456 分。与子女关系对家庭幸福感有显著的影响，与子女关系非常好的人平均得分最高，为 7.475；其次是关系比较好的群体，得分为 7.058；回答"一般"及以下的受访者，家庭幸福感得分平均只有 5.226。家庭幸福感评分随受访者与子女交流时间的增加而提高。每天和孩子交流时间超过 2 小时的群体，幸福感得分为 7.634；其次是 1～2 小时的受访者，平均为 7.101；再次是半小时交流时间者，得分为 6.624；最低的是几乎没有交流的群体，幸福感平均分为 5.819。以上两题说明，与子女关系以及每天交流的时间都是家庭幸福感重要的影响因素，比较好的关系和更多的交流时间能够提高幸福感评分。

（六）与邻居相处融洽和有安全感的人更幸福

从与邻居关系来看，可以将被访者分为以下类型：相处融洽和非常融洽的家庭幸福感最高，得分为 7.824；与邻居相处比较融洽者幸福感次之，得分为 7.371；与邻居很少来往的受访者平均分为 6.258；而回答"从不来往”的人，幸福感平均只有5.844的得分。这说明与邻居的和谐相处也是影响家庭幸福的因素之一。从居住安全来看，总是感到安全的受访者，家庭幸福感评分为7.713分；选择大部分时间感到安全的群体，平均得到7.19分，居于次席；回答“有时”的调查对象幸福感平均为5.849分；而最低的是从不感到安全的群体，平均分只有5.217，显示出安全感是家庭幸福重要的一环。

（七）身心健康的人感觉更幸福

从健康状况来看家庭幸福感，样本可以划分为有显著差异的7类，幸福感随健康水平的提高而增加，这说明健康是家庭幸福非常重要的影响因素。从过去一周心理状态来看，非常开心的受访者家庭幸福感得分高达8.958；回答“比较开心”的人得分为7.958；而感觉“一般”者，幸福感得分为6.581；不太开心者平均得分为5.190；而在过去一周非常不开心的受访者，家庭幸福感只有3.951分，这说明心理状况是非常重要的幸福感影响因素，同时也提醒我们家庭幸福感是个体主观指标，受心理状态的影响很大。

（八）性生活满意度高的更幸福

从性生活状态来看，可以分为有显著差异的4种类型。对性生活非常满意者的家庭幸福感最高，为8.28；回答“比较满意”的受访者次之，得分为7.482；再次为不太满意的群体，平均分为5.811；最低的是很不满意的调查对象，得分只有4.398分。性生活满意度是影响家庭幸福感的一个重要因素。

总之，家庭幸福感评分最高的人群平均分为9.06，其主要特征是：健康自评大于9分；家庭幸福感评分第2位人群平均分为8.68，其主要特征是：健康自评9分、与父母关系比较和非常和谐的、收入水平为中高收入的人群；家庭幸福感评分第3位人群平均分为8.59，其主要特征是：健康自评9分、与父母关系比较和非常和谐的人群；家庭幸福感评分第4位人群平均分为8.32，其主要特征是：健康自评8分、与父母关系比较和非常和谐、收入水平为中高收入的人群。

家庭幸福感评分最低的人群平均分为 2.82，其主要特征是：健康自评小于等于 4 分、与父母关系不和谐和非常不和谐、低收入和收入不清楚的；家庭幸福感评分倒数第 2 位人群平均分为 3.255，其主要特征是：健康自评小于等于 4 分、与父母关系比较和非常和谐的人群；家庭幸福感评分倒数第 3 位人群平均分为 3.40，其主要特征是：健康自评小于等于 4 分、与父母关系比较和谐的、婚姻状况为离婚、丧偶和未婚的人群；家庭幸福感评分倒数第 4 位人群平均分为 3.728，其主要特征是：健康自评小于等于 4 分、与父母关系比较和谐的、中等和高收入人群。

以上大致介绍了一下中国人口宣传教育中心、中国社科院调查与数据信息中心在网上进行的调查，当然由于这样调查的方法和途径存在局限性，比如在网上调查其调查对象只能是网民（能使用互联网的人），而且不能用严格的随机抽样的办法获取样本，因此样本的代表性受到一定的影响。比如根据调查报告，这次的调查对象主要为来自东部沿海地区的年轻、已婚、女性、高学历者，多数有固定职业，以国家机关、企事业单位职员和雇员为主。因此，我们还不能用这次调查的结果来推论中国人整体的幸福感状况。但无论如何它为我们打开了一个观察和分析中国人的生活状况的窗口，还是很有启发的。如果我们能够进行更加科学的社会调查，认真分析中国人的生活状况，找到改善中国民生问题的路径，提出解决中国民生问题的策略和方法，就一定能够使中国人生活得更幸福、更有尊严，就一定能够实现全面建设小康社会的战略目标。

“城镇化发展战略与中国的城市化发展道路论坛”会议综述[①]

载《城市》2013 年第 12 期

中国社会学会自成立以来始终致力于社会学学科的建设与学科研究的规划协调工作，每年举行的年会集中呈现了科研人员最新的研究成果，及时反映了中国社会学的科研动态。不久前，“中国城市社会学专业委员会”以中国社会学会副会长、中国城市社会学专业委员会会长、天津社会科学院社会学研究所首席专家潘允康为召集人，天津社会科学院社会学研究所负责筹划，组织承办了主题为“城镇化发展战略与中国的城市化发展道路”的分论坛会议。论坛收到来自北京、天津、上海、山东、河南、浙江、江苏、江西、福建等十几个省市高校、社科院及其他科研机构 50 多位学者撰写的 40 余篇论文。全国各地 40 多位学者出席并参与了论坛讨论。遵循城市社会学的研究宗旨，论坛不仅注重城市社会学理论与研究方法的构建，而且关注中国社会的矛盾和问题。当前中国正在进行前所未有的城镇化建设，如何将我们的城市建设得更美丽，努力探索美丽城市建设的路径成为本次论坛的核心议题。

一、城市社会学前沿理论和方法的探索

纵观国内外研究，城市社会学以整体观视角着重考察城市社会问题。

---

① 文章发表时署名的作者还有桂慕梅。

以下两点既是城市社会学学科确立的基础，又凸显了城市社会学的学科特色：其一是关注“空间”。城市社会学看重“空间”概念，学者们试图厘清物理空间内社会关系的状况，并在此基础上进一步深化社会空间的特点与内涵；其二是通过与农村相比较，将城市生活视为一种新型生活方式，阐述城市社会共同体（由各种社会关系组成的群体）在时间和空间交错作用下的存在形式及文化意义。空间与生活方式被统合在城市社会学的研究领域中，成为贯穿始终、系统整合的研究议题。有关“空间”的理论阐释仍是本论坛着重探讨的主题之一。有学者引介、分析了西方学者新近的科研成果，希望对我国城市建设有所启示；另有学者参照西方先进的“空间”理论结合中国实际开展研究。

同济大学政治与国际关系学院社会学系讲师钟晓华在论坛上发言，她系统归纳了西方社会空间理论的学术发展史，从资本、权力和文化等方面概述了西方学术界在社会空间视角导向下的城市研究的经典议题。在总结中国城市转型特点的基础上论述空间理论在中国的研究实践。一方面中国城市转型“接播了资本主义扩张所带来的经济全球化趋势，另一方面则具有自身特殊的历史性和地方性特点。整个变迁交织了若干个重要社会过程，包括从计划经济向市场经济的转型、工业化中的劳动密集型经济到技术（知识）密集型经济和服务型经济的转型、大规模农村人口向城市转移的过程，以及由封闭到开放融合的过程”。钟晓华还探讨了西方社会空间理论的意义以及该理论在中国研究方面的局限。钟晓华认为，“社会空间理论致力于去除自然主义和历史决定论下的空间遮蔽及空间误判，以揭示自然、物质空间形态背后的动态政治、社会、文化内涵，从方法论上是建构主义和批判主义的。‘空间性’成为新的城市社会分析维度……政治经济制度、社会生产关系、个人家庭生活等无不具有空间性。然而，社会空间理论作为新建构的理论范式仍处于开放探索阶段，因此该理论应用于城市研究领域仍具有一定的局限性”，这主要表现在，一是虽然社会空间视角将城市空间作为主要的研究对象，但是处于探索初期的理论建构并未清晰界定两者之间的关联与界限。由于对这组空间概念及其相互关系的界定至今仍无定论,使得社会空间至今无法成为一个比拟阶级、性别、职业等的城市转型研究的解释自变量。二是与既有城市空间研究的融合之难。虽然摒弃空间自然主义的论辩被认为是具有突破意义的划时代转向,但是真正将其运用到既有的空间学科及理论中并非易事。三是西方理论对中国经验的适用性不足。西方社会的组织化程度、空间的产权属性、城市政体特征都与中国城市有很大不同,理论移植的情境维度发生了很大的变化。最后,钟晓华总结指出,社会空间理论的崛起体现了全球化背景下城市在全球网络中的节点性意义及其物质空间组织的重要性正在日益凸显,但这并不意味着空间本身具有决定性作用。社会空间理论作为一种建构性的视角,只有在批判性地汲取既有空间研究学科的基础上,提出具有交叉学科意义的社会空间概念,即处理好'空间'与'空间性'的关系,才能避免落入'泛空间化'的简化论,为城市研究注入新的内涵与理论活力。"

北京行政学院讲师吴军与中国人民大学教授夏建中提交了《场景理论与城市发展——芝加哥学派城市研究新理论范式》一文,吴军在论坛上代表发言。他们指出,都市空间结构的研究一直是西方学术界城市研究的重要领域之一,而芝加哥学派则是众多研究中的典型代表,其中比较著名的有帕克生态区位理论、伯吉斯同心圆理论、霍伊特扇形理论以及怀特城市空间重塑理论。这些理论多集中在对城市空间自然属性和社会属性的分析上。进入21世纪,以芝加哥大学教授特里·克拉克为代表的研究团队提出"场景理论"。该理论指出,后工业时代,文化活动尤其是以大众为主的文化艺术活动在繁荣城市经济方面的作用日益突出;包括影剧院、酒吧、餐馆等在内的都市设施为市民带来愉悦;后工业社会的城市以消费为中心而非生产,以上这些成为后工业时代城市社会的显著特征。克拉克等人认为,"都市娱乐休闲设施的不同组合会形成不同的都市'场景',不同的都市场景蕴含着特定的文化价值取向,这种文化价值取向又吸引着不同的群体前来进行文化消费实践,从而推动着区域经济社会的发展"。由此"'场景理论'把对城市空间的研究从自然与社会属性层面拓展到区位文化的消费实践层面”。如果说“社区”这一术语“揭示了围绕个体生老病死的各种实践活动组成的符号意义”的话，那么，“场景”这一术语将呈现“各种消费实践活动的符号意义”。对“场景”的辨认和测量主要依据“特定空间里的消费设施蕴含的特定品位和价值”。“场景理论”创造了一套学术术语和语法体系来诠释基于戏剧性、真实性和合法性所形成的场景。吴军和夏建中认为，“场景理论”要表达的论证逻辑如图 1 所示：

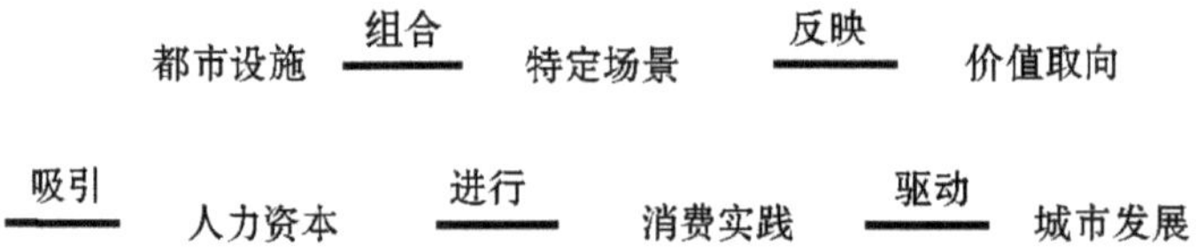

图 1　场景理论的论证逻辑

他们希望通过对“场景理论”的介绍和分析为我国城市转型与发展、服务与管理以及相关公共政策制定提供理论指导。

毋庸置疑，社会空间的变化一般都伴随着人口的流动，上海市人口与发展研究中心副研究员王春兰、华东理工大学经济发展研究所副教授杨上广在其论文《大城市人口空间演变及管理转型响应研究》中指出，改革开放以来在政府主导城市经济结构的背景下，上海人口空间布局发生变化，人口空间演变过程中城市规划的失灵带来社会管理方面的问题。20 世纪 90 年代，上海在内环线以内及周边地区重点发展第三产业，适当发展污染较少的都市型工业，内外环线之间的地区主要发展第二产业，外环线以外的地区重点建设第一产业和以制造业为主的第二产业。城市产业结构的调整引起城市空间人口的变动，上海核心城区的人口密度逐步下降，近郊的人口快速增长，城市形态蔓延。另外，各类属性人口的空间分布也呈现较为清晰的城郊差异特征。精英和技术阶层在中心城和近郊集中的程度高于郊区县，其比例由中心城向近郊区、远郊区依次递减。商业服务业从业人员在中心城区密度和比例最高，向外依次梯度递减。产业工人阶层在中心城区所占比例远小于郊区，农业劳动者阶层集中在上海的外围区域，具有显著的外围集中效应。然而城市管理水平没能跟上城市产业结构的调整和城市人口空间的变化，城市规划导致管理服务转型问题突出，表现为：其一，外来人口密度由核心城区向郊区方向呈梯度递减，但同一方向上以外来与本地之比为指标的人口管理服务压力却正好与之相反，呈梯度递增，在近郊达到高峰，然后向远郊方向再次递减。其二，核心城已经发生的外来人口侵入—户籍人口撤退现象有可能蔓延到中心城边缘区。外来人口与本地人口居住空间的交叉、重叠、渗透将普遍出现在全市各个环带，中心城的“二元社区”现象可能会变得日益突出。城市新二元社会背景下空间无差别化政策设计存在缺陷，管理服务空间错位、供需不匹配。当前中国各级地方政府一般都是按照常住户口人数来定编定职和进行财政拨款的。对外来人口的管理仍缺乏统筹规划，外来人口空间分布非均衡性又异常突出，客观上造成了各区县、各街道外来人口管理服务工作苦乐不均的现象。以往政策措施的出台，没有对这些空间差异特征加以充分考虑，使得基层操作难度大，降低了财政资金投入的效率。短期来看流动人口合法权益无法得到有效保证。从长远来看，外来流动人口管理服务的大方向是由“选择性排斥”转向“普惠制”，当前的政策框架也不利于基本公共服务均等化的继续推进”。针对上海城市人口空间分布的转变、外来人口的增加以及“当前人口管理、公共服务资源配置等不合理现象，王春兰、杨上广分析指出，空间无差别化的政策设计存在效率低等问题，因此，在‘科学发展’的时代背景下，除总量特征以外，“空间态势”“空间差异”也是城市管理服务领域必须加以考虑的基本特征，以“中心城”为主导的城郊二元管理服务模式也应向城郊一体化管理服务模式转型，强调公共管理与服务的空间公平性与均衡性。由于大城市人口公共管理与服务的压力存在显著的空间非均衡性，应设计一套具有空间响应性的公共管理与服务机制，以提高管理服务效率和水平。城市管理与服务机制的空间响应周期可以分成短期、中期、长期 3 个类型。短期着眼于管理服务机制中的微调，中长期则重点在于对管理服务机制进行顶层设计、统筹规划和框架设计。

二、现阶段中国城市社会的突出矛盾及解决之道

理论引介更为重要的目的是解决中国本土问题。目前我国虽然已是世界第二大经济体,但经济发展与社会发展的不平衡导致很多社会问题的出现。最近几年生态环境恶化、社会不公、社会管理及文化建设不完善引发的矛盾越来越尖锐。本论坛学者们就上述问题进行了探讨,并尝试提出可行性措施。

江西省社会科学院研究员邓虹对发生在赣湘两省的水资源重金属之害进行了详细的论述,认为重大水环境污染事故危害了人民的健康,影响了社会稳定,对国家的水环境安全构成了威胁。要消除危害需将长江中下游赣湘两省视为一个整体统筹规划。辽宁省社会科学院王新与何茜两位学者就当前我国城市遭受的雾霾天气,引述国际经验,提出要通过完善环境立法、优化经济结构、协调并联合区域防控、督促高耗能企业转型及倡导公众低碳生活等多项措施改善我国的空气环境质量。

生态环境是市民生活的自然基础,城市社区是市民身处其中的社会环境。当前社区管理仍有许多需要完善的方面。天津社会科学院社会学研究所的助理研究员李培志通过对天津一个社区业主委员会解决物业纠纷案例的分析,展示业主委员会在维护和表达权益时所采取的行动与策略,揭示权益表达和社会协同对业主委员会行动的重要价值,提出协调合作、资源整合、实现基层社会的有序生成,这些都将有助于城市社区的治理。

城市既是一个稳定的聚落,又是一个开放的空间,现阶段外来打工者如何融入城市一直是学界研究的热点。中国社会科学院研究生李春南根据她在北京郊区所做的实地调查说明,当下排斥性的制度安排和行政化的社区管理使城市外来打工者陷入生活困境。为解决现实困难,打工者发挥主观能动性,建立起草根组织参与社区建设。由此,发展主义模式的局限与行动者的抗争在打工者追求家园梦的社区内同时呈现。

民生和社会管理是城市社会学的核心议题,而文化引发的思考同样

不容忽视。本论坛上学者们就中国城市文化的现状与发展展开探讨。河南行政学院杨军剑博士论述了河南的文化特点,提出河南作为"华夏历史文明传承区"要以城市文化来指导中原经济区城镇化进程,并带动"中原城市群"的建设。天津城建大学教授薄克礼在提交的论文中分析了天津城市文化的特点,指出商埠经济带来的市民文化、丰富的宗教文化及遗老文化在天津历史上举足轻重。当代天津的建设需以这些文化传统为基础,并结合现实情况创造出适应当今社会的城市文化。

三、中国的城镇化及其完善

以上所谈及的社会问题很多与我国目前进行的城镇化建设密不可分。在城镇化和全球化的双重压力下,中国传统的生产生计、社会结构及民族文化等多方面都发生了巨大的变化,也出现了各种各样的社会问题。本次论坛过半数论文都涉及中国城镇化问题。城镇化进程中社会的可持续发展、土地利用、人口效益及社会组织培育等都是学者们重点关注的问题。

中国城市社会学专业委员会副会长、北京社会科学院社会学研究所戴建中研究员以北京一社区为例探讨巨大城市在城镇化进程中可持续发展问题。指出土地的"有效利用、资金平衡、居民工作和生活有改善、产业获得发展"是衡量城市可持续性的四大指标。戴建中以翔实的调查数据阐述了城镇化建设的成绩和问题。通过参考韩国和中国台湾的做法,总结指出,消除城乡、地区的经济—社会差异需要整个历史阶段;要尊重经济—社会发展规律,谨防欲速不达;目前依靠土地财政做支撑的行政主导下的城市化难以为继;城市化有赖财政制度、土地制度等制度创新。

陕西师范大学副教授孟宏斌在提交的论文中指出,急剧推进的城镇化使农村土地非农化用地倾向严重,全国发生了许多起因征地引发的大规模的群体性事件。针对当前农村征地中出现的冲突,孟宏斌认为需改变政府充当"消防队"的被动应付治理模式。征地冲突的有效调适化解,应着眼于减少冲突诱因和降低冲突动力两个层面,蕴含着利益调适、行为调适、目标调适及制度调适等策略。特别是在国家实施新型城镇化战略的大背景下,从城乡统筹角度研究农地非农化的制度完善和相应配套改革,可通过探索多渠道争端解决机制的路径,最终构建起一个融合利益协调机制、诉求表达机制、矛盾调节机制、权益保障机制在内的合理调适机制,化解农村征地冲突,真正确保农民权益得以维护。

杭州师范大学副教授彭伟斌依据浙江省 21 个人口负增长市县的资料分析指出,人口下降使当地的小城镇集聚效应、农民就地转移安置动力、公共资源配置效率纷纷下降。为此,他建议政府在推进中心镇村建设时应高度重视小城镇的科学规划,权衡人口变动对农村城镇化发展的影响。

集美大学政法学院教授杨贵华在发言中探讨了城市化进程中"村改居"居民社区组织的现状,指出我国社团组织总体上处于初创期。社区居民社团组织发展不平衡;"他组织"方式建立的居民社团组织缺少应有的独立性。"自组织"方式建立的社区居民社团组织发育程度比较低,能力有待提升。社会管理体制处于转换之中,为社区居民社团发展所提供的政策和法规支持还不到位。为此,政府和体制内社区组织要进一步为社区居民社团的发展创造条件、提供保障。具体包括探索与社区居民社团实际相适应的登记或备案制度,积极培育扶持居民社团,尤其是公益慈善类、促进参与类社团的发展,加强对社区居民社团的引导和监管,要着力培育和提升居民的公民意识和公共精神,为居民社团发展注入持续的内在动力。

四、美丽城市建设:中国城市社会学现阶段的核心议题

中国社会学会副会长、城市社会学专业委员会副会长、上海社会科学院研究员卢汉龙在评议中指出,为保证我国城市获得健康、美丽而持续的发展,需要借鉴西方先进的社会科学理论。而经验研究说明,盲目为 GDP 的增长而建城会导致很多社会问题,政府如何根据人口分布的空间情况理性地运用行政手段,如何因地制宜地分配并设置惠民、便民的公共

设施,学者们的论述对此均有启示作用。

城市社会学专业委员会副会长、重庆工商大学社会发展学系教授俞萍对李培志和杨贵华的发言给予高度评价,认为两学者从微观实证分析入手提炼出具有普遍意义的社会问题。李培志从实证论述到理论提升的阐释过程让我们通过业主委员会这一基层维权组织认识到我国公民社会成长的意义。基层维权组织的存在及其行动实际反映出公民、国家和市场等各方面关系正处于不断调整之中。杨贵华教授的议题符合当前注重民生、开展社会建设的基本方向,提出的建议对现实具有指导意义。

城市社会学专业委员会副秘书长、天津社会科学院副研究员王光荣在点评中指出:李春南由下至上的研究视角符合新的理论,草根组织和社区试验的失败将引发更多的思考。而彭伟斌的发言具有前瞻性。城镇化发展的核心问题,即人的城镇化是一种动态的变化过程;规划城镇需要具备战略性眼光。杨军剑的论证使我们认识到各地的城镇化道路不尽相同。就河南而言,其历史文化优势和城市化滞后的现状使其未来发展独具特色。戴建中的研究使我们了解到一个特大城市某一区域城镇化的演变历程。这一区域不可持续的发展令我们反思,中国的城镇化是否完全要自上而下地进行。而城镇化是否全要遵循农民的意愿,也需经由实证研究深入探索。

四川省社会科学院研究员郭虹指出本次年会的主题是美丽中国,但从中国当下的现状及学者的研究来看,美丽中国的建设不容乐观。城镇化该如何发展,保护谁的权益,中国到底该如何建设才会美丽等都需要认真思考。工业化、城镇化、信息化都是一种进步,但如果它们发展不适当,不是与社会的全面发展同步进行,问题就显现了。寻找解决之道不仅需要理论的探索,同样需要更为深入的实证研究。

最后,中国社会学会副会长、城市社会学专业委员会会长、天津社会科学院社会学研究所首席专家潘允康进行会议总结。他认为,中国的城镇化建设正如火如荼地展开,关注当下社会问题的城市社会学势必大有作为。目前中国正处于前所未有的、快速的城镇化进程之中,整个社会伴随着发展的机遇，同时出现了诸多社会问题。论坛上学者们从现阶段中国社会面临的土地利用争议、生态恶化、社会保障不健全、社区管理相对无序、城市中艰难生存的农民工等民众特别关心的话题展开研究、分析成因并尝试提出可行且有效的治理措施。社会转型不可避免地引起文化的变迁。城市文化的特点和定位、城市传统文化如何适应当前的社会形势等问题也是该论坛的议题之一。不可否认，经济是社会发展的基础和核心，中国的经济已经取得巨大成就，但保持生态平衡，建设美丽、可持续的城市社会，尊重优秀的、历史悠久的传统文化，实现社会与个人的全面发展一直是人类追求的梦想，也是广大社会学者不懈努力的研究方向。当前存在的社会问题不仅有违人类的美丽梦想，而且与党的十八大提出的推进中国城镇化及建设美丽中国的大政方针背道而驰。鉴于此，将目前存在的社会问题纳入讨论如何完善中国城镇化建设道路的框架中，不仅是国家的战略目标，而且是学者们今后研究的总体思路。除了分析当前中国社会热点问题外，学者们还从不同角度深入阐述了统筹城乡发展的可行性措施以及构建美丽城市的理论体系。学者们的研究和发表明，如何借鉴国外的先进理论，结合中国实际完善城镇化，使中国人拥有美丽的城市，并提升城市生活品质及市民的幸福感，将成为今后一段时期内社会学科研人员关注的焦点。

现代社会中的家庭伦理模式

载《道德与文明》1990 年第 6 期

传统社会的家庭伦理模式是“家本位”的，即以家庭为本位，以家族为本位，是整合的。在由传统社会向现代社会演变的过程中，“家本位”以三种不同的形式进入到现代社会，出现了三种不同的模式。

美国历史虽短，但在向现代社会转变过程中，家庭关系和家庭观念迅速淡化。美国的家庭结构较为松散，亲子关系淡漠，家庭中子女的独立意识极强，一般到 14～15 岁左右，他们就开始逐步脱离父母独立营生，结婚以后既不再和父母生活在一起，也不再和父母有更多的关系和往来。人们的血亲观念，传宗接代观念十分淡漠，社会上的裙带关系很少，以业缘关系作为处理相互关系的基本准则。家庭和家庭关系只在美国工业刚刚发展，资本刚刚积累时起过积极作用。美国的一些社会学家指出，当美国工业刚刚发展时，某一家庭成员到某一企业、工厂中劳动，可能同时把他的其他家庭成员也介绍（或带入）到该企业和工厂中来，他们不仅带来了人，也带来了家庭中的整合意识、服从习惯（因为人们在家长制家庭中都已经养成服从家长、服从权威的习惯），促成了企业和工厂中的组织纪律性。以后，当工业和现代社会充分发展了，家庭的这种作用也消失了，而且人们意识到在社会上，在企事业中，过分强调家庭关系，兴裙带之风是有害的，不正当的。今天，在业缘关系高度发达的美国，血缘关系是没有市场的，血亲观念是淡漠的。

日本可说是有东方伦理传统的国家，也是现代化的发达国家。日本依然是“家本位”,但是现代“家本位”。具体表现为:一方面,在现代日本社会中,狭隘的亲属观念并不时兴,狭隘的亲属关系也被扼制,不仅父传子的模式受到排斥,而且有些企业不允许有亲属关系的人同时在本企业中工作。另一方面,日本人又很重“家”,以企业为“家”。在日本社会中,潜在的集团意识是根深蒂固的,其要素源于日本人传统的普遍存在“家”的观念。日本人常把自己工作的地方称为“我家的”,日本企业家也用“家”的精神办企业,把企业办成一个大“家”,把企业职工视为家庭成员。过去人们在分析日本的“家”的观念重时,主要认为它同封建的道德训诫相关联,其实只有从日本社会结构基本单位加以探讨,才能找到今天这种特殊性的基本原因。日本家庭结构的基本因素不在于长子及其妻子与老父母居住在一起这种形式,也不在于由家长当权主事儿等这种权成结构;而在于“家庭”是一个聚居体,而且,就农业或其他类似生产来说,“家庭”又是个经营集团。一个“家庭”要包括它的成员(某些非家庭成员的人有时亦可包括在内),这些成员在一起,构成一种独特的社会集团。换句话说,即是“家庭”,就是居住组合基础,而且往往是经营组织基础建立起来的社会集团。这里重要的是,这种家庭集团里的人情关系被认作较之其他任何人伦关系都重要。因此,从外面娶进来的妻子、儿媳,要比从家里嫁出去的亲姐妹、亲女儿重要得多。亲兄弟成家另过之后,便被认为是属于另一户了,而女婿,虽然原来是外人,却能取得家庭成员的资格,比成家另过的亲兄弟重要得多。可见,它能把不同属类的成员包括进来,同时又能够把同样属类的成员排除出去。在这种家庭里,不仅毫无血亲关系的外来人可以被请来作后嗣或继承人,甚至仆役、管家也可被吸收为家庭成员,并以家庭成员相待,甚至可继承家庭财产。可见在传统的日本家庭中就已经渗透和包含了许多非家庭(非血亲关系)的原则,包含了某些业缘关系。这种原则使日本人团体精神很强,但血亲关系的纽带却很弱。虽然日语“家”一词的含义,要远胜过英语中 household 或 family 的含义,但日本比其他国家,包括英国,更不重视血亲关系。血亲关系留出家庭之外,就不起什么作用了。“始为亲兄弟,终为陌路人”这种口头禅恰当地反映了日本人对血缘关系的看法。在日本社会中"一荣俱荣,一损俱损"式的裙带关系很少,相反亲兄弟之间社会、经济地位相差悬殊的情况是常见的。哥哥可能是市长,弟弟却在这个城市当投递员。兄弟是律师或商人,而同时他的寡妇姐妹却在给别人家当仆人。不仅城市是如此,农村也是如此。"远亲不如近邻"的口号很时兴,或是"没有亲戚死不了,没有邻居活不成"。

可见,日本的"家本位",即现代"家本位"是保留了"家本位"中的团体精神而去掉了狭隘的家庭亲属观念,摒弃了旧式的裙带关系,和美国相比,既有不同点,也有相同点。

"夫人参政""父子兵""太子接班"的事情在现代一些国家中并不鲜见。以"夫人参政"来说,它不是什么妇女解放,走出家门,以自己的能力和才智走上领导岗位的现代女性领导人,大多是以极特殊的方式参政,即以传统习惯的刮"枕边风",对身居"帅位"的丈夫施加他人无法达到的影响。当然也有的早已"超越",从"幕后"走到"幕前",公然代表其丈夫,直接"参政"。再看"父子兵"。它是指在现代企业中不仅存在亲家、连襟、姑嫂等各种各样的"横向关系",也同时存在着父与子,母与女等"纵向联系"。所谓纵横交错,盘根错节。"子女接班""子女顶替",使亲属网络深入到现代企事业内部。这种"家本位"是以传统的思想、关系、模式改造现代社会。血亲观念和裙带关系在人们的心目中,在社会的实际生活中占有重要的位置。

现代以业缘关系为基础和发展的社会,无疑需要对传统的"家本位"加以改造,无疑需要强化业缘关系,淡化血缘关系。现代科层制的特点在行政机关内各等级的单位负责人,有固定的职务,有划分的权限,有例行公事的一定秩序,有对上对下所负责任的范围。科层制的目的在于提高机关的行政效率。"亲属网络""近亲繁殖"等恰恰从一些方面对其冲击,使其目的无法实现。从而阻滞和破坏现代社会的发展。换句话说,家庭关系一旦超出了家庭生活的范围侵入到社会其他领域,将于社会不利。传统的"家本位"是应当彻底改造的。

当然彻底的改造也并非意味着要简单抛弃，一些专家认为美国在强调“自立”和“个人意志才能发挥”的同时却在一定程度上破坏了社会的整合力量。相反，日本社会中潜在的“家本位”式的集团意识带来了团结和整体精神。在美日之争中，常常显得更有力量。以近年来的日美贸易战为例，美国几家电子产品公司和日本几家电子产品公司交手竞争时，美国方面的几家公司总是独立的分散的，为了各自的利益，相互倾轧，不能一致对外。相反，日本的几家公司则比较容易联合一致。日本人不仅可能以企业为“家”，而且日本的企业公司可能以国家为“家”，在对美竞争中，日本国家机关能协调日本同行的力量，在价格、产品及市场方面一致对外，对美国是个个击破。因此，有的人说日本人对美国人是拳头对巴掌，常常占上风。可见日本的现代“家本位”有一定的长处。笔者在访问日本时，目睹了日本企事业中的团结力量，比如，每天下班后许多企业都举办晚餐会，企业的经营者和生产者（工人）在一起吃晚饭，目的是继续讨论工作，交流信息，增近感情，据说这是日本工厂中常见的“小圈子”，每个人都拼命地想办法挤进“小圈子”，而怕被排挤在外边，因此不约而同地来参加，和其他一些国家相比，日本人是团结的，也许不夸张。

当然，日本模式只是现代社会发展的模式之一，它离不开日本的文化传统和国情。在近来的美日之争中尽管日本占了上风，但美国并不接受日本的文化和模式。

各国的文化传统不同，国情不同，现代化模式和道路也会有所不同。现代化不仅意味着生产力的发展、生活水平的提高，而且意味着民族传统、文化心理因素的改变和更新，社会现代化绝不仅仅是经济的，也是社会文化和心理的。从“家庭伦理和现代社会发展”的讨论中我们能更深刻地体会到这点。

关于"读书"的一次问卷调查[①]

载《道德与文明》1996 年第 6 期

"读书"是个古老的话题，在当今物质文明高度增长的商品社会，与建构精神家园联系在一起，就有了新的意义。

最近，天津社会科学院社会学所与《天津日报》理论部共同进行了一次关于"读书"的问卷调查，短短几天，就收回了 3000 多份问卷，我们从答卷中可以得到一些有益的启发。

一、商品社会更需要精神食粮

参加此次问卷调查的人中有 63.2%表示很喜欢读书，32.2%表示比较喜欢读书，4.6%表示对读书只有一般的兴趣。被调查者的人均藏书量为 452 册，最多的个人藏书为 2 万册。家庭藏书在千册以上的占 2%。在去年一年里人均购书费用是 253 元。年人均购书在 500 元以上的占 8%，在千元以上的占 2%，最多为年购书 4000 元，相对于我市市民的实际消费水平来说，这是不低的。这些数字说明今天人们更需要精神食粮。

一位读者来信说："在这个世界上可以冠之'神圣'二字的东西并不多，而我总是把读书当成生命历程中神圣的事情之一。人的生命和精力是有限的，而通过读书是我认识自然、认识社会、认识人生的唯一捷径。读书使人延长了生命。"

---

① 文章发表时署名作者还有汪洁。

另一位读者认为:“一切震撼智慧的学说,一切打动心灵的热情,都在书里结晶成型。只有把读书当成精神食粮,才能不断地增进智慧和力量。读书做人不是两回事,读书的目的在于塑造人生的品德和人格。将所读之书句句体现到自己身上,便是做人之诀窍。”

在今天,“读书无用”已被大多数人否弃了,“读书实用”也显得有些狭隘,人们从广阔而深层的意义上理解读书。

下面是这次问卷调查中列举的读书有用并从书中收益的多种理由,答卷的排序结果是:

1. 增长知识,开阔视野:90.4%;2. 陶冶情操,升华精神境界:70.5%;3. 丰富生活,增添生活情趣:68.1%;4. 学习技能,增强竞争能力:62.6%;5. 愉悦心情,排遣寂寞:46.5%;6. 其他:5.0%。

这表明,在读书问题上人们是虚实兼顾,以虚为主。“增长知识,开阔视野”“陶冶情操,升华精神境界”被排在前两位,认为最重要,主要是务虚,是认知内心世界,内心世界的认知使人可以拥有一个独立完美的人格。而“丰富生活,增添生活情趣”“学习技能,增强竞争能力”,被排在三、四位,认为次等重要,是生活和工作的需要,则主要是务实,是认知外部世界,外部世界的认知使人获得与之相适应的智慧。其他还有“愉悦心情,排遣寂寞”虚实相结合的需要。这说明以愚昧的“读书无用”和实用主义的“读书实用”来判断今天人们对读书的看法并不准确。广大人民群众对读书问题有深刻的认识,有关于读书求知、升华精神境界的宽广胸怀。

二、今天的人们更想读什么书

自改革开放以来,中国的经济和社会发生了很大的变化,人们的生活方式也发生了很大变化。开放政策的实行,使中国的文化市场出现了古今交叉、中外杂糅、粗精相混的复杂局面,这对于今天人们的读书状况不能不产生影响。此次问卷调查从分类的角度询问了群众喜欢读书的类型,也让他们自由填写自己最喜欢读的书。

在一般性的分类中得到的排列顺序是:

1. 古典文学名著类：70.5％；2. 名人传记类：54.3％；3. 专业技术类：41.0％；4. 哲学社会科学类：38.8％；5. 科普读物类：33.5％；6. 言情小说类：19.7％；7. 科幻类：15.6％；8. 武侠小说类：15％；9. 其他类：11.6％。

在这些回答中，“古典文学名著”“名人传记”“专业技术”“哲学社会科学”“科普”类书籍列在“言情小说”“武侠小说”类书籍之前，说明了人们今天对读书是有明显的倾向的。在自由填答最喜欢的一本书的书名时，有相当数量的人列出《毛泽东选集》《邓小平文选》《周恩来传》《鲁迅全集》《中国可以说不》等书，这说明今天的大众是关心政治，关心国家大事，关心祖国的前途和命运的。同时调查表明，传统文化在人们的心中并没有衰落，而是占有十分重要的位置。如人们列出最喜欢的一本书，以《红楼梦》《三国演义》《水浒传》《聊斋志异》《西游记》《资治通鉴》为最多，尤以《红楼梦》为最。一位读者来信说：“读先哲遗书中辛勤积累下来的知识、经验，包括历史教训，对提高民族文化素质，增强凝聚力，将非常有利。”在人们列出最喜欢读的书中，列世界名著的也相当多，诸如《简・爱》《飘》《基度山伯爵》《钢铁是怎样炼成的》等。这说明，文化的“快餐化”“流行化”并没有对经典名著构成真正的威胁。一位大学讲师说得好：“经典不是流行，但却比流行久远，或许说，经典是永不过时的时尚，是细水长流的流行。经典并不因我们知识丰富、阅历的增多和社会的巨变而过时，毋宁说正是有了这些变化，才使每次‘经典重读’，都有一种历久弥新的感受，都会获得新的教益和启示。”从人们喜爱读什么书的调查中，可以看到政治理论的吸引力，传统文化和中外名著的不朽生命力，说明人们读书的高品位需求。

三、为建构精神家园向人民提供更多更好的书

读书是今天社会与人民生活中不可缺少的一部分，向人民提供更多更好的书，提供更便捷的读书方式和环境，这是社会进步的标志，也是全社会的责任。

本次调查中，人们在谈到读书方面遇到的问题时，将“没有办法借到自己想看的书”列在了首位，远远超过了“没钱买书”的比例；一些人提出多建些图书馆、站及流动书屋，推出一些方便群众买书、借书、租书的新措施；提出图书馆的服务方式要逐渐走向开放型，服务层次也由简单的阅读、外借、复制等，向深层次的文献加工、信息开发等拓展，这都值得有关部门和单位认真参考。一位读者呼吁图书生产贵在精，不在多，认为高质量的优秀图书能以一当十、以一当百，胜过大量平庸的书。不少读者对图书市场上的暴力、色情作品有所泛滥，表示担忧，提出加强扫黄打非的力度，整顿图书市场的建议，这些代表了读者的心声。

这次关于“读书问题”的问卷调查在社会上引起了强烈的反响，它表明在今天人们需要更多的精神食粮，需要读更多的书，读更好的书。让我们为满足人们的这种需要，为推进社会文明建设而共同努力！

社区和精神文明建设

载《道德与文明》1997 年第 4 期

党的十四届六中全会以来，我国城乡的精神文明建设出现了新的高潮，开创了新的局面。把握精神文明建设的社区视角，把社区建设和精神文明建设紧密联系起来，对于把精神文明建设落到实处，实现精神文明建设的广泛而持久地发展，是十分重要的。

一、社区和精神家园建设的历史渊源

"社区"一词直解为社会之区域和区划。在区域和区划之前冠以社会之定语，就有其不同于一般行政区划的含义。"社区"一词源于德国社会学家 F. 滕尼斯 1887 年出版的《社区和社会》（又译《礼俗社会和法理社会》）一书。滕尼斯认为，社区是基于亲族血缘关系而结成的社会联合，在这种社会联合中，情感的自然的意志占优势，个体的或个人的意志被情感的、共同的意志所抑制。滕尼斯的社区概念引起了社会学界和社会的广泛注意与兴趣，被译为英文为 Community，强调了区域团体、共同体、共同性之义。

今天，社区概念经过社会学家的不断完善和提炼后已具有浓重的人文色彩所谓社区是指具有共同价值取向，关系亲密，出入相友，守望相助，疾病相抚，利益相关的人所组成的区域共同体。它具有几个基本要素。即：1. 地理要素，有一定的地域和区域条件。2. 人口要素，按一定社会制度和社会关系组织起来的共同生活的人口。3. 经济要素，有社会生活的经济基础。4. 社会要素，有自己的社会交往，特有的文化和生活方式。5. 心理要素，居民在情感上或心理上相互沟通，有共同的地域观念、价值观念和利益认同感。可见社区概念从它产生的那一天起，就远远超过一般地理和地域概念的内涵，具有更为广阔的社会含义。为了说明它和精神家园建设的关系，我们有必要回顾一下它产生的时代背景。

一百多年以前，当滕尼斯提出这一概念时，资产阶级革命在欧洲主要国家已经完成，工业革命带来了生产力的发展和物质的巨大增长。物质的增长，社会向现代化急剧演进，也产生了诸多社会问题和现代社会病。层出不穷的社会新生事物和加速的社会变迁使人感到巨大的心理压力。竞争现象的严酷现实，使人和人之间对立起来，破坏了原有的社会和谐。个人利益的增长，个性的追求，削弱了对整体和集体的认同。这些先是悄然，而后是赤裸裸发生的现象引起了研究社会问题专家的和社会改革家的忧虑和思考，他们提出了各种改造社会和重建社会的主张。社区概念的提出，是社会改造和社会重建的主张之一。社会学家是想通过社区概念的提出和社区建设的实践，恢复那些在现代社会发展中失去的一些人世间宝贵的东西，重新确立科学的价值观和文明的道德观。因此，社区概念的提出和使用，绝不只是给以前的区划概念冠以新名称，而是特别强调了区划和区域中的人际关系，精神文化，价值取向，用今天的话说就是强调了硬件中的软件，物质中的精神，这就使它和精神家园的建设是有着不可分解的密切联系。

社区与建设精神家园的历史渊源是今天社区建设发展与精神文明建设发展自然结合，必然结合，浑然一体的历史根据。

二、社区建设为精神文明建设创造了氛围

所谓精神文明是人类文明的基本方面之一。与物质文明相对，精神文明是人类改造自然、社会精神成果的总和，是人类精神生产的发展水平和积极成果的体现。精神文明按其性质可分为两个方面：一类属于人类科学文化方面的成果，表现为科学、教育、卫生、文化、艺术、体育等事业的

发展程度及与此相应的物质设施、机构发展的规模和水平。另一类属于思想、道德方面的成果。表现为社会的政治思想、道德面貌、社会风尚和人们的世界观、思想、情操、觉悟、信念以及组织纪律性的状况等。可见，精神文明建设既包括“硬件”，也包括“软件”；既需要自然环境氛围，也需要社会环境氛围。

今天的社区发展和建设的实践证明，它既能提供精神文明建设所需要的“硬件”，也能提供精神文明建设所需要的“软件”，既能为精神文明建设创造自然环境氛围，也能为精神文明建设创造社会环境氛围。

从我国精神文明建设的先进地区福建的石狮，江苏的张家港，以及天津、上海等地的经验看，社区建设首先创造了一个良好的自然环境，以建设文明小区为中心的城市规划建设，带来了绿化、环境卫生、交通、住宅和城市基础建设方面的一系列变革和发展。凡到过张家港的人无不被它那优美的城市环境所折服。天津市和平区一直把建设精神文明和改造社区环境，优美社区环境，拓展文明居民小区等社区建设结合起来，既提高了居民的生活质量，还产生了居民的社区认同感和归属感，它成为和平区精神文明建设的5大支柱之一。上海市则从建设文明小区开始，把精神文明建设推向新的高潮。目前上海已建成600余个市级和区级文明小区，有一百万居民生活在这些小区里，把这些小区当成温馨的家园，享受着令人艳羡的生活，上海市总结的经验认为，社区基础设施建设是精神文明建设的基础和氛围。自然，今天的社区建设不仅包括基础设施建设方面，而且包括人文和社会建设方面。天津和平区的经验是社区建设不仅要环境美，而且要风气正，服务优，秩序好，治安稳。上海社区建设则以调动广大居委会和里弄群众参与社区建设为手段，以提高居民的自身素质为目标展开。广大群众在参与文明社区的创建中，既为社会做贡献，同时也提高了自己的文明素质，社区建设的过程不仅为精神文明建设创造了良好的社会氛围，其中的许多内容就是精神文明建设的自身，因此，我们可以认为社区建设和精神文明建设密切相关。通过社区建设来完成精神文明建设的任务，达到精神文明建设的目标，是可行而且必行的。

三、社区服务为精神文明建设注入新鲜血液和活力

社区服务是与社区相关的我国城市正在蓬勃发展的事物。所谓社区服务是在社区内针对社区全体成员,又突出重点对象,建立在自愿自治,自助互助基础上,提供的包括物质和精神在内的全方位的福利服务。自1986年我国民政部第一次正式提出要在城市开展社区服务的号召以来,城市社区服务的热潮层层迭起。实践证明,社区服务对城市社会生活有多种功能,而它的大众福利宗旨,物质和精神兼顾的方针,群众自我服务的性质,对精神文明建设已经和正在发生重要的作用。

其实,关于社区服务的实践在现代社会已有了一段较长的历史,而它的社会福利思想根源更是源远流长。还在中国的春秋战国时期,儒家就有“大同”思想,《礼记·礼运》中有“故人不独亲其亲,不独子其子,使老有所终,壮有所用,幼有所长,矜寡孤独废疾者,皆有所养”的记载,墨家提出“兼爱”的思想,法家提出“实利”的思想等。这些社会福利和社会大同思想,社会公德和社会互助意识,都是以后的社会慈善事业和社会工作的思想萌芽,也是现代社会社区服务的萌芽。换句话说,今天的社区服务是有其深刻“精神文明历史蕴含”的。

在西方社会社区服务是从社会工作发展起来的。1930年以后,美国开始出现了一些社区服务组织和机构,如纽约的邻舍辅导处和芝加哥的邻舍会馆等,已经是今天社区服务的雏形。众所周知,西方国家的第三产业和各种社会服务业是十分发达的。如果单纯向社会提供物的需要是无须再来什么社会工作和社区服务的,这里还有一种精神方面的需要,诸如人际关系的协调,心理的疏导和慰藉,道德和价值观念的确立,以及社区治安和整合等等这些需求的客观存在,使社区服务产生并一直保持其生命力。

我国现代意义上的社会工作产生于20世纪20年代末、30年代初。1949年中华人民共和国成立以后称之为民政工作。80年代中期当我们的社区服务大规模出台之时,较之原来的民政工作发生了两个十分明显

的变化，一是服务对象急剧拓宽，由原来的“老年”“残疾”“优抚”等特殊群体的服务扩大到为全民服务。二是服务范围迅速扩大，既有经济的，也有社会的；既有物质的，也有精神的、心理的，以 1991 年在天津市红桥区开展的社区服务调查为例，那里 20 世纪 80 年代末，90 年代初就已经形成社区服务的三个层次、九个服务系列、几十个服务项目服务的种类包括“老年人服务”“残疾人服务”“优抚对象服务”“便民利民服务”“邻里互助”“民俗改革”“法律治安”“社区教育和社区文化”“精神卫生和心理咨询”等。新近出现的大城市社区服务的经验中又有许多社区服务的新内容、新形式。这些都对精神文明的建设的发展产生了不可估量的作用，为其注入了新鲜血液和活力。

1. 社区服务强化了精神文明建设。我国正在开展的社区服务活动不仅和中央提出的精神文明建设的要旨相吻合，不仅涵盖了精神文明建设的主要内容，而且具有抓物质文明建设与精神文明建设相结合，突出精神文明建设；抓“硬件”和“软件”系统相结合。突出软件系统的特点，因此它大大强化了精神文明建设。一些社区服务研究专家认为目前我国的第三产业还不够发达，所以社区服务中还不能不包括一些应该由第三产业来提供服务的项目，今后随着第三产业的发展，部分社区服务的内容将转入第三产业，社区服务的内容将以精神、心理和社会方面的内容为主，另外社区服务在其今后的发展过程中将继续保持“无偿”和“低偿”的性质，这些将使社区服务对精神文明建设具有长期而深远的意义。

2. 社区服务为精神文明建设创造了许多新的形式，这些形式使精神文明建设也不断创新，上新台阶。比如天津市和平区在社区服务中有社区志愿者服务活动，形成了一支干部、群众、老中青都参加的社区服务志愿者大军，在今天某些领域物欲横流，金钱至上，凡事讲报酬，讲待遇的情况下，鼓励人们讲精神，讲奉献，无疑对宣传集体主义精神，共产主义理想信念、道德观、价值观具有直接的效益和示范的作用。像这样的事例举不胜举。

3. 社区服务使精神文明建设得到了群众基础和广泛的群众参与。

社区服务面向大众，为大众排忧解难，无偿和低偿服务性质，得到了大众的认可和参与。社区服务也自然将广大群众带入精神文明建设之中，使精神文明建设有了广泛的群众基础。上海开展社区服务所创造的精神文明建设的经验中有“大家的事情大家办”“社区是我家，维系你我他”“你为大家服务一天，大家为你服务一年”“关门是小家，开门是大家”“小家连大家，社区连万家”等生动的描述，都能生动说明社区服务带来了精神文明建设的广泛的群众参与，这是社区服务对精神文明建设的巨大贡献。

总之，社区建设与精神文明建设的关系是十分密切的，把握社区建设这一环节，从社区建设与发展、社区服务入手，对于精神文明建设是十分重要的，它不仅有现实的可操作性，而且有着深远的历史意义。

城市化与道德嬗变

载《道德与文明》2004 年第 6 期

从 19 世纪开始世界许多国家都经历了大规模的城市化过程。所谓城市化是社会的经济关系、人口、生活方式等由农村型向城市型转化的过程，它包括互相关联和互相作用的三个方面：第一，在社会生产力发展的基础上，产业结构由农业型经济转变为非农业型经济；第二，人口向城市集中，农业人口向非农业人口转变，市镇人口占总人口的比重增大；第三，社会生活向城市性状态转变，城市生活方式扩展到其他领域，人际间的血缘亲缘关系削弱，业缘关系强化这三个方面，综合的空间形式是城市地域的扩大市镇数目的增加和都会地区的出现。很显然，城市化是工业化的直接结果，它又和商品经济、市场经济密不可分。城市化带来了社会结构和人际关系的改变，同时也促进了社会道德观念的变化。

一、城市化改变了社会结构和人际关系

城市化改变了社会结构和人际关系，社会学家对此早有议论和判断。德国社会学家 F. 滕尼斯 1887 年发表《社区与社会》（又译《礼俗社会和法理社会》）一书，对都市社会和农村社会做了系统的比较研究。礼俗社会和法理社会分别指传统的农村社会和现代都市社会。滕尼斯认为，在农村，家族和邻居维系着人们的关系，居民具有共同的利益和共同的生活目的，他们重视家庭和邻里关系，对内真诚友善，对外有排他性，而都市的情况与农村相反，都市居民没有维系彼此关系的共同纽带，他们没有共同意

识，家庭和邻里关系淡漠，人与人之间互不关心。滕尼斯还将礼俗社会视为富有生机的整体，认为法理社会只不过是机械的集合体。滕尼斯赞扬礼俗社会，对法理社会即都市社会持批评的态度。他主张建立社区，认为社区是有共同地理环境、居住在一起的人们的利益共同体，通过建立和回归社区，找回传统社会失去的人情、伦理，重温人间的友善和亲情。

德国社会学家 G. 齐美尔赞成滕尼斯的看法。他系统考察了大城市的精神和心理生活，于 1903 年写了《都市与精神生活》一书。他认为都市里的精神异常和越轨行为远远高于农村，认为大都市始终是金钱经济的地盘，金钱在都市生活中之所以如此重要，原因之一就在于发达的劳动分工要求有普遍化的交换手段，金钱恰恰发挥着这至关重要的作用。他认为，个人应学会使自己适应都市。都市生活环境复杂，生活节奏较快，社会组织严密，时间观念强，感观刺激强烈，为了应付繁纷复杂的和变化无穷的现象，都市居民要善于对主要和次要的现象加以区分，以便全神贯注于主要的事情，对次要的现象则漠然视之。这种冷漠是对都市的适应和自我保护。齐美尔认为，城市货币经济的发展，也使人际关系越来越非人格化。文化与人之间以及人与人之间的关系越来越淡漠、疏远，乃至异化，文明成为威胁人的力量。他还认为，城市劳动分工的发达，劳动者与其产品处于异化的状态，损害了劳动者的利益。因此，他对人类发展的前景持悲观态度。

法国社会学家 E. 迪尔凯姆（又译“涂尔干”）反对滕尼斯的观点，提出了和滕尼斯相对立的主张。他目睹了城市社会的变化，认为农村社会的基础才是一种机械的联合。因为传统的农业经济是一种自给自足的经济，农村居民从事着大体相同的劳动，每个家庭、每个村庄基本上都自给自足，彼此间互不依存，在这个基础上的联合是真正的机械联合。而城市的情况恰恰相反，城市内分工复杂，居民从事不同的职业，彼此互相联系，互相依存，形成一种不可分割的整体，在这个基础上的联合是真正的有机联合。迪尔凯姆目睹了城市，研究了城市化进程中的社会问题，比如他就工业化和城市化进程中出现的较多的自杀现象做了专门的调查和统计，指出当个体和社会团体或整个社会之间的联系发生障碍或产生离异时，便会发生自杀现象。迪尔凯姆认为城市内尽管有各种矛盾，但与农村的机械联合相比，城市是有机联合，是巨大的进步。迪尔凯姆的观点是和滕尼斯、齐美尔的理论对立的。

这里我们暂且不就他们的观点作是非判断和评价，有一点是共同的，即他们都认为从农村到城市的城市化过程使社会结构和社会关系发生了改变，这种变化的事实不能不使道德嬗变，产生道德领域中的新问题。

二、城市化使道德嬗变

从世界大规模城市化以来，人际关系的变化，以及由此而引起的道德的改变一直是热门话题。有相当的议论认为城市化使道德堕落了。这些议论说城市化使农村人变成了城市人，城市人个性强，自私，不再相互关心，相互帮助，而是“各人自扫门前雪，休管他家瓦上霜”。城市化进程使传统农村社会的人间真情和温暖消失了，人与人之间的关系疏远了，冷漠了。在城市出现了许多新的社会问题，诸如犯罪率上升、环境污染、卖淫嫖娼、吸毒、赌博、流浪者和乞丐、弱势群体、流动人口和常住人口的矛盾与冲突、人特有的心理紧张和压力等。这些议论说出了城市道德和精神领域中的负面现象，但这不是城市社会生活的主流和本质。城市化中的事实是，尽管出现了许多新的社会问题(包括道德问题)，但在城市化进程中社会是前进了，不是倒退了；社会的文明程度是提高了，不是降低了；社会道德是更新了，不是堕落了。以下我们从城市化进程中由以血缘道德为中心转变为以业缘道德为中心，交换行为和交换价值促进道德发展和更新，以及现代竭诚服务理念的形成等几个方面来说明城市化进程中的道德嬗变。

(一)以血缘道德为中心转变为以业缘道德为中心

在城市化进程中，社会化大生产代替了一家一户为单位的生产，农业社会转变为工业社会，农村人变成了城市人，这种社会变迁使社会的人际关系发生了变化，业缘关系取代血缘关系，成为社会关系的中心，也形成了社会道德的核心。在农业社会，在农村，家庭是生产单位，家庭成员共同生活，共同劳动；不仅在日常生活中交往，而且有共同的经济利益，因此家庭成员间的关系至关重要，婚姻血缘关系是个人和社会关系的中心，社会其他关系都是以此为中心展开的。儒家把农业社会人与人之间的关系称为人伦，包括“五伦”，即君臣、父子、夫妇、兄弟、朋友，“五伦”中的三“伦”是家庭关系。家庭伦理在社会伦理的中心位置上，是社会伦理的主要组成部分。城市化改变了这个状况，在城市化进程中工业化大生产代替了个体劳动，家庭不再是生产单位。人们要走入社会劳动就业谋生，服从社会的安排与分工，和其他社会成员（非家庭成员）产生一种不同于以往的新的合作、互动和利益关系，我们称之为业缘关系。正如迪尔凯姆所指出的：“在现代社会中，任何个人都不能自给自足，他所需要的一切都来自社会，他必须为社会而劳动。人们在执行每一项职能的过程中，最终形成了一种牢固的关系系统。”[①]这种变化使家庭成员在劳动生产中的合作减少，以致消失，而要在职业和事业中与他人合作，从而使家庭关系淡化，业缘关系强化，业缘关系取代家庭关系，成为社会关系的中心。

这种血缘关系与业缘关系的地位置换，带来了整个社会人际关系的变化。过去人们以家庭关系为中心，家庭成员间特有的合作和面对面的互动，使人们互相之间“亲热”、有“同情心”，习惯于守望相助。今天变成以业缘关系为中心，人们只在有限的范围内进行事业上的合作，发达的社会分工使这种合作程序化、模式化，专业技术性强，感情色彩少，特别是现代社会引进竞争机制，使功利主义增长，个人利益突出，人们变得“自我”了，出现了所谓“文化与人之间，以及人与人之间的关系越来越淡漠疏远，乃至异化，文明成为威胁人的力量”。这些是事实，但只是事实的一部分。事实的另一部分是血缘关系与业缘关系的地位置换使人际关系的范畴扩大了，由以往的狭隘的婚姻血缘关系扩大为广阔的业缘关系。它使人们的价值观念更新了，由以往的重视历史的根据转变为关注现实的联系，比

---

① 埃米尔·涂尔干：《社会分工论》，渠东译，生活·读书·新知三联书店 2000 年版，第 184 页。

如现代集体意识已经不是以往那种追根溯源式的既带有集体性又带有宗教性的强烈的集体感情和信仰，而是依靠现实的劳动分工为纽带将整个社会凝聚起来的新的集体观念。它使人们的社会地位趋于平等了，由以往的重视“先赋地位”（靠家庭出身获取的地位）到重视“自致地位”（靠个人能力和成就获取的地位）。这些人伦关系的变化无疑是社会的进步。另外，以业缘关系为中心的社会，人们在职业生涯中还能培养出克己牺牲、合作、责任心等职业道德，并成为社会道德的重要组成部分。① 因此，在城市化进程中，血缘关系与业缘关系的地位置换改变了人际关系，尽管人们失去了传统的“温馨”，却促进了道德伦理的更新，在这种社会转型中，现代社会道德的轮廓初步形成了。

在城市化进程中，人类社会从传统社会到现代社会，实现血缘关系与业缘关系的地位置换，道路并不平坦，由于传统观念和习惯势力的客观存在，也由于人们不可能完全脱离婚姻血缘关系，因此出现了业缘关系和婚姻血缘关系的交叉，并引发了社会问题。比如按业缘关系的规则，在用人上应根据个人的能力、素质和成就来决定，即所谓“任人唯贤”，而按血缘关系的规则，用人则要根据亲属关系和在亲属网络上的位置来定，即所谓“任人唯亲”。再比如，按业缘关系的规则，办事要科层化、制度化和规范化，避免个人感情因素，而循血缘关系办事，则将私人关系和感情置于制度、规章之上，用个人意志取代团体规则，用个人利益取代团体利益，比如一些身居要职的人搞“夫人参政”“父子兵”，在一些机关、企事业单位，不仅存在着亲子“纵向关系”，而且存在亲家、连襟、姑嫂等各种各样的“横向关系”，亲属网络纵横交错，盘根错节。一些人依靠自己的亲属在单位中身居要职，大搞特权和特殊化，为非作歹，为所欲为，给单位和他人利益带来很大损害。这种裙带关系状况，这种血缘关系与业缘关系的交叉，不仅破坏了现代企事业单位的科层组织制度和原则，冲击了业缘关系，而且使腐败之风盛行。

---

① 刘晓梅：《迪尔凯姆社会道德视野中的法律观》，《道德与文明》2004 年第 1 期。

(二)交换行为和交换价值促进道德发展和更新

在人类历史上,城市化进程是和商品交换密切相关的,现代社会的城市化离不开市场经济。中国古代“城”与“市”原是两个不同的地域,含义不同“城”是指都邑四周作防御的墙垣,一般有两重,《管子·度地》中有内为之城,城外为之郭,郭与城相连称都城。“市”是指商品交换的场所。《周易·系辞下》说,日中为市,致天下之民,聚天下之货,交易而退,各得其所。可见,中国古代对城市区位的认识不单纯是它的轮廓和形状,而且涉及了它的内涵,即城市带有商品交易的区位特征和功能。现代社会学也认为城市与市场不可分割。社会学家马克斯·韦伯认为商品交易和市场功能是城市的主要功能之一,城市化中有普遍的交换行为。①

人类最初的交换行为是商品交换,开始时是以物易物,互通有无后来发明了货币来充当等价的交换物,大大扩大了人们的交换范围,加速和规范化了人们的交换进程。在不平等的等级社会,人们往往在商品的等价交换中才能体会到和对方的人格平等及自身存在的价值。现代社会人们加深了对社会人际关系的理解,认识到交换行为和交换价值不仅在商品交易中存在,而且在其他社会交换行为中也存在,并据此创造了社会交换理论。这种理论认为,人与人之间的社会关系是行动者之间的资源交换关系,人与人之间的交往是以己资源去交换对方的资源。交换理论用资源交换的平衡与否来解释社会行为的过程,把商品交换原则推广到解释社会行为中来,被社会所接受。20 世纪 50 年代,美国社会学家 G. C. 霍曼斯首先提出了社会交换理论,围绕着价值最优原则、投资、奖励、代价、公平和正义等范畴和概念提出一系列普遍命题。如“成功命题”:一个人的某种行为能得到相应的奖赏,他就会重复这一行动;某一行动获得的奖赏越多,重复活动的频率也随之增多;获得的奖赏越快,重复活动的可能性就越大。“刺激命题”:相同的刺激可能会带来相同或相似性行为。如某人过去在某种情况下得到了奖赏或惩罚,而再出现相同情况时,他就会

---

① 康绍邦、张宁等编译:《城市社会学》,浙江人民出版社 1988 年版,第 44～45 页。

重复或不再重复此种活动。“价值命题”：如果某种行为的后果对一个人越有价值，那么，他就越有可能去重复同样的行动。“剥夺和满足”命题：某人（或团体）重复获得相同奖赏的次数越多，那么，这一奖赏对该人（或团体）的价值就越小。“攻击与赞同命题”：该命题包括两方面，一是当个人的行动没有得到期待的奖赏或者受到了未曾预料的惩罚时，就可能产生愤怒的情绪，从而出现攻击的行为；二是当个人的行动得到预期的奖赏，甚至超过期待值，或者没有遭到预期的惩罚时，他就会高兴，就会赞同这种行为。美国社会学家 P. M. 布劳的交换理论弥补了霍曼斯理论之局限于微观层次方面的不足，提出社会交换关系存在于关系密切的群体和社区之中，是建立在相互信任基础之上的社会交换是一种有限的活动，它指个人为获取回报而又真正得到回报的自愿性的活动。布劳还区分了经济交换和社会交换、内在奖赏和外在奖赏的差别，引入了权力、权威规范和不平等的概念，使交换理论在更大范围内解释社会现象。

从交换行为到交换价值理论，我们可以看到在城市化进程中，商品经济的发展使人们的交往范围扩大，交换价值普遍化了。从商品交换到社会交换，不仅形成了人格平等伦理，而且促进了社会道德发展和更新。一个人得到他人的好处和帮助，知道回报他人，是应具备的基本道德品质。人与人在交换行为中，能互相关心，互相帮助，是良好的道德品质的培训和实践。另外交换行为的范畴不仅在人与人之间，而且在人与社会之间。比如，当社会有意识地褒奖某种社会行为时，就会促使这种行为的重复，引导他人去模仿，并产生相应的社会道德氛围。一个人有了突出贡献，社会奖励了他，就能鼓励人们努力奋斗，做出成绩，奋发向上。

应当指出，道德的发展是和经济基础相适应的。在社会发展的目前阶段，交换行为和交换价值理论尽管带有利己主义的色彩，但对社会发展和道德建设有不容否认的正面意义。今天，人的素质参差不齐，人们的觉悟还没有社会期望得那样高，在交换行为中实现交换价值是调节社会关系所不可缺少的。比如我们实行普遍的按劳取酬原则，实现个人与社会、人与他人的交换，既是社会的平等，也能激发人们的劳动积极性和热情，与这种经济关系相适应的道德就会带有交换色彩。这是全面提升社会道德水准的一个必经阶段。

（三）竭诚服务理念的确立

无论是出自先天对同类的亲近和认同，或是后天受他人的感化，大多数人对他人都会有不同程度的同情心，都愿意在一定程度上以不同方式帮助他人，然而，竭诚为他人服务理念的确立则是现代社会的事情。在发达国家社会里，人们愿意为他人竭诚服务，文明、礼貌、热情周到。这种服务有时是有偿的，有时是无偿的，在商业领域如此，在其他领域也是如此。这种竭诚服务还不能等同于我们所说的无私奉献（因为它可能包含有直接或间接获取回报的目的），也不能等同于以上我们所说的交换行为和交换价值（因为这种服务并非事事要回报），而是介于两者之间的。它已经成为今天人们在处理自我和他人、和社会关系的新理念。如前所述，城市化进程和两件事情分不开，一是工业化和由此而引起的大规模的社会分工，二是商品化和市场经济。这两件事情和竭诚服务理念的形成都有内在联系。

首先，城市化是工业化和由此而引起的大规模的社会分工的结果。在农业社会和农村，是“自给自足”的自然经济，家庭生产能基本满足自我需要。虽然人们也免不了和他人交往，但对他人没有依赖性。农业社会的人际交往逻辑是“没有他人我能活”。因此有“鸡犬之声相闻，老死不相往来”之说。农村人进了城，家庭作为生产单位解体了，人们在社会化大生产中，不能不服从社会的需要和配置，和他人合作、分工与联系。现代社会是个日趋发达、人与人之间不可分割、高度关联的网络社会。在这样的社会里，每个人都处在网络的一个“结点”上，和他人分不开，不能不和他人交往。城市化改变了农业社会的价值观，由“没有他人我能活”变成“没有他人我不能活”。它使人们产生了对他人、对社会的依赖感和强烈的联系欲望。社会越发达，越是如此。

其次，这种竭诚服务的理念在日益发达的商品交换和市场经济中又得到了进一步强化。在市场经济中消费是杠杆，谁赢得了（顾客）消费者，谁的产品畅销，谁有市场，谁就成功。为了刺激消费，发达国家有贷款消费制，把钱先预支给你，让你消费，只要消费者买账，那市场就是活的，就有希望，无论如何，谁也不能得罪消费者，相反要尊重消费者，让他们高兴喜欢，愿意买你的产品，接受你的服务，这是成功之所在。在商品经济和市场经济发展初期也许人们只在买卖关系中体会到尊重他人为他人服务的重要，随着商品经济和市场经济的发展和成熟，经济运作机制转变成了社会运作机制，即在商品交易中的尊重他人为他人服务，拓展为社会交往中的尊重他人为他人服务。它成为立身于社会，获得成功的必要条件之一。与此相适应，一种新的社会道德意识出现了，即为他人服务不是低下的、被迫的，而是高尚的、发自内心的。尊重他人，愿意为他人服务成为一种社会时尚和行事的习惯。一个人在为他人服务时往往不会计较一时一地的报酬和得失，而是心甘情愿。“我不伺候别人”作为一种狭隘的小农意识被人们摒弃，代替它的是为他人竭诚服务的新理念。

从以上讨论中我们可以得出一个结论：城市化中的社会分工和商品经济、市场经济从总体上改变了传统的人伦关系，提升了人的素质。它不是道德堕落，而是道德水准的普遍提高。

三、城市化中道德嬗变的理性思考

如前所述，城市化改变了社会结构和人际关系，也带来了道德嬗变。对此理论家们褒贬不一。滕尼斯和齐美尔认为城市化使人际关系疏远了，道德堕落了，而迪尔凯姆与之相反，持乐观态度。近百年来社会发展的实践证明迪尔凯姆是有远见的。以上我们从几个方面阐述了城市化进程使道德嬗变与更新。另外，城市化还给人们带来了较高的生活水平和新的生活方式，为社会文明水准的提高奠定了物质基础，城市科技发达，信息量大，在发展教育，向人们提供文化、娱乐和精神需要，提高人的素质上比农村有较大的优势，这些都有利于精神文明和道德建设。

恩格斯指出：“政治、法律哲学宗教文学、艺术等的发展是以经济发展为基础的，但是它们又都互相影响并对经济基础发生影响。”“在这些现实关系中，尽管其他条件——政治的和思想的——对于经济条件有很大影响，但经济条件归根结底还是具有决定意义的，它构成一条贯穿全部发展进程并唯一能使我们理解这个发展进程的红线。”①根据这一理论，对城市化中的道德嬗变可以得出以下几个基本认识。（1）工业化——商品化——市场化——城市化，这是一个不可分割的链条。城市化进程标志着农业社会向工业社会转变，个体劳动向社会化大生产转变，标志着商品经济和市场经济走向繁荣，这是生产力的巨大进步，是经济基础的变化，和它相适应的必然是上层建筑的改变和道德更新。在伦理道德嬗变上，说城市不如农村、改革开放后的中国不如改革开放前的中国是不符合社会实际的。（2）评价社会道德水准的指标体系是多元的，不是一元的，我们不能只根据某一种社会现象，比如只根据犯罪率的增加就得出整个社会道德水准下降的结论，而应建立起评判社会道德状况的综合指标体系，它既包括社会变化的表象方面，也包括社会变化的本质方面在社会转型时期，一些本质的深层次的变化，常常会被一些表象的、非本质的东西掩盖，因而使人们产生错误判断我们要用发展的眼光前进的观点，客观地、实事求是地评价城市化中的道德嬗变。（3）说城市化使道德更新了、前进了，并非否认城市化所面临的新的社会问题和道德问题，对这些问题要不断用新的建设的方法去解决。滕尼斯一百多年前就提出用建立社区的办法解决城市化中的新问题，对今天仍有重要的参考价值。通过社区和社区建设，构筑城市人生活区域的利益共同体，增进人与人之间的利益认同感，形成一种现代人际交往和守望相助的新格局，对解决城市面临的道德问题是有益的。类似这样的理性建议和思考，对今天的道德建设都有十分重要的意义。

---

① 《马克思恩格斯选集》第4卷，人民出版社1972年版，第506页。

“八荣八耻”与社会控制

载《道德与文明》2006 年第 3 期

最近胡锦涛总书记提出了“八荣八耻”为主要内容的社会主义荣辱观，指出了目前在中国进行“八荣八耻”的思想宣传和道德教育的必要性和紧迫性。从社会控制角度看，它对于中国正在进行的全面建设小康社会，开创中国特色社会主义事业新局面，实现中华民族伟大复兴的历史进程具有巨大的现实意义和深远的历史意义。

一、社会转型与社会问题

通过 20 多年的改革开放，中国经济腾飞，社会转型，进入了快速发展的新时期。中国的改革开放是全方位的，在经济领域首先进行的改革，迅速拓展到政治领域、文化领域、思想观念和意识形态领域，以及社会生活的各个领域。我们由以“阶级斗争为纲”转变为以经济建设为中心，淡化了政治斗争，全力以赴搞经济建设，生产力大大发展了，综合国力增强了，人民的生活水平大大提高了。我们由一个封闭的社会变成一个开放的社会，进入了广泛的国际交流的格局，不仅外国的资金、资本、技术管理方法来到中国，他们的人员，连带他们的文化思想、习俗、生活方式、价值观念等也来到中国，形成了东西方文化的碰撞，传统与现代的碰撞。我们由计划经济转变为市场经济，它带来的变化不仅是经济方面，还有社会其他方面，比如在以往的人际关系的格局中加进了竞争关系、利益关系相互利用关系和交换关系等。我们由单一的“公有制”转变为多种所有制并存，三资企业、合资企业大量出现，私营（民营）经济成为经济发展的重要力量，过去已经消失的雇佣和被雇佣关系，剥削与被剥削关系客观存在了。我们由一个相对静止的社会变成一个加速流动的社会，社会流动不仅有水平流动，也有垂直流动。人们所从事的职业所在的地域都可能有变动，一辈子从事一种职业，生活在一个地方的越来越少了。人们的社会地位也会有升有降。和这种变化相适应的是“单位制”的解体。以前政府管的一些事情，比如分配工作和分配住房，现在都由社会来解决，由市场来决定。而以往的单位人也不能不走向社区，走向社会，变成社会人、社区人。尽管一些人可能不适应，但也不能不面对现实，调整自己。今天社会上出现了令人关注的贫富差别，原来的阶层划分的格局改变了，出现了新的阶层划分。过去我们的社会虽然普遍贫穷，但是比较平均。现在不同了，当一些人已经很富有时，还有另一些人很穷，共同富裕的目标还远远没有达到，“不患寡而患不均”，社会上“相对剥夺感”较强烈。今天随着改革开放的深入和巨大的社会变迁，我国人民正生活在一种全新的生活方式和生活节律之中。人们更加注重高水平的生活质量，更加追求金钱和物质，更加认同“自我”，更要求伸张个性和自我实现。从以上简要的概括中，我们能深深体会到改革开放以来中国社会的转型和发生的巨大变化。这种社会变迁不能不带来许多相应的社会问题，包括精神领域即道德、心理、价值观世界观方面的问题。比如，一些人只讲物质，不要精神；只讲现实，不要理想；只讲个人，不要集体和国家；只讲现实的利益和需求，没有未来的理想和追求。以往的艰苦奋斗作风被遗忘了，被享乐主义和骄奢淫逸取代；以往的团结互助被淡化了，自私自利、损人利己有了市场；社会上各种封建迷信、愚昧无知流行，违法乱纪增多，腐败现象频频发生。这些思想道德、价值观和世界观领域出现的问题，不仅污染了社会空气，造成了社会腐败，损害了中华民族的形象，而且严重干扰和阻滞了中国的改革开放和现代化进程，值得关注，已经到了非解决不可的地步了。一些国外舆论评论说，中国已经进入前所未有的高速发展时期，但中国还没有为这样的高速发展准备好各种条件，其中包括人的素质条件、精神条件，这种看法不无道理。“八荣八耻”集中概括了这方面的问题。

造成这些问题的原因是多方面的。有些是封建主义和资本主义丑恶现象的沉渣泛起，有些是“文革”的后遗症，也有我们前进中必然遇到的问题。

从中华人民共和国成立，到改革开放前，特别是“文革”前的那段时期，尽管我们贫穷，但我们靠政治斗争，靠高度的组织纪律，靠人们的理想和信念，维持了全社会的良好精神状态和风貌，而且消灭了社会的丑恶现象。但那时社会的精神风貌是建立在生产力低水平之上的，因此它既不能长久，也不会彻底，一有合适的气候和条件，还会死灰复燃，沉渣泛起。“文革”给中国带来的灾难是深重的，它不仅使中国的国民经济到达崩溃的边缘，而且给精神领域带来了巨大的隐患和灾难性的后果。党的十一届三中全会以后，由于我们实行了改革开放的正确政策，以经济建设为中心，大力发展生产力，仅仅 20 多年时间，我们在经济上很快振兴起来，发展起来，令世人为之瞩目，然而，精神领域的问题却凸显了。事实表明，要振奋精神，解决精神领域的问题，不那么容易，不会一蹴而就。

改革开放使中国进入了一个新的历史时期。和改革前相比，社会的结构和运作机制都有很大的不同，处在继往开来的新时期，此时，最容易思想混乱，出现思想、道德、价值观和世界观方面的问题。比如，在改革开放中，我们把改善人民的生活，提高人民的生活水平放在首位，努力使人们尽快地富裕起来。深圳人最早提出了“能挣会花”的口号。现在人们也以“恭喜发财”互相祝福，在这样的社会氛围中，艰苦奋斗的传统是否还要发扬，还要提倡？怎样发扬，怎样提倡？在这个问题还没有弄清楚之前，社会上就会出现享乐主义，物质至上主义，甚至是骄奢淫逸。又比如，我们为了调动人的积极性，引进了竞争机制，多劳多得，少劳少得，不劳不得，在竞争中人们还要不要团结互助？怎样团结互助？在这个关系还没有理顺时，社会上也会有自私自利，对他人冷漠、淡漠，甚至是见利忘义，损人利己总之，在社会转型时期，在新旧交替时期，思想领域最容易出现混乱和问题，一定要引起高度重视，一定要进行宣传、教育和引导，要进行社会控制。

二、“八荣八耻”与社会控制

中国正在实行的改革开放，是富民强国，振兴中华的伟大事业，是旷古未有的。在中国这样一个有 13 亿人口的大国，要实现上述目标，社会没有良好的秩序，人们没有良好的精神状态，整个中华民族没有统一的意志，怎么能行？必须实行社会控制。

所谓社会控制是通过社会力量使人们遵守社会规范，维持社会秩序的过程。这个概念的原意是社会必须控制人的动物本性，限制人们发生不利于社会的行为。[①] 社会控制既指整个社会或社会中的群体组织对其成员的指导、约束和制裁，也指社会成员间的互相影响、互相监督、互相教育、互相批评。“社会控制”这个词是由美国社会学家 E. A. 罗斯首先提出来的。1901 年罗斯的著作《社会控制》一书出版。罗斯认为，在人的天性中原来存在着一种“自然秩序”。它包括同情心、互助性和正义感三个组成部分。人们靠这种“自然秩序”原本能够互相同情，互相帮助，互相约束，和平共处，相安无事，可是，这种“自然秩序”状态，被 19 世纪末 20 世纪初的都市化和大规模移民破坏了。于是出现了离轨犯罪和道德领域中的问题。人变得自私和冷漠了，犯罪等各种相关的社会问题出现了，因此要进行社会控制[②]。实行社会控制既要对违法乱纪的行为加以制裁，也要对社会成员进行指导和教育，使人们明确社会的规范是什么，懂得为什么和怎样遵守这些规范，以及怎样和背离社会规范的行为做斗争，遵纪守法，维护社会秩序。实行社会控制还要宣传什么样的社会行为是美的，善良的，高尚的，什么样的行为是丑陋的，恶劣的，低俗的，引导人们追求和建设一种文明、健康、科学的社会精神氛围。

在现代社会实现社会控制的手段是多种多样的，有习俗、道德、法律、纪律舆论和宗教等，主要有两种，一是法律，一是道德。法律是社会控制

---

① 费孝通：《社会学概论》，天津人民出版社 1984 年版，第 181 页。

② 费孝通：《社会学概论》，天津人民出版社 1984 年版，第 179～18 页。

的基础和主要手段，用来控制人们的行为，属于社会控制的实的方面，可操作方面。依法治国，建立现代法治国家，是我们实行社会控制的基本方略。道德则是用来控制社会生活的行为准则，是对人的思想行为的是与非、善与恶、正义与非正义正当与不正当等进行评判的标准。道德被用来净化人们的心灵，建设精神领域的文明，属于社会控制的虚的方面，虽然看不见摸不着，但也是实在的。人不是动物人有思想，有灵魂，有精神的力量，需要善恶美丑的判断，需要荣辱观，就是说人需要道德。从社会控制的角度说，道德和法律的作用不同，控制的方式也不同。道德规范不是靠强力推行的，而是靠教育、宣传和说服，靠舆论的力量和人们内心的信念来促使人们自觉遵守的。在社会中违反了法律，就会受到国家强力的制裁。而违反了道德，则会受到社会舆论和良心的谴责。

由于法律和道德在社会控制中的手段不同、作用不同，控制的范畴不同，因此社会总是将两种控制手段结合起来运用，互相补充，既控制社会行为，也进行思想教育和引导。还在20世纪90年代，当我们确立了依法治国的方略，大力进行法制建设的时候，党中央就提出不仅要依法治国，而且要以德治国，是符合中国的实际国情的。最近胡锦涛总书记提出的“八荣八耻”则是针对目前的中国国情，界定了以德治国的内容和范畴，将以德治国的方针具体化以“八荣八耻”为主要内容的社会主义荣辱观，从正反八个方面概括了爱国主义、社会主义、集体主义思想和社会应有的思想道德风貌，指出了人应当有理想，有信念，正确处理个人与国家、个人与个人、个人与集体之间的关系，以及怎样对待生活、对待工作、对待他人，重申了社会主义道德和价值观念的一些最基本和最重要的方面，提醒我们在新的历史时期，新的社会条件下，开展思想教育，进行道德建设的紧迫性和必要性，指导全党和全国人民开展社会主义道德和价值观的宣传教育，是高瞻远瞩，十分重要，十分及时的。它抓住了人们普遍关注的思想领域中的社会问题，是非标准鲜明，价值导向明确，是社会主义价值观的具体化和科学发展观的重要组成部分。中国正在实行的改革开放，是富民强国、振兴中华的伟大事业，要实现这个伟大目标，必须要有良好的社会环境与社会氛围。只有法制健全，社会有序，人们有良好的精神状态和风貌，才能团结奋斗，实现上述目标。面对中国曲折的历史经历，以及当今社会飞速发展、社会巨大变迁和转型的现实，我们可以知道进行以“八荣八耻”为重要内容的爱国主义、社会主义集体主义思想为中心的思想教育和道德建设的必要性、紧迫性和复杂性。需要长期的反复的思想教育和引导，采用多种生动活泼的、与现实社会生活结合的教育形式，才能达到预期的效果。特别要指出的是，胡锦涛总书记概括的“八荣八耻”是用对比的方法阐述的，什么是正确的，什么是错误的，什么是应当提倡的，什么是应当反对的，在正反比较中，是非分明，很好把握。我们在以“八荣八耻”为中心的思想教育和道德建设中也要抓住这个特点，善于把正面教育和对社会不良现象的批评和批判结合起来，引导人们在正反比较中，识黑白，辨美丑，提高认识，自觉发扬社会主义道德和风尚。可以预见，随着以“八荣八耻”为主要内容的社会主义荣辱观宣传教育的深入展开，必然在中国大地出现一股股社会清风，必然会提高整个社会的文明程度。中华民族将以崭新的精神风貌出现在世人的面前。

论家庭与社会文明

载《福建论坛(经济社会版)》1987 年第 8 期

本文试图从社会学角度，从家庭是初级社会群体角度，说明家庭在社会文明中的重要作用。

一、家庭是初级社会群体

家庭在社会文明中的作用，是和家庭是初级社会群体的地位分不开的。

所谓社会群体是人们社会生活的具体单位，是通过一定的社会关系结合起来的共同活动的集体。一般说来，能称为社会群体的都是能被群体以外的人们所明确意识到的，因为组成群体的人与人之间的交往既是发展的，又是连续的，多次重复的，相对稳定的。其间具有特定的社会关系，关系的性质不同，群体的性质也不同。

所谓初级社会群体是由初级社会关系所决定的。对于个人成长过程的早期所接触的社会关系，叫作初级社会关系。其特点一般说有如下几点：

1. 初级社会关系中人与人之间的接触是直接的，因而也是人对人的全面接触，参与者对于别人的反应是直接的。

2. 处于初级社会关系中人与人之间的社会交往是多方面的和深入的，比较不受拘束。因为在初级关系里，交往可以用言谈以及非言谈的暗示、会意等方式。表达人们的感情和需要的方式也可以多种多样。

3. 在初级关系的交往中,个体成员得到自己需要的直接满足是首要的。人们参与初级关系,是由于这种关系给人们个体的发展,个体的安全和成长提供条件,人的社会化最初就是在这种交往过程中进行的。

美国早期社会学家库利曾经解释过由这种初级社会关系所结成的初级社会群体,他说,初级群体,具有亲密的、面对面结合的合作等特征。这些群体之所以称为初级的、其意义是多方面的,但主要是指它们对个人的社会性和个人的理想的形成是基本的。

可见,初级社会群体表现了人们最初的社会关系,为人们的生活、成长、发展和社会化提供了最基本的条件,因此,它对人的个性、理想和世界观的形成是最基本的。在社会中,它虽然是人们社会结合的一种雏形,但其他更复杂的组织群体,乃至气象万千的广大社会,都是由这种雏形发展起来的,因此,从一定的意义上说,初级社会群体又是浓缩了广大社会,人们生活在初级社会群体中就是生活在大社会中的小社会中,通过初级社会群体人们可以看到广大社会。初级社会群体的文明,健康和发展关系到社会文明的健康和发展。

家庭是人类社会的最主要的初级社会群体之一。人自呱呱落地,无不首先生活在自己的家庭之中,从牙牙学语,到蹒跚试步,惟赖父母,不能离开家庭一日;在家庭中和亲人共处,接受教育和启迪,相互间耳濡目染,潜移默化,逐渐长大成人以至走入社会。不仅如此,人到达一定年龄还要寻找配偶,组织自己的新家庭,生儿育女,繁衍后代,重复自己的父母所做过的事情,即使到了垂暮之年,人们也大多希望和老伴及子女相依为命、得到扶助、赡养和慰藉,以获得生活上的保障,精神上的安宁。因此家庭对于每个人,对于每个人的一生都不可缺少,人要在社会中生存,并以自己的能力,改造社会,推动社会向前发展必须不断地学习生活规范、文化知识、道德品质、劳动技能等等。而所有这些则都是从家庭中首先开始并在家庭教育中第一次实现的。苏联的一些家庭教育专家指出,家庭教育是儿童个性形成的主要条件……在影响儿童个性形成的各种因素和条件中,家庭和家庭环境创造并调节了儿童生活条件,是儿童各种印象和感受的源泉，是儿童生活的支柱，是指导和管理儿童的力量，是儿童首先受到教育的地方。有些社会学家则指出：家庭是人的第一所学校。不仅儿童要在家庭中学习，而且少年、青年、中年、老年也都有自己的家庭，也都需要在家庭中学习，只不过随着在家庭中角色的不同，学习的内容有所不同罢了。因此，从一定的意义上说家庭又是人的永不能毕业的学校。家庭的普遍性（这种普遍性具有两个基本的意义，其一，人人都离不开自己的家庭。其二，人的一生都离不开自己的家庭）决定了家庭能够影响每一个人，影响每一个人的一生。

另外，家庭成员之间深刻的内在联系，以及亲密的面对面的合作特征又使它对每个人的影响具有特殊性和深刻性。

家庭是以婚姻血缘关系为纽带的群体，从一定的意义上说，婚姻血缘关系比其他任何一种社会关系都自然，都密切，都深刻。中国古代教育家颜之推曾经对家庭影响的作用有过生动的说明。他说，同言而信，信其所亲；同命而行，行其所服。禁童子之暴谑，则师友之诫，不如傅婢之指挥；止凡人之斗阋，则尧舜之道，不如寡妻之诲谕。苏联社会学家哈尔切夫也曾指出，就性质来说家庭教育比其他任何一种教育具有更多的易感性。可见亲属之间的影响是易感的，其诲谕是易信的。

总之，初级社会群体家庭对每个人的影响都是全面的，直接的，深刻的，因此，它在社会文明中的作用也是十分重要的。

二、家庭教育和人的成长

人的社会化是一个漫长的过程，年龄不同，其内容、特点、层次也不相同，就婴幼儿来说，首先是要学习语言和各种基本生活技能，这需要一个不断反复教导和学习的过程，而这些主要是在家庭中由父母担当老师的。有些社会学家曾做过统计，一个两三岁的儿童在一天之内所受到父母的干预和告诫的次数，比一个成年人几十年间受旁人干预和告诫的次数还多。从广义说，家庭担当了社会的最基础，最初级的文明建设工作。

家庭教育不仅可以使儿童知道基本的生活知识和技能，而且随着年龄的增长还可以使他们知道应当如何遵守社会规范。以行为规范中的越轨行为为例，近些年来不断开展的关于青少年犯罪问题的研究证明，家庭教育和青少年犯罪是密切相关的。家庭教育之不力或不当，家庭结构的破裂，家庭关系中的冲突、纠纷和父母行为不轨，都会对青少年犯罪产生直接或间接的影响。

家庭不仅能从反面制造犯罪等违背社会规范的越轨行为，而且能从正面培养各种社会所需的角色规范或角色雏形。

家庭角色本身就是一种社会角色，社会需要人们学会如何做父亲，做母亲，做丈夫、做妻子，做子女，这本身就需要家庭的直接作用，人们只有在家庭中才能真正学会如何扮演这种角色。然而，家庭角色不能完全代替社会角色，在家庭关系之外人们还要有多种复杂的社会关系，因此还需要多种其他的社会角色，这些角色虽然不是和家庭有直接的关系，却有间接的关系。比如我们常常说“领导”角色和“被领导”角色，“领导”对“被领导”具有支配、指挥的性质，“被领导”对领导具有“服从”和“被指挥”的性质。其实，这种“领导”和“被领导”、“指挥”和“被指挥”角色的扮演，最初都是在家庭中进行的，当儿童习惯地“服从”自己的父母时，这种“服从”就变成为扮演社会中各种“服从”角色的基础，从而使社会产生了十分自然而广泛的“领导”和“被领导”、“支配”和“服从”的角色，其他诸如社会中老、中、青角色的扮演，最初也是从家庭中开始，由家庭到社会的。此外，人总有一定的理想和一定的生活目标，目标和理想，需要人们学习社会和投入社会实践，接受教育、勤于思考，而后逐步形成。我们虽然不认为家庭在指点生活目标方面会起决定性作用，但亦不能忽视家庭对个人理想形成过程中那种潜移默化的影响和作用。

三、家风和社会风气

恩格斯曾经说过："个体婚制是文明社会的细胞形态，根据这种形态，我们可以研究文明社会内部充分发展着的对立和矛盾的本来性质。"[①]一定的家庭和一定的社会相对应，家庭的变化可以表现社会的变化。对于社会来说，家庭是个小社会，家庭是社会的细胞。因此建设一个个现代的文明家庭，是建设现代文明社会的一个重要的组成部分。实现家庭中的精神文明，在当前纠正党内和社会不正之风中具有十分重要的作用。当前社会上出现的"走后门""拉关系""以权谋私"等许多不正之风都是和"家庭关系""亲属关系"有关的。1986 年 9 月 12 日《人民日报(海外版)》揭露了某县粮食局部门的 83 名干部中，有直系亲属关系的占 30%，如果加上用"弯头"连接起来的关系相连的人，竟达 70%，这些人中父亲当局长，儿子是主管会计，女儿是现金出纳，纪检书记是亲家，在企业内部形成了一个严严实实的"家庭网"，从而对现代企事业发展起了严重的破坏作用。这说明实现家庭和家庭关系中的文明，对于实现社会文明是至关重要的，所以我国一些老一辈无产阶级革命家十分注意"家风"的问题。敬爱的周恩来总理和夫人邓颖超之间，不仅有调理相互关系的"八互"(即："互敬""互爱""互信""互勉""互帮""互让""互谅""互慰")充分表现了社会主义社会中崭新的夫妻关系。而且为自己的家庭亲属立了家规。这些家规不仅对家庭是重要的，对社会也是十分重要的，把它推广到社会中去，必然会对社会主义的精神文明建设起到十分重要的作用。

总之，家庭在社会主义精神文明建设中其作用是十分重要的，没有文明家庭就没有文明社会。建设文明家庭就是建设文明社会的基础，它的影响是巨大的，意义是深远的。

---

① 《马克思恩格斯全集》第 21 卷，人民出版社 1972 年版，第 78 页。

城市化与“反城市主义”

载《福建论坛(人文社会科学版)》2004 年第 6 期

所谓城市化是社会的经济关系、人口、生活方式等由农村型向城市型转化的过程。自工业社会以来,世界经历了迅速的大规模的城市化过程。然而,从城市化的初始就有“反城市主义”。所谓“反城市主义”,是指对城市和城市化的否定或批评。自世界大规模城市化以来,各种不同的对城市的批评和否定都有,或者是理论上的,或者是实践上的,问题的矛盾和焦点都集中在城市人和城市区位的结合与互动上。研究和分析各种“反城市主义”观点,探讨城市人和城市区位的结合与互动的客观规律,对城市建设和城市化进程是十分重要的。

一、西方社会的“反城市主义”

近现代社会以来,城市的发展和工业的发展,和工业化进程分不开的。西方社会走在了工业革命的前列,因此,它们的城市发展和城市化进程也走在前列。城市化和“反城市主义”是矛盾的统一体,换句话说,有城市化就有“反城市主义”。还在工业化和城市化发展的初期,西方社会就有了“反城市主义”。开始时的批评是从宏观社会的角度,以后则和对城市社会问题的研究和批评结合起来。现代西方社会的“反城市主义”则表现在西方人对城市生活方式的否定和对乡村生活方式的追求。下面主要分析现代西方社会的“反城市主义”。

现代西方社会的“反城市主义”主要表现在对新的生活方式的追求。

20 世纪以来，无论人们怎样批评城市，有怎样的“反城市情绪”，城市还是爆炸式地发展起来。人们已经意识到城市化的进程不可改变。然而“反城市主义”并没有消失，而且这种“反城市主义”已经是一种文化、一种心理、一种逃离和躲避城市的趋势。今天大量人口的城市聚居，各种相关的社会问题丛生，诸如住房紧张、交通拥挤、环境污染、犯罪现象大量增加、流动人口问题以及贫富差别问题等，使得人们又惧怕城市，想躲离城市。西方国家的白领中产阶层白天在城市中就职，却要把家庭住宅安在远离城市的乡下。在美国，反城市化已替代城市化成为形成定居的突出力量。当询问调查对象：“你喜欢居住在什么地方？乡村、小镇、中等城市，还是大城市？”调查的结果和美国人对居住地的实际选择正好成了一个截然相反的情况。居住的实际情况是在乡村的人非常少，小镇的人多一些，而居住在大城市、中等城市的人更多。可是，在你问这些居住在不同地带的人同一个问题，“你愿意住在哪儿”时，非常多的人选择了乡村、小镇。于是出现了这种不对称的情况：他们用自己的双脚选择了他们的居住地，他们的喜好却偏偏与之背离。据说在美国还有一种心态，包括总统在内，当别人问他出生地时，都喜欢说自己是小地方人，很少有人愿意说来自纽约和芝加哥这样大城市的。不仅在美国如此，在其他发达国家和发展中国家也是如此。在英国和部分西欧地区城市的离心力正在加大，出现了和美国相同的情况。苏联、波兰及尼日利亚曾试图用立法强制措施来减缓城市的生长。已经超过 2000 万人的墨西哥城不规则的居民点急剧膨胀，而政府临时的规划计划法令又无力解决这些问题。

无论如何，现代人面对城市处在矛盾之中，一方面城市给了他们诸多的利益和便利，为了就业和生活，他们留恋城市，大部分人还是在城市中工作，住在城里。另一方面他们又厌烦和讨厌城市的拥挤、嘈杂、肮脏和诸多的城市问题，而想逃离城市，向往清新、恬静、美丽的乡村，希望有农村田园般的生活。在对新的生活方式的追求中，出现了一种新的“反城市主义”或“反城市情绪”。

二、中国社会的“反城市主义”

在中国漫长的封建社会中，也曾经有过城市繁荣和鼎盛时代。近现代社会以来，中国衰落了，并逐步沦落为帝国主义列强的殖民地和半殖民地，因此，到20世纪上半叶，中国还是一个农业国家，城市不发达，城市化进程很缓慢，绝大多数人生活在农村。1949年中华人民共和国的建立，使中国人民站起来，当家做主了。中国进入了新的发展时期，也开始了20世纪下半叶的城市发展和城市化进程。中国的城市化进程和中国社会发展同步，分为两个阶段，即改革开放前30年和改革开放新时期，两个阶段有两种不同的城市发展状况，也有两种不同的对城市的看法和“反城市主义”。

1. 改革开放前30年的“反城市主义”

中国是一个历史悠久，人口众多的农业大国。中国革命的胜利是走农村包围城市的道路，这一重要的历史根据和情节，以及中国生产力的落后，使中国社会中一直弥漫着一种对农村的留恋和对城市的否定的“反城市主义”。这种“反城市主义”在改革开放前30年又有特殊的表现形式。

中华人民共和国建立以后，随着社会的稳定，经济的发展，城市也发展了，城市化进程也加速了，这从城市人口的增长和变化中可以看出。1949年后的前30年，我国城市人口出现了不规则的增长情况。从1949年到1957年的前8年我国经济发展，城市人口激增，竟增加了4000多万，增幅达72.6%。从1957年到1960年，城市人口的增幅也较大。而到1963年城市人口出现了负增长，以后又不规则增长，但没有改变增长的趋势。到1980年，我国城市有2亿人口，但不能充分说明城市化的趋势和进程，因为其中包含有城市人口自然增长的因素。1949年的中国只有4亿人口，到1980年时，人口总量翻了一倍还多，如果考虑进这个因素，城市化就不容乐观了。如果我们将中国的城市化水平和世界相比，就知道其间的巨大差距。1950年时，全世界城市化水平为28.4%，发达国家为51.8%，发展中国家为16.2%，中国为11.2%；1980年，全世界城市化水平为 41.3%，发达国家为 70.7%，发展中国家为 30.5%，中国为 19.4%。从 1949 年到 1980 年中国的城市化进程大致分为两个阶段，即从 1949 年到 1960 年为第一阶段，此时城市化进程较为迅速。城镇人口占全国人口的比重从 1949 年的 10.6%提高到 1960 年的 19.7%，11 年提高了 9.1 个百分点。从 1961 年开始，到 1978 年，城市化长期停滞不前。1978 年全国有城镇人口 17245 万人，比 1960 年增加了 4172 万人，但比重却下降了。1960 年城镇人口比重为 19.7%，1980 年却为 19.4%，是逆转的倒退的趋势。出现这种情况的原因是和中国的特殊国情有关的。这里所说的中国的特殊国情包括当时受“左”的思想影响，“以阶级斗争为纲”，没有把发展生产力放在首位，实行计划经济，以及违背客观规律，过多地干预城市的发展等因素，还有中国社会心理和理念中的反城市情节。

(1)计划经济体制中的“反城市主义”

无论如何改革开放前 30 年，中国的城市数量还是增多了，城市人口增加了，城市的地位变得越来越重要。仔细分析起来，这一城市化进程充满特殊性。

首先，它不是和发达的经济相联系的，换句话说，它不是经济发展的必然结果和产物。改革开放前 30 年，我们也能看到经济发展和城市化之间的关系。比如前 8 年，我们的经济发展快速，符合客观规律，城市人口猛增，城市化进程快。以后 3 年头脑膨胀，搞经济“大跃进”，城市人口尽管也大量增加，但潜伏着人口倒流的危机和隐患。由于从总体上我们没有把发展生产力放在首位，没有以经济建设为中心，因此，没有出现发达国家那样经济的增长促进城市化进程的自然历史进程，而是出于一些其他原因，比如城市人口的自然增长等。

第二，违反客观规律的人口倒流。中国在 20 世纪中期出现了两次违背客观规律的城乡人口非正常性地大倒流。第一次是 1960 年到 1964 年 2000 万人口城乡转移……经济“过热”，整个国民经济比例失调，人口大量由农村走向城市。1959 年以后，200 多万人口相继由城市转入农村。而 1964 年后，经济好转，又有 2000 万农民进城。第二次是在“文化大革命”中。到1968年底，为了减轻城市就业的压力，相继动员300多万知识青年上山下乡，这是从城市向农村的第二次人口大倒流。到十年政治动乱结束时，3000多万知识青年返城，城市劳动力猛增，又和经济恢复、调整形成尖锐矛盾，使青年就业问题变得突出了。在30年的时间里，由于非正常原因，城乡劳动力对流达一亿多人次。

第三，沿海城市本来有发展的巨大优势和得天独厚的条件，但又由于要准备“打仗”，沿海城市的许多工厂迁往内地，盲目搞“大三线”和“小三线”，人口又由沿海城市流向内地，在内地形成了一些新城市。这些人为的、违反客观规律的行动，对中国的城市化进程产生了负面影响。

第四，即便是城市发展了，人口增多了，但城市发展规划一直相对滞后，城市缺少住房，交通和其他相关的城市设施落后，与城市的发展速度不配套等问题相当严重，这些也大大影响了城市的发展和城市化进程。

从以上情况我们可以看出改革开放前30年，在计划经济体制下，在落后的、不发达的生产力中，城市化进程所遭到的破坏。

(2)社会理念中的“反城市主义”

尽管中国共产党在七届二中全会上就决定中华人民共和国成立后党的工作重点要由农村转向城市。但在此后的相当一段时间里，我们的社会上一直有一种很深的留恋农村、反对城市的心理情结。

1949年我们由农村走进了城市，有种误解是把城市的东西当作资本主义和资产阶级的东西对待，我们要抵制资产阶级的糖衣炮弹就是要抵制城市生活方式。进城人要保持农民的“土劲儿”，不要城市的“洋味儿”，这才是保持本色，是以农村改造城市，而不是城市引导农村。

……

1968年我们动员知识青年上山下乡，是要他们到农村去接受贫下中农的“再教育”，也是褒扬农村，贬低城市，以农村改造城市，以农村人改造城市人。在城市里成长起来，受过先进教育的知识青年，要去农村，接受生活在农村，没有或少有知识的农民的“再教育”……

在20世纪50年代到70年代的中国，像以上那样的“农村和农民情节”是不胜枚举的。它产生的原因是十分复杂的，比如，有政治理念和阶级斗争等方面的原因；有中国共产党人领导中国人民走农村包围城市的道路，取得胜利，建立中华人民共和国的经验等。无论如何它能使人们留恋乡村，抵制城市，有一种客观的“反城市情绪”，是一种有中国特色的“反城市主义”。

2. 改革开放以来中国社会的“反城市主义”

改革开放以来中国进入了以经济建设为中心的新时期。经济的发展促进了城市化进程。城市化进程遵循客观规律，不以人的意志为转移地迅速展开了。根据 1990 年全国人口普查提供的资料，全国有城市人口 29651 万人，接近 3 亿，比 1980 年增加 10511 万人，增幅为 54.9%。中国城镇人口在全国总人口中的比重由 1949 年的 10.6%，增加到 1990 年的 26.2%。全国城市总数也由 1953 年的 166 个，增加到 1987 年的 381 个。20 世纪 90 年代随改革开放进程的加速，农民工大量进城，城市化速度也大大加快了。根据中国交通部门提供的消息，2003 年全国春运发送的旅客突破 1.8 亿人次，专家分析认为，打工农民占 70%。在制造业发达的广东省，十年前外来打工者只有 100 万人，而现在这一数字已突破 1200 万。除了外出打工者，中国的高等教育的发展也使越来越多的农村孩子离开了土地，十年前中国高校每年招收大学生 30 万人，而这几年扩大到 300 万人以上。数以亿计的农民及其子女进入城市，使得中国人口正在重新分布。中国农业部的统计显示，目前在各大城市工作的农民工总数已达到 1.3 亿人。目前中国的城市人口已占总人口的 37%。中国工业产值和国内生产总值的 70%、税收的 80%都来自城市。

在 20 世纪 80 年代后展开的中国的城市化进程中，由于历史和现实方面的原因，仍然有“反城市主义”存在，矛盾焦点主要集中在农民工进城上。改革开放以来农民工进城成为推动城市化的主要力量。但农民工进城伊始就遇到了遗留的旧的城市管理体制方面的障碍，比如，旧有的“户籍制”，城市户口和农村户口的区别。在城市中农民工没有城市户口，其身份就受到质疑和歧视，在一些大城市中曾多次出现遣送和轰赶农民工的事情。农民工由于没有城市户口,其就业身份、子女上学及住房等其他待遇都没有和城市居民的平等身份。农民工在城市中经常受到歧视和剥削,他们承担了城市中最脏、最累的工作,却拿极低的工资,甚至被拖欠工资。2003 年末,面对全国性拖欠农民工工资的严重问题,党中央国务院及最高国家领导人不得不出面干预,要求各地采取坚决措施,迅速解决拖欠农民工工资问题。中国近 20 多年来的城市化中也有许多相关的城市社会问题,诸如犯罪率升高、环境污染、交通拥挤等,一些人把这些问题全归到农民工身上,把城市社会问题和农民工进城画等号。所有这些客观因素和主观认识都成为阻止农民进城的力量,从另一种意义上说,也是一种来自城市内部的"反城市主义"和反城市化力量。

在推动世界和中国的城市化进程中,大城市虽然有许多问题,但一直处在中心和先导的位置上。中国的城市化道路究竟应当怎样走,面对世界城市化过程中、特别是大城市发展中遇到的问题,中国的学者开始了小城镇研究,并提出用发展小城镇的方法走有中国特色的城市化道路。著名社会学家费孝通领导的小城镇研究就是著名的代表,其代表作有《小城镇大问题》《小城镇研究十年反思》等。费孝通要探索一条适合于中国国情的城市化道路,即用发展和建设小城镇的方法,走振兴乡镇企业之路,农民务工不进城,就地由农村人转变为城市人,实现城市化。这种研究不仅在中国的学术界占有很重要的地位,而且在一定程度上影响了政府对城市化的决策。20 世纪末,中国城市化的实践对发展小城镇走城市化道路的理论提出质疑。一些专家认为,发展小城镇不利于发挥城市的聚集经济效益。

农村乡镇企业在中国的改革开放初期对经济发展曾经起到了重要的作用,但乡镇企业不能形成规模经济,其注重短期效益、污染环境等弊端明显。小城镇也不能充分发挥大城市那样的区位优势,集中人才,集中生产力和科技力量,集中供热、供水、供电,有利于发展教育、文化事业,有利于发展社会服务业,有利于为城市人提供高质量的生活方式。有的人甚至批评说,发展小城镇的主张不是使农村城市化,而是相反,使城市农村化。它仍然表现了城市化进程中的“农村情结”。

三、“反城市主义”中的城市社会学理论问题

从上述议论中我们可以知道“反城市主义”不仅在西方而且在中国也存在着。中国的反城市主义是和它的特殊国情相关联的,有自己的特殊性。但随着中国的经济发展和社会现代化,对于城市的看法和西方国家已越来越趋同,有共同的规律和共同的理论问题。要探讨这个理论问题还得从城市说起。

所谓城市是指大量的异质性居民聚居、以非农业职业为主、以其区别于农村人特有的生产方式和生活方式生活,具有综合功能的社会共同体。社会学家在使用城市这一术语“也包括了都市人口所居住的建筑环境。”城市的形成和城市化过程,也即农村人进城,实行城市式的聚集,产生城市经济和生活方式,建设城市区位格局的过程。城市包括城市人和城市区位两个概念,体现了城市人与城市区位的结合与互动。

当今世界正在经历着快速的、不可改变的城市化进程。回顾 20 世纪世界的城市化进程,世界城市人口大大增加了。预计未来 50 年,中国城市化程度将从现在的 37%提高到 76%以上,而到 2050 年,中国的城市人口总量将达到 10 亿至 11 亿,即从现在算起,中国每年将有 1200 万农民转为城市人口。

人们一方面涌向城市,另一方面又埋怨城市,指责城市,甚至要远离城市,即奉行“反城市主义”,这是一个矛盾。矛盾的焦点是城市人和城市区位的冲突。即一方面,城市区位的优势吸引人们进城;另一方面,由于城市人的聚集暴露了城市区位中的问题,不能满足城市人的需求。在城市化过程中,城市区位逐渐显现出如下特征:具有了凝聚、贮存、传递并进一步发展人类物质文明和精神文明的社会功能。现代城市是一个多功能的、综合的有机体。特别是中心城市,往往具有生产、贸易、金融、运输、科学、教育、文化、军事、政治、信息、服务和吸引农村人口等多种功能。从城市的形态和发展上看,已从古代形态发展到现代形态。古代形态城市通

常有城墙和护城河护卫，如欧洲中世纪的诸多城邦和中国古代的都城，都属于这种形态。现代形态的都市无须靠城墙和护城河来护卫，它在一定程度上虽然还保留着要塞制度与秩序，但对外界基本上是开放的，居民的居住主要靠城市功能的优势。现代城市正在向高层化、地下化、立交化、网络化等方向发展，出现了越来越多的有别于农村的区位特征。相对于农村来说，城市的区位优势是不能否认的，它表现在城市的结构和功能等各个方面。比如城市格局对土地需求，尤其是现代城市向高层化和地下交通两个方向发展更是如此。据有关统计数字，多数国家的城市面积只占国土面积的 1%，全世界城市面积的总合是 20 万平方公里左右，只相当于小国阿曼的国土面积。在城市中，生产和消费集中，有效率。高密度的人口可以减少教育、医疗、供水、垃圾处理、通讯等方面设备、设置，节省服务费用，而在农村常常做不到。城市对于解决供热和交通需求也比较有力，城市可以发展公交、地铁和各种公共交通设施，方便居民。城市文化生活丰富，可以建立各种博物馆、电影院、剧院、美术馆、音乐厅、公园等。城市信息发达，城市便于交往等。人们生活在城市中能享受高质量的生活和有不断更新的生活方式。因此，人们向城市集中，这带来了城市发展的需求和机遇，也产生了城市发展中的问题。比如，人进城要有住房，没有足够的住房就不能满足城市人的需求，于是就出现了住宅与城市人之间的矛盾。又比如，人口的密集和集中容易产生矛盾、利益冲突和犯罪，即城市治安问题。再比如，城市人口高度集中，环境保护问题比较突出；城市流动人口的出现，打破了原来的社区格局和平衡，产生流动人口的控制和管理等问题。所有这些都表现了城市人与城市区位发展之间的矛盾。然而，面对世界迅速发展的城市化进程，今天要研究和讨论的问题不是要不要城市化，而是城市怎样发展，城市人(包括人的数量和组成)以怎样的城市区位方式聚集，才能发挥城市的优势，满足城市人的需求。可以认为，只要这一矛盾没有解决，“反城市主义”就会客观存在，“反城市主义”的根源在于城市人和城市区位之间的矛盾，是这一客观矛盾在人们头脑中的主观反映。从以上的意义说，“反城市主义”提出了一个城市社会学和城市发展中的基本理论问题，即城市人与城市区位的结合与互动问题。一方面，城市人依赖于城市区位，没有城市区位优势的发挥，就不能满足城市人的需求，也不能产生城市人的聚集效应；另一方面，城市区位依赖于城市人，城市人的数量与聚集方式决定城市的规模，决定城市格局，决定城市功能和优势的发挥。究竟多少人，以怎样的方式，聚集成怎样的城市，才能最大限度地发挥城市的区位优势，促进经济和社会协调发展，更多地满足人的需求，这是当代城市发展面临的重大理论和实践问题。研究和探讨这个问题既能澄清人们对城市和城市化的认知，找到“反城市主义”的根源，又能为解决城市化进程中的问题（比如对发展大城市、中等城市和小城镇模式的选择）提供决策参考；既有理论意义，也有现实意义。

“统筹”

——科学解决民生问题的门径

载《福建论坛(人文社会科学版)》2011 年第 7 期

胡锦涛总书记在党的十七大报告中说:“必须在经济发展的基础上,更加注重社会建设,着力保障和改善民生,推进社会体制改革,扩大公共服务,完善社会管理,促进社会公平正义,努力使全体人民学有所教,劳有所得,病有所医,老有所养,住有所居,推动建设和谐社会。”①今天,改善民生,解决民生问题是全党和全国人民关心的热点问题。

从实际出发,中国的民生问题已经得到很大改善。中国改革开放以来的 32 年既是经济蓬勃发展的 32 年,又是民生显著改善的 32 年。改革伊始,我国有近 1/4 的人口属于绝对贫困人口,而到了 2007 年底,全国绝对贫困人口占比不足 2%。城乡居民储蓄在 32 年间增长了 700 多倍。世界银行的数据则显示,在过去 20 年里,全球脱贫事业的成就有六成以上来自中国政府和人民的努力。根据国家统计局“全面建设小康社会统计监测课题组”的监测,2008 年我国全面建设小康社会的实现程度已经达到了 74.6%。而根据中国社会科学院发布的 2010 年《社会蓝皮书》,2009 年我国城乡居民的恩格尔系数分别降低到 37%和 43%左右,如果按照联合国粮农组织的标准,中国社会总体上已经达到从小康到宽裕的生活水平。可以说,改革开放以来,伴随着民生的显著改善,中国人的生

① 《胡锦涛同志十七大报告摘登》,《今晚报》2007 年 10 月 16 日。

活水平、生活方式和精神面貌都发生了广泛而深刻的变革。

然而，与32年间在经济领域内取得的巨大成就相比，我国社会事业发展相对滞后，仍然是“短板”，我们民生改善的程度和水平还远远不够。中国还有贫困人口存在，而且出现了贫富差别问题。按照国家统计局的数据，我国基尼系数从改革开放初的0.28上升到2009年的0.47，已经超过了国际上0.40的警戒线；就业方面则集中表现为经济增长的高速度与就业水平的不配套，在不断解决下岗失业人员就业问题的同时，新的下岗失业人员还在不断出现；教育方面，教育资源和机会在区域和社会群体之间的不平衡配置导致了落后地区群众和社会弱势群体接受优质教育资源的机会减少，今天人们不仅要“有学上”“上得起学”，而且能“上好学”；在医疗改革中则围绕着“谁来给看病”和“谁来付医疗费”两个方面所出现的“看病难”“看病贵”问题；在社会保障方面，保障水平较低、覆盖面不广，使得普通劳动者的社会安全感较弱，而商品房价格居高不下，也使人们承受不了，怨声载道等。无论如何，中国的民生问题出现了十分复杂的状况，这和当代中国民生问题的复合性，中国民生问题中客观存在的结构性矛盾，以及中国民生问题发生的特殊国情和社会背景有关，只能用统筹的办法才能解决。“统筹”是科学解决民生问题的门径。

一、中国民生问题的复合性

当代中国民生问题的复合性表现在人的需求的多样性，民生问题中包含着的多个层面，以及不同的阶层和群体有不同的需求等方面。

(一)中国人生存需求的多样性

何为民生？在中国的语言文字中很早就出现过民生字眼，《左传·宣公十二年》中有“民生在勤，勤则不匮”的说法。在生产力十分低下的远古时代，民生常常被理解为人的生存，及其为了生存所必须有的物质条件。即便如此，它也不是单一的，而是复合的，要满足人吃喝住穿的多种需要。随着社会生产力的发展，人类的民生需求由简单到复杂，由低级向高级，越来越表现了它的复合性。今天，《辞海》对于“民生”的解释是“人民的生计”,这是一个带有人本思想和人文关怀的词语。在现代社会中,民生和民主、民权相互倚重,而民生之本,也由原来的生产、生活资料,上升为生活形态、文化模式、市民精神等既有物质需求也有精神特征的整体样态。从其原本的意义上说,民生问题主要是百姓的生活生存问题,就是有关国民的生计与生活问题,表现为具体的社会问题、经济问题。今天民生问题不能被简单地理解为吃喝住穿等物质需求,被简单地解释为生存、活着,而是包含有多种需求,包括物质、精神、文化、心理等多个方面,是复合性的。

(二)当今中国民生问题的多个层面

民生问题的复合性还表现在它包含了人的需求的多个层面。早在1943年美国著名犹太裔人本主义心理学家亚伯拉罕·马斯洛就提出了人的需求层次理论。马斯洛认为动机是由多种不同层次与性质的需求所组成的,而各种需求间有高低层次与顺序之分,每个层次的需求与满足的程度,将决定个体的人格发展境界。马斯洛需要层次理论包括五大类:一、生理需要。二、安全需要。三、社交需要。四、尊重需要。五、自我实现需要。

最近有的中国学者从当今中国社会关注民生角度提出:“民生问题呈现逐层递进关系,可以分为关注生存、重视保障、促进发展三个结构层面。”①生存以衣食住行为主要内容,如同马克思所说,人们为了能够创造历史,必须能够生活。但是为了生活,首先就需要吃喝住穿以及其他一些东西。从当代社会民生问题的角度说,要解决吃喝住穿问题就得有收入,就得有职业,劳动就业和收入分配等问题都属于这类的问题。保障是民生的又一个层次。人生活在社会中要有安全感,既是基于生理需要,也要面对社会现实。生活在一个竞争激烈的社会中,有没有社会保障,是生活质量与幸福指数的重要组成部分。和保障挂钩的现实民生问题首先是要建立以社会保险、社会救助、社会福利为基础,以基本养老、基本医疗、最

① 柳礼泉等:《我国民生问题的结构层面与关涉内容析论》,《岭南学刊》2010年第1期。

低生活保障制度为重点，以慈善事业、商业保险为补充的社会保障体系。当然人的安全，身心健康也需要保证和保障，与此相关的社会治安和医疗卫生事业也是民生需要的很重要的方面。在当代社会生活中，人不仅需要生存、保障，还需要发展，才能生活得更好，更有希望，正所谓“人往高处走”。这样人就需要不断地学习，接受教育，教育事业的发展又成为首当其冲的重大民生问题。概括地说当代中国民生问题是在不同意义和不同层面上的，是指广大人民群众的基本生存和生活状态，以及以此为基础的基本发展机会、基本发展能力和基本社会福利实现的状况。

（三）当今中国不同的阶层和群体有不同的民生需求

在当今中国除去要向全体人民提供基本生存、基本保障、基本发展机会和能力外，还有因为社会分化和社会分层出现的复杂情况，提出的复杂问题。改革开放伊始，为了鼓励和调动人们的积极性，我们取消了大锅饭，引进了竞争机制，允许一部分人通过劳动先富裕起来，先富带后富，最终达到共同富裕。但现实的情况是还有少数人处于贫困之中，绝大多数人的温饱问题已经解决，社会总体达到了小康水平，也有一些富人和极富之人。无论如何，社会已经出现了较大的贫富差别，出现了不同的阶层和利益集团。作为一个社会成员，处在不同的状况，处在不同的阶层和利益集团会有不同的需求，贫困者、温饱者、小康者和富人的民生要求会有很大差别。中央在解决民生问题中强调基本、保基本的策略，缩小贫富差别和贫富分化的策略是正确的，但在当前的特殊情况和形势下，作为一个代表广大人民群众根本利益的政府，在帮贫、扶贫的同时，也不能不同时考虑到不同人、不同群体的不同要求，不能不考虑到人们在走向富裕之路上的不同阶段的不同要求。我们既要着力解决迄今仍然遗留的极少数贫穷问题，还要不断满足处在温饱层次，已经从温饱进入小康，以及从小康向更高水平的富裕社会前进的各种需要。问题的复杂性远远超过仅仅帮助脱贫，解决温饱问题的层次。总而言之，由于当今中国人的生存需求的多样性，当今中国民生问题包含着生存、保障和发展之多个层面，当今中国不同的阶层和群体有不同的需求，因此中国的民生问题是复合的。

二、中国民生问题的结构性矛盾

我国现阶段的民生问题都不是孤立的、单一的，而是彼此关联、错综复杂的，换句话说，它们是结构性的。从科学的意义上说，结构是指事物各个组成部分的搭配和排列。所谓民生问题的结构，是指不同民生问题之间的相互关联与排列，以及每一种民生问题中所包含的各种问题之间的关联与排列。所谓民生问题的结构性矛盾是指各种民生问题自身或相互关联中的矛盾。由于中国当代民生问题是多层面的，各种民生问题互相联系，互相交叉，互相影响，互相制约，十分复杂，呈现出结构性矛盾。

事实表明，中国的民生问题中存在着结构性矛盾，以劳动就业问题为例，该领域同时存在着招工难和就业难问题就是一例。一方面，一些企业在劳动力市场上很难招收到急需的具有一定知识、技能和专业特长的技工人员。另一方面，大量的求职者因为不具备相应的知识、技能和专业技术而找不到合适的工作。因此，出现了上述结构性矛盾。而这个劳动就业问题又显然和教育事业发展问题联系在一起，涉及我们教育发展中的职业培训和职业教育等方面。有关媒体曾经议论过中国的低工资和低收入者的工资增长问题，分析认为对中国的一些低工资者不能用简单的涨工资方法来提高工资，原因是他们的素质低，技能差，不能承担技术含量高或较高的工作，只能做体力活，而提高他们收入的办法就是要对他们进行培训教育，提高他们的素质和技能，使他们能够承担技术含量相对较高的复杂工作。这就牵涉到教育和职业培训，而一旦劳动者脱离工作，参与培训，又有生活来源保证问题，必须有失业保障制度，才能使他们安心参与学习和培训，这又牵涉到社会保障。无论如何，民生问题的发生和解决都是一个结构性的问题。

从实际出发，中国民生问题的结构性矛盾不仅发生在不同性质的民生问题之间，在同一类民生问题中也存在着结构性的矛盾。以收入分配问题为例：在收入分配问题中，一次分配、二次分配和三次分配之间的矛盾；居民收入与国家、企业收入之间的矛盾；“强资本”与“弱劳动”之间的矛盾;垄断行业与一般行业收入之间的矛盾;公开收入与“隐性收入”之间的矛盾;不同地区(城市与乡村、东部与西部、发达地区与欠发达地区)、不同阶层和群体收入差距矛盾;橄榄型的收入分配理想(中间阶层大)与哑铃状的收入分配现实间的矛盾等。比如现在我国居民收入在国民收入分配中的比例就偏低,而且近年来呈下降的趋势。由中共中央宣传部理论局编著的《七个怎么看》一书披露了相关的情况:数据显示,2007 年居民收入占国民收入比重为 57.5%,比 1992 年下降 10.8 个百分点,而政府收入和企业收入却呈快速上升趋势。① 另据统计,普通劳动者收入偏低,从 1977—2007 年的 10 年间,劳动报酬占国民生产总值的比重从 53.4%下降到 39.74%。除去收入分配问题外,其他民生问题中也存在结构性矛盾。

在劳动就业问题中,结构性的“三碰头”矛盾,即大学生求职、农民工进城找工作、下岗职工再就业之间的矛盾;社会安排和解决就业问题与劳动者自主创业之间的矛盾;不同社会群体中的就业特殊性的矛盾,如大学生中就业与择业时序之间的矛盾(是先就业后择业还是先择业后就业,以及在择业中求事业和求地域之间的矛盾);残疾人和特殊社会群体就业需求与社会需求之间的矛盾,以及就业模块的“僵硬化”、就业信息的不通畅和就业的结构性错位对接等问题。

教育中,普遍性的教育资源提供与优质教育资源不足,不能满足社会需求之间的矛盾;普通教育与职业教育;学校教育与社会教育;农村教育与城市教育;教育发展与成才观之间的矛盾等等。

在医疗卫生中,诸如医疗资源分配的理想金字塔形与现实的倒金字塔形的矛盾;医疗资源配置不合理,基层医院医疗设施薄弱,医务人员不足,病患者从农村涌向城市,又都涌向高端大医院,造成“看病难”;政府与企业(组织)、个人投入结构比例不合理,个人负担过重的矛盾;政府投入不足与医院自劳自吃(以药补医)、产生“看病贵”之间的矛盾等。几乎在

---

① 中共中央宣传部理论局:《七个怎么看》,学习出版社、人民出版社 2010 年版,第 77～78 页。

所有的民生问题中我们都能观察到结构性矛盾的客观存在。

三、中国民生问题发生的特殊国情和社会变迁背景

中国民生问题的结构性矛盾不仅来源于人的客观的结构性需求，而且和中国社会结构变迁有关。当代中国民生问题是在特殊的中国国情和社会变迁的背景下发生的。

改革开放以来，中国以超乎寻常的速度快速发展，经济总量已经居世界的前列，随着人民的生活在不同水平、不同层次上的提高，出现了民生问题上巨大而复杂的社会需求。然而中国的一些具体国情并没有改变，人口多、底子薄、人均自然资源相对贫乏、经济发展方式和水平相对落后。民生方面的社会需求和社会供给之间有尖锐的矛盾。简而言之，要解决13亿人的民生问题，是世界独一无二的，前所未有的，非轻而易举。

改革开放以来，中国社会转型，发生了全方位的变化，也产生了民生问题中的特殊情况和问题。比如改革开放前我们搞计划经济，那时的民生问题是完全靠政府来解决，就业由政府安排，住房由政府统建统分，稀少的生活资料也由政府以票证等方式平均分配。尽管人民的生活水平很低，但是一种完全依赖政府的模式。改革开放之后，我们用市场经济逐步取代了计划经济，在民生问题上也改变了以往由政府“全包”的方法，将政府过去的部分职能转交给社会，比如就业改为自谋职业，由就业者和用人单位双向选择；在住房上，推行了商品房制，主要由住房者自购房屋等。这样的政府角色变化带来了政府与民众在民生上供求关系的变化。改革开放初期，在民生上长期依赖政府的民众还很不适应这样的变化，经过了30年的时间，人们逐步适应起来。但是，这样的模式又面临着社会发展中的新问题，新需求。在当前中国的特殊国情下，也就是说实现总体小康以后，中国民生问题的核心内容有了很大变化，不再是温饱问题，而是公共产品和公共服务的问题（就业、教育、医疗、社保等），如果说此前温饱问题主要靠市场，那么公共产品和服务不能完全靠市场，要靠政府，要建设服务型政府，进而在此基础上寻求探索出一套适合中国经验现实的民生

改善策略、运作机制和发展模式。换句话说,改革开放以来,在解决民生问题的部分职能上政府曾经由以往的"全包"到"脱出",今天则又面临新的介入问题。当然今天的介入不是要回到计划经济的模式上去,由政府再把民生问题"全包"起来,而是如何搞好二次分配,减小贫富差别,提供好公共产品和公共服务等。这是政府在解决民生问题职能变化中的"否定之否定",是向新的高层次上回归。

当然,改革开放以来中国还遇到了以往社会遗留下来的体制问题、机制问题,也为解决今天的民生问题增加了困难。比如城乡二元体制就是最为典型的问题之一。我们实行改革,建立开放的经济和开放的社会,必须打破包括城乡界限在内的所有界限,产生高度的社会流动。当中心城市需要大量的劳动力时,农民工涌进了城市。实现农民工市民化,城乡一体化,乡村城市化是阻挡不了的大趋势,而固有的城乡二元体制将城市和农村划分成两类,致使市民和农民有不同待遇,成为两种人,因此出现了一系列与改革开放不相适宜的矛盾和状况。以农民工为例,他们进城后即面临着由于没有户口(没有身份),正规就业难,常常被拖欠和克扣工资,以及孩子上学、看病就医,没有社会保障待遇等一系列民生问题。要解决这样的问题,不解决城乡二元体制问题怎么能行?

四、用统筹的方法解决中国的民生问题

要从根本上彻底解决中国的民生问题,必须树立科学发展观,用科学的方法去解决。《中共中央关于构建社会主义和谐社会若干重大问题的决定》在谈到坚持科学发展观构建和谐社会时特别提到"统筹",即统筹城乡发展,统筹区域发展,统筹经济社会发展,统筹人与自然和谐发展,统筹国内发展与对外开放。"统筹"理念是科学发展观的一个组成部分。统筹即统一筹划,在科学发展观中它不仅是一种方法论,也是认识论。在统筹理念中理论与实践、主观与客观、局部与整体、微观与宏观、历史、现实与未来是辩证的统一。

"统筹"理念的哲学基础是唯物辩证法:"当我们深思熟虑地考察自然

界或人类历史或我们自己的精神活动的时候，首先呈现在我们面前的，是一幅由种种联系和相互作用无穷无尽地交织起来的画面。”[①]中国当代民生问题正是由种种联系和相互作用无穷无尽地交织起来的画面，因此要用“统筹”的方法解决。“统筹”是现代科学方法论中的系统论。系统一词，来源于古希腊语，是由部分构成整体的意思。由贝塔朗菲提出的系统论的核心思想是系 统的整体观念。贝塔朗菲强调，任何系统都是一个有机的整体，它不是各个部分的机械组合或简单相加，系统的整体功能是各要素在孤立状态下所没有的新质。他用亚里士多德的“整体大于部分之和”的名言来说明系统的整体性，反对那种认为要素性能好，整体性能一定好，以局部说明整体的机械论的观点。同时认为，系统中各要素不是孤立地存在着，每个要素在系统中都处于一定的位置上，起着特定的作用。要素之间相互关联，构成了一个不可分割的整体。要素是整体中的要素，如果将要素从系统整体中割离出来，它将失去要素的作用。正像人手在人体中它是劳动的器官，一旦将手从人体中砍下来，那时它将不再是劳动的器官了一样。系统论的基本思想方法，就是把所研究和处理的对象，当作一个系统，分析系统的结构和功能，研究系统、要素、环境三者的相互关系和变动的规律性，并优化系统观点看问题，世界上任何事物都可以看成是一个系统，系统是普遍存在的。大至渺茫的宇宙，小至微观的原子，一粒种子、一群蜜蜂、一台机器、一个工厂、一个学会团体……都是系统，整个世界就是系统的集合。今天我们研究和解决民生问题也要把民生问题的存在看作是一个系统，用系统的方，即统筹的方法来解决。

如前所述，中国民生问题是复合性的，必须兼顾人的生存需求的多样性，必须兼顾人需要的生存、保障和发展多个层面，必须兼顾不同的阶层和群体有不同的需求的现实，着眼于现实和未来在贯彻中央的强基本、保基本的策略的同时，统筹兼顾民生问题的各个方面。

由于中国民生问题中客观存在的结构性矛盾，在分析和解决民生问

---

① 《马克思恩格斯选集》第3卷，人民出版社1972年版，第60页。

题时,必须深入分析民生问题发生和存在的内在联系,解剖民生问题的复杂性,用结构性的方法(也即统筹的方法)解决民生问题。比如我们必须统筹收入分配中的一次分配、二次分配和三次分配,才能真正建立起合理的收入分配秩序;我们必须统筹居民收入与国家、企业收入的关系,才能解决劳动者的收入分配问题;我们必须统筹以大学生为主体的青年人求职、农民工进城找工作、下岗职工再就业等三个方面的就业问题,才能真正缓解劳动就业中的矛盾;我们必须统筹普通教育与职业教育的布局,才能解决学校人才的培养和社会人才需求的对口和衔接;我们必须统筹医疗资源配置,才能使中小医院(特别是社区医院)得到真正的发展,真正缓解目前的"看病难"问题。以上是仅就一类民生问题而言的,如前所述,许多民生问题都是相互联系交叉的,我们必须统筹几个领域中的问题,才能找到解决民生问题的出路。比如,我们必须统筹收入分配、教育、社会保障和劳动就业等领域,才能解决部分劳动者收入过低的问题,才能化解社会上招工难和就业难同时存在的矛盾,实现人才需求和人才供应相吻合。从宏观社会的角度看,要解决民生问题,统筹就显得更为重要,政府职能的转变和社会发展之间的关系必须统筹,化解体制中的矛盾,彻底改变城乡二元体制更需要统筹。

用统筹的方法解决中国的民生问题提示我们,不能"头疼医头,脚疼医脚",应该同时有具体的对策、政策和政策体系等几个方面。它们既包括解决问题的具体方法、政策、法规,还应当包括中观、宏观、跨领域、跨地域、跨行业、跨群体的综合的政策体系和战略思维。无论如何,用统筹的方法,建立起系统政策体系来解决民生问题,才是科学的、有效的。中国自古以来就将"民生"与"国计"相提并论,有"国计民生"之说。《尚书》中有"民惟邦本,本固邦宁";《管子》中有"以人为本,本治则国固,本乱则国危"。今天,坚定不移地贯彻科学发展观,用"统筹"的方法解决民生问题,满足民生需求,我们的改革开放大业就一定能够得到广大人民群众的热烈支持,实现中华民族伟大复兴的理想就一定能够实现。

对建设平等和谐家庭的理性思考

载《妇女研究论丛》2007 年第 2 期

要建设和谐家庭，首先要从理性上认识家庭与社会的关系，要明确家庭和谐的根本在于家庭关系和谐。本文针对建设和谐家庭所面对的新问题、新挑战，着重阐释如何在个人行为和社会行为的统一中建设和谐家庭。

一、建设平等和谐家庭是建设和谐社会的重要组成部分

恩格斯说："个体婚制是文明社会的细胞形态，根据这种形态，我们可以研究文明社会内部充分发展着的对立和矛盾的本来性质。"[①]恩格斯所说的家庭是社会的细胞，是对家庭与社会关系的确切生动的比喻。从这个意义上说，建设和谐社会离不开建设和谐家庭，建设和谐家庭是建设和谐社会的重要组成部分。列宁曾经指出，家庭是经济基础和上层建筑的统一。换句话说，家庭是社会的窗口，家庭是个小社会。在这点上，也许文学家比社会学家还敏感犀利，许多文学家都是通过写一个家庭来反映社会。通过家庭关系和结构的变化反映社会关系和社会结构的变化，特别是通过家庭中性别关系、权力结构的变化反映社会性别规范的变化和社会性别关系结构的变化。曹雪芹的《红楼梦》写的是"荣国府""宁国府"两个家庭的兴衰，其实是在写社会，是通过对封建时代两个家庭兴衰荣辱

---

① 《马克思恩格斯全集》第 21 卷，人民出版社 1972 年版，第 78 页。

的描写，反映了封建社会的衰败。巴金写的《家》《春》《秋》、曹禺的《雷雨》也都是通过家庭审视社会。老舍先生的《四世同堂》则是通过描写祁老太爷一家四代人的命运，反映了1937年到1945年日本帝国主义侵略中国给中国人民带来的深重苦难和抗日战争中中国社会不同阶层人们的命运与分化。改革开放初期，中国有一部电视连续剧《渴望》，不仅影响了整个中国，而且轰动了整个北美华人社会。它也是通过对婚姻和家庭的描写，反映了中国人在社会转型初期，告别过去走向未来时的兴奋、彷徨的复杂心情。

法国人类学家C. 利瓦伊·斯特劳在谈到家庭与社会的关系时说，家庭是个体与错综复杂的社会关系网络连接的纽带，它通过契约性的婚姻关系对社会关系加以规定和限制；乱伦禁忌似乎确立了在每个家庭之间而不是在家庭内部进行婚姻交换的模式；夫妻之间的劳动分工是相互依赖的基础，正如男女间的婚姻促进了家庭群体之间的相互联结一样，相互间的义务是连接两性之间、家庭之间以及血缘群体和更广泛的社会系统之间的桥梁，在一个特定社会中，这恰恰是社会结构的基本因素。美国社会学家古德认为：在绝大多数部落社会，亲属关系模式是整个社会结构的主要组成部分。与此相反，在现代工业社会中，家庭只是整个社会结构的一小部分。不过，家庭在这种社会中也仍处于关键地位，因为它可以有效地将个人与其他社会机构如教会、国家或经济机构联系起来。假如没有这个看来原始的社会结构所做出的贡献，现代社会就会崩溃，尽管它有复杂而先进的技术和训练有素的科层组织、阶级制度。古德说，家庭在社会上处于中心地位。表明这种地位最重要的是，在家庭内部，儿童就开始社会化以适应社会的需要，而不是仅仅为了自身的需要。一个社会的需要，例如，公平公正地生产和分配商品，保护弱势群体等，如果得不到满足，这个社会就无法生存下去。只有动员个人来满足这些需要，社会才能继续运转，而家庭正是进行这种动员的基地。而且，家庭成员还要参加非正式的社会控制的过程。早期的社会化，一般发生在家庭之中，在社会控制体系中，家庭也发挥着不可或缺的作用。因此，作为个人和社会的联系纽带,和谐家庭是建设和谐社会的重要组成部分。

二、建设和谐家庭的关键是促使家庭关系平等和谐

和谐家庭有深刻的内涵,其测量指标也有很多方面。一个家庭是否是和谐家庭,关键是家庭关系是否平等和谐。

社会的本质是社会关系。建设和谐社会,最重要的是使社会关系和谐。按照马克思主义的观点,社会是人们相互交往的产物,是各种社会关系的总和。马克思说,社会——不管其形式如何——究竟是什么呢?是人们交互作用的产物。马克思认为,没有人们的交往,便没有社会,而人们的交往首先是在生产中开始的。他说,人们在自己生活的社会生产中发生一定的、必然的、不以他们的意志为转移的关系,即同他们的物质生产力的一定发展阶段相适合的生产关系。这些关系的总和构成社会的经济结构,即有法律的和政治的上层建筑竖立其上并有一定的社会意识形态与之相适应的现实基础。物质生活的生产方式制约着整个社会生活、政治生活、精神生活的过程。生产关系总和起来就构成所谓社会关系,构成所谓社会,并且是构成一个处于一定历史发展阶段上的社会,具有独特特征的社会。在马克思看来,社会的本质就是社会关系,是社会关系中的生产关系和以生产关系为中心扩展开来的其他关系,是各种形式人际关系的总和。社会的本质是社会关系,和谐社会也就是要有平等和谐社会关系的社会。有没有平等和谐的社会关系是衡量是否是和谐社会的根本标志。社会关系是具体的,也是抽象的,既包含人与人之间关系的状态,也包含人与人之间关系的准则。2005 年 5 月 20 日《人民日报》发表评论员文章指出,要“准确把握和谐社会的科学内涵”。该文认为:“我们党所要构建的是社会主义和谐社会,其基本特征是:民主法制、公平正义、诚信友爱、充满活力、安定有序、人与自然和谐相处。”在这 6 个基本特征中,除第 6 个特征是指人与自然的关系外,其余的 5 个都是人与人之间的关系,是社会关系,是和谐社会中人际关系的准则和理想状态。

改革开放以来,中国社会发生了快速和巨大的变迁,出现了许多社会

问题,特别是社会关系失调问题。同样在婚姻家庭领域,也出现了许多家庭问题,也有家庭关系的紧张与失调。比如近年来中国社会的家庭关系变得不稳定了,离婚率大大升高了。从20世纪80年代初到21世纪初20多年时间里,中国的离婚率在不同地区都大幅度上升,大约在5～10倍。在上海、天津等发达地区,城市市区的离婚率已经接近苏联的水平(3∶1),有的已经超美国(2∶1)。[①] 和离婚率升高相关的现象,如“第三者插足”“婚外情”“婚外恋”“未婚同居”“婚外性行为”等也大量出现,“重婚”“包二奶”“纳妾”“拐卖妇女儿童”等与家庭关系不平等、不和谐相关的现象屡见不鲜。以至在我们编著新的《新华词典》时,不得不把“包二奶”等词汇收入其中,因为它已经是需要人们知道的不能回避的社会现象。家庭与婚姻关系的不平等、不和谐现象还有很多,诸如家庭暴力、遗弃、虐待等,在一些家庭中还有不赡养老人,不抚养子女,不扶养配偶等,特别是女性老年人、女婴、女童等弱势女性群体生存状况令人担忧。2001年我们公布了中华人民共和国成立以来的第三部《婚姻法》。该《婚姻法》在以前的基础上增加新的一章(第5章)“救助措施与法律责任”在谈到家庭暴力等行为时,规定受到攻击和迫害的一方可以向其所在的居民委员会、村民委员会、公安派出所,向其所在工作单位报告,这些机构有参与调解和救援的法律责任。这说明目前在中国的家庭中,家庭暴力已经具有一定的普遍性,或者说已经到达一定程度,以致我们不能不用法律手段来解决。

自古以来人们在长期的社会生活中已经体会到,家庭关系和谐是家庭生活幸福的主要指标和最为重要的组成部分。在一个家庭中既有物质生活,也有精神生活,它们都是和谐家庭的组成部分。从某种意义上说,精神生活比物质生活更为重要。而家庭关系是家庭精神生活的组成部分。《红楼梦》中贾府的物质生活可谓优越,可说是荣华富贵,然而,在大观园中到处都是封建剥削阶级的空虚、腐朽、荒淫、堕落,人与人之间钩心斗角,尔虞我诈。正如林黛玉哀叹的那样,“一年三百六十日,风刀霜剑严

① 潘允康:《家庭社会学》,中国审计出版社、中国社会出版社2002年版,第154页。

相逼”,生活在这样的家庭中的贾宝玉、林黛玉虽然有优越的物质生活条件,但没有真正的幸福,就连他们纯真的爱情也被封建主义残酷扼杀了。相反的,家庭虽然贫困,但精神高尚,关系和谐,却能给人以幸福。

协调家庭关系和协调社会关系有共同的规律,但家庭关系有其特殊性,认识这种特殊性对于搞好和谐家庭建设是十分重要的。家庭关系是一种特殊的社会关系。在协调家庭关系时,一些非正式制度或社会规范常常发挥着不容忽视的作用。俗话说,“清官难断家务事”“家家有本难念的经”,说明家庭虽小,关系复杂,这是因为家庭关系和其他社会关系发生的根据不同。任何一种社会关系都有其内在的根据,根据不同,联系的方式不同,构成了不同的关系。比如邻里关系,以居住地临近为根据,而同学关系以在一起共同学习为根据,同事关系以共同的职业为根据,都是外在的联系,而家庭关系是以婚姻血缘关系为根据,是内在的联系,这种内在的联系决定了家庭成员间有不同于其他社会关系的全面的合作与互动,如物质生产、分配、消费、日常生活、生育子女、赡养老人、性爱交往、情感交流、休闲娱乐,以及宗教、政治等功能,是十分全面的。家庭成员的交往和联系方式在很多方面与其他社会关系不同,是社会关系中最深刻、最隐蔽的关系。由于家庭关系的特殊性,更由于家庭承担着其他社会组织和团体所没有的社会功能,因此社会对家庭关系的规范化要求很高,对家庭关系实行严格的社会控制。以中国 2001 年颁布的新《婚姻法》为例,该法共 6 章 51 条,对家庭中的主要关系的行为和准则都做了严格的规定,这在其他社会关系中是没有的。家庭关系中表现了日常生活中的个人行为,却被要求有很高的社会化标准和程度,这本身就是矛盾,再加上家庭成员中的一些行为和互动是其他社会关系中没有的,协调好家庭关系并不容易,特别是在社会剧烈变化和转型的今天,协调家庭关系面临诸多新的问题和困难。

三、建设平等和谐家庭面对的问题和挑战

从家庭的本质出发,在家庭关系中,家庭成员之间不仅有物质关系,还有更多的情感关系。特别是现代社会,情感问题被越来越多的家庭所注重,家庭正在由义务型向情感型转变。另外,在家庭生活中,不仅包含个人的利益和需求,还有个人与他人、个人与家庭、个人与社会的关系。今天由于人们更讲求个性,讲求个人的利益和选择,家庭正在受更多的个人因素困扰。协调家庭关系,建设和谐家庭也面临着新的问题和新的挑战。

1. 现代家庭正在由义务型向情感型转变

传统家庭是义务型的,现代家庭是情感型的。家庭正在由义务型向情感型转变。

家庭的这种变化,使得夫妻关系成为家庭关系的中心,夫妻之间的情感(爱情)成为家庭中的最为敏感的问题。著名社会学家费孝通在谈到这个关系和转变时说:“夫妇关系的片面化的方式各地各时可以有不同。最主要的是两种:一是把事务上的合作减少,使夫妇偏重感情的协调;一是把情感方面的要求撇开一下,偏重于经济上的,事业上的合作。这种偏重的方向,初无高下之别;重要的是要看生活的环境如何。”“若比较这两种偏重的方向,似乎又有前后之别。……换一句话说,若是一个生产技术很简单,生活程度很低,男女在经济上所费的劳力和时间若需要很多的话,这种社会里时常是走上偏重夫妇间事务上的合作,而压低夫妇间感情上的满足,再换一句话说,夫妇之间可以偏重感情生活的发挥,必须在一个生活程度较高的社会,其中各种设施可以减轻他们抚育的责任以及经济上的劳作。我们比较中国传统的夫妇生活和现代西洋都市里的夫妇生活就可以明白上面所说的话了。”①中国传统的夫妇和家庭是把柴米油盐放在首位,偏重于事务上的合作,是因为生活程度很低。今天不同了,改革开放以来中国人的生活水平大大提高了,整个社会的温饱问题基本解决

① 费孝通:《生育制度》,天津人民出版社 1981 年版,第 52～53 页。

了,很多家庭进入了小康。家庭中的“各种设施可以减轻他们抚育的责任以及经济上的劳作”。在这种情境中,自然许多家庭都会把情感放到首位,夫妻之间有无爱情,家庭成员间有无感情,是否情投意合,有无共同语言,心理上能否交融等,成为家庭中头等重要的事情。现代家庭把爱情和情感放在判断家庭是否幸福的首位,是社会的进步,是家庭生活质量提高的表现。然而相对于义务型家庭而言,在情感型家庭中协调家庭关系更难。对夫妇而言,在家务中合作,比较具体,看得见,摸得着,有可操作性,容易形成合力。可要协调感情,产生和保持爱情,就比较困难了。爱情感情)的不确定性、不稳定性、“虚有虚无”性,为协调家庭关系出了新难题。

2. 在个人行为和社会行为的矛盾统一中协调家庭关系

今天强调婚姻中的个性,强调个人对婚姻的感受与选择,是困扰婚姻家庭的又一个问题。这个问题和强调情感问题是互相关联的。

婚姻是个人行为。任何一桩婚姻都不是抽象的,而是个人行为的具体表现。一个人要不要结婚,和谁结婚,什么时间结婚,都是和当事人相关的,没有当事人的参与,婚姻关系不能产生,婚姻行为不能实现。在传统的婚姻模式中,由于强调个人服从他人,服从社会,婚姻的社会性表现得很明显,比如有“父母之命,媒妁之言”之说,个人的婚姻由父母决定,由媒妁撮合,父母媒妁代表社会干预和监督婚姻,本人没有决定权。即便如此,在任何一桩婚姻成为事实时,没有本人的到场与配合,婚姻也是不能实现的。现代社会更是如此,强调婚姻的自主性、自由性,当事人决定自己的婚姻,别人不得干预和代包。这个基本准则已经被法律所确定。中华人民共和国成立以来,前后制定和颁布了 3 部《婚姻法》,都强调了“婚姻自由”的基本原则。即当事人有结婚自由,还有离婚自由。特别要指出的是,由于现代人对婚姻中感情因素的注重,强调婚姻要以爱情为基础,现代发达国家都将离婚的理由确定为“感情破裂”,这是对个人权力和愿望的充分尊重,也是婚姻是个人行为的集中体现。因为感情是否破裂只有当事人才能判断,才能决定,社会是难以干预的。

婚姻是个人行为,也是社会行为。美国社会学家布利兹坦说,所有的家庭组织,无论是以何种形式出现,它们的重要意义在于:家庭,对于绝大多数成员来讲,是包罗万象,提供各类便利的社会组织;家庭,无论大小,是成员社交与私人生活的稳定的中心。家庭成员常常聚会,这是其他群体成员所不及的。个体最为关心的福利与财富的分配,信息的交流,只有在家庭中才有可能。人们总是以家庭为出发点,随即向其他组织靠拢。家庭组织为成员的这一步骤准备了一切”。“所有的家庭组织对社会的贡献具体表现为:向社会输送人口,传播社会习俗,向从属社会单位输送青年,分配商品与调节公共设施,在重要领域调解青年和老人、男子和妇女间的关系。为了达到上述目标,家庭组织必须保持同非家庭组织的联系。社会学家对家庭功能的各种议论中,我们可以充分理解婚姻是社会行为,认识婚姻家庭的社会性。费孝通先生从婚姻家庭功能的最根本处道出了婚姻的社会性。他说:“婚姻是社会为孩子们确定父母的手段。从婚姻里结成的夫妇关系是从亲子关系上发生的。这种说法也许和我们通常的看法不同,因为在我们的文化里,时常会使人觉得夫妇关系是两性关系,婚姻是确定两性关系和个人开始性生活的仪式。可是在很多民族中,两性关系并不以婚姻始也并不限于夫妇之间,而同时值得我们注意的是夫妇之外的性生活无论如何自由,并不会引起婚姻关系的混乱。这使我们觉得婚姻关系和两性关系并没有绝对的联系,因之,我们似乎不应把限制两性关系视作婚姻的基本意义。婚姻之外的两性关系之所以受限制还是因为要维持和保证对儿女的长期抚育作用,有必要防止发生破坏婚姻稳定性的因素。”①费先生这段话深刻地阐述了婚姻的社会性。从简单的逻辑上说,先有夫妇关系,后有亲子关系,即先结婚,后生育,前者是因,后者是果。然而,社会学家的观点是相反的,说夫妇关系婚姻关系,是从亲子关系上发生的,是因为生育的需要,才有婚姻,才有婚姻的根据和婚姻的基本意义。换句话说,在婚姻中,是社会行为引发了个人行为,而不是相反,婚姻的本质在于婚姻的社会性。古德也从另一个角度阐述了这个问题,

---

① 费孝通:《生育制度》,天津人民出版社 1981 年版,第 29 页。

他说，社会对私生子看得比婚前性行为还要严重，即使后者也被看作是不合适的。任何社会对于谁同谁结婚都是有所控制的，也有一些规定用来反对随心所欲的生育态度。换句话说，社会对婚姻所采取的控制主要不是由于担心人们的性行为，而是由于担心人们生孩子。性行为是个人行为，生孩子是社会行为，后者重于前者，社会性是婚姻的本质。马克思、恩格斯从人类社会两种社会生产角度阐述了婚姻家庭功能的社会性。根据历史唯物主义的观点，历史中的决定性因素，归根结底是直接生活的生产和再生产。但是生产的本身又有两种。一方面是生活资料即食物、衣服、住房以及为此所必需的工具的生产；另一方面是人类自身的生产，即种的繁衍。一定历史时代和一定地区内的人们生活于其下的社会制度，受着两种生产的制约：一方面受劳动的发展阶段的制约，另一方面受家庭的发展阶段的制约。婚姻家庭承担着人类社会第二大部类生产的任务，这是婚姻家庭功能社会性的集中体现，也是婚姻社会性的集中体现。

婚姻从表象上是个人行为，从本质上是社会行为，由婚姻产生的家庭是社会生活的基本单位。任何一个结婚进入婚姻家庭领域的人，都要从个人行为和社会行为矛盾统一的角度思考和对待婚姻家庭，正确处理家庭关系，实现平等和谐家庭建设。今天，个人主义增长，个人对婚姻的权力和选择被强调、被尊重，一些人仅以个人幸福主义的观点对待婚姻，只想享受婚姻家庭权力，不要履行婚姻家庭义务。然而，社会变迁并没有改变婚姻家庭的社会性本质。如果婚姻是一种完全的个人行为，也就没有婚姻了。在婚姻和家庭中不仅有情感，还有生活；不仅有浪漫，还有日常琐碎；不仅有权利，还有义务。这是任何一个进入婚姻家庭领域的人都回避不了的。婚姻的社会性决定了个人不能用单纯的幸福主义的观点来看待婚姻，为我所用，为所欲为，而同时要用社会的观点对待婚姻，尤其要以平等、尊重的态度来对待配偶。一旦进了婚姻“城堡”，就要遵守婚姻家庭秩序，履行婚姻家庭义务，只有对婚姻本质有正确认识的人，才能比较好地处理好家庭关系，正确对待自己，正确对待对方，心平气和地搞好和谐家庭建设。

社会现代化中的婚姻家庭问题

载《广州研究》1988 年第 7 期

改革和开放政策的实行，大大加快了我国社会现代化速度，使社会面貌发生了深刻的变化，产生了许多新问题，其中包括婚姻家庭问题，这里做些简略分析。

一、血亲关系的淡化问题

血亲关系的淡化问题是我国婚姻家庭面临的社会问题之一。我国属于东方较为传统的国家，血亲关系较发达，人们的血亲观念较强。这既有积极的意义，也有消极的作用。从积极方面说，血亲关系强，家庭观念重，产生了家庭温暖和代际关系紧密联结的纽带，也能部分解决老有所养、托幼抚幼等社会问题。但是，血亲关系过强对现代社会的发展也产生不利的影响。现在社会瞩目的党风、社会风气不正就与此有关。靠“关系”搞不正之风，首先是借亲属关系。中国有句俗话叫“沾亲带故”，“亲”是亲戚，“故”是朋友。在搞不正之风中，血亲关系总是居首位、起作用的。一些共产党员、干部可以在事业上讲原则，在工作单位讲党性，但一到家庭问题上，就失去了原则、党性，这无不跟血亲观念过强有关。现在，血亲观念强在一些地方还发展到亲属网络伸入到现代企事业中，在企业内部形成了一个严严实实的“家庭网”。这种盘根错节的亲属网络，冲击了现代科层组织制度中某些优秀原则，对于现代企事业的发展、整个社会的发展和进步都是十分不利的。从社会学角度说，社会关系可分为三大类，第一类是血缘关系和姻缘关系，它是由婚姻和生育而发生的关系。第二类是地缘关系，它是因居住地邻近而发生的关系。第三类是业缘关系，它是因事业上的合作或联系而发生的关系。从发展规律说，不发达的生产力是和发达的血缘、地缘关系相联系的，其业缘关系必然不发达。在以家庭为生产单位的传统社会，血亲观念必然较强，它可使有血亲、姻亲关系的人凝聚在一起，统一行动，一致对外，发展生产，抵御外敌。因为以家庭为生产单位使家庭成员有共同的生活环境、共同的利益和共同的命运。在血缘关系很重的情况下邻里关系也很重要，居住邻近的家庭需相互呼应，守望相助。相反，发达的生产力，必然是发达的业缘关系，和不发达的血缘关系、地缘关系。社会化的大生产使一家一户的生产单位解体，家庭成员走出家庭，分散到大工厂、企业、事业中就业，并随时根据需要流动和变更自己的工作，家庭成员间的利害关系减少，邻里之间的距离加大，同事之间的关系加强。血亲关系自然呈淡化的趋势。当然，由于东西方文化传统的差异，在现代化过程中，家庭观念变化的表现也不完全相同，有人说西方社会是“人本位”，东方社会是“家本位”，在现代化过程中由“家本位”发展到“人本位”是不可改变的趋势。其实，情况并非那么简单，一是东方人肯不肯轻易改变自己的观念，二是现代化中东西方文化传统不同，可能有不同的现代化模式。美国最大的电脑公司总经理、美籍华人王安在退休时经过长时期考虑后，决定由他的儿子接任公司的总裁。此举导致他原来的 7 个亲密助手——公司副总裁集体辞职并引起美国舆论界大哗。一些报纸评论说“王安终究是个中国人”。在美国居住了半辈子的王安，仍没被美国的西方文化同化，保持着父传子的传统，以血亲关系至上，可见中国的传统观念对中国人影响之深。一些美国评论家说，现代社会是“人本位”至上，“人本位”必定战胜“家本位”。另一些美国社会学家却不赞成这样的评论，认为当代社会“人本位”和“家本位”还在激烈地较量，哪一种模式更有力量，尚无定论。所谓“人本位”是以个人为中心，一切以个人的意志为转移，所谓“家本位”是以家庭为本位，以家族为本位，以团体和集体的意志为重。和前者相连系的是异质、自由和分散，和后者相连系的是整合、不自由和统一。“人本位”培养的是个人主义，“家本位”客观上带来集体精神。以个人对集体，以分散对集中，前者总是要吃亏和失利的。以美日贸易战为例，当美国几家电子产品公司和日本几家电子产品公司交手竞争时，美国的公司总是独立、分散的；为了各自的利益，它们不仅对日竞争，自己内部也常相互排斥，甚至为了一己的利益，故意抬高或降低价格，使自己处于同伙中的有利地位，从而把自己的弱点暴露给了日方。相反，日本的几家公司却可能是联合的。“家本位”思想使日本人以企业为“家”，企业以国家为“家”，在对外竞争中协调各方利益，一致对外，而不致出现为一己利益、哄抬或降低商品价格、出卖压迫同行的情况。因此，在同美国人的竞争中，日本人常常占上风。上述分析无论是否符合实际和全有道理，都向人们提出了一个重要的问题：现代社会究竟是“人本位”，还是“家本位”？日本社会的高度现代化是不可否认的，日美贸易战中日本节节胜利也是事实，这是否意味着“家本位”更有力量呢？当然日本的“家本位”和中国传统的重血亲关系不完全等同，它不是简单地把亲属关系、亲属网络带到企业中，而是把集体思想带到企业中。“家本位”使日本人不仅可能以企业为“家”，而且可能以国家为“家”，因此它能带来某种优越性。如同社会学家列维所说，在日本，家庭的确占据了一个重要的地位，但却是附属于其他社会因素之下的。因此，社会产生数种不同规范使家庭屈服，或使家庭为社会所用。由此可见，东西方在现代化过程中不仅有发展生产力、发展商品经济间的较量，也有民族文化心理因素之间的较量，模式并非一种。在血亲关系方面，中国应该从自己及世界其他国家的差异和变化中得到启示，使血亲观念适当淡化，但也不是“西化”，跳出狭隘的亲属圈子，创造出既适应民族文化又适应现代社会发展的模式。

二、家庭中男女角色地位的对立和转化

所谓角色是与某一特殊社会位置有关联的行为模式。换言之，每一社会角色都代表着一套有关行为的社会标准，这些标准规定了个体在扮演某一特定社会角色时所应有的作为和行动，代表了个人的职能和身份，

是社会客观赋予的。

家庭中男女的角色地位（也可以说丈夫和妻子的角色地位）主要有两种，一种是传统的互补模式，诸如我国传统家庭中的“男主外，女主内”，或者说“男耕女织”模式等，这一模式发展到近代，是男子在外劳动就业，挣工资，女子在家生育、抚育，从事家务劳动，有人称之为“男工女务”。另一种模式是现代的平衡模式，丈夫和妻子共同在外工作，以其共同收入维持家庭的经济生活，在家庭内部，夫妻共同挑起家务重担和生育、抚育任务。

一般的看法认为随着社会的现代化，男女在家庭中的角色地位正在由传统的“互补模式”向现代的“平衡模式”发展。然而我国现阶段一些实际情况表明问题并非如此简单化。

天津静海县大邱庄，是一个改革致富的典型，在那里已婚妇女回家去操持家务、丈夫在外工作是十分普遍的情况。原因是大邱庄虽富，但在那里每个劳力一天要紧张工作十几小时，甚至还多，在这种情况下，如果还坚持男女都走出家门做工，那么家中的孩子无人看管，老人无人护理，夫妻辛苦劳动之余喝不上开水，吃不上热饭。按照当地的收入水平，一个男劳力在外做工所得报酬完全可以使一个家庭达到小康水平，于是出现了妇女未婚在外务工，婚后回家，“男工女务”的情况。现在也有不少人强烈主张妇女回家，并提出把妻子应得的工资报酬加在丈夫份上，算作夫妻共同的经济收入，认为这样既不会降低家庭生活水平，也使家务有人管，孩子有人看，一半左右的人回家也将减少交通拥挤等社会实际问题。一些人赞成上述主张，进一步提出夫妻应该回去一个，但不一定只限于妻子，也可以是丈夫，看谁更适合在工外工作谁就在外而定，这种主张更赞成传统的“角色互补”模式，只是赋予新的内涵，即男女外出和回家的概率应是平等的。

这是现代社会发展所提出的新问题。首先它涉及对现代社会家庭角色模式变化的最根本看法，也涉及对妇女解放运动的看法。有的人说，从传统的“互补型”变为现代“平衡型”，再变为现代“互补型”，是家庭中男女角色地位变化的否定之否定进程，是进步。也有人说，这种改变是历史的倒退,是对当代妇女解放运动的否定。就我国情况来说,解放30多年来,妇女走出家门,广泛就业,不再围着锅台转,从而逐渐取得和男子平等的政治、经济和社会地位,在家庭中的地位也日趋平等,这是对几千年男尊女卑的家庭模式的巨大反动,是妇女解放运动的巨大成果,如果提出妇女回家去,实行"男工女务",是对30年来妇女解放运动的否定,它必然使妇女重新处于地位低下、被愚弄被压迫的境地,这是不言而喻的。还有的人批评妇女重新回家的主张,认为它反映了在社会发展中一些人还抱有小生产意识,满足于小康生活,认为生活富裕了就可以不奋斗了。认为一旦这种小生产意识受到进一步冲击,妇女们还会觉醒,不会安稳地躺在小家庭的安乐窝中,满足于分享丈夫的收入,以侍奉丈夫和孩子为业,而会重新要求走入社会,实现自身的社会价值。诚然,由于我国社会现阶段还存在一些具体问题,家务劳动社会化程度还很低,也给家庭生活带来一些困难,诸如吃饭、托幼、养老等主要依靠家庭。因此,出现妇女重新回家的暂时现象,一旦社会化提高了,妇女是不会甘愿待在家里的。

显然,我们在观察和分析这一问题时,既面临着现实生活中的实际问题,也面临着未来社会的发展和男女在家庭、社会中的地位问题。纵观当今世界,情况各异,但是妇女走向社会则是总的趋势。现代美国妇女不是回家去,而是继续走出家门;不是要和男子"互补",而是要和男子"平衡";不是要做男子的"附庸",而是要和男子"竞争"。美国职业妇女已占本国就业人数的40%,这一比例还在上升。美国劳工部门预测,从现在到1995年,新成长起来的劳动力中将有2/3是女性。在女性和男性、妻子和丈夫全面对抗的美国,谈不上妇女重新回家。美国的家庭是不会接受"男工女务"的角色模式的。在苏联也发生了和美国几乎完全相同的倾向。苏联把鼓励妇女就业看作是妇女彻底解放、实现与男子平等所不可缺少的部分。妇女在公共经济中的比例和作用都大大增加了,在文化教育和卫生等部门妇女甚至居于主导地位。因此,在以妇女解放为主导思想的苏联,妇女重新回家、做传统的贤妻良母也是不可想象的。日本家庭在传统上,男女角色地位在很大程度是"互补型"的。女人结婚以后,便回归家庭。现在日本的中老年妇女还接受这种角色模式,“互补性”家庭带有一定的普遍性。但日本的青年一代却开始对专门操持家务感到烦恼和不安。烦恼的理由是“社会视野狭窄”“需要有足够自由支配的零花钱”“家务太累”“对家务和育儿已经腻烦”“讨厌单调的家务”“为晚年担忧”等。

从上述美、苏、日的情况和变化中我们可以得到下面一些启示:

第一,议论当代社会男女角色地位的对立和转化问题时,不能脱离社会现代化的整体特点整体背景来就事论事,从这个角度来说,传统互补型模式向平衡型模式发展有其历史的必然性。但正因为它与现代化相联系,当一国的现代化水平还不高时,妇女在家的情况同样具有客观必然性。明确这一点,可以使我们对家庭男女角色变化持一种辩证态度,一方面我们主张妇女的独立和解放,走向社会;同时,我们认为在现阶段的中国社会中,妇女根据社会生产力的发展水平和实际情况,某一个时期回家去也具有一定的必要性和现实性。

第二,各国情况不尽相同,因此各国家庭中男女角色地位也不尽相同,尽管各国都在搞现代化,但它对家庭的影响和产生的结果是不同的。

第三,男女在家庭中角色地位的改变是个政治、经济和社会问题,也是个家庭生活问题,应把两者结合起来。在这个问题上我们也应破除非此即彼的思维方式,允许多种模式存在。要敢于改革,敢于务实。我国社会改革 9 年以来,新事物层出不穷,一切都在摸索、实验,农业实行“家庭承包”,为什么家庭领域不能有男女的新的角色模式呢?在我们这样一个幅员辽阔,经济、文化等方面发展很不平衡的国家,采用多种模式,承认过渡形态,这实际上破除了中国传统中习惯大一统的思维模式,是社会的一个进步。

中国城市发展模式中的理论问题

载《河北学刊》2006 年第 6 期

中国城市发展模式中的理论问题是构建中国城市模式的规律。它包括城市模式理论的逻辑起点、城市模式构建的核心问题以及城市模式理论的创新三个主要方面。它来源于当代中国快速发展的城市化进程实践,对于认识城市化进程的客观规律,促使城市化健康发展,优化城市发展模式,减少城市社会问题,是十分重要的。

一、中国城市化进程提出了城市发展模式的理论问题

在中国,城镇化(城市化)进程是自然历史过程。从 20 世纪后半叶开始,特别是改革开放以来,中国经历了大规模的城市化进程。根据联合国提供的报告,1950 年全世界城市化水平为 28.4%,发达国家为 51.8%,发展中国家为 16.2%,中国为 11.2%;1980 年,全世界城市化水平为 41.3%,发达国家为 70.7%,发展中国家为 30.5%,中国为 19.4%[①]。改革开放以来中国进入了以经济建设为中心的新时期。经济社会发展必然促进城市发展和城市化进程。20 世纪 90 年代,随着改革开放进程的加速,农民工大量进城城市化速度也得以大大加快。根据中国交通部门提供的信息,近几年,全国春运发送的旅客已经突破 2 亿人次,专家分析认为,其中,外出打工返乡者占 70%。在制造业发达的广东省,十年前外来

① 潘允康:《以人为本的城市化理念》,《天津大学学报(社会科学版)》2005 年第 1 期。

打工者只有 100 万人，而现在这一数字已突破 1200 万人。除了外出打工者，中国的高等教育的发展也使越来越多的农村青年离开了土地，十年前中国高校每年招收大学生 30 万人，而现在已扩大到 300 万人以上。数以万计的农民及其子女进入城市，使得中国人口正在重新分布。据中国农业部统计显示，目前在各大城市工作的农民工总数已达到 1.3 亿人，中国的城市化水平在 40％左右。中国工业产值和国内生产总值的 70％、税收的 80％都来自城市。预计未来 50 年，中国城市化程度将从现在的 40％提高到 76％以上，而到 2050 年，中国的城市人口总量将达到 10 亿至 11 亿，即从现在算起，中国每年将有 1200 万农业人口转为城市人口。①

无论人们对中国城市化进程有怎样不同的看法，这一进程的趋势是不可改变的。它对于中国的现代化，对于从根本上解决中国现在面临的“三农”问题，实现建立全面小康社会的目标既有巨大的现实意义，也有深远的历史意义。正如温家宝总理在《关于制定国民经济和社会发展“十一五”规划建议的说明》中所说的：“‘十一五’期间解决好三农问题仍然是全党工作的重中之重。”②近年来，为解决农民问题，中央出台了一系列政策，包括解决拖欠农民工的工资，保护和提高粮食综合生产能力，推进农业和农村经济结构战略性调整，继续推进农村税费改革，深化粮食流通体制改革，加大对农业和农村投入的力度，加快农业科技进步等。在一定程度上减轻了农民的负担，增加了农民的收入，提高了农民的生活水平，改变了农民的生活状况。但是，这只能解决一部分问题，不能解决大部分问题，或者说还未能解决根本问题。因为，它没有从根本上改变农民的生产和生活方式，因此必须让绝大多数农民彻底摆脱贫困真正富裕起来，实现普遍的小康水平。近来一些有识之士指出，只有通过加速的城市化进程，吸引和吸纳大多数农民进城才能从根本上解决农村问题、农民问题，使中国大多数人进入现代产业格局，享有现代生活方式和水平，中国的现代化

---

① 潘允康：《城市社会学新论》，天津社会科学院出版社 2004 年版，第 29 页。

② 温家宝：《关于制定国民经济和社会发展“十一五”规划建议的说明》，《天津日报》2005 年 10 月 20 日。

和全面实现小康社会的目标才能真正实现。换句话说,实现城市化是解决中国农民问题的根本出路。从以人为本的理念出发,从解决中国农业问题、农村问题和农民问题出发,必须加速中国的城市化进程。

然而,随着大量的农民进城城市的迅速扩展和膨胀会产生许多相应的社会问题。改革开放以来,面对中国城市化进程中出现的社会问题,对于何为当代中国城市发展模式,至少有以下 3 种不同主张:①主张小城镇发展优先者认为,大力发展小城镇,实行"农民离土不离乡,务工不进城,积极发展乡镇企业"是城市化和城市发展模式的最佳选择,可以避免其他一些发达国家和发展中国家走过的"弯路",减少城市化进程带来的社会问题。②中小城市发展理论则认为,中小城市优势居多,是集中和分散相统一的社会结构实体,是沟通大城市和小城镇的桥梁,应放在优先发展的位置上。③大城市发展理论则认为,大城市超先增长是不可改变的客观规律,应当坚持大城市在城市化进程中的笼头地位和核心地位。问题关键在于,中国城市化的进程告诉我们,要促使城市化健康发展,优化城市发展模式,减少城市社会问题,就必须正确认识城市模式理论的逻辑起点,把握城市模式理论的核心问题,创新城市模式理论。

二、城市发展模式理论的逻辑起点

经济聚集和社会聚集是城市产生与发展的逻辑起点,经济、社会、政治三种力量的交织和博弈是该逻辑的延伸。

城市是人的聚集的结果。这种聚集首先是经济因素引发的。马克思和恩格斯在《德意志意识形态》(1845—1846)一书中在谈到城市产生的逻辑起点时说:"某一民族内部的分工,首先引起工商业劳动和农业劳动的分离,从而也引起城乡的分离和城乡利益的对立。"[①]这以后有各种城市经济聚集理论。沃纳·赫希在《城市经济学》中指出,从本质上看,城市经济是空间集中的经济,"没有空间集中,生产只能以极其有限的规模运行,

① 《马克思恩格斯选集》第 1 卷,人民出版社 1972 年版,第 25 页。

通常靠近产品消费地以节省运费。在这种情况下，人口和生产往往相当均匀地遍布空间”[①]。只有空间集中，即人口、企业和各种活动的空间聚集才形成城市，才存在城市经济。城市因空间聚集而产生，又因空间聚集而发展壮大，没有空间聚集就没有城市经济。空间聚集使城市经济具有明显的聚集效应，聚集经济的产生使企业可以获取更高的利润，居民可以得到更多的效用，从而改变了生产与消费决策的技术、成本和市场约束。企业和居民在空间上相互接近，通过合作和竞争来共同分享这种聚集利益。因空间聚集而产生的聚集效应，对经济活动的影响是全面的，它不仅影响技术与经济的约束（聚集经济导致成本的节约、产出的增加），从而也改变着市场的约束（聚集经济促使效用增加，从而影响消费行为）。当然在聚集经济理论产生的同时，也有聚集非经济的看法，即因空间聚集而引起的工资、地价的上涨，交通拥挤、环境污染，这些又构成城市聚集的扩散力量。

与经济聚集理论同步发展起来的还有社会聚集理论和社会聚集效益。城市的主要特征是人口在一定规模上的高度密集。这种人口的高度集中和密集对现代社会生活是有益的。首先，这种社会聚集可以大量节约土地资源。现代都市的建筑格局是向空中高层发展，向地下发展，面对密集人口强迫人们用最优化的设计方法，用有限的空间容纳众多的人口，客观上节约了大量土地。其次，这种社会聚集有利于发展现代交通事业，为人们提供交通上的便利。现代公共交通，包括公交车、出租、地铁、各种铁路运输、航空、航海都需要一定的人口规模作基础，没有一定规模的聚集人口，是不可能发展起这样的交通体系的。城市的人口聚集为发展起这样的交通体系提供了基本条件。再者，这种社会聚集可以产生和发展现代城市生活方式，包括消费方式、居住方式、水和能源供应方式、休闲和娱乐方式、清洁和垃圾处理方式等。比如，到“超市”购物是现代生活时尚。只有在一定人口规模的城市，“超市”才能建起来，才能产生“超市”购

① 沃纳·赫希:《城市经济学》，中国社会科学出版社 1990 年版，第 27 页。

物方式。再比如，对于现代人来说，自来水、煤气、电的供应是不可缺少的，是生活质量的重要组成部分，城市模式显然有利于发展起集中供水、供电、供暖、供热设施，保证人们的基本需求。又比如，观看影剧、表演、体育比赛和竞技，是现代生活方式的重要组成部分。城市为建立起大型影剧院、体育场馆，提供了需求和条件。其次，这种社会聚集便于发展现代教育事业。现代教育事业的发展及现代教育体系的建立也要有一定的人口作基础才能实现。从硬件上看，必须有一定数量的学生，才能有的放矢地建立起各种规模和类型的学校及设备；从软件上看，教师专业人才的培养和使用也要有一定数量的学生为基础。偏远地区的农村一些学校不得不采用复试班教育，最能说明城市在发展教育于事业方面的优越性。当然在看到城市的社会聚集优势的同时，也相应地看到了城市社会问题。城市人口的高度密集，人与人之间频繁地互动和碰撞，自然带来了较多的社会矛盾和纠纷，城市犯罪较多，交通紧张，住宅缺乏，环境污染严重，空气质量较差，人际关系冷漠，等等，致使一些人开始厌烦城市，渴望乡村生活。

在人类城市发展历史上，经济和社会两种因素一直在互相制约，互相作用，与此同时我们还看到在两者之间还有一只无形的手也在起作用，即城市管理之手，我们称之为政治的力量。芒福德曾经指出，政治是城市形成的原动力，城市的形成是由于权力在时间和空间上的相对集中。“从分散的村落经济向高度组织化的城市经济进化过程中，最重要的参变因素是国王，或者说是王权制度。我们现今熟知的与城市发展密切相关的工业化和商业化在几个世纪的时间里都还只是一种附属现象，而且其出现的时间可能还要晚些。”①现代城市管理的角度说，政治力量显然是不能忽视的，特别对于中国这样一个高度组织化的社会，有着强势政府的社会来说，政治的力量、政府的力量在城镇化和城市规划管理中的作用，是绝不可忽视的重要变量。从社会、经济和政治三种力量博弈的角度进行城

① 芒福德：《城市发展史起源、演变和全景》，中国建筑工业出版社2005年版，第38页。

市发展模式研究，作为研究的逻辑起点，不仅具有科学理论意义，而且有现实操作意义。正如著名城市建设和规划专家吴良镛所指出的那样，只有调动市民、开发商和市长三个积极性，才能搞好城市规划、管理和建设。①

三、城市发展模式理论的核心问题

在城市发展模式理论中有两个基本要素：城市人和城市区位，其核心问题是城市人和城市区位的结合与互动。

在人类社会历史上，城市的产生和发展首先是人的聚集的结果。城市是大量的异质性居民聚居、以非农业职业为主、以其区别于农村人的特有的生产方式和生活方式生活，具有综合功能的社会共同体。美国社会学家沃斯于1938年在《作为生活方式的都市状态》一文中，从社会性、多样性、流动性和异质性等方面分析了城市居民的生活方式特征与人格模式，并提出了形成城市性状态的3个重要变量：(1)人口规模。城市是众多人口的聚居点，这一因素在城市的文化和职业特征方面产生很大的差别。众多的人口有不同的民族，从不同的地域迁来，具有较大的文化差异，形成复杂的职业结构和以特殊利益为基础的复杂的社会关系，这就要求在城市生活中建立正式社会控制。(2)人口密度。城市的物质空间随着人口数量的增大而显得拥挤，由此加剧了社会问题的产生，使得城市环境恶化，公害渐多，贫民居于贫民窟、民族村，富者和中产阶级住在郊区别墅或花园住宅。不同居住区域反映了不同声誉、财富和文化卫生状况，因而人们产生了不同心理负荷和"容忍差异"的意识。(3)人口的异质性。历史上，城市作为文化与商业的中心，吸收并维持了大量的高度分化的人口。这些不同背景的居民有着不同的价值观、教育水平、性别、年龄、种族。城市的精细分工，悬殊的收入，高度的社会流动和非人格化，构成了城市错综复杂的异质性。这使社会的传统控制削弱，并滋生出新的社会

① 吴良镛：《城市问题、城市规划和市长的作用》，《中国建设信息杂志》2002年第12期。

问题。沃斯认为,上述三个变量的相互结合形成了城市性状态,产生了城市特有的生活方式和人格模式。沃斯的观点抓住了城市的基本问题之一城市人①。

对于城市来说,除去城市人外还有另一个基本问题,即以城市区位为中心的城市模式和格局。城市是人的聚集结果。但是这种聚集不是人的简单聚合,而是以一种城市格局聚集并因此而产生城市模式。居于一定地理区位和环境的城市,从传统的有边界的封闭模式到现在的开放模式,城市是有形的。西方早期的图形文字中,是一个圆圈包围着一个"+","+"可能代表道路,内中划分为不同的区域、活动场所;"O"可能表示城堡的壕沟和围墙,圈定城市的区域界限,这和中国典籍中的解释相似。中国古代"城"是指都邑四周作防御的墙垣,一般有两重:"内之为城城．外之为郭。"(《管子·度地》)"市"是指商品交换的场所。《易·系辞下》说:"日中为市,致天下之民,聚天下之货,交易而退,各得其所"。可见,中国古代对城市的认识比单纯的轮廓和形状又前进了一步,涉及城市区位格局中的内涵,即城市带有商品交易的区位特征和功能。以后人们对城市区位的认识不断加深,现代城市则是一个多功能的综合的有机体。特别是中心城市,往往具有生产、贸易、金融、运输、科学、教育、文化、军事、政治、信息、服务和吸引农村人口等多种功能。从城市的形态和发展上看,已从古代形态发展到现代形态。古代城市通常有城墙和护城河护卫。现代形态的城市无须靠城墙和护城河来护卫。它在一定程度上虽然还保留着要塞制度和秩序,但对外界基本是开放的,居民的居住主要是靠城市功能的优势。现代城市高度密集,正在向高层化、地下化、立交化、网络化等方向发展,出现了越来越多的有别于传统农村人聚形态的区位特征。人们对城市的区位特征也有了越来越多的认识。

城市是城市人与城市区位结合与互动的产物。综观世界城市发展模式,我们可以知道在城市日益显现出其巨大优势的同时,也日益暴露出它

① 康绍邦、张宁等:《城市社会学》,浙江人民出版社 1988 年版,第 18～22 页。

的矛盾和问题。如何优化城市模式最大限度地发挥城市的优势，减少城市问题，是世界各国和中国城市化进程中共同关注的问题。问题的核心是城市人与城市区位的结合及互动。换句话说，大量的异质人口以怎样的规模和格局聚集才能产生最佳城市模式，是城市发展模式理论的核心问题。

四、城市发展模式理论创新

自城市社会学产生以来，随着对城市发展模式认识的深化，产生了不同的城市发展模式理论，诸如同心圆理论、扇形理论，以及城市定位理论、货运中转理论、中心地理理论、工业布局理论等。在中国城市化进程中虽然需要借鉴和运用这些理论，但更需要理论创新。所谓理论创新，一是要紧密结合中国国情，符合中国城市化进程的实际；二是要有新理论、新思维。从这两点出发，在城市发展模式方面有 3 个问题是十分重要的：

1. 城市中心理论。这个理论涉及城市的规模与结构。城市是聚集的产物，当多种要素向一个地点集中，达到一定程度，该地点就有了城市的雏形。美国建筑师和规划师沙里宁从人的社会性角度详细阐释了城市向中心集中的过程与原因："造成城市集中的主要原因，在于人是一种合群的生物。一般人喜欢聚居在一起，他的行为，大都受群体本能的支配。人类在生存竞争中，只要采取集体行动，就能加强其对内对外的地位，对内的集体行动，使他获得保护、勇气、主动性、欢乐和鼓舞。对外的集体行动，使他赢得尊敬与畏惧。由于群体的本能，人类倾向于集体的感受和思想。宗教由此而产生社会也由此而出现。同样的趋向产生了社区：人们成群地集合，紧挨在一起生活，建立起营地和村庄；而当聚集的人群很大时村庄就扩大为城镇集镇，扩大为城市，而城市则扩大为现代那些非常集中的大城市。"①单中心聚集是城市发展的必经阶段，为此有城市同心圆理论、扇形理论等。但永久的单中心也会限制城市的规模，削弱城市的聚

① 伊利尔·沙里宁：《城市：它的发展、衰败与未来》，中国建筑工业出版社 1986 年版，第 146 页。

集效应,造成较多的城市社会问题,因此,又有了多中心的思维和理论。美国经济学家哈里斯和厄尔曼研究了第二次世界大战后的欧洲和美国城市的扩张情况,在《城市的本性》一书中提出了著名的多中心理论。此后世界各国大城市在实现多中心理论方面都有所思考和创新。比如日本东京的银座是东京的心脏与中心,在其周围又形成了新宿、上野、涩谷、浅草等副中心。中心和副中心之间有明确的功能分配与互补,使得人口超过3000万人的东京井然有序,并无很大压力。法国巴黎受单中心的压力和困扰,也从20世纪60年代开始,形成了具有金融、交通、居住、会展、娱乐、旅游等多种功能的副中心。其中,拉德芳斯副中心已经成为欧洲最卓越的商务办公区。中国的上海也开始了多中心的建设和规划,已经由近及远逐步开辟吴淞、五角场等6个近郊工业区和嘉定、安亭、淞江等7个远郊城镇,这种建设和规划主要出自城市行政规划和经济发展计划,还需要进一步从经济与社会功能的分配和互补的方面思考问题。无论如何,中国的其他许多大城市和特大城市也都面临着从单中心向多中心拓展的问题,其模式应当因地制宜有所差别。

2. 城市网络理论。这个理论涉及城市的内涵与外延。城市网络理论是系统论思想在城市发展模式中的具体应用。就每个城市自身发展的内涵上说,有城市设计和发展的网络结构问题。比如,中国的大城市天津就曾明确提出要建立多核心的市区、滨海、蓟县等3个城市群的布局,形成以海河为轴线、市区为中心,市区和滨海地区为主体,与近郊卫星城镇及远郊县镇组成性质不同、规模不等、布局合理的城镇网络,就是城市网络理论在一个城市具体规划中的设想和应用。就城市之间的关系和城市的外延上说,20多年以来围绕城市发展模式问题一直有不同的理论和主张。如前所述,主张发展小城镇者强调走中国特色的城市化道路,主张大城市优先者认为大城市超前增长是不可否认的规律,主张发展中小城市者认为中小城市居中,应该是城市发展战略的主体。其实,从城市化的客观规律上看,小城镇、中小城市和大城市都是不可缺少的,问题的关键是如何组建由小城镇、中小城市和大城市组成的城市网络,在城市网络中实现不同城市模式的分工和优势互补。目前,在中国已经客观形成了几个大城市群,即以广州、深圳为中心的珠江三角洲城市群,以上海、南京为中心的长江三角洲城市群和以京津为中心的环渤海城市群。有的学者和人民代表、政协委员还向中央建议合并北京、天津和唐山,建立华北超大型城市,建议形成以郑州为中心的中原城市群,以沈阳、大连为中心的辽东半岛城市群和以济南、青岛为中心的山东半岛城市群等。这里所说的城市群还只是人们对城市网络发展的直观称呼与感受。从科学的意义上说,在未来的城市化进程中应当逐步建立以大城市为中心的大、中、小城市(小城镇)结构功能一体化城市网络结构。在每一个网络结构中应有一个或数个大城市或特大城市为中心,或多个中心,每个大城市周围有若干中小城市、小城镇环绕其间。在这样的网络结构中,大、中、小城市包括小城镇从结构上是一体的,功能上是互补的。所谓功能互补主要是指经济和社会功能互补,即从经济发展和社会发展这两个主要方面来实现功能互补,以最大限度地发挥和显现城市化的优势及优越性。目前,我们对所谓城市群的认识还处在感性阶段,可以说尚处于一种被动的意识状态。客观实践的发展要求我们将意识变为思考,变为建立以大城市为中心的大、中、小城市(小城镇)结构功能一体化城市网络结构的主观思考,由必然走向自由。目前,有关单个城市的发展规划已经列入各级政府及相关工作之中,换句话说,人们还只是限于对一个城市模式的研究、设计和规划。而对于由若干大、中、小城市(小城镇)所组成的网络结构的研究还比较少,从具体的发展规划上说几乎还没有。现在,这个问题应该提到议事日程上来了。应从研究角度分析建立以大城市为中心的大、中、小城市(小城镇)结构功能一体化城市网络结构的必要性、可行性和前景,并在此基础上形成具体规划,纳入国家和地区城市发展战略。

3. 城市生态理论。这个理论涉及城市的环境。在制定科学的城市发展战略中,建立生态城市是中国大城市环境建设的主要目标,也是城市发展中必须要解决的根本问题之一。如今,随着城市化进程的加速,城市生态环境问题越来越突出。在一些城市伴生了严重的污染问题,诸如大气污染、水体污染、土壤污染、噪声污染、垃圾污染……生态环境污染的加剧引起城市生态系统的破坏，威胁着城市的生存和发展。城市所产生的生态环境污染的危害随着大气循环等过程带到城市以外更远的地区，甚至影响到范围更为广阔的农村。在中国快速城市化和大城市迅猛发展的今天，加快解决城市生态环境问题，实现城市生态系统良性循环和动态平衡是当务之急。

如今，城市社会学已经成为制定城市发展规划必不可少的学科。城市社会学研究中曾经出现的两大研究范式及其转换，得出结论认为，城市社会学是一门运用多种方法研究城市问题的学科。当今，城市环境问题日益突出，甚至出现了严重的生态危机，使城市陷入困境。然而，生态学的长足发展和生态思维方式的出现，为研究和彻底解决城市问题提供了有力的工具。因此，城市社会学正在吸收生态学的最新观念和方法，以城市发展模式、城市人的生活方式、城市人对环境的关注和参与等为研究的主题，开拓城市社会学研究的新方向。中国在研究和制定城市发展模式与战略时，应顾及各个学科，特别是城市社会学的最新研究成果，充分发挥城市社会学对多学科知识运用的综合性，以形成大城市发展战略的科学决策。

总之，在城市发展模式方面的理论创新是多方面的，从当前中国城市化进程的实际出发，城市中心理论、城市网络理论和城市生态理论是3个极其重要的方面。实现在科学发展观指导下的城市化进程，必须以科学理论为指导，努力克服和减少城市化进程带来的种种社会问题，实现城市化的健康发展。

论中国城市化进程中的大都市圈战略

载《河北学刊》2008 年第 5 期

最近，有学者提出了中国城市化中的大都市圈战略，指出从中国的“十一五”规划开始应明确都市圈的空间战略方向，并着手实施。其实，大都市圈和此前理论界提出的城市群概念是一致的。对城市群的概念，学者们的表述虽然并不一致，但认识上却在趋同，即均认为城市群是由很多城市组成的，彼此的联系越来越紧密，这些城市在结构上是一体的，在功能上是互补的。城市群是工业化、城市化进程中，区域空间形态的高级现象，能够产生巨大的聚集经济效益，是国民经济快速发展、现代化水平不断提高的标志之一。在理论界对城市群也有不同的称呼，如都市圈、都市连绵区、城市带、网络城市、组团型城市等等。其中，都市圈、都市连绵区、城市带比较强调城市地理区位分布的形态，网络城市强调了城市之间的联系，组团型城市则表示城市之间结构和功能的一体性，它们和城市群的概念都比较接近。而大都市圈则进一步明确了这个战略的空间结构性。由于国家“十一五”规划纲要明确提出要把城市群作为推进城市化的主体形态，许多省、市由此纷纷提出各自的发展战略，演绎为一场城市群大战。比如，江西省采纳学者建议，要构建“环鄱阳湖城市群”，即以该省辖区内的中国第一大淡水湖鄱阳湖为核心，环绕湖区的景德镇、九江、南昌、鹰潭、上饶等 5 个地级市组成的城市群。① 还有的学者在全国政协会议上

① 潘允康：《城市化进程中的城市群》，《北京工业大学学报(社会科学版)》2007 年第 4 期。

提出，合并北京、天津、唐山，建立中国超大型城市的建议。其实，无论是在城市化进程中建设和发展大都市圈、城市群建议，或是建立超大型城市的主张，都包含着系统论中的整体论，科学发展观中的统筹理念。

一、大都市圈战略和中国全面建设小康社会目标

当前，中国正在实施全面建设小康社会战略，大都市圈规划与设想是和这个战略相吻合的，其基本的主张是加速中国的城市化进程，实现大多数人口城市化。中国实施全面建设小康社会战略要做许多事情，解决许多问题，其中最大和最为突出的是“三农”问题，即农村、农业和农民问题。“三农”问题已经成为中国实现现代化、全面建设小康社会的战略与瓶颈问题。正如温家宝在《关于制定国民经济和社会发展“十一五”规划建议的说明》中所说的：“‘十一五’期间，解决好三农问题仍然是全党工作的重中之重。”[①]近年来为了解决好“三农”问题，中央出台了一系列相关政策，包括解决拖欠农民工的工资，保护和提高粮食综合生产能力，推进农业和农村经济结构战略性调整，继续推进农村税费改革深化，粮食流通体制改革，加大对农业和农村投入的力度，加快农业科技进步等，在一定程度上减轻了农民负担，增加了农民收入，提高了农民的生活水平，改变了农民的生活状况。但是，这也只能解决一部分问题，还不能解决大部分问题，或者说不能解决根本问题，因为它并不能从根本上改变农民相对落后的生产和生活方式，因此还不能使绝大多数农民彻底摆脱贫困，真正富裕起来，实现普遍的小康水平。近来，一些有识之士指出，只有通过加速城市化进程，吸引和吸纳大多数农民进城，才能从根本上解决农村问题、农民问题，使中国大多数人进入现代产业格局，即有了现代生活方式和水平，中国的现代化和全面实现小康社会的目标才能真正实现。换句话说，实现城市化是解决中国农民问题的根本出路。从以人为本理念和解决中国的农业、农村、农民工问题出发，也必须加速中国的城市化进程。大都市

---

① 温家宝:《关于制定国民经济和社会发展“十一五”规划建议的说明》,《天津日报》2005 年 10 月 20 日。

圈战略的设想是中国加速城市化进程，即“到 2030 年中国将到达人口高峰，亦将基本上完成工业化，按人口 15 亿和 80％的城市化率计算，将比目前新增约 8.5 亿人口。”①换句话说，主张实施积极的、大胆的城市化战略，到 2030 年中国将有 12～13 亿左右的人口在城市，这是符合中国全面建设小康社会战略的整体需求的。

为了实现加速的城市化进程，我们应当采取更有利的政策和措施，其中包括实施大都市圈战略。在城市社会学中有一种城市聚变引力定律。该定律认为：“在城市化过程中，人口的集中……会释放出一种新的能量。在一定条件下，城市人口集中的规模越大，释放出来的新能量就越多。这种能量多到一定程度，并且必须多到一定程度，便会创造出全新的物质和精神的城市文明，即开放型的现代化的大城市文明。这种开放型的现代化的大城市文明，一方面对其周围的乡村或小城镇产生强大的直接引力效应，使该城市进一步扩大；另一方面又对其他中小城市产生巨大的示范作用，使它们纷纷仿效，形成一种间接引力效应，从而这些中小城市中某些竞争力强的城市，便发展成为大城市。这一过程一旦开始，就不可遏制。对于某个大城市来说，如果其周围没有出现新的引力中心，也没有人为的障碍，那么这一过程一直要到周围乡村或小城镇的人口全部被吸纳完毕才能结束。对于整个社会来说，这一过程一直要到中小城市和乡村基本上都享受到人人都想享受的大城市文明时才能结束。”②以上理论从狭义上说是大城市辐射理论，从广义上说是城市辐射理论。任何一个城市都有辐射作用，但大城市最为明显。从大都市圈和城市群角度说，由于它扩大了城市的内涵和外延，因此它使城市对内对外的辐射作用都更加明显，而大都市圈的建立必将加速中国的城市化进程。

---

① 王建：《大都市圈中国空间结构的调整方向》，《中国证券报》2007 年 10 月 10 日。

② 高佩义：《中外城市化比较研究》，南开大学出版社 2004 年版，第 6 页。

二、大都市圈战略与中国空间结构的调整

大都市圈战略从整体上顾及了中国的具体国情。该战略认为，2007年以来，中国在投资大幅度增长的同时，沿海地区的投资增长率却明显低于全国平均水平，这集中反映了当前中国经济快速增长过程中土地日益短缺的矛盾已逐渐突出。假设2030年中国的耕地为18亿亩，其中75%的面积生产粮食，则亩均产出水平必须上升到482公斤才能保住7亿吨粮食。这就要求单产水平从1998年的粮食单产高峰亩均390公斤，再增加92公斤。以保住18亿亩耕地为前提条件，在到2030年的23年中国就只有2700万亩耕地可以占用，即还可以新增1.8万平方千米建设占地。其中，城市建成区约可占用1.1万平方千米，交通建设可占用0.7万平方公里，这样就大体上给出了中国在未来23年城市化发展的基本空间。如果未来23年还要有8.5亿人口要转移到城市，则新增城市人口的人均占地就只有21平方米，只是2005年城市人口人均占地水平的14%。所以，未来23年，中国将面临工业化、城市化占地只能增加55%，而城市人口却要增加2.5倍，如果找不到一条在不多占用耕地的基础上实现新型工业化、城市化的道路，中国的现代化进程必然面临土地瓶颈而停滞的前景。进入21世纪以来，中国的铁路平均运距不断缩短，而公路的平均运距不断延长，与此同时，各区域城市联盟（城市群）不断涌现，说明中国经济增长在目前已具有向各区域经济增长聚集的趋势。伴随着这些现象同时出现的，是最近5年中国城市化进程的加快，以及百万人以上的大城市不断增多。这些现象背后的推动力量是城市化进程中的区域聚集需求。

就国际上的美国和日本而言，美国采用的是全国式分工的结构，而日本采取的是都市圈结构，日本的大城市明显高于美国。在人多耕地少的国情上，中国和日本接近。日本都市圈结构的特点是每个都市圈都集中了3000万左右的人口，都有一套相对完整的产业体系，都市圈内部的人口需求基本上可以吸纳都市圈内制造业的全部产出。因此在20世纪70

年代，日本3大都市圈之间的经济交流很少，1979年只占全部货运量的1.5%。由于绝大部分产品都是在都市圈内运输，因此，1980年日本全部货物的平均运距只有73千米，全部货运周转量只有5000万吨。由于大城市化和都市圈化这两个因素，使日本在工业化与城市的发展中可以大大提高土地集约化程度。日本的发展经验可供我们参考和借鉴，如在全国总体规划和分工中增加一个层次都市圈规划，以大都市圈作为中国空间结构的调整方向。

三、大都市圈战略与中国的经济发展

（一）大都市圈战略有利于规模经济的进一步实现

同农村相比，城市在资金、人才、信息、交通、市场、管理、效率等方面具有更大的优势，这是城市经济聚集作用的结果。城市经济的表象特征具有系统性、互补性、外部性和区位性。城市经济的系统性可以使城市经济要素在形成系统和互相作用与搭配中产生系统优势及效应；城市经济的互补性使城市经济中的各种经济活动“互有补助，互生裨益，或由此而增进销售效率，或由此而降低成本，或使品质更能提高”①；城市经济的外部性可能存在着私人成本低于社会成本或私人收益低于社会收益的现象，即存在着外部经济效果；而城市经济的区位特征能充分发挥城市经济的区位优势。从本质上看，城市经济是空间集中的经济。“没有空间集中，生产只能以极其有限的规模运行，通常靠近产品消费地以节省运费。在这种情况下，人口和生产往往相当均匀，只有空间集中，即人口、企业和各种活动的空间聚集才形成城市，才存在城市经济。城市因空间聚集而产生，又因空间聚集而发展壮大，没有空间聚集，就没有城市经济。空间聚集使城市经济具有明显的聚集效应，聚集经济的产生使企业可以获取更高的利润，居民可以得到更多的效用，从而改变了生产与消费决策的技术、成本和市场约束。”因此，“空间聚集而产生的聚集效应，对经济活动的

---

① 周一菱：《都市经济学》，中国台湾，台北，“国立”编译馆1977年版，第6页。

影响是全面的……在既定的技术条件下，由于城市聚集经济的存在，与非城市环境下的厂商相比，城市内的厂商用同样的投入，可能获得差异巨大的产出，即厂商的生产集中可能在同一技术下因聚集经济原因而向上移动；由于聚集经济，消费者所得的效用增加了，从而影响其消费偏好，于是厂商面临的需求曲线也会因此而产生相应的变化。……所以，在理论上，因空间聚集而产生的聚集经济效应对生产函数、成本函数和需求函数均产生着重要影响，从而对经济资源的优化配置乃至整个经济的发展产生巨大影响”①。显然，现代城市有聚集经济的优势，而大都市圈则可以扩大聚集经济优势。一是城市经济的系统性不仅在单个城市内部表现出来，而且还在城市与城市之间表现出来，形成了城市之间的系统经济；二是城市经济的互补作用不仅在城市内部发挥，而且还在城市与城市之间发挥；三是城市经济的外部性和区位性特征也会得到扩大与延伸。总之，城市群的出现使聚集经济更具有规模，更易于形成规模经济。

西方经济学家曾经概括出规模经济的三个层次，即企业、产业和城市的规模经济都是从供给角度提出的。实现三个层次规模经济的好处主要是由于产出规模的扩大可以摊低固定成本，产生报酬递增现象，但若本地市场需求有限，供给规模扩大必然带来外运量增加和运费支出，当单位产品运费增加等于单位产品固定费用下降的时候，报酬递增就会变成报酬递减，供给规模的扩大就到了边界。西方经济学长期以来以劳动时间为价值形成的单一基础，但由于时空不可分，在价值形成过程中实际也有“劳动空间”消耗，只有当劳动时间与劳动空间消耗同时最低时，价值才能实现最大化。对此，建设和发展大都市圈经济，可以提出和实现规模经济的第四个层次。由于大都市圈经济是在最小的空间范围内实现供给规模与需求规模的对称，产品的空间运输距离最短，运费最低，所以，都市圈层次的规模经济报酬递增的来源是由于需求在地域的集中而产生的运费节省，也是运输业投资与土地投资成本的节省，这是与企业、产业和城市三

① 蔡孝箴：《城市经济学》，南开大学出版社1998年版，第37～38页。

个层次报酬递增来源都是供给方面的规模化所不同的。就目前情况看，中国的流通费用比重要比发达国家高，其原因在于运量过大、运距过长。以处在 1.4 万亿美元 GDP 为例，日本的全部货运量为中国的 38%，货运周转量还不到中国的 9%①。如果实施大都市圈战略，实现都市圈内供给的大致平衡，就能大大缓解这个问题，进而提高经济效益。

（二）大都市圈战略有利于经济发展中的产业结构调整

以往我们在经济发展及城市规划方面有一个突出的问题就是地方和地方保护主义，从而导致城市与城市之间及地区与地区之间“森严壁垒”“各自为政”的现象极为突出。这样不仅不利于产业结构调整与资源整合，也不利于从整体上发挥地区优势。建立和发展城市群，从客观上能加快改变这种状况，使人们能从“统筹”的角度思考问题，在地区与地区之间和城市与城市之间实现统一规划，整合资源，发挥地区优势，调整产业结构。下面以江西设计、规划和建设的“环鄱阳湖城市群”为例来予以说明。

在产业结构上，江西支柱产业大多集中在以下五个方面：一是南昌的制造业；二是九江的石化、纺织、建材与造船业；三是景德镇的陶瓷、航空与家电业；四是鹰潭的铜冶炼业；五是上饶的精密机械加工业等。这些地区在产业结构转移方面，既有失败的教训，也有成功的经验。如位于景德镇的华意和位于南昌的齐洛瓦在 1990 年前后，都是在全国名噪一时的冰箱品牌。但由于这两家企业单独作战的耐力不够，市场份额逐渐被海尔、春兰和美菱等“侵夺”，如今都专门给海尔等生产配套产品。假如当初这两家企业能协同作战，在产业上既密切合作又明确分工，进行你取我舍、共同优化的小小转移，其现状绝不会是现在这个样子。而位于景德镇市辖区内的昌河集团，已将其发动机和轿车的生产基地迁移到与之相邻且具区位优势的九江市，生产基地紧靠昌九高速公路，大大缩短了到南昌和鄂、皖、江、浙、沪等地的距离，生产成本随之降低不少，更为产品增强了一定竞争力。这种都市圈内的产业转移，虽然会使当地的 GDP 表面上或在

① 王建：《大都市圈中国空间结构的调整方向》，《中国证券报》2007 年 10 月 10 日。

短期内受到一定影响，但从长远角度和大局观念来看，却使企业得到可持续发展机遇，因此意义十分重大。

有些学者认为，现代区域产业转移不是仅仅以地理区位为条件的，而是更依赖于城市化基础上形成的区域经济互补，即首先要求接受产业转移的地区在城市化的基础上，逐渐形成一个统一的经济区域，而不是一个只在行政区划上统一，经济上联系不密切的区域。只有这样，产业转移在空间上才有可能是自由选择的，并有可能最大限度规避地域风险；其次，要求接受产业转移区域和转移产业区域在经济上能够形成双向互补关系，这样的产业转移才能实现利润最大化。都市圈整合的关键在于区域内建立层次和布局合理的产业体系，这就要求区域内城市根据比较优势和竞争优势原理，合理确定自己的主导产业，既要齐步前进，又要相互错位发展。中心城市要充分发挥综合服务功能，成为要素和信息的配置枢纽；次中心城市要改造好传统产业，充当大城市和大企业的加工基地。

四、大都市圈战略和中国城市发展模式的选择

对当代中国的城市化进程和城市发展模式，学术界、理论界一直有不同看法。改革开放初期，著名社会学家费孝通倡导和主持了“小城镇”研究。结合中国国情发展小城镇，不走其他一些发达国家和发展中国家走过的“弯路”是开展小城镇研究的初衷。费孝通说：“从世界范围看，大城市工业扩散是一个趋势。大城市人口密集、土地贵、工资高、污染严重等，已使它的工厂不能再继续发展下去。资本主义国家的工业已向郊区和附近的农村扩展，现在甚至扩散到第三世界国家去了。这种工业扩散曾引起严重的污染扩散的后果。但是我们社会主义国家对这种恶果是可以避免的。”①他认为，小城镇有发展乡镇企业功能，而只有发展乡镇企业农村才有出路；小城镇有“储水池”功能，能把农村产业结构调整中的剩余劳动力吸收进来，储存起来，人们可由农业转为工业，但“离土不离乡”；小城镇

① 费孝通：《小城镇大问题》，江苏人民出版社 1984 年版，第 7 页。

是商品集散中心，它的商品流通与农村的经济发展之间有互为前提、相互作用的关系；小城镇是农村的服务中心、文化中心和教育中心。费孝通主张发展小城镇，发展乡镇企业，用农民离土不离乡、务工不进城的方法实现农村城市化。此后，又有优先发展大城市和优先发展中小城市的主张。主张优先发展大城市者认为，大城市具有明显的经济聚集优势。同中小城市比较起来，大城市在资金、人才、信息、交通、市场、管理、效率等方面具有更大的优势，这是大城市经济聚集作用的结果。大城市具有社会聚集优势，主要是指大城市的聚集模式对社会生活的作用。大城市的主要特征是人口在一定规模上的高度密集。这种人口的高度集中和密集对现代社会生活是有益的。大城市在城市化中有领头作用和辐射作用，大城市有比较完整的城市化内涵。大城市规模的比较成本低等。而主张优先发展中小城市者认为，中小城市在中国城镇体系中处于中间环节，起到了联系大城市和小城镇的作用；中小城市点多面广，承上启下，联系广泛，规模适中，具有大城市的优点，城市基础设施和产业基础具有一定规模；在住房与交通等方面不像大城市那么紧张，生产力水平及文化科学基础又比小城镇优越。因此，合理发展中小城市对于缓解大城市人口和承载压力及促进小城镇发展都具有十分重要的作用。

从上述引证和议论中可以看出，各种不同的城市模式有不同的特点和优势在城市化进程中能起到不同的作用。如果从大都市圈角度看，以1～2 个大城市为中心，若干中小城市环绕其间，更多的小城镇星罗棋布所构成的城市群能将大城市、中小城市和小城镇的优势同时发挥出来实现不同城市模式之间的优势互补。比如，小城镇可以借助中小城市和大城市在社会聚集方面的优势，满足自身在城市建设和社会事业发展方面的需要。而大城市也可以中小城市和小城镇为依托，实现农村剩余劳动力的梯次储存和有序转移，避免人口向大城市过度集中，减缓大城市的压力。至于在经济上，不同城市模式之间的互补作用则更为明显。比如，大中型企业可以乡镇企业为自己生产初级产品和原材料，乡镇企业亦可借助大中型企业提升自己的技术水平，不断开拓新的市场。

五、大都市圈战略中的系统理论与统筹方法

从上述可知，大都市圈战略在分析当代中国的城市问题和城市化进程时，首先是从整体上统筹考虑城市与农村、工业与农业、城市居民与农民等各个方面，以大多数农民身份转变为假设和前提，主张加速城市化进程，从根本上解决“三农”问题，符合中国全面建设小康社会的需要。其次，它将中国的城市问题和城市化进程置放在中国的具体环境与国情中分析，从整体上统筹考虑了中国目前人口、可耕种土地和城市建设用地之间的关系，指出了在城市化进程中土地短缺，矛盾日渐突出，实现大都市圈战略是一条在不多占用耕地的基础上实现城市化的道路。再者，大都市圈战略从整体上统筹考虑了中国城市经济发展中的集约化和规模经济问题，通过大都市圈战略进一步发挥和扩大城市聚集经济的优势，有利于城市经济发展中的产业结构转移，实现城市与城市之间的经济功能互补。最后，大都市圈战略解决了长期以来我们在城市化道路和城市发展模式中对不同城市模式选择上的分歧，通过大都市圈把大城市、中小城市和小城镇等不同规模的城市模式从地缘上有机结合起来，把各自的优势发挥出来，并实现优势互补。无论如何，大都市圈战略或者说城市群战略是值得高度关注的科学发展观，它在对中国城市化进程的设计和思考中贯彻了系统理论与统筹方法。

系统思想和系统理论强调事物之间是普遍联系的，任何事物只有在一定的联系之中才能存在和发展。正如恩格斯所言：“当我们深思熟虑地考察自然界或人类历史或我们自己的精神活动的时候，首先呈现在我们眼前的，是一幅由种种联系和相互作用无穷无尽地交织起来的画面。”①但作为一门科学的系统论，美籍奥地利理论生物学家 L. V. 贝塔朗菲(L. Von. Betlanfy 在 1952 年发表的“抗体系统论”，提出了系统论的思想。1973 年，他又提出了一般系统论原理，从而奠定了这门科学的理论

① 《马克思恩格斯选集》第 3 卷，人民出版社 1972 年版，第 60 页。

基础。一般系统论通常把系统定义为由若干要素以一定结构形式联结构成的具有某种功能的有机整体。在这个定义中包括了系统、要素、结构、功能四个概念,表明了要素与要素、要素与系统、系统与环境三方面的关系。系统论的核心思想是系统的整体观念。贝塔朗菲强调,任何系统都是一个有机整体,它不是各个部分的机械组合或简单相加,系统的整体功能是各要素在孤立状态下所没有的新质。系统论的基本思想方法就是把所研究和处理的对象当作一个系统,分析系统的结构和功能,并用优化系统观点看问题。主张在中国城市化进程中采用大都市圈战略就充分体现了系统理论和系统思想,特别是系统理论中的整体思想。从系统论角度看,大都市圈既是系统,也是要素。首先,它是系统,是由有密切地缘关系和其他各种关系(包括经济、行政、文化、环境等各种关系)的不同规模和模式的城市要素组成的系统,通过组成大都市圈的城市要素之间的功能整合与互补,更充分地发挥了城市和城市化的优势,取得了整体大于部分之和的效果。其次,它又是要素,是中国社会和中国实现现代化、全面建设小康社会战略系统的组成要素,它既能充分发挥城市和城市化对中国实现现代化、全面建设小康社会战略的正面作用,又能较好处理城市和城市化进程与中国具体国情之间的关系,体现了要素与系统、要素与环境之间的平衡。因此,它值得学术理论界关注和政府决策部门参考。

《中共中央关于构建社会主义和谐社会若干重大问题的决定》在谈到坚持科学发展观构建和谐社会时特别提到“统筹”,即“统筹城乡发展,统筹区域发展统筹经济社会发展,统筹人与自然和谐发展,统筹国内发展与对外开放。”[①]“统筹”方法是来源于系统论的方法论。大都市圈战略跳出了对单个城市发展模式议论的思维方式,把城市与城市、城市与区域、城市与国家整体联系起来统筹考虑,是城市发展和城市化进程中的科学理念。最近中国新闻网披露粤、港、澳拟成立特别合作区共建中国最强超级都市圈。据中国香港《文汇报》报道,改革开放三十周年之际,粤、港、澳三

---

① 《中共中央关于构建社会主义和谐社会若干重大问题的决定》,人民出版社 2006 年版,第 10 页。

地的合作可望有突破性的重大举措，三地有可能成立特别合作区，从而在经贸、社会、文化等多领域探索如何更好地融合，组建中国最强大的超级都市圈。有关人士称，粤、港、澳特别合作区的主要功能将与自由贸易区相同，但最大的不同是自贸区一般都是独立关税主体之间的合作，但广东并非独立关税主体在这方面会与真正的自贸区有所区别。然而，在特别合作区的框架下，粤、港、澳三地将在“一国两制”的前提下，最大限度消除制度上及行政区划上的藩篱，力促三地人流、物流、资金流的自由往来。粤、港、澳特别合作区的目标正是中共广东省委书记汪洋日前所提出的：“确立世界眼光，打造比肩纽约、东京大都会圈的世界级大经济区。”有分析人士认为，特别合作区的提出，意味着在改革开放中先行一步的广东又将联手香港、澳门率先迈开进一步扩大开放的步伐。为实现粤、港、澳特别合作区的有效运作，中央有望给予该合作区下放部分经济管理权限、社会管理权限以及金融创新方面的试验权。广东省为此正进行有史以来力度最大、涵盖范围最广的一次调研，有 23 个省直部门及研究机构参与，并设立了 9 个主要的调研课题，港、澳方面也对此次调研予以全力合作。无论如何，大都市圈战略已经从理论研究和论证进入实际设计或操作阶段，其历史作用将在中国的现代化和城市化进程中日益凸显。

和谐社会视野中的社会保障制度

载《江海学刊》2007年第2期

改革开放以来，我们在以经济建设为中心，发展生产力，提高人民生活水平的同时，根据中国的实际国情，努力建设有中国特色的社会保障制度。今天，有关社会保障制度的建设和实施更受到特别的重视和关注，因为它与构建和谐社会是息息相关的。建立和实施社会保障制度是建设和谐社会的直接组成部分，是协调社会关系、解决社会问题的必要因素，是完善社会功能、整合社会结构的重要力量，也是形成良好社会氛围的催化剂。

社会保障制度是建设和谐社会的直接组成部分

所谓社会保障制度是"国家和社会依法对社会成员的基本生活予以保障的社会安全制度。劳动者在丧失或中断劳动能力，以及遭受各种风险不能维持最低生活水平的生活等情况下，有从国家和社会获得物质帮助的权利。为社会成员提供生活保障是国家和社会应尽的责任"①。在人类社会历史上，对社会保障有广义和狭义两种解释。广义的社会保障制度包括社会中存在的所有制度化的保障形式，是各种保障形式的总和，其中最主要的有家庭保障、财产保障和由政府、企业及其他组织和群体所提供的各种保障。狭义的社会保障则专指"政府、企业和其他社会组织、

① 雷洁琼主编:《中国大百科全书》(社会学卷)，中国大百科全书出版社1991年版，第275页。

社会群体为没有劳动能力和劳动机会的人提供的各种生活保障的总和"①。当今社会人们对社会保障的理解大多是狭义层面的,它包括社会保险、社会救助、社会福利和慈善事业。从社会保障的性质和内容上看,它面对大众,特别是社会弱势群体,以保障群众基本生活为宗旨,以政府和社会帮助、救援为主要特征,对于实现社会的稳定是不可缺少的,是建设和谐社会的直接组成部分。

近现代社会以来世界主要发达国家都追求社会保障理念,把建立和完善社会保障制度作为社会建设的组成部分,通过制度化的社会保障来维护社会的稳定与和谐。据有关资料考证,社会保障源于欧洲中世纪的世俗和宗教的慈善事业,那时,私人和宗教的慈善机构对社会贫困者施行恩赐性质的救济。15、16 世纪之交,政府逐渐接管慈善事业,成为社会保障事业的主体。而制度化的社会保障,特别是法制化的社会保障则是 19 世纪末、20 世纪初出现的。1891 年英国实行失业保险制度,1932 年法国实行生育保险制度,奥地利、瑞典、丹麦、挪威等国也先后分别实施部分单项保险。社会保障一词最早出现在美国国会 1935 年颁布的《社会保障法》中,它标志着社会保障制度正式形成。20 世纪中叶,西方许多国家以建设福利国家为目标,并相继建成了福利国家。它标志着现代社会保障制度已经趋于成熟。

以全心全意为人民服务和代表中国最广大人民群众根本利益为宗旨的中国共产党在中华人民共和国建立初期起就关注社会保障问题,谋求建立适应中国社会发展需要的社会保障制度。1951 年中央政府颁布了《中华人民共和国劳动保险条例》,它标志着中国社会保障制度的正式建立。改革开放前 30 年我们已经建立了和当时的计划经济相匹配的社会保障制度体系。改革开放以来,中国的社会转型实现了从计划经济向市场经济的转变,原有的社会保障制度体系已经与形势的发展变化不相适应。随着建设和谐社会理念的确立和对建设和谐社会客观规律的认识,

① 杨心恒主编:《社会学概论》,知识出版社 1997 年版,第 387 页。

人们越来越深刻地认识到完善的社会保障制度对于建立和谐社会的重要意义。2004 年中国共产党十六届四中全会第一次提出了构建社会主义和谐社会的理念。在会上通过的《中共中央关于加强党的执政能力建设的决定》中提出:坚持最广泛最充分地调动一切积极因素,不断提高构建社会主义和谐社会的能力。其中在加强社会建设和管理,推进社会管理体制创新中明确指出:要"健全社会保险、社会救助、社会福利和慈善事业相衔接的社会保障体系"①。2005 年温家宝总理在《关于制定国民经济和社会发展"十一五"规划建议的说明》中指出,加快完善社会保障体系,这是维护社会公正、协调社会利益、构建和谐社会的重要方面。2006 年在中共中央十六届六中全会通过的《中共中央关于构建社会主义和谐社会若干重大问题的决定》中从制度层面,即"加强制度建设,保障社会公平正义"的角度再次提出构建和谐社会要"完善社会保障制度,保障群众基本生活",并就社会保障制度的内涵和外延做了明确的说明,即"适应人口老龄化、城镇化、就业方式多样化,逐步建立社会保险、社会救助、社会福利、慈善事业相衔接的覆盖城乡居民的社会保障体系。无论如何,建立和实施社会保障制度是至关重要的,它是中国和世界各个国家共同追求的目标,是建设和谐社会的直接组成部分。

社会保障制度可协调和谐社会建设中的社会关系

社会的本质是社会关系,建设和谐社会,最重要的是使社会关系和谐。对于社会,无论人们怎样理解,它是群体,不是个体,是确定无疑的。单个人不成其为社会,只有人的聚合,聚集,为群,发生人与人之间的关系,才能成为社会,才是社会。按照马克思主义的观点,社会是人们相互交往的产物是各种社会关系的总和。马克思说:"社会——不管其形式如何——究竟是什么呢? 是人们交互作用的产物。"②2005 年 5 月 20 日《人民日报》发表评论员文章指出要"准确把握和谐社会的科学内涵"。该文

① 《中共中央关于加强党的执政能力建设的决定》,人民出版社 2004 年版,第 23～25 页。

② 《马克思恩格斯选集》第 2 卷,人民出版社 1972 年版,第 82 页。

认为，我们党所要构建的是社会主义和谐社会，其基本特征是：民主法制、公平正义、诚信友爱、充满活力、安定有序、人与自然和谐相处。这 6 个基本特征中除去第 6 个特征是指人与自然的关系外，其余的 5 个都是指人与人之间的关系，是社会关系与和谐社会中人际关系的准则和理想状态。

今天，我们要构建和谐社会，是因为我们的社会中有不和谐的社会因素，从根本上说是社会关系失调，不和谐。改革开放以来中国社会转型，在快速的社会变迁中，中国的社会阶层出现了新的分化，产生了不同的利益集团。这种阶层的分化和不同的利益集团的矛盾冲突，是当前中国社会关系失调的表现，也是社会不和谐的表现，其中最为突出的是贫富差距问题。位于芬兰的联合国大学世界发展经济研究所最新的研究报告显示，中国富有的人口正在迅速增加，贫富差距比欧美等发达国家更悬殊。该报告引述官方的资料说，中国反映社会公平的基尼系数已达 0.47，超过 0.4 的国际黄色警戒线。若再不采取有效措施，差距将拉得更大。到了 2010 年，基尼系数可能超过 0.6，进入“红灯区”。为了缩小贫富差别，协调社会关系，化解社会矛盾，必须采取有效措施，完善收入分配制度，规范收入分配秩序，建立可靠的社会保障制度。其中社会保障制度是至关重要的。首先，建立和完善社会保障制度，可以保障群众的基本生活。由社会保险、社会救助、社会福利和慈善事业共同构成的社会保障体系使全体社会成员的基本生活有了保证，既可以增加社会生活的安全感，增强大众对社会改革和变迁的信念和信心，也可以增加对贫富差距的容忍程度，能在一定意义上化解社会矛盾，稳定社会。其次，社会保障是一项庞大的社会再分配过程，比如，它通过社会救助援助弱势群体，帮助那些既无法通过自己的劳动谋生，又不能从社会保险体系中获得足够帮助的人生存。再比如，它通过社会福利来满足广大社会成员的共同需要，可以在一定程度上缩小由于按劳分配、按财产分配带来的贫富差距，缓解社会矛盾和纠纷，促进社会关系和谐。

社会保障制度有利于解决和谐社会建设中的社会问题

改革开放以来，中国社会转型，由“以阶级斗争为纲”转变为“以经济建设为中心”；由一个封闭的社会变成一个开放的社会；由“计划经济”转变为“市场经济”；由单一的“公有制经济”转变为“多种所有制经济并存”；由“相对静止的社会”变成“加速流动的社会”……贫富差别出现了，新的社会分层产生了；社区地位提升，出现了新的社区格局；家庭小型化；人口老龄化；人们的生活方式改变了……总之，中国的经济、政治、社会、文化、心理、价值观念都发生了翻天覆地的变化。在快速的社会变迁中，出现了许多新的社会问题。比如贫富差别中的贫困问题、社会中弱势群体的生活和生存问题、就业、失业、下岗问题、流动人口和农民工进城产生的相关问题、人口老龄化带来的老年人问题、人们对健康的注重和因工伤疾病产生的就医问题等等。如果这些问题得不到解决，不仅使一部分人的生活和生存得不到保证，也会产生社会矛盾和纠纷，影响社会和谐。建立相应的社会保障制度，解决相关的社会问题，对于化解社会矛盾和纠纷，建设和谐社会是十分重要的。以人口老龄化问题为例，据2007年中国发布的人口发展战略报告，人口老龄化正在加速。该报告预测，21世纪40年代后期中国平均每3到4个人中就有1个老年人。老年人是弱势群体，需要得到帮助。必须建立完善的老年社会保障制度，以保证老年人正常的生活、娱乐和健康。下岗、失业也是今天常见的社会问题。民生之要，就业第一。失业会威胁普通劳动者，尤其是下层劳动者的正常劳动和生活，为了使失业者及其家庭不至于丧失基本的生活条件，设立失业社会保障制度，帮助失业者在失业期间维持基本生活，并帮助他们增强重新就业的能力。工伤疾病对社会成员的正常劳动和生活威胁很大。许多人因为伤病而丧失谋生能力，甚至可能因此而倾家荡产。设立针对工伤疾病的社会保障制度，由社会为伤病者提供医疗服务和为他们及家庭提供必要的生活费用，即我们平时所说的“工伤保险”“减免费医疗”“病假”以及其他各项保障和优惠措施解决工伤疾病者面对的问题。而针对社会贫困者的社会保障则可通过制定社会生活水平的最低标准(贫困线)并向生活在最低标准下的贫困者提供生活救济,组织社会捐助,帮助他们维持基本生活,同时帮助他们增强生产和就业能力,通过劳动和生产从根本上摆脱贫困。社会保障制度的对象既是全体民众,使全体民众受益,又有重点使特定对象主要受益。社会保障的主要对象是老年人、伤病者、残疾人、失业者、灾民、职业伤残者、孕产妇、穷人、死亡者家属、妇女和儿童、矜寡孤独者,以及军人及其家属等,社会保障的主要内容有"老年社会保障""工伤疾病社会保障""失业者社会保障""残疾人社会保障""自然灾害社会保障""针对贫困者的社会保障""对生育和丧葬的社会保障"等。从社会保障对象和主要的内容中我们能体会到,一个完善的社会保障制度对于解决社会问题,实现社会稳定和谐是很重要的。

社会保障制度可完善社会功能,整合和谐社会

自古以来任何一个社会中的社会保障都具有社会整合功能。我们今天要建立和完善社会保障制度又有特殊意义,它可以完善社会功能,整合和谐社会。

首先,它建立了从传统社会向现代社会转变中的保障机制,完善了社会功能。自古以来,社会除了要向劳动者提供相应的报酬外,还必须以各种方式为那些无法劳动的人提供基本的生活保障。有劳动能力的人通过耕作土地、做工或为他人提供各种各样的服务获得劳动报酬。没有劳动能力的人则可以通过家庭而获得保障。在所有社会中,抚养小孩的责任都是由家庭来承担的。家庭还承担着赡养老人、照顾病残和供养其他无法劳动者的责任。人们通常所说的"养儿防老""养儿防病"就是指家庭的这种保障作用。家庭是传统社会保障的主体,家庭保障是传统社会保障的主要形式。当然在传统社会人们还可以靠他们所拥有的财产来获得生活的保障。比如,农民拥有一块土地就拥有一份保障。进入工业社会以来,传统的社会保障主体——家庭已经渐渐失去了生产功能。家庭的小型化、核心化使家庭的功能弱化,失去了传统的社会保障主体地位。在这

样的情况下，现代社会需要寻求和建立新的社会保障机制和体制，即由政府、企业和其他社会组织、社会群体承担起为没有劳动能力和劳动机会的人提供保障的责任，进而建立大众福利社会。目前一些发达国家已经基本实现了这个目标。现代社会保障制度的建立，补充和完善了社会变迁中由于家庭弱化所产生的社会功能缺失。

其次，它密切了政府与社会成员的关系，从结构上对社会进行整合。在现代社会，社会保障的主体是政府、企业和其他社会组织、社会群体，其中政府是主要角色。现代社会保障事业是大规模的社会事业，它需要动员广大的社会成员参加，有相当复杂的资金筹集、资源调动、受益者确定、给付标准测算以及资金管理等环节。更重要的是，社会保障是一项庞大的社会再分配工程，它需要有一个非营利性的并且具有高度权力的社会组织来承担。只有政府最具有承担此项社会事业的能力。政府在社会保障制度中能起到制定社会保障基本原则和长、中、短期发展规划的作用；通过各种经济政策、社会政策来推动社会保障事业的发展；规定和监督各个社会组织及各类社会成员在社会保障制度中的各种权利和义务；协调各社会组织的社会保障行为；承担各种基本的社会保障项目的组织和管理工作等作用。政府在社会保障中的主角地位，使它能通过制定社会保障政策，实施社会保障措施，与民众沟通，取信于民。政府通过社会保障制度，施惠于民，建立起和民众的良好关系，就能形成和谐社会的基本框架与结构。从现实出发，建立完善的社会保障制度，对于中国社会的整合又有特殊意义。在改革开放的过程中，随着由计划经济向市场经济的转变，政府的职能也发生了变化。在由计划经济向市场经济的转变过程中，过去由政府统筹一切，包揽一切，转变为今天将部分职能交给社会承担，由市场解决。比如，在计划经济时代，就业是由政府统筹安排的，现在由社会解决，即就业者和用人单位协商决定。再比如住房过去是由政府统一分配现在是由市场解决，群众自己买房。这些变化本来顺应了改革的需要，但也带来了政府与民众关系、党群关系、干群关系的变化和问题。有些过去依靠政府可以解决的问题，现在得靠自己了。一些人因此有怨气，对政府不满。在这样的社会背景下，政府施惠于民众，特别是通过社会保障制度的完善和实施，使困难者、弱势群体得到帮助，使大众受益，对于赢得民心，密切政府与民众关系、党群关系、干群关系是非常重要的。在今天的中国，政府与民众、党员干部与群众是社会关系的两极，是社会结构的主体。政府与民众、党员干部与群众的关系亲密了，我们社会的主体框架就能牢牢确立，其他社会矛盾也可迎刃而解。社会保障制度密切了政府与民众关系、党群关系、干群关系，也就从结构上整合了社会。

社会保障制度可催化和谐社会建设的精神氛围

建设和谐社会需要有和谐社会的精神和人际关系氛围。和谐之义是指配合与合作的适当、协调。从深层次上说，这种配合与协调有“和衷共济”之义，衷是“内心”，济是“渡水”。“和衷共济”是指大家一条心，共同渡过江河，比喻同心协力，克服困难。如《礼记·乐记》：“其声和以柔。”《书·皋陶谟》：“同寅协恭和衷哉。”《国语·鲁语下》：“夫苦匏不材于人，共济而已。”韦昭著：“共济而已，佩匏可以渡水也。”①要实现建设和谐社会的目标，就必须把全体民众的积极性调动起来，凝聚起来，朝向一个共同的目标前进。从这个意义出发，建立和完善社会保障制度对形成和谐社会的精神氛围是十分重要的。

第一，社会保障制度的性质和任务能使全体民众产生一种对社会的认同感。现代社会保障制度是一项庞大的社会再分配工程。该制度中的“社会福利制度”的目的是为了解决广大社会成员所共同面临的困难，满足大家的共同需要，在一定的社会经济发展水平下广泛提高社会成员的生活质量。几乎所有的社会成员都可以成为社会福利的受益者。其分配的原则以广大社会成员的共同需要为基础，带有很大程度的平均分配的性质，符合大众心理。在传统的中国文化中，人们在谈论“公平”和追求“公平”时很少用“公平”概念，却比较多地使用了“平均”，特别是“均”字。

---

① 《辞海》(缩印本)，上海辞书出版社 1980 年版，第 1739～1741 页。

孔子有过“不患寡而患不均”的哲理推断，财物少不要紧，担心的是分配的不均。在中国漫长的封建社会中，人们不懈地追求“平均”。历代统治者和精英们都看到了这一点，每当他们要建立一种新秩序、新体制时，都要为人们勾画出一幅平均、平等的美好图画。连揭竿而起的农民起义者，提出的口号也是“均贫富，等贵贱”。中国近代民族资产阶级革命的奋斗口号也是“平均地权”。今天，实行改革开放，既要效率优先，也要兼顾公平。社会保障制度所弘扬的“公平”理念，实施的“公平”原则，易为大多数人认同，能产生“和衷共济”的社会氛围。

第二，社会保障制度的性质和任务能使个人与社会、个人利益与大众利益紧密结合起来。社会保障制度中的社会保险制度有两个最主要的特征，首先它是一种以贡献为基础的社会保障，其受益者必须首先以某种形式为社会做出贡献，然后才有资格获取相应的保险待遇，体现了个人对社会的权利和义务的统一。其次，社会保险有明显的社会性，是一项社会事业，其目的是了保证劳动者在丧失劳动能力后能继续获得必要的生活保障，从社会领回此前创造的报酬，这样社会保险就把人与社会紧密联系起来。特别要指出的是，社会保险的分配原则有按劳分配的性质，但不同于工资式的按劳分配，而是带有社会互济以抵御风险的性质，只有那些丧失正常谋生手段的人才能获得，并且在给付时更多地考虑到受益者生活的实际需要。这些都能体现互利共赢的精神。

第三，社会保障制度的性质和任务能产生一种良好的精神和人际关系氛围。社会保障制度中的社会救助制度主要帮助那些无法通过自己的劳动谋生，而又不能从社会保险体系中获得足够帮助的人即帮助社会弱者。社会救助的获得不以投保或其他贡献作基础，而社会保障制度中的“慈善事业”则主要是无偿的社会赞助和捐赠。慈善是指个人、群体或社会组织自愿向社会或受益人无偿捐助钱物或提供志愿服务的行为，是帮助人们摆脱各种困难和风险及发展社会公益事业的重要途径。它关注的对象是弱势群体及脆弱社会成员，它的行为主体是群体、组织与个人（通过各类慈善组织）。它的性质属于志愿性公益事业。慈善事业满足行为主体以奉献爱心来实现自我价值的愿望，培养人的行善意识，提高人的道德水平；同时，慈善事业也能有效调剂贫富差距、缓解社会矛盾。实施社会救助，发展慈善事业，无疑会使社会同情和帮助弱者，宣扬互相帮助、尊老爱幼、扶贫济困、无私奉献精神，形成关心他人、礼让宽容、团结友爱、和睦相处的人际关系。

无论如何，社会保障制度的建立与实施有利于建设和谐文化，巩固社会和谐的思想道德基础；有利于建设社会主义核心价值体系形成全民族奋发向上的精神力量和团结和睦的精神纽带；有利于树立社会主义荣辱观培育文明道德的风尚；有利于营造积极健康的思想舆论氛围。

社会和谐是中国特色社会主义的本质属性，是我们党不懈奋斗的目标。我们要针对中国的具体国情，迅速建立和完善中国的社会保障，从制度上推进和谐社会建设的进程，实现构建和谐社会的宏伟构想。

新兴个体和私营者阶层的发展与心理透析

载《江苏社会科学》2000 年第 5 期

改革开放使中国的社会结构发生了很大的变化，产生了新兴的个体和私营者阶层。这个阶层的形成和崛起是中国社会结构变化中的一个“变数”。随着改革的深化，个体、私营经济的蓬勃发展，他们正在迅速发展壮大并成熟起来。然而，这个阶层毕竟是在中国的特殊历史环境条件下出现的，因此也面临着一些问题。研究这些问题对中国经济的发展和社会结构的调整是十分重要的。

一、个体和私营者阶层的形成和崛起

所谓社会分层是按照一定的标准将人们区分为高低不同的等级序列。“分层”原为地质学家分析地质结构时使用的名词，是指地质构造的不同层面。社会学上则用它来区分人与人之间，集团与集团之间的不同特征和高低有序的若干等级层次。

社会学的社会分层理论有不同的观点和流派，像马克思的以经济因素为中心，即对生产资料关系的阶级阶层划分方法；韦伯的社会分层的三重标准，即财富—经济标准，威望—社会标准，权力—政治标准；沃纳等人依据多种标准提出的 6 个层次划分方法，以及帕森斯等人主张的以职业为中心的划分阶层的办法。这说明所谓社会分层是一种对社会实行群分和层分的主观认知。各种阶层是客观实在的，依据不同的标准和理论可以有不同的划分方法。

在中国的改革开放中，个体和私营者阶层形成与崛起是以下列客观情况和变化为依据的。首先，他们有了与众不同的对生产资料的关系。中华人民共和国成立后，我们曾经进行了大规模的社会主义改造，对农业和手工业实行合作化，对资本主义工商业实行公私合营，从而在很短的时间里消灭了私有制，实现了高度的公有制，人和人对于生产资料的关系是相同的。改革开放以来，从发展生产力的角度出发，我们首先在农村实行了联产承包责任制，农民承包了土地，即便没有土地所有权，不能随意出卖和转租，但有经营权，即便今天我们还不能把所有承包了土地的农民称为个体户，但这是今天个体户和个体劳动者的社会基础。由农业的土地承包制到手工业、工业、商业等个体户的大量出现，以及新兴的私营企业的大量形成，在社会上产生了新的拥有自己生产资料的阶层，即拥有机器厂房、设备，可用于生产和再生产的资金（资本），征用的土地等。其次，正是因为他们拥有私人的生产资料，因此他们有了和其他人的不同的生产关系和生产方式，比如他们对于生产什么，怎样生产，所得收入怎样分配等都有决定权，他们在生产中和其他人之间的关系也发生了变化，已经不同于国营和集体企业中人与人之间的关系。一些个体户和私营企业都不同程度地雇用了他人，从而出现了雇佣和被雇佣的关系。第三，由于上述两个方面的变化，他们的生活水平和生活方式也与他人有所区别，有特殊的心理、社会评价和社会舆论，有不同于他人的社会位置。第四，如果说在改革开放初期，个体和私营者从整个上看还微不足道的话，今天他们已经有了可观的人数和规模。据国家工商行政管理局统计，截止到 1999 年 6 月底，全国登记的私营企业主（即私营企业投资者）为 281 万人，他们拥有注册资本总额 8177 亿元，雇用员工 1503 万人，经营着 128 万多家各类企业。从 1989 年到 1998 年，全国登记的私营企业户数、从业人数和注册资本（金）总额分别增长了 11 倍、9.4 倍和 84.7 倍（未扣除物价因素）。在同一时期的各类经济成分中，私营经济增长速度最快。作为私营企业后备队的个体工商业，规模也很可观，截止到 1998 年底，全国登记的个体工商业户达 3120.2 万户，从业人员为 6114.4 万人，注册资金总额为

3120.3亿元，分别比上年底增长9.45%、12.36%和21.22%。个体工商户不仅发展速度快，而且经营规模也在继续扩大，平均每户的注册资金1998年已达1万元，相当于1991年3445.4元的1.9倍。就一般的规律而言，个体工商业规模扩大后，很容易被批准征用土地建造厂房，雇佣员工，登记注册为私营企业[①]。总之由于生产方式的变化，在今天的中国产生了个体和私营企业者阶层。

然而，今天的个体和私营企业者阶层毕竟是在中国特殊的社会历史条件下产生的。历史和现实的矛盾和统一，使该阶层面临着特殊的问题。它既表现出发展的态势，又好像"前途未卜"，矛盾重重，从对该阶层的心理分析中，我们可以看到这种反差。

二、自我映象中的反差

所谓"自我映象"是指个体或群体以自己为对象，对自己所有特点的了解和认识。社会学家C. H. 库利称"自我映象"为"镜中的我"，就像自己站在镜前看到自己一样。这面镜子是社会上其他人对个体的认识和评价。个体的自我映象是一个间接性的产物，综合了个体已有的认识、经验，具有概括性的特点。例如，个体把自己的容貌、姿态、服装等作为自己拥有的东西在"镜"前仔细观察并总是以一定的社会标准来衡量美与丑，如果认为符合社会标准自己就会感到欣慰，否则就会表现出沮丧。同样个体在想象他人心目中关于自己的姿态、行为方式、性格特征时，也会表现出高兴或悲伤的心理活动或情绪体验。总之，自我映象是关于被他人看到的自己姿态的自我觉察，是关于他人对自己所做评价与判断的自我想象，是关于对自己怀有的某种感情——自尊感或自卑感。

我们分析了天津市对271名个体和私营企业者的调查资料，发现他们有该阶层的独特心理，既对自己充满信心和肯定，也对现实和未来存有疑虑，自我映象中的反差较为明显。

---

① 《2000年：中国社会形势分析与预测——社会蓝皮书》，社会科学文献出版社2000年版，第225～233页。

1. 自我映象中的信心

所谓自我映象中的信心是指个体和私营企业者对社会贡献的自我肯定,对于自身社会地位、认知和对改革开放中自身变化的欣慰。

在改革开放中,中国的个体和私营者阶层顺应社会和经济发展的需要而产生,并对社会经济的发展做出了很大的贡献。改革的实践表明,在发展个体和私营企业方面思想率先解放的地区都是发展快,先富裕起来的地区。社会对于这点有认知与肯定,个体和私营者自身也是如此。在社会调查中,对于"个体或私营企业主对中国经济发展有很大的贡献"的说法,被调查的个体和私营企业者有 71.6%的人表示"非常同意"和"同意",是绝大多数,有 19.4%的人没有表示意见,只有 9%的人"有些不同意"。他们的这一认识和社会其他人的舆论基本相同,后者表示"非常同意"和"同意"的为 70.1%。

个体和私营者阶层不仅对社会做出了贡献,而且也得到了社会的回报,他们是首先发展和得利者之一。据天津社会科学院 1998 年进行的"家庭和社会变迁有关问题调查"资料统计,该年个体和私营企业者的月平均收入是 1192.83 元,是社会其他职业月平均收入 541.45 元的一倍(应当指出以上两个数字是根据被调查者自报的数字进行的统计,是保守的比实际收入少的数字)。他们的家庭在耐用消费品和证券拥有量上也高于社会的平均水平,参见下列统计数字:

家庭耐用消费品和证券拥有量(%)

耐用消费品	社会平均水平	个体、私营者阶层
彩电	98.0	99.3
冰箱	92.0	95.4
洗衣机	91.6	95.6
录像机	39.2	68.3
空调	22.8	57.2
微机	3.8	15.5

续表

耐用消费品	社会平均水平	个体、私营者阶层
小汽车	2.3	17.3
股票	6.8	25.5
家用电话	63.7	80.1
大哥大	5.3	41.7
摩托车	9.1	29.9
照相机	49.8	72.7
别墅	0.3	1.1

说明：所谓社会平均水平是指用随机抽样的方法抽出的包含各种职业、年龄、性别的社会调查样本的水平，本文中所提到的社会一般舆论，也是指这一样本对问题的认识与回答

从上述统计数字中我们可以看出，除去彩电、冰箱和洗衣机三项外，其余高档耐用消费品和证券的拥有率都远远高于社会的平均水平。他们对此是充分认可的。在社会调查中当问到“您的生活水平在过去5年中发生了如何变化?”时，认为“变好了”的占30.6%，认为“有些变好”的占43.5%，两者合为74.1%。

近20年来，随着个体与私营经济者在经济和社会地位的变化，他们作为一个阶层的社会意识日益浓厚，而且是在和其他社会阶层比较中认知的。社会中层和中产阶层是现代发达国家的社会主体结构，中国的个体与私营者的多数也自认为今天他们已经是社会的中层。在社会调查中，当问及“如果今天的社会人们可以分为5个阶层，您认为自己属于哪一层”时，他们没有人认为自己是“上层”，但有7%的人认为自己是“中上层”，有54.2%(一半以上)认为自己是“中层”，有28.9%的人认为自己是“中下层”，也有10%的人认为自己是“下层”。无论如何他们作为社会“中层”的主体意识已经形成，在这一点的认识上也高于社会的平均水平(社会平均认知的水平是：“上层”占0.2%，“中上层”占52%，“中层”占27.3%，“中下层”占33.8%，“下层”占32.4%)。当然，个体和私营者阶

层在经济上和其他方面已经达到社会上层水平者不乏其人，但他们并没有认为自己是社会的上层，一是因为在人们的心目中社会分层不仅包括经济因素，还包括其他社会因素，比如政治地位、权力、文化水平、社会声望等，综合这些指标他们不认为自己属于上层。另外他们身为在中国这样一个特殊历史和环境条件下的新兴阶层，时而也会产生一些“自我否定”和“自卑”感，会有“疑虑”，也就是我们所说的“自我映象中的反差”。

2. 自我映象中的“疑虑”

今天个体和私营企业者既自我肯定也有时自我否定，时而对自己的发展前途存有“疑虑”，对同样的问题他们的自我认知度很高，但他们认为社会舆论并非如此，比如在调查中当问到“您认为人们对个体或私营企业主的评价十分高”的问题时同意的人只有 5％，“有些同意”的为 18.4％，有 23.9％的人不发表意见，而 46.8％“有些不同意”，有 6％的人表示“非常不同意”，否定的意见占一半以上。换句话说，尽管他们对自己是肯定的，但他们并不认为社会也是肯定的。他们常常认为社会有不公平之处，或者说还没有给他们充分发展以及和他人平等竞争的机会。今天对于社会“公平”与“不公平”的问题人们有不同的看法，相比较而言，个体和私营企业者否定的意见更多。比如在社会调查中，当问到“就一般而言，您认为现在的社会公平程度如何”时，社会一般舆论认为“很公平”的 1.6％，“基本公平”的 44.7％，“不太公平”的 34.7％，“很不公平”的 1.7％，“不知道”的 8.3％，而个体和私营企业者认为“很公平”的 1.5％，“基本公平”的 28.9％，“不太公平”的达 53.7％，“很不公平”的 15.4％，有 3.5％的人表示“不知道”。具体地说，他们认为在“收入上有不公平”的达 91.6％，在“职业上有不公平”的达 84.6％，在“学历上有不公平”的达 78.6％，在“地域上有不公平”的达 70.1％，在“出身上有不公平”的达 63.2％，在“财产上有不公平”的达 72.7％。这些“不公平”大多是和他们在发展中遇到的问题相关。

今天个体和私营企业者已经得到了很大发展并有所积累，但他们有的人还有不安全感或者认为别人会超过自己，或者认为可能失去已经得到的东西。当问及“我经常担心可能会失去经过努力所得到的一切”的问题时，有 13.9%的人表示“非常同意”，有 30.3%的人表示“有些同意”，两者之和将近一半左右。当然与此同时，他们对社会并不灰心，因为他们从总体上对国家还是有信心的。比如在问到“党和政府知道做什么事情是对国家与人民最好的、最有益的”，表示“非常同意的”有 40.3%，表示“有些同意的”为 32.3%，是绝大多数，有 23.9%的人没有表示意见，只有 3.3%的人有不同看法。这些情况再次说明他们了“自我映象中的明显反差”。

三、自我映象反差的社会因素

个体和私营企业者这种自我映象不仅是他们的独自心理，也是社会认知在他们心理的折射。换句话说是客观认知在主观印象中的反映。社会调查结果证明了这种看法。比如在社会调查中，当问及“个体或私营企业主对中国经济发展有很大的贡献”时，大众的反映是有 70.1%的人表示“同意”和“有些同意”，是肯定的，然而在问到“人们对个体或私营企业主的评价十分高”时，“同意”和“有些同意的”仅为 20.8%，“有些不同意”和“非常不同意”的却占 71.1%，这是一种社会认知的反差，这种反差正是一面“镜子”，形成了个体和私营企业者的“镜中的我”。为了进一步分析这种现象的原因，我们必须进一步分析个体和私营经济在我国现实社会存在和发展的总体环境及个体、私营经营者本身之两个方面。

1949 年中华人民共和国成立初期，个体和私营经济曾存在了一个时期，以后随着农业合作化和对资本主义工商业的社会主义改造消灭私有，实现公有，个体和私营经济基本灭绝了。到了“文革”的极“左”年代，个体和私营成为资本主义的等同义语，被称为“资本主义尾巴”，要坚决割掉。1979 年党的十一届三中全会以来，中国开始实行改革开放的伟大政策，从农村开始的以“包产到户”为核心的联产承包责任制是改革的首要标志，也是个体私营经济的开端。然而中国的思想解放和对经济发展的客观规律的认识是有一个过程的，毕竟我们经过了一个很长时间的“左”的思想和路线的统治年代，对个体，特别是对私营经济的偏见一时还难以消失。还在20世纪80年代初期，当私营经济在我国崭露头角时，社会争议很大，中央提出的方针是“看两年再说”，采取“不宜提倡，不要公开宣传，也不要急于取缔”的方针。5年以后，中央的方针明确了，即“允许存在，兴利抑弊，加强管理，逐步引导”。从这以后几乎每5年我们的认识和政策都有一个飞跃，我党在十四大上明确提出“国家要为各种所有制经济平等参与市场竞争创造条件，对各类企业一视同仁”。而在此之前，则已明确提出不要把现在的私营企业主和过去的工商业者简单地类比和等同，更不要对他们进行社会主义改造。到中共十五大则更明确指出：“要全面认识公有制经济的含义。”把公有制为主体、多种所有制经济共同发展的方针，明确升华为我国社会主义初级阶段的一项基本经济制度，私有经济等非公有制经济是社会主义市场经济必不可少的、不可替代的重要组成部分，而不再是可有可无、可多可少的“补充”和“陪衬”。从上述认识和政策的变化中我们可以理解今天社会对个体和私营经济肯定和否定同在，信任和怀疑并存是必然的。它不仅存在于社会政策变化之中，也存在于大众和社会心理之中。

另外，从二十年来个体和私营经济发展的轨迹上看，也许因为它所经历的特殊历史和产生的特殊社会条件，所以从它产生的那天起人们就有一些“偏见”，比如认为“不三不四干个体”，似乎个体和私营从业者都是社会闲散人员和两劳释放人员，成分复杂，受教育程度低等，一些其他社会因素也影响了人们的看法；个体和私营企业者几乎都是先富起来的人，他们和其他社会职业者之间的贫富差别，使人们产生了相对剥夺感和不满；极少数个体和私营企业者不法经商，生产假冒伪劣产品坑骗消费者，也产生了不好影响，为该阶层的整体形象蒙上了一层阴影。这些也产生了相反的社会评价。

从上述两方面看，社会的“镜子”照出了个体和私营企业者的两面，折射到该阶层的心理产生自我映象的反差，也是自然和必然的。

四、个体和私营者阶层的发展与未来

经济基础决定上层建筑。个体和私营者阶层的发展与未来是和个体、私营经济联系在一起的。有的理论认为尽管个体和私营经济还会得到进一步发展,但他是一个未知的"变数",这是因为我们毕竟要继续坚持以公有制的主体地位,坚持国家的社会主义性质和方向。我们允许一部分人先富起来,允许一定限度的剥削现象存在,但我们是要先富带后富,达到共同富裕,我们最终是要消灭剥削。这种社会发展的根本机制与个体、私营企业发展的机制是有矛盾的,有不一致的地方。因此,从某种意义上说,个体和私营企业的发展会从根本上受到抑制。

然而无论如何,今天党和国家已经公正地确立了他们在国民经济和社会发展中的地位,他们在中国的经济与社会的发展中也显示了自己不可忽视的力量和作用。具体表现在以下几个方面:

第一,如前所述,近些年来随着党和国家关于发展个体和私营企业方针的明确,个体和私营企业出现了增长速度快,势头猛,在国民经济发展中所起的作用越来越大的态势。它证明中国个体和私营经济的存在和发展是与我国现实生产力和社会发展状况相适应的一种必然的经济选择。我国东南沿海一些经济发展较快的省份,如浙江、福建省发展的经验表明,以发展个体和私营经济为切入点,带动全局发展的战略是有效的。

第二,个体和私营经济的存在和发展有利于我国经济发展中产业结构的调整。第三产业是个体和私营企业中所占比例最大,增长速度快的产业。以私营企业为例,从 20 世纪 90 年代以来从事第三产业的私营企业所占比重逐年上升,1990 年为 28.2%,1992 年为 34.7%,1999 年 6 月底从事第三产业的私营企业户数发展到 72 万户,从业人员达 802.5 万人,注册资本(金)额 5048.3 亿元,比 1998 年同期分别增长 24.3%、23.5%、和 19.6%,分别占其总数的 56.3%、45.0%和 61.7%[1]因此个体

① 《2000 年:中国社会形势分析与预测——社会蓝皮书》,社会科学文献出版社 2000 年版,第 228 页。

和私营企业的增加，会带动整个第三产业的发展，增加第三产业在国民经济总体中的比例。

第三，个体和私营经济的发展有利于我国经济发展中所有制结构的调整。以公有制为主体，多种所有制共同存在，共同发展的方针是我们在改革开放中，根据生产力发展的实际需要，确定的科学方针。由于在历史上我们曾经搞过“一大二公”，搞过高度的公有制，彻底消灭私有制。因此今天所有制结构的调整，除去发展起一些新的私有经济外，还包括一些对原“公有制”企业的调整和改制。实践证明，发展私有经济，鼓励个体私营企业参与国有、集体企业改制，是所有制结构调整的重要方法。浙江省从20世纪90年代中期决定改革乡镇企业的产权制度，允许个体私营企业参与国有、集体企业的改制，许多小型乡镇企业通过联合、兼并、收购、拍卖、控股、参股，转制为非公有制企业，还有一批“假集体企业”被摘掉帽子，重新登记为私营企业，对于促进全省所有制结构调整和经济的发展起了重要作用，是卓有成效的①。

第四，个体和私营经济的存在和发展有利于社会流动，为下岗职工提供了更多的再就业机会，促进了社会稳定。随着国有大中型企业改革的深化和减员增效，近年来下岗待业人员急剧增加了，他们的劳动就业问题成为一个重大社会问题。个体和私营经济的发展，客观上也为他们带来了一些新的劳动就业机会。比如像大城市中从事商业、服务业、餐饮业的个体户，不仅方便了城市居民的生活，也使他们有了收入，是近年来新的就业主渠道之一。就全国来看，从1978年到1998年从业人员从当年的个体劳动者15万人，增加到私营企业1709.1万人，个体工商业6114.4万人、股份制中非公有经济468万人、外商及港澳台商投资企业587万人、乡镇企业中的非集体企业（即个体企业与联户企业）7723.9万人，总数达到1.5亿人以上，是十分可观的。据统计，1999年上半年，全国私有企业安置下岗职工295万人，其中有44万人带头创办私营企业，25万多

① 《2000年：中国社会形势分析与预测——社会蓝皮书》，社会科学文献出版社2000年版，第231页。

人受雇到私营企业当员工。同一时期全国个体工商业安置国有企业下岗职工 42 万多人，其中 23 万人领取《营业执照》，开始了二次创业，另有 76 万人以各种形式从事临时性经营，还有 194 万人在个体工商业户中打工。① 这些都说明发展个体和私营企业，对于缓解社会劳动就业方面的矛盾，促进社会稳定起到了积极的作用。

今天的个体和私营企业者的队伍不仅数量大大增加了，而且构成也发生了很大变化，比如融入了更多的因产业结构调整和企业优化组合的下岗人员，他们的平均受教育水平和劳动技能以及社会责任感是不低的，一些大学生、研究生也进入到这一行业，从事高科技行业的人数在增多。各级劳动者协会和私企协会的建立使这一阶层进入有序和有组织状态。这些变化都是我们应该看到的。然而，毕竟我们曾经经历过一个高度公有化的时期，毕竟我们要搞社会主义，而迄今社会主义还在实践，它的发展的客观规律还没有被人们完全认识。因此像对发展私企和个体这样的问题，人们还会有不同的认识，私企和个体在发展中也遇到了各种障碍和问题，对此人们是有共识的。在社会调查中当提到“个体和私营企业主还没有享受充分自由”的问题时，一般的社会舆论还有 23.6%的人赞成这种看法，至于个体和私营企业者的反映就更强烈了，有 55.2%的人赞成这种看法。就是说在个体和私企中有一半以上的人有这样的感觉。这是值得关注的。实事求是地说，虽然我们已经明确了有关政策，但目前个体和私营企业的发展仍然有些障碍，有时他们还不能在同一条起跑线上和他人同时起跑，还不能和他人实行平等竞争。他们还会经常遇到一些发展中的阻力，比如一些有关部门贯彻中央的政策不利和走样，以权谋私，权钱交易，营私舞弊的现象还存在。社会舆论对个体和私营企业的偏见还存在，一些人还打着“国营”的招牌招市，对个体和私营企业有“鄙视”和偏见等。个体和私营企业在自身的发展过程中也存在一些问题，比如少数企业“急功近利”，生产假冒伪劣产品；钻政策的“空子”，干违法的事行

---

① 《2000 年：中国社会形势分析与预测——社会蓝皮书》，社会科学文献出版社 2000 年版，第 232 页。

贿取利;在生产中只顾量的扩展不顾质的提高;虽然人数、户数在逐年增长,但经营方式落后,低水平重复发展;近亲繁殖,家族式的管理方式等,这些都是个体和私营经济发展的制约因素。

在中国的改革开放中,个体和私营经济的出现和发展是“自然历史过程”,是不以人的意志为转移的,可以预见,在未来它还会有一个较大幅度的发展和增长。我们在坚持社会主义公有制的主体地位,搞活搞好大中型国有企业的同时,遵照客观规律,创造更好的条件,迅速使个体和私营企业发展起来,将从总体上大大加快我们的发展速度,增强我们的综合国力。如果我们措施得当,使个体和私企在全国有一个更快的、更好的发展局面。个体、私营企业也通过不断的自身调整,实现健康发展和良性循环。那么个体和私营企业还会有一个较大发展,并能成为推动全局发展的新的增长点,而个体和私营者阶层也会在经济的发展中,变得成熟起来。

拥有闲暇:城市居民新的社会财富观

——家庭生活中不可忽视的一部分

载《江苏社会科学》2002 年第 5 期

在社会告别 20 世纪,进入 21 世纪之时,人们的观念变化在日新月异。一种全新的社会财富观念正在蔓延:拥有充足的闲暇时间和高质量的闲暇生活是人真正富有的重要标志。

从 1995 年 5 月 1 日中国开始实行周双休日制度开始,人们的自由时间和闲暇时间拥有量增加了,它为人们生活方式的变化提供了客观条件。在 1998 年进行的"中国大城市居民闲暇生活状况"调查中,在问道:"假定您现在每周工作 5 天(即使您实际上不是每周工作 5 天,也做这样的假定),根据您目前的工资待遇,您愿意选择下列哪种情况?"时,在天津、上海和哈尔滨得到的回答分别是(见表 1):

表 1

	天津		上海		哈尔滨	
	人数	%	人数	%	人数	%
1. 每周多干一天工作,同时多挣一天工资	91	34.9	83	27.7	277	32.9
2. 每周少干一天工作,同时少挣一天工资	8	3.1	18	6.0	27	3.2
3. 保持现状不变	105	40.2	122	40.7	323	38.3

续表

	天津		上海		哈尔滨	
	人数	%	人数	%	人数	%
4. 不好说	57	21.8	77	25.7	216	25.6
5. 合计	261	100	300	100	843	100

说明:各城市按有效回答人数统计。

从上述统计数字中我们看到三大城市回答的人数分布是相似的,同时也看到了其他几个主要的事实,以天津的数字为例:其一,有40.2%的人表示“保持现状不变”,说明对因双休日制度的实行,增加了个人自由时间和闲暇时间的认可,把增加的时间和得到工资看成同等重要。其二,有21.8%的人对两者孰轻孰重持拿不准的态度,回答“不好说”,我们也可以理解为两者同等重要。其三,有3.1%的人认为时间比钱还重要,为多要一天时间而少要一天工资。其四,有34.9%的人认为钱比时间重要,希望多干一天活,多挣一天钱。因此我们可以认为,已经有一半以上的人认为属于个人支配的时间是十分重要的,和工资一样,甚至比工资还要重要。对今天的人来说,自由支配的闲暇时间已经是个人的一种不可缺少的财富。

一、闲暇时间的概念和测量指标

对于闲暇时间,存在着不同理解。有的人把闲暇时间理解为“业余时间”或“非工作时间”,这样“家务劳动时间”和“满足生理需要时间”都可以包括在内。这显然失之过宽。因为今天人们理念中的闲暇时间不是要用它去从事家务劳动,当然也不是拉长满足生理需要时间,而是另有他意。那么,我们应该怎样定义闲暇时间呢?我们认为,马克思提出的“自由时间”概念可以作为确定“闲暇时间”概念的基础。马克思说:自由时间“就是可以自由支配的时间……这种时间不被直接生产劳动所吸收,而是用于娱乐和休息,从而为自由活动和发展开辟广阔天地”。他又说:“但是自由时间,可以支配的时间,……一部分用于消费产品,一部分用于从事自由活动,而这种自由活动不像劳动那样是在必须实现的外在目的的压力下决定的,而这种外在目的的实现是自然的必然性,或者说社会义务……怎么说都行。”①

从马克思的议论中我们得到3点启示:第一,自由时间所从事的活动不是来自任何外在压力、目的和义务,而是出于自我,为了自我之目的;第二,自由时间所从事的活动内容主要是娱乐和休息;第三,自由时间的使用是为自由活动和发展开辟广阔天地。虽然马克思在这里说的是“自由时间”,而不是“闲暇时间”,但他把自由时间同人们日常生活的其他基本方面明确区分开来,这对于确定闲暇时间概念具有重要的意义。

科学地界定闲暇时间这一概念,有必要为闲暇时间确定具体的指标体系。这种指标体系的建立,不仅有助于我们确定和理解闲暇时间概念的内涵和外延,而且使我们能够以科学的方式测量分析闲暇生活的状况及其变化,作为决定改善闲暇生活状况方法的基础。建立闲暇时间指标体系应注意以下几点:首先,闲暇生活同劳动(工作)、满足生理需求及家务劳动的关系十分密切,因此确定闲暇时间指标必须和确定日常生活的其他时间测量指标密切联系在一起。其次,在联系其他活动时间去研究闲暇时间时,应有利于对问题的理解和分析,并通过这些理解和分析去影响社会生活和社会政策。

联合国《社会和人口统计体系》把人们每天的时间分为3部分:第1部分为学习、挣钱、上下班途中、买东西和家务劳动等;第2部分为睡觉吃饭等;第3部分为个人可以支配的时间。这种分法基本合理,但过于笼统。而苏联及英美等国的社会学家在20世纪70年代所做的关于闲暇时间的社会学研究更为细致,他们把每天24小时划分为7个部分:1. 工作时间,即用于劳动和其他职业活动时间;2. 上下班往返时间,即用于上下班路程及班前准备时间;3. 家务劳动和个人副业劳动时间,如做饭、洗

① 《马克思恩格斯全集》第26卷,第3分册,人民出版社1972年版,第281～282。

衣、购物、打扫房间,以及为照顾老人和病人所进行的各种劳动等;4. 照料孩子和教育孩子时间;5. 满足生理需要时间,即用于吃饭、睡觉、个人洗漱等时间;6. 空闲时间(闲暇时间)主要包括:(1)学习和自学;(2)看报纸、杂志、听广播、看电视和电影;(3)户内、户外交往、交谈;(4)观看演出、比赛;(5)体育和运动;(6)创作活动;(7)无事休息;以上活动可以概括为4大项:“娱乐”“休息”“学习”和“交往”。在有些国家还把参与一定的“社会工作”以及“举行宗教仪式”也归入这一类。7. 与空闲时间内各种活动有关的往返。①

从这7个方面看,“工作时间”“上下班往返时间”“家务劳动时间”“教育子女时间”“满足生理需要时间”与闲暇的目的不相吻,因此,不应包括于闲暇时间之内,只有空闲时间中的各种活动及与这些活动有关的往返所占的时间,才应包括在“闲暇时间”之中。当然,任何测量社会现象的社会指标只具有相对合理性,就时间分配来说也是如此。这说明判断行为的性质时,人们的主观动机也是不能忽视的。

二、闲暇时间是一种宝贵的社会财富

早在一百多年前,马克思在《以李嘉图理论为依据反对政治经济学家的无产阶级反对派》一文中说:“自由时间,可以支配的时间,就是财富的本身。”②他又说:“这里,可以自由支配的时间以及对别人劳动时间里创造出来的东西的享受,都表现为真正的财富。”③在评价《国民困难的原因及其解决办法》时,他指出:“显然,小册子的作者本人对这一点是不清楚的。不过下面这段话无论如何仍不失为一个精彩的命题:一个国家只有在劳动6个小时而不是劳动12个小时的时候,才是真正富裕的。财富就是可以自由支配的时间,如此而已。”④马克思的论述精辟地概括了自由

---

① 苏联社会科学院社会学研究所:《社会学和现时代》第1卷,中国人民大学出版社1979年版,第306～309页。

② 《马克思恩格斯全集》第26卷,第3分册,人民出版社1972年版,第281～282页。

③ 同上。

④ 同上。

时间(即闲暇时间)的真实含意和价值,指出闲暇时间本身就是一种社会财富。我们可以从三个方面来理解闲暇时间是社会财富这一观点。

首先,闲暇时间是劳动创造的。从历史上看,人类的闲暇时间和社会财富是同步增长的。在远古时代,社会生产力很低,人们为了生存不得不终日辛苦劳动,天天都要为获得食物而奔波,那时是很少有闲暇时间的。随着生产力的发展,人们能用较少的时间生产较多的食物及其他产品,为劳动时间的缩短和闲暇时间的产生提供了可能,这时人们才谈得上休息、娱乐及其他。生产力越发展,人们就越能用较少的时间创造较多的财富,得到闲暇的时间也越多。在阶级社会里,除去物质财富分配的不平等,也存在闲暇时间分配上的不平等。马克思在谈到在资本主义制度下,一部分人为另一部分人创造物质财富的同时也创造闲暇时间时指出:"……这种奴隶劳动为其他人,为社会的另一部分,从而也为(整个)雇佣工人的社会创造余暇,创造自由时间。"①如果把资本创造的生产力发展也考虑在内,那么,社会在6小时内将生产出必要的丰富产品,这6小时生产的将比现在12小时生产的还多,同时所有的人都会有6小时'可以自由支配的时间。现代社会的发展证明,劳动生产力的提高为闲暇时间的增多开辟了广阔的前景。比如当今一些发达国家(包括我国这样一个发展中国家在内)的闲暇时间已经有了较大的增长,实行每周5天,每天7小时工作制的比较普遍。在社会上除去有物质财富分配上的不平等,也有闲暇时间财富上的不平等,包括不同性别、年龄、不同职业者之间拥有不等的闲暇时间。同时我们还能看到,人们尽情地休闲、享乐是以紧张的,有时甚至是精疲力竭的工作为代价的。

其次,闲暇时间是满足人们日常生活需求,提高人民生活质量不可缺少的条件。闲暇时间作为一种社会财富与其他社会财富有着不同点,即它不被直接的生产劳动所吸收,而是用于娱乐和休息,从而为自由活动和发展开辟广阔天地。在某种意义上说,一个只拥有物质财富(有钱),而没

---

① 《马克思恩格斯全集》第26卷,第3分册,人民出版社1972年版,第281～282。

有闲暇时间的人(或个人)并非是真正富有的人。闲暇对于我们如何安排自己生活的其他方面,比如家庭生活和工作也有很多的影响。在西方国家,人们开始把闲暇本身看作是一种目的,看作是一种新的、有利于自我实现,并使自己感到愉快的社会需要。从企业的要求来说,这种社会需要过去经常被认为是“虚度时光”,而现在被说成是“人的尊严所在”;从对家庭的要求来说,这种社会需要过去经常被称作是“自私的表现”,而现在却被认为是“尊重他本人及其家庭成员人格的表现”。这种需要的一部分过去经常被宗教组织认为是邪恶的,而现在却被认为是生活的艺术。苏联学者列昂尼德·戈尔顿在谈到社会主义条件下闲暇生活的意义时指出,保证社会主义全体公民享有同等的工作之余的自由时间这一事实本身,就具有根本性的意义。这使得早先不但同文化和教育无缘,而且连识字这一最起码的可能都没有的千百万劳动群众,在社会生活、文化和闲暇消遣等各个不同领域里发挥了被革命所激起的独立自主精神,居民的教育水平提高了,人们在不同程度上开始享用文化财富。结果,闲暇消遣的形式也就变得异常丰富多彩。在社会主义的早期发展阶段,经济上还没有可能去着手解决同合理利用自由时间有关的一切问题。马克思的论断在当时还只不过是一种理想,是一个遥远的目标,而现在,这已成为社会主义今天日程上的主要问题之一。列昂尼德的论述对今天改革开放的社会主义中国是有现实意义的。社会主义社会的生产目的,在于极大提高全体人民的物质文化生活水平。经过改革开放20年的中国,人们的温饱问题已经基本解决,一部分人迈向或已经进入小康,“休闲”“娱乐”“自我实现”“自我发展”等问题已被当作第一需要被提到议事日程上来了。今天人们谈论较多的是生活质量。在多数人那里,生活质量的内涵越来越多地被闲暇时间和闲暇生活所占领。一些人已经把闲暇时间和闲暇生活质量作为生活质量的代名词。

第三,闲暇时间是发展才能,激发人们去创造新的社会财富的有效途径。联合国专家对“消遣时间”(即闲暇时间)的这种作用有过很好的说明,即消遣和娱乐……通过身体放松,竞技、欣赏艺术、科学和大自然,为丰富生活提供了可能性。无论在城市和农村，消遣都是重要的，消遣为人们提供了激发基本才能的变化条件（意志、知识、责任感和创造能力的自由发展），消遣时间是一种自由的时间，但在这个时间里，人们能掌握作为人和作为社会有意义成员的价值。联合国的这一阐述，表达了现代人自我发展、自我实现的需求，是一种符合客观实际的科学的人本位的表述。

还在20世纪80年代我国的一些学者在研究闲暇时间时就认为，现代科学技术的进步，极大地提高了劳动生产率，而生产率越高，所需要的劳动时间就越短，对劳动者的技能要求就越高。为此，人们就需要有更多的闲暇时间来进行学习和发展各种技能，以适应现代社会发展的需要。人们在闲暇时间里可以从事各种精神文化的创造性活动，可以得到愉快娱乐和休息，可以学习各种自己爱好的技能，发展丰富多彩的兴趣；可以自由自在进行社会交往，可以学习各种知识，参加各项体育活动，以求得智力、体力和心理的健康和全面的发展。对于社会来说，人们在闲暇时间中得到的'补偿'和发展，将对经济和社会的发展起积极的作用。今天，我们已经积累了大量的物质财富，大大提高了人民的物质和文化生活水平，闲暇问题会显得更加突出。可以认为，今天衡量生活水平和质量的指标必须包含闲暇时间和闲暇生活的有关指标，没有这些指标是不可思议的。因此，闲暇时间已经是被越来越多人公认的宝贵的社会财富，并想尽可能多地拥有它，利用它。

三、新的社会财富和财富观

也许直到今天人们还没有从理性上把闲暇时间和财富这两个概念联系起来，等同起来，但在实际上，随着人们物质财富的增长，人们拥有的闲暇时间也在同步增长，社会在发展生产力，创造日益增多的物质财富的同时，也在同时创造不断增多的闲暇时间财富。而伴随着社会生活的变化，人们对闲暇时间的要求越来越多，一种新的社会财富观正在逐步形成。

1. 新的社会财富——闲暇时间拥有量。自从20世纪90年代中期以来，我国开始实行每周5天工作制，一些单位还实行每天7小时工作制,从这两个指标上看,人们的闲暇时间拥有量得到了增长,是无疑的。每周5天工作日,每年就可增加50天左右由个人支配的时间,其中自然包含了闲暇时间。

另外,部分单位还有“带薪休假”制,这种带薪休假日从7天到30天不等,这是人们得到闲暇时间的又一渠道。在“中国大城市居民闲暇生活状况调查”中,得到的天津方面的资料是(见表2):

表2 带薪假日状况

	人数	%
完全没有	172	57.3
1～10天	37	12.3
11～20天	6	2.0
30天以上	7	2.3
无效回答	78	26.0

从上述统计数字中我们可以看到,虽然现在享受带薪休假的人还不占多数,但一部分人确实从这条渠道得到了更多的闲暇时间。1995年实施的劳动法明文规定:国家实行带薪休假制度,劳动者连续工作一年以上享有带薪年假。而国家有关主管部门的政策建议如下:全国工薪阶层每年平均可享受两周的带薪假期,工作1至3年、3至5年和5至10年的劳动者分别可享受6天、10天和14天的带薪假期。工作10年以上每年增加一天,最多可达30天。此外,国家还打算推行奖励旅游制度等政策。

无论如何,今天人们拥有的闲暇时间有了较大的增长,下面我们比较一下1985年在天津进行的“千户居民户卷调查资料”和1998年在天津进行的“中国大城市居民闲暇生活状况调查”资料。1985年得到的资料是:人们拥有的闲暇时间,工作日平均每天为212.99分钟;休息日为平均每天375.21分钟;用加权平均的方法计算,平均每周内任何一天(包括周日和平日)享有闲暇时间为236.16分钟,约占每天每人拥有时间量的

16.4%;1998年得到的资料是:人们拥有的闲暇时间,工作日平均每天为273.63分钟,比1985年多60.64分钟;休息日为平均每天403.76分钟,比1985年多28.55分钟;用加权平均的方法计算,平均每周内任何一天(包括周日和平日)享有的闲暇时间为310.81分钟,占全天拥有量的21.5%,比1985年多74.65分钟。这些数字表明,在过去的十多年时间里,人们拥有的闲暇时间有了较多的增长。

调查数据还反映了人们在时间分配方面的其他变化,从中我们也能看到今天人们生活方式的变化和生活质量的提高。比如1985年资料用加权平均数得出的计算结果是,平均每人每天的工作时间是372.87分钟,占全天的25.89%,1998年为282.15分钟,占全天的19.6%;1985年的家务劳动时间为平均每人每天241.72分钟,占全天时间的16.79%,而1998年为198.39分钟,占全天时间的13.8%:1985年的满足生理需要的时间为平均每人每天490.14分钟,占全天的34.03%,而1998年为631.43分钟,占全天的43.8%。数字说明,在近十多年时间里,人们不仅闲暇时间增多了,而且工作时间减少了,平均每人每天减少90分钟;家务劳动时间也减少了人均43分钟/天;满足生理需要时间增加了人均约141分钟/天。工作和家务劳动时间的减少,表明人的家庭内外负担的减轻,而闲暇时间和满足生理需要时间的增加,则是人生活方式和生活质量变化的重要标志。今天,当我们说人们富裕了,不仅应看到他们比过去有钱了,吃、喝、住、穿、行等生活条件改善了,而且应看到他们比过去有了更多的属于自己的时间,有了更多的用于满足享受、休息、娱乐和自我发展的时间。这种新的社会财富的增长也促使了新的社会财富观的形成。

2. 新的社会财富观念——闲暇时间观。今天,当人们拥有的闲暇时间增长,闲暇生活改善,闲暇生活在人们的整个生活中的地位越来越高的时候,人们的闲暇时间观念也在变化之中,一种新的社会财富观念正在逐步形成。当然,对于广大人民群众来说,闲暇时间的财富观念还不是用"财富"两字来抽象表达的,而是包含在对闲暇时间的认识和追求之中的,其中包括要不要闲暇时间,闲暇时间与物质财富之间的关系,以及怎样使用闲暇时间等许多方面。

(1)对闲暇时间的需求。从人们意识到时间问题是闲暇生活的首要问题时,到人们拥有了比较充足的闲暇时间,闲暇生活的改善、提高和丰富才得以实现。在1985年进行的天津市千户居民户卷调查中,当问到被调查者在目前的情况下您认为参加社会娱乐活动的主要困难是什么时,有78.3%的户回答说是因为"没有时间",与"经济上不允许"等各种原因相比居首位。在1998年"中国大城市居民闲暇生活状况调查"中在回答"目前妨碍您参加娱乐活动的因素主要有哪些时"回答"工作忙,没有时间"的也居首位,为44.9%。并有56人表示对自己的"总的闲暇生活""很不满意"或"不太满意",然而人们是否因此就把取得更多的闲暇时间放在第一位呢?也不是。在前面我们列举的有关调查情况中(见表1),曾问到过"假定您现在每周工作5天"的选择时,表示"愿意每周少干一天工作,同时少挣一天的工资"时,只有8人(占2.7%),表示赞同,相反有91人,占30.3%的人认为"每周多干一天的工作,同时多挣一天的工资"。当然,大多数人还是认为"保持现状不变"。这些数字说明,人们已经有了闲暇时间的观念和需求,而且是一种不断增长的需要。在前面列举的关于三大城市调查资料的比较中,我们看到上海要求"每周少干一天工作,同时少挣一天工资"的人数的百分比比天津、哈尔滨要高,这和上海的经济发展较快,人民的平均收入较高相关的。

(2)闲暇时间观念的形成。从人类社会发展历史上看,把闲暇时间当成一种宝贵的财富,是有一个很长的历史过程的。它第一要依赖于生产力的发展和物质财富的增长,第二要依赖于人与社会关系的变化,即人与社会关系的重新定位,第三还要有人们对闲暇时间价值的认识和利用程度、在闲暇生活中的收益。

首先,闲暇时间是由劳动创造的。人们通过劳动在创造日益增长的物质财富的同时,也创造了闲暇时间。没有一定的物质条件为基础,即使人们有许多富余时间,也表现不出闲暇时间的价值。人类学家曾对印度阿萨母邦的原始部落拉克尔人的生活进行考察。拉克尔人一天的生活可划分为15个时间段，从早晨4时左右被地板下私养的家畜弄醒直到晚上，整个生活都以劳动作为中心，而且十分繁忙，一个时段接一个时段不断变换形式地从事各种劳作，无闲暇可言。摆脱了原始状态，进入了农业社会后，人们的劳动仍依赖于自然资源和条件，“日出而作，日落而息”，没有多少闲暇时间而言。换句话说，真正意义上的闲暇时间只有在生产力发展到一定阶段，物质财富总量有一定水平，才能出现，才能表现。

其次，今天人与社会的关系有了重新定位。人类社会有了闲暇时间观念和普遍的闲暇时间是在资本主义社会阶段形成的。资本主义的工业革命极大地促进了生产力的发展。此时，闲暇时间也被创造出来了。这点我们可以从美国1850—1970年工作时间逐步缩短的变化中得到说明。美国的全部产业周工时在120年间从周69.7小时，减少到37.6小时，共减少了32.1小时，即将近一半的工时[①]。然而，在资本主义社会，凭借巨大的生产力在创造丰富的物质财富的同时，却又出现了另一种忽视人的自身价值的倾向，于是出现了为不断增长的金钱拼命，以及以工作为中心，为乐趣的“工作狂”在资本主义社会有“时间就是金钱”的指导原则，人们的日常生活是以工作为中心的，其他活动都是为了辅助提高工作效率。从某种意义上说，人还是劳动的奴隶，金钱的奴隶，社会的奴隶，这是因为人的社会主体地位还没有完全形成，人的自我价值还没有被全部认知。随着现代社会的发展，人的社会主体地位逐渐形成，人的自我价值逐步被认知，闲暇时间的价值，特别是它作为社会财富的价值才被社会和人们所接受。D. 里斯曼所著的《孤独的人群》一书认为现代人的社会性格经历了两次革命，第一次是从文艺复兴开始，其社会性格由“受传统观念支配”变成“有独立见解的不随流俗的人”；第二次发生在20世纪中期，已进入大众消费和大众文化阶段的国家中，在大众传播媒介与同伴群体的规范和价值控制下，人们又重新变成了“受外力支配者”[②]。其时，就在上述议论出现的时候，现代人社会性格的第三次革命发生了，这就是G. 佛里德

---

① 王雅林、董鸿阳编：《闲暇社会学》，黑龙江人民出版社1992年版，第9页。

② 王雅林、董鸿阳编：《闲暇社会学》，黑龙江人民出版社1992年版，第21页。

曼所说的,在受技术支配的文明中,闲暇有使人“重新定位”的作用①。西方发达国家在 20 世纪 70 年代以来就兴起了调整之风,他们的调整就包含着对建立人文秩序、注重生活质量、注重闲暇时间的调整。而这种调整是和人的社会地位的认知,人的价值实现被肯定的经济社会协调发展目标的确立相关的,是和社会的可持续发展战略相关的。

最后,今天人们有了对闲暇时间的价值意识。现代社会的经济与社会协调发展战略,可持续发展战略,提出了一系列令人们思考的问题,其中包括经济社会发展的根本目标是什么,怎样才能实现可持续发展,中心议题离不开人。没有人的目标,发展就失去了方向,没有人的素质提高,发展就失去了保障。今天越来越多的国家(特别是发达国家)意识到,经济与社会发展的目标在于人,在于人的生存质量和生活质量,因而致力于高社会福利、高社会保障建设。越来越多的人在要求丰厚的物质生活条件的同时,要求精神生活条件,要求愉悦、享受,要求紧张劳动后的轻松,要求自我实现和自我发展,而闲暇时间和闲暇生活为实现这些目标提供了条件和保证。从社会发展的角度看这个问题,在生产力诸要素中,人是最积极的因素,劳动者在紧张工作之后精力的恢复、素质的提高是很重要的。闲暇时间具有平衡补偿功能和休养生息功能,在闲暇中可以实现劳逸结合,恢复在劳动中消耗掉的体力和精力。人们还可以利用闲暇时间接受继续教育和不断社会化,以提高素质。因此,今天社会人们对闲暇生活和闲暇时间的认识越来越高,越来越把闲暇时间当成自己所拥有的一种财富。

从以上三个方面我们可以分析我国人民今天的闲暇时间观念是符合实际的。首先中国自改革开放政策实行以来,迅速发展了生产力,提高了人民的生活水平,创造日益增多的物质财富,人们的温饱基本解决了,部分人进入了小康,此时的物质条件为人们的闲暇时间观念的产生提供了条件,奠定了基础。其次,今天的中国已经把极大提高人们的物质文化生

① [日]池田大作、[意]奥锐里欧:《二十一世纪的警钟》,中国国际广播出版社 1988 年版,第 20 页。

活水平作为发展的主要目标，在为人民群众提供丰富的物质生活条件的同时，也为人们提供日益增多的闲暇时间，它促进了人们闲暇时间观念的形成。因此，人们对闲暇时间有了普遍的认识，普遍抱怨闲暇时间少，表现了对闲暇时间的需求。当然也有一些人的物质生活条件还有限，收入也还不高，因此要求“多干一天工作，多挣一天工资”。另外，人们今天对闲暇时间的认识还与人们的闲暇生活状况有关。在 1985 年的天津市千户居民户卷调查中就发现人们在闲暇中活动单调，除去看电视，其他活动较少；无事休息时间过长，而学习和自学时间较少等问题，但在 1998 年进行的调查发现这一情况有些变化，但仍然不同程度存在。比如，1985 年看电视、听广播、看报纸时间平日为人均 94.01 分钟，周日为人均 130.14 分钟，1998 年为平日人均 139.59 分钟，周末为 183.21 分钟：1985 年无事休息时间为平日人均 48.77 分钟，周日为 98.62 分钟，而 1998 年分别为 17.54 分钟和 26.53 分钟；1985 年学习与自学的时间平日为人均 21.45 分钟，周日为 27.55 分钟，而 1998 年分别为 17.54 和 26.53 分钟。1998 年看电视等占的时间仍然过多，无事休息时间减少了，但比发达国家还是多(美国为 7.1 分钟，苏联是 9.3 分钟，联邦德国是 12.6 分钟，民主德国是 9.2 分钟)，学习和自学时间仍然很少。以看电视为闲暇生活的主要内容，占用时间过多，不仅过于单调，而且有损于身心健康；在有了足够满足生理需要的时间的前提下，无事休息时间过长，显然也是浪费。另外，学习和自修所占的时间仍然很少，这对于提高自身素质也是不利的。

总之，从人们的行为上可以理解人们观念的成因，即今天人们对闲暇的意义和作用的认识才刚刚开始，很多人还不知怎样利用闲暇时间。可以预言，随着人们生活水平的进一步提高，随着人的自身价值进一步被社会认知，随着人们闲暇生活的丰富与改善，人们的闲暇观念也会改变，人们将更明确地知道怎样科学合理地利用闲暇时间，使闲暇生活更有意义，而对闲暇时间是一种宝贵的社会财富必将有更广泛的共识。

公平问题的社会反思

——一项基于四大城市社会调查的实证比较研究和理性思考

载《江苏社会科学》2008 年第 3 期

公平问题是个历史范畴。它是抽象的，也是具体的。为了了解近十年中国社会转型和社会心理的变化，分析影响公平问题的社会因素，我们从实际入手，于 1997—1998 年和 2005—2006 年先后在中国东南西北方位上有代表性的特大城市天津、上海、广州和重庆的城市中心区，以家庭和社会变迁为题，进行了以社会生活和社会心理为内容的调查，在每个城市用同样的多层分段随机间隔抽样的办法抽取被调查样本 1000 户左右。(1997—1998 年四城市的样本数分别为：天津 1200、上海 1042、广州 1013、重庆 1026 户，总户数为 4281 户；2005—2006 年四城市的样本数分别为：天津 1000、上海 1000、广州 1010、重庆 1000 户，总户数为 4010 户)由于各城市在调查中采用了相同的抽样方法，使用了统一的问卷，有大致相同数量的调查样本，因此其资料具有比较研究和加总分析的价值。更由于两次调查间隔 9 年时间，还在原来调查区域和地点调查。两次调查的内容(包括使用问题的题器)大致相同和相近，因此我们可以用该调查资料分析在社会变迁中，随着社会生活的变化，人们对相关问题认识的特点和改变。社会调查资料表明，随着改革开放的深入，人们的生活大大改善了，生活水平大大提高了，但人们并不认为社会公平，或者说反而更强烈了。

一、生活水平提高和社会不公平感之间的鲜明反差

1. 生活水平提高的主观认知和客观证明

本次社会调查资料充分证明了大多数被调查者不仅在主观上认为在改革开放中生活水平提高了，而且从他们提供的客观资料也能说明，他们在改革中确实受益了。

(1)生活水平提高的主观认知。1997—1998 年我们问被调查者的问题是："您的生活水平在过去的 5 年中发生了如何变化?"得到了如下回答。

表 1　您的生活水平在过去的 5 年中发生了如何变化？(1997－1998 年)

回答选项	天津		上海		广州		重庆		四城市	
	人数	%	人数	%	人数	%	人数	%	人数	%
变好了	294	24.5	211	20.2	275	27.1	203	19.8	983	23
有些变好了	564	47.0	452	43.4	451	44.5	451	44	1918	44.8
没有变化	210	17.5	186	17.9	156	15.4	165	16.1	717	16.7
有些变化	74	6.2	105	10.1	74	7.3	82	8.0	335	7.8
变坏了	47	3.9	66	6.3	32	3.2	56	5.6	201	4.7
不知道(含无回答)	11	0.9	22	2.1	25	2.5	69	6.8	127	3
合计	1200	100	1042	100	1013	100	1026	100	4281	100

说明：天津调查的城市中心区为——和平、河西、南开、河东、红桥、河北 6 区；上海调查的城市中心区为——普陀、卢湾、南市、徐汇、静安、闸北、长宁、杨浦、黄浦、虹口、浦东 9 区；广州调查的城市中心区为——东山、越秀、荔湾、海珠、天河、芳村、黄浦、白云 8 区；重庆调查的城市中心区为——渝中区、沙坪坝区、江北区、南岸区、九龙坡区 5 区。

从上述回答中我们可以知道，人们对于改革开放以来的变化是肯定的，四个城市都是如此。在天津有 71.5%的人、上海有 63.6%的人、广州有 71.6%的人、重庆有 63.8%的人、四城市总共有 67.8%的人认为自己

的生活水平在过去的5年中是“变好了”或“有些变好了”。而8年后的2005—2006年我们在重复问这类问题时得到了近似的回答。2005—2006年的调查中,在天津认为自己的生活水平在过去的10年中“变好了”或“有些变好了”的人占73.1%,上海为75.3%,广州为61.3%,重庆为75.6%,除去广州外,其他城市的数字百分比都有所增长,和上一次调查相比,在总体上也是增长的。

表2 您的生活水平在过去的10年中发生了如何变化?(2005—2006年)

回答选项	天津		上海		广州		重庆		四城市	
	人数	%	人数	%	人数	%	人数	%	人数	%
变好了	331	33.1	289	28.9	270	26.7	260	26.0	1150	28.7
有些变好了	400	40.0	464	46.4	349	34.6	496	49.6	1709	42.6
没有变化	118	11.8	129	12.9	170	16.8	116	11.6	533	13.2
有些变坏	67	6.7	60	6.0	89	8.8	53	5.3	269	6.7
变坏了	60	6.0	49	4.9	78	7.7	45	4.5	232	5.8
不知道(含无回答)	24	2.4	9	0.9	54	5.4	30	3.0	117	32.9
合计	1000	100	1000	100	1010	100	1000	100	4010	100

(2)生活水平提高的客观证明。在这次社会调查中我们不仅了解了人们对社会生活变化的主观认知,还从客观角度调查了人们生活变化,比如人们的工资收入、住房及家庭财产等方面的情况,特别是近十年的变化。四城市被调查者自报的1997年和2005年的月平均收入的平均数见表3。住房改善情况见表4。

表 3　1997 年和 2005 年被调查者本人及配偶的月平均收入

（人民币：元）

城市	1997 年		2005 年	
	本人	配偶	本人	配偶
天津	569.45	557.21	929.55	932.01
上海	1045.14	1015.33	1651.08	1634.69
广州	1309.78	1381.84	2860.54	3170.56
重庆	484.86	482.89	1472.28	1456.11
四城市（平均）	841.32	875.98	1710.21	1745.79

说明：本次调查在四个城市连续进行，因为工作量大，所以从 1997 年底和 2005 年底分别开始，延续到 1998 年 4 月和 2006 年 5 月，在调查中类似收入的调查数据要求填写 1997 年和 2005 年的数字，以上是按有回答者本人申报的数字做出的统计。

表 4　1997 年和 2005 年被调查者家庭住房面积　（单位：平方米）

城市	1997—1998 年（平均数）	2005—2006 年（平均数）
天津	31.03	46.34
上海	40.99	53.39
广州	43.66	60.80
重庆	59.62	66.61
四城市（平均）	43.23	56.67

说明：表中的数字为调查时点的平均数字。

表中的数字表明近 10 年来人们的住房面积有了不同幅度的增加。此外，还能从人们拥有的家庭财产中感受到这点。1997—1998 年被调查者中有 97.4%的家庭有彩色电视，有 93.1%的家庭有电冰箱，有 91.9%的家庭有洗衣机，2005—2006 年这 3 项数字分别为 97.9%、93.9%和 92.2%。2005—2006 年人们不仅拥有这些，而且有 80.5%的家庭安装了空调，89%的家庭有家用电话，有 70.8%的人有手机，有 43.4%的人有电脑，有 5.1%

的家庭有了私人小汽车。无论如何,人们的生活变化是巨大的。

2. 社会不公平感普遍存在且增强

人们在评价生活水平时是以个人的今昔情况做比较的,而在谈论社会是否公平时则不相同。由于贫富差别的客观存在,以及与此相关的社会问题的困扰,因此人们在感受是否公平时又有一种相对剥夺感,认为社会不公平。事实表明,人们的生活水平提高了,社会不公平感反而增强了。

(1)对社会不公平反响明确。还在改革开放初期,就有一句话流行:"端起碗来吃肉,放下筷子骂娘",说的就是这种情况。生活改善了,反而不满,有情绪,是因为一些人觉得"不公平"。尽管我们希望通过加快发展,不断提高人们的生活水平,使人民尽快富裕起来解决这个问题,但现实中收效甚微。1997—1998 年和 2005—2006 年的调查同时证明了这点。社会不公平感不仅普遍存在,而且还有所增强。我们先看 1997—1998 年调查。

表 5 就一般而言,您认为现在的社会公平程度如何?(1997—1998)

回答选项	天津		上海		广州		重庆		四城市	
	人数	%	人数	%	人数	%	人数	%	人数	%
很公平	19	1.6	4	0.4	11	1.1	9	0.9	43	1.0
基本上公平	536	44.7	346	33.2	266	26.3	332	32.4	1480	34.6
不太公平	416	34.7	446	42.8	433	42.7	444	43.3	1739	40.6
很不公平	128	10.7	104	10.0	115	11.4	112	10.9	459	10.7
不知道	101	8.4	142	18.5	188	18.6	129	12.6	560	13.1
合计	1200	100	1042	100	1013	100	1026	100	4281	100

从统计数字上看四个城市中的每一个城市都有 40%～55%左右的人认为社会"不太公平"或"很不公平"。四城市加总的数字是有 51.3%的人认为社会"不太公平"或"很不公平"。我们再来看看 2005—2006 年在问同样问题时所得到的数字,生活改善了,但人们的不公平感不仅没有削弱,反而有所增强。认为社会"不太公平"或"很不公平"的人在天津由

45.4%增长到54.3%，上海由52.8%增长到59.3%，广州由54.1%增长到65.1%，重庆由54.2%增长到61.5%，而四城市则由1997—1998年的51.3%，增加到2005—2006年的60.1%，都增加了10个百分点左右。

表6　就一般而言，您认为现在的社会公平程度如何？(2005—2006)

回答选项	天津		上海		广州		重庆		四城市	
	人数	%	人数	%	人数	%	人数	%	人数	%
很公平	25	2.5	9	0.9	14	1.4	31	3.1	79	2.0
基本上公平	353	35.3	352	35.2	250	24.8	305	30.5	1260	31.4
不太公平	384	38.4	477	47.7	483	47.8	481	48.1	1825	45.5
很不公平	159	15.9	116	11.6	175	17.3	134	13.4	584	14.6
不知道	79	7.9	46	4.6	88	8.7	49	4.9	262	6.5
合计	1000	100	1000	100	1010	100	1000	100	4010	100

表7　那您认为，目前我们有下列不公平吗？(2005—2006年四城市)

回答选项	人数	有很多%	人数	有一点%	人数	没有%	人数	不知道%
性别的不公平	60	15.6	2461	63.0	696	17.8	141	3.6
年龄的不公平	903	23.2	2166	55.6	678	17.4	151	3.9
学历的不公平	1075	27.5	2100	53.7	592	15.1	147	3.8
职业的不公平	1277	32.8	2052	52.7	413	10.6	152	3.9
收入的不公平	2184	55.1	1482	37.4	217	5.5	79	2.0
财产的不公平	1234	31.6	1605	41.2	670	17.2	391	10.0
出身的不公平	437	11.2	1338	43.3	1654	42.4	468	12.0
地域的不公平	604	15.4	1783	45.5	1118	18.5	413	10.5
民族的不公平	238	6.1	977	25.1	2186	56.2	492	12.6
国籍的不公平	470	12.1	1120	28.8	1601	41.1	701	18.0

说明：为了简化篇幅，我们这里没有一一列举四城市的资料，而是采用了四城市的加总资料，以下同。

(2)以收入分配为中心的社会不公。人们对它表现在许多方面。在人们的心目中有许多具体社会不公平的认知不仅是抽象的,也是具体的,方面的不公平。两次调查都问了同样的问题:"您认为,目前我们有下列不公平吗?",得到了如下回答(见表7):(为节省篇幅我们仅列举2005—2006年的数字)

从上述回答中我们可以知道人们心中的"社会不公平"包括了许多方面。人们感到最不公平的方面依次是"收入的不公平""职业的不公平"和"财产的不公平"等方面,其他像"年龄""学历""地域""性别"等方面也不同程度的感觉。以收入的不公平为例,在1997—1998年四城市有53.3%的人认为"有很多",有37.3%的人认为"有一点",合计为90.6%。而2005—2006年有55.1%的人认为"有很多",有37.4%的人认为"有一点",合计为92.5%。在深入的统计分析中,我们发现"收入的不公平"对人们社会不公平感的影响最大,占有最重要的地位。

人们心中的"社会不公平"是由许多具体方面的不公平组成的。各种不公平之间都有不同程度的关系,无论是1997—1998年资料,还是2005—2006年资料,"收入的不公平"和"社会的不公平"的关系都最为密切,1997—1998年资料显示两个变量的相关系数(即CORELATION COEFFITION KENDALL'S TAU—B)是0.193** (* *表明CORR. IS SIGNIFICANT AT. 0.01LEVEE),2005—2006年资料显示两个变量的相关系数则是0.205**,更为密切了。其他还有"职业的不公平"与"财产的不公平"等也与"社会的不公平"关系较为密切。如果我们进一步做回归统计,就能更清楚地从量化角度揭示它们之间的内在联系。

表8 社会不公平的回归系数(STANDERDIZED COEFICIENNTS)分析

MODEL	BETA	SINGNIFICANCE
性别的不公平	.032	.113
年龄的不公平	.000	.994
学历的不公平	.020	.368

续表

MODEL	BETA	SINGNIFICANCE
职业的不公平	.077	.001
收入的不公平	.117	.000
财产的不公平	.002	.917
出身的不公平	.014	.489
地域的不公平	.053	.008

说明:DEPENDENT VARIABLE 是“就一般情况而言,您认为现在社会的公平程度如何?”

统计数字表明当我们以一般的“社会不公平”(“就一般情况而言,您认为现在社会的公平程度如何?”)作为“因变量”,而以其他的各种具体的社会不公平作为“自变量”进入回归统计,即在分析某种具体的社会不公平对一般的社会不公平产生影响,同时顾及其他自变量的影响时,“收入的不公平”的影响表现得更为突出了,其 BETA 参数为 .117,显著度为.000,有明确的数理统计意义。它进一步从量化统计的角度证明,收入分配的不公平(即人们通常所说的贫富差别)在社会不公平感中的地位和作用。

改革开放以来,人们富裕了,生活水平提高了,但牢骚也多了,“不公平”感普遍增强了,是一个悖论。经过进一步的深入分析我们能知道,人们的不公平感中很复杂,不仅有“结果”的不公平,还有“机会”的不公平和“过程”的不公平。

二、社会不公平——“结果”“机会”和“过程”的不公平

恩格斯在谈到人们对事物的感受和事物发生的原因时说,诉诸道德情感的做法在科学上丝毫不能把我们推向前进;道义上的愤怒,无论多么入情入理,经济科学总不能把它看作证据,而只能看作象征。在现实生活中人们的社会不公平的心理不光是道义上的愤怒,而是社会事实,是以收入分配为中心的不公平的社会事实,它包括收入分配的“结果”“机会”和“过程”的不公平。

1.“结果”的不公平

改革开放以来我们实行了允许一部分人通过劳动先富裕起来，先富带后富，最后达到共同富裕的政策。现实的情况是，改革20多年来，一部分人确实富裕了（有的人是极富），多数人的温饱问题已经解决，其中有些人还达到了小康水平，然而还有少数人仍处于贫困状态。无论如何，社会上出现了明显的贫富差别。在2005—2006年的调查中我们特别调查了群众对贫富差别的认知和态度。调查数据表明被调查的绝大多数人（占85.5%）认为现在我国已经出现了较大的贫富差别，而且比较多的人（占67.5%）认为今后这种收入差别还会扩大。事实究竟如何？以下我们用简要的“五等分法”（对于经济收入上的不平等最常采用的测量方法是“五等分法”或“基尼系数”。所谓“五等分法”是先将全体成员按其收入水平从高到低地排列起来，并将其五等分，然后计算每一组人所获收入总数在全体成员收入总数中的比例，并将每一组的数字加以比较，如果高收入组和低收入组的数字差别不大，表明收入分配比较平等，相反则不平等，差别越大越不平等）对这两次调查样本的收入差别进行分析，以被调查者自报的1997年和2005年的月平均收入为例。得出了如下结果（见表9）。

表9 被调查者1997年和2005年收入差别的比较（四城市）

收入档次	1997年占总收入的比例	2005年占总收入的比例
低收入	5.6%	4.8%
中低收入	11.09%	9.0%
中等收入	13.6%	11.3%
中高收入	23.9%	15.1%
高收入	45.7%	59.8%

说明：以上表格中5个档次的收入的人数各占该次调查总人数的20%，每一个档次的收入水平都是参照该次调查的实际数字及其排列顺序决定的，1997年的低收入是月收入在398元以下，中低收入是400—523元，中等收入是530—790元，中高收入是800—1040元，高收入是1100元以上；2005年的低收入是月收入在570元以下，中低收入是580—800元，中等收入是810—1000元，中高收入是1013—1900元，高收入是2000元以上。

从(表 9)中我们可以清楚地看到以下几个事实:第一,无论是 1997 年,还是 2005 年低收入组和高收入组差别都是很大的,1997 年高收入组占总收入的比重是 45.7%,低收入组占总收入的比重是 5.6%,2005 年高收入组占总收入的比重是 59.8%,低收入组占总收入的比重是 4.8%。1997 年高收入组是低收入组的 8.16 倍,而 2005 年是 12.46 倍。第二,如果我们将这两次调查资料比较,证明在年代的变迁中收入差别不仅没有减小,反而加大了,从 8.16 倍增加到 12.46 倍,而和此前的官方统计资料比,也证明收入差别在加大。根据官方统计资料在 1988 年中国城市家庭中收入最高的五分之一家庭占城市家庭全部总收入的 29.38%,而最低收入的五分之一家庭占 11.56%①[2]。前者仅是后者的 2.5 倍。第三,在年代变迁中我们想象的“中等收入”者的比例并没有加大。

改革开放以来,贫富差别一直是国内人们议论的热点话题,也引起了国际社会的关注。位于芬兰的联合国大学世界发展经济研究所最新的报告显示,中国富有的人口正在迅速增加,贫富差距比欧美等发达国家更悬殊。该研究所今年首次对世界财富分布情况进行调查,报告显示,目前超过 13 亿的中国大陆人口,仅占全球财富的 2.6%,与 2000 年相比,已经有更多的富人,今后 10 年成为超富的人也将迅速增加。报告引述官方的资料说,中国反映社会公平的基尼系数已达 0.47,超过 0.4 的国际黄色警戒线。专家担心若再不采取有效措施,到了 2010 年,中国贫富差距将拉得更大,基尼系数可能达到或超过 0.6,进入“红灯区”。

2.“机会”的不公平

其实不仅社会事实的“结果”产生了社会不公平的心理,而且社会事实的“机会”与“过程”也会产生社会不公平的心理。实践证明“机会”不公和“过程”的不公对人们的影响更大。“机会”的不公平和“过程”的不公平是社会不公的深层次原因。

在 2005—2006 年的调查中我们询问了这样的问题:“您认为在当前

① 李强:《当代中国社会分层与流动》,中国经济出版社 1993 年版,第 50 页。

的中国社会中，哪三种人最容易获得高收入?”和“您认为应该是哪三种人获得高收入?”前一个问题是被调查者对社会事实的认证和判断，后一个问题则是被调查者心中的标尺和理念。换句话说，前一个问题说的是“事实”，后一个问题说的是“应该与期盼”，或者说是大众心目中的规则。这两个问题的回答选项是相同的。通过对调查数据的比较，我们发现“事实”和“应该与期盼”之间有较大的差距。比如 55.3%的人认为有文化有学历的人，61.1%的人认为有技术专长的人，28.8%认为吃苦耐劳的人，46.6%的人认为有创新精神的人应该获得高收入。而事实上并非如此，人们认为只有 40.4%有文化有学历的人、32.5%有技术专长的人、9.4%吃苦耐劳的人和 19.8%有创新精神的人获得高收入，差别很大。相反，近 74.3%的人认为当官的人获得了高收入，有 32%的人认为家庭背景硬的人获得了高收入，有 36.6%的人认为有社会关系的人获得了高收入。被调查者说，“当官的人”“家庭背景硬的人”“有社会关系的人”等最容易获得高收入，是因为他们手中的权力和资源与众不同，换句话说，他们与别人的机会不均等。

3.“过程”的不公平

所谓“过程”的不公平是说人们还没有相同的竞争待遇和条件，还没有合理的竞争规则。“过程”是因人因事而易、复杂而且不易描述的，但我们可以从有形或无形的规则中分析过程，规则的不合理往往导致了过程的不公平。在 1997—1998 年和 2005—2006 年两次进行的调查中我们都从宏观上了解了人们对一些社会政策和规则的看法，以对农民工进城政策和规则的看法为例，发现人们对政策和规则的不合理有强烈反响。以 2005—2006 年的调查资料为例。

表 10　对农民工进城及有关政策的看法(2005－2006 年四城市)

所有问题	非常同意		比较同意		没有意见		有些不同意		非常不同意		合计	
农民工对现在的都市生活有贡献	699	17.2%	1899	47.4%	1608	24.4%	348	8.7%	96	2.4%	4010	100%
在制度上城镇居民比农民享受更多的国家保护	634	15.8%	1231	30.7%	1291	32.4%	667	16.6%	187	4.7%	4010	10%
应该从制度上消除农业人口与城市居民的身份差别	797	19.9%	1279	31.9%	1479	36.8%	354	8.8%	101	2.5%	4010	100%
政府应该尽可能减少各种限制的政策，保自由的经济活动	749	18.7%	1291	32.2%	1357	33.9%	512	12.8%	101	2.5%	4010	100%

应当特别指出这次调查是在城市居民中进行的调查，无论是 1997－1998 年的调查，还是 2005－2006 年的调查都有 60%以上的城市居民认为农民工对现在的都市生活有贡献，都有半数左右的人认为："在制度上城镇居民比农民享受更多的国家保护""应该从制度上消除农业人口与城市居民的身份差别""政府应该尽可能减少各种限制的政策，保自由的经济活动"。

中国社会长期以来客观存在的城乡"二元"体制和户籍制度从宏观上突显了社会体制和制度方面的问题。在现实的社会生活中，制度和体制方面的问题所带来的社会不公平，不仅在对待农民和农民工上，而且表现在社会生活的许多其他方面，诸如上学、就业、教育、住房、社会保障、医疗等。总之，体制和制度没有理顺是竞争与发展过程不公平的标志，是社会不公平现象客观存在，社会不公平心理油然而生的又一个重要原因。

三、着力解决社会公平问题，构建和谐社会

改革开放以来，人们在逐渐走向富裕的同时，仍有较强的社会不公平感，是令人关注的。研究社会公平观的科学内涵和历史发展规律，提高社会管理水平，着力解决相关的社会问题，对于化解“不公平”的社会心理，凝聚人心，构建和谐社会，是十分重要的。

人类社会的公平观是一个历史范畴，由于公平不是恒定不变的标尺，因此在不同的历史时期、不同的发展阶段会有不同的公平尺度、不同的公平内涵。在人类社会的历史上，社会公平观经历了“平均主义”中的公平、“效率”中的公平和“正义”中的公平等 3 个不同的发展阶段，是否定之否定的过程。

1.“平均主义”中的公平

“平均主义”中的公平是人类社会最原始的公平观，但我们注意到今天仍然对人们有较大的影响，也是社会不公产生的心理原因之一。大凡有人群且有利益分配的地方，都会产生公平问题。什么是“公平”，人们众说不一。“公平”最初通常被认为是“同等”“一样”“平均”，也许“平均”最能表达大多数人对“公平”的理解。事实上在传统的中国文化中，无论是何种原因，人们在谈论“公平”和追求“公平”时很少用“公平”概念，却比较多地使用了“平均”，特别是“均”字。中国的孔圣人就有过“不患寡而患不均”的哲理和推断，财物少不要紧，担心的是分配的不均。在中国漫长的封建社会中人们出于对现状的不满，不懈地追求“平均”。历代统治者和精英们都看到了这点，每当他们要建立一种新秩序、新体制时，都要为人们勾画出一幅平均、平等的纯正图画。连揭竿而起的农民起义领袖，提出的口号也是“均贫富，等贵贱”。中国近代民族资产阶级革命的奋斗口号也是“平均地权”，尽管孙中山先生提出这一口号的本意是通过国家征收土地税的方法使富人不至于垄断社会财富，最后消灭贫富差别。但考虑

中国人的接受习惯，也不得不冠以“平均”二字[①]。

其实在人类社会文明史上，“平均”或“平均主义”只是作为一种社会心理和社会理念存在，在事实上从来没有实现过。有人根据逻辑推断，认为绝对的平均、平等只是在人类原始公社共产制的时期才可能存在，而那时人类极其贫穷，环境十分恶劣，财富少得可怜，不得已而实行原始的平均主义，平均主义是和原始时期极低生产力水平相适应的，以后平均的模式就再也建立不起来了。之所以如此，不仅因为生产力发展了，人类的财富增加了，而且和私有制的出现，人们的阶级、阶层分化分不开。在现代社会人们逐步意识到绝对的“平均”是无法实现的，用“平均”这样一个等量均等的概念来表示“公平”，既不实际，也不适宜。

2.“效率”中的公平

其实，在中华人民共和国成立后的一段时间里，我们也有过“平均主义”的理念，有过一些实行“平均”的做法和教训，最典型的是20世纪50年代人民公社期间的“一平二调”“吃公共食堂”等，以后人们简称其为“大锅饭”。这些做法过高地估计了人的觉悟，否认了人与人的差别；强调了集体利益，否认了个人利益；用简单的平均分配方法处理人与人之间的关系。这种生产关系的超前变革，扼杀了人们的劳动积极性和热情，破坏了生产力的发展，带来了贫穷，也并没有实现“平均主义”的公平。直至党的十一届三中全会，我们决定把发展生产力放在首位，实行“改革开放”政策，才彻底打破“大锅饭”模式，取消“平均主义”，以“效率”优先，兼顾“公平”的原则，发展生产，富裕人民，提高国力。实行“效率”中的公平是对“平均主义”的公平的一次否定。

中国的改革开放是从农村实行家庭联产承包责任制开始的。这个政策把个人劳动与收入和利益紧密联系起来，贯彻了多劳多得，少劳少得，不劳不得的分配原则，充分调动了人们的积极性和热情，在很短时间里就产生了意想不到的发展生产，增加财富的巨大效果。以后我们进一步深化改

① 雷涛：《反思公平》，中国妇女出版社1989年版，第19～20页。

革,明确提出了允许一部分人通过劳动先富起来,先富带后富,最后达到共同富裕的政策,进一步确认了按劳分配,承认差别,"效率"优先,兼顾"公平"的原则。从总体上看,我们坚持"效率"第一,兼顾"公平"的原则是有效的,它的历史功绩是不可抹杀的。但我们也应同时看到社会上出现了明显的贫富差别,而且这种差别还有加大的趋势。这对于曾经生活在低水平相对平均模式中,有传统的"不患寡而患不均"文化心理状态的中国人来说,会产生一种相对剥夺感。一些人想问题首先不是从自我生活水平和状态的今昔比较,从生活水平的逐步提高和富裕中,找到安慰和满足,而是从贫富差别中感到困惑和不公。再加上改革以来社会的分配体制还没有理顺,一些单位和地区自行其是,分配制度五花八门,比较混乱,也有少数人并非靠劳动致富,而是用非正常手段(比如靠手中占有的权力和资源)捞取金钱,或用非法手段敛财,就更加重了人们的不"公平"感。无论如何,我们要着力解决这些问题,进一步创新"公平"观念,实现"正义"中的公平。

3."正义"中的"公平"

《中共中央关于构建社会主义和谐社会若干重大问题的决定》中要求要按照民主法治、公平正义、诚信友爱、充满活力、安定有序、人与自然和谐相处的总要求建设社会主义和谐社会。其中公平和正义是联结在一起的。追求"正义"中的"公平",是未来的公平理念和发展方向。

"正义"中的"公平"既不是"平均主义"中的"公平",也不等同于"效率"中的"公平"。在人类社会历史上,现代的"效率"中的"公平"是对原始的"平均主义"的"公平"的否定,无论如何,这次否定调动了人的劳动热情和积极性,大大发展了生产力,创造了巨大的社会财富。而"正义"中的"公平"则是对"效率"中的"公平"再次否定。换句话说是对"平均主义"中的"公平"的否定之否定。"正义"中的"公平"主要应贯彻"应得正义"的原则。古罗马查士丁尼的经典定义是:"正义乃是使每个人获得其应得的东西的永恒不变的意志。"[①]贯彻应得原则,实行"正义"中的"公平"要解决

① 博登海默著、邓正来译:《法理学·法律哲学与法律方法》,中国政法大学出版社 2004 年版,第 299 页。

两个问题：

第一，它不是要简单地否定和取消“效率”中的公平所采用的一些原则，将人们在拉回原始的平均主义中去，而是要用“应得正义”的原则去解决效率优先中发生的各种社会问题。应当指出，在今天实行的效率优先的原则中已经包含着某些社会正义，比如按劳取酬就是正义的，公平的。问题是否能真的按劳取酬。根据我们在前面分析的社会调查资料，今天人们感到社会不公平的不仅是“结果”的不公平，还有“机会”与“过程”的不公平。换句话说，如果人们都是机会平等的，是劳动致富的，是按劳取酬的，大家不会认为不公平，但如果人们应得的“机会”不等，竞争的“过程”不规则，分配的机制不公正，则会认为社会不公。“正义的原则是要肯定，每个人都应当得到与他人同样自由、权利相容的最广泛的基本权利与机会。”①实行正义的原则，是要解决当前社会客观存在的一些“机会”不等和“过程”的不公平问题。《中共中央关于加强党的执政能力建设的决定》在关于提高构建社会主义和谐社会的能力的阐述中开宗明义就是“形成全体人民各尽所能、各得其所而又和谐相处的社会”。要实现这个目标，首先就是要“全面贯彻尊重劳动、尊重知识、尊重人才、尊重创造的方针，不断增强全社会的创造活力。”“……坚决破除各种障碍，使一切有利于社会进步的创造愿望得到尊重、创造活动得到支持、创造才能得到发挥、创造成果得到肯定。”②在社会发展的现实阶段，建立公平的社会机制，首先是要最大限度地实现“机会”平等，使人们有平等的机会接受教育、劳动就业、参与竞争、发财致富、享受卫生、文化与社会福利、参与社会生活等。其次要有合理合法的游戏规则，保证“过程平等”。第三，还要提供公正的分配机制，保证付出同样的劳动能按时得到同样的报酬。向社会成员提供平等的机会，保证平等的竞争，提供平等的分配机制是“应得正义”的重要组成部分。

第二，它要对“效率”中的“公平”原则做调整和补充。“效率”中的公

① 严学钧:《应得正义与分配公平》,《学术论坛》2007 年第 3 期。

② 《中共中央关于加强党的执政能力建设的决定》,人民出版社 2004 年版,第 23～24 页。

平是“效率优先，兼顾公平”，可以说是“效率第一，公平第二”。眼下的情况是效率优先了，但公平不足。依照“应得正义”的原则是要在坚持效率的同时，加大实现公平的力度，具体地说是要着力解决相关的社会问题，搞好社会的再分配或者说二次分配。经济领域的分配，是一次分配，社会领域的分配是再分配或者说二次分配。社会领域的二次分配是要解决民生问题、大众福利问题，满足在社会发展进程中人们日益增长的物质文化卫生等方面的需求问题等。

无论如何，实现和坚持“正义”中的“公平”是要加大实现公平的力度，把共同富裕的问题放在思考问题和制定政策的首位；实现和坚持“正义”中的“公平”，不是要回到原始的平均主义中去，而是要在坚持效率的同时，为大众谋利益，它是对原始大同社会理想的高层次回归。

4. 实现社会公平观的历史性飞跃，构建“和衷共济”式的和谐社会

当前建设和谐社会已经深入人心。从理论上探讨和谐社会的特征，不断总结建设和谐社会的客观规律，对于指导和谐社会建设的伟大实践是十分重要的。何为和谐？从表层的意义上说和谐之义是指配合、合作与协调，是指配合得当，合作与协调良好。从深层次上说，这种配合、合作与协调有“和衷共济”之义。在中国古代，有关文献就从“和衷共济”之义上解释和谐。《辞海》中说：和谐；协调。如：“和衷共济”。衷是“内心”，济是“渡水”。“和衷共济”是指大家一条心，共同渡过江河，比喻同心协力，克服困难。如《礼记·乐记》：“其声和以柔。”《书·皋陶谟》：“同寅协恭和衷哉气。”《国语·鲁语下》：“夫苦匏不材于人，共济而已。”韦昭著：“共济而已，佩匏可以渡水也。”①可见和谐的深层含义是“和衷共济”。在“和衷共济”状态下的和谐社会里，人们有福共享，有难同当，团结一致，为达到共同的理想和目标而共同奋斗，这是和谐社会的本义，是和谐社会的高级状态。和谐社会是“和衷共济”的社会，是万众一心，同心同德的社会。要达到“和衷共济”的状态，实现“和衷共济”的理想，必须化解社会不公平

① 《辞海》(缩印本)，上海辞书出版社 1980 年版，第 1739～1741 页、第 1363 页。

感。在一个相对剥夺感强烈,人们普遍认为社会不公平,对社会的总体目标不能认同,人与人之间、群体与群体之间、集团与集团之间、阶层与阶层之间不能包容的状态下,人们是不能团结起来,凝聚起来,共同奋斗,振兴中华,实现建设全面小康社会的宏伟目标的。

实行"正义"中的"公平",对于建设"和衷共济"式的和谐社会是十分重要的。"正义"中的"公平"要贯彻"应得正义"的原则,应得的主体是人民,是人民大众。《现代汉语词典》从语义上对正义的解释是"正当的和正确的意义",是"公正的,有利于人民的道理"。[①]《辞海》(缩印本)也有类似的解释:"正义即公正的道理。如正义感,主持正义。《荀子·儒效》:'有不学问,无正义,以富利为隆,是俗人也。'指合于人民的道理。"两种解释都没有离开"人民"二字。

坚持一切为了人民是实现"正义"中的"公平"的基本出发点和归宿。以"三个代表"为指导思想和灵魂的中国共产党人向全国人民郑重宣誓:要代表中国最广大人民群众的根本利益。这是由中国共产党的性质决定的,是由建设有中国特色的社会主义社会的方向决定的,没有这一点,不能使全体人民共同富裕起来,就失去了改革开放的大方向,就没有"正义"中的"公平"。

坚持改革开放不动摇,发展生产力,创造更多的社会财富,是实现"正义"中的"公平"的基础和前提。只有把蛋糕做大,有充盈的财富,人民才能有共同富裕的希望和前景。

坚持加大实现社会公平的力度,从现实做起,从实地做起,迅速而有力地解决当前我们面临的各种社会不公平问题,使改革的成果大众共享,才能一步步,脚踏实地地实现"正义"中的"公平"。

总而言之,实现公平观否定之否定的历史性飞跃,实现"正义"中的"公平",一切为了人民,一切依靠人民,我们的事业就一定能得到广大人民群众的高度认同,就一定会"和衷共济",建设社会主义和谐社会。

---

① 《现代汉语词典》,商务印书馆 1981 年版,第 1462 页。

建设和谐家庭的社会标准

载《江苏社会科学》2010 年第 1 期

改革开放使中国社会转型。中国的政治、经济、社会、文化、心理、生活方式等各个方面都发生了巨大的变化。在改革开放中社会大踏步前进着，也产生了一些不和谐现象，在最富传统的婚姻家庭领域也出现了许多前所未有的不和谐问题，从而引起了人们关于建设和谐家庭的社会思考。

一、若干令人瞩目的婚姻家庭问题

中国是极富家庭传统的国家，“男大当婚，女大当嫁”，实行家庭本位，注重婚姻和血缘关系，家庭成员恪守婚姻家庭义务，维护家庭稳定，重视传宗接代，生育、抚育、教育子女，赡养老人，代际间双向反馈，以世代同堂为理想家庭模式。然而，今天这些传统正在受到多方面的质疑和挑战。

1. 未婚者也可以同居吗？在改革开放前未婚同居是不可思议的，更被视为严重的生活作风问题，遭议论，遭举报，遭惩罚。自改革开放以来，未婚同居出现了，今天人们对之见怪不怪，越来越宽容了。与此同时未婚同居现象开始得到了“正名”，即从讨论老年人再婚问题引起的。中国社会老年人再婚问题一直是个社会问题，单身老人再婚会遇到来自亲属的反对，原因有二：一是中国人的血缘观念重，很重视亲生与非亲生的差别，在一些人看来，宁可没有父（或母），也不愿认后父母，如果父母（老年人）再婚，前子女和后父母之间至少有称谓问题，关系难处。二是财产继承，按照现在的法律规定，配偶有财产继承权，父母（老年人）再婚意味着其原有的财产在继承中会被分割，因此子女反对父母再婚。针对这种情况，一些人主张，老年人同居好，不必非得登记结婚，这样既可避免上述麻烦，也可满足老年人的实际需要。在社会上，支持老年人未婚同居者大有人在，不仅是平民百姓，也有专家学者，有的人甚至主张为老年人未婚同居立法。当然社会上也有人表示反对，比如有的人认为尽管老年人未婚同居可以理解，但多少岁的人为老年人？一老一少可以吗？老年人可以同居，中年人和青年人可不可以？为什么不可以？这样的争论自然没有结论，但社会对同居是越来越宽容了，而且事实上同居现象也越来越多，同居者不仅仅是老年人，还有中青年人，其中也有违法重婚者。从 20 世纪 90 年代以来，"包二奶"一词在中国开始流行，一定数量的"包二奶"现象的客观存在，使人们不能忽视它，以至世纪之交在编撰《新华词典》时，要不要将"包二奶"一词收入词典引起了争论。反对者认为，在词典中有这样的词，会将社会丑恶现象传播开来；赞成者则说，不论"包二奶"现象是否合法，是否合乎道德，只要它客观存在，我们就应该收入，并给予标示和解释，让人们知道它的含义。最后还是赞成者占了上风。

2. 婚外性行为可以接受吗？和未婚同居相关的是婚外性行为。传统的性行为是在夫妻之间的，即婚姻的确立，意味着结成夫妻者之间性行为的合法化、合理化，性生活的主要目的是生育子女，传宗接代。性行为、婚姻和生育三位一体。今天，尽管人们还把结婚看作是性生活合法化的标志，把举行婚礼看作是性生活开始的仪式，绝大多数的性行为还是在夫妻之间，但性生活开始与婚姻、生育脱离，具体表现为许多性行为已经在婚姻和家庭之外，婚前性行为和婚外性行为大量增加。今天性生活的目的主要不是生育，更多的是生理、心理、情感的需要，有的人还把性生活看作是享受和享乐。1989—1990 年中国第一次大规模"性文明"调查在中国 15 个省市 28 个地区同时开始，历时 2 年，有两万人被调查，资料表明，改革开放以来，随着中国人生活方式和价值观念的变化，人们对婚前和婚外性行为容忍程度大大提高了。在全部调查对象中，认为婚前性行为只要"双方情愿，就勿干涉"的占 46.3%，认为"只要以后结婚，就无妨"的占

19.6%,对此“无所谓”的占 5.5%,认为“对本人有害,对社会无害”的占 3%,认为“对社会风气不利,应反对的”占 13.2%;在全部调查对象中对婚外性行为的看法是,认为“只要有感情,就应允许”的占 35.5%,认为“只要配偶不反对,就可以”的占 12.4%,认为“如性要求得不到满足,就情有可原”的占 5.5%,认为它“既无害,也无益”的占 6%,认为它“不利于家庭稳定,应反对”的占 28.9%。说明人们对婚前性行为和婚外性行为也很宽容①。

3. 要惩罚“第三者”吗? 和以上两个问题相关的是“第三者”现象。今天人们都很熟悉“第三者”一词,一些人公开地插入他人的家庭,破坏了他人家庭的事屡见不鲜。与此相伴的婚外情、婚外恋、所谓“情人”现象也越来越多了。还在 20 世纪 90 年代中期我们就着手修改《婚姻法》,制定中华人民共和国第三部婚姻法。因为这部法律关系到千家万户的生活和利益,全国人大和有关立法部门曾经组织了大讨论,在各地引起热烈的反响。在那次大讨论中,有的人坚决主张用立法的办法惩罚“第三者”,鉴于“第三者”破坏他人家庭,破坏社会生活稳定,主张设立专门的法律条文惩治“第三者”。反对者则认为所谓“第三者”并不存在,现代社会讲求婚姻质量,相爱的人就应当在一起。有的人还从立法的角度认为虽然“第三者”应该惩罚,但“第三者”概念有时不清晰,法制讲证据,惩罚“第三者”会遇到证据方面的问题。还有的人说,“第三者”问题主要在道德层面,要用道德制约,不适合用法制的方法解决问题。众说纷纭,莫衷一是。无论如何在 2001 年正式出台的婚姻法中没有“第三者”之类的词汇,但在该法的总则(第 4 条)中出现了“夫妻应当相互忠实”的字眼和要求,间接说明社会对“第三者”和它引发的相关问题的关注。在最近刚刚召开的全国十一届人大二次会议上,又有人民代表提案呼吁凡充当“第三者”破坏他人家庭者,应当给予他人家庭赔偿,说明“第三者”问题至今仍在不断引起社会反响。

---

① 刘达临等:《中国当代性文化》,上海三联书店 1992 年版,第 691～695 页。

4. 离婚率增高是社会进步吗？传统的中国家庭是超稳定的，离婚者很少，离婚率很低。这样的情况一直延续到 20 世纪 70 年代。自 1978 年以来，中国社会发生的巨大变迁冲击了中国的家庭，改变了人们的家庭观念，离婚也不再被看作是“洪水猛兽”了。过去家庭中的夫妻是合得来在一起过，合不来也在一起过。许多家庭中的夫妻即便没有感情，互相不和睦，但为了孩子，为了面子也不要离婚，继续维持现实的婚姻。但是今天不同了，许多人的价值观念的重心已经由家庭转到个人，从孩子转到自身，变得“自我”了。过去是为了孩子牺牲“自我”，现在是为了“自我”而不顾孩子。这种价值观念的变化是和社会的变化密切相关的。现行的中国法律对离婚就很宽松，规定中国的婚姻自由不仅包括结婚自由，而且包括离婚自由，夫妻感情破裂就可以离婚。夫妻离婚既可以协议离婚(通过民政部门)，也可以诉诸法律(通过法院)，离婚手续简便。改革开放以来，中国的社会流动加快，妇女地位提高，家庭小型化等因素也都使婚姻不稳定，离婚率大大提高了。据有关数据统计，20 世纪 80 年代中期中国的离婚率大约是 10∶1，到 90 年代中期大约是 6∶1。进入 21 世纪以来，中国东南沿海有些发达城市和地区的离婚率已经赶上美国的 2∶1(即每有 2 对新人来登记结婚，就有 1 对夫妻诉诸离婚)。

近些年来中国的各个方面继续报道了国内大量的离婚现象。一组组数据让人触目惊心：2006 年，北京共有 24952 对夫妻办理离婚登记，其中有五分之一婚姻关系维持不到 3 年；三分之一在结婚 5 年内离婚；结婚不到 1 年就离婚的有 970 对，有 52 对离婚的夫妻结婚还不到 1 个月。今天的研究表明，离婚现象在各个年龄群体中都很普遍，不仅中年人，而且老年人、青年人也都在离婚。一些报道说，离婚者中的年轻人数量激增。在这些离婚夫妻中，“80 后”(指 1980 年以后出生的人)占了相当大的比例。而调查涉及的“80 后”离婚案件中，有 90%的夫妻双方都是独生子女。由于“80 后”离婚案件当事人大多没有财产分割和子女抚养问题，使得他们离婚时的顾虑少了很多，因此离婚也显得“简单”了许多。有专家分析，“80 后”独生子女成为离婚高发人群，跟父母从小过分溺爱，凡事帮孩子拿主意，养成孩子缺少忍让性、宽容度有直接关系。有些研究认为，中国的离婚水平已超过邻国日本和韩国，与新加坡同属亚洲离婚率较高的国家。有的人说离婚率增高是婚姻自由和社会进步的产物，有的人则反对，认为它仅仅是社会变化中的伴生现象而已。

5. 亲子两代也要彻底分离了吗？在中国的传统家庭中亲子两代关系十分密切，父母要抚养和教育子女，子女长大后要赡养父母，即代际关系模式为双向反馈模式。而在西方一些国家不同，父母要抚养和教育子女，子女长大后却不需要赡养父母，我们称这样的代际关系模式为单向接力模式。今天应该说中国的家庭还保持着自己的代际关系模式和传统，但在改革开放的大潮中也在发生转变。比如说在家庭模式上，传统的中国人崇尚世代同堂的大家庭，喜欢联合家庭（父母和多对已婚子女在一起生活或兄弟结婚仍然不分家的家庭），喜欢主干家庭（父母和一对已婚子女在一起生活，通常是和一个结婚的儿子、儿媳在一起生活）。从20世纪七八十年代开始，这些家庭已经逐渐被只有两代人组成的核心小家庭（由父母和未婚子女组成取代了。在城市和乡村，核心小家庭的比例都达到70%～80%左右。换句话说，在许多家庭中，子女结婚后都和自己的父母分家另过。今天不仅年轻人喜欢独立的生活方式，中老年人也是如此。大多数人都认为“子女婚后与父母分居是很自然的事”。在中国社会快速变迁的今天，亲子关系将会继续发生怎样的变化，带来那些相关的社会问题？迄今为止中国仍然实行家庭养老模式，亲子关系的变化，特别是家庭中子女数量的减少（多数家庭是独生子女），使这样的模式遇到问题，也被挑战。

……

以上我们从几个方面列举了在社会变迁中中国的家庭面临的新情况，出现的新问题，当然还有许多其他方面的问题，诸如在社会流动中家庭关系紧张，家庭暴力增加；崇尚晚婚，不婚，有所谓不婚族；婚后不生育，少生育，有所谓“丁克家庭”以及独生子女的特殊教育问题等等。无论如何，面对现实我们可以知道今天建设和谐家庭对千家万户有很大的现实意义。

二、从婚姻的本质上看家庭和谐

对于改革开放中中国婚姻家庭的变化人们的看法并不相同，众说纷纭，有的说这是前进，也有的说这是倒退和扭曲，也有的人处在矛盾和彷徨之中……从社会学角度说，要对今天发生的形形色色的婚姻家庭问题做出科学的分析，对建设和谐家庭有合理的判断，我们就必须重新回到对人类社会婚姻制度本质的再认识上。

1. 从人类婚姻的动机说起

人究竟为什么要结婚，现代人往往只从满足个人的生理、情感、爱和性的需要去解释，这既不全面，也没有说到根本上。否认婚姻的生理需要和生理基础是不正确的，如果人们认为，与生物学密切联系的婚姻根本不受生物动力的影响，是没有道理的，但婚姻不等同于生理行为。美国社会学家伯吉斯说："动物求偶，而人结婚，其意义不同是简单明了的。求偶是生物性的，而婚姻是社会和文化的。婚姻是一种仪式，一种被社会认可的结合，一种一旦进入就要对社会承担认可责任的关系。"①德国社会学家穆勒里儿也反对仅从个人的角度把婚姻动机单一化的观点。他说人类婚姻的动机至少有三种，即经济、子女及情感，并依重要性和时代列其先后：上古时代经济第一，子女第二，爱情第三；中古时代子女第一，经济第二，爱情第三，现代则是爱情第一，子女第二，经济第三。原始时代婚姻以经济为主导动机，缘于妇女是创造财富的活工具，个人恋爱在那个时期是没有的。人类婚姻史的第二个时期，由于妇女劳动范围逐渐缩小，只囿于家务，财富和继承问题日益突出，于是关于个人至亲骨肉的后代观念便一跃成为婚姻的主导动机，子女升为婚姻动机的首位。到了以个人自由为原则的第三个时期，浪漫的爱情成为婚姻的主导动机。可见，人类婚姻的动机是多种的，复杂的，其重要性是随着时代的变化而变动着的。

---

① 古德著，魏章玲译：《家庭》，社会科学文献出版社 1986 年版，第 1 页。

2. 人类设立婚姻制度是为了传宗接代

其实,人类社会设立婚姻制度的根本目的是传宗接代和人类自身的生产,并创造了婚姻家庭制度,发展成了今天的一夫一妻制婚姻。中国著名的社会学家费孝通先生说:"婚姻是社会为孩子们确定父母的手段。从婚姻里结成的夫妇关系是从亲子关系上发生的。这种说法也许和我们通常的看法不同,因为在我们的文化里,婚姻关系是两性关系,婚姻是确定两性关系和个人开始性生活的仪式。""我们似乎不应把限制两性关系视作婚姻的基本意义。婚姻之外的两性关系之所以受到限制还是因为要维持和保证对儿女的长期抚育作用,有必要防止发生破坏婚姻稳定性的因素。"[①]人和动物不同,人类种族的繁衍,传宗接代,不仅要生育,还要抚育、教育、培养,才能使一个生物的人(刚刚出生的婴儿)转变成为社会之人,这是个复杂的系统工程。实践证明,只有婚姻家庭制度才能完成这项系统工程。因此人类社会才要设立婚姻制度,才要保护家庭,并使家庭成为社会生活的基本单元。相对于动物来说,人类的子体对母体的依赖时间长,需要母体较长时间的抚育和呵护。更为重要的是,人从出生后,要从生物之人转变为社会之人,才能在社会中生活,取得社会成员的资格,我们称之为人的社会化,家庭是人的社会化的第一个场所,父母是孩子的第一任教师,家庭对孩子的教育是十分重要的,父母对孩子的影响是终生的。

3. 婚姻从表象上是个人行为,从本质上是社会行为

正因为婚姻家庭承担着重要的社会功能,所以社会既认可它,也要规范它,保护它,用各种手段(习俗、道德、法律、舆论)控制它,维护它的正常秩序,在现代社会主要靠法律控制。

用社会学观点看,婚姻从表象上是个人行为,从本质上是社会行为。婚姻是个人行为,是说今天实行婚姻自由的原则,一个人要不要结婚,和谁结婚,什么时间结婚都是个人的自由,是个人决定的事,他人和社会都不会干预。婚姻是社会行为,是说个人的婚姻要符合社会规范,具体地说

① 费孝通:《生育制度》,天津人民出版社 1982 年版,第 29 页。

要受社会的限制，今天主要是受法律既婚姻法的限制，比如说当事人必须达到婚姻法规定的最低结婚年龄，具备结婚人的各种必备条件才能结婚。当事人必须到婚姻登记机关履行婚姻登记手续，得到批准，婚姻才被社会承认。

结婚后当事人必须履行婚姻法规定的婚姻家庭义务和责任，如果违规要受到社会的干预，甚至制裁。1950 年我们就制定和公布了“中华人民共和国婚姻法”，之后我们又先后修改了两次，即 1980 年 9 月 10 日第五届全国人民代表大会第三次会议通过的第二部婚姻法和 2001 年 4 月 28 日经第九届全国人民代表大会常务委员会第二十一次会议通过，并实施的第三部婚姻法。以第三部婚姻法为例，该法共分为 6 章 52 条，该法除去阐述了婚姻家庭的基本原则外，对具备什么条件的人可以结婚、合法婚姻和违法婚姻、家庭成员（夫妻、亲子、祖孙）间权利义务、离婚、法律责任等都做了十分详细的规定。该法根据当前社会生活实际状况，还特别增加了家庭问题社会干预条款，这是独一无二的。之所以如此，是因为婚姻从表象上是个人行为，从本质上是社会行为。家庭之事不仅是个人之事，更是社会之事。

4. 婚姻家庭和谐的社会标准

家庭是社会的细胞，家庭之事不仅是个人，更是社会之事。所以家庭和谐不仅有个人标准，也有社会标准。和个人标准注重个人意愿、需求和情感不同的是，社会标准更着眼于家庭稳定，着眼于家庭功能的正常发挥，着眼于人类种族的繁衍和传递。迄今这个标准仍然为大多数社会成员认可。从这个标准出发，人们对当前出现的形形色色的婚姻家庭现象就有了自己的基本判断。2008 年底我们在天津市城市居民中就今天人们的婚姻价值观念进行了大规模抽样调查，对于一些说法（价值判断）请被调查者表示自己的意见，近千名被调查者表达了自己的意见。当问到“未婚者可以同居”的问题时，表示“非常同意的”占 1.9％，“比较同意的”占 5.5％，没有意见的占 21.4％，“比较不同意的”占 27.2％，“非常不同意的”占 44.0％；当问到“婚外性行为可以接受”的问题时，表示“非常同意的”占 0.3%,“比较同意的”占 2.2%,没有意见的占 10.3%,“比较不同意的”占 25.0%,“非常不同意的”占 62.2%;当问到“同性恋者可以结婚”的问题时,表示“非常同意的”占 1.0%,“比较同意的”占 2.5%,没有意见的占 15.1%,“比较不同意的”占 25.0%,“非常不同意的”占 63.8%;当问到“离婚者增多是社会进步的产物”的问题时,表示“非常同意的”占 7.0%,“比较同意的”占 22.3%,没有意见的占 23.8%,“比较不同意的”占 26.9%,“非常不同意的”占 20.0%;当问到“应该用法律手段惩罚第三者”的问题时,表示“非常同意的”占 41.9%,“比较同意的”占 20.2%,没有意见的占 22.7%,“比较不同意的”占 8.1%,“非常不同意的”占 7.2%;当问到“子女长大结婚后与父母分居是很自然的事”的问题时,表示“非常同意的”占 31%,“比较同意的”占 32.8%,没有意见的占 31.6%,“比较不同意的”占 2.9%,“非常不同意的”占 1.7%;当问到“男大当婚,女大当嫁”的问题时,表示“非常同意的”占 41.7%,“比较同意的”占 31.1%,没有意见的占 22.8%,“比较不同意的”占 2.9%,“非常不同意的”占 1.5%。从上述回答中我们可以体会到今天人们对家庭和谐的各种价值取向和主导价值观念。

三、婚姻家庭责任再思考

无论如何,今天社会与时代变迁并没有从根本上改变婚姻家庭的性质。在今天以人为本,张扬个性的时代,人们往往容易用个人主义观点,从个人幸福的角度去思考婚姻家庭问题,其实更应该从社会的角度来思考婚姻家庭问题,更应该引导人们正确地认识婚姻家庭的社会本质,按照婚姻法确立的婚姻家庭社会标准行事,在现实的婚姻家庭生活中,认真履行婚姻家庭的责任和义务,搞好和家庭成员的合作,维护家庭的相对稳定,这样才能实现和谐家庭建设。

有人把婚姻比作城堡(围城),说是城外的人想冲进去,城中的人想冲出来,很形象。其实一个人是否要冲进去(结婚)或冲出来(离婚)是可以自我选择,自我决定的。可身处家庭之中,就要被围,被限制,就要履行婚姻家庭义务，遵守婚姻家庭的社会规则，是没有选择余地的，这是每个已经结婚有家庭的人和准备结婚成立家庭的人面对的现实和必须认真思考的问题。

“性”与社会

载《江苏社会科学》2011年第6期

性是一个很宽泛的概念。有“生理”“社会”和“心理”三种存在。本文中所说的“性”主要是指它的社会存在。“性的社会存在显示着性在生态—社会整体系统中的实际状况,即被这个系统按照自己的标准判定为性的那些现象。(注意:所谓社会的判定,绝不仅仅是压抑意义上的制约、管理和调节,也包括促进,扩大和增强。)它的基础和本体是生态系统与社会系统之间的相互作用。(注意:是两者的相互作用这个现象的实体,而不仅仅是某种既定成的或不变的人为社会条件。)”①本文主要在生态系统与社会系统、人与社会之间,讨论性与社会的关系。

21世纪是“以人为本”,个性伸张的时代。人们在谈性问题时,越来越多地从个人需求、个人欲望、个人满足和个人决定权的角度发出议论,比较少地从社会角度评说,这是一个极大的缺憾。著名社会学家费孝通先生在谈到性与社会的关系时说:“性和社会常处于相冲突的地位。我们稍一注意就可以见到对于性的歧视和防范了。我们虽承认食色是人之大欲,可是我们对于这两种基本需要的态度却大有差别。”②这是社会与人的对立,对人的为难。过去如此,今天与未来依然会如此。以下我们从性与社会伦理、性与社会结构、性与社会功能的角度来议论这个问题。

---

① 潘绥铭:《神秘的圣火》,河南人民出版社1988年版,第9页。

② 费孝通:《生育制度》,天津人民出版社1981年版,第45页。

一、性与社会伦理

社会伦理即社会道德，是社会的价值观念和是非判断。性与社会伦理的关系表现在对性的观念和态度，在这个问题上可以包括个人与社会两个层面，其间往往有很大差别，有时甚至是对立的。以对色情的态度为例，社会对之一般很严格，不准随意泛滥和公开。以近年发生的一个案子为例，2009 年 8 月 17 日，南京公安机关在一家连锁酒店的房间里将 5 名参与“换妻”者抓获，随后又牵出 17 人。2010 年 4 月 7 日至 8 日，南京市秦淮区法院对秦淮区检察院提起公诉的马某某等 22 人进行了不公开审理。在两天的庭审中，除马某某外，其余 21 名被告均表示认罪。马某某认为“自己无罪”，其辩护人也进行了无罪辩护。据正义网报道，2010 年 5 月 20 日在南京市秦淮区人民法院做出一审宣判。法院以犯聚众淫乱罪判处第一被告人马某某有期徒刑 3 年 6 个月；18 名被告人分别被判处 1 年到 2 年 6 个月不等的有期徒刑，其中有 14 人适用缓刑；其余 3 名被告人因犯罪情节较轻且有自首情节被判处免予刑事处罚。在中国与性相关的色情的东西被称为“黄”，直至今天我们还一直坚持“扫黄打非”，一个高潮接着一个高潮，但并没有能从根本上禁绝它。原因在于个人与社会的不一致，甚至是对立，在个人领域，性或色情的东西有广阔的市场，个人对之往往宽容，甚至追求或向往。但在社会领域却不同，对性与色情的东西禁令和规范颇多，甚至很严格。其实这样的对立不是今天才有的，历史上就如此。比如，有“男女授受不亲”之说，但个人也多表现了对不规范的性行为理解和原谅的态度。

个人性观念的开放和宽容首先和人的本性有关。虽然社会总是想把性行为控制在婚姻中，但事实上婚外性行为的事情常常发生，而且有地方还成为被当地认可的社会习俗，如初夜权等。但随着由传统社会向现代社会的演进，人们的性观念变得越来越开放，并对把性行为约束在家庭夫妻之间的一夫一妻制提出了质疑和挑战。费孝通先生在《生育制度》一书中说“性爱这种感情不但可以在任何两个男女之间发生，不易拘束，而一旦发生了性爱的男女,这种感情又是不太容易持久的。哈夫洛克·霭理士也说:'每一个男子或女子,就基本与中心的情爱来说,无论他或她如何的倾向于单婚,对其夫妇而外的其他异性的人,多少总有一些有性爱色彩的情感;这一点事实,我们以前是不大承认的,到了今日我们对它的态度却已经坦白得多了。'"①21世纪的人类社会是人权至上"以人为本"的社会,性需求和性行为越来越被一些人视为社会不得干预而应完全由个人决定做主的事情。只要当事者愿意,无论两个人(或多个人),无论在异性或同性之间发生,都无可非议,都应该容忍和容许。

但今天的社会对此依然很严厉,在富于传统的中国,南京发生的换妻事件仍被定性为"聚众淫乱",当事者因此而获刑。在开放的西方社会主流舆论对此也不宽容。美国前总统克林顿因为和白宫实习生莱温斯基的婚外情差点被弹劾掉总统;也就是说,尽管西方社会比中国对性观念和性行为的容忍度高,但也要把它限制在"红灯区"内,不允许它自由活动和泛滥。

为什么对性行为的态度个人与社会有这样大的差别?要探讨这个问题光从伦理的角度是不行的,还要从性与社会结构和社会功能的角度思考。社会之所以对性控制得严格,对违反社会规范的性行为态度严厉,是因为性行为可能破坏社会结构,障碍社会功能。

二、性与社会结构

所谓社会结构是指社会的组成成员之间的联系、结合、搭配和排列,以及由此而形成的模式。而费孝通则认为:"社会并不是个人的集合体,而是身份的结构。"②社会即是身份的社会,人有不同的身份就有不同的社会角色。人在社会的舞台上以身份行事,扮演和身份相适合的角色,就有了社会学的角色理论。即社会学根据实际生活中,围绕一个人的社会地位也有一套权利义务和行为模式的情形,引申出角色概念,角色也是社

---

① 费孝通:《生育制度》,天津人民出版社1981年版,第48~49页。

② 费孝通:《生育制度》,天津人民出版社1981年版,第49页。

会对一个人的行为期待。个人在一定的社会组织中处于特定的地位，并按照这个地位的规定行为办事，就是人的社会角色。

在社会这个大舞台上，人们以身份存在，按身份规定的角色行事，相互间通过互动联系，产生一定的关系，即社会关系。从社会学角度看，“社会关系是行为的模式，是一种轨道，贵在能持久，若是天天要变，也就没有轨道可说了。因之，社会总是不太鼓励社会关系的改变的”①。换句话说行为模式的变化、离轨，会改变行为模式，改变社会关系，破坏社会结构。社会用婚姻模式把男女关系确立下来，夫妻之间的性行为被社会认为是合法的、合理的，是夫妻之间的“专利”，并由此产生了家庭模式。在家庭中夫和妻是两种角色和身份，通过夫妻互动的性行为，产生了新的一代，有了亲子关系，形成了完整意义上的家庭结构，即“家庭三角”。社会学家费孝通先生称这个三角是“社会结构中的基本三角”。

恩格斯说，“个体婚制是文明社会的细胞形态，根据这种形态，我们可以研究文明社会内部充分发展着的对立和矛盾的本来性质。”②家庭是社会的基础结构，是社会的细胞。家庭结构却可能因为性行为的改变而改变。本来按社会的规范，性行为只是夫妻之间的事情，一旦超出了这个范围，家庭关系变化了，家庭结构会被冲击，甚至破坏。比如一旦父亲和女儿之间（或母亲和儿子之间）发生了性关系、性行为，表面上看只是一个性的问题，其实不止如此。因为性关系通常是夫妻之间才有。父女之间有了性关系，他们之间的角色关系发生了变化，相互称为父女呢，还是夫妻？这样的变化还会殃及其他家庭成员，在封建社会，人们恪守“从一而终”的信念，即便是性关系溢出了夫妻关系，溢出了家庭之外，也不致带来高离婚率和家庭的普遍解体。在今天实行婚姻自由（包括结婚自由和离婚自由），强调个人的意志和愿望应得到保证和保障之时，因为性行为的离轨所造成的离婚现象就会十分普遍了。离婚是对家庭结构（社会基础结构）的改变。现代社会离婚很多都是和婚外恋、“第三者”、婚外性行为相关的。

---

① 费孝通：《生育制度》，天津人民出版社 1981 年版，第 48 页。

② 《马克思恩格斯全集》第 21 卷，人民出版社 1972 年版，第 78 页。

从家庭的角度我们能看到性行为和性关系对社会结构的影响。跳出家庭我们同样能看到性行为对社会结构的挑战。数年前的央视春晚上表演了小品《打扑克》，当甲打出的牌（名片）为"董事长"时，乙打出了牌（名片）为"秘书"，并同时说"管上"，甲问乙：你的"秘书"怎么能管我的"董事长"，乙很肯定地回答"我这个秘书是女秘书"，没想到甲说"我这个董事长也是女的"，此处引起哄堂大笑。听众都明白，在现实生活中女秘书"管"男董事长的不乏其例。从社会的角度看，这显然是社会角色的错位和颠倒，在职场和业缘关系中秘书要听董事长的，秘书之所以能管董事长，进一步说"女秘书"能管"男董事长"必有原因，这个原因就是性、性爱和性行为。可见性和性行为能错乱社会角色，改变社会结构和社会关系，也带来了一定程度上的社会混乱。性不仅能改变社会的基础结构家庭，而且能在一定程度上影响宏观社会结构。这是因为性的关系带有极强烈的亲密色彩，甚至可说是不顾一切的冲动。性的关系是一种很原始的关系，是先于文化的，这种强烈的冲动可能销毁一切后起的，用社会力量造下的身份和结构。

说到这里我们回忆起 20 世纪美国前总统卡特在召开白宫家庭问题会议时说：你们工作很忙，但回家后要规规矩矩地做丈夫和妻子，不要做现在流行的未婚同居的事情。在美国这样一个强调个人的隐私，主张给人以"充分自由"的国家，也要对未婚同居提出警告？这显然主要不是一种道德的考虑和纷争，而是一种对 20 世纪 70 年代以来出现的日益增多的性自由化感到担心，因为它可能使美国社会基础结构家庭，乃至整个社会结构混乱解体。

三、性与社会功能

性与生殖相关，与社会功能有关。《现代汉语词典中》中的解释：性是"有关生物的生殖和性欲的"[①]。人类要生存和延续必须生产。正如马克

---

① 《现代汉语词典》，商务印书馆 1996 年版，第 1293 页。

思、恩格斯所说人类社会有两大部类生产，“根据历史唯物主义的观点，历史中的决定性因素，归根结底是直接生活的生产和再生产。但是生产的本身又有两种。一方面是生活资料即食物、衣服、住房以及为此所必需的工具的生产；另一方面是人类自身的生产，即种的繁衍。一定历史时代和一定地区内的人们生活于其下的社会制度，受着两种生产的制约：一方面受劳动的发展阶段的制约，另一方面受家庭的发展阶段的制约”①。

人要依靠人类自身的生产和再生产来延续，社会称这个生产为生育。生育包括“生殖”和“抚育”两个概念和两个部分。为了完成这个功能，也同时满足人的性欲，人类社会创造了婚姻制度、家庭制度，设立了婚姻中的夫妇角色，把性关系限制在夫妇关系之间。这样夫妇之间的性关系就有了社会合法和合理地位。换句话说，社会之所以如此，是要通过这样的设定，建立和维持一个生育团体，以完成人种传递的功能。

人生活在社会中，不仅是生物之人，更是社会之人。人从母体降生不仅需要哺乳、养育、保护、帮助，而且需要教育，以实现人的社会化。在漫长的社会生活中人们体会到现在一夫一妻的婚姻家庭制度，最有利于这个功能的完成。

从生殖的角度说，一夫一妻制能够保证亲子关系血缘和血统的一致性，因为亲子关系不仅是血缘关系，而且是由此派生的社会关系，相互间会有相应的社会权利和义务。

从抚育的角度说，由婚姻制度产生的一夫一妻的合作家庭，能够有效地履行抚育功能，使得婴儿顺利完成社会化，成为社会的合格成员。相对于其他动物来说，人的成长过程要漫长得多，复杂得多。动物的幼体一旦问世，多靠本能成长，有的甚至根本不需要抚育。人不相同，要通过抚育，使孩子从生物之人，成长为社会之人，独立生存，为社会所接纳，这需要很长的时间，在此期间要经历学习生活技能，教导社会规范，指点生活目标，培养社会角色等一系列过程。正如费孝通先生所说的“在过去的历史中，

① 《马克思恩格斯选集》第4卷，人民出版社1972年版，第2页。

人类似乎找到了一个比较上最有效(效力总是相对的)的抚育方式,那就是双系抚育。……抚育这件对社会生存有着极重要关系的事务,似乎交给小团体,一男一女去负责,较大团体为可靠和有效。在这种情形中,家庭这三角结构也成了抚育孩子的基本团体了。""担任抚育最基本的团体,不但要能供给孩子们生活上的需要,而且还要能传给他们自己独立在社会上谋生时所必需的一套基本技术,知识态度和道德,以及开始独立生活时的社会地位和物质凭借。因之,这个基本结构必须是一个在文化上具备一切,在社会上能独立活动的团体,若以夫妇为这个团体的中心,这男女两人不能不长期过着全面和亲密的共同合作生活。"①为了使夫妇长期过着全面和亲密的共同合作生活,以完成抚育任务,社会也要立下规则,将性限制在家庭夫妇之中。性关系是夫妻之间的黏合剂、连接器和稳定剂。性一旦超出家庭中夫妻的范畴,会造成人种传递链条的混乱,危及家庭的稳定和功能的正常发挥,危及人类自身的生产和再生产,因此会引起社会的指责,限制和控制。从这点上说,性行为既是个人行为,也是社会行为,而且包含着个人与社会的对立。

四、在个人与社会的对立统一中认识性与社会的关系

如前所述,性和性行为包含有"生理""社会"和"心理"等三种方面。性行为的"生理"和"心理"存在主要和个人有关,从个人的角度说,性和性行为是自我的,是自身的行为和感受,自己可以选择,可以决定,不应该受到任何约束。从社会的角度说,"性"也是社会存在,是社会行为,要受到社会的约束和规范。

在性行为上个人与社会的对立与割裂不是今天才有的。在很长的历史时期里,这样的对立被概括为性的生物属性和社会属性的对立,生物属性要服从社会属性,社会属性必然镇压生物属性,而不是两者的协调与相互适应。如同有的议论所说的,从原始群体中的性的自然属性,演变到今

---

① 费孝通:《生育制度》,天津人民出版社 1981 年版,第 73 页。

天我们的社会生活里，性的社会属性大大超越了性的自然属性，使之成为一种带着圣洁的、郑重的、严肃的社会现象，这是人类的一大进步，是文明战胜野蛮、理智战胜愚昧的标志。极端地说，也是人性战胜兽性的表现。自20世纪先进的西方社会发生了所谓的性革命以来，“社会的多元宽容已使大一统的性目标与性道德不复存在。人们主张，而且社会也接受了‘性是个人的私事，无须他人或社会干涉’的说法。……信奉‘性是一种本能的’人最多，信奉‘性首先是为了快乐’的人次之”①。在现代工业化社会中，传统的性压抑大大减少了，传统的性行为的承载单位—家庭也被大大削弱了，离婚率的增高，各种婚外性行为的大量出现，直接挑战性的社会属性及其由此产生的观念。从人类原始状态的性宽容到人类文明社会的性禁锢，再到今天的性自由和性解放，是人类社会性观念的否定之否定。有的人认为这是一种高层次的否定。世界未来学会的主席科尼什曾经预言：“没有性，没有家庭的社会可能产生真正高尚的文明。它远比我们今天所能想象得出的更为壮丽。”②

到目前为止，关于性的社会属性与性的人本主义孰轻孰重的争论还没有结论。在笔者撰写本文的过程中，世界各种媒体正在沸沸扬扬地报道世界银行行长卡恩因为性侵犯而被美国警方拘捕的消息，无论其背景如何，至少表明迄今社会对个人性行为的严厉态度和控制。而且是社会处于个人的上风。其实这并不奇怪。因为性的自然属性（包括性的生理和心理）是原始的、客观存在的，而性的社会属性是在人类由野蛮向文明进化的过程中创造的。并非说人类创造了性的社会属性，就永远不能改变它，只能服从它。关键是今天确认性的社会属性的根据还没有消失。如前所述，性的社会属性（性与社会的关系）并非仅在性的社会伦理和社会观念方面，还有性与社会结构，特别是性与社会功能的关系。伦理和观念的东西是可以改变的，而性行为的无序化可能破坏社会结构，障碍社会功能，则是社会之大忧。换句话说，性行为的混乱能破坏现有的社会基础

---

① 潘绥铭：《神秘的圣火》，河南人民出版社1988年版，第28页。

② 潘绥铭：《神秘的圣火》，河南人民出版社1988年版，第28页。

结构家庭,造成家庭生育和抚育功能的障碍与丧失,从而威胁了人类自身生产和再生产链条的安全,这是社会之大忌。因此社会对于无序的性行为仍然是严厉控制的。这不是传统和保守,恰恰是现代和现实。

现在的问题是今天或未来人类有没有办法以新的方式解决人种的传递,即人类自身生产和再生产的问题。如果有,则人与社会在性的问题认知上将很容易统一,否则会处于难解难分的矛盾和冲突中。性与人类自身的生产,即种的繁衍是直接相关的。其实人类很早就幻想过无性生殖。为社会着想,最好是一个没有性的社会。比如在基督的神话中,没有性的行为也可以生殖。圣母是童贞女,耶稣也是无性生殖的产物。可这毕竟是神话,不是事实。今天科学技术已经高度发达了,人造蛋白质的成功,试管婴儿的出现,克隆技术的突破,都为人工造人展示了前景。日本筑波科技博览会曾经预言,21 世纪的某个时候,完全与性无关的基因复制工程将会出现。由于它在优生意义上的无可比拟的优越性,终将把性与生殖切断。但毕竟它只是想象,还不是事实。

其实,人类在自身的生产传递上一贯谨慎,疑虑重重。当一些人使用超声波技术探察未出生婴儿的性别,试图主观选择和控制婴儿的性别时,引来了一遍谴责声,一些社会严厉禁止这样做;当有人想克隆人类时,更招来相关政府和社会的严厉警告,明令不可为之!为何如此?第一,是要维护人类自身生产和再生产的生态平衡。20 世纪经济和社会发展给人的最大启示是必须保持自然界的生态平衡,人类如果完全按照自己的主观意愿行事,违背客观规律,破坏大自然的生态平衡,必将受到大自然的报复和惩罚。今天,科学技术的发展,社会发展进程中面临的问题,使我们不得不更慎重地考虑人类自身生产的生态平衡问题。天体造物,自然演化,这是自然规律。可以随意破坏和改变吗?世上之人有高有矮,有胖有瘦,千差万别,构成了丰富多彩的大千社会,构成了人类自身的生态结构,可以用优生的方法改变这个结构,把每个人都变成一个模样吗?可以想象,如果我们这个世界,人们长得模样相同,高矮一样,一样的谈吐,一样的思维方式……那将是一个怎样的种群与社会?这是美景,还是灾难?

人类应该从大自然的生态平衡被破坏中吸取教训，不要违背人类自身生产和再生产的客观规律，盲目挑战和破坏人类自身的生态平衡。第二，人类自身生产和再生产的“内涵”不仅要造成新的生命，而且要造就社会之人，是一个包括生、养、教在内的系统工程，从规律上说，人的“生、养、教”是不能分开的，比如说教，从胎儿就已经开始了，有胎教之说。为了完成这个系统工程，人类在长期文明探索中，创造了婚姻制度和家庭群体，并认为家庭团体最有利于完成包括生、养、教在内的系统工程。以教为例，家庭教育在人格的形成中常常带有基础性的作用，缺少家庭教育的人常常是心理和人格不健全的人。社会学家在自己长期的研究中还提出了双系抚育的重要性：男孩子不能在母亲那里获得他所需要的全部生活方式，女孩子单跟父亲一样得不到完全的教育；全盘的生活教育只能得之于全盘生活的社会单位，即一男一女的合作团体——家庭。总之，到目前为止，人类还没有找到可以取代家庭功能的其他单位或机构。人类在漫长的社会发展进程中创造了家庭文明。人们把家庭中的快乐说成是天伦之乐。天伦——天地伦理纲常，有如日月经天，不可改变。如果人一定要挑战或毁灭“天伦”，最终毁灭的只能是人类的自身。

在这里要回归到我们讨论的话题“性与社会”了。我们可以得出相应的认识：性有“生理”“社会”和“心理”的三种存在，性行为既是个人行为，也是社会行为，是个人行为与社会行为的对立统一。人不仅有生物属性，也有社会属性，社会属性是他的本质属性。在性行为的社会功能未消失以前，性行为会受到社会的制约和限制，这是不可改变的事实。

研究家庭和认识社会

——读《毛泽东农村调查文集》

载《江西社会科学》1983 年第 6 期

《毛泽东农村调查文集》(以下简称《文集》)出版了。学习毛泽东同志进行社会调查的思想方法,其中包括如何研究家庭,从家庭认识社会的方法,它对于我们认识和研究中国今天的家庭和社会是十分有益的。

一、研究家庭是认识社会的必要途径之一

和以往的调查不同,“兴国调查”是从调查、解剖 8 个农民家庭入手认识当地社会情况的。这种方法的优点是,从家庭入手,可首先得到对当地家庭和社会的较为生动、具体的认识,它是全面、概括地认识社会的入门和基础。比如从 8 个家庭中我们可以看到旧中国农村的所有制是生产资料以家庭为单位占有的私有制。农民以一家一户为单位进行生产,在家庭中男耕女织,要种田,供猪子,纺线,做篾匠,开小屠坊、油坊,既务农,又要从事各种手工生产和家务。大部分生活日用品和需求来自自家的生产,少量交换的产品要由自己肩挑到集市(或很远的地方)去交换。这些正是半殖民地半封建的中国农村社会商品经济不发达,以自给自足的自然经济为主的缩影和写照。由此可知,家庭是社会的窗口,从中我们可看到许多具体生动的社会现象。

人们认识社会是多角度、多方法的,从研究家庭到认识社会是传统的方法之一。家庭是人类生活最早、经营最久的社会组织。人出生在家庭

中，成长在家庭中，而后由家庭走入社会，逐步完成人的社会化的过程。

“家庭起初是唯一的社会关系。”[①]在人类史上，家庭曾担负过生产、消费、生殖、抚育、教育、交往、娱乐、宗教、政治等各种职能，家庭随着历史的发展而发展，一定的家庭同一定的社会制度和社会形态相对应。马克思曾经指出：“在生产、交换和消费发展的一定阶段上，就会有一定的社会制度、一定的家庭、等级或阶级组织，一句话，就会有一定的市民社会。”[②]比如，“家长式的家庭关系”代表着封建宗法社会制度，“金钱式的家庭关系”代表着资本主义社会制度，“平等和睦友爱式的文明家庭关系”则代表着社会主义制度。而且“个体婚制是文明社会的细胞形态，根据这个形态，我们可以研究文明社会内部充分发展着的对立和矛盾的本来性质”[③]。恩格斯就是这样做的，他运用摩尔根《古代社会》一书提供的丰富资料，阐述了人类家庭的起源，以及随生产力的发展，人类社会和家庭发展的各种不同阶段和形式，并从家庭入手，论述了私有制和国家的起源，阐述了马克思主义历史唯物论的主要原理，创造了研究家庭并从家庭认识社会的科学方法。

由上可见，家庭是社会的“分子”，社会的“细胞”，家庭是个“小社会”。研究家庭是认识社会的一条科学途径。

二、研究家庭认识社会的具体方法

毛泽东同志的“兴国调查”是用开调查会的方法，从调查过程和记述的8个家庭的具体资料中我们可以学习哪些研究家庭认识社会的思想方法呢？

1. 不是从抽象的家庭概念出发研究家庭，而是从调查研究入手，从经验材料出发研究家庭

马克思恩格斯曾经指出：“应该根据现有的经验的材料来考察和研究

---

① 《马克思恩格斯全集》第3卷，人民出版社1972年版，第32～33页。
② 《马克思恩格斯全集》第27卷，人民出版社1972年版，第477页。
③ 《马克思恩格斯全集》第21卷，人民出版社1972年版，第78页。

家庭，而不应该像通常在德国所做的那样，根据‘家庭的概念’来考察和研究家庭。”[①]毛泽东同志正是这样做的，他从调查研究入手，首先取得了第一手经验材料，然后综合概括了家庭和社会的一般特征，这种方法对于我们研究今天中国之家庭和社会是十分重要的。

2. 从物质和人的生产和再生产入手研究家庭

坚持从调查研究入手研究家庭应以正确的理论做指导。按照历史唯物主义观点，科学地研究家庭进而认识社会，必须坚持生产决定论。家庭是人类社会发展到一定历史阶段的产物，社会中物质和人自身的生产和再生产是家庭存在和发展的决定性因素。从两种生产入手研究家庭，是科学地研究家庭问题的入门。恩格斯在《家庭、私有制和国家的起源》一文中曾经谈到在对偶婚和父权制的家庭中“亲戚关系”和“财产关系”交互起作用。我国社会学家费孝通先生在《生育制度》一书中则主要从生育角度论述了人类家庭。毛泽东同志在“兴国调查”中则以经济生产为中心，也涉及家庭结构和家庭关系等方面。这几种研究尽管角度不同，内容不同，方法都是值得借鉴的，其共同点是坚持了生产（物质生产和人自身的生产）决定论。

3. 在社会的背景中考察家庭

家庭是社会的基本组成单位，是社会的细胞，它不能脱离社会孤立存在。社会的经济，政治、文化、法律、风俗、环境等各种因素都会对家庭发生影响，是家庭现状和变化的根据，只有在社会背景中才能对家庭作客观的实事求是的分析。“兴国调查”不仅联系当时当地的政治、经济、军事斗争的情况介绍了 8 个农民家庭，而且分析了当地社会的“土地关系”“斗争中的各个阶段”“苏维埃”“农村军事化”等情况，为家庭研究张开了社会屏幕，以社会为背景衬托了家庭的研究，使家庭和社会的研究融为一体，这种方法值得借鉴。

4. 用典型调查的方法研究家庭

用典型调查，由典型推论一般的方法是毛泽东和我党经常采用的研

① 《马克思恩格斯全集》第 3 卷，人民出版社 1972 年版，第 32～33 页。

究社会的方法。实践证明,在一定的意义上用这种方法研究家庭也是行之有效的,其优点是比较具体、深入、生动、活泼、并能在此基础上,在一定范围内,就一定性质的问题推出普遍性的结论。“兴国调查”选择了8个农民家庭,具体地叙述了这8个农民家庭因土地不足,不得不租种地主、富农的土地而忍受地主、富农的剥削。而在革命中,他们分到了田,减了租,因而积极参加革命和武装斗争。这样我们既能具体地了解这8户农民的经济地位、生活状况及其对革命的态度,又能通过他们了解一般贫雇农(也包括中农)的情况,相信土地革命有雄厚的阶级基础,得到了广大群众的热烈响应和支持,将迅速向前发展。这种通过个别典型家庭,推论一般家庭和社会情况的方法,是科学的方法之一。

5. 用定量分析的方法研究家庭

在研究家庭中,做一些定量分析。对于形成科学的结论是不可少的,无论是研究家庭职能、家庭结构,还是研究家庭关系、家庭生活都应注意基本的数量方面。“兴国调查”在记载每一家庭情况时,都有家庭人口等基本的数量统计。特别是它为每一农民家庭立了一本经济细账,通过算经济账,贫苦农民受地主、富农压迫剥削,常年入不敷出,生活艰难是可信的,他们在革命中分到了田,减了租,改善了生活,因而大多数拥护革命是可信的……因此,在家庭和社会研究中做些必要的定量分析,使调查和研究立于更坚实的基础之上,比空泛的议论更有说服力。今天,根据研究的实际需要,由简单的数量分析,逐步发展到复杂的数理统计,对于大规模研究我国家庭和社会问题十分必要。

三、研究家庭认识社会对于社会主义现代化建设的重要意义

从研究家庭入手,取得社会的基础概念,进而研究一般的社会情况,以形成正确的政策,这种重要的思想方法是值得我们认真学习的。今天,我国已是生产资料公有制的社会主义国家,我国人民正在同心协力为实现四个现代化的宏伟目标而努力,这需要我们更加努力认真地研究今天之中国社会,向社会做调查。其中,调查研究中国的家庭仍然不可少。

从社会生产的角度看，新中国成立后在我国基本实现了社会主义生产资料公有制，在城市和农村曾普遍以集体或国营生产代替个体生产，家庭一度不再是生产单位，不具有生产职能。党的三中全会以来，根据我国生产力发展的水平和实际需求，对农村和城市的生产关系都做了必要的调整。在农村，以生产资料公有制为前提，广泛实行了一家一户为单位的联产计酬的生产责任制，家庭又成为中国农村当前进行生产劳动的基本组织单位，家庭在生产中的地位和作用变得十分突出了。在城市，过去由于“左”的政策的影响，个体经济消灭过快，也使城市经济的发展失去了平衡，影响了城市人民日常生活的需求。现在清除了“左”的思想，大力发展了集体经济和个体经济。有关统计数字表明，目前我国城市以家庭为单位的个体经济户为一百万户，根据实际需求，还要发展个体户生产，以作为对国营和集体经济的必要补充，这对于搞活经济、满足人民日常生活的需求是不可少的。在城市，家庭在社全生产中的一定作用也不可忽视。

从消费的角度看，家庭仍然是我国人民的基本消费单位，以家庭为单位提出消费需求，以家庭为单位核算收入和支出，是我国社会消费的基本特征。社会上的许多消费指标以家庭需求为转移，家庭的现状和变动都会直接影响社会消费。例如从家庭结构来说，倘中国家庭为几代重叠的家庭较多，即儿子娶了媳妇仍然和父母住在一起，不独立，这样的大家庭只需要一部电视机就可以了。相反的，儿子结婚后大多和父母分开过，分开住，大家庭一分为二，一分为三，成为小家庭，那么社会就需要增加生产两倍、三倍的电视机。家庭结构的变动直接影响社会上电视机等家庭日用品的生产。从一定的意义上说社会要不断满足人民日益增长的物质文化生活需求就是要不断满足人们家庭的日益增长的物质、文化生活需求。

从社会再生产的角度看，我国社会的人口政策是通过家庭完成和实现的。社会要控制人口数量，提高人口质量的战略目标要通过家庭来完成。家庭中各种生育观念影响了生育现状。家庭生殖、抚育和教育职能的正常发挥，决定了社会是否按期得到它所需要的各种人才。实现一对夫妻一个娃，决定了 20 世纪末我国能否把总人口控制在 12 亿以内，以实现人口增长和经济发展相协调。

从社会人民生活的实际需求看，家庭仍然是我国人民生活和娱乐的基本单位。人人都生活在一定的家庭中，并希望家庭生活幸福美满，在工作之余，回到家中，洗去风尘，享受人情之暖，得到休息和娱乐，以便重新焕发精神，为祖国“四化”大业出力。因此，在我国，家庭能体现个人幸福，从事恢复人的体力和智力所必需的日常生活。

从实现社会主义精神文明的角度看，要建设精神文明，从根本上是要调整人与人之间的关系，其中包括调整家庭关系，家庭中人际关系是社会关系的重要组成部分，调整家庭关系，实现“家家和睦”对建设社会主义精神文明是十分重要的。比如我们主张家庭中夫妻平等，相敬如宾，以爱情为基础和对爱情的忠诚，主张家庭中两代人之间尊老爱幼，家长抚育和教育子女，子女尊敬和赡养老人；主张所有家庭成员互相尊敬，互相爱护，互相谅解，互相帮助等，都是精神文明建设的直接组成部分。建立文明家庭，实现“家家和睦”的设想，对于我国的“四化”建设是不可少的。

综上所述，家庭在我国社会中占有重要地位。结合我国社会实际，认真研究家庭生活的各个方面十分必要。

我们应当从“兴国调查”中得到鼓舞和教益，不仅继承这份珍贵的调查资料和社会学遗产，而且学习毛泽东同志研究家庭、认识社会的重要的思想方法，用科学态度调查我国家庭情况，提出改革和完善我国家庭制度和政策的有关建议，为实现“家家和睦”的新局面，促进实现四个现代化而努力。

对男女平等的社会理性思考

载《探索与争鸣》2003 年第 11 期

争取妇女解放，实现男女平等，是当今世界的潮流和发展趋势，中国也不例外。1995 年 9 月 4 日在北京举行的联合国第四届妇女大会上郑重宣布：我们十分重视妇女的发展与进步，把男女平等作为促进我国社会发展的一项基本国策。它说明，中国将毫不犹豫地维护妇女权益，争取妇女解放，实现男女平等。在人类社会文明史上，女性被压迫，男女不平等，已经有几千年的历史，是有其深刻的社会原因的。今天争取妇女解放，实现男女平等，也离不开社会及其发展。对男女平等问题进行社会理性思考，包括男女平等的社会条件思考，男女平等的社会功能思考和男女平等的社会结构思考，对于把握男女平等的科学内涵，实现妇女解放是十分重要的。

男女平等的社会条件思考

要争取妇女解放，实现真正的男女平等，是需要一定的社会条件的。换言之，妇女解放、男女平等是有为的，不是无为的；是有条件的，不是无条件的。从社会的角度说，最重要、最根本的条件就是生产力条件。马克思、恩格斯在阐述科学社会主义理论时从来没有离开过生产力第一的观点，同样在阐述妇女解放问题时也没有离开生产力理论。早在 19 世纪 40 年代，马克思和恩格斯就在《德意志意识形态》一文中指出，一切历史冲突都根源于生产力的交往形式之间的矛盾。他们在谈到妇女重新回到社会公共劳动中去的时候，强调要依靠现代社会化大工业才能办到。因此，我们在理解和运用马克思的妇女解放理论时，也不能离开生产力条件，不能离开我国社会主义初级阶段生产力和经济发展的特点。

一些史学家考证，在人类社会发展历史上也曾有过女权和女性受尊敬的时代，原因是和那时的生产力发展水平和生产方式有关的，女性从事着相对稳定的农业和畜牧业，比外出狩猎而无固定所获的男子在经济中的地位更高，因此其家庭和社会地位也较高。以后男子也回到农业和畜牧业生产中来，他们的强健体魄和能力使妇女在生产中变得逊色，退到次要地位，男女的家庭和社会地位也同时发生倒置，开始了女性受压迫、受奴役，男女不平等的时代。这是男女不平等的历史唯物主义解释。从这种观点出发，男女不平等的消除也必须依赖于生产力的进一步发展，依赖于生产力的高度发展。换句话说，女性尊严的恢复，男女平等的实现，必须依赖于新的生产力条件。在这种条件下，男女在劳动中的作用和地位不会因为其体力和生理结构的差异而受到任何影响。因此从宏观上看，我们可以认为，今天的社会生产力发展水平还不具有妇女彻底解放，实现男女完全平等的条件。中国更是如此。

中国是一个发展中国家，处在社会主义初级阶段。虽然今天我们的社会生产力有了较大的发展，有了占主导地位的社会化大生产，然而我们的总体水平还处在由手工工具向普遍的机械化发展时期，还比不上发达国家。不仅在广大农村中仍以手工工具为主，就是在城市中装备比较先进的工业企业也只占少数，而且商品化、社会化发展程度较低。一部分现代工业同大量落后于现代水平 10 年甚至上百年的工业同时存在。少量具有世界先进水平的科学技术，同普遍的科学技术水平不高，文盲和半文盲还占人口近四分之一的状况同时存在。一部分经济比较发达的地区，同广大不发达地区和贫困地区同时存在。在这样的生产力和社会条件下，男女平等的基本条件还没有完全具备。特别是从我们逐步建立起市场经济体制以来，又出现了一些新问题，比如，市场经济是竞争、效益和优胜劣汰机制，其中竞争就包含有社会角色的竞争，也包含男女性别角色的竞争。在目前生产力水平还较低,科学技术还不够发达的阶段,从总体上说,女性在和男性的竞争中只能处于相对劣势。

除去历史上社会文化原因所造成的男女差异之外,男女之间的生理差异,以及因此而产生的社会分工不同都是重要原因。相比而言,男性在体力上(包括握力、臂力和腿力)都胜于女性。女性比较纤弱,在体力劳动中(包括依靠体力的劳动)是不能与男子抗衡的。医学科学证明,妇女负重超过 20 公斤时,可能造成子宫颈下垂,子宫位移。另外,女性的生理特征也使她们对外界工作的环境条件要求较高。她们不宜从事重体力、高空、野外、井下、冷水等环境下的作业,也不宜于从事化学等工业的生产。调查资料表明,常见的铝、汞、二硫化碳等 6 种工业物对妇女侵害最大。从事含汞、甲醛等有毒作业的女工的畸形胎率为 33.61%,而从事无毒作业的女工的畸形胎率仅为 16.29%。接触高浓度铅的女工流产、死产发生率能高达 35.3%。而二硫化碳对女工性机能有不良影响,受它侵害,女工月经不调发病率可高达 41.62%,自然流产率、子女天生缺陷发病率也明显高于对照群体,并且二硫化碳还可以通过胎盘和乳汁传递给后代子女。总之,在当前社会生产力和科学技术还不够发达,大部分工作还要依靠体力,外部环境对人的生理条件还有一定要求的情况下,女性和男性的生理差异使她们在竞争中处于相对劣势或弱势是必然的。目前在全国范围内,女性职工下岗的比例高于男性就是例证。

当然,除了生产力条件外,妇女解放,男女平等的社会条件还有其他方面,比如,政治的、法律的条件等。但事实表明,没有生产力这一根本条件是不行的。比如,在中华人民共和国成立的前 30 年,我国的妇女解放运动有了很大的发展,女性的家庭和社会地位已经大大提高了,但主要是依靠政治手段,依靠计划经济下的政府行为,依靠一次又一次的社会运动,依赖法律保障。又如,我们有男女平等的宣传教育,有对男女在接受文化教育,参与各种社会公共事务,以及婚姻家庭生活中的平等权利的法律保障,有在低平均模式和大锅饭体制下女性劳动就业,及男女同工同酬的规定和安排;1958 年有千百万妇女走出家门参加生产劳动的运动;还有十年“文革”动乱时期，当时的一些口号似乎表明妇女的社会地位已经很高了，已经是完全的男女平等了，比如“妇女能撑半边天”“男人能做到的女人也能做到”等，总之，造成了女性解放程度很高的“假象”。其实那不过是低生产力水平上的初级平等，一旦生产力进一步发展，问题就暴露出来了。在社会主义市场经济体制的竞争机制下，女性明显地成为弱者。事实表明，妇女解放、男女平等是有条件的，不是无条件的，其根本的条件就是社会生产力的发展状况和水平。

男女平等的社会功能思考

这里所说的社会功能是指由于男女性别不同而出现的社会角色不同，所承担的社会责任和义务不同，因而所起的社会作用也不同。它包括了很广泛的内容，其中最主要的是在人口的生产和再生产方面。恩格斯在谈到这点时说：“根据历史唯物主义观点，历史中的决定性因素，归根结底是直接生活的生产和再生产。但是，生产本身又有两种：一方面是生活资料即食物、衣服、住房以及为此所必需的工具的生产；另一方面是人类自身的生产，即种的繁衍。一定历史时代和一定地区的人们生活于其下的社会制度，受着两种生产的制约：一方面受劳动的发展阶段的制约。另一方面受家庭的发展阶段的制约。”①恩格斯精辟阐述了家庭所承担的人类社会两大部类生产中的一类。无论如何，生育传种，世代继替对人类社会是至关重要的。早年俄国民粹主义者米海洛夫斯基认为，强调子女对历史发展的重要性就意味着不要历史唯物主义。列宁曾经尖锐地批判了米海洛夫斯基的这种观点，他说：尽管生产方式是社会发展的决定力量，但不是唯一力量。子女生产的状况如何，是否合理，也对社会发展起巨大作用。

人类社会的生育功能是由男女共同承担，合作完成的，但主要是由女性来完成。怀孕、妊娠、分娩都在女性，新生命出自母体。婴儿出世后需

① 《马克思恩格斯选集》第4卷，人民出版社1972年版，第2页。

要较长的哺乳期和对母体依赖期,养护婴儿也主要由女性来承担。另外,人类的传宗接代不仅有生育,还要抚育、教育,著名社会学家费孝通在谈到这点时说:“种族要在这个世界上绵续下去,不能不连续不断地由新个体产生出来代替旧个体的位置,有如接力赛跑一般。这样,所以种族绵续不能不靠生殖机能。可是我们一定得明白,生殖机能所能做到的是从旧个体中产生新个体而已;新个体产生之后,是否能在这世界上生存,能在未死之前再生新个体,都不是生殖机能分内之事了。”他还说:“从概念上说,我们可以把生殖和抚育分得很清楚。生殖是新生命的造成,抚育是生活的供养。在事实上,只有用分裂法来生殖的单细胞生物中,这两件事的分界可以划得出来。在其他稍稍高等生物,两性生殖细胞结合之后,新生命虽已造成,但是这胚胎要能长成一个个体还得靠外来的营养和保护,所以多多少少是要一段抚育时间。”①事实表明,在大多数情况下,妻子比丈夫在抚育和教育子女中所花费的精力较多。一个人的生命是有限的。有的人算过这样一笔简单的账:假设人的职业年龄是 25 岁到 60 岁,有效职业生命年仅为 35 年,一个女人从怀孕、妊娠、分娩到将幼儿抚育到 3 岁左右(实际 3 岁的孩子还不能完全脱离母体),约需要 4～5 年,这就占去了有效职业生命年的七分之一左右,在此期间,尽管她们可能还在工作,但事实上因为孩子要牵涉很大的精力,在婴儿分娩前后还要休息,是无法和男人平起平坐,展开竞争的。换句话说,社会没有生育和传种不行,也即没有女人生孩子不行。只要社会有这种需求,只要女人还承担生育、抚育婴幼儿的社会职能,就没有 1＝1 式的男女平等。

男女平等的社会结构思考

这里所说的社会结构是指社会的构成,以及社会成员之间的角色扮演和搭配,即各种社会成员居于的不同社会地位,扮演不同的角色,互相关联、互相补充、互相维持、互相配合所形成的社会整体模式。还在十几

---

① 费孝通:《生育制度》,天津人民出版社 1981 年版,第 7～8 页。

年前,当有人试图用科技手段(超声波)检测和控制生育的性别时,社会就产生了忧虑,即每个人如果都按自己的意愿行事,选择男女(比如重男轻女,只要男孩,不要女孩),就会造成男女性别比例失调的社会灾难。今天一些人想用克隆技术和其他技术,用工厂生产物质产品的方式去生产人类自身。试想如果被"克隆"出来的人没有差别,都是一个样,一样的高矮,一样的胖瘦,一个模样,一样的谈吐,一样的思维方式,那将会组成一个怎样的人类社会?这种挑战人类自身生产的客观规律,破坏人类种群结构的"生态平衡"的做法是很可怕的。它同样会遭到客观规律的严厉惩罚。在这条路上,人们不能不"望而却步",乖乖回到按客观规律办事的道路上来。20 世纪,保护自然界的"生态平衡"是社会的焦点和热点。21 世纪,维护人类社会自身结构的"生态平衡"是新的焦点。我们已经注意到,一些国家以领导人或政府声明的方法宣布禁止将克隆技术用于人的遗传,无论从伦理角度或其他角度考虑都是有道理的。

维护人类社会结构的"生态平衡"自然包括性别结构的平衡。性别结构是人口结构中的最重要组成部分之一。自人类社会产生以来,无论社会怎样变迁,人类经历过多少自然和社会的灾难、磨难,到目前为止,仍然维持着大体上的男女性别比例的平衡。在这里,我们不是要从男女数量比上想问题,而是从男女的角色关系和社会平等上来思考问题。即从社会结构的角度,男女平等的真正含义是什么?从人类社会和人类种群的角度看,男女是一对矛盾,是矛盾的统一体。唯物辩证法认为矛盾是反映事物内部或事物之间的对立和同一关系的基本哲学范畴。对立和同一,这是事物矛盾所固有的两个相反而又相成的基本属性和特性。男女作为矛盾的双方既有对立的属性,又称为斗争性,也有同一性。矛盾的同一性是指矛盾着的对立面相互之间内在的、有机的、不可分割的联系。它可用不同的术语来表示,如统一性、一致性、互相依存、互相依赖、互相渗透、互相贯通、相辅相成、互相合作等。在我们思考男女平等问题,追求男女平等目标时,不能不考虑这些方面。把男女绝对对立起来或等同起来不是唯物辩证法,而是形而上学。恩格斯在批评形而上学时说,旧形而上学意义下的同一律是旧世界观的基本原则：A＝A。每一个事物和它自身同一。一切都是永远不变的，太阳系、星体、有机体都是如此。今天我们争取和实现男女平等应当考虑男女差别、男女互补、男女联系的客观必然性。男人能做到的事情，女人不一定都能做到；女人能做到的事情，男人也不能都做到。就好像世界既需要男人的刚毅，也需要女人的柔美一样，只有男女在差异中的搭配与合作，才是一个完整的世界，美丽的世界。

综上所述，实现男女平等需要一定的社会条件，没有生产力高度发展的条件，不可能有真正的男女平等；从社会功能来思考男女平等，男女平等是被他们不同的社会角色地位和承担的不同的社会功能所制约的，在生育脱离母体，不再需要女性生育之前，不可能有完全的男女平等。从社会结构上看，争取男女平等是实质上的，不是形式上的；不是盲目消灭男女性别的差别，而是要完善男女角色模式，实现男女互补，社会需要男女有“差别”，而不是形式上的完全等同。从以上三重意义上说，实现男女平等还有一段很长的路要走。当然，在我们阐述上述观点的同时，并不认为女性解放无希望，无出路，女性解放无为。而是要对女性解放进行科学和现实的思考。从现实出发，男女平等首先是要争取男女的社会地位平等，即女人应当在政治、经济、法律、教育、家庭和社会生活的一切领域和男子有平等的权利和机会，是权力和机遇的平等。我们要在各个领域关照女性，使她们有和男子一样参与社会生活、家庭生活的权力，有发挥女性才能的机会和空间，为妇女的彻底解放创造各种条件。只有经过数代人的不懈努力，才能实现女性普遍的、较高程度的解放。

构建天津和谐社会模式

载《天津经济》2005 年第 5 期

在过去的年代里，天津在以经济建设为中心，加快发展速度的同时，注重社会事业的发展，构建了有天津特色的和谐社会模式。我们可以从经济与社会协调发展，城市环境建设，人民生活水平提高，社会稳定，良好的社会精神氛围和人的素质培养等几个主要方面来解剖这个模式的特点。

一、和谐社会是经济与社会协调发展的社会

确定经济与社会协调的总体发展战略，实现跨越式发展，是天津近十几年来发展的一个突出特点。还在 1993 年，市委、市政府就提出“三五八十”的发展思路和 4 大奋斗目标。这一战略发展目标，经过广大干部群众历时 9 年的顽强拼搏，提前一年全面实现了。现在全市人民正在按照“整体推进，协调发展，追求高水平，实现新跨越”的总要求，加快实施“三步走”第二步战略部署，其中大力发展海河经济是新的战略举措之首。这一战略以综合治理海河周边环境为切入点，直接或间接带动相关产业的发展，形成对经济发展的推动力和新格局，以经济发展推动社会发展，促进环境建设和改善；以社会发展和环境建设保障经济发展，实现经济、社会和环境发展的协调一致。可以预见，新的海河两岸综合开发方针的实施，必将大大推动社会事业发展和环境改善，取得经济和社会发展双效应，形成经济与社会协调发展的新格局。

二、和谐社会是城市环境宜人的社会

近年来，天津城市建设进展大，初步展现了最适宜人居创业的大都市形象。多年来天津一直把改善城市环境作为促进经济发展和改善人民生活的大事来抓。2000 年，天津市委、市政府提出“增加群众收入，改善生活环境，提高文化品位”新三件事。近年来，我市以治河、治路为中心，励精图治，使城市环境有了很大改观。先后治理了津河、卫津河、月牙河、复兴河(南围堤河)，使破烂不堪，污水横流，垃圾遍地的地方，变成水清，树绿，堤岸绿地成荫，景色迷人的去处。另外，我市又以改善交通状况为中心，从另一方面改变城市环境，配合危陋平房改造，拓宽道路，打通卡口，修建新桥。2003 年以改造老城厢为中心，继续改善天津环境。其他方面也是捷报频传，如津蓟高速公路通车，北塘排水河改造工程告竣，从开发区到市区的轻轨铁路建成通车，地铁一号线、城市快速路施工正忙，蓝天、碧水、安静等 6 大环保工程胜利实施，旧楼改造、灯光夜景等工程按期完成，建成银河公园、塘沽外滩公园，全年新增绿化面积 2500 万平方米，比上年增加 2 倍……天津的面貌年年变，月月变，天天变。有的人说，“在天津几天不出门就认不得地方了”，并不夸张。天津的面貌大变，但天津人没有就此停步。2004 年天津有关部门又提出“五项重点任务”：全力加快海河开发；全面提高市容环境水平；构建现代化大都市道路网络，加快基础设施建设；加快住宅建设，大力发展房地产业；加快城建经济发展，实现产值、效益同步提高。要实现“五个重点突破”：在提升城市规划、建设、管理、文化品位上实现重点突破；在扩大招商，吸引民间资本上实现重点突破；在推进城市建设管理市场化进程上实现重点突破；在改善投资环境上实现重点突破；在构筑人才高地、发挥人才优势上实现重点突破。这些规划和举措的实施，将使天津变成最适宜人居创业的大都市。

三、和谐社会是人民生活富裕和有保障的社会

多年来，天津形成了“一切为了人民，一切依靠人民”的发展思路和“办事情，想问题，从中低收入群众的需要出发”的指导思想和方针，努力把天津建设成人民生活富裕和有保障的社会。随着天津的经济发展，人民的收入正在不断增加，人民生活富裕起来，正在向小康社会迈进。2003年本市居民人均可支配收入为 10313 元，高于全国的 8472 元，增长10.5％，增幅创近 5 年来最高。不仅城市居民家庭收入增加，农民的收入也有明显增长。农民人均纯收入 5861 元，增长 10.3％，2004 年我市城市居民人均收入继续保持增长的势头。根据中国社会科学院社会学研究所的调查评估，表明全国消费水平和生活水平之一的恩格尔系数为 44.2，天津为 38.7，低于国家系数，仅仅高于北京等，位居各省市第 3。

天津在努力提高人民生活水平，增加人民收入的同时，继续建立完善有力的社会保障制度，救助弱势群体，保持社会稳定。2003 年 9 月 8 日天津召开了全市就业工作会议，通过了《天津市 2003－2005 年再就业总体规划和工作安排》。预计 2003 年到 2005 年新增就业岗位 61 万个，其中分流安置下岗回流人员 3 万人，解决新增劳动力（含大学生）就业 20 万人。到 2005 年，城镇登记失业率控制在 4％以下。为此确定了今后 3 年就业和再就业工作的重要任务：千方百计开拓就业领域，增加就业岗位数量；发挥政策引导效应，加大政府促进就业力度，消化下岗失业人员存量；加强宏观调控，用足用活政策，分流企业改制减员增量；健全机制，创造环境，保持较低的失业人员常量。《天津日报》从各个角度报道了这方面的消息。2003 年 8 月 27 日报道说，团市委创办实体解决再就业——未来超市创 3000 就业岗位；2003 年 9 月 7 日报道说 ，本市妇女再就业得到联合国有关驻华机构认可表示向世界推广天津模式，创业小额贷款成功扶助 6000 女工再就业，引用孵化器概念创建妇女创业服务中心；2003 年 9 月 15 日报道说，4 大体系助推规模再就业，工会系统 52 家再就业服务联社直接安置下岗职工 33000 人次，今后每年实现安置 20000 人；2003 年 9

月 17 日报道说，累计发放贷款 2219 万元，促 3000 余人实现再就业——助推再就业，金融下保单。2003 年我市的就业和再就业工作取得了突破，实现新增就业岗位 18.1 万个，安置下岗失业人员 12.1 万人，消化存量下岗人员 3 万人，城镇登记失业率 3.8%，低于全国水平。2003 年除大力解决下岗失业问题外，在社保的其他方面也有许多举措，比如进一步调整了最低工资标准，由每月的 450 元涨到 480 元（宝坻、武清、宁河、静海、蓟县由 440 元调整为 470 元）。这些举措都为 2004 年社会保障事业的进一步发展奠定了基础。据天津市民政局提供的信息，2004 年天津市已初步形成以最低生活保障制度为核心、其他救助制度和多种救助方式相配套的 6 大社会救助系统，包括生存权益保障系统、生活支撑保障系统、突发应急保障系统、时令解困保障系统、特殊补充保障系统、外部环境保障系统。其中，城镇低保、农村低保和五保供养构成生存权益保障系统。另外，帮扶下岗人员创业的天津模式，即创业培训与小额贷款的紧密结合，示范全国。截止目前，经创业培训的下岗失业人员创办企业近 5000 家，创业贷款金额已累积发放 3500 多万元，带动 25000 人实现就业，小额担保贷款还款率超过 90%，实现了创业培训与自谋职业的可持续发展，在全国处于先进水平。在国务院召开的推广下岗失业人员小额担保贷款全国电视电话会议上，天津劳动和社会保障局向全国介绍了创业培训与小额贷款紧密结合，双赢互动，促进下岗失业人员自主创业的经验，受到国家劳动保障部的高度评价。

四、和谐社会是稳定有安全感的社会

稳定是发展的前提，稳定是发展的保障。多年来的实践表明，天津之所以得到了持续快速发展，是和天津的社会稳定分不开的。天津的社会治安状况一直较好，在全国名列前茅。2003 年如此，2004 年依然如此。据公安部有关部门统计，近两年来，天津犯罪的发案率低，破案率高，天津公安机关对严重影响群众生命安全的大要恶性案件的破案率，再次位居全国四个直辖市之首。天津市公安机关以维护社会长治久安，服务本市的改革、发展和稳定的大局为己任，始终保持高压态势，坚持严打方针，预防为主，打防结合，有力保障了国家和人民群众生命财产的安全，使天津持续 10 年成为全国社会治安最好的地区之一。2005 年，天津的社会治安又撑起谨防、技防、民防三张网，成效十分显著。在天津生活的人民有社会稳定感和社会安全感。

五、和谐社会要有良好的精神状态和精神氛围

天津在自身的发展中坚持“两手抓，两手都要硬”的原则，在抓物质文明建设的同时，抓精神文明建设，创造了良好的精神状态和精神氛围。人要有精神，一个城市要有精神。天津在过去二十多年来的经济和社会发展中形成了特有的天津人精神：即积极进取，奋发向上；造福人民，知难而进；万众一心，共创大业；同心同德，敢打硬仗；自尊、自信、自强；谦虚谨慎，不骄不躁……靠这种精神，在中共天津市委、市政府领导下，天津实现了快速发展目标。天津的良好的精神状态和精神氛围是天津人在为建设美好家园的奋力拼搏中铸造的。作为“三五八十”4 大奋斗目标之一的危陋平房改造工程，不仅创造了巨大的物质成果，也创造了宝贵的危改精神，这就是：造福人民，知难而进；万众一心，共创大业。这种精神，体现了天津人自尊、自信、自强的可贵品格，体现了天津人民积极进取、奋发向上的坚强意志，体现了天津人民同心同德、敢打硬仗的必胜信心。这种巨大的精神力量是鼓励天津人民战胜各种困难，实现加快发展的巨大动力。天津以“弘扬危改精神”为中心，营造了促进天津发展的精神氛围。2003 年春，一场突如其来的灾难——“非典”袭击了中国，也袭击了天津。在这个突发事件面前，中共天津市委在党中央的领导下，牢记群众利益无小事这个道理，把人民群众的身体健康和生命安全放在第一位，把防治“非典”作为各项工作的重中之重，一手抓防治“非典”这件大事不放松，一手抓经济建设这个中心不动摇，带领天津人民，迅速行动，沉着应对，果断决策，靠前指挥，在很短的时间内，就控制了“非典”疫情，取得了抗击“非典”的阶段性重大胜利。这次胜利充分体现了党对人民群众高度负责的精神，

充分体现了社会主义制度的巨大优越性，极大地增强了中华民族的凝聚力。它再次证明了党的领导的坚强有力，具有应对突发事件、驾驭复杂局面的非凡能力；证明了中国社会从上到下，从高层到基层的组织社会的特征；证明了天津人民顾大体，识大局，守纪律，听指挥，有凝聚力，有战斗力。“非典”袭来是坏事，人们团结起来抗击“非典”使坏事变成好事。它使天津精神得到进一步检验，得到进一步铸造，得到进一步发扬光大。

在天津，我们能从许多方面体会到良好的精神风貌。在全国青少年教育问题引发关注，青少年犯罪率明显上升时，天津的青少年犯罪率却下降了。据有关方面透露的数字，天津市青少年犯罪占全部犯罪人的比例从1979年的83.5%，下降到2004年的44.9%，下降了38.6个百分点。2004年6月22—23日，全国未成年人思想道德精神经验交流会在天津召开，天津和平区介绍了他们创造的构建学校、社区、家庭“三位一体”未成年人思想道德教育网络的经验，经验经各大媒体报道后在全国引起热烈反响。中宣部部长刘云山在会议讲话中充分肯定天津的经验，他说，建立健全学校、社区、家庭“三位一体”未成年人思想道德建设网络，对推进青少年思想道德建设具有十分重要的作用。各地要积极借鉴天津和平区的成功经验，结合各自实际，创造性地开展工作，扎实推进未成年人思想道德建设。

六、和谐社会是注重人才培养和人的素质提高的社会

市委书记张立昌同志在谈到建设和谐社会的3个主要方面时说：领导干部是关键，社区是基础，人的素质是核心。多年来天津一直把发展教育，培养人才，提高人的素质当作有战略意义的大事来抓。教育兴旺，天津兴旺。多年来，天津贯彻执行科教兴市战略，教育事业长足进展。还在1999年8月，市委主要负责同志在教育系统调研时就指出，天津全面上水平，全市教育要率先上水平，要求再建几所“南开”“耀华”，全面启动中小学布局调整这项跨世纪宏伟工程。1999年12月，市委七届五次会议通过的《中共天津市委关于深化教育改革全面推进素质教育的若干意见》

明确提出，用6年左右时间，基本完成全市中小学布局调整的目标，并着力加强普通高中学校的建设。2000年天津第一所示范性高中——天津二中建成投入使用。2001年、2002年，特别是2003年，本市为实现这一目标持续不懈地努力。到2003年本市首批31所示范高中全部建成投入使用，65%的新高中生享受优质教育，建成161所规范化中小学和104所村办小学，高中阶段入学率达93.1%。以重点搞好中小学基础教育为龙头，天津的各项教育事业都得到较大的发展，高等教育毛入学率达到49%。据国家统计局发布的统计结果，天津教育发展的主要指标居全国前三位。2005年建成的示范性高中将达60所，大力构建的由高水平建设的示范校、高标准建设的骨干校和标准化的规范校组成的具有天津特色的职教体系，以及教育信息化建设都走在全国前列。目前，作为全国唯一的省级教育网，“天津教育科研宽带骨干网”已建成使用，920多公里的宽带光纤覆盖了18个区县。抓教育，培养人才，努力提高人的素质，是关系天津可持续发展、建设和谐社会的带有战略意义的大事。

从以上的分析中我们可以知道天津在构建和谐社会方面做了大量有益的工作，取得了很大进展，并逐步形成了有特色的天津和谐社会模式。当然构建和谐社会是个艰巨的历史任务，是复杂的系统工程。对于建设和谐社会的客观规律人们还在探索之中。天津虽然在建设和谐社会方面有了很大进展，但距离和谐社会的目标还很远。从和全国其他地区的比较来看，天津有优势，也有不足。根据北京《社科文献出版社》2003年出版的《中国城市竞争力报告》提供的数据，天津的竞争力指数为66.84，在香港、澳门、上海、深圳、北京、广州、东莞、苏州之后，排名第9位。该书还提供了中国47个最具有竞争力的城市排名和社会发展相关的一些指标，其中天津有些指标如“科技竞争力”等靠前，有些则较靠后，人才竞争力为21位，环境竞争力为34位，文化竞争力则为46位，不容乐观。

仔细分析天津自身的发展状况，其中确实有一些不尽人意的地方。比如，天津的城市环境仍要进一步改善。尽管近些年来我们一直在下大气力治理环境，市容市貌有了很大改观，但“环境死角”依然存在，宏观环境治理和微观环境治理的关系处理得不很好，各种环境污染问题仍没有得到彻底解决，另外城市交通拥堵不畅等问题也不容忽视；在天津影响社会稳定的潜在问题依然存在，主要表现在社会保障制度建立和实施还不能满足社会的需要，在社会治安方面，社会应对突发事件的准备和能力不足，对新生的社会问题还缺少成熟的应对办法；天津的城市化进程正在加速，随着城市的膨胀和扩张，一些新的问题产生了，诸如城市建设用地扩大中的用地结构问题、城市交通问题、城市住宅问题、城市能源和供水问题、城市环境问题、流动人口问题等；天津的教育事业确实得到了较大的发展，但仍存在许多令人关注的问题。比如尽管我们基本完成全市中小学布局调整的目标，并着力加强普通高中学校的建设，努力建设更多的示范校，但仍不能满足人们的需求，依然是“僧多粥少”。职业教育的发展也不能满足社会需要等。天津人民要总结经验，深入研究构建和谐社会的客观规律，继续用科学发展观指导天津的各项工作，为实现和谐社会的宏伟蓝图而努力奋斗。

发展城市社区服务经济

载《天津经济》2005 年第 11 期

在中国城市服务经济发展中，社区服务经济占有重要地位。这是因为社区已经成为新的城市社会组织基本单元，社区服务经济是现代城市服务经济的重要组成部分，有广阔的市场前景和巨大的市场需求。坚持以人为本，搞好设计和规划，大力发展城市社区服务经济，对于满足城市人的需求，整合城市社会，促进城市发展是十分重要的。

一、社区是我国城市社会组织的基本单元

改革开放以来，中国社会转型，社会的经济、政治、文化等各个方面都发生了深刻的变革，中国社会的组织机制也发生了变化，社区已经成为我国新的城市社会组织的基本单元。

今天，人们对于社区的概念并不生疏，但很少有人去思考和追溯它的原本含义。最早提出社区概念的德国社会学家滕尼斯，他认为，所谓“社区”是有共同的生活地域、环境，有认同感，利益相关，互相帮助，互相交往的社会共同体(COMMUNITY)。

改革开放以来，特别是实行市场经济以来，社会转型，我们的政府职能有了很大变化，把过去的许多职能逐步转给市场，转交社会，由所谓过去的“大政府，小社会”转变为今天的“小政府，大社会”。计划经济时代，政府无所不包，无所不能，上至国家社会大事，下到百姓生活细节，政府都要管，比如政府要管人们的就业，要管人们的住房，要管人们的日常生活

琐事。现在不是这样了，和政府职能变化同时出现的是“单位制”解体。以往的“单位制”是“大政府”体制的延伸，单位既是人们劳动就业的地方，也包揽了满足人们日常生活、福利、劳保、家庭和个人等需求的一切，有所谓“单位办社会”一说。现在，这种情况也变化了，单位也把过去包揽的一些事情交给社会来办。以上这些变化，促使人们走向社会，走向社区。在改革开放中，人们遇到了许多问题和挑战，诸如贫富差别、人口老龄化、下岗失业等，各种弱势群体的出现，社会安全感降低，使人们需要一种新型的和社会变迁相适应的社会依赖、帮助和救援组织，这就是“社区”。与居民委员会不同，“社区”行政色彩减少，人文色彩浓厚，是新型社会组织。近年来，社会生活的实践突显了新型社区在凝聚人心，实现其成员互相救援、互相帮助方面的作用。社区给人们力量和信心，使人们团结起来，共同克服困难，共享生活乐趣。与居民委员会相比，社区尽管是“无形”的，但它已越来越多地被人们认识和认同，成为今天组织社会的基础。

二、社区服务经济的内涵和外延

（一）服务经济和服务经济理论

现代服务经济有十分丰富的内涵，诸如商贸流通，建立商贸集聚区，建立批发集散贸易企业，举办大型会展和商贸活动，发展生活服务业等；信息服务，建立电信、移动、网通、联通等电信基础设施，发展网络信息服务，建立电子商务，大力发展软件产业等；中介服务，建立和引进为市场服务的各种中介服务机构，实现中介服务业集聚发展，实行知名品牌的中介服务等；文化服务，推进广播影视、报业、出版、音像、演艺娱乐等产业发展，开展教育、卫生、体育等领域中的服务，促进旅游业发展等；房地产业服务，开展建房、售房、租房、房屋买卖中介等服务。新兴的社区服务经济是现代服务经济的重要组成部分之一，它以社区为基础，以社区成员为服务对象，以居民的日常生活需求为主要内容，有广阔的社会需求和市场前景。

（二）社区服务经济的主要方面

所谓社区服务经济是以社区成员的日常生活需求为对象的服务型经

济。在中国社会转型中，社区的蓬勃发展，人们生活水平的提高和生活方式的改变，使社区服务经济有巨大的发展潜力和市场需求。这些需求大致包括以下方面：

1. 家政服务需求

随着人们的日常生活更多地转入社区，依赖社区，依赖家庭，各种家政服务需求增加了，诸如保健护理、营养配餐、家电维修、清洁卫生、室内装修、家庭保姆、代购物品等等。过去许多家政范围的服务，人们大都作为家务劳动自己干，今天人们收入增加，生活水平的提高，许多人希望由家政服务公司和家政服务人员来干，这样既可减少辛苦劳作，也能得到满意的专业化服务。按市场规则，提供消费者满意的服务，由消费者付费的机制已经形成，提供家政服务，是社区服务业发展的重要方面。

2. 不同群体、特别是弱势群体的需求

随着社会变迁，社会不同年龄和性别群体有不同需求。人口老龄化是我国人口结构变化中的一个最为突出的问题。面对老龄社会的挑战，要解决老年人的各种需求，提供以“托老”为中心的老年人的各种服务，有广泛的市场需求和广阔的市场前景。家庭小型化、核心化是社会变迁中的另一个凸显的问题，与此相关的除老年人的赡养问题外，还有儿童问题、托幼问题、青少年教育和培养问题，以及女性面临的家务劳动和就业的双重压力问题等。新的社区服务业，可以从不同群体、特别是弱势群体的需求中寻找市场，施展作为。诸如积极开展服务独居老人群体的应急呼叫、陪聊、陪读等服务，服务青年群体的导游、婚庆等服务，服务学生群体的家教等服务，服务婴幼儿群体的照料、接送服务等。

3. 生活水平提高和生活方式改变的需求

在向“小康社会”迈进中，人们的生活水平不断提高，生活方式不断更新，更加注重生活质量，并不断提出与此相关的各种要求和需求，除去各种物质消费需求外，还有各种文化和精神消费方面的需求，诸如文化、娱乐、旅游、休闲等服务。这些都需要社区服务业建立平台，提供服务。诸如设立图书站(馆)、棋牌室、歌舞卡拉 OK 厅、羽毛球乒乓球活动馆、健身房等，并提供相关的服务。

4. 身体健康需求

在向小康社会过渡中，人的生活观念由追求生活的“数量”到生活的“质量”，进而关注健康，以健康为本。人们由追求“现代生活方式”，转向追求“健康的生活方式”，身体健康方面的需求越来越多，越来越突出。如果说在过去的二十多年中，中国社会由贫困型转向温饱型，人们的生活方式由传统转为现代，那么在由温饱型社会转向小康社会进步过程中，人们开始反思生活方式，由注重高质量、高品质，开始转向理性和多元化，其中对健康的关注成为一个核心。因为长寿只有和健康相结合才会有高质量的生活，而健康的体魄是生活方式塑造的。现在社会中日益增多的老年人健康问题，还有社会中坚人群的亚健康状况，都越来越多地引起关注。所有这些都对社区的卫生服务、疾病预防、医疗、保健、康复等方面提出服务需求。大力发展社区医疗、体育健身服务，整合社区资源，建立健全以疾病预防、医疗康复、健康教育和计划生育技术为主要内容的社区卫生医疗网络，方便居民就近就医，是受欢迎的。

5. 心理咨询需求

现代社会变迁速度很快，新生事物层出不穷，改革开放以来人们遇到了前所未有的新问题，虽然生活水平提高了，但心理压力也增长了，各种心理障碍和心理疾病增多，需要提供心理咨询服务，开展心理咨询活动，以帮助社区居民减轻心理压力，消除心理障碍，实现心理健康。在发达国家，心理咨询是社区社会工作的重要组成部分之一。我们的社区服务业也面对心理需求的广阔市场，在这方面是大有作为的。

6. 社区救援需求

今天的家庭与社会生活发生了很大的变化，家庭小型化，离婚率增高，家庭暴力增加，空巢家庭增多，单身户增多，下岗失业客观存在，各种新的贫困人口的出现，都提出了社区干预和社区救援需求。社区服务业可以从中找到发展的新的生长点和商机。比如开展安置就业和就业咨询服务等。

以上我们列举了城市社区服务经济的主要内容和主要方面，从中我们可以知道，提供这些服务，不仅可以发展城市服务经济，提供大量的就业岗位，而且可以满足社区成员的各种需求，对于提高生活水平和质量，改变生活方式，为社区成员排忧解难，从而增加社区成员的凝聚力和归属感，整合社区，整合社会都有重要的意义。换句话说，发展社区服务业有经济和社会双重效应，是经济和社会协调发展之产业。

三、社区服务经济体系和发展前景

我国以往的社区服务和社区服务业是今天社区服务经济的前身。还在20世纪80年代中期，社区服务和社区服务业就出现了，那时的社区服务是从以往民政服务对象的扩大，社区服务业中的大多数内容都是为满足社区居民的日常生活急需。在计划经济时期，人们的生活水平较低，社会第三产业不发达，社区服务有拾遗补阙，满足急需的作用。服务多采用低收费、不收费的办法。今天，计划经济体制已经转变为市场经济体制，人民的生活水平大大提高了，生活方式也转变了，经济和社会交换价值的理念深入人心。因此新型的社区服务经济和以往的社区服务无论在服务内容、服务质量、服务方式和服务的运作机制上都有不同，呈现了新的特点。新型的社区服务经济是以人为本、服务社区的经济，它更加注重人的需求，以人的需求为出发点，以人的满意为目的，以整合社区为宗旨；新型的社区服务经济以社区成员为服务对象，按经济规律办事，实行市场规则，提供有偿服务，在满足社区成员需求的同时，具有服务经济效益；新型的社区服务经济有广阔的市场前景，能迅速扩展，实现市场化、规模化和产业化。

由于今天的社区服务经济是在以往的社区服务的基础上发展起来的，因此在它的起步阶段，在服务对象、内容和方式上还不能不带有原社区服务的色彩，在一定程度上保留这种色彩，对于社区服务经济为社区成员所接受，取得更为广阔的发展空间是必要的。有关专家学者从这个角度对有中国特色的新型的社区服务体系做过阐述，认为该体系可以包括

3 个系统 10 个方面，第 1 个系统包括社区社会救助、社区优抚、社区助残服务、社区就业服务，这 4 个领域都属于面向弱势人群和优抚对象的社区服务，充分体现了社区服务的福利性本质特征，是社区服务的最基本内容；第 2 个系统是社区为老服务、社区卫生服务、社区文化服务，这 3 个领域既有福利性、公益性的明显特征，又包含着一定程度的经营性的内容，其在社区服务总体系中的地位会伴随着经济社会发展愈益重要；第 3 个系统包括社区物业管理服务、社区商业服务和社区家政服务，这 3 个领域是经营性服务，是中国城市社区服务业发展的新的增长点。该论述把传统的社区服务和今天的社区服务业、社区服务经济联系了起来，可供参考。在未来的发展中社区为老服务、社区卫生服务、社区文化服务和社区物业管理服务、社区商业服务、社区家政服务一样都有广阔的市场价值和前景。

为了满足广大群众的需求，天津市于近期建立了家庭服务网络中心，开通了 8890 服务热线，群众通过该热线即可得到"家居服务""家电维修""房屋维修""水电维修""文化生活""教育培训""家庭购物""家庭用餐""交通出行""家庭旅游""客人住宿""医疗保健""体育健身""喜庆礼仪""中介服务""房产交易""证照服务""法律服务""保险服务""丧葬服务""社会福利""电力服务""供水服务""电信服务"等 24 个方面 115 项目服务，大大方便了群众，也初步把原来分散在天津的 1.1 万多家大大小小各类服务公司和部门整合了起来。为了更好地满足广大群众日益增长的需要，提供高质量的服务，实现从以往的社区服务向今天的社区服务经济的转变，实现社区服务经济的产业化、市场化，认真搞好市场调研是十分重要的。

在城市社区进行有针对性的社区服务业抽样调查，调查不同类型社区、不同社区成员群体的服务需求，通过对调查样本的数据分析和进行的总体推论，对社区服务经济的发展做出市场分析和预测，并据此制定相应的科学发展规划，可推动社区服务经济健康快速发展。

实现公平正义是建设和谐社会的本质要求

载《天津经济》2006 年第 11 期

日前“中共中央关于构建社会主义和谐社会若干重大问题的决定”公布了。民主法制、公平正义、诚信友爱、充满活力、安定有序、人与自然和谐相处是和谐社会的基本特征。实现公平正义是建设和谐社会的本质要求。

一、“平均主义”中的“公平”

大凡有人群且有利益分配的地方，都会产生公平问题。什么是“公平”，人们其说不一。“公平”最初通常被认为是“同等”“一样”“平均”，也许“平均”最能表达大多数人对“公平”的理解。事实上在传统的中国文化中，无论是何种原因，人们在谈论“公平”和追求“公平”时很少用“公平”概念，却比较多地使用了“平均”，特别是“均”字。中国的孔圣人就有过“不患寡而患不均”的哲理和推断，财物少不要紧，担心的是分配的不均。在中国漫长的封建社会中人们出于对现状的不满，不懈地追求“平均”。历代统治者和精英们都看到了这点，每当他们要建立一种新秩序、新体制时，都要为人们勾画出一幅平均、平等的纯正图画。连揭竿而起的农民起义领袖，提出的口号也是“均贫富，等贵贱”。中国近代民族资产阶级革命的奋斗口号也是“平均地权”，尽管孙中山先生提出这一口号的本意是通过国家征收土地税的方法使富人不至于垄断社会财富，最后消灭贫富差别。但考虑中国人的接受习惯，也不得不冠以“平均”二字。

其实在人类社会文明史上,“平均”或“平均主义”只是作为一种社会心理和社会理念存在,在事实上从来没有实现过。有人根据逻辑推断,认为绝对的平均、平等只是在人类原始公社共产制的时期才可能存在,而那时人类极其贫穷,环境十分恶劣,财富少得可怜,不得已而实行原始的平均主义,平均主义是和原始时期极低生产力水平相适应的,以后平均的模式就再也建立不起来了。之所以如此,不仅因为生产力发展了,人类的财富增加了,而且和私有制的出现,人们的阶级、阶层分化分不开。在现代社会人们逐步意识到绝对的“平均”是无法实现的,用“平均”这样一个等量均等的概念来表示“公平”,既不实际,也不适宜。

二、“效率”中的“公平”

其实,在中华人民共和国成立后的一段时间里,我们也有过“平均主义”的理念,有过一些实行“平均”的做法和教训,最典型的是 20 世纪 50 年代人民公社期间的“一平二调”“吃公共食堂”等,以后人们简称其为“大锅饭”。这些做法过高地估计了人的觉悟,否认了人与人的差别;强调了集体利益,否认了个人利益;用简单的平均分配方法处理人与人之间的关系。这种生产关系的超前变革,扼杀了人们的劳动积极性和热情,破坏了生产力的发展,带来了贫穷,既没有事实上的平均,也没有实现“公平”。尽管我们很快纠正了这些做法,但在以后的一段时间里,我们仍然在“平均主义”中徘徊,直至党的十一届三中全会,我们决定把发展生产力放在首位,实行“改革开放”政策,才彻底打破“大锅饭”模式,取消“平均主义”,以“效率”优先,兼顾“公平”的原则,发展生产,富裕人民,提高国力。

中国的改革开放是从农村实行家庭联产承包责任制开始的。这个政策把个人劳动与收入和利益紧密联系起来,切实贯彻了多劳多得,少劳少得,不劳不得的分配原则,充分调动了人们的积极性和热情,在很短时间里就产生了意想不到的发展生产,增加财富的巨大效果。以后我们进一步深化改革,明确提出了允许一部分人通过劳动先富起来,先富带后富,最后达到共同富裕的政策,进一步确认了按劳分配,承认差别,“效率”优先,兼顾“公平”的原则。允许一部分人通过劳动先富起来,先富带后富,最后达到共同富裕的方针显然是一个把阶段性目标和最终目标相结合的致富方针。从阶段目标上说,是一部分人通过劳动先富起来,先富带后富,从最终目标上说是共同富裕。致富需要财富,需要财富的创造和积累,这显然要有一个过程,不会一蹴而就,对于我们这样一个有13亿人口的大国来说,要使全体人民都富裕起来,谈何容易,更需要一个较长的时间和过程。要缩短这个过程,必须调动人们的劳动积极性,艰苦奋斗,提高效率,在较短的时间里,创造更多的财富。而调动人们的劳动积极性,提高效率的前提又必须取消“大锅饭”,允许一部分人先富起来。因此,改革开放以来,我们的分配方针、致富方针从总体上说是经得起推敲的。眼前的情况是,改革二十多年来,一部分人确实富裕了(有的人是极富),多数人的温饱问题已经解决,有一部分人还达到了小康水平,然而还有少数人仍处于贫困状态。无论如何,社会上出现了明显的贫富差别,而且这种差别还有加大的趋势。这对于曾经生活在低水平相对平均模式中,有传统的“不患寡而患不均”文化心理状态的中国人来说,会产生一种相对剥夺感。一些人想问题首先不是从自我生活水平和状态的今昔比较,从生活水平的逐步提高和富裕中,找到安慰和满足,而是从贫富差别中感到困惑和不公。再加上改革以来社会的分配体制还没有理顺,一些单位和地区自行其是,分配制度五花八门,比较混乱,也有少数人并非靠劳动致富,而是用非正常手段(比如靠手中占有的权力和资源)捞取金钱,或用非法手段得财,就更加重了人们的不“公平”感。

人们对如何处理“效率”和“公平”的关系有不同的看法和意见。一些人主张牺牲“效率”要“公平”,他们说不能搞两极分化,贫富悬殊,有的人挥金如土,有的人连基本的生活还没有保证,这太悬殊了。如果要在“富而不均”和“寡而均”两者之间加以选择的话。我们宁愿要后者。另一些人反对这种意见,主张在“效率”优先中兼顾“公平”。他们认为,在社会的不同发展阶段上,对“公平”有不同的解释和理解,比如在今天大多数人认为“按劳取酬”是公平的,少劳多得,不劳而获是不公平的。换句话说,今天再搞简单的“大锅饭”，对少数懒汉可能是“公平”的，对大多数辛勤劳动的人则不公平。在“患寡”和“患不均”中现在主要还应“患寡”，担心财物少而不够分。在财物少，甚至到无财可分的情况下，讨论“公平”是没有意义的。就像给众人分一张烙饼，只有尽量把那张烙饼烙大后，才能考虑每个人分多分少的问题。在那张大饼仅够每人分一口，实际上谁也吃不饱的情况下，谈论均不均的问题，只是在把人们拉回到原始的低质量、低层次的均等状态，不是今天人们要追求的公平。今天，我们是要引导人们走向共同富裕，而不是把人们带回到以往的平均贫穷模式之中。

在任何一个社会中，“公平”的标准都是相对的，不是绝对的。从社会分配的角度说，任何一种分配制度的客观存在都取决于社会大多数成员对于它的合理性认同。在当前“效率”优先，兼顾“公平”的原则下，我们国家至少有四种分配制度。第一，“按劳分配”，多劳多得，少劳少得，不劳不得。第二，“按贡献分配”，它是“按劳分配”的另一个尺度，贡献越大分配越多。第三，“按财产分配”，诸如银行存款得利息，投资买股票有红利等。财产越多得利越多。第四，“按需分配”，诸如在失业、退离休、医疗、工伤、生育等社会保障制度中规定的分配。这四种分配制度在不同的领域有不同的功能和作用。特别需要指出的无论哪一种分配制度都与平均主义无关。“按劳分配”“按贡献分配”“按财产分配”都是不均的，就是“按需分配”也是不均的，也有因需多需少不同而产生的分配上的差别。换句话说，现存的各种分配制度无论其合理性程度如何，都不是平均的，都与平均主义无关。黑格尔有句名言：“凡是现实的都是合理的”。我们可以把它改说为“凡是现实的都是有其存在根据的”。

三、“正义”中的“公平”

今天，我们要追求“正义”中的“公平”。它不是“平均主义”中的“公平”，也不等同于“效率”中的“公平”。中央要求要按照“民主法治、公平正义、诚信友爱、充满活力、安定有序、人与自然和谐相处”的要求建设社会主义和谐社会。其中公平和正义是联结在一起的。追求正义中的公平，是未来的公平理念和发展方向。以“三个代表”为指导思想和灵魂的中国共产党人向全国人民郑重宣誓:要代表中国最广大人民群众的根本利益。正如胡锦涛总书记指出的,一切为了人民,一切依靠人民,是马克思主义政党最鲜明的政治立场。实现人民的愿望、满足人民需要、维护人民利益,是“三个代表”重要思想的根本出发点和落脚点……要牢牢把握和坚持始终代表中国最广大人民根本利益,切实把人民群众的利益实现好,维护好、发展好,切实把他们的积极性引导好、保护好、发挥好,为中国特色的社会主义伟大事业奠定坚实的群众基础、提供强大的奋进力量。

实现“正义”中的“公平”是全党、全社会在当前构建和谐社会中的重要目标和任务。要实现这个目标,完成这个任务,以下方面是十分重要的。

1. 牢牢把握和坚持始终代表中国最广大人民根本利益,切实把人民群众的利益实现好、维护好、发展好。要牢牢记住改革开放的根本目标是要使全体人民共同富裕起来,这是由中国共产党的性质决定的,是由建设有中国特色的社会主义社会的方向决定的。失去了这个目标就失去了改革开放的大方向,就没有正义中的公平。为此,我们在肯定改革开放的巨大成果的同时,要正视和承认我们面对的各种矛盾和问题,诸如贫富差别问题,以及由此而生的社会不公平、不公正的问题等。要制订相关政策,采取有效措施,化解矛盾,逐步解决这些问题,最大限度地增加和谐因素,最大限度地减少不和谐因素,不断促进和谐社会建设。

2. 坚持效率公平兼顾的原则,加大实现社会公平的力度和速度。我们要分析产生贫富差别的社会原因,用科学的方法分析和解决问题。我们的目标是使广大人民群众共同富裕起来,而不是把人们一起拉回到低水平贫穷的老路上去,因此不能用“平均主义”的方法和思维方式去实现共同富裕的目标。我们必须进一步调动人们的劳动积极性和热情,继续加快生产力发展,积累更多的财富,这样才能建立共同富裕的物质基础。如果说以往我们是效率优先兼顾公平,今天我们则是在继续坚持效率的同时,更多地思考公平,更多地用力解决公平方面存在的问题。改革开放以来，有些单位搞“减员增效”。从微观上说，一个单位实行精兵简政，人尽其才，物尽其用，减员确实能增效，实现改革的目标。但作为一个企事业单位的负责人，必须心中装有广大人民群众，要有企业员工共同致富的目标和胸怀，要有多数人受益的责任心和观念，只有这样才能首先想到把“蛋糕”做大。在改革开放中，我们注意到某些单位在改革的口号下，不是把“蛋糕”作大，而是减少吃“蛋糕”的人，一方面在企业内部自行制定差距很大的工薪标准，另一方面把大量人裁员下岗，并把他们推向社会，这种办法对一些人确实“增效”，但造成了较大的贫富差别和不公平心理，而且大大增加了社会负担。中国今天的改革是中国昨天社会发展的延续，我们不能忘记自 1949 年中华人民共和国成立以来我们曾经造成了一个公有制普及，公有化程度很高的社会，在这种情况下进行的改革，不能简单行事，用牺牲一部分人的利益的办法去满足另一部分人的利益。

3. 创造使全体人民各尽所能、各得其所的机会。对于什么是公平，人们有不同的认识，从正义的角度说，结果的公平重要，机会的公平更重要。一些人之所以有怨气，发牢骚，是认为社会没有提供平等的机会，去让人们施展本领，发挥才能，公平竞争。《中共中央关于加强党的执政能力建设的决定》在关于提高构建社会主义和谐社会的能力的阐述中开宗明义就是形成全体人民各尽所能、各得其所而又和谐相处的社会。要实现这个目标，首先就是要全面贯彻尊重劳动、尊重知识、尊重人才、尊重创造的方针，不断增强全社会的创造活力。胡锦涛总书记在省部级主要领导干部提高构建社会主义和谐社会能力专题研讨班上的讲话中也强调了切实增强全社会的创造活力。换句话说，就是要给各行各业的人以充分的机会施展才能，发挥创造力，坚决破除各种障碍，使一切有利于社会进步的创造愿望得到尊重、创造活动得到支持、创造才能得到发挥、创造成果得到肯定。在社会发展的现实阶段，建立公平的社会机制，首先是要最大限度地实现机会平等，使人们有平等的机会接受教育、劳动就业、参与竞争、发财致富、享受社会福利、参与社会生活等。从社会心理上说，有平等的机会是比有平等的结果更为重要的。

4. 调节利益分配机制。《中共中央关于加强党的执政能力建设的决定》在关于提高构建社会主义和谐社会的能力的阐述中指出:要“妥善协调各方面的利益关系,正确处理人民内部矛盾。坚持把最广大人民的根本利益作为制定政策、开展工作的出发点和落脚点,正确反映和兼顾不同方面的群众利益。高度重视和维护人民群众最现实、最关心、最直接的利益,坚决纠正各种损害群众利益的行为。要建立健全社会利益协调机制等。在调节利益分配机制方面,社会应该有所作为。除去要制定和修正一些法规条文,建立合理的分配机制,兼顾不同方面的群众利益,调节不同利益集团的利益关系,理顺当前的比较混乱的分配秩序外,实行“抑富扶贫”也是很重要的。现在世界主要发达国家都有相应的“抑富扶贫”,避免过度的两极分化的政策和办法,其主要的理论依据是一个以“中产阶级”为主体的社会是普遍的“小康社会”,是贫富差别相对较小的社会,是稳定的社会。尽管中国的国情与西方发达国家有差别,什么是“中产阶级”,是否一定要建成“中产阶级”社会,还值得研究和探讨,但缩小贫富差别,使大多数(还可说是全体)人民都富裕起来的目标是明确的,无疑的,因此要“抑富扶贫”。通过让富人、有钱人多出钱,多做贡献的办法,来发展社会的公益事业,来帮助穷人,缩小贫富差别。今天个人私有财产受到法律保护,要用规范的方法、法制的方法“抑富扶贫”。比如一些发达国家采用收入累进税的办法,收入越高,所缴税比例越高,交税越多就是范例之一。现在我们使用的交纳个人收入所得税也是类似的办法。使用这种方法的前提是要有个人收入和财产的透明度,为此我们也采取了诸如银行存款实名制等方法,但总的来说,力度不够。除去税款调节的方法外,还可以用一些其他的办法“抑富扶贫”,诸如发展社会慈善事业,以及进行宣传、教育,组织各种对贫困地区和个人捐献、馈赠活动等,不仅能缓解因贫富差别带来的社会矛盾,而且能弘扬爱心和社会文明,整合全社会。

5. 满足人民群众对社会生活的基本需求,及时解决一些敏感的社会问题。当前我国绝大多数人的温饱问题已经解决,一部分人已经进入了小康。在全面建立小康社会的进程中人民不仅有基本的生活方面的需求，还会提出一些新的需求，诸如今天人们提出的对教育方面的需求、对医疗方面的需求、对住房方面的需求等。由于经济和社会发展水平的限制，目前我们还不能充分满足人民群众的各种需求。这种资源和需求之间的矛盾触发了一些新的社会问题：教育乱收费、医疗乱收费、商品房的价格居高不下等。从长远看，只有经济与社会高水平发展，才能最大限度地满足人民群众日益增长的各种需求，解决根本问题。在此之前，社会也应有所作为，比如制定相应的政策，实施法律法规，修正和制裁那些损害群众利益的行为，伸张与维护社会的公平与正义。

6. 尽快地完善各种社会保障制度，增加社会生活的安全感，建设福利社会。以按需分配为基本原则的各种社会保障制度对于今天的社会生活是十分重要的。尽快地完善各种社会保障制度，加大社会保障力度，向广大人民群众提供实实在在的劳动就业、养老、医疗、生育、工伤等方面的社会保障，会大大增加社会生活的安全感和公平感，化解社会矛盾和问题。完善社会保障制度，建设福利社会是实现社会公平的基础，是使社会全体成员（大多数成员）受益的机制，是社会正义的体现。有完善的社会保障制度，人们有社会生活的基本保证，建设福利社会，大多数人进入小康，能增强人们对社会的信心，增加对社会差别和差异的容忍度，也能在一定程度上淡化社会不公平现象，缓解不公平的社会心理。

无论如何，今天我们追求的是“正义”中的“公平”，要实现这样的目标，我们要坚持代表最广大人民群众根本利益的基本宗旨；要在坚持效率公平兼顾原则的同时，加大实现社会公平的力度；要为广大人民群众创造平等的参与社会生活和在社会生活中自我发展、自我实现的机会；要调节利益分配机制，调节不同利益集团的利益关系，理顺当前的比较混乱的分配秩序；要发展生产，最大限度地满足人民群众对社会生活的基本需求，及时解决一些敏感的社会问题；要完善各种社会保障制度，建设福利社会，增加社会生活的安全感和幸福感等。尽管实现“正义”中的“公平”要走很长的路，要克服困难，做大量的工作和努力，但它是共产党人的不懈追求。

建设“和衷共济”式的和谐社会

载《学习月刊》2008 年第 17 期

党的十七大报告再次把促进社会和谐、建设和谐社会作为全党带领全国人民共同奋斗和努力实现的伟大目标。从党的十六届四中全会提出建设社会主义和谐社会的任务，党的十六届六中全会通过的《中共中央关于构建社会主义和谐社会若干重大问题的决定》(本文简称《决定》)以来，建设和谐社会已经深入人心。从理论上探讨和谐社会的特征，不断总结建设和谐社会的客观规律，对于指导和社会建设的伟大实践是十分重要的。

一、“和衷共济”是和谐社会的本质特征与最佳境界

党中央强调，要按照“民主法治、公平正义、诚信友爱、充满活力、安定有序、人与自然和谐相处”的要求建设社会主义和谐社会。按这样的要求建设的和谐社会应该是“和衷共济”式的社会。“和衷共济”是和谐社会的本质特征与最佳境界。要说明这点，我们还要从什么是社会，即社会的本质说起。

社会是人的聚集，是人与人之间关系的总合。社会的本质是社会关系。法国早期社会心理学家塔德认为，社会是具有共同心理的人们的集合。美国社会学家派克认为，社会是包括人类的行为习惯、情操、民俗等在内的遗产。法国社会学家杜尔克姆认为，社会就是集合意识，是一种建

立在个人意识之上的独立实体。社会是人与人之间关系的总体①。按照马克思主义的观点，社会是人们相互交往的产物，是各种社会关系的总和。马克思说：“社会——不管其形式如何——究竟是什么呢？是人们交互作用的产物。”②马克思认为，没有人们的交往便没有社会，而人们的交往首先是在生产中开始的。他说：“人们在自己生活的社会生产中发生一定的、必然的、不以他们的意志为转移的关系，即同他们的物质生产力的一定发展阶段相适合的生产关系。这些关系的总和构成社会的经济结构，即有法律的和政治的上层建筑竖立其上并有一定的社会意识形态与之相适应的现实基础。物质生活的生产方式制约着整个社会生活、政治生活、精神生活的过程。”③“生产关系总和起来就构成所谓社会关系，构成所谓社会，并且是构成一个处于一定历史发展阶段上的社会，具有独特特征的社会。”④在马克思看来，社会的本质就是社会关系，是社会关系中的生产关系和以生产关系为中心扩展开来的其他关系，是各种形式社会关系的总和。实现和谐社会的目标就是要实现社会关系和谐，这种关系和谐用“和衷共济”表示最有特点，最为贴切。一个社会的社会关系状态达到了“和衷共济”，这样的社会就一定是和谐社会。

何为和谐？词典对和谐之义的一般解释是指配合、合作与协调，是指配合得当，合作与协调良好。这是它的表层。从深层次上说，这种配合、合作与协调有“和衷共济”之义。还在中国古代，有关文献就从“和衷共济”之义上解释和谐。《辞海》中说：“和谐；协调。如：和衷共济。”衷是“内心”，济是“渡水”。“和衷共济”是指大家一条心，共同渡过江河，比喻同心协力，克服困难。如《礼记·乐记》：“其声和以柔。”《书·皋陶谟》：“同寅协恭和衷哉。”《国语·鲁语下》：“夫苦匏不材于人，共济而已。”韦昭著：“共济而已，佩匏可以渡水也。”可见，万众一心，团结奋斗，克服困难，共度

---

① 费孝通：《社会学概论》，天津人民出版社1985年版，第27页。
② 《马克思恩格斯选集》第4卷，人民出版社1972年版，第320页。
③ 《马克思恩格斯选集》第2卷，人民出版社1972年版，第82页。
④ 《马克思恩格斯选集》第2卷，人民出版社1972年版，第363页。

江河,实现共同的目标和理想是和谐的深层次意义所在。“和衷共济”是和谐社会的本质特征,也是和谐社会的最佳境界。“和衷共济”状态下的社会,人们有福共享,有难同当,团结一致,为达到一致的理想和目标而共同奋斗,这是我们建设和谐社会的目标和追求。

当前,中国共产党正在领导中国人民建设中国特色社会主义,为实现全面的小康社会而努力奋斗。我们的前途光明,也困难重重。需要广大人民群众动员起来,团结起来,凝聚起来,“和衷共济”,才能实现宏伟目标。从这个意义上说,今天我们建设和谐社会,不单是要化解矛盾、协调关系、使人们和睦相处,更需要万众一心、同心同德、共同奋斗。要建成这样的社会,必须具有“和衷共济”的社会整合机制,具体说就是要有社会参与机制保证广大人民群众参与到共建中来,有社会利益关系调节机制使广大人民群众团结凝聚起来,有精神激励机制使广大人民群众振奋起来。

二、“和衷共济”式的和谐社会要有大众参与机制

“和衷共济”式的和谐社会首先应该有大众参与机制。和谐社会是广大人民群众共建共享的社会,只有大众参与,才有“和衷共济”。所谓大众参与机制是指使广大人民群众参加到共建共享和谐社会中来。我们的目标是使大众共享,我们的任务是使大众参与共建。共建是过程,共享是结果。没有大众共建的过程,就没有大众共享的结果。没有大众共享的结果,也就没有大众共建的积极性和热情。人民群众是社会的主体,也是和谐社会的主体。马克思在《詹姆勒·穆勒〈政治经济学原理〉一书摘要》中说:“人的本质是人的真正的社会联系,所以人在积极实现自己本质的过程中创造、生产人的社会联系、社会本质,而社会本质不是一种同单个人相对立的抽象的一般的力量,而是每一个单个人的本质,是它自己的活动,他自己的生活,他自己的享受,他自己的财富,因此,上面提到的真正的社会联系并不是由反思产生的,它是由于有了个人需要和利己主义才出现的,也就是个人在积极实现其存在时的直接产物,有没有这种社会联系,是不以人的意志为转移的;但是,……这种联系的主体、即人……——

不是抽象的概念，而是作为现实的活生生的特殊的个人——就是这种存在物这些个人是怎样的，这种社会联系本身就是怎样的。”[①]马克思在这里明确指出人是社会的主体，社会的本质和单个人的本质是联系的、一致的。马克思所说的人是活动着的、生活着的、要求享受的，有自己财富的，有个人需要的，利己主义的，总而言之，是自我的，有需求，有追求，有欲望。而人的自我、需求、追求、欲望的实现不是凭空的，不是从天上掉下来的或他人给予的，而是在积极实现自己本质的过程中创造的、生产的。这些论述对于我们思考建设“和衷共济”式的和谐社会是十分重要的。从某种意义上说，建立大众参与机制，是实现社会和谐的前提和基本条件。《决定》在论述建设和谐社会遵循的原则时把坚持以人为本作为首要原则：始终把最广大人民的根本利益作为党和国家一切工作的出发点和落脚点，实现好、维护好、发展好最广大人民的根本利益，不断满足人民日益增长的物质文化需要，做到发展为了人民、发展依靠人民、发展成果由人民共享，促进人的全面发展。从“和衷共济”的角度出发建设和谐社会，在思考如何最大限度地满足人民群众需要时，更要思考如何使人民群众最大限度地参与到建设和谐社会的实践中来，在共建中共享。只有全体人民各尽所能，才有全体人民各得其所。为此，必须全面贯彻尊重劳动、尊重知识、尊重人才、尊重创造的方针，不断增强全社会的创造活力，使一切有利于社会进步的创造愿望得到尊重、创造活动得到支持、创造才能得到发挥、创造成果得到肯定。在当前，实现最广泛的劳动就业，最大限度地减少失业，使广大人民群众有平等的参与劳动、做出奉献和开展竞争的机会与权利，保护竞争过程的规则与公正，保证劳动者享受自己的劳动成果等，对于建立和实现大众参与机制都是现实的、具体的、必要的。只有广大人民群众积极参与共建，才能有团结奋斗、“和衷共济”的氛围和局面，实现真正的和谐社会。

---

① 《马克思恩格斯全集》第42卷，人民出版社1972年版，第24～25页。

三、“和衷共济”式和谐社会要有利益关系协调机制

“和衷共济”式的和谐社会是配合、协调、团结一致、有凝聚力的社会，需要有利益关系协调机制，它包括缩小和平衡不同人、群体和阶层的利益差别，保护群众的利益和实现公共福利等相互关联的几个方面。

首先，我们要进行利益关系的协调。改革开放以来，为了调动人的积极性，发展生产力，我们实行了“效率”优先、兼顾“公平”的原则，允许一部分人通过劳动先富起来，先富带后富，最后达到共同富裕。到目前为止，一部分人确实富裕了，多数人的温饱问题已经解决，从总体上达到了小康水平，然而仍有少数人处于贫困状态。社会上出现了较明显的贫富差别，出现了新的阶层划分和利益集团，并引起了较大的社会反响。一个不能同甘共苦的社会是不能达到“和衷共济”状态的，必须有新的利益协调机制来解决这个问题。建立健全的社会利益协调机制，建立合理的分配制度，兼顾不同方面的群众利益，调节不同利益集团的利益关系，理顺当前比较混乱的分配秩序，实行“抑富扶贫”，缩小贫富差别、群体和阶层差别、不同利益集团差别、区域差别等，削弱和消除因各种差别产生的相对剥夺感，减小离心力，增强认同感，才能使人们团结起来，凝聚起来，共同奋斗，和衷共济。

其次，我们要认真解决关系民生的各种社会问题，切实保护群众的利益。积极化解各种关系民生的社会问题，是理顺社会关系、建立利益协调机制的又一个重要的方面。失业、失地、下岗、“上学贵和上学难”“看病贵和看病难”、住房价格飞涨等各种社会问题的客观存在在不同程度、不同方面损害了群众的利益。这些问题都是关系民生的社会问题，如果这些问题不能尽快得到解决，使群众特别是那些弱势群体没有基本的国民待遇，没有起码的生存权利，那么我们的政治制度、经济制度、社会制度便失去了存在的理由和基础，正常的社会秩序也无法维持，广大群众会对改革开放失去信心。只有认真解决各种民生问题，取得民众的信任，才能万众一心跟党走，和衷共济渡难关。

第三，实现公共福利，搞好社会领域的二次分配，是建立和健全利益协调机制的又一个重要方面。经济领域的分配是一次分配，社会领域的分配是二次分配或再分配。经济领域的分配和社会领域的分配的原则和尺度是不同的。在当前的社会条件下，经济领域的分配，诸如“多劳多得，少劳少得，不劳不得”，是为了调动人们的劳动积极性和热情，是效率优先的原则；而社会领域的分配则主要是保障包括老弱病残等弱势群体、困难群体在内的所有社会成员的衣食住行、生老病死的基本需求和条件，更多的是福利的原则。由于社会领域的二次分配带有“平均”的性质，因此更能赢得民心，产生平等的社会心理。当前搞好社会领域的二次分配的中心任务是建立和完善社会保障制度，增加社会生活的安全感，建设大众福利社会。以按需分配为基本原则的各种社会保障制度对于今天的社会生活是十分重要的。尽快完善各种社会保障制度，加大社会保障力度，向广大人民群众提供实实在在的劳动就业、养老、医疗、生育、工伤等方面的社会保障，会大大增加社会生活的安全感和公平感，化解社会矛盾和问题。完善社会保障制度，建设福利社会是实现社会公平的基础，是使社会全体成员（大多数成员）受益的机制，是社会正义的体现。有完善的社会保障制度，人们就有了社会生活的基本保证。建设福利社会，使大多数人进入小康，才能增强人们对社会的信心，增加对社会差别和差异的容忍度，也能在一定程度上淡化社会不公平现象，缓解不公平的社会心理。无论如何，认真搞好以社会保障为中心的社会二次分配，对于把人们团结起来、凝聚起来，实现和衷共济的局面也是十分重要的。

四、“和衷共济”式的和谐社会要有精神激励机制

“和衷共济”式的和谐社会需要精神、精神氛围和精神力量。建立社会主义核心价值体系，形成全民族奋发向上的精神力量和团结和睦的精神纽带，激发全国人民艰苦奋斗奔小康的热情，是“和衷共济”的精神和心理条件。

一个人需要精神，一个民族需要精神，一个国家需要精神。对于和谐

社会来说，精神的力量很重要。过去我们曾经有过有理想和精神振奋的时代。在中华人民共和国成立后的一段时间里，尽管我们贫穷，但我们有理想和信念，维护了全社会奋发向上的良好的精神状态和风貌，而且消灭了许多社会丑恶现象。但那时社会的精神风貌是建立在低生产力水平之上的，是靠信仰、靠政治和思想斗争维持的，因此既不能长久，也不会彻底，“文革”的实践证明了这点。“文革”给中国带来的灾难是深重的，它不仅使中国的国民经济到达崩溃的边缘，而且给精神领域带来了巨大的隐患和问题，这些隐患和问题比经济领域中的问题多得多、深得多。“文革”结束后我们执行了改革开放的正确政策，以经济建设为中心，大力发展生产力，仅仅20多年时间，我们的经济很快振兴起来、发展起来，让世人瞠目结舌，可是精神领域内的问题并没有因此而得到根本解决，有的反而突出了。中国的改革开放是全方位的，在经济领域首先进行的改革，迅速拓展到政治领域、文化领域、思想观念和意识形态领域，以及社会生活的各个方面。这种社会变迁不能不使社会的道德、心理、价值观、世界观发生巨大的变化，在实现一些积极变革的同时，也出现了许多消极的东西，削弱了人们的斗志，涣散了人们的精神，非常值得关注，需要认真对待和解决。中国的经济已经进入前所未有的高速发展时期，中国要为这样的高速发展准备好其他各种条件，其中包括人的素质条件，社会的精神氛围和精神条件。

《决定》在“建设和谐文化，巩固社会和谐的思想道德基础”中特别提出要建设社会主义核心价值体系，并将这个体系概括为：马克思主义指导思想，中国特色社会主义共同理想，以爱国主义为核心的民族精神和以改革创新为核心的时代精神，社会主义荣辱观。可见，建设这个体系是个系统工程。中国共产党带领中国人民不断取得经济、政治、文化和社会建设的巨大成就，为使全中国人民树立中国特色社会主义共同理想建立了坚实基础；以爱国主义为核心的民族精神则能把全体中国人民集合起来、凝聚起来，为振兴中华而努力奋斗；树立改革创新为核心的时代精神，能使中国人民永远站在时代的潮头，永领时代风骚；而以“八荣八耻”为主要内容的社会主义荣辱观则为提高中国人素质、重构中国人灵魂划出了科学范畴。无论如何，有精神激励机制，建立起社会主义核心价值体系是十分重要的，它对于产生和谐社会的良好的精神氛围，形成人人促和谐的和衷共济局面是至关重要的。

学习列宁的社会学思想

载《云南社会科学》1982 年第 3 期

在重新开展我国社会学研究时应强调指出，马克思、恩格斯、列宁等无产阶级革命导师不仅不反对开展社会学研究，而且在其著作中包含着大量科学社会学思想。马克思、恩格斯由于特殊的历史原因，不提社会学这一名称，而称自己的学说为唯物史观或历史唯物主义。列宁则不同，他直接提到了社会学，而且初步阐述了社会学和历史唯物主义、社会学和统计学之间的关系。认真学习列宁的社会学思想是重要的。为了研究问题方便，本文只就列宁直接提到社会学的两篇论著(《什么是"人民之友"以及他们如何攻击社会民主主义者?》和《统计学和社会学》)浅略地阐述列宁的社会学思想。

列宁的《什么是"人民之友"以及他们如何攻击社会民主主义者?》写于 1894 年，《统计学和社会学》写于 1917 年，前后相隔 23 年。随着时间推移，列宁的社会学思想也在向前发展，我们应当注意以下几个主要方面。

一、列宁在《什么是"人民之友"以及他们如何攻击社会民主主义者?》中最初提到社会学，是在把社会学和社会科学等同的意义上讲的。列宁在这篇文章中多次交叉使用了社会学(俄文:социология)和社会科学(俄文:общественная наука)这两个词，在同一个意义上使用了这两个概念。倘若社会学和社会科学等同的话，列宁断言:马克思的历史唯物主义就是

"科学的社会学"。①

社会学和社会科学用今天的观点看应该是两个不同的概念。社会科学是政治学、经济学、历史学、法律学、文学、社会学等多种门类的总称,社会学仅是其中一门。但是,社会学自孔德首倡以来的一个时期,孔德等人总是企图创造包罗万象的社会学体系,实际上是把社会学和社会科学等同起来,而且自称自己的学说是科学。孔德之后的一些资产阶级社会学家,包括和列宁同时代的俄国民粹主义者米海洛夫斯基也都妄称自己的学说是真正的社会科学。既然如此,列宁针锋相对地指出:马克思的历史唯物主义才是真正的社会科学,或者说是"科学的社会学"。列宁说:"现在,自从《资本论》问世以来,唯物主义历史观已经不是假设而是科学地证明了的原理,在没有另一种想科学地说明某种社会形态(正是社会形态,而不是什么国家或民族甚至阶级等的生活习惯)的活动和发展的尝试以前,在没有另一种想象唯物主义一样把'有关事实'排列得秩序井然、把某种社会形态生动地描绘出来并给以极科学的解释的尝试以前,唯物主义历史观始终是社会科学的别名。"②列宁的论述首先是针对马克思主义产生之前没有真正的社会科学这种状况的。一切资产阶级学者都曾力图对社会问题提出自己的"合理"见解,如孔德从其实证主义哲学观点出发论述社会发展的三个阶段,斯宾塞的"社会有机"论,在他们以前还有卢梭的"社会契约"论,孟德斯鸠的"地理环境决定"论,黑格尔猜测人们的思想动机背后的动机等等。由于他们违背人们的社会存在决定人们的意识这一根本事实和原理,往往空谈所谓"一般社会",否认社会发展的客观规律性,鼓吹社会现象迥然不同于自然历史现象,主张用主观的方法研究社会,因此他们的结论不是真理,而是谬误。马克思、恩格斯彻底反对唯心主义历史观,提出了历史唯物主义的科学理论。他们用"现代社会"的科学用语去代替资产阶级经济学家关于"一般社会"的空洞议论,用社会经济运动的客观规律去代替社会学中的种种主观臆断,把人类社会的发展

① 《列宁选集》第1卷,人民出版社1972年版,第8页。
② 《列宁选集》第1卷,人民出版社1972年版,第10页。

概括为“自然历史过程。”列宁引述了马克思的话：“我的观点是：社会经济形态的发展是一种自然历史过程。”列宁说：“《资本论》的基本思想正在于此。”[1]列宁在解释这一观点时说：“只有把社会关系归结于生产关系，把生产关系归结于生产力的高度，才能有可靠的根据把社会形态的发展看作自然历史过程。”[2]列宁说：“社会学中这种唯物主义思想本身已经是天才的思想。”它“是一个第一次使人们有可能极科学地对待历史问题和社会问题的假设。”[3]这就是说，历史唯物论第一次正确地阐述了人们的社会存在决定人们的意识的基本原理，它从社会生活的各种活动中划分出经济活动来，从一切社会关系中划分出生产关系来，说明生产力决定生产关系，生产关系决定社会关系等等，从而克服了过去社会理论中一切见解的武断和混乱，从记载社会现象到极科学地分析社会现象，使复杂纷纭的社会现象在人们面前出现常规性、重复性和规律性。在人类历史上，历史唯物主义是社会科学的唯一正确的理论。其次，列宁的话又是针对马克思主义的敌人，俄国民粹主义者米海洛夫斯基之流攻击马克思主义没有自己的唯物主义历史观而说的。为了反驳这种攻击，列宁剖析了米海洛夫斯基的唯心主义社会学理论。米海洛夫斯基是主观社会学家，他认为“社会学”应当从“某种空想开始”，而不是从社会存在和发展的实际出发。“社会学的根本任务是阐明那些使人类天性的某些需要得到满足的社会条件”，而不是研究客观存在的社会形态。社会甚至谈不到发展，即使谈也只能谈到人们的“不聪明、不善于真正懂得人类天性的要求”，而不是把社会的发展看作是自然历史过程。米海洛夫斯基带着个人的主观偏见，读了《资本论》，找不到唯物主义；读了《共产党宣言》，竟看不出那里对现代化制度（法律制度、政治制度、家庭制度、宗教制度和哲学体系）的解释是唯物主义的，读了《哲学的贫困》，竟看不出那里对蒲鲁东社会学的解剖是从唯物主义观点出发的。列宁在揭露这一切之后说：“凡熟悉马克思的

① 《列宁选集》第1卷，人民出版社1972年版，第4页。
② 《列宁选集》第1卷，人民出版社1972年版，第8页。
③ 《列宁选集》第1卷，人民出版社1972年版，第7页。

人都会反问他：马克思在哪一部著作中没有叙述过自己的唯物主义历史观呢？大概只有当某个卡列也夫在某本玄奥的历史作品的'经济唯物主义'一章中逐条指明马克思的唯物主义著作的时候，米海洛夫斯基先生才会知道这些著作吧？"①

总之，列宁此时阐述问题是有其特殊针对对象的。其重点在于说明什么是真正的社会科学，只有历史唯物主义才是历史上第一次出现的真正的社会科学。在这里社会学和社会科学是同义语。作为"科学社会学"的历史唯物主义，或者是作为社会科学的历史唯物主义的产生具有极大的革命意义。

二、列宁在一定的意义上尽管表达了历史唯物主义就是"科学的社会学"的思想，却从来不主张用历史唯物主义取代一切，不排除社会科学的分门别类和社会学作为社会科学的一个分支而独立出来的可能性和必要性。这从列宁对民粹主义者米海洛夫斯基的抨击和对社会学的进一步论述中可以看出。

民粹主义者米海洛夫斯基一方面攻击马克思主义没有自己的唯物史观，另一方面却把唯物史观从未企求过的东西硬加到它的头上。米海洛夫斯基"引证了布洛斯所说的马克思提倡一种崭新的历史观，于是毫不客气地推论下去，似乎这个理论企求'给人类解释其过去'，说明'人类的全部(原文如此!!?)过去'等"。列宁愤怒地指出；"这完全是捏造!"②米海洛夫斯基不仅攻击歪曲马克思的唯物史观，把一些无证的企求加到唯物史观的头上，说他企求"说明一切"，企求找到"打开一切历史门户的钥匙"，反过来又倒打一耙，去嘲笑这种"企求"，即讥笑自己的捏造。列宁说这就是马克思主义的敌人米海洛夫斯基采用的"机智""郑重""体面"的论战手法。由此可见，把历史唯物主义视为万能，用它去取代一切，囊括一切，不是马克思主义，而是马克思主义的敌人对马克思主义的攻击。列宁指出："历史唯物主义也从来没有企求说明一切，而只企求指出'唯一科学

① 《列宁选集》第1卷，人民出版社1972年版，第11页。
② 《列宁选集》第1卷，人民出版社1972年版，第13页。

的'(马克思在《资本论》中的话)说明历史的方法"。[①] 在这里,列宁对历史唯物主义的功能和作用做了严格的限制和说明。虽然社会关系可以归结为生产关系,但生产关系不能包括所有社会关系。尽管历史唯物主义为我们提供了研究社会的科学方法,但仅是一般方法,而不是具体方法。历史唯物主义的产生是要帮助我们进行对社会问题的研究,建立关于研究社会的各种学科,而不是要妨碍它们,更谈不上禁止它们。过去我们一度以历史唯物论取代社会学,取消社会学研究,不仅是对历史唯物主义的误解,而且也是对列宁关于历史唯物主义就是"科学的社会学"论述的片面理解。

应当进一步指出,虽然列宁在《什么是"人民之友"以及他们如何攻击社会民主主义者?》中主要是从社会科学和社会学等同的角度谈问题,强调历史唯物主义就是"科学的社会学",是真正的社会科学,但是,他的一些提法值得我们进一步思考和研究。列宁说:由于唯物史观的创立"使科学的社会学的出现成为可能"[②]。唯物史观"第一次把社会学置于科学的基础上"[③]。(唯物史观作为整个社会科学的一般理论(总论)和社会学并非完全等同,就好像它并不直接等同于政治学、经济学、历史学……一样,它只为社会学的产生提供"可能"和"基础"。以后,列宁又写了《统计学和社会学》。在这篇文章里,列宁是把社会学和统计学联系起来,而不是在历史唯物主义的意义上阐述社会学,这是列宁社会学思想的发展。在这篇文章中列宁强调了"历史观点"和"具体分析"这两方面。[④] "历史的观点"可理解作历史唯物主义观点,"具体分析"则是包括运用调查研究、数理统计等方法在内的具体研究。列宁虽然还没有来得及明确区分社会学和历史唯物主义的界限,没有明确说明社会学研究对象,但从其论述中已表达出这样的思想即:社会学是以历史唯物主义为指导,以调查研究和统

① 《列宁选集》第1卷,人民出版社1972年版,第13页。
② 《列宁选集》第1卷,人民出版社1972年版,第8页。
③ 《列宁选集》第1卷,人民出版社1972年版,第10页。
④ 《列宁全集》第23卷,人民出版社1972年版,第278页。

计为重要手段，具体地研究各种社会现象和社会问题的一门独立学科。这也是今天在创建新中国社会学中我们一些人所赞同的。

三、列宁认为统计的方法是社会学研究的重要方法，实行调查研究和统计分析对于社会学具有重要意义。

列宁在《统计学和社会学》中把统计学和社会学并列在一起并非偶然，其背景在于社会学自孔德以来正在发生着显著变化。孔德要建立的社会学是包罗万象的，正如马克思所说："我现在顺便研究孔德，因为对于这个家伙美国人和法国人都叫喊得很厉害。使他们受迷惑的是他的著作简直像百科全书，包罗万象。但是这和黑格尔比起来却非常可怜（虽然孔德作为专业的数学家和物理学家要比黑格尔强，就是说在细节上比他强，但是整个说来黑格尔甚至在这方面也比他不知道伟大多少倍），而且这种腐朽的实证主义是出现在1832年！"①但是孔德并没能建立起这样的体系，其门徒亦如此。由于资产阶级社会学家维护私有制，维护现存的资本主义制度，违背社会发展的客观规律，因而从理论上找不到根本出路。他们中一些人便改弦更张，注重研究社会实际问题，注重调查研究和对事物的量的分析，实现社会学研究的统计化、数量化。其研究成果也常常成为政府制定某些政策和评价政策的优点、缺点的参考。这种"实用化"倾向在一定程度上为资产阶级社会学开辟了"生路"，使之发展起来，客观上也提供了大量研究社会的实际知识，对微观地研究社会积累了经验。19世纪末到20世纪初，西方社会学界出现了两个著名代表人物：法国的杜尔干（1858—1917）和德国的韦伯（1864—1920）。他们代表着自孔德以后社会学研究的新潮流，反对包罗万象的主张，致力于社会具体问题的研究。杜尔干是第一个给予社会学以具体的研究范围和确定的研究方法的人。他在自己的实践中实施了自己的理论。1894年杜尔干的《社会学方法准则》问世了，在文中他主张社会的体制和社会的事实决定每个人的意识和行动，以社会事实的普遍性和客观性来给社会事实下定义，要求社会学用

① 《马克思恩格斯全集》第31卷，人民出版社1972年版，第236页。

一些社会事实来表达另一些社会事实。在其名著《论自杀》中,他应用了统计学技术,对各种自杀现象做了解释。韦伯则要求在孔德和斯宾塞的基础上重新明确社会学对象,他极力主张社会学要研究社会行为。在杜尔干和韦伯之后,美国芝加哥学派的重要人物托马斯和帕克也主张社会学家的活动场所是社会舞台,而不是专业图书馆,社会学研究要切合当前的社会问题。他们以都市社会问题为重点,以芝加哥城为天然实验室,对市内少数民族居住区盗贼、舞女、流浪汉等进行调查研究,统计分析。因此,19 世纪末到 20 世纪初,西方社会学发展的新潮流已经开始了,它引起了人们的广泛注意。和马克思、恩格斯一样,列宁一贯主张对社会的调查研究,并有这方面的优良传统。他注意到在调查研究的基础上实行统计分析对于社会学研究的必要性、重要性,从而写了《统计学和社会学》。列宁把统计学和社会学并列在一起,正说明数理统计是社会学研究的重要方法。他引用了英国谚语"事实胜于雄辩"强调指出:"为了真正弄清楚常常被人故意混淆起来的复杂而困难的问题,事实却正是十分必要的。"[①]列宁说,"根据这些理由,我们决定由统计着手。"[②]列宁所说的统计,绝非仅仅搜集和罗列事实,而是包括搜集事实和分析事实(确定事实之间的联系和相互依存性)这两方面。他说:"如果从事实的全部总和、从事实的联系去掌握事实,那么,事实不仅是'胜于雄辩的东西',而且是证据确凿的东西。如果不是从全部总和、不是从联系中去掌握事实,而是片段的和随便挑出来的,那末事实就只能是一种儿戏,或者甚至连儿戏也不如。"[③]列宁是这样说的,也是这样做的。他依据 1916 年发表的最新资料,一是德国奥托·许布纳尔的《地理统计表》,一是英国的《政治年鉴》,分析对比了西欧(也包括美国和日本)及东欧各国家民族成分和民族平等状况。列宁在分析中引用了各国各民族人数的精确统计数字和百分比,说明各国民族平等和不平等状况,然后进行综合归纳(从事实的全部总

① 《列宁全集》第 23 卷,人民出版社 1972 年版,第 279 页。
② 《列宁全集》第 23 卷,人民出版社 1972 年版,第 280 页。
③ 《列宁全集》第 23 卷,人民出版社 1972 年版,第 279 页。

和，从事实的联系去掌握事实），得出比较和结论，西欧先进资本主义国家异族居民占6％（加上美国和日本为7％），而在东欧是53％。这一事实的背后是西欧基本上没有民族压迫，各民族在宪法上和实际上都是平等的。而东欧却存在比较严重的民族不平等状况。列宁既搜集和罗列了资料，又对资料进行了综合分析，他在以统计为手段，开展对社会问题的研究方面为我们树立了榜样。

综上所述，我们可以知道，列宁的社会学思想是丰富的，深刻的，发展着的。这是客观实在，而不是人们的主观臆断。在创建新中国的社会学中，我们应当认真学习列宁的社会学思想，同时注意两种倾向：一是错误地认为马克思、恩格斯、列宁等无产阶级革命导师根本没有社会学思想，从而忽视了社会学的马克思主义传统，丢掉了马克思列宁主义思想宝库中的社会学遗产。二是认为马克思、恩格斯、列宁等反对开展社会学研究，错误地把社会学作为资产阶级专利品加以排斥，简单地以历史唯物主义取而代之。持这两种偏见的人，均违反了实事求是的原则，犯了主观主义的错误，倘若把这种错误再强加给马克思、恩格斯、列宁等人则更是不公平的。

当前，我国的社会学正在起飞，为了使之鹏程万里，我们要认真研究社会学的历史和现状，注意社会学的马克思主义传统。本文只就列宁的社会学思想谈些点滴体会，以期引起探讨和争鸣。

中国城市家庭网[1]

载《浙江学刊》1995 年第 3 期

在现代社会进程中，中国城市的家庭模式发生了巨大变化，家庭趋于小型化，出现了家庭网。它集传统和现代为一体，具有中国特色。

“家庭网”在西方社会学概念中称为 Family network 或 Family cluster。Network 意为网络，家庭组成的网络，而 cluster 又含有一族一类之意，家庭网是一族、一类家庭的组合。从科学的意义上说，家庭网是指明亲属关系的家庭之间所组成的社会网络，就多数情况而言，它是由可能组成联合家庭的几个独立核心家庭之间所组织的一种特殊的社会组织，具有特殊的结构和功能。作为社会网的一种，家庭网的本质特性在于其间有亲属关系，因此关系较为密切，有较强的内聚力。作为现代家庭模式的家庭网不同于旧式封建家族，其包含的各个家庭既不同居共财，也不被置于封建家长统治之下和封建伦理观念束缚之中，而是相对独立的，在保持各自独立生活方式的前提下，以频繁交往和相互救援为主要特征。

中国城市家庭网的主要特点为，以纵向代际关系为支撑点的中心网络结构；以双向反馈模式为基础的不等量交流功能；以及传统模式和现代模式融合中所表现出的生命力。

---

① 文章发表时署名作者还有阮丹青。

一、以纵向代际关系为支撑点的中心网络结构

1. 家庭网的组成与规模

就多数情况而言，家庭网是联合家庭的分散与组合。当然，就现代中国城市而言，组成家庭网的除去父母家庭、已婚子女家庭、已婚兄弟姐妹家庭之外，还可能有亲家父母（岳父母）家庭，姑、叔、姨、舅家庭，以及有其他血亲、姻亲关系的家庭。

在1982年开始的中国5城市家庭研究，对家庭网做了探索。根据上海双阳里调查点随机抽样的98个家庭提供的资料，城市家庭网的规模大致在3户左右。

1991年天津社会科学院和广州《家庭》杂志联合对全国27省市家庭的抽样调查，被调查者平均与5.8户有三代以上的亲属关系的家庭交往。换句话说，家庭网的规模在6～7户左右，（包括直系亲属、旁系亲属）。当然，不同年龄组的家庭网规模亦有所不同，参见下表。

表1 不同年龄组与三代以内亲属关系家庭交往数量统计表

年龄组(age)	平均交往户数(mean)	标准差(std. dev)	样本数(N)
35岁以下	5.33	4.93	673
36～55岁	6.25	6.89	719
55岁以上	5.78	6.23	46

表1表明中年人的家庭网规模最大，老年人次之，年轻人居后。之所以如此，和现在的中年人上有老下有小以及兄弟姐妹较多有关。

2. 家庭网的纵向关系取向

人类学家雷蒙德·佛思认为，社会结构中真正的三角是由共同情操所结合的儿女和他们的父母。在家庭的三角关系中有一种纵向关系——亲子关系，两种横向关系——夫妇关系和兄弟姐妹关系。从这样一个三角关系体，我们可以看到全部家庭关系、亲属关系的纵向本质特征。它主

要包括：

(1)结构上纵向重于横向，横向为纵向支配和维持。主要表现为亲子关系第一，夫妻关系第二，夫妻关系靠亲子关系支配。在传统的家庭中，儿女的婚姻是由父母来决定和安排的。父母且能决定子女离婚。这表明下一代横向夫妻关系是由上一代纵向亲子关系支配和维持的。

另外，轻感情、重义务是传统中国家庭的普遍特征。“凑合夫妻”“生活家庭”在中国比较普遍。夫妻往往是在履行义务中(主要是生儿育女)培养感情，增进联系，孩子是夫妻关系的支撑点。一些夫妻即便感情不和，也会因为孩子而打消离婚念头。

在中国的传统家庭中亲子关系重于夫妻关系、重于兄弟姐妹关系，是家庭关系纵向取向的又一表现。

(2)观念上崇尚孝道，崇拜祖先。孝道作为一种道德观念一直是中国家庭伦理思想的核心。祭拜祈求护佑，祭祖与祭神合一。不但平时如此，遇上婚姻大事，新婚夫妇既要拜天地鬼神、也要拜祖宗、父母。一些人从宗教在中国的发展和影响力角度分析提出，在中国的家庭中祖先总是压倒神仙的。

(3)功能上以传宗接代为本。多功能的传统中国家庭以生育为第一要旨。传宗接代在中国家庭中至关重要。“不孝有三，无后为大”，断子绝孙被认为是最大的不孝。以父母承袭为传统的中国家庭，生男孩的意义远远超过使家庭成员鼎盛的生理意义。重生育和重孝道从相反的方向上证明了纵向家庭关系在中国家庭中的重要地位。

(4)区位距离上的从父居传统。中国的传统婚姻是娶妻嫁女，男性不离开本家，娶进外姓女子，成为本姓人，女儿嫁到外家成为外姓人。与其说传统婚姻是从夫居，不如说从夫家父居，因为儿子结婚常常还和老子住在一起从而形成联合家庭与主干家庭模式。这种从父居形式也从一个侧面上表现了中国家庭关系的纵向特征。

中国传统的纵向家庭关系曾经影响了整个中国社会，自然也影响了家庭网本身，直至今天——它以自己的特征表现了这种关系，特别显现在父母家庭、子女家庭、兄弟姐妹家庭之间的关系中。

据 1991 年全国 27 省市家庭问卷调查，被调查者与之联系最密切的家庭与本人关系，分布如下：

表 2　最密切联系家庭亲属关系种类统计表

关系类别	人数	%
岳父母	113	10.2
子女	100	9.0
兄弟姐妹	210	19.0
姑、叔、姨、舅	36	3.3
其他亲属	16	1.4
无亲属关系	31	2.8
合计	1106	100

这里可以进行两种比较。其一，父母关系、子女关系和其他各种关系的比较。父母关系是纵向向上，占 54.2%，子女关系是纵向向下，占 9.0%，两者合占 63.2%，居大多数。其二，把父母关系和岳父母关系相比较，父母关系的比例高于岳父母关系（岳父母关系占 10.2%）的比例。它与中国家庭的父系传统有关，也与父母家庭与岳父母家庭关系的不同性质有关，前者是直接纵向关系，后者是通过横向关系（夫妻关系）而产生的纵向关系（亲子关系），自然后者不如前者密切。当然我们也注意到，在今天中国主张男女平等、双系平等的社会背景下，一些家庭与岳父母家庭的交往增多，关系也密切了，这是家庭网中发展起来的另一种纵向取向。

下表列举了 1991 年在中国天津 9 个市区进行的关于城市居民生活的调查资料，它可以更明显地表明家庭网中与父母家庭、已婚子女家庭的纵向交往强于与兄弟姐妹家庭的横向交往。前者在“见面”“聚会”“电话”“信件”交往的频数上都相对较高。

表 3　被调查者与父母、兄弟姐妹及已婚子女交往频率表

关系类别		在过去半年内见面次数	在过去半年内聚会次数	在过去半年内电话、信件等其他方式联系次数
父亲		3.49	2.71	0.695
母亲		3.40	2.68	0.695
兄弟姐妹	(1)	2.03	1.51	0.555
	(2)	203	1.54	0～480
	(3)	1.97	1.49	0.485
	(4)	1.88	1.40	0.430
	(5)	2.19	1.56	0.400
	(6)	2.37	1.63	0.458
已婚子女	(1)	3.06	2.36	0.518
	(2)	3.05	2.30	0.509
	(3)	3.04	2.35	0.487
	(4)	3.11	2.22	0～479
	(5)	3.07	2.26	0.307
	(6)	2.92	2.14	0.109

说明：1.“见面”“聚会”“其他联系”的次数为个案统计均值，以“0”表示没有联系，“1”表示半年内一、二次，“2”表示每日一、二次，“3”表示每周一、二次，“4”表示几乎每天一次，“5”表示住在一起，统计均值趙大，表明交往越密切。

2. 兄弟姐妹和已婚子女后面的序号表示其排行。

3. 无情况者视为无效个案，不进入统计。

表 4 “父母双全”时兄弟姐妹交往频率表

关系类别		在过去半年内见面次数	在过去半年内聚会次数	在过去半年内电话、信件等其他方式联系次数
兄弟姐妹	(1)	2.68	2.06	0.59
	(2)	2.63	2.05	0.50
	(3)	2.53	2.01	0.51
	(4)	2.24	1.65	0.45
	(5)	2.66	2.00	0.56
	(6)	2.76	2.08	0.52

说明：参见表 3 注释。

表 5 “父母双亡”时兄弟姐妹交往频率表

关系类别		在过去半年内见面次数	在过去半年内聚会次数	在过去半年内电话、信件等其他方式联系次数
兄弟姐妹	(1)	1.21	0.89	0.52
	(2)	1.32	0.99	0.45
	(3)	1.23	0.90	0.50
	(4)	1.35	1.08	0.40
	(5)	1.63	1.12	0.22
	(6)	2.10	1.40	0.41

说明：参见表 3 注释。

3.“母家庭”是家庭网的交往中心

如果把亲子关系的概念扩展到家庭网中，可称亲代家庭（父母家庭）为母家庭，子代家庭（子女家庭）为子家庭，母家庭是家庭网的交往中心，上面两表以 1991 年天津城市居民生活的调查资料做了两种比较。

比较上两表可以看出父母健在时，兄弟姐妹的交往频率大大高于父母双亡时兄弟姐妹的交往频率，特别是“见面次数”与“聚会次数”频数都在一倍以上，而电话、信件联系频数变化不大。说明父母在与不在时兄弟姐妹之间的关系是大不相同的。

二、以反借模式为基础的双向交流功能

西方家庭的代际关系的模式是单向接力模式：A→B→C→D……，是瞻前而不顾后的。中国家庭的代际关系模式是双向反馈模式：A↔B↔C↔D↔……即上一代人要抚养下一代人，下一代人也要赡养上一代人，是瞻前顾后的。这种模式扩展到家庭网中，也形成了家庭之间的反馈式的交流。下表表明这种交流是多方面的。

表6　家庭网交往内容统计表

交往内容	人数	%
1. 经济上互相支援	924	63.2
2. 生活上提供方便	772	52.8
3. 家务上互相分担	317	21.7
4. 赡老	643	44
5. 托幼	186	12.7
6. 婚丧	303	20.7
7. 扶病	362	24.7
8. 应付其他危机	277	19
9. 安全保障	68	4.6
10. 感情交流	1124	76.8
11. 其他	95	6.5

说明：该资料来自1991年全国27省市家庭调查，被调查者总数为1468人，每一项人数是表示有该项内容的人数，%的计算是以回答了该问题人数为基数，而不是被调查者总数。

而这方面的交流又可以归纳为经济、生活和情感3个方面。

1. 经济交流

经济交流仍然主要表现为养和资助两种形式。即子家庭向母家庭交

纳一定赡养费和母家庭在经济上给子家庭以帮助。1991 年全国 27 省市家庭调查中子家庭上交母家庭的平均赡养费 31 元，而母家庭资助子家庭的平均费用是 25 元。从表面上看前者大于后者。其实不然。实地调查材料表明赡养费往往就是给钱，是可计数的；而资助费除去直接给钱外，还有直接给物，代交房租水电费，吃饭不交钱或少交钱，婚丧事以及其他大事的赞助等，往往是难以计数的。

表 7　父母家庭资助子女家庭表

资助方式	人数	%
直接给钱	311	21.4
直接送物	371	25.0
代交房租水电费	88	6.0
吃饭不交钱或少交钱	272	18.2
婚事及其他大事赞助	347	23.2
其他	105	7.0
合计	1494	100

说明：参考表 6 说明。

赡养和资助主要在母家庭和子家庭之间进行。而其他亲属关系家庭之间经济交流主要是遇到家庭中“红白”喜事或生活中其他较重要事件和变故中的相互帮助。

2. 生活交流

生活交流在家庭网中较为普遍。就母家庭和子家庭的关系说，母家庭常常帮助子家庭看孩子、买菜、做饭、料理家务、伺候儿媳或女儿生孩子，这对于双职工的中青年家庭是重要的。子家庭也常常会帮助母家庭做些家务，主要是买粮、买煤、搬运、装修房屋等较重的家务劳动。另外在父母年老多病之时，子家庭成员也会帮忙就医、护理、照料，这些对于家务劳动社会化程度较低，各种社会公益福利事业还不够发达的中国社会具有积极的意义。

3. 情感交流

从(表 6)的统计数字中我们看出情感交流已经居于家庭网中各种交流的首位。随着经济的发展,人们生活水平的提高和向小康迈近,在家庭同中经济和生活上的交往将居次要地位,而多被感情交往所取代。许多家庭与家庭之间相聚往来多不是为经济和生活上的利益,而是为寄托情感,寻求一种感情上的慰藉。最近在天津老年公寓进行的一项调查表明,老年人不愁吃喝却感空虚,有 90%的老人希望子女常来看看,以缓解自己精神空虚、烦恼的心境,不希望子女和亲属匆匆而来,扔下点钱匆匆而去,而希望多谈天,多陪坐。为此,有关人士提出要对老年人实行精神赡养。

4. 双向不等量交换

在家庭网中包含有经济、生活、情感 3 种交流和交往,即就亲子家庭之间的这一交流来说不是一种完全的等量交换关系,而是一种不等量交流关系。就一般的规律说,由母家庭向子家庭的流量总是大于子家庭向母家庭的流量。这里援引天津市统计局实际调查中的数据可以说明。他们详细比较 181 户子女家庭与夫妻(双方)老人家庭的经济交流情况,证实有 44%的子家庭收大于支,27%的子家庭支大于收,26%的子家庭收支基本相等,有 3%的子家庭无收无支,经济上完全没有往来。这说明在中国的家庭和家庭网中亲子情深主要是亲向子,而不是子向亲,每一代人的情感和义务尽管是双向的,但主要是向下而不是向上。许多老年人希望晚年享有儿孙绕膝之乐,得到感情上的慰藉和支持,因此,在与子女其他方面交往中吃点亏也不计较,不在乎。

近年来,在中国城市家庭中出现了一种“啃老”的现象,即青年人以向父母长辈索取为理所当然。有的人在评论这种关系时用了一句中国的成语“周瑜打黄盖,愿打愿挨”,十分贴切。青年人和老年人的这种不等量变流,不仅降低了老年人的生活质量,而且滋长了青年一代的依赖心理,造成纤弱的独立意识,是家庭问题也是社会问题。

三、传统模式和现代模式的融合

当我们就家庭的结构与功能做了阐述和说明之后，我们可以清楚地看出它带有的浓厚的传统家庭色彩。然而毕竟家庭网中的各个家庭是相对独立的生活单位，不同居共财，保持各自的生活方式，因此，它当然不可能完全是传统式的，而且在相当程度上还呈现出现代家庭色彩。进一步对于这种传统与现代融合的模式进行理论上的探讨是十分重要的。

1. 家庭网和家族

当我们提出家庭网这一概念时，人们很容易把它和中国传统的家族联系甚至等同起来。家庭网和家族确实有某种联系，如家庭网和家族都是由有亲属关系的家庭所组成的社会网络，执行着某种家庭功能。但家庭网和家族是不相同的。

何为家族？古人曾解释说，族是“凑”“聚”的意思，同姓子孙，生相亲爱，死相哀痛，时常聚会，所以叫“族”。其实，从字面上讲，族是一个假借字，原指盛箭矢的袋子，把许多支矢装在一起叫“族”（后来写作“簇”），也叫“束”。用它来命名家族的族，就是许多家庭聚集在一起的意思。所以，家族是以家庭为基础的，是指同一个男性祖先的子孙，虽然已经分居、异财、成了许多个体家庭，但还是世代相聚在一起（比如共住在一个村落之中），按照一定的规范，以血缘关系为纽带结合成为一种特殊的社会组织形式。

家族的主要特点是，第一，必须是一个男性祖先的子孙，从男系计算的血缘关系清楚。第二，必须有一定的规范、办法，作为处理族众之间的关系准则；第三，必须有一定的组织系统，如族长之类，领导族众进行家族活动管理族中的公共事务。这是家族的 3 个基本特点。

社会学家孙本文先生在谈到中国家族制度的特点时说：其一，父权制，全家权力集中于家长，子女须服从尊长，毫无自由。其二，父系承袭，重男轻女，男尊女卑，男女不平等。其三，嫡庶长幼有序，嫡长继承，兄弟不平等。其四，重视亲族关系，凡宗族戚党之人都被看作休戚与共的分子。其五，尊重“孝”“悌”，崇拜祖先。

这些特点的主要方面也是家长制，族内嫡庶长幼秩序，及其严密的组织系统。

家庭网却不相同，它与家族的主要区别是：

（1）尽管家庭网也是由有亲属关系的家庭之间组成，但不一定是一个男性祖先的子孙，也不要求从男系计算的血缘关系清楚。组成家庭网的家庭可能是男系亦可能是女系，可能是直系也可能是旁系，可能是近亲亦可能是远亲，可能是嫡系可能是旁支，要求并不严格。换句话说，家族比较注重历史的根据，而家庭网注重现实的联系。

（2）家庭网设有一定的规范、办法作为处理网内家庭关系的准则。它以互相帮助，互相交流，互相救援，互相联系为基本宗旨，实行起来十分灵活机动，行为方式上亦比较随便，以实用为上。比如母家庭和子家庭交流时，可以是子家庭成员到母家庭中聚会，见面和暂住，也可以相反，要求都不严格。

（3）家庭网设有一定的组织系统，如家族中的族长之类，领导族众进行家族活动，管理族中的公共事物，而是一种松散的联合，中国旧式封建家庭的主要特征之一是家长制，男性家长至高无上，居统治地位，受人拥戴和尊敬，能指挥一切，家长和家庭成员之间呈极不平等的，是统治与被统治关系。家长制的放大进入了家族，族长相当于家长。尽管族长管理家族的方式和内容与家长有所不同，但实质上是相同的。而现代中国城市的家庭网尽管常常以母家庭为交流中心，但没有家庭中族长一类的角色存在。换句话说，现代家庭网，既不同居共财也不被置于封建家长统治之下和封建伦理观念的束缚之中，处于家庭网中的各个家庭相对独立，成员间相互民主，在保持各自独立生活方式的前提下，以日常生活中的频繁交往和相互援救为其主要特征。

从以上分析看，家庭网是传统与现代融合的模式。以传统角度说，它在一定程度上保留了中国家庭中亲属关系和亲属之情，这对于现代社会与家庭无疑是有益的。从现代角度说，它没有封建家长制，不受封建伦理观念的束缚，特别是家庭网中各个家庭，不仅不同居共财，而且能保持各自的生活方式，家庭网中各个家庭之间的关系是民主的、平等的。因此符合现代社会生活的要求，符合现代家庭与个人的交流、联系、互助，又有利于家庭之间的分离与独立，集传统与现代的优势于一身，是其生命力之所在。

在今天的中国社会中老年人希望和青年人分开过，但离得近一点；青年人亦如此，希望和父母"保持着端一碗汤也不冷的距离"，都是对家庭网模式的主观认定。

2. 家庭网和邻里网

为了更深入地探讨家庭网的特点和实质，我们需要把家庭和邻里网加以比较。这里所说的邻里网是邻里家庭结成的社会网络。

表 8　家庭网与邻里网交往程度比较

关系程度 \ 平均交往的家庭个数 \ 网类	家庭网	邻里网
非常密切	1.56(家)	1.29(家)
比较密切	2.03	1.93
一般交往	1.57	1.51
偶尔往来	0.88	0.91

家庭和邻里是中国社会中两种最基本的社会组织。在中国城市中，对于每一个家庭来说不仅有与其他有亲属家庭之间的关系，而且有和非亲属家庭之间的关系——邻里关系。在中国人的社会生活和习惯中也常把"亲"和"邻"联系起来，有远亲近邻之说。亲相邻虽然都是家庭与家庭关系，但有不同的特点，主要表现为其间联系的根据不同。家庭网的根据一是婚姻关系，二是亲属关系；邻里网则是地缘关系，以居住地邻近为根据。1991 年全国 27 省市家庭调查中，被调查者家庭网的规模为 5.80 家，而邻里网的规模为 5.03 家，家庭网的规模较大。另外家庭网比邻里网之间的联系也较为密切。

上表中的数字表明，家庭网在“非常密切”“比较密切”“一般交往”的频数方面都高于邻里网。只有“偶尔往来”方面低于邻里网。这说明家庭网的关系较为密切。这种密切还能从家庭网成员之间的区位距离较大表现出来。

表 9　家庭网和邻里网区位距离比较

区位距离 ％ 网类	家庭网	邻里网
不同省	17％	6.8％
同　省	31.6	23.9
同　市	33.2	37.0
同　区	13.2	19.9
同街道	5.2	16.9

上表的数字表明，家庭网中的家庭能在更大的区位距离之间交往和保持联系。

通过上述比较，我们可以从中国文化的深层处对家庭网加以分析。

在中国人的俗话中既有“远亲不如近邻”之说，也有“血浓于水”之说。前者重视现实的联系，后者重视历史的根据，相比较而言，中国人还是更为重视历史的根据。迄今血亲观念对中国人的影响甚深，正如孙本文先生所说的，重视亲族关系，凡宗族戚党之人都被看作休戚与共的分子。如果单独就家庭生活的氛围和家庭生活的便利角度，人们的家庭观念强，血亲观念重是理所当然的，无可非议的。人们热爱自己的家庭，热爱自己的亲属是本能的，应该的，但它只能在家庭生活的范围之中，超越了家庭，把家庭关系置于其他社会关系之上，使家庭关系扩展开来，势必对社会产生问题和危害。比如家庭关系网一旦深入企事业单位之中，同宗亲属，甚至是近亲在一个单位上工作、任职、社会出现以亲代政，以亲代职，从而与现代科层组织管理制度、现代企事业科学管理原则发生冲突，起到一种破坏作用。再比如家庭观念至上，不论是非曲直，凡宗族戚党之人都被看作休戚与共分子，也容易使一些人丧失原则，产生行为和行为规范的混乱，造成社会不正之风，对现代社会产生破坏作用。因此，一些人提出不要让家庭观念漫延到社会之中，并提出淡化家庭观念的主张，是值得注意的。

当然，在这里我们只是从生活的角度比较了家庭网和邻里网，人们除去生活在家庭网、邻里网之中，还会生活在其他广泛的社会网之中，人们面对的不仅是家庭关系、邻里关系，还有其他广泛的业缘关系。从现代社会生活的角度说，人们似应更为重视现实的联系，而不是历史的根据，但这并不意味家庭关系淡化后，人们要进入邻里网，而是要进入广泛的业缘（学习、工作以及其他各种事业、事务的联系）关系。家庭关系的淡化，邻里关系不完全以区位距离远近为转移，业缘关系强化，是现代社会发展的必然趋势。就家庭网本身的功能来说，也有强有弱，强化的是家庭与家庭之间现实生活的联系方面，弱化的则是家庭中残留的血亲观念和等级观念。

3. 家庭网的发展趋势

（1）较强的生命力。由于家庭网兼传统与现代两重色彩，因此即便是现代社会条件下它仍然具有较强的生命力，并能留存一段较长时间。

和西方国家相比，中国人是重家的，在家庭中也是强调集体的意志，主张团体利益至上和服从精神。在中国文化传统中人们比较重视交流与合作，比较重视相互之间的情感。如果失去了家庭和团体的支持，会产生一种不适应感和强烈的孤独感。中国的现代化过程使家庭分解和小型化，必然使中国人强烈地需要一种补充。家庭网的出现即是这种补充形式之一，是中国传统的真正回归。此外，就目前中国的社会生活而言，家务劳动社会化程度低，第三产业和社会服务系统相对不发达，也使人们的家庭及个人生活遇到一定困难，这些也都需要有一定的社会支持系统存在，家庭网就是这种支持系统之一。基于上述原因，中国的家庭网将长时间在许多方面表现自己的存在价值和生命力。

因此，我们可以说，中国的家庭网是传统模式（和中国传统文化吻合）

向现代的转型，是一种“顺转”，必然是长久的，具有强大的生命力的。

（2）家庭网中以经济和生活方面交流为主，转向以情感交流为主。现代社会是高科技、高发展、高情感的社会，在日常生活中，人们对感情需要的层次越来越高，关于这点在（表6）中的统计数字已经得到证明。换句话说，在目前经济尚不发达，人们生活水平较低，各种社会生活服务设施较落后，家庭网中的交流不能不以经济和生活上相互帮助为主要内容的情况下，人们已经表现出对情感的较高需求，那么在未来社会，经济发达，社会生活水平提高，各种社会生活服务设施先进的情况下，情感的需要将成为家庭网功能的最主要方面，而家庭网中经济和生活交流的意义将大大降低，以情感上的相互需要和相互满足为主。

（3）家庭网区位距离的扩大。现代社会的发展带来了社会的高度变动和迁移，区位移动性强是其特点。这种移动结果必然也会进一步拉大家庭之间的区位距离。现在的家庭网大多数还是以其邻近为存在条件，未来的家庭网不一定如此，其间区位距离必然要加大，但由于交通工具的高度发达，通讯方法的先进和便利，因而能在一定程度上解决区位距离加大后所面临的实际问题。未来的家庭网中的家庭将在很大程度上采用现代化的联络手段进行家庭之间的日常对话，可能由串门、拜访、聚会面对面的谈话变为电话，甚至是影视电话相联络，使家庭网的存在不受区位距离的限制。

（4）纵向与横向联络的交叉。纵向交往是中国传统家庭关系和现代家庭网交往的本质和主流。然而在未来社会生活中会出现两个变化，其一是纵向向横向的转移，即由于家庭关系的重心由亲子关系转向夫妻关系，纵向转为横向。因此，一个家庭与妻方家庭，包括妻之父母、兄弟姐妹及其他亲属家庭的交往自然增加。从夫方说与父母家庭和与岳父母家庭会同等交往，甚至能出现与岳父母家庭交往超过与父母家庭交往的情况。其二是由于人的寿命的延长，四代、五代共存于世的局面出现了，纵向联系自然扩展，另一方面由于生育率降低，一个家庭出生一个最多两个孩子，因此同代家庭数量减少，横向联系自然也就得减少。从整体上看，家庭网在纵向扩展，在横向收缩。

中国对经济与社会协调发展的理论探索与实践

载《浙江学刊》1997 年第 1 期

经济与社会协调发展是当代国际社会与中国面临的重大问题。联合国在 1959 年正式向各国提出了“经济发展与社会发展均衡”的号召。1970 年 10 月 24 日，在纪念联合国宪章生效 25 周年的会议上，通过了“联合国第二个发展十年(1970—1980 年)的国际发展战略”，就经济与社会协调发展做了如下阐述：“发展的最终目标是为了使个人的福利持续地得到改进，并使所有的人都得到好处。如果不正当的特权、贫富悬殊和社会不正义继续存在下去，那么就其基本目的来说，发展就是失败的。这就要求有一个以发展中国家和发达国家在经济与社会生活的一切领域中——在工业与农业、贸易与财政、就业与教育、卫生与居住、科学与技术等领域中——采取以共同和集中行动为基础的全球性发展战略。”[①]而中国自 1979 年中国共产党的十一届三中全会实行改革政策以来，便开始了经济与社会协调发展的理论探索与实践。

中国的改革开放使中国的经济得到了快速发展，社会发生了巨大变迁。从一定的意义上说，经济与社会协调理论揭示和推进了中国的改革，而改革的进程又使人们加深了对协调发展理论的认识。尽管中国人民还在实验中探索，但已初步形成了力求协调发展的几个鲜明特点，那就是：以“民富国强”为社会发展总体目标，确立了以经济建设为中心的发展战

---

① 《联合国手册》第 8 版增编，商务印书馆 1972 年版，第 96 页。

略;以经济改革为龙头带动政治体制改革和其他改革;创造经济发展需要的稳定的社会环境;解决阻碍社会与经济发展的有关的社会问题;建立有利于经济发展的社会结构;物质文明与精神文明并举,促进人的全面发展。

1. 确立以经济建设为中心的发展战略

把中国建成世界一流社会主义现代化强国是夺取了政权的中国共产党人在中华人民共和国成立伊始就确定的理想。实践告诉我们,要使中国成为四个现代化的社会主义强国,不发展生产力不行,不以经济建设为中心不行。中国改革开放的总设计师邓小平同志在1975年就指出,从现在算起还有25年时间,把我国建设成为具有现代农业、现代工业、现代国防和现代科学技术的社会主义强国。全党全国都要为实现这个伟大目标而奋斗。这就是大局。以后他又指出,能否实现四个现代化,决定着我们国家的命运、民族的命运。中国社会主义革命与建设的实践使中国人民深刻地意识到,要实现"民富国强"的伟大会理想和目标,就必须以经济建设为中心,发展生产方,提高我们的综合国力,使人民尽快地富裕起来。不发展生产力,不提高人民的生活水平,不是社会主义。中国人要抓住时机,发展自己,关键是发展经济。

正如同邓小平同志说的,我们党在现阶段的政治路线,概括地说,就是一心一意地搞四个现代化。中央确立了以经济为中心的发展战略。以"民富国强"为社会发展总体目标确立了经济建设为中心的战略,是我国协调发展理论的核心。

2. 以经济改革为龙头带动政治体制改革和其他改革

当今世界上许多国家都在实行改革,在处理经济体制改革与政治体制改革的关系上有不同模式。中国实行的是一条以经济改革在先,带动政治体制改革和其他改革之路,从而形成了"一个中心,两个基本点"(即以经济建设为中心,坚持四项基本原则,坚持改革开放)的根本战略。中国重大改革政策的出台首先都是在经济领域,然而又不仅仅停留在经济领域,而是逐步扩大到政治和其他领域。邓小平同志指出,我们提出改革时，就包括政治体制改革，现在经济体制改革每前进一步，都深深感到政治体制改革的必要性。正如邓小平指出的那样，中国的改革并不局限在经济领域，而是引起政治生活、社会生活、工作方式和人们的精神生活发生了巨大变化。顺应这种变化，一系列政治领域的变革也相应展开，诸如党政分开，转变政府职能，提高组织效率，巩固和完善人民代表大会制度等。除去政治体制改革外，在法制建设、教育、科技、两个文明建设等方面也都有改革。这种改革程序是符合生产力决定生产关系，经济基础决定上层建筑这一马克思主义基本原理，也符合中国国情和中国的改革的性质和目标。

3. 创造适应经济发展需要的稳定的社会环境

要发展经济，富民强国，必须要有稳定的社会环境、这是中国人民从“文化大革命”中得到的教训。一场空前的政治动乱，使国民经济达到崩溃的边缘，说明没有安定的社会环境，经济是不可能得到发展的。换句话说，没有“文化大革命”的教训，就没有中国共产党十一届三中全会以来的思想、政治、组织路线和一系列政策，全党工作重点也不可能转移到发展生产力和以经济建设为中心上来。

为了维护社会稳定，首先如前所述，我们稳妥处理了经济体制改革和政治体制改革之间的关系。

其次，为了实现稳定而加强了社会控制。所谓社会控制是社会组织利用社会规范对其成员的社会行为实施约束的过程。社会控制是实现社会整合、社会稳定的有效手段和可靠保证。在社会控制中主要实施两种办法，一种是坚持法律，实行硬控制，另一种是抓社会舆论，利用习俗、道德、信仰等规范实行软控制。在改革开放中，一手抓改革开放，一手抓法制，两手抓，两手都要硬。坚决依法打击各种经济犯罪和危害社会治安的犯罪分子，能保护经济建设的秩序和各项改革政策的施行，而通过抓舆论宣传，调节社会心理，宣传教育群众，也对社会稳定起到了促进作用。

第三，为了实现稳定，实行政策的连续性和稳定性。中国改革经验表明，改革初就确定的“一个中心，两个基本点”的路线是正确的。要保持它的连续性、稳定性,坚定不移地加以贯彻执行。只有一心一意地从事经济建设,中国才会有希望。由于实行了政策的连续性和稳定性,没有偏离经济建设,才使中国创造了经济持续高速增长,国力大大增强的奇迹。

4. 解决阻碍经济改革深化的有关社会问题

中国的经济改革带来了社会的巨大变迁,出现了社会转型过程中的许多社会问题。人们日益感到,不解决相应的社会问题,改革的进程会受到阻碍,经济的发展会受到影响。

1992 年邓小平南方谈话发表之后,我国的经济改革开始大踏步向市场经济,向较高发展速度前进。试发行"股票"作为一种史无前例的企业改革尝试在深圳首先出台。然而,"股票"发行的经济规律从一开始就受到了社会关系和社会问题的干扰。据《华商时报》当时的报道,在发行股票时,有一家银行分行共有表格 1.5 万张,真正公开售出的只有 4000 张;另一家银行,从上午 10 点售到下午 5 点半,自始至终以每人买 10 张,10 分钟售完一个人的极慢的速度发售,全日只售出表格的 30%。据悉,舞弊行为是由购股表的高额利润诱发的。在售表当天,黑市表格立即被炒到六七百元人民币一张,最高竟达 2000 元。这些严重问题激怒了大量涌向深圳、翘首盼股的人们,他们走上街头抗议。若不是及时解决有关的问题,予以制止,几乎酿成了一场动乱。这一社会问题干扰经济改革的典型事例提示人们,不解决阻碍经济发展的社会问题,经济不能健康发展,改革也不能深化。

事实上中国的改革暴露了我们自身的许多社会问题,诸如腐败问题、社会风气问题、社会环境问题、社会关系问题等。中国的改革者正在领导中国人民认真而下大气力地解决这些问题。以反腐败斗争为例,党的十四大以来,进一步明确了反腐败斗争的指导思想、基本方针和工作格局,采取了一系列重大措施,加大了反腐败工作的力度,揭露查处了一批大案要案,取得了引人注目的成果。可以毫不夸张地说. 不解决腐败一类的社会问题,我们的"四化"目标难以真正实现。

5. 建立有利于经济发展的社会结构

所谓社会结构是指社会体系各组成部分或诸要素之间的关系和相互

联系的模式。它是由社会生产力水平、经济制度和政治文化等因素综合作用的结果,具有一定的社会功能。

从经济与社会协调发展的角度看,社会结构应适应经济发展的需要,经济发展也应使社会结构不断完善。在我国实现以经济建设为中心,把经济发展置于第一重要地位之后,我们及时地调整了社会结构,以适应经济发展的需要。其主要内容有:建立开放的社会结构、"一国两制"、多级的社会社区格局。

(1)建立开放的社会结构。开放的社会结构是现代社会的社会结构的主要特征之一。传统的、自给自足的小农经济决定了其社会结构的封闭性。资本主义的工业化过程,实行社会化大生产和广泛而细致的社会分工,首先打破了地区与地区之间的界限。资本的累积和输出,则又打破国与国之间的界限,使社会结构趋于开放。20 世纪下半叶,生产力的高度发展,生产技术和资金在国际间的大循环和大分工,进一步发展和促进了国际大分工和世界一体化进程。

改革开放以来,我们改变了闭关锁国的政策,打开了国门,积极参与到国际大循环中去,建立起开放的社会结构,以适应经济发展的需要。中国的改革从一开始就是和开放政策相连的,俗称"改革开放"。邓小平同志谈到改革与开放的关系时说,我们的经济改革,概括一点说,就是对内搞活,对外开放。对内搞活,也是对内开放,通过开放调动全国人民的积极性。农村经济一开放,八亿农民的积极性就起来了。城市经济开放,同样要调动企业和社会各方面的积极性。对内搞活经济,是活了社会主义,没有伤害社会主义的本质。至于吸收外国资金,这是作为发展社会生产力的一个补充,不用担心它会冲击社会主义制度。这里的开放是包括了对内对外两个方面。对内开放打破了城乡之间、地区之间的界限;对外开放则打破了国与国之间的界限。实行开放的社会结构,促进了资金流动,人才流动,技术流动,对内调动了人们的积极性;对外,引进了资金和技术,大大加快了我国经济建设速度。实践证明,建立开放的社会结构,实行开放政策,对于经济的发展是十分有利的。

(2)“一国两制”。邓小平同志创造性地提出了“一国两制”。首先，“一国两制”的核心是国家的统一，没有失去根本的政治战略。其次，“一国两制”可促进发展生产力，增强综合国力。在当前的情况下，要发展经济需要有一个和平的环境，用“一国两制”的办法实现民族整合，国家统一，对于争取一个和平的环境是极其有利的。就港、澳、台地区来说，多年的发展已带来了自身的繁荣，其中中国台湾、中国香港均被称为亚洲经济发展的四条小龙之一。如果实行“一国两制”，保持那里的制度和生活方式不变，可继续促进其繁荣。而对于大陆来说，则可利用港、澳、台的资金和技术力量发展自己的经济。我国深圳和广东改革以来率先发展、起飞的事实，无一不和临近港、澳，与港、澳交流开放的因素有关。因此，“一国两制”是有利于经济发展与繁荣的。

(3)建立多层的社区格局。所谓社区是划分社会区位空间的概念，是指有一定地域疆界，一定地理条件，一定社会组织文化和生活方式的人口所组成的区域社会群体概念。建立多级多层的社区格局是指建立适应经济发展的特区、开发区和普通社区三位一体的格局。

党的十一届三中全会以后，为了加速经济发展速度和步伐，中国首先兴办了深圳、珠海、汕头、厦门4个经济特区，海南建省后又批准海南岛为经济特区。所谓经济特区是实行特殊的政策和管理体制，以吸收利用外资为主，以市场调节为主，拥有较大的管理权限和公有制主导下的多元经济结构的社区。事实证明，这些经济特区，在改革开放和社会主义现代化建设过程中起到了实验作用，示范作用。

在兴办了特区之后，中国又开放了沿海十几个城市，在长江三角洲、珠江三角洲、闽东南地区、环渤海地区等一大批经济技术开发区或开放区。实践证明，开发区也在一定程度上起到了某种特区作用，即窗口作用，实验作用，示范作用，辐射作用，对于整体经济的发展起到了带头作用和推动作用。

在特区、开发区之外则是普通社区。普通社区通过特区、开发区这样的窗口，获得了改革开放的经验、知识，争取到了某些对外合作项目和资金。而特区和开发区也在资源和劳动力方面得到普通社区的帮助。因此,我国现阶段这三类社区是相互依赖,相互渗透,相互帮助,相互促进的。这种三位一体的社区格局是促进我国现代化建设,实现改革开放的战略目标的结构模式之一,是以经济发展程度和梯次为格局建立的社会社区结构。应当指出,特区、开发区和普通区并不是一个单纯的经济区域发展概念,而是一个经济和社会发展的综合概念,是以经济发展目标来规划社会社区格局,以创造社会社区新格局去适应经济发展。事实上,对于经济发展来说,特区、开发区、普通区都不仅是一个地理区域划分,而是包含了政治、文化、社会、心理、道德、风俗等十分广阔内容的区划,是社会的综合概念。

总之,建立开放的社会结构、"一国两制"、多级多层的社会社区格局,都是社会结构变革以适应经济发展的需要,是经济与社会发展协调与配套。

6. *物质文明与精神文明建设并举,促进人的全面发展和彻底解放*

极大程度地满足全体人民的物质生活和精神生活的要求,促进人的全面发展和彻底解放,达到民富国强的目的,是我们改革的总体目标。

还在改革初期,我们就提出了到2000年国民生产总值比1980年翻两番的任务和目标。1995年我们已经实现了这一目标。1995年9月28日正式通过的"中共中央关于制定国民经济和社会发展'九五'计划和2010年远景目标的建议"中将主要奋斗目标确定为:全国完成现代化建设的第二步战略部署,2000年,在我国人口将比1980年增长3亿左右的情况下,实现人均国民生产总值比1980年翻两番;基本消除贫困现象,人民生活达到小康水平。2010年国民经济和社会发展的主要奋斗目标是:实现国民生产总值比2000年翻一番,使人民的小康生活更加富裕。

在提出小康目标的时候,我们从来没有把它单纯理解成是物质的,简单概括成人均收入或生活水平,而是物质兼精神。因此,物质文明和精神文明建设并举也是力求做到经济与社会协调发展的一个重要组成部分。

在物质文明方面,我们以不断提高人民物质文化生活水平为主要目标，丰富消费内容，改善消费结构，重点解决住和行的问题，扩大服务性消费，改善生活质量，积极发展社区服务，充实社会服务设施，方便人民生活；大力发展各项文化教育和社会福利事业，加强公共文化和福利设施建设；积极发展各类卫生保健事业，实现人人享有初级卫生保健目标，加强重大疾病防治，重点改善农村医疗卫生条件；发展体育运动，推行全民健身计划，增强人民体质等。

在精神文明建设方面则要形成有利于改革开放和社会主义现代化建设健康发展的舆论力量、价值观念、道德规范和文化条件，有力地抵御资本主义和封建主义腐朽思想的侵蚀，激发全国各族人民建设祖国的巨大热情，振奋艰苦创业精神。我们确定的精神文明建设的根本任务是：培育有理想、有道德、有文化、有纪律的社会主义公民，提高全民族的思想道德素质和科学文化素质，特别把提高青少年素质作为工作的重点等。

多年来我们坚持不懈地用邓小平建设有中国特色社会主义理论武装全党，教育干部和人民，坚持不懈地加强艰苦奋斗的优良传统教育，坚持不懈地加强道德建设和爱国主义、集体主义、社会主义思想教育，树立正确的世界观、人生观、价值观，坚持不懈地加强党风廉政建设，深入持久地开展反腐败斗争，坚持不懈地开展群众性精神文明建设活动，坚持不懈地推进教育科学文化建设，提高整个中华民族的科学文化素质等方面都有具体的行动与举措，力求做到物质文明与精神文明相互配套。而物质文明与精神文明发展的最终目标是促进人的全面发展和彻底解放，它已成为中国协调发展战略的一个重要组成部分。

以上，我们列举了中国从理论上探讨，在实践中实现经济与社会协调发展目标的几个主要方面。其实为了实现这一战略，我们所做的努力与探索，特别是在社会发展如何适应经济飞速增长的需要上还有许多重大举措，如计划生育与人口控制，加快养老失业和医疗保险制度改革，加强环境、生态、资源保护，坚持经济建设、城乡建设与环境建设同步规划，同步实施，同步发展等。

总之，中国人民在改革中探索和实践，表现了巨大的智慧和勇气。以实现四个现代化,民富国强为社会总体发展目标确立以经济建设为中心的发展战略;建立良好的社会机制和氛围以适应经济发展的需要,促进经济发展;经济和社会发展则又以人的共同富裕,物质与精神全面发展为中心,这些构成了中国经济社会协调发展战略的主要纲领和内容。最近中共中央又根据中国的具体国情提出"抓住机遇,深化改革,扩大开放,促进发展,保持稳定"的 20 字方针,再一次肯定了协调发展的思路。可以预见,中国的经济与社会协调发展理论在中国改革开放的实践中,必然会更加完备,更加成熟,起到更重要的作用。

婚姻中个人行为和社会行为的矛盾统一

载《浙江学刊》2005 年第 6 期

在今天中国的婚姻家庭领域中出现了许多新现象和新问题，恪守“白头到老，从一而终”观念的人少了，将婚姻视作“围城”的人越来越多了。一些人觉得婚姻没有意思，干脆作了单身不婚的选择。一些人结婚又离婚了，使得现代社会离婚率大大增长。一些人对现有的婚姻不满意，也没离婚，却搞起了婚外恋，婚外同居的多了，婚外性行为多了，未婚生育的也多了。一些人以个人幸福主义的观点对待婚姻，只想享受婚姻家庭权力，不要履行婚姻家庭义务，一种新的家庭模式，即所谓“丁克家庭”多了，结了婚不生育，不要孩子，使家庭失去了“支撑点”。所有这些都使现代婚姻家庭关系变得更为“自由”，更为“松散”，与此同时产生了许多相关的现象诸如家庭暴力、遗弃、虐待，不抚养子女，不赡养老人，造成了现代婚姻家庭社会问题。

分析这些现象和问题，我们发现困扰婚姻家庭的一对基本矛盾是婚姻中个人行为和社会行为的矛盾。婚姻从表象上是个人行为，从本质上是社会行为。今天，以人为本，个人主义增长，个人对婚姻家庭的权力和选择被强调，被尊重，而婚姻依然又是社会行为，个人进入婚姻家庭领域要遵守社会规范，履行社会义务，因此个人与社会间的矛盾凸显出来。婚姻中个人行为和社会行为的矛盾统一是婚姻家庭的焦点理论问题。

一、婚姻是男女结成夫妇的个人行为

任何一桩婚姻都不是抽象的，而是个人行为的具体表现。一个人要不要结婚，和谁结婚，什么时间结婚，都是和当事人相关的，没有当事人的参与，婚姻关系不能产生，婚姻行为不能实现。在传统的婚姻模式中，由于强调个人服从他人，服从社会，婚姻的社会性表现得很明显，比如有“父母之命，媒妁之言”之说，个人的婚姻由父母决定，由媒妁撮合，父母媒妁代表社会干预和监督婚姻，本人没有决定权。即便如此，在任何一桩婚姻成为事实时，没有本人的到场与配合，婚姻也是不能实现的。现代社会更是如此，强调婚姻的自主性、自由性，当事人决定自己的婚姻，别人不得干预和代包。这个基本准则已经被法律所确定。中华人民共和国成立以来，前后制定和颁布了3部婚姻法，都强调了“婚姻自由”的基本原则。以2001年4月28日由中华人民共和国第9届全国人民代表大会常务委员会第21次会议通过，公布，并由中华人民共和国主席江泽民签署命令实施的新婚姻法为例，该婚姻法将“婚姻自由”确定为婚姻家庭关系的基本准则。在该婚姻法第一章《总则》第二条中说：“实行婚姻自由”。第二章结婚第五条中说：“结婚必须男女双方完全自愿，不许任何一方对他方加以强迫或任何第三者加以干涉。”即当事人有结婚自由。不仅如此当事人还有离婚自由，该法的第四章第三十一条说：“男女双方自愿离婚的，准予离婚。”我国现在的离婚也变得越来越简单，男女双方自愿离婚的，可到民政部门采取协议离婚的办法。男女一方要求离婚的，可由有关部门进行调解或直接向人民法院提出离婚诉讼。人民法院审理离婚案件，应当进行调解。如感情确已破裂，调解无效，应准予离婚。法律是今天社会实行社会控制的主要手段。法律对个人婚姻权力和愿望的充分尊重，是婚姻是个人行为的集中体现。

二、婚姻是制度化的社会行为

尽管人人有家,绝大多数人都结婚,但很少有人从社会角度去思考婚姻。社会学家欧内斯特·伯吉斯说:“动物求偶,而人结婚。其意义不同是简单明了的。求偶是生物性的,而婚姻是社会和文化的。婚姻是一种仪式,一种被社会认可的结合,一种一旦进入就要对社会承担某种认可责任的关系……”①无疑,婚姻是社会行为。我们可以从婚姻的动机、婚姻的功能和婚姻的社会控制等多方面去理解婚姻的社会性。

1. 婚姻动机的社会性

人为什么要结婚?通常人们是从人的需求,从人的生活、生理和心理需求去解释它,包括社会学在内的相关学科(科学)也有认同,从起点上说,这种看法并没有错。古德先生说:“人们所积累的有关动物行为的知识正在不断增加,人们在遗传学方面也取得了明显的进展,这些成就促使生物学家(也有非生物学家)开创了社会生物学这一新的综合性科学,并向社会学家提出了挑战,他们的总论点是,由生物因素所引起的人类行为远比人们过去所知道的多得多。这本来是古代观点,现在又复兴了。其中有些观点是有道理的。如果人们认为,与生物学密切联系的这一社会机构根本不受生物学动力的影响,这是没有道理的。”②在人的婚姻动机中有个人的性交往的动机、情感的动机,但不止这些,还有更复杂的社会动机。德国社会学家穆勒里儿认为人的婚姻动机是多种的,主要有三种,即经济、子女和情感,并将他们依重要性和时代列其先后:即上古时代经济第一,子女第二,爱情第三;中古时代子女第一,经济第二,爱情第三;现代则是爱情第一,子女第二,经济第三。原始时代婚姻以经济为主导动机源于妇女是创造财富的活工具。个人恋爱在那个时期是没有的,人的性行为能在婚外得到满足。人类婚姻史的第二个时期由于妇女劳动范围逐渐变小,只囿于家务,财富及财富继承问题日益突出,于是关于个人至亲

① 欧内斯特·伯吉斯:《家庭》,美国书社 1963 年版,第 1 页。

② W. 古德著,魏章玲译:《家庭》,社会科学文献出版社 1986 年版,第 1 页。

骨肉的后代观念一跃成为婚姻的主导动机，生育子女升为婚姻动机的首位。正如倍倍尔所说："我们为了享乐而设置了娼妓，为了日常保养身体而设置了妾侍，至于妻子则是为了生育合法的儿女和忠诚不贰地照顾家室。"①到了以个人自由为原则的第三时期，由于个人的价值的被尊重，由于妇女社会地位的变化，浪漫的爱情成为婚姻的主导动机，其次才是生儿育女和经济方面的考虑。人类婚姻动机的多种说明了婚姻行为的复杂性和复合性。人结婚的动机不是单一的，而是多重的；不仅是个人的更是社会的。自古以来人结婚就不仅有个人性的和情感的需要，还有经济的，子女的需要，换句话说还有社会的需要，只是不同时期各种需要的地位不同，人们考虑的先后顺序不同而已。

2. 婚姻功能的社会性

对于人和社会来说，婚姻和由婚姻产生的家庭有其他社会组织所不可替代的功能。婚姻家庭都有那些功能，社会学家其说不一，但大体相近。美国社会学家布利兹坦说，所有的家庭组织，无论是以何种形式出现，它们的重要意义在于家庭对于绝大多数成员来讲，是包罗万象，提供各类便利的社会组织；家庭，无论大小，是成员社交与私人生活的稳定的中心。家庭成员常常聚会，这是其他群体成员所不及的。个体最为关心的福利与财富的分配，信息的交流，只有在家庭中才有可能。人们总是以家庭为出发点，随即向其他组织靠拢。家庭组织为成员的这一步骤准备了一切。各种类型的家庭都提供以下诸便利：性的满足，生儿育女，儿童的抚养与儿童的社会化，给予各成员心理及物质上的安全感，把青年介绍到那种能满足他们需要的各种非家庭组织中去，向在其他地区工作的成员提供保护设施即生活的必需品。所有的家庭组织对社会的贡献具体表现为：向社会输送人口，传播社会习俗，向从属社会单位输送青年，分配商品与调节公共设施，在重要领域调解青年和老人、男子和妇女间的关系。为了达到上述目标，家庭组织必须保持同非家庭组织的联系。社会学家

① 潘允康：《家庭社会学》，重庆出版社 1986 年版，第 55、165 页。

龙冠海则认为，家庭系唯一的一个团体能够满足人类的多种基本需要，换言之，具有多种功能。他把家庭功能概括为(1)生物的：如性欲的满足，生育传种，小孩的保护及老人的照料；(2)心理的：如个人各种心理态度及行为的养成，人性及人格的发展，情感的发泄，爱情的培植和表现精神的安慰等等(3)经济的，家庭本来是一个最小的经济组织单位，为生产、分配及消费的场所，个人的食、衣、住莫不依赖之；(4)政治的，家庭是一个小型政府，家长为统治者；(5)教育的，家庭可以称为人类最初最小的学校；(6)娱乐的，家庭可视为人类最初的娱乐场所，是家庭分子共同从事娱乐的地方；(7)宗教的，家庭可说是人类最初的教堂。从社会学家对家庭功能的各种议论中，我们可以充分理解婚姻是社会行为，认识婚姻家庭的社会性。①

费孝通先生从婚姻家庭功能的最根本处道出了婚姻的社会性。他说“婚姻是社会为孩子们确定父母的手段。从婚姻里结成的夫妇关系是从亲子关系上发生的。这种说法也许和我们通常的看法不同，因为在我们的文化里时常会使人觉得夫妇关系是两性关系，婚姻是确定两性关系和个人开始性生活的仪式。可是在很多民族中两性关系并不以婚姻始也并不限于夫妇之间，而同时值得我们注意的是夫妇之外的性生活无论如何自由，并不会引起婚姻关系的混乱。这使我们觉得婚姻关系和两性关系并没有绝对的联系，因之，我们似乎不应把限制两性关系视作婚姻的基本意义。婚姻之外的两性关系之所以受限制还是因为要维持和保证对儿女的长期抚育作用，有必要防止发生破坏婚姻稳定性的因素。”②费先生这段经典的话深刻地阐述了婚姻的社会性。从简单的逻辑上说，先有夫妇关系后有亲子关系，即先结婚后生育，前者是因，后者是果。然而，社会学家的观点是相反的，说夫妇关系(婚姻关系)是从亲子关系上发生的，是因为生育的需要，才有婚姻，才有婚姻的根据和婚姻的基本意义。换句话说，在婚姻中是社会行为引发了个人行为，而不是相反，婚姻的本质在于

---

① 潘允康：《家庭社会学》，重庆出版社 1986 年版，第 55、165 页。

② 费孝通：《生育制度》，天津人民出版社 1982 年版，第 29 页。

婚姻的社会性。婚姻专家古德先生也从另一个角度阐述了这个问题，他说"……，社会对私生子看得比婚前性行为还要严重，即使后者也被看作是不合适的。任何社会对于谁同谁结婚都是有所控制的，也有一些规定用来反对随心所欲的生育态度。换句话说，社会对婚姻所采取的控制主要不是由于担心人们的性行为，而是由于担心人们生孩子。①性行为是个人行为，生孩子是社会行为，后者重于前者，社会性是婚姻的本质。马克思恩格斯从人类社会两大部类社会生产角度阐述了婚姻家庭功能的社会性。"根据历史唯物主义的观点，历史中的决定性因素，归根结底是直接生活的生产和再生产。但是生产的本身又有两种。一方面是生活资料即食物、衣服、住房以及为此所必需的工具的生产；另一方面是人类自身的生产，即种的繁衍。一定历史时代和一定地区内的人们生活于其下的社会制度，受着两种生产的制约：一方面受劳动的发展阶段的制约，另一方面受家庭的发展阶段的制约。"②婚姻家庭承担着人类社会第二大部类生产的任务，这是婚姻家庭功能社会性的集中体现，也是婚姻社会性的集中体现。

3. 婚姻控制的社会性

由于婚姻是社会行为，所以社会要从多方面，用多手段，对之进行社会控制，无论是传统的礼制婚，还是现代的法制婚，都会受到多种社会控制手段的控制，诸如法律、道德、习俗、宗教等。

现代婚姻是法制婚姻，控制婚姻的主要手段是法律。结婚是个人的事情，但个人必须依法行事，依法结婚，婚姻才能得到社会的承认。比如我国新婚姻法规定男 22 岁、女 20 岁才能结婚，低于此年龄的男女就不能结婚。该法还规定，要求结婚的男女必须亲自到婚姻登记机关进行结婚登记。符合婚姻法规定的，予以登记，发给结婚证，取得结婚证，即确立了夫妻关系，而不依法进行婚姻登记的是非法婚姻，是无效婚姻。新婚姻法上不仅有结婚的规定，还有离婚的规定，有夫妻关系、亲子关系即家庭成

---

① W. 古德著，魏章玲译：《家庭》，社会科学文献出版社 1986 年版，第 48 页。

② 《马克思恩格斯选集》第 4 卷，人民出版社 1972 年版，第 2 页。

员其他关系的规定,比如父母要抚养子女,子女要赡养父母,夫妻要相互扶养等。该法总共6章52条对家庭关系和家庭生活规范得十分严密、具体,是因为婚姻关乎人类自身传递大事,家庭是社会的细胞,是社会生活的基本单位,不能不高度规范化。新婚姻法不仅规定了家庭关系的模式,而且强化了对违规家庭关系行为的社会干预。和1981年的第二部婚姻法相比,新婚姻法增加了一章,即第5章"救助措施和法律责任"。这一章内容集中是对家庭行为的社会干预。这里所说的家庭行为是指家庭中的"离轨行为",诸如"家庭暴力""重婚""遗弃和虐待家庭成员"等有关婚姻家庭的违法行为。从个人家庭的角度看,过去有"清官难断家务事""两口子打架说不清"之说,夫妻的事,家中的事,外人不要管。除去家庭矛盾纠纷发展到离婚,要到有关部门办理离婚手续外,社会是不干预家里事的。新婚姻法不一样了,对一些家庭纠纷拟定了救援措施,对违规的家庭行为明确了法律责任。比如第5章第4条规定:"实施家庭暴力或虐待家庭成员,受害人有权提出请求,居民委员会、村民委员会以及所在单位应当予以劝阻;公安机关应当予以制止"。实施家庭暴力或虐待家庭成员,受害人提出请求的,公安机关应当依照治安管理处罚的有关规定予以行政处罚。换句话说,在家庭的离轨行为中,受害人可请求社会救援,居民委员会要管,村民委员会要管,工作单位要管,公安机关要管,一句话社会要管。婚姻是社会行为,当然要有社会干预。

从古到今社会不仅用法律来控制婚姻,还用其他手段来控制和监督婚姻。比如大凡人结婚,都要举行婚礼。有的人说婚礼是向社会宣告的仪式,不无道理。个人的事为什么要向社会宣告呢?因为婚姻是社会行为。西方人的婚礼在教堂中举行,除去亲朋好友来参加外,婚礼由牧师来主持,牧师代表上帝监督婚姻。传统中国人在举行婚礼时不仅要拜天地鬼神,而且要拜家长。暗有"神鬼作保",明有长辈亲友坐镇,都可称社会的力量。即便是今天,婚礼上都有多种角色,诸如"证婚人""主婚人""介绍人""来宾代表"等,与其说个人角色,不如说是社会角色,都是代表社会监督婚姻。社会控制监督婚姻的手段是多种多样的,比如有道德和舆论的手段，一个充当“第三者”的人尽管法律不能制裁，但要受到道德和舆论的谴责。其他还有宗教、习俗等，也都是社会控制干预婚姻的手段。归根结底，人在婚姻家庭中，只有相对的自由，没有绝对的自由，是因为婚姻是社会行为。

三、婚姻是个人行为和社会行为的矛盾统一

如前所述，婚姻从具体表现形式上是个人行为，社会要满足和保护个人的婚姻需求，尊重个人对婚姻的选择和家庭生活的决定；婚姻从本质上是社会行为，个人的婚姻要得到社会的认可，个人的婚姻家庭行为，要被社会所规范，所干预个人服从社会应当是确定的，无疑的。今天，社会重视个人的价值，强调以人为本，要极大限度地满足个人在婚姻行为中的各种选择和需求，而又不能改变婚姻的社会性，要对个人的婚姻做各种规定和限制，因此处于“两难”的境地。

事实证明，婚姻家庭的过于个性化，会给社会带来一些潜在问题和威胁。以俄罗斯为例，由于人们生育观念的变化，崇尚少生或不生，已经出现连续多年的人口负增长，为此俄罗斯人口学家发出警告说：1999 年俄罗斯出生人口只有 121.58 万人，但死亡人口却高达 214.03 万，如果照这样下去，到 21 世纪末俄罗斯民族将从地球上消失，整个俄罗斯将变成坟墓。再以美国为例，20 世纪 70 年代，美国曾经出现了比较严重的家庭问题。正如美国前副总统蒙代尔著文写的，美国的家庭受到的压力越来越大，这些压力是青少年犯罪的增加；在过去 30 年里私生子增加了一倍以上；自杀成为年轻人死亡的主要原因；每年至少有 20 万儿童受到其父母和监护人的虐待。美国前总统卡特也承认美国的家庭陷入困境。他认为，表明家庭崩溃的迹象是：当前五分之二的婚姻是以离婚而告终，八分之一的儿童是非婚生育的，六分之一的儿童生活在只有父亲和母亲的家庭里。美国的家庭问题和美国的其他许多爆炸性的问题联在一起，如流产、同性恋等。由美国著名的家庭社会学家撰写的《变迁中的家庭》一书，披露了美国家庭危机的一些数字：若以当时的结婚为准，那么差不多一半

的婚姻是将要以离婚而告终。根据美国人口普查局提供的数字,未婚同居的夫妇数量已经达到 156 万,是 1970 年的 3 倍,单身户大量增加,在 1980 年已有近 23%的家庭是单身户。美国是一个自诩尊重人权和个人选择的国家,如果婚姻家庭仅仅是个人行为的话,美国社会对于它的变化应当认可,不必干预,然而恰恰相反,不仅美国的社会舆论关注这种变化,而且美国政府也出面干预,时任美国总统卡特为了对付美国家庭面临的“危机”,聘请了白宫家庭问题顾问,并 3 次召开白宫家庭问题会议讨论美国的家庭问题。卡特亲自对他的白宫工作人员说,尽管你们的工作很忙,但不要忘记自己作为一个父亲、母亲和一个家庭成员的责任,你们要规规矩矩地结婚,不要做现在流行的那种未婚同居的事情。总统亲自出面,开会讲话,干预解决个人的婚姻家庭问题,在美国的历史上是罕见的。这是典型的社会干预,是因为美国的婚姻家庭变化带来了社会的危机,这种危机主要不是道德观念方面的问题,而是更为重要的社会问题,即我们前面所说的,这种危机已经威胁到美国家庭的正常秩序,有可能破坏掉美国的人口生产再生产和世代传递的链条。美国人清醒地意识到,无论物质生产如何发达,一旦人口生产的链条被毁,将会带来无法估量的社会灾难。

婚姻的个人属性和社会属性是一对矛盾,在传统时代,以个人服从社会而解决了这个矛盾。今天强调人的价值和以人为本,再强调以个人服从社会,就不那么简单,不那么容易了。一直有人想从根本上解决这个矛盾,实现婚姻与社会无关,成为完全的个人行为。他们并不否认人类自身生产和再生产对于未来社会的重要性,也不否认婚姻家庭在这种生产中的地位和作用。因此他们设想用“新的生育方式”取代现在通过婚姻家庭和男女交媾的办法解决问题。这种设想的依据是现代科学技术的新发展。从简单的逻辑上说,这种设想能成立,但从根本上说,是行不通的。首先,人在社会发展中不能不开始更多地考虑“人类自身生产的生态平衡问题”。20 世纪经济与社会发展给人的最大启示是必须保持生态平衡。人类如果完全按照自己的主观意愿行事,违背客观规律,破坏人与自然的和谐,破坏大自然的生态平衡,必将受到大自然的惩罚。今天人们已经把这个观点引到人类自身生产和再生产中来。天体造物，有男有女，男女交媾，父精母血，孕育了新的生命，这是不可抗拒的自然规律。世上之人有高有矮，有胖有瘦，千差万别，构成了丰富多彩的大千世界，构成了人类种群的生态平衡，也是不能被破坏的。我们可以用科学的方法使未来的人种更强健，更漂亮，但我们绝不能把未来的人都变成“机器人”一个模样，绝不能从根本上改变和摧毁人的遗传方式。还在十几年前，当新闻媒体上传出有人试图用科技手段监测和控制生育的性别时，社会就产生了忧虑，即如果每个人都按自己的意愿行事，选择男女(比如重男轻女，只要男，不要女)，会带来男女性比例失调的社会灾难。其实带来的问题不仅是性比例问题，还有相关的伦理和其他社会问题。这种挑战人类自身生产客观规律、破坏人类种群结构的生态平衡的做法将会受到更加严厉的惩罚。在这条路上人们不能不望而却步，乖乖回到按客观规律办事的道路上来。

另外，人类自身生产和再生产的内涵也对“新的生育方式”提出质疑。人们用“生育”二字来概括人的自身生产和再生产。社会学家费孝通认为生育二字中，至少有两重含义，即“生殖”和“抚育”。从概念上，我们可以把生殖和抚育分得很清楚，生殖是新生命的造出，抚育是生活的供养，在事实上，只有用分裂法来生殖的单细胞生物中，这两件事的分界才可划分得出来，在其他高等动物中，两性生殖细胞结合之后新生命虽已造成，但是这胚胎要能成长成一个个体还得靠外来的营养和保护，多多少少是要一段抚育的时间。还应当指出的是人与动物的抚育也不相同，在抚育中还包含有教育，只有这样才能使一个生物的人变成一个社会的人。可见人的生产和再生产，是一个有深刻内涵的系统工程，它不仅包括生，还包括养，包括教，这“教”是从胚胎里就开始了的。“新的造人方式”是不能替代和建立起这一系统工程的，换句话说是不能替代人的生育和教育功能的。今天作为人类社会的初级社会群体家庭，其成员具有亲密互动，面对面的合作特征，家庭教育对人能产生不可替代的影响，甚至是终生影响，是没有其他方式可以取代的。社会学者的观点是：缺少家庭教育的人常常是心理人格不健全的人。男孩子不能在母亲那里获得他所需要的全部生活方式,女孩子单跟父亲生活一样得不到完全的教育;全盘的生活教育只能得之于全盘生活的社会单位,即一男一女的合作团体——家庭。从这个意义上说,家庭教育是不能为其他方式取代的。人类在漫长的社会发展中创造了家庭文明。人们把家庭中得到的欢乐称作是"天伦之乐"。天伦即天地伦理纲常,客观规律有如日月经天不可改变,如果人一定要挑战和毁灭天伦,最终毁灭的只能是人类的自身。

四、结论

社会变迁并没有改变婚姻家庭的社会性本质。如果婚姻是一种完全的个人行为,也就没有婚姻了。婚姻的社会性决定了个人不能用单纯的幸福主义的观点来看待婚姻,为我所用,为所欲为,而同时要用社会的观点对待婚姻。一旦进了婚姻"城堡",就要遵守婚姻家庭秩序,履行婚姻家庭义务,是不容置疑的,过去如此,今天如此,未来也如此。"男大当婚,女大当嫁",是绝大多数人的价值观念。但愿进入婚姻城堡的人,理智地将婚姻个人行为和婚姻社会行为和谐地统一起来,造福个人家庭,造福全社会。

党群、干群关系是社会关系和谐的关键

载《中国党政干部论坛》2005 年第 9 期

构建和谐社会关键是要协调社会关系。所谓社会关系就是社会中人与人之间的关系。从社会关系的源头上看，可以有血缘关系（婚姻家庭关系）、地缘关系（邻里关系）和业缘关系（各种事业和交往中的关系，如同事、同学、上下级等）3 大类。从社会关系的范畴上看，可以有个人和个人之间、个人和群体之间，以及群体和群体之间的关系。从社会关系的分层上看，可以有阶级关系和阶层关系。从社会关系的性质上看，可以有政治、经济、职业、日常生活中的各种交往和利益关系。从国家的角度看，可以有执政党、机构和人民群众之间的关系。总之，从不同的角度，用不同的分类方法，可以有多种不同的社会关系。整个社会是由各种社会关系交织而成的、错综复杂的社会关系网。每一个人，每一个群体都被交织在社会关系的网络之中，不能摆脱。由于各种社会关系发生的根据不同，互动的方式不同，其中的权利和利益不同，产生和维持的时间与空间不同，因此表现出不同的特点和特征。从矛盾的普遍性上说，一个社会要使它包容的社会关系都处在良好和谐的状态，不是件容易的事情。从这个意义上说，构建和谐社会是个十分艰巨的任务，是一个不断化解矛盾，从一个平衡进到新的平衡的过程。在社会平稳发展时期是如此，在社会转型时期更是如此。

自改革开放以来，中国社会转型，在经济、政治、文化、社会生活、道德伦理、价值观念、个人心理和社会心理等各个方面都发生了巨大的变化，一句话，从经济基础到上层建筑都改变了。在这样的社会变迁中，不同人、群体、集团、阶层和地区都处在关系变化和利益调整之中。社会关系中出现一些不和谐因素和不和谐状态是必然的。因此党的十六届四中全会提出了构建社会主义和谐社会的任务目标，是符合中国国情，带有战略意义的。全会通过的“关于加强党的执政能力建设的决定”从 5 个方面提出了构建社会主义和谐社会的能力，其实就是从 5 个方面阐述了如何建立和协调各种社会关系，使各种社会关系处在良性互动的最佳状态。

因此，为协调社会关系，构建和谐社会，我们有许多方面事情要做，其中密切党群、干群关系是至关重要的。坚持党的群众路线，加强和改进新形势下的群众工作，密切党群、干群关系，换句话说，形成和谐的党群、干群关系，是实现构建和谐社会的关键。党群关系、干群关系之所以如此重要，和中国共产党在中国的历史地位有关，和中国共产党在中国现实社会中的作用有关，也和中国共产党在新时期面临的各种问题有关。

“没有共产党就没有新中国”，这既是一首歌，也是人们的心里话。中国共产党对中华民族的伟大贡献，使它在中国人民的心中有灿烂光辉的形象和至高无上的历史地位。

在今天的社会中，党不仅有地位，而且有其他政党和社会组织所不可替代的作用。中国共产党是中国革命和建设事业的领导核心，是对中国社会实行一元化领导的政治力量。在长期的革命和建设事业中，党和人民群众形成了不可分割的血肉联系。党和政府以为人民服务为宗旨，尽心尽力为人民谋福利。而“听党的话，跟党走，一切听从党安排，党叫干啥就干啥”，也成为广大人民群众的信念和信条。在中国，党群关系、干群关系处在整个社会关系结构中的特殊地位上。

改革开放以来，党坚持为人民谋利益，坚持为人民服务的宗旨没有改变。“三个代表”重要思想是党在新时期决心继续全心全意为人民服务，为人民谋利益的最新誓言，是对党群关系、干群关系的强化，是对党群关系、干群关系在新时期性质和地位的重新确认。在中国现今的社会关系体系中，党群关系、干群关系有牵一发而动全身的作用。这种特殊地位和作用，使它成为协调社会关系，构建和谐社会的基础。

改革开放以来，中国社会转型，社会关系和社会结构发生了变化，党群关系、干群关系也发生了相应的变化。这种变化使党群关系、干群关系面临着新的问题和考验。

首先，经济体制的改革要求政治体制相应改革，我们政府的职能已经顺应改革的需要发生了变化，由过去的所谓“大政府，小社会”转变为今天的“小政府，大社会”，这种改变不是政府权威的降低，而是政府改变了过去计划经济时代包揽一切的情况，将过去承担的部分职能转交给社会。比如以往政府负责安排所有的人就业，现在则是由人们根据社会和市场需要自己去找职业，由就业者和用人单位双向选择。再比如，以往人们的住房由政府统一建设，统一分配，统一安排，现在则是实行住房商品化，由人们自己去选房和买房。又比如，以往政府对城市职工实行全额医疗报销和保险，现在也变化了，各地正在探索由国家、集体和个人相结合的医疗保险制度。类似于以上的改革和变化还有很多。所有这些都使一些人不适应，甚至有意见、有怨气，在一定程度上影响了党群关系、干群关系。

其次，为了实施改革，促进发展，我们面临着许多棘手的矛盾和问题。改革开放，建设中国特色的社会主义，是前所未有的伟大事业，我们没有可以参照的模式和经验，只有通过探索，“摸着石头过河”，才能逐步把握客观规律，减少失误，得到成功。而在目前我们还不能一步到位，不能不付出代价。比如在效率和公平的矛盾中，为了提高效率，改革伊始我们就确定了允许一部分人通过劳动先富起来，先富带后富，最后达到共同富裕的方针。这个政策实行 20 多年来，一部分人确实富了，但社会上也有贫困人口，贫富差距拉大了。不同人、不同群体集团、不同地区的利益关系在调整，出现了调整过程中的矛盾、冲突和问题。而要解决这些改革进程中不可避免的复杂的问题，需要时间，不能一蹴而就。因此一些人有相对剥夺感，对改革有意见、有怨气，并把意见和怨气归到党和政府身上，从而影响了党群关系、干群关系。

第三，改革开放，不仅考验着中国人民，也考验着中国共产党。党在改革开放中也不断暴露出自身的一些问题，如腐败和脱离群众问题。少数党员和党的领导干部以权谋私，专横跋扈，贪污腐化，跑官，买官，卖官……严重地损害了党在人民群众中的形象。除去腐败现象外，一些党员和党的领导干部在思想作风、学风、工作作风、领导作风和生活作风方面也存在不同程度的问题，形式主义、官僚主义并不鲜见。这些也都对党群关系、干群关系产生了严重的负面影响。新时期党群关系、干群关系亟待进行不断的建设和调整。

无论如何，中国共产党在中国的历史上有至高无上的地位，中国共产党在中国社会的现实生活中有不可替代的核心领导作用，今天党群关系、干群关系正面临着新的考验和问题。从协调社会关系、构建和谐社会的角度说，密切党群关系、干群关系是第一要务。有良好的党群关系、干群关系，其他社会关系就能理顺，其他社会矛盾也会迎刃而解。

城市化进程中的城市群

载《北京工业大学学报(社会科学版)》2007 年第 4 期

中国的城市化进程既是现代化的标志,也是构建和谐社会的组成部分。近来关于城市化中的城市群的议论逐渐多了起来。理论界先是认为,中国已经出现了不以人的意志为转移的 3 大城市群,即以广州和深圳为中心的珠江三角洲城市群,以上海、南京为中心的长江三角洲城市群和以北京、天津为中心的京津冀城市群。最近又有人认为,中国目前将形成 10 大城市群:京津冀、长三角、珠三角、山东半岛、辽中南、中原、长江中游、海峡西岸、川渝和关中城市群,其中,5 城市群可能进全球 10 强,而京津冀、长三角、珠三角 3 大城市群在未来 20 年仍将主导中国经济的发展。由于国家"十一五"规划纲要明确提出要把城市群作为推进城镇化的主体形态,许多省市纷纷提出各自的发展战略,演绎了一场城市群大战。比如,江西省采纳学者建议要构建环鄱阳湖的城市群。

一、城市群——城市"集合体"

所谓城市群,是指在特定的区域范围内云集相当数量的不同性质、类型和等级规模的城市,以 1～2 个特大城市为中心,依托一定的自然环境和交通条件,城市之间的内在联系不断加强,共同构成一个相对完整的城市"集合体"。学者们对城市群概念的表述并不一致,但认识在渐趋一致,即城市群是由很多城市组成的,彼此的联系越来越紧密。这些城市在结构上是一体的,在功能上是互补的,他们共同对区域发展产生影响。城市群是工业化、城市化进程中，区域空间形态的高级现象，能够产生巨大的聚集经济效益，是国民经济快速发展和现代化水平不断提高的标志之一。

理论界对城市群也有不同的称呼，比如，都市圈、都市连绵区、城市带、网络城市、组团型城市等。其中都市圈、都市连绵区、城市带强调了城市地理区位分布的形态，如城市间临近的特征，而网络城市强调了城市之间的联系，组团型城市则表示城市之间结构和功能的一体性，它们和城市群的概念都比较接近。无论如何，城市群从表象上是距离较近的多城市组成，从本质上则是不同性质、类型和等级规模的城市组合，由于组成城市群的城市之间有功能互补性质，所以，在结构上也逐步趋向一体化。城市群是超于和优于城市之上的城市"集合体"，能更大限度地发挥城市的优势，减少城市社会问题。

二、城市群——城市化战略的优势选择

应当指出，城市群是城市化进程发展到一定历史阶段的产物。像人类社会的发展历史那样，人类社会的城市化进程也是不以人的主观意志为转移的自然历史过程。在长期的社会生活中，人的聚集产生了不同模式和规模的城市。由于城市所表现出来的巨大优越性，城市犹如雨后春笋般地发展起来．在城市发展到一定规模和数量之后，城市群出现了，人们也渐渐领悟到城市群的优势和组建城市群的巨大意义。

（一）城市群可以扩大聚集经济的优势

同农村相比，城市在资金、人才、信息、交通、市场、管理、效率等方面，具有更大的优势，这是城市经济聚集作用的结果。城市经济的表象特征具有系统性、互补性、外部性、区位性。城市经济的系统性可以使城市经济要素在形成系统和互相作用，互相搭配中产生系统优势和效应；城市经济的互补性，使城市经济中的各种经济活动互有补助，互生裨益，或由此而增进销售效率，或由此而降低成本，或使品质更能提高；城市经济的外部性可能存在着私人成本低于社会成本，或私人收益低于社会收益的现象，即存在着外部经济效果；而城市经济的区位特征能发挥城市经济的区

位优势。从本质上看，城市经济是空间集中的经济。没有空间集中，生产只能以极其有限的规模运行，通常靠近产品消费地以节省运费。在这种情况下，人口和生产往往相当均匀，只有空间集中，即人口、企业和各种活动的空间聚集才形成城市，才存在城市经济。城市因空间聚集而产生，又因空间聚集而发展壮大，没有空间聚集，就没有城市经济。空间聚集使城市经济具有明显的聚集效应，聚集经济的产生使企业可以获取更高的利润，居民可以得到更多的效用，从而改变了生产与消费决策的技术、成本和市场约束。企业和居民在空间上互相接近，通过竞争分享这种聚集利益。因空间聚集而产生的聚集效应，对经济活动的影响是全面的，它不仅影响技术与经济约束(聚集经济导致成本的节约、产出的增加)，从而改变着市场的约束(聚集经济促使效用增加，从而影响消费行为)。在既定的技术条件下，由于城市聚集经济的存在，与非城市环境下的厂商相比，城市内的厂商用同样的投入，可能获得差异巨大的产出，即厂商的生产集中可能在同一技术下由于聚集经济原因而向上移动；由于聚集经济，消费者所得的效用增加了，从而影响其消费偏好，于是厂商面临的需求曲线也会因此而产生相应的变化。基于上述原因，厂商最优化决策点(生产均衡点)自然也要发生变化。所以，在理论上，因空间聚集而产生的聚集经济效应对生产函数、成本函数和需求函数均产生着重要的影响，从而对经济资源的优化配置乃至整个经济的发展产生巨大的影响①。

城市有聚集经济优势，城市群则可以扩大聚集经济优势。城市经济的系统性不仅在单个城市内部表现出来，而且在城市与城市之间表现出来，形成了城市之间的系统经济。城市经济的互补作用不仅在城市内部发挥，而且在城市与城市之间发挥。城市经济的外部性和区位性特征也得到了扩大与延伸。总之，城市群的出现使聚集经济更具有规模，更易于形成规模经济。比如，江西提出“环鄱阳湖城市群”大发展思路，在城市数量上，由“一条线”上的南昌、九江 2 个设区市，变为完整的“一个群”上的

---

① 蔡孝箴：《城市经济学》，南开大学出版社 1998 年版，第 37 页。

南昌、九江、景德镇、鹰潭、上饶等设区市，占全省设区市的1/2左右，城市的规模和人口的数量都具备“城市群”的要求和条件；组成“环鄱阳湖城市群”的5个地级市构成一个经济圈，此经济圈在经济总量上，占全省49.2%的生产总值，52.3%的财政收入，是全省产业基础最好、科技文化水平最高、城市化水平最优、经济联系最密切的地区。如果把鄱阳湖比作月亮，那么，5个城市就好比5座卫星城，形成“众星捧月”之势，形成一个巨大的环湖经济圈，其对全省经济的辐射力和拉动力明显强劲。

（二）城市群有利于统筹规划，实现产业结构的调整

“统筹”理念是科学发展观的一个组成部分。《中共中央关于构建社会主义和谐社会若干重大问题的决定》在谈到坚持科学发展观，构建和谐社会时特别提到“统筹”，即“统筹城乡发展，统筹区域发展，统筹经济社会发展，统筹人与自然和谐发展，统筹国内发展与对外开放。”统筹即统一筹划，在科学发展观中它不仅是一种方法论，也是认识论。在统筹理念中，理论与实践、主观与客观、局部与整体、微观与宏观、历史、现实与未来是辩证的统一。以往在经济发展和城市规划方面有一个突出的问题是地方和地方保护主义。无论是何种原因，城市与城市之间，地区与地区之间“森严壁垒”“各自为政”，缺少“统筹”规划与“统筹”发展的思路与做法，相互独立，搞小而全，重复建设。这样不利于产业结构的调整，不利于整合资源，不利于从整体上发挥地区优势。建立和发展城市群客观上能改变这种状况，使人们能从“统筹”的角度思考问题，在地区与地区之间，城市与城市之间实现统一规划，整合资源，发挥地区优势，调整产业结构。我们仍以“环鄱阳湖城市群”为例，在产业结构上，江西支柱产业大多集中在这些城市，如南昌的制造业，九江的石化、纺织、建材、造船业，景德镇的陶瓷、航空、家电业，鹰潭的铜冶炼业，上饶的精密机械加工业等。该地区在产业结构转移方面既有失败的例子，也有成功的例子，位于景德镇的华意和位于南昌的齐洛瓦在1990年前后，都是全国名噪一时的冰箱品牌。但由于这2家企业单独作战的能力不够，市场份额逐渐被海尔、春兰和美菱等蚕食殆尽，如今皆“沦落”为给海尔等企业做配套产品。假如当初这2

个企业能抱团作战，在产业上既密切合作又明确分工，进行你取我舍、共同优化的小小转移，其现状绝不会如此。而位于景德镇市辖区内的昌河集团，已将其发动机和轿车的生产基地迁移到与之相邻，且具区位优势的九江市，此举意义显而易见——此生产基地紧靠昌九高速公路，大大缩短了到南昌和鄂、皖、江、浙、沪等省市的距离。由此不仅降低了生产成本，更为产品增强了竞争力。这个案例，虽为企业的意愿使然，但若景德镇的胸襟不宽广，硬抓住昌河不放，其结果不言而喻。这种城市群内的产业转移，看似此消彼长，当地的 GDP 表面上或短期内受到了影响，但从长期角度和大局观念看，企业从此得到了可持续发展。

江西学者认为，现代区域产业转移不是仅仅以地理区位为条件的，而是更依赖于城市化基础上形成的区域经济互补，即首先要求接受产业转移的地区在城市化的基础上，逐渐形成一个统一的经济区域，而不是一个只在行政上统一，经济上联系不密切的区域。只有这样，产业转移在空间上才可能是自由选择的，才有可能最大限度地规避地域风险；其次，要求接受产业转移的区域和转移产业的区域在经济上能形成互补关系，以实现产业转移后的利润最大化。城市群整合的关键在于区域内建立层次和布局合理的产业体系，这就要求区域内城市根据比较优势和竞争优势原理，合理确定自己的主导产业，既要齐步前进，又要相互错位发展。中心城市要充分发挥综合服务功能，成为要素和信息的配置枢纽，次中心城市要改造好传统产业，充当大城市和大企业的加工基地。

（三）城市群有利于不同模式城市之间的优势互补

对于中国的城市化进程和中国的城市发展模式，学术理论界一直有不同的看法。改革开放初期，著名社会学家费孝通倡导和主持了“小城镇”研究，结合中国国情，发展小城镇，不走其他一些发达国家和发展中国家走过的“弯路”是开展小城镇研究的初衷。费孝通先生说：“从世界范围看，大城市工业扩散是一个趋势。大城市人口密集、土地贵、工资高、污染严重等，已使它的工厂不能再继续发展下去。资本主义国家的工业已向郊区和附近的农村扩展，现在甚至扩散到第三世界国家去了。这种工业扩散曾引起严重的污染扩散的后果。但是我们社会主义国家对这种恶果是可以避免的。”[①]他认为小城镇有发展乡镇企业功能，而只有发展乡镇企业农村才有出路。小城镇有“储水池”功能，能把农村产业结构调整中的剩余劳动力吸收进来，储存起来，人们可由农业转为工业，但“离土不离乡”。他认为小城镇是商品集散中心，其商品流通与农村的经济发展之间有互为前提、相互作用的关系；认为小城镇是农村的服务中心、文化中心和教育中心。费孝通主张发展小城镇，发展乡镇企业，用农民离土不离乡、务工不进城的方法实现农村城市化。此后又有优先发展大城市和优先发展中小城市的主张。主张优先发展大城市者认为，大城市具有明显的经济聚集优势。同中小城市比较起来，大城市在资金、人才、信息、交通、市场、管理、效率等方面，具有更大的优势，这是大城市经济聚集作用的结果。大城市具有社会聚集优势。这里所说的大城市的社会聚集优势是指大城市的聚集模式对社会生活的作用。大城市的主要特征是人口在一定规模上的高度密集。这种人口的高度集中和密集对现代社会生活是有益的。大城市在城市化中有领头作用和辐射作用。大城市有比较完整的城市化内涵。大城市规模的比较成本低等[②]。而主张优先发展中小城市者认为，中小城市在我国城镇体系中处于中间环节，起到了联系大城市和小城镇的作用；中小城市点多面广，承上启下，联系广泛，规模适中，具有大城市的优点，城市基础设施和产业基础具有一定规模；在住房、交通等方面不像大城市那么紧张，生产力水平及文化科学基础又比小城镇优越。因此，合理发展中小城市对于缓解大城市人口和承载压力及促进小城镇发展都具有十分重要的作用[③]。

从上述引证和议论中可以看到各种不同的城市模式有不同的特点和优势，在城市化进程中能起到不同的作用。如果从城市群角度看，以1～2个大城市为中心，若干中小城市环绕其间，更多的小城镇星罗棋布所构

---

① 费孝通：《小城镇大问题》，江苏人民出版社1984年版，第7页。

② 高佩义：《中外城市化比较研究》，南开大学出版社2004年版，第142页。

③ 冷静：《中国城市化道路的现实选择》，《江西社会科学》2002年第3期。

成的城市群能将大城市、中小城市和小城镇的优势同时发挥出来，实现不同城市模式之间优势互补。比如小城镇可以借助中小城市和大城市在社会聚集方面的优势，满足自身在城市建设和社会事业发展方面的需要。而大城市也可以中小城市、小城镇为依托，实现农村剩余劳动力的梯次储存和有序转移，避免人口向大城市过度集中，减缓大城市的压力。至于在经济上，不同城市模式之间的互补作用更为明显。比如大中型企业可以乡镇企业为自己生产初级产品和原材料，乡镇企业亦可借助大中型企业提升自己的技术水平，开辟新的市场。

(四)城市群可以扩大城市化中的辐射作用

城市聚变引力定律认为，在城市化过程中，人口的集中……会释放出一种新的能量，在一定条件下，城市人口集中的规模越大，释放出来的新能景就越多。这种能量多到一定程度，并且必须多到一定程度，便会创造出全新的物质和精神的城市文明，即开放型的现代化的大城市文明。这种开放型的现代化的大城市文明，一方面对其周围的乡村或小城镇产生强大的直接引力效应，使该城市进一步扩大；另一方面又对其他中小城市产生巨大的示范作用，使他们纷纷仿效，形成一种间接引力效应，从而使这些中小城市中某些竞争力强的便发展成为大城市，这一过程一旦开始，就不可遏制。对于某个大城市来说，如果其周围没有出现新的引力中心，也没有人为的障碍，那么这一过程一直要到周围乡村或小城镇的人口全部被吸纳完毕才能结束。对于整个社会来说，这一过程一直要到中小城市和乡村基本上都享受到人人都想享受的大城市文明时才能结束。上理论从狭义上说是大城市辐射理论，从广义上说是城市辐射理论。从城市化角度说，任何一个城市都有辐射作用，大城市最为明显；从城市群角度说，由于城市群扩大了城市的内涵和外延，因此，对内对外的辐射作用都更加明显。这点已经被人们广泛地意识到。

近几年来，江西各级官员在许多场合提得最多的一句话，就是“对接长珠闽，融入全球化”。他们在构想“环鄱阳湖城市群”时认为，江西是唯一一个连接长三角、珠三角、闽南三角区的省，最有条件接受沿海经济的辐射，成为沿海发展的腹地。中国最发达的长、珠、闽地区正在实现产业升级，需要把大量缺乏竞争力的产业转移到其他区域。从成本与市场的角度考虑，大量转移到地理位置靠近的江西当然是首要选择，而且，由于特殊的地理位置和产业层次的一贯低下，江西作为承接长、珠、闽地区的产业大转移，所具备的历史机遇和发展机遇，已使之成为必然。在交通条件上，赣粤、福银等 3 条高速公路直接通往与赣相邻的发达地区，助推江西迅速实现在中部崛起和富民兴赣大业。再随着景鹰(抚)高速公路的建成通车，可构筑以南昌、九江为中心的，可通江达海的 4 小时经济圈。可以上接“武汉城市群”，下连“皖江城市带”，进而承接“长三角”的辐射。对发达地区转移过来的产业，江西也应趁早做好产业升级的前瞻性筹谋，进行有选择性的承接。群内各城市的产业分工要明确，借助构建城市群契机，做一次城市功能大定位和产业大调整。可以认为，只有有了城市群的构想，才能产生上述规划，城市群对发展地区经济，加速城市化进程的作用不言而喻。

无论如何，在中国的城市化进程中，规划和建设城市群已经引起了广泛关注，并进入实际操作和实施阶段。科学发展观中的城市群应当是一个空间结构合理、城市和产业分工明晰、经济实力雄厚、社会经济发展与资源驻境相协调的重要增长极地区。城市群的建设必将大大推动我国的城市化进程，成为彻底解决“三农”问题，实现全民的“小康”社会和全民的和谐社会的重要组成部分。

中国婚姻家庭的社会管理

载《甘肃行政学院学报》2010 年第 1 期

婚姻是男女结合成夫妻的行为，家庭是婚姻的承续和扩展，由婚姻产生的家庭是以婚姻血缘关系为纽带的社会生活组织形式。婚姻家庭是社会的基础结构，承担着重要的社会功能。对婚姻家庭的社会管理历来是中国社会管理中的重要组成部分。

一、婚姻与家庭的私人性与社会性

用社会学观点看，婚姻与家庭既是私人领地，也是社会领地；婚姻从表象上是个人行为，从本质上是社会行为。婚姻是个人行为，是说没有当事人的参与，婚姻不能成立，不能实现，无论过去、现在和未来都是如此，特别是当代实行婚姻自由的原则，一个人要不要结婚，和谁结婚，什么时间结婚都是个人的自由，是个人决定的事，他人和社会都不得干预。然而，婚姻一定要得到社会的认可。社会学家费孝通说，结婚不是私事。婚姻是社会力量造成的，因为依我所知世界上从来没有一个地方把婚姻视作当事人个人间的私事，别的人不加过问的。婚姻对象的选择非但受着社会的干涉，而且从缔结婚约起一直到婚后夫妇关系的维持，多多少少，在当事人之外，有别人来干预。这样，把男女个人间的婚姻关系弄成了一桩有关公众的事件了。这并不是一般人的无理取闹，或是好事者的瞎忙，而是结合男女成夫妇所必需的手续。婚姻是社会行为，社会要对它实行管理，比如，结婚必须登记，没有到婚姻登记机关履行过婚姻登记手续的婚姻是得不到社会的正式承认的;结婚后当事人必须履行婚姻法规定的婚姻家庭义务和责任,如果违规要受到社会的干预,甚至制裁等。

美国社会学家古德认为,在绝大多数部落社会,亲属关系模式是整个社会结构的主要组成部分。与此相反,在现代工业社会中,家庭只是整个社会结构的一小部分。不过,家庭在这种社会中也仍处于关键地位,特别是将个人与其他社会机构如教会、国家或经济机构联系起来。假如没有这个看来原始的社会结构所做出的贡献,现代社会就会崩溃,这是确实无疑的,尽管它有复杂而先进的技术和训练有素的科层组织、阶级制度,包括它对教育和其他机会的限制,或高或低的社会流动率和出生时的社会地位,也是建立在家庭基础之上的。如果我们将人类社会比作一个有机体的话,家庭就是这个有机体的组成细胞,是基础结构。恩格斯说:"根据历史唯物主义观点,历史中的决定性因素,归根结底是直接生活的生产和再生产。但是,生产本身又有两种,一方面是生活资料即食物、衣服、住房以及为此所必需的工具的生产;另一方面是人类自身的生产,即种的繁衍。一定历史时代和一定地区内的人们生活于其下的社会制度,受着两种生产的制约:一方面受劳动发展的阶段的制约,另一方面受家庭发展的阶段的制约。"①无论如何,今天家庭仍然是社会日常生活的基本单元,它承担着包括人类自身的生产,即种的繁衍在内的多种重要功能,因此,社会要对它进行管理和控制,以维护家庭生活的正常秩序,保障家庭功能的正常发挥。

二、以法律为中心的多手段综合管理

婚姻家庭的社会管理是对婚姻家庭的社会控制,所谓社会控制是通过社会的力量使人们遵从社会规范,维护社会秩序的过程。1949 年中华人民共和国成立伊始,就开始了对婚姻家庭实行以法律为中心的多手段综合管理,包括法律的确立与实施、行政干预、道德制约、习俗影响、舆论

① 《马克思恩格斯选集》第 4 卷,人民出版社 1972 年版,第 320 页。

监督等多个方面，管理的核心是理顺和确立家庭成员权利义务关系，建设符合中国文化传统与中国国情的和谐家庭。

(一)法律的确立与实施

现代国家皆以法治国，法律是社会生活的杠杆和准绳。1949年中华人民共和国成立后就确立了以法管理婚姻家庭的理念，1950年4月13日它制订和颁布的第一部法律就是中华人民共和国婚姻法(相比较而言中华人民共和国第一部宪法到1954年才出台)，说明社会对婚姻家庭管理的高度重视，以后，在1980年和2001年又先后两次修正了婚姻法。

1. 婚姻法确立了对婚姻家庭管理的基本准则

婚姻法所确立的婚姻家庭的总则是对婚姻家庭进行社会管理的基本准则，主要是婚姻自由、一夫一妻、男女平等、保护妇女、儿童和老人的合法权益和计划生育等5个方面。婚姻自由，是确定和保证婚姻当事人对婚姻的自主权和决定权，包括结婚自由和离婚自由；一夫一妻，是对配偶人数的规定，禁止重婚；男女平等，是对家庭成员性别角色关系的规定，家庭成员不分性别，一律平等，主要是夫妻平等；保护妇女、儿童和老人的合法权益，是对家庭成员中的弱者的保护；实行计划生育，是根据中国的国情，对生育子女数量的控制和限制。

2. 从婚姻法的沿革中看婚姻家庭管理理念和更新

(1)1950年婚姻法的主旨是反对封建婚姻制度，确立新民主主义(社会主义)自由民主婚姻制度的基本准则和框架

1950年4月13日经中央人民政府批准公布并开始实施新中国成立后的第一部婚姻法，简称1950年婚姻法。该法共包括8章27条。该法针对旧中国国民党统治时期的半封建婚姻制度，在反对包办买卖婚姻，实行婚姻自主自由，强调男女平等，确立一夫一妻制等方面做了规定。该法的第1章“原则”中共包括两条，第一条开宗明义：“废除包办买卖婚姻、男尊女卑、漠视子女利益的封建主义婚姻制度。实行男女婚姻自由，一夫一妻、男女权利平等、保护妇女和子女的合法利益的新民主主义婚姻制度。”作为第1条的补充，第2条则针对旧中国种种丑恶的封建婚姻现象规定

“禁止重婚、纳妾。禁止童养媳。禁止干涉寡妇婚姻自由。禁止任何人籍婚姻关系问题索取财物。”这些规定，为废除和取缔旧的封建婚姻制度，建立新的新民主主义（社会主义）婚姻制度建立了基础，起了决定性的作用。以婚姻自由为例，该法第六条规定：“结婚应男女双方亲自到所在地（区、乡）人民政府登记”，保证了当事人的权益和意愿。该法以离婚自由作为结婚自由的必要补充。第 17 条规定：“男女双方自愿离婚的，准予离婚。男女一方坚决要求离婚的，经区人民政府和司法机关调解无效时，亦准予离婚。”该法的公布与实施，使得在中华人民共和国成立前旧婚姻制度下遗留的种种婚姻问题得到公正的解决。1950 年开始我国曾经出现了中华人民共和国成立以来的第一次离婚高潮。如果以 1950 年离婚案件的收案数字为 100，则 1951 年上升为 123，1952 年上升为 228，1953 年上升为 252。从全国法院受理的离婚案件看，1950 年为 186167 件，1951 年为 409500 件，1952 年上半年为 398243 件。从当时的离婚案件看，以封建制度和封建思想而造成的不幸婚姻，如包办买卖婚姻、童养媳、重婚以及歧视虐待妇女等纠纷最多，和当时开始执行 1950 年新婚姻法直接相关。1950 年婚姻法的颁布和实施除去起到反对封建婚姻的作用外，还就婚姻要件、结婚和离婚的有关程序、夫妻关系（相互权利和义务）、亲子关系（相互权利和义务）等都做了相应的规定，确立了对婚姻家庭进行法律管理的基本框架。后来 1981 年和 2001 年修改和执行的婚姻法都是在 1950 年婚姻法基础上的修改。

（2）1980 年婚姻法是社会转型开始时的过渡法律

1950 年婚姻法实行了 30 年时间。到 1980 年，一方面经过 30 年的努力社会主义的婚姻制度已经基本确立；另一方面 1979 年中国开始进行改革开放的伟大进程，中国迅速大踏步地向现代社会前进，因此婚姻家庭制度的改革也势在必行。但 1980 年改革开放刚刚开始，中国的现代社会框架还没有成型，因此 1980 年的婚姻法还不可能对适应今天社会生活的婚姻家庭制度做出更详尽的规定，和以后的 2001 年婚姻法相比它带有明显的过渡性质。

1980年的婚姻法于1980年9月10日由第五届全国人民代表大会第三次会议通过,1981年1月1日开始实施。它重申了1950年婚姻法规定的婚姻家庭的4项基本准则。针对此时在婚姻家庭领域反封建的任务已经基本完成,因此在重申这些基本准则的同时,对1950年婚姻法中的禁止纳妾,禁止童养媳,禁止干涉寡妇婚姻自由等提法删除。该法根据中国当时的具体国情和控制人口的政策,增加了“实行计划生育”的准则。1980年婚姻法从1950年的婚姻法8章27条合并扩充为5章37条,主要体现了当时社会对婚姻家庭的要求和规定,比如和计划生育要求相适应的该法第5条规定:“结婚年龄,男不得早于二十二周岁,女不得早于二十周岁。晚婚晚育应予鼓励。”男女结婚年龄比1950年婚姻法的规定长2年。

(3)2001年婚姻法确立了中国现代婚姻家庭制度的基本内容框架,实现婚姻家庭管理制度的创新

20世纪的最后20年,随着中国改革开放的飞速发展,中国的社会生活发生了巨大变化,现代社会和家庭生活的模式出现并开始形成,进一步修改婚姻法,以适应婚姻家庭和社会生活的需要是必要的,因此从1995年我们就开始着手制订新婚姻法。因为它牵涉千家万户的日常生活和利益,在着手制订这部婚姻法时曾经组织过全民大讨论,就相关的问题广泛征求全国各个方面的意见。由于人们对婚姻家庭领域发生的变化和相关问题认识不一致,因此,这场大讨论和征求意见的过程持续了近6年,直至2001年4月28日经中华人民共和国第九届全国人民代表大会常务委员会第二十一次会议通过,并于当日公布实施。该法共包括6章52条,比较1980年婚姻法5章37条,有了较大的修改和扩充。

①该法在总则中继续重申了1980年婚姻法确立的5项基本准则。针对社会上出现的新情况,该法在总则中增加了“禁止有配偶者与他人同居。禁止家庭暴力”等。还针对社会“第三者”现象严重,婚外情、婚外性行为增加,家庭矛盾和纠纷突出的事实,增加了“夫妻应当互相忠实,互相尊重;家庭成员间应当敬老爱幼,互相帮助,维护平等、和睦文明的家庭关

系”的要求。

②该法勾勒出了中国现代婚姻家庭法的基本框架和内容。和1980年婚姻法相比，该法是比较完备的，除去以上总则外，下设“结婚”“家庭关系”“离婚”“法律责任”等主要章节。这是一部适应今天婚姻家庭生活变化和需要的比较详细完备的婚姻法。从2001年该法公布始，我们一直以该法来管理婚姻家庭，处理婚姻家庭问题。

③该法进一步认定了家庭关系的法人契约性质。中国传统婚姻是礼制婚，传统的家庭关系是人伦关系，在改革开放中中国社会迅速由传统向现代演进，适应这样的变化。2001年婚姻法进一步淡化了家庭关系中的人伦色彩，认定和强化了家庭关系的法人契约性质。以夫妻关系为例，传统的夫妻关系是依附关系，女人嫁到男家就依附男人，两口子不分家，在这样的人伦关系中是不会有家庭财产归属和分割问题的。今天不同了，夫妻之间是法人契约关系，平等关系，因此夫妻之间也有财产归属和分割问题，适应这样的变化，该法从第17条到第19条都是夫妻之间财产关系的规定，哪些是夫妻共同财产，哪些是夫妻一方财产，以及婚前财产的归属，夫妻关系存续期间的财产约定等都做了详细规定，符合时代的要求和气息，也满足了处理离婚案件中财产分割矛盾纠纷的需求。

④该法从婚姻的社会性质出发强调了家庭问题的社会干预。在一般人的传统观念中婚姻家庭是私人领域，具有私密性，有“清官难断家务事”之说。今天随着人本位价值观念的确立和人的个性的增长，婚姻家庭更容易被认为是个人之事。2001年婚姻法在尊重个性的同时，也强调了婚姻家庭的社会性，针对近年来家庭暴力增加和各种家庭矛盾纠纷增加的客观事实，特别增加了第5章：救助措施与法律责任，集中对家庭行为的社会干预做出了规定。这里所说的家庭行为主要是家庭中的“越轨行为”，诸如“家庭暴力”“重婚”“虐待遗弃家庭成员”等。以“家庭暴力”为例，该法第5章第43条规定：“实施家庭暴力或以其他行为虐待家庭成员，受害人可以请求村民委员会、居民委员会以及所在单位予以调解。”“对于正在实施的家庭暴力，受害人可以请求公安机关救助，也可以请求

村民委员会、居民委员会劝阻。”“实施家庭暴力或以其他行为虐待家庭成员，受害人可以请求公安机关依照治安管理处罚条例予以行政处罚。”过去是两口子打架别人无须过问，现在是家庭暴力社会干预，是符合婚姻家庭社会性的本质需求的。

⑤该法针对改革开放以来出现的若干新的婚姻家庭问题做了补充规定，以符合现实需要。比如近年来中国出现了许多“未婚同居”“婚外情人”“婚外性行为”“包二奶”等现象，有的是公开“重婚”，直接挑战一夫一妻制。针对这些情况，2001 年婚姻法不仅重申了一夫一妻制的原则，在总则中明确规定禁止重婚，禁止有配偶者与他人同居，而且在第 2 章第 10 条中将重婚列为无效婚姻，在第 5 章第 45 条中规定“对重婚的，……，受害人可以依照刑事诉讼法的有关规定，向人民法院诉讼。……”第 5 章第 46 条则规定重婚行为导致离婚的，无过错方有权请求赔偿。即重婚不仅承担刑事责任，而且还要被经济制裁，加大了对重婚行为的处罚力度。再比如，老年人再婚问题是我国家庭出现的新问题。依传统我们主张“从一而终”，妻子失去丈夫守寡，丈夫失去妻子守鳏。伴随着社会生活的变化，人们不再恪守这样的观念，一些失去了配偶的老年人希望再婚，但常常因为称谓和财产等问题遭到子女的反对，并因此而引起了家庭纠纷。针对这样的情况，2001 年婚姻法增加了一条，即第 2 章第 30 条：“子女应当尊重父母的婚姻权利，不得干涉父母再婚以及婚后的生活。”

⑥该法维护法制的尊严，循序渐进、坚定不移地依法管理婚姻家庭。随着社会生活的变迁，中国的婚姻正在从传统的礼制婚向现代法制婚迅速转变。但中国毕竟是一个有数千年根深蒂固文化传统，且政治经济文化发展很不平衡的大国，因此推行法制婚仍然需要时间和过程。以婚姻登记为例，我国仍有一定数量的“事实婚姻”是没有办理婚姻登记手续的，一些农村地区、边远地区，由于人们的法制观念薄弱和一些其他问题，男女结婚时没有办理结婚登记手续，而是自行举行婚礼仪式自行结婚，造成了没有经过法律手续的“事实婚姻”。针对这样的情况，2001 年婚姻法在规定结婚者必须亲自到婚姻登记机关办理结婚登记手续的同时，没有笼

统地将未办理结婚登记的事实婚姻一律称为非法婚姻，而是要求“未办理结婚登记的，应当补办登记”，既从实际出发，也维护法制的尊严，坚定不移地依法管理婚姻家庭。

无论如何，在中华人民共和国成立后 60 年对婚姻家庭的管理中，法制是核心，法律是杠杆和准绳，依法治理婚姻家庭既是过去的事实，也是今天和未来的宗旨。

（二）行政干预

60 年来中国一直是中央领导下的高度组织化的社会。社会是组织社会，人是组织中的人。改革开放前，政府包揽一切，还有“单位制”的特征，单位包揽和干预了人们的工作、生活中大多数事情。在这样的政治体制下，行政管理职能一直发挥重要的作用，在婚姻家庭领域也是如此。

比如，婚姻择偶是个人的事情，在相当一段时间里也有“组织介绍的”。在 1982 年进行的中国 5 城市家庭调查中证实此前有近 1%的婚姻择偶是“组织介绍的”。在中华人民共和国成立后很长的一段时间里，人们在办理结婚手续时当事人要携带“户口证明”“居民身份证”外，还必须携带“所在单位、村民委员会或者居民委员会出具的婚姻状况证明”。换句话说，没有单位组织的同意，婚姻是不能成立的。这种情况一直到 2003 年 10 月 1 日起实行的新的《婚姻登记管理条例》中才有了变化，即由原来的单位开具证明改为“本人无配偶以及与对方当事人没有直系血亲和三代以内旁系血亲关系的签字声明。”这样既尊重了当事人的隐私权，也体现了对公民的充分信任，对培育信用社会起着很重要的促进作用。因为个人对自己的“签字声明”是要负法律责任的，一旦丧失信用，就会受到法律制裁，在扩大公民自由权的同时，加强了公民的责任和义务，这样的变化符合改革的方向。

生育是婚姻的目的之一，是家庭的基本功能。从 20 世纪 70 年代我国开始逐步控制人口，推行计划生育政策。尽管在婚姻法中我们主张“实行计划生育”原则，但没有相关的法律条文实施。计划生育目标主要是通过行政管理的手段实现的。全国各地都成立了不同级别的计划生育委员会、办公室和各种相关的办事机构，许多单位还设立了专门（或兼职）从事计划生育的工作人员，制定了相应的计划生育控制、奖励和处罚条例，发放独生子女证，给独生子女奖励和补贴，对超生者处罚。一些地方计划生育指标完成的情况还被列为干部政绩考核的内容。

（三）道德制约

中国是一个赋予传统的国家，这样的国情社情决定了道德控制具有重要的地位和作用。中国人在长期的婚姻家庭生活中形成了适应人们需要的婚姻家庭道德，它使人们可以分辨什么样的行为是善的、美的、道德的，应该提倡的；什么样的行为是恶的、丑的、不道德的、应该反对的。诸如主张男女平等，尊敬和赡养老人，抚养和教育儿童，保护老人、妇女和儿童等家庭中的弱者，主张家庭成员相亲相爱等都是道德的，反之是不道德的。道德内化到人们心中，成为“自我”和“他我”控制的力量。依靠道德的力量，我们建立了中国式的家庭生活秩序。以赡养老人为例，在中国，尊敬和赡养老人是道德的，会受到赞扬和肯定，反之是不道德的，会受到批评和指责。在有的家庭中，父母生育了多个子女，父母年老后到多个子女家轮流居住，由多个子女轮流奉养，这就是依靠道德的力量产生的中国式的家庭养老模式。道德对人们行为的控制比法律更加宽泛，法律管不到的地方，道德可以管。

（四）舆论监督

在婚姻家庭管理中道德的力量和作用有时是通过舆论监督来实现的。舆论又称公意，意思是社会上众人的议论和意见。人们在社会生活中做了违规、违反道德的事情会有舆论压力，舆论监督也是婚姻家庭社会管理的重要力量。

中华人民共和国成立 60 年来，我们从来都重视舆论的力量，用各种舆论工具诸如报纸、电台、电视、电影、戏剧、小说等影响和管理婚姻家庭。比如为配合建国初期反对封建的婚姻制度，确立新民主主义（社会主义）的婚姻制度，就创作了著名评剧《刘巧儿》，巧儿在舞台上唱出了“这一回我可要自己找婆家”的铿锵词语，在北方广大人民群众中广为流传，影响很大，极大地鼓励人们勇敢地向封建婚姻制度和习俗做斗争，实现婚姻自主、自由。中华人民共和国成立初期，我们的新闻传媒还不很发达，今天我们的新闻传媒已经充分发展，利用新闻传媒对婚姻家庭进行舆论监督式的管理的事例举不胜举。

（五）习俗调节

习俗是指人们在集体生活中逐渐形成并共同遵守的习惯和风俗，是人类社会生活中自发产生的一种社会行为规范。人们所处的环境不同、地区不同、时期不同、所属的民族不同，宗教信仰不同都会有不同的习俗。在社会中人们的各种行为，一举一动都会受到他所在地区社会的习俗的熏陶和影响，并自觉或不自觉地遵从它，婚姻家庭作为一种社会行为也不例外。“习俗移人，贤者难免”，习俗的影响虽然不像法律那样有明文规定，不像道德和舆论那样带有压迫力，但事实上人们都不知不觉地按照它的规范办事，这就是习俗的约束力。

习俗是变化发展的。在历史的进程中，有的旧习被抛弃了、被改造了，新的习俗也出现了、形成了。中华人民共和国成立 60 年来我们利用宣传教育等手段改造旧习俗，引导人们建立新习惯、习俗，在婚姻家庭领域也起了一定的作用，产生了一定的效果。比如社会学家李景汉曾经比较了 1927 年在北京某郊区调查和 1957 年重访该地时见到的当地的两种不同的婚礼习俗。昔日的婚礼大致经过这样几步，第一步，交换门户帖；第二步，过八字帖；第三步，择吉日放小定，由男家给女家送礼物；第四步，放大定，把迎娶日期写在龙凤贴上送女家，男家再送女聘礼；第五步，迎娶，预备轿子、锣鼓手、执事、席棚、新房、新被、酒席若干桌。娶媳妇的男方，一般为婚礼的所用的钱，折合当时的人民币三四百元左右。而今日，男女到乡政府登记，领取结婚证后，举行的仪式简单多了。新人步行或骑自行车去结婚礼堂，由司仪宣告婚礼进行程序，大致是这样：(1)开会，来宾入席，新郎新娘入席；(2)家长入席；(3)新郎新娘向证婚人行致敬礼；(4)新郎新娘向来宾致敬；(5)新郎新娘互相致敬；(6)证婚人讲话；(7)家长讲话；(8)来宾讲话；(9)新郎新娘述说恋爱的经过情况；(10)礼成，散会。在举行婚礼时，只预备一些纸烟、茶水和糖果等简单的东西，招待来宾，费用较节省。这种变化显然和中华人民共和国成立后我们宣传和引导婚事应当移风易俗，新事新办，勤俭节约有关。

尽管习俗是人类社会生活中自发产生的一种社会行为规范，但一旦形成，也会对婚姻家庭产生很大的影响，对于无害的习俗，社会顺势利导，也会有利于社会生活。比如自古以来人们习惯于黄昏时迎娶新娘，现在各地迎娶的习惯不同了，以邻近的天津、北京两地为例，天津多是在下午，而北京是上午，大家习惯了，都按当地的习俗办理，相关人员也感到方便。改革开放以来，人们的物质生活条件大大改善了，随着人们生活水平的提高，婚姻习俗也发生了很大变化。比如近年来，结婚时新娘要乘高档次结婚轿车，拍系列婚纱照，举行豪华婚礼等，而且蔚然成风。顺应这样的需要，各种婚庆业发达起来。社会在满足人们日益增长的需要的同时，也在提倡和组织一些集体婚礼、旅行结婚等，进行一些适度的调节，宣传节俭办婚事，也是必要的。

无论如何，中华人民共和国成立 60 年来，我们对婚姻家庭实行以法律为中心的多手段综合管理，管理的中心是协调婚姻家庭关系，确立符合当代中国人与中国社会需要的婚姻家庭秩序。

三、以理顺和确立家庭成员权利义务关系为中心的管理

60 年来我们对婚姻家庭进行社会管理的中心和主要内容还是理顺婚姻家庭关系，确立家庭成员的权利和义务，使家庭有正常生活秩序，家庭功能得以正常发挥，以满足个人生活与社会生活双重需要。

（一）社会的本质是社会关系，家庭的本质是家庭关系

马克思说：“社会——不管其形式如何——究竟是什么呢？是人们交互作用的产物。”①在马克思看来，社会的本质就是社会关系，是社会关系中的生产关系，和以生产关系为中心扩展开来的其他关系，是各种形式人

① 《马克思恩格斯选集》第 4 卷，人民出版社 1972 年版，第 320 页。

际关系的总和。家庭是社会的细胞，家庭的本质是家庭关系。家庭关系以婚姻血缘关系为根据，这种联系方式决定了家庭成员间有不同于其他社会关系的合作与互动。

(二)家庭结构和关系中的基本三角

以婚姻和血缘关系为纽带的家庭关系是沿着婚姻和血缘两个链条展开的。我们可以沿着婚姻和血缘关系，找到一个人在家庭结构和关系中的确切位置。婚姻关系的核心是夫妻关系，血缘关系的核心是亲子关系。夫妻关系和亲子关系构成了家庭结构中的基本三角。费孝通先生说："在这个婚姻的契约中同时缔结了两种相联的社会关系——夫妇和亲子。这两种关系不能分别独立，夫妇关系以亲子关系为前提，亲子关系也以夫妇关系为必要条件，这是三角形的三边，不能短缺的。"①以理顺家庭关系，确立家庭成员权利义务为中心的社会管理，主要是夫妻关系和亲子关系管理，确立夫妻和亲子之间的权利义务。

(三)夫妻关系管理

中华人民共和国成立60年来在夫妻关系的管理方面主要是侧重解决男女平等、夫妻平等问题，为此我们作了男女平等的各种相关规定，采取了多种相关措施来达到这个目标。

1. 夫妻在家庭中地位平等是基本宗旨

针对封建婚姻传统遗留下的男女不平等，夫妻不平等，男性压迫女性，丈夫压迫妻子，女性是家庭中弱者的事实，在夫妻关系的管理中从立法的角度做出了一系列夫妻平等的相关规定。以现在正在实行的婚姻法(2001年颁布)为例，该法中有8条是涉及夫妻关系的，其中第1条(婚姻法的第13条)开宗明义地规定："夫妻在家庭中地位平等。"以后又有"夫妻双方都有各自用自己姓名的权利"(婚姻法的第14条)、"夫妻双方都有参加生产、工作、学习和社会活动的自由，一方不得对他方加以限制和干涉"(婚姻法的第15条)、"夫妻双方都有实行计划生育的义务"(婚姻法的

① 费孝通，《生育制度》，天津人民出版社1981年版，第65～66页。

第16条)、夫妻之间的财产关系(婚姻法的第17、18、19条)、以及“夫妻有互相扶养的义务”(婚姻法的第20条)等。上述规定都体现了夫妻平等。另外,我们还使用大量行政手段和舆论宣传相结合的办法,推行男女平等,使女性在社会和家庭中的地位大幅度提升了,她们在社会上有和男性相同的受教育、就业、参与包括政治生活在内的各种社会生活的权利,在家庭中也有了和丈夫一样的生活权利,参与和决定家庭事务的权利,女性在社会和家庭中的地位提升的速度是比较快的,在社会和家庭中的地位也是比较高的。目前在家庭中夫妻关系平等的目标已经基本实现了。当然家庭与家庭之间、地区与地区之间,也有很多不平衡的情况,一般来说,城市比农村的水平高,发达地区比不发达地区水平高。

2. 充分实现婚姻自由

1950年婚姻法我们就确立了婚姻自由的方针。婚姻自由包括结婚自由和离婚自由两个不可分割的方面,但在改革开放前由于传统婚姻观念的影响较深,社会上崇尚“白头到老,从一而终”的婚姻观念和模式,因此人们对离婚仍然比较谨慎,婚姻登记机关对离婚案件的处理也相对保守,以劝合不劝离的方针处理离婚诉讼,离婚还是比较难的。

改革开放大大改变了中国人的婚姻观念,也改变了中国社会对离婚的管理方式。离婚不再被看作是“洪水猛兽”了。过去家庭中的夫妻即便没有感情,不和睦,为了孩子,为了“面子”,也不要离婚。而今天,一些人的价值观念的重心由家庭转到个人,从孩子转到自身,离婚已经成为一件普通而平常的事情了。现行的中国法律顺应这个变化,对离婚很宽松,规定夫妻感情破裂就可以离婚。夫妻离婚既可以协议离婚(通过民政部门),也可以诉诸法律(通过法院),离婚手续简便。改革开放以来,中国的社会流动加快,妇女地位提高,家庭小型化等因素也都使婚姻不稳定,离婚率大大提高了。图1中反映了从1979年到2007年中国离婚率增高的趋势。

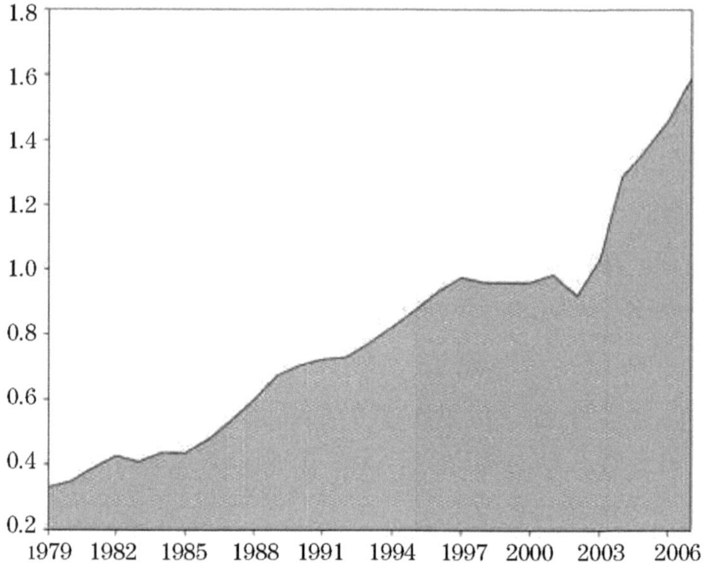

图 1 1979－2007 年中国离婚率趋势图

资料来源：中华人民共和国民政部编：《中国民政统计年鉴》，中国统计出版社 2008 年版。

特别应该指出的是 2001 年婚姻法针对社会离婚现象增多和离婚率增高的事实，重申并增加了离婚条款的有关规定，有下列情形之一，即“重婚或有配偶者与他人同居的”“实施家庭暴力或虐待、遗弃家庭成员的”“有赌博、吸毒等恶习不改的”“因感情不和分居两年的”“其他导致夫妻感情不和的情形”“一方被宣告失踪，另一方提出离婚诉讼的”应准予离婚。这些规定既保护了家庭中的弱者、受害者的离婚权益，而且使离婚自由更具有可操作性。无论如何，离婚是夫妻，特别是女性维护自己在家庭中的权益，保护自己在家庭中地位中的武器。事实证明，中国的妇女是离婚行为中的主动者。据来自天津、北京的 2100 例离婚的抽样调查，人们发现站在原告席上竟有 70％是女方。①

① 潘允康：《家庭社会学》，中国社会出版社 2002 年版，第 156 页。

3. 反对家庭暴力，充分保护女性弱者的权益

家庭暴力是家庭中矛盾冲突的集中表现。自改革开放以来随着社会的变迁，社会运作速率的加快与更新，人与人之间冲突的增加，家庭暴力也增多了。

1994 年，北京市婚姻家庭研究会在北京 8 个区的调查，妻子经常挨打的比例是 0.99%，有时占 4.39%，偶尔挨打的比例是 15.92%。上海某区因暴力而导致离婚诉讼的比例从 1975 年的 28%上升到 1995 年的 44%。据湖南省妇联维权部统计：从 1995 年到 2000 年，妇女上访案件 5 万多件，由于家庭暴力而上访的有 1 万多件，占 23%。① 天津市民政局与天津社科院曾联合进行了一项天津市婚姻家庭状况调查。在 2002 名被调查者中有 18.5%承认配偶对自己有过暴力行为（打骂或赶出家门），在其中 300 名的离婚者中这一比例高达 45.8%。就是在刚刚登记结婚不久的 503 名新婚者中，也有 10.2%的人坦承配偶曾对自己施过暴力。②

以上关于家庭暴力的情况数字还相对保守，调查显示，许多家庭暴力的受害者，或受“家丑不可外扬”的传统观念的影响，或缺乏法制观念、自我保护意识差等等原因，大多选择保持沉默，逆来顺受，导致施暴者更加无所顾忌，长期、多次地对受害者实施暴力。除家庭暴力，在遗弃、虐待、重婚等事件中女性也是大多数受害者。针对这样的情况，我们在 2001 年婚姻法的修改中特别增加了救助措施与法律责任一章，以社会干预的方式加大对夫妻关系管理力度，保护妇女权益。

（四）亲子关系管理

在家庭中亲子关系是人类自身的生产，即种的繁衍的体现和保证，因此社会对亲子关系的管理是严格的、有力度的。

1. 确立“双向反馈”的亲子关系模式

各个国家的文化传统不同，亲子关系的模式也不相同。例如西方国家多是“单向接力”模式。所谓“单向接力”模式即父母抚养子女，子女不

---

① 禹芳琴：《对妇女的家庭暴力的几点思考》，《广西社会科学》2001 年第 4 期。

② 汪洁：《城市家庭问题社区干预的思考》，《社会科学研究》2003 年第 4 期。

必赡养父母，代与代之间的关系是单向的，就好像接力赛跑那样，每一代人从上一代人接过棒，只顾传给下一代人就可以了，不必瞻前顾后。在中国依传统则是“双向反馈”，即父母抚养教育子女，子女赡养父母，代与代之间的关系是双向的。根据中国的传统，中华人民共和国成立60年来我们是按“双向反馈”模式来管理亲子关系的。并将这样的模式适当扩大到祖孙关系和兄弟姐妹关系。我们十分注重尊老爱幼的宣传教育，利用各种方法和手段促使家庭中尊老爱幼蔚然成风。

2. 法律是“双向反馈”的亲子关系模式的有力保证

以2001年婚姻法为例，该法共6章51条，其中有21条直接或间接涉及亲子关系。其目的之一是要保证家庭生育和培养社会需要的人才，其目的之二是要确立家庭为社会养老的基本单位。

(1)亲代对子代的关系

①要保证家庭能生育健康的后代。1950年婚姻法就规定：男女有下列情形之一者，禁止结婚。即为“直系血亲，或为同胞的兄弟姐妹和同父异母或同母异父的兄弟姐妹者。其他五代内的旁系血亲间禁止结婚的问题。”“有生理缺陷不能发生性行为者。”“患花柳病或精神失常未经治愈或其他医学上认为不应结婚之疾病者。”这是几个相关的规定，主要是关注下一代，是人口的生产和再生产的考虑。这些规定在中华人民共和国成立60年来一直延续了下来，1980年婚姻法规定：“直系血亲和三代以内的旁系血亲”，“患麻风病未经治愈或患其他医学上认为不应结婚之疾病”者禁止结婚。2001年婚姻法则进一步简化为：“直系血亲和三代以内的旁系血亲”，“患有医学上认为不应结婚之疾病”者禁止结婚，意义和目标都是一样的；②规定父母对子女有抚养教育的义务。以2001年婚姻法为例，该法不仅规定父母对子女有抚养教育的义务，而且还有许多相关的具体规定，诸如“父母不履行抚养义务时，无劳动能力的或不能独立生活的子女，有要求父母付给赡养费的权利”“禁止溺婴、弃婴和残害婴儿的行为”“父母有保护和教育未成年子女的权利和义务。在未成年子女对国家、集体和他人造成损害时，父母有承担民事责任的义务”等；③将亲子血

缘关系扩展为非婚生关系、领养关系等社会关系。2001年婚姻法规定，“非婚生子女享有与婚生子女同等的权利，任何人不得加以危害和歧视。不直接抚养非婚生子女的生父或生母，应当负担子女的生活费和教育费，直至子女能独立生活为止”，无论如何，社会是要全力保证人的自身生产的安全性和有效性，使孩子健康成长，一代一代传递下去。

(2)子代对亲代的关系

从子代对亲代的关系上说法律主要规定“子女对父母有赡养扶助的义务”“子女不履行赡养义务时，无劳动能力的或生活困难的父母，有要求子女付给赡养费的权利”。法律还将这种关系扩展到养父母和养子女之间，并规定“父母与子女间的关系，不因父母离婚而消除”。从社会的意义上说，这也是中国人口传递链条的又一个组成部分，是文化意义上的反馈式传递。它既符合中国尊老爱幼的传统，也符合目前中国实行的家庭养老模式的需要。在这样的养老模式中，不仅有物质方面的，也有精神方面的，法律的规定侧重在物质和行为方面，精神方面主要由习俗、道德和舆论制约。

根据1992—2007年全国法院受理抚养、抚育和赡养案件统计，1992年审结赡养和抚育案件66058件，以后有所上升，1999年抚育、赡养案件98301件。2007年赡养纠纷29321件，抚养、抚育纠纷76667件。这些数字可以使我们从法治角度了解，中国家庭“双向反馈”亲子关系的负面状况和法律对亲子关系纠纷的介入。

四、婚姻家庭社会管理的反思与前瞻

以上我们对中华人民共和国成立60年来的婚姻家庭社会管理做了概要的阐述，总结60年的经验教训，对未来的婚姻家庭社会管理提出几点简要的看法。

(一)继续坚持以法律为中心，多种社会控制手段并用的中国式的管理方式

回顾60年来，我们在对婚姻家庭进行的社会管理中，既坚持了法治

理念，保证了法治的核心地位，又从中国的实际国情出发，多种手段并用，应该说是有效的。

我们正在建设现代法治国家，法律是社会生活的准绳，是社会生活的杠杆。法治的权威性、确定性和可操作性决定了我们必须坚持依法治理婚姻家庭。在坚持法治理念和法治实践中，要充分考虑中国的具体国情，结合了中国的具体情况，比如依中国的文化传统，代际关系是双向的，因此我们在立法和执法时都是遵照了双向原则（亲代抚养子代，子代赡养亲代）行事的，有中国特色。

中国是高度组织化的社会，对社会生活施行行政管理十分有效。在婚姻家庭的社会管理中行政管理一直在发挥作用，也是中国特色。如前所述，过去我们的行政管理不仅干预了婚姻登记，而且在帮助人们选择配偶，促成婚姻方面也发挥了作用。今天它还在对家庭暴力实行干预。从社会的未来发展趋势上看，婚姻家庭的行政管理应更多地依托法律，更多地尊重人权和个人意愿，更多地向发挥服务职能方向转变。

中国是有几千年文化传统的国家，道德等方面的影响力量不容忽视，道德的力量往往深入人心，影响广大，配以舆论、习俗的力量，也能产生强大的制约力。有些问题不能依靠法律法治解决，不能使用行政手段，只能靠道德、舆论干预，靠习俗影响；要靠“自律”，而不能靠“他律”。

（二）继续维护婚姻家庭的有序和相对稳定

迄今为止婚姻家庭在我国社会中仍然承担着人类自身生产和再生产的社会功能。家庭是社会的细胞，对婚姻家庭的社会管理属于对社会基础部位的建构，十分重要。就目前来看，人类在长期的社会实践中创造的一夫一妻制的婚姻家庭制度，有利于家庭功能的正常发挥，有利于人类自身的生产和再生产，有利于人种传递。未来，社会应该继续对婚姻家庭实行强势科学管理，继续维护婚姻家庭的有序和相对稳定，以保护社会的正常生活秩序和社会的健康延续。婚姻家庭的大规模动荡和解体对于社会是不利的。

反思 60 年来我们对婚姻家庭的管理，既坚持了中国的婚姻家庭传统，也能与时俱进；既维护了家庭的稳定性，也能根据时代和社会生活的变化，不断调整我们的政策和方法。比如，中华人民共和国成立初期我们主要解决了反对封建的包办买卖婚姻，实现婚姻自主自由，而改革开放30年，我们又从多方面实行了变革与更新，认真解决面临的新问题，以适应社会和婚姻家庭生活的实际需要，诸如在新的形势下怎样在保证家庭成员履行相互间权利义务，维护家庭整体利益的同时，进一步以人为本，尊重个性和自由；在承认家庭成员的人伦关系的同时，确立家庭成员的法人契约关系；根据新情况加大对家庭行为的社会干预力度；在家庭关系的协调中，坚持和维护了传统的"双向反馈"式代际关系模式，强调了家庭成员（特别是夫妻之间）的平等关系等。

（三）认真解决婚姻家庭管理中面对的个性和共性之间的矛盾

婚姻既是个人行为，也是社会行为；家庭既是私人的范畴，也是社会范畴。继续解决婚姻家庭管理中面对的个性和共性之间的矛盾，是未来婚姻家庭社会管理所面对的重大课题。回顾中华人民共和国成立60年来的历程，前30年我们虽然保护婚姻自由，但主要强调婚姻的制度性、社会性，对于婚姻的个性，对于婚姻满足个人需求方面认识不足，具体表现在对个性和个人需求的否定，和对个人行为的制裁。比如尽管我们主张婚姻自由，并将离婚自由作为婚姻自由的一部分，但在处理离婚案件上还是保守的，劝合不劝离，仍然是离婚难；又比如，婚姻家庭管理和两性关系管理密切相关，我们要求性行为在夫妻之间是对的，但对婚外性行为处理过于严厉，有婚外性行为者（通奸）会受到严厉处罚，至于对同性恋则更不能容忍，同性恋者会被判鸡奸罪，或者被认为是有精神病。在日常生活中，人们也是谈性色变，有性压抑等。改革开放以来，我们逐渐认识和承认了人的价值和需求，以人为本。随着社会政策、舆论和价值观的调整，社会管理方式也有很大变化，比如离婚变得容易简单了，对未婚同居和婚外性行为的容忍度也大大提高了，认为是个人的私事，不加过问。1997年中国禁止鸡奸的法律被废除，2001年，同性恋从官方认定的精神疾病名单上被除掉等。然而，在个性被尊重的同时，婚姻的社会性受到了挑战和威胁。近年来随着未婚同居者的增加，婚外性行为的泛滥，离婚率的增高等一系列现象的出现，家庭的稳定性受到了挑战和威胁。社会如何在尊重个人行为，尊重个人的意愿和选择的同时，保护家庭，维护家庭的相对稳定，以利于家庭功能的正常发挥和家庭生活的正常秩序，是亟待解决的理论和实践问题。

离婚现象的理性思考

——辩证统一的历史观和社会观

载《杭州师范学院学报(人文社会科学版)》2001 年第 5 期

离婚和离婚率的增长是婚姻家庭中的突出现象，不仅世界各发达国家是如此，发展中国家也是如此。在崇尚婚姻稳定，有“白头到老，从一而终”传统的中国，今天也出现了大量的离婚现象。国际上通用的离婚率的计算方法是用当年登记结婚的夫妻对数和离婚的夫妻对数之比来表征，比例数字越高，离婚率也越高．以我国发达城市上海和天津为例，据上海 1995 年《统计年鉴》披露的数字，该年上海有初婚人数 14.61 万人，离婚为 4.53 万人，两者间的比例为 3.23∶1，即大约每 3 对来登记结婚的，同时有一对要求离婚。而 1990 年仅为 6∶1。5 年中离婚率提高了一倍左右。再看天津据天津民政局 1998 年的统计数字，离婚率为 4.2∶1。上海和天津的离婚率都已接近或达到发达国家水平(美国为 2∶1，苏联为 3∶1)。

怎样看待离婚？当今社会离婚现象的增多和离婚率的增长，一直是社会舆论和学术理论界争论不休的话题。一个十分矛盾的现象出现了：离婚的越来越多，带来的社会问题也越来越多，可社会对离婚的限制越来越少，社会舆论对离婚也越来越宽容，这是发人深省的。在社会历史发展和变迁的视野中，用辩证统一的思维方法，从宏观社会和微观个人相结合的角度分析离婚现象是十分重要的。

一、离婚现象的否定之否定—辩证统一的历史观

婚姻是男女依法律和社会风俗的规定结为夫妻，结婚是婚姻关系的确立，离婚则是婚姻关系的解除。结婚与离婚是婚姻不可分割的两个方面，既相互联系、相互依赖，又相互排斥、相互对立的部分。在人类婚姻史上，离婚是对结婚的否定，离婚与结婚之间的矛盾和斗争，推动人类的婚姻制度从低级向高级阶段发展。结婚与离婚不仅作为两个对立面同时产生、同时存在，而且结婚的自由度和离婚的自由度也密切相关：结婚越自由，离婚也越自由，结婚的限制越多，离婚也越困难，没有结婚的真正自由，就没有离婚的自由；反之没有离婚自由，也不可能有真正的结婚自由。

在人类婚姻史初期，曾有一个婚姻关系松散，结婚和离婚都很容易、很简单的时期。恩格斯赞成摩尔根的研究观点，认为人类曾有过群婚时代，可以追溯到一个从动物状态向人的状态过渡相适应的杂乱的性交关系时期。直到偶婚时代，人类对择偶的限制才比较多，才有相对稳定的配偶关系（婚姻关系）。总之，那是一个婚姻成立简单且容易的时代。离婚简单且容易。如在印度东北部卡息人部落里，结婚很容易，只要头人点头就是了，离婚也出现了像结婚那样向大家公告的某种形式，当一对配偶离异时，有专人在部落中宣布一下就可以了。近50年来民族学、人类学、民俗学等对处于原始状态的少数民族研究，也证明了他们离婚就像结婚那样的草率和容易。如我国西南少数民族中的瑶族，用破竹片、劈木契、剪新布、破圆糍粑等形式来办理离婚手续，只要离婚双方将上述的其中一种东西拿到野外偏僻的地方劈成两半，然后各执一半即可生效。广西南丹大瑶族离婚时，只要女的拿一块布，男的拿一把刀，到村后的山角下，男子用刀把布割断，即算办完了离婚手续。云南河口县蓝静瑶族离婚，也用破竹片的方式进行。云南金平县瑶族，夫妻任何一方提出离婚都可以，只要请村寨头人吃一顿饭就得到认可。这些最原始最简单的离婚形式都说明，在人类婚姻史初期，有一个结婚很简单很容易的时期，同时也是离婚率很高的时期。正如美国著名家庭社会学家 W. 古德所说，在大多数部

落社会,离婚很普遍。有些统计资料表明,大多数原始社会的离婚率都比美国高,而有些国家过去的离婚率也比美国高。

在人类婚姻史上,对原始的结婚容易、离婚也容易的松散婚姻形式的否定,是从以后发展和完善起来的一夫一妻制开始的。到了一夫一妻制时期,随着配偶关系的牢固性加强,离婚也变得困难和复杂了。正如恩格斯指出的,一夫一妻制家庭和对偶婚不同的地方,就在于婚姻关系坚固得多,这种关系现在已不能由双方任意解除了。婚姻的不可离异性,部分地是一夫一妻制所赖以产生的经济状况的结果,部分地是这种经济状况和一夫一妻制之间的联系还没有被正确地理解并且被宗教加以夸大的那个时代留下的传统。欧洲中世纪是没有离婚自由的。基督教认为夫妻应为一体,有“神作之合者,人不得而离之”之说,欧洲中世纪的寺院法禁止离婚。在罗马教皇统治下的意大利,许多世纪都曾禁止离婚。中国漫长的封建社会,也是限制和反对离婚的,以夫妻结合,“从一而终”“白头到老”为基本价值观念。《礼·郊特牲》上有“一与之齐,终身不改”;即便是有离婚,也是极不平等,丈夫可以休妻,妻子却不可休夫,而是“嫁鸡随鸡,嫁狗随狗”。《白虎通·嫁娶》上说:“夫有恶行,妻不得去者,地无去天之义也。夫虽有恶不得去也。”在离婚中不仅有男女不平等,还有亲子不平等,离婚不由当事者决定,而是由当事者的父母决定。《礼记·内则》上有:“子甚宜其妻,父母不悦,出。子不宜其妻,父母曰:是善事我,子行夫妇之礼焉,没身不衰。”中国的封建社会本来就反对离婚,又加上那么多限制,离婚是很少的。正如恩格斯所说,一夫一妻制的确立,使得人类的婚姻关系比原来要坚固得多,因此解除也就困难得多,正体现了结婚与离婚的辩证统一关系。此时婚姻关系之所以坚固,反对离婚,是从社会和家庭的价值观念出发的,主张抑制个人的心理和意愿,以牺牲个人服从家庭和社会。这一时期的婚姻牢固性,限制离婚和离婚不自由是对人类婚姻史初期婚姻的松散性离婚的随意性的否定。然而,今天它又被要求自由离婚否定了,出现了人类婚姻史上离婚现象的否定之否定。

近代婚姻史上离婚自由的主张是由资产阶级提出的,伴随着资产阶级革命发生的。早在16世纪,资产阶级新教各派即提出对离婚权的看法,主张婚姻是当事人之间的一种契约,契约的解除即意味离婚。米尔敦在17世纪就发表了他著名的离婚论文。1792年8月,法国立法会议在其宣言中指出,婚姻是得以离婚解除之契约。资本主义国家早期的离婚立法尽管主张离婚自由,但对离婚仍然有一些具体条件限制,当事人只有具备法定的离婚条件才能请求离婚,而且往往以归责于当事人一方的原因为限,如通奸、重婚、遗弃、虐待等。后来才逐步扩大离婚的法定原因,即使出于不可归责于当事人的事由,亦可请求离婚,如生理缺陷、重大不治之疾病,生死不明等。以后对于离婚的限制愈来愈宽,离婚之风也愈来愈盛。如英国1969年修改的法律,将“婚姻破裂,不可弥补”作为批准离婚的唯一理由,尺度大大放宽了。美国耶鲁法学院的戈尔茨坦教授曾建议修改今天的美国法律,将离婚规定为人们可以得到的权力,不少人附和这种意见。值得指出的是,持有社会主义和共产主义理念的人也是反对婚姻不自由,主张离婚自由的。马克思曾经说,离婚仅仅是对下面这一事实的确定:某一婚姻已经死亡,它的存在仅仅是一种外表和骗局。不用说,既不是立法者的任性,也不是私人的任性,而每一次都只是事物的本质来决定婚姻是否已经死亡;因为大家知道,死亡这一事实的确定取决于事物的本质,而不取决于当事人的愿望。恩格斯则说,如果感情确实已经消失或者已经被新的热烈的爱情所排挤,那就会使离婚无论对于双方或对于社会都成为幸事,这就会使人们省得陷入离婚诉讼的无益的污泥中。著名社会主义思想家倍倍尔曾经说,和别的感情和食欲一样,假设男女二人,不愿再继续结婚生活,社会主义的道德,就要求他们分离,因为在这种的状态下面,还继续结婚生活,是不自然的,同时又是不道德的。列宁则指出,离婚的例子清楚地表明,谁不要求立即实现离婚的充分自由,谁就不配做一个民主主义者和社会主义者,因为不实现这种自由,就是把被压迫的女性置于惨遭蹂躏的境地……

主张离婚自由已经是今天世界各个国家,特别是发达国家的思潮和做法;包括我们这样一个极富传统,主张婚姻稳定的国家也是如此。1981

年我国颁布的婚姻法规定男女双方自愿离婚的，准予离婚。这些规定是很宽松的。近年来出现了由民政部门受理的协议离婚的形式，简便易行，社会舆论也对离婚更加宽容。

现代离婚自由是对中世纪和封建社会离婚不自由的否定，是人类婚姻史上离婚现象否定之否定。中世纪和封建社会用婚姻不可离异否定了人类社会初期那种结婚简单容易，离婚也简单容易的模式。今天人们又用离婚自由去否定了中世纪封建社会的离婚不自由。然而，正如否定之否定规律所决定的那样，这次否定不是使人类的婚姻行为向原始状态的简单回归，而是进入了一个高级阶段。这一阶段的主要特征就是赋予个人在婚姻（包括结婚和离婚）中更多的权力和自由，让人们依自己的心理和意愿去追求婚姻和家庭的权力，去决定结婚与离婚。事实表明，它不可避免地带来了离婚现象的增多和离婚率的增长。然而今天的社会并没有解除对婚姻的控制和限制，仍然要以法律为中心的各种手段去约束和规范婚姻，要保持婚姻和家庭的相对稳定性，从而产生了离婚现象中个人行为与社会行为的矛盾和斗争。

二、离婚现象中的个人行为与社会行为——辩证统一的社会观

婚姻从表面形式上是男女两性的个人结合，本质上是社会性结合；婚姻不仅是个人行为，也是社会行为。离婚现象中个人行为和社会行为充满了矛盾，是矛盾与斗争的辩证统一。

（一）离婚与婚姻个人行为

今天实行自主和自由婚姻，一个人在法律认可的范围内和谁结婚。什么时候结婚，完全由当事者自己决定。在任何婚姻中都有个人的行为方式、个人的条件、个人的心理意愿、选择权和决定权等，从这个意义上说婚姻是个人行为。强调婚姻是个人行为，自然要削弱对婚姻的社会控制力，婚姻相对不稳定，离婚率会增高。

现代社会婚姻价值观念的特点之一就是以人为中心，强调人的自我发展和自我实现，比如主张个人在婚姻中的愿望和权力，主张个人在婚姻

中对爱情的追求，主张提高女性在婚姻中的地位等，并把这些作为婚姻质量的重要指标，事实证明，这些要求和主张都可能使离婚者增多，离婚率增高。在社会调查的实证资料中，我们从简单的数量关系上都能找到个人行为和离婚之间的内在联系，比如婚姻的自由度和离婚之间的关系，对爱情的追求和离婚之间的关系，夫妻之间的合作与离婚的关系，女性地位的提高和离婚之间的关系等。以下以天津市 1999 年大规模婚姻调查资料来说明这点。（该调查用多段分层随机抽样的办法在天津城市和郊区共抽样本 2000 个，其中包括 1200 个家庭的夫妇，500 个来登记结婚者，300 个来要求离婚者，以下简称该调查为"社会调查"。）

1. 婚姻自由度与离婚

所谓婚姻自由度，包括结婚自由度和离婚自由度之不可分割的两个方面。今天强调婚姻自由，主张个人在择偶结婚和离婚上的决定权，是婚姻中个人行为因素增长的首要表现。

社会调查资料证明，择偶自由度高的离婚的可能反而大。在社会调查中，笔者把婚姻择偶途径分为三类，它可在一定程度上表明择偶的自由度：一类是"自己认识"，自己决定；二类是"别人介绍，自己决定"；三类是由"父母或他人包办"，个人的婚姻由他人决定。调查结果表明，离婚群体择偶属一类者的比例为 39.4%，大大高于非离婚群体的 21.5%，而后两类的比例低于非离婚群体。换句话说，择偶过程越是自由，离婚的概率反而多。这说明择偶的自由度和离婚是密切相关的。

同样在离婚问题上，强调个人意愿，不考虑或较少考虑家庭、子女的，离婚的也多。过去中国人的婚姻观念比较保守，一般是从家庭的整体利益出发，对婚姻采用容忍的态度，即便夫妻情感已经破裂，家庭婚姻不幸，还是要维持。今天人们不同了，而是从个人出发，"合得来则合，合不来则散"，不为家庭和子女而就合，越来越容易地做出离婚决定。在社会调查中，在问到"如果夫妻关系十分紧张，即将破裂，您认为当事者应首先考虑的问题"时，离婚群体认为"该离则离"的为 71.4%，认为"为了子女，不能离婚"的为 25.3%，认为"为了'面子'不能离婚"的为 2.4%，认为"为了财产及其他家庭生活原因不能离婚”的为1%;非离婚群体在上述回答中的对应数字分别为:36.7%、60.2%、1.9%、1.2%,差别很明显,其中认为“该离则离”的仅为离婚群体的一半左右。

2. 对爱情的追求与离婚

今天人们结婚更讲求爱情,追求爱情,以有无爱情作为择偶和婚姻成立的首要条件,使婚姻成为一种个人心理感受、个人情感和意愿的事情,是婚姻中个人行为因素增长的又一表现。以往的义务型婚姻表现了更多的夫妻之间以及家庭成员之间的合作和认同。和义务型婚姻相比,爱情型婚姻则表现了更多的“自我中心”和“自我认同”。

社会调查资料表明,择偶时把“爱情”放在重要位置者离婚的多,而把“过日子”放在重要位置者离婚相对较少。无论是离婚群体还是非离婚群体在择偶时都要求对方的“相貌身材好”和“忠诚可靠”,在此基础上非离婚群体更重视对方“生活能力强”,占择偶前三位条件的40.8%,而离婚群体则强调“要有爱情”,占择偶前三位条件的520%。在比较“爱情”和“过日子”哪个重要时,离婚群体认为“爱情最重要的”为37.2%,远远高于非离婚群体的24.0%。因此有的人说,在婚姻中越是强调爱情因素,越是追求爱情的,离婚者多;而在婚姻中务实,主张结婚就是成家,“过日子”的,离婚者少。换句话说,“爱情型婚姻”没有“义务型婚姻”稳定,是带有规律性质的。相比较而言,前者更强调婚姻中个人的意愿,后者则强调婚姻与家庭中的合作。

在情感世界有两种现象同时存在着,一是情感的“专一性”和“排他性”,另一是情感的“多元性”。过去人们出于对家庭的责任和义务的考虑,只承认前者,否认后者。今天人们的价值观念逐渐转向个人,许多人对之直言不讳。在本次调查中非离婚群体有87.7%的人说一生中只爱过自己的配偶一人,而12.3%的人说不只爱过配偶一人,还爱过他人;而离婚群体有68.0%的人说一生中只爱过配偶一人,有32.0%的人说不只爱过配偶一人,还爱过他人,离婚群体多元情爱的比例显然高于非离婚群体。

多元情感必然会导致婚外恋的出现。“婚外恋”和“第三者插足”是近年来在婚姻家庭领域出现的较多而引人注目的现象，对此无论非离婚群体和离婚群体中的多数人都持反对态度，然而也有一部分人对此从不同的角度表示宽容、理解甚至赞同。非离婚群体持这种态度的占 8.8%，而离婚群体持这种态度的占 19.0%，比非离婚群体高一倍。

3. 夫妻交流合作与离婚

结婚只是婚姻和家庭的开始，夫妻之间只有继续进行全面的合作与交流，才能保持婚姻的长期性和稳定性。今天人们以自我为中心，必然在一定程度上减少夫妻之间的交流与合作，从而增加了婚姻的不稳定性。事实表明，结婚后夫妻能较多进行情感和语言等方面交流的离婚者较少，相反则较多。被调查者谈到婚后夫妻间情感和语言等方面交流的体会时，非离婚群体认为有“说不完的话”的占 65.6%，“希望交谈，但对方不给机会”的占 12.4%，“缺少共同语言，没话找话的”占 7.5%，“没有共同语言，不愿交谈”的占 5.0%；而离婚群体恰恰相反，比例数字分别为 7.1%、24.9%、23.2%，35.0%，相比而言，离婚群体在情感和语言交流上较差。这说明婚后不能或不注意进行情感和语言交流的离婚者是较多的。

在家庭中夫妻之间能合作，用较民主的方式处理家庭事务者不易离婚，相反容易离婚。在社会调查中，笔者把处理家庭事务的方式归结为 5 种类型，即命令式（个人说了算）、通报式（先斩后奏）、商量式（共同决策）、放任式（不闻不问）、乞求式（言必称“请”）。其中“商量式（共同决策）”是民主型方式，非离婚群体采用这种方式的达 90.6%，而离婚群体用这种方式的为 69.0%；相反，离婚群体采用“个人说了算”“先斩后奏”“不闻不问”的比较多。

在家务中能把家庭视为一个共同体、合作处理家务者不易离婚；而各行其是，个人说了算，个人只管个人事的，容易离婚。以家庭理财（经济管理）方式为例，现在通行的一种是“谁用谁拿，共同管理”，另一种是“钱交妻子，由妻子管理”。前一种是合作，后一种也是为相当数量的家庭所认可的合作。社会调查资料证实，非离婚群体用这两种方式合作的达 90.5%；而离婚者仅为 74.7%，低于前者。在离婚群体中有 16.3%的人采用现在流行的 AA 制，即各赚各的钱，各用各的钱，而非离婚群体采用这种方式的只占 2.7%。

性生活是夫妻关系中的重要因素，是需要双方合作来完成的。对于性生活的满意度是夫妻关系是否和谐的重要指标。过去人们对于这一问题是回避的，但它客观存在。调查表明，它和婚姻的稳定性有密切的关系。在社会调查中，非离婚群体中夫妻双方对性生活都很满意的占 63.8%，一方不能满足另一方或双方都不满意的占 6.4%，夫妻间很少有性生活的为 3.9%；相对来说，离婚群体夫妻双方对性生活都满意的只占 20.3%，一方不能满足另一方或双方都不满的占 18.0%，夫妻间很少有性生活的也达 18.0%，性生活满意度低于非离婚群体。

4. 女性地位的提高与离婚

从一定的意义上说，女性在婚姻家庭中不再依附男性，讲求自主自立，和男性平起平坐，是婚姻中个人和个性突显的又一表现形式。它是从性别角度上表现的。世界上许多发达国家提供的资料表明，自 20 世纪下半叶以来，女性在离婚中渐渐取得了主动地位，离婚的多数是由女性首先提出来的。20 世纪 80 年代以来我国各地有关离婚的调查数字都证明，女性在离婚中有主动地位，首先提出离婚的多。在本次社会调查中，离婚群体中有 26.8%是由男方首先提出离婚，43.4%是由女方首先提出离婚，29.8%是双方共同提出离婚（女性首先提出离婚的多）。这是对封建的只有丈夫可以“休妻”、妻子不可“休夫”的离婚传统的反动，是婚姻的进步，但在客观上也带来了离婚率的增高，产生了婚姻的不稳定性。

（二）离婚与婚姻社会行为

费孝通在谈到婚姻的社会性时说，我说婚姻是用社会力量造成的，因为依我所知世界上从来没有一个地方把婚姻视作当事人间个人的私事，别的人不加过问的。婚姻对象的选择非但受着社会的干预，而且从缔结婚约起一直到婚后夫妇关系的维持，多多少少，在当事人之外，有别人来干预。这样，把男女个人间的婚姻关系弄成了一桩有关公众的事件了。这并不是一般人的无理取闹，或是好事者的瞎忙，而是结合男女成夫妇所必需的手续。他还说，因为在我们的文化里，时常会使人觉得夫妇关系是两性关系，婚姻是确定两性关系和个人开始性生活的仪式。可是在很多民族中两性关系并不以婚姻始，也并不限于夫妇之间，而同时特别值得注意的是夫妇之外的性生活无论如何自由，并不会引起婚姻关系的混乱。这使我们觉得婚姻关系和两性关系并没有绝对的联系，因之，我们不应把限制两性关系视作婚姻的基本意义。按照费孝通的说法，婚姻之外的两性关系之所以受限制，是因为要维持和保证对儿女的长期的抚育作用，有必要防止发生破坏婚姻关系稳定性的因素。他认为婚姻的社会功能是以生育和抚育为中心展开的。

按照历史唯物论，人类社会的生存与发展依赖于两大部类的生产，一类是物质的生产和再生产，另一类是人自身的生产和再生产。前一类生产是要满足人吃、喝、穿、住等生存的基本需求，以及人自身发展方面的其他需求。后一类生产则是人种的传递，人类自身的繁衍。这两大部类的生产都是不可缺少的。没有第一大部类的生产，人们不能生存，没有第二大部类生产，人类不能绵延。因此人类社会要有婚姻和家庭，并要用法律和道德等手段对之实行社会控制与规范，以保证它完成以生育和抚育为中心的社会功能，使人类社会绵延下去。人类社会的初期，人们对此还没有十分明晰的认识，因此婚姻家庭比较松散，婚姻中个人的随意性的东西较多，离婚多而容易是自然的。随着一夫一妻制的产生，人们对于婚姻家庭本质认识的深入，无论从传宗接代，还是从私有财产的传递角度，都需要婚姻的确定性和稳定性，因此婚姻的牢固性被强调了，离婚难发生了，尽管从某种意义上说这符合社会的要求，但它是以抑制和消灭个人意愿为代价的，用今天的观点看，是在婚姻问题上对于人性和人格的摧残与泯灭。今天的社会强调人权，强调人自身的发展与实现，强调在婚姻问题上的个人幸福与意愿，自然要对封建社会的婚姻模式和价值观予以否定，还个人以婚姻中的权力和自由。但是应当指出，现代社会的这种变化并没有改变婚姻的本质，即婚姻是社会行为的本质。因此从某种意义上说，今天的社会对婚姻问题有两难的境地，一方面社会要尊重个人的意愿和选择，保证婚姻自由，即结婚自由和离婚自由，又要对婚姻行为实行社会控制，维护婚姻和家庭的相对稳定性。因为没有婚姻和家庭的相对稳定性，就不能保证这一社会组织对于社会功能的正常发挥。这两者之间是相互矛盾的。从个人幸福主义的观点出发，婚姻越自由越好，在婚姻家庭中承担的责任和义务越少越好；从婚姻的社会性观点出发，则婚姻不能过于自由无序，家庭必须相对稳定，结婚的人必须履行婚姻家庭义务，这对于每一个结婚成家的人都是不言而喻的。今天，强调婚姻的个人性，但不能忽视婚姻的社会性。

（三）在个人行为和社会行为的矛盾统一中认识离婚

实现婚姻自由（包括结婚自由与离婚自由）是婚姻的进步，是不可改变的社会发展潮流与趋势。我们应当保护和保证每个人在婚姻中的自主权和决定权。

然而，我们在充分尊重当事者的意愿、保护婚姻自由时，仍然要从总体上保持婚姻家庭的相对稳定性、对离婚现象实行社会控制。列宁在强调离婚自由时同时说，虽然不难设想，承认妇女有离婚自由，并不等于号召所有的妻子都来闹离婚。婚姻既是个人行为，也是社会行为。社会确立婚姻家庭制度是要形成社会日常生活的基本单位，以保证社会生活的有序性和稳定性，完成种族延续和传递的社会功能。大规模的婚姻家庭解体和动荡，显然不利于这一功能的实现，并对社会有害。迄今为止，无论生产力水平怎样先进、科学技术怎样发达，人类自身的生产和再生产还要靠婚姻和家庭来完成，孩子要由夫妻来生，由父母和家庭来培养教育，婚姻和家庭是人类自身传递链条中不可缺少的环节。因此社会不希望也不能容许婚姻家庭大规模动荡和解体，因为它威胁了人类社会自身的生产与传递，普遍的离婚对社会是有害的。从个人的角度说离婚也未必都是好事。且不说离婚者可能会被以往的情感牵连所折磨，他们也会遇到财产分割和子女抚养等方面的问题，这对他们并不轻松。因此，对那些尚未破裂的家庭来说，做出轻率的离婚选择不一定是上策。保持婚姻家庭的相对稳定性，对社会和个人从根本上都是有利的。正因为如此，社会不仅不会号召离婚，而且教育人们要珍惜自己的家庭，不仅享受婚姻家庭的幸福和权力，而且要履行婚姻家庭的义务。

总之，对离婚现象进行理性思考，认识人类社会的婚姻制度是矛盾斗争的辩证统一体；离婚现象的否定之否定，表现了人类婚姻制度和形态由低级向高级发展，其中充满个人行为与社会行为之间的矛盾和斗争，是个人行为与社会行为矛盾的统一，是婚姻内容形式与婚姻本质的矛盾的统一。认识这种矛盾的统一，对于正确处理婚姻中个人与社会的关系是十分重要的。从社会进步的角度看，婚姻中个人意愿越来越被尊重，实现充分的结婚自由和离婚自由是必然的发展趋势，是现代文明婚姻的主要特征，是婚姻质量提高的表现，因此，一定程度的离婚率的增长并不标志婚姻的倒退。然而在社会的发展和进步中，婚姻的本质并没有改变，今天以及未来，婚姻家庭作为一种社会制度之所以还会存在，就像它产生的根据那样，是因为社会还要它来承担确定的社会功能，直至这一社会功能被其他方式所取代。从这样的认识出发，必须从总体上保持婚姻的基本形态和相对稳定性，继续实行一夫一妻制，把离婚率控制在一定的程度以内。我们的目标是要建设既充分满足个人意愿要求，又能履行社会义务的高质量的相对稳定的婚姻，实现婚姻家庭中个人行为和社会行为的矛盾统一与和谐发展。

试论社会控制手段的多样性和综合性

载《杭州师范学院学报(社会科学版)》2002 年第 6 期

任何一个社会都要实行社会控制。所谓社会控制,是指通过社会的力量使人们遵从社会规范,维护社会秩序的过程。社会控制既指整个社会或社会中的群体、组织对其成员的指导、约束或制裁,也指社会成员相互影响、相互监督、相互批评。社会控制这个概念原意是社会必须控制人的动物本性,限制人们发生不利于社会的行为,后来则有广义和狭义的解释:广义的社会控制是社会或其中的群体为达到维持社会秩序而采取的手段;狭义的社会控制是社会或其群体对偏离社会规范的离轨(越轨)行为所采取的限制措施和限制过程。

任何一个社会在实行社会控制时所采用的手段都不是单一的,而是多样的。它是由社会控制的目的、社会离轨行为的复杂、各种社会控制手段特点和作用不同,以及各种社会控制手段的互补性决定的。只有充分利用各种社会控制手段,发挥各种社会控制手段的互补和综合作用,才能实现社会控制的根本目标,促进社会的文明和稳定。

一、社会控制的目的决定了社会控制手段的多样性

说到社会控制,人们往往从狭义上理解,即社会控制就是对偏离社会规范的离轨行为进行限制和惩罚。其实不然,社会控制既有反面的,也有正面的;既包括惩罚,也包括教育。在一个正常的社会里,大多数人是遵纪守法的,违法乱纪、背离社会规范的只是极少数。实行社会控制当然要

惩罚和制裁那些违法乱纪者，而更重要的任务是对全社会成员进行指导，使人们明了该社会的各种规范，懂得为什么要遵守、怎样去遵守这些规范，以及怎样与背离社会规范的行为做斗争，以维持社会的正常秩序。只有广大社会成员接受这些规范，内化到自己的思想意识中，从而自觉地遵守这些规范，社会控制才是有力的有效的。就是制裁和惩罚社会离轨行为，其中也含有教育，要使离轨者知道自己为何违规、违规的危害，以及怎样改正错误，重新回到遵守社会规范的道路上来。社会控制的目的决定了社会控制的手段必然是多样的，各种社会控制手段在不同的领域、不同的范畴有不同的作用。

二、离轨行为的多样性决定了社会控制手段的多样性

在社会中"离轨"行为的普遍存在是实行社会控制的基本根据。"离轨"这个概念有丰富的内涵，也有广义和狭义两种解释。广义的离轨包括违法犯罪和违法但未构成犯罪，以及违警、违章、违反一切社会规范的行为。狭义的离轨则不包括犯罪行为，是指犯罪以外的违反社会规范而影响社会既存秩序的行为。

从广义上说犯罪是最典型的离轨行为，由于这种行为触犯法律，侵害他人，具有社会的危害性，必须受到法律的制裁。但离轨行为还包括违法、违警和违反一般社会规范的行为。犯罪行为肯定是违法行为，但不一定所有的违法行为都构成犯罪。违犯法律，但由于犯罪构成的主客观要件不具备而不构成犯罪，是离轨行为，但不是犯罪。触犯法律，但情节轻微、不构成犯罪的行为在社会生活中是常见的：比如贪污盗窃但数额很少，虐待家庭成员但情节轻微，伤害或侮辱他人但不严重，都属此类。另一种情况是触犯法律，从犯罪的客观要件方面看，构成犯罪，但因犯罪主体是未成年人没有责任能力，又不构成犯罪，不能给予刑罚处罚，但需要加以控制。

在现实社会生活中有许多行为不违法，但违警。如违反交通规则，不遵守公共秩序，赌博、酗酒、吸毒，卖淫嫖娼，在公共场所做出有伤社会风

化的举动等，按照警章规定应予以批评教育或惩罚。违警行为是离轨行为，需要加以控制。除去违法和违警行为，违反一般社会规范的离轨行为就更多了。它包括不按社会认可的社会规范行事的一切行为，换句话说，一切不按常规办事损害公共利益的行为都是离轨行为。如随地吐痰、乱扔纸屑果皮、说脏话骂街、迟到早退违反规章制度等，既不违法，也不违警，但属于离轨，也要加以控制。

可见，社会中的离轨行为有广阔的内涵与外延。它们的性质、程度、对他人和社会的危害性有很大差别，对之实行社会控制的方法和手段也会有很多不同。从这个意义上说，社会控制的手段也不可能是单一的，而是多样的。

三、各种社会控制手段功能不同和互补性质决定了社会控制手段的多样性

在人类社会的发展过程中，人们创造了多种社会控制的手段和方法。这些方法和手段的特点不同，功能不同，运用的领域也不相同，但有其互补性，从社会角度说，这些方法都是很重要的。

现代社会的控制手段和方法主要有：法律、道德、舆论、纪律、风俗、宗教 6 大类，每一种方法都有其自身的特点和不同的控制范畴。

（一）各种社会控制手段的特点和功能

1. 法律

依法治国是现代国家和社会的共同特点。笔者在访问美国时，一位美国的学者对笔者说，美国社会有两大“社会杠杆”——法律和宗教，依靠法律来理顺日常生活秩序，依靠宗教来维系人的精神。中国由于国情与美国不完全相同，因此不能完全照搬。但有一点是共同的，就是依法治国，要把中国建设成现代法治国家。可以说，法制是治国之本，法律是实行社会控制的最根本最重要的手段。

法制之所以最为重要，是和法律的品质、法制手段的特点分不开的。第一，法律不是在社会生活中自然形成的，而是由国家制定和认可的一种行为规范，是由国家最高权力机关（在西方国家是议会，在中国是人民代

表大会)制定、颁布,在整个国家实施的规则。只有国家最高权力机关有权立法、解释和修改法律,法律带有权威性。第二,法律和法制具有确定性和可操作性,符合治理现代社会的品质和需要。第三,法律公正无私,在法律调整的范围内运用某项法律条款时,对所有人都一视同仁,法律面前人人平等,符合现代社会的精神。第四,法律带有强制性,国家制定的法律任何人都必须遵守。虽然任何国家都教育它的人民要自觉遵守法律,但是它都以国家的强力作为实施法律的后盾,不论人们自觉与否,都必须遵守法律。对违反法律的行为,国家要给予惩罚和制裁。

法律的上述品质和特点决定了法律在社会生活中有教育作用、威慑作用和惩罚作用。法律和法制是社会控制的根本手段。

2. 道德

道德也是调整人与人的关系、人们社会行为的规范体系。伦理学上说“道”是客观事物的规律,人把握了客观事物的规律,就有了德行。道德也称伦理,“伦”同“类”,“理”是条理、理顺,调理人类的关系就是伦理道德。

人们在长期的社会生活中相互之间的联系和依赖性不断增强,共同生活对人们的行为规范提出了越来越高的要求,并产生协调相互关系和行为准则的道德和道德标准。对那些于共同生活有利的行为,如作战勇敢、生产勤劳、救护同伴、帮助别人等行为,被认为是好的、善的、高尚的,要加以赞赏和表彰,给予某种荣誉;对那些不利于或破坏共同生活的行为,如懒惰、怯懦、自私、叛变等行为,认为是不好的、丑恶的,加以鄙视和惩罚。于是,道德产生了。

道德的作用是控制人的思想和行为,维持一定的社会秩序。道德对人们行为的控制作用比法律要宽,法律管不到的地方、道德可以管,而且道德的控制是内在的控制,是不需要监督的。因此,历来社会都非常重视用道德来治理国家和管理社会。中国古代孔孟政治思想的核心就是仁政,孔子说“为政以德”“尊五美,屏四恶,斯可以从政矣”,意思是说要用道德来治理国家;孟子也说,“尧舜之道,不以仁政,不能平治天下”。这是历代统治阶级的统治经验，对于任何社会来说都是很重要的。中国正在努力建设一个现代法治国家，实现依法治国的伟大方略。在致力于法制建设的同时，江泽民总书记又提出以德治国，实现法制和德治的相辅相成，说明道德建设的重要性。在抓物质文明建设的同时抓精神文明建设，两手抓、两手都要硬，这是我们改革开放的既定方针。道德的社会控制力量和作用是不容忽视的。

3. 舆论

舆论又称公意，意思是社会上众人的议论和意见。舆论是社会生活和人们意愿的反映，分自上而下和自下而上两种。自上而下的舆论是由国家领导机关发出，而在人民大众中传播的一种公众意见，它的权威性极强。如国家贯彻某项新的政策，或改革某种制度，即通过文件公布并有组织、有计划、有步骤地通过报纸、广播、电视加以宣传，形成舆论，借以组织发动群众。自下而上的舆论，则由群众或群众团体所首先发出的，社会上出现了一件事，人们就会三五成群地自发议论，"一传十，十传百"，很快传播出去，形成舆论。社会舆论的形成，常常要经过一个复杂的争论、选择和交换的过程，来自群众的舆论是这样，由组织发出的舆论也要有一个宣传并为人们所理解、接受的过程，并逐步形成占优势和压倒一切的意见。

社会舆论是社会控制的重要工具和手段。中国古代有"千夫所指，不疾而死"的说法，说明了社会舆论的强大力量。舆论作为一种社会控制力量和手段具有现实性强、集体性效益、大众传播、制约力迅速等特点。社会舆论是时事的晴雨表，舆论都是针对当前的事件发出的，代表了时代的呼声和社会思潮。舆论是众人的议论，不是一个人或少数人说一说就形成了。人们在日常生活中有形形色色的议论，只有得到多数人的支持、形成集体的意见，才能成为舆论。舆论有大众传播的特点，靠扩散，靠许多"义务宣传员"，靠众人的传播议论，不胫而走。茶馆、酒店、街头巷尾都是舆论传播扩散的地方。标语、口号是舆论传播的简单形式，而报纸、广播、通讯社、电视台、宣传车等，都是大众传播的机关和工具。社会舆论一旦形成，传递快，范围广，能抓住人们的心理，引起人们的普遍关注，因此见效也快，能够很快对某种行为起到制约作用。我国曾有“大造革命舆论”的说法，也说明舆论在社会变革中的特殊地位和作用。

4. 纪律

纪律是国家机关或团体为自己的成员规定的行为准则。凡是集体无论其规模和目标怎样的不同，都必须有共同遵守的纪律。在社会控制中纪律有多样性和强制性两个特点。由于各组织、单位、机构的性质和目标不同，因此其纪律的内容规定也不相同。但是不管纪律和纪律之间如何不同，它们都是以“服从”和“强制”为前提的，这就是纪律的强制性。在整个社会控制层次中，纪律是在法律之下的第二个层次。可以说法律是宏观层次，纪律是微观层次，人们在日常工作和生活中的大量活动是要靠纪律来规范、调节和控制的。一个社会既要有法律，又要有纪律，没有纪律作补充，便不能实现社会控制的目标。

5. 风俗

风俗是最早出现的行为规范。初民社会，人类处在蒙昧状态，还没有判断是非善恶的道德观念，更谈不上法律。但是社会生活是有原始秩序的，这些原始秩序就是最初的风俗。以后人们有了道德观，有了法律，但风俗仍然存在，仍然在发挥作用。小到穿鞋戴帽，一举一动，大到社会成千上万人的一致行动。风俗在各个国家、民族和地区存在十分广泛。风俗可以使人们遵守共同的行为模式，比如我国一些地区农历除夕吃饺子，正月十五吃元宵、赏花灯等，都是风俗。风俗可以使人们之间沟通思想，交流感情，共同生产和生活，形成一个有声有色，具体而特殊的社会。没有风俗的社会是不存在的。

风俗对人们行为的控制作用，不像法律和道德那样是在强力和舆论的威慑下发生作用，而是靠内化于人们的心理，形成人们的习惯性行为起作用，在没有外在压力的情况下发生作用。因此，它在社会控制中常常起到法律、道德起不到的作用。风俗有表现社会文明进步的一面，也有表现社会落后的一面。我们常说的“破旧俗，立新风”就是指保留文明的东西，去掉不文明的东西，让风俗在社会控制中发挥积极的作用，促进社会文明。

6. 宗教

宗教是一种与神或神圣物相联系的信仰和规范体系，它也有社会控制和社会整合作用，特别是在那些有多数人信仰宗教的国家。据有关数字统计，当今世界上大多数人是信仰宗教的，其中信奉基督教、犹太教、佛教和伊斯兰教的人数最多。有些国家和地区把某种宗教奉为国教，把教规作为行为规范。用宗教实行社会控制主要有两种形式：一是通过宗教仪式，二是推行一般教规。宗教仪式是专为宗教生活设立的各种活动，如礼拜、祷告、节日盛典上的仪式。一般教规调整行为规范更加广泛，凡教徒，在社会生活的各个方面都要遵守教规。

宗教活动和宗教教规发挥的作用，有与道德风俗相似的地方，即都是通过教育使之内化，自觉地控制人的行为。但由于信奉宗教有对神灵的崇拜和信仰的成分，教规的约束力来自神的威力，所以它表现出来的社会控制力量往往更强。在当今世界，宗教是一种重要的社会内在性控制力量。

（二）不同社会控制手段的互补性

从上述各种不同社会控制手段的特点和功能的讨论中，可以看出它们的方法不同、范围不同、层次也不相同，带有互补的性质。任何一个社会都是复杂的有机整体，需要多种社会控制手段的相互配合、相互补充，才能实现社会控制的目标，达到社会整合和社会良性运转的效果。

比如法律和纪律同为社会控制手段，但其控制的范围显然不同。法律一般是对全社会来说的，控制社会生活的某一个方面，而纪律是对一个个具体组织单位来说的。没有法律，社会就会失去社会公共生活的原则、准则，而法律又不能具体用于控制某一个组织或单位。社会上各个组织、单位的性质不同，联系和活动的内容方式不同，组织的目标和方向不同，有自己的特殊性，需要有自己的组织规章制度和组织纪律来进行管理和控制，这是法律所不可替代的。在社会生活中，一个人从宏观社会层面上要守法，要遵守法律；在具体的组织和单位中就业、就学和从事其他活动，则要守纪，要遵守组织和单位的纪律与各种规章制度。守法和守纪都是重要的，两者缺一不可。

再如风俗和道德也是社会控制手段，而且都是通过调理人们的精神、心理和行为去实现社会控制。然而它们的层次不同，风俗是低层次的，道德是高层次的，因此它们在社会生活中的作用和范畴也不相同。风俗习惯是人类在共同的生活中自然形成的，共同的生活需要人们在很多方面趋于一致，只有遵守一致的行为规范，人们之间才能沟通，才能交往，才有共同的生活秩序。人们在不断地交往过程中，借以沟通的行为方式和行为规则被反复实践，习惯成自然形成了社会风俗。人们在生活中按社会风俗行事，就出现一种自然的社会秩序，也带来了社会生活的气氛和乐趣。例如每到同一时日人们都要过年过节，同样吃山珍海味，平时吃和过年吃感受不一样。风俗在社会控制中是不可缺少的。道德的层次显然比风俗要高，这是因为道德中有了美与丑、善与恶、是与非的评判。像风俗一样，道德的作用也是在于控制人们的思想和行为，维持一定的社会秩序，但它的控制力比风俗要强。风俗习惯可以遵守，也可以不遵守，不遵守风俗习惯不会引起社会太大的关注，特别是在今天讲求生活个性化的时代更是如此，但是违反了道德就比较严重了，社会往往会通过舆论，通过批评教育等各种手段来对违反道德者实行帮助和“制裁”。

在社会控制中法律和道德的互补作用更为明显。如果说美国社会的两大社会杠杆是法律和宗教，那么对于中国这样一个多数人持“无神论”的国家，法律和道德是社会的两大杠杆。今天我们要依法治国，要把中国建设成现代法治国家，法律和法制是实行社会控制的根本，这是毋庸置疑的。但法律只能管人的行为，不能管人的精神和思想；人的精神和思想要靠道德，要进行教育。在现实社会生活中公民违法了，但其程度不够依法治罪的标准；没有违法，但其行为有损于社会生活的现象大量存在，是要用道德和其他手段加以控制的。因此，依法治国和以德治国必须紧密结合起来。特别是在社会转型时期，更是如此。2001 年中共中央发出通知要求认真贯彻执行《公民道德建设实施纲要》。该纲要说：“社会主义道德建设是发展先进文化的重要内容。在新世纪全面建设小康社会，加快改革开放步伐，顺利实现第三步战略目标，必须在加强社会主义法制建设、依法治国的同时，切实加强社会主义道德建设、以德治国，把法制建设与道德建设，依法治国与以德治国紧密结合起来，通过公民道德建设的不断深化和拓展，逐步形成和发展与社会主义市场经济相适应的社会主义道德体系。”今天公民道德建设中存在着一些问题，诸如是非、善恶、美丑界限混淆，拜金主义、享乐主义、极端个人主义有所滋长等。对此，应提出在全社会倡导“爱国守法、明理诚信、团结友爱、勤俭自强、敬业奉献”的基本道德规范。

无论如何，各种社会控制手段有不同的特点和功能，有不同的范围和作用，彼此互补协作，只有科学地充分发挥各种社会控制手段的不同作用和综合作用，建立起社会控制的系统工程，才能造就一个生动活泼、秩序井然的社会，才能实现真正的社会稳定。

破解现代婚姻“围城”

——婚姻中个人行为和社会行为的矛盾统一

载《杭州师范学院学报(社会科学版)》2006 年第 3 期

钱钟书在他的小说《围城》中有一个著名观点:婚姻是被围困的城堡,在城外的人想冲进去,在城里的人想逃出来。这显然是个矛盾。在传统的婚姻模式中,人们的婚姻价值观有“白头到老,从一而终”之说,因此进了婚姻城堡的人,大多数也就不想出来了。在现代婚姻模式中,恪守“白头到老,从一而终”观念的人少了,将婚姻视作围城的人越来越多了。一些人觉得婚姻没有意思,干脆作了单身不婚的选择;一些人结婚又离婚了,使得现代社会离婚率大大增长;一些人对现有的婚姻不满意,也没离婚,却搞起了婚外恋,婚外同居的多了,婚外性行为多了,未婚生育的也多了;一些人以个人幸福主义的观点对待婚姻,只想享受婚姻家庭权力,不履行婚姻家庭义务。近年来一种新的家庭模式,即所谓“丁克家庭”多了,结了婚不生育、不要孩子,使家庭失去了“支撑点”。所有这些都使现代婚姻家庭关系变得更为“自由”,更为“松散”,与此同时产生了许多相关的现象,诸如家庭暴力、遗弃、虐待,不抚养子女、不赡养老人,造成现代婚姻家庭社会问题。

破解现代婚姻“围城”现象,我们发现困扰婚姻家庭的一对基本矛盾是婚姻中个人行为和社会行为的矛盾。从人类婚姻家庭产生起这个矛盾就客观存在。在传统社会,由于强调婚姻的社会性,以个人服从家庭、服从社会,因此矛盾没有凸显,更没有酿成社会问题。今天,个人主义增长,个人的权利和选择被强调、被尊重，而婚姻依然是社会行为，因此个人与社会间的矛盾凸显出来。破解婚姻“围城”现象分析现代婚姻家庭社会问题，必须从婚姻中个人行为和社会行为的矛盾统一这一基本问题谈起。

一、婚姻是个人行为

什么是婚姻？从社会学角度说，婚姻是一种确定的社会关系，是社会对男女结成夫妻的一种制度性的安排。在我国婚姻是男女双方依照法律规定的条件和程序，确立夫妻关系的行为。从本质和抽象意义上说，婚姻是社会行为，从现象和具体意义上说，婚姻是个人行为，是个人行为和社会行为的矛盾统一。

任何一桩婚姻都不是抽象的，而是个人行为的具体表现。一个人要不要结婚，和谁结婚，什么时间结婚，主要是当事人的选择。即便在任何一桩婚姻成为事实时，没有本人的到场与配合，婚姻也是不能实现的。现代社会更是强调婚姻的自主性、自由性，当事人决定自己婚姻，别人不得干预和代包。这个基本准则已经被法律所确定。不仅如此当事人还有离婚自由，现代发达国家都将离婚的理由确定为“感情破裂”，这是对个人权利和愿望的充分尊重。因为感情是否破裂只有当事人才能判断、才能决定，社会是无法干预的。以英国立法为例，1857 年英国法律第一次承认通过司法手续判决离婚；1969 年修订离婚法时，离婚的理由就是“婚姻关系已经破裂到不可挽救的地步”①。法律是今天社会实行社会控制的主要手段。法律对个人婚姻权利和愿望的充分尊重，是婚姻是个人行为的集中体现。

婚姻以爱情为基础，也是个人行为的集中表现。爱情和感情是他人看不见、摸不着的，只凭个人去感受、去决定，社会无法干预。其他如对家庭模式的选择(喜欢核心小家庭)、对生育子女的决定少生育或不生育、采用不同的家庭婚姻生活方式等，也都体现了个人意志至上。总之，婚姻是

---

① 潘允康：《家庭社会学》，中国审计出版社、中国社会出版社 2002 年版，第 70～72 页。

个人行为。

二、婚姻是社会行为

社会学家欧内斯特·伯吉斯说:“动物求偶,而人结婚。其意义不同是简单明了的。求偶是生物性的,而婚姻是社会和文化的。婚姻是一种仪式,一种被社会认可的结合,一种一旦进入就要对社会承担某种认可责任的关系……”①无疑,婚姻是社会行为。我们可以从婚姻的动机、婚姻的功能和婚姻的社会控制等多方面去理解婚姻的社会性。

(一)婚姻动机的社会性

人为什么要结婚?通常人们从人的需求、人的生活、生理和心理需求去解释它,并获得包括社会学在内的相关学科(科学)的认同。在人的婚姻动机中有个人的性交往动机、情感的动机,但不止这些,还有更复杂的社会动机。德国社会学家穆勒里儿认为,人的婚姻动机是多种的,主要有三种,即经济、子女和情感,并将这些依重要性和时代列其先后。上古时代经济第一,子女第二,爱情第三;中古时代,子女第一,经济第二,爱情第三;到现代则是爱情第一,子女第二,经济第三。

原始时代婚姻以经济为主导动机,源于妇女是创造财富的活工具、人的性行为能在婚外得到满足。人类婚姻史的第二个时期,由于妇女劳动范围逐渐变小、囿于家务,财富及财富继承问题日益突出,于是关于个人至亲骨肉的后代观念一跃成为婚姻的主导动机,生育子女升为婚姻动机的首位。到了以个人自由为原则的第三时期,由于个人的价值被尊重以及妇女社会地位的变化,浪漫的爱情成为婚姻的主导动机,其次才是生儿育女和经济方面的考虑。② 人类婚姻的多种动机说明了婚姻行为的复杂性和复合性。人结婚的动机不是单一的,而是多重的;不仅是个人的,更是社会的。自古以来人结婚就不仅有性的和情感的需要,还有经济的、子女的需要,换句话说还有社会的需要。不同时期各种需要的地位不同,人

---

① 欧内斯特·伯吉斯:《家庭》,美国书社 1963 年版,第 1 页。

② 潘允康:《家庭社会学》,重庆出版社 1986 年版,第 55 页。

们考虑的先后顺序不同。另外,女性在人类婚姻历史上角色和地位也在不断变化。这些都说明,个人的婚姻被社会变迁的因素所左右,说明婚姻是社会性的。

(二)婚姻功能的社会性

对于人和社会来说,婚姻和由婚姻产生的家庭具有其他社会组织所不可替代的功能。美国社会学家布利兹坦说:“所谓的家庭组织,无论是以何种形式出现,它们的重要意义在于:家庭,对于绝大多数成员来说,是包罗万象、提供各类便利的社会组织;家庭,无论大小,是成员社交与私人生活的稳定的中心。家庭成员常常聚会,这是其他群体成员不及的。个体最为关心的福利与财富的分配,信息的交流,只有在家庭中才有可能。人们总是以家庭为出发点,随即向其他组织靠拢。……所有的家庭组织对社会的贡献具体表现为:向社会输送人口,传播社会习俗,向从属社会单位输送青年,分配商品与调节公共设施,在重要领域调解青年和老人、男子和妇女间的关系。为了达到上述目标,家庭组织必须保持同非家庭组织的联系。”龙冠海则认为:“家庭系唯一的一个团体能够满足人类的多种基本需要,换言之,具有多种功能。”(1)生物功能:如性欲的满足,生育传种,小孩的保护及老人的照料;(2)心理功能:如个人各种心理态度及行为的养成,人性及人格的发展,情感的发泄,爱情的培植和表现,精神的安慰等等;(3)经济功能,家庭本来是一个最小的经济组织单位,为生产、分配及消费的场所,个人的食、衣、住莫不依赖之;(4)政治功能,家庭是一个小型政府,家长为统治者;(5)教育功能,家庭可以称为人类最初最小的学校;(6)娱乐功能,家庭可视为人类最初的娱乐场所,是家庭分子共同从事娱乐的地方;(7)宗教功能,家庭可说是人类最初的教堂。由此可以理解,婚姻是社会行为及婚姻家庭的社会性。①

费孝通从婚姻家庭的根本功能上道出了婚姻的社会性:“婚姻是社会关系上发生的。从婚姻里结成的夫妇关系是从亲子关系上发生的。……

① 潘允康:《家庭社会学》,重庆出版社1986年版,第55页。

婚姻关系和两性关系之所以受限制还是因为要维持和保证对儿女的长期抚育作用,有必要防止发生破坏婚姻稳定性的因素。”①从行为逻辑上说,先有夫妇关系、后有亲子关系,即先结婚,后生育,前者是因,后者是果。然而社会学家认为,夫妇关系(婚姻关系)是从亲子关系上发生的,基于生育的需要才有婚姻、才确立了婚姻的根据和婚姻的基本意义。换句话说,在婚姻中是社会行为引发了个人行为,而不是相反。婚姻的本质在于婚姻的社会性。婚姻专家古德从另一个角度阐述说,社会对私生子看得比婚前性行为还要严重,社会对婚姻所采取的控制主要不是由于担心人们的性行为,而是由于担心人们生孩子。性行为是个人行为、生孩子是社会行为,后者重于前者,社会性是婚姻的本质。马克思、恩格斯从人类社会两大生产角度阐述了婚姻家庭功能的社会性,及历史中的决定性因素,归根结底是直接生活的生产和再生产。但是生产的本身又有两种。一方面是生活资料即食物、衣服、住房以及为此所必需的工具的生产;另一方面是人类自身的生产,即种的繁衍。一定历史时代和一定地区的人们生活于其下的社会制度,受着两种生产的制约:一方面受劳动的发展阶段的制约,另一方面受家庭的发展阶段制约。婚姻家庭承担着人类社会第二大部类生产的任务,这是婚姻家庭功能社会性的集中体现,也是婚姻社会性的集中体现。

(三)婚姻控制的社会性

由于婚姻是社会行为,所以社会要从多方面用多种手段对之进行社会控制。无论是传统的礼制婚还是现代的法制婚,都会受到多种社会方式的控制,诸如法律、道德、习俗、宗教等。

现代婚姻是法制婚姻,控制婚姻的主要手段是法律。结婚是个人的事情,但个人必须依法行事、依法结婚,婚姻才能得到社会的承认。如我国新婚姻法规定男 22 岁、女 20 岁才能结婚,低于此年龄的男女就不能结婚;结婚的男女必须亲自到婚姻登记机关进行结婚登记、确立夫妻关系。

① 费孝通:《生育制度》,天津人民出版社 1982 年版,第 29 页。

不依法进行婚姻登记的是非法婚姻、无效婚姻。新婚姻法不仅有结婚的规定，还有离婚的规定，有夫妻关系、亲子关系即家庭成员其他关系的规定，对家庭关系和家庭生活规范得十分严密、具体。而对于人的其他社会关系都没有这样规范，因为婚姻关乎人类自身传递大事。家庭是社会的细胞，是社会生活的基本单位，不能不高度规范化。新婚姻法不仅规定了家庭关系的模式，而且强化了对违规家庭关系行为的社会干预，如新婚姻法增加了“救助措施和法律责任”，集中对家庭行为的社会干预。这里所说的家庭行为是指家庭中的“离轨行为”，诸如“家庭暴力”“重婚”“遗弃和虐待家庭成员”等有关婚姻家庭的违法行为。新婚姻法对一些家庭纠纷拟定了救援措施，对违规的家庭行为明确了法律责任。换句话说，在家庭的离轨行为中，受害人可请求社会救援居民委员会要管，村民委员会要管，工作单位要管，公安机关要管，一句话社会要管。婚姻是社会行为，当然要有社会干预。

从古到今社会不仅用法律来控制婚姻，还用其他手段来控制和监督婚姻。比如大凡公民结婚，都要举行婚礼。有的人说婚礼是向社会宣告的仪式，不无道理。个人的事为什么要向社会宣告呢？因为婚姻是社会行为。现代婚礼上的多种角色诸如“证婚人”“主婚人”“介绍人”“来宾代表”等，与其说是个人角色，不如说是社会角色，都是代表社会监督婚姻。社会控制监督婚姻的手段是多种多样的，如道德、舆论的手段：一个充当“第三者”的人尽管法律不能制裁，但要受到道德和舆论的谴责。其他还有宗教、习俗等，也都是社会控制干预婚姻的手段。归根结底，人在婚姻家庭中只有相对的自由、没有绝对的自由、因为婚姻是社会行为。

三、婚姻是个人行为和社会行的矛盾统一

婚姻是个人行为，社会要满足和保护个人的婚姻需求，尊重个人对婚姻的选择和家庭生活的决定；婚姻又是社会行为，个人的婚姻要得到社会的认可，个人的婚姻家庭行为要被社会所规范、所干预。正因为如此，婚姻才有“围城”之说，在城外边的人想进去，在城里边的人不想受“羁绊”要

出来。在现代社会,怎样看待婚姻“围城”?怎样实现婚姻中个人行为和社会行为的矛盾统一,乃是有现实意义的重大理论问题。

事实证明,婚姻家庭的过于个性化,会给社会带来一些潜在问题和威胁。以俄罗斯为例,由于人们生育观念的变化崇尚少生或不生)已经出现连续多年的人口负增长,为此俄罗斯人口学家发出警告说:“1999 年俄罗斯出生人口只有 12.58 万人,但死亡人口却高达 214.03 万,如果照这样下去,到 21 世纪末,俄罗斯民族将从地球上消失,整个俄罗斯将变成坟墓。”再以美国为例,20 世纪 70 年代,美国出现了比较严重的家庭问题。正如美国前副总统蒙代尔所说:“美国的家庭受到的压力越来越大,这些压力是青少年犯罪的增加;在过去 30 年里私生子增加了一倍以上,自杀成为年轻人死亡的主要原因,每年至少有 20 万儿童受到其父母和监督护人的虐待。”表明家庭崩溃的迹象是:当前五分之二的婚姻以离婚而告终,八分之一的儿童是非婚生育的,六分之一的儿童生活在只有父亲和母亲的家庭里,单身户大量增加,1980 年有近 23%的家庭是单身户。美国是一个自诩尊重人权和个人选择的国家,如果婚姻家庭仅仅是个人行为的话,美国社会对于它的变化应当认可、不必干预。然而恰恰相反,不仅美国的社会舆论关注这种变化,而且美国政府也出面干预。这是因为美国的婚姻家庭变化带来了“社会的危机”,这种危机已经威胁到美国家庭和社会的正常秩序,有可能破坏美国人口再生产和经济动力的链条。

婚姻的个人属性和社会属性是一对矛盾。在传统时代,以个人服从社会而解决了这个矛盾;今天强调人的价值和以人为本再强调个人服从社会,就不那么容易了。一直有人想从根本上解决这个矛盾,使婚姻与社会无关、成为完全的个人行为。他们设想用“新的生育方式”取代婚姻家庭和男女交媾的办法解决问题。天体造物,有男有女,男女交媾,父精母血,孕育了新的生命,这是不可抗拒的自然规律。世上之人有高矮胖瘦、千差万别,构成了丰富多彩的大千世界,构成了人类种群的生态平衡。我们可以用科学的方法使未来的人种更强健,更漂亮,但我们绝不能把未来的人都变成“机器人”、一个模样,绝不能从根本上改变和摧毁人的遗传方式。如果每个人都按自己的意愿行事、选择男女（比如重男轻女，只要男，不要女）会带来男女性比例失调的社会灾难，引发相关的伦理和其他社会问题。今天有人想用克隆技术和其他新技术，用工厂生产物质产品的方式去生产人类自身。按照这种方式生产出来的人，没有差别，一样高矮，一样谈吐，一样长相，一样思维，那将组成怎样的种群社会？不可想象。这种挑战人类自身生产客观规律，破坏人类种群结构的“生态平衡”的做法将会受到更加严厉的惩罚。

另外，人类自身生产和再生产的内涵也对“新的生育方式”提出质疑。人们用生育二字来概括人的自身生产和再生产。费孝通认为，生育至少有两重含义，即“生殖”和“抚育”。二人的生产和再生产是一个有深刻内涵的系统工程，它不仅包括生还包括养、包括教，这从胚胞里就开始了。“新的造人”方式是不能替代人的生育和教育功能的。家庭教育对人产生不可替代的终生影响，是没有其他方式可以取代的。社会学认为，“缺少家庭教育的人常常是心理人格不健全的人”。从这个意义上说，家庭教育是不能为其他方式取代的。人类在漫长的社会发展中创造了家庭文明，人们把家庭中的欢乐称作是“天伦之乐”。天伦即天地伦理纲常，即客观规律，是不可改变的，如果人一定要挑战天伦，最终只能毁灭人类自身。

四、结论

社会变迁并没有改变婚姻家庭的社会本质。婚姻的社会性决定了我们不能用单纯的个人幸福主义的观点来看待婚姻、为我所用、为所欲为，而是同时要用社会的观点对待婚姻。一旦进了婚姻“城堡”，就要遵守婚姻家庭秩序、履行婚姻家庭义务，理智地将个人行为和社会行为和谐地统一起来，造福个人家庭、使全社会受益。

以人为本的城市化理念

载《天津大学学报(社会科学版)》2005 年第 1 期

党的十六届三中全会提出了“坚持以人为本,树立全面、协调、可持续的发展观”,它对于中国日益加快的城市化进程是至关重要的。坚持以人为本的城市发展理念,坚定不移地推进中国的城市化进程,科学地选择中国的城市化道路,是我们面临的重大理论问题和实践问题。

一、以人为本是城市社会学的理论核心

在人类文明社会中,城市有几千年的历史。伴随着现代社会城市化进程的加速,人们对城市和城市化本质的认识日益加深,形成各种理论学说,包括社会学观点。从社会学意义上说,所谓城市是城市人和城市区位的有机结合。人是城市的主体,是城市产生和发展的中心环节。城市的缘起在于人的日益扩大的以商品交换为中心的交往,城市的模式和格局在于人的需求、活动和聚集方式,城市社会问题则是城市人面对的问题。以人为本是城市社会学的理论核心。

1. 城市的产生是人的交往和聚集的结果

城市是人聚集的结果,这种聚集最初是和人的交往,特别是与商品交换及其扩大相联系的。城市在西方早期的图形文字中,是一个圆圈包围着一个“+”,“+”可能代表道路内中划分为不同的区域、活动场所,圆圈可能表示城堡的壕沟和围墙,圈定城市的区域界限。这和中国典籍中的解释相似。中国古代“城”与“市”原是两个不同的地域,含义不同。“城”

是指都邑四周作防御的墙垣，一般有两重，《管子·度地》中说，“内为之城，城外为之郭”，都与城相连称都城。“市”是指商品交换的场所，《周易·易辞》说，“日中为市，致天下之民，聚天下之货，交易而退，各得其所。”“市”的最早含义是“集中做买卖的场所，如菜市、集市”《易·系辞下》则说，“日中为市，致天下之民，聚天下之货，交易而退各得其所。”它还包含有“交易”“购买”的意思，如“有行无市”。西方学者也持同样的观点，社会学家马克斯·韦伯就认为，城市具有市场功能。可见，城市的产生是与人的交往、商品的交换相关的，随着商品经济的发生和发展，出现了商品交易的集中地，这是最早的城市。以后人们的交往从经济扩展为政治、法律和社会生活的各个方面，城市则逐步变为一种既特殊又普遍的行政区划。城市的出现是人扩大交往的产物。

在人类社会发展史上，随着从采集和渔猎生产过渡到农耕和驯养牲畜的生产，由不稳定的游牧生活过渡到稳定的生活，出现了定居点——村落。此后，随着农业、畜牧业和手工业的分工，剩余产品的出现，在一些地方出现了物产集散、商品交换、商队往来和规划灌溉系统的中心。为了加强对社会的控制和对外防御，人们在固定的居住地不断修筑城池，建造供奉神灵的庙宇。随着这样的社会控制中心的形成，出现了最早的市，或称城市。正如马克思和恩格斯在《德意志意识形态》一书中所说，某一民族内部的分工引起工商业劳动和农业劳动的分离，从而也引起城乡的分离和城乡利益的对立。古代城市成为当时国家的首府。

2. 城市的发展模式源于人的需求和活动方式

纵观城市产生和变迁的历史，我们发现，城市形成的各种模式与格局有许多特点和共性。这些特点和共性源于人的利益需求、活动方式和聚集方式。城市社会学家对各种城市模式与格局进行了研究，创造了都市空间结构理论。这种理论认为，都市是一种生态秩序，支配都市社区的基本过程是竞争和共生，如同生物体一样，人类社会中人与人之间的相互依存和相互制约关系决定着都市的空间结构。

美国芝加哥学派的伯吉斯的“同心圆”理论认为，都市空间的扩展是竞争的结果，都市的发展呈放射状，由中心到边缘顺着一环一环的同心圆展开。该理论把都市划分为五个环状区域：一是中心商业区，它位于整个城市布局的中心，四通八达，扼全市之要津，土地价值寸土寸金，只有那些获利较多，用地节省的职能机构如银行、百货商店和剧院等在这里立足；二是中心商业区外围的过渡区，贫民窟、仓库、工厂、住宅、舞厅、妓院和赌场等都集中在这里，其居民往往是少数民族、新移民、流浪汉、娼妓和其他下层社会贫民；三是工人居住区，与过渡区相比，这里的建筑差不多是家庭式住宅，设备条件比过渡区要好一些，居民以低收入的工人和移民子女为主；四是高级住宅区，白领工人、职员和小商人多住在这里，区域内有高级公寓，有单家独户的住房；五是超出都市边界以外的往返区，社会中、上阶层人士的郊区住宅坐落在这里，这里的大多数人使用通勤票，他们在市中心工作，上下班往返于两地。除了同心圆理论外，还有霍伊特的“扇形理论”、哈里斯的“多核心理论”等。这些不同的城市空间结构理论都有一个共同点，即城市发展模式和结构是以人为中心的，具体说是以人的需求为中心，以人的活动（生产活动和生活活动）为中心，以人的聚集方式为中心。首先，从人的需求和活动上看，各种理论都认为商业区应在城市的中心位置上，显然是为了满足城市人的商品交换、消费和日常生活的需要；第二，从人的生产活动上看，人们从事不同的职业和生产劳动，需要不同的设施、资源与场合，产生了城市中不同的职业区，如轻工业区、重工业区和批发区等；第三，从人的聚集和组合方式，即社会结构和社会分层上看，人们的生活水平和社会地位不同，就会向不同方向聚集，即所谓“物以类聚，人以群分”，形成了城市中的贫民窟、工人住宅区、中产阶级住宅区和社会上层富人区。总之，城市模式和城市结构的形成和发展离不开人，是由人的利益需求、活动方式和聚集方式决定的。

3. 城市问题是城市人面对的问题

大量人口密集聚居，自然使城市拥挤，住宅短缺，交通堵塞，城市各种设施不能满足人们的各种需求。而快节奏的城市生活，人与人之间的频繁交往和碰撞，也会产生城市矛盾、纠纷、冲突和犯罪。城市人造成的环境污染困扰着其自身，城市人面对着来自城市生活的各个方面的压力和问题，因而人们既向往城市又要躲离城市。西方国家的中产阶层白天在城市中就职，却把家庭住宅安在远离城市的乡下，表现了人们对城市的矛盾心理。

无论是城市的产生和发展，还是城市面对的问题，都离不开人，都是以人为核心，以人为本的。

二、以人为本推进城市化进程

1. 城市化进程的必然性

无论人们怎样认识城市，城市化进程是不可改变的。当今世界正在经历着快速的城市化进程，它是从发达国家率先开始的，进而波及发展中国家。一般是用城市人口占总人口的比例计算城市化率，来看城市化的水平。从这个角度说，城市化可分为 4 个等级：(1)城市人口占总人口 70%以上的国家可以称为高度城市化国家；(2)城市人口达到 50%的国家为城市化国家；(3)城市人口占总人口比重在 30%～50%之间的国家为接近城市化国家；(4)城市人口占总人口比重在 30%以下的国家为未城市化国家。回顾 20 世纪世界的城市化进程，世界城市人口大大增加了。1900 年，世界城市人口的比重只有 13.6%；到 1950 年，增加到 29.2%。50 年增加了 15.6%；到 1990 年又增加到 45.2%，40 年间增加了 16%。预计到 2025 年世界的城市人口将达到 63%。

中国是个发展中国家，从 20 世纪后半叶开始，特别是改革开放以来，也经历了大规模的城市化进程。1950 年，全世界城市化水平为 28.4%，发达国家为 51.8%，发展中国家为 16.20%，中国为 11.2%；1980 年，全世界城市化水平为 41.3%，发达国家为 70.7%，发展中国家为 30.5%，中国为 19.4%。中国的城市化水平低于发达国家，也低于发展中国家。改革开放使中国进入了以经济建设为中心的新时期。经济的发展大大促进了城市的发展和繁荣，促进了城市化进程，但城市化水平仍然低于发达国家，低于世界的平均水平。目前发达国家的城市化率约为 76%，世界的城市化率约为45%,中国为37%左右。中国的城市化水平不仅和发达国家差距很大,而且仍然低于世界的平均水平,中国目前的水平是接近城市化。

一个国家的城市化水平是该国现代化和发达程度的标志。城市化率高标志着生产力水平高,产业结构由农业经济转变为非农业经济,以非农业人口为主,城市生活方式取代了农村生活方式。城市化水平高,表明社会发达和现代化程度高。

从经济社会协调发展的终极目标在于促进人的发展、满足人的利益和需求角度看,世界城市化的趋势是不可改变的。首先,城市占地面积小,节省土地,即节省人和社会生存之根本。有人算过一笔账,世界城市所占土地面积总和只相当于一个卡塔尔的面积,在某种意义上说,城市是一种浓缩的社会空间。第二,城市化进程必然带来经济发展和产业结构调整,由第一产业向第二、第三产业转移。第三,城市大量异质人口的组合聚集有利于各种人才的荟萃和交流,有利于分工合作,形成整合式的人文力量,有1+1>2的效果。第四,城市便于发展交通等公共设施,便于集中提供热、自来水、电等公共需求的资源和能源,便于商品供应和流通,便于发展教育、文化娱乐事业。总之,城市能向人们提供高质量的、不断更新的生活方式。正因为如此,人们才进城,这样就促进了世界性的、不可改变的城市化进程。

中国除了有世界城市化进程的一般规律外,还有自己的富民强国、实现现代化所面临的特殊国情。改革开放前的中国是生产力落后的农业大国,农村问题、农民问题是中国的根本问题。改革开放的实践表明,不解决农村问题,不解决农民问题,中国实现小康社会只是一句空话,中国的现代化就没有希望。温家宝总理在2004年3月5日举行的第十届全国人民代表大会第二次会议上所做的政府工作报告中指出:解决农业、农村和农民问题,是我们全部工作的重中之重。当前,我国农业的发展又处在一个关键时期。今年要按照统筹城乡发展的要求,采取更直接、更有力的政策措施,加强农业,支持农业,保护农业,努力增加农民的收入。近年来为解决农民问题，中央出台了一系列政策，包括：解决拖欠农民工的工资，保护和提高粮食综合生产能力，推进农业和农村经济结构战略性调整；继续推进农村税费改革；深化粮食流通体制改革；加大对农业和农村投入的力度；加快农业科技进步等。这在一定程度上减轻了农民负担，增加了农民收入，提高了农民的生活水平，改变了农民的生活状况。但这只能解决一部分问题，不能解决根本问题。因为它并不能从根本上改变农民的生产方式和生活方式，因此，不能使绝大多数农民富裕起来，实现普遍的小康水平。近来一些有识之士指出，只有通过加速城市化进程，吸引和吸纳大多数农民进城才能从根本上解决农村问题、农民问题，使中国大多数人进入现代产业格局，实现生活方式和水平的现代化，中国的现代化和全面实现小康社会的目标才能真正实现。换句话说，实现城市化是解决中国农民问题的根本出路。从以人为本的理念出发，从解决中国的农村问题、农民问题出发，必须加速中国的城市化进程。这一理论判断和中国以往及今天出现的事实是一致的。20 世纪 90 年代随着改革开放进程的加速，农民工大量进城，城市化速度也大大加快了。根据中国交通部门提供的消息，2003 年全国春运发送的旅客突破了 1.8 亿人次。专家分析认为，其中打工农民占 70%。在制造业发达的广东省，10 年前外来打工者只有 100 万，而现在这一数字已突破 1200 万。除了外出打工者，中国的高等教育的发展也使越来越多的农村孩子离开了土地，10 年前中国高校每年招收大学生 30 万，而 2004 年扩大到 355 万。数以亿计的农民及其子女进入城市，使得中国人口正在重新分布。中国农业部的统计显示，目前在各大城市工作的农民工总数已达到 1.3 亿。目前中国的城市人口为 37%，而中国工业产值和国内生产总值的 70%、税收的 80%都来自城市。据此有人预测，预计未来 50 年，中国城市化程度将从现在的 37%提高到 76%以上，到 2050 年，中国的城市人口总量将达到 10 亿至 11 亿，达到高度城市化。即从现在算起，中国每年将有 1200 万农民转为城市人口。无论如何，坚定不移地推进中国的城市化进程，能使大多数人口由农业进入第二、第三产业，使中国的产业机构得到根本调整；能使大多数人口脱离贫困，走向小康，实现全面建设小康社会的战略目标。如果这一目标顺利实现，中国将进入现代化国家的行列，成为世界中等强国。

2. 城市化进程的规律性和科学性

实现农村人口向城市转移的过程，不应当是盲目的，而应当是自觉的、科学的、符合客观规律的。城市化有其自身的客观规律性，中国有其特殊的国情，只有使两者结合起来，从以人为本的理念出发，才能找到科学可行的城市化道路。城市化的进程，是人的聚集过程，这个过程表现了双重效应。城市经济学认为，空间聚集使城市经济具有显著的聚集经济效应。聚集经济的产生使企业可以获取更高的利润，居民可以得到更多的效益，从而改变了生产与消费决策的技术、成本和市场约束。空间聚集也存在负面影响，即聚集不经济，如因空间聚集而引起的工资、地价的上涨，交通拥挤、环境污染等，这些又构成城市聚集的扩散力量，促使居民和企业的区位选择倾向于分散。这种观点和城市社会学理论对城市化的认识是相同的。

从 20 世纪 80 年代中国恢复社会学研究以来，中国的社会学者也从社会学角度开始了对中国城市化和城市发展模式的研究。著名社会学家费孝通领导的小城镇研究就是著名的代表，其代表作有《小城镇大问题》《小城镇研究 10 年反思》等。面对世界城市化过程中出现的社会问题，费孝通要探索一条适合于中国国情的城市化道路，即用发展和建设小城镇的方法，走振兴乡镇企业之路，农民务工不进城，就地由农村人转变为城市人，实现城市化。这种研究不仅在学术界占有很重要的地位，而且也在一定程度上影响了政府对城市化的决策。之所以如此，一是该项研究主张中国走城市化道路，符合历史发展的大趋势；二是面对世界发达国家和发展中国家在城市化进程中出现的种种问题，力求探讨一条适合中国国情的城市化道路。中国人口众多，而且大多数在农村，其城市化进程既有普遍性，也有特殊性；人数众多的农民，就地农转工，由农村人变为城镇人，显然是一种快捷的方法。三是其主张发展乡镇企业与改革开放初期中国振兴和发展经济的实情相吻合。然而，随着时间的推移，小城镇理论也暴露出了它的局限性，并受到越来越多的批评。批评者认为中国小城镇在农村城镇化过程中存在的主要问题是：(1)小城镇数量的盲目扩张，削弱了城市功能建设的后劲；(2)小城镇缺乏聚集效应，对居民生产方式和生活方式的转换能力不足；(3)土地资源利用率低，浪费严重；(4)乡镇企业工业污染严重，治理难度大。其实，发展小城镇和发展乡镇企业有不解的渊源。乡镇企业的发展激起了人们对发展小城镇道路的热情；费孝通教授也是如此。在他对小城镇发表议论的初期，有相当多的议论都是和乡镇企业有关的。然而就是面对蓬勃发展的乡镇企业，他也察觉了不少问题。比如他在1983年时就说，"目前社队工业的确存在不少问题，面对这些问题起制约作用的是社队工业不稳定。我所见到的不少工厂很多是二三年换一块厂牌，一二年转一个产品，人们叫他'开关厂'。这样做固然有作为新厂可以免税的奥秘在内，但根本上还是缺乏稳定性。从吴江县来看，……从总体上看，全县社队工厂还是处于不稳定阶段。"以后费老对小城镇的发展也有所检讨。他本人在自我反思时承认"只吃到核桃的肉，丢了核桃的壳"，特别是在有关小城镇建设方面有些疏忽。

发达国家的城市化历史表明，在城市化加速阶段，大城市对城市化的贡献率每提高1%就能使城市化水平提高35%～41%，而小城镇却只有0.3%～0.5%。在城市化的初始阶段，城市化主要由大城市推动。一些学者坚持大城市发展道路，认为我国城市的规模效益以100～400万人口最好。有人认为，对于这样一个人口众多的国家来说，今后50年再创新50～100个200万人口以上的大城市并不算多，这是典型的"大城市说"代表。有的学者提出"大城市超前增长"是普遍规律，进而认为"建大城市，走集约化之路"是中国城市化的必由之路。为此合理的选择不是严格控制大城市，而是要重点积极发展大城市，其主要理由是"大城市规模效益好于小城镇，综合效益好于小城镇"①。大城市在城市化过程中有着特殊的地位和作用。中外城市发展史证明，大城市有着难以替代的聚集效

① 赵新平、周一星：《改革以来中国城市化道路及城市化理论研究述评》，《中国社会科学》2002年第2期。

应和辐射功能。大城市、特大城市在国民经济发展中除了有比中小城市高得多的经济效益外，大城市的高度发展，既是增强综合国力、提升我国产业国际竞争力的需要，也是从根本上提高我国城市化水平及其质量的需要。此外，知识经济和信息时代的挑战也要求我们必须将大城市，特别是国际经济中心城市和大都市带的发展置于优先地位。通过这种高效率的集聚人口和经济活动的布局模式，在大幅度提高我国经济运行和产业布局效率的同时，还可以促进知识和信息的创新活动。[①] 近年来我国正在形成不以人的意志为转移的超大城市。北京、上海、天津和重庆等中央直属大城市人口规模都在1000万以上。一些超大城市群也出现了，即以广州、深圳为中心的珠江三角洲城市群，以上海、南京为中心的长江三角洲城市群和以京津为中心的环渤海城市群。有的学者和人民代表、政协委员还向中央建议，合并北京、天津和唐山，建立华北超大型城市群等。

当然，在小城镇理论和大城市理论之间还有发展中小城市理论。这种理论认为，中小城市在我国城镇体系中处于中间环节，起着联系大城市和小城镇的作用；中小城市点多面广，承上启下，联系广泛，规模适中，具有大城市的优点，城市基础设施和产业基础具有一定规模；在住房、交通等方面不像大城市那么紧张，生产力水平及文化科学基础又比小城镇优越。因此，合理发展中小城市对于缓解大城市人口和承载压力，及促进小城镇发展都具有十分重要的作用。中小城市处于城市规模结构金字塔的中部，上连大城市，下连小城镇，人口、经济、空间三者之间的矛盾比较少，是县域以上的区域中心，具有大城市和小城镇不可替代的功能。

以上是三种不同的城市发展模式理论。中国目前正处在城市化加速时期，优先发展大城市，以发展大城市为龙头带动整个周边地区的发展和城市化进程的策略是可取的。中国改革开放20多年的城市化的实践也能证明这点。深圳由一个渔村发展成为数百万人口的大城市，香港、深圳、广州对整个华南地区的辐射作用，上海、南京对长江三角洲的辐射作

---

① 冷静:《中国城市化道路的现实选择》,《江西社会科学》2002年第3期。

用，北京、天津对环渤海地区的辐射作用，都是证明。

从以上三种不同的城市发展模式中可知，人的问题是城市模式选择的中心问题。首先，无论是发展小城镇、中小城市，或是大城市（特大城市），其目的都是使大多数农村人转变为城市人，这是城市化的根本含义；其次，城市化的进程和城市发展模式的选择，实际上是人向城市的聚集问题，多少人以怎样的方式和规模聚集，才能最大限度地发挥城市区位优势，减少城市社会问题，产生最佳的城市模式，是当代世界和中国都在探讨、并未完全解决的问题；第三，城市模式选择的实质是聚集效应，包括经济聚集效应和社会聚集效应两个方面，从经济角度说有聚集经济和聚集不经济，从社会角度说有城市社会优势和城市社会问题。正因为问题有两面性，所以既有主张人们进城又有主张控制城市规模两方面的建议。无论如何，人是城市发展的目标，也是城市发展的归宿。只有坚持以人为本才能选择最佳的城市模式，实现城市的全面、协调、可持续发展。

“集体行为”与社会稳定

载《天津行政学院学报》2001 年 3 期

维护社会稳定是中国改革开放和现代化建设大业健康发展、快速前进的重要条件，也是实现社会治安综合治理的根本目标。实践表明，破坏社会治安、危害社会稳定的因素是多方面的，“集体行为”是其集中表现，是社会治安和社会稳定的大敌。有必要深入研究集体行为，提出预防措施。

“集体行为”的社会表象及其特征

1. 集体行为对社会的破坏和威胁。“集体行为”这个概念是美国社会学家 R. 帕克提出的，他在 1921 年出版的《社会学科学导论》中下了这样的定义：集体行为是在集体共同的冲动影响下发生的个人行为，是一种冲动。换句话说，他是互动的结果。自从帕克提出“集体行为”这个概念以来，社会学界众说纷纭，有的说“集体行为”是“非常的行为”，是“无结构的行为”，是“非制度化的行为”，是在“没有由文化而来的明确趋向的情况下发生的团体行为”，但无论如何，集体行为带有反社会规范性质，不受现有社会规范控制，有或没有明确目的和行动计划的众多人的共同行为，集体行为是众多人的综合性的社会互动的结果，他对社会有着极大的破坏性和威胁性。

“集体行为”表现形式是多种多样的，如聚众、骚乱、狂欢、谣言、抢购等，大多带有破坏性，对社会治安和稳定产生威胁。一些带有民族利益色彩的冲突所引起的集体行为,常常伴有抢劫、纵火、强奸和仇杀,像前南斯拉夫科索沃地区发生的塞族和阿族之间的冲突,在印度尼西亚发生的抢劫、强奸和屠杀我国华侨的事件等都是典型的例子。有一些"集体行为"是无组织、无目的、盲目的,往往带有过渡性,不能持久,产生的社会危害相对较小。而那些有组织策划的"集体行为"则表现反复发生和连续性的特点,对社会的威胁很大。

2."集体行为"的主要特征。"集体行为"有不同的表现形式,但有共同的特征。首先,无论其背后有没有人策划和操纵,"集体行为"都表现了某种程度的自发性和盲目性,是一哄而起的聚众行为。其次是"集体行为"所表现的狂热性。在集体行为中,参与者大多处于狂躁状态,很少考虑行动的后果,感情发泄似乎成了目的。第三是"非结构性"。"集体行为"既不遵守旧的行为规范,也没有创造出新的固定的行为规范,参与者往往我行我素,把他们的行动统一起来的是集体激动的情绪和共同关心的事物。第四是"过渡性"。集体行为一般带有爆发性,但不可能持久。它可能有三种结果:一是宣泄感情,减轻了内心的紧张,即告结束。二是找到了新的行为规范,并被社会接纳,使之制度化,集体行为也告结束。三是集体行为被人利用,转化为有组织有领导的社会运动。

3."集体行为"产生的原因。任何一个"集体行为"都有它产生的社会原因和临时性激发因素,比如社会的不平等、意外事件的发生、价值观的改变、规范的变革、模式的不明确等。社会不平等是发生"集体行为"的主要原因。因为社会不平等是引起人们不满、愤怒和反抗的根本的经常存在的因素。社会不平等一旦公开化和表面化,就可能导致"集体行为"的发生,诸如罢工、示威和各种抗议及请愿活动。

意外事件的发生也是"集体行为"的一个重要原因,因为人们对意外事件没有心理准备,已有的经验和正常的规则与办法不足以应付突然的变化。所以意外事件来临之时,大家都没有一套成熟的应付办法。可能先混乱,在混乱中人们互相寻求暗示,而后,只要一个人采取某种行动,许多人都会不加思索地立即模仿照办,"集体行为"便发生了。以上列举的

1985 年 5 月 19 日中国国家足球队输给中国香港足球队的例子就是突发事件引起人们不满而激发的“集体行为”。

变革中的规范和模式不明确，对产生的问题不理解、不适应，也会产生“集体行为”。一般而言，当一个社会处于相对平稳状态时，“集体行为”不易发生，而在社会变革时“集体行为”容易发生。一是因为变革和变迁中的社会规范和模式不明确，旧的规范和模式不适用了，而新的规范和模式还没建立起来，人们无所适从，容易受到煽动和蛊惑；二是社会处于变革状态时，人们对新生事物容易产生不理解、不适应，此时如果有人借机煽动不满情绪，最容易产生“集体行为”。

价值观念的改变是“集体行为”发生的又一重要原因。在社会发生剧变和转型过程中，人们的价值观念会发生改变，有时舍弃了旧观念，但新观念尚未建立，此时容易产生“价值真空”，因此容易爆发“集体行为”。

4.“集体行为”产生的条件。“集体行为”作为众多人的共同行为是需要一些相关条件的。首先是人的聚集、接触与摩擦。许多人为了一个共同感兴趣的问题而聚集到一起，发生接触，互相摩擦，使人们极易受到刺激而做出快速反应，这种反应不是经过深思熟虑，而是感情的冲动，是非理智和非理性的。因为聚集的人群有共同的兴趣，接触异常紧密，注意力专一，所以容易激发极端行为。“集体行为”发生的第二个条件是“情绪感染”。在人群密集的场合，情绪极易感染，而且感染往往以几何级数扩展。这时，人们缺乏理性分析判断能力，谣言被接受的程度和传播速度之快是惊人的。这时候用谣言蛊惑群众也是极易成功的。“集体行为”发生的第三个条件是集体激动。个人情绪的进一步发展，就会促成集体激动。集体中的每一个成员的感情都被充分地激发出来，形成一个激动的人群。在集体激动的前提下，人们将不顾旧的行为规范的控制，做出一些非规范的行为和举动。

"集体行为"的预防和治理

在我们进行改革开放的过程中,"集体行为"对社会稳定有着巨大的破坏性和威胁性,要维护社会治安,保持社会稳定,就必须对"集体行为"进行积极的预防和治理,在社会变革和转型时期更应如此。笔者近年在研究大量"集体行为"案例的基础上,提出政府应建立"社会预警系统",预报"集体行为"发生的可能性,应用"排气阀理论"缓解群众的郁积情绪和矛盾心态,采取果断措施对"集体行为"实行社会控制,将其消灭和扼制在萌芽状态。

1. 建立社会预警系统,测报"集体行为"。尽管"集体行为"突发性很强,破坏性很大,有时难以预测,但一些"集体行为"在发生之前还是有预兆的。如果有关部门能提前测报,并采取相应的预防和疏导措施,就能避免一些"集体行为"的发生,或在他刚刚发生时就能采取有力措施将他制止,消灭在萌芽状态。因此,迅速建立"社会预警系统",对社会不稳定因素实行测报,提醒有关政府部门关注"集体行为"和其他危及社会稳定行为发生的可能性是非常必要的。

我国改革开放20多年来,社会发生了极大的变化,新生事物层出不穷,也出现了诸如"腐败""贫富差别"之类的社会问题,人们时常会有不适应、困惑、不满等情绪,在这种社会背景中,人们一旦聚集起来,在别有用心的人蛊惑下,很容易产生各种危及社会稳定的"集体行为"。因此,建立"社会预警系统"测报机构和机制,对各种"集体行为"可能发生的原因、条件、背景进行经常的分析、研究,并发出相应的情报和警报,能够预防和制止"集体行为",提出对策方法和建议,使有关部门在"集体行为"发生之前有预防,发生之时有措施,发生过后有善后,这对于维护社会稳定至关重要。社会预警系统的建立可采用条块结合、工作单位和所在社区结合的办法,充分利用中国社会是有组织社会的特点,赋予现有组织系统有关部门社会预警职能,并使之制度化。

2. 应用"排气阀理论"缓解群众的情绪和矛盾。所谓"排气阀理论"

是社会心理学中的一个理论。物理学认为当一个充气物体内的压力达到其外壳所能承受压力的临界点时，就会出现危险信号和征兆，如果压力继续增加，物体就可能破裂，在一定条件下还会发生爆炸，是非常危险的。预防的方法是在物体上安装一个“排气阀门”，该阀门不断排出一些气体，以缓解内部压力，这样就能使物体处于经常的安全状态。在社会生活中，民众心中经常会发生一些不满的情绪，这是一种积攒的能量，一旦爆发出来，便可能转化为反社会的力量。因此社会必须建立一种机制和办法让民众心理的能量不断得到释放，以平息民怨，维持稳定，这就是“排气阀理论”在社会发展中的应用。现在政府设立的各级领导干部群众接待日，国家有关部门（包括公、检、法有关部门）和群众的经常对话，各级首长设立的群众接待日、热线电话、来信来访、举报信箱等，都是让群众说话，反映情况，甚至是发牢骚的渠道和场所，既是社会设立的各种“信息网”，也是“排气阀”，能起到缓解社会矛盾的作用。

3. 对“集体行为”实行强有力的社会控制。通过社会力量使人们遵守社会规范，维持社会秩序的过程，就是社会控制。社会控制这个概念原意是社会必须控制人的动物本性，限制人们发生不利于社会的行为。后来有广义和狭义两种解释。广义是把社会控制理解为社会或其群体为达到维持社会秩序而采取的手段。狭义是把社会控制理解为社会或其群体对偏离社会规范的越轨行为所采取的限制措施及限制过程。

“集体行为”常常是一种偏离社会规范的越轨行为，爆发性强，破坏力大，有时难以预测和预防，因此社会必须有“集体行为”一旦爆发时的各种应对措施。各种经验表明，“集体行为”尽管有某种“过渡性”特征，不能持久，但“集体行为”感染力强，一次“集体行为”如果没有得到有效地制止，便可能酿成更大的“集体行为”，甚至达到难以控制的地步。因此，必须把危害社会治安和秩序的“集体行为”坚决地消灭在初始时期和状态，不使其蔓延，造成更大的社会危害。“集体行为”的发生是社会互动的结果，所谓社会互动，是指个人与个人之间通过语言、表情、身体姿势和其他象征性符号，彼此表达意向、沟通感情、共同行动的过程。凡个人活动涉及他人或对他人产生影响，并能引起他人反应的行动，都是社会互动。社会互动可分为直接面对面的互动和通过一定的传媒进行的间接互动。直接互动是最基本、最普遍的互动。“集体行为”大多是在直接互动下发生的，是通过“暗示”（将一种意见、态度或生活式样通过语言及其他象征性符号传达给他人并能引起他人反应的行为）和“模仿”来推动的。“模仿”理论的创始人塔尔德在 1890 年出版的《模仿定律》一书中这样描述“模仿”定律：在没有外界干扰的情况下，模仿是按几何级数进行的，一传二、二传四……如此，犹如向水池中投下一块石头，波纹随即按同心圆轨迹向外扩展，在无阻力的地方扩展较远，在有阻力的地方，因受阻挡而停止扩展。“模仿”定律还认为常常有“模仿变型”出现，一个信息会被歪曲、扩大到面目全非的地步，变得比原信息更有影响力和煽动性，能产生更大规模的“模仿”，更狂热的追求。因此，为了对“集体行为”进行有效的社会控制，必须加强公安、武警等队伍建设，保持一支强大的威慑力量，蓄势待发，快速反应，以有力的行动制止“集体行为”的发生、发展和蔓延。

大城市与小城镇发展模式之比较

载《天津师范大学学报(社会科学版)》2006年第4期

中国城市化是中国现代化的重要组成部分,是当今社会变迁不可改变的潮流。在城市化进程中有关城市发展模式的研究是理论层面和政府规划部门共同关心的问题。改革开放以来有关城市发展模式的理论主要有中国特色的小城镇发展理论,以及近年来出现的大城市优先发展理论。

一、大城市与小城镇发展模式理论

“小城镇”研究是20世纪80年代以来中国城市发展模式研究的一个十分重要的方面。著名社会学家费孝通倡导和主持了这项研究,并称“小城镇,大问题”。费孝通先生说,这些论文之所以宝贵,是因为它们都联系小城镇建设的实践,从各个不同角度去探索小城镇发展中的实际问题。我认为这个研究方向是对头的。只有联系实际才能出真知,实事求是才能懂得什么是中国的特点。费孝通关注小城镇问题的初衷在于探讨有中国特色的城市化道路。他说,从世界范围看,大城市工业扩散是一个趋势。大城市人口密集、土地贵、工资高、污染严重等,已使它的工厂不能再继续发展下去。资本主义国家的工业已向郊区和附近的农村扩展,现在甚至扩散到第三世界国家去了。这种工业扩散曾引起严重的污染扩散的后果。但是我们社会主义国家对这种恶果是可以避免的。费孝通看到了大城市模式的弊端,提出了实行农民离土不离乡,积极发展乡镇企业,农副工齐头并进,协调发展,就地发展和建设小城镇的城市化道路。由社会学者发起的小城镇研究，一开始就得到了政府的关注和支持，其研究成果成为政府在城市发展和实现城市化方面的决策参考。费孝通说：“从1982 年开始，把小城镇列为我们调查工作的重点。这个意见得到了江苏省委的支持，因为就在我们提出这个意见不久之前，江苏省委在常州举行过一个城市工作会议，提出发展小城镇的主张，真是不谋而合。”小城镇研究是从江苏开始的，很快就波及全国。它不仅影响了江苏省的决策，而且影响了全国的决策。1989 年 12 月我国颁布了《城市规划法》。2000 年中央 11 号文件《中共中央、国务院关于促进小城镇健康发展的若干意见》下达。小城镇问题从民间“热”到中央。

尽管小城镇研究与实践热了 20 多年，而中国的城市化实践还是使人们对小城镇理论提出了质疑和批评。近些年来，一种大城市优先发展的理论呼声很高。一些中国的学者坚持大城市优先发展道路，认为我国城市的规模效益以 100～400 万人口最好。有的人认为，“对于一个这样的人口众多的国家来说，今后 50 年再创新 50～100 个 200 万人口以上的大城市并不算多”①。这是典型的大城市代表说。有的学者提出，建大城市，走集约化之路是中国城市化的必由之路。为此合理的选择不是严格控制大城市，而是要重点地积极发展大城市，其主要理由是大城市规模效应好于小城镇，综合效益好于小城镇。大城市在城市化过程中有着特殊的地位和作用。中外城市发展史证明，大城市有着难以替代的聚集效应和辐射功能。大城市、特大城市在国民经济发展中除了有比中小城市高得多的经济效益外，大城市的高度发展，既是增强综合国力、提升我国产业国际竞争力的需要，也是从根本上提高我国城市化水平及其质量的需要。此外，知识经济和信息时代的挑战也要求我们必须将大城市，特别是国际经济中心城市和大都市带的发展置于优先地位。通过这种高效率的人口集聚和经济活动的布局模式，在大幅度提高我国经济运行和产业布局效率的同时，还可以促进知识和信息的创新活动。近年来，主张发展大

① 潘允康：《大城市超生增长的理性思考》，《北京社会科学》2005 年第 2 期。

城市或超大城市的议论越来越多了。有的人认为,我国正在形成不以人的意志为转移的超大城市群,即以广州、深圳为中心的珠江三角洲城市群,以上海、南京为中心的长江三角洲城市群和以京津唐为中心的环渤海城市群。有的学者和人民代表、政协委员还向中央建议,合并北京、天津和唐山,建立华北超大型城市等。

回顾中华人民共和国成立以来的历史,我们对城市发展模式有一个认识的过程,从 2004 年《中国城市战略发展报告》中可以看到这个过程。

1956 年:城市发展规模不宜过大。今后新建城市规模一般控制在几万至十几万人口的范围内。

1980 年:控制大城市规模,合理发展中等城市,积极发展小城市。

1990 年:严格控制大城市规模,合理发展中等城市和小城市,小城镇大问题。

2000 年:大中小城市和小城镇协调发展的道路,将成为中国推进现代化进程的一个新的动力源。

2002 年:坚持大中小城市和小城镇协调发展,走中国特色的城镇化道路。

从以上辑录的资料中我们可以看到,在很长一段时间里我们是反对发展大城市或控制大城市发展规模的,以后才慢慢有坚持大中小城市和小城镇协调发展的思路。从我国城市化的实际进程来看,在小城镇蓬勃发展的同时,我国的大城市和超大型城市也不以人们的主观意志为转移地发展起来。世界银行一直以 50 万人口作为大城市的标准,最近有中国学者面对城市规模普遍扩大的事实提出,大城市的人口标准应扩大到 100 万以上。中国到 1980 年已有 50 万以上人口的大城市 44 座。改革开放大大加速了中国的城市化进程,不仅人口向城市集中,而且向大城市集中。无论人们的认识有怎样的分歧,大城市、特大城市和若干大城市群正在迅速形成并发展起来。上海、北京、天津、重庆这样的中央直属特大城市的人口数量都在 1000 万以上。在珠江三角洲、长江三角洲和环渤海地区已经形成由若干大城市组成的都市群(带)。正如人类社会的历史发展是自然历史过程一样，城市化是一个变传统落后的乡村社会为现代先进的城市社会的自然历史过程。今天比较大城市和小城镇发展模式，对于正确认识城市化的客观规律、科学决策和推进我国的城市化进程既有重要的理论意义，也有巨大的现实意义。

二、大城市和小城镇发展模式的比较

对于大城市和小城镇发展模式的优劣，不同学科有不同的理论解释。从社会学角度研究这个问题既可以利用社会学专业理论的特长，又可以发挥社会学学科整体性和综合性的优势。从社会学专业理论上说，运用结构功能理论可以进行大城市发展模式和小城镇发展模式的比较。结构功能论回答的基本问题是：一个社会系统为了维持其存在，必须满足其基本条件和研究如何满足这些条件。结构功能论认为任何现存社会都有自己的制度模式（结构），制度模式之间存在着相互支持的关系（功能），从而保证了社会系统的生存和发展。结构决定功能，功能要求和改变结构。运用这种理论可以分析大城市和小城镇发展模式哪一个更有利于我国正在迅速发展的城市化进程。从社会学学科的整体性和综合性特点来说，社会学既强调在社会的整体背景中观察问题，又要综合利用其他相关学科的知识和方法分析和解释问题。以下我们就从中国社会当今的整体社会背景出发，综合运用社会学专业知识和其他相关学科的知识，对大城市模式和小城镇模式进行比较。

1. 大城市模式有利于加速实现我国的城市化进程

所谓城市化是社会的经济关系、人口、生活方式等由农村型向城市型转化的过程。它包括互相关联和互相作用的三个方面：第一，在社会生产力发展的基础上，产业结构由农业型经济转变为非农业型经济；第二，人口向城市集中，农业人口向非农业人口转变，市镇人口占总人口的比重增大；第三，社会生活向城市性状态转变，城市生活方式扩展到其他领域，人际间的血缘、亲缘关系削弱，业缘关系强化。这三个方面综合的空间形式是城市地域的扩大、市镇数目的增加和都会地区的出现。1950 年，全世界城市化水平为28.4%，发达国家为51.8%，发展中国家为16.2%，中国为11.2%；1980年，全世界城市化水平为41.3%，发达国家为70.7%，发展中国家为30.5%，中国为19.4%，是比较落后的。改革开放使中国进入了以经济建设为中心的新时期。经济的发展必然促使城市的发展和繁荣，促进城市化进程。目前中国的城市人口已达到37%。中国工业产值和国内生产总值的70%、税收的80%都来自城市。预计未来50年，中国城市化程度将从现在的37%提高到76%以上，而到2050年，中国的城市人口总量将达到10～11亿，即从现在算起，中国每年将有1200万农民转为城市人口。①

从战略的高度看，彻底解决目前的"三农问题"，对于我国现代化的真正实现，小康生活水平的全国性普及具有决定性的意义。改革开放的实践表明，不解决农村问题，不解决农民问题，中国实现小康社会只是一句空话，中国的现代化没有希望。正如温家宝总理在2004年3月5日举行的第10届全国人民代表大会第2次会议上所做的政府工作报告中所说的，解决农业、农村和农民问题，是我们全部工作的重中之重。当前，我国农业的发展又处在一个关键时期。今年要按照统筹城乡发展的要求，采取更直接、更有力的政策措施，加强农业，支持农业，保护农业，努力增加农民的收入。近年来为解决农民问题，中央出台了一系列政策，包括解决拖欠农民工的工资，保护和提高粮食综合生产能力，推进农业和农村经济结构战略性调整，取消农业税，深化粮食流通体制改革，加大对农业和农村投入的力度，加快农业科技进步等。这些政策和措施在一定程度上减轻了农民的负担，增加了农民的收入，提高了农民的生活水平，改变了农民的生活状况。但是这只能解决一部分问题，不能解决大部分问题，或者说不能解决根本问题。因为它并不能从根本上改变农民的生产方式和生活方式，因此不能使绝大多数农民富裕起来，实现普遍的小康水平。近年来一些有识之士指出，只有通过加速城市化进程，吸引和吸纳大多数农民

① 潘允康：《城市化与反城市主义》，《福建论坛》2004年第6期。

进城才能从根本上解决农村问题、农民问题，使中国大多数人进入现代产业格局，有现代生活方式和水平，中国的现代化和全面实现小康社会的目标才能真正实现。

目前中国正处在城市化加速阶段，不同规模的城市在城市化进程中有不同的作用。发达国家的城市化历史表明，在城市化加速阶段，大城市对城市化的贡献率每提高1%，就能使城市化水平提高0.35%～0.41%，而小城镇却只有0.003%～0.005%。在城市化的加速阶段，城市化主要由大城市来推动。城市聚变引力定律认为，在城市化过程中，人口的集中……会释放出一种新的能量。在一定条件下，城市人口集中的规模越大，释放出来的新能量就越多。这种能量多到一定程度，并且必须多到一定程度，便会创造出全新的物质和精神的城市文明，即开放型的现代化的大城市文明。这种开放型的现代化的大城市文明，一方面对其周围的乡村或小城镇产生强大的直接引力效应，使该城市进一步扩大；另一方面又对其他中小城市产生巨大的示范作用，使他们纷纷仿效，形成一种间接引力效应，从而这些中小城市中某些竞争力强的城市，便发展成为大城市。这一过程一旦开始，就不可遏制。对于某个大城市来说，如果其周围没有出现新的引力中心，也没有人为的障碍，那么这一过程一直要到周围乡村或小城镇的人口全部被吸纳完毕才能结束。对于整个社会来说，这一过程一直要到中小城市和乡村基本上都享受到人人都想享受的大城市文明时才能结束。大城市不仅对城市化进程有较大贡献，而且成本相对比较低。有的研究认为，超过100万人口的城市化综合发展成本，是人口少于10万人以下的小城市的1/6到1/8，亦即小城镇每吸纳一个人（必须符合城市的基本标准）所付出的成本，如果同样投入到人口超过100万以上的大城市，则可吸纳6～8个人。

2. 大城市结构有利于发挥城市聚集经济优势

从本质上看，城市经济是空间集中的经济。没有空间集中，生产只能以极其有限的规模运行，通常靠近产品消费地以节省运费。在这种情况下，人口和生产往往相当均匀地遍布空间。只有空间集中，即人口、企业和各种活动的空间聚集才形成城市，才存在城市经济。城市因空间聚集而产生，又因空间聚集而发展壮大，没有空间聚集，就没有城市经济。空间聚集使城市经济具有明显的聚集效应，聚集经济的产生使企业可以获取更高的利润，居民可以得到更多的效用，从而改变了生产与消费决策的技术、成本和市场约束。企业和居民在空间上互相接近，通过竞争分享这种聚集利益。因空间聚集而产生的聚集效应对经济活动的影响是全面的，它不仅影响技术与经济约束（聚集经济导致成本的节约、产出的增加），从而改变着市场的约束（聚集经济促使效用增加，从而影响消费行为）。在既定的技术条件下，由于城市聚集经济的存在，与非城市环境下的厂商相比，城市内的厂商用同样的投入，可能获得差异巨大的产出，即厂商的生产集中可能在同一技术下由于聚集经济原因而向上移动；由于聚集经济，消费者所得的效用增加了，从而影响其消费偏好，于是厂商面临的需求曲线也会因此而产生相应的变化。基于上述原因，厂商最优化决策点（生产均衡点）自然也要发生变化。所以，在理论上，因空间聚集而产生的聚集经济效应对生产函数、成本函数和需求函数均产生着重要的影响，从而对经济资源的优化配置乃至整个经济的发展产生巨大的影响。大城市的聚集经济在这方面表现得最为明显。城市经济的区位特征能发挥城市经济的区位优势。实践证明，同中小城市比较起来，大城市由于规模大，结构的系统性和互补性，在资金、人才、信息、交通、市场、管理、效率等方面，具有更大的优势。城市经济的系统性可以使城市经济要素在形成系统和互相作用、互相搭配中产生系统优势和效应；城市经济的互补性，使城市经济中的各种经济活动互有补助，互生裨益，或由此而增进销售效率，或由此而降低成本，或使品质更能提高。

小城镇由于规模小，城市结构的系统性和互补性差，很难有大城市的经济聚集效应。中国改革开放初期以发展小城镇为主实现城市化的主张，从经济角度主要寄希望于乡镇企业。乡镇企业最初对我国经济的发展和城市化进程的贡献是不可抹杀的，但随着小城镇的发展，乡镇企业暴露出来的问题越来越多。正如著名社会学家费孝通教授 1983 年所说的，

“目前社队工业的确存在不少问题，面对这些问题起制约作用的是社队工业的不稳定。我所见到的不少工厂很多是两三年换一块厂牌，一两年转一个产品，人们叫他‘开关厂’。这样做固然有作为新厂可以免税的奥秘在内，但根本上还是缺乏稳定性。”以后费老对小城镇的发展也有所检讨。他本人在自我反思时承认，只吃到核桃的肉，丢了核桃的壳，特别是在有关小城镇建设方面有些疏忽。对于大城市来说，小城镇在发挥聚集经济优势方面表现了功能不足。

3. 大城市结构有利于发挥城市集体消费优势

和小城镇相比，大城市结构的特点是在狭窄的地域空间里人口的高度密集。现代大都市的建筑格局是向空中高层发展，向地下发展。面对密集人口强迫人们用最优化的设计方法，用有限的空间容纳众多的人口，客观上节约了大量土地。有人做过统计，世界城市土地面积的总和只相当于一个卡塔尔的面积，是很节省的。以法国社会学家卡斯特利斯为代表的新城市社会学派从劳动力的再生产和集体消费的角度对大城市的优势做出了理论上的解释。他认为，只有当劳动力可以再生产时，资本主义才有可能生存。而劳动力的再生产，要依赖于国家的干涉，因为在许多领域，为劳动力的再生产提供必需的福利服务，对资本家来说并无直接的利益。因此，国家组织、资助的大众式住宅、交通、医疗保健、教育、技能训练、休闲、公园等服务在维持现存的劳动力，并创造健康、有技能、社会化的下一代工人中，扮演着重要角色。由于劳动力再生产过程被描述为集体化或社会化的，因此就产生了“集体性消费”的概念。卡斯特利斯认为，城市是垄断资本主义时期集体性消费被组织起来的一个特殊的单位。在他看来，城市是组织集体性消费的最有效最方便的形式。由于生产集中在中心地带，可以使劳动力再生产的花费最少，这是当代城市具有特殊形式的基本原因。对于小城镇来说，大城市表现了更多更好的集体消费优势。首先，从人的最基本需求——水和能源供应上看，大城市模式显然有利于发展集中供水、供电、供暖、供热设施，保证人们的基本需求。其次，大城市有利于发展现代交通事业，为人们提供交通上的便利。现代公共交通，包括公交车、计程车、地铁、各种轨道运输、航空、航海都需要一定的人口规模做基础，没有一定规模的聚集人口是不可能发展起这样的交通体系的。大城市的人口聚集为发展这样的交通体系提供了基本条件。再次，大城市可以产生和发展现代城市生活方式，包括消费方式、居住方式、清洁和垃圾处理方式等。比如到“超市”购物是现代人的时尚。只有在有一定人口规模的大城市，“超市”才能建立起来，才能产生“超市”购物方式。大城市有利于人的文化生活和文化消费，比如观看影剧、表演、体育和各种竞技比赛，是现代生活方式的重要组成部分。大城市为建立起大型影剧院、体育场馆、娱乐场所提供了需求和条件。最后，大城市便于发展现代教育事业。现代教育事业的发展现代教育体系的建立也要有一定的人口做基础才能实现。从硬件上看，必须有一定数量的学生，才能有的放矢地建立起各种规模和类型的学校和设备，从软件上看，教师专业人才的培养和使用也要有一定数量的学生为基础。没有一定的规模，是不能发展起现代教育体系的。我们可以从农村一些学校不得不采用复式班教育中体会出规模教育的必要性。小城镇尽管有了一定的人口聚集但规模小，实现集体消费也会有较大的局限性。比如在小城镇建大型体育运动场馆、大型超市，建综合性大学，发展城市立体交通等，无论从建设成本和消费成本上看都是划不来的，不实际的。

三、优先发展大城市，走大中小城市和小城镇协调发展之路

大城市模式有利于加速实现我国的城市化进程。大城市不仅有城市聚集经济优势，而且有集体消费优势，也就是有社会聚集优势。从大城市的经济聚集和社会聚集优势中我们可进一步体会到大城市有比较完整的城市化内涵。大城市模式有利于经济发展、产业结构的转变和现代生活方式的建立。从人的角度说，有利于农村人转变为完全意义上的城市人。因此在大城市和小城镇的比较中大城市应得到优先发展。党的十六大报告中提出，坚持大中小城市和小城镇协调发展，走中国特色的城镇化路。在大中小城市和小城镇协调发展中应形成以大城市为龙头、为中心，周边

环之以中小城市和小城镇合理布局的一个个城市网络带，形成大中小城市和中小城市、小城镇优势互补的格局。当然，在我们强调以大城市为龙头、为中心，大城市发展优先的战略时，要准备应对城市化进程中的“通病”：环境污染、住宅和交通拥挤、犯罪等社会矛盾增加的问题，只有不断解决相关的社会问题，化解社会矛盾，才能使城市化进程得以顺利有效地实现。

“非典”与中国社会机制

载《南方论丛》2003 年第 4 期

2003 年春，正当全国人民响应党和国家的号召，全面建设小康社会之时，一场突如其来的灾难“非典”(SARS) 肆虐中国，袭击中国人民。由于人们不知疾病病毒的来历，传播方式和治疗方法，由于它传播的速度极快，能使人在短时间内死亡，因此给社会带来了极大的麻烦、混乱与恐慌。然而只有短短几个月时间我们就动员全社会力量，有力地控制了局面，取得了抗击“非典”的阶段性重大胜利，但它对中国社会生活层面的影响是十分广泛而深刻的，“非典”考验了中国社会。以下我们从社会组织、社会控制、社会人际关系和社会生活方等几个方面来理性地分析“非典”与中国社会机制。

一、“非典”与中国社会组织结构

组织是指追求特定目标的社会团体。美国社会学家帕森斯认为，组织研究是社会结构研究的一部分。爱桑尼认为组织是有意建立或重建的，以追求特定目标之实现的社会单位。凯普劳认为，一个组织是一种社会体系。现代社会，大规模的组织掌握和控制社会的资源和权力，指挥和协调人们为达成特定目标的行动。中国抗击“非典”的实践表明，尽管在改革开放中中国的社会组织结构发生了很大的变化，但中国仍是一个高度组织化的、运行有效的社会。

通过抗击“非典”，人们看到中国社会的权力运行机制仍然是集中的、权威的、有效的。一个组织结构的中心问题是组织的权力中心和权力机制问题，包括组织的权力如何分配，比如集权还是分权；权力怎样运行，比如“家长制”还是“科层制”。传统社会组织不发达，组织规模不大，多采用集权制。组织的一切权力都集中在最高领导者手中，实行个人独裁，一切号令出自一人。在这种权力结构中，领导者的权力往往是没有限制的，组织的每个成员都直接向领导人负责。在一些较大的组织里，最高当权者之下也设立一些职位分配给他的下属，但处于这些职位的人只是代替最高当权者办事。其权力的大小，取决于领导人对他的信任和器重程度。这种权力中心集中在一人，由一人说了算的权力运行机制是集权制，也称“家长制”。现代社会组织分工发达，联系密切，效率要求高，一般是采用分权制。组织的最高权力通常是掌握在一个集团手里，这个集团是由少数有财产或有才能、有资历、有威望者组成，一切重大问题由该集团决策和决定，并选择一个行政领导人负责执行集团的决定。一个大规模组织，由一个领导人包办整个组织的事物是不可能的，因此必须实行权力划分，划分给下属去行使。权力划分的方法或依据职能，或依据专业，或依据地区。这种权力决策中心在一个集团，实行权力划分行使，层层分权，下层对上层负责的权力运行机制是分权制，也称“科层制”。在改革开放中，中国社会的权力结构发生了变化，由过去一人领导，一人说了算，变成集体（集团）领导，集体（集团）说了算，由集权变成了分权。特别是政府职能适应社会变化和市场需要发生了转变，将部分职能交给了社会，推向了市场，但并没有降低政府的权威和效率。在“非典”这样的突发事件面前，中央政府表现了极高的权威性和有效性，从中央到地方各级政府，直至基层社区（居民委员会、村民委员会），上下一致，同心同德，迅速动员，层层负责，坚决果断，措施得力，在极短的时间内就形成了抗击“非典”的高效社会组织机制，无论从人力物力的动员上，从治疗病人，堵截病源，切断感染源上，以及实行像建小汤山医院那样战时体制上，都表现了极高的效率。正因为如此，我们才能在极短的时间内，控制疫情，取得抗击“非典”的阶段性胜利，赢得了国内外的广泛赞誉。这里特别要指出的是党组织在抗击“非典”中所表现出来的核心作用。它的战斗力并没有因改革开放中出现少数腐败分子所削弱。党员(特别是医务战线的党员)冲锋在抗击“非典”的第一线,不称职的党员干部被解除了职务,群众中的优秀分子被大批吸收入党,党组织得到了锻炼,进一步发展壮大,成为社会整合的中坚和保障。

在抗击“非典”过程中还能从中国人那里看到中国组织社会的特征。人讲纪律,讲服从,牺牲自我,服从集体和国家,是组织社会的重要特征。现代社会的发展使个人的利益和个性得到越来越多尊重,但现代社会绝不是所谓“个人主义”的社会。现代社会在造就了个人的性格与人格的同时,也造就了高度的社会整合。现代人既有个性,也讲共性;既有自我,也讲服从,是不可分割的统一。在改革开放以前,中国人识大体,顾大局,以国家和集体的利益为重,牺牲个人服从集体,讲团结,讲奉献,有组织,有纪律,是没有疑义的。形成这种状况的原因是多方面的,有传统文化的影响,也有现实的社会因素。改革开放以来中国社会转型,以人为本的社会观念逐渐形成。社会生活和人们的价值观念发生了很大的变化,人们讲求个性,要个人利益了。“讲求个人利益”不仅不被批判,还为社会所保障。据此有人断言,从中国人人格的变化中可以认为中国社会的结构正在发生变化,中国的组织社会特征正在消失。事实否定了这种看法。对“非典”的突然袭击,中国人并没有思想准备,也曾经出现某些局部和个别的混乱。但当中央和政府有了明确的态度、方针、政策和办法后,人们立刻冷静了下来,团结起来,上下动员,表现了前所未有的纪律和服从。特别是那些处于隔离区域的人们,能服从大局,以极大的耐心和忍耐予以配合,给人们留下深刻的印象。正因为如此,在抗击“非典”中我们能政令畅通,各种措施行之有效,在很短的时间内,就基本控制了疫情,取得了抗击“非典”的阶段性胜利,让世人折服。

二、"非典"与中国社会的社会控制

抗击"非典"的实践表明,中国社会需要社会控制,在各种突发事件出现时更是如此。通过社会力量使人们遵守社会规范,维护社会秩序的过程,就是社会控制。社会控制既指整个社会或社会中的群体、组织对其成员的指导、约束和制裁,也指社会成员间的相互影响、相互监督、相互批评。1866 年美国社会学家罗斯提出"社会控制"一词,其原意是社会必须控制人的动物本性,限制人们发生不利于社会的行为。后来则有广义和狭义的解释。广义是把社会控制理解为社会或其中的群体为达到维持社会秩序而采取的手段。狭义是把社会控制理解为社会或其群体对偏离社会规范的离轨行为所采取的限制措施及限制过程。

中国是个有 13 亿人口的国家。平时就有各种离轨和犯罪行为,在抗击"非典"的特殊时期更是如此。依社会变迁的规律,当一个社会处于相对静止和平稳发展时期时,越轨和犯罪行为相对较少。当社会变迁速度加快,特别是社会处于转型时期,人与人之间碰撞增加,利益不均衡,贫富差别加大,旧规范被否定,新规范尚未确立,人们或者不适应,或者无所适从,则犯罪和离轨行为增多,我国改革开放以来的实践证明了这点。正值我国改革开放深化,社会转型加速之时,又出现了"非典"这样的社会突发事件,离轨和犯罪明显增多,并呈现了新的特点。事实表明,"非典"时期既有"违反一般社会规范的行为""违警行为""违法行为",也有"犯罪行为"。比如一些大城市一度出现了抢购风,一些人盲目抢购储存粮食、饮料等,害怕出现"意外事变"。少数不法商店不顾群众的利益,不听政府的警告,乘机哄抬物价,销售假冒伪劣商品,牟取暴利。在有的地方板蓝根等中草药一夜之间涨价数倍,甚至数十倍,其他像米、面、鸡蛋等也都有不同程度涨价。少数不法厂商将"黑心棉"塞入,制作假冒伪劣口罩拿到市场公开出售……谣言四起,也是值得关注的社会现象。在华北和京津地区,一度传出谣言说"非典"和最近一些地区发生的地震是由于"蛇精作怪",必须放鞭炮驱邪。一连数日华北一些地区夜间鞭炮声不绝于耳。结果，鞭炮没有驱走“非典”，反而扰了民，有的人被炸伤，有的人彻夜不眠，并因此犯病。也有少数“非典”患者不听医生劝告，不遵守隔离的有关规定，偷偷跑出医院，有意无意将疾病传给他人，造成恶劣影响。社会上还有少数不法分子利用全民抗“非典”特殊时期，为所欲为，肆意阻断交通、抢劫商店、冲击政府机构，构成了犯罪行为。这些都成为全民抗击“非典”的巨大障碍。

在这些情况面前，我们综合运用了纪律、道德、舆论、法律等多种手段，强化了社会控制，限制和取缔了离轨行为，打击了各种犯罪活动，保证了抗击“非典”的顺利进行。这里特别应该指出的是，在运用诸种社会控制手段时，突出了法律的地位和作用，一切纳入法制轨道，这对于中国社会的发展既有重大的现实意义，又有深远的历史意义。比如抗击“非典”期间，十届全国人大常委会二次会议提出，要加大传染病防治法的宣传和执法监督力度，并及时向全国再次公布了 1989 年 2 月 21 日第七届全国人民代表大会常务委员会第 6 次会议通过的，1989 年 2 月 21 日中华人民共和国主席令第 15 号公布，自 1989 年 9 月 1 日起实施的《中华人民共和国传染病防治法》。国务院也做出决定：“非典”列入法定传染病，要求对疫情实行日报告制度，地方对防治“非典”负法律责任。最高人民法院和最高人民检察院对有关预防、控制突发传染病疫情等灾害的刑事案件做出司法解释，对“编造传播恐怖信息”“非法行医使传染病人死亡”“挪用防非典救灾款物”“故意传播突发传染病病原体”，以及“公共场所起哄闹市”“聚众‘打砸抢’”“哄抬物价扰乱市场”等非常时期常发生的行为如何定罪，量刑，都做了具体规定，并由执法部门具体实施。这些都是抗击“非典”取得胜利的有力保证。在现代社会，法制的权威性、确定性和可操作性品格，使它是社会运作的杠杆和实行社会控制根本。抗击“非典”的实践表明，平时我们要依法治国，在突发事件面前，在非常时期，更应如此。中国的执法部门在抗击“非典”期间坚决依法打击和制裁了少数非法分子，维护了社会治安和秩序，保证了抗击“非典”的顺利进行，取得抗击“非典”的阶段性胜利，就是有力的证明。

三、“非典”与中国的人际关系

抗击“非典”的实践检验了中国社会的人际关系，也显现了这种关系的特征和优劣。人际关系也是社会关系，是社会本质的集中体现。中国在其长期的发展进程中形成了自己特有的人际关系，是该社会政治、经济、文化、习俗、道德、心理和价值观念的浓缩与体现。中国人际关系及特点是个大而复杂的问题，很难用较短的篇幅说清楚。这里只议论“非典”及其传播有关的两个方面，即以亲属关系为中心的社会人际关系和注重人情的社会人际关系。

以家庭亲属关系为中心是中国社会人际关系的主要特点之一。在人类社会中人际关系可以划分为 3 个大的类别：1. 婚姻血缘关系，以婚姻和血缘为纽带和根据，又称亲属关系；2. 地缘关系，以居住地邻近为纽带和根据，又称邻里关系；3. 业缘关系，以事业和日常的各种社会交往为纽带，包括同事、同学、同行、合作伙伴、上下级等各种关系。从社会发展的规律上说，社会越不发达，则血缘关系发达，地缘关系以居住邻近为根据，业缘关系不发达。反之，社会越发达，则血缘关系不发达，地缘关系不定以居住邻近为根据，业缘关系越发达。在中国的传统上血缘关系、亲属关系是十分重要的，中国人重视家庭。著名社会学家孙本文先生在谈到中国的家庭关系和家族关系的特点时说，“重视亲族关系，凡宗族戚党之人，皆休戚与共的分子。”他用“休戚与共”来形容亲属关系之重要和密切。中国人常用“我们是一家人”“亲兄弟”“亲姐妹”来形容最密切的社会关系。在中国的语言中还有一个词“沾亲带故”，亲是指亲属，故是朋友，亲朋相比，亲总是第一位的。中国人之所以重视亲属关系，和中国以往社会落后，不发达有关，也和它已经成为中国的文化传统有关。中国有悠久的历史，是个文明古国，在长期的社会发展中形成了自己的文化传统，和世界其他文化相比，中华文化属强势文化，即很难被其他文化所影响、所改变、所同化。改革开放以来，中国发展经济，大大加快了现代化进程，从一个发展中国家迅速向发达国家迈进。按社会人际关系变化的规律说，亲属关系应是弱化的趋势。但我们今天看到的是人们依然十分重视这种关系，而且经常把家庭关系扩展到社会。

注重人情是中国社会人际关系的又一特点。西方国家的人际关系比较讲求务实、简练。尽管西方人在社交中是积极的，主动的，但一般不寻求真交，深交。西方人在社会规则和个人人情之间更多地选择规则，舍弃人情。和西方人相比，中国人在交往中虽然有时显得被动，但喜欢寻求至深真情。汉语有个词叫“莫逆之交”，形容人与人交往情深。在中国，一旦某个人有难，往往会有朋友为你“两肋插刀”。和这种人际关系特点相联的是中国的人情面子重，在社会规则和关系面前，常常因为要面子，而牺牲规则。

20 世纪 90 年代初期，美国依阿华大学社会学教授施奈德先生来中国研究中国的“家庭病床制度”(FAMILY SICK BED)，发现医院在家庭中设立了家庭病床后，在病人的周围都有一个自发的以病人的亲属为主要成员的陪护网络。这些人常常是轮流值班陪护病人，自愿真诚奉献，而不思索取。今天我们结合实际思考这种陪护方式，可以看到在对非传染病人的陪护中不会有传染问题，但遇上像“非典”患者，这种陪护网络就成为了一种人工搭建的传染疾病的渠道。“非典”是种靠接触和近距离交往传播的疾病。开始时人们对此并没有明晰的认识，因此有了病人，他人一拥而上，关心、照顾和护理。然而“好事”变成了“坏事”，这种护理方式使病人得到了关爱和维护，也据此传播了疾病。在我国局部地区“非典”传播的速度如此之快，原因是多方面的，也和中国的这种人际关系特点有关。事实表明这次“非典”的传播首先都是从患者的亲属、朋友、同事、好友那里开始的，尤以在亲属中传播为甚。患者感染期间接触的人越多，传染的人也越多。《中国青年报》报道了吉林省长春市一家庭 8 人感染“非典”、3 人死亡的消息。81 岁高龄的张某被从北京回来同住吉林大学第一临床医院的聂某传上“非典”，张某的 3 个女儿和 2 个儿子及女婿、儿媳等轮流来陪护，由于没有与医院配合，流调和隔离不利，参与陪护者先后有 8 人被感染，并被确诊为非典病例，10 人为疑似病人，其中有 3 人先后死亡，就是一个典型例子。

自然，我们在举出以上事例时，并非为简单地批评中国的人际关系，而是要把这种关系放到社会和社会事件的背景中去分析、考察和检验。比如应如何看中国人重家庭、重亲属关系，如何看中国的人情面子，这些都是不能一言以蔽之的。从家庭生活和人际交往的角度说，讲求亲情，主张家庭责任和义务，互敬、友爱和亲近，使人感到家庭的温馨和温暖，不无好处。从社会生活的角度说，人们讲面子，重情感，互相关心，能减少现代社会个人主义式的冷漠给人带来的不愉快和压力。但从另外的角度看，就有它的问题。比如“非典”传播时，这种讲亲情，讲面子，一个人得了病亲友一拥而上、争先恐后去照顾，不仅不利于病人的治疗，反而搭建了疾病传播和蔓延的渠道，就是很大的问题。这样的事实使人们冷静思考，应如何看待中国的人际关系。其实，自改革开放以来，中国出现的一些社会问题已经引起了人们的反思。比如腐败现象的滋生和蔓延很多都是与中国人际关系的特点相关的。腐败分子为了亲属友人的利益，而牺牲国家、组织和集体的利益，并不鲜见。为此有人主张在现代社会要“淡化家庭关系”，不无道理。也有些人认为具体问题要具体分析，在家庭和日常生活的范畴，亲情、友情是有益而无害的，超出了这一范畴 ，就可能走向相反的方面。这次“非典”突然袭来，人们对之没有认识，没有防备，亲友一拥而上，酿出了一些悲剧。从这个意义上说，“非典”是反面教材，它提醒人们应该科学地对待中国的人际关系，分清它在不同领域的利弊和优劣，把传统习俗和现代需求紧密结合起来。

四、“非典”与中国社会的生活方式

经历过“非典”的“洗礼”，人们对中国人的习惯和习俗提出了许多疑问和质疑：如“随地吐痰”及不讲求卫生的其他习惯，“合餐而不分餐”、吃“野味”以及我们在以前谈到的人际交往方式等，多涉及中国社会的生活方式。

作为科学范畴的生活方式，是指在一定的社会历史条件下为人们价值观所指导的满足其自身生存和发展需要的整个生活活动的稳定形式和典型特征。生活方式是在特定历史条件下人类生命的生产和再生产的基本形式。社会形态不同，人们的生活方式亦不相同。人们常用"自给自足的小生产"和"鸡犬之声相闻，老死不相往来"形象地比喻自然经济状态下的封闭的生活方式；用"社会化大生产"和"频繁而普遍的社会交往与联系"形容工业社会和商品经济形态下的开放的生活方式；用"人的全面而和谐的发展"来勾勒科学生活方式的理想。

生活方式是回答人们怎样生活的概念，它所反映和概括的是人们需要实现活动的全部稳定形式，包括物质资料的生产和消费活动方式、精神文化活动方式、家庭活动方式、政治参与方式、交往活动方式、宗教活动方式、闲暇活动方式以及进入人们生活实践的行为规范。生活方式具有宽泛而深刻的内涵。

一个国家、一个民族在长期的社会生活中形成了有自己民族传统和特色的生活方式。所谓民族传统，是指民族的生活方式和民族心理性格中长期积淀形成的具有本民族特色的社会因素，如风俗、道德、思想、作风、艺术、制度等。具有民族传统的生活方式又可称为民族文化，如同著名社会学家拉尔夫·林顿所说的，"一个社会的文化就是该社会的生活方式，也就是该社会成员的生活方式，也就是该社会成员后天习得的、共同拥有的和世代相传的思想意识和生活习惯的总合"。

怎样看待中国的民族传统、民族文化和生活方式？"非典"期间暴露和提出的问题是复杂的，发人深省的，不能一言以蔽之。有些东西比较明显，比如中国人有随地吐痰等不讲卫生的习惯，是应该彻底改变和摒弃的。中国的空气污染严重，环境卫生差，厕所需要改造等也是值得关注的问题。但有些问题则需要辩证地分析。比如我们在第三个问题中谈到中国人际关系的特点。然而如果因为我们在2003年春天有了这样的经历和教训，我们就简单批判和否定中国的亲情和友情，要求国人改变它，变得对亲人和朋友"冷漠"起来，既不科学，也不实际。现代社会人们既需要亲情也需要友情，需要找到和回归传统社会中的人间真情，以建构人的全面和谐发展的新机制。我们可以告诉和提醒人们在护理传染病人时应注意什么,应当讲科学,要有自我保护意识,但绝不能教人们盲目舍弃亲朋关系,学会对他人“冷漠”,甚至是见死不救。我们可以告诫人们“亲情”要保持在家庭生活范畴,不要超出该范畴,把家庭关系扩大到其他社会关系中去,在业缘关系中破坏社会规范,不讲原则,为家庭和亲友利益损害国家和人民的利益,搞腐败,但也不能因此主张人们六亲不认,不爱家庭,不爱亲人,不承担家庭的责任和义务。再比如“食野味”也令人深思。从保护野生动物的角度说,批评“食野味”可以理解。从传播疾病的角度说,批评“食野味”还没结论。“非典”病毒是如何发生和传播的,有种看法认为是通过野生动物(比如吃果子狸)传播来的,这是有可能的。然而医学上也只是证明了果子狸可能带上“非典”病毒,是否由它(或其他野生动物)产生并传播“非典”还是一个远未破解之谜。如果因此而否定了中国人吃野味的饮食习惯和文化,也有偏颇。中山大学人类学系主任、教授周大鸣先生在接受记者采访时说,实际上,在人类发展过程中,假定有 300 万年时间,那么可以肯定的是其中 299 万年,人们都是在吃野味。动物植物的家养驯化的时间最多只有 1 万年。他认为,人类大多的食物都是从野味过来的,同时人类在发展历程中,不断地扩展食物的范围,从开始的只有几种蔬菜到现在的几百种,从猪、羊、牛到鸡、鸭、鹅,随着人类文明的发展,食物范围逐渐向外扩张。从历史来看,人类从来没有停止过利用野生的资源。因而单纯地限制食用野味,那是不现实的,也是不符合人类发展规律的。况且目前仍然没有证据证明这次的“非典”是由于野生动物身上带有病原体所致。他说不仅仅是广东人,全国人民在历史上都有过吃野味的风俗,即使是现在,北方也有不少人在吃野味,鹿肉、蛇等,虽然不如广东人普遍。从大的范围来看,事实上,人类也不断地扩展自己的食物范围,这种扩展就是把野生动物驯化为家养动物。和周教授一起被采访的其他专家也提出饮食文化只有差异、没有野蛮等观点。这些看法和观点都值得借鉴和参考。对待中国的其他一些饮食文化也是如此,比如是否要将中国的合餐制一律改成分餐制,包括劝酒在内的中国的酒文化是否粗俗,怎样改,以及过年节和庆典是否燃放鞭炮等。无论如何,人类社会进入21世纪文明,一切都要由科学来判定,而不能主观臆断。科学的发展只有和人类的利益的需要相符合,只有反映人类社会发展的客观规律时,才有强大的生命力。

每个民族都有自己的民族传统,并且具体体现在自己的生活方式中。不同的民族传统在历史的发展过程中,又互相融化,取长补短,产生共同的趋势。这是两个并行不悖的过程。任何一种生活方式的发展,都包含着对本民族生活方式优良传统的继承和发扬,同时也包含着对他民族生活方式合理因素的借鉴和吸收。否则,生活方式便失去了生命力,失去了存在的意义。在现实生活中,那种孤立的、纯而又纯的生活方式是不存在的。中华民族是个历史悠久的民族。几千年来,中华民族在自己的历史发展中,创造了灿烂的文化,并形成了自己特有的生活方式。这种文化和生活方式是一种特殊的纽带凝聚了中华民族,维护了它的团结和统一。当然我们也应当看到,这种具有强大内聚力的中华民族的主流文化和生活方式有其自身的弱点和对其他民族文化和生活方式的排斥性。中华民族的传统是农业文明的产物,是以个体农业经济为基础,以宗法家庭为背景,以儒家思想为核心的。中华民族的早熟和在传统社会中的优势地位,表明自然经济及意识已深深根植于民族文化和生活方式之中,形成了一种超稳定的民族传统和保守的心理素质,它注定了中华民族传统生活方式有其落后和保守的一面。在日常平静的生活中,这种落后性和保守性还表现得不明显,在社会突发事件面前,它会比较明显地暴露出来,并敲响警钟。“非典”的发生也暴露出中国生活方式中的一些问题,提示我们需要摒弃陋习,改变生活。当然这种变化不是要盲目抛弃中国的一切,去照搬其他模式。而是扬弃,取其精华,剔除糟粕。正如马克思所说的,人们自己创造自己的历史,但是他们并不是随心所欲地创造,并不是在他们自己选定的条件下创造,而是在直接碰到的、既定的、从过去继承下来的条件下去创造。我们没有理由对历史、对传统采取虚无主义态度,而是要尊重历史,尊重事实,唤起广大民众摆脱落后和保守羁绊的自觉意识,扬弃不好的传统,吸收他民族传统中对我们有益、适合我们生活的东西,即自觉地促进中华民族生活方式同其他民族生活方式的融化过程,从而促进生活方式文明化、科学化和现代化。

中国的改革开放使中国走向世界,参与了世界一体化的进程。特别是加入世贸组织,使中国和世界再也不能隔离和分开了。但这不应以牺牲中国的民族性和民族传统为代价。在今天世界一体化的趋势和民族主义的增长既是对立的,也是相关的,是辩证统一。民族组成了国家,国家又构成了世界。世界上每一个民族,无论其大小都有它自己本质上的特点,都有只属于该民族而为其他民族所没有的特殊性。这些特点便是每个民族对世界共同文化宝库的贡献。从根本上说,世界性是由民族性构成的,没有民族性,就没有世界性。从这个意义上说,世界一体化进程,反而使民族性得到某种程度的加强。美国社会预测家约翰·奈斯比特在《大趋势——改变我们生活的十个新方向》中说,在未来社会中,瑞典人会更瑞典化,中国人会更中国化,法国人也会更法国化,不无道理。

五、"非典"与中国社会机制

"非典"是一场还没有被人们完全认识的传染疾病。它的突然到来检验了中国社会机制。所谓机制是指有机体的构造、功能和相互关系。如果我们把社会看成一个大的有机体,社会机制则是指社会的结构、功能和关系。以上我们从社会组织、社会关系、社会控制和社会生活方式角度分析了"非典"对中国社会的影响,并折射了中国社会机制,从中提出许多令人思考的问题。

(一)现代社会是组织社会

从传统社会到现代社会,社会的组织结构和权力运作机制都在发生变化,比如在权力运作上由过去的集权制、家长制变成分权制、科层制;由一个人领导,变成集体领导;由不自由不民主,变成自由民主,但社会的组织特征并没有消失,只是以一种新形式取代旧形式,并赋予新的内涵。现代社会既是高度个性伸张,"万类霜天竞自由的社会",又是讲服从,有效率，高度整合的社会，两者是辩证统一的。在一个社会转型中注意保持组织社会特征，建构新的组织社会运作机制，对实现经济的高速增长，社会的稳定运行，应付战争和各种突发事变是十分重要的。抗击“非典”的实践告诉我们，在分权基础上的集权，在分部负责中的高度统一，从基层社区到整个社会组织的完善和建构，对建设现代组织社会是十分重要的。

（二）现代社会需要高效社会控制

任何社会都需要社会控制，现代社会更需要一种高效的社会控制。现代社会组织结构复杂，各种社会关系网纵横交织，社会运作速率快，人与人碰撞和利益关系多，各种矛盾和冲突较多，因此建立一种适应现代社会需要的高效的社会控制机制是十分重要的。各种社会控制手段有不同的作用，交叉综合运用，才能达到高效社会控制的目的和效果。抗击“非典”的实践告诉我们，在一场突发事件面前，各种社会控制手段都是不可少的。比如对付各种违法犯罪行为，就要用法制这一武器。法制的权威性、确定性和可操作性品质适应现代社会控制的基本需要，是现代社会控制的杠杆，依法治国不可动摇。而对付扰乱民心的各种谣言则主要靠舆论的力量，靠正确舆论去宣传和疏导，以正压邪。在处理一些像随地吐痰的落后习俗，则要用道德的力量，并辅以适当的行政处罚手段。道德的作用在于控制人的思想和行为，是通过宣传、教育使人们有是非、善恶、美丑、公正和偏私、高尚和卑鄙的评价，并自觉地调整个人行为，遵守社会秩序和规范。道德对人们行为的控制作用比法律更宽泛，更自觉，是对人们内心的控制。现代社会需要建立以法制为中心，各种社控手段综合运用的高效社会控制机制，以维护社会的有序和稳定。

这次抗击“非典”的实践告诉我们，在任何时候都要有“应急”准备，要强化社会控制，准备应对自然灾害、疾病、战争和各种突发事件。一个社会要有社会预警系统，有应对危机的各种手段（物质和精神两个方面），只有这样才能在突发事件面前，少出乱子，少受损失，立于不败之地。

（三）现代社会要有一种新型的社会关系和生活方式

一个民族、一个国家在自己的历史发展进程中形成了自己特有的社会关系和生活方式，是民族的财富和瑰宝。然而任何一个民族、国家都需要学习，发展，前进，都需要接受新事物，都需要弃旧更新，以保持旺盛的生命力。中华民族有几千年文明史，有民族的积累和精华，也有“包袱”。为了适应现代社会的发展需求，对中华文化也必须不断改造，弃旧更新。这次抗击“非典”的实践告诉我们，中国的社会关系和生活方式也要改造，也要更新，比如如何确立业缘关系在社会关系中的主体地位，如何既保持中国家庭中的亲情，又不使它蔓延到社会其他关系中，破坏其他社会关系和规则；再比如如何在尊重中国人良好习俗、习惯之时，使中国的生活方式更加科学、文明、更符合现代社会的节律、风格和氛围，这些都是抗击“非典”带来的新启示和社会面临的新课题。

贫困单亲母亲的社会救助

——以天津市为例

载《中华女子学院山东分院学报》2009 年第 1 期

一、调查方法和过程

本课题的研究对象是天津市市区居民中的单亲家庭和单亲母亲。根据人口普查资料初步推算，在天津市的 300 余万个家庭中，约有 3 万户家庭是单亲家庭，其中 76.2%左右是单亲母亲家庭。我们从这些单亲母亲家庭中抽取了 1000 个家庭。

我们确定调查范围是市内六区非农业人口中单亲母亲家庭。调查对象是单亲母亲家庭中 18～55 岁的家长。调查样本总量 1000 个，这些样本从 200 个居委会抽出，每个居委会 5 个样本。抽样方法与步骤是采用二阶段随机等距抽样的方法进行，即：(1)按调查数量在市内各区抽取调查居委会；(2)在抽中的居委会中，按随机等距抽样原则确定调查样本；(3)在抽中的调查户中确定被访者。抽样步骤是调查区域→居委会→家庭户→受访者。调查流程是确定调查居委会→随机等距抽取调查样本→预约被访者→征得同意→访问员入户→访问填写问卷→现场自审→回收问卷→各区问卷审核→问卷审核→电话复核→录入→计算机过滤检查→汇总→报告。

通过对所得到的调查资料分析，我们发现，单亲母亲多为中年妇女，以丧偶和离婚为单亲的主要原因，离婚者增多，离婚率的上升使得离婚已经成为和丧偶同等重要的单亲家庭成因。被调查者年龄多在41～50岁之间,平均年龄在45岁左右,多为中年女性,她们必然面对事业问题、家庭和家务劳动问题、子女的抚养和教育问题、赡养老人等一系列问题。被访者成为单亲家庭的年限多在1～10年(其中1～5年的最多),平均年限为6.6年,比较多的人成为单亲家庭的年限短,面对的新问题比较多。

二、单亲母亲面对的家庭与社会问题

1. 下岗和失业问题

女性的状况是和她们的劳动就业、参加社会生产劳动的状况分不开的。调查结果表明,单亲母亲的职业分布集中在职业结构的中低层次,各类专业技术人员、机关企事业单位工作人员等社会认可度较高的比重很低,只占7.3%;单亲母亲中失业人员、下岗人员、家庭主妇、待业的无收入人员占33.3%,离退休、个体被雇人员占33%;近1/4的单亲母亲家庭靠打零工收入维持日常生活。单亲母亲偏高的年龄、偏低的教育水平以及社会在就业方面的性别歧视导致她们在劳动力市场上处于非常不利的地位,再就业存在很大困难。单亲母亲由于需要承担家庭和工作的双重角色,很难找到兼顾家庭和事业的高薪职位。她们即使很不容易找到一份收入一般的工作,也时常会因抚养孩子等家庭原因中途离职。

2. 单亲母亲的经济窘境

经济困难是单亲母亲家庭面临的最为迫切的问题。单亲母亲的收入分布调查显示:超过半数的单亲母亲月均收入在500元以内,比率达57.2%。

单亲母亲家庭月均收入不足900元的占83%。在单亲母亲家庭,"父亲缺席"在客观上加大了单亲母亲的负担系数,不可避免地造成家庭生活困难。绝大多数的单亲母亲独自承担养育子女的艰辛任务,负担全部费用和部分费用的单亲母亲达98.5%。调查结果显示,近60%的单亲母亲感到生活非常困难、举步维艰,认为不太困难和没有困难的仅占1.7%和2.4%。在被调查者中,拥有自有住房的只占19.6%,借住父母、亲戚住房及在外租房者占 80.4%。单亲母亲家庭耐用消费品百户拥有量低于全市平均水平。在整体消费水平偏低的情况下，食品支出、教育支出的比重却高于全市平均水平，分别为 49%和 16%。这说明单亲家庭一方面为求温饱不得不将食品作为主要支出，其他方面无暇顾及；另一方面，教育的高收费也使得单亲家庭以减少其他方面的开支来保证子女的教育需要。

恩格尔系数是表明生活水平和生活状况的重要指数。一个人、一个家庭如果用于吃饭的消费支出占的比例大，表明生活水平低，反之则高。换句话说，如果不得不把主要的钱用于吃，是贫穷的表现，是生活水平低的表现。从调查的统计数字看被访者家庭每月日常生活开支，近 50%的钱用于食品(吃饭)，如果我们据此推断，她们的恩格尔系数约为 50%，远远高于天津市的 35.1%(许多发达国家的恩格尔系数都在 10%以下)。从这个角度我们也能从一个方面了解她们的贫困状况。

为了缓解社会贫困问题，我国各个地区都设置了“最低工资标准”和特困生活保障线。凡是生活水平在特困生活保障线以下的都可以享受低保。无论如何社会特困人群是极少数，换句话说享受低保的人群是极少数，然而，被调查的单亲母亲有 28%的人享受最低生活保障金，有 3.3%的人享受特困救助，总计达 31.3%，这也从一个方面说明了她们的经济困难状况。

从客观上看，相当数量的单亲母亲反映经济“负担太重”“收入不稳定”“没有收入”“找不到合适的工作”“抚养费难以兑现”“由家庭负担变为个人负担感到力不从心”“有困难找不到救助的单位”“家务繁重”等，她们遇到的困难的确是多方面的。当问她们是否感觉家庭经济状况困难时，得到的回答是：感到非常困难的占 59.6%，感到有些困难的占 26.1%，合计 85.7%，占被调查者的绝大多数。

3. 单亲母亲的家庭问题

单亲母亲的家庭和家庭状况首先是和她们的子女相关的，是和是否有子女抚养负担相关的。调查统计数字显示，与子女长期居住并负担所有生活费用的单亲母亲达到88%。单亲母亲面对的不仅是子女的抚养问题，还有子女的教育和培养问题，以及家庭由双系抚育到单系抚育所产生的各种问题。这些单亲母亲不仅有子女，其中有些人(占17.3%)还要赡养老人，负担自己父母生活费用或男方父母生活费用，这就更加重了她们的家庭负担。

4. 单亲母亲的心理障碍与压力

调查资料表明，大多数单亲母亲并没有社会歧视感和社会不公平感，但改革的变化和生活、工作、家庭、社会的压力，使她们有不同程度的心理疾病。在问到她们对自身的社会地位的看法时，有40.2%的人认为社会大多数人能理解她们，有33.8%的人认为没有受到他人歧视，与常人一样。

在了解单亲母亲是否认为单亲家庭对孩子的社会地位有影响时，她们中的绝大多数人认为完全没有影响、没有影响，或有影响但不是很大。她们说虽然命运坎坷，但应努力改变现状，而且相信会成功。她们中的许多人把希望都寄托在孩子身上(占54.4%)。

被调查的单亲母亲有各种心理障碍，有的还比较严重。比如有64.7%的人有“夜晚难以入睡，有时失眠”的反应；66.9%的人有“心理疲惫，心情忧郁苦闷”的感觉；64.4%的人“常常有孤独的感觉”；66.4%的人说“无助感时常伴随着我”。改革开放以来，随着中国社会的转型，社会转型速度的加快，生活事件的增加，人们常常会有心理障碍和心理压力。一般人如此，社会弱势群体更是如此。单亲母亲作为社会弱势群体中的弱势群体，出现心理障碍是不足为奇的。

5. 单亲母亲家庭应变生活突发事件的能力较差

单亲母亲家庭应变生活突发事件的能力远远低于双亲家庭。收入低造成的贫困容易导致母亲和孩子营养不良或发生各类疾病。在被调查的1000名单亲母亲中，残疾、重病丧失劳动能力的单亲母亲达16%，另有48.7%的单亲母亲患有各类慢性疾病但仍坚持工作。调查显示，单亲母亲家庭拥有养老、医疗、失业3种保险的家庭不足四分之一，占23.2%，比重较低。单亲母亲家庭中没有入任何保险的家庭占38.3%。调查同时显示,享受低保救助的单亲母亲家庭为31.3%。有68.7%的家庭不符合现有的低保条件,这其中有近一半是困难家庭。其主要原因是大部分单亲母亲没有与企业脱离劳动关系,尽管实际收入很低或没有任何收入(原工作单位为天津市的特困企业),生活困难程度可能超过目前有低保的一些单亲母亲家庭,但却无法享受现有的低保政策以及其他一些方面的减免优惠。单亲母亲家庭应对突发事件的能力很差,又没有相应的保障,一旦遇到突发灾难常常无力面对。不少单亲家庭因为无力抵抗生活中突发的不幸事件,背上沉重的债务负担而沦为贫困家庭。

三、建立单亲困难母亲家庭社会救助长效机制

结合当前的社会实际,建立以政府为主导的单亲困难母亲社会救助长效机制的基本构想是——目前对单亲困难母亲家庭的救助以政府出资为主,社会捐赠为辅。由政府提供启动资金,根据救助情况和实施效果调整每年投入额度,在此基础上,努力发挥社会作用,逐步建立企业捐资、社会捐助等多元化救助渠道,扩大受众群体,帮助单亲困难母亲家庭最终脱贫。救助体现在最低保障、工作救助、关爱子女、社会包容的思想理念等几个层面。具体措施如下:

1. 修改和制定相关政策,对单亲母亲家庭进行经济上的帮助和支援

目前现行的社会福利政策还主要以双亲家庭为主,而不容忽视的是,以女性为主的单亲家庭正在成为贫困人口中快速增长的部分。贫困单亲母亲家庭数量的增长,一方面会给经济社会发展带来负面影响,另一方面为社会的长期稳定埋下了不和谐的种子。因此,政府在确定社会福利政策中有必要充分考虑单亲母亲家庭这一非主流家庭类型的特殊性,根据实际情况为她们提供有效的经济救助。在这方面可借鉴其他国家和地区的一些做法,比如:将"关爱单亲特困母亲家庭行动"纳入政府扶贫规划的优先项目;实施"单亲特困母亲安居工程",解决单亲特困母亲家庭的安居问题(调查还发现,有的特困的单亲母亲家庭由于没有任何积蓄,在城市

拆迁中面临着无处可居的困难境地);将单亲家庭纳入特殊人群,在制定公共政策时,在同等条件下对抚养未成年子女的单亲家庭有所倾斜,如允许其享受现行的廉租房政策等。总之,制定公共政策应考虑不同群体的差异性,使社会福利政策更公平、更科学。

2. 加大对单亲母亲的就业援助

实现单亲母亲的广泛就业,发挥她们的聪明才智和创造力,使她们既有稳定的收入来源,也能自我实现,这是改变单亲母亲困难状况的根本。鉴于单亲母亲多数属于"40""50"(年龄)人员,文化水平偏低,同时又存在家庭负担重、无法从事重体力劳动等现实困难,建议劳动部门将单亲母亲列入就业援助重点对象,安排公益性岗位时,优先照顾生活困难的单亲母亲就业;优先提供创业贷款,免费提供就业培训;加大对单亲母亲就业和自主创业的政策支持力度;建议劳动部门将单亲母亲纳入特困失业人群,优先为单亲母亲提供公益性岗位,并进一步加大政策支持的力度;向社会征集若干就业岗位以帮助贫困单亲母亲就业困难者,对于愿意提供就业岗位的用工单位,按照有关规定享受税收减免等政策。

3. 建立单亲母亲救助基金

建议采取政府适当拨款、社会广泛募集的方式建立单亲母亲救助基金,对困难单亲母亲进行专项救助。救助主要包括以下 3 大类:(1)资助子女面临失学的单亲困难母亲家庭;(2)对发生意外伤害、患突发性疾病或重大疾病的单亲困难母亲家庭成员进行必要的医疗救治;(3)资助面临特殊重大困难的单亲母亲家庭(如母子无家可归、生命垂危等)。

4. 向单亲母亲及其子女开展精神援助活动

增强对单亲母亲家庭的心理支持,营造友好的社会氛围。单亲母亲承受着婚姻不幸(失败)所带来的经济贫困、住房困难、赡养老人、抚育子女以及下岗失业等种种压力,心理负担十分沉重,亟须得到心理支持和社会的关爱,帮助她们调整心态,走出低谷,勇敢地面对生活是十分重要的。在这方面可以由妇女组织牵头通过建立单亲母亲支持小组、单亲母亲支持网络组织、社区互助会、举办心理健康咨询等方式让单亲母亲尽情宣泄长时间的压抑情绪,给她们以精神上的支持,加强她们之间的相互联系,增强与外界的接触。建议充分利用社会群众团体、非政府组织及社区所具有的灵活性、贴近群众等特殊优势,充分发挥其在帮助单亲家庭方面的作用,整合有不同需求及不同服务的资源,建立社区单亲自助小组或类似的互助网络,发动志愿者提供相应帮助,引导单亲母亲从婚姻的负面影响和低落情绪中走出来,开始新的生活。同时,建议报纸、电视等主流媒体与妇联等有关团体配合,加大对单亲母亲家庭的正面引导,多宣传自强不息、靠自身努力改变命运的单亲母亲典型,逐步消除传统观念对单亲家庭的负面影响和心理暗示,为单亲母亲营造一个公正、宽容、关爱和积极的生存环境。

5. 重视和改善单亲母亲家庭子女受教育问题

绝大多数单亲母亲独自承担着抚养和教育下一代的责任和义务。许多单亲母亲把自己今后的人生希望全部寄托在孩子身上,希望通过提高孩子的教育改变家庭的经济状况和社会地位。她们宁可背负沉重的债务负担,也要供子女上大学。而贫困又可导致高辍学率和不能享受优质教育资源,这进而大大降低通过子女缓解和摆脱贫困的可能性。贫困单亲母亲家庭的子女只能维持较低的技术和教育水平,而其他社会阶层子女的教育水平却在不断提高,贫困者就会变得更加落后,进而使贫富差异不断扩大而难以改变和消除,引发更为严重的社会问题。因此,建议有关部门在社会救济制度中,增加援助单亲贫困家庭子女继续升学的专项政策或补充措施,为贫困单亲母亲家庭的孩子提供各种形式的教育资助和奖励资金,或给予一定比例的学费减免,支持和鼓励单亲母亲家庭孩子的学习成才,以减少贫困的代际循环,促进社会的和谐稳定。

"八荣八耻":引领社会风尚的光辉旗帜

载《天津人大》2006 年第 4 期

最近,胡锦涛总书记提出了"八荣八耻",全面阐述了社会主义荣辱观,指出了目前在中国进行以"八荣八耻"为内容的思想宣传和道德教育的必要性和紧迫性。从社会控制角度看,它对于中国正在进行的全面建设小康社会,开创中国特色社会主义事业新局面,实现中华民族伟大复兴的历史进程具有重大的现实意义和深远的历史意义。

中国的改革开放已经进行了 20 多年。改革开放使中国经济腾飞,社会转型,进入了快速发展的新时期。改革开放既大大增强了中国的综合国力,改善了人民的生活,也产生了前所未有的社会问题,包括道德领域中的问题。现在世界都在惊叹中国的飞速发展,也指出了中国面临的问题和挑战。有的人说,中国还没有为这样的高速发展准备好各种条件,其中包括人的素质条件,这种看法不无道理。"八荣八耻"中提出的问题正是其中凸显的问题之一。一些思想道德、价值观和世界观领域出现的问题,不仅污染了社会空气,造成了社会腐败,损害了中华民族的形象,而且严重干扰和阻滞了中国的改革开放和现代化进程,值得关注,已经到了非解决不可的地步了。还是在 20 世纪 90 年代,我们确立了依法治国的方略,大力进行法制建设,不仅要依法治国,而且要以德治国,是符合中国的实际国情的。从社会控制角度看,现代社会必须把依法治国和以德治国结合起来,依法使社会生活井然有序,以德使社会精神面貌一新,才能实现社会的可持续发展,才能实现现代化和中华民族伟大复兴的宏伟目标。

任何一个社会都要进行社会控制，对于中国这样一个正在迅速变迁中的大国更是如此。所谓社会控制是通过社会力量使人们遵守社会规范，维持社会秩序的过程。这个概念的原意是社会必须控制人的动物本性，限制人们发生不利于社会的行为。换句话说，要使人成为真正意义上的人。在现代社会实现社会控制的手段是多种多样的，有习俗、道德、法律、纪律、舆论和宗教等，主要有两种，一是法律，一是道德。法律是社会控制的基础和主要手段，用来控制人们的行为，属于社会控制的实的方面，可操作方面。道德则是用来净化人们的心灵，属于社会控制的虚的方面，虽然看不见摸不着，但也是实在的。人不是动物。人有思想，有灵魂，有精神的力量，需要善恶美丑的判断，需要荣辱观。就是说人需要道德。从社会控制的角度说，道德和法律的作用不同，控制的方式也不同。道德规范不是靠强力推行的，而是靠教育、宣传和说服，靠舆论的力量和人们内心的信念来促使人们自觉遵守的。改革开放以来中国的经济发展了，国力增强了，人民的生活水平提高了，社会发展了，前进了，然而也出现了许多相关的社会问题，特别是精神领域中的问题。一些人只讲物质，不要精神；只想个人，不要集体和国家；只讲现实的利益和需求，没有未来的理想和追求。以往的艰苦奋斗作风被遗忘了，被享乐主义和骄奢淫逸取代；以往的团结互助被淡化了，自私自利、损人利己有了市场；社会上各种封建迷信流行，违法乱纪现象增多。过去曾经禁绝的各种丑恶现象，如“黄、毒、赌”沉渣泛起，严重地污染了社会空气，腐蚀了人的灵魂，涣散了人们的斗志，值得关注和警惕。

中国正在实行的改革开放，富民强国，振兴中华的伟大事业，是旷古未有的。在中国这样一个有 13 亿人口的大国，要实现上述目标，不实行社会控制，怎么能行？只有法制健全，社会有序，人们有良好的精神状态和风貌，才能团结奋斗，实现上述目标。

针对今天社会上存在的道德、思想、价值观和世界观方面的问题，胡锦涛总书记提出社会主义荣辱观，从“热爱祖国”“服务人民”“崇尚科学”“辛勤劳动”“团结互助”“诚实守信”“遵纪守法”“艰苦奋斗”等 8 个方面概括了爱国主义、社会主义、集体主义思想和社会应有的思想道德风貌，指出了应当怎样为人做事，处理和他人的关系，重申了社会主义道德和价值观念的一些最基本和最重要的方面，提醒我们在新的历史时期，新的社会条件下，开展思想教育，进行道德建设的紧迫性和必要性，指导全党和全国人民开展社会主义道德和价值观念的宣传教育，是高瞻远瞩，十分重要，十分及时的。它抓住了人们普遍关注的思想领域中的社会问题，是非标准鲜明，价值导向明确，是社会主义价值观念的具体化和科学发展观的重要组成部分。可以预见，随着以“八荣八耻”为主要内容的社会主义荣辱观宣传教育的深入展开，必然在中国大地出现一股股社会清风，提高整个社会的文明程度。中国的改革开放不可能停步，中国人民将在以胡锦涛同志为总书记的党中央领导下，精神振奋，意气风发，斗志昂扬，在全面建设小康之路上迅跑，中华民族必将以崭新的精神风貌出现在世人面前。

十月金秋话民生

——写在共和国60华诞之际

载《天津人大》2009年第9期

胡锦涛总书记在党的十七大报告中提出要“着力保障和改善民生”。“民生”是“人民的生计”，从其原本意义上说，民生问题主要是百姓的生活生存问题，就是有关国民的生计与生活问题，表现为具体的社会问题、经济问题。在现代社会中，民生和民主、民权相互倚重，而民生之本，也由原来的生产、生活资料，上升为生活形态、文化模式、市民精神等既有物质需求也有精神特征的整体样态。

中国人自古以来就崇尚“民生”，将“民生”与“国计”相提并论，有“国计民生”之说。《尚书》中有“民惟邦本，本固邦宁”；《管子》中有“以人为本，本治则国固，本乱则国危”。中国古代的民生和民本主义在明清之际的早期启蒙中发生了重大变化，成为批判封建制度，追求社会变革的思想，并且在未来社会目标的构想中，批判了资本主义。20世纪初，孙中山先生的三民主义中有“民生主义”，他把以民为本推向极致。但是在漫长的封建社会，在半殖民地、半封建的旧中国是民不聊生，民生问题没有得到解决。

1949年中国共产党人领导中国人民推倒了压在中国人民头上的三座大山，建立了中华人民共和国，为解决中国人的民生问题创造了根本的环境和条件，以为人民服务为宗旨的中国共产党人一直以彻底解决民生问题为理想，但是在中华人民共和国成立后的很长一段时间里，由于“左”

的原因，解决民生问题走过了一段曲折之路。

1979 年，中国改革开放的总设计师邓小平纵观国际国内形势的风云变化，审时度势，清醒地意识到在中国解决民生问题的严重性和急迫性。他说，不坚持社会主义，不改革开放，不发展经济，不改善人民生活，只能是死路一条。这不是危言耸听，因为民生问题牵涉到一个政权、一种社会制度的合法性问题。“政治合法性”是政治学上的一个专门概念，强调的是社会成员对政治统治的心理认同，《布莱克维尔政治学百科全书》对它的解释是，民生是一种特性，这种特性不是来自正式的法律或法令，而是来自有关规范所判定的“下属”据以（或多或少）给予积极支持的社会认可（或认可的可能性）和“适当性”；任何一种人类社会的复杂形态都面临一个合法性的问题，即该秩序是否和为什么应该获得其成员的忠诚的问题。美国著名政治学家李普塞特也有类似的定义，即合法性是指政治系统使人们产生和坚持现存政治制度是社会的最适宜制度之信仰的能力。就是说，合法性强调的是社会、民众对政治秩序、政治统治的认同、忠诚。因此，所谓合法性，简单地说，就是指民众对现存政治秩序和政权的信任、支持和认同。在现代民主政治的背景下，一个在民生方面长期没有建树，或无力解决重大民生问题的政党和政府，不可能获得合法性，不可能实现长治久安。显而易见，政治合法性与民生具有直接的关系，民生方面拿不出好的成绩单，既有的合法性便会流失，政权也会更迭。要解决民生问题就必须发展经济，创造解决民生问题的条件，为此邓小平说，经济工作是当前最大的政治，经济问题是压倒一切的政治问题。改革开放 30 年来，我们以经济建设为中心，始终抓住这个中心不放手，成绩巨大，成效显著，人民富裕了起来，国力增强了起来，从全国范围看，普遍的温饱问题已经基本解决，一部分人进入小康。

然而，中国毕竟是一个有 13 亿人口的经济发展不平衡的大国，要彻底解决民生问题谈何容易？尽管我们在解决民生问题方面已经取得了巨大的成绩和重要进展，但仍然有贫困人口存在，我们在引领人们解决温饱，实现小康的过程中，仍然面临着人们日益增长的物质和精神方面的需求问题，诸如看病、上学、住房、社会保障、环境保护、社会治安、文化生活等。另外，我们的目标是共同富裕，如同邓小平所说，社会主义的本质是解放生产力，发展生产力，消灭剥削，消灭两极分化，最终达到共同富裕。要彻底解决中国的民生问题，道路并不平坦，困难重重。中国共产党人以此为自己的大任，如同胡锦涛总书记所说的，必须在经济发展的基础上，更加注重社会建设，着力保障和改善民生，推进社会体制改革，扩大公共服务，完善社会管理，促进社会公平正义，努力使全体人民学有所教，劳有所得，病有所医，老有所养，住有所居，推动建设和谐社会。胡锦涛总书记在党的十七大上提出了当前以改善民生为重点的社会建设的六大任务，即：优先发展教育，建立人力资源强国；实施扩大就业的发展战略，促进以创业带动就业；深化收入分配制度改革，增加城乡居民收入；加快建立覆盖城乡居民的社会保障体系，保障人民基本生活；建立基本的医疗卫生制度，提高全民健康水平；完善社会管理，维护社会安定团结。

令人振奋的是，中国共产党人找到了一条解决民生问题的根本之路，就是改革开放，就是以民为本，就是“心为民所系、权为民所用、利为民所谋”。中华人民共和国迎来60华诞，抚今追昔，成绩显著；继往开来，信心满怀。中国共产党人必将带领中国人民，为努力实现改善和提高国计民生这一宏伟目标而不懈奋斗。

社会改革与心理障碍

载《华夏长寿》1996年第1期

我国的社会改革是一项史无前例的伟大事业。巨大的社会变迁，层出不穷的新鲜事物，日益加快的社会运行节奏，以及各种竞争机制的运作都会使人陌生、不适应，从而产生心理压力。那些在旧制度、旧秩序、旧习惯中生活长久的人，心理压力更大，心理障碍更多。研究社会改革和社会心理相互作用的规律，建立起适应改革的社会心理定式，克服心理障碍，对于改革的顺利进行是十分重要的。

守旧心理——心理障碍之一

所谓守旧心理是指习惯于旧生活环境和秩序的心理定式。这种心理像一种无形的积淀，存在于社会心理深层，它拒绝和排斥新东西，使人们常常处于防御状态，在社会的不断变化中，总是被动，难以立即适应。不愿"向前"看，喜欢"向后"看，是这种思维方式的一个特点。总以为今不如昔，一切都是过去的好。在改革中，新旧体制的交替与转换，理论与政策的更新，使得在旧的稳定状态下生活惯了的人们面对社会、经济的急剧、复杂、深刻的变化，失去了行为规范的"参照系"，从而出现种种不平衡心理。人们留恋昔日那种安全、超稳定的社会经济结构，总觉得改革是弊多利少，把过去的经验作为社会发展所应奉行的准则和衡量是非的标准，求稳怕乱，求安全怕风险，任何变化都会引起人们心理上的不安宁。

守旧心理是小农自然经济的产物。长期以来，我国是以自然、半自然经济的小生产经济方式为主，这种经济特点使人们产生了守旧心理特征，诸如墨守成规，落后保守，闭关自守等，缺乏革新创造精神，年复一年地在简单的循环里过日子，不思开拓进取。即便能随大流，向前走，也会“小富即安，知足常乐”。只求急功近利，不做长远规划，没有长远目标，十分容易自满。“不偏不倚，无过不及”的中庸思想也和守旧心理有不解之缘。“天不变，道亦不变”则是守旧心理信奉的哲理。随大流，怕冒失，无为保守，安贫乐道，思想僵化，行为保守，以不变应万变，把丰富多彩的生活纳入一个陈旧的固定不变的思维框架之中；对层出不穷的新事物和改革带来的新变化总是反应冷漠。这些都是守旧心理的渊源和表现。

高期望值心理——心理障碍之二

近年来，人们的牢骚甚多；明明是改革后生活环境改善了，生活水平提高了，却还事事处处不满意。社会上有这样一句广为流传的话，叫作“端起碗来吃肉，放下筷子骂娘”，这和人们的高期望值心理有关。

用行为科学的观点看，满足有绝对满足和相对满足，前半句“端起碗来吃肉”说明“绝对满足”方面还可以，反映了改革以来人们的生活水平普遍提高了，后半句“放下筷子骂娘”，反映出在相对满足方面还存在一定的问题。绝对满足一般在于受生理条件左右的物质生活上，两碗饭才能吃饱的人，吃一碗就不能满足。而相对满足是复杂的心理活动，它要通过比较进行，其中一个很重要的方面是常和自己的期望值比，达到期望感到满足，低于期望，感到不满足。用一个公式来表达这种心理活动就是；情绪指数等于实现值除以期望值，当实现值小于期望值时，情绪指数小于1，情绪就低落，就要骂娘了。

造成高期望值心理的原因是多种多样的。或者是由于我们对改革目标的宣传上脱离实际过高，或者是由于一些人对改革的长期性、复杂性缺少必要的认识和准备，只希望得到改革的成果，不愿为改革担风险、做努力，一旦眼前的现实与个人的期望值出现落差，则产生不满心理。比如，在工资改革中，人们普遍存在的一种共同心理是，期望通过工资改革，较大幅度地增加个人收入，又倾向于物价保持稳定，至少不要上涨过多过快，以免影响个人的实际生活水平的提高。而实际情况是，这种理想模式是不可能在短期内实现的，这就不能使人们的期望如愿以偿。而当需要得不到满足，一些人就会产生不满、不安、紧张和抗拒的心理反应，牢骚满腹、工作态度消极便是必然的了。

攀比心理——心理障碍之三

攀比心理是指不同个人或单位之间，在主观设定一条均等线的前提下，自发地进行比较，产生某种差距感，形成攀高的心理定式。在现实生活中人们之所以能获得激励和感到满意，不仅仅因为自己现在得到了什么而定，还因为他们看到别人或以为别人得到什么，以及自己现在和过去的获得有多大提高而定。当前，在比较自己的现在和过去，比较自己和他人的“投入”和“报偿”，由此产生相对逆差心理，产生不公平感和嫉妒情绪较为普遍。

“总是我吃亏”是横向比较中常常出现的心理。比如一个十分有趣的现象是，从工人到知识分子、个体户等，谁都认为，与过去相比，改革是有实惠的。而一旦相互比，则这种感觉就荡然无存。诸如“老大靠了边，老二分了田，老九上了天”“工人乐，农民哭，知识分子光着屁股坐花轿”等，都是“别人得益我吃亏”的心理。这是一种横向比较中的心理错觉。不同的人与不同的生产方式和分配方式相联系，取得社会分配利益的方式和各自的需求层次不尽相同。如果工人只看到农民分了田，而没有看到他们由此而承担的经营风险；农民只知道工人“旱涝保收”，却体谅不到在竞争中他们也会有领不到工资或被淘汰的危险；有工资收入的劳动者，只讲个体户的“大把收入”，却忘了自己的工资以外还有国家和企业支付的相当数额的劳保福利等等。不同的社会群体，都从自己的“吃亏点”来比别人的“得益点”，结果必然产生“自己最吃亏”的心理效应。

另外，纵向攀比也容易使人产生情绪。在改革中由于各种经济关系调整及引进市场调节机制，目前的物价水平比 20 世纪五六十年代高出了许多。一些人，尤其是那些年纪稍大的人，往往习惯于回头看，津津乐道于过去的物价，深感货币贬值之苦。20 世纪 50 年代一人挣四五十块钱就可养活四五口之家；60 年代一块钱可以买几斤带鱼；70 年代一块钱可以买一斤多肉；而现在一元钱甚至买不到一斤青椒……这种单项比较，舍去了工资收入也在增大的事实，显然容易使人产生情绪。

攀比心理的出现是与我国传统心态中的原始的平等观和虚荣心有关。大锅饭人人有，苦一点不要紧，“不患寡而患不均”，都是这种心态的思想基础。

依赖心理——心理障碍之四

一切依赖国家，向国家索取一切的心理，是改革中的又一心理障碍。当改革动摇了人们所依赖的旧体制，要求人们摆脱对国家、对集体的依赖性，在独立奋斗中摆脱贫困、在竞争中求生存的时候，一些人便表现出极度的困惑、恐慌和不适应。

有人把旧体制下生活日久的中国人比做“没离开过娘的孩儿”，不无道理。改革以前，尽管我国人民的生活水平很低，但风险也低。比如国家曾对城市居民实行多方面的社会保障制度，使人们不愿多承担责任，不愿自己冒风险。物价涨了国家发补贴，有的企业亏损照发工资，甚至还照发奖金。人们靠社会主义，吃社会主义，把事事依赖国家，处处依赖组织的想法视为正统，天经地义。有的人认为“社会主义就是人人有饭吃，没有失业的危险”。一旦改革发生的事实与这些旧做法、旧走势相违背，一些人骂娘就是必然的了。

其实改革的本身就是要改掉束缚社会主义生产力发展的旧体制和旧观念，建立起促进生产力发展的新体制、新观念。体制变了，观念没变，势必产生一种对改革的阻抗，这是值得警惕的。

以上，我们列举了几种有代表性的心理障碍，还可以列举一些，诸如“逆反心理”等。分析这些是为了提醒人们，要认真对待改革引起的社会心理变化，消除心理障碍，保持心理健康。我们的改革不是少数人之举，而是亿万人民全体进行的轰轰烈烈的伟大事业，不统一对改革的认识，不调动广大人民群众的积极性，改革难以成功，从这个意义上说，我们在深化改革之中，一定要优化改革的社会心理，搞好宣传教育，使广大人民群众满腔热情地投入到改革的宏伟大业之中。

“择偶难”的奥秘

载《百科知识》1995 年第 6 期

“择偶难”是 20 世纪 80 年代以来人们开始关注大龄女性未婚青年的婚姻问题时发出的慨叹。其实，不仅大年龄女青年如此，大凡有过择偶经历，成婚配对的人，也多有不同程度的类似感觉。尽管一些人曾怀有“与其悔之于后，何如慎之于前”的心念，但在结婚成家后也常常认为自己选择的配偶并不是理想中的“白马王子”或“白雪公主”。于是，令人瞩目的“第三者”问题、情人问题相伴而生，可见“择偶难”是当前社会关注的婚姻家庭热点问题。

其实“择偶难”之说并不准确，准确地说是“选择合适的配偶难”。从一般的道理说，择偶并不难。这是因为在自然的人口规律调节下男女性比例总是大致相等的，通俗地说男女人口数大致相等。根据社会风俗和绝大多数人的观念，人们到达一定年龄几乎都希望求偶结婚，且我国法律上规定一夫一妻制，因此，择偶成婚总是有很多机会和机遇的。社会上终身单身者终究是极少数，95%以上的人在符合法定婚龄后都会结婚成家。从这个意义上说，择偶并不难。问题的关键是——选择合适和理想的配偶难。多数人即便找不到理想的配偶，在结婚成家后，出于履行婚姻家庭义务和社会舆论，以及现实社会生活的种种考虑，也会继续把现有的家庭维持下去。然而，他们往往仍然不知道如何选择合适的配偶，不懂得择偶的客观规律，以至他们的子女后代在择偶时仍然重复他们自己的不尽如人意的“经历”和“故事”。

其实,择偶也是一门科学,是被各种客观规律联系和制约着的。造成“择偶难”或者说择理想之配偶难的至少有以下 5 个方面的因素。

其一,择偶标准是一个综合指标。在人类婚姻史上,人们的择偶标准经历了一个从简单到复杂的过程。在原始对偶婚时期,人们择偶只重视亲属关系,主要考虑成婚配对后在氏族部落的亲属网络中的位置。随着私有财产和阶级的出现,婚姻则要考虑财产、阶级等关系。以后随着社会由低级向高级发展,社会越来越复杂,人们择偶的要求也越来越复杂,择偶标准不是减少而是增加了。从普遍的规律上说,在现代社会,择偶只看对方一个条件,只考虑一个因素的情况是比较少的,而是综合着多种条件和因素来选择的。比如要考虑“相貌与身体”“阶级地位和政治立场”“财产多寡与经济状况”“门第高低”“家庭环境与背景”“文化”“职业”“年龄”“性格”“爱好”“贞操”“道德品质”“有无爱情”等。择偶标准是个包括多种因素的综合指标。

美国社会学家何凌穴曾经研究过美国纽喀文城中 1980 对夫妇的结合背景。他的结论认为,美国文化对男女择偶有确定的限制,其主要因素是:种族、宗教、年龄、民族来源、阶级地位和教育。他说,当所有的这些因素合并起来的时候,它们便把一个人的择偶范围弄成狭小的了。

何凌穴的分析是有道理的。从理论上说,社会上的未婚者(已达法定结婚年龄)面对的任何一个符合法定年龄的未婚异性都可能是其择偶对象。然而,其择偶是有条件的,不是无条件的,其择偶条件不是单一的,而是复合的。正因为如此,其条件越多,择偶范围越狭窄。比如某人择偶有三个必要的条件,一要对方身高在 1.70 米以上,二要对方年龄 25～30 岁,三要对方是从事室内工作的脑力劳动者。按此三条件,首先身高在 1.70 米以下者被排除了,其次年龄在 25～30 岁以外的人又被排除了,再次从事体力劳动的室外作业者也被排除了,可见,该人的实际择偶范围比想象中的择偶范围要窄得多。

其二,择偶标准是一个变动的指标。从人类社会的发展规律上看,择偶标准会受到社会的政治、经济、文化、宗教、风俗、道德等各种因素的影响，它不是一成不变的，而是在不断变化着的。无论从婚姻的自然属性和社会属性上说都是如此。

从婚姻的自然属性上说，自古以来，人们择偶都要考虑对方的身体和相貌，择偶不仅在于异性相吸，也在于繁衍和造福后代。一般来说婚姻的自然属性要求具有相对的稳定性和连续性，比如人们历来都追求健康美貌者为偶。即便如此，它也会有变化，比如社会公认的美的观念就是变化的。当代人们常常会对敦煌壁画上的美女图有疑义，认为照那个样子塑造出的现代女人绝对不能算是“美女”。

婚姻的自然属性如此，社会属性更是如此，其变化之大，速度之快，常常使人望尘莫及。从社会属性上看婚姻标准，它要受政治、经济、道德、宗教等一系列因素的影响，具有复杂性和难以操作性。在 20 世纪 50 年代，择偶的政治标准是重要的，那时共产党员、共青团员、劳动模范、积极分子、青年突击队员、“三八红旗手”等最受人仰慕，是择偶的重要标准。到了 20 世纪 60 年代，特别是“文化大革命”时期，由于以阶级斗争为纲，阶级成分和家庭出身变成了很重要的标准，一些人乐于寻我“出身好”者为偶，以寻求“保险”。“文化大革命”结束后，我国进入了以经济建设为中心的改革开放时期，文化标准、知识标准、经济因素变成了择偶的重要方面。“学历”“有钱”“有国外亲属背景”又成为一些人追求的目标，成为择偶的热门。

其三，择偶过程是双向的，不是单向的。婚姻择偶的理想主义者常把择偶过程视为是主动的、单向的。其实不然，择偶过程也是被动的，双向的。正如马克思指出的，婚姻不能听从已婚者的任性，相反地已婚者的任性应该服从婚姻的本质。这个本质部分地表现为择偶的交换过程和择偶中存在着的交换价值。

有关婚姻专家认为，择偶中交换过程可能是同质的，也可能是异质的。所谓同质交换即以 A 易 A，我给对方 A，也需要对方给我 A，好比某大学毕业生一定要寻找有同等学力的大学生为配偶那样。我国古代的“门当户对”论属同质交换理论。所谓异质交换即以 A 易 B，即我给对方

A,对方可以给我 B,好比学历高的人希望找到相貌好的人为偶那样。“郎才女貌”即属此论。同质交换与异质交换行为在婚姻中广泛存在着,以实现结合的相对平衡。一般来说,相对平衡的婚姻是较稳定且质量较高的婚姻。

一些人不了解上述规律,而是完全从择偶的理想主义模式出发,一厢情愿地行事,自然会碰壁和受挫折,感到择偶难。

其四,婚姻要以爱情为基础。现代婚姻要以爱情为基础,人们大多要追求有爱情的婚姻。然而,对于什么是爱情,并不是人人都能理解的。爱情常常和感情、爱慕、性爱、尊敬、信赖等多种因素混淆起来,使人捉摸不定。

自古以来,一些理论家、思想家都为研究爱情和给爱情下定义而绞尽脑汁。古希腊哲学家柏拉图曾经探讨所谓爱情,他认为爱是引起善行的主要动力,通过爱,人的行为和思想可以达到最高尚的境界,爱情只能是心灵之爱,这样才是崇高的,因此爱情只能在同性之间,不能在异性之间。因为,异性之爱不可避免肉体接触,是低俗的。柏拉图把性爱与爱情对立起来,其爱情理论不过是同性恋而已,走入了歧境。到公元 1 世纪,有一位叫欧伟梯(译音)的罗马诗人力主爱情就应当是性的、色情的、肉感的,爱情就是性爱,至于所谓情感不过是男女之间的虚伪、矫饰的表现,或是嫉妒性、游戏性的斗争而已。他创造了与柏拉图观点对立的所谓肉感爱情和性感爱情,在当时的社会条件下,这种爱情与婚外性关系,与通奸是等同的。以后到了公元 10～12 世纪,一些人才把“心灵之爱”和“肉感之爱”两者联系起来,创造了所谓“罗曼蒂克”式的爱情。从古到今,许多理论家、思想家都力图为爱情著说、立义,但没有人能十分准确地说出什么是爱情。

其五,机遇与社交限制。造成择偶难的最后一点是当事者的机遇与社交方面的限制。现代婚姻是自由自主的,因此,择偶的前提条件是当事者要有机遇相识和相处。按中国现行的婚姻法,青年人要在到达一定年龄后才可考虑婚恋方面的问题,事实上其社交只有学校和工作单位这两个主要的场合。若其所在单位同龄人少,性别比例不平衡,或未婚者少,都会使择偶发生事实上的困难。

人的素质与人的社会化

载《百科知识》1995 年第 9 期

人们通常喜欢用“高”或“低”之类的形容词来形容人的素质，然而，什么是“素质高”，什么是“素质低”，却众说纷纭，莫衷一是。笔者认为，我们所说的人是社会的人，从这个意义上说，人的社会性越强，社会化程度越高，人的素质也就越高越完善。

人的社会化过程是使生物的人转变为社会的人的过程，它包括学习“生活技能”、遵守“社会规范”、培养“社会角色”和树立“生活目标”等 4 个主要的方面，具有强烈的时代色彩。一般来说，能符合时代潮流，掌握生活技能，遵守社会规范，扮演社会角色，有生活目标和追求的人，素质较高。

基本生活技能是指人在社会中生存、自立、谋生与发展的能力。不同的时代，不同的社会，对于人的基本生活技能的要求是不同的。比如今天在社会中生活、生存最基本的是要识字，要有文化。然而，随着时代的变迁，社会的发展，光识文断字已经远远不够了。一个人即便识字，但对今天社会出现的新事物一无所知，不知道什么是市场经济，什么是股票、债券，不会使用信用卡，不知道各种社会保险在现实生活中的意义，不善于与他人展开竞争，不能抓住各种争取发展的机会，这些也都是基本生活技能不完备的表现，不能说这个人的素质是高的。今天，社会对于人的基本生活技能的要求，换句话说，对人的素质的要求，已远远超过以往的衣食住行和简单职业谋生的要求，而是处在迅速变化、日新月异之中，它包括职业进取、社会交往、生活娱乐等许多方面，它要求人们必须不断学习。

所谓社会规范是指社会确立的用来维持社会秩序的一系列准则，它包括信念、习惯、传统、礼仪、时尚、道德、法律、纪律、规章制度等。社会规范是人们在长期的社会实践中总结出来的用来调整、理顺个人与社会、个人与个人、团体与团体之间的社会关系的。从人的素质角度说，凡能自觉遵守社会规范者，素质相对较高，反之则素质较低。任何一个社会，对人的素质的高低都可以用人们对社会规范遵守程度的高低来衡量。比如社会规范要求讲卫生，而一些人随地吐痰，乱扔纸屑果皮，造成环境肮脏混乱，就是素质低的表现。

所谓社会角色是指与个人的某种社会身份有关的、规定了的行为模式。能否承担起社会角色，能否根据情景的变化更换角色行为，能否在角色丛中自立、自如，是衡量人的素质的又一重要的方面。社会是个大舞台，每个人在台上都要扮演各种角色，角色是由社会关系的性质和社会分工决定的。素质高的人总是会有较高的角色认知的。比如当教师的在学生面前为人师表，做父母的在家庭中要履行父母的职责和义务，当领导的要团结和带领群众去干事业，都是对人的基本素质要求。如果行为相反，必然产生角色错位与混乱，是素质不高的表现。

另外，能否实现角色转换，而不是角色混同也能表现一个人的素质。比如“父亲”和“领导”就是两种角色，一个人在家里是父亲，有做父亲的行为规范，可如果他在单位当领导时，不能实现角色转换，使家长制在单位里横行，使亲属网络在企事业中发展，这些显然也是素质不高的表现。与此同时，社会生活是复杂的，每一个人都会生活在角色丛中，同时扮演多种角色。能否于其中运用自如，也能表现一个人的素质。我们都听说过某某歌唱家不出示证件就驾车闯中央电视台，在被执勤的武警战士阻拦时，大吵大闹，大打出手的事。这位演员误以为自己是名演员，就可以为所欲为，而忘记了此时自己充当的角色是电视台的客人，需要遵守规章制度，服从武警战士的检查。

生活目标是指人为什么活着，是人生观问题。从表面上看，人的素质与人生观这一高层次的问题无关,其实不然。树立生活目标,具有符合社会发展规律的目标追求,是人的社会化的重要组成部分,自然也是人的素质的表现。人总是要有理想,要有精神的。素质高的人,总会有自己的理想、追求、目标,因而,他的生活充满动力和追求,能从奋斗中,从平凡的生活中,体味出生活的乐趣,因而也知道生命和生活的意义。在社会中,人的地位不同,理想、世界观也会不同,但可以说,谁的追求和理想符合社会发展规律,谁就会得到人们的赞同,就是高素质的人。

贫富差别与基尼系数

载《百科知识》1996 年第 6 期

自改革开放以来，我国的经济得到了很大发展，人民的生活水平有了很大提高，然而也出现了令人们关注的贫富差别问题。我们的目标是让全体人民共同富裕起来，为了实现这一目标，允许一部分人和一部分地区先富起来，先富带后富，以达到共同富裕的目的。怎样看眼前的贫富差别，是一个人们关心的社会问题。要解答这个问题，研究其他国家的现代化经验，知道贫富差别与经济发展的关系和规律，知道什么是基尼系数是有益的。

其实，人们早就注意到，当一个国家处于工业化发展的初级阶段时，伴随着其经济腾飞而来的常常是矛盾的丛生，社会问题百出，贫富差别加大的动荡局面。一方面是相对贫穷的队伍加大，另一方面则出现了少数富人，或曰"百万富翁"。然而，当经济进一步发展，社会进一步前进，国家变成发达国家时，人与人之间的贫富差别反而会缩小。西方的一些学者曾研究过这个问题。经济学家西蒙·库兹尼茨对这一问题作了最初的探索。他的方法是将经济发达国家美国、英国与经济落后国家印度、斯里兰卡、波多黎各的收入差距情况做了对比。具体方法是：将某一国家最富有的 20％的人所占有的收入与该国最贫穷的 60％的人所占有的收入做对比。例如，印度最富有的 20％的人在总收入中所占份额为 55％，而最穷的 60％的人收入却仅占总收入份额的 28％，两者之比为 1.96。他经过调查得出的具体数据如下：

表 1 若干国家的贫富差别对比表

国家	时间	占有收入的份额(%)		比率
		最富的 20%	最穷的 60%	最富的 20%与最穷的 60%收入之比
波多黎各	1948 年	56	24	2.33
印度	1949 年	55	28	1.96
斯里兰卡	1950 年	50	30	1.67
美国	1950 年	44	34	1.29
英国	1947 年	45	36	1.25

从表中我们可以看出,波多黎各贫富差距最大,其比率为 2.33,而发达国家美国和英国的比率都比较低。为什么会出现这种情况?库兹尼茨解释说,在低发展国家中没有中产阶级,在这里是两种收入的尖锐对立,一方是大部分人的平均收入明显低于全国的平均水平,另一方是人数较少的最高层占有比例相当大的收入。而在发达国家,情况则迥然不同,这里的特征是收入由低到高的平缓过渡,有相当大的一部分人其收入高于全国的平均水平,而最高层所获的收入份额比不发达国家相应群体所获的要少。库兹尼茨关于穷国比富国更加不平等,贫富差别更大的论断是十分重要的。以后另一学者克拉维斯对 11 个国家的贫富差别做了对比研究。他以美国的收入差距为标准,与共他国家进行比校,发现贫富差距比美国大的国家是意大利、波多黎各、萨尔瓦多和斯里兰卡,贫富差距与美国相近的国家是英国、日本和加拿大,差距比美国小的国家是丹麦、荷兰和以色列。上述贫富差距比美国大的国家恰恰是人均国民生产总值比美国低的穷国,而贫富差距比美国小的国家,其人均国民生产总值比美国高。

从上述研究中人们意识到一个国家在现代化初期贫富差距可能比较大,而发展起来之后贫富差距反而会缩小。学者哈里·奥斯希曼曾经提出贫富差距最突出的是在半发达阶段,然而,他的观点在当时还缺乏数据的证明。

以后库兹尼茨对一些发达国家的现代化发展的历史材料做了研究。他收集了美国、英国、德国、荷兰、丹麦、挪威、瑞典等国自19世纪末到20世纪50年代的有关社会各阶层收入情况的有关资料,发现了和以前研究中得到的相同的事实。例如,1880年,英国社会上5%最富有的人的收入竟占有全国收入的48%,而到了1957年却下降到18%。荷兰最富有的5%的人所占有的收入从1938年的19%下降到1954年的13%,而同期最贫穷的60%的人所占有的收入从31%上升到40%,结论也是贫富差距缩小了。以下是4个国家自19世纪末到20世纪中叶贫富差距缩小情况的比较表。

表2 美英等国贫富差距变化情况表

国家	社会阶层	各阶层占全部	收入的百分比
美国		1929年	1955—1959年
	最富的5%	30%	20%
	最穷的60%	26%	32%
英国		1880年	1957年
	最富的5%(农村)	48%	18%
	最富的20%(城市)	58%	41.5%
挪威		1907年	1943年
	最富的5%(农村)	27%	14%
	最富的5%(城市)	28%～32%	19%
瑞典		1935年	1954年
	最富的5%	28%	17%
	最穷的60%	23%	34%

20世纪60年代末到70代初有更多的学者研究贫富差距问题,开始采用基尼系数说明贫富差别。基尼系数在0与1之间。当基尼系数等于

1时，表明绝对不平等，当基尼系数等于零时表明绝对平等。总之，基尼系数越小，则贫富差距越小，反之则越大。斯坦福大学的阿德尔曼和英里斯搜集了大量新数据，研究了43个发展中国家社会各阶层的收入情况，证明社会贫富差距与经济发展水平密切相关。在此基础上，F. 波克尔特对数据做了深入研究，并加入一些新的材料，列出了56个国家的贫富差别状况。统计研究表明：当人均生产总值在201～300美元或301～500美元时，基尼系数最高。由此，人们可以得出结论，一个国家在贫穷时期，贫富差别比较小，当它开始发展时，贫富差别会拉大，换句话说，在现代化发展初期，社会的贫富差别较大，而当进一步发展时，特别是进入发达国家行列，基尼系数要缩小，贫富差别也会随之缩小。

从世界各国现代化经验中我们可以了解今天中国的贫富差别为什么会加大，因为我们正处在走向发达国家的初期阶段。这种贫富差别是一种广泛的国际现象，而不是中国独有的现象。可以预测，随着我国国民经济的进一步发展，人民收入的进一步增加，中产阶层的形成，以及社会为人们提供更多的平等竞争的机会和社会利用税收政策对富人实行限制，社会的贫富差别会缩小。让全体人民都富起来的目标在我们这样的社会主义国家是能够实现的。

家庭生命周期

载《百科知识》1996 年第 5 期

家庭生命周期是关于家庭模式的动态概念。要研究当代中国家庭模式的演变和特点,就必须知道中国家庭的特殊的生命周期,从中我们可以看到中国家庭在变迁过程中是怎样实现传统与现代相结合的。

一、核心家庭与主干家庭相间的生命周期

所谓"生命周期",是指生命从生到死的循环过程及其不同的循环阶段。家庭生命周期是指一个家庭的诞生,然后经历了发展变化的不同阶段,直至消灭,最终被新的家庭所取代的过程。一个家庭的生命周期能表现家庭自身的发展变化和在自身发展过程中的不同阶段与不同特点。

在现代社会的演进过程中,中国的家庭小型化了,核心家庭(由父母与未婚子女或只有夫妻 2 人组成的小家庭)居于统治地位。在这点上,和西方社会没有明显的区别。然而,每一个家庭演变的生命周期还是有很大差别的。

德国社会学家瓦尔纳从理论方面把西方的核心家庭划分为"准备建设阶段""抚养和教育阶段""分离阶段""老年阶段"4 个阶段。中国的研究资料和事实表明,其核心家庭在"准备和建设阶段""抚养和教育阶段"与西方家庭在模式和结构上差别不大,而到了"分离阶段",区别就开始明显了。西方核心家庭中的子女在成年和婚后一般是不和父母住在一起的,而中国则有 45%～55%的家庭,子女成年和婚后会继续与父母住在

一起，组成主干家庭(指父母和一对已婚子女组成的三代同堂家庭)。然而在这些家庭中，已婚的青年人并不都和父母永远住在一起，有的则是合家以后又分家。天津市第三次户卷调查资料证实，1000 户被调查户中，有 544 户家庭的已婚子女在婚后曾和父母(包括男方或女方的父母)住在一起。然而，其中有 410 户因各种原因，已婚子女与父母又分开过了，分家的情况占总数 75%。可见大多数家庭中老年夫妇和青年夫妇是要分家的，只是分家时间长短不同。据统计，5 年以内分家的占 64.68%，6～10年分家的占 17.18%，两者共占 81.86%。可见大部分家庭其已婚子女在 5 年以内或 10 年以内便与其父母分家了，而不是等到其父母去世。如果我们假设一个人 25 岁结婚，而且婚后与长辈生活在一起，然后 5～10 年之间和长辈分离，在以后时期又有 5～10 年与自己已婚儿女生活在一起，然后又分离，至 75 岁去世为止，那么这个人结婚至去世的全部家庭生活只可能有 2/5 左右时间与父母或已婚子女共同生活在主干家庭之中，而 3/5 左右的时间是以核心家庭形态存在的。

这样就出现了两种情况：一是中国的家庭模式以核心家庭为主；二是中国家庭的生命周期是以核心家庭和主干家庭两种相间的形式存在。后者是有中国特色的，是中西方家庭生命周期的主要区别。

一些学者把中国家庭生命周期的上述模式概括为“U”型模式，即“合—分—合”模式，如果把几代人家庭联结起来看，实际上是合、分、合、分的曲线，其中分曲线的峰谷较高。自然，我们讲的这种生命周期只是中国一部分家庭的状况，并不排除青年人结婚以后就与父母分家，待父母年老时再和父母住在一起，或根本不与父母住在一起的事实。

二、从合家与分家的原因中看家庭生命周期的自我调节

中国的传统是主张大家庭的，世代同堂是人们的理想。三代同堂，四代同堂，老年人希望有儿孙绕膝之乐。这种传统在今天仍然有，一定的影响，也是今天部分中国家庭子女婚后仍和父母住在一起的原因之一。除去传统之外，今天还有一些社会因素和社会问题促成合家，比如住房缺少

就是很主要的原因。一些青年人刚结婚时找不到住房,会到父母那里去匀房住,和父母在一起生活。另外,从中国的代际关系上看,两代人之间的责任和义务是相互的,父母生育、抚养和教育子女,子女赡养和扶助父母,不仅为法律所规定,也为社会舆论所称赞。否则,不仅法律干预,社会舆论也加以谴责。在这样的社会背景下,青年人和老年人生活在一起的可能性比较多。从社会与家庭日常生活需求看,它也有一定好处。比如我国城市青年双职工较多,对他们来说"家务"和"业务"之间是有矛盾的,况且在有些城市中迄今送子女进托儿所、幼儿园仍然比较困难。在这种情况下,一些青年人可能乐于和老年人住在一起,因为老年人不仅可以帮助他们照顾小孩,而且可帮助他们买菜、做饭、料理家务,甚至可能在经济上继续资助他们。对于老年人来说,除去感情方面对子女留恋的原因外,也总会遇到一些实际生活中的问题,比如年老和体弱多病时需要青年人照顾和帮助就医等。在现代城市和乡村生活中,由于家务劳动社会化程度还不够高,还存有"买菜难""买煤难""吃水难""维修房屋难"等,在遇到这些困难时,老年人还需要青年人的帮助。一些老年人也会乐于和青年人继续生活在一起。换句话说,传统的同居赡养模式对社会和家庭都还有便利之处。在各种同居赡养模式中,主干家庭模式较为普遍,也较为理想。它既可以同居共存、共助,也可以减少联合式大家庭(父母和多对已婚子女共同生活)中人际关系复杂难处等矛盾。因此,我国家庭生命周期变化是在核心家庭和主干家庭之间,而不是在核心家庭与联合家庭之间。

在谈过合家的问题后,我们再来看看分家的问题。先从社会实地调查的数据谈起。在天津市第三次户卷调查中,431 户曾经合家而又分家的家庭回答了分家的原因。这些原因主要有:"增加和改善了住房条件""两代人生活习惯不一致""老人死亡和搬到别处""家庭经济问题""家务劳动问题""家庭人际关系紧张""子女教育问题"等。其中"增加和改善了住房条件"占 25.09%,"家庭经济问题"占 15.06%,"两代人生活习惯不一致"占 12.6%,"家务劳动问题"占 7.22%,"子女教育问题"占 4.53%,说明合家也会遇到一些实际问题。事实上,现代生活的变迁,使青年人和老年人一定要生活在一起的根据已逐渐消失了。无论是子女代和父母代都希望单独过为好。正如调查资料所证实的,青年人结婚后可能因住房缺少等原因和老年人暂时生活在一起,一旦"住房条件"改善便立即分开,造成主干家庭的解体和核心家庭的事实。青年人和老年人,亲子两代之间,祖孙三代之间价值观和生活方式的差异,是分家的重要根据。生活中遇到的矛盾,诸如"婆媳关系紧张""家务劳动负担不一,分工不合理""家庭财钱管理的方法和主权的纠纷""教育子女方式的不一致"都可能造成青年夫妇和父母辈的冲突。当这些矛盾因素的分量超过了合住的理由时,不仅青年人,老年人也要分家了。从现代社会生活的角度说,分家是个大趋势。

合家—分家—合家—分家,如此循环,构成了中国家庭特殊的生命周期。合家是传统的力量,也有一定现实的根据;分家则是现代特点,是现代家庭的发展方向。中国的家庭正是在传统和现代的冲突与融合中向前发展的。

社会问题与社会工作

载《百科知识》1997 年第 3 期

在现代社会，会遇到各种各样的社会问题，许多社会问题都要通过社会工作加以解决，因此，社会工作十分普及和流行。所谓社会工作是指国家和社会解决并预防社会成员因缺乏社会生活适应能力、社会功能失调而产生的社会问题的一项专门的事业。它的性能是通过社会服务和社会管理，调整社会关系，改善社会制度，推进社会建设，促进社会的稳定发展。

有关社会工作思想源远流长。中国在春秋时期儒家主张“大同”。《礼记・礼运》中有“故人不独亲其亲，不独子其子，使老有所终，壮有所用，幼有所长，矜寡孤独废疾者，皆有所养”的说法。墨家提出的“兼爱”思想，主张“有力者疾以助人，有财者勉以分人，有道者劝以教人，若此，则饥者得食，寒者得衣，乱者得治”。法家的“实利”思想，主张调节贫富悬殊，富民以富国，实行“老老、慈幼、恤孤、养疾、合独、问疾、通穷、振困、接绝”等“九惠之教”。道家关于甘其食，美其服，安其民，乐其俗的说教等等，都有救济贫困，扶助病弱残疾者，为民谋利之意。在西方也有社会工作思想的传统，比如古希腊的《幸福论》就提出幸福是与别人共享而得来的，富人要幸福，要控制穷人，就要为穷人提供财富，使穷人有机会获得幸福。古罗马提倡宗教责任观，认为富人为穷人解除痛苦，是教义中包含的一种责任，也有同样的含义。

以上述思想为基础的社会慈善事业是今天社会工作的前身。中国的慈善事业起于周朝。历史上实行灾民救济从周朝就有了，称之为“荒政”。据史书载当时的慈善事业有五种，即由官办、宗教团体办、同乡会馆办、宗法性寺堂庙社办和私人办。西方国家的慈善事业最初也是由教会发起和举办的。16 世纪，英国的慈善事业开始转变为政府行为。

慈善事业开始向社会工作转变是在英国工业革命和法国大革命之后。1862 年，英国社会人士组成的伦敦赈济会，超出了纯粹慈善的范围，摆脱了传统宗教的施舍观念，而是通过专业教育，建立起专业体制，开始了今天意义上的社会工作。这是社会文明的大进步，在一定程度上体现了社会责任感和人道主义思想，既包含了社会救济事业，又包含了更富有意义的社会福利事业。英国的睦邻组织运动，德国俾斯麦社会保险制度的推出，美国罗斯福“新政”的社会安全法案的颁行，都是对社会工作发展的推动。今天的社会工作内容是十分宽泛的，主要包括社会保障，社会保险（失业保险、老年保险、医疗保险、疾病保险、伤残保险、就业伤害保险、就业服务），社会福利（老年公寓、SOS 儿童村、心理卫生服务、康复事业），优抚安置，社会救济（救灾、扶贫），社会风俗改造（游民改造、娼妓改造、禁毒、禁赌、感化教育、婚姻改革、殡葬改革），社会基层管理（乡规民约、民间纠纷调解、互助储金会）等，还有新兴的不断出现的各种社会服务和社会福利事业。

中国的现代意义上的社会工作产生于 20 世纪 20 年代末 30 年代初，当时北京协和医院社会服务部开展了医药、医物救助和生活服务，以后传播到上海、福州、广州、重庆、安庆等地的医院和福利机关。1949 年以前，国民政府在社会工作方面除兴办少数社会事业外，主要是监督管理私人办理的福利事业。在中国共产党领导下的革命根据地和解放区则开展了拥军优属、拥政爱民、民工动员、支援前线、社会教育、社会改造、社会救济、社会福利、社会服务等方面的工作。在抗日战争时期国共合作成立了一些组织，如“保卫中国同盟”“中国福利会”等，也开展了一些社会工作。中华人民共和国成立以后，由于种种原因，我们没有使用社会工作这一称呼，但社会工作的各项工作一直没有中断过，诸如对妓女、流氓和游民的改造工作，收缴毒品，组织吸毒者戒毒，拥军优属，优抚安置，救灾济贫，婚俗改革，民间纠纷的调解，老人赡养等，多种类多层次的社会工作从来没有停止过，大多是由政府的民政机构和组织来推动和承担。20 世纪 80 年代中国进入了改革开放的新时期，在原民政系统开展的各种社会工作的基础上又发展起了新型的社区服务，不仅把社会工作(或者说是原民政工作)的对象由特殊群体和对象扩大到全民，而且把内容也由原来的以救济和安抚为主，扩大到全民的福利事业。在今天，我们的社会把提高人民生活水平，改变人民生活方式，提高人民生活质量作为发展的重要目标，社会工作将会承担更多更重的任务，有更广阔的发展前途。

有闲也是有钱

载《百科知识》2003 年第 12 期

进入 21 世纪,一种全新的社会财富观念正在蔓延:拥有充足的闲暇时间和高质量的闲暇生活是人真正富有的重要标志。

从 1995 年 5 月 1 日中国实行周双休日制度开始,人们的自由时间和闲暇时间增加了,为人们生活方式的变化提供了客观条件。在 1998 年进行的"中国大城市居民闲暇生活状况 "调查中,在问道:"假定您现在每周工作五天,根据您目前的工资待遇,您愿意选择下列哪种情况?"时,在天津、上海和哈尔滨得到的回答分别是:

	天津		上海		哈尔滨	
	人数	%	人数	%	人数	%
1. 每周多干一天工作,同时多挣一天工资	91	34.9	83	27.7	277	32.9
2. 每周少干一天工作,同时少挣一天工资	8	3.1	18	6.0	27	3.2
3. 保持现状不变	105	40.2	122	40.7	323	38.3
4. 不好说	57	21.8	77	25.7	216	25.6
5. 合计	261	100	300	100	843	100

说明:表内百分比数据小数点后为约数,故合计中"100%"亦为约数。

从统计数字中我们看到几个主要事实，以天津的数字为例：其一，有40.2%的人表示“保持现状不变”，说明对因双休日制度的实行，增加了个人自由时间和闲暇时间的认可，把增加的时间和得到工资看成同等重要。其二，有21.8%的人对两者孰轻孰重持拿不准的态度，回答“不好说”，我们也可以理解为两者同等重要。其三，有3.1%的人认为时间比钱还重要，为多要一天时间而少要一天工资。其四，有34.9%的人认为钱比时间重要，希望多干一天活，多挣一天钱。因此我们可以认为，已经有一半以上的人认为属于个人支配的时间是十分重要的，自由支配的闲暇时间已经是个人的一种不可缺少的财富。

什么是“闲暇时间”

马克思的“自由时间”概念可以作为“闲暇时间”概念的基础。马克思认为，自由时间就是可以自由支配的时间……这种时间不被直接生产劳动所吸收，而是用于娱乐和休息，从而为自由活动和发展开辟广阔天地。他又说自由时间，可以支配的时间……一部分用于消费产品，一部分用于从事自由活动，而这种自由活动不像劳动那样是在必须实现的外在目的的压力下决定的，而这种外在目的的实现是自然的必然性或者说社会义务……

从马克思的论述中我们得到三点启示：第一，自由时间所从事的活动不是来自任何外在压力、目的和义务。而是出于自我，为了自我之目的；第二，自由时间所从事的活动内容主要是娱乐和休息；第三，自由时间的使用是为自由活动和发展开辟广阔天地。

科学地界定闲暇时间这一概念应注意几点：首先，闲暇生活同劳动（工作）、满足生理需求及家务劳动的关系十分密切，因此确定闲暇时间指标必须和确定日常生活的其他时间测量指标密切联系在一起。其次，在联系其他活动时间去研究闲暇时间时，应有利于对问题的理解和分析，并通过这些理解和分析去影响社会生活和社会政策。

苏联及英美等国的社会学家在关于闲暇时间的社会学研究更为细致，他们把每天24小时划分为7个部分：1. 工作时间；2. 上下班往返时间;3. 家务劳动和个人副业劳动时间;4. 照料孩子和教育孩子时间;5. 满足生理需要时间,6. 空闲时间(闲暇时间)主要包括:(1)学习和自学;(2)看报纸、杂志、听广播、看电视和电影;(3)户内、户外交往、交谈;(4)观看演出、比赛;(5)体育和运动;(6)创作活动;(7)无事休息。以上活动可以概括为 4 大项:“娱乐”“休息”“学习”和“交往”。7. 与空闲时间内各种活动有关的往返。

从这 7 个方面看,只有空闲时间中的各种活动及与这些活动有关的往返所占的时间,才应包括在“闲暇时间”之中。这说明判断行为的性质时,人们的主观动机是不能忽视的。

闲暇时间是一种宝贵的社会财富

马克思说,自由时间,可以支配的时间,就是财富的本身。他又说,可以自由支配的时间以及对别人劳动时间里创造出来的东西的享受,都表现为真正的财富。

首先,闲暇时间是由劳动创造的。人们通过劳动在创造日益增长的物质财富的同时,也创造了闲暇时间。人类社会有了闲暇时间观念是在资本主义社会阶段形成的。资本主义的工业革命极大地促进了生产力的发展,此时,闲暇时间也被创造出来了,这点我们可以从美国 1850—1970 年工作时间逐步缩短的变化中得到说明。美国的全部产业周工时在 120 年间从周 69.7 小时,减少到 37.6 小时,共减少了 32.1 小时,即将近一半的工时。然而,资本主义社会凭借巨大的生产力在创造丰富的物质财富的同时,却又出现了另一种忽视人的自身价值的倾向,于是出现了为不断增长的金钱拼命,以及以工作为中心、为乐趣的“工作狂”。随着现代社会的发展,人的社会主体地位逐渐形成,人的自我价值逐步被认知,闲暇时间的价值,特别是它作为社会财富的价值才被社会和人们所接受。西方发达国家在 20 世纪 70 年代以来就兴起了调整之风,他们的调整就包含着对建立人文秩序、注重生活质量、注重闲暇时间的调整。而这种调整是和人的社会地位的认知,人的价值实现被肯定的经济社会协调发展目标的确立相关的，是和社会的可持续发展战略相关的。

其次，闲暇时间是满足人们日常生活需求，提高人民生活质量不可缺少的条件。闲暇时间作为一种社会财富与其他社会财富有着不同点，即它不被直接的生产劳动所吸收，而是用于娱乐和休息，从而为自由活动和发展开辟广阔天地。在某种意义上说，一个只拥有物质财富（有钱），而没有闲暇时间的人（或个人）并非是真正富有的人。闲暇对于我们如何安排自己生活的其他方面，比如家庭生活和工作也有很多的影响。在西方国家，人们开始把闲暇本身看作是一种目的，看作是一种新的、有利于自我实现，并使自己感到愉快的社会需要。从企业的要求来说，这种社会需要过去经常被认为是虚度时光，而现在被说成是人的尊严所在；从对家庭的要求来说，这种社会需要过去经常被称作是自私的表现，而现在却被认为是尊重他本人及其家庭成员人格的表现。一个国家只有在劳动 6 个小时而不是劳动 12 个小时的时候，才是真正富裕的。

第三，闲暇时间是发展才能，激发人们去创造新的社会财富的有效途径。联合国《消遣宪章》对“消遣时间”（即闲暇时间）的这种作用有过很好的说明。消遣和娱乐……通过身体放松，竞技、欣赏艺术、科学和大自然，为丰富生活提供了可能性。无论在城市和农村，消遣都是重要的，消遣为人们提供了激发基本才能的变化条件（意志、知识、责任感和创造能力的自由发展），消遣时间是一种自由的时间，但在这个时间里，人们能掌握作为人和作为社会有意义成员的价值。联合国宪章的这一阐述，表达了现代人自我发展、自我实现的需求，是一种符合客观实际的科学的人本位的表述。

新的社会财富观念——闲暇时间观

对广大人民群众来说，闲暇时间的财富观念还不是用“财富”两字来抽象表达的，而是包含在对闲暇时间的认识和追求之中的，其中包括要不要闲暇时间，闲暇时间与物质财富之间的关系，以及怎样使用闲暇时间等许多方面。

(1)对闲暇时间的需求。从人们意识到时间问题是闲暇生活的首要问题时,到人们拥有了比较充足的闲暇时间,闲暇生活的改善、提高和丰富才得以实现。在1985年进行的天津市千户居民问卷调查中,当问到被调查者在目前的情况下您认为参加社会娱乐活动的主要困难是什么时,有78.3%的户回答说是因为"没有时间"与"经济上不允许"等各种原因相比居首位。在1998年"中国大城市居民闲暇生活状况调查"中在回答"目前妨碍您参加娱乐活动的因素主要有哪些"时回答"工作忙,没有时间"的也居首位,为44.9%。并有56人表示对自己的"总的闲暇生活""很不满意",或"不太满意",然而人们是否因此就把取得更多的闲暇时间放在第一位呢?也不是。在前面我们列举的有关调查情况中,曾问到过"假定您现在每周工作5天"的选择时,表示愿意"每周少干一天工作,同时少挣一天的工资"时,只有8人(占2.7%)表示赞同,相反有91人,占30.3%的人认为"每周多干一天的工作,同时多挣一天的工资"。当然,大多数人还是认为"保持现状不变"。这些数字说明,人们已经有了闲暇时间的观念和需求,而且是一种不断增长的需要。在前面列举的关于三大城市调查资料的比较中,我们看到上海要求,"每周少干一天工作,同时少挣一天工资"的人数的百分比比天津、哈尔滨要高,这和上海的经济发展较快,人民的平均收入较高相关的。

(2)闲暇时间观念的形成。从人类社会发展历史上看,把闲暇时间当成一种宝贵的财富,是有一个很长的历史过程的。它首先依赖于生产力的发展和物质财富的增长,其次依赖于人与社会关系的变化,即人与社会关系的重新定位,最后还要有人们对闲暇时间价值的认识和利用程度,在闲暇生活中的收益。

今天人们有了对闲暇时间的价值意识。现代社会的经济与社会协调发展战略,可持续发展战略,提出了一系列令人们思考的问题,其中包括经济社会发展的根本目标是什么,怎样才能实现可持续发展,中心议题离不开人。越来越多的国家(特别是发达国家)意识到,经济与社会发展的目标在于人,在于人的生存质量和生活质量,因而致力于高社会福利、高社会保障建设。越来越多的人在要求丰厚的物质生活条件的同时，要求精神生活条件，要求愉悦、享受，要求紧张劳动后的轻松，要求自我实现和自我发展，而闲暇时间和闲暇生活为实现这些目标提供了条件和保证。从社会发展的角度看这个问题，在生产力诸要素中，人是最积极的因素，劳动者在紧张工作之后精力的恢复、素质的提高是很重要的。闲暇时间具有平衡补偿功能和休养生息功能，在闲暇中可以实现劳逸结合，恢复在劳动中消耗掉的体力和精力。人们还可以利用闲暇时间接受继续教育和不断社会化，以提高素质。因此，今天人们对闲暇生活和闲暇时间的认识越来越高，越来越把闲暇时间当成自己所拥有的一种财富。

要主动适应、承受压力

载《天津日报》1989 年 12 月 6 日

我国实行改革十年以来，一些企事业开始引进竞争机制，相应地有些人产生了害怕在竞争中失败的心理；一些企事业贯彻择优录用的原则，试行“优化组合”，于是又有些人担心自己会在“优化组合”中被淘汰；随着社会交往的增加，社交活动的频繁，一些人产生了“社交恐怖症”，所谓“星期六恐怖症”便是一例。上述情况表明，在改革中人们正在蒙受着心理压力和挑战，提出了一个值得关注的心理卫生和心理健康问题。

所谓心理压力，被社会心理学家简称为“压力”，是指“用来对付威胁的常规方法的失败”。社会心理学家格罗斯认为，社会中的每一个人都会随时遇到各种社会威胁，每一个人都在对付威胁的过程中逐渐形成具有自己特点的方式和成功的处世常规，一旦这些方式和常规被破坏，在这个人身上就要产生压力。

早在 19 世纪末，法国社会学家杜尔凯姆就专门研究过资本主义工业化过程中人们承受的巨大的心理压力，产生的各种心理疾病。今天，我们的社会和杜尔凯姆研究的社会有巨大的区别，人们的心理压力和特征也会与之不同，然而，杜氏在社会变迁的背景下研究心理压力，把心理压力和社会变化联系在一起，却对我们有启迪。

如果我们从社会变迁的角度研究当前人们蒙受的心理压力，当然就离不开我国正处在改革中的社会背景。

社会调查有关资料表明，现在我国城乡人民正在承受着比 10 年前更多的心理压力。1988年我们曾在天津和平区、红桥区和静海县进行大规模社会心理调查(共访问了1124人,其中城市居民710人,农民414人)。结果表明,尽管大多数人认为过去的10年我们的社会变得繁荣和比较繁荣(占82.2%),认为生活水平有了提高(占77.9%),认为家庭变得非常幸福或比较幸福(占81.5%),但人们的心理却有压力和障碍。比如,有63.8%的被调查者说:“原来不烦恼的事,开始使我烦恼”,有49.7%的人说“我不能集中精力做我要做的事”,有24.6%的人说“我经常、有时或偶尔感到我的人生经历是场失败”,有32.9%的人说我有时“感到苦闷”,有44.1%的人说“我觉得有好些话要说,但又没有合适的机会说”。可见,问题是存在的。如果用历史比较的方法,又可看出,随着时间的推移,问题在增长。笔者用上述调查资料和1985年同样的资料进行比较,1985年表示“原来不烦恼的事,开始使我烦恼的人”占26.3%,而1988年是63.8%,1985年有4.7%的人说自己有时“感到害怕”,而1988年18.8%的人有这种感觉,1985年有16.7%的人说“我感到泄气”,而1988年有37%的人这样说,1985年有10.5%的人说“我感到孤独”,1988年则有26.9%的人有这样的感觉,增长比例都很大。这说明,时间的推移,改革的深化,人们的各种忧患意识明显增加了。

改革使中国社会大踏步前进了,人民的生活改善了,然而人们的心理也承受了增加的压力,这一表面上矛盾的现象是必然要出现的。自改革以来,我国的各种社会条件和情况都发生了很大变化,社会变动的速率加快了,人际关系复杂了,人们的劳动方式生活方式改变了,这些都使人们遇到的各种生活事件在增长。如果我们把1985年1988两次调查资料相比较的话,可以看到这点。比如说,随着改革政策的施行,社会职业流动加快,人们比过去更频繁地调换工作,1985年调换工作的占被调查者的12.5%,而1988年为18%。在工作岗位上人事关系也比过去紧张了,1985年与“上级领导关系不和”的占3.9%,1988年为9.3%;1985年与“同事关系紧张”的占2.3%,而1988年为6.9 %;1985年有5%的被调查者说“曾被人误会和错怪”,而1988年有18.9%的人说有这种情况。不仅在工作岗位上如此，在家庭生活和婚姻中各种事件亦有所增加，如1985年有4.1%的人家庭中有“夫妻争吵不和”，1988年为9.4%，1985年有3.2%的人家庭中有“家庭成员不和”，1988年为11.7%；1985年有7.1%的人在过去的一年里遇到结婚，1988年为18.1%，1985年有0.3%的人在过去的一年里遇到离婚，1988年为1.2%。其他像“家庭主要成员死亡”“怀孕或家庭增加新成员”“子女教育困难”“亲朋患病”“违章警告，短期扣留”，“考试就业失败”“失窃”“介入法律纠纷”等事件，也都有所增加。可见，改革引起了社会的变化，带来了人们生活事件的增加，生活事件中的积极和消极的变化是紧张刺激的物质根源，是心理压力产生的直接原因。

压力是每个人生活的一个不可避免的部分，在社会变迁速率加快时更是如此。社会心理学家欣克尔曾说，“活着就是遭受压力”。似乎还要加上一句“生活处处有压力”。消极的事情能对人有压力，积极的事情也能对人有压力，就好像离婚对人有压力，结婚也对人会有压力一样。因此，要教育人们对日渐增加的压力有精神准备，增强自身的适应能力。

在一定的情境下，压力会对人的身心发生危害，正像忧郁症不利于人的身心健康那样。医学和心理学研究证明，压力与冠心病等诸种疾病有关。因此，科学地减轻压力是必要的。比如一个人在组织内部应学会有效地处理问题或对待组织成员，那么他就能更好地避免由组织所引起的各种压力。同样，增加群体内的凝聚力也能有效地缓解群体内的各种压力，这些不无益处。

然而，压力的作用并非全是消极，也有积极的方面。社会心理学家汉斯·塞利曾说：“压力是生活的刺激……压力使我们振作，使我们生存。”心理学试验表明，那些用来经受电击和夹趾威胁试验的幼兽被试，它们长大以后似乎比早年没有受过压力的同窝动物更能应付环境的压力。可见，压力既有令人厌恶的一面，又有有利的一面，机体虽然遇到了压力，但适应力却提高了。缺少压力本身就是压力产生的诱因，反之，成功地应付压力会导致较高水平的成就和信心。既然压力如此重要，只要我们知道自己能够顺应压力这一道理,我们就需要很好地适应它,变被动地逃避为主动地承受,甚至是寻求。一方面,我们可以把寻求压力看作是逃避压力的补充,另一方面,寻求压力又是人们生活的基本过程。它不仅是为维持一定水平的平衡,而且还是为达到一个较高水平的适应。

谈“《渴望》效应”的社会基础

载《天津日报》1991年1月16日

一、“天伦之乐”还是“天伦之苦”。中国人是重家庭的。在中国的传统文化中有“天伦之乐”说。家庭常常被人们描述成脱离社会的避风港，超脱尘世的安乐园。然而，现实的家庭既躲避不了社会涌起的波涛，也不都充满甜蜜安乐。有的是苦中有乐，有的是乐中有苦，有的是苦乐参半而来。电视剧《渴望》正是在这一点上道出了千千万万家庭和人们的心声。它勇敢地面对现实，揭示了中国现代家庭面临的种种矛盾，包含的酸甜苦辣，乃至达到了入微的程度。我们可以历数剧中的每一对婚姻恋爱和每一个的家庭；几乎找不到一个完整幸福的，简直是天伦之苦了。在这一点上，它激起了人们的共鸣，而且开始意识到中国婚姻家庭中的种种矛盾和质量不高的现实再也不能被“超稳定”的假象所掩盖了，容忍、维持并不能得到家庭的真正幸福，渴望真诚生活的人们应勇于正视矛盾，去探索新的人生之路。

二、“义务”和“感情”孰轻孰重。“义务”和“感情”是中国婚姻家庭中一对难解难分的矛盾。在传统的中国家庭中总是“义务”第一，甚至为了维持“义务”牺牲感情。现代人反其道而行之，把追求爱情作为婚姻家庭的第一要素，中国的现代化进程正在使中国的家庭由“义务”型向“感情”型过渡，然而，这是个痛苦的蜕变过程。《渴望》恰恰表现了这一过程。尽管《渴望》中“亚茹”的性格为人有时令人“不舒服”，但她对爱的执着的追求，以及在那特殊历史条件下和“罗冈”未婚同居生育，都被做了肯定的描述，得到了观众的同情。就是“刘慧芳”这个充满东方传统的女性，在婚姻的抉择上也能断然违母命，甩掉“宋大成”，爱上“王沪生”。也许有人说，“刘慧芳”之所以嫁“王沪生”，是为了拯救，为了贡献，为了义务，其实这只说出了其动机的一面。细心的观众从“刘慧芳”的细微表演中可以看出，尽管大成如此诚恳，“刘慧芳”和他终无感情，虽然“王沪生”最后抛弃了她，但她确实爱过沪生。“王沪生”和“刘慧芳”的痛苦离异是感情婚姻的失败，但并未阻止人们对感情婚姻的继续追求。这是《渴望》给人们的又一启示。

三、在“传统”和“现代”中抉择。由于各种原因中国人是比较尊重传统的，从国家大事到生活小事常常喜欢按传统模式行事。然而，曲折的社会人生道路使人们变得贴近现实起来，从《渴望》对“刘慧芳”模式的塑造和人们对她的心情中可以观察到这一变化。“刘慧芳”好不好？几乎无人说不好，以至有些评论说：写得太好了，反而不感人了。然而好人却没有一个好的结局，痛苦，压抑，被抛弃，甚至瘫痪……人们从对“刘慧芳”的好感到对她的同情，从同情到愤愤不平，甚至有人指责电视剧的编导者不应让“刘慧芳”的结局那样惨。进而一些人开始怀疑“刘慧芳”模式在现实生活中的合理性和普遍性（有人认为她甚至不存在）。相反，“亚茹”倒是活生生的，现实的。现代青年人，特别是女青年愿意做“刘慧芳”那样的人吗？未必。在认同传统和认同现代的抉择中，还是现代好，现实点好，这几乎是今天日益广泛的社会心态。

四、关于“共性”和“个性”的思考。长于组织观念和集体观念的中国人总是以“共性”第一，“共性”高于“个性”的。社会的发展和现代生活方式的建立，使“个性”得到更多的尊重，尤其是在个人生活领域人们更加追求“个性”。《渴望》正是在追求“个性”上实行了大胆探索，让剧中的主要角色各有所异，各个丰满、逼真、充分发展。编导者尽管有褒贬的主要倾向，但无论贬者还是褒者都有两重性和多重性，是一个个复杂矛盾的聚合体，使人们看了以后，不会简单地肯定什么和否定什么，而能做出多种分析、评判和选择，在某种意义上它迎合了社会生活多样性的趋向和人们追求差异、追求个性的心理。

总之,“《渴望》效应”的基础在于中国社会生活模式和社会心理的改变,它顺应了这一历史现实,从而激励人们热烈地追求和深刻地思考生活。

话说“回归热”

载《天津日报》1991 年 3 月 27 日

今天社会上热门的话题是什么?《红灯记》热、《渴望》热,有的人说下一个热点是《焦裕禄》。记得两年以前,一个从南方回来的朋友告诉我那里有些人又重新戴起了毛主席像章,去年报纸的一篇报道说东南沿海某大城市出现了毛主席像抢购热,如果我们把这些都概括成一种“回归”现象的话,这种“回归”不是今天才开始的。

1.“回归”现象是必然的吗?

回答应当是肯定的,从人们在“回归”热衷崇尚的模式里,我们可以找到许多金子般的闪光的东西,甚至可以毫不夸张地说,这些东西对人类的价值是永恒的。雷锋式的艰苦奋斗、奉献精神,焦裕禄式的了解群众疾苦、全心全意为人民服务的精神,“李玉和”式的疾恶如仇、视死如归精神,都是人类精神世界的瑰宝,是在时代的发展中不可泯灭的。不仅中国人这样认识,外国人也这样认识。几年前传出了美国西点军校学雷锋的故事,在一代人已经不熟悉雷锋甚至忘掉雷锋的时候,西方人却想起了雷锋。去年夏天我去日本讲学,岐阜县朝日大学的一名日本著名法学教授和我讨论当代中国最伟大的人物时,十分自信地告诉我:毛泽东第一的位置是不可动摇的。他列举了毛泽东的智慧、文采、气魄和力量,以及他领导中国人民站立起来的事实,他说尽管毛泽东后来犯了错误,但他是中国当代毋庸争辩的第一伟人。我耐心地听他滔滔不绝地讲述了一切,吃惊他的见解胜过了许多中国人。

2. 为什么今天出现了“回归”热?

一个时期以来,某些金子般闪光的传统被人们遗忘了,是有其深刻的历史背景的。1966年开始的那场动乱在很大程度上造成了人们价值观念的混乱……20世纪80年代在经济领域中首先进行的改革给众多社会层面都带来了巨大变化。这一切使人们既兴奋,又陌生。兴奋的是它给中国带来了繁荣,给人民带来了利益;陌生的是它毕竟是新生事物,人们对之很不熟悉,特别是当新生事物和某些传统价值观念相冲突时,人们就彷徨不解了。比如商品经济发展中的某些交换原则,讲酬劳原则与无私奉献、不计报酬的思想就是矛盾的,人们究竟如何选择?历史的经验告诉我们,在一场巨大的社会转型中,人们比较容易怀旧。这是因为新的模式还未成型,还会有许多矛盾、问题,这些都会使还没有把握其规律,且长期生活在旧模式中的人们感到惶惑不解。比如经济改革中的某些机制不完善造成了贪污腐化、脱离群众和官僚主义现象的增长,会使人们有今不如昔之感,笼而统之地认为今天的干部不如昨天的干部,今天的风气不如昨天的风气,今天的社会不如昨天的社会……总之,当旧的已经逝去,新的尚未到来时,总会出现一片空白,需要填补;当人们在新的模式中还没有找到自己肯定的答案和出路时,也许认为过去比今天要好,以过去来填补今天。

3.“回归热”的出路

“回归”热出现的历史必然,并不表明它已经找到了自己的出路。就好像近几年每到春天许多大城市里组织学雷锋活动,红旗招展,锣鼓喧天,人们走上街头,摆出了许多“摊子”,为人们修自行车、理发……做好事,十分热闹,然而过后又变得冷清。不会有人对这些活动非议,但人们也并没感到雷锋真正回来了。最近出现的“渴望”热,真的意味着“道德回归”和“价值重建”吗?即将到来的“焦裕禄热”也真的意味着我们的干部都会像焦裕禄那般“清廉”,一时间焦裕禄式的干部会大量涌现吗?对此人们正在冷静地思考。

从历史发展的根本上看,真、善、美的东西总是会被人们追求,得到弘扬的，美好道德的“回归”，科学价值的重建也是必然的。然而，这种“回归”和重建不是简单回复和照搬，不是形而上学和教条。任何简单回复和照搬，任何形而上学地模仿，只能产生形式主义的效果，而不能带来真正的“回归”和“重建”。

和20世纪50年代相比，80年代（或者说进入90年代）的中国是前进了，不是倒退了。实现四个现代化的伟大目标为中国展现了光明前景，积几十年经验的中国人民在前进的道路上尽管遇到重重矛盾，荆棘丛生，是不会辗转反侧，犹豫不前的。旧的模式不可能被原封搬来解决新问题。新问题要用新办法解决，为新时代要创造新模式。任何向历史的回归，只能是把历史的精华赋予新鲜的内容，变成能为今天服务，为今天所用的东西才有意义。它既不可能是原封不动地照搬，更不可能变成历史的倒退和历史的重演。

要求20世纪80年代领导人们从温饱走向小康之路的干部，和50年代领导人民解决温饱问题的干部，说一样的话，做一样的动作，显然不实际，也不必要。80年代的干部应当以他们的新鲜思想、新式工作、新型方法去领导人民开创新的事业，并以此表达他们对党和人民的忠诚负责精神。新时代的焦裕禄要有新时代的风格，才能真正扎根于社会，表现出他的生命力。同样，新时代的雷锋也要有新时代的特点，赋予新时代的内容，才能真正为人们信服和接受，才能使雷锋精神在今天发扬光大。

总之，“回归”现象是一个历史现象，它不是僵化的，而是见生动活泼的，是继承、改造和更新。今天，我们要珍惜自己的传统，更要着眼于现实和未来。历史后浪推前浪，一代更比一代强。我们应当怎样学做“90年代的焦裕禄”，怎样成为“90年代的活雷锋”，是“回归”热衷人们应当认真思考的问题。

“第三代人”：矛盾、奉献和默默无闻

载《天津日报》1991年5月8日

和他人一样，“第三代人”不是生物意义上的人，而是社会意义上的人。因此，议论第三代人离不开他所处的社会背景。如果我们把“第三代人”定义为共和国的同龄人的话，我以为只有通过共和国成立以来40年的风风雨雨，才能透视他们。他们所处的特殊的历史环境和特殊的社会化过程，决定了他们是矛盾的一代，奉献的一代和默默无闻的一代。

可以说，共和国前进的每一步都给“第三代人”打下了深深的烙印。当他们还是婴儿时，从苦难中刚刚站起来的共和国，生机勃勃，一片阳光，使他们感到温暖，充满希望。当他们进入学龄初期，耳边震响着惊天动地的革命口号，眼前看到“大跃进”……一切都是轰轰烈烈，使他们曾经有理想，有抱负似乎感到中国在一瞬间就要压倒列强，走到世界前列，共产主义的实现亦为期不远。当他们成为少年，自我意识得到进一步发展时，现实和理想的冲突给他们的心里打上了第一个问号。进入青年期的“第三代人”，正面临着“心理上的断乳”，却在实际上被卷入了“文化大革命”中。在这被称为“第二次诞生”的人的成长极为重要的阶段，他们面对的是学校停课，工厂停产，千百万人呼喊着口号上街，造反，夺权……社会上一片混乱。“心理断乳”后的“第三代人”，并未得到正规的补偿，得到的却是社会规范的紊乱，生活目标的紊乱，社会角色的紊乱，使他们没有办法依常规取得社会成员的资格，而是以一种畸形方式——造反、“革命”、斗争，出现在社会的舞台上。然而，一切并未如愿以偿，狂热的举动并未使中国前进，而是停止与倒退。现实使他们沉思，随之而来的“上山下乡”运动，又把他们的大部分送到农村和边疆，在那里他们才看到什么是中国的现实，才体会到人生的曲折和酸、甜、苦、辣。社会的变型、冲撞，曾经使“第三代人”心灵扭曲。这一影响是极其深远的，仅从学校停课，使“第三代人”误了学业去理解他们是被耽误了的一代，远远不够，真正的创伤在他们的内心深处。当“四人帮”被粉碎，“文革”结束，中国开始进入全面建设现代化和改革开放的新时期，“第三代人”已开始从青年步入中年，此时，他们的世界观尽管常常是混乱的，但已初步成型。改革以来中国的巨大变化和长足的进步，形成了 10 年和 30 年的鲜明对比，伟大的实践足以使“第三代人”兴奋和充满热情，然而历史的曲折道路足以使“第三代人”心中产生传统定势，使他们兴奋中带有冷静，热情中想到现实，既不像已中年、老年者那般保守，又不像第四代人那样吹着号角，站在前沿，他们集积极进取和保守于一身，是矛盾着的一代。

然而，历史终究还是把“第三代人”推到了前面，因为他们年富力强，因为他们是实现向新时代过渡的桥梁。桥梁就是为千万人踩踏，为千万人帮忙、铺路和奉献。“第三代人”的这种地位，不仅是他们的生理条件决定的，还是由他们的社会条件决定的。和“第四代人”相比，尽管他们还没有“第一、二代人”那样的新旧社会的阅历和比较，但有中华人民共和国成立 40 年以来的几个时期的阅历和比较，因此显得更为成熟、有经验和现实。和“第一、二代人”相比，尽管他们还不那么老练，但却有比较多的新思想，新思路，更容易激动和接受新事物。从这点上说，他们综合了“第一、二代人”和“第四代人”的优点，成为承前启后，过渡的一代。中国社会的转型需要一个过程和过渡时期，这一时期注定需要“第三代人”来承担主要责任，来挑大梁，这是他们所回避不了的，推卸不了的。就“第三代人”本身来说，由于他们一度失掉了“黄金时期”心理上的不平衡使他们强力要求把失去的宝贵时期夺回来，因此，对于挑担子也当仁不让。主观愿望和客观要求相吻合，无疑使他们成为心甘情愿的奉献的一代。

然而，无论“第三代人”在中国的分量怎样越来越重，或者说作为主角已呼之欲，无论他们和前后几代人相比有怎样的优势，他们不可能积大功于一身，光彩夺目，照耀千秋，这也是被历史所决定的。“第三代人”可以是桥，是路，是体育场上世界冠军的陪练员，可以说是高尚的，但终究只能为他人铺垫，为他人搭桥，只能是默默无闻的一代。

李、汤官司引起的话题:“法制”与“人情”

载《天津日报》1992 年 7 月 29 日

一时期来,南阳发生的李、汤官司成为新闻媒体报道的热点和人们关心的话题。官司发生在两个知名歌星之间,告的是《声屏周报》侵害名誉权,是新鲜事。当人们把注意力集中到“名人对簿公堂”和谁胜谁负的结果时,更应当提醒人们从法制的社会心态的角度去分析这一问题。这里包含着一“喜”又一“忧”。“喜”的是人们终于在法制之路上迈开了大步,开始使用法律武器去明辨是非。“忧”的是法制之中人情味过浓,法制意识又常被人情味所冲淡。

尽管南阳诉讼审判是公开的,正规的,而且并不复杂,很快有了结果,但似乎人们还是疑问胜者的社会背景和取胜的非法律因素——人为因素。这在中国已经成为人们习惯的心理定式,其实包括南阳诉讼案之主角李、汤、韦等人的表现,也可部分反映中国人法制心理特点。李某某在要求单位领导出来调查调解被拒绝之后,果断决定来南阳对簿公堂。汤某某不仅上了法庭,而且在败诉之后,仍比较冷静,表示经过公开审理的正规法律程序,了解了事实的真相,基本达到了目的。而韦某则不传自到,致使审判长诧异,都是事实。然而,“胜者”“败者”及旁观者的心态和行为却令人思考。李在胜诉之后称来南阳打官司是没有办法,希望大家以后都不要打官司,没什么意思,造成亲朋好友之间对立,永远弥合不了,人情味很足。旁观者也发出慨叹:“为何不搭个桥,让两位歌星同台演出,高歌一曲《爱的奉献》。”呼吁握手言和,化干戈为玉帛。不能不启发人们去思考，是否中国人的人情多了一点？法的观念弱了一点？

其实法制是广大民众的事，在法制上除去立法和执法问题，还有对法的热情和法制习惯和心态的培养问题。从根本上看，民主法制意识的教育，民主法制习惯的养成是长期的过程，也是实现民主法制社会之根本所在。

……

现代社会既需要法制，也有人情，其中法制是根本。

中国人在人治和人情社会中生活日久，潜移默化，一种固有的心理定式根深蒂固："情重还是法重——情重。"直至今天法被权力所左右之事时有发生，情感替代法律的情况也不鲜见。再也没有比"沾亲带故"这个词更能说明中国社会关系的特点了。在有些人看来亲朋的关系和利益是高于一切的，即使是法律也在其下。在中国社会中人情味十足，比如称为官的为"父母官"，称好友为"兄弟姐妹"，称天下之人为"一家人"。面子重，人情债多，裙带关系发达，这些都是西方社会所少有的，客观上说，它也是使社会走上法制道路的无形障碍。

现代社会是个广泛联系，密切合作，频繁互动和高度整合的社会。以商品经济为机制所兴起和建立的发达的社会关系只能靠法律来调理，而不能靠人情来维持。这是由业缘关系与亲缘关系的矛盾本质，由法律因素的确定性和情感因素的不确定性所决定的。

德国社会学家马克斯·韦伯曾经对科层制的特点做过阐述，指出其有利的方面在于效率高、正确、迅速、专家控制、连续、谨慎、协调和避免私人感情。按科层制，处理事物一切须按法规所规定的条文范围内引用，不能渗入个人因素，用以维持统一的标准。按科层制，机关内职员绝对避免私人感情，不得意气用事，对处理案件，不加入一己之见。这些显然都是法制的原则，不是人情的规律。在以业缘关系为主体的现代社会，显然需要法制的确定性、连续性，排除人情的模糊性和偶然性。择法制去人情是必然的了。

从上述观点看，发生在南阳的官司的结果并不重要、也不意外。重要的是它使人们看到了法制的曙光。当权者仅为了侵害名誉权便走上法庭，是令人鼓舞的。

“拔群”的群体现象

——现代领导行为科学的启示

载《天津日报》1993 年 7 月 13 日

在现代社会,关于领导的称呼和议论很多,领导一词也被运用得很广。有关领导的研究也其说不一,比如说“领导是群体过程的核心”“领导是一种统治技术”“领导是在群体中的一种地位或角色”“领导是率先垂范于群体的作用行为”等,是有差别的,但有一点是共同的,即领导不是个体现象,而是群体现象。

现代领导行为科学认为,领导的本质,可以说是在个体对他人或他人群产生一定的社会影响的过程中存在着的、发挥影响的过程,就是领导过程。领导,并不是单独个体的行为现象,而是一种“拔群”的群体现象。简言之,领导是根据个体 A 的某种影响,唤起了个体 B,或者个体群 B′。如果没有 A 的影响,群体就不会产生行为。而对 B 或 B′所唤起的行为,又是 A 所想要达到的目的,从而在 A 与 B 或 B′的互动中,完成了一定的作业(task),或是解决了一定的问题(problem)。领导正是一种和这一过程相关的社会行为,是一种群体现象。因此,所谓领导,是指群体中某特定的成员,对群体所要解决的课题、群体目标达成机能和群体过程的维持机能,所起到的比其他成员更为显著的某种持续而又积极的作用。这种看法和一般把领导视为某一个体或某一个人的行为看法的主要区别在于强调了只有在对于群体施加影响的过程中才有才能表现所谓领导。

从这一科学概念出发,对领导素质的理解也就不单是个人品质的考虑,而且要视其对群体的作用力,或者说"拔群"力,它又可包含五个主要方面。

其一:形象要素的感召力机制

所谓形象要素也称身体要素,包括年龄、身高、体重、体格和仪表外貌等方面。一个人要发挥领导作用,没有健康的体魄是不行的,用我们今天的话说,年富力强者才能胜任领导,不无道理。值得指出的是,一个领导要能感动群体,发动群体,其自身必须要有感召力,其因素是多方面的,风度仪表是重要的方面。从客观上说,风度翩翩者的资源要好些,然而主观方面更为重要,在现代社会一个不注重仪表,邋邋遢遢的人对群体是缺乏感召力的。现代领导行为研究专家弗莱明经过测试与统计证实领导行为与有魅力的外貌的相关值是 0.21,与风度仪表的相关值更高,为 0.50,是有参考价值的。现代领导者必须要有健康的体魄,也要注意自己的风度和仪表。

其二,能力要素的发动力机制

"拔群"是领导之要旨,"拔群"也意"发群"。作为领导者,必须要有"拔群"和"发群"之能力。因此,它必须有高于一般人的智力、判断力、创造力,以及必备的发言能力和机敏性。智力和判断力是创造力的基础和前提,创造力又是现代领导的主要特征。如今,"敢为天下先"是一句很时髦的话,它表现了在改革开放蓬勃发展的大好形势下,人民对领导带领群众创造光辉业绩的渴望。然而,对没有创造力,只知上传下达,循规蹈矩的领导,要"敢为天下先"谈何容易?还需要指出的是,发言能力对现代领导者的重要性。现代社会人际交往高度发达,人与人之间的联系在很大程度上是靠语言来进行,一个领导者要取得群体的信任,调动起群体的热情,必须要有较强的语言表达能力,在西方叫演说能力,这是不能忽视的。

其三,业绩要素的潜在力机制

通常人们对业绩要素一般理解成在事业中创造的成绩,现代领导行为科学对此有更宽泛的解释,即业绩不仅包含工作中的成就和成绩,还包含学历、知识和运动机能。学历和知识表明其在学业中的成就,是潜在的资源，运动机能则表现其和群体共同从事活动的能力，现代领导行为科学证实领导者应比非领导者更为大胆并富有冒险性，果敢程度更高，运动机能表现得更为突出。业绩要素把出类拔萃者与平庸之辈区别开来。显然，出类拔萃者居于领导地位更容易取得群体的信任，在领导群体动作中更有经验，更为成熟，更能做出成绩。

其四，责任要素的持续力机制

现代领导行为科学认为领导行为不是短期行为，而应带有战略性、超前性、预测性，表现为较长的持续性。对于群体来说，它应具有可靠、主动、持久、自信心和顽强精神等特点。综合起来，即要有责任观点。“短期行为”是现代领导行为之大忌。只顾眼前利益和效果，缺乏长远规划，只对本任负责，是从根本上损害群体利益的，是不能持久地拔群的。一个领导者要以持久性作为对自己的基本要求，在带领群众拼搏中表现自己强烈的自信心和顽强精神，表现是负责任的，是远见卓识的，而不是目光短浅的。

其五，参与要素的凝聚力机制

领导既是拔群，就要参与。不参与到群体行为之中，脱离群体，高高在上，显然不能当领导。从现代领导行为科学的角度看，参与是重要的，它是实现领导与群体融为一体，增强群体凝聚力的重要条件。参与要素包括能动性、社交性、协调性、适应性和幽默。俗话说懒是当领导之大忌，领导者要勤，要能动地参与到群体之中，在参与的过程中表现出自身的社交和协调关系的能力，现代社会分工的发达，商品中的交换，市场中的价值使人与人相互依赖程度提高了，从某种意义上说，不善交往，不能依赖他人的人在现代社会难以生存，更何况为担任别人的领导呢？因此领导必须学习社交艺术，善交，会交，并表现出在交往中的协调性、适应性。至于幽默则是社交中的高标准要求，擅幽默语言，以更生动的方式，更贴近生活的俗话表达自己思想的人更容易感动群体，取得他人的好感和信任，更容易把群体成员凝聚在自己的周围，实现领导的目标和意图。

总之，从领导是“拔群的群体现象”这一基本点出发，我们可以从现代领导行为科学的角度为领导者画像，从这里也能很清楚地把“好人”和“领导者”加以联系和区别。“好人”是就个人品质而言的，“领导者”应该是“好人”。但更为重要的是领导者能“拔群”，只有具有“拔群”能力的人才能成为领导者，从这个意义上说，“好人”不一定能成为领导，只有那些具有“拔群”能力的“好人”才能成为领导。这是现代领导行为科学给予我们的启示。

世界一体化　民族主义　爱国主义

载《天津日报》1994 年 12 月 14 日

在人类将走入 21 世纪的时候，两种相互对立的趋势更加明显：一是全球化和世界一体化现象，一是民族纠纷和民族情绪的增长。于是，世界一体化中的民族主义成为跨世纪的社会焦点问题之一。对于改革开放中的中国人来说，如何在世界一体化的融合与竞争中树立民族自信心，增强民族凝聚力，自立于世界民族之林，有着巨大的现实意义。

一、世界一体化的大趋势

自 20 世纪后半叶以来，世界一体化趋势已渐露头角，科技的发展，经济的增长，冷战时代的结束，使其成为一种不可改变的趋势。

从经济领域开始的这种一体化进程是在世界经济分工格局的变化中首先由发达国家带头推进的。跨国公司和集团的出现带来了世界性工业的生产流水线，以汽车工业为例，在全球汽车工业最为激烈的竞争中汽车工业率先全球化了。美国福特公司生产的“护卫牌”新车是在美国、英国和德国装配的，零件是在西班牙、意大利、英国、日本和巴西生产的。而日本的三菱公司生产的引擎，其中许多零件又是在第三世界制造的。韩国和中国台湾可以为之生产从点火线到输入阀门等各种零件，而巴西则可以制造整台的汽车和卡车引擎。这种情况导致汽车成为“世界车”。汽车工业如此，其他工业也如此。美国人喜欢的棒球运动所用的手套，有 95％是日本制造的，但手套所用的牛皮是美国产、巴西鞣制的。

美国如此，其他国家也如此，日本出产的袖珍电子计算器唯一由日本制造的部件就是印有“日本制”的牌子。其中微处理硅片来自美国，在新加坡、印尼或阿尔及利亚装配，钢制外壳来自印度。像这样的例子不胜枚举。正如美国社会及商业评论家彼得·德拉克尔所说，协作生产将成为世界经济结合的流行方式。

经济领域的全球一体化趋势，不仅表现在协作生产而且表现在全球性投资。美国在向国外大量投资时自己却已成为其国家的投资对象。日本独家全部或部分控制的美国工业公司在20世纪80年代就已经超过250家，进入90年代还在迅速增长之中。一位沙特阿拉伯的富翁盖斯·法朗巴贝特·兰博将乔治亚洲国家银行的股份全部买走。外国人在美国设立银行的越来越多。因此，在世界各国之间形成了你中有我、我中有你的格局。这样跨国式的全球经济没有一个国家能独自加以管理。

经济的国际化推动了文化、生活方式等方面的交流，已经带来了全球意识和全球主义。全球主义作为一种意识形态，远远不只为一个国家或集团服务。正如国家主义主张为整个国家一样，全球主义主张为全世界。一些人甚至断言：“民族国家已经要寿终正寝了。”

二、热点的民族问题

从20世纪下半叶，伴随着世界一体化趋势的是民族问题和民族主义的增长。随着苏联的解体，冷战时代的结束，世界的主要矛盾将由社会主义与资本主义两种制度和意识形态之争转化为民族之间的矛盾和纠纷。

人们历数了20世纪的后半叶，特别是最近二三十年以来，世界热点地区和问题，无一不和民族、种族问题有关。南非黑人和白人尖锐的冲突和对立，终因黑人领袖曼德拉与白人总统德克勒克的和解而告终，在世界产生很大影响。然而在非洲一波未平一波又起，卢旺达又出现了胡图人和图西人相互残杀事件，至今其血腥气息还在全球散发。今天在南斯拉夫塞族、穆族还在剑拔弩张，互相对峙，战火不熄。

在中东，人们刚刚庆幸阿拉伯人、巴勒斯坦人和以色列人的和解时，又发生了哈马斯运动的极端主义分子在以色列首都耶路撒冷制造爆炸恐怖事件，杀害无辜以色列平民而使局势再度紧张。而在1990年曾在入侵科威特败下阵来，受到国际社会制裁的伊拉克近来却又蠢蠢欲动。所有这些焦点和冲突，无不和民族问题、种族问题相关。它使得联合国手忙脚乱，穷于应付。

政治领域中如此，经济领域中也如此。世界一体化趋势是从经济领域中开始，而在公司经营不断国际化的同时，世界经济民族主义倾向也日趋严重。美日既是合作伙伴，也是竞争对手，近年来日美贸易战愈演愈烈，以致美国要制裁日本，就是生动例证。1994年8月2日，美国《国际先驱论坛报》以《扩张主义使大西洋贸易受阻》为题发表文章指出，西方国家的政府以国家竞争的名义越来越把外国公司视作敌对的公司，并对外国投资加以歧视，以保护其自身的工业。具有讽刺意味的是这种倒退的趋势是由美国和欧洲联盟带的头，而推行世界经济也是由他们带头。

可见，民族国家并没有崩溃，民族主义也没有寿终正寝。有人预言，21世纪的主要矛盾将表现为民族之间在资源、利益、时间和空间上之争。

三、世界一体化和民族性的相关

世界一体化的趋势和民族主义的增长这表面上互相对立之物却有极大的相关性，与其说是对立，不如说是辩证的统一。

民族组成了国家，国家又构成了世界。每一个民族，无论其大小，都有它自己的本质上的特点，都有只属于该民族而为其他民族所没有的特殊性。这些特点便是每个民族对世界文化共同宝库的贡献。从根本上说，世界性是由民族性构成的，没有民族性，就没有世界性，从这个意义上说，世界一体化过程，反而使民族性得到某种程度的加强（当然也包括某些畸形的民族主义的东西的滋长）并不奇怪。

在人类社会的历史上有过世界一体化过程中民族性反而得到强化的事实。300年前工业革命是从经济领域开始的世界一体化的开端。在此之前，世界大部分地区还没有形成民族国家，更确切地说，只是组成了部落、氏族、公爵的领地、公国、王国和其他多少是地区性的政治单位。而从美国独立战争和法国大革命开始，经历了整个19世纪，民族国家主义的狂热，横扫世界工业化地区。德意志350个小邦，要求联合起来，成为单一的民族市场——德国。意大利从分裂的状态下统一起来。诗人为民族精神而意气风发作诗吟诵，历史学家发掘了长久湮没的民族英雄的业绩，在文学和艺术中，作曲家和作家写出民族魂的赞歌。总之，工业化促使世界一体化，然而又激发了民族性：美国、法国、德国和欧洲其他民族国家主义兴起。当然，这种民族国家主义的极端发展，又成为20世纪两次世界大战的导火索。眼前的事实是，随着世界一体化中愈来愈互相依赖的全球经济的发展，民族文化的复兴已经来临。

美国社会预测家约翰·奈斯比特在《大趋势——改变我们生活的十个新方向》中曾断言，在未来社会中，瑞典人会更瑞典化，中国人会更中国化，法国人也会更法国化。这是不无道理的。未来世纪的世界一体化意味着民族的振兴而不是衰亡。

四、世界一体化中的中华民族和中国人

在工业革命席卷世界，促进世界一体化之时，中国人不仅未能参与到这进程中去，还缩在自己的国门里任人侵略、蹂躏和宰割，这不是因为中国人的世界性太少了，恰恰是中国人的民族性太少了的缘故。换句话说，一个懦弱的民族，一个没有自己民族精神和特点的民族是不可能真正参与到世界一体化进程，并为这一进程所接受的。

今天意气风发的中国人开始令人瞩目地走向世界了，首先是由于中国已经自立强大了，特别是改革开放以来，在世界发达国家经济增长缓慢，甚至停滞的情况下，保持了旺盛的发展势头和高增长率，使发达国家刮目相看，他们一方面不能把中国拒之门外而主动前来谈投资与合作，推动中国参与国际一体化进程；另一方面则设置重重障碍去延缓这一进程。他们或者以“人权论”发难，以“黄祸论”做宣传，或者则以阻止中国进入“关贸总协定”相威胁。可见，走向世界的中国人需要自立，需要自己有力

量，需要有强烈的民族精神和风格，只有这样，才能得到他人的平等相待，才能昂首走向世界。民族性和民族精神是中国人走向世界的前提和条件。

从这个意义上看，近年来开展的继承中华民族优良传统教育、爱国主义教育、“爱我中华”宣传是及时的、恰到好处的。与其说进行这种教育是召唤开放的中国人回归，不如说是对中国人走向世界的推进，与其说是要告诉中国人不要数典忘祖，不如说是在教导他们如何走向世界，换句话说，一个丧失了国格和民族性格的人是不能真正走入世界的。

眼下一首流行的歌曲的歌词发人深省：“请别忘记我永远不变黄色的脸。”这是写实，也是写意，它是走向世界的东方人的心声，也是走向世界的中国人的心声。中华民族毫不迟疑地进入世界一体化进程，如同中国人黄色皮肤的脸不会改变那样，中华民族的民族性也不会消失，因为这是中国进入世界一体化的前提，也是中国为世界一体化的贡献。中国人更应该珍惜自己优秀的传统，为自己是个中国人而自豪。这不是狭隘的民族主义，而是广阔的国际主义。

走向世界——经济·法律·社会——全方位接轨

载《天津日报》1995 年 12 月 19 日

随着中国走向世界，参与到国际大循环、大分工、大合作中去，中国人越来越感到信守国际准则、调整自身、完善自我、和国际社会接轨的重要性。今天中国要走向世界，和国际社会接轨迫在眉睫。接轨即标准化。接轨是全方位的。这是我们面临的三个重大理论与实践问题。

一、接轨迫在眉睫

关于中国进入世界贸易组织和关贸协定的复关谈判已经进行很多年了，几轮回合下来仍无结果和分晓。把持着世界贸易组织和复关谈判的少数人一方面表示“很难想象世贸没有中国大陆的情况”；另一方面又以种种理由横加阻拦。有理、有利、有节的中国人一方面坚持原则，据理力争，在坚持中国是个发展中国家，只能从自己的国情出发，承担与中国现阶段发展水平相适应的义务，以及“非歧视性原则”和“最惠国待遇”等应具有普遍性和永久性问题上不让步之外，又表现了极大的灵活性。不久前中国政府在日本大阪举行的亚太经合组织首脑会上郑重地向世人宣布，从 1996 年起中国将大幅度降低进口关税税率总水平，降幅将不低于 30%，以后还会再降低，受到举世瞩目和赞扬。世界舆论认为这是中国实现贸易自由化，迈向世贸组织极其实际而且十分重要的一步。他们预测，中国明年除了降低 4000 种货物进口关税外，还会在人民币兑换自由化、对外国开放金融市场，以及对外贸公司给予平等待遇等方面有重大举措。

无论世人怎样评论，国人从江泽民主席的决定中已感到中国在走向世界进程中，已下定决心，调整自身，为了长远利益宁可牺牲眼前的利益，去和国际社会接轨。接轨之事迫在眉睫。

二、接轨即标准化

中国向世界接轨是中国的文明走向世界文明。各种文明都有标准的法则和规范。中国向世界接轨的过程其实就是按世界文明标准化的过程。

标准化是自工业革命以来人们都熟悉的规则，然而它不是从来就有的。在封建割据自给自足的小农社会，不同地域和群体之间各自依自己的标准行事，是无所谓标准化的。工业化社会生产了千千万万同样的用于交换的产品，并迅速发展起了以市场为主体的交换关系，标准化的原则就显得越来越重要。谁先领悟了这一原则，谁就能捷足先登，得到辉煌。20 世纪初美国的西奥多·伐尔（Theodore Vail）在创建美国电话电报公司时，率先掌握了这个重要原则，使他成为巨人。1908 年，他在一则广告中把自己吞并小电话公司的行为解释为“全盘标准化”的结果，声称保证“设备，线路和管道工程，以及作业方法和法律工作”的经济节省，并且还包括“统一的指挥和会计系统”。伐尔被后人誉为塑造了工业社会的伟大标准化专家。伐尔以后另一名革新的机械师弗里德里克·温斯罗·泰勒（Frederick Winslow Taylor）则提出只有每个工人在劳动中每一个动作实现了标准化，劳动才是科学的。他认为每项工作是只有一个最好的（标准的）方法，一种最好的（标准的）工具，和在一个明确的（标准的）时间去完成。泰勒的作为和他的标准化哲学思想，使他自成为世界企业管理的导师，在西方社会的名气可与弗洛伊德、富兰克林媲美。

标准化成为 20 世纪席卷全球的浪潮，从一个企业公司的标准化开始，发展到一个部门，一个地区，乃至一个国家的标准化，最后则成为全球标准化。这种观念适合在不同国家，是超意识形态的。比如苏联十月革命的伟大导师列宁在推进工业化之时，就主张使用泰勒的管理方法，他也是一个标准化的忠实推动者。

在今天，一个国家除非关起国门，闭关自守，可以不顾国际标准化的规则。而当其要打开国门，走向世界时，就不能不遵循标准化的规则，换句话说，就不能不以标准化的规则去与世界接轨。

三、接轨是全方位的

联系今天中国改革开放的实践，所谓全方位接轨和标准化主要包括经济、法律和社会等三个主要的方面。

经济方面的接轨和标准化是全方位接轨中的核心。20 世纪 80 年代开始，冷战时期告终，世界进入以发展经济为中心的时代。市场经济的发展，意味着标准化不仅是相同的可口可乐瓶子、电灯泡和汽车变速器，而是包括十分广阔的含义的。比如为国际社会认可的产品进出渠道，产品销售与经营的国际规则，以及与此相关的税务、财政、金融等规定。特别需要指出的是，今天我们正在大量引用外资发展经济，出现了大量合资和独资企业，这就更需要我们的经营管理制度和方法方面要与国外的某些制度和方法相适应。80 年代以来我国改革的实践证明，那种只需要国外的产品和技术，而不需要他们的管理方法和规则的想法是不配套的，不切合实际的。经济上的引进与输出是全方位的，产品有个标准化的问题，交易办法，经营方针和管理方法也有标准化的问题。

法律方面的接轨和标准化是全方位接轨的保证。我国进入市场经济几年以来的实践说明市场经济必须法制化，必须进入法制的轨道。其实这个问题在 20 世纪 80 年代我们还没有完全实行以市场经济为主体经济之时就已经被尖锐地提出来了。比如进出口贸易中经常发生的各种索赔问题，发展外向型经济，合资引资中各种契约的法律保障问题。以及近几年来在国际上被用来大吵大闹，大量渲染的知识产权纠纷问题。这些都提醒我们，发展市场经济，和国际贸易市场对接，进入国际经济的大循环，大协作，没有法律的保障是不行的。近几年来，我国在完善法制，与国际接轨方面，做了大量的努力，有许多脚踏实地的动作与步骤。比如像天津等大城市都专门成立了受理知识产权诉讼案的知识产权法庭，把它和民事诉讼法庭分开来，使它更加专门化，专业化，就是一个巨大的进步。它表明中国的法制建设在为市场经济的服务中更加系统，更加成熟，更加符合国际规则与惯例。

社会方面的接轨和标准化是全方位接轨中不可缺少而又常常容易被忽视的方面。所谓社会方面的接轨是指人们的语言、行为、观念和风貌要适应开放政策的需要，是指社会环境要为国际间的交流与合作提供各种便利和保障。近几年来我们提出的关于人的素质问题以及展开的各种相关讨论，我们以世乒赛和京剧节等大型活动为契机，大力整治城市的自然环境和人文环境，我们要向国际社会展示天津大都市的风采，都是要创造一个良好的社会环境和城市形象，以适应发展经济，向国际社会开放，与国际社会接轨的需要。如果我们的国门打开了，外资引进了，外向型经济建立了，而人们的观念滞后，行为粗俗，语言不文明，社会治安不好，城市环境脏乱差，显然是不配套，不能适应形势发展的需要的。实现社会文明，和国际社会文明接轨，是全方位接轨中不能被忽视的方面。

总之，即将告别20世纪，走向21世纪的中国人正在以极大的勇气敞开自己的大门，迈开双脚走向国际社会，与国际接轨已成为一个不可改变的大趋势。而这一接轨进程一旦开始，必然是全方位的。树立全方位接轨意识，参与到全方位接轨进程之中，是今天每一个中国人的神圣责任与义务。

精神文明建设的新机制

载《天津日报》1997年2月4日

党的十四届六中全会通过了“中共中央关于加强社会主义精神文明建设若干问题的决议”。在决议的指引下，神州大地正在形成精神文明建设的新高潮。精神文明建设和物质文明建设的有机结合，促进了我国经济和社会的协调发展，并产生推动精神文明建设进一步发展，再上台阶的新机制，即正确的舆论导向机制，创造性的社会实践机制，法制建设的保障机制，人的素质的提高机制和市场经济的逐渐成熟与完善机制。

一、正确的舆论导向机制

所谓正确的舆论导向机制是指在我们国家正在形成促进精神文明建设发展的强大的社会舆论。

党的十四届六中全会公报多次提到“以正确的舆论引导人”“坚持正确的舆论导向”“强调讲学习、讲政治、讲正气，全心全意为人民服务”。所谓舆论是一种声情的艺术，是从自我声情到他“我”声情的过程。在一个宏大的社会范围里，舆论，作为无数个自我到他“我”的声情，反映着无数人的心言，是众人所思所想之言。

舆论的机制在于它能使一种思想在公众中传播扩散，迅速为一部分人所接受，并波及和影响全社会。舆论的功能在于调节人们的思想交流，统一人们的认识，并把由此而形成的社会思潮以显现或潜在的方式加以扩散。如今，强大的宣传攻势和正确的舆论导向，已使精神文明建设深入人心。这正是精神文明建设所追求的目标之一。

二、创造性的社会实践机制

所谓创造性的社会实践机制是指在我们国家已经出现丰富生动的精神文明建设的群众性创建活动。党的十四届六中全会公报指出要“深入持久开展群众性精神文明创建活动”，全国各地广泛开展的群众性精神文明创建活动，是人民群众移风易俗、改造社会的伟大创造，有助于两个文明建设任务有机结合，落实到基层。

和物质文明相关的精神文明建设既是思想教育活动，也是丰富的社会实践。这是由两个方面的原因决定的。其一，精神文明不仅是口号和思想，而且是社会目标与模式，它不会在人们的想象和言语中自生，而要靠人们去做，去创造；不会自然而然从天而降，而要人们脚踏实地地铸造。其二，新时代精神文明的客观规律和科学蕴含还没有被人们完全认识与把握，还需要人们通过社会实践去认识。当前群众性的精神文明建设的社会实践，不仅把精神文明建设的目标落到实处，而且为全国的精神文明建设积累了经验，摸索了规律，形成了推动精神文明建设的强大动力。

三、法制建设的保障机制

所谓法制建设的保障机制是指精神文明建设正在法制化，和法制建设结合起来，因而得到了保障。党的十四届六中全会公报指出，社会主义道德风尚的形成、巩固和发展，要靠教育，也要靠法制。精神文明建设不仅是思想道德风尚的弘扬，也是使社会成员的行为依现代文明社会的标准实施规范化的过程。建设精神文明的过程，也是社会控制的过程。社会控制的手段一般有软控制（主要是舆论）和硬控制（主要是法律和执法）两种。由于法制的强制性、确定性和可操作性，因此，从某种意义和某些范畴上说，它对于精神文明建设的作用表现得更为直接，更为明显。不久前，在全国人大常委会上，一些人大常委会委员呼吁加速为精神文明建设立法，表明我们的精神文明建设正在与法制衔接，得到法制的保障。近些年来不断展开的对犯罪行为的“严打”,也同样表现了法制对于建设文明社会的重要作用。

四、人的素质提高机制

所谓人的素质提高机制是说精神文明建设以提高人的素质为基本目标,与提高人的素质的系统工程结合起来。

党的十四届六中全会公报指出,要以提高市民素质和城市文明程度为目标,开展创建立明城市活动。要以提高农民素质、奔小康和建设社会主义新农村为目标,开展创建文明村镇活动。无论是城市还是农村,精神文明建设都以提高人的素质为首要目标。

自从20世纪70年代以来,一种关于发展中国家经济社会发展战略理论“内源发展理论”,即以提高人的素质为中心的发展理论正在被接受。中国在自身的经济和发展实践中也日益感到无论是物质文明建设还是精神文明建设都离不开人和人的素质。因此,我们的精神文明发展战略从来都是把提高人的素质,满足人的文化、精神需要放在十分重要的地位,而且把与人的素质提高的有关的方面作为精神文明建设的重要内容。可以肯定,随着教育的普及,科学的振兴和人的素质的提高,我们的精神文明建设会再创新水平,再上新台阶。

五、市场经济的逐渐成熟与完善机制

所谓市场经济的逐渐成熟与完善机制是说我国已实现从计划经济向市场经济转轨,尽管这是一个长期而艰难的过程,然而市场经济在其自身发展中逐渐成熟和完善,它必然会成为新的精神文明建设的基础和前提。

首先,市场经济所创造的物质文明为新的精神生产创造了必要的基础和前提。如果我们承认人类从“蒙昧时代”到“野蛮时代”,再到“文明时代”是以生产力发展为标志的,如果说所谓的“文明时代是学会对天然产物进一步加工时期,是真正的工业和艺术生产的时期”,那么现代社会的文明应当是市场经济的发展与完善时期。从根本上说,市场经济的发展与精神文明建设是“正相关”，而不是“负相关”。

其次，市场经济的发展也为现代精神文明建设提供了思想火花，注入了新的血液。正如党的十四届六中全会公报指出，建立社会主义市场经济体制是我国经济振兴和社会进步的必由之路。它也有利于增强人的自立意识、竞争意识、效率意识、民主法治意识和开拓创新精神，使社会主义的优越性进一步发挥出来。至于市场自身的弱点和消极方面及其在精神生活中的反映，很多是与我们现实生活中市场经济发育不成熟、机制不完善有关，我们不能把今天社会出现的腐败和不文明现象归结为市场经济的自身。

社会转型呼唤社会工作

载《天津日报》2002 年 1 月 14 日

19 世纪末 20 世纪初，专业性的社会工作在西方社会首先诞生。近一个世纪以来它在不断回应社会的需要过程中成长。现在世界上发达国家的社会工作都已经专业化了，专业化的社会工作是指社会工作者，运用社会工作专业方法帮助社会处于不利地位的个人、群体和社区，解决困难，预防问题发生，恢复、改善和发展其功能，以适应和进行正常的社会生活的服务活动。在中国，改革开放使中国发生全面而深刻的变化，产生了前进中的社会问题，有弱势群体需要帮助，社区的地位越来越重要，需要开展社会工作，帮助调整人与人、人与社会的关系，重新整合社会。

社会转型需要社会工作

当代中国，面对着社会转型所产生的各种问题和压力，对于在旧的模式中生活日久的人来说，一时间可能很难适应，需要社会提供各种帮助，以增强人的新的社会生活能力，适应变化了的社会环境。另外，随着人的生活水平的提高，生活方式的改变，也产生了一些新的社会生活方面的需求，比如心理咨询等，也需要提供帮助。现代社会向人们提供帮助的方式方法是多种多样的，其中包括专业化的社会工作。社会转型期的社会需要社会工作，并使它迅速发展起来。

1986 年底，国家教委决定在北京大学等普通高等院校试办社会工作与管理专业，我国的社会工作专业教育开始了，到 2001 年我国有 70 余所高等院校和专科学校已经和正在办社会工作专业，从人才培养和需求角度我们看到了社会工作蓬勃发展的广阔前景。

社会工作提供社会救助

现代社会提供社会救助的方法是多种多样的，作为制度化的社会工作是一种助人的专业活动，它有一套明确的理论做指导。它不是人们日常生活中的守望相助，也不是出于怜悯之心的个人帮忙，而是基于人的权利与尊严、社会的公平与进步等一系列理念的理性的助人活动。社会工作既不同于社会保障，也不等同于社会福利。

社会工作不同于社会保障

社会工作和社会保障都是对社会上处于困难境地的人提供帮助，但有不同：第一，社会保障基本上是由国家法律法规的援救措施和制度，社会工作则是具体、直接地提供社会援助。第二，社会保障属于收入和物质的帮助，社会工作不仅提供物质上的帮助，而且提供精神上的帮助。第三，社会保障的直接目的是维持有困难者的基本生活不致发生危险，因此也叫社会安全。社会工作除了救助以外，还有发展受助者能力的任务。第四，社会保障是对个人、家庭而言的，社会工作的对象不仅包括个人和家庭，而且包括社区。第五，社会保障主要是由国家和政府主体提供的，是政府行为，而社会工作是社会工作者提供，是社会工作者和受助者之间的合作，是民间行为。

社会工作不等于社会福利

社会工作者常以提高人们的社会福利为自己的旗帜，但不等同于社会福利。社会工作是一种服务活动，是实现社会福利的手段。在社会中，通过社会福利会向生活成员提供各种服务设施和服务，但某些成员可能因为各种障碍不能享用，这时，服务设施的享用尚需要提供另外的服务，这就是社会工作。在社会工作领域，社会福利方面的服务是一项重要的内容,这类内容称为社会福利服务。

社会工作解决社会问题

社会工作大体上可分为改善人们的物质生活和协调人们之间的关系两大类。联合国社会委员会曾经总结指出过社会工作的有关项目,主要有:调节劳资关系、进行职业介绍和职业辅导、实施社会安全和社会保障、倡导合作事业、进行社会教育、举办儿童福利、心理卫生和精神卫生服务、公共卫生服务、伤残重建、参与住宅规划、进行公共救助、实行老年救助、推进城乡建设、推进社会运动,从事社会福利行政、社会工作教育等。

社会工作面对社会问题向人们提供各种帮助的范例很多。比如现代社会发展速度很快,新问题很多,一些人虽然物质生活优越,但精神压力大,有心理障碍。社会工作者就向他们提供各种心理咨询和服务。在美国这种服务有多种形式,比如开设心理热线,有心理疾病和障碍者可打电话和热线主持人交谈,诉说问题和苦闷,寻求对方的帮助和解决。现代社会的家庭不稳定,离婚率较高。针对这一情况,我国香港的社会工作者为女性离婚群体举办各种休闲、对话、娱乐活动,以缓解她们压力和忧愁。

社会工作面对弱势群体

社会各群体的相互作用有两种形式:竞争与共生。当社会资源相对缺乏,各社会群体为了各自的利益而互相竞争时,那些常处于不利地位的社会群体被称为弱势群体。弱势主要表现在经济力量、政治力量和社会地位低下。在社会中,老年人、儿童、妇女、残疾人等通常是公认的弱势群体。

老年人是社会工作的重要对象之一。老年人服务包括老年人救助、老年人日常生活服务和社会适应服务。社会工作者把了解老年人需求,并向其提供满意的服务,使其安度晚年当作自己的任务。美国实行社会养老,国家、教会、团体和各种慈善组织办的养老院很多,在那些养老院里护理老人的许多是专业社会工作者。儿童和青少年是社会工作的又一重要对象。儿童服务是指儿童抚养方面的服务，包括日间托管、儿童抚育和智力开发等。少年服务主要针对少年健康成长的保障和对少年违法行为的帮教和矫正。社会工作者为妇女提供的帮助主要有怎样处理家庭关系，应对家庭暴力，以及提供家政管理的咨询服务等。

社会工作服务社区建设

社会工作面对社区建设可以提供各种服务。一般而言，社区工作可以调整和改善社会关系，减少社会冲突；寻求社会福利需要和社会福利资源的有效配合，改善权利和资源的分配，改善社区生活，促进社区进步。社区工作的这些功能是通过社区工作者扮演不同的角色发挥出来的。社区工作者在社区工作中扮演的角色主要有：引导者角色，引导社区建立其本身的目标，主动鼓励社区发现问题，并采取解决问题的行动，使社区成员认同于其所服务的整个社区；促成者角色，鼓励社区讨论问题，促成社区居民组织起来，共同工作，以良好的人际关系获得居民的信任，共同达到社区的目标；专家的角色，进行社区分析和诊断，提供研究方法和资料，用其他社区的资料、经验和本社区的评估及工作评价，作为社区制定决策的参考；社会治疗角色，了解社区内个人间、团体间和组织间的竞争、压力、紧张及冲突的存在，通过社区领导人物来缓和、消除与调和这些现象；计划者角色，分析社区问题，提出可能的解决途径，作为社区居民的决策参考；倡导者角色，使社区居民知道自己的需要，并加强对其需要的认识，与社区融为一体，帮助他们完成目标。通过社会工作者的这些角色的扮演，社会工作在社区层面发挥自己的作用。

城市化与“三农”问题

载《天津日报》2006 年 4 月 10 日

解决“三农”问题是我国目前经济与社会发展中的重中之重。2005 年 12 月 31 日公布的《中共中央国务院关于推进社会主义新农村建设的若干意见》，进一步确立了统筹城乡经济社会发展，扎实推进社会主义新农村建设的思路和基本方针政策。从长远发展角度看，要彻底解决“三农”问题，除去要在农村就地落实中央的有关决定外，还要不断吸引大量的农民进城，加速城市化进程。城市化对解决我国“三农”问题具有重要的战略意义。

一、城市化能使农民参与聚集经济

解决“三农”问题的根本首先要发展生产力，发展经济。现代经济的特点是聚集经济。和农村相比，城市具有聚集经济的优势和特征。城市经济是空间集中的经济。只有空间集中，即人口、企业和各种活动的空间聚集才形成城市，才存在城市经济。城市因空间聚集而产生，又因空间聚集而发展壮大，没有空间聚集，就没有城市经济。空间聚集使城市经济具有明显的聚集效应，聚集经济的产生使企业可以获取更高的利润，居民可以得到更多的效用，从而改变了生产与消费决策的技术成本和市场约束。企业和居民在空间上互相接近，通过竞争分享这种聚集利益。在既定的技术条件下，由于城市聚集经济的存在，与非城市环境下的厂商相比，城市内的厂商用同样的投入，可能获得差异巨大的产出，即厂商的生产集中可能在同一技术下由于聚集经济原因而向上移动：由于聚集经济，消费者所得的效用增加了，从而影响其消费偏好，于是厂商面临的需求曲线也会因此而产生相应的变化。基于上述原因，厂商最优化决策点（生产均衡点）自然也要发生变化。实践证明，同农村比较，城市聚集经济的特征，使它在资金、人才、信息、交通市场、管理效率等方面，具有优势。农民进城，参与城市聚集经济，为城市聚集经济做贡献，在先进的经济层面和氛围中图发展，有利于提高地位，从根本上改变落后状况。

二、城市化能促使农民在产业结构中转变

“三农”问题的解决有赖于产业结构转变。农民也只有从产业结构的转变中找到根本出路。从战略的角度看，要彻底解决“三农”问题，大多数农民必须从农业中解脱出来，实现转变。现代社会经济发展的比重，趋势是从第一产业转变为第二产业，并跃进到第三产业。即从农业进入工业（制造业），再跃进到第三产业。一个国家、一个地区产业结构状况是其经济是否发达的重要标志。发达国家和地区不仅实现了产业结构的第一次转变（即从农业进入工业），而且实现了第二次转变，以第三产业为主体。城市和城市化进程的本身就意味着从农业为主的产业向第二和第三产业转变。目前我国的许多城市为进一步发展经济，改善城市环境，都在努力实现以第三产业为产业结构的主体。北京、上海、天津等大城市都把建成服务型城市作为发展目标，把发展现代服务业放在首位。

目前我国农村广大地区有自身的产业结构调整问题。而大量的农民工进城，则是产业结构调整的主要手段和契机。根据 2005 年全国许多城市对流动人口（进城农民工）抽样调查的资料证实，农民进入城市后，普遍实现了产业结构的转变。以天津的调查资料为例，在被调查的 1211 人中，来天津以前多从事农业，占 61.6％，来津后，则集中在做工 37.9％、商贩 15.9％、服务员 15.1％、勤杂工 5.8％、美容、美发师 6.8％、厨师 3.6％等，只有极少数人还务农，占 0.2％。数据表明，他们已经初步实现从农业转变为非农业，从第一产业转变为第二产业，并进入第三产业。可以预

见，随着城市第三产业的发展，服务型经济的形成，他们必将更广泛地融入诸如金融、商贸流通、信息服务、中介服务以及新兴的社区服务经济之中，向第三产业的高层次发展。实现产业结构的彻底转变。

三、城市化有利于农民生活水平的提高和生活方式的改变

当前中国之所以把解决“三农”问题放在如此重要的地位上，一是因为目前中国农民人口多，仍然占中国人口的大多数。二是因为城乡差别大，农民相对贫穷落后。解决“三农”问题的关键是要缩小城乡差别，使农民尽快地富裕起来，提高生活水平，改变生活方式。从简单逻辑上说，农民进入城市，参与城市的经济生活和社会生活，融入城市主体社会，从农村人转变为城市人，就是对城乡差别的直接消除，就是解决农业、农村和农民问题的一种重要方式。事实表明，农民进城以来，他们的生活水平大大提高了，生活方式也改变了。

2005 年天津市流动人口的调查资料表明，农民进城的动机除去经济目的外，还有其他社会动机。有 81.9%的被调查者说是要“挣钱养家”，有 37%的人是为了“见世面”，有 28%的人是为了“求学长知识”，有 36%的人是要“发挥个人才能”，有 19%的人要为“子女找出路”，有 20%的人是因为在农村“找不到活干”，有 21%的人表示“喜欢城市生活”，还有 19%的人说“别人都出来了，就随大流出来。”可见，他们进入城市的动机中不仅有经济动机，还有各种复杂的社会动机。

不仅要挣钱养家，提高生活水平，而且要改变原有的农村生活方式，寻求新的城市生活方式。他们进城后也初步尝到了“甜头”。从收入上看，被调查者有近 70%以上的人月均收入在 500 元以上，其中 500 至 1000 元的占 59%，1000 元以上的占 11%，人均月收入 817.4 元(相比较而言，城市居民样本有 65%以上的人收入在 500 元以上，1000 元以上的占 10.5%。人均月收入 892.8 元)。农民工进城不仅赚钱养了家，而且求学长了知识，体会和享受了城市的生活方式，发挥了个人的才能，为子女找了出路。

无论如何，他们进城是受益了。他们在城市不仅干活挣钱，而且在一定程度上参与了城市社会生活，诸如：参加“集体社交”“文化活动”“体育锻炼”“治安巡逻”“募捐”“志愿者”等。他们也表示了对城市生活较高的满意度。在问到“如果可能您是否愿意长期在城市工作、生活下去”时，有64.8%的人表示“愿意”，28.1%的人“无所谓”，只有7.1%的人说“不愿意”。农民进入城市是受益了，提高了生活水平，改变了生活方式，开阔了人的视野，享受了现代城市文明。尽管他们完全进入城市主体社会，成为城市人还会遇到许多问题，还需要过程，但城市社会的吸引力和农村社会推动力，不仅能使他们在城市中长期生存下去，也会吸引其他农村人不断来到城市。而这个城市化的自然历史进程正是解决我国“三农”问题的广阔途径。

在世界现代化的潮流中，农民进城转变为城市人，城市人口逐渐占总人口的大多数或绝大多数，是普遍规律和趋势。中国也不会例外。1900年时，世界城市人口的比重只有13.6%，到1950年增加到29.2%，50年增加了15.6%，到1990年又增加到45.2%，40年间增加了16%。预计到2025年世界的城市人口将达到63%。

中国是个发展中国家，从20世纪后半叶开始，特别是改革开放以来，也经历了大规模的城市化进程。1950年时，全世界城市化水平为28.4%，发达国家为51.8%，发展中国家为16.2%，中国为11.2%；1980年，全世界城市化水平为41.3%，发达国家为70.7%，发展中国家为30.5%，中国为19.4%。改革开放使中国进入了以经济建设为中心的新时期。经济的发展大大促使城市发展和繁荣，促进城市化进程。目前发达国家的城市化率约为76%，世界的城市化率约为45%，中国为37%左右。中国的城市化水平不仅和发达国家差距很大，而且低于世界的平均水平。预计未来50年，中国城市化程度将从现在的37%提高到76%以上，而到2050年，中国的城市人口总量将达到10亿至11亿，即从现在算起，中国每年将有1200万农民转为城市人口。高佩义博士在总结这个客观规律时提出了城市化三定律：“城市聚变引力”定律、“乡村裂变推力”定律和“城市文明普及率加速定律”，即在城市引力和乡村推力的共同作用下，城市文明将加速普及，众多人口拥入城市，原因是城市能向他们提供更好的生活方式和生存方式，城市具有乡村无法比拟的社会文明。

今天我们在思考解决中国的“三农”问题时，既要具体贯彻《中共中央国务院关于推进社会主义新农村建设的若干意见》精神，在农村就地解决矛盾和问题，又要从战略高度认识城市化进程对彻底解决“三农”问题的根本意义，并准备迎接城市化进程中的各种挑战。

在“社会交换”中加强道德建设

载《天津日报》2006 年 6 月 5 日

在社会主义市场经济条件下，引导人们树立正确的世界观、人生观、价值观，不断提升道德情操，构筑抵御不良风气的思想道德防线，提高全民族的思想道德素质，是我们面临的紧迫课题。加强道德建设，探索道德建设与社会交换行为之间的关系，是十分重要的。

道德建设与社会交换行为

社会学研究认为，在人际交往和互动中存在着普遍的社会交换行为和社会交换关系。社会交换行为和关系不仅在商品交易中普遍存在（以物易物，以钱易物），有等价交换的原理，而且在其他社会行为，乃至社会心理中也都普遍存在。一个人做了好事，应该得到回报，这不仅是当事人的心理，也是社会的期待。

天津著名的支教老人白芳礼的事迹不仅感动了天津，也感动了中国。不久前老人不幸逝世，离开了人间。笔者在接受记者采访时听说了这样的事情：白芳礼老人生前用蹬三轮车赚来的辛苦钱支持了上百名学生上学，而被支持过的学生中只有一个人来参加了白芳礼老人的雕像落成仪式。学生们没来的原因是多种多样的，有的是因为不知道消息，但也有知道消息不想来的，原因是不想让别人知道自己是让老人资助上学的。这里我们有一种强烈的不公平感。受到资助却不懂感恩，简直太不能让人理解了，甚至也太不道德了！其实在现实社会生活中我们不乏听到类似的事例。这里，我们看到社会的“公平”和“正义”被亵渎了，一些人做了好事得不到相应的反馈与回报，一些人在弘扬社会道德，一些人却在“缺德”，这种严重违背社会交换行为规律、破坏道德建设的事情发人深省。

现在全国许多省市政府设立“见义勇为”基金，奖励见义勇为者，而且进入了实际操作阶段，取得了良好的效果。一些省市还为此立法，制定了相应的《见义勇为奖励条例》，从法制上保证了见义勇为者能够得到社会的承认和回报。这种符合社会交换行为规律的做法，对于弘扬社会正气，建设社会道德与文明的作用是十分重要的。

道德建设与社会交换理论

美国社会学家霍曼斯和布劳提出的社会交换理论，产生20世纪50年代末期。社会交换理论的基本范畴和概念包括价值、最优原则、投资、奖励、代价、公平和正义等。围绕着这些基本范畴和概念提出了一组普遍性的命题。

这些命题主要有：1. 成功命题。一个人的某种行为能得到相应的奖赏，他就会重复这种行动；某一行动获得奖赏越多，重复活动的频率也随之增多；获得的奖赏越快，重复活动的可能性就越大。2. 刺激命题。相同的刺激可能会带来相同或相似的行为。如某人过去在某种情况下的活动得到了奖赏或惩罚，而在出现相同的情况时，他就会重复或不再重复同样的行动。3. 价值命题。如果某种行动的后果对一个人越有价值，那么，他就越有可能去重复同样的行动。4. 剥夺与满足命题。某人（或团体）重复获得相同奖赏的次数越多，那么，这一奖赏对该人（或团体）的价值就越小。5. 攻击和赞同命题。该命题包括两个方面：一是当一个人的行动没有得到期待的奖赏或者受到未曾预料到的惩罚时，就可能产生愤怒的情绪，从而出现攻击性行为；二是当一个人行动得到预期的奖赏甚至超过期待值，或者没有遭到预期的惩罚时，他就会高兴，就会赞同这种行为。

霍曼斯将5个命题看成是一组“命题系列”，强调他们之间相互联系的重要性，并认为只要将 5 个命题综合起来就能够解释一切社会行为。霍曼斯指出利己主义、趋利避害是人类行为的基本原则，由于每个人都想在交换中获取最大的利益，结果交换行为本身变成一种相对的得与失。对于个人来说，投资的大小与利益的多少基本上是公平分布的。布劳从社会结构的原则出发进一步发展了社会交换理论，认为社会交换关系不仅在人与人之间，而且存在与关系密切的群体和社区中，是建立在相互信任的基础之上的。

按照“成功命题”“刺激命题”“价值命题”“剥夺与满足命题”和“攻击和赞同命题”所阐述的规律，社会上有德的行为得到了赞同，得到了奖赏，得到了回报，会出现相对应的效应，即不仅有德者本人还会重复这样的行为，而且其他人也可能仿效。换句话说，真的、善的、美的东西得到社会的肯定，它必定会得到伸张，扩展开来，社会良好德行也必将蔚然成风，这是道德建设的良性循环。

可以肯定，我们设立“见义勇为”基金，并用法律形式保证见义勇为者得奖，不仅能引导舆论，树立社会正气，而且能引导更多的人模仿。因为这种做法符合社会交往、社会互动、社会交换的客观规律，符合社会的公平正义的原则，符合普遍的社会心理和人的积极心态，有利于社会文明的建立和伸张，有利于社会的道德建设。

道德建设在社会交换中升华

今天，社会交换行为带有普遍性，不仅在经济领域中如此，在社会生活领域中也是如此。一个人付出了，得到回报，这种回报可能是物质的，也可能是精神的；可能是金钱，也可能只是一句感谢的话，是一个点头，一个微笑。无论如何，有来有往，既是一种人间真情，也是社会公平与正义。从社会交换理论的角度看，能实现社会交换本身就是道德的伸张，就是道德的建设。当然，道德建设的内容还不止包括这些，现代社会文明也不能仅在社会交换中实现。在道德领域人们还有更高的追求和目标，道德建设应该在社会交换中升华。

首先,在社会行为中不仅有交换行为,还有奉献行为。在交换行为中人们需要或期望得到回报。在奉献行为中人们不期望,也不需要得到回报。这种精神就是我们以往所说的社会主义精神、共产主义精神。也是毛泽东同志所说的毫不利己,专门利人的精神。中国的雷锋就是最好的代表。雷锋精神不仅在中国被景仰和崇拜,而且在世界其他国家也受到赞扬。有些国家尽管和我们的文化、价值观意识形态差别很大,但对雷锋精神都是肯定的。笔者在访问美国著名的西点军校时看到中国军人雷锋的塑像在西点军校的展室里。美国朋友告诉我,雷锋也是美国军人的榜样……

现代道德伦理是一个整体或体系,但分不同的层面。在不同形式的社会行为中,有不同的表现形式。在社会发展的现阶段,由于生产力水平和人们的素质觉悟所限,社会交换行为还不能不带有普遍性,因此提倡交换中有反馈,付出了应该得到回报,本身就是社会道德的重要组成部分。就好比在家庭中父母生养了子女,子女也应赡养父母,朋友之间,同事之间,要互相帮助,要有诚信那样。然而,我们的社会不会停留在现在的阶段,要向前发展,我们的道德建设也要引导人们逐步走向高尚。社会不仅要有交换,也要有奉献。社会主张人得了好处,回报他人,希望做了好事,能得到回报。社会当然也提倡无私奉献,不需要回报。道德建设既有现实的层面,也有未来的引导和追求,只有这样才能实现高层次的社会文明,完成道德建设的最终目标。

建设和谐社会中的“公平”问题

载《天津日报》2006 年 9 月 11 日

目前，我国社会总体上是和谐的，但也存在一些影响社会和谐的问题。改革开放以来，中国的生产力大大发展了，但我们也遇到一些社会转型时期不可避免的矛盾与问题，其中包括贫富差别问题。它产生了“不公平”的社会心理，不和谐的社会因素。其实，自古以来“公平”问题一直是人们关注的热点话题。

“平均主义”中的“公平”

大凡有人群且有利益分配的地方，都会产生公平问题。“公平”通常被认为是“同等”“一样”“平均”，也许“平均”最能表达大多数人对“公平”的理解。在传统的中国文化中，人们谈论“公平”时却比较多地使用了“平均”，特别是“均”字。中国的孔圣人就说过“不患寡而患不均”的名言。揭竿而起的农民起义者，提出的口号是“均贫富，等贵贱”；中国近代民族资产阶级革命的口号也是“平均地权”。

其实在人类社会文明史上，“平均”或“平均主义”只是作为一种社会心理和社会理念存在，在事实上从来没有实现过。有人根据逻辑推断，认为绝对的平均、平等只是在人类原始公社共产制的时期才可能存在，而那时环境十分恶劣，财富少得可怜，不得已而实行原始的平均主义，平均主义是和原始时期极低生产力水平相适应的，以后平均的模式就再也建立不起来了。现代社会人们逐步意识到绝对的“平均”是无法实现的，用“平均”这样一个等量均等的概念来表示“公平”，既不实际，也不适宜。

“效率”中的“公平”

中华人民共和国成立后的一段时间里，我们也有过“平均主义”的理念，有过一些实行“平均”的做法和教训，最典型的是20世纪50年代人民公社期间的“一平二调”“吃公共食堂”等，以后人们简称其为“大锅饭”。这些做法否认了人与人的差别，强调了集体利益，用简单的平均分配方法处理人与人之间的关系。这种生产关系的超前变革，扼杀了人们的劳动积极性，破坏了生产力的发展，既没有事实上的平均，也没有实现“公平”。直至党的十一届三中全会，我们决定把发展生产力放在首位，才彻底打破“大锅饭”模式，取消“平均主义”，以“效率”优先，兼顾“公平”的原则，发展生产，富裕人民，提高国力。

中国的改革开放是从农村实行家庭联产承包责任制开始的。政策切实贯彻了多劳多得、少劳少得、不劳不得的分配原则，充分调动了人们的积极性和热情。以后我们进一步明确提出了允许一部分人通过劳动先富起来，先富带后富，最后达到共同富裕的政策，进一步确认了按劳分配，承认差别，“效率”优先，兼顾“公平”的原则。显然这是一个把阶段性目标和最终目标相结合的致富方针。要缩短这个过程，必须调动人们的劳动积极性，取消“大锅饭”，允许一部分人先富起来。

现实情况是，20多年来一部分人确实富裕了，多数人的温饱问题已经解决，大部分人达到了小康水平，然而还有少数人仍处于贫困状态。无论如何，社会上出现了贫富差别，而且这种差别还有加大的趋势。这对于有着传统的“不患寡而患不均”文化心理状态的中国人来说，会产生一种相对剥夺感。一些人想问题首先不是从自我生活水平和状态的今昔比较，从生活水平的逐步提高和富裕中，找到安慰和满足，而是从贫富差别中感到困惑和不公。再加上改革以来社会的分配体制还没有理顺，一些单位和地区自行其是，分配制度五花八门，比较混乱，也有少数人并非靠劳动致富，就更加重了人们的不“公平”感。

如何处理效率和“公平”的关系？人们有不同的看法与意见。一些人主张牺牲“效率”要“公平”，他们说不能搞两极分化，贫富悬殊，有的人挥金如土，有的人连基本的生活还没有保证，这太悬殊了。如果要在“富而不均”和“寡而均”两者之间加以选择的话，我们宁愿要后者。另一些人反对这种意见，主张在“效率”优先中兼顾“公平”。他们认为，在社会的不同发展阶段上，对“公平”有不同的解释和理解，比如在今天大多数人认为“按劳取酬”是公平的，换句话说，今天再搞简单的“大锅饭”，对少数懒汉可能是“公平”的，对大多数辛勤劳动的人则不公平。在“患寡”和“患不均”中现在主要还应“患寡”，担心财物少而不够分。在财物少，甚至到无财可分的情况下，讨论“公平”是没有意义的。就像给众人分一张饼，只有尽量把那张饼烙大后，才能考虑每个人分多分少的问题。在那张大饼仅够每人分一口，实际上谁也吃不饱的情况下，谈论均与不均的问题，只是再把人们拉回到原始的低质量，低层次的均等状态，不是今天人们要追求的公平。今天我们是要引导人们走向共同富裕，而不是把人们带回到以往的平均贫穷模式之中。

任何一个社会，“公平”的标准都是相对的，不是绝对的。从社会分配的角度说，任何一种分配制度的客观存在都取决于社会大多数成员对于它的合理性认同。在当前“效率”优先，兼顾“公平”的原则下，我们国家至少有四种分配制度。第一，“按劳分配”，多劳多得，少劳少得，不劳不得。第二，“按贡献分配”，它是“按劳分配”的另一个尺度，贡献越大分配越多。第三，“按财产分配”，诸如银行存款得利息，投资买股票有红利等。财产越多得利越多。第四，“按需分配”，诸如在失业、退离休、医疗、工伤、生育等社会保障制度中规定的分配。这四种分配制度在不同的领域有不同的功能和作用。特别需要指出的无论哪一种分配制度都与平均主义无关。“按劳分配”“按贡献分配”“按财产分配”都是不均的，就是“按需分配”也是不均的，也有因需多需少不同而产生的分配上的差别。换句话说，现存的各种分配制度无论其合理性程度如何，都不是平均的，都与平均主义无关。黑格尔有句名言：“凡是现实的都是合乎理性的。”我们可以把它改说为凡是现实的都是有其存在根据的。

“正义”中的“公平”

今天我们要追求“正义”中的“公平”。它不是“平均主义”中的“公平”,也不等同于“效率”中的“公平”。中央要求要按照“民主法治、公平正义、诚信友爱、充满活力、安定有序、人与自然和谐相处”的要求建设社会主义和谐社会。其中公平和正义是联结在一起的。追求正义中的公平,是未来的公平理念和发展方向。正如胡锦涛总书记指出的:“一切为了人民,一切依靠人民,是马克思主义政党最鲜明的政治立场。要牢牢把握和坚持始终代表中国最广大人民根本利益,切实把人民群众的利益实现好,维护好、发展好,为中国特色的社会主义伟大事业奠定坚实的群众基础、提供强大的奋进力量。”

实现“正义”中的“公平”是当前构建和谐社会中的重要目标和任务。要实现这个目标,完成这个任务,以下方面是十分重要的。

1. 牢牢把握和坚持始终代表中国最广大人民根本利益,切实把人民群众的利益实现好、维护好、发展好,要牢牢记住改革开放的根本目标是要使全体人民共同富裕起来,这是由中国共产党的性质决定的,是由建设中国特色社会主义社会的方向决定的。失去了这个目标就失去了改革开放的大方向,就没有正义中的公平。为此,我们在肯定改革开放的巨大成果的同时,要正视我们面对的各种矛盾和问题,诸如贫富差别拉大问题,以及由此而生的社会不公平、不公正的问题等。要制定相关政策,采取有效措施,化解矛盾,逐步解决这些问题,最大限度地增加和谐因素,最大限度地减少不和谐因素,不断促进和谐社会建设。

2. 坚持效率公平兼顾的原则,加大实现社会公平的力度和速度。必须进一步调动人们的劳动积极性和热情,继续加快生产力发展,积累更多的财富,这样才能建立共同富裕的物质基础。如果说以往我们是效率优先兼顾公平,今天我们则是在继续坚持效率的同时,更多地思考公平,更多地用力解决公平方面存在的问题。改革开放以来,有些单位搞“减员增效”。从微观上说，一个单位实行精兵简政，人尽其才，物尽其用，减员确实能增效，实现改革的目标。但作为一个企事业单位的负责人必须心中装有广大人民群众，要有企业员工共同致富的目标和胸怀，要有多数人受益的责任心和观念，只有这样才能首先想到如何把“蛋糕”作大，而不是对富余人员一减了之。

3. 创造使全体人民各尽所能、各得其所的机会。从正义的角度说，结果的公平重要，机会的公平更重要。一些人之所以有怨气，发牢骚，是认为社会没有提供平等的机会，公平竞争。《中共中央关于加强党的执政能力建设的决定》提出：“形成全体人民各尽所能、各得其所而又和谐相处的社会。”要实现这个目标，首先就是要“全面贯彻尊重劳动、尊重知识、尊重人才、尊重创造的方针，不断增强全社会的创造活力。”现实阶段，建立公平的社会机制，首先是要最大限度地实现机会平等，使人们有平等的机会接受教育、劳动就业、参与竞争、发财致富、享受社会福利、参与社会生活等。从社会心理上说，有平等的机会是比有平等的结果更为重要的。

4. 调节利益分配机制。要高度重视和维护人民群众最现实、最关心、最直接的利益，建立健全社会利益协调机制。发达国家采取的“抑富扶贫”、避免过度的两极分化政策和办法的理论依据是：一个以“中产阶级”为主体的社会是普遍的“小康社会”，是贫富差别相对较小的社会，是稳定的社会。尽管中国的国情与西方发达国家有差别，什么是“中产阶级”，是否一定要建成“中产阶级”社会，还值得研究和探讨，但缩小贫富差别，使大多数（还可说是全体）人民都富裕起来的目标是明确的，无疑的，因此要“抑富扶贫”。比如一些发达国家采用收入累进税的办法，收入越高，所缴税比例越高。使用这种方法的前提是要有个人收入和财产的透明度，为此我们也采取了诸如银行存款实名制等方法，但总的来说，力度不够。除去税款调节的方法外，还可以用一些其他的办法“抑富扶贫”，诸如发展社会慈善事业，组织各种对贫困地区和个人捐献、馈赠活动等，不仅能缓解因贫富差别带来的社会矛盾，而且能弘扬爱心和社会文明，整合全社会。

5. 满足人民群众对社会生活的基本需求，及时解决一些敏感的社会问题。由于经济和社会发展水平的限制，目前我们还不能充分满足人民群众的各种需求。这种资源和需求之间的矛盾触发了一些新的社会问题：教育乱收费、医疗乱收费、商品房的价格居高不下等。从长远看，只有经济与社会高水平发展，才能最大限度地满足人民群众日益增长的各种需求，解决根本问题。在此之前，社会也应有所作为，比如制定相应的政策，实施法律法规，修正和制裁那些损害群众利益的行为，伸张与维护社会的公平与正义。

6. 尽快地完善各种社会保障制度，增加社会生活的安全感，建设福利社会。以按需分配为基本原则的各种社会保障制度对于今天的社会生活是十分重要的。尽快地完善各种社会保障制度，加大社会保障力度，向广大人民群众提供实实在在的劳动就业、养老、医疗、生育、工伤等方面的社会保障，会大大增加社会生活的安全感和公平感，化解社会矛盾和问题。完善社会保障制度，建设福利社会是实现社会公平的基础，是使社会全体成员（大多数成员）受益的机制，是社会正义的体现，也能增强人们对社会的信心，增加对社会差别和差异的容忍度，缓解不公平的社会心理。

无论如何，今天我们追求的是“正义”中的“公平”，实现这样的目标，我们要坚持代表最广大人民群众根本利益的基本宗旨。尽管实现“正义”中的“公平”要走很长的路，做大量的工作和努力，但这是共产党人的不懈追求。

婚姻家庭的社会管理

——高法发布第三次《婚姻法》司法解释的思考

载《天津日报》2011 年 9 月 19 日

日前最高人民法院正式公布了《关于适用〈中华人民共和国婚姻法〉若干问题的解释(三)》,首次明确了婚前购房在离婚时的归属,包括父母给婚后的子女买房属个人财产。不以登记瑕疵为由申请婚姻无效应复议,不配合法院进行亲子鉴定者败诉等内容。这个解释引起了社会的广泛关注,其中以房产为中心的物权问题的规定引起了热议,有的人甚至形容是“几家欢乐几家愁”。本文不准备具体评说这些“解释”,而是要通过这些“解释”及其产生的社会反响,思考和阐述社会管理方面的一些相关问题。高法对婚姻家庭管理几个具体问题的解释也能引起轩然大波,说明加强和创新社会管理在当前的重要意义。我们也能透过婚姻家庭管理的社会实践思考社会管理的规律和理性问题:即社会管理的宗旨在于协调社会关系,维护和促进社会和谐与稳定,社会管理的效力在于多种社会控制手段的综合使用,社会管理的根本在于确立以服务为中心的管理理念。

社会管理的宗旨:协调社会关系维护社会和谐与稳定

社会的本质是社会关系。人与人以血缘关系、地缘关系和业缘关系为基础结成了人类社会。社会管理的宗旨是要通过各种方法和手段协调和理顺社会关系,达到促进社会和谐稳定的目的。

婚姻家庭关系是社会关系的组成部分，婚姻从表象上是个人行为，从本质上是社会行为。婚姻是个人行为，是说没有当事人的决定和参与婚姻不能成立，不能实现，特别是今天，实行婚姻自由的原则，一个人要不要结婚，和谁结婚，什么时间结婚都是个人的自由，是个人决定的事，他人和社会都不得干预。然而，婚姻一定要得到社会的认可。比如，结婚必须登记，没有到婚姻登记机关履行过婚姻登记手续的婚姻是得不到社会的正式承认的。

婚姻是社会行为，社会要对它实行管理。在现代法治社会，制定和颁布婚姻法，是我们管理婚姻家庭的主要手段。自中华人民共和国成立以来，由于婚姻家庭的特殊地位和需要，我们颁布的第一部共和国法律就是《中华人民共和国婚姻法》（以下简称《婚姻法》）。该法在 1950 年 4 月 13 日实施，以后我们根据社会的变化和需要对该法进行过两次修改，并于 2001 年 4 月 28 日开始实施第三部婚姻法，这次高法的解释即是对该法正在实施的法律的解释。

此次高法发布的第三部婚姻法司法解释表面上是要解决离婚等婚姻家庭纠纷案件中操作层面的问题，从根本上则是在新形势下对婚姻家庭关系的再协调。在中国的家庭传统上人们崇尚“白头到老，从一而终”的价值观念，一直以家庭的高稳定性著称。然而，改革开放以来，在巨大的社会变迁中中国的婚姻家庭发生了改变和动荡，离婚现象的急剧增多、离婚率的大幅度提高就是具体表现之一。离婚是婚姻家庭关系产生变化，因离婚而发生的纠纷常常带来家庭关系，乃至社会关系的矛盾与不和谐。过去在离婚案件的纠纷中有两个矛盾焦点，一是子女的归属，二是财产分割。随着人们血缘和传宗接代观念的逐步淡化，子女问题退到了后面，财产分割，即离婚中的物权问题提到了首位。此次高法出台的司法解释之所以引起广泛的关注，原因也在于此。在中国的《婚姻法》中婚姻自由是一项基本原则，它包括结婚自由和离婚自由。尽管离婚可能带来比较多的家庭矛盾和冲突，但像保护结婚自由那样，离婚自由也必须得到保护和保证，从社会管理的角度说，解决离婚中的纠纷和冲突不能用简单的禁止离婚(或拖延离婚手续)的方法解决,而是要面对离婚率升高的事实和社会的改变,及时解决那些人们关注的切身利益问题。此次高法的解释就是试图做到这点。它面对中国社会离婚率不断增长和随着房地产价格的攀升,房产在私有财产中的分量越来越重的现实。注意到中国的家庭中,父母为子女结婚购买房屋和由婚姻当事者一方买房结婚的情况也比较普遍。在这样的情况下,对原来的法规条文如果不做一些相应的说明和规定,一旦离婚案件发生,无章可循,无法可依,含混不清,还循着以往简单的双方各分一半的做法,从物权的角度说,显然有失公允,会增加事实上的矛盾冲突和纠纷,不利于社会的和谐与稳定。在现代社会,要搞好社会管理,有法可依,有章可循,保证法律的权威性、确定性和可操作性是非常重要的。秩序的建立,就是关系的协调,是和谐的前奏。没有秩序,是不能建立起和谐的社会关系与和谐社会的。在处理离婚案件中的财产分割问题时,兼顾中国国情与社会常理,将财产关系摆在明面,避免了因家庭关系和感情模糊了产权而导致离婚时出现矛盾纠纷和激烈冲突的复杂状况,无论从现实和长远看都有利于婚姻的理性和稳定。

当然,此次高法解释,不仅有助于解决法院在处理离婚中财产分割的操作性层面的问题,客观上也给了社会一个提示,即人们应该怎样对待婚姻家庭,树立正确的婚姻家庭观,这对于当前社会上结婚就是为了分割对方的财产,对于轻率地对待结婚与离婚,是回应,对于构建现代新型的婚姻家庭关系也有所启示。

社会管理的效力:多种社会控制手段的综合使用

此次高法发布的《婚姻法》司法解释,也带来了一些社会忧虑,比如有的议论认为新规定会降低离婚成本,助长男性离婚动因,还为那些“包二奶”者提供了方便,他们可以随心所欲,也不用担心财产损失;还有的议论认为它会弱化对女性权益的保护,女性本来就是弱者,新规定可以使男性随意将女性赶出家门,使女性的社会地位降低,岌岌可危;也有的议论认为,不要因为一个解释,强调了家庭物权,使家庭成员之间的关系冷漠了,淡化了，生分了，亲情消失了，变成了完全是物质利益和物质关系。这些议论使我们从社会管理的角度想到了一个新的问题，即社会管理多种手段的综合运用问题。

从某种意义上说，社会管理也叫社会控制。在社会学的意义上所谓社会控制既是指整个社会或社会中的群体、组织对其成员的指导、约束和制裁，也指社会成员间的相互影响、相互监督、相互批评。社会控制的手段是多样的，综合使用多种社会控制手段，实现社会控制手段的功能互补，才能产生良好的社会管理效力。

在现代法治社会，依法治国，立法执法是实行社会控制的主要手段，但法律并不能解决所有的社会问题，还要辅以其他社会控制手段才能有效，在社会各个领域都是如此，在婚姻家庭领域也是如此。社会控制的手段是多样的，除去法律之外，还有道德、舆论、习俗、行政和组织纪律以及宗教等。不同的手段在不同的领域，有不同的作用。

道德也称伦理，是人的价值和是非判断，分辨什么样的行为是善的、美的、好的，应该提倡的；什么样的行为是恶的、丑的、不好的、应该反对的。道德可以内化到人们心中，成为自我和他我控制的力量。经过改造的传统的婚姻家庭道德对中国的婚姻家庭关系的调理一直有重要的作用。诸如男女平等，尊敬和赡养老人，抚养和教育儿童，保护老人、妇女和儿童等家庭中的弱者，主张家庭成员相亲相爱等都是道德的，反之是不道德的。依靠道德的力量，我们建立了中国式的家庭生活秩序。以赡养老人为例，在中国尊敬和赡养老人是道德的，会受到赞扬和肯定，反之是不道德的，会受到批评和指责。道德对人们行为的控制比法律更加宽泛，法律管不到的地方，道德可以管。今天人们所担忧的家庭亲情弱化、对婚姻家庭不负责任、男女不平等问题的发生以及婚外情、婚外恋等问题，都需要靠道德、靠教育、靠唤起人们的良知和自律来制约和控制。

舆论又称公意，意思是社会上众人的议论和意见。社会出现一些违背婚姻家庭道德的事情，比如不尊重妇女、不赡养老人、不抚养子女、遗弃和虐待家庭成员、破坏他人家庭、家庭暴力等，人们就会三五成群地议论，

“一传十，十传百”，会对当事者产生压力，有“千夫所指，不疾而死”之说。在今天的互联网时代，网络技术使信息的传播速度和覆盖面达到了前所未有的水平，舆论的威力更不能忽视，人们在社会生活中做了违规、违反道德的事情会遭到舆论的谴责和压力。舆论监督也是社会管理，是婚姻家庭管理的重要力量。中华人民共和国成立以来，我们向来都重视舆论的力量，用各种舆论工具诸如报纸、电台、电视、电影、戏剧、小说等新闻舆论工具影响和管理社会，以婚姻家庭领域为例，中华人民共和国成立初期为反对封建的包办买卖的婚姻制度，确立新民主主义（社会主义）的民主自由的婚姻制度，艺术家们曾经创作了著名评剧《刘巧儿》，巧儿在舞台上唱出了“这一回我可要自己找婆家”的铿锵词语，在中国广大人民群众中广为流传，影响很大，极大地鼓励人们勇敢同封建婚姻制度和习俗做斗争，实现婚姻自主、自由婚姻。新中国成立初期，我们的新闻传媒还不很发达，但我们已经充分利用它们对婚姻家庭进行舆论监督，今天我们的新闻传媒已经充分发展，利用新闻传媒对包括婚姻家庭在内的社会进行舆论监督，会起到更重要作用。

习俗是指人们在集体生活中逐渐形成并共同遵守的习惯和风俗，是人类社会生活中自发产生的一种社会行为规范。人们所处的环境不同、地区不同、时间和时期不同、所属的民族不同、宗教信仰不同，都会有不同的习俗。在社会中人们的各种行为、一举一动都会受到他所在地区社会习俗的熏陶和影响，并自觉或不自觉地遵从它，婚姻作为一种社会行为也不例外。“习俗移人，贤者难免”，习俗的影响虽然不像法律那样有明文规定，不像道德和舆论那样带有压迫力，但事实上人们都不知不觉地按照它的规范办事，这就是习俗的约束力。它是社会可以利用习俗对包括婚姻家庭进行社会管理和控制的根据。习俗是变化发展的。在历史的进程中，有的陋习被抛弃了，有的被改造了，新的习俗也出现了。进步的社会习俗常常能够引领社会潮流，起到指导社会生活、建立社会秩序的作用。社会学家李景汉曾经于1957年在北京郊区调查当地的婚礼习俗，大致是男女当事人到乡政府领取结婚证后，举行仪式简单的婚礼。新人步行或骑自行车去结婚礼堂，由司仪宣告婚礼进行程序。在举行婚礼时，只预备一些纸烟、茶水和糖果等简单类东西，招待来宾，费用较节省。这种变化显然和中华人民共和国成立后我们宣传和引导婚事应当移风易俗、新事新办、勤俭节约有关。今天我们发现和及时推广一些文明良好的社会习俗，倡导社会新风，也会对社会控制起到良好的作用。

除去道德、舆论和习俗的手段和方法外，在中国这样高度组织化的社会，组织的作用，单位的行政管理，也常常能够成为社会管理的重要力量，而在宗教信仰十分流行和发达的国家和地区，宗教也是社会控制的手段。无论如何，在社会管理中，多种社会控制手段的综合运用是重要的、有效的。

社会管理的根本：确立以服务为中心的管理理念

此次高法发布的《婚姻法》司法解释与其说是对离婚和亲子鉴定等问题的新规定，不如说是面对中国婚姻家庭关系的新变化在社会管理方面提供的一种新的服务。

更新管理理念对于搞好社会管理是至关重要的。所谓管理理念的更新是要从控制和约束的思维转变到服务的管理理念上来，确立以服务为本的思路和方法。以上我们讲到了管理与社会控制的关系，为了建立良好的社会生活秩序和社会生活氛围，管理应该包括社会控制和社会约束等方面，但控制和约束的目的是服务，是为了更好地服务于社会，服务于人民，这个逻辑是确定无疑的。这是中国共产党代表最广大人民群众的根本利益，为广大人民群众谋福利的根本目的。从 2001 年以来为了搞好社会管理，我们就提出“党委领导、政府负责、社会协同、公众参与”16 个字。政府负责组织和实施社会管理，首先要理顺政府与民众之间的关系，摆正社会公仆和社会主义之间的位置，建立服务型政府。向社会提供良好的公共产品和公共服务，是社会管理的中心任务。

改革开放以来，随着社会的发展和形势的变化，我们在社会实践中不断加深了对社会管理客观规律的认识，逐步树立了服务民众和以人为本的理念,改进社会管理工作,取得了很大的成绩和进展。在婚姻家庭领域,我们也有过一些重要的尝试和改革,它也是立足于方便群众,服务群众。在中华人民共和国成立后很长的一段时间里,人们在办理结婚手续时除去当事人要携带“户口证明”“居民身份证”之外,还必须携带“所在单位、村民委员会或者居民委员会出具的婚姻状况证明”。换句话说,没有单位组织的同意,婚姻是不能成立的。2003 年 10 月 1 日起我们实行的新的《婚姻登记管理条例》做了改变,结婚登记不需要单位再出具证明,即由原来的单位开具证明改为“本人无配偶以及与对方当事人没有直系血亲和三代以内旁系血亲关系的签字声明”,大大方便了群众,既尊重了当事人的隐私权,也体现了对公民的充分信任,对培育现代信用社会起着很重要的促进作用。因为个人对自己的“签字声明”是要负法律责任的,一旦丧失信用,就会受到法律制裁。这个管理的改革和新规定在扩大公民自由权的同时,加强了公民的责任和义务,也体现了服务民众、以人为本的理念。

婚姻家庭是社会的细胞,是社会的基础结构和组成部分。矛盾的普遍性寓于特殊性之中。婚姻家庭管理的理论和实践能够使我们领悟宏观社会管理的一般规律。从协调社会关系出发,不断创新管理的内容和方式,综合使用多种社会控制手段,确立以服务为中心的管理理念,对于搞好社会管理,实现社会的稳定与和谐,造福人民群众都是十分重要的。

也谈“入乡随俗”

载《天津日报》2014年7月30日

“入乡随俗”是中国古代留下的成语，早年我就知道这个词，但深刻地理解它还是近几年的事儿。我是好旅游的，30多年来走过了亚洲、欧洲、北美洲、非洲、大洋洲等地的多个国家，遇见过许多出游的中国人，很是愉快。但近年来也不断听到国际上对中国游客的议论和批评的声音，仔细分析那些议论和批评，除去一些人有随地吐痰、随地大小便、在公共场合吸烟、闯红灯、在公共建筑上刻字留名等陋习外，好多行为是和入乡不能随俗有关。

记得一次去西欧旅游，一个聪明的导游在旅行车上提醒大家出境游注意事项时就用了“入乡随俗”这个词。他针对一些人在公共场合（包括在饭馆就餐）大声交谈的现象说：大家说话的声音大，也要批评吗？不是的，但是我要提醒大家，欧洲人喜欢安静，他们说话的声音都很小，“入乡随俗”嘛，因此，我们最好也适当降低调门。

人们的生活习惯都是长年累月形成的，往往对于自己已经形成的习惯并不在意，要在瞬间改变，能做到“入乡随俗”，也不容易。比如我们也听到了这样的消息，巴黎的一家中国游客经常就餐和光顾的餐馆，专门为中国的游客在餐厅的角落里隔离出一个就餐区，中国人来了都到那里就餐，其余的客人则在非隔离区就餐，原因是中国游客吃饭时说话、议论、欢笑的声音太大，而且有少数游客相互劝酒、吵闹，影响了他人。当我们听到这样的新闻时感受是什么？中国人今天已经扬眉吐气走向世界了，我们向世界人民展示了一个有五千年文明史的中华民族的文明和礼貌了吗？从一个小小餐馆的中国游客被隔离开就餐的事情我们能领悟到什么，是被特殊“照顾”了，还是被“歧视”了？我们应当首先自我反省。中国人已经大规模走向世界，而又常常不能顺利地融入世界，我们不能不从文化的角度体会“入乡随俗”的深刻内涵。

中国古代早就有“入乡随俗”的说法。《五灯会元·大宁道宽禅师》中有：“虽然如是；‘且道入乡随俗一句作么生道？’良久曰：‘西天梵语；此土唐言。’”古代不仅有“入乡随俗”，还有“入国问俗”“入境问俗”“入境问禁”等成语。《礼记·曲礼上》有“入竟（境）而问禁，入国而问俗，入门而问讳”，亦作“入境问俗”“入境问禁”。“入乡随俗”中的“俗”可解为风俗或习俗，从社会学的意义上说，习俗是人们在长期的集体生活中逐渐形成并共同认可和遵守的习惯和风俗，是人类生活中最早产生的一种社会行为规范。人类社会生活的群体性特征使得它必须得到控制和规范，这样才能实现社会生活的有序性和保障。自古以来为了维护社会生活的秩序、便利和安宁，人们创造了包括习俗在内的多种社会控制方法和手段。这些手段不断更新，然而习俗从来没有消失，也没有失去它的作用。

各个国家、地区、民族所处的环境不同，有不同的历史文化，也有不同的生活方式和生活习俗，有时差异很大，有千里异习、百里异俗之说。无论什么人，从小到大，随时随地，一举一动都受到他所在社会的习俗的熏陶和影响并自觉不自觉地遵从它。“习俗移人，贤者难免。”没有受过文化教育的人固然要受习俗的支配，就是受过文化教育的人，也不免要受它的影响。可见习俗虽然没有明文规定，但事实上，人人都不知不觉按照它的规范行事，这就是习俗的约束力。尊重习俗，随遇而安，与他人方便，与自己也方便，尊重他人才能得到他人的尊重，这是社会生活中潜在的客观规律，因此才有“入境问俗”“入境问禁”“入乡随俗”。

在我们提倡“入乡随俗”之时也要意识到任何习俗都非一成不变的。在历史的进程中，有的陋俗被抛弃了，有的被改造了，代之以新的习惯和习俗，是经常发生的。不仅中国人出国有个适应外国习俗的问题，也有外国人来中国适应中国人习俗的问题。2014 年春天的某日，笔者参加天津社会科学院学者和韩国学者共同举办的学术研讨会，在天津华苑小区的一个宾馆会议室进行。下午 3 点左右会议的发言讨论正在进行，突然窗外响声大作，像爆炸，又像射击，与会的许多韩国学者惊恐地站立了起来。中方的会议主持人马上向他们解释，这是中国人结婚燃放的鞭炮声。天津人的习俗是下午举行婚礼，迎娶新娘子的花车到达宾馆时一定要燃放鞭炮。韩国的学者听了这番解释才释然，放心地坐到座位上继续我们的研讨会。会后，这件事使我浮想联翩：迎娶新娘，燃放鞭炮，以示喜庆和欢乐，是天津人结婚时习俗，应该得到尊重和理解，但今天在治理环境污染的背景下和民众强烈希望保护空气清洁的舆论诉求中，这种习俗会永久得到保留吗？应不应该被其他更文明、清新且不影响他人的方式所取代呢？这是我们今天需要思考和解决的问题。

荒谬的“女德”是女性文化的倒退

载《天津日报》2014 年 12 月 3 日

今天的中国是“出彩人生”的时代，但也总有阴影，有一些与社会发展不和谐的怪现象。从日前广东省东莞市被取缔的蒙正国学馆“女德班”我们可以窥见一斑。该组织以女性为招生对象，宣传“女德”，酷似洗脑传销，打着让女人成为贤妻良母的旗号，要求女性自我奴化。在这个“洗脑组织”中，谬论频出，如“女人坐着时一定要比老公矮”“有人要做女强人，就先落掉你女人的特点，子宫切掉，乳房切掉”，还有为妻的“四项基本原则”，即“打不还手，骂不还口，逆来顺受，坚决不离婚”等。这些谬论使我们想起了我国几千年封建社会奴役压迫女性的“三从四德”。令人奇怪的是，这样以宣传极其落后的女性文化的传销模式女德馆，也能从东莞蔓延到其他地方，还能捞到不少“香火钱”。要分析这种女性文化倒退现象，还得从社会变迁和女性的自尊自强文化处说起。

中国有漫长的封建社会历史和传统，封建主义影响根深蒂固。新中国成立以来颁布的第一部法律就是由 1950 年 4 月 13 日经中央人民政府批准公布并开始实施的中华人民共和国成立后第一部婚姻法，简称“1950 年婚姻法”。该法开宗明义地确立了现代中国婚姻家庭的基本准则，其中包括婚姻自由、一夫一妻、男女平等、保护妇女、老人、儿童合法权益等。从那时，在婚姻家庭领域中的女性解放同时扩展到社会各个领域。中国女性的社会地位大大提高了，她们开始有了受教育权、劳动就业权、婚姻家庭决定权和生活权，以及其他男性享有的各种政治、经济和社会权利。

至20世纪60年代，一些口号开始流行，诸如“妇女能撑半边天”“男人能做到的事女人一定能做到”等，都给人以女性社会地位大大提高、男女平等程度很高的印象。然而那时的生产力还比较落后，还没有先进的发达的经济基础，“女性解放”毕竟还不能彻底。

从1979年开始，在改革开放的进程中，中国逐步建立起市场经济体制，引进了竞争机制。在巨大和快速的经济与社会变迁中，在竞争的社会中，女性的弱者地位开始显现出来，既有生理上的原因，也有社会原因。比如在生理上男性有粗大骨骼，坚硬肌肉，女性则体质纤弱。男子的握力、臂力、腿力都胜过女子。在负重方面，一般妇女也逊色于男人。女性的生理特征也使她们不宜于在重体、高空、野外、井下、冷水等环境中作业。在性别差异和角色分工中，女性一直承担着生育和抚育子女、家务劳动的主要任务，常常因此而短期中断职业，这些都是女性在社会竞争中处于弱势的原因。于是乎，当少数女性弱势者自觉无出路，得不到他人和社会的帮助时，就可能从“二奶”“第三者”“色情行业”等结果悲惨处找出路，也可能期望借助“虚幻之力”来改变自己的状况。一些异端邪说，包括今天的“女德”说就会乘虚而入，从而出现了女性文化的倒退。

女性文化的倒退不仅是文化现象也是社会问题。在今天的社会生活中一些男女不平等的现象还客观存在，比如职场中歧视妇女，一些单位只要男人，不要女人，女性找工作难；男人和女人作同样的工作，但同工不同酬等。妇女解放、男女平等仍然是我们今天的基本国策。女性是弱者，但社会对她们的关注程度还很不够。“女德”班的出现提示我们，全社会应当从政治、经济、法律、社会、文化、道德、健康、心理等各个方面更多地关注和帮助女性，援助弱者。可采用制度保障、妇女组织和社会工作者介入等多种办法，保证女性的权益，使她们在遇到困难时得到各种切实的帮助。与此同时，主张女性的自尊自强也很重要。

徐贲在《复归素人》中写道：“奴性是人类的一种耻辱，同时也是一种不幸，是与理想的人生截然相反的。”我们还要加上一句：它与现实的人生也大相径庭。女性要摆脱奴性，认识所谓“女德”的荒谬，首先要正确地认识我们今天的时代与社会。

从宏观上说，今天的中国人面临着从来没有过的历史机遇、利益、福利和发展环境，全体中国人民有了更多的活出精彩人生的机会，也有了大量出彩人生的事实，男性如此，女性也是如此。今天在各行各业，各个领域出现的大量“女强人”“女明星”“女旗手”“女专家”“女劳模”“女能人”等不都是女性成功者的代表吗？不就是时代造英雄，成就女性的事实吗？在这样的时代，不思考如何抓住机遇，成就和改变人生，而期望从封建的、早已被时代抛弃的，曾经摧残奴役过女性，使女性陷入悲惨境地的“女德”理论中找到“寄托”和“出路”，既是“误区”，也是悲哀和不幸。

生活中总会遇到那些不尽如人意的地方，解决问题最直接的方法就是正确面对这些问题，而不是寻找所谓的捷径去逃避问题或是依附于他人。要认识到，女性文化的前行是必然的，有先进的女性文化，才有女性的精彩人生。

“官本位”文化根源的社会反思

载《天津日报》2015 年 3 月 25 日

当下，在反腐倡廉深入展开之时，越来越多的人开始深入思考产生腐败的各种社会根源，包括“官本位”文化根源。所谓“官本位”，是一种以官为本、以官为贵、以官为尊为主要内容的价值观。同时，在封建社会，“官本位”也是一种体制设置和制度安排，王侯将相，官分九品，形成庞大而严密的官本位体系。

中国历史上的“官本位”文化和体制源远流长。儒家思想中的“学而优则仕”是集中表现，通过学习，达到为官目的。这样的思想到了唐朝终于演变为科举制。通过科举考试制度选拔官员。这个制度进一步强化了“万般皆下品，唯有读书高”的价值观念，吸引了千军万马勇闯独木桥，不惜寒窗苦读，只待金榜题名。在封建社会当官有吸引力，是因为官有巨大的“含金量”。升官和发财本来是两件不相关的事情，但当成为祝福语的“升官发财”4 个字一定要连接起来用时，表明其间有着不可分割的内在联系。官意味着权，官意味着贵，官意味着钱，官意味着利益。“官”字已经深深根植在中国文化之中。俗话“官大一级压死人”，可见官的权力和威力之巨大。官在社会中的这种角色和地位，使“官本位”成为文化深入到社会生活各个领域，人们不仅喜欢为官，也喜欢称官，以官来表示尊贵、尊敬、显耀。新郎要称“新郎官”，古代女子称丈夫为“官人”，以示尊敬和爱慕。在“官本位”文化中，“官”字不仅进入了婚姻家庭中，而且深入社会其他领域，一个客人来住店，店主称客人为“客官”，舞台演出者、才艺表演者称观看者为“看官”，都是用“官”字来表示尊称。

从社会结构的角度说，中国封建社会文化中的“官本位”将社会划分成两个阶层，即为官阶层和草民阶层。两者之间层级分明，又有不可分割的联系。当官的不仅称“官”，还常常称为“父母官”，按照这个逻辑，为官的是草民的父母，是官养育了草民，给了草民恩德，而草民应该对官感恩戴德，要像孝敬父母那样孝敬官。

无论如何，在中国漫长的封建社会中，“官本位”是客观存在的，它不仅是社会现实，也是一种文化，蔓延和影响到今天。要官，跑官，买官、卖官都是生动写照。然而，时过境迁，今天，在中国共产党领导下全面建设小康社会，实现中华民族伟大复兴的时代，还能是“官本位”吗？回答应该是彻底否定的。其实，即便在封建社会，若干开明人士对于“官本位”文化，对于官民关系，对于官员的社会地位和作用就有过自己的见解。一时盛传的河南省南阳市内江县衙门三省堂的那副由清朝官员书写的对联就是一例：“吃百姓之饭，穿百姓之衣，莫道百姓可欺，自己也是百姓；得一官不荣，失一官不辱，勿说一官无用，地方全靠一官。”官来自百姓，也是百姓，官者为社会所需，做官的要敢于负责和担当。如果说封建社会的官员都有过这样的见识和胸怀，今天的官员更应该具备“先天下之忧而忧，后天下之乐而乐”的境界和抱负。早在20世纪80年代初期，人民日报就曾刊文呼吁“淡化当官观念”，邓小平曾经深情地说“我是人民的儿子”，便是对“父母官”文化的直白抵制。今天，中国政府正在对腐败大规模开战，在贯彻执行依法肃贪的基本方略时，政府和传统的“官本位”文化实行彻底决裂更是正当其时。

远而近之

载《天津日报》1997 年 4 月 15 日

人们常说“近而远之”，却不知还有“远而近之”，他们都是处理人际关系的技巧。

“近而远之”是人在日常生活中的一种体验，是说人与人之间的空间距离本来很近，或因工作、学习，或因生活，整日厮混在一起，然而其间并不亲密，相处也不愉快，总好像有堵拆不掉的墙使他们无法沟通，于是人们从中悟出了道理：人与人之间的空间距离虽近，社会距离也未必近，于是有了“近而远之”的经验之谈。

其实在日常生活中不仅有“近而远之”经验，也有“远而近之”的道理。

笔者前些年参加国内的一些学术研讨会时听到过这样的议论，言夫妻关系过近了反而不亲，反之拉开了距离，夫或妻之一方或因出差，或因投亲，过一段时间再相见时，好像新婚那样热烈，有常见不新，不常见常新的道理。

在家庭中岂止夫妻关系如此，其他关系也是如此，也有“兄弟高打墙”“远亲才更亲”之说。兄弟之间亲如手足，何必要“高打墙”，要“森严壁垒”，其实，若不如此反而不美，殊不知“兄弟好相，妯娌难处”，整日相见，相处，你看着我，我瞧着你，“你中有我”“我中有你”，总有一些利益的瓜葛和关系的纠缠，必然会生出一些矛盾来，不如“高打墙”，减少“打头碰面”之事，反而相互尊重，能常以兄弟之礼仪相待。从兄弟关系扩大开来，“远亲才更亲”也就不是悖论了。

社会学家费孝通在谈到“远而近之”的道理时有一句名言：“多刺的刺猬挤紧了，大家觉得不好过。”其实，人若挤紧了，也同样是不好过的。传统的中国社会是讲求大家庭的，讲求维护家庭的整体和利益上的相互服从，其实并不美。即使是在以维护大家庭为荣的书香人家，人多事杂，也不能不横一个“忍”字，竖一个“耐”字，才能五世同堂。在直接从事生产，勤惰分明、劳逸易判的农家，单靠忍耐功夫还是不够的。因之两个家庭在一户里生活的例子在农村里就不多。这表明子女长成结婚以后，分家独立是普遍的情形。过去的时代是如此。今天的人更追求个性、独立性和自立性，是分中有合，合中有分，是个发展中的趋势，不仅能理顺家庭关系是如此，理顺其他社会关系也是如此。

“远而近之”道出了人际关系中“空间距离”和“社会距离”之间的关系的哲理。原来人生活在社会中，就要和他人交往，与他人发生各种关系和联系。其间首先有一个空间距离的远近。“空间距离”近未必“社会距离”也近，接触频繁，无话不讲，利益攸关，却未必亲近。相反，要得亲近，就得拉开距离，实行“保持距离的交往”。至于保持怎样的距离，以怎样的频率去接触，就要因人因事而异了。

聚散离合是人世间常见之事。从根本上说，人与人之间是要聚，要合，而不要离散。换句话说，人与人之间呼唤真情，呼唤友谊，期待温暖。怎样才能如愿以偿？其中有奥秘和规律，这规律之一就是“远而近之”，“远”是手段，“近”是目的。“远”的恰当，“远”得是火候，就是“远”得有理。“远”中必然有“近”，“远”中必然得“近”。欲“近”之，得“远”之，“远而近之”，是理顺人际关系中常有的事情。

消费领域中的社会问题

载《天津日报》2005 年 7 月 11 日

消费是生活方式,是社会文明的重要组成部分。马克思在《政治经济学评判预言中说:“用刀叉吃肉”和“用手、指甲和牙齿啃生肉”是两种不同的消费方式。两者不仅有“吃熟肉”和“啃生肉”的差别,而且有“用刀叉”和“用手、指甲和牙齿”的区别。前者代表了文明和先进,后者代表了野蛮和落后。值得指出的是,马克思在进行文明与野蛮、先进与落后的比较时不是着眼于消费的量的方面,而是消费什么和怎样消费,即消费方式。人进行消费活动,总是通过一定的消费方式来进行。消费方式也在一定的意义上反映了消费生活方式的特点,反映了社会的文明程度。

人类社会进入现代社会,生产力发展,物质增长,实现了小康,消费中的文明已经不是量的差别,而是质的差别,是消费方式和理念的差别。我们听说过亿万富翁比尔·盖茨去参加一个会议,要在付费的停车场停车。当他知道一个稍远一点的停车场较为便宜时,决定多走几步路存到那个便宜的停车场,而不存在付费较高的停车场。人们知道这件事情后并没有认为比尔·盖茨“吝啬”和“小气”,反而认为他很“高雅”,很有现代人的风度和气质。我们还知道美国人在餐馆吃饭时总是把吃不完的饭食“打包”带走,而不是像我们在中国餐馆中常常见到的那样,吃客留下大量的饭菜,扬长而去。相比较而言,我们既不会嘲笑美国人“财迷”,也不再欣赏中国人的“豪爽”和“大度”。其实近年来我们已经发现中国人也在变化,很多人在餐馆吃完饭,也把吃剩的饭菜“打包”带走,这说明现代消费文明越来越多地影响着人们，被人们所接受。

《盐铁论·散不足》中说："诸侯无故不杀牛羊，大夫无故不杀犬彘。"至西汉初期，除祭祀节日外，平时不食肉饮酒，即使当时社会的消费水平很低，但也不至于连诸侯、大夫都没有肉吃，没有酒喝，显然是崇俭抑奢所致；资本主义社会也不都是纸醉金迷，也有适度消费，量入为出。英国作家狄更斯的著名小说《大卫·科波菲尔》里的密可白先生，曾经制定一个快乐和忧愁的公式：进款 20 磅，支出 19 磅 19 先令 6 便士，结果快乐；进款 20 磅，支出 20 磅 6 便士，结果忧愁。从一喜一忧中我们可以知道人们的消费心理和追求。人类文明社会以来，崇俭抑奢，量入为出一直是人们的消费准则。

今天我们生产出了越来越丰富的物质和精神产品，就是为了满足人们日益增长的需求，提高人们的消费水平，是实现小康社会所必需的。在人们生活水平不断提高、消费不断增长的同时，我们也要同时提倡健康科学的消费生活方式。这种消费方式的首要特点是把消费看成手段，而不是目的。把消费作为人实现全面发展的手段，而不是单纯的消费、享乐、炫耀和奢侈浪费；这种消费是自觉地将消费和劳动收入联系起来，量入为出。一方面认为由于多劳多得而改善生活是光荣的、理直气壮的；另一方面又认为享受"不劳而获"的"不义之财"是可耻的。值得指出的是，今天市场经济中出现了借贷款消费、超前消费，不是否定了量入为出，而是将今天的"出"和未来的"入"联系起来，由未来的"入"付今天的"出"。一个未来没有还贷能力的人是不能借贷款消费的；这种消费方式需要有健康的消费心理，表现为不盲目追求"时髦""时尚""高档"，而以"实用"为根本，在不断增加消费、满足消费需求的同时，不炫耀人格，不铺张浪费；这种消费方式有科学的消费知识，能意识到挥霍与浪费、超量消费、过度消费，不仅消耗了可贵的自然资源和社会资源，而且有损身心健康，于自己和大家都不利。

近年来社会上出现了奢侈消费，浪费无度，小富即奢，"奢新症"之类的"消费病"，既表现了部分消费者素质方面的问题，也反映了一些社会问题。还在改革开放初期，我们就听说过这样的话："你有万元户，我有万元肚。"我不敢拿公家的钱，但我能用公款吃喝，拿公家的钱是贪污，是问题，公款吃喝却是"天经地义"。类似于这样吃公家，拿公家，给社会上出现的奢侈消费、炫耀消费开了方便之门，起到了推波助澜的作用，值得警惕。当前我们要建立节约型社会，提出节约消费是十分重要的。要把宣传、教育、引导消费者建立文明、健康、科学的消费方式，和治理解决消费领域中的社会问题结合起来，才能真正实现社会消费文明。

"皇粮"还能吃多久?

载《长江日报》1993 年 3 月 22 日

在传统观念上吃"皇粮"享俸禄,历来为人们所仰慕。然而,在不断深化改革的今日,吃"皇粮"者开始有了危机感,现实提醒着人们,"皇粮"是不能长久吃下去的。

吃"皇粮"者的危机感首先出自国情。今天的中国"主战场"转移了,"中心词"改变了,经济形式不同了。从 1949 年中华人民共和国成立以来的 30 年时间里,政治是主战场,搞突出政治;阶级斗争是中心词,以阶级斗争为纲;实行完全的计划经济,中央统管一切。与此相对应的则是政权机构重叠,政治组织庞大,机关林立,人员众多。因为它需要宣传鼓动,需要组织一个又一个政治运动,需要大轰大嗡,需要一支庞大的队伍去指挥,去计划,需要脱离经济基础的膨胀的上层建筑。它也必然带来从政热,吸引着人们热心于仕途,心安理得地坐办公室,坐机关大楼,欢喜于被提拔当干部。于是,政权和行政管理机构越来越膨胀,吃"皇粮"者越来越多。据有关资料披露,中华人民共和国成立初期,国务院是 9 委 30 个部,至 1981 年增加到约 100 个部,正副部长近 1000 人,司局长近 5000 人,以后还在增加。上行下效,中央膨胀,必然是省市膨胀,区、县、局膨胀,层层膨胀。以至因人设事,互相攀比,闹出了许多笑话。如某局有正副局长 9 人,但只有 5 个处室,如何分工?一个局长还分管不了一个处,还不如一个处长管的范围大,这当然不好办;于是不得不增加处,至少保证每位局长管一个处。再如某处老处长要主持全面工作,部分骨干要提拔,年轻副处长要配备,这样处长配备过多也不好办,于是根据处长人数再将处的工作一分为二，再分设一个处。因人设机构。有了机构则安排人，人多了再增机构，如此恶性循环，使机构膨胀起来。在过去，从政热是一种社会心理走势，甚至到了20世纪80年代实行改革开放政策之后，从政仍居榜首。然而，客观规律不以人们的主观意志为转移，主战场转移了，中心词变化了，经济形式改变了。这种变化，立即暴露出现有政治体制的弊端：党政机构臃肿，层次重叠，运转不灵。许多单位人浮于事，效率低下，脱离群众，阻碍企业经营机制的转换。今天，机构重叠，互相扯皮，互相绊腿，以至互相推诿，瞎指挥，乱行事，对所属部门和人员实行“管、卡、压”者并不鲜见。有时问题产生了，却找不到一个责任承担单位和个人，本来机构就设在那里，办公办文总有一套程序，相习成风，赖得了谁呢？当人们把时间当生命，把时间当金钱，抓紧一切时间搞经济时，却还有一类“不相匹配”之事：某县要开一个荣退军人代表大会，其间要放映一场电影，但放什么片子呢？民政局办公室主任到电影院抄了现存影片片名之后请副局长定夺。副局长点了几个之后说请局长决定。局长觉得此事非小，应请示分管副县长。副县长圈了两个，然后又面带难色，说还是请县委书记决定吧。县委书记考虑再三，才确定放映哪一部影片。事无巨细，不负责任，累了自己，也烦了他人。今天随着改革进程的飞速发展连“官场客”“皇粮者”也在扪心自问：还要我们做什么？“皇粮”还能吃多久？

吃“皇粮”者的危机感还与他们的切身利益受到“威胁”有关。改革伊始，一股股经商热，“下海”热，不断袭来，许多人成功了。腰缠万贯，十万贯，百万贯者并不鲜见，它有很大的诱惑力，也对“皇粮”者产生“刺激”。今天，人们的价值观念正在发生巨变，从政当官未必是最好的选择，难怪海南人教育孩子有这样的话：“要好好学习呀，不然长大了只能当官啦！”学不成当官，这种“当官意识”实在令人惊讶。且不论其喻义如何，最起码“当官”已没有过去曾有的吸引力了。现在弃官弃政从商者越来越多。不少有才识，有胆略的中青年干部，毅然抛掉“乌纱”，励志兴办企业；许多社会精英，正勇敢跻身企业家行列，当官意识淡化，不甘心于吃“皇粮”，官迷心窍者大大减少了。事实上，“皇粮”再也不那么好吃，官也不那么好做了。从政者与从商者的收入差距正在大大拉开，当官的也远不如企业家那般实惠。几年以前曾有人提出“以足养廉”的建议，称“衣食足知荣辱”，这种看法认为现在公务人员，机关大楼坐班者收入太低，提高他们的收入，他们就不会再为一点实惠而去搞不正之风。且不论这种推论在逻辑上是否合理，单就是一个“足”字，也会令人“望而生畏”。那些人确实收入不高，如果使他们都“足”起来，国家如何受得了。我们的国家在发展经济，实现现代化之路上刚刚起步，财富不足，国力有限，需要节俭，需要资金去进一步发展生产和建设，就目前来看，不可能以更多的资金去增加“俸禄”，吃“皇粮者”需要减少，有关机构需要精简。而不是相反。近些年来某些国家行政机关为了解决本单位职工收入低的问题，不得以采用提职提级的方法，以增加工资。但官位总是有限的，于是一些新的官职名称出现了，诸如“局级、副局级巡视员”“局级、副局级调研员”“处级、副处级调研员”等，有职无权，但与同级官员享受同级待遇。这样官职越提越多，这种提拔，膨胀并不能真正解决目前公务人员工资偏低问题。因为行政级别提一级二级所长工资有限，少则 10～20 元，至多 30～50 元，何能解渴救穷。吃“皇粮”者要想改变窘境，必须面对现实，做出新的选择。

社会改革大潮不仅改变着中国的经济，而且改变着中国的一切。社会的组织结构在变，人们的观念也在变。全国国家机关共养了 3000 多万党政干部，人人“吃皇粮”，人浮于事，应该放大批官员出去办第三产业，干服务行业，放这批“老虎”出笼归山，这样才能发挥虎威。与其在机关里为争 5 元奖金不得而苦恼悲伤，不如放出去搞几百万几千万甚至上亿元收入的大产业，每人每月得 500 元奖金有什么不好。党已下定决心走精兵简政之路。广大人民群众，特别是以从事行政管理工作为主体的吃“皇粮”者，在形势发展及国家与个人利益的权衡中正在转变观念，他们或者成为国家未来的新型公务员，或者投入经济建设的主战场。近一个时期以来，社会由轻商、贱商转为重商、崇商，从政者、知识分子和文人纷纷“下海”，是这种大转变的前兆。

“皇粮”还能吃多久？不久也！

服装·价值观·社会

载《今晚报》1999 年 1 月 8 日

一位社会学家曾经对我说，服装是人与社会的折射镜，仔细想起来，这话真有道理。着装反映了人的心理和价值观念，着装的变化则显示了一个社会的巨大变迁。

改革开放 20 年来服装世界变化太大了，可说是色彩纷呈，婀娜多姿。还记得 20 世纪 50 年代和 60 年代，那是一片蓝灰的服装世界，整齐划一，没有区别。“文化大革命”时比原来多了一样绿色，绿上衣、绿军裤、绿军鞋，是“全民皆兵”了。那时走在马路上，无论男女老幼，一样的中山服，一样的军装，单一的色调，整齐划一的式样，谁要有与众不同之举，会被说成是“奇装异服”。“奇装异服”是贬意。“奇装异服”者不仅会被认为思想和品德有问题，而且要“斗私批修”、改造世界观了。今天，回忆那一段中国社会的人的服装是笑谈，是世人永远忘不掉的历史。感谢党的十一届三中全会带来了 20 世纪下半叶中国最伟大的思想解放，带来了中国社会的巨变。记得还在 80 年代初，一些踏上中国国土的西方人从中国人着装的变化断言“中国社会大变了”。他们从服装这一社会之窗，敏锐地观察到了社会深层正在发生的变革。岂止外国人，中国人自己早已深深体会到了。今天，当我们走在马路上，展现在眼前的已是色彩斑斓、五颜六色的服装世界。不仅色调从单一向多彩变化，而且款式多得说也说不清。讲究服装的人不仅一年四季有换衣，而且有上班的工作服，有参加会议礼仪的礼服，有休闲度假的休闲装，还有探亲访友的各式不同的服装，什么场合着什么装。讲究穿戴者还要里外配套，上中下配套，什么样的内衣和什么外衣相配，什么样的鞋子和什么样的衣服相配，有一套服装“系统论”。

我是一个服装外行，但喜欢思考一些社会问题。有些人问我，怎样透过服装的变化看社会，我以为可以有多方面，多视野，有浅层次，也有深层次。对于每一个中国人来说，从服装的变化看到社会的变化并不困难，它首先反映了人们生活水平的大大提高和生活方式的改变。在穿衣上“新三年，旧三年，缝缝补补又三年”的低生活水平和单调生活方式的时代一去不复返了。从深层的意义上说，服装的多样化反映了社会的多元化，人们不再生活在连着装都要整齐划一的社会中，而是生活在丰富多彩，多画面的社会中，并用自己的服装为社会不断增加新画面、新色彩，创造一个充满生机，生动活泼和五彩缤纷的社会。今天大量国外款式的服装流入国内，形成了中西式交融合璧的服装格局，不正是我们改革开放社会的最好写照吗？而服装质料和款式的迅速而频繁更新，正是我们社会快节奏变化的象征。笔者曾从《黑龙江日报》上看到旅游鞋怎样在哈尔滨“卖疯了”的消息，大年三十有人从浙江温州发来了货，年初六第二个商贩的货到了，却压在那里——旅游鞋只卖了半个月，就给其他品种代替了。一些“闯关东”的服装贩子颇有感触地说：在哈尔滨“红”一个星期就完了，也太快了！像哈尔滨这样的事实并不在少数，全国各地都有。这难道不正是我们社会变迁速率的真实象征吗？一个人的服装只是外观，但它有着深刻的内在蕴涵，它反映了人的心理和社会价值观念的改变。比如，以往人们都喜欢穿宽松肥大的衣服，而现在许多人，特别是年轻人喜欢穿紧身衣，由过去掩盖身体的线条，到今天突显和表露身体线条，这正是今天人们追求个性和自我表现的写照，也是社会尊重人的选择和价值多元化的体现。

总之，服装话题虽小而“俗”，人们对之司空见惯，然而，有“小服装，大社会”之说，透过服装世界，多棱角地折射了我们的社会。在我结束这番有关服装的浅薄议论之时，我愿再说三句话：让服装告诉历史，让服装说明今天，让服装展现未来。

谁有“误区”

载《今晚报》1998 年 3 月 27 日

在着装问题上我的家庭经常争论。我是个古板的人，也许是受 20 世纪 50 年代、60 年代的影响，至今还奉守着“着装朴素”的信条，而且还时常陶醉在“人有内在美不必着装打扮”的心理中。我的妻子和女儿则不然，虽然她们未必比其他女士在着装上奢华，但对服装的颜色、式样和更新十分注重，我不知道用什么字眼来形容她们逛服装市场时的心情，只是觉得她们心情愉悦，表情兴奋，流连忘返，比做其他事都来劲。由于相互间“差距”不小，每当她们母女俩遛服装商店时，我总是托词有事溜了，而且觉得她们在兴趣上有“误区”。

然而，无论如何人总得穿衣，我也不例外，偶尔也要和妻女一起去服装商店走一把，又发现她们还有新的“误区”。特别是我的女儿，不仅喜欢服装，还注重名牌。一到闹市区就把我们向名牌服装店拉，什么“稻草人”“FUN”“阿迪达斯”。说句实在话，我并不认为那里的服装不好，但贵得惊人，有了这一条，服装再好我也不想认。回到家里，一场非正式的小讨论展开了。我批评女儿盲目崇拜名牌，买名牌只是为了向他人炫耀或得到一种心理上的满足。我女儿则不认同，她说她一进名牌商店就觉得舒服，那里的环境美。她还说某某歌星在电视上讲过，进商店买服装不一定都买名牌，但买了穿了才发现质量好的都是名牌。我的妻子则补充说名牌服装有了毛病或穿了不满意，他们马上给修、给退。我发现简单的一席话中她们给名牌总结了三点：一、名牌服装商店的购物环境好，二、名牌服装的款式美和质量佳，三、是名牌服装售后服务好，也有条理，并非都是我想象中的盲目性和“盲点”。

也许是旧有的习性势力对我的作用太大，影响太深了，我常想名牌即便是好，价格太贵不是个弊端吗？人说的“物美价廉”是个综合指标，只“物美”不“价廉”还可取吗？也许是我的职业习惯，认为什么事情都要经过科学的调查研究，说名牌的购物环境好，商品质量好，售后服务好，也要经过认真的调查和考证后再下结论。然而，迄今我并没有这样做。我们家里究竟谁有“误区”，这还是个谜。

穿出“自我”

载《今晚报》1998 年 7 月 31 日

我女儿已经 16 岁了。进入青春期的少女总喜欢打扮，尽管学习重担和其他活动 压得她喘不过气来。无暇顾及其他，但我发觉，她还是比较注意着装打扮，对服装的式样有自己的见解，对服装的品牌也知道甚多。她和我这“古板”的人在一起谈论服装时，共同语言不多。不过青年人思想敏锐，善于观察事物，即便是在着装思维上，也时常冒出点“火花”。

有一次我随便问她：“你认为穿什么样的服装最美，最理想?”这是一个十分笼统而难以回答的问题。我以为她不会答出来，没想到她迅即说：“穿出了‘自我’。”至于什么才叫穿出了“自我”，她说就是穿出了“个性”。一个 16 岁的孩子用穿出“自我”来形容着装之美，显然比人们平常所说的“华丽”“高雅”“美观”之类的词要深刻得多。不过她毕竟是个孩子，她对“自我”的理解也只到讲求“个性”而已，不可能太理性化，倒是一个社会心理学家从心理学角度做了深入的理性剖析。

他说“自我”有三种含义，其一，物质的我，指个人的身体及其属性；其二，精神的我，包括个人目标、抱负和信念；其三，社会的我，即他人所看到的我。若一个人着装之后真是获得了这三个方面的意义，不是太美，太妙了吗? 首先穿衣穿出了物质的我，服装与体态、体型、肤色、身高、相貌相搭配，俗话说穿得“合体”。其次穿衣穿出了精神的我，穿出了个人的气质、气度和内涵，服装附在身体上，透出了人的内心世界。第三，穿出了社会的我，着装在他人看来不俗，美观，得体，得到了众人的认可与称赞，这难道不是着装的最佳选择和最佳效果吗?

我时常感叹年轻人的敏锐和个性,敬佩社会心理学家的理性和深刻,把穿衣着装这样一个最为普遍普通的日常生活行为完美地升华了。如果今天,我的朋友和我谈起服装时,我会对他说:要穿出“自我”。

21世纪:家庭的生存与覆灭

载《今晚报》2001年1月4日

世纪之交,面对着社会的巨大变迁,科学技术的日新月异,人们对未来的畅想和预见太多了,其中包括对现存婚姻家庭制度的评判。一些人断言,到21世纪末,家庭将消失,不复存在,人类社会将进入一个只有两性之爱,而没有婚姻和家庭的时代。对于今天还生活在千家万户中的人们,这一预言带有巨大的挑战性,是一个引起全社会关注的话题。

一、家庭遇到了从来没有过的"麻烦"

人类家庭有十分漫长的历史,无论社会发生了怎样的变迁,家庭一直延续了下来,并保持了自己的基本形态。然而今天他遇到了从来没有过的"麻烦",以至有人大胆预言,在21世纪人们将不再结婚,家庭也不会存在。其实,在刚刚过去的世纪中人们还曾有过对现存温馨家庭留恋的时期。发生在20世纪三四十年代的第二次世界大战毁掉了千万个家庭,战争结束了,人们希望回到家庭,重建家庭,有一个幸福温馨的家。因此在20世纪五六十年代,世界出现了家庭的稳定和繁荣时期,然而好景不长,从20世纪70年代以来,一些人对家庭的看法和追求发生了180度的急转弯。新的幸福主义的增长,使得爱情在婚姻家庭中的地位越来越高,甚至有人发誓,"得不到爱情,不结婚,不成家,就是结了婚,成了家,也要离婚"。新的以个人为中心思想的蔓延,主张自我实现,自我享受,大大削弱了人们对结婚成家所必须承担义务的认同,一些人哀叹:"婚姻是爱情的坟墓”“家庭是围城,在外边的人想冲进去,在里边的人要冲出来”。一时间独身不结婚的人多了,结了婚不要孩子的人多了。包括中国在内的世界性离婚率的增长,给人以家庭到了末日的感觉。科学技术的发展也为家庭变化推波助澜,“试管婴儿”“克隆技术”为人们描绘了人体以外,离开了男女交媾,也能产生新一代人种的前景。因此,人们似乎从各个方面都找到了家庭将要消亡的“根据”。说在 21 世纪,家庭将不复存在,并非无稽之谈。

二、从社会行为的角度看婚姻家庭前景

社会学家早就从根本上分析了婚姻家庭的本质,指出婚姻家庭从表面上看是男女两性的个人行为、生理行为和情感行为,一个人什么时候结婚、和谁结婚是自己的事,别人不得加以干预,在实行婚姻自由的现代社会尤其如此。但从本质上看婚姻家庭是社会行为,社会不是为满足男女情爱和性关系的需要而设立婚姻家庭,而是要通过设立婚姻家庭来确立社会生活的基本单位,完成一种人类社会所不可缺少的功能,即生育和人种的传递。人类要生存必须要进行物质生产,以满足吃、喝、住、穿、行等方面的需要。另外任何一个人的生命都是有限的,人类要延续,还要进行人类自身的生产和再生产,一代一代传下去,这第二种生产也不可缺少。人类社会之所以要有婚姻和家庭,并用法律、道德和社会风俗来约束它,规范它,就是为了进行这第二种生产,保证人类自身传递的链条不致混乱和中断。这是婚姻家庭得以存在和延续的基本根据。我国著名社会人类学家费孝通先生在他所写的《生育制度》一书中有一段很生动、很深刻的话,他说婚姻是社会为孩子确定父母的手段,从婚姻里结成的夫妇关系是从亲子关系上发生的,这种说法也许和我们通常的看法不同,因为在我们的文化里时常会使人觉得夫妇关系是两性关系,婚姻是确定两性关系和个人开始性生活的仪式,可是在许多民族中两性关系并不以婚姻始,也并不限于夫妇之间,而同时值得我们注意的是夫妇之外的性生活无论如何自由,并不会引起婚姻关系的混乱,这使我们觉得婚姻关系和两性关系并

没有绝对的联系，因之，我们似乎不应把限制两性关系视作婚姻的基本意义，婚姻之外的两性关系之所以受限制还是因为要维持和保证对儿女的长期抚育作用，有必要防止发生破坏婚姻关系稳定的因素。这种对婚姻制度的社会性的认识，是和把婚姻看成是满足个人情爱需要的看法大相径庭的。从这里我们找到了婚姻家庭不会轻易消失的主要根据。

笔者不久前从某报端上看到一条新闻，题目为《百年后俄罗斯没了》，是说今天的俄罗斯家庭都不愿生孩子，生育率大大低于死亡率，这会引起严重的后果。俄罗斯著名人口学家发出警告说，1999 年，俄罗斯出生人口只有 121.58 万人，但死亡人口却高达 214.03 万人。如果照这样继续下去，至 21 世纪末，俄罗斯民族将从地球上消失，整个俄罗斯将变为坟墓。可见在未来世纪，对人类社会真正构成威胁的是家庭功能的丧失，是家庭不再能完成人口的生产和再生产，而不是男女之间要不要情感，家庭有没有爱之类的问题。换句话说是人类种族的延续问题。正因为如此，世界上各个国家都在致力于保护家庭，而不是毁灭家庭。美国是一个极力主张“人权”和“幸福主义”至上的国家 ，但克林顿的婚外情并没有被同情，反而使他差点丢了总统的位子。是因为克氏和莱温斯基的个人情感需求不应该得到满足吗？不是的，而是因为他们的行为挑战了美国的家庭制度。还在 20 世纪 70 年代，美国一度享乐主义盛行，有人打起了“性解放”的旗号，使两性关系十分混乱，离婚率大大增长了，面对这种威胁，时任美国总统的卡特曾三次召开白宫家庭问题会议，以总统的身份号召重建美国家庭，他对他的白宫工作人员说，你们的工作可能很忙，但不要忘记在家庭中做丈夫和妻子的责任，你们要履行家庭义务，规规矩矩地结婚，不要做现在未婚同居的那种事。连总统都要亲自出来干预家庭，维护家庭的稳定性，说明今天美国社会的主体家庭价值观念是要维护家庭的稳定性和连续性。自古以来，人类用各种方法维系婚姻，规范家庭，保持婚姻家庭的相对稳定性，主要不是出于两性关系的需要和有关道德方面的考虑，而是要保证人类传宗接代的链条有序，不间断，人类控制婚姻家庭的方法是多种的，有来自民间的，有来自国家与社会的，比如今天西方人结婚大多要在教堂中进行，由神父来主持，由神父代表“上帝”证明和监督婚姻，亲朋好友都来参加婚礼，与其说是个人参与，不如说是社会参与。中国人结婚到教堂里举行婚礼的少，大多数人的婚礼在家里举行，一对“新人”结婚时，上要拜父母(在农村一些地区还要同时拜天地鬼神)，要相互对拜，要给来庆贺的嘉宾行礼，到场参加婚礼的人扮演了各种角色，有什么“证婚人”“主婚人”“介绍人”“司仪”等，扮演不同的角色，这既不是“当事者”的“无理取闹”，也不是“好事者”的“瞎忙”，而是社会中男女结合所必经的“程序”，通过这些程序，“当事者”向社会宣告婚姻已经成立，把自己的婚姻置于社会的视线之下，“好事者”则代表社会来证明和监督这个婚姻。当然今天社会控制婚姻的手段主要是法律，人结婚要履行婚姻登记手续，得到法律的承认才能在根本上成立。所有这些都是为对当事者形成一种约束力，要他们严肃地对待婚姻与家庭，认真履行家庭义务和责任，以保持家庭这一人口生产和再生单位的相对稳定性和功能的正常发挥。试想，如果婚姻仅仅是为满足男女情爱的话，显然不必如此费事，只要有当事人的意愿就可以了。据此我们可以断言，未来社会在没有找到新的方法和制度来进行人口生产和再生产时，换句话说，当家庭还在发挥其社会功能时，婚姻家庭是不会消失的。

三、人类繁衍的新世纪思考

一些人并不否认人自身生产和再生产对于未来社会的重要性和必要性，但是他们断言，一定会有“新的生育方式”代替现在通过婚姻家庭和男女交媾的办法。他们主要的依据是现代科学技术的新发展为解决这一问题所提供的前景。从人工蛋白质的合成和试管婴儿的诞生，人们就预想到生育在未来可能脱离母体，被其他方法所代替，在克隆羊多利出现之后，已经很少有人对克隆人类表示怀疑了，而克隆人类并不需要性器官，用你身上的某块切片就可以再造一个你，照此推理，人们完全可以按自己的理想和意愿造出人的自身，包括他的体格、相貌、心理、性别，这为人类自身的生产描绘了一幅十分“美好的前景”，但如果我们把它放在社会的发展层面去思考,这一“美好的前景”并不诱人,而且值得怀疑。

首先,人在社会发展中不能不开始更多地考虑“自身生产的生态平衡的问题”。20 世纪经济和社会发展给人的最大启示是必须保持“生态平衡”,人类如果完全按自己的主观意愿行事,违背客观规律,破坏大自然的“生态平衡”,必将受到大自然的惩罚,而为了更好地生存,实现可持续发展,必须尊重客观规律,保护环境,实现生态平衡。今天这一观点应该被引到人类自身生产和再生产中来。天体造物,自然演化,有男有女,男女交媾,父精母血,孕育了新的生命,这是不可抗拒的自然规律。世上之人有高有矮,有胖有瘦,千差万别,构成了丰富多彩的大千世界,构成了人类自身的“生态结构”,也是不可改变的。我们可以改造人的自身,使未来的人种更强健,更漂亮,但我们绝不能把未来的人都变成一个模样,绝不能从根本上摧毁人的遗传方式。还在十几年前,当新闻媒体上传出有人试图用科技手段检测和控制生育的性别时,社会就产生过忧虑,即如果每个人都按自己的意愿行事,选择男女(比如重男轻女,只要男孩,不要女孩),会造成男女性别比例失调的社会灾难。今天当人们想到用克隆技术和其他新技术,用工厂生产物质产品的方式去生产人类自身,被“克隆”出来的人没有差别,都是一个样,一样的高矮, 样的谈吐,一个长相,同样的思维方式……那将会组成一个怎样的人群与社会?这种挑战人类自身生产的客观规律,破坏人类种群结构的“生态平衡”将是更为可怕的,它同样会遭到客观规律的严厉惩罚。在这条路上人不能不“望而却步”,乖乖地回到按客观规律办事的道路上来。

其次,人类自身生产和再生产的内涵也对“新的生育方式”提出了质疑。人们用“生育”的概念来说新生命的造成,生育有生殖和抚育两重意义,从概念上,我们可以把生殖和抚育分得很清楚,生殖是新生命的造成,抚育是生活的供养,在事实上,只有用分裂法来生殖的单细胞生物中,这两件事的分界才可划分得出来,在其他稍高等动物中,两性生殖细胞结合之后,新生命虽已造成,但是这胚胎要能成长成一个个体还得靠外来的营养和保护,多多少少是要一段抚育的时间。还应当指出的是人与动物的抚育也不相同,在抚育之中还包含有教育,只有这样才能使一个生物的人变成一个社会的人。可见人的生产和再生产即生育,是一个有深刻特殊内涵的系统工程,它不仅包括生,还包括养,包括教,这教是从胎教就开始了的。“新的生育方式”是不能建立起这一系统工程,替代人的生育功能的。家庭作为人类社会的初级社会群体,其成员具有亲密互动,面对面合作的特征,迄今为止,家庭中的影响和教育对人是终生的,是没有其他方式可以取代的。社会学者常说的话是:缺少家庭教育的人常常是心理和人格不健全的人,是社会化不完全的人;男孩子不能在母亲那里获得他所需要的全部生活方式,女孩子单跟父亲一样得不到完全的教育;全盘的生活教育只能得之于全盘生活的社会单位,即一男一女的合作团体——家庭。从这个意义上说,家庭的功能也是不可被轻易取代的。人类在漫长的社会发展中创造了家庭文明。人们把家庭中得到的欢乐说成是“天伦之乐”,“天伦”即天地伦理纲常,有如日月经天,不可改变,如果人一定要挑战和毁灭“天伦”,最终毁灭的只能是人类的自身。

爱情、婚姻中的“变数”

载《今晚报》2001 年 4 月 29 日

读了李治邦先生的文章《爱情和婚姻能一致吗》，颇有感触，作者的结论是“现实中，不是所有的人都能得到爱情，但每个人都可能有婚姻”。

笔者很赞成这一看法。爱情是个古老而又现实的话题。几千年来人们一直在谈论爱，追求爱，特别是在今天，人们普遍把爱情作为婚姻的最高境界和理想，其实相当多的人根本没有得到过爱情，爱情只不过是一些人婚姻中的“奢侈品”，是婚姻家庭中的“变数”。

爱情是个“变数”

之所以说爱情是“变数”，是因为爱情的本身有不确定性，尽管人们对爱情探讨了很长时间，但没有人能真正说清楚它，是一种让人说不清，道不明，捉摸不定的东西。还在几千年前，古希腊哲学家柏拉图就思辨式地探讨过什么是爱情。他认为爱情应当是纯洁的，高尚的，因此只能是心理上或心灵上的，而与肉体行为无关。他认为男女之间拥抱，接吻，欢享与性行为都是肉体行为，是龌龊的，不是爱情的表现，而男女在一起，这些行为又不能避免，因此爱情不可能在异性之间存在，只能在同性之间存在。这样柏拉图就用他哲学家的抽象思维方式导出了一个所谓“心灵之爱”的谬论，并据此断定异性之间没有爱情，只有同性之间才有爱情。

今天有人说柏拉图是同性恋的发明者和鼻祖，不无根据。公元 1 世纪，有一个罗马诗人提出了和柏拉图的针锋相对的观点，认为爱情就应当是性的，色情的，肉感的，而不是所谓心灵上的，虚无的，因此，爱情就等同于性爱，至于所谓心中的情感，不过表现为男女之间的虚伪和矫饰，是嫉妒性和游戏性的斗争而已。这位罗马诗人的爱情观点后来被人们称为肉感爱情和性感爱情，在当时的社会条件下，这种观点是把爱情和婚外性关系混为一谈，往往是指通奸中的爱情，因为那时是包办婚姻社会，男女之间自由相爱根本不存在，人们的婚姻听凭父母安排，自己不能选择，所以只有在通奸和婚外情中才能找到这样的爱情。用今天的话说，爱情只能和“第三者”发生。可见自古以来对爱情就有两种不同的流派观点，一派认为爱情是心灵上的，另一派则认为爱情是肉感上的，都属歧论。

以后到了公元10—12世纪，出现了所谓心灵爱情和肉感爱情（色情爱情）相结合的所谓“罗曼蒂克”式的爱情。13世纪，英国皇宫中的贵族们开始给爱情定义，提出了许多表示爱情的条陈规范，比如说他们认为爱情取得需要五个条件：第一、漂亮的身材；第二要有口才能把对方说服；第三、崇高的性格；第四，要有财富；第五，要慷慨大方。并认为爱情的建立可分为4个不同的阶段：第一，双方产生一种希望；第二，亲吻授予；第三，欢享拥抱；第四，以身许欢。他们还提出了一些判断爱情的标准，比如：你一看见对方心里就怦怦跳说明你有了爱情，爱上了对方。再比如：新爱驱旧爱等等。这种所谓宫廷爱情观在西方社会统治了很长时间。到19—20世纪，由贵族普及到平民，都在谈论这种爱情，并且把它和性行为越来越紧密地结合起来，由婚后的性行为，发展到婚前恋爱中的性行为，或根本没有婚姻意向的性行为。可见，“爱情”二字像某些美好的字眼那样，也会被用来包裹一些其他的东西。1915年1月17日，列宁在给印涅萨·阿尔曼德的信中，曾建议将“恋爱自由”的提法从一本小册子中删掉，原因是它的含义不明确。列宁提出，他既可以被理解为在爱情上摆脱物质要求，摆脱宗教偏见，摆脱父母之命，也可以理解为在爱情上摆脱严肃的态度，摆脱生育子女的义务，以至被理解为通奸的自由。由于在现代社会里，那些能说会道，爱吵爱闹，“高高在上”的阶级所理解的“恋爱自由”，往往是后三种情况，因而，这一看来又是“恋爱”，又是“自由”的闪光的口号，

“不是无产阶级的要求,而是资产阶级的要求。”从一定意义上说,两性关系在任何男女之间都有可能发生,但不一定是爱情,它甚至可能和爱情风马牛不相及。

社会学家费孝通在《生育制度》一书中说,性爱这种感情不但可以在任何两个男女之间发生,不易拘束,而一旦发生了性爱的男女,这种感情又是不太容易持久的。沃克说得很彻底,人类婚姻的对象只是一个,可是在感情上男女都能在夫妇之外另有所眷恋的,因为人类是 POLY－EROTI(多元性感)的动物。哈夫洛克·霭理士也说,每一个男子或女子,就基本与中心的情爱说来,无论他或她如何的倾向于单婚,对其夫妇之外的其他异性的人,多少总可以发生一些有性爱色彩的情感;这一点事实,我们以前是不大承认的,到了今天,我们对它的态度也坦白得多了。因之,若是让性爱自由地在人间活动,尤其是在有严格身份规定的社会结构中活动,它的扰乱力量一定很大……这样说来,维持社会结构的安定与完整,不容它紊乱和被破坏,性的这个力量,无论如何得加以控制了,不论人是怎样多元性感,还是要想方设法把性关入夫妇之间。

爱情是深奥,有时是不可测的。自古以来人们从不同角度试图给爱情定义,不下百种,但没有一种定义把什么是爱情说清楚。罗素在《婚姻》一书中说,第一次婚姻的不幸,往往就在于当事者把初次接触异性的激动误认作是“爱情”,大错铸成,变成了没有爱情的婚姻,悔恨终生。一位来自西方的学者从语言对爱的用词上说明爱情的复杂性,他列举出了 5 个英文单词与爱情相关,一是:LOVE,爱;二是:FEELING,感情;三是:ENJOY,喜欢,享受;四是:TEST,试验,尝试;五是:EGO,自我,本能。这 5 个单词也表示爱的 5 个阶段,LOVE 是最高阶段,人们通常用这个词汇来表示爱情,EGO 是最低阶段,是说人处于性行为的本能状态,但其中也包含有某种爱的意义。

性心理学研究认为,有时人的本能可以超过理智,人处在 EGO 状态时的狂热能超过 LOVE 状态,不能说本能中没有爱,同样在其他几个阶段中也都包含有爱的因素,说明爱是极其复杂的。也许正是因为爱的复杂深奥和不可测，所以自古以来它一直引起人们的兴趣和追求，是一个让人们讨论不尽、向往无穷的话题，好比社会上流行的港台歌曲中的"爱情你在哪里？""爱得好辛苦""爱得好难过"之类的词，反映了人们求爱，又得不到爱，而且从根本上不知道什么是爱情，看不见、摸不着的复杂心情，是非常真实的。

言"夫妇有爱"还是"夫妇有别"

爱情是个捉摸不定的变数，却让人追求得死去活来。有人说爱情既不能当饭吃，也不能当水喝，更不能过日子，可越来越多的人非有爱情不结婚，是个怪事，其实怪也不怪，在中国的历史上也曾有过漫长的"夫妇有别"而不是"夫妇有爱"的时期。

中国传统文化以儒家思想为代表，儒家主张"存天理，灭人欲"，这"人欲"自然包括男女之爱了。根据儒家传统，婚姻历来是两姓宗族之事，并非男女个人之事。故依礼成"妇"的仪节，尤重于成"妻"的仪节。《礼记·昏义》上说，"婚者，将合两性之好，上以事宗庙，而下以继后世也。故君子重之。"可见在中国的传统上，婚姻不是为当事者个人之事，而是为家庭宗族承先启后，传宗接代。换句话说，男子结婚不是为个人娶妻，而是为宗族娶妇。女子结婚，不是为个人嫁夫，而是嫁与夫姓的宗族为妇。事关宗族大事，所以，婚姻的缔结，不在当事者，而在当事者的父母，在"父母之命，媒妁之言"。在儒家看来，"天地不合，万物不生，大昏万世之嗣也，君何谓已重焉？"传宗接代，孝敬父母为婚姻之本，男女之爱不必多言，相反，男女要界限分明，以至"男女授受不亲"了。

从孔孟创始儒家思想开始，经历了董仲舒、二程、朱熹等几个发展阶段，历数千年而不衰，一直是"人之一心，天理存则人欲亡；人欲胜，则天理灭，未有天理人欲夹杂者"。对于人（特别是女人）来说，是"饿死事小，失节事大"，在这种深入人心的文化氛围中，人们怎么还会想到爱，去追求爱呢？冯友兰先生在《中国哲学史》一书中谈到这点时说，儒家论夫妇关系时，但言夫妇有别，从未言夫妇有爱。不但不言有爱，而且把婚姻看作是十分严肃，甚至带有一点悲壮的调子，“嫁女之家三夜不熄烛，娶妇之家三夜不举乐”“昏礼不贺”，读来结婚有如勇士授旗赴战，十分悲壮，而无喜庆。在儒家看来，确有这个意义。

女人出嫁都是泪流满面，而不会有今天人们结婚时那种兴奋和激动。在儒家文化的桎梏下，中国人的婚姻向来讲“夫妇有别”，把生活的享受除外，把感情的满足撇开，甘愿挑起一副人生的担子，满足于履行婚姻家庭义务，任人安排，含辛茹苦，而毫无怨言。

为什么那个时代的人只讲“夫妇有别”而不讲“夫妇有爱”呢？是和那个时代的生产力发展水平与人们的物质生活条件有关的，是农业社会落后的生产力，人的贫困的物质生活条件所致。不是那时人们不讲求爱，而是人们在柴米油盐事中不能自拔，没有条件，没有资格去想爱、说爱、追求爱。就一般的规律上说，在任何一个时代，一个家庭中夫妇之间都有两件基本的事情，一是要柴米油盐过日子，二是情感上的满足。有人把这两件事比作“鱼”与“熊掌”，希望两得齐全，问题是开始于这理想的不易实现，若是对现实的夫妇关系期望太高，要求太甚，反而可以使这种关系承当不住而发生裂痕，所以不能不退而求其次的说法，鱼与熊掌中不能不择一而是了。一般的规律是先要柴米油盐过日子，然后再讲志趣相投，讲情爱。在一个生产技术很简单，生活程度很低的社会，男女在经济上所费的劳力和时间很多的话，常常会偏重夫妇间事务上的合作，而压低夫妇间情感上的满足。再进一步说，夫妇间偏重情感的发挥，必须在一个生活程度和水平较高的社会，如果我们比较一下传统中国家庭中的夫妻关系和西方家庭中的夫妻关系的差别，就能明白上述道理了，不是西方人讲爱，懂爱，中国人不讲爱，不懂爱，而是他们之间的生活水平差异造成的，中国有句俗话“饱暖思淫欲”，讲的是规律，但一个“淫”字把这句话变成只适用于少数富家人，甚至是富家恶人了。如果我们改掉这个字，变成为“饱暖思爱欲”，就是适用于大多数人的普遍规律了。今天中国的大多数人观念更新，择偶结婚讲爱情，把爱情放在婚姻的首位，和社会的进步有关，和外来文化的影响有关，最根本的还是人们富裕了，柴米油盐问题解决了，实现了温饱并向小康迈进了。物质生活水平的提高,带来了心理需求的增长,已经有了“鱼”,自然下一个就是“熊掌”,人们不再言“夫妇有别”,而是言“夫妇有爱”,爱情在社会与婚姻家庭生活中的分量越来越重,是很自然的。

面对爱情的两难选择

今天面对爱情有两难的选择。首先人们追求爱,追求两性交往中最高境界的东西,是自然的,是人的需求层次提高的表现,是社会的进步。爱情进入婚姻和家庭标志着婚姻家庭质量的提高,社会应该满足这种需要。然而爱情有不确定性,爱情和婚姻本质有不一致性,如果一定要求爱情为婚姻的基础,也容易产生新的问题。婚姻与家庭生活既是浪漫的,也是现实的;既要有情感,也要过日子;既有自我,还有他人;既有权利,还有义务。

有人说,夫妻之间的爱情可以在日常生活的磨合中产生,有一定道理,但不都是如此,换句话说,爱情与现实的婚姻家庭生活不都是一致的,于是在现实中出现了为了爱而舍弃生活,舍弃婚姻与家庭的情况。有的社会学家断言爱情婚姻没有义务婚姻稳定,是真实的。

在义务婚姻模式中,夫妻俩过日子比较具体,看得见,摸得着,钱怎样用,家务劳动谁来做,怎样分工,孩子谁来照管,老人谁来护理等,很容易操作与合作,而实现爱情是比较难的,常常没有办法操作,没有办法衡量,只凭人的心理感觉行事。当人安心于过日子,没有更高的奢望时,容易心满意足,不思变化,婚姻和家庭是稳定的,而当人追求浪漫,要爱情时,反而会增加烦恼,产生纠纷,思动思变,使婚姻家庭动荡解体。

一位美学家曾做过如下推论:爱情是一种美,从美学观点上看,任何一种美都不是永恒的,因此爱情也不是永恒的,常常是新爱驱旧爱。依此下推,以爱情为基础的婚姻与家庭也不会永恒,配偶得不断更换,家庭要不断更新,离婚的越来越多,从而破坏了家庭的稳定和功能的正常发挥,这不是对社会的挑战和威胁吗?

总之，今天人们既要追求爱，要享受爱的幸福，也要为爱而烦恼和苦痛；社会既要满足人们对爱的追求，也要准备应付因此而引起的婚姻与家庭的动荡，不稳定，是两难的。爱情是婚姻中的变数，是最大变数。

择偶“不难”,择理想之配偶“难”

载《今晚报》2002 年 1 月 3 日

择偶是婚姻的重要环节。婚姻成功与否,取决于择偶是否得当。我们常常听说:“万一悔之于后,无宁慎之于前。”其实大多数人择偶很慎重,但相当的人婚后发现配偶并不理想,于是有了“择偶不难,择理想之配偶难”的客观事实与感受。要说清这个问题,得首先从“择偶自由”与“自由择偶”说起。

“择偶自由”与“自由择偶”

“择偶自由”与“自由择偶”不是简单的词序颠倒,也不是同义反复,仔细琢磨起来,它有不同的内涵。“择偶自由”主要强调当事人是否有择偶中的决定权,现代社会实行婚姻自由,当事人在法定的范畴内结不结婚,什么时候结婚,和谁结婚,都是可以自己决定的,换句话说,是“择偶自由”的。所谓“自由择偶”是指当事人能把握择偶的客观规律,运用自如地选择自己的“意中人”。事实证明,能“择偶自由”的,不一定能“自由择偶”,换句话说,能找到配偶的人,不一定找得到理想的配偶。

在现实生活中,之所以择偶“不难”,是由几个客观事实决定的。其一,迄今为止人口结构的男女性比例是大致相等的,还没有全局上的失调;其二,已经实现了普遍的“择偶自由”,当事人可以决定自己的婚姻;其三,实行一夫一妻制,男女只能一对一;其四,“男大当婚,女大当嫁”仍然是社会大多数人的理念,人到了年龄都要忙着找对象结婚,即使本人不上心，周围的亲朋好友也要帮忙，因此，找到一个异性为配偶并不难，或者说择偶不难。然而，一些人择偶结婚成了家，有了孩子，过了日子，却觉得配偶并不理想，于是现实生活中有"只恨相见太晚""婚姻质量不高"的议论。对于现实的婚姻，相当多的人接受或容忍下来了，也有的人不然，或者离婚，或者以婚外情做"补充"，社会上"第三者"多了起来。这说明，相当数量的人都不能择到理想的配偶，换句话说，他们还不能把握择偶的客观规律，实行"自由择偶"。之所以人们从"择偶自由"到"自由择偶"，从择偶的"必然王国"迈向择偶的"自由王国"难，是由许多客观规律制约的，把握这些规律，不仅对于正在择偶的人，而且对于已经择了配偶的人都有意义。

择偶标准的多因素性是择理想的配偶难之一

从普遍的规律上看，择偶只看对方一个条件，只考虑一个因素的情况是比较少的，常常是综合着多种因素和条件来选择的，比如要考虑相貌与身体、财产多寡与经济状况、家庭环境和背景、文化、职业、年龄、性格、爱好、道德品质、有无爱情等等。择偶标准是一个包含多种因素的综合指标。

一次笔者参加一个有关婚姻择偶问题的讨论会，一个女士说自己理想中的配偶是一个关爱自己，愿意为自己奉献的人。笔者在发言时认为该女士只说出了她择偶标准中最突出的因素和条件，其实还有其他许多隐含的条件她没有当场说出。比如该女士个子比较高，在 1.70 米以上，笔者在和她讨论时发问，如果一个男人长得不高，比你还矮好多，你会不会考虑这一条件，换句话说，只有比自己高的男性才能考虑，她直率地说：会的。又比如该女士有大学毕业学历，对此笔者又发问，如果男方没有大学毕业学历，只有高中、中专或更低的学历，你会不会认为他在这方面也不合格。她也直率地回答：可能会的。笔者想如果继续提问，比如对方的职业、经济收入、相貌、其他背景等，该女士还会有所认同，可见她的择偶标准不是单一的，而是复合的，是多因素的。它符合普遍的事实和规律。不仅中国如此，其他国家也是如此。美国社会学家何陵穴在美国调查过

1980 对夫妇的背景，他的研究结论认为，美国文化对男女择偶有确定的限制，其主要因素是：种族、宗教、年龄、民族来源、阶级地位和教育，他说，当所有这些因素合并起来的时候，它们便把一个人的择偶范围弄成狭小的了。

现实生活正是如此。从表面看，每一个人的择偶范围很宽，任何一个符合法定条件的未婚异性都可能是选择对象，其实不然，由于每个人都是多条件、多因素选择，因此能选择的范围很窄。如果我们还引用以上的例子，该女士有 1.70 米以上的个头，如果她要求男性不能比她矮的话，身高在 1.70 米以下的男性就都被排除了；该女士是大学毕业生，如果她要求对方也必须有大学以上学历的话，那么没有大学学历的人也都会被排除了。自然，依该女士的要求，那些不会关爱他人、不愿为他人做贡献的人也会被排除。仅以上三个条件的附加就能排除一大批人，如果她还有其他方面的考虑呢？比如人们常说的相貌、职业、收入、家庭背景等，每增加一个条件，就会将择偶的范围缩小一圈，事实上她的择偶范围是很窄的，这是择偶难之一。

择偶标准的变动性是择理想的配偶难之二

婚姻是个人行为，更是社会行为。人的社会存在决定人的意识，社会在变迁，人的意识也在不断改变，包括人的择偶观念。

婚姻的自然属性决定了人在择偶时都要考虑对方的身体和相貌，以健康和美貌者为配偶几乎是所有人的要求。然而就是在身体与相貌的考虑上，不同时代、不同人也会有不同考虑。比如今天人们大多以“瘦”为美，特别是女性要苗条，

为此，一些人要用各种办法减肥，然而历史上也有以丰满为美的时代，有人说历史上遗留的唐朝飞天壁画上的仕女大多较胖，就是那时以胖为美的标志，不无道理。

婚姻的社会属性决定了人们在择偶时考虑的问题更多，而且随着社会的变迁，对这些问题有不同的认识。以新中国为例，从 20 世纪 50 年代

以来，随着社会的变化，人们的择偶价值观念一直在改变。50年代时择偶的政治标准很重要，那时共产党员、共青团员、劳动模范、青年突击手、“三八”红旗手等择偶比较容易，是多数人仰慕的对象。60年代以来，以“阶级斗争”为纲，阶级成分、家庭出身变得重要了，“出身好”(即工人、贫下中农、革命军人出身)的人好找对象，出身于“剥削阶级”家庭，有港台海外关系的不好找对象，知识分子在那时也不吃香。80年代中国进入了改革开放的新时期，社会的变迁使人们的择偶观发生了很大变化。社会重视知识和教育，知识分子、有学历者自然吃香，有海外关系的人不仅不会受到排斥反而可能是有利条件，此时家庭出身、政治表现可能变得不重要，有钱有财产者则受到青睐。这种巨大的变化是人们能时时感受到的。

择偶标准的变动性为择偶增加了难度，使当事者难以把握社会公认的标准和价值取向去选择理想之配偶，对于那些正在择偶的年轻人来说更是如此。他(她)们往往涉世不深，对于社会理解不透，在不断变动的择偶标准中无所适从。对于那些已经结了婚的人来说，则可能因为择偶前后价值观念的改变，而对自己过去的选择重新判断。比如在搞“阶级斗争”的年代，一个人依政治标准选择了配偶，到了改革开放时期，经济标准变得更重要了，该人可能因为自己的配偶没钱(或不能挣钱)而“失落”，认为自己当初选错了。在现实生活中有的人希望择偶“重来一次”，常常是因为择偶标准的变化引起的，或者是由于个人价值观念的变化，或者是受社会价值观念变化的影响。

择偶是交换行为是择理想的配偶难之三

在今天的自由择偶时代，择偶表现了行为的双向性。择偶不是单方面的，而是双向选择的过程。用一个不恰当的比喻，择偶不是去超市购物，只要你手中有钱，看中了哪个就能要哪个。你在选择，别人也在选择，“甲”看中了“乙”，“乙”却没有看上“甲”，看上了“丙”，“丙”的心里可能只有“丁”，这种情况在现实生活中并不鲜见。择偶的双向和多向选择，增加了择偶的复杂性。

过去择偶中交换行为和交换价值的存在是不被一些人所认同的，有的人说，择偶就是爱，就是给予，就是奉献，其实不然。现实生活中有爱、给予和奉献的事例，但就一般规律而言，择偶与婚姻行为是交换的。交换行为和交换价值不仅存在于市场和经济行为之中，而且存在于其他社会行为，包括婚姻和择偶行为之中。社会学的交换理论认为，人与人之间的行为是交换的，人做了事情得到了他人的回报，他（她）不仅高兴满意，而且重复这种行为的概率和积极性就高。各种社会行为中都有普遍的交换价值存在，交换价值实现得越充分，当事人的满意度就越高。从“征婚广告”中人们能最直观地看到婚姻行为中的交换行为和交换价值，某男或某女在发出告示时都是先列出自己的主要条件，诸如身高、文化程度、职业、年龄等，然后提出所选对象的条件，而且大多是根据自己的条件去要求对方的，都是要实现某种交换价值。婚姻行为中的交换理论分为“同质交换论”和“异质互补论”。所谓“同质交换”是说我给你“甲”，也要求对方回报“甲”，比如某人为“大学毕业”，他（她）也要求对方有“大学毕业”学历。中国传统的“门当户对”论就属于“同质交换”论，只不过过去是强调当事人的家庭背景要相当，现在则是当事人本人的条件要相当。所谓“异质互补论”是说我给你“甲”，不一定要求你也给我“甲”，用“乙”回报也可。中国人所说“郎才女貌”就是“异质交换”，即用男人的才能去换女人的容貌，也是一种交换与平衡。自然，现实生活很复杂，在择偶中不仅有“家庭背景”“才能”“容貌”的选择与交换，还有其他方面的选择与交换，有些如“心理”“性格”“情感”的交换是看不见、摸不着的，但交换价值与交换行为在择偶与婚姻中普遍存在是无疑的。从规律上说，交换价值的实现是择偶成功，婚姻得到较高满意度的条件，交换价值实现得越充分，择偶的成功率越高，婚姻的满意度也越高。

在现实生活中有“剃头的挑子一头热”之说，就是择偶中的“单相思”，这种情况多数是不能成功的，即便成了，满意度也不会高。换句话说，不了解择偶是双向行为、不能按交换价值规律去择偶的人，择偶难，择理想的配偶更难。

爱情成为择偶的首要标准是择理想的配偶难之四

今天越来越多的人把爱情作为择偶的首要标准，把有无爱情作为判断婚姻质量高低的主要条件，这也增加了择偶，特别是择理想之配偶的难度。

笔者曾就婚姻中的爱情写过一篇文章，称爱情是婚姻中的“变数”，之所以用“变数”这个词，一是说爱情的确切含义不清，不好把握；二是说爱情是变化着的，具体表现为“情感型”的婚姻没有“过日子型”的婚姻稳定。

从古以来人们一直在探讨什么是爱情，众说纷纭、莫衷一是，和“条件择偶”相比，“爱情择偶”常常表现了不可操作性。所谓“条件择偶”比较具体，比如一个人在择偶时要求对方有“高中以上学历”，从事“白领”职业，有现成的“住房”等，条件是具体的，当事者可以按这些条件去选择，但如果一定要求有“爱情”就比较难操作了。爱情是什么？看不见，摸不到，需要当事者去感觉，去体会，去判断，别人也帮不上忙。在现实生活中，许多人的择偶、结婚都是在他人的“帮助”下完成的，比如“做媒”或“介绍对象”之类。按“条件择偶”，别人帮得上忙，要“爱情择偶”别人就帮不上忙了。从这个意义上说，“爱情择偶”也降低了择偶的成功率。

“爱情择偶”不仅因爱情的不确定性，给当事者带来操作上的困难，而且可能给已经结了婚的人造成婚姻质量判断标准上的“混乱”。从实际出发，爱情与激情，爱情与冲动总是相关的，一般而言，初次见面，短暂接触，对“新面孔”比较容易有激情，相处长了就少有激情和冲动。一对相处了数年、十年甚至几十年的夫妻，已经相互了解入微，熟悉得很了，怎么可能天天见面有激情，有新鲜感，有冲动。面对这种状况，如果有人用“激情”“冲动”式的爱情标准去判断现实的已经成为事实的婚姻，则可能产生婚姻质量不高，当初择偶“不理想”的判断。从这种意义上说，择理想的配偶也是比较难的。

"机遇"有限是择理想的配偶难之五

现在人们在择偶时常常喜欢用"缘分"一词,说择偶结婚要随"缘分",这"缘分"和"机遇"又是相关的,"机遇"有限,"缘分"自然也不多。

现代社会是个变迁速度很快、竞争激烈、充满挑战的社会。人们为了学业和事业上的成功,不能不花费大量的时间和精力,去学习,去工作,去拼搏,是不可能有充分的时间和精力去择偶的。这在客观上减少了择偶方面的"机遇",也使"有缘"之人可能错过"机遇"变为"无缘",一些事业成功者、强者(特别是女强人)不能找到配偶就是例子。

实际上,多数人在生活、学习、工作中择偶的"机遇"都是有限而狭窄的,各种客观限制条件很多。从文化上说,和西方人相比,中国人比较保守和内向,在两性交往中尤其如此,西方人在表达"爱"时,是直率的、公开的、奔放的,相比之下,中国人含蓄多了,这种性格、心理及相关的行为,也减少了择偶的机遇,或者说容易错过机遇。而没有"机遇"是谈不到"缘分"的。

总之,由于客观规律的制约,择偶"不难",择理想之配偶难。今天一些人只知其然,不知其所以然,发誓:找不到"心目中的人"就不结婚;有些人则改变婚姻观念,要一辈子不结婚,当"不婚族"。然而大多数人还是要结婚的,婚姻与家庭是人一生中的重要经历和组成部分。社会也要为人们结婚立家提供各种条件和保护,"男大当婚,女大当嫁"仍然是社会的主导观念。因此掌握择偶的客观规律,把择偶的理想主义和现实主义结合起来有普遍性,也有现实性。

善举,有无功利

载《今晚报》2014 年 12 月 9 日

近来有关公交车上让座的话题比较火热,由“是否让座”引申到“公交车让座后期待对方言谢吗”。在公交车上给有需要的人让座已是绝大多数人的共识,而且有人主张无功利善举,不介意有无言谢,说明人们的高层次道德意识正在加强。

湖北公交车上一女子将座位让给了一位孕妇,随后却因为没有得到孕妇的感谢而将座位抢了回去。一位参与讨论者认为,这位让座的妇女不可爱,不无道理。但是我们要再向前推想一下,如果那位被让座的孕妇说了句“谢谢”的话,或者回以点头微笑,结果又是如何呢?

社会上的每个人都在和他人的关系和互动中生活。在人与人之间的关系和互动中有两种善举存在,都值得肯定。一是奉献行为,只付出,不求回报,就是我们常常说的雷锋精神,可称为无功利善举。还有一种是付出了,期望得到回报,是交换行为,可称为有功利善举。由著名社会学家乔治·C. 霍曼斯和彼德·M. 布劳发现和阐述的社会变换理论,对后一种行为进行了科学的解释。社会交换理论中的成功命题就提道:一个人的某种行为能得到相应的奖赏,他就会重复这一举动;某一种行动得到的奖赏越多,重复活动的频率也随之增多;获得的奖赏越快,重复活动可能性就越大。

社会交换理论提示我们有功利善举在现实社会中客观存在,而且具有普遍性,有功利善举也常常在社会治理中被应用。比如公开奖励见义勇为人员、奖励提供犯罪线索的举报人等。显然，这些都是为了号召和鼓励人们积极参与到打击犯罪，维护社会治安和稳定中来。客观上也是对有功利善举的肯定和认定。实践证明这些举措是有效的，而且不会因此出现社会道德方面的歧义。

无功利善举是社会的理想和追求。被称为“当代雷锋”的郭明义有一句名言“帮助别人快乐自己”就是典型，他做了善事不期望也不需要得到他人回报，但还是要快乐自己，这显然是一种最高境界的自我快乐和心理满足。但今天无私奉献者还只是少数，无功利善举还不能成为新常态。相反，有功利善举更为现实和普遍。一个人对他人做了善事，希望得到回报是正常的。有了这样的回报，做了善事者觉得心里舒服，感到自己的行为得到了他人和社会的认同和回报，在以后重复这种行为的积极性更高，可能性更大。从社会建设的角度看，这样的良性循环正是一种无形的道德文明促进与建设。因此在我们号召善举者无功利追求时，何不同时主张妥善者也应该懂得感恩与回报?

付出是善举，回报也是善举。人与人在付出与回报的交换中，能使爱变成互爱，单向善举变成双向善举，从而体会了人间的温暖和真情。从实际出发，只有把对无功利善举的追求和有功利善举的实践结合起来，才能构成当今社会文明的新常态。

婚姻的个性、任性和理性

载《今晚报》2015 年 7 月 28 日

婚姻作为一种社会制度和文化在人类社会中十分普遍，源远流长。在传统的婚姻文化中，人们崇尚婚姻的稳定性，有“白头到老，从一而终”之说，离婚的很少。现代社会则不同，人们追求婚姻自由，“合得来就合，合不来就散”，婚姻的稳定价值下降了，离婚率大大增加。据有关媒体报道：据有关方面统计，2014 年全国共依法办理离婚登记 363.7 万对。数据显示，2003 年以来，我国离婚率已连续 12 年呈递增状态。

现在，“任性”这个词已经成为社会和网络的流行语。现在婚姻中的“闪婚闪离”现象可谓是一种“任性”。婚姻中的“任性”是和婚姻的“个性”相关的，而婚姻的个性又和婚姻自由分不开。现代婚姻尊重个性和权利，主张婚姻自由，它包括了结婚自由和离婚自由。一个人在婚姻法规定的条件下要不要结婚，和谁结婚，都是个人的权利，离婚当然也是如此。在“个性”得到充分尊重的社会背景和文化氛围下，离婚变得普遍了，是自然的。

其实“个性”不等同于“任性”。婚姻有“个性”，但不能“任性”。而需要理性，是因为从社会和社会学的角度说婚姻具有双重属性，即它不仅是私人行为也是社会行为，而且从本质上说是社会行为。俗话说“男大当婚，女大当嫁”，可是很少有人深入思考过人为什么要结婚，社会为什么要有婚姻家庭制度。著名社会学家费孝通先生否认了婚姻仅仅是为了满足两性关系（即所谓爱）的需要的说法，他认为，男女相约共同担负抚育他们所生孩子的责任就是婚姻。

由于婚姻家庭承担着人类种族传递的重要的社会功能，所以社会要制定婚姻法来约束婚姻当事者，要求婚姻当事者严肃对待婚姻，对配偶负责，对子女负责，对父母负责，对家庭负责。婚姻当事者需要用理智来思考和对待现实婚姻。现代社会主张婚姻自由，但任何社会都不希望大规模婚姻家庭解体，也绝不会主张普遍离婚，因为这不利于以生育抚育为中心的家庭功能的正常发挥，不利于日常家庭生活的美满与和谐。离婚是对死亡婚姻的解除，是婚姻当事者的权利，但也会对本人，对配偶，特别是对子女带来包括关系、情感、财产、房屋、子女教育和培养、日常生活等一系列具体问题，既可能有“快乐”，也会有“烦恼”，因此当事者结婚要慎重，离婚也要慎重。

无论如何，在现代婚姻文化建设中，尊重个性，减少任性，增加理性是不可或缺的三个方面。因为理性婚姻有利于个人，也有利于社会，有利于婚姻家庭机体的健康和功能的正常发挥。

核心价值观凝魂聚气

载《今晚报》2015 年 3 月 24 日

最近“核心价值观”一词不仅在中国热，在西方一些大国也热了。几则新闻能给我们启示，2015 年 1 月英国教育大臣妮基·摩根在一次题为《知识问题很重要》的演讲，强调推行“英国核心价值”是教育的重中之重。摩根表示，“所有学校都应该像提升学术标准一样提升基本的英国价值观。让每个孩子懂得英国价值观和学习数学、英语同样重要”。与此相关的是英国政要多次强调应放弃失败的“文化多元主义”。2014 年 6 月，前英国教育大臣迈克尔说要告别“文化相对论”，而英国首相卡梅伦在 2011 年 2 月也指出，英国必须放弃失败的“文化多元主义”。无独有偶，2010 年，德国总理默克尔在发表讲话时表示，德国文化多元社会已经死亡。2011 年，法国也宣布本国的“文化多元主义”失败。

中国是个正在崛起的大国，在继承数千年文化遗产，总结中华人民共和国成立以来的发展经验，吸收当代世界文明的基础上，提出了中国特色的社会主义核心价值观，即：“富强、民主、文明、和谐；自由、平等、公正、法治；爱国、敬业、诚信、友善”，它高度概括了国家的价值目标、社会的价值取向和公民的价值准则。目前我们正在大力宣传和引导人们认识和践行社会主义核心价值观，是因为国家需要它，社会需要它，民众也需要它。

现代社会是个知识爆炸、信息传播手段先进、充满无穷想象力和空间的社会。现代社会也是尊重个性，主张独立思考，彰显创业创新的社会。对事务进行多角度思考，社会上多元文化的存在，是个不争的客观现实。

为什么已经经历过“文化多元主义”，实行“文化相对论”的西方大国，近年来要强调核心价值观？是因为社会发展的实践证明，对于一个国家来说核心价值观是极其重要的，它具有凝魂聚气作用。中国古代思想家荀子在谈到人类的群体特征和社会本质时说：“人力不若牛，走不若马，而牛马为用，何也？曰：人能群，彼不能群也。”其实，人能“群”，牛马也能为群，但人结成的群，和牛马为群有本质区别，牛马只能结成以生物和生理为基础的动物种群，而人能结成有共同文化和心理认同的人群，因此人群及人类社会有理性的力量。人类创造了共同的社会文化，除去语言文字外，还包括人的理想追求、行为规则、伦理道德、交往方式、工作方式、生活方式，即人类文明，以及以此为主要内容的价值取向和价值判断。在共同的社会环境和情景中生活的人们，尽管人与人之间的思维方式不同，对事物的认识会有差别，但有更多的共同价值取向和价值判断，从而形成了社会“核心价值观”的基础和主要内涵。

今天，我们将共同价值取向提炼出来，升华起来，用科学的方式和语言表达出来，又把核心价值观宣传贯彻到广大民众之中，提升中国人的精气神，形成国民的向心力、凝聚力。国家要强大，社会要整合，人民要安居乐业，既需要物质，也需要精神；既要有硬件，也要有软件。社会主义核心价值观是中国人精神的最高层面，也是构建中国社会整体结构的核心软件。我们全面建设小康社会，需要有核心价值观凝聚，以共同的理想，共同的认识，共同的意志，共同的奋斗，实现宏伟的目标。

从基辛格“秩序至上”说起

载《今晚报》2015 年 5 月 12 日

最近,用新思维推动全球治理变革的话题热了起来。美国著名的政治家、外交家基辛格博士有新著《世界秩序》,他对美国十分自豪地“通过传播民主原则首先和平”的理念提出了质疑。从 1991 年到现在的 24 年十分有戏剧性,“9·11”事件、美国两场打不赢的反恐战争、金融危机以及“伊斯兰国”的出现使他看到,美国一贯坚信“民主和自由市场的传播会自动创建一个公正、和平和包容的世界”并没有成为事实。他曾经说:“如果一种选择是正义和无序,另一种选择是秩序和非正义,我始终会选择后者。”看来是秩序至上,甚至超越了正义的价值。这种痛心疾首的感觉和判断是令人深思的。

其实对“秩序”一词人们并不陌生,人类群体生活的事实和实践使人们深刻体会到秩序对社会的重要意义。问题是今天世界秩序发生的混乱在很大程度上是由某些西方国家一手造成的。他们为了推行以个人主义为基本伦理的价值观和多党议会制式的民主,以反恐为借口,或直接派军队入侵某个国家,或在某些国家策划“颜色革命”,结果使那些国家战火连绵、动乱不止、无序混乱、民不聊生,百姓深受其苦,深得其害。然而,西方人的理想并没有实现,已经发生的事情使他们从狂欢落到沮丧,做出了宁可牺牲正义也要维护秩序的判断。然而不正是西方人用他们的“正义”破坏了世界的“秩序”吗?其实,“秩序”的本身就是一种人类社会需要的“正义”。从这样的认识出发,还有“正义”与“秩序”之间的“非此即彼”的选择吗?

这里我们不是讨论哲学话题,也不是仅仅关注世界,而是首先要认真思考如何把中国自己的事情办好,思考“秩序”对中国发展、变革和我们安居乐业的现时意义。当前我们处在改革的深水区,越是要变革创新,越要维护秩序和稳定。

一个社会要有秩序必须有规则,用规则进行社会控制,维护秩序。自古以来人类尝试用各种办法形成规则,从初民社会的“习俗”到现代社会的“道德”“法律”,演变了社会生活的规则,经历了由原始到现代,由抽象到具体,由非强制到强制性的过程。道德和法律逐渐演变为控制社会,形成社会秩序的两种主要手段。

道德是精神层面的,是对人思想行为是与非、善与恶、美与丑、正义与非正义、正当与不正当等共识和评判的标准。它通过影响和约束人的思想,产生人与人之间的关系和秩序。法制是行为层面的,是经由国家制定,具有“权威性”“公正性”和“可操作性”的规章制度。这里所谓的“权威性”是因为法律是由国家的立法机构制定的,有强制执行的性质。所谓的“公正性”是指在法律面前人人平等,一视同仁,不因人而异。所谓“可操作性”是说它不是抽象的,而是具体的,依证据可对违法者实施教育、威慑和惩戒。现代社会是法制社会。建设法治国家,依法治国,以德相辅是我们坚定不移的目标。今天,我们要像爱护自己的眼睛那样爱护秩序,自觉遵守秩序。实践证明,中国的发展需要秩序,中国的变革需要秩序,中国人的安居乐业更需要秩序。

从是否给老年人让座说起

载《今晚报》2014 年 9 月 27 日

近来因在公交车上是否给老年人让座,议论纷纷。依据我频繁乘公交车的经验和观察,绝大多数情况下老人乘车有人让座,主要是青少年让座,人们已经有了较普遍的爱护老年人的心理。一次我在公交车上,见几个年轻学生上车就坐到车前部的空位子上,其中一个人说,“咱别坐这儿,一会儿还得给老年人让座。”于是他们又拥到车后边的座位去了。很真实也很有趣,它说明年轻人也希望有座位,但是我以为他们已经有了让座的意识。

老年人应该怎样面对在公交车上没被让座呢?我们陆续看到报道:因此而吵架、拳脚相加、站在公交车前堵车、甚至因为激动而犯病失去了生命。老年人在受到社会关爱中,应怎样理解那些不尽如人意的事情。有人说,“让座是情分,不让座是本分”,有点儿道理。今天,社会理想中的“情分”和现实中的“本分”毕竟都还存在。

人的社会角色不是单一的,而是多元的。从生理和年龄的角度说老年人应该得到社会的关爱和尊敬。但从社会的角度说,老年人也是其中的一员,也有关爱和尊敬他人的社会责任。当我们把“和谐”和“友善”等列为核心价值观的内容时,是不分年龄、性别、群体、职业和阶层的,需要全体社会成员共同努力和建构。老年人也应把“和谐”“友爱”作为自己的理念,并承担起理解、关爱他人的社会责任,不是更能够体现自己的价值和存在,更能赢得社会的尊敬和爱护吗?

婚姻家庭社会管理的反思与前瞻

载《中国社会报》2011 年 5 月 26 日

婚姻是男女结合成夫妻的行为，家庭是婚姻的承续和扩展，由婚姻产生的家庭是以婚姻血缘关系为纽带的社会生活组织形式。婚姻家庭是社会的基础结构，承担着重要的社会功能。对婚姻家庭的社会管理历来是中国社会管理中的重要组成部分。

继续坚持以法律为中心，多种社会管理方式并用

中华人民共和国成立以来，我们在对婚姻家庭进行的社会管理中，既坚持了法治理念，保证了法治的核心地位，又从我国的实际国情出发，多种管理方式并用，应该说是有效的。法律是社会生活的准绳，法律的权威性、确定性和可操作性决定了我们必须坚持依法治理婚姻家庭。在坚持法治理念和法治实践的同时，要充分考虑我国的具体国情，结合我国的实际情况，比如依中国的文化传统，代际关系是双向的，因此我们在立法和执法时都是遵照了双向原则（亲代抚养子代，子代赡养亲代）行事的。中国是个高度组织化的社会，在婚姻家庭的社会管理中行政管理一直在发挥作用。从社会的未来发展趋势上看，婚姻家庭的行政管理应更多地依托法律，更多地尊重个人意愿，更多地向发挥服务职能方向转变。中国又是有着几千年文化传统的国家，道德的力量不容忽视，有些问题不能仅依靠法律解决，也不宜通过行政手段，而只能靠道德，靠“自律”，而不能靠“他律”。

继续维护婚姻家庭的有序和相对稳定

迄今为止，婚姻家庭在我国社会中仍然承担着人类自身生产和再生产的社会功能。家庭是社会的细胞，对婚姻家庭的社会管理属于对社会基础部位的建构，十分重要。就目前来看，人类在长期的社会实践中创造的婚姻家庭制度，有利于家庭功能的正常发挥，有利于人类自身的生产和再生产，有利于人种传递。未来，社会应该继续对婚姻家庭实行科学管理，继续维护婚姻家庭的有序和相对稳定，以保护社会的正常生活秩序和社会的健康延续。婚姻家庭的大规模动荡和解体对于社会是不利的。

反思中华人民共和国成立以来我们对婚姻家庭的管理，既坚持了中国的婚姻家庭传统，也能与时俱进；既维护了家庭的稳定性，也能根据时代和社会生活的变化，不断调整我们的政策和方法。中华人民共和国成立初期，我们主要解决了反对封建的包办买卖婚姻，实现婚姻自主自由。而改革开放30年来，我们又从多方面实行了变革与更新，认真解决面临的新问题，以适应社会和婚姻家庭生活的实际需要，诸如在新的形势下怎样在保证家庭成员履行相互间权利义务，维护家庭整体利益的同时，进一步以人为本，尊重个性和自由；在承认家庭成员的人伦关系的同时，确立家庭成员的法人契约关系；根据新情况加大对家庭行为的社会干预力度；在家庭关系的协调中，坚持和维护传统的"双向反馈"式代际关系模式，强调了家庭成员（特别是夫妻之间）的平等关系。

认真解决婚姻家庭管理中面对的个性和共性之间的矛盾

婚姻既是个人行为，也是社会行为；家庭既是私人的范畴，也是社会范畴。继续解决婚姻家庭管理中面对的个性和共性之间的矛盾，是未来婚姻家庭社会管理所面对的重大课题。回顾中华人民共和国成立以来的历程，前30年我们虽然保护婚姻自由，但主要强调婚姻的制度性、社会性，对于婚姻的个性，对于婚姻满足个人需求方面认识不足。改革开放以来，我们逐渐认识和承认了个人的价值和需求，更加以人为本。然而，在

个性被尊重的同时,婚姻的社会性受到了挑战和威胁。如何在尊重个人行为,尊重个人意愿和选择的同时,保护家庭,维护家庭的相对稳定,保障家庭功能的正常发挥和家庭生活的正常秩序,是亟待解决的理论问题和实践问题。

附录

潘允康:找一个结合点

载《天津青年报》1997 年 5 月 2 日

采访记者编语:潘允康,现任天津社会科学院社会学所所长。主要著作:专著《中国城市婚姻和家庭》(主编)、《当代中国家庭大变动》(主编)、《社会改革与心理障碍》等。从 1993 年开始他走进天津广播电台直播间,通过“社会与家庭”“社会广角”和“中西方文化比较”专题节目向听众传播了社会学,他曾在美国的纽约州立大学,哥伦比亚大学、芝加哥大学、日本东京立教大学、岐阜大学和奈良大学进行学术交流和讲学。

他喜欢仰泳时看蓝天的感觉。下一个十年,他将完善家庭社会学理论,并为自己找一个适合的速度发展。本报记者(《天津青年报》)/张颖哲

潘允康说起话来很爽快,尽管有时甚至很随意,其间流露出的自信却得到了恰如其分的表达。

关于自己

潘允康没有离开过自己长大的地方,1953 年直到现在,他就住在这里。时过境迁,他能从容地在家里写论文,搞研究。

他认为 34 岁前的岁月“很有意思”。

潘允康是“文革”前最后一届有资格上大学的高中毕业生。由于所谓家庭出身有问题与清华大学工程物理系失之交臂。最后被天津师范学校

大专班录取。接下来是在北塘、东郊的一段平淡的教书的日子。

一个同学在工作10年后，努力两年考上了研究生。给了潘允康以启示。于是在1980年夏天，他报考了中国社会科学院研究人员。对于潘允康来说这是个转机。他回忆那时候说“够苦的”。每天从晚上7点读到凌晨1点，不到9个月读完大学5年的课程。经过考试被中国社会科学院录取，并被分配到天津社会科学院。那年他已经34岁了，这是中国社会科学院招收的首届研究人员。潘允康到了社会科学院后，社会学研究在我国刚刚恢复，20世纪80年代出现了很多值得研究的社会问题。在参加了教育部在南开大学举办的全国社会学首期师资培训班和中国社会科学院研究所举行的全国社会学第二期讲席班之后，潘允康转入了社会学的研究。

他的主要研究领域在家庭社会学。20世纪80年代初，作为早期被允许进入中国从事研究的少数国外学者之一的美国社会人类学家伯顿·帕斯特奈克在天津做家庭和生育问题研究，潘允康参与了这次调查，并对家庭社会学产生了兴趣。在这位外国学者回国一年后的1982年，他就发表了根据这次调查资料所撰写的学术论文《试论我国城市的家庭和家庭结构》在《天津社会科学》杂志上公开发表，并从此一发不可收。提出家庭小型化和核心家庭正在成为中国家庭的主要模式的观点，引起学术界重视。1987年在他又和美国社会学家林楠在《社会研究》上联名发表文章，提出了中国特有的家庭生命周期和家庭网的理论，并在以后的研究中，使之日臻成熟。

潘允康把他的研究分为两个时期：1989年前，他在学术领域进行深入研究；1989年之后，潘允康开始在媒体上出头露面，至今，在电视台、电台办一些讲座，在报纸有过一些专栏，大量介绍社会学知识。十七八年来，他在家庭社会学方面的研究成果占研究成果的70%～80%。

关于机遇

从1984年开始，出国的机会就逐渐多了起来，特别是在1986年，美国纽约州立大学和伊利诺易斯州立大学芝加哥分校都邀请他留在美国读

博士，潘允康没有留下。

他说这是基于种种考虑：他是公派出国的，而且当时已经过了35岁，如果再读硕士，完成博士学位起码也要五六年的时间，恐怕最好的光阴会错过。更重要的他是研究中国社会问题出身，离开了本土，从国外研究国内未必顺手。事实证明，他在国内比较成功，而出国考察时，也很受尊重。

“成功，机遇很重要，一个机会抓住了，就会有下一个机会，接下来再抓住新机会，机会就能进入一种良性循环状态，这是一个人的能力。剩下的就是自身的品质和付出。同时大环境很重要，如果社会环境没有改变，没有改革开放，就没有我的今天，也没有很多人的今天”。

潘允康清醒地知道自己的长处和短处。他也同意别人关于他的长处即短处的观点，从这个意义上，这是个特色鲜明的人。

“我的长处是系统能力较强。”潘允康认为人才有两种：一种是非常细致的人才，比如对于辞章出处都记得非常清楚的人；另一种是能从大量支离破碎的表象中抽取本质的人。他是后一种。“我经常能从一些简单的事情中发现一种思想。”

这是一个人逻辑思维能力的反映，而综合能力的高低是一个人真正水平的体现。

有人说，潘允康成功在于快，（如果）失败也可能因为快。“同一件事，比别人先做完并且成功才叫‘快’。”他说自己有点“粗”，也曾有过经典辞章引文上的疏忽。但这是不可免的，就像一个大筐，架子好，也装满了好东西，里面难免会有碎的。他笑着说，好在他已经有了一个“大筐”。

关于感觉

潘允康的第一篇论文——《社会学和历史唯物主义》投给了《中国社会科学》，这是中国社会科学界的最高理论期刊（胡乔木同志主持），于光远同志参与审查了这篇论文，排版刊登，在学术界引起了一个小轰动。

成名之初，有人说潘允康少年得志。

“我从21岁参加工作，到34岁才找到感觉，也叫‘少年得志’？”话里

有点自嘲的意味。

谈到“感觉”，潘允康说80年代是他“感觉”最好的时期。“生活变好了，我突然觉得自己从没有过那么多钱，能买到很多想买的东西。事业上，有了和别人平等的竞争机会，能和别人公平地站在一条起跑线上起跑。”

潘允康最羡慕自己当年的充沛精力。到全国各地学术交流时，从武汉到重庆，进三峡，在游览风景点时，他尽情地玩，在到下一个风景点之前这段时间，他会看书看外语。

年轻时，他干得很苦。1983—1987年，他一度怀疑自己胃部出了大毛病，于是一通检查，又照CT，结果一切正常，才知道是疲劳过度。

事实上，那段时光为他今后的成果打下了坚实的基础。

潘允康并不认为自己很成功。不过，他认为自己的生存状态还是不错。

潘允康的人生格言是“抓紧”。因为我们必须在人生短暂和事业长久中找一个结合点。

“如果我当时是24岁，恐怕会是另一种选择。”“有时我非常羡慕别人的年龄。”潘允康主张，中国人出去看一看，再回去做自己的事情。他个人对西方文化并不是特别赞赏。多次的美国之行令他感到西方文化对东方文化是排斥的，生活在西方社会里的东方人常常有一种压抑感。为此他写过《中国人踏上西方国土的社会心理定式》一文，他认为东方文化溶入西方文化比较困难，因为西方人并没有把东方人看作自身文化主体，虽然他们对东方人很客气，但同时他们也认为自己很高贵。绝大部分在西方的中国人都无法融入西方的主流社会。

他身边有不少父母牺牲自己的事业让孩子在美国接受西方教育的例子。对于出国，潘允康认为，除了有机遇，还有自身具备条件，但是中国人应该看看世界……

关于成名

至今潘允康还记得第一篇文章发表后自己反复看的情景。现在兴奋

要少得多。有记者称他为“电视上有像,电台里有声,报纸上有字的学者。”

早先潘允康受西方学者回避媒体的影响,只是在学术界阐发自己的观点。1989 年后,他发现中国的百姓需要大量日常生活中的社会学知识,于是开始,在天津电台、电视台、报纸做一些普及性的工作。知名度也越来越大。

买菜的时候和个体户聊天,个体户也知道他。一次他的轻骑前灯坏了,被交警拦下,交警一看驾驶证说:“哦,您就是潘教授,在电台我常听到你的讲话,在报纸上常读到您的文章。”这类的事有过几件。

谈到成名的感觉,潘允康说,成名是很自然的事,他承认,成名了对搞学术的精力有影响。

而牵扯精力的远远不止这些,随着研究领域的拓宽,使他在家庭社会学方面的研究精力有所分散,但这似乎是没有办法的事,因为如果不拓宽领域,就没有经费,潘允康说,某种意义上,这并不符合现代研究的规律。

关于人格

对于青年人的使命感及自我实现,潘允康认为这并不冲突。这其实是中国人人格发展的新热点。“自我实现”的真正含义是在与环境积极协调与适应的前提下,个人潜能的充分发挥。为做到这一点,个人必须超越自我。正如马斯洛所说:“自我实现的人无一例外都献身于他们自身以外的事业,某种他们自己以外的东西。”

潘允康并不赞成当年那种知之甚少的盲目的使命感,某些青年受到上一辈的负面影响并且在社会保护下长大。他认为,青年人首先该知道如何对自己负责。塑造自尊型人格;积极进取的人生态度;独立思考的自主意识;争强好胜的竞争精神,平等互利的合作习惯;惜时如金的效率观念。使命感和自我实现是不可分割的。

他认为现代人高素质的标志之一,是有打破固有生活模式的愿望。他本人就是个善于创造生活的人。现代人的 3 个基本技能是英语、计算

机、开车。潘允康都已掌握，微机是他在美国时看着说明书试出来的，拿到驾驶执照后，每周六、日他都会从朋友那里借车，体会上路的感觉。如果不是女儿要参加中考，双休日三口人肯定要安排些家庭娱乐“节目”。

潘允康的两大爱好是游泳和滑冰。他喜欢与女儿畅游，一起聊天，喜欢仰泳时看蓝天的感觉，喜欢一切贴近自然的感觉。

后　记

《社会学研究的理论、实践与方法——潘允康论文集》公开出版问世了。在此之际，我首先感谢天津社会科学院社会学研究所现任所长张宝义、副所长李培志对于出版本书给予的肯定和有力支持。感谢天津社会科学院社会学所王光荣研究员、田絮崖博士和天津师范大学政治与行政管理学院社会学系2017届硕士研究生陆伟岸、2018届硕士研究生贤安红、王红燕为编选本书所付出的劳动。感谢天津社会科学院出版社高潮女士、郭栋先生和各位编辑为出版本书所付出的辛苦。没有他们的帮助，本书是不能顺利出版的。

通过编辑本书，我再次回忆和审视了我在天津社会科学院从事社会学研究的40年。有了这些代表性的文章，以及其他那些由我撰写(合写)、主编但不可能收入到本书中来的著述，我可以聊以自慰了。在各美其美之余，本书还会有美人之美、美美与共的效果吗？我期待着。希望本书的出版，能够在理论、实践和方法3个层面推动社会学学科建设。让社会学在实现中华民族伟大复兴的路途中熠熠生辉，发挥更大的作用。

潘允康

2020年11月